**Podręczny słownik
polsko-angielski**

Tom I

Jan Stanisławski · Małgorzata Szercha

A Practical Polish-English Dictionary

Volume I
A - Panewka

Wiedza Powszechna · Warszawa 1988

Jan Stanisławski · Małgorzata Szercha

Podręczny słownik polsko-angielski

Tom I
A - Panewka

Wiedza Powszechna · Warszawa 1988

Okładka i karty tytułowe
JÓZEF CZESŁAW BIENIEK

Redaktorzy
KATARZYNA BILLIP
ZOFIA CHOCIŁOWSKA

Redaktorzy techniczni
JANINA HAMMER
URSZULA RUTKOWSKA

Korektorzy
CZESŁAWA TOMASZEWSKA
ZDZISŁAW BOCHEŃSKI

© Copyright by Państwowe Wydawnictwo
„Wiedza Powszechna" — Warszawa 1973

PW „Wiedza Powszechna" — Warszawa 1988 r. Wydanie VII.
Nakład 49 800 + 200 egz. Objętość tomu I i II ark. wyd. 83,25,
ark. druk. 65. Papier offset kl. III, 70 g rola 84 cm.
Druk z diapozytywów i oprawę wykonały
Zakłady Graficzne w Gdańsku, ul. Trzy Lipy 3.
Nr zam. 430, 431/87 K-13 Cena t. I i II zł 4480 + 20,— na NFOZ.

ISBN 83-214-0512-6

SPIS TREŚCI

Przedmowa — Preface VI
Wskazówki dla korzystających ze słownika — Directions for the Use of the
   Dictionary VII
Skróty i znaki objaśniające — Abbreviations and Explanatory Signs . . XI
Tekst słownika — Text of Dictionary . . . . 1—1002
Nazwy geograficzne — Geographical Names 1003
Powszechnie stosowane skróty — Common Abbreviations and Contractions 1010

PRZEDMOWA

Niniejszy *Podręczny słownik polsko-angielski* przeznaczony jest dla osób interesujących się językiem polskim i angielskim. Zawiera on ponad 50 tysięcy wyrazów, wyrażeń i zwrotów z zakresu ogólnego słownictwa polskiego, tłumaczonych na język angielski z uwzględnieniem ważniejszych znaczeń notowanych w literaturze źródłowej. Umieszczono tu również pewną ilość terminów właściwych specjalnym dziedzinom wiedzy, a więc technicznych, medycznych, przyrodniczych itd. oraz pewien zasób wyrazów potocznych.

W osobnych spisach podano polskie nazwy geograficzne, a także powszechnie stosowane polskie skróty.

PREFACE

The present *Practical Polish-English Dictionary* is meant for those who are interested in the Polish and English languages. It comprises over 50 000 words, phrases and expressions commonly used in the Polish language translated into English with due consideration of their basic meanings noted in Polish sources. A considerable number of terms have been included which belong to special branches of learning such as technology, medicine, science etc., as well as some colloquialisms.

The *Dictionary* has a Supplement of Polish geographical names and a list of Polish abbreviations in common use.

WSKAZÓWKI DLA KORZYSTAJĄCYCH ZE SŁOWNIKA

DIRECTIONS FOR THE USE OF THE DICTIONARY

1. Hasło

Wyrazy hasłowe podano pismem półgrubym w ścisłym porządku alfabetycznym. Najbardziej utarte złożenia potraktowano jako samodzielne hasła, podając je w porządku alfabetycznym lub odesłano je do wyrazu podstawowego.

1. The Entry

The catchwords are printed in bold-face type in strictly alphabetical order. The most common compounds are treated in separate entries in alphabetical order or else are referred to the main entry, e.g.

do cna *adv* altogether; completely; utterly; entirely
na ogół *zob* ogół

Wyrazy o tym samym znaczeniu, różniące się jedynie pisownią, odsyłane są od rzadziej do częściej używanych. Np.

Variants of spelling are referred to the catchwords more frequently used, e.g.

triumfalny *zob.* **tryumfalny**

Homonimy umieszczono jako osobne hasła i oznaczono kolejnymi cyframi arabskimi.

Homonyms are given under separate entries with the addition of ordinal numbers. Cf.

lada[1] *f* counter
lada[2] *adj* any; ~ **co** anything; ~ **jak** anyhow; ~ **chwila** (at) any moment ‖ **nie** ~ no mean; first class (artist, achievement etc.)

Rzeczowniki pisane raz dużą, raz małą literą, a nie będące homonimami, podane są w jednym haśle z powtórzeniem wyrazu hasłowego we właściwej pisowni. Np.

Nouns which are not homonyms and can be written both with a capital and a small letter are capitalized and printed within the same entry, e.g.

baran *m* 1. *zool* ram; tup; ... 2. **Baran** *astr* the Ram ...

W porządku alfabetycznym umieszczono jako samodzielne hasła częściej używane formy żeńskie rzeczowników określających wykonawcę czynności. Np.

Some substantives in the feminine gender indicating performer of action are treated in separate entries in alphabetical order.

gospodarz *m* 1. (*rolnik*) farmer 2. (*pan domu*) ...
gospodarzyć *vi imperf* = **gospodarować**
gospodyni *f* 1. (*pani domu*) mistress of the house

Jeżeli hasła te występowały obok siebie w porządku alfabetycznym, umieszczono je razem. Np.

If in the alphabetical order they come immediately before or after their masculine variant both forms are placed in the same entry, e.g.

nowicjusz *m*, **nowicjuszka** *f* novice

W zestawie haseł uwzględniono także rzeczowniki odsłowne z odesłaniem ich za pomocą strzałki do bezokolicznika, od którego pochodzą. Np.

Verbal nouns are treated in separate entries with reference to the infinitive from which they derive, e.g.

hamowanie *n* ↑ **hamować** ...

Korzystający ze słownika powinien znaleźć czasowniki angielskie i utworzyć sobie formy rzeczownikowe przez dodanie końcówki -ing.
Jeżeli polski rzeczownik odsłowny posiada także inne angielskie odpowiedniki, są one umieszczone obok odesłania do hasła czasownikowego, np.

The reader should find all the renderings of the word and form nouns by adding -ing forms.

Other English renderings of the verbal nouns may follow the cross reference, e.g.

konanie *n* ↑ **konać**; agony

Osobne znaczenia rzeczownika odsłownego zostały oddzielone cyframi arabskimi. Np.

Entirely different meanings of the verbal nouns are separated by Arabic numerals, e.g.

hamowanie *n* ↑ **hamować** 1. (*zatrzymanie pojazdu*) applying of the brake 2. (*utrudnianie*) check; impediment 3. (*powściąganie*) restraint; ~ się restraint

Trudniejsze formy przypadkowe zaimków osobowych podano jako osobne hasła. Podano także najważniejsze liczebniki główne i porządkowe.
Przymiotniki polskie podano w formie męskiej, z wyjątkiem tych, które mogą występować wyłącznie w formie żeńskiej, np. **zamężna**.
Przy przymiotnikach i przysłówkach stopniowanych nieregularnie podano formę stopnia wyższego. Np.

Some difficult declensional forms of personal pronouns are given under separate entries as well as the most important cardinal and ordinal numbers.
The Polish adjectives are given in the masculine gender with the exception of those used only in the feminine, such as **zamężna**.
When the degrees of comparison of an adjective or adverb are irregular these are given in round brackets, e.g.

dobry I *adj* (*comp* **lepszy**) ...
dobrze *adv* (*comp* **lepiej**) ...

Nieregularne stopnie wyższe przymiotników i przysłówków umieszczono w porządku alfabetycznym, zwracając jednak uwagę na przymiotnik lub przysłówek, od którego pochodzą. Np.

Irregular degrees of comparison of adjectives and adverbs are given under separate entries with a cross reference to the adjective or adverb from which they derive, e.g.

lepszy I adj (comp ↑ **dobry**) ...
lepiej adv (comp ↑ **dobrze**) ...

Pary czasowników dokonanych i niedokonanych podane są w kolejności alfabetycznej z odniesieniem do szczegółowo opracowanej jednej postaci czasownika.

Imperfective and perfective verbs are given in alphabetical order with a reference to that aspect of the verb which is treated in detail.

ująć perf — **ujmować** imperf I vt ...
ujmować zob **ująć**

2. Frazeologia

Wyrażenia i zwroty frazeologiczne podano pismem półgrubym. Zwroty frazeologiczne związane z określonym znaczeniem podano po ostatnim synonimie danego znaczenia wyróżnionego cyfrą arabską. Wyrażenia i zwroty nie związane z żadnym z wyróżnionych cyframi znaczeń umieszczono na końcu artykułu hasłowego — ale w obrębie tej samej kategorii gramatycznej — i oddzielono dwiema kreskami pionowymi.

2. Idioms and Phrases

Idioms and phrases are printed in bold-face type. They are entered after each Polish rendering or group of renderings within the compass of the different Arabic numerals to which they belong in respect of meaning or origin. Such idioms as are not connected with any of the Polish renderings are placed at the end of the entry — but within the limits of the same grammatical class — with an intervening double vertical line.

3. Odpowiedniki

Angielskie odpowiedniki wyrazów, wyrażeń i zwrotów polskich drukowane są jasną czcionką. Odpowiedniki synonimiczne oddzielono przecinkami, bliskoznaczne średnikami, a różnoznaczne cyframi arabskimi, objaśnionymi kwalifikatorami rzeczowymi lub objaśnieniami w języku polskim — w nawiasie, kursywą — wskazującymi na zakres użycia danego wariantu znaczeniowego.

3. The Renderings

The Polish renderings of the English words, phrases and expressions are printed in light type. Synonymous renderings are separated by commas, related ones by semicolons; renderings with entirely different meanings by successive Arabic numerals. The Polish renderings are often preceded by a qualifying abbreviation or by a short Polish definition — in round brackets and italicized — showing the scope of usage of the given rendering.

4. Składnia

W wypadkach, gdy składnia polska różni się od składni angielskiej, podano je obie w nawiasie okrągłym po odpowiedniku angielskim, np.

4. Syntax

In cases where the Polish syntax differs from the English, both of them are given in round brackets after the English rendering, e.g.

troszczyć się *vr imperf* 1. *(otaczać troską)* to care ⟨to be solicitous⟩ (**o kogoś, coś** for sb, sth); to look (**o kogoś, coś** after sb, sth) 2. *(martwić się)* to worry (**o kogoś, coś** about sb, sth); ...

5. Kwalifikatory i odsyłacze

Wyrazy hasłowe objaśniono odpowiednimi skrótami (kwalifikatorami gramatycznymi) określającymi ich przynależność do poszczególnych kategorii gramatycznych, oraz rodzaj i liczbę (przy rzeczownikach) i aspekt (przy czasownikach).

Słowa i zwroty należące do różnych dziedzin nauki, techniki itd. zaopatrzono w skróty objaśniające ich przynależność do danej dziedziny (kwalifikatory rzeczowe). Wyróżniono także wyrazy potoczne, wulgarne, przenośne itd.

Odsyłacz *zob* jest używany dla odesłania czytelnika do hasła zawierającego poszukiwaną formę.

5. Qualifying Abbreviations and Cross References

Each catchword is labelled by a grammatical abbreviation indicating its grammatical category or its gender and number (nouns), also its aspect (verbs).

Words and idioms belonging to the different branches of learning, technology, etc. are accompanied by subject labels denoting such branches. Special labels are used to denote the colloquial, vulgar, figurative etc. character of the word.

The cross reference *zob* refers the reader to an entry containing desired word.

SKRÓTY I ZNAKI OBJAŚNIAJĄCE
ABBREVIATIONS AND EXPLANATORY SIGNS

adj	adiectivus	przymiotnik
admin	administration	administracja
adv	adverbium	przysłówek
am	American	amerykański
anat	anatomy	anatomia
antr	anthropology	antropologia
arch	architecture	architektura
archeol	archaeology	archeologia
astr	astronomy	astronomia
atom	atomic physics	atomistyka
aut	motoring	automobilizm
bank	banking	bankowość
bibl	biblical	biblijny
bil	billiards	bilard
biochem	biochemistry	biochemia
biol	biology	biologia
boks	boxing	boks
bot	botany	botanika
bud	house-building	budownictwo
cer	ceramics	ceramika
chem	chemistry	chemia
chir	surgery	chirurgia
chor	choreography	choreografia
cm	centimeter	centymetr
comp	(gradus) comparativus	stopień wyższy
conj	coniunctio	spójnik
dim	diminutivus	forma zdrobniała
dent	dentistry	dentystyka
dosł	literally	dosłownie
druk	printing	drukarstwo
dypl	diplomacy	dyplomacja
dziec	children's speech	mowa dziecinna
dzien	journalism	dziennikarstwo
dziew	hosiery	dziewiarstwo
ekon	economy	ekonomia
el	electricity	elektryczność
emf	emphatic	emfatyczny

ent	entomology	entomologia
etc.	and so on, etc.	et caetera, i tak dalej, itd.
etn	ethnography	etnografia
eufem	euphemism	eufemizm
f	(genus) femininum	rodzaj żeński
farm	pharmacy	farmaceutyka
filat	philately	filatelistyka
film	film	film
filoz	philosophy	filozofia
fin	finances	finanse
fiz	physics	fizyka
fizj	physiology	fizjologia
fonet	phonetics	fonetyka
fort	fortification	fortyfikacje
fot	photography	fotografia
garb	tannery	garbarstwo
geod	geodesy	geodezja
geogr	geography	geografia
geol	geology	geologia
geom	geometry	geometria
giełd	Stock Exchange	giełda
gimn	gymnastics	gimnastyka
górn	mining	górnictwo
gram	grammar	gramatyka
gw	dialectal	gwarowy
handl	commerce, trade	handel
herald	heraldry	heraldyka
hist	history	historia
hut	metallurgy	hutnictwo
icht	ichthyology	ichtiologia
imper	imperativus	tryb rozkazujący
imperf	imperfectivum	niedokonany
impers	impersonale	forma nieosobowa
indecl	indeclinabile	wyraz nieodmienny
interj	interiectio	wykrzyknik
introl	bookbinding	introligatorstwo
iron	ironic	ironiczny
itd.	and so forth	i tak dalej
iter	iterativum	forma częstotliwa
itp.	and the like	i temu podobne
jęz	linguistics	językoznawstwo
jub	jewellery	jubilerstwo
karc	cards	karty
kino	cinematography	kinematografia
kolej	railways	kolejnictwo
kosmet	cosmetics	kosmetyka
kośc	ecclesiastical	kościelny
kraw	tailoring	krawiectwo
książk	literary use	wyrażenie literackie
księgow	bookkeeping	księgowość

kulin	cooking	kulinarny
lit	literature	literatura
liturg	liturgy	liturgia
leśn	forestry	leśnictwo
log	logic	logika
lotn	aviation	lotnictwo
m	(genus) masculinum	rodzaj męski
mal	painting	malarstwo
mar	nautical	marynistyczny, morski
mat	mathematics	matematyka
mech	mechanics	mechanika
med	medicine	medycyna
metalurg	metalworking	metalurgia
meteor	meteorology	meteorologia
metr	metrology	metrologia
miern	surveying	miernictwo
miner	mineralogy	mineralogia
mitol	mythology	mitologia
muz	music	muzyka
myśl	hunting	myślistwo
n	(genus) neutrum	rodzaj nijaki
np.	for example	na przykład
nukl	nuclear physics	nukleonika
num	numerale	liczebnik
obelż	abusive	obelżywy
ogr	gardening	ogrodnictwo
opt	optics	optyka
orn	ornithology	ornitologia
paleont	palaeontology	paleontologia
parl	parliamentary	parlamentaryzm
part	particle	partykuła
pej	pejorative	pejoratywny
perf	perfectivum	dokonany
pers	person	osoba
pieszcz	term of endearment	pieszczotliwy
pl	(numerus) pluralis	liczba mnoga
plast	fine arts	plastyka
plt	plurale tantum	rzeczownik w l.mn.
poet	poetical	poetycki
pog	contemptuous	pogardliwy
polit	politics	polityka
posp	slang	wyrażenie pospolite
pot	colloquial	potoczny
praed	praedicativum	forma orzecznikowa
praef	praefix	przedrostek
praep	praepositio	przyimek
prawn	law	prawniczy
pron	pronomen	zaimek
prozod	prosody	prozodia
przen	figuratively	przenośnie
przysł	proverb	przysłowie

psych	psychology	psychologia
pszcz	bee-keeping	pszczelarstwo
radio	radio	radio
reg	regional	regionalizm
rel	religion	religia
roln	agriculture	rolnictwo
ryb	fishing	rybołówstwo
rz	rare	rzadko używany
rzem	handicrafts	rzemiosło
rzeźb	sculpture	rzeźbiarstwo
sąd	jurisprudence	sądownictwo
sb	somebody	ktoś, kogoś, komuś itd.
sb's	somebody's	kogoś, czyjś
sing	(numerus) singularis	liczba pojedyncza
singt	singulare tantum	używ. tylko w l.poj.
skr	abbreviation	skrót
sport	sports	sport
sth	something	coś, czegoś, czemuś itd.
stol	joinery	stolarstwo
sup	superlativus (gradus)	stopień najwyższy
szach	chess	szachy
szerm	fencing	szermierka
szew	shoemaking	szewstwo
szk	school word	(wyraz) szkolny
teatr	theatre	teatr
techn	technology	technika
tekst	textile	tekstylny
telef	telephone	telefon
telegr	telegraph	telegraf
tenis	tennis	tenis
teol	theology	teologia
tk	weaving	tkactwo
tv	television	telewizja
uniw	university	uniwersytet
v aux	verbum auxiliarium	czasownik posiłkowy
vi	verbum intransitivum	czasownik nieprzechodni
v impers	verbum impersonale	czasownik nieosobowy
vr	verbum reflexivum	czasownik zwrotny
vt	verbum transitivum	czasownik przechodni
wet	veterinary	weterynaria
wędk	angling	wędkarstwo
wojsk	military	wojskowy
wulg	vulgar	wulgarny
zbior	collective noun	rzeczownik zbiorowy
zob	see	zobacz
zool	zoology	zoologia
zootechn	zootechny	zootechnika
zw	usually	zwykle
żart	jocular	żartobliwy
żegl	yachting	żeglarstwo

XV

~ Tylda zastępuje w obrębie hasła cały wyraz hasłowy lub tę jego część, która jest odcięta kreską pionową.	The tilde stands for the catchword or the part of it which is cut off by a vertical line.
| Kreska pionowa oddziela niezmienną część wyrazu hasłowego, zastąpioną w obrębie hasła tyldą.	The vertical line separates the part of the catchword which remains unchanged throughout the entry and is there replaced by the tilde.
↑ Strzałka odsyła hasło do formy, od której ono pochodzi.	The arrow refers the entry to the word from which it is derived.
= Znak równania po haśle oznacza, że odpowiedniki angielskie są w obu wypadkach identyczne.	The sign of equality placed after a catchword denotes that the English renderings are the same in both cases.
† Krzyżyk oznacza, że hasło lub dane jego znaczenie jest przestarzałe.	This sign means that the Polish entry or the particular sense of the catchword is archaic.
I ... II Cyframi rzymskimi oddzielono różne kategorie gramatyczne wyrazu.	Roman numerals divide the grammatical sections of an entry.
1. ... 2. Kolejnymi cyframi arabskimi oddzielono odpowiedniki o całkowicie różnych znaczeniach.	Successive Arabic numerals separate renderings with entirely different meanings.
; Tłumaczenia bliskie znaczeniowo, lecz nie synonimiczne, oddzielono średnikami. Średnik oddziela także związki frazeologiczne.	Renderings which are related in meaning but not strictly synonymous are separated by semicolons. The semicolon is also used for the separation of quotations.
, Tłumaczenia synonimiczne oddzielono przecinkami.	Synonymous renderings are separated by commas.
a) ... b) Małe litery sygnalizują różnice znaczeniowe zwrotów i złożeń umieszczonych w obrębie artykułu hasłowego.	Small letters mark differences in meaning between expressions and compounds included within the framework of one and the same entry.
|| Podwójna kreska pionowa oddziela frazeologię nie związaną bezpośrednio z żadnym uwzględnionym znaczeniem w obrębie tej samej kategorii gramatycznej.	The double vertical bar separates expressions which are not connected with any of the given meanings within the same grammatical category.

⟨ ⟩ W nawiasy trójkątne ujęto wymienne wyrazy i zwroty frazeologiczne.

( ) W nawiasach okrągłych zawarto wszystkie objaśnienia, wyrazy oraz ich części, które mogą być opuszczone.

[ ] W nawiasach kwadratowych zaznaczono wymowę niektórych wyrazów polskich (np. **marznąć** [r-z]) oraz wymowę wyrazów pochodzenia obcego.

Angular brackets enclose words and expressions which are interchangeable.

Round brackets enclose explanatory information, words or parts of words which may be omitted.

Square brackets enclose the pronunciation of some Polish words (e.g. **marznąć** [r-z]) or that of loanwords.

a

A, a¹ *n muz* a; la || **od a do z** from start to finish; completely
a² I *conj* 1. and; **nagle a niespodziewanie** suddenly and unexpectedly 2. *(w zdaniach przeciwstawnych)* when; while; whereas; **on płakał a oni się śmiali** he wept while they laughed **II** *part* **a jednak** however; and yet; **a mianowicie** namely; **a nawet** even; **a nuż** what if ... **III** *interj* well; well, well!; oh!; **a, tak!** oh! I see
abażur *m* lamp-shade
ABC *n dosł i przen* ABC, rudiments (of a subject)
abdykacja *f* abdication
abdykować *vi perf, imperf* to abdicate
abecadło *n* alphabet
abiturient *m* candidate for school-leaving certificate
abnegacja *f* abnegation; self-denial
abnegat *m* person living a life of abnegation
abolicjonizm *m singt hist* abolitionism
abominacj|a *f książk* abomination; **mam ~ę do tego** I loathe it
abonament *m* subscription (**na czasopismo itd.** to a paper etc.); *(na koncerty itd.)* season ticket; **am commutation-ticket**; **~ radiowy ⟨telewizyjny⟩** radio ⟨TV⟩ licence
abonent *m* subscriber (**gazety** to a paper); holder of a season-ticket
abonować *vt imperf* to subscribe (**gazetę itd.** to a newspaper etc.)
absencja *f* absence; **~ w pracy** absence from work; **~ w szkole ⟨na wykładach⟩** non-attendance at school ⟨at lectures⟩

absolut *m filoz* the absolute
absolutnie *adv* absolutely; **~ nic** not a thing; **~ nikt** not a soul
absolutn|y *adj* 1. *(całkowity)* absolute; complete; utter; **~a większość** absolute majority 2. *(bezwzględny)* absolute (truth etc.) 3. *(samowładny)* absolute (monarchy etc.) 4. *fiz* **~e zero** absolute zero
absolutorium *n* 1. *(zatwierdzenie)* vote of acceptance 2. *uniw* graduation
absolutyzm *m singt* absolutism
absolwent *m*, **absolwentka** *f* graduate
absorbować *vt imperf* 1. *(wchłaniać)* to absorb ⟨to imbibe⟩ (liquids etc); **~ gazy** to occlude gases 2. *przen* to absorb ⟨to take up⟩ (sb's time etc.); to engross (attention etc.)
absorpcja *f singt* absorption; imbibition; occlusion (of gases)
abstrah|ować *vi imperf* 1. *(pomijać)* to make no mention (**od czegoś** of sth); **~ując od ...** to say nothing of ...; let alone ...; apart from ... 2. *filoz* to abstract
abstrakcja *f* 1. *(pojęcie)* abstraction; abstract (idea) 2. *filoz* abstraction
abstrakcjonizm *m* abstractionism
abstrakcyjny *adj* abstract
abstrakt *m książk* abstract, abstraction
abstynencja *f singt* abstention (**od czegoś** from sth); *(w piciu alkoholu)* temperance, teetotalism
abstynent *m*, **abstynentka** *f* teetotaller
absurd *m* absurdity; nonsense
absurdalny *adj* absurd; preposterous; ludicrous
absyda *f* = **apsyda**

absynt *m* absinth
aby I *conj* 1. *(wyraża cel, skutek)* to; in order to; that; in order that; **jemy, ~ żyć** we eat in order to ⟨that we may⟩ live; **~ nie upaść, nie zapomnieć** itd. in order not to fall, not to forget etc.; **~ ktoś coś zrobił** for sb to do sth 2. *(równoważnik spójnika że)* that; **rzadko się zdarza, ~ ...** it seldom happens that ... **II** *part pot* **czy ~** by any chance; I wonder; **czy to ~ nie kawał?** isn't that a joke by any chance?; **~ zbyć** in a slapdash manner
aceton *m chem* acetone
acetylen *m chem* acetylene
achillesow|y *adj przen* **pięta ~a** (sb's) weak point
aczkolwiek † *conj* (al)though
adamaszek *m tekst* damask
adamow|y *adj* Adam's; **jabłko ~e** Adam's apple; *żart* **w ~ym stroju** in buff; stark naked
adaptacja *f* adaptation (to ⟨for⟩ a given purpose; of a literary etc. composition; of an animal ⟨plant⟩ organ etc. to certain conditions)
adapter *m* pick-up; record-player
adaptować *vt imperf* to adapt (a building etc. to ⟨for⟩ a given purpose; a novel etc. for the stage etc.)
adekwatny *adj* adequate; suitable
adept *m*, **adeptka** *f* 1. *(praktykant, uczeń)* student; learner 2. *(zwolennik)* adherent; votary
adherent *m* adherent; partisan
adhezja *f singt chem fiz* adhesion
adiunkt *m* tutor
adiustacja *f singt druk* layout
adiustator *m* editor (of an author's work)
adiustować *vt imperf* to lay out (a manuscript)
adiutant *n* adjutant; aide-de-camp
administracj|a *f* 1. *(zarządzanie)* management; **prowadzić ~ę** to manage 2. *(organy władzy oraz ich czynności)* administration 3. *(zarząd)* board of directors
administracyjnie *adv* administratively; by order of the administration
administracyjny *adj* administrative
administrator *m* administrator; manager;

~ domu house-steward; **~ dóbr** steward of an estate
administrować *vt imperf* to administer ⟨to manage⟩ (**majątkiem** ⟨**dobrami**⟩ a property)
admiralicja *f singt* admiralty
admirał *m* 1. *wojsk mar* admiral 2. *ent* red admiral
adnotacja *f* annotation; note
adopcja, adoptacja *f prawn* adoption
adoptować *vt imperf* to adopt (a child, an idea etc.)
adoptowany *adj* adopted; adoptive
adoracj|a *f* adoration; *żart* **towarzystwo wzajemnej ~i** mutual admiration society
adorator *m* worshipper; admirer; courter (of a girl)
adorować *vt imperf dosł i przen* to adore
adres *m* address; **~ zwrotny** sender's address; **~ telegraficzny** telegraphic ⟨cable⟩ address; **pod ~em** to the address (of sb); *przen* **uwaga pod czyimś ~em** a hint at sb
adresat *m*, **adresatka** *f* addressee
adresować *vt imperf* to address (a letter, an envelope etc.)
adresow|y *adj* **księga ~a** directory; **biuro ~e** address register
adriatycki *adj* Adriatic; **Morze Adriatyckie** the Adriatic (Sea)
adwent *m kośc* Advent
adwokack|i *adj* lawyer's; attorney's; solicitor's; barrister's; **porada ~a** legal advice
adwokat *m* 1. *(prawnik)* lawyer; attorney; solicitor; barrister; counsel 2. *przen (obrońca)* advocate ⟨champion⟩ (of a cause)
adwokatura *f singt* the Bar; the law; the legal profession
aerodynamiczny *adj* aerodynamic; streamlined (motor-car etc.)
aerodynamika *f singt* aerodynamics
aeroklub *m* aeroclub
aeromechanika *f singt* aeromechanics
aerostatyka *f singt fiz* aerostatics
afekt *m psych* affect
afektowan|y *adj* affected; prim; **~a mowa** mincing speech

afera *f* affair; shabby ⟨dirty⟩ business; swindle; **głośna ~** famous scandal; **~ gospodarcza** racket
aferzysta *m*, **aferzystka** *f* swindler; schemer
afgański *adj* Afghan; **język ~** Pushtoo
afirmacja *f* affirmation
afisz *m* bill; poster; placard; **~ teatralny** play-bill; **tablica do rozlepiania ~ów** (advertisement) boarding; (*o sztuce*) **utrzymać się na ~u** to run
afiszować *imperf* **I** *vt* to flaunt; to parade; to make a show (**coś** of sth) **II** *vr* **~ się** to show off; to parade; **~ się z czymś** to flaunt sth; **~ się z kimś** to go about with sb
aforyzm *m* aphorism
afront *m* affront; **zrobić komuś ~** to affront sb
Afrykanin *m*, **Afrykanka** *f* (an) African
afrykanista *m* specialist in ⟨student of⟩ African matters ⟨languages⟩
Afrykanka *zob* **Afrykanin**
afrykański *adj* African
agar *m bot farm* agar
agat *m miner* agate
agawa *f bot* agave
agencja *f* agency (office); **~ informacyjna** information bureau; **~ prasowa** news agency
agenda *f* 1. (*oddział*) department; branch (of an institution) 2. (*terminarz, notes*) memorandum-book
agent *m*, **agentka** *f* 1. agent; representative; *handl* broker 2. (*policyjny*) (*tajny*) **~ secret** agent 3. *polit* fifth-columnist
agentura *f* agency; *polit* spy ring
agitacja *f* agitation; propaganda; **~ wyborcza** campaigning; electioneering
agitator *m* agitator; propagandist
agitować *imperf* **I** *vi* to agitate (**za kimś, czymś** for sb, sth); (*w wyborach*) to campaign; to electioneer **II** *vt* to canvass (people); to persuade (sb)
aglomeracja *f singt* agglomeration
aglutynacja *f singt jęz med* agglutination
aglutyniny *plt biochem* agglutinins
agnostycyzm *m singt filoz* agnosticism
agonia *f singt* agony; death throes

agrafka *f* safety pin
agrarn|y *adj* agrarian; **kwestia ~a** the land question
agregat *m* 1. (*skupienie*) aggregate; assemblage 2. *techn* aggregate; unit
agresja *f* aggression
agresor *m* aggressor
agrest *m bot* gooseberry
agresywny *adj* aggressive; offensive
agrobiologia *f singt* agrobiology
agrochemia *f singt* agricultural chemistry
agronom *m* agronomist
agronomia *f singt* agronomy
agronomiczny *adj* agronomic(al)
aha *interj* 1. (*przypomnienie*) oh yes ...; by the way ...; that reminds me ... 2. (*potwierdzenie, zrozumienie*) I see 3. (*zadowolenie, ironia*) ah!
akacja *f bot* acacia
akademia *f* 1. (*instytucja, uczelnia*) academy 2. (*zebranie*) commemorative meeting
akademicki *adj* academic(al); **student —** (life etc.); students' (club etc.); **dom ~** hostel; **rok ~ academic** year; *am* session
akademik *m* 1. (*student*) student 2. (*członek akademii*) academician 3. *pot* (*dom akademicki*) hostel
akapit *m* paragraph; section
akcelerator *m techn* accelerator
akcent *m* 1. accent 2. (*podkreślenie*) stress; emphasis
akcentować *vt imperf* 1. to accent (a word, a syllable) 2. (*uwydatniać*) to accentuate, to lay stress (**coś** on sth); to stress, to emphasize
akceptować *vt imperf* 1. (*przyjmować*) to accept (a bill, a project etc.) 2. (*zgadzać się*) to accept; to consent (**coś** to sth); to agree (**coś** to sth)
akces *m* accession; **zgłosić ~** to accede (to a party etc.)
akcesoria *plt* accessories
akcj|a *f* 1. (*działalność*) action; operation; campaign; **~a siewna** (the) sowing; **~a żniwna** (the) harvesting; **~a ratunkowa** rescue operation 2. *wojsk* operation 3. *teatr* action 4. *lit* plot 5. *ekon gieł d* share; *pl* **~e** stock

akcjonariusz *m*, **akcjonariuszka** *f* shareholder; *am* stockholder
akcyjny *adj ekon giełd* joint-stock ⟨*am* incorporated⟩ (company etc.); **kapitał** ~ joint stock
akcyza *f* excise
aklamacj|a *f w zwrocie:* **przez ~ę by** acclamation
aklimatyzacja *f* acclimatization; *am* acclimation
aklimatyzować *imperf* **I** *vt* to acclimatize (animals, plants); *am* to acclimate **II** *vr* ~ **się** to get ⟨to become⟩ acclimatized, to acclimatize oneself
akomodacja *f singt fizj* accommodation ⟨adjustment⟩ (of the eye)
akompaniamen|t *m muz* accompaniment; **przy ~cie gitary** with a guitar accompaniment
akompaniator *m*, **akompaniatorka** *f* accompanist
akompaniować *vi imperf* to accompany (**komuś** sb; **na fortepianie, gitarze** at the piano, on the guitar)
akonto *n* payment on account; deposit
akord *m* 1. *muz* chord 2. (*praca*) piece-work; **pracować na** ~ to do piece-work
akordeon *m muz* accordion
akordeonista *m* accordionist; accordion-player
akordowy *adj* piece- (work)
akowiec *m* soldier of the Polish Home Army (in World War II)
akredytować *vt imperf* to accredit (**kogoś przy rządzie** sb to a government)
akredytywa *f bank* letter of credit
akrobacja *f* acrobatic tricks; ~ **lotnicza** aerobatics
akrobata *m*, **akrobatka** *f* acrobat
akrobatyczny *adj* acrobatic
aksamit *m* velvet; ~ **bawełniany** cotton velvet
aksamitka *f* 1. (*wstążeczka*) velvet ribbon 2. *bot* marigold
aksamitny *adj* 1. (*z aksamitu*) velvet — (dress etc.) 2. (*posiadający cechy aksamitu*) velvety, velvet-like; downy (skin etc.); mellow (voice etc.)
akt *m* 1. (*czyn*) act; action; deed 2. (*dokument*) certificate; deed; ~ **urodzenia** ⟨**ślubu, zejścia**⟩ birth ⟨marriage, death⟩ certificate; ~ **notarialny** authenticated deed; ~ **oskarżenia** indictment 3. *pl* ~**a** files; records; ~**a personalne** personal record; dossier; *przen* **odłożyć sprawę do** ~ to shelve a matter 4. *lit teatr* act; ~ **pierwszy** ⟨**drugi itd.**⟩ act one ⟨two etc.⟩; **sztuka w trzech** ~**ach** a three-act play 5. *plast* (a, the) nude
aktor *m* actor
aktorka *f* actress
aktorski *adj* actor's (life etc.); (*o sposobie mówienia, gestach itd.*) theatrical; showy
aktorstwo *n singt* 1. (*sztuka aktorska*) the theatrical art 2. (*zawód*) the theatrical profession; the stage 3. (*udawanie*) histrionics; pretence
aktówka *f* portfolio; brief-case
aktualia *pl* actualities; current events
aktualizować *imperf* **I** *vt* to modernize; to bring up to date **II** *vr* ~ **się** to become a reality
aktualnie *adv* at present; at the present time ⟨moment⟩
aktualnoś|ć *f* 1. *singt* topicality; immediate interest (of a problem etc.); **stracić na** ~**ci** to become stale ⟨out of date⟩ 2. (*wydarzenie*) topical question; **dzień** news item; *pl* ~**ci** current events
aktualn|y *adj* current; topical; up-to-date; present; **sprawa** ~**a** live issue; **to nie jest** ~**e** it's off the map
aktyw *m* (the body of) active members (of a party, social organization etc.)
aktywa *plt dosł i przen* assets
aktywista *m*, **aktywistka** *f* activist; active member (of a party etc.)
aktywizacja *f singt chem* activation
aktywizować *vt imperf* to activate; to stimulate (people etc.) to activity
aktywność *f singt* 1. activity; go; **wykazywać** ~ to be on the go 2. *chem* activity
aktywny *adj* 1. active; full of energy 2. *chem techn* active
akumulacja *f singt* (ac)cumulation
akumulator *m techn* (storage) battery; accumulator; **naładować** ~ to charge

a battery; **rozładowany** ~ discharged battery
akumulować *imperf* **I** *vt* to accumulate; to heap up; to amass **II** *vr* ~ **się** to accumulate (*vi*); to pile up
akurat I *adv* 1. (*dokładnie*) exactly; precisely 2. (*właśnie w tym czasie*) at the very moment (**gdy** ... **that** ...); just (**gdy** ... **as** ...); ~ **przed** ⟨**po**⟩ directly ⟨immediately⟩ before ⟨after⟩ (sth happened) **II** *interj* nothing of the kind!; nothing doing!; my eye!; what else ⟨next⟩!
akuratny † *adj* accurate
akustyczny *adj* 1. (*dotyczący dźwięku*) acoustic; sound — (effects etc.); phonic 2. (*z dobrą akustyką*) acoustical ⟨resonant⟩ (room etc.)
akustyka *f singt* 1. *fiz* acoustics 2. (*właściwości wnętrz*) acoustics; resonance
akuszer *m* obstetrician; accoucheur
akuszerka *f* midwife
akwaforta *f* etching
akwamaryn *m*, **akwamaryna** *f miner* aquamarine
akwarela *f plast* water-colour
akwarelista *m* painter in water-colours
akwarium *n* aquarium
akwizycja *f handl* canvassing (for orders for goods)
akwizytor *m handl* canvasser; travelling--agent
alabaster *m* alabaster
alarm *m* 1. (*wezwanie, znak, sygnał*) (the) alarm; **robić** ⟨**wszcząć**⟩ ~ **to** raise ⟨to sound⟩ the alarm 2. (*niepokój, popłoch*) alarm; commotion; stir 3. *wojsk* alarm; alert; ~ **lotniczy** air--raid warning; **odwołanie** ~**u** (the) all clear
alarmować *vt imperf* 1. (*ostrzegać*) to alarm; to give the alarm (**ludność** to the population) 2. (*wywołać niepokój*) to cause a stir
alarmowy *adj* alarm — (signal, bell, device etc.)
Albańczyk *m* (an) Albanian
albański *adj* Albanian
albatros *m orn* albatross
albinos *m* albino

albo *conj* or; (~) **jedno** ~ **drugie** (the) one or the other; either (of the two); ~ **też** or else; ~ ... ~ either ... or ...; ~ ~ there is no alternative; you can't have it both ways
albowiem *conj lit* for; since; as; because
album *m* album
alchemia *f* alchemy
ale I *conj* 1. (*lecz*) but 2. (*jednakże*) however; **nie był zdolny,** ~ **był pracowity** he wasn't bright, he was, however, diligent 3. (*a jednak*) yet; **nie lubię go,** ~ **go podziwiam** I don't like him yet I admire him **II** *part* well, well!; ~ **fatalna pogoda!** what beastly weather! **III** *interj* not at all; nothing of the kind **IV** *n indecl* 1. (*zastrzeżenie*) objection; **nie bez** ~ not without (good) reason 2. (*wada*) weak point ⟨spot⟩
alegoria *f plast lit* allegory
alegoryczny *adj* allegorical
aleja *f* (*ulica*) avenue; (*w parku, ogrodzie*) path; lane
alembik *m dosł i przen* alembic
alergia *f med* allergy
alergiczny *adj* allergic
ależ *interj w zwrotach:* ~ **panie!** my dear (Sir)!; ~ **tak** why yes; why of course; ~ **nie** why no; nothing of the kind; ~ **proszę bardzo** by all means; why yes; why of course
alfa *f* alpha; **promienie** ~ alpha rays; *przen* ~ **i omega** the alpha and omega
alfabet *m* alphabet; the ABC; **według** ~**u** alphabetically, in alphabetical order; ~ **Morse'a** the Morse code
alfabetycznie *adv* alphabetically, in alphabetical order
alfabetyczny *adj* alphabetic(al); **spis** ~ index
alfons *m* souteneur; *am* cadet
alga *f bot* alga; seaweed
algebra *f* algebra
algebraiczny *adj* algebraic(al)
Algierczyk *m* (an) Algerian
algierski *adj* Algerian
aliancki *adj* allied — (states etc.)
alians *m* alliance
alian|t *m* ally; *pl* ~**ci** the Allies

alibi *n* alibi; **wykazać swoje ~** to establish ⟨to prove⟩ one's alibi
alienacja *f singt prawn psych* alienation
aligator *m zool* alligator
alimenta, alimenty *plt prawn* alimony
alkalia *plt chem* alkalies
alkaliczny *adj* alkaline (metals, waters etc.)
alkalizować *vt imperf chem* to alkalize; to alkalify
alkohol *m* 1. *pot* liquor; drink 2. *chem* spirit; (absolute, ethyl, methyl etc.) alcohol
alkoholiczka *zob* **alkoholik**
alkoholiczny *adj* alcoholic
alkoholik *m*, **alkoholiczka** *f* (an) alcoholic; heavy drinker
alkoholizm *m singt* alcoholism
alkoholow|y *adj* alcoholic; intoxicating; **napój ~y** intoxicant; **odurzenie ~e** intoxication
alkow|a *f* alcove; recess; *przen* **tajemnice ~y** the privacies of the bedchamber
alleluja *n indecl* alleluia, hallelujah; *przen* **Wesołego Alleluja** Happy Easter
almanach *m* almanac
aloes *m bot farm* aloe
alonż *m handl* rider (to a bill of exchange)
alowiec *m* member of the Polish People's Army (in World War II)
alpaga *f tekst zool* alpaca
alpejs|ki *adj* Alpine; *bot* **fiołek ~ki** cyclamen; **strzelcy ~cy** Alpine rifles
alpinista *m*, **alpinistka** *f* Alpinist; mountain climber
alpinistyka *f* Alpinism; mountain-climbing; mountaineering
alt *m muz* alto (voice, singer); **śpiewać ~em** to sing in alt
altan(k)a *f* summer-house; bower; arbour
alternatyw|a *f* 1. (*wybór*) alternative; choice; option; **nie ma ~y** there is no alternative; we ⟨you etc.⟩ have no choice ⟨no option⟩ 2. (*odmiana*) variant
alternatywny *adj* alternative; optional
altówka *f muz* 1. (*instrument smyczkowy*) viola 2. (*instrument dęty*) alt horn
altruist|a *m*, **altruist|ka** *f* altruist; **to ~a** ⟨**~ka**⟩ he ⟨she⟩ is unselfish

altruistyczny *adj* altruistic; unselfish
altruizm *m singt* altruism; unselfishness
aluminiowy *adj* aluminium — (kettle etc.)
aluminium *n singt* aluminium; *am* aluminum
aluzj|a *f* allusion (**do kogoś, czegoś** to sb, sth); hint (**do kogoś, czegoś** at sb, sth); **robić ~ę do kogoś, czegoś** to allude to ⟨to hint at⟩ sb, sth; **to była ~a do nas** it was meant for us
alzacki *adj* Alsatian; **owczarek ~** (an) Alsatian (wolf-hound)
ałun *m chem* alum
amalgamat *m* 1. *chem* amalgam 2. *przen* (*zlepek*) amalgamation ⟨merger⟩ (of societies etc.)
amant *m* 1. (*aktor*) lover 2. (*wielbiciel*) beau; admirer
amarant *m* amaranth
amarantowy *adj* amaranth
amator *m* 1. (*miłośnik*) lover (of sports, music etc.); fancier; **~ kina** film fan 2. (*dyletant*) amateur; dilettante 3. *sport* amateur; unprofessional (player, boxer etc.) 4. (*reflektant na kupno*) prospective buyer; bidder
amatorski *adj* unprofessional; amateurish
amatorstw|o *n singt* 1. love (of sth); **robić coś z ~a** to do sth as a hobby 2. (*dyletanctwo*) amateurishness 3. *sport* unprofessionalism
amazonka *f* 1. **Amazonka** *mitol* Amazon 2. (*kobieta jeżdząca konno*) horsewoman 3. (*strój*) riding-habit
ambaras *m* 1. (*zakłopotanie*) embarrassment; perplexity; awkward situation; **wprawić kogoś w ~** to embarrass sb 2. (*trudność*) difficulty 3. (*kłopot*) bother; trouble; **sprawić komuś ~** to put sb to trouble
ambasad|a *f* embassy; **biuro ~y** chancellery, chancellory
ambasador *m* ambassador (**w stolicy** in a capital; **w kraju** to a State); **~ nadzwyczajny** Ambassador Extraordinary; **~ pełnomocny** Ambassador Plenipotentiary
ambasadorski *adj* ambassadorial (functions etc.); ambassador's (mission etc.)
ambicj|a *f* 1. (*dążność*) ambition; (po-

ambicjonalny   7   **ananas**

litical, artistic etc.) aspirations 2. (*duma*) pride; self-respect; dignity; **przemawiać komuś do ~i** to stir up sb's pride; to put sb on his mettle; **nie mieć ~i** to be deprived of self-respect 3. (*zarozumiałość*) pride; haughtiness
ambicjonalny *adj* dictated by ambition
ambitny *adj* (*o człowieku*) ambitious; aspiring; (*o zamierzeniach*) ambitious
ambona *f* 1. *kośc* pulpit 2. *myśl* hunter's coign of vantage
ambulans *m* ambulance; **~ pocztowy** mail-coach
ambulatorium *n* out-patients' department (of a hospital)
ambulatoryjnie *adv* **leczyć się ~** to receive ambulant treatment
ambulatoryjny *adj* ambulant ⟨ambulatory⟩ (treatment etc.); **~ pacjent** out-patient
ameba *f zool* amoeba
Amerykanin *m* (an) American
amerykanka *f* 1. **Amerykanka** American (woman) 2. (*fotel-łóżko*) sofa bed 3. *sport* **wolna ~** catch-as-catch-can (wrestling)
amerykański *adj* American
ametyst *m miner* amethyst
amfibi|a *f* 1. *pl* **~e** *bot zool* Amphibia 2. *wojsk* amphibian plane ⟨tank⟩
amfila|da *f* succession; **pokoje w ~dzie** rooms en suite
amfiteatr *m* amphitheatre
aminokwas *m chem* amino acid
amnesti|a *f* amnesty; act of oblivion; **udzielić ~i komuś** to amnesty sb; **zwolniony na mocy ~i** released under amnesty
amon *m chem* ammonium; **siarczan ~u** ammonium sulphate
amoniak *m chem* ammonia
amor *m* 1. **Amor** *mitol* Cupid 2. **plast** Cupid 3. *pl* **~y** love-affair(s); amour(s); flirtation
amoralność *f singt* amorality
amoralny *adj* amoral
amortyzacja *f* 1. *ekon* amortization ⟨redemption⟩ (of a debt); **~ środków trwałych** depreciation (of the material) 2. *techn* **~ wstrząsów** shock absorption
amortyzacyjny *adj ekon* amortization —

(quota etc.); **fundusz ~** sinking-fund; redemption fund
amortyzator *m techn* damper; shock-absorber
amortyzować *imperf* **I** *vt* 1. *ekon* to redeem ⟨to pay off⟩ (a debt) 2. (*zmniejszać wartość*) to allow for depreciation 3. (*zmniejszać siłę uderzenia*) to absorb (**wstrząsy** shocks) **II** *vr* **~ się** *ekon* to be ⟨to become⟩ amortized ⟨redeemed, paid off⟩
amper *m el* ampère
amperogodzina *f el* ampère-hour
amperomierz *m el* amperometer, ammeter
amplifikator *m* amplifier
amplifikatornia *f el radio* control room
amplituda *f fiz* amplitude
ampułka *f* 1. *med* ampoule 2. *biol* ampulla 3. *kośc* cruet
amputacja *f med* amputation
amputować *vt imperf* to amputate
amulet *m* amulet; talisman
amunicj|a *f* ammunition; munitions; **fabryka ~i** munition-factory
anachroniczny *adj* 1. (*błędny czasowo*) anachronic 2. (*przestarzały*) out of date
anachronizm *m* anachronism
analfabeta *m*, **analfabetka** *f* (an) illiterate; *przen* (an) ignorant
analfabetyzm *m* illiteracy; *przen* ignorance (**w jakiejś dziedzinie** of a subject)
analityczny *adj* analytic (method etc.); analytical (geometry, chemistry etc.)
analityk *m* analyst
analiza *f* analysis; **~ krwi** blood examination; **~ moczu** urinalysis
analizować *vt imperf* to analyse
analogi|a *f* analogy (**między rzeczami itd.** between things etc.; **jednej rzeczy do drugiej** of one thing to ⟨with⟩ another); **przez ~ę** by analogy; **przez ~ę z ... ** on the analogy of ...; **przeprowadzać ~ę** to draw an analogy
analogiczny *adj* 1. (*podobny*) analogous (**do czegoś** to sth) 2. (*wykazujący analogię*) analogical
ananas *m* 1. *bot* pineapple 2. *przen pot* (*gagatek*) scamp; rogue; rascal

anarchia *f singt* anarchy
anarchiczny *adj* anarchic(al); lawless
anarchista *m* anarchist
anatomia *f* anatomy; ~ **roślin** plant anatomy
anatomiczny *adj* anatomical; **model** ~ manikin
anatomopatolog *m* anatomicopathologist
ancymonek *m żart pot* scamp; rogue; rascal
androny *plt* nonsense; tommy rot; bosh, **am** poppycock
andrus *m* street-boy; urchin
andrut *m kulin* gofer
anegdota *f* anecdote; story; *pot* yarn
anegdotyczny *adj* anecdotic
aneks *m* 1. (*załącznik do pisma*) appendix 2. *bud* annex(e); wing
aneksja *f* annexation
anektować *vt imperf* to annex (a province etc.)
anemia *f med* anaemia; **złośliwa** ~ pernicious anaemia
anemiczny *adj* 1. *med* anaemic 2. *przen* weak; faint
anemon *m bot* anemone
anestezja *f singt med* an(a)esthesia
angażować *imperf* I *vt* 1. (*przyjąć do pracy*) to engage (a clerk etc.); to hire ⟨to employ, to take on⟩ (a servant, workman etc.); ~ **aktora** to book an actor 2. (*wciągać w grę*) to commit (**swe dobre imię** itd. one's reputation etc.) 3. (*uwikłać*) to involve; to entangle II *vr* ~ **się** 1. (*przyjąć pracę*) to engage oneself; to take employment ⟨a job⟩ 2. (*zobowiązywać się*) to engage ⟨to pledge, to undertake, to commit oneself⟩ (**do zrobienia czegoś** to do sth) 3. (*mieszać się*) to get ⟨to become⟩ involved ⟨entangled⟩; ~ **się politycznie** to engage in politics
Angielk|a *f* Englishwoman; **jestem** ~**ą** I am English
angielsk|i *adj* English; **język** ~**i** English; the English language; **choroba** ~**a** rickets, rachitis; ~**a sobota** Saturday half-holiday; ~**i ogród** landscape garden; **po** ~**u** a) (*w języku angielskim*) in English; **mówić po** ~**u** to speak English b) (*na modłę angielską*) after the English fashion; English-style; **wymknąć się po** ~**u** to take French leave
angielszczyzn|a *f singt* 1. (*język angielski*) the English language, English; **poprawną** ~**ą** in good English; **mówić łamaną** ~**ą** to speak broken English 2. (*wszystko co angielskie*) things English; the English way of life
angina *f med* angina; quinsy
Angli|k *m* Englishman; **am** Britisher; **czy pan jest** ~**kiem?** are you English?; *pl* ~**cy** the English; **am** the British
anglikanin *m* (an) Anglican
anglikański *adj* Anglican; **Church-of--England; kościół** ~ the Established Church
anglista *m* Anglicist; student of English philology
anglistyka *f singt* 1. (*studia*) English studies 2. (*katedra*) the English department (of a university)
anglosaski *adj* Anglo-Saxon
angora *f* angora (cat, sheep, wool)
ani I *conj* 1. (*przy zastosowaniu w zdaniu angielskim wyrazu przeczącego*) or; **nie mam czasu** ~ **ochoty** I haven't the time or the wish; ~ ... ~ either ... or; **nie widziałem** ~ **jego,** ~ **jej** I didn't see either him or her ⟨him or her either⟩ 2. (*w angielskim zdaniu przeczącym nie zawierającym innego wyrazu przeczącego*) nor; **oni nie przyszli** ~ **nie dzwonili** they did not come, nor did they phone; ~ ... ~ neither ... nor; ~ **ja,** ~ **on nie umieliśmy pływać** neither I nor he could swim; ~ **jeden,** ~ **drugi** neither (of them ⟨us, you⟩) II *part* 1. *pot* (*wzmocnienie przeczenia przed czasownikiem*) not even; not as much as; ~ **nie drgnął** he did not even wince ⟨as much as wince⟩; ~ **mi się waż!** don't you dare!; ~ **myślę,** ~ **mi się śni** never in my life; ~ **się obejrzysz** in no time 2. (*przed rzeczownikiem*) not a ...; not a single; no ...; ~ **na lekarstwo** no ... at all; ~ **za grosz,** ~ **krzty** not a bit; not a whit; ~ **jeden** not one; ~ **pary z ust** mum's the word; ~ **razu** not once 3. *pot* (*przy*

anielski   9   **antypatia**

wykrzyknikach) ~ ~! in no circumstances; not on your life **anielsk|i** *adj* angelic; angelical; angel — (face etc.); angel's (wings etc.); ~a **cierpliwość** boundless patience **anilina** *f singt chem* aniline **animowany** *adj* animated (film cartoon) **animusz** *m* animation; spirit; **pełen** ~u in high spirits; full of zest; **dodać komuś** ~u to animate ⟨to enliven⟩ sb; **nie tracić** ~u to keep up one's spirits **anioł** *m* angel; ~ **stróż** guardian angel; *rel* **Anioł Pański** Angelus **aniżeli** *part* 1. (*po komparatywach*) than 2. (*w związkach wyrazowych*) **inny** ~ other than; different from; **inaczej** ~ otherwise than; differently from; **woleć jedno** ~ **drugie** to prefer one thing to another ⟨rather than another⟩ **ankiet|a** *f* 1. (*zbieranie informacji*) inquiry 2. (*sondowanie opinii publicznej*) poll; **przeprowadzić** ~ę **wśród ludności** to poll the population 3. (*formularz*) questionnaire; **wypełnić** ~ę **personalną** to fill up a questionnaire **Annasz** *w zwrocie*: **od** ~a **do Kajfasza** from pillar to post **ano** *part* 1. (*wzmacniającо*) well; ~ **tak** well yes 2. (*wykrzyknikowo*) ~ **trudno!** dear me, it can't be helped **anoda** *f el* anode **anomalia** *f* anomaly **anonim** *m* 1. (*autor*) anonymous writer 2. (*list*) anonymous letter **anonimowy** *adj* anonymous **anons** *m* advertisement; *pot* ad **anonsować** *vt imperf* 1. (*zapowiadać*) to announce 2. (*ogłaszać*) to advertise in the press **anormalny** *adj* abnormal; irregular; anomalous **ans|a** *f* resentment; animosity; **mieć do kogoś** ~ę to have a grudge against sb; to bear sb a grudge **antagonista** *m*, **antagonistka** *f* antagonist **antagonistyczny** *adj* antagonistic; hostile **antagonizm** *m* antagonism ⟨hostility⟩ (**między stronami** between parties) **antarktyczny** *adj geogr* antarctic **Antarktyda** *f geogr* the Antarctic **anten|a** *f radio* (indoor) antenna; (*ze-*

wnętrzna) aerial; ~a **kierunkowa** beam aerial; **nadawać na** ~ę to broadcast; **być na** ~ie to be on the air **antidotum** *n* antidote (**przeciw czemuś** against ⟨to⟩ sth) **antologia** *f* anthology **antonim** *m jęz* antonym **antracyt** *m* anthracite **antrakt** *m* interval; entr'acte **antropolog** *m* anthropologist **antropologia** *f* anthropology **antrykot** *m kulin* entrecote; steak **anty-** *praef* anti- **antyalkoholowy** *adj* antialcoholic; prohibition — (laws etc.) **antybiotyk** *m biol farm* (an) antibiotic **antyczny** *adj* 1. (*starożytny*) ancient 2. (*zabytkowy*) antique ⟨period⟩ (furniture etc.) **antyfaszysta** *m* antifascist **antyfaszystowski** *adj* antifascist — (policy etc.) **antyfeminista** *m* antifeminist, woman-hater; misogynist **antyhitlerowiec** *m* anti-Hitlerite **antyhitlerowski** *adj* anti-Hitlerite — (plot etc.); anti-nazi **antyk** *m* 1. *singt* (*kultura*) Greco-Latin civilization 2. (*przedmiot*) (an) antiquity; ancient object of art; (an) antique (object of art); (a) curiosity **antyklerykalny** *adj* anticlerical **antykomunistyczny** *adj* anticommunist **antykoncepcyjny** *adj med* contraceptive; **środek** ~ contraceptive (device) **antykwa** *f druk* Roman type **antykwariat** *m*, **antykwarnia** *f* 1. (*sklep z zabytkami*) antique ⟨antique dealer's, curiosity⟩ shop 2. (*sklep z książkami*) second-hand bookshop **antykwariusz** *m* antiquary; antique-dealer **antykwar|ski, antykwar|yczny** *adj* antique-dealer's (trade etc.); **książka** ~yczna second-hand book **antylopa** *f zool* antelope **antypaństwowy** *adj* antinational; anti-State (activities etc.) **antypartyjny** *adj* anti-party (activities, faction etc.) **antypatia** *f* antipathy; dislike; aversion (**do kogoś** to sb)

antypatyczny *adj* repugnant; repulsive; unsympathetic
antypod|a *m* 1. (*osoba*) inhabitant of the opposite side of the globe 2. *pl* ~y *geogr* antipodes; *przen stać na* ~ach to be poles apart
antypokojowy *adj* detrimental to peace; warmongering
antypostępowy *adj* hostile to progress
antypowieść *f* anti-novel
antyradziecki *adj* hostile to the Soviet Union
antysemicki *adj* anti-Semitic
antysemita *m*, **antysemitka** *f* anti-Semite
antysemityzm *m singt* anti-Semitism
antyseptyczny *adj* antiseptic
antyseptyka *f singt* antisepsis
antyspołeczny *adj* antisocial
antyteza *f* antithesis
anulować *vt perf imperf* to annul; to nullify; to cancel (an order etc.); to repeal (a law etc.)
anyż *m* 1. *bot* anise 2. (*przyprawa*) aniseed
aorta *f anat* aorta
aparat *m* 1. (*przyrząd*) apparatus; appliance; device; ~ **fotograficzny** camera; ~ **radiowy** wireless ⟨radio⟩ set; ~ **telewizyjny** television ⟨TV⟩ set; ~ **telefoniczny** (telephone) receiver 2. *anat zool* apparatus (**trawienny** *itd.* digestive etc.) 3. (*zespół ludzi, instytucji*) machinery (*rządowy itd.* of Government etc.); ~ **partyjny** ⟨**państwowy**⟩ the party ⟨State⟩ machine 4. (*zespół metod, środków*) material(s); machinery; machine; ~ **ucisku** means of oppression
aparatura *f* apparatus; outfit; machinery
apartament *m* 1. (*wytworne mieszkanie*) (luxury) flat 2. (*hotelowy*) suite (of rooms)
apasz *m* apache
apaszka *f* triangular ⟨square⟩ neckerchief; fichu
apati|a *f* apathy; indifference; listlessness; **popaść w** ~ę to grow ⟨to become⟩ apathetic ⟨listless⟩
apatyczny *adj* apathetic; listless; indifferent
apel *m* 1. (*wezwanie*) appeal (*do społeczeństwa itd.* to the public etc.); **stanąć do** ~u, **stawić się na** ~ to answer an appeal 2. (*sprawdzenie obecności*) roll-call; *wojsk* assembly; **stanąć do** ~u to fall in
apelacj|a *f* 1. (*odwołanie*) appeal; **wnieść** ~ę to appeal (to a court); *przen* **bez** ~i beyond recall 2. *pot sąd* Court of Appeal
apelacyjny *adj sąd* appelate (jurisdiction); **sąd** ~ Court of Appeal
apelować *vi imperf* 1. to appeal (**do zdrowego rozsądku** *itd.* to common sense etc.) 2. *sąd* to appeal (to a court)
apetyczny *adj* appetizing; *przen* (*pociągający*) tempting, attractive
apetyt *m* 1. appetite; **wilczy** ~ ravenous hunger; ~ **mu dopisuje** he is a hearty eater; **jeść bez** ~u to toy with one's food; *przysł* ~ **wzrasta w miarę jedzenia** the appetite increases with the meal 2. *przen* appetite (**na coś** for sth)
aplikacja *f* 1. (*praktyka*) apprenticeship (in the legal profession etc.) 2. *kraw* appliqué (work)
aplikant *m* apprentice (in the legal profession etc.); novice
aplikantura *f* = **aplikacja** 1.
aplikować *imperf* I *vi* to do one's apprenticeship (in the legal profession etc.) II *vt* (*stosować*) to apply
apodyktyczny *adj* peremptory; dogmatic
apogeum *n singt astr i przen* apogee
Apokalipsa *f singt bibl* Apocalypse
apolityczny *adj* non-political
apopleksja *f singt med* apoplexy
apoplektyczny *adj* apoplectic (stroke etc.)
aportować *vi imperf* to retrieve
apostolski *adj* apostolic; *przen* missionary
apostoł *m* 1. *rel* apostle 2. *przen* (*zwolennik*) advocate (of a cause)
apostrof *m* apostrophe
apoteoza *f* apotheosis; glorification
apretura *f techn* 1. (*czynność*) finishing; dressing 2. *pot* (*substancja*) (the) finish

apreturować *vt imperf* to finish (textures etc.)
aprobat|a *f* approval; approbation; sanction; **uzyskać czyjąś ~ę** to obtain ⟨to meet with⟩ sb's approval; **skinąć głową na znak ~y** to nod approval
aprobować *vt imperf* to approve (**coś** of sth); to sanction; **~ czyjś pogląd** to endorse sb's views
aprobująco *adv* approvingly
aprowizacja *f singt* 1. (*zaopatrywanie w żywność*) victualling; food supply 2. *pot* (*artykuły*) provisions; food-stuffs
apsyda *f* 1. *arch* apse 2. *astr* apsis
apteczka *f* medicine-chest; **~ podręczna** first-aid kit
apteczny *adj* pharmaceutic(al); **skład ⟨punkt⟩ ~** chemist's shop; *am* drug-store
apte|ka *f* chemist's shop, pharmacy, *am* drug-store; **w ~ce** at the chemist's
aptekarka *f*, **aptekarz** *m* chemist; apothecary; *am* druggist
ar *m* are (= 100 square meters)
arab *m* 1. **Arab** (an) Arab, Arabian 2. (*koń*) Arab horse
arabsk|i *adj* Arabic (language, architecture, numerals); Arabian (nation, horse, fable etc.); **guma ~a** gum arabic; **po ~u** in Arabic
arachidowy *adj* peanut — (oil etc.)
arak *m* arrack
aranżacja *f singt muz* arrangement
aranżer *m* 1. arranger; organizer 2. *muz* arranger
aranżować *vt imperf* 1. to arrange; to organize; to plan 2. *muz* to arrange (a composition to voices or instruments); to set (a composition for instruments)
arbiter *m* arbiter; arbitrator; *sport* umpire; **~ elegancji** arbiter of taste
arbitralny *adj* arbitrary; high-handed
arbitraż *m* arbitration; *ekon* arbitrage
arbuz *m bot* water-melon
archaiczny *adj* archaic
archaizm *m* archaism
archaizować *vt vi imperf* to archaize; to imitate ⟨to affect⟩ the archaic
archanioł *m rel* archangel

archeolog *m* archaeologist
archeologia *f singt* archaeology
archeologiczny *adj* archaeological
archidiecezja *f kośc* archdiocese
archipelag *m geogr* archipelago
architekt *m* architect; **~ wnętrz** designer of interior decoration; interior decorator
architektoniczny *adj* architectural
architektura *f singt* 1. (*projektowanie, budownictwo*) architecture; **~ wnętrz** interior decoration 2. (*konstrukcja*) construction; structure
archiwalny *adj* archival
archiwariusz *m* archivist
archiwum *n* 1. (*zbiór*) archives; *handl* files 2. (*instytucja*) registry; Record Office
arcybiskup *m rel* archbishop
arcydzieło *n* masterpiece
arcykapłan *m rel* high-priest
arcyksiążę *m hist* archduke
arcymistrz *m past* ⟨absolute⟩ master
areał *m* acreage
arena *f* arena; (*w cyrku*) ring; *przen* **~ polityczna** the arena of politics
areometr *m fiz* hydrometer
areopag *m* areopagus
areszt *m* 1. (*pozbawienie wolności*) arrest; confinement; detention; **nałożyć ~ na kogoś** to put sb under arrest 2. (*pomieszczenie*) gaol; *wojsk* confinement barracks 3. (*zajęcie mienia*) seizure; **położyć ~ na coś** to seize sth
aresztant *m* convict
aresztować *vt imperf* 1. (*zatrzymać*) to arrest 2. (*uwięzić*) to put (sb) in gaol; to imprison
aresztowani|e *n* ↑ **aresztować**; arrest; detention; **nakaz ~a** warrant of arrest
Argentyńczy|k *m* (an) Argentine; *pl* **~cy** the Argentines
argentyński *adj* Argentine(an)
argon *m chem* argon
argument *m* 1. argument (**za czymś** for sth; **przeciw czemuś** against sth); reason; plea; **wysunąć ~, że ...** to argue that ... 2. *mat* argument
argumentacja *f* 1. (*dowodzenie*) argumentation; reasoning 2. (*uzasadnienie*) motivation

argumentować *vi imperf* to argue; to contend
aria *f muz* aria
arianin *m* Arian
arianizm *m* Arianism
arka *f bibl* ark; **Arka Noego** Noah's Ark; **Arka Przymierza** the Ark of the Covenant
arkada *f arch* arcade
arkadowy *adj* arcaded
arkana, arkany *plt* arcana; secrets ⟨tricks⟩ (of the trade)
arktyczny *adj* arctic
arkusz *m* 1. *(format papieru)* sheet (of paper); ~ **drukarski** printed sheet 2. *(blachy itd.)* sheet; plate
arlekin *m* harlequin
armat|a *f* gun; cannon; *pl* ~y guns; ordnance; **strzelić z** ~y to fire a gun **armatni** *adj* gun — (fire, powder etc.); **wystrzał** ~ gunshot; *przen* **mięso** ~e cannon fodder
armator *m mar* 1. *(właściciel)* shipowner 2. *(eksploatator statku)* charterer
armatura *f* fittings; fixtures; *mar* tackle
armia *f* army; **Armia Czerwona** the Red Army; **Armia Krajowa** Home Army; **Armia Ludowa** People's Army 2. *przen* host (of domestics etc.)
arogancja *f singt* arrogance; haughtiness
arogancki *adj* arrogant; haughty
aromat *m* aroma; fragrance; *kulin* flavour
aromatyczny *adj* aromatic; fragrant
arras *m* arras; tapestry
arsen *m chem* arsenic
arsenał *m* arsenal; armoury; *przen* arsenal (of arguments etc.)
arszenik *m singt chem* arsenic trioxide; *pot* arsenic
arteria *f* 1. *anat* artery 2. *(szlak)* artery (of commerce, of communication); thoroughfare; ~ **wodna** waterway
arterioskleroza *f singt med* hardening of the arteries
artezyjski *adj* artesian (well)
artretyczny *adj med* arthritic; gouty
artretyzm *m med* arthritis; gout
artykulacja *f muz jęz* articulation
artykulacyjn|y *adj* articulation —; *jęz* **narządy** ~e organs of speech

artykuł *m* 1. *dzien* article (in a newspaper, magazine etc.); ~ **wstępny** editorial; leader; **pisywać** ~y **do gazety** to contribute to a paper 2. *(w encyklopedii itd.)* entry 3. *(paragraf, ustęp)* article (in a contract etc.) 4. *handl* article (of trade); *pl* ~y goods; commodities; *(w złożeniach)* -ware; ~y **gospodarstwa domowego** household supplies; ~y **przemysłowe** manufactured goods; ~y **skórzane** leatherware; ~y **spożywcze** food-stuffs; ~ **pierwszej potrzeby** article of daily use
artykułowany *adj (o mowie)* articulate
artyleria *f singt wojsk* artillery; ordnance
artyleryjski *adj* artillery (unit, park etc.); **ogień** ~ gun-fire
artylerzysta *m* artilleryman; gunner
artysta *m* artist; ~ **malarz** painter; ~ **muzyk** musician; ~ **dramatyczny** actor; ~ **filmowy** cinema actor, *am* film star; cinemactor; ~ **estradowy** ⟨**kabaretowy**⟩ artiste; ~ **komediowy** comedian; comedy actor
artystka *f* (woman) artist; performer; *teatr* actress
artystyczny *adj* artistic; (critic etc.) of art; **przemysł** ~ artistic handicrafts
artyzm *m singt* artistry; artistic skill
aryjski *adj* Aryan
arystokracja *f* aristocracy
arystokrata *m* aristocrat
arytmetyczn|y *adj* arithmetic(al); **średnia** ~a arithmetic(al) means; *szk* **odrabiać zadania** ~e to do one's sums
arytmetyka *f singt* arithmetic
arytmia *f singt med* arrhythmia
as[1] *m* 1. *karc* ace (of spades, clubs etc.) 2. *(mistrz)* ace; champion
as[2] *indecl muz* A flat; ~ **dur** A flat major
asceta *m* ascetic
ascetyczny *adj* ascetic(al)
asceza *f singt* asceticism
asekuracja *f* 1. *(ubezpieczenie)* insurance; assurance; ~ **od ognia** fire-insurance; ~ **na życie** life-assurance; *am* life-insurance 2. *(zabezpieczenie)* security ⟨safeguard, protection⟩ (**od czegoś**

against sth); (*przy wspinaczce*) belaying
asekurować *imperf* I *vt* 1. (*ubezpieczać*) to insure (**kogoś, coś od czegoś** sb, sth against sth) 2. (*zabezpieczać*) to secure; to safeguard; to protect II *vr* ~ **się** 1. (*ubezpieczać się*) to insure (**od ognia itd.** against fire etc.); ~ **się na życie** to assure ⟨*am* to insure⟩ one's life 2. (*zabezpieczać się*) to secure ⟨to safeguard, to protect⟩ oneself (**od czegoś** against sth); (*przy wspinaczce górskiej*) to belay
asenizacja *f singt* improvement of sanitary conditions; garbage removal
aseptyczny *adj med* aseptic; sterilized
asesor *m sąd* associate judge
asfalt *m* asphalt
asfaltować *vt imperf* to asphalt
asfaltowy *adj* asphalt — (pavement etc.)
asocjacja *f* association (**pojęć** of ideas)
asortyment *m* assortment; selection; stock; choice; **bogaty** ~ large choice; **uzupełnić** ~ **towarów** to restock a shop
aspekt *m* aspect. ⟨bearing⟩ (of a problem etc.); **rozważyć sprawę we wszystkich** ~**ach** to examine a question in all its bearings
aspiracj|a *f* 1. (*zw pl*) aspiration (**do sławy itd.** for ⟨after⟩ renown etc.); ambition (to do sth); **mieć wysokie** ~**e** to have great aspirations; to fly high 2. *jęz* aspiration
aspirant *m* 1. (*kandydat*) candidate ⟨applicant⟩ for a post 2. *uniw* post-graduate student
aspirantura *f uniw* post-graduate studies
aspirować *imperf* I *vt jęz* to aspirate II *vi* to aspire (**do czegoś** to ⟨after⟩ sth)
aspiryn|a *f farm* aspirin; **zażyć** ~**ę** to take an aspirin
aspołeczny *adj* asocial
astma *f singt med* asthma
astmatyczny *adj med* asthmatic
astralny *adj* astral
astrofizyka *f singt* astrophysics
astrofotometria *f singt* astrophotometry
astrolog *m* astrologer
astrologia *f singt* astrology

astrologiczny *adj* astrologic(al)
astronauta *m* astronaut; space pilot
astronautyczny *adj* astronautic(al); space — (flight, station etc.)
astronautyka *f singt* astronautics
astronom *m* astronomer
astronomia *f singt* astronomy
astronomiczny *adj* astronomical (time, unit etc., *przen* sums)
astygmatyzm *m singt fiz med* astigmatism
asygnata *f* 1. (*upoważnienie do podjęcia pieniędzy*) order of payment 2. (*kwit kasowy*) voucher
asygnować *vt imperf* 1. (*przeznaczać*) to allocate ⟨to appropriate⟩ (funds) 2. (*polecić wypłatę*) to issue an order of payment
asymetria *f singt* asymmetry
asymetryczny *adj* asymmetric; dissymmetric(al)
asymilacja *f singt* assimilation
asymilować *imperf* I *vt* 1. (*upodabniać*) to assimilate; to liken 2. (*wchłaniać*) to absorb 3. *biol* to assimilate (food etc.) II *vr* ~ **się** to become assimilated
asy|sta *f singt* 1. (*towarzystwo*) company; escort; suite; train (of followers, admirers etc.); **w** ~**ście kilku osób** accompanied ⟨escorted, attended⟩ by several persons 2. (*towarzyszenie*) attendance
asystent *m*, **asystent|ka** *f uniw* assistant; demonstrator; **młodszy** ~ junior assistant; **starszy** ~ assistant lecturer
asystentura *f* post of demonstrator ⟨of professor's assistant, of assistant lecturer⟩
asystować *vi imperf* 1. (*towarzyszyć*) to accompany ⟨to escort⟩ (**komuś** sb) 2. (*nadskakiwać*) to dance attendance (**komuś** on sb) 3. (*pomagać*) to assist (**komuś w czymś** sb in sth)
atak *m* 1. *wojsk* attack; offensive; ~ **z powietrza** air raid 2. (*napaść*) onset; onslaught 3. *med* attack; fit; ~ **serca** ⟨**wątroby**⟩ heart ⟨liver⟩ attack; ~ **kaszlu** coughing fit; **dostać** ~**u szału** to be seized with a fit of rage 4. *sport* (*w piłce nożnej*) the forwards, the

forward line; **środek** ~**u** centre forward
atakować *vt imperf dosł i przen* to attack; to assault; to assail (**kogoś** sb)
ataman *m hist* Cossack hetman
ataszat *m* office ⟨post⟩ of attaché
atawistyczny *adj biol* atavistic
atawizm *m biol* atavism
ateista *m* atheist
ateizm *m singt* atheism
atelier *n indecl plast fot* studio; atelier; ~ **filmowe** film studio
atlantycki *adj* Atlantic; **Ocean Atlantycki** the Atlantic (Ocean)
atlas *m* atlas; ~ **geograficzny** ⟨**anatomiczny**⟩ geographical ⟨anatomical⟩ atlas
atleta *m* athlete
atletyczny *adj* athletic (type, contest etc.)
atletyka *f singt* athletics
atłas *m* satin; **przysł szkoda czasu i** ~**u** it's a waste of time; it's not worth the trouble
atłasowy *adj* 1. (*z atłasu*) satin — (dress etc.) 2. (*gładki*) silky; satiny
atmosfer|a *f* 1. *geogr fiz* atmosphere 2. (*nastrój*) atmosphere (of distrust, friendliness, comfort etc.); climate; ~**a domowa** atmosphere prevailing in the home; **oczyścić** ~**ę** to clear the air
atmosferyczn|y *adj fiz* atmospheric(al) (pressure, phenomena etc.); **opady** ~**e** precipitation; **warunki** ~**e** weather conditions; *radio* **przeszkody** ~**e** atmospherics
atol *m geogr* atoll
atom *m* atom; **jądro** ~**u** atomic nucleus; **rozbicie** ~**u** the smashing of the atom; **rozszczepienie** ~**u** atomic fission
atomista *m fiz filoz* atomist
atomistyka *f singt fiz* atomistics
atomow|y *adj* atomic (energy, weight etc.); **bomba** ~**a** atom bomb; **stos** ~**y** atomic pile, nuclear reactor
atonia *f singt med* atony
atrakcja *f* 1. *singt* (*cecha*) attractiveness 2. (*rzecz pociągająca*) attraction; **główna** ~ (**wieczoru itd.**) chief attraction ⟨clou⟩ (of the evening etc.)
atrakcyjny *adj* attractive; alluring

atrament *m* ink; **pisać** ~**em** to write in ink; **czarny jak** ~ inky black
atramentow|y *adj* 1. written in ink; **ołówek** ~**y** indelible pencil 2. *przen* inky; ~**e chmury** inky-black clouds
atrapa *f* dummy; catch
atrofia *f singt med* atrophy; ~ **mięśni** ⟨**mózgu itd.**⟩ muscular ⟨cerebral etc.⟩ atrophy
atropina *f singt farm* atropine
atrybut *m* 1. (*cecha*) attribute 2. (*godło*) attribute ⟨symbol⟩ (**władzy** of authority)
atrybutywny *adj gram* attributive
attaché *m indecl* attaché; ~ **wojskowy** ⟨**handlowy, kulturalny. itd.**⟩ military ⟨commercial, cultural etc.⟩ attaché
attyck|i *adj* Attic; **sól** ~**a** Attic salt ⟨wit⟩
attyka *f arch* attic
atu *n,* **atu|t** *m karc* trumps; **bez** ~ no trumps; **wyjść w** ~ to play trumps; **bić** ~**tem** to trump; *przen* **mieć wszystkie** ~**ty w ręce** to have all the trumps in one's hands
atutowy *adj* trump — (card etc.); **as** ~ the ace of trumps
audiencj|a *f* (an) audience; **udzielić komuś** ~**i** to give sb an audience; **uzyskać** ~**ę** to be granted an audience
audycj|a *f* radio ⟨TV⟩ broadcast; programme; **nadać** ~**ę** to broadcast a programme
audytorium *n* 1. (*sala*) auditorium; lecture-room; concert-hall 2. *singt* (*słuchacze*) audience; **liczne** ~ a large audience
Augiasz *w wyrażeniu: przen* **stajnia** ~**a** Augian stable
aula *f uniw* assembly hall
aura *f książk* 1. weather (conditions) 2. (*nastrój*) atmosphere
aureola *f* 1. *mal* aureola, aureole, halo 2. *przen* halo ⟨nimbus⟩ (of glory etc.)
auspicj|e *plt* auspices; **pod złymi** ~**ami** under adverse auspices
Australijczyk *m,* **Australijka** *f* (an) Australian
australijski *adj* Australian
austriacki *adj* Austrian; *pot* ~**e gadanie** fiddlesticks

Austriak *m*, **Austriaczka** *f* (an) Austrian
aut *m sport* out; **posłać piłkę na ~ to hit** ⟨to throw⟩ the ball out of court
autarkia *f singt* autarky; economic self-sufficiency
autentyczność *f singt* authenticity; genuineness
autentyczny *adj* 1. (*oryginalny*) authentic (text etc.) 2. (*prawdziwy*) genuine; real; true (story etc.)
autentyk *m* authentic piece ⟨document⟩; (an) original
autentyzm *m singt* authenticity; genuineness
aut|o *n* motor-car; *am* automobile; *pot* car; **~o ciężarowe** (motor) lorry; *am* truck; **~o osobowe** private ⟨passenger⟩ car; **~o wyścigowe** racing car; **jechać** ⟨**kierować**⟩ **~em** to drive a car; **przejechać się ~em** to go for a drive
autobiografia *f* autobiography
autobiograficzny *adj* autobiographical
autobus *m* (*miejski*) motor-bus, *pot* bus; (*dalekobieżny, turystyczny*) motor coach; char-a-banc; **pojechać ~em** to go by bus; to take a ⟨the⟩ bus
autobusowy *adj* bus — (line, stop, service etc.)
autochton *m*, **autochton|ka** *f* autochthon; *pl* **~i** aborigenes
autochtoniczny *adj* autochthonous; indigenous; native
autograf *m* autograph
autokar *m* motor coach; char-a-banc; touring-car
autokracja *f singt* autocracy
automat *m* 1. *techn* automatic ⟨slot⟩ machine; **~ telefoniczny** dial ⟨automatic⟩ telephone 2. (*robot*) robot; *dosł i przen* automaton 3. (*pistolet maszynowy*) automatic (pistol)
automatyczn|y *adj* 1. *techn* automatic; self-acting; self-operated; **centrala ~a** automatic telephone exchange; **broń ~a** repeater 2. (*bezwiedny*) automatic; mechanical; unconscious
automatyzacja *f singt* 1. (*zmechanizowanie*) automatization 2. *ekon* automation 3. (*bezwiedne wykonywanie czynności*) automatism
automatyzować *vt imperf* to automatize

automobilista *m* motorist
automobilowy *adj* motor — (race etc.); **klub ~** automobile club
autonomia *f singt* autonomy; self-government; *uniw* academic freedom
autonomiczny *adj* autonomous; self-governing; independent; *fizj med* autonomic
autoportret *m* self-portrait
autopsja *f* 1. (*naoczne stwierdzenie*) autopsy 2. *med sąd* post-mortem (examination)
autor *m* 1. author; writer; **~ niniejszej pracy** the present writer 2. (*inicjator*) originator; **~ projektu** designer
autorament *m* class; type; sort; **człowiek dawnego ~u** old-timer; **wszelkiego ~u** of all sorts
autoreklama *f* self-advertising
autorka *f* author; authoress
autorski *adj* author's; writer's; **egzemplarz ~** complimentary copy (of a book); **honorarium ~e** royalty; author's fee; **prawo ~e** copyright; **wieczór ~** literary gathering at which a writer reads extracts of his works
autorstwo *n* authorship
autorytatywny *adj* 1. (*miarodajny*) authoritative; reliable 2. (*rozkazujący*) imperative; dictatorial
autorytet *m* 1. (*powaga, wpływ*) authority; influence; **cieszyć się ~em** to enjoy respect; **mieć ~** to have influence; **zdobyć ~** to establish one's influence 2. (*człowiek*) (an) authority; expert
autoryzacja *f singt* authorization (**przekładu** to translate)
autoryzować *vt imperf* to authorize (**przekład** the translation)
autostop *m* hitch-hiking; **wędrować po kraju ~em** to go hitch-hiking about the country
autostrada *f* motorway; *am* speedway
autosugestia *f* autosuggestion; self-suggestion
autożyro *n lotn* autogyro; gyroplane
awangar|da *f dosł i przen* vanguard; *przen* **iść** ⟨**kroczyć**⟩ **w ~dzie** to be in the van ⟨forefront⟩ (of progress etc.)

awangardowy *adj* vanguard — (artist etc.)
awans *m* 1. (*w pracy*) promotion (to a higher office etc.); ~ **kulturalny** cultural advancement; ~ **społeczny** social rise; **otrzymać** ~ **na sierżanta** ⟨**majora itd.**⟩ to be promoted sergeant ⟨major etc.⟩ 2. *pl* ~**e** advances; **robić komuś** ~**e** to make advances to sb
awansować *perf imperf* **I** *vt* to promote (sb to a higher post) **II** *vi* to be promoted
awantur|**a** *f* disturbance; fuss; scene; row; **zrobić** ~**ę** to make a scene; to kick up a row
awanturnica *f* adventuress; (*kłótnica*) shrew
awanturnicz|**y** *adj* 1. adventurous; (*o życiu*) stormy; **prowadzić** ~**e życie** to live by one's wits 2. (*kłótliwy*) rowdyish 3. (*ryzykowny*) venturesome
awanturnik *m* 1. (*kłótnik*) roisterer; wrangler 2. (*człowiek poszukujący przygód*) adventurer
awanturować się *vr imperf* to fuss; to storm; ~ **o coś** to make a fuss ⟨a row⟩ about sth
awari|**a** *f* damage ⟨injury⟩ (**maszyny** to a machine); **ulec** ~**i** to suffer damage ⟨an injury⟩
awaryjny *adj* damage (report, agent etc.)
awersj|**a** *f singt* aversion (**do kogoś, czegoś** to ⟨for⟩ sb, sth); dislike ⟨repugnance⟩ (**do kogoś, czegoś** to sb, sth); **poczuć** ~**ę do kogoś, czegoś** to take a dislike to sb, sth
awionetka *f* light aeroplane
awiz *m*, **awizo** *n handl* notification; notice; advice
awizować *vt imperf* to notify; to inform

azalia *f bot* azalea
azbest *m miner* asbestos
Azjata *m* (an) Asiatic
azjatycki *adj* Asiatic
azot *m chem* nitrogen
azotniak *m chem* lime nitrogen
azotowy *adj chem* nitric; nitrogenous; **kwas** ~ nitric acid; **nawóz** ~ = **azotniak**
azyl *m* refuge; sanctuary; shelter; *polit* (political) asylum
azymut *m astr geod* azimuth
aż I *part wzmacniająca* 1. (*miejsce, odległość*) all the way; down ⟨up⟩ to; as far as; *am* way down ⟨up⟩ to; **aż z (Krakowa)** all the way from (Cracow); **aż do stóp** (right) down to one's feet; **aż po szyję** (right) up to the neck 2. (*kres czasowy*) **aż do** until, till; as late as; **aż do grudnia** till December; as late as in December 3. (*granica wyliczenia*) **aż do** down to; up to; **od góry aż do samego dołu** from the top down to the very bottom 4. (*stopień nasilenia, skutku*) **aż do** till; **aż do skutku** till the end; **aż mąciło się w głowie** till one's head reeled 5. *w zwrotach*: **aż miło patrzeć** it's a pleasure to watch; **aż nadto** more than enough; **aż strach** like the dickens; **aż strach pomyśleć** one shudders to think **II** *conj* 1. till; until; **zaczekaj aż przyjdę** wait till I come 2. *z przeczeniem*: before; **nie odchodź aż wrócę** don't leave before I come back 3. *gdy łączy zdania wyrażające stopień nasilenia*: so; so (much so) that; **walnął aż echo jęknęło** he struck so that the sound echoed
ażeby *conj* = **aby**
ażur *m* open-work
ażurowy *adj* open-work — (jewellery, lace)

b

B, b *n muz* b flat; **B-dur** b flat major; **b-mol** b flat minor
ba *interj* 1. (*wyraża zdziwienie, domysł,* rozczarowanie) hey?, heigh ho!; la! 2. (*co więcej*) or rather; what more 3. (*oczywiście*) of course

bab|a *f* 1. (*kobieta*) woman; *pog* female; *żart* **Herod-~a** virago; *przysł* **~a z wozu koniom lżej** good riddance to bad rubbish 2. *przen* (*o mężczyźnie*) old woman; **nie bądź ~ą** don't play the woman 3. (*chłopka*) country ⟨peasant⟩ woman 4. (*przekupka*) coster woman 5. *kulin* (Easter) cake 6. *techn* rammer; beetle; **ubijać ~ą** to ram; to beetle
babcia *f* (*dim* ↑ **babka**) 1. *pieszcz* grannie, grandmamma 2. (*staruszka*) old woman
babi *adj* woman's; **~e lato** a) (*pora roku*) Indian summer b) (*nitki pajęczyny*) gossamer
babiarz *m pot* lady's ⟨ladies'⟩ man
babiniec *m żart* gathering of women; hen party
babka *f* 1. grandmother 2. (*staruszka*) (withered) old woman; (*zabawa*) **ślepa ~** blindman's buff; **przysł na dwoje ~ wróżyła** there's no telling how things will turn out 3. (*akuszerka*) village midwife 4. *pot* (*dziewczyna, kobieta*) flapper; *sl* a bit of skirt 5. *kulin* cake 6. (*z piasku*) mud pie
babrać *imperf pot* **I** *vt* 1. (*brudzić*) to smear; to stain 2. (*robić źle*) to bungle **II** *vr* **~ się** 1. (*brudzić się*) to smear ⟨to stain⟩ one's fingers ⟨hands, face, clothes etc.⟩ 2. (*grzebać się*) to mess about; to potter (**w czymś** at ⟨in⟩ sth)
babsk|i *adj* (old) woman's; womanish; **zachowywać się po ~u** to play the woman; to be a sissy
babunia *f* grannie
bachanalia *f* drunken revel; carousal; orgy
bachiczny *adj* 1. Bacchic 2. (*pijacki*) drunken; riotous
bachor *m* brat; bantling; nipper; **nieznośny ~** exasperating brat
baczki *plt* side-whiskers
bacznie *adv* attentively; watchfully; **~ się komuś przyglądać** to look intently at sb
baczność|ć *f singt* attention; **mieć się na ~ci** to watch ⟨to look⟩ out; to be on the look-out ⟨on the alert⟩; **mieć się na ~ci przed kimś, czymś** to be on one's guard against sb, sth 2. *wojsk* **~ć!** attention!; 'shun!; **stanąć ⟨stać⟩ na ~ć** to come to ⟨to stand at⟩ attention
baczn|y *adj* 1. (*uważny*) attentive (**na coś** to sth); watchful (**na coś** for sth); **zwracać ~ą uwagę na coś** to be intent on sth 2. (*ostrożny*) careful (**na coś** of sth)
bacz|yć *vi imperf* 1. (*pilnować*) to watch (**na kogoś, coś** sb, sth) 2. (*zważać*) to have ⟨to pay⟩ regard (**na kogoś, coś** to sb, sth); **nie ~ąc na ...** regardless ⟨heedless⟩ of ...; **nie ~ąc na kogoś, coś** without regard to ⟨for⟩ sb, sth
bać się *vr imperf* 1. to be afraid (**kogoś, czegoś** of sb, sth; **coś zrobić** of doing sth); to fear (**kogoś, czegoś** sb, sth); to be frightened (**kogoś, czegoś** of ⟨at⟩ sb, sth); **boję się to zrobić** I daren't do it; **bój się Boga!** compose yourself!; man alive! 2. (*być niespokojnym*) to be anxious (**o kogoś, coś** for sb, sth)
badacz *m* 1. (*odkrywca*) explorer 2. (*uczony*) scholar 3. (*naukowiec*) investigator; research worker
badać *vt imperf* 1. (*naukowo*) to investigate; to study; to do research work (**coś** on sth) 2. (*dociekać*) to examine; to investigate; to inspect; to inquire (**sprawę** into an affair); **~ teren** to reconnoitre; to look round 3. *med* to examine; **~ czyjś puls** to feel sb's pulse 4. (*na śledztwie*) to interrogate ⟨to question⟩ (a witness etc.)
badanie *n* ↑ **badać** 1. (*dociekanie*) examination; inquiry; investigation; study; research; **~ lekarskie** medical examination 2. (*próba*) test; proof; **~ na białko** test for albumin 3. (*śledztwo*) interrogatory
badawczo *adv* searchingly; **spojrzeć ~ na kogoś, coś** to give sb, sth a searching ⟨scrutinizing⟩ look
badawcz|y *adj* 1. (*o spojrzeniu*) questioning; scrutinizing 2. (*o dociekaniach*) investigative; **praca ~a** research work

badyl *m* 1. stalk ⟨stem⟩ (of a plant) 2. *żart (roślina)* weed
badylarstwo *n singt* market gardening
badylarz *m* market gardener
bagatela *f* 1. trifle; bagatelle; **o, to ~** a) (*nie szkodzi*) it's all right, never mind b) (*to jest łatwe*) it's quite easy; **to nie ~** it's no joke 2. *wykrzyknikowo*: well, well!; a mere trifle!
bagatelizować *vt imperf* 1. (*lekceważyć*) to belittle; to minimize; to make light (**coś** of sth) 2. (*lekko traktować*) to trifle (**coś** with sth)
bagaż *m* luggage; *am* baggage; **przechowalnia ~u** cloak-room; left-luggage office; **nadać** ⟨**oddać**⟩ **na ~** to register sth
bagażnik *m* (*przy rowerze*) carrier; (*w samochodzie*) luggage-carrier; (luggage) boot
bagażowy I *adj* luggage-; *am* baggage-; **kwit ~** luggage-ticket; *am* baggage-check; **wagon ~** luggage-van; *am* baggage car **II** *m* porter
bagienny *adj* bog — (plants, conditions etc.); marshy (soil)
bagnet *m* bayonet; **atak na ~y** bayonet charge
bagnisty *adj* boggy ⟨marshy, swampy⟩ (ground, district etc.)
bagn|o *n* bog; marsh; swamp; morass; *pl* **~a** swamps; marshland; **ugrząść w ~ie** to be bogged; *przen* **~o moralne** morass; (moral) sewer
bajczarz *m*, **bajczarka** *f* gossip
bajeczka *f* 1. fairy-tale 2. (*kłamstwo*) fib
bajecznie *adv* 1. fabulously 2. (*nadzwyczajnie*) extremely; *pot* awfully 3. (*świetnie*) splendidly; magnificently
bajeczny *adj* 1. (*legendarny*) legendary; mythic(al) 2. (*nadzwyczajny*) fabulous; prodigious 3. (*świetny*) splendid; magnificent
bajk|a *f* 1. (*baśń*) (fairy-)tale; **jak z ~i** fairy-like 2. (*plotka*) piece of gossip; *pl* **~i** gossip 3. *lit* fable
bajoński *adj* enormous ⟨vast, immense⟩ (sums)
bajoro *n* 1. (*kałuża*) puddle 2. (*staw*) pond
bak[1] *m aut* petrol ⟨*am* gasoline⟩ tank

bak[2] *m zw pl* **~i** side-whiskers
bakalie *plt* almonds, raisins, nuts and figs
bakcyl *m* bacillus; microbe; **dosł i *przen* germ
bakelit *m chem* bakelite
bakier *zob* **na bakier**
bakłażan *m bot* egg-plant
bakteria *f med* bacterium (*pl* bacteria); microbe
bakteriobójczy *adj* germicidal; **środek ~** germicide
bakteriolog *m* bacteriologist
bakteriologia *f* bacteriology
bakteriologiczn|y *adj* bacteriological; **wojna ~a** germ warfare
bal[1] *m* 1. (*zabawa*) ball; **~ kostiumowy** ⟨**maskowy**⟩ fancy-dress ball; **królowa ~u** the belle of the ball; **wyprawić ~** to give a ball 2. *przen* (*uczta*) treat; feast; **urządzić sobie ~** to give oneself a treat
bal[2] *m* (*pień*) log
bal[3] *m* (*bela*) bale (of merchandise)
balansować *vi imperf* to balance; *przen* to oscillate
balast *m* ballast; *mar i przen* ballast
baldachim *m* canopy
baldaszkowat|y *bot* **I** *adj* umbellar; umbellate **II** *pl* **~e** the Umbelliferae
balerina *f* ballerina
baleron *m* ham (boned, enclosed in a bladder, smoked and boiled)
balet *m* ballet
baletka *f* ballet slipper
baletmistrz *m* ballet master
baletnica *f* ballet dancer ⟨girl⟩
baletowy *adj* ballet — (school etc.)
balia *f* wash-tub
balistyka *f singt wojsk* ballistics
balkon *m* 1. balcony; *am* gallery 2. *teatr* **~ I-go piętra** dress circle; **~ II-go piętra** balcony
ballada *f lit muz* ballad
balneolog *m med* balneologist
balneologia *f singt med* balneology
balon *m* 1. balloon; **~-sonda** sounding balloon; **~ pilotowy** pilot balloon; **~ zaporowy** barrage balloon; *przen* **~ próbny** feeler; *pot* **robić z kogoś ~a** to make a fool of sb 2. (*zabawka*)

balować   19   **banicja**

toy-balloon 3. *techn* carboy; balloon--flask
balować *vi imperf* 1. *(bawić się)* to attend balls; to dance away one's time 2. *(tańczyć)* to dance
balowy *adj* ball- (room, dress etc.)
balsam *m* balm
balsamiczny *adj* 1. balmy, balsamic 2. *(aromatyczny)* aromatic 3. *(kojący)* soothing
balsamować *vt imperf* to embalm
balsamow|y *adj* balmy; balsamic; **drzewo** ~e balsam tree
balustrada *f* balustrade; railing
bałagan *m pot* mess; disorder; disarray; (a) higgledy-piggledy; *am* muss; **panował** ~ things were in a mess; **wprowadzić w czymś** ~ to throw sth into confusion; **narobić w czymś** ~**u** to jumble sth up
bałaganiarz *m pot* 1. disorderly ⟨untidy, messy⟩ person 2. *(w pracy)* bungler; muddler
bałamucić *imperf* **I** *vt* 1. *(o kobiecie)* to coquet(te); *(o mężczyźnie)* to flirt (**kogoś** with sb); to carry on a flirtation (**kogoś** with sb) 2. *(tumanić)* to mislead; to lead astray **II** *vi (trwonić czas)* to loiter; to trifle one's time away **III** *vr* ~ **się** 1. to flirt 2. *(łudzić się)* to delude oneself 3. *(dawać się otumanić)* to let oneself be deceived
bałamut *m* 1. *(flirciarz)* flirt; philanderer 2. *(człowiek szerzący zamęt)* muddler
bałamutka *f* flirt; coquette
bałamutny *adj* 1. *(zwodniczy)* evasive; deceptive 2. *(mylący)* confusing; misleading 3. *(zalotny)* flirtatious; coquettish
bałkański *adj* Balkan
bałtycki *adj* Baltic
bałwan *m* 1. *dosł i przen* idol 2. *(ze śniegu)* snow man 3. *(fala)* wave; billow; ~**y morskie** high seas 4. *pog (dureń)* blockhead; dolt
bałwochwalca *m* idolater
bałwochwalczo *adv* with idolatrous veneration; blindly; slavishly
bałwochwalcz|y *adj* idolatrous; blind ⟨slavish⟩ (love etc.); *dosł i przen* **oddawać cześć** ~**ą** to idolize
bałwochwalstwo *n singt* idolatry; *przen* idolization
bambus *m bot* bamboo
bambusow|y *adj* bamboo — (forest etc.); **laska** ~**a** cane
banalizować *vt imperf* to render commonplace; to hackney; to trivialize
banalność *f* 1. *singt (cecha)* banality; triteness; triviality 2. = **banał**
banalny *adj* banal; commonplace; hackneyed; trite
banał *m* (a) commonplace; tag; stock phrase; *pl* ~**y** small talk; **prawić** ~**y** to utter commonplaces ⟨platitudes⟩
banan *m bot (owoc)* banana
bananowiec *m bot* banana plant; plantain
bananow|y *adj* banana — (leaf, colour etc.); *przen* ~**a młodzież** over-privileged youth
banda *f* 1. *(szajka)* band ⟨gang⟩ (of thieves etc.) 2. *pot (grupa ludzi zżytych z sobą)* bunch (of friends etc.) 3. *bil* cushion (of billiard table)
bandaż *m med* bandage
bandażować *vt imperf* to bandage; to bind up
bander|a *f* (ship's) flag; ensign; colours; **płynąć pod polską** ~**ą** to sail under the Polish flag
banderola *f* 1. banderole; excise band 2. *(opaska pocztowa)* cover ⟨wrapper⟩ (of printed matter sent by mail)
bandyck|i *adj* bandit's; ruffianly; **szajka** ~**a** band of robbers; **napad** ~**i** robbery; act of brigandage
bandyta *m* bandit; brigand; robber; ruffian; gangster
bandytyzm *m singt* (act(s)) of brigandage; robbery; banditism; banditry
bania *f* 1. spherical ⟨bulgy⟩ object; **jak** ~ swollen; bulbous 2. *(kula)* sphere; globe; bulb 3. *bot* pumpkin
banialuki *plt* rubbish; (tommy-)rot; **pleść** ~, to talk nonsense
banicj|a *f* 1. *(pozbawienie praw obywatelskich)* outlawry 2. *(wygnanie)* banishment; **skazać na** ~**ę** to banish; to proscribe

banita *m* outlaw
bank *m* 1. bank; ~ **emisyjny** bank of issue; ~ **kredytowy** loan bank 2. *karc* bank; pool; **trzymać** ~ to hold the bank; **rozbić** ~ to break the bank
bankier *m fin karc* banker
bankierski *adj* banker's; banking — (house etc.)
bankiet *m* banquet; **wydać** ~ **na czyjąś cześć** to give a banquet in sb's honour
banknot *m* (bank-)note; *am* bill
bankowiec *m* bank clerk ⟨employee⟩
bankowość *f* banking; the banking business
bankowy *adj* bank- (account, book); bank — (clerk etc.); banking- (counter etc.)
bankructwo *n* bankruptcy; failure; **ogłosić** ~ to declare oneself insolvent; *przen* ~ **polityczne** ⟨**moralne itd.**⟩ political ⟨moral etc.⟩ bankruptcy
bankrut *m* bankrupt; (an) insolvent; *przen* ~ **polityczny** political bankrupt
bankrutować *vi imperf* 1. to go bankrupt; to fail; to become insolvent 2. *przen* to prove a failure
bańk|a 1. (*blaszana*) can; milk-can; container 2. (*szklana*) bulb; glass ball 3. (*pęcherzyk*) bubble; ~**a mydlana** soap-bubble; **puszczać** ~**i** to blow soap-bubbles 4. *med* cupping-glass; **stawiać komuś** ~**i** to cup sb
baptysta *m rel* baptist
bar[1] *m* 1. bar; luncheon bar; bar-room; ~ **mleczny** ⟨**kawowy**⟩ milk ⟨coffee⟩ bar; ~ **samoobsługowy** self-service bar; *am* cafeteria 2. (*bufet*) refreshment bar
bar[2] *m chem* barium
bar[3] *m fiz* bar (unit of pressure)
barak *m* barrack; frame-house; *wojsk* hut
baran *m* 1. *zool* ram; tup; **jak stado** ~**ów** like a herd of sheep; *przen* **nosić kogoś na** ~**a** to carry sb pick-a-back 2. **Baran** *astr* the Ram 3. *przen* (*głupiec*) idiot; blockhead 4. *pl* ~**y** *pot* (*futro*) sheepskin
baran|ek *m* 1. *dosł i przen* lamb; *przen* (*o człowieku*) gentle lamb 2. *pl* ~**ki** (*futro*) astrakhan fur 3. *rel* **Baranek Boży** Agnus Dei, Lamb of God

barani *adj* 1. sheep's (tail etc.); **skóra** ~**a** sheepskin; ~**a głowa** mutton-head 2. *kulin* mutton — (fat etc.); mutton- (cutlet, chop); **pieczeń** ~**a** ⟨**udo** ~**e**⟩ leg of mutton
baranieć *vi imperf* to be stupefied ⟨bewildered, dumbfounded⟩
baranina *f singt kulin* mutton
baraszkować *vi imperf* to frolic; to gambol; to caper
barbakan *m hist* barbican
barbarzyńca *m* (a) barbarian
barbarzyński *adj* barbarous, barbaric, barbarian
barbarzyństwo *n singt* barbarity; **to jest (istne)** ~ it is barbarous
barchan *m tekst* fustian; thick-set
barczysty *adj* broad-shouldered; square--built
bard *m* bard
bardziej *adv* (*comp* ↑ **bardzo**) 1. more; **coraz** ~ more and more; **tym** ~ **że** all the more because 2. *po czasownikach* — **nienawidzić, bać się itd.**: worse; **boję się choroby** ~ **niż śmierci** I fear disease worse than death 3. *po przeczeniu*: much ⟨still⟩ less; **nie mam ochoty tam iść, tym** ~ **w takim towarzystwie** I don't feel like going there much ⟨still⟩ less in such company
bardzo *adv* (*comp* **bardziej**) 1. very; *pot* ever so; jolly (good, quick etc.) 2. *przy czasowniku*: very much; greatly; ~ **proszę** a) if you please b) (*w odpowiedziach*) by all means 3. *przy czasownikach zawierających pojęcie braku* — **chcieć, potrzebować**: badly, sorely; **nie** ~ not quite; not altogether; hardly; **nie** ~ **rozumiem** I don't quite understand; **nie** ~ **wiem** I hardly know
bariera *f* barrier; bar; (*ogrodzenie*) railing; *przen* dike, dyke; ~ **celna** tariff wall; ~ **dźwięku** sonic ⟨sound⟩ barrier
bark *m* 1. *anat* shoulder ⟨pectoral⟩ girdle; scapular arch 2. *pl* ~**i** *dosł i przen* shoulders; **wziąć ciężar na swe** ~**i** to shoulder a burden

barka ƒ 1. (*łódka*) boat 2. (*łódź towarowa*) barge
barkow|y *adj anat* shoulder-; shoulder —; humeral; **kość** ~**a** humerus; **staw** ~**y** shoulder joint
barłóg *m* 1. (*człowieka*) pallet; bed of misery; litter; shake-down; straw bed 2. (*zwierzęcia*) lair
barman *m* barman; tapster
barmanka ƒ barmaid
barok *m singt* baroque (style)
barokowy *adj* baroque — (architecture etc.)
barometr *m* barometer; weather-glass; ~ **idzie do góry** the mercury is rising; ~ **spada** the glass is falling
barometryczny *adj* 1. (*należący do barometru*) barometer — (tube etc.) 2. (*mierzony za pomocą barometru*) barometric — (pressure etc.); **niż** ⟨**wyż**⟩ ~ barometric low ⟨high⟩
baron *m* baron
baronowa ƒ baron's wife; baroness
barow|y *adj* bar — (room etc.); **danie** ~**e** a dish from the buffet
barszcz *m kulin* borsch; beetroot soup; *przen* **tani** ⟨**tanio**⟩ **jak** ~ dirt-cheap; **dwa grzyby w** ~**u** too much of a good thing
bartnik *m* keeper of wild forest bees
barw|a ƒ 1. (*kolor*) colour; (*zabarwienie*) hue; tint; tinge; (*farba*) dye; ~**a ochronna** protective colouring; *przen* **przedstawiać coś w różowych** ⟨**czarnych**⟩ ~**ach** to paint sth in rosy, bright ⟨black, dark⟩ colours 2. *pl* ~**y** colours (of a club, regiment etc.); ~**y narodowe** the national colours ⟨flag⟩ 3. *muz* tone; colour; ~**a głosu** timbre
barwić *imperf* **I** *vt* to colour; to dye; to tinge **II** *vr* ~ **się** to colour (*vi*); to assume a colour; ~ **się na czerwono** ⟨**czerwienią**⟩ to assume a red colour ⟨hue⟩
barwinek *m bot* periwinkle; *am* myrtle
barwnie *adv dosł i przen* colourfully; *przen* vividly
barwnik *m* 1. (*farba*) dye; dye-stuff; colouring stuff 2. (*pigment*) pigment
barwność ƒ 1. (*kolory*) colours (of a picture etc.) 2. (*żywość barw*) colourfulness 3. (*cecha stylu, opisu itd.*) vividness
barwny *adj* 1. (*kolorowy*) coloured; (*o obrazie itd.*) in colours; colour — (painting etc.); ~ **film** colour film; ~ **druk** chromatic printing 2. (*odznaczający się żywymi barwami*) colourful; bright-coloured; (*o tłumie*) gaudy 3. *przen* (*o stylu*) vivid 4. (*wielobarwny*) many-coloured
barwoczuły *adj fot* panchromatic
bary *plt* broad shoulders; **mieć szerokie** ~ to be broad-shouldered; **chwycić** ⟨**brać**⟩ **się za** ~ **z kimś** to wrestle ⟨to grapple⟩ with sb; *przen* **brać się za** ~ **z czymś** to wrestle ⟨to grapple⟩ with sth
barykad|a ƒ barricade; *przen* barrier; **stać po drugiej stronie** ~**y** to belong to ⟨to be in⟩ the opposing camp
barykadować *imperf* **I** *vt* to barricade (a door etc.); to bar (a passage etc.) **II** *vr* ~ **się** to barricade oneself; to bar oneself in
baryła ƒ 1. barrel; cask 2. *przen* (*o człowieku*) big-bellied person
baryłka ƒ keg; small barrel ⟨cask⟩
baryton *m* baritone
bas *m* 1. (*głos, śpiewak, rejestr*) bass; **śpiewać** ~**em** to sing in a bass voice 2. (*instrument*) bass-viol; double bass; bass clarinet; bass tuba
Basedow *m w wyrażeniu: med* **choroba** ~**a** exophthalmic goitre; Graves' disease
basen *m* 1. (*zbiornik*) basin; reservoir; tank 2. *med* bed-pan 3. *geogr geol* basin 4. *mar* dock 5. *sport* swimming--bath; swimming-pool
basetla ƒ *muz* double-bass
basować *vi imperf* 1. to sing ⟨to play⟩ the bass part 2. *przen* (*schlebiać*) to chime in (**komuś** with sb); to cringe (**komuś** to sb); to fawn (**komuś** upon sb)
basowy *adj* 1. *muz* bass — (voice etc.) 2. (*o głosie*) low; deep-sounding
basta *indecl* enough!; no more!; that will do!
bastard *m* bastard

bastion *m* bastion; *przen* bulwark; rampart
basza *m* pasha
baszta *f* 1. *arch* tower 2. *wojsk* turret
baś|ń *f* story; fairy-tale; **świat** ~**ni** fairyland
bat *m* 1. (*bicz*) whip; **popędzać** ~**em** to whip on 2. (*kara*) the lash; **25** ~**ów** 25 lashes 3. *pl* ~**y** (*bicie*) (a) beating
batalion *m wojsk* battalion; *przen* host; army
batalista *m* painter of battle-scenes
bateria *f* 1. *wojsk* battery; troop (of artillery) 2. *el* storage battery; electric pile 3. *przen* ~ **butelek itd.** set ⟨collection, array⟩ of bottles etc.
batog *m* whip
baton *m* bar (of chocolate etc.)
batożyć *vt imperf* to whip; to lash
batut *m sport* trampolin
batut|a *f* 1. *muz* baton, conductor's wand 2. *muz* leadership (of an orchestra, of a band); **orkiestra pod** ~**ą** ... orchestra conducted by ...
batyskaf *m* bathyscaph, bathysphere
batyst *m tekst* batiste
bawarka *f* sweetened beverage of hot water or tea and milk
bawełn|a *f singt* 1. *bot* the cotton plant; **uprawiać** ~**ę** to grow cotton 2. (*włókno*) cotton; ~**a strzelnicza** gun-cotton; *przen* **o(b)wijać coś w** ~**ę** to mince matters; to beat about the bush; **nie owijając w** ~**ę** in plain words ⟨speech⟩
bawełniany *adj* cotton- (plant etc.); cotton — (cloth etc.)
bawełniczka *f* cotton yarn
bawialnia † *f* parlour; sitting-room
bawi|ć *imperf* **I** *vt* to amuse; to entertain **II** *vi* to stay ⟨to sojourn⟩ (**gdzieś** in a place); ~**ć na wczasach** to be on holiday **III** *vr* ~**ć się** 1. (*grać*) to play (**w coś** at sth; **czymś** with sth); to play games 2. (*mieć uciechę*) to amuse ⟨to enjoy⟩ oneself; to have a good time; ~**ć się czyimś kosztem** to make merry ⟨to have a good laugh⟩ at sb's expense; ~**ć się czymś** to be amused at ⟨by⟩ sth, to make sport of sth; ~**ć się kimś** to sport

with sb; **dobrze się** ~**łem** I had a good time; **jak się** ~**łeś?** how did you enjoy yourself? 3. (*poruszać bezmyślnie*) to toy (**wachlarzem itd.** with a fan etc.); to fiddle (**guzikiem itd.** with a button etc.) 4. (*hulać*) to revel; to dissipate; ~**liśmy się całą noc** we made a night of it 5. (*uprawiać coś po dyletancku*) to dabble (**czymś** at sth)
bawidamek *m pot* ladies' man; gallant
bawół *m zool* buffalo
baza *f* 1. base; basis; groundwork 2. *ekon* (economic, supply, material etc.) base; basis 3. *wojsk* base (of operation etc.)
bazalt *m miner* basalt
bazar *m* bazaar
bazgrać *vi imperf* to scribble; to scrawl
bazgranina *f* scrawl(s); scribble
bazia *f bot* catkin; ament
bazować *vi imperf* to base oneself (on sth)
bazylika *f arch* basilica
bazyliszek *m* 1. *zool* basilisk 2. *przen* (*o człowieku*) cockatrice
bażant *m orn* pheasant
bażantarnia *f* pheasantry
bąbel *m* 1. (*na ciele*) blister 2. (*bańka na wodzie itd.*) bubble 3. *techn* blister
bąblowiec *m* 1. *zool* echinococcus 2. *med* hydatid
bądź **I** *v* (*imper* ↑ **być**) be; ~ **gotów** be ready; ~ **taki dobry** be so kind; ~ **zdrów!** keep well! **II** *conj* (*także* ~ **to** ⟨*też*⟩) either; or; either ... or ...; ~ **to konno,** ~ **to pieszo** either on horseback or on foot **III** *part* 1. any —; **kto** ~ anybody; **co** ~ anything; **jak** ~ anyhow; **gdzie** ~ anywhere; **który** ~ any one (of us, you, them); **jaki** ~ of any kind ⟨sort⟩ 2. *w wyrażeniu*: ~ **co** ~ however; though; anyhow; at any rate; anyway
bąk *m* 1. *orn* bittern 2. *ent* gad-fly; breeze; horse-fly; *przen* **zbijać** ~**i** to laze; to waste one's time 3. (*dziecko*) tot; mite; brat 4. (*zabawka*) top 5. † (*błąd*) mistake; blunder
bąkać *vt vi imperf* — **bąknąć** *vt vi perf* 1. (*także* ~ **pod nosem**) to mutter; to mumble 2. (*napomykać*) to hint

be 23 **beryl**

(**o czymś** at sth); to allude (**o czymś** to sth)
be *interj* 1. (*głos owcy*) baa 2. *dziec nasty*
bebechy *plt pot* bowels; guts
beczeć *vi imperf* — **beknąć** *vi perf* 1. (*o owcy, kozie*) to bleat 2. *przen* (*brzydko śpiewać*) to yell 3. *pot* (*płakać*) to cry; to blubber
beczk|a *f* cask; barrel; keg; ~**a wina** ⟨**piwa itd.**⟩ caskful ⟨barrelful⟩ of wine ⟨beer etc.⟩; **piwo z** ~**i** beer on draught; *przen* **zacząć z innej** ~**i** to change the subject; **zjeść z kimś** ~**ę soli** to get to know sb out and out
beczkować *vt imperf* to barrel (wine, herrings etc.)
beczkowóz *m* water-cart
bedłka *f bot* agaric
bednarstwo *n* cooperage; coopering; cooper's craft
bednarz *m* cooper
befsztyk *m* (beef)steak; ~ **po tatarsku** steak tatare
begonia *f bot* begonia
bejca *f* 1. *stol* wood stain 2. *kulin* pickle
bejcować *vt imperf* 1. *stol* to stain (wood) 2. *kulin* to pickle (meat etc.)
bek *m* 1. (*głos zwierzęcia*) bleat(ing) 2. *pot* (*płacz*) cry(ing); blubbering; **uderzyć w** ~ to start blubbering
bekać *vi imperf* — **beknąć** *vi perf* 1. (*o bekasach*) to squall 2. (*o człowieku*) to belch
bekas *m orn* snipe (*pl* snipe)
beknąć *vi perf* 1. *zob* **beczeć, bekać** 2. *pot* (*płacić*) to fork out
bekon *m* bacon
beksa *f m* cry-baby; blubberer
bela *f* 1. (*pień drzewa*) log; beam; **spity jak** ~ dead drunk 2. (*długość materiału*) bale (of cloth) 3. (*miara*) bale (of merchandise); ~ **papieru** ten reams of paper
beletrysta *m* fiction writer
beletrystyka *f singt* 1. (*literatura piękna*) letters; belles-lettres 2. (*lekka literatura*) light literature; books of fiction
belfer *m pot pog* school-teacher; pedagogue

Belg *m,* **Belgijka** *f* (a) Belgian
belgijski *adj* Belgian
belka *f bud* beam; balk; girder; ~ **poprzeczna** traverse, summer; joist; ~ **stropowa** tie-beam
belkowanie *n arch* entablature; *bud* ~ **stropu** naked flooring
bełkot *m* 1. (*niewyraźna mowa*) mumble; stammer 2. (*szum*) murmur (of water etc.)
bełkotać *vi imperf* 1. to mumble; to stammer 2. (*o falach itd.*) to murmur
bełkotliwy *adj* mumbling; stammering
bełt *m* arrow butt
bełtać *vt imperf* to stir; to stir up (a liquid); to mix up; to scramble (eggs)
bemol *m muz* flat
benedyktyn *m* Benedictine, black monk
benedyktynka *f* 1. Benedictine (nun) 2. (*likier*) benedictine (a liqueur)
benedyktyński *adj* 1. Benedictine — (rule, monk, nun etc.) 2. *przen* (*o pracy itd.*) painstaking; wearisome; laborious
benefis *m teatr* actor's ⟨performer's etc.⟩ benefit; ticket-night
bengalski *adj* Bengalese; Bengal — (tiger etc.); **ognie** ~**e** Bengal lights
beniaminek *m* (sb's) Benjamin
benzol *m singt chem* benzene
benzyna *f singt* 1. *chem* benzine 2. (*paliwo*) petrol; *am* gasoline; *am pot* gas
benzynow|y *adj* 1. benzine — (flame etc.) 2. petrol ⟨*am* gasoline⟩ — (engine etc.); **stacja** ~**a** filling station
berbeć *m pot* toddler; dot; brat
berberys *m bot* barberry, berberry (shrub)
ber|ek *m* tag; **grać w** ~**ka** to play at tag
beret *m* beret
berlinka *f* 1. (*statek rzeczny*) barge 2. (*pojazd*) berline, Berlin
berło *n* sceptre; *przen* (*rządy*) rule
bernard *m* Saint Bernard (dog)
bernardyn *m* Bernardine (monk)
bernardyński *adj* Bernardine — (order, church etc.)
beryl *m singt* 1. *chem* beryllium 2. *miner* beryl

bessa ƒ *ekon* fall ⟨drop, decline⟩ (in prices); **wielka** ~ slump
bestia ƒ 1. (*zwierzę*) beast 2. (*człowiek*) brute
bestialski *adj* bestial; brutish; **~e czyny** atrocities
bestialstwo *n* inhuman behaviour; bestiality; *zbior* atrocities
besztać *vt imperf pot* to scold; to rebuke; to trim; *pot* to row
beton *m* concrete; ~ **lekki** framed ⟨lightweight⟩ concrete; ~ **uzbrojony** reinforced concrete; *pot* **to jest mur-~** it's a dead cert
betoniarka ƒ *techn* concrete-mixer
betoniarnia ƒ *techn* concrete-mixing works
betoniarz *m* concreter
betonować *vt imperf* to concrete
betonowy *adj* concrete — (wall, floor etc.)
bety *plt pot* bedding
bez[1] *m bot* lilac; **czarny** ~ elder; *farm* danewort
bez[2] *praep* 1. (*oznacza brak*) without (**kogoś, czegoś** sb, sth); -less(ly); un-; ~ **bucików** with one's shoes off; barefoot; ~ **kapelusza** with one's hat off; bare-headed; ~ **marynarki** with one's coat off; in one's shirt sleeves; ~ **końca** endlessly; ~ **wątpienia** doubtless; ~ **przygotowania** unprepared; ~ **grosza** penniless; ~ **względu na wydatki** regardless of costs 2. (*oznacza pozbawienie*) less; minus; **miesiąc** ~ **dwóch dni** a month less two days 3. *w wyrażeniach wykrzyknikowych*: no; ~ **paniki!** no panic, now!; ~ **głupich żartów!** no nonsense!; **tylko** ~ **tego!** none of that! 4. *w zwrotach*: **wyjść** ~ **szwanku** to come unhurt; ~ **ogródek** off the bat; ~ **czci i wiary** lost to shame; *karc* ~ **dwóch** ⟨**trzech itd.**⟩ (**lew**) two ⟨three etc.⟩ down
beza ƒ *kulin* meringue; *am* kiss
bezalkoholowy *adj* non-alcoholic; soft (drinks); dry (day, State etc.)
bezapelacyjny *adj* 1. (*stanowczy*) peremptory 2. (*nieodwołalny*) irrevocable; (*ostateczny*) final; decisive

bezatomow|y *adj* **strefa ~a** denuclearized zone
bezatutowy *adj karc* no-trump — (game etc.)
bezbarwny *adj* 1. (*pozbawiony barwy*) colourless 2. *przen* (*o życiu itd.*) dull; drab; (*o stylu*) insipid; dull; (*o śmiechu, wyrazie*) blank; (*o tonach*) flat; (*o głosie*) toneless
bezbłędnie *adv* faultlessly
bezbłędny *adj* faultless
bezbolesny *adj* painless
bezbożnik *m* 1. (*niewierzący*) atheist 2. (*zwalczający religię*) antireligious person
bezbożny *adj* 1. (*ateistyczny*) godless 2. (*bluźnierczy*) blasphemous (words etc.) 3. (*niemoralny*) unmoral
bezbramkowy *adj sport* no goal (game)
bezbronny *adj* 1. (*nie uzbrojony*) defenceless; unprotected 2. (*bezradny*) helpless
bezbrzeżny *adj* boundless; infinite
bezcelow|y *adj* 1. aimless; pointless 2. (*daremny*) useless; futile; vain; **to jest ~e** it is of no avail ⟨to no purpose⟩
bezcenny *adj* priceless; inestimable
bezceremonialny *adj* 1. unceremonious; flippant; off-handed; **potraktować kogoś w sposób** ~ to be short with sb 2. (*swobodny*) familiar; informal
bezchmurny *adj* cloudless
bezczelność ƒ *singt* insolence; impudence; impertinence; effrontery; *pot* cheek; **co za ~!** what nerve!
bezczelny *adj* insolent; impudent; *pot* cheeky
bezcześcić *vt imperf* to profane; to desecrate; to defile; to pollute
bezczynnoś|ć ƒ *singt* inactivity; **chwile ~ci** idle moments
bezczynn|y *adj* idle; inactive; (*o człowieku*) **być ~ym** to idle one's time away; to eat one's head off; **~e życie** a life of ease ⟨of leisure⟩
bezdenn|y *adj* 1. abysmal; bottomless 2. *przen* (*o rozpaczy itd.*) boundless; (*o głupocie, ignorancji itd.*) abysmal; crass; **~a głupota** crassitude
bezdeszczowy *adj* rainless; dry

bezdomn|y *adj* homeless; ~e dziecko waif
bezdroż|e *n* 1. (*brak dróg*) pathless ⟨roadless⟩ tracts; wilderness 2. *przen* (*manowce*) depravation; **sprowadzić na** ~e to deprave; to pervert; **zejść na** ~a to go astray
bezdrzewny *adj* 1. treeless; woodless 2. (*o papierze*) wood-free; rag — (paper)
bezduszny *adj* 1. (*bez żywego stosunku do ludzi i życia*) soulless 2. (*szablonowy*) formal; stiff; cut and dried
bezdymny *adj* smokeless
bezdzietn|y *adj* childless; without offspring; **oni są** ~i they have no family ⟨neither chick nor child⟩
bezdźwięczny *adj* 1. soundless; voiceless 2. *fonet* unvoiced; surd
beze *praep* = **bez**; ~ **mnie** without me; in my absence
bezeceństwo *n* 1. (*bezwstyd, ohyda*) iniquity; wickedness 2. (*czyn, postępek*) (an) infamy; (an) atrocity; outrage
bezecny *adj* infamous; ignominious; wicked; **czyn** ~ = **bezeceństwo** 2.
bezgłośny *adj* voiceless; (*o płaczu itd.*) silent; (*o maszynie*) noiseless
bezgorączkowy *adj* feverless
bezgotówkowy *adj handl* non-cash — (payment); (payment) by transfer
bezgraniczn|y *adj* 1. (*bez granic*) boundless; unbounded 2. (*nieograniczony*) unlimited 3. (*niewymierny*) immeasurable 4. (*ogromny*) immense; infinite; ~y **podziw** unstinted admiration; ~a **wdzięczność** untold gratitude
bezgrzeszny *adj* 1. (*wolny od grzechów*) sinless 2. (*niewinny*) innocent; (*czysty*) pure; chaste
bezgwiezdny *adj* starless (sky)
bezideowy *adj* devoid of ideals
bezimiennie *adv* anonymously; **zginęli** ~ they died unnamed
bezimienny *adj* anonymous; nameless; unnamed
bezinteresownie *adv* 1. (*nie szukając zysku*) disinterestedly; unselfishly 2. (*za darmo*) free of charge ⟨of cost⟩

bezinteresowność *f singt* disinterestedness; unselfishness
bezinteresowny *adj* 1. (*nie szukający zysku*) disinterested; unselfish 2. (*bezpłatny*) gratuitous; (cost-)free; given ⟨distributed etc.⟩ free of charge
bezkarnie *adv* with impunity; **to mu uszło** ~ he went scot free; **to ci nie ujdzie** ~ you won't get away with it
bezkarność *f singt* impunity
bezkarny *adj* unpunished
bezklasowy *adj* classless
bezkompromisowy *adj* uncompromising; intransigent; thoroughgoing
bezkonkurencyjny *adj* 1. (*niezrównany*) unrivalled; matchless; peerless 2. (*o cenach*) defying competition
bezkres *m* boundlessness; immensity; infinity
bezkresny *adj* boundless; immense; infinite; unlimited
bezkręgowy *adj zool* invertebrate; spineless
bezkrólewie *n* interregnum; vacancy of the throne
bezkrwawo *adv* without bloodshed
bezkrwawy *adj* bloodless
bezkrwisty *adj med* anaemic; *przen* anaemic; bloodless; without vitality
bezkrytycznie *adv* 1. (*bez krytycyzmu*) indiscriminately 2. (*łatwowiernie*) credulously
bezkrytyczny *adj* 1. (*pozbawiony krytycyzmu*) uncritical; undiscriminating 2. (*łatwowierny*) credulous; gullible
bezksiężycowy *adj* moonless (night)
bezkształtny *adj* 1. (*niekształtny*) shapeless; formless 2. (*niesprecyzowany*) indistinct; undefined 3. *anat* amorphous
bez liku without number; **ptaków** ~ countless ⟨numberless⟩ birds; **pytań** ~ a hundred and one questions
bezlistny *adj* 1. leafless; naked; barren 2. *bot* leafless; aphyllous
bezlitosny *adj* 1. (*nie mający litości*) pitiless; merciless; relentless; ruthless 2. (*okrutny*) cruel; hard-hearted
bezludny *adj* uninhabited; deserted
bezludzie *n singt* wilderness; waste
bezład *m* 1. (*brak ładu*) disorder; chaos;

bezładnie — 26 — **bezpośrednio**

confusion 2. (*zamęt*) incoherence; desultoriness; (*zamieszanie*) hurry-scurry; helter-skelter
bezładnie *adv* 1. (*bez ładu*) in disorderly fashion; higgledy-piggledy; confusedly 2. (*niezorganizowanie*) incoherently; desultorily; chaotically; (*w zamieszaniu*) pellmell; helter-skelter
bezładn|y *adj* 1. (*nieporządny*) disorderly; chaotic; confused; promiscuous 2. (*niezorganizowany*) incoherent; desultory; ~a mowa ramble 3. (*pełen zamieszania*) rough-and-tumble; hugger-mugger; helter-skelter
bezmiar *m* 1. boundlessness; vastness; immensity; ~ wody waste of waters 2. *przen* multitude; host; swarm; ~ kłopotów countless ⟨a world of, a sea of⟩ troubles; ~ smutku boundless sadness
bezmięsny *adj* (*o diecie itd.*) meatless; *rel* dzień ~ fast-day
bezmyślność *f singt* 1. (*nierozwaga*) thoughtlessness 2. (*brak wyrazu*) blankness; vacuousness 3. (*lekkomyślność*) inconsiderateness (of an action); wantonness (of destruction)
bezmyślny *adj* 1. (*nierozważny*) thoughtless 2. (*bez wyrazu*) blank; vacuous 3. (*lekkomyślny*) inconsiderate; thoughtless
beznadziejnie *adv* hopelessly; desperately; sprawa przedstawia się ~ it's a hopeless case
beznadziejny *adj* hopeless; desperate; (*o stanie pacjenta*) past ⟨beyond⟩ hope; (*o głupocie*) crass; (*o pogodzie*) wretched
beznamiętny *adj* dispassionate; unimpassioned
beznogi *adj* lame; żebrak ~ one-legged beggar
bezodblaskowy *adj* 1. *aut* nondazzle 2. *fot* anti-halo
bez ogródek *adv* in plain terms; bluntly; unequivocally
bezokolicznik *m gram* (the) infinitive (mood)
bezosobowy *adj* impersonal
bezowocnie *adv* fruitlessly; vainly; in vain

bezowocność *f singt* fruitlessness; futility
bezowocny *adj* fruitless; unfruitful; futile; vain
bezpański *adj* ownerless; (*o własności*) derelict; (*o psie*) stray
bezpaństwowy *adj* stateless
bezpartyjny **I** *adj* independent; non-party — (organization etc.) **II** *m* person with no party adherence
bezpieczeństw|o *n singt* safety; security; protection; ~o pracy work safety; ~o publiczne public safety; hamulec ~a emergency brake; *polit* Rada Bezpieczeństwa Security Council
bezpiecznie *adv* safely; możesz spać ~ you can sleep in safety
bezpiecznik *m* 1. (*u broni palnej*) safety (catch) 2. *el* fuse 3. *techn* safety-valve
bezpieczn|y *adj* 1. (*nie zagrożony*) safe; secure; być w ~ym miejscu to be safe ⟨in safety⟩; być ~ym od wrogów to be safe from enemies; w ~ej odległości at a safe distance 2. (*strzeżony*) protected 3. (*nie zagrażający*) safe; harmless
bezplanowy *adj* planless; unmethodical; unsystematic; desultory
bezpłatnie *adv* free (of charge)
bezpłatny *adj* free (of charge); cost-free; gratuitous
bezpłciowy *adj biol* asexual; sexless; *bot* neuter; neutral
bezpłodność *f singt* 1. sterility; barrenness 2. (*bezskuteczność*) futility
bezpłodny *adj* 1. sterile; barren; fruitless; unproductive; (*o owadzie, roślinie*) neuter 2. (*bezskuteczny*) fruitless; futile; vain
bezpodstawnie *adv* groundlessly; without reason ⟨cause⟩
bezpodstawny *adj* groundless; baseless; unfounded
bezpostaciowy *adj* amorphous; shapeless; formless
bezpośredni *adj* 1. immediate; direct; (*o pociągu*) through; głosowanie ~e direct suffrage 2. (*o człowieku*) straightforward; frank
bezpośrednio *adv* 1. immediately; directly; ~ jedno po drugim in quick succession; ~ po ⟨przed⟩ czymś just

after ⟨before⟩ sth 2. (*osobiście*) personally; in person
bezpotomnie *adv* without progeny ⟨offspring⟩; **umrzeć** ~ to die childless
bezpotomny *adj* childless; without progeny
bezpowrotnie *adv* irrevocably; irretrievably; never to return; ~ **stracony** lost beyond recall
bezpowrotny *adj* irrevocable; irretrievable; gone never to ⟨beyond⟩ return
bezprawie *n* 1. *singt* lawlessness 2. (*czyn*) violation of the law; abuse of authority
bezprawnie *adv* illegally; lawlessly
bezprawny *adj* illegal; unlawful; lawless
bezpretensjonalność *f singt* unpretentiousness; unpretending ⟨modest⟩ disposition
bezpretensjonalny *adj* unpretending; unassuming; unpretentious
bezprocentowy *adj* free of interest
bezprzedmiotowy *adj* aimless; objectless; (done, said etc.) to no purpose
bezprzykładny *adj* unexampled; unprecedented
bezradność *f singt* helplessness
bezradny *adj* helpless; shiftless
bezręki *adj* armless; **żebrak** ~ one-armed beggar
bezrobocie *n* unemployment
bezrobotny I *adj* unemployed; out of work II *m* (an) unemployed
bezrolny *adj* landless
bezrozumny *adj* unreasonable
bezruch *m singt* 1. (*brak ruchu*) inertness; immobility; quiescence; **zastygł w** ~**u** he stood ⟨lay⟩ motionless 2. (*nieruchomość wody itd*.) stagnancy; stagnation
bezrybi|e *n singt* absence ⟨lack⟩ of fish; *przysł* **na** ~**u i rak ryba** half a loaf is better than no bread
bezsenność *f singt* insomnia; sleeplessness
bezsenny *adj* sleepless; wakeful
bezsens *m* nonsense
bezsensown|y *adj* nonsensical; absurd; preposterous; **to jest** ~**e it makes no sense**

bezsilny *adj* 1. (*bez sił*) without strength; weak; powerless 2. (*bezradny*) helpless
bezskrzydły *adj zool* wingless; apterous
bezskutecznie *adv* unsuccessfully; without result ⟨success⟩; in vain; to no purpose; to no effect
bezskuteczność *f singt* inefficiency; futility
bezskuteczn|y *adj* ineffective; inefficient; unavailing; futile; **to jest** ~**e** it is to no purpose ⟨of no avail, all in vain⟩
bezsłoneczny *adj* sunless
bezsłowny *adj* wordless
bezsolny *adj* saltless; (*o diecie itd*.) salt-free
bezspornie *adv* beyond dispute; beyond controversy; unquestionably
bezsporny *adj* indisputable; unquestionable; incontestable
bezsprzecznie *adv* unquestionably; undeniably
bezsprzeczny *adj* undisputed; unquestionable; beyond dispute; irrefutable
bezstronnie *adv* impartially; fairly; **trzeba powiedzieć** ~ it must be said in all fairness
bezstronny *adj* impartial; unprejudiced; unbiassed; fair
bezszelestny *adj* noiseless; silent
bezśnieżn|y *adj* snowless; ~**a zima** green winter
bezterminowy *adj* without time-limit; with no date stated ⟨fixed⟩; of unlimited duration
beztlenowy *adj* anaerobic
beztłuszczowy *adj* fatless
beztreściowy *adj* (*bez treści*) empty; insipid; vapid
beztreściwy *adj* 1. (*bez składników odżywczych*) unnutritive 2. = **beztreściowy**
beztroska *f singt* 1. (*nieprzejmowanie się*) unconcern; jauntiness; light-heartedness 2. (*brak dbałości*) carelessness
beztroski *adj* 1. (*wolny od trosk*) care-free; unconcerned; jaunty; happy-go-lucky; (*o zachowaniu*) airy; ~**e życie** an easy life 2. (*niedbały*) careless; (*obojętny*) indifferent
bez ustanku, bezustannie *adv* incessantly; uninterruptedly; ceaselessly; continu-

bezustanny 28 **bębenek**

ally; **bezustannie coś robić** to keep doing sth
bezustanny *adj* incessant; uninterrupted; ceaseless; endless
bezustnikowy *adj* (*o papierosach*) without mouthpiece
bezużyteczność *f singt* uselessness; inutility
bezużyteczny *adj* useless
bezwartościow|y *adj* 1. worthless; of no value 2. (*o dziele sztuki, utworze literackim, muzycznym*) of no artistic value; measly; trashy; ~e **publikacje** literary garbage
bezwarunkowo *adv* 1. unconditionally; **spełnić rozkaz** ~ to obey implicitly 2. (*stanowczo*) absolutely; ~ **trzeba ...** it is imperative to ...; **musimy** ~ ... we simply have to ... 3. (*nieodwołalnie*) definitely; positively 4. (*na pewno*) certainly; without fail
bezwarunkowy *adj* 1. (*o kapitulacji itd.*) unconditional; (*o wierze, posłuszeństwie itd.*) implicit; *psych* **odruch** ~ unconditional reflex 2. (*całkowity*) absolute; complete; utter
bezwiednie *adv* 1. (*nieświadomie*) unconsciously; automatically; mechanically 2. (*nie chcąc*) involuntarily; unintentionally; unawares
bezwiedny *adj* 1. (*nieświadomy, machinalny*) unconscious; automatic; mechanical 2. (*niezamierzony*) unintentional; involuntary
bezwietrzny *adj* windless
bezwład *m singt* 1. (*ociężałość*) torpor, torpidity 2. *med* palsy; decline
bezwładnoś|ć *f singt* 1. *fiz* inertia; inertness; **moment ⟨prawo⟩** ~**ci** moment ⟨the law⟩ of inertia 2. = **bezwład**
bezwładny *adj* 1. (*bez ruchu*) inert 2. (*ociężały*) torpid 3. *med* palsied; in a decline
bezwodnik *m chem* anhydride
bezwodn|y *adj* 1. waterless; dry 2. *chem* anhydrous 3. *techn* **gaśnica** ~**a** foam extinguisher
bezwolny *adj* passive; inert
bezwonny *adj* inodorous; odourless; scentless
bezwstyd *m* 1. (*brak wstydu*) shamelessness; brazenness 2. (*nieskromność*) unchastity; immodesty; licentiousness
bezwstydny *adj* 1. shameless; brazen-faced; unashamed; (*o kłamstwie*) rank; flagrant; glaring 2. (*rozpustny*) immodest; unchaste; licentious
bezwymiarowy *adj* undimensional
bezwyznaniowy *adj* non-religious; irreligious
bezwzględnie *adv* 1. (*surowo*) ruthlessly; with utmost severity 2. (*despotycznie*) despotically; arbitrarily 3. (*całkowicie*) utterly; completely; without reserve 4. (*bez zastrzeżeń*) absolutely; emphatically; positively; implicitly 5. (*bezwarunkowo*) certainly; without fail; ~ **warto było** it was certainly worth while
bezwzględność *f singt* 1. (*surowe postępowanie*) ruthlessness; severity 2. (*despotyczność*) despotic nature ⟨disposition, conduct⟩; arbitrariness 3. (*całkowitość*) utterness; completeness
bezwzględn|y *adj* 1. (*surowy*) ruthless; severe; relentless 2. (*despotyczny*) despotic; arbitrary; uncompromising 3. (*całkowity*) utter; complete; unreserved 4. (*absolutny*) absolute; emphatic; positive; implicit; *fiz* **zero** ~**e** absolute zero; **temperatura** ~**a** absolute temperature; *geogr* **wysokość** ~**a** absolute altitude
bezzałogowy *adj* unmanned (spacecraft etc.)
bezzasadny *adj* groundless; baseless
bezzębny *adj* toothless
bezzwłocznie *adv* without delay; immediately; at once; forthwith; *pot* right ⟨straight⟩ away
bezzwłoczny *adj* immediate; speedy; prompt
bezzwrotny *adj* irreclaimable; not repayable
bezżenny *adj* single; unmarried; **stan** ~ celibate, bachelorhood
beż *indecl* (*kolor*) beige
beżowy *adj* beige
bęb|en *m* 1. *muz* drum; **bić w** ~**ny** to beat the drums 2. *pot* (*dziecko*) kid; brat 3. *techn* drum; tumbler; barrel
bębenek *m* 1. *muz* side-drum 2. (*tam-*

borek) tambour 3. *anat* ear-drum 4. (*u rewolweru*) cylinder
bębnić *vi imperf* 1. to beat the drum 2. (*uderzać*) to drum; to tattoo; to rattle; (*o deszczu*) to pelt; to patter; ~ **na fortepianie** ⟨**w drzwi**⟩ to thump on the piano ⟨on the door⟩
bęcwał *m* dolt; blockhead; nincompoop
bękart *m* bastard
biadać, biadolić *vi imperf* to lament; to moan (**nad czymś** for ⟨over⟩ sth)
białaczka *f med* leukaemia
białko *n* 1. (*w jajku*) the white of an egg; glair 2. *anat* the white of the eye 3. *biol* albumen 4. *chem* protein
białoś|ć *f* whiteness; **rozpalony do ~ci** white-hot
biał|y **I** *adj* (*comp* **bielszy**) white; **~a broń** side-arms; **~a gorączka** high fever; **doprowadzić kogoś do ~ej gorączki** to drive sb mad; **~a kawa** white coffee; **~a księga** white paper; **~e noce** arctic nights; **~e pieczywo** white bread; **~e wino** white wine; **Biały Dom** the White House; **~y kruk** extreme rarity; **~y węgiel** white coal; water-power; **~y wiersz** blank verse; **do ~ego rana** till dawn ⟨daylight⟩; **w ~y dzień** in broad daylight; **w ~ym kolorze** in white **II** *m* **~y** 1. (*człowiek białej rasy*) (a) white; *pl* **biali** whites 2. *polit* (a) reactionary
biba *f pot* carousal; spree
bibelot *m* knick-knack
Biblia *f* the Bible; the Scripture
biblijny *adj* biblical; Scripture ⟨Bible⟩ — (history etc.)
bibliofil *m* book-lover; bibliophil(e)
bibliografia *f* bibliography; (*prace cytowane*) references
bibliograficzny *adj* bibliographic
biblioteczka *f dim* ↑ **biblioteka**
biblioteczny *adj* library — (catalogue etc.)
biblioteka *f* 1. library; **~ objazdowa** mobile ⟨circulating⟩ library 2. (*szafa*) bookcase; bookshelf
bibliotekarka *zob* **bibliotekarz**
bibliotekarstwo *n singt* librarianship
bibliotekarz *m*, **bibliotekarka** *f* librarian
bibularz *m* blotting-pad

bibuła *f* 1. blotting-paper 2. (*cienki papier*) tissue-paper; *druk* India paper 3. *pot* (*prasa nielegalna*) propaganda ⟨illegal⟩ publications ⟨press⟩
biceps *m anat* biceps; *pl* **~y** muscles
bicie *n* 1. ↑ **bić** 2. (*chłosta*) beating; thrashing; hiding 3. (*uderzenia*) striking ⟨strokes⟩ (of a clock); **~ serca** throbbing; pulsation; heartbeats; **~ w bębny** the beating of drums; **~ w dzwony** the ringing ⟨peeling⟩ of bells 4. (*w rzeźni*) slaughter 5. (*w mennicy*) coinage; minting
bicz *m* whip; *przen* **jak z ~a trzasł** in no time; in less than no time; **~ na siebie kręcić** to make a rod for one's own back
biczować *imperf* **I** *vt* to whip; to flog; to lash; *przen* to scourge **II** *vr* **~ się** to flagellate oneself
bić *imperf* **I** *vt* 1. (*chłostać*) to beat; to thrash; to spank (a child) 2. (*pokonywać*) to defeat (an enemy etc.); **~ przeciwnika jego własną bronią** to turn the tables on one's adversary; **~ rekordy** to break records; *karc* **~ kartę atutem** to trump a card 3. (*uderzać*) to strike; to hit; **~ brawo** to clap (one's hands); to applaud 4. (*zabijać*) to slaughter 5. (*tłoczyć monety*) to mint; to coin 6. (*o zegarze*) to strike (the hours etc.) **II** *vi* 1. (*uderzać*) to strike ⟨to hit⟩ (**o coś sth** ⟨against sth⟩); *przen* **~ głową o mur** to beat one's head against a stone wall 2. (*o dzwonach*) to peal; **~ w dzwony** to ring the bells 3. *dosł i przen* (*tętnić*) to throb; to pulsate; (*o sercu*) to beat; to palpitate 4. (*o krwi* — *napływać*) to rush (to the head, face etc.) 5. (*o źródle*) to gush 6. *z przyimkami*: **na, w, z**: *pot* **siódme** ⟨**zimne**⟩ **poty na mnie biły** I was all of a sweat; (*nalegać, podkreślać*) **~ na** ⟨**w**⟩ **coś** to stress sth; to insist on sth; **~ w oczy** to be self-evident; **z jego twarzy bije dobroć** kindness shows in his face; **bito z dział** guns were fired **III** *vr* **~ się** 1. to beat, to strike; to hit (**siebie samego** oneself; **wzajemnie** one another, each other);

(*okładać się nawzajem*) to fight; to scuffle; ~ **się w piersi** a) to beat one's breast b) *przen* (*zapewniać*) to assert c) *przen* (*żałować*) to repent 2. (*walczyć*) to fight; *przen* ~ **się z myślami** to be in two minds (**czy coś zrobić** about doing sth); to hesitate; to waver 3. (*pojedynkować się*) to fight a duel (**z kimś** with sb)

bidet *m* bidet

biec, biegnąć *vi imperf* 1. to run 2. (*iść prędko*) to trot ⟨to skip⟩ along (**do sklepu itd.** to a shop etc.) 3. (*przesuwać się*) to speed; (*o czasie*) to pass; to fleet; to fly 4. (*ciągnąć się*) to run (**wzdłuż wybrzeża itd.** along the coast etc.); (*o drodze, linii*) to lie (**przez coś** ⟨**wzdłuż czegoś**⟩ through ⟨along⟩ sth)

bie|da *f* 1. (*ubóstwo*) poverty; want; distress; need; indigence; hardship; **być w ~dzie** to be hard up ⟨down at (the) heel⟩; **cierpieć** ⟨**klepać**⟩ **~dę** to be in distress; to live from hand to mouth 2. (*kłopot*) trouble; bother; **to prawdziwa ~da** it's a real nuisance; **od ~dy** ⟨**z ~dą**⟩ **ujdzie** it's so-so ⟨tolerable, not so bad⟩; *przysł* **przyjaciół poznaje się w ~dzie** a friend in need is a friend indeed

biedactwo *n* poor soul ⟨thing, fellow, devil⟩; (*o dziecku*) poor little thing; ~ **moje!** poor dear!

biedak *m* 1. poor ⟨needy, distressed⟩ person 2. (*z politowaniem*) poor fellow ⟨creature⟩

biednie *adv* poorly; wretchedly; ~ **żyć** to live in poverty; ~ **ubrany** poorly dressed

biednieć *vi imperf* to grow poor; (*o mieście, kraju*) to decline

biedny I *adj* 1. (*ubogi*) poor; needy; ~ **jak mysz kościelna** poor as a church mouse 2. (*nieszczęśliwy*) poor; unhappy; wretched; ~ **człowiek** poor chap 3. (*skromny, lichy*) modest **II** † *m* beggar

biedota *f singt* the poor; those in want; the needy

biedować *vi imperf* to live in poverty ⟨in want⟩; to suffer want

biedronka *f ent* ladybird, ladybug

biedzić się *vr imperf* to exert oneself ⟨to put oneself to a lot of trouble, to take pains⟩ (**żeby coś zrobić** to do sth); to sweat ⟨to drudge⟩ (**nad czymś** over sth)

bieg *m* 1. run; running pace; **w pełnym ~u** in full career; **~iem** at a run; **~iem!** look sharp!; *wojsk* at the double!; double-quick! 2. (*szybki ruch, funkcjonowanie*) run; running; motion; pace; **przyspieszyć ~u** to gather pace ⟨speed⟩ 3. (*kierunek prądu*) course; current; **z ~iem rzeki** down-stream 4. (*tok, postęp*) course; progress; sequence; (*wypadków, myśli*) trend; current; **zostawić sprawy własnemu ~owi** to let things take their course; **z ~iem czasu** in process ⟨in course⟩ of time; as time goes on 5. *sport* race; ~ **długodystansowy** long-distance race; ~ **na przełaj** cross-country race; ~ **przez płotki** hurdle race 6. *techn* gear; speed; **pierwszy** ~ low ⟨bottom⟩ gear; **drugi** ~ second gear; ~ **bezpośredni** top ⟨direct⟩ gear; ~ **jałowy** neutral ⟨idle⟩ gear; ~ **wsteczny** reverse

biegacz *m*, **biegaczka** *f sport* runner; racer

biegać *vi imperf* 1. to run (**po mieście** about the town); ~ **po sklepach** to go in and out of shops; ~ **za kimś** to run after sb; ~ **za** (**czyimiś**) **interesami** to run errands (for sb) 2. *sport* to race; to run a race ⟨races⟩

bieganina *f* 1. bustle; comings and goings; agitation 2. (*zabieganie o coś*) running about (for sth)

biegle *adv* competently; efficiently; ~ **mówić obcym językiem** to speak a language fluently

biegłość *f singt* proficiency; efficiency; mastery (**w czymś** of sth)

biegły I *adj* 1. (*o człowieku*) proficient ⟨expert⟩ (**w czymś** in ⟨at⟩ sth); conversant (**w czymś** with sth); efficient (**w czymś** at sth) 2. (*o wykonywaniu czegoś*) expert; competent; efficient; fluent (speech, reading etc.) **II** *m* (an) expert

biegnąć zob **biec**
biegun m 1. geogr fiz geom pole; geogr ~ **północny** ⟨**południowy**⟩ North ⟨South⟩ Pole; przen **dwa ~y** two extremes 2. (u kołyski itd.) rocker; **koń** ⟨**fotel**⟩ **na ~ach** rocking horse ⟨chair⟩
biegunka f med diarrhoea; dysentery
biegunowo adv diametrically; **różnić się ~** to be diametrically opposed
biegunowość f singt polarity
biegunowy adj 1. geogr astr fiz geom polar 2. (o fotelu) rocking
biel f singt 1. (kolor) (the colour) white; whiteness (of snow etc.); **w ~i** dressed in white 2. chem (zinc, lead etc.) white
biele|ć vi imperf 1. to whiten; to go ⟨to turn⟩ white; **pot oko ~je** it makes you jump 2. (ukazywać się jako biała plama) to show white; to appear as a white patch
bielić imperf I vt 1. (malować na biało) to whiten; to whitewash (a wall) 2. chem to bleach 3. techn to tin (metals) II vr **~ się** = **bieleć** 2.
bielidło n whiting, whitening
bielinek m ent cabbage butterfly
bielizna f singt 1. (odzież) clothes; (w praniu) washing 2. (osobista) underwear, underlinen, underclothes; handl **damska ~** lingerie 3. (w gospodarstwie domowym) linen; **~ pościelowa** bed-linen; **~ stołowa** table-linen, napery
bieliźniany adj linen — (fabric etc.); lingerie — (department of a shop etc.)
bieliźniarka f 1. (mebel) chiffonier; chest of drawers 2. (szwaczka) shirt-maker
bieliźniarstwo n singt shirt-making
bielmo n web-eye; film over the eye; med leucoma, albugo; przen **mieć ~ na oczach** to be blind (to sth); **zdjąć komuś ~ z oczu** to remove the scales from sb's eyes
bieluń m bot stramonium
biernie adv passively; listlessly; with indifference
biernik m gram accusative
bierność f singt passiveness; indifference; listlessness
biern|y adj passive (attitude, resistance

etc.); indifferent; listless; handl (o bilansie itd.) adverse; chem neutral; gram **strona ~a** passive voice
bierwiono n log; stump
bierzmowanie n rel (the sacrament of) Confirmation
bies m Satan; the devil; the deuce
biesiada f **książk** convivial gathering; feast; banquet; revel
biesiadni|k m książk convivial guest; pl **~cy** the company; the table
biesiadny adj książk convivial; festive
biesiadować vi imperf książk to feast; to banquet; to revel
bieżąco adv up to date; currently; **na ~ coś załatwić** to settle sth without delay
bieżąc|y adj 1. (o cieczach) flowing; (o wodzie w budynku) running 2. (trwający) current; present; actual; **~y numer** (czasopisma itd.) current number; **koszty ~e** standing ⟨operating⟩ costs; **sprawy ~e, praca ~a** current ⟨routine⟩ business ⟨work⟩; **doprowadzony do dnia ~ego** up to date; handl **~ego miesiąca** instant (inst.); bank **rachunek ~y** current account; **w ~ym roku** this year 3. (o jednostce miary) running (meter etc.)
bieżnia f 1. sport track; path; (do wyścigów konnych) racecourse 2. lotn runway
bigamia f bigamy
bigamista m bigamist
bigos m 1. kulin dish of hashed sausage, pork and beef stewed in sauerkraut 2. przen (zamieszanie) jumble; hotch-potch; **narobić ~u** to mess things up; **narobić komuś ~u** to get sb into trouble; **narobić sobie ~u** to get oneself into a fix
bigot m, **bigotka** f bigot; churchy person
bigoteria f singt bigotry; religionism; religiosity
bigotka zob **bigot**
bijatyka f fight; brawl; tussle
bikiniarz m coxcomb; fop; teddy boy
bila f billiard ball
bilans m 1. fin balance (of trade, payments etc.); **~ dodatni** ⟨**ujemny**⟩ active ⟨adverse⟩ balance 2. (zestawie-

bilansować   32   **biurowy**

nie) balance-sheet 3. *przen* (*obliczenie*) result; outcome
bilansować *imperf* **I** *vt* 1. *fin* to balance (accounts) 2. (*równoważyć*) to equalize 3. *przen* (*obliczać*) to compare; to take stock (**coś** of sth) **II** *vr* ~ **się** (*o rachunkach*) to balance (*vi*)
bilard *m* billiards
bilet *m* ticket; ~ **kolejowy** ⟨**tramwajowy**⟩ railway ⟨tramway⟩ ticket; ~ **ulgowy** ⟨**zniżkowy**⟩ half-price ⟨special price, excursion⟩ ticket; ~ **wizytowy** visiting card; ~ **w jedną stronę** (a) single; ~ **w obie strony** ⟨**powrotny**⟩ return (ticket); **cena** ~**u** the fare; **wolny** ~ pass; free admission card; **kupić** ~ **(kolejowy, do teatru)** to book a seat
bileter *m* (*na kolei*) ticket-collector; (*w teatrze*) attendant; check-taker; usher; (*w kinie*) usher
bileterka *f* attendant; (*w kinie*) usherette
bilion *m* (*w Anglii*) billion, a million millions; (*w USA*) billion, a thousand millions
bilon *m singt* (*moneta*) coin; *zbior* coins; specie; (*drobne pieniądze*) change; small change
bimbać *vi imperf pot* to make light ⟨to take no account⟩ (**na kogoś, coś** of sb, sth); ~ **sobie na wszystko** not to care a straw
bimber *m singt* illicitly distilled liquor; rot-gut; *am* hooch
binokle *plt* eyeglasses; pince-nez
biochemia *f singt* biochemistry
biodr|o *n anat* hip; haunch; **przepaska na** ~**a** loin-cloth
biofizyka *f singt* biophysics
biograf *f* biographer
biografia *f* biography
biograficzny *adj* biographic (record etc.); biographical (dictionary, material, novel etc.)
biolog *m* biologist
biologia *f singt* biology
biologiczn|y *adj* biological; ~**e wyniszczenie** extermination
biorca *m med* person being subjected to transfusion
biosfera *f singt* biosphere

birbant † *m* rake; carouser; reveller; merry-maker
biret *m* 1. (*u duchownego*) biretta 2. *uniw sąd* cap
Birmańczyk *m* (a) Burmese
birmański *adj* Burmese
bis I *interj* encore **II** *m* (an) encore; **zaśpiewać coś na** ~ to sing sth as an encore
biskup *m* bishop
biskupi *adj* episcopal; bishop's; **kuria** ~**a** episcopal curia
biskupstwo *n* bishopric; episcopate
bisować *vt vi imperf* to encore
biszkopt *m* (kind of) sponge-cake
bitewny *adj* battle — (din etc.)
bitk|a *f* 1. (*bójka*) fight; tussle; brawl 2. *pl* ~**i** *kulin* cutlets
bitny *adj* 1. (*wojowniczy*) bellicose; warlike 2. (*zaczepny*) pugnacious 3. (*dzielny*) valiant; daring
bitumiczny *adj* bituminous
bitw|a *f* battle; combat; (naval etc.) fight; ~**a pod (Waterloo itd.)** the battle of (Waterloo etc.); **toczyć** ~**ę o coś** to fight for sth; **wydać** ~**ę** to give battle
bit|y *adj* (*cały, pełny*) full; ~**e dwie godziny** two full hours || ~**y trakt** ⟨**gościniec**⟩ highway; *kulin* ~**a śmietana** whipped cream; *pot* **nie w ciemię** ~**y** quick-witted
biuletyn *m* bulletin; ~ **meteorologiczny** weather report
biureta *f chem* burette
biurko *n* desk
biu|ro *n* 1. (*instytucja*) office; bureau; (travel, employment etc.) agency 2. (*lokal*) office; *pot* **przed** ~**rem** ⟨**po** ~**rze**⟩ before ⟨after⟩ office hours
biurokracja *f singt* bureaucracy; *przen* red tape
biurokrata *m* bureaucrat; *przen* red-tapist; Jack in office
biurokratyczny *adj* bureaucratic
biurowiec *m* office building
biurowość *f singt* office work
biurow|y *adj* office — (hours etc.); clerk's — (duties etc.); clerical (work etc.); **materiały** ~**e** stationery; **siła** ~**a** clerk; office worker

biust m 1. (*piersi kobiece*) breast; bosom 2. (*popiersie*) bust
biustonosz m brassière; *pot* bra
biwak m 1. (*obozowanie*) bivouacking 2. (*obóz*) bivouac
biwakować vi *imperf* to bivouac
bizantyjski *adj* Byzantine (art etc.)
bizmut m *singt chem miner* bismuth
bizon m *zool* bison
biżuteria f jewellery; jewels
bla|cha f 1. (*płyta metalowa*) sheet metal; ~**cha cynkowa** ⟨**miedziana**⟩ sheet zinc ⟨copper⟩; **dom pod** ~**chą** ⟨**kryty** ~**chą**⟩ house roofed with sheet iron; *pot szk* **wykuć na** ~**chę** to learn by heart 2. (*płyta pieca kuchennego*) iron top plate (of a kitchen range); **czajnik stoi na** ~**sze** the kettle is on the range 3. (*forma do pieczenia ciast*) baking-pan 4. *muz zbior* the brass
blacharz m tinsmith
blado *adv* 1. (*bez rumieńców*) palely; ~ **wyglądać** to look pale 2. (*słabo*) weakly; faintly; wanly
blado- *praef* pale-(blue, pink, green etc.)
bladość f pallor; paleness
blad|y *adj* (*comp* **bledszy**) 1. pale; ~**y jak ściana** ⟨**jak kreda, jak papier**⟩ ashy pale; white as a sheet; **śmiertelnie** ~**y** ghastly pale; lurid; ~**y strach** terror; panic; (*w mowie Indian*) ~**a twarz** pale-face 2. (*o świetle*) dim; (*o uśmiechu*) wan; (*o zarysie, konturach*) faint; indistinct; (*o opisie*) colourless
blaga f boasting; bluster; bluff; humbug
blagier m boaster; braggart; bluffer; blusterer
blagować vi *imperf* to boast; to brag; to bluff; to talk big
blaknąć vi *perf imperf* to fade; to pale; to discolour; **nie** ~**cy** (*o materiale*) unfading; (*o kolorze*) fast
blamaż m discredit; disgrace; loss of face
blamować się vr *imperf* 1. (*kompromitować się*) to bring discredit on oneself; to disgrace oneself 2. (*ośmieszać się*) to make a fool of oneself; to lose face
blankiet m (printed) form; *am* blank;

~ **firmowy** letter-head; ~ **telegraficzny** ⟨**czekowy**⟩ telegraph ⟨cheque⟩ form
blask m 1. (*jasność*) brightness; brilliance; radiance; ~ **księżyca** moonlight; ~ **słoneczny** sunlight; sunshine; *przen* ~**i i cienie czegoś** the ups and downs ⟨the splendours and miseries⟩ of sth 2. (*połysk*) polish; shine; glitter (of jewels etc.) 3. *przen* (*świetność*) glamour; lustre; grandeur; glitter
blaszanka f (tin) can
blaszan|y *adj* tin — (can etc.); **wyroby** ~**e** tinware; *muz* **instrumenty** ~**e** brass instruments; the brass
blaszka f 1. tin ⟨metal⟩ plate; *szew* clout 2. (*odznaka*) badge; identity disc
blat m table top
blednąć vi *imperf* to pale; to become ⟨to grow, to turn⟩ pale; to go ⟨to turn⟩ white; to change colour; (*o gwieździe, sławie*) to wane
blednica f *singt med* chlorosis, greensickness
blef m bluff(ing)
blefować vi *imperf* to bluff
blejtram m *plast* stretcher (of a canvas)
blekot m *bot* fool's parsley
blenda f 1. *fot* diaphragm 2. *miner* blende
blezer m cardigan
blichtr m glare; tinsel; sham brilliance
blisk|i I *adj* (*comp* **bliższy**) 1. (*w przestrzeni*) near-by; neighbouring; close 2. (*w czasie*) near; approaching; (*zagrażający*) imminent, impending; **być** ~**im śmierci** to be on the point of death ⟨at death's door⟩ 3. (*zażyły*) near ⟨close⟩ (friend etc.); intimate; **są w** ~**ich stosunkach ze sobą** they are intimate 4. (*spokrewniony*) related; ~**i krewny** relative ‖ **z** ~**a** at close quarters; at short range; from a short distance; **poznać coś z** ~**a** to get to know sth in detail; **poznać kogoś z** ~**a** to get to know sb intimately II m ~**i** 1. (*krewny*) relative 2. (*przyjaciel*) close friend 3. *pl* **bliscy** those near and dear
blisko I *adv* (*comp* **bliżej**) 1. (*w przestrzeni*) near ⟨close⟩ by; hard by; just

bliskość   34   **błaganie**

by 2. (*w czasie*) not far ahead; at hand; near; **wakacje już są ~ the holidays are drawing near** ⟨are not far ahead⟩ 3. (*w zażyłych stosunkach*) closely; intimately; at close quarters; **oni są ~ spokrewnieni** they are closely related *zob* **bliżej II** *praep* 1. (*w przestrzeni*) near (**kogoś, czegoś** sb, sth) 2. (*w czasie*) near; **~ końca** towards the end 3. (*prawie, w przybliżeniu*) almost; (pretty) nearly; practically; very near; approximately; **on ma ~ sześćdziesiąt lat** he is getting on for sixty
bliskość *f singt* 1. (*w przestrzeni*) nearness; proximity (**czegoś** of ⟨to⟩ sth) 2. (*w czasie*) approach ⟨coming⟩ (of dawn, of death etc.); (*zagrażanie*) imminence; impendence 3. (*przyjaźń*) close friendship; intimacy 4. (*pokrewieństwo*) close relationship
bliskoznaczny *adj* synonymous
blizna *f* 1. scar; gash; **pokryty ~mi** scarred 2. *bot* cicatrice
bliźni *m* neighbour; fellow creature; **miłość ~ego** the love of one's neighbour
bliźniaczka *f* twin (sister)
bliźniacz|y *adj* 1. (*jednakowy*) identical; similar; of one pattern; **domki ~e** semi-detached cottages 2. (*z bliźniąt*) twin(-born)
bliźniak *m* twin (brother)
bliźnięta *plt* 1. twins 2. **Bliźnięta** *astr* Gemini, the Twins
bliżej *adv* (*comp* ↑ **blisko**) 1. (*w przestrzeni i czasie*) nearer; **coraz ~** nearer and nearer 2. (*dokładnie*) exactly; precisely; in detail; **~ go nie znam** I am not closely acquainted with him; **~ się poznać z kimś** to get to know each other better; **zapoznać się ~ z czymś** to go further into sth
bliższ|y *adj* (*comp* ↑ **bliski**) 1. (*w przestrzeni i czasie*) nearer; **przysł ~a koszula ciału niż sukmana** near is my shirt but nearer is my skin 2. (*dokładny*) nearer; closer; **~e dane** definite data; **~e szczegóły** ⟨**dane**⟩ precise details; **coś ~ego** something definite

bloczek *m* 1. notebook; writing-pad 2. (*kartka*) (control) check
blok *m* 1. (*bryła*) block (of stone, concrete etc.) 2. *polit* bloc (of states) 3. *bud* block (of buildings) 4. (*w obozie hitlerowskim*) barrack (in a Nazi concentration camp) 5. (*zeszyt kartek do odrywania*) note-pad; writing-pad; **~ rysunkowy** drawing pad; **~ listowy** writing-block 6. *techn* pulley 7. *sport* **~ startowy** starting block
blokada *f* blockade
blokować *vt imperf* 1. (*zagradzać*) to block; to obstruct; **~ drogę** to stop the way 2. *polit ekon* to blockade 3. (*zajmować miejsce*) to take up space (**magazyn itd.** in a warehouse etc.)
blond *indecl* (*o włosach*) fair; blond
blondyn *m* fair-haired man ⟨boy⟩
blondynka *f* blonde; fair-haired woman ⟨girl⟩
blotka *f karc* low ⟨plain⟩ card
bluff [blef] *m* = **blef**
bluffować [blef-] *vi imperf* = **blefować**
bluszcz *m bot* ivy; **porosły ~em** ivy-clad, ivied
bluza *f* smock; blouse
bluzgać *vi imperf* — **bluz(g)nąć** *vi perf* to gush (**krwią itd.** with blood etc.); to spirt ⟨to spurt⟩ (**cieczą** a liquid)
bluzka *f* blouse
bluźnić *vi imperf* 1. *rel* to blaspheme; to curse 2. (*urągać*) to revile (**komuś, czemuś, na kogoś, coś, przeciw komuś, czemuś** at ⟨against⟩ sb, sth)
bluźnierca *m* blasphemer
bluźnierczy, bluźnierski *adj* blasphemous
bluźnierstwo *n* blaspheme
błagać *imperf* **I** *vt* 1. (*w modlitwie*) to beseech; to implore; to supplicate (**o coś** for sth) 2. (*prosić*) to entreat (**kogoś** sb; **kogoś o pozwolenie** ⟨**przebaczenie**⟩ sb's permission ⟨pardon⟩) **II** *vi* to beseech; to implore; to supplicate (**o coś** for sth)
błagaln|y *adj* beseeching; imploring; **~e spojrzenie** imploring ⟨pleading⟩ glance
błaganie *n* ↑ **błagać** 1. (*modły*) imploration; invocation 2. (*prośba*) humble request; entreaty; appeal

błahostka f 1. (*drobnostka*) trifle 2. (*przedmiot*) bauble; trinket
błahy *adj* insignificant; unimportant; trivial; trifling
błam *m* fur lining
bławatek *m* *bot* bluebottle, blue corn-flower
błaz|en *m* 1. (*klown*) clown; low comedian; buffoon 2. (*głupiec*) (tom)fool; **robić z siebie ~na** to play the fool 3. (*trefniś*) (king's) jester
błazeńsk|i *adj* clownish; tomfool — (behaviour etc.); scurrilous; **strój ~i** motley; **czapka ~a** fool's-cap
błazeństw|o *n* clownery; tomfoolery; scurrility; *pl* **~a zbior** buffoonery; antics
błaznować *vi imperf* to fool about; to play the clown; to tomfool
błaźnić się *vr imperf* to make a fool of oneself; to discredit oneself
błąd *m* 1. (*pomyłka*) mistake; error; slip; **~ drukarski** printer's error; **robić błędy gramatyczne** to speak ⟨to write⟩ bad grammar; **~ maszynowy, ~ w przepisywaniu** clerical error; **~ ortograficzny** mistake in spelling; **gruby ~** blunder; **popełnić ~ to make a mistake** 2. (*mylne mniemanie*) misconception; **być w błędzie** to be wrong; to be mistaken; **jesteś w wielkim błędzie** you are entirely mistaken; **popełnić ~** a) (*pomylić się*) to err b) (*źle postąpić*) to go wrong; **wprowadzić kogoś w ~** a) (*zmylić*) to lead sb into error b) (*źle poinformować*) to misinform sb c) (*oszukać*) to deceive sb; **wyprowadzić kogoś z błędu** to undeceive sb 3. (*wada*) fault; defect
błądzić *vi imperf* 1. (*mylić się*) to make a mistake ⟨mistakes⟩; to be mistaken; to be ⟨to go⟩ wrong 2. (*o spojrzeniu, myśli itd.*) to wander ⟨to travel⟩ (**po czymś** over sth) 3. (*błąkać się*) to roam; to rove; to ramble; to wander
błąkać się *vr imperf* 1. (*chodzić bez celu*) to wander (**po mieście** about the town; **po lesie itd.** in a forest etc.); to roam; to rove 2. (*nie móc znaleźć drogi*) to stray

błędnie *adv* mistakenly; incorrectly; **napisać ~** to spell wrongly; to mis-spell; **zrozumieć ~** to misunderstand
błędnik *m anat* labyrinth (of the ear)
błędn|y *adj* 1. (*omyłkowy*) incorrect; faulty; erroneous; wrong; mistaken; (*fałszywy*) false; fallacious; **dać ~ą odpowiedź** to give the wrong answer 2. (*błąkający się*) wandering; roving; stray; **~e koło** vicious circle; **~y ognik** will-o'-the-wisp; jack-o'-lantern; **~y rycerz** knight errant 3. (*o wzroku*) wild; vague; far-away
błękit *m* 1. (the colour) (sky) blue; azure 2. *przen* (*niebo*) the blue; the sky 3. (*barwnik*) blue pigment; **~ pruski** Prussian blue
błękitnieć *vi imperf* to become ⟨to grow, to turn⟩ blue
błękitnooki *adj* blue-eyed
błękitn|y *adj* (sky) blue; azure; *przen* **~a krew** blue blood
błogi *adj* delightful; blissful; **~ uśmiech** a smile of bliss
błogosławić *imperf* I *vi vt* (*udzielać błogosławieństwa*) to bless (**komuś, czemuś** ⟨kogoś, coś⟩ sb, sth); to give one's blessing (**komuś** ⟨kogoś⟩ to sb) II *vt* (*wyrażać wdzięczność*) to praise
błogosławieństw|o *n* 1. *rel* benediction; **udzielić ~a komuś** to give sb one's blessing 2. (*dobrodziejstwo*) (a) blessing
błogosławi|ony I *adj* blessed; happy; **~onej pamięci NN** the late NN; **w ~onym stanie** pregnant; in the family way II *pl* **~eni** the blessed
błogostan *m* bliss; blissful state; felicity
błogość *f singt* bliss; felicity; happiness; well-being
błon|a *f* 1. (*tkanka*) membrane; **~a śluzowa** mucous membrane; **~a dziewicza** hymen 2. *bot* integument 3. *fot* film; **~y cięte** film pack
błonica *f med* diphtheria
błonie *n* public grassy land; common; pasture ground
błonka *f* film; membrane
błonnik *m chem* cellulose
błotnik *m* mudguard

błotnisty *adj* 1. (*pełen błota*) muddy 2. (*grząski*) swampy; marshy; boggy
błotn|y *adj* 1. muddy; miry; **kąpiel** ~a mud-bath 2. (*bagienny*) marshy; marsh — (gas etc.); swamp — (plants etc.); **ptactwo** ~e water fowl
bło|to *n* 1. mud; dirt; mire; **ugrząść w** ~**cie** to get stuck in the mud; *przen* **rzucać pieniądze w** ~**to** to throw money down the drains; **zmieszać kogoś z** ~**tem** to abuse ⟨to revile⟩ sb 2. *pl* ~**ta** (*bagno*) swamp(s); marshland; marshes; bogs
błysk *m* 1. flash; sparkle; glint 2. *wędk* spoon-bait
błys|kać *imperf* — **błys|nąć** *perf* I *vi* 1. *meteor* to lighten 2. (*jaśnieć*) to flash; to glint; to glitter; to sparkle; to flicker; **słońce** ~**kało zza chmur** the sun flashed beams of light from behind the clouds 3. *przen* (*zjawić się nagle*) to flash; to gleam; to glint; ~**kała** ⟨~**nęła**⟩ **mi nadzieja** I had a gleam of hope; ~**nęła mi myśl, że** ... it flashed upon me that ... 4. *perf* (*olśnić*) to shine (**dowcipem itd.** with wit etc.) II *vr impers* ~**kać** ⟨~**nąć**⟩ **się** to lighten; ~**kało się** it lightened
błyskawic|a *f* (flash of) lightning; *przen* **lotem** ~**y** like wildfire; **miotać** ~**e** to flash fire
błyskawicznie *adv* like lightning; with lightning speed; quick as thought
błyskaviczn|y *adj* rapid; swift; quick as lightning; **zamek** ~**y** zip fastener, zipper; ~**e zwycięstwo** lightning victory
błyskotk|a *f* trinket; gewgaw; spangle; *pl* ~**i** *zbior* trinketry; trumpery; tinsel
błyskotliwość *f singt* 1. (*blask*) glitter; sparkle 2. (*efektowność*) brilliance
błyskotliwy *adj* 1. (*świecący*) glittering; sparkling 2. (*efektowny*) brilliant; bright
błyskowy *adj* flash- (light etc.)
błysnąć *zob* **błyskać**
błyszcz *m miner* glance
błyszczący *adj* brilliant; shiny; sparkling; (*o butach, meblach*) polished
błyszczeć *vi imperf* 1. (*jaśnieć blaskiem*) to shine; to glitter; to glisten; to gleam; (*o gwiazdach, oczach itd.*) to twinkle 2. (*olśniewać*) to shine (in society); to cut a dash; to make a brilliant figure
błyszczka *f wędk* troll
bo *conj* 1. (*gdyż*) because; for; as; since 2. (*inaczej bowiem*) or (else); **bo** (**i**) **po co?** why should one?; **przestań, bo sobie pójdę** stop that or (else) I shall leave the room
boa *indecl* I *m zool* boa (constrictor) II *n* (*szal*) boa
boazeria *f* wainscot(ing); panelling
bobas *m pieszcz* (little) dot; tiny tot
bober *m* = **bób**
bobkow|y *adj kulin* **liście** ~**e bay** ⟨laurel⟩ leaves
bobo *n indecl pieszcz* = **bobas**
bobrowy *adj* beaver's; beaver — (hat, fur)
bobslej *m sport* bob-sleigh, bob-sled
bochen, bochenek *m* loaf
bocian *m orn* stork
bociani *adj* stork's — (bill, legs etc.); *mar* ~**e gniazdo** crow's nest; foretop
bocz|ek *m* 1. *dim* ↑ **bok** 2. *kulin* (flitch of) bacon || ~**kiem** a) sideways b) (*chyłkiem*) stealthily; on the sly; **na** ~**ku** on the side
bocznica *f* 1. (*ulica*) side-street 2. *kolej* siding; side-track
boczn|y *adj* side — (pocket etc.); lateral; ~**a droga** byway; *am* **community highway**; ~**e wejście** ⟨**wyjście**⟩ side door; ~**y tor** side-track; siding
boczyć się *vr imperf* 1. (*gniewać się*) to be angry ⟨cross⟩ (**na kogoś** with sb); (*dąsać się*) to sulk; to be sulky 2. (*niechętnie widzieć*) to frown (**coś** on sth); to look askance (**na kogoś, coś** at sb, sth)
boćwina *f* 1. (*nać*) young beet leaves 2. (*zupa*) soup of young beet leaves
bodaj *part* 1. (*w zaklęciach*) I wish ...; may he ⟨you etc.⟩ ...; ~ **by nigdy nie wrócił!** may he never come back!; ~ **cię!** hang ⟨damn, confound⟩ you! 2. (*choćby, przynajmniej*) just; at least; if only; ~ **raz** just ⟨at least, if only⟩ once; for once 3. (*prawdo-*

podobnie) unless I am mistaken; very likely; **jest ~ stracony** who knows if it isn't lost
bodziec *m* 1. (*czynnik*) impulse; stimulus 2. (*podnieta*) incentive; urge; motivation; **~ materialny** financial incentive; **dodać komuś bodźca** to inspirit ⟨to exhilarate⟩ sb; to key ⟨to brisk⟩ sb up
bogacić *imperf* I *vt* 1. (*czynić bogatszym*) to enrich 2. (*zwiększyć zasób*) to improve ⟨to cultivate⟩ (one's talent, knowledge etc.) II *vr* **~ się** 1. (*stawać się bogatym*) to become ⟨to grow⟩ rich; to make money; to enrich oneself 2. (*rozwijać się*) to improve 3. (*stawać się liczniejszym*) to increase in number ⟨in quantity⟩
bogactw|o *n* 1. wealth; riches; fortune; means 2. *pl* **~a** (**naturalne**) resources 3. (*wielka ilość*) wealth; plenty; great number ⟨quantity⟩ 4. (*różnorodność*) variety
bogacz *m*, **bogacz|ka** *f* rich ⟨wealthy⟩ person; person of means; *pl* **~e** the rich
bogato *adv* richly; sumptuously; **ożenił się ~** he married a fortune
boga|ty I *adj* 1. (*zamożny*) rich; wealthy 2. (*wspaniały*) rich; sumptuous; costly 3. (*obfitujący w coś*) ample; abounding (**w coś** with sth) II *m* **~ty** man of wealth; *pl* **~ci** the rich
bogdanka *f* lady-love; sweetheart
bogini *f* goddess; *przen* idol
boginka *f* nymph
bogobojny *adj* religious; pious; God-fearing
bohater *m* hero; **~ powieści** the hero of ⟨in⟩ a novel
bohaterka *f* *dosł i przen* heroine
bohaterski *adj* heroic; **~ czyn** prowess; exploit
bohaterstwo *n* heroisn
bohomaz *m* daub
boisko *n* 1. *sport* (sports) field; court; football field 2. (*klepisko*) threshing floor
boja *f* *mar* buoy
bojaźliwość *f* *singt* timidity; faint-heartedness

bojaźliwy *adj* timid; timorous; faint-hearted
bojaźń *f* *singt* fear; terror
bojer *m* *sport* ice-boat
bojkot *m* boycott; **ogłosić ~ czegoś** to put sth under boycott
bojkotować *vt imperf* to boycott
bojler *m* boiler
bojownik *m*, **bojowniczka** *f* fighter; militant; champion ⟨advocate⟩ (of a cause)
bojowo *adv* combatively; aggressively; in fighting readiness
bojow|y *adj* 1. fighting — (force etc.); battle — (array etc.); **chrzest ~y** baptism of fire; **gotowość ~a** fighting readiness; **okrzyk ~y** war-cry; **lot ~y** operational flight 2. (*wojowniczy*) warlike; combative; bellicose; **duch ~y** fighting spirit
bojówka *f* fighting squad; storming party
bok *m* 1. (*strona*) side; **kłucie w ~u** a stitch in the side; **być pochylonym na ~** to incline to one side 2. *mat* side 3. *wojsk* flank || **~ami: robić ~ami** a) (*o zwierzęciu*) to pant b) *przen* (*o człowieku*) to be in straits; **~iem** sideways; **odwrócić się ~iem do kogoś** to turn sideways to sb; *przen* **to mi wychodzi ~iem** I'm fed up with it; **na ~** a) aside; **odsunąć się na ~** to step aside; **na ~, na ~!** step aside, please! b) (*osobno*) apart; **odłożyć coś na ~** to put sth apart; **żarty na ~** joking apart c) (*pochyło*) aslant; **przechylić coś na ~** to put sth aslant; **na ~u** aside; **trzymać się na ~u** to stand aloof; *przen* not to take sides; **po ~ach** on both sides; on either side; **pod ~i: podparłszy się pod ~i** with arms akimbo; **pod ~iem** at one's side; near at hand; close by; **u ~u** at one's side; **u czyjegoś ~u** in sb's company; **w ~** to one side; **odwrócić w ~ głowę** to turn one's head away; **z ~u** from one side; **światło z ~u** side-light; *pot* **zarabiać coś z** ⟨**na**⟩ **~u** to earn sth on the side; **z ~u na ~** from side to side

bokobrody *plt* (side) whiskers; *am* sideburns
boks[1] *m sport* boxing; the ring
boks[2] *m* (*miejsce dla konia itd.*) box
bokser *m* 1. *sport* boxer; ~ **zawodowy** prize-fighter 2. (*pies*) boxer
bokserski *adj sport* boxing- (gloves, weight etc.); **mecz** ~ boxing match
boksować *imperf* I *vt* to box (**kogoś** sb) II *vr* ~ **się** to box (*vi*); to spar
boksyt *m singt miner* bauxite
boląc|y *adj* aching; painful; sore; *przen* **dotknąć** ⟨**ugodzić**⟩ **kogoś w** ~**e miejsce** to touch sb's sore spot
bolączka *f dosł i przen* sore spot; complaint
bolec *m techn* pin; bolt
bol|eć[1] *vi imperf* 1. (*sprawiać ból*) to ache; to hurt; to smart; ~**i mnie gardło** ⟨**głowa**⟩ I have a sore throat ⟨a headache⟩; **co cię** ~**i?** what is your complaint?; what is wrong with you?; *przen* **serce** ~**i, gdy ...** it rends the heart to ...; *przysł* **od przybytku głowa nie** ~**i** store is no sore 2. *przen* (*sprawiać przykrość*) to hurt
boleć[2] *vi imperf* 1. (*cierpieć*) to suffer 2. (*żałować*) to be sorry; to regret (**nad czymś** sth); to grieve (**nad czymś** at ⟨for⟩ sth)
bolejący *adj* (*o minie*) dismal; mournful; piteous
bolerko *n* bolero jacket
bolesność *f singt* painfulness
bolesn|y *adj* 1. (*sprawiający ból*) painful; aching; sore; **czy to jest** ~**e?** does this hurt? 2. (*o wieści, zdarzeniu*) sad; sorrowful; distressing 3. (*o konieczności*) trying; distressing; agonizing; **jest moim** ~**ym obowiązkiem powiedzieć ...** it gives me pain to say ... 4. (*o stracie*) painful; severe
boleściwy *adj* sorrowful; mournful; woebegone
boleś|ć *f* 1. (*ból*) pain; *pl* ~**ci** a pain, pains; **mieć** ~**ci** to be in pain; to suffer pains; *żart* **od siedmiu** ~**ci** paltry; tolerable 2. (*smutek*) sorrow; grief; anguish
bolid *m astr* bolide
bolszewik *m* Bolshevik

bolszewizm *m singt* Bolshevism
bom *m* 1. *żegl* boom 2. (*dźwig*) derrick
bomba *f* 1. bomb; ~ **atomowa** atom bomb; A-bomb; ~ **wodorowa** hydrogen bomb; H-bomb; **jak** ~ like a whirlwind; **wiadomość podziałała jak** ~ the news was a bombshell; **wpaść jak** ~ to come bursting in 2. *przen* (*sensacja*) sensation; bombshell; ~ **pękła** there is ⟨was⟩ a sensation
bombardier *m wojsk* 1. (*w artylerii*) bombardier 2. *lotn* bomb-aimer; *am* bombardier
bombardować *vt imperf* 1. *lotn* to raid; to bomb 2. (*z dział*) to shell; to bombard 3. *przen* (*obrzucać*) to pelt 4. *przen* (*atakować*) to bombard
bombardowanie *n* raid; bombardment
bombastyczny *adj* bombastic
bombka 1. *dim* ↑ **bomba** 2. (*przedmiot kulisty*) (glass) ball; sphere 3. (*kufel*) glass (of beer)
bombonierka *f* 1. fancy box for bonbons; chocolate box, box of chocolates 2. *przen* (*o mieszkaniu*) snug little flat
bombowiec *m lotn* bomber; bombing plane
bombowy *adj* 1. (*o zamachu*) bomb (outrage) 2. *wojsk* bombing (raid etc.); bomber (command); **samolot** ~ bomber 3. *posp* (*świetny*) smashing
bon *m* 1. ticket ⟨coupon⟩ (entitling to a free meal etc.) 2. *ekon* bond; debenture
bona † *f* nursery maid; nursemaid
bonifikata *f* rebate; discount; reduction of a price; allowance; bonus
bonifikować *vt imperf* to allow (**komuś** sb) a rebate ⟨discount, reduction of a price⟩
bor[1] *m singt chem* boron
bor[2] *m* (*świder*) drill; borer
boraks *m singt chem* borax
bordo *indecl* deep-red
borny *adj chem farm* bor(ac)ic; **kwas** ~ boric acid
borować *vt imperf dent* to drill; to bore
borowik *m bot* boletus (a fungus)
borowina *f* therapeutic mud
borówka *f bot* ~ **czernica** blueberry;

whortleberry; huckleberry; ~ **brusznica** cowberry; red whortleberry
borsuk *m zool* badger; brock; *am* carcajou
borykać się *vr imperf* to struggle ⟨to battle⟩ (**z czymś** with ⟨against⟩ sth); to grapple ⟨to wrestle, to be at grips⟩ (**z czymś** with sth)
bosak[1] *m pot* (*zw pl*) (*sandał*) sandal || **na** ~**a** barefoot
bosak[2] *m* (*osęka*) grapnel; grappling iron
bosk|i *adj* 1. divine; of God; **Matka Boska** the Mother of God; **na litość** ~**ą!** for Goodness' sake!; **niech ręka** ~**a broni!** God forbid!; **rany** ~**ie!** good heavens!; **to obraza** ~**a!** it's outrageous!; shocking!; **wola** ~**a** it can't be helped 2. (*cudowny*) heavenly; divine
boskość *f singt* divinity
bosman *m mar* boatswain, bosun
boso *adv* barefoot; with no shoes on; with one's shoes off
bos|onogi, bos|y *adj* barefoot(ed); ~**e nogi** bare feet
bot *m* snow-shoe
botaniczny *adj* botanical; **ogród** ~ botanical garden(s)
botanik *m* botanist
botanika *f singt* botany
botki *plt* warm-lined boots
bowiem *conj* as; because; since; for
bożek *m* pagan god; idol; graven image
boż|y *adj* God's; of God; divine; **Boże Ciało** Corpus-Christi Day; **Boże Narodzenie** a) (*święto*) Christmas b) (*przyjście Chrystusa na świat*) the Nativity; **dary** ~**e** the daily bread; food; **iskra** ~**a** the divine spark; *ent* ~**a krówka** ladybird; **cały** ~**y dzień** the whole day long
bożyszcze *n* pagan god; *dosł i przen* idol
bób *m bot* broad bean; *pot* **dać** ⟨**zadać**⟩ **komuś bobu** to give sb beans
bóbr *m zool* beaver; **płakać jak** ~ to cry one's eyes out
bóg *m* 1. **Bóg** *singt* God; Our Lord; the Godhead; *przen* Goodness; Heaven; **Bogiem a prawdą** truth to say; **Bogu ducha winien** innocent; guiltless;

Bóg wie Goodness knows; **dzięki Bogu** thank Goodness ⟨Heaven⟩; **jak u Pana Boga za piecem** as snug as a bug in a rug; **jak Boga kocham** I swear; upon my word; **Boże!** good gracious!; my goodness!; oh dear!; dear me!; **na Boga!** good gracious!; *am* gosh!; **niech Pan Bóg broni!** God forbid!; **Bóg zapłać!** heartfelt thanks!; *przysł* **jak Kuba Bogu tak Bóg Kubie** like for like; **Panu Bogu świeczkę i diabłu ogarek** a foot in both camps 2. = **bożek**
bój *m* fight; combat; battle; struggle; **plac boju** battle-field; **toczyć boje o coś** to contend for sth; **toczyć boje z czymś** to battle against sth
bójk|a *f* fight; tussle; scuffle; row; **doszło do** ~**i** it came to fisticuffs; they ⟨we⟩ came to blows; **skory do** ~**i** pugnacious
ból *m* 1. pain; ache; soreness (of one's feet etc.); ~**e porodowe** pains of childbirth; ~ **gardła** sore throat; ~ **głowy** headache; ~ **zęba** toothache; **zadać** ⟨**sprawić**⟩ **komuś** ~ to hurt sb; **cierpieć** ~ to suffer; to be in pain 2. (*zmartwienie*) pain; suffering; **to mi sprawia wielki** ~ it gives me much pain; **zrobić coś z** ~**em serca** to do sth with a heavy heart ⟨against one's will⟩
bór *m* wood; forest
bóstwo *n* 1. (*bożek*) pagan god; idol; deity; *przen* idol 2. (*natura boska*) Divinity; Godhead
bóść *vt imperf* to gore; to toss; to horn
bóżnica *f* synagogue
braciszek *m* 1. (*dim* ↑ **brat**) younger brother 2. *rel* friar
bractwo *n* brotherhood; *rel* brotherhood; fraternity; *żart* company
brać[1] *imperf* — **wziąć** *perf* I *vt* 1. (*chwytać*) to take; to catch hold (**coś** of sth); **brać** ⟨**wziąć**⟩ **do domu** (**pranie, szycie, przepisywanie itd.**) to take in (laundrying, sewing, typewriting etc.); **brać** ⟨**wziąć**⟩ **kogoś ze sobą** to take ⟨to bring⟩ sb along (with one); **brać** ⟨**wziąć**⟩ **sobie coś z potraw** (**przy stole**) to help oneself to

sth 2. (*brać siłą*) to capture; to seize; **brać mężczyzn do wojska** to enlist men 3. (*zaopatrywać się*) to provide oneself (**coś** with sth) 4. (*czynić współuczestnikiem*) to take into partnership; to engage 5. (*nająć*) to lease; to take (a taxi, cab etc.); **brać ⟨wziąć⟩ na kredyt ⟨na raty⟩** to buy on credit ⟨by instalments⟩ 6. (*podejmować się*) to undertake (a responsibility etc.); to assume ⟨to take over⟩ (the management, duties etc.); **brać ⟨wziąć⟩ na siebie odpowiedzialność** ⟨**obowiązki itd.**⟩ to take on ⟨to assume⟩ responsibilities ⟨a duty etc.⟩ 7. (*pobierać wynagrodzenie itd.*) to take ⟨to get⟩ (wages, a salary etc.); to charge (for one's services) 8. (*zdobyć wyróżnienie, uznanie*) to take ⟨to win⟩ (a prize etc.) 9. (*zażywać lekarstwo*) to take (medicine, a pill, a powder etc.) 10. (*osiągnąć stan, fazę*) to take; **brać ⟨wziąć⟩ obrót na lepsze ⟨na gorsze itd.⟩** to take a turn for the better ⟨for the worse etc.⟩ 11. (*traktować, ujmować*) to treat; to take (sb, sth seriously etc.); **brać ⟨wziąć⟩ coś dosłownie** to take sth in its literal sense; **brać ⟨wziąć⟩ coś we właściwym ⟨w niewłaściwym⟩ znaczeniu** to put the proper ⟨a wrong⟩ interpretation on sth; **brać ⟨wziąć⟩ do siebie czyjąś uwagę itd.** to take sb's remark etc. personally; **za kogo mnie bierzesz?** what do you take me for? 12. (*mylić się co do osoby, rzeczy*) to mistake ⟨to take⟩ (**kogoś, coś za kogoś, coś innego** sb, sth for sb, sth else); **brać ⟨wziąć⟩ coś za złe** to resent sth 13. *w zwrocie:* **brać ⟨wziąć⟩ coś na siebie** a) (*podejmować się czegoś*) to undertake sth b) (*obciążać się czymś*) to take sth upon oneself; **wezmę tę sprawę na siebie** I'll take care of that **II** *vi* 1. (*o mrozie, zimnie*) to set in 2. **wędk** (*o rybie*) to nibble; to bite **III** *vr* **brać ⟨wziąć⟩ się** 1. **brać ⟨wziąć⟩ się w garść ⟨w kupę⟩** to control oneself 2. *pot* (*dać się oszukać*) to be deceived (**na coś** by sth) 3. (*przykładać się*) to take (**do czegoś** to sth); (*roz-*poczynać *coś*) **brać ⟨wziąć⟩ się do czegoś** to set about doing sth; to set to work on sth; **brać ⟨wziąć⟩ się do roboty** to start working 4. (*zdobyć się, uciekać się*) **brać ⟨wziąć⟩ się na odwagę** to brace up one's courage; **brać ⟨wziąć⟩ się na sposoby** to find means (to do sth) 5. (*pojawiać się, powstawać*) to arise ⟨to spring, to flow⟩ (**skądś** from sth); **skąd ci się biorą takie myśli?** how do you get those thoughts into your head?; **skąd się to bierze?** where does it come from?; **skąd się to bierze, że ...?** how is it that...?

brać[2] *f singt* set; *pot* gang; band; company; *pot* tribe (of actors etc.)

brajl *m* Braille (system)

brak *m* 1. *praed* absent ⟨missing, wanting⟩; **kilku osób ~** several persons are missing; **~ mi ciebie** I miss you; **~ mi papieru** I have no paper; **~ mi słów, żeby ...** I have no words to ...; **~ nam funduszy** ⟨**książek itd.**⟩ we lack ⟨need⟩ funds ⟨books etc.⟩; **ludzi nie ~** there is no lack of people; **niczego im nie ~** they lack nothing 2. (*wyraża nieobecność, niedostatek*) lack; want; scarcity; scarceness; shortage; **cierpieć na** ⟨**odczuwać**⟩ **~ czegoś** to lack (for) sth; to be in want of sth; **cierpię na ~ pieniędzy** ⟨**czasu itd.**⟩ I am pinched ⟨pushed⟩ for money ⟨time etc.⟩; **cierpimy na ~ rąk do pracy** we are short-handed; **dał się odczuć ~ żywności** ⟨**węgla itd.**⟩ food ⟨coal etc.⟩ became scarce; **odczuwać ~ czegoś** to have run ⟨to be⟩ short of sth; **odczuwać ~ drogiej osoby** to miss one dear to us; **wykazywać ~ szacunku do kogoś** to fail in respect for sb; **przy ~u tego** this wanting; (*o urządzeniu*) **z ~ami** incomplete; **z ~u** ⟨**dla ~u, w ~u, wobec ~u**⟩ **czegoś** in the absence ⟨for lack, for want⟩ of sth 3. (*wada*) shortcoming; fault; defect; deficiency 4. *pl* **~i** (*niedostatek*) privations; hardships; poverty; (*przy kontroli*) shortage 5. (*coś wybrakowanego*) waster; *pl* **~i** rejections; *zbior* wastage

brakarz *m* sorter
braknąć *vi imperf* = **brakować** *vi*
brakorób *m* waster of raw material
brakoróbstwo *n singt* wastage; wasting of raw material; defective production
brak|ować *imperf* **I** *vi* 1. *(nie być, być w małej ilości)* to be lacking ⟨missing, wanting, absent⟩; to be short; to have run short; to fail; to want; ~owało herbaty tea ran short; ~owało pieniędzy money was lacking; ~uje cukru sugar is in short supply; ~uje czwartego do brydża one player is wanting to make a foursome; ~uje kilku minut do 12-ej it wants several minutes of 12; kogo ~uje? who is absent?; coś mi ~uje something's wrong with me; nic mi nie ~uje I'm all right; niewiele ~owało! it was a near go; niewiele ~owało, a byłbym go uderzył for two pins I'd have struck him; tego tylko jeszcze ~owało! that's the limit!; tylko tego ~uje, żeby... it would crown all if...; w książce ~owało dwóch kartek two leaves were missing in the book 2. *(odczuwać brak)* to lack; to want; to need; to be in need (czegoś of sth); to be short (czegoś of sth); ~uje ⟨~owało⟩ mi węgla I have ⟨had⟩ run short of coal; ~uje nam pieniędzy we lack ⟨want, need⟩ money; ~uje mi słów, żeby ... words fail me to ... 3. *(wykazywać brak)* to want; to need; to be lacking ⟨deficient⟩ (czegoś in sth); ~uje mu wytrwałości he is lacking ⟨deficient⟩ in pertinacity; ~uje mu odwagi ⟨doświadczenia itd.⟩ he wants ⟨needs⟩ courage ⟨experience etc.⟩ **II** *vt* *(odrzucać braki)* to reject (defective production); to sort out (what is faulty, useless etc.)
brama *f* gate; gateway; front door (of a building); ~ **triumfalna** triumphal arch
bramin *m* brahmin
bramk|a *f* 1. gate; wicket(-door) 2. *sport* (w piłce nożnej) goal; **obronić** ~ę to save the goal; **strzelić** ~ę to score a goal
bramkarz *m* goalkeeper

bramować *vt imperf* to border; to edge; to fringe
branka † *f* 1. *(pobór)* recruitment; enlistment 2. *(kobieta)* captive (woman)
bransolet(k)a *f* bracelet; ~ **do zegarka** watch-bracelet
branż|a *f handl* line (of business); trade; **należeć do** ~y to be in the trade; **to nie nasza** ~a that is not our line
bra|t *m* 1. *(członek rodziny)* brother; ~**t bliźniaczy** twin brother; ~**t cioteczny** ⟨**stryjeczny**⟩ (first) cousin; ~**t przyrodni** step brother; **starszy** ~**t** elder brother 2. *(towarzysz)* comrade; companion; associate; colleague; chum; mate; **być z kimś za pan** ~**t** to be on familiar terms ⟨to hob-nob⟩ with sb; ~**cie!** old boy!; old fellow!; old chap! 3. *rel (zakonnik)* brother; friar; *pl* ~**cia** brethren
bratać *imperf* **I** *vt* to unite ⟨to bind⟩ with ties of brotherhood **II** *vr* ~ **się** to fraternize; *pot* to chum up
bratanek *m* nephew
bratanica *f* niece
bratek *m bot* pansy
bratersk|i *adj* brotherly (love, ties etc.); fraternal; brother's; (ties etc.) of brotherhood || **po** ~**u** like a brother
braterstwo *n* 1. *(brat z żoną)* brother and his wife 2. *(uczucia braterskie)* brotherhood; ~ **broni** brotherhood in arms
bratni *adj* = **braterski**; ~**e dusze** · twin souls
bratobójca *m* fratricide
bratobójcz|y *adj* fratricidal; ~**a wojna** civil war
bratowa *f* sister-in-law
braw|o **I** *n (także pl* ~**a)** applause; clapping (of hands); cheers; **bić** ~**o** to applaud **II** *interj* ~**o!** bravo!; well done!; *am* attaboy!; *(na zebraniu)* hear, hear!
brawur|a *f* bravado; daring; **z** ~**ą** with dash
brawurować *vi imperf* to show bravado ⟨daring⟩; to act rashly
Brazylijczyk *m* (a) Brazilian
brazylijski *adj* Brazilian

brąz *m* 1. (*stop miedzi*) bronze; **epoka ~u** the bronze age 2. (*kolor*) brown; **opalony na ~** bronzed; tanned
brązowieć *vi imperf* 1. (*stawać się brązowym*) to get ⟨to turn⟩ brown 2. (*stanowić brązową plamę*) to show brown
brązownik *m* brazier; bronze-founder
brązowy *adj* 1. bronze — (medal, age etc.) 2. (*brunatny*) brown; of brown colour; tawny; (*opalony*) tanned
bredni|a *f* (*zw pl* ~e) nonsense; rubbish; *pot* tommy rot; **pleść ~e** to talk nonsense
bredzi|ć *vi imperf* 1. (*majaczyć*) to rave 2. (*mówić bzdury*) to talk nonsense ⟨rubbish⟩; **~sz!** you're absurd!; you're talking rubbish!
breja *f* mash; (*mokry śnieg*) slush
brelok *m* pendant, pendent
brew *f* (eye)brow; **zmarszczyć brwi** to knit one's brows; to frown
brewerie *plt* row, disturbance, brawl; **wyprawiać ~** to brawl; to roister
brewiarz *m rel* breviary; **odmawiać ~** to recite one's breviary
brezent *m* tarpaulin; canvas; tilt
brnąć *vi imperf* 1. to wade; to flounder; to work ⟨to fight⟩ one's way (w śniegu itd. through snow etc.) 2. *przen* to blunder ⟨to hugger-mugger⟩ along; **~ w długi** to have run ⟨to have plunged⟩ into debt
broczyć *imperf* I *vi* 1. *w zwrocie*: **~ krwią** to bleed 2. (*o krwi*) to flow II *vt* (*nurzać we krwi*) to soak (in blood) III *vr* **~ się**: (*o sercu*) **~ się krwią** to bleed
brod|a *f* 1. (*zarost*) beard; **mieć** ⟨**nosić**⟩ **~ę** to wear a beard; **zapuścić ~ę** to grow ⟨to have grown⟩ a beard 2. *anat* chin; *pot* **pluć sobie w ~ę** to feel like kicking oneself
brodacz *m* man with a beard, bearded man
brodaty *adj* bearded
brodawka *f* 1. *anat* **~ sutkowa** (*u człowieka*) nipple; pap; (*u zwierzęcia*) teat; (*u kobiety, samicy*) mamilla; **~ językowa** ⟨**smakowa**⟩ papilla 2. *bot* papilla; wart 3. *med* wart; verruca

brodząc|y *adj* wading; **~e ptaki** wading ⟨grallatorial⟩ birds; waders
brodzić *vi imperf* to wade; to flounder
brodzik *m* 1. (*płytki basen*) paddling pond 2. (*typ wanny*) sitz-bath
broi|ć *vi imperf* 1. (*figlować*) to frolic; to romp; to gambol 2. (*czynić coś złego*) to do mischief; **on wciąż ~** he is always up to some mischief
brojler *m* broiler
brokat *m tekst* brocade; gold-cloth
brom *m* 1. *singt chem* bromine 2. *farm* bromide
bromek *m chem* bromide
brona *f roln* harrow
bronchit *m med* bronchitis
broni|ć *imperf* I *vt* 1. (*działać obronnie*) to defend (**kogoś, czegoś przed kimś, czymś** ⟨**przeciw komuś, czemuś**⟩ sth against sb, sth); **przen ~ć swych pozycji** to stick to one's guns 2. (*chronić, osłaniać*) to protect ⟨to guard, to shield⟩ (**kogoś, czegoś przed kimś, czymś** sb, sth from ⟨against⟩ sb, sth); **~ć pokoju** to maintain peace; **broń Boże, niech Bóg ~!** a) God forbid! b) (*absolutnie nie*) far from it; nothing of the kind; *sport* **~ć bramki** to keep goal 3. (*ujmować się*) to plead ⟨to maintain⟩ (**sprawy a cause**; **czyjejś sprawy w sądzie** sb's case in court); (*o adwokacie*) **~ć kogoś** to hold brief for sb; **~ć swych praw** ⟨**poglądów itd.**⟩ to maintain ⟨to assert, to uphold⟩ one's rights ⟨one's opinion etc.⟩ 4. (*zabraniać*) to forbid ⟨to prohibit⟩ (**czegoś** sth); **~ć komuś prawa do (robienia) czegoś** to deny sb the right to do sth II *vr* **~ć się** 1. (*działać obronnie*) to defend oneself; **~ć się do ostatka** to die in the last ditch 2. (*opierać się*) to guard ⟨to protect, to shield oneself⟩ (**przed kimś, czymś** against sb, sth); **~ć się przed robieniem czegoś** to boggle at ⟨about⟩ doing sth
bronować *vt imperf roln* to harrow
bro|ń *f* 1. (*oręż*) weapon; arm; *zbior* arms; **biała ~ń** side-arms; **~ń chemiczna** chemical weapons; **~ń nuklearna** nuclear weapons; **~ń obo-**

broszka 43 **brydż**

sieczna double-edged weapon; ~ń odstraszająca detergent; ~ń palna fire-arms; ~ń pancerna armoured units; ~ń ręczna small arms; zawieszenie ~ni cease-fire; truce; armistice; chwycić za ~ń to take up arms; powołać pod ~ń to call to the colours; prezentować ~ń to present arms; złożyć ⟨składać⟩ ~ń to lay down one's arms; do ~ni! to arms!; na ramię ~ń! shoulder arms!; slope arms! 2. *przen* weapon; pokonać kogoś jego własną ~nią to beat sb at his own game; wytrącić komuś ~ń z ręki to take the wind out of sb's sails 3. (*formacja wojskowa*) (branch of) service
broszka *f* brooch
broszura *f* pamphlet; brochure; folder; booklet
broszurowan|y *adj* in pamphlet form; stitched; książka ~a (a) paper-back
browar *m* brewery
bród *m*. ford; wading place; przeprawić się przez rzekę w ~ ⟨brodem⟩ to ford a river || w ~ (*obficie*) in profusion; galore; mięsa w ~ meat galore; mieć wszystkiego w ~ to want for nothing; to lack nothing; *przen* to be ⟨to live⟩ in clover; to live on the fat of the land
bróg *m roln* (hay)rick; (hay)stack
brud *m* 1. dirt; squalor; grime; filth; 2. (*także pl* ~y) *przen* (*nikczemność*) vileness; sordidness 3. *pl* ~y (*śmiecie itd.*) sweepings; refuse 4. *pl* ~y (*bielizna*) dirty linen ⟨clothes⟩; *przen* prać ~y publicznie to wash one's dirty linen in public
brudas *m* sloven; dirty fellow; (*o kobiecie*) slut; slattern
brudno *adv* dirtily; in a dirty manner; ~ tu this place is dirty ⟨squalid⟩; pisać coś na ~ to make a rough copy ⟨a draft⟩ of sth
brudnopis *m* rough copy; draft (of a document etc.)
brudn|y *adj* dirty; grimy; squalid; grubby; ~a robota messy work ⟨job⟩
brudzić *imperf* I *vt* to dirty; to soil; to stain; to smear II *vr* ~ się to get ⟨to become⟩ dirty

bruk *m* pavement; *przen* być na ~u a) (*bez dachu nad głową*) to be homeless b) (*bez pracy*) to be out of work; znaleźć się na ~u to land on the pavement; szlifować ~i to loaf about
brukarski *adj* paviour's; paving — (tiles, stones etc.); **prace** ~e paving (of streets)
brukarz *m* paviour
brukiew *f bot* turnip-rooted cabbage; rutabaga
brukować *vt imperf* to pave
brukowiec *m* 1. (*kamień*) paving-stone; cobble-stone 2. *pog* (*czasopismo*) rag
brukow|y *adj* 1. paving — (stones etc.) 2. (*uliczny*) of ⟨from⟩ the street; of ⟨from⟩ the gutter; **gazeta** ~a rag; prasa ~a gutter press; wyrażenie ~e vulgar expression
brukselka *f bot* Brussels sprouts
brulion *m* 1. (*szkic, brudnopis*) draft ⟨rough copy⟩ (of a document etc.); foul copy (of a letter etc.) 2. (*zeszyt*) notebook
brunatny *adj* brown; russet; tawny; tan-coloured; **węgiel** ~ lignite; *przen polit* ~ **faszyzm** Nazi fascism
brunet *m* dark-haired ⟨black-haired⟩ man
brunetka *f* brunette; dark(-haired) girl ⟨woman⟩
brusznica *f bot* cowberry; red whortleberry
brutal *m* brute; bully; beast
brutalność *f* brutality; roughness; savageness
brutaln|y *adj* 1. brutal; rough; savage 2. (*bezwzględny*) ruthless; ~a siła ⟨przemoc⟩ brute force
brutto *n indecl* gross; **cena** ⟨**waga**⟩ ~ gross price ⟨weight⟩
bruzda *f* 1. *roln* furrow 2. (*ślad po kołach*) rut 3. (*zmarszczka*) furrow
bruździć *imperf* I *vt* (*robić bruzdy*) to furrow II *vi* (*przeszkadzać*) to hinder ⟨to impede⟩ (**komuś** sb); ~ **komuś** to thwart ⟨to cross⟩ sb's plans; *przen* to put spokes in sb's wheel
bryczesy *plt* (riding-)breeches
bryczka *f* britzka, britzska; chaise
brydż *m singt karc* bridge

brydżysta *m* bridge player
brygad|a *f* 1. (*grupa robocza*) working gang; party 2. *wojsk* brigade; **generał ~y** brigadier(-general) 3. (*w policji*) squad
brygadier *m* 1. (*robotnik*) foreman; gangsman; overseer 2. † *wojsk* brigadier(-general)
brygadzista *m* = **brygadier** 1.
bryja *f* = **breja**
bryk *m pot szk* crib
brykać *vi imperf* — **bryknąć** *vi perf* 1. (*o koniu*) to buck; to set off at a run 2. (*o dzieciach*) to gambol; to caper; to cut capers 3. *pot* (*uciekać*) to make off
brykiet *m* briquette; *pl* **~y** patent fuel
bryknąć *zob* **brykać**
brylant *m* diamond
brylantowy *adj* diamond — (ring, wedding etc.)
brylantyna *f singt* brilliantine
bryła *f* 1. block; lump 2. *fiz* mass 3. *mat* solid figure ⟨body⟩; (a) solid
bryłkowaty *adj* lumpy; clotty
bryłowaty *adj* massive; lumpy
bryndza *f* 1. cheese of ewe's milk 2. *pot* (*bieda*) straits; **u mnie ~** I am broke
brystol *m* Bristol board
bryt *m kraw* gore
brytan *m* 1. (*rasowy pies*) mastiff 2. *pot* (*pies podwórzowy*) bandog; chained dog
brytfanna *f* (oven-)pan
Brytyjczyk|k *m* Briton; British subject; *am* Britisher; *pl* **~cy** the British
brytyjski *adj* British
bryza *f* breeze
bryzg *m* splash; spatter; *pl* **~i** (*wody*) spray
bryz|gać *vi imperf* — **bryz|nąć** *vi perf* to splash; **~gać na kogoś wodą** ⟨**błotem**⟩ to splash ⟨to spatter⟩ sb with water ⟨mud⟩
brzask *m* dawn; daybreak; break of day; (morning) twilight; **o ~u** at dawn, at daybreak
brząkać, brzękać *vi imperf* — **brząknąć, brzęknąć** *vi perf* 1. to strum ⟨to thrum, to twang⟩ (**na gitarze itd.** a guitar etc.) 2. (*o instrumencie, strunie*) to twang; (*o przedmiocie metalowym*) to clank
brzdąc *m żart* dot (child); *pot* tot; *żart* sprat
brzdąkać *vi imperf* — **brzdąknąć** *vi perf* = **brząkać, brząknąć**
brzeg *m* 1. (*rzeki, jeziora itd.*) bank; waterside; riverside; **na drugim ~ rzeki** across the river 2. (*morski*) shore; coast; **blisko ~u, przy ~u** inshore; **wysadzić kogoś na ~** to set sb ashore; **na ~u morza** on the seashore 3. (*naczynia*) (b)rim; **pełny po ~i** brim-full 4. (*krawędź*) edge; border; margin; **~ sukni** hem of a dress; **pierwszy z ~u** anyone 5. (*skraj przepaści itd.*) brink; verge
brzemienność *f singt* pregnancy
brzemienn|y *adj* 1. **~a** (*o kobiecie*) pregnant 2. *przen* big (**w skutki itd.** with consequences etc.); **~y w wypadki** eventful; **~y w następstwa** with far-reaching consequences
brzemię *n* burden; load; weight; onus; **dźwigać ~** to bear a burden
brzeszczot *m* sword-blade
brzezina *f* 1. (*las, zarośla*) birch wood 2. (*drewno*) birch (wood)
brzę|czeć *vi imperf* — **brzę|knąć** *vi perf* (*o metalach*) to rattle; to clang; to tinkle; (*o szkle itp.*) to chink; to clank; (*o strunie*) to tang; to twang; (*o owadach itd.*) to buzz; to hum; to zoom; (*o pszczole, maszynie itd.*) to drone; *przen* **~cząca moneta** hard cash; **płacić w ~czącej monecie** to pay (in) cash
brzęk *m* (a) rattle; tinkle; jingle; **~ owadów** the buzz of insects
brzęknąć *vi* 1. *perf zob* **brząkać, brzęczeć** 2. *imperf* (*puchnąć*) to swell
brzmi|eć *vi imperf* 1. (*dawać się słyszeć*) to (re)sound; to ring; to be heard; **~eć fałszywie** to jar; **to ~ przyjemnie** it has a pleasing sound; *przen* **~eć w uszach** ⟨**w pamięci**⟩ to tingle in one's ears ⟨in one's memory⟩ 2. (*o treści zdania, dokumentu itd.*) to read; **tekst ~ jak następuje** the text reads as follows
brzmienie *n* ↑ **brzmieć** 1. (*dźwięk*) sound;

brzoskwinia   45   **budować**

ring (of a voice) 2. (*ton*) tone (of a voice, of an instrument etc.) 3. (*głoska*) speech sound 4. (*treść tekstu*) reading (of a text); tenor ⟨contents⟩ (of a letter, statement etc.)
brzoskwinia *f* 1. *bot* peach-tree 2. (*owoc*) peach
brzoza *f* birch(-tree)
brzozowy *adj* birch — (family, wood etc.)
brzuch *m anat* abdomen; stomach; belly; *pot dziec* tummy; ~ **mu rośnie** he is developing a corporation; *pot* **leżeć do góry** ~**em** to laze; to loaf; **wiercić dziurę w** ~**u** to make a nuisance of oneself
brzuchaty *adj* corpulent; big-bellied; *przen* (*o naczyniu*) bulgy
brzuchomówca *m* ventriloquist
brzuszn|y *adj* abdominal; ventral; coeliac; *med* **dur** ~**y** typhoid fever; *anat* **jama** ~**a** abdominal cavity
brzydactwo *n* eyesore
brzydal *m* ugly man
brzydk|i *adj* 1. (*nie urodziwy*) ugly; unsightly; hideous; **płeć** ~**a** the sterner sex 2. (*o pogodzie*) foul; bad; nasty; ~**i dzień** cloudy ⟨rainy⟩ day 3. (*o czynie*) mean; base; ~**a sprawa** an ugly business 4. (*o wyrazach*) rude
brzydko *adv* in an ugly manner; hideously; **postąpić** ~ to behave meanly ⟨basely⟩; ~ **postąpić wobec kogoś** to be nasty ⟨horrid⟩ to sb; ~ **wyglądać** to look ill
brzydnąć *vi imperf* to become ⟨to grow⟩ ugly; to lose one's ⟨its⟩ beauty
brzydota *f singt* 1. ugliness; unsightliness; hideousness 2. = **brzydactwo**
brzydula *f pot* ugly girl
brzydzić *imperf* **I** *vt* to inspire abhorrence ⟨disgust⟩ (**kogoś** in sb); to repel **II** *vr* ~ **się** to loathe ⟨to abhor, to detest⟩ (**kogoś, czegoś** sb, sth); ~ **się czymś** to hold sth in abhorrence ⟨in disgust⟩
brzytw|a *f* (cut-throat) razor; **ostrze** ~**y** razor-edge; *przysł* **tonący** ~**y się chwyta** a drowning man catches at a straw
bubek *m pot pog* whipper-snapper; buck
buble *plt pot* unsaleable goods

buch *interj* bang!; plump!; smack!
buch|ać *vi imperf* — **buch|nąć** *vi perf* 1. (*wydobywać się gwałtownie*) to burst ⟨to break⟩ forth; to come in gusts; (*o ogniu*) to blaze; to flare; (*o cieczach*) to gush; (*o parze*) to come out in clouds; (*o kominie itd.*) ~**ać kłębami dymu** to eject ⟨to emit⟩ clouds of smoke; (*o piecu itd.*) ~**ać żarem** to glow with heat; **para z niego** ~**ała** he was steaming with heat; ~**ał od niego zapach wódki** he reeked of liquor 2. *perf pot* (*ukraść*) to pinch; to snoop
buchalter *m* bookkeeper
buchalteria *f* bookkeeping
bucik *m* shoe
buczeć *vi imperf* 1. (*wydawać niski, przeciągły dźwięk*) to boom; to zoom; to hum; to drone; to buzz; (*o syrenie*) to toot 2. *pot* (*głośno płakać*) to blubber; to boohoo
buczyna *f singt* beech (wood)
bud|a *f* 1. (*pomieszczenie dla sprzętów itd.*) shed; shanty; shack 2. (*stoisko jarmarczne*) stall 3. (*pomieszczenie dla psa*) kennel; **do** ~**y!** kennel!; **to się psu na** ~**ę nie zda** it's perfectly useless 4. (*nakrycie pojazdu*) hood; tilt 5. *pot* (*szkoła*) shop
buddysta *m* buddhist
buddyzm *m singt rel* buddhism
budka *f* 1. *dim* ↑ **buda** 1., 2. 2. (*kryte pomieszczenie*) shelter; ~ **wartownika** sentry-box; ~ **stróża nocnego** watch-house; ~ **maszynisty** ⟨**szofera**⟩ cab; ~ **telefoniczna** call box; *am* telephone booth; *teatr* ~ **suflera** prompter's box 3. (*kiosk*) news-stand
budow|a *f* 1. building; erection; construction; ~**a dróg** road-building; ~**a statków** shipbuilding; **w** ~**owie** in process of construction; **architekt jest na** ~**ie** the architect is at the site 2. (*struktura*) structure; construction; (the) make; (the) build; ~**a atomu** atomic structure 3. (*struktura człowieka*) constitution; build; **mieć silną** ⟨**słabą**⟩ ~**ę** to be strongly ⟨weakly⟩ built
budować *imperf* **I** *vt* 1. to build; to

budowla 46 **bukiet**

erect; to construct; to raise (statues, barricades etc.); *przen* ~ **nadzieje na czymś** to build ⟨to base⟩ one's hopes on sth 2. *techn* to construct (machines etc.) 3. (*wpływać dodatnio*) to edify; to exert a beneficial influence (**kogoś** upon sb) **II** *vr* ~ **się** 1. (*o budynku*) to be in process of construction ⟨in course of building⟩ 2. (*stawiać sobie dom*) to build a house of one's own
budowla *f* building; edifice; structure
budowlany *adj* architectural; builder's; building — (materials, ground, operations etc.); constructional; structural; **przedsiębiorca** ~ contractor
budownictwo *n* 1. architecture 2. (*dział techniki*) tectonics; the building trade; ~ **dróg** ⟨**mostów itd.**⟩ road- ⟨bridge- etc.⟩ building; *przen* ~ **socjalistyczne** the building of socialism
budowniczy *m* builder; *dosł i przen* architect
buduar † *m* boudoir; (lady's) bedchamber
budujący *adj* (*umoralniający*) edifying; elevating; moralizing; (*przykładny*) exemplary
budulec *m* timber; *przen* constructive element; substance; stuff
budyn|ek *m* building; edifice; ~**ki mieszkalne** living quarters; ~**ki gospodarskie** farm buildings; outbuildings
budyń *m kulin* pudding
budzi|ć *imperf* **I** *vt* 1. to wake; to waken; ~**ć kogoś** to wake sb up 2. *przen* to rouse (**ospałych itd.** the indolent etc.) 3. (*wywoływać stany uczuciowe*) to awaken ⟨to rouse, to stir up⟩ (feelings etc.); to arouse (curiosity, suspicions etc.); **to nie** ~ **wątpliwości** there is no room for doubt **II** *vr* ~**ć się** 1. to awake; to awaken; to wake (up); *przen* ~**ć się do życia** to come to life 2. (*powstawać, przejawiać się*) to arise; to spring up
budzik *m* alarm-clock, alarum-clock; *pot* alarm
budżet *m* budget; estimates; ~ **państwowy** ⟨**rodzinny**⟩ national ⟨household, family⟩ budget; **nie przekraczać**

swego ~**u** to live within one's income
budżetowy *adj* budget — (law etc.); budgetary; financial; **preliminarz** ~ estimates; **rok** ~ fiscal year
buf|a *f* puff; ~**y** (*u rękawów*) puffed ⟨leg-of-mutton⟩ sleeves
bufet *m* 1. buffet; canteen; snack-bar; quick-lunch bar; *kolej* refreshment--room; (*na zabawach*) the refreshments 2. (*lada w restauracji*) bar 3. (*kredens*) sideboard
bufetowa *f* barmaid
bufetow|y **I** *adj* buffet — (room etc.); **danie** ~**e** snack **II** *m* ~**y** barman; bar-tender
bufiasty *adj* puffed; puffy; ~ **rękaw** bag-sleeve
bufon *m* coxcomb; fop
bufonada *f* 1. (*zgrywanie się*) buffoonery; clownery 2. (*zarozumialstwo*) coxcombry; foppery
bufor *m* buffer
buforowy *adj* buffer — (state)
buhaj *m* bull
buja|ć *imperf* **I** *vi* 1. (*unosić się w powietrzu*) to float in the air; to fly about; to soar; *przen* ~**ć w obłokach** to day-dream 2. (*wałęsać, włóczyć się*) to roam; to rove (**po morzach** the seas); ~**ć po świecie** to knock about the world 3. (*rosnąć*) to grow rank 4. *pot* (*zmyślać*) to fib **II** *vt* 1. *pot* (*okłamywać*) to tell stories (**kogoś** to sb); ~**sz mnie** you're pulling my leg 2. (*kołysać*) to rock **III** *vr* ~**ć się** 1. (*kołysać się*) to rock; **fotel** ~**jący się** rocking-chair 2. *pot* (*podkochiwać się*) to be sweet (**w kimś** on sb)
bujak *m* rocking-chair
bujda *f pot* fib, *zbior* fibs; flam; humbug; ~ **na resorach** taradiddle
bujnie *adv* luxuriantly; exuberantly
bujny *adj* (*o roślinności*) luxuriant; exuberant; (*o czuprynie*) bushy; thick; rich; (*o wyobraźni*) fertile; vivid
buk *m bot* beech(-tree); ~ **czerwony** copper beech
bukiecik *m* posy; nosegay
bukiet *m* 1. (*pęk kwiatów*) bunch of flowers; bouquet; nosegay 2. *kulin* ~

jarzyn assorted vegetables 3. (*zapach win*) bouquet (of wine)
bukinista *m* second-hand bookseller
buksować *imperf* **I** *vt mar* to tow **II** *vi* (*o kołach*) to surge
bukszpan *m bot* box
buldeneż *m* guelder rose
buldog *m zool* bulldog
buldozer, buldożer *m techn* bulldozer
bulgotać *vi imperf* (*o płynie*) to gurgle; to bubble
bulić *vi imperf posp* to fork out; to cough up
bulier *m* = **bojler**
bulion *m kulin* broth; clear soup; beef-tea
bulla *f* bulla, papal edict
bulwa *f bot* 1. (*rodzaj korzenia*) tuber; bulb 2. (*topinambur*) Jerusalem artichoke
bulwar *m* 1. (*ulica*) boulevard; avenue; promenade 2. (*obmurowanie brzegów*) embankment
bulwiasty *adj* 1. (*mający bulwy*) bulbiferous; tuberiferous 2. (*mający postać bulwy*) bulbous; tuberous
bułanek *m* dun ⟨sorrel⟩ horse
buława *f* mace; staff of office; wand; ~ **marszałkowska** (field-)marshal's baton
bułeczka *f dim* ↑ **bułka**
Bułgar *m*, **Bułgarka** *f* (a) Bulgarian
bułgarski *adj* Bulgarian
bułka *f* (bread)roll; ~ **z masłem** bread and butter; **słodka** ~ bun; *kulin* **tarta** ~ (bread) crumbs
bumelanctwo *n pot* absenteeism; shirking
bumelant *m* absentee; shirker
bumelować *vi imperf* to loaf
bumerang *m* boomerang
bunkier *m* 1. *wojsk* bunker; pill-box 2. (*cela więzienna*) underground isolated cell in Nazi concentration camp 3. *mar* bunker
bunt *m* 1. (*akcja*) mutiny; rebellion; riot; **podnieść** ⟨**wszcząć**⟩ ~ to rise in revolt; to mutiny; to rebel; **stłumić** ~ to stamp out a revolt 2. (*protest, opór*) protest; dissent
buntować *imperf* **I** *vt* to instigate to insubordination; to incite to revolt;

to foment sedition (**ludzi** among people) **II** *vr* ~ **się** 1. (*burzyć się*) to mutiny 2. (*protestować*) to protest; to rise (**przeciw komuś, czemuś** against sb, sth)
buntowniczy *adj* mutinous; riotous
buntownik *m* mutineer
buńczuczny *adj* dashing; swaggering; blustering
buńczuk *m hist* 1. (*oznaka władzy*) horse-tail ensign 2. (*ozdoba szyszaka*) panache (on a helmet)
bur|a *f pot* talking-to; dressing-down; rating; **dostać** ~**ę** to get a scolding
buraczany *adj* beet — (leaves, field etc.)
buraczki *plt kulin* beetroot purée
buraczkowy *adj* of a reddish-violet colour; claret-coloured
burak *m bot* (red) beet, beetroot; ~ **cukrowy** white beet, sugar-beet; ~ **pastewny** mangold(-wurzel); **poczerwieniał jak** ~ he went as red as a peony
burcz|eć *vi imperf* 1. (*warkotać*) to rumble; (*furczeć*) to hum; to drone; (*o brzuchu, kiszkach*) to rumble; ~**ało mu w brzuchu** his belly was rumbling; *pot* he had the collywobbles 2. (*gderać*) to grumble (**na kogoś, coś** at ⟨about, over⟩ sb, sth)
burd|a *f* row; brawl; scuffle; *posp* rumpus; **zrobić** ⟨**wywołać**⟩ ~**ę** to kick up a row ⟨a shindy⟩; to raise Cain
burdel *m wulg* brothel; bawdy-house
burgund *m* burgundy (wine)
burka *f* hooded greatcoat ⟨cloak⟩
burkliwy *adj* gruff; surly
burknąć *vi perf* to growl; to grunt; to snarl
burmistrz *m* mayor; **zastępca** ~**a** port-reeve; **stanowisko** ⟨**godność**⟩ ~**a** mayoralty
burnus *m* burnous(e)
Burowie *plt* Boers
bursa *f* boarding-school; pupils' hostel ⟨*am* dormitory⟩
bursztyn *m miner* amber
bursztynowy *adj* 1. amber — (necklace etc.) 2. (*koloru bursztynu*) amber-coloured
burt|a *f mar* ship's side; **prawa** ~**a** starboard; **lewa** ~**a** port side; (*rzucić*,

bury — **być**

spaść itd.) **za ~ę** overboard; **człowiek za ~ą!** man overboard!; *dosł i przen* **pójść za ~ę** to go by the board
bury *adj* dun; grizzly; dark grey
burza *f* storm; tempest; rain ⟨wind⟩ storm; **~ śnieżna** snow-storm; **~ z piorunami** thunderstorm; **wpaść do pokoju jak ~** to burst into a room; *przen* **~ oklasków** ⟨**protestów**⟩ a storm of applause ⟨of protest⟩; **~ w szklance wody** a storm in a tea-cup
burzliwy *adj* 1. (*o pogodzie*) stormy; thunderous; rough (weather) 2. (*o morzu*) rough; heavy ⟨high⟩ (seas) 3. *przen* (*o zebraniu*) stormy; tempestuous
burzow|y *adj* stormy (day etc.); **chmury ~e** storm-clouds
burzyciel *m* destructor; devastator; **~ spokoju** disturber of the peace; **~ ustroju społecznego** subverter
burzy|ć *imperf* I *vt* 1. (*niszczyć*) to destroy; to ruin; to wreck; to devastate; to demolish; to shatter; (*znosić, likwidować*) to do ⟨to make⟩ away (coś with sth); to tear ⟨to pull⟩ down (a house, wall etc.); to raze (a town etc.); to disturb (sb's plans); to overthrow ⟨to overturn⟩ (a social order etc.) 2. (*powodować kłębienie, wichrzenie się*) to ruffle (sb's hair, the sea etc.); *przen* **~ć krew** to stir the blood II *vr* **~ć się** 1. (*o wodzie, morzu itd.*) to seethe; to surge 2. *przen* (*o człowieku, uczuciach*) to seethe, to boil; **krew się w nim ~ła** his blood was up 3. *przen* (*buntować się*) to be in a state of ferment ⟨of unrest⟩; to revolt (**na coś, przeciwko czemuś** at sth) 4. (*fermentować*) to ferment; to effervesce
burżuazja *f singt* bourgeoisie; middle class; **drobna ~** tradespeople
burżuazyjny *adj* bourgeois
burżuj *m pot pog* bourgeois
busola *f* compass
busz *m singt* the bush
buszować *vi imperf* to rummage; to ransack (**w mieszkaniu itd.** a lodging etc.)
but *m* (*zw pl*) boot; **~y z cholewami** knee-boots; **~y narciarskie** ski-boots; **~y siedmiomilowe** seven-league boots; **bez ~ów** barefoot; *przen* **takie ~y!** I see; well, well!; **przysł szewc bez ~ów chodzi** the shoemaker's wife is always the worst shod
buta *f singt* 1. (*hardość, pycha*) arrogance; insolence; superciliousness 2. (*duma*) haughtiness
butan *m chem* butane
butelk|a *f* 1. (*naczynie*) bottle; *pot* **nabić kogoś w ~ę** to take sb in 2. (*miara*) bottleful
butelkować *vt imperf* to bottle (wine etc.)
butla *f* 1. (*gąsior*) demijohn; carboy 2. *techn* cylinder
butny *adj* 1. (*hardy*) arrogant; insolent; supercilious 2. (*dumny*) haughty; overbearing
butonierka *f* buttonhole
butwieć *vi imperf* to moulder ⟨to rot⟩ (away)
buzi|a *f* 1. (*usta*) mouth; lips; *pot* **zamknąć komuś ~ę** to make sb hold his tongue 2. (*twarz*) face 3. (*całus*) kiss; **dać komuś ~** a) (*pocałować*) to give sb a kiss b) (*dać się pocałować*) to let sb give one a kiss
buziak *m* 1. (*twarz*) girl's ⟨child's⟩ face 2. (*całus*) kiss
buzować *vi imperf* (*o ogniu*) to blaze away; to burn brightly
by[1] (*także* **bym, byś, byśmy, byście**) *w trybie przypuszczającym*: should, would; **chętnie bym poszedł** I should go willingly
by[2] *conj* = **aby**
byci|e *n singt* ↑ **być**; **sposób ~a** manner
byczek *m* bull-calf
byczo *adv pot* stunningly; splendidly; first-rate; **~!** righto!; *am* fine!; swell!
bycz|y *adj* 1. (*byka*) bull's; bull — (farm etc.) 2. (*jak u byka*) taurine; bull — (neck etc.) 3. *pot* (*doskonały*) topping; rare; *am* swell; **~a zabawa** a rorty time
byczyć się *vr imperf posp* to loaf ⟨to loiter⟩ one's time away; to hang about
być *imperf* I *vi* 1. (*istnieć*) to be; to

exist; to live; **było nas kilku** ⟨**niewielu**⟩ there were several ⟨not many⟩ of us; **był pewien rybak** once there lived a fisherman; *(przy apelu)* **jestem! here!**; **są wypadki, kiedy ... there are** cases when ... 2. *(o pogodzie, zjawiskach atmosferycznych, okresie czasu itd. — trwać)* it is ⟨was, will be etc.⟩; **był deszcz** it was rainy ⟨raining⟩; **był mróz** it was frosty ⟨freezing⟩; it froze; **były wakacje** it was holiday time; *(o godzinie)* **jest** ⟨**była, będzie**⟩ **druga** ⟨**trzecia itd.**⟩ it is ⟨was, will be⟩ two ⟨three etc.⟩ o'clock 3. *(przebywać, znajdować się)* to be (somewhere, at home, with sb etc.) 4. *(zdarzać się, mieć miejsce)* to happen; to occur; to take place; *(w 3 pers)* there is ⟨was, will be etc.⟩; ~ **może** maybe; **był wypadek** there was an accident; **co będzie to będzie** happen what may; **co będzie z ciebie?** what will become of you?; **co było to było** let bygones be bygones; **co ci jest?** what's the matter ⟨what's wrong⟩ with you?; **jakoś to będzie** things will turn out well in the end; **nie może ~!** impossible!; you don't say ⟨so⟩! 5. *(uczestniczyć)* to attend *(na zebraniu, odczycie itd.* a meeting, lecture etc.) 6. *(zgłosić się)* to call; to come round; **czy był kto?** did anybody call? 7. *(mieć się)* to be ⟨to feel, to keep⟩ (+ *adj*); **jestem zdrów** ⟨**słaby itd.**⟩ I am ⟨feel⟩ well ⟨weak etc.⟩; **bądź zdrów!** keep well!; good bye! 8. *(mieć na sobie)* to wear; to have on; **był w szlafroku i pantoflach** he wore a dressing-gown and slippers 9. *w połączeniu z określeniami*: ~ **do niczego** a) *(o człowieku)* to be useless b) *(o rzeczy)* to be worthless; to be no good; *pot* **dzisiaj jestem do niczego** I feel rotten to-day; **tak jest a)** *(to się zgadza)* that is so b) *(owszem)* yes!; right!; good!; **tak jest panie profesorze!** yes ⟨right⟩ sir!; **niech (tak) będzie** a) *(zgoda)* be it so b) *(niech pozostanie)* let it be as it is **II** *v aux* 1. *w czasie przyszłym złożonym*: shall, will; **będę ją kochał całe życie** I shall

love her all my life 2. *w trybie przypuszczającym:* **byłbym przyszedł** I should have come 3. *w stronie biernej:* to be (done, written, built etc.) **III** *v imp w zwrotach*: **było mi zimno** ⟨**gorąco**⟩ I was cold ⟨hot⟩; **było pusto** the place was deserted; **szkoda było** it was a pity; **jest mi dobrze** I am happy
bydlak *m* = **bydlę** 2.
bydlę *n* 1. *(zwierzę)* beast; animal 2. *pot obelż (o człowieku)* beast of a fellow; brute; **skończone ~** a perfect swine
bydlęc|y *adj* 1. of animals; cattle — (truck etc.); **nawóz ~y** dung; **skóry ~e** hides 2. *przen (niegodny człowieka)* beastly; scurvy
bydł|o *n singt* 1. *zbior* cattle; live-stock; **dziesięć sztuk ~a** ten head of cattle; **hodowla ~a** cattle-breeding 2. *przen obelż pog (o ludziach)* brutes
byk *m* 1. *(stadnik)* bull; bullock; **walka ~ów** bullfight; **działać jak czerwona płachta na ~a** to act like a red rag to a bull; **zdrowy jak ~** bursting with health; *przen* **jak ~ under one's** very nose; **chwycić ~a za rogi** to take the bull by the horns; *pot* **spaść z ~a** to be wrong in one's head 2. **Byk** *astr* Taurus, Bull 3. *pot (błąd)* mistake; blunder; **palnąć** ⟨**strzelić**⟩ **~a** to make a blunder; to put one's foot in it 4. *pot (uderzenie)* butt
bykowiec *m* whip; cow-hide
byle I *conj* 1. *(wyraża cel, skutek)* in order to; so as to; ~ **nie** in order not to; so as not to; ~ **nikt nie wiedział** so long as nobody will know; ~ **wszyscy wiedzieli** for everyone to know 2. *(wyraża warunek)* (także ~ **tylko**) on condition that ⟨provided (that), providing, so long as, as long as⟩ + *czas teraźniejszy*: ~ **przyszedł** on condition that he comes; ~ **zbyć** anyhow; slap-dash 3. *(wyraża życzenie)* provided (that) ⟨providing, so long as, as long as, I hope⟩ + *czas teraźniejszy*: only; ~ **nie zapomnieć** provided (that) you don't forget; ~ **nie mnie** ⟨**nie ja**⟩ only not me; *(przed przysłówkiem w stopniu wyższym)* ~ **prę-**

bylica 50 **bywać**

dzej ⟨ciszej **itd.**⟩ faster ⟨not so loud etc.⟩ for goodness' sake **II** *part* 1. *z rzeczownikami*: any; any... no matter which; any and every; ~ **drobnostka** any trifle; przy ~ sposobności on any and every occasion 2. *z zaimkami*: ~ **co** a) (*cokolwiek*) anything; any old thing; no matter what; whatever you like b) (*drobiazg*) a trifle; **to nie** ~ **co** it's no trifle; ~ **kto** anybody; anyone; **nie** ~ **kto** no small beer; no small fry; ~ **jaki** a) (*obojętne jaki*) of any kind ⟨sort⟩ b) (*kiepski*) flimsy; paltry; trivial; **most był** ~ **jaki** the bridge was a flimsy one; **nie** ~ **jaki** a) (*wybitny*) no mean ⟨no paltry, flimsy, trivial⟩ (+ *rzeczownik lub zaimek* one); **przedstawienie nie** ~ **jakie** no mean performance b) (*ogromny*) huge; terrific; mighty; ~ **jak** anyhow; slap-dash; indifferently; **nie robić czegoś** ~ **jak** not to do things by halves; (*wspaniale*) **nie** ~ **jak** splendidly; ~ **gdzie** anywhere; no matter where
bylica *f bot* motherwort; mugwort
bylina *f bot* perennial (plant)
były *adj* 1. (*dawny*) former; ex-; one-time; late 2. (*miniony*) past (ages etc.)
bynajmniej I *adv* (*wraz z partykułą* **nie**) 1. not at all; by no means; not in the least; in no way; far from it 2. *przed przymiotnikiem* ⟨*przysłówkiem*⟩ *w stopniu równym*: anything but; none too; far from; ~ **nie uprzejmy** anything but kind 3. *przed przymiotnikiem* ⟨*przysłówkiem*⟩ *w stopniu wyższym*: none the...; no; not a bit; in no way; not in the least; ~ **nie gorszy** ⟨**gorzej**⟩ no ⟨not in the least, not a bit, in no way⟩ worse 4. *z zastosowaniem przeciwnego przymiotnika*: every bit ⟨just⟩ as (good ⟨well⟩); **ten model** ~ **nie jest gorszy od tamtego** this type is every bit ⟨just⟩ as good as that one 5. *z zastosowaniem przeciwnego przymiotnika* ⟨*przysłówka*⟩: as ... as ever; ~ **nie bliżej** as far as ever 6. *z czasownikiem*: a) by no means; not ... by any means; ~ **nie pragnę cię przekonać** I do not wish by any means ⟨by no means do I wish⟩ to convince you b) to be far from + *forma na* -ing; ~ **się nie spodziewałem takiego wyniku** I was far from expecting such results **II** *part* not at all; by no means; not by any means; not in the least; far from it; nothing of the kind
bystro *adv* 1. (*prędko*) fast; swiftly; quick(ly); rapidly 2. (*przenikliwie*) sharply; keenly 3. (*wnikliwie*) perspicaciously; sagaciously; shrewdly
bystrość *f singt* 1. (*prędkość*) swiftness; fastness; quickness; speed; rapidity; (*wartkość*) impetuosity 2. (*cecha umysłu*) sharpness; quick wits; discernment; keenness; shrewdness 3. (*cecha wzroku, słuchu*) sharpness; keenness
bystry *adj* 1. (*szybki, rączy*) fast; quick; swift; rapid; (*o rzece, prądzie*) rapid 2. (*o wzroku, spojrzeniu, słuchu*) sharp; keen 3. (*o człowieku*) sharp-witted; discerning; clear-headed; shrewd; (*o dziecku*) clever; smart; (*o umyśle, sądzie*) sharp; keen
byt *m* 1. (*istnienie*) existence; survival; **racja** ~**u** justification; **walka o** ~ **the** struggle for survival 2. (*utrzymanie*) maintenance; livelihood; **mieć zapewniony** ~ to be provided for; **zapewnić komuś** ~ to provide ⟨to make provision⟩ for sb 3. *filoz* being
bytność *m singt* 1. (*pobyt*) stay; sojourn 2. (*obecność*) presence; attendance
bytować *vi imperf książk* to live; to exist
bytowani|e *n singt* ↑ **bytować**; life; existence; **warunki** ~**a** living conditions
bytow|y *adj* vital; living — (conditions etc.); **sprawy** ~**e** vital questions
bywa|ć *imperf* **I** *vi* 1. (*być często obecnym*) to be often (**w kawiarni, teatrze itd.** at a café, the theatre etc.); to go often (**w kawiarni, teatrze itd.** to a café, theatre etc.); to attend (**na koncertach, odczytach itd.** concerts, lectures etc.); to frequent (**w pewnych kołach itd.** certain circles etc.); to be often present (**na uroczystościach itd.** at ceremonies etc.); ~**ła na koncertach** she used to attend concerts 2. (*utrzy-*

bywalec 51 **całkowity**

mywać stosunki towarzyskie) to visit; to go out; **on ~ w świecie** he goes out a great deal; **on często u nas ~** he often comes to see us ⟨calls on us⟩ 3. (*zdarzać się*) to happen; to occur; to take place; to be frequent; **jak to ~** as it sometimes happens; **różnie ~ na świecie** you never know your luck; (*nieosobowo*) **~ło** often; sometimes; many a time; many times; **~ło, że matka brała go na kolana** his mother would sometimes take him on her knees II *v aux* am ⟨is, are, was, were⟩ sometimes, often (seen, heard etc.); **~ło** used to be; **~ło czasem tak gorąco, że ...** it was sometimes so hot that ...

bywalec *m* 1. (*stały gość*) habitual guest; frequenter 2. (*światowiec*) man of the world; old stager

bywały *adj* 1. (*doświadczony*) experienced 2. (*obyty*) knowledgeable; travelled

bzdur|a *f pot* 1. (*także pl* **~y**) nonsense; rubbish; (tommy) rot; (*wykrzyknikowo*) **~a!** (stuff and) nonsense!; fiddlesticks!; **pleść ~y** to talk nonsense; to drivel 2. (*błahostka*) trifle; bagatelle; triviality

bzdurny *adj pot* 1. (*bezsensowny*) nonsensical; silly; preposterous 2. (*błahy*) trivial; trifling

bzik *m pot* craze; mania; fad; *przen* kink; bee in one's bonnet; **mieć ~a** to be crazy ⟨cracked⟩; **mieć ~a na punkcie czegoś** to have sth on the brain; to be crazy about sth

bzyczeć, bzykać *vi imperf* — **bzyknąć** *vi perf* to hum; to buzz; (*o pocisku*) to whizz; to sing

C

C, c *n muz* C; **C-dur** C major; **c-moll** C minor

cacanka *f* good thing; *przysł* **obiecanka ~ a głupiemu radość** fine ⟨fair⟩ words butter no parsnips

cackać *imperf* I *vt* to fondle II *vr* **~ się** *pot* 1. (*obchodzić się jak z cackiem*) to handle delicately ⟨gently, with caution⟩ (**z czymś** sth) 2. (*pieścić się*) to humour ⟨to gratify⟩ (**z kimś** sb); to be nice ⟨to be all smiles⟩ (**z kimś** to sb) 3. (*ceremoniować się*) **nie będę się z nimi ~** a) (*w mowie*) I shall be frank with them b) (*w czynach*) I shall handle them without gloves 4. (*marudzić*) to be overmeticulous (**z pracą** with one's work)

cacko *n* 1. (*zabawka*) toy; plaything 2. (*ozdóbka*) gewgaw; bauble 3. (*przedmiot artystyczny*) trinket; (k)nick-(k)nack 4. *przen* gem; picture; beauty; **am** *pot* a beaut; **ich nowy samochód to prawdziwe ~** their new car is a gem ⟨a beauty, a beaut⟩; **jej kapelusz to ~** her hat is a picture

cal *m* inch; **deska gruba na dwa ~e** a two-inch plank; *przen* **dżentelmen w każdym ~u** every inch a gentleman

calówk|a *f* 1. (*linijka*) inch-rule 2. (*przedmiot*) one-inch (nail, plank etc.); *pl* **~i** (*deski*) deals

całka *f mat* integral

całkiem *adv* quite; entirely; completely; fully; **~ nagi** ⟨**pomylony**⟩ stark naked ⟨crazy⟩

całkować *vt imperf* 1. *mat* to integrate 2. *przen* to treat as a whole; to generalize

całkowicie *adv* quite; entirely; completely; altogether; utterly; totally; absolutely; in all respects

całkowit|y *adj* entire; complete; full; total; absolute; out and out; unreserved (approval); profound (indifference etc.); crass (ignorance); dead (certainty); perfect (calm); downright (im-

3*

possibility); *mat* **liczba** ~a integer; whole number
całkowy *adj mat* integral (calculus)
cało *adv* safely; **wyjść** ~ to escape unhurt; **wyjść** ~ **z choroby** ⟨z trudności itd.⟩ to come ⟨to get⟩ through; **wyjść** ~ **z opresji** to go ⟨to get off⟩ scot-free
całodzienny *adj* day-long; a whole ⟨a full⟩ day's (work etc.); the ⟨a⟩ day's uninterrupted (heat, rain etc.)
całokształt *m* the whole (of sth); entirety; totality; bulk; ~ **naszej gospodarki** our economy in general ⟨as a whole⟩
całonocny *adj* night-long; a whole night's (carousal etc.)
całopalenie *n* burnt-offering; holocaust
całoroczny *adj* yearly (output etc.); a whole ⟨a full⟩ year's (training etc.)
całościowy *adj* comprehensive; general; overall; sweeping
całoś|ć *f* 1. (*komplet*) the whole (of sth); a whole; entirety; totality; sum; ~**ć utworu** ⟨obrazu itd.⟩ the composition ⟨picture etc.⟩ as a whole; **obejmujący** ~**ć** ⟨zagadnienia itd.⟩ comprehensive; **stanowić** ~**ć** to belong together; **tworzyć** ~**ć** to form a whole; **jako jedna** ~**ć** as one unit; **w** ~**ci** wholly; (taken) as a whole; in the aggregate; altogether 2. (*nienaruszalność*) integrity; wholeness 3. *mat* integer
całotygodniowy *adj* weekly (output etc.); a whole ⟨a full⟩ week's (work etc.); the ⟨one⟩ week's uninterrupted (rejoicings etc.)
całować *imperf* **I** *vt* to kiss; ~ **kogoś** (**na dobranoc, na pożegnanie**) to kiss sb (good-night, good-bye); ~ **kogoś w rękę** to kiss sb's hand **II** *vr* ~ **się** to kiss and be kissed; (*wzajemnie*) to kiss each other ⟨one another⟩; to exchange kisses
całun *m* shroud; pall; *przen* **okryty** ~**em nocy** shrouded in darkness
całus *m pot* kiss; **dać komuś** ~**a** to kiss sb, to give sb a kiss; **posłać komuś** ~**a** to blow ⟨to throw⟩ sb a kiss

cał|y *adj* 1. (*od początku do końca*) all; the whole (of) ...; ~**e miasto** the whole town; ~**e życie** all one's life; **pięć** ~**ych i jedna dziesiąta** five point one; ~**ymi godzinami** ⟨latami itd.⟩ for hours ⟨years etc.⟩ together; for hours and hours ⟨years and years etc.⟩; **przez** ~**ą drogę** all the way; (przez) ~**y dzień** all day (long); **przez** ~**y rok** all the year round; **w** ~**ym domu** ⟨kraju itd.⟩ throughout the house ⟨the country etc.⟩; **z** ~**ego serca** from the bottom of the heart; **z** ~**ej siły** with all one's strength 2. (*kompletny*) whole; full; total; complete; ~**e dwie godziny** two full hours; ~**a ich siła wynosiła** ... their total strength amounted to ...; ~**ą parą** full steam; **na** ~**ej linii** all along; **klęska na** ~**ej linii** utter defeat; **zwycięstwo na** ~**ej linii** complete victory; **w** ~**ej pełni** completely; **w** ~**ym tego słowa znaczeniu** in the full sense of the word; literally 3. (*wielki*) great; the greatest; **z** ~**ym szacunkiem** with great ⟨the greatest⟩ respect; **na** ~**e szczęście** fortunately 4. (*nie naruszony*) whole; intact; entire; (*o człowieku*) ~**y (i zdrów)** safe (and sound); unhurt; *przen* **to** ~**y ojciec** he is his father all over again
camping *m* camping
cap *m* 1. (*kozioł*) (he-)goat; billy-goat 2. *przen* (*brodacz*) man with a goatee 3. *przen* (*głupiec*) (tom-)fool 4. *myśl* buck
capnąć *vt perf pot* 1. (*złapać*) to snap (up); to snatch up; to catch; to catch hold (**kogoś, coś** of sb, sth) 2. (*skraść*) to pinch; to filch 3. (*aresztować*) to nab (a wrongdoer)
capstrzyk *m* 1. (*sygnał*) tattoo 2. (*pochód*) torchlight tattoo
car *m* czar, tsar
carat *m singt* czarism, tsarism; czardom, tsardom
carski *adj* 1. (*cara*) czar's, tsar's 2. *polit* czarist ⟨tsarist⟩ (régime etc.)
caryca *f* czarina, tsarina
cążki *plt* pliers
ceb|er *m* 1. (*naczynie*) bucket; wooden pail; *przen* **leje jak z** ~**ra** it's raining

cebrzyk 53 **celny**

cats and dogs ⟨*pot* like billy-o⟩ 2. (*zawartość*) bucketful
cebrzyk *m* small bucket; kit; ~ **do mycia naczyń** slop-basin
cebula *f bot* onion
cebulka *f bot anat* bulb
eech *m* guild
cech|a *f* 1. (*właściwość*) feature; trait; characteristic; attribute; ~**a dodatnia** quality; virtue; ~**a ujemna** defect; ~**a indywidualna** individual characteristic; ~**a szczególna** peculiarity; **stała** ~**a** permanent feature; **to jest** ~**a rodzinna** it runs in the family 2. (*charakter*) character (of hostility, friendliness etc.) 3. (*znak fabryki, zakładu*) stamp; mark 4. (*narzędzie do cechowania*) stamp 5. *mat* characteristic ⟨index⟩ (of a logarithm)
cechmistrz *m* head guildsman
cechować *vt imperf* 1. (*znamionować*) to characterize; to be characteristic (**kogoś, coś** of sb, sth); to distinguish 2. (*znaczyć*) to mark; to stamp; to calibrate
cechowy *adj* guild's; guild — (freedoms etc.); **dom** ~ guildhall
cedować *vt imperf* to cede (**coś na kogoś** sth to sb); to transfer (**coś komuś** sth to sb)
cedr *m bot* cedar
ceduła *f* 1. *giełd* (*komunikat*) quotations 2. *giełd* (*spis cen*) share-list 3. (*spis przesyłanych przedmiotów*) consignment note 4. (*raport dzienny tramwaju, pociągu*) way-sheet; way-bill
cedzak *m bot* strainer
cedzić *vt imperf* 1. (*filtrować*) to strain 2. (*pić powoli*) to sip 3. (*wymawiać powoli*) ~ **przez zęby** to drawl
cedzidło *n* drainer; strainer; colander
cegielnia *f* brick-yard
cegielnik *m* brickmaker
cegiełka 1. *bud* slab (for the facing of buildings) 2. (*kostka*) block ⟨sod⟩ (of peat) 3. *przen* (*udział*) share (in a common enterprise)
ceglany *adj* of brick(s); brick — (wall etc.)
ceglasty *adj* 1. brick — (dust etc.) 2. (*o kolorze*) brick-red; orange-red

cegła *f bud* brick; ~ **ogniotrwała** fire-brick
Cejlończyk *m* (a) Cingalese; (a) Sin(g)halese
cejloński|i *adj* Cingalese, Sin(g)halese; **herbata** ~**a** Ceylon tea
cekaem *m wojsk* machine-gun
cekin *m* sequin
cel *m* 1. (*to, do czego się dąży*) aim; purpose; end(s); goal; object; design; ~ **podróży** destination; **mieć coś na** ~**u** ⟨**za** ~⟩ to have sth in view; to aim at sth ⟨at doing sth⟩; to intend to do sth; **nie osiągnąć** ~**u** to fail in one's objective; **robić coś bez** ~**u** to do sth aimlessly; **spełniać** ~, **odpowiadać jakimś** ~**om** to answer ⟨to serve⟩ a purpose; **dopiąć** ⟨**stanąć u**⟩ ~**u** to reach one's goal; **zmierzać wprost do** ~**u** to aim straight at the target; **to się mija z** ~**em** it is useless ⟨to no purpose⟩; **w** ~**u** ⟨~**em**⟩ **osiągnięcia czegoś** in order to attain sth; **w tym** ~**u** to this end; **w jakim** ~**u?** what for?; to what end?; **przysł** ~ **uświęca środki** the end justifies the means 2. (*przedmiot docinków*) butt; object (of ridicule etc.) 3. (*tarcza*) target; **dosł i przen trafić w** ~ to hit the mark; **chybić** ~**u** to miss the mark 4. (*muszka na lufie*) sight; **wziąć kogoś, coś na** ~ to aim a fire-arm at sb, sth
cela *f* 1. (*w klasztorze*) cell 2. (*w więzieniu*) cell; ward; ~ **śmierci** condemned cell ⟨ward⟩
celebrować *imperf* **I** *vt* 1. *kośc* to celebrate (a religious ceremony) 2. (*wykonywać uroczyście*) to perform (one's duties, a function with pomp) **II** *vi kośc* to officiate
celiba|t *m* celibacy; **człowiek żyjący w** ~**cie** (a) celibate
celnie *adv* accurately; with unerring aim; ~ **strzelać** to aim true
celnik *m* custom-house officer, customs officer
celność *f singt* accuracy (of aim); marksmanship; unerring aim
celny[1] *adj* (*o ciosie, strzale*) well-aimed;

accurate; (*o uwadze, wypowiedzi*) apt; strzał był ~ the shot went home
celn|y² *adj* (*dotyczący cła*) customs — (officer etc.); **komora** ~**a, urząd** ~**y** custom-house; **opłata** ~**a** (customs) duty; **rewizja** ⟨**odprawa**⟩ ~**a** customs examination ⟨formalities, inspection⟩; **taryfa** ~**a** tariff(s)
celofan *m singt* cellophane
celować¹ *vi imperf* (*mierzyć do celu*) to take (one's) aim; to aim (**w kogoś, coś, do kogoś, czegoś** at sb, sth); ~ **do kogoś, czegoś z broni palnej** to point ⟨to level⟩ a fire-arm at sb, sth
celować² *vi imperf* (*odznaczać się*) to distinguish oneself (**czymś, w czymś** by sth); to be noted (**czymś, w czymś** for sth); (*przodować*) to excel (**w czymś** ⟨**w robieniu czegoś**⟩ in, at sth ⟨in, at doing sth⟩)
celowniczy *m wojsk* gun-layer; *am* trainer
celownik *m* 1. *gram* dative (case) 2. (*u broni palnej*) backsight; *lotn* ~ **bombardierski** bomb-sight 3. *fot* view-finder 4. *sport* winning-post
celowo *adv* purposely; on purpose; **on to zrobił** ~ he intended it
celowość *f singt* 1. (*stosowność*) advisability; propriety 2. (*pożyteczność*) usefulness; purposefulness; sense of purpose
celow|y *adj* 1. (*stosowny*) advisable; proper 2. (*pożyteczny*) useful 3. (*zamierzony*) purposeful; intentional; **wszystko w przyrodzie jest** ~**e** everything in nature serves a purpose
Celsjusz *w zwrocie*: **x stopni** ~**a x** degrees centigrade
Celt *m* Celt, Kelt; Gaelic
celta *f tekst* tarpaulin
celtycki *adj* Celtic, Keltic; Gaelic
celująco *adv* perfectly; faultlessly
celujący *adj* excellent; perfect; *szk* **stopień** ~ full marks, excellent
celuloid *m singt* celluloid
celuloza *f singt chem* cellulose
cembrować *vt imperf* to timber (a shaft etc.); to case (a well)
cement *m bud dent* cement; ~ **bezwodny** ⟨**portlandzki, wolnowiążący**⟩ anhydrous ⟨Portland, slow-setting⟩ cement; ~ **hydrauliczny** hydraulic ⟨water⟩ cement
cementować *vt imperf dosł i przen* to cement
cementownia *f* cement mill ⟨plant⟩
cementowy *adj* cement — (floor etc.)
cen|a *f* 1. (*wartość pieniężna*) price; cost; ~**a gotówkowa** ⟨**hurtowa, detaliczna**⟩ cash ⟨wholesale, retail⟩ price; ~**a kosztu** ⟨**własna**⟩ cost price; **poniżej** ~**y własnej** below cost; ~**a netto** net price; **obniżka** ~ price cut; **sezonowa obniżka** ~ off-season prices; **sztywne** ~**y** fixed prices; **wskaźnik** ⟨**poziom, polityka**⟩ ~ price index ⟨level, policy⟩; **wzrost** ⟨**zwyżka**⟩ ~ increase in price; **za pół** ~**y** at half price; **za wszelką** ~**ę** at any price ⟨cost⟩; **za żadną** ~**ę not ...** at any price; *przen* **za** ~**ę zdrowia** ⟨**wolności** etc.⟩ at the cost of health ⟨freedom etc.⟩ 2. (*wartość*) value; worth
cenić *imperf* I *vt* 1. to value; to esteem; to prize; **wysoko** ~ **kogoś** to have a high opinion of sb; to think highly of sb; ~ **sobie coś** to hold sth dear; to treasure sth; ~ **sobie** (**oddaną przysługę** itd.) to appreciate (a service rendered etc.); ~ **czyjeś zdanie** to set store by sb's opinion; **nie** ~ **czegoś** to think little of sth 2. † (*taksować*) to assess the value (**coś** of sth) II *vr* ~ **się** to have a high opinion of one's worth ⟨of oneself⟩; **nie** ~ **się** to make oneself cheap
cenion|y *adj* 1. (*szanowany*) esteemed; respected; (*o fachowcu itd.*) held in high repute 2. (*posiadający znaczenie*) priced; **takie rzeczy są** ~**e** such things are at a premium
cennik *m* price-list; list of prices
cenny *adj* 1. (*kosztowny*) precious; costly; valuable; of value 2. (*mający duże znaczenie*) valuable; of great worth
cent *m* cent
centaur *m mitol* centaur
centra *f sport* (*w piłce nożnej*) (a) pass to the centre-forward
centrala *f* 1. (*główny urząd*) head office; headquarters 2. (*główna zbiornica*)

centralizacja   55   **cerować**

storehouse; entrepôt 3. *telef* telephone exchange 4. *el* power-station
centralizacja *f singt* centralization
centralizować *imperf* **I** *vt* to centralize (**władzę** authority); to concentrate (**środki działania** means of action) **II** *vr* ~ **się** (*o władzy*) to be centralized; (*o środkach działania*) to be concentrated
centralka *f* (small) telephone exchange; *am* central
centraln|y *adj* 1. (*środkowy*) central; middle (point etc.); ~e **ogrzewanie** central heating; **punkt** ~y focal point 2. (*główny*) leading; main; ~y **urząd** headquarters
centrować *vt imperf* 1. *sport* to centre, to center ⟨to middle⟩ (the ball) 2. *techn* to centre, to center
centrum *n* 1. centre, center; middle; *dosł i przen* hub; focus; ganglion 2. *polit* the Centre
centryfuga *f* centrifugal machine ⟨separator⟩; centrifuge; ~ **do odtłuszczania mleka** cream separator
centuria[1] *bot* centaury
centuria[2] *f hist* century
centym *m* centime
centymetr *m* 1. *metr* centimetre 2. (*taśma*) tape-measure
cenzor *m* censor
cenzura *f singt* 1. (*kontrola*) censorship 2. (*krytyka*) censure; criticism 3. † *szk* school report
cenzuralny *adj* 1. (*związany z cenzurą*) censorship — (regulations etc.) 2. (*przyzwoity*) correct
cenzurować *vt imperf* 1. (*kontrolować*) to censor (publications, films etc.) 2. (*usuwać coś z publikacji itd.*) to make excisions (**ustępy z książki itd.** of passages in a book etc.)
cenzurowany *n* (*gra*) a parlour game; **być** ⟨**siedzieć**⟩ **jak na** ~**m** to feel ill at ease; to be on the carpet
cenzus *m* qualifications ⟨requirements⟩ (**majątkowy, naukowy itd.** in respect of income, education etc.)
ceownik *m*, **ceówka** *f techn* channel iron
cep *m* 1. *roln* flail 2. *pot pog* (*głupiec*) blockhead

cera[1] *f singt* complexion; skin; **biała** ⟨**śniada**⟩ ~ fair ⟨dark⟩ skin; **smagła** ⟨**świeża, ziemista**⟩ ~ tawny ⟨fresh, tallowy⟩ complexion
cera[2] *f* (*miejsce pocerowane*) (a) darn; (a) mend
ceramiczn|y *adj* 1. (*związany z ceramiką*) pottery — (industry etc.) 2. (*zrobiony z wypalonej glinki*) ceramic; earthenware; fictile; **wyroby** ~e ceramics; pottery
ceramika *f singt* 1. (*sztuka wypalania przedmiotów z gliny*) ceramics; ceramic art 2. (*przedmioty wypalane z gliny*) earthenware; pottery; ceramics
cerata *f* oilcloth; oil-skin; American cloth
ceregiel|e *plt* 1. (*korowody*) petty formalities 2. (*certowanie się*) ceremony; fuss; **bez** ~**i** without ceremony; **bez dalszych** ~**i** without further ado
ceremoni|a *f* 1. (*obrzęd*) ceremony; **mistrz** ~**i** Master of Ceremonies 2. (*czynność wykonywana z pompą*) ceremony 3. (*zw pl*) (*ceregiele*) ceremony; formalities; fuss; **postąpić z kimś bez** ~**i** to be off-hand with sb; **powiedzieć coś bez żadnych** ~**i** to make no bones about saying sth; **robić** ~**e** to stand on ceremony; to be fussy; **zrobić coś bez** ~**i** to do sth unceremoniously ⟨with the gloves off⟩
ceremonialny *adj* 1. (*obrzędowy*) ceremonial; (*uroczysty*) solemn; pompous 2. (*oficjalny*) ceremonious; formal; punctilious
ceremoniał *m* ceremonial; etiquette
ceremoniować się *vr imperf* to stand on ceremony; to be ceremonious ⟨formal, punctilious⟩
cerkiew *f* 1. (*świątynia*) Orthodox church 2. (*organizacja kościelna*) the Orthodox Church
cerkiewn|y *adj* 1. (*dotyczący świątyni*) of an Orthodox Church 2. (*dotyczący organizacji kościelnej*) of the Orthodox Church; **język** ~**y** Church Slavic ⟨Slavonic⟩ (language); **pismo** ~**e** the Church Slavic ⟨Slavonic⟩ alphabet
cerowa|ć *vt imperf* to darn (socks, stockings etc.); ~**ć artystycznie** to

cerownia 56 **charakter**

fine-draw; to stoat; ~**ne miejsce** (a) darn
cerownia f fine-drawer's workshop
certować się vr imperf 1. (ceremoniować się) to pretend; to be ceremonious; to stand on ceremony; to fuss 2. (wymawiać się) to make a pretence of declining
certyfikat m certificate; affidavit; mar ~ **okrętowy** ship's register
cesarski adj emperor's, empress's; imperial; med ~**e cięcie** caesarean operation ⟨section⟩
cesarstwo n 1. (państwo) empire 2. (para cesarska) the emperor and empress
cesarz m emperor
cesarzowa f empress
cesja f prawn transfer; cession
cetnar m quintal; one hundred kilogrammes
cewiarka f 1. (kobieta) spooler 2. (maszyna) spooler; winding-machine
cewka f 1. (rurka) tube; tubule 2. anat biol tube; tubule; duct; ~ **moczowa** urethra 3. el fiz radio coil; ~ **indukcyjna** inductor 4. techn spool; reel; bobbin
cewnik m med catheter
cewnikować vt imperf med to catheterize
cezar m Caesar
cezura f prozod muz caesura
cęgi plt techn pliers; tongs; nippers; ~ **do rur** pipe-wrench
cętk|a f spot (of colour); dot; (o tkaninie itd.) w ~**i** = **cętkowany**
cętkowany adj spotted; dotted; speckled; mottled; dappled
chaber m bot cornflower
chabrowy adj 1. (z chabrów) (wreath etc.) of cornflowers 2. (niebieski) blue, sky-blue
chadza|ć vi imperf iter 1. (mieć zwyczaj udawać się) to be accustomed ⟨to be wont⟩ to go; ~**ł na spacery** he used to go ⟨he would (often, sometimes) go, it was his custom to go⟩ for a walk 2. (nosić na sobie) to be accustomed to wear; ~**ł w czarnym ubraniu** he used to wear ⟨he usually wore⟩ black clothes
chała f 1. (pieczywo) plaited white bread 2. pot (rzecz licha) rubbish, trash; posp tripe
chałat m 1. (Jewish, oriental) gaberdine 2. = **kitel**
chałtura f pot hack-work
chałupa f 1. (villager's) cottage; hut; shack; cabin 2. pot żart (dom) home
chałupnictwo n singt domestic handicraft
chałupniczka f garret-craftswoman; cottage-worker; out-worker
chałupnik m cottage-worker; garret--craftsman; out-worker
chałwa f halvah
cham m obelż cad; rustic, yokel; boor; churl
chamieć vi imperf posp to coarsen, to roughen
chamsk|i adj obelż caddish; rough; coarse; rustic; boorish; churlish ‖ **po** ~**u** like a yokel ⟨churl, boor, cad⟩; in a caddish ⟨churlish, boorish⟩ manner
chamstwo n obelż churlishness; boorishLESS
chan m khan
chandr|a f dejection; despondency; spleen; blues; the hip; **mam** ~**ę** I feel blue; pot I've got the hip ⟨the hump⟩
chaos m singt chaos; confusion; jumble (of opinions etc.); **mam** ~ **w głowie** my head is in a state of turmoil
chaotyczny adj chaotic; topsyturvy; pellmell; (o mowie) incoherent; (o rozmowie, opowiadaniu) disconnected; disjointed
charakte|r m 1. (cechy psychiczne) character; (person's) fibre; przen backbone; (o człowieku) **bez** ~**ru** with no ⟨without⟩ backbone; **człowiek z** ~**rem** gritty fellow 2. przen (człowiek) personality; person of strong character; **to słaby** ~**r** he lacks character; **czarny** ~**r** a) trouble-maker b) teatr villain 3. (wygląd, postać, forma) character ⟨nature⟩ (of an object, a question, phenomenon etc.); **nadać sprawie inny** ~**r** to put a new complexion on the matter 4. (rola) capacity; quality; **pracować w** ~**rze urzędnika** to perform the functions ⟨the office⟩ of a

clerk; **występować w ~rze gospodarza** ⟨**sędziego itd.**⟩ to act in one's capacity as host ⟨judge etc.⟩ 5. (*sposób pisania*) hand-writing; hand; **mieć ładny ~r pisma** to write a good hand
charakterystyczn|y *adj* characteristic; typical; distinctive; specific; **cechy ~e** characteristics; **to jest ~e dla** ⟨**u**⟩ **niego** that is characteristic ⟨typical⟩ of him
charakterystyka *f* characterization
charakteryzacja *f* 1. *teatr kino tv* make-up 2. (*zmiana wyglądu*) disguise
charakteryzator *m* make-up man
charakteryzować *imperf* I *vt* 1. (*określać charakter*) to characterize 2. (*cechować*) to be characteristic ⟨typical⟩ (**kogoś, coś** of sb, sth) 3. *teatr kino tv* to make up (**kogoś** a person's face) II *vr ~ się* 1. (*posiadać cechy*) to be characterized ⟨typified⟩ (**czymś** by sth) 2. (*zmienić swój wygląd*) to disguise oneself (**na chłopa itd.** as a peasant etc.) 3. *teatr kino tv* to make oneself up
charczeć *vi imperf* 1. (*rzęzić*) to wheeze; to rattle in one's throat 2. (*mówić chrapliwym głosem*) to speak in a hoarse ⟨raucous⟩ voice
charkać *vi imperf* — **charknąć** *vi perf* to cough up phlegm
charkot *m* hoarse ⟨raucous⟩ voice ⟨sounds⟩
charłak *m* 1. (*człowiek wygłodzony*) starveling 2. = **cherlak**
chart *m zool* greyhound
charytatywn|y *adj* charitable; benevolent (institution etc.); **praca ~a** welfare work
chaszcze *plt* brushwood; thicket; scrub
chata *f* 1. (*villager's*) cottage; hut; shack; cabin 2. *pot* (*mieszkanie*) digs
chcąc|y *m* willing person; **przysł dla ~ego nie ma nic trudnego** where there's a will there's a way
chc|ieć *imperf* I *vt* 1. (*życzyć sobie*) want (**czegoś** sth); **coś zrobić** to do sth; **żeby ktoś coś zrobił** sb to do sth); **~esz, czy nie** (**~esz**) whether you like it or not; (*o czymś co się stało*) **ja tego nie ~iałem** I didn't mean it; **on nie wie, czego ~e** he doesn't know his own mind; **on wie czego ~e** he knows what he is after; **sam ~iałeś!** you asked for it! 2. (*uważać za stosowne, mieć ochotę*) to like ⟨to please, to choose⟩ (**coś robić** to do sth); **jak tam ~ecie** just as you please; please yourselves; have it your own way; **rób co ~esz** do whatever you like ⟨you choose⟩ 3. (*w trybie przypuszczającym — mieć ochotę*) to like; to care; **~iałbym być na twoim miejscu** I wish I were you; **~iałbym wiedzieć** ⟨**mieć itd.**⟩ I wish I knew ⟨I had etc.⟩; **~iałbym wiedzieć, kto** ⟨**kiedy, gdzie itd.**⟩ I wonder who ⟨when, where etc.⟩; **czy ~iałbyś pójść z nami?** would you care to go along (with us)? 4. (*w trybie przypuszczającym — pragnąć*) to be bent ⟨keen, intent⟩ (**coś zrobić** on doing sth); **~iałbym bardzo pójść** ⟨**zobaczyć itd.**⟩ I should love to go ⟨to see etc.⟩ 5. (*zamierzać*) to intend ⟨to mean⟩ (**coś zrobić** to do sth; **żeby ktoś coś zrobił** sb to do sth); **~ieć dobrze** to mean well; **on ~e, żeby go słuchali** he intends ⟨he means⟩ to be obeyed 6. (*mieć silne postanowienie*) to will; to have the will (**coś zrobić** to do sth); **~ieć koniecznie coś zrobić** to set one's mind on doing sth; **mów co ~esz, ale ...** say what you will but ... 7. (*usiłować*) to try; to attempt (**coś zrobić** to do sth); (*zmierzać do czegoś*) to be up (**czegoś** to sth); **czego on ~e?** what is he up to? 8. (*z podmiotem nieżywotnym*) **pióro nie ~e pisać** the pen won't write; **drzewo nie ~iało się palić** the wood wouldn't burn; **jak ~e legenda** as the legend will have it; **pech ~iał** as ill-luck would have it ‖ **~ąc nie ~ąc** of necessity; willy-nilly II *vr impers* **~e się** one feels like + -ing; one cares to ...; **~iało mi się śmiać** I felt like laughing; **~e mi się spać** I feel sleepy; **~e mu się gwiazdki z nieba** he is crying for the moon
chciwiec *m* greedy ⟨covetous, grasping⟩ fellow

chciwość f singt greed
chciwy adj greedy; grasping; covetous
chełpić się vr imperf 1. (przechwalać się) to boast; to brag; to swagger; to bluster; ~ **czymś** to boast ⟨to brag⟩ of sth 2. (pysznić się) to pride ⟨to pique⟩ oneself (**czymś** on sth); to glory (**czymś** in sth)
chełpliwość f singt boastfulness; brag; swagger
chełpliwy adj boastful; vainglorious; **człowiek** ~ braggart; swaggerer
chemia f chemistry
chemiczka f chemist
chemiczn|y adj chemical; **ołówek** ~y indelible pencil; **pralnia** ~a dry-cleaner's; **wojna** ~a gas ⟨chemical⟩ warfare; **związek** ~y chemical compound
chemik m chemist
chemikalia plt chemicals
cherlactwo n singt sickliness; debility
cherlać vi imperf to be sickly; to become decrepit
cherlak m sickly person; weakling; invalid
cherubin m dosł. i przen cherub
chę|ć f inclination; wish; desire; ~**ć** **zysku** cupidity; **dobre** ~**ci** good intentions; **mieć** ~**ć** **na coś** to have a fancy for sth; **mam** ~**ć** **na przejażdżkę** I should like to go out for a ride; **nie mieć** ~**ci** **czegoś zrobić** not to feel like doing sth; to be reluctant to do sth; **z** ~**cią** with pleasure; willingly; **zrobię to z** ~**cią** I shall be glad to do it
chętka f (kaprys) caprice; whim; fancy
chętnie adv willingly; readily; with a good grace ⟨heart⟩; with pleasure; ~ **coś zrobić** to be glad to do sth; (przy trybie przypuszczającym) ~ **bym poszedł** ⟨zatańczył itd.⟩ I wouldn't mind going ⟨having a dance etc.⟩; ~ **bym się napił herbaty** I could do with ⟨I wouldn't mind⟩ a cup of tea
chętniej adv (comp ↑ **chętnie**) preferably; rather; more willingly ⟨readily⟩; with a better grace ⟨heart⟩; **with greater pleasure**; ~ **zrobić coś niż ...** to prefer to do sth than ...; **to do sth rather than** ...

chętn|y I adj willing ⟨ready, eager⟩ (**do czegoś** to do sth; **do pracy, nauki** itd. to work, to learn etc.) II m ~y 1. (amator) person willing to do sth; **czy są** ~**i**? any volunteers? 2. (reflektant na kupno) (prospective) buyer
chichot m giggle; chuckle
chichotać vi imperf to giggle; to chuckle
Chilijczyk [czi-] m (a) Chilean
chilijsk|i [czi-] adj Chilean; **saletra** ~a **Chile** saltpetre
chimera f 1. mitol chimera 2. (iluzja) phantasm; illusion 3. (kaprys) caprice; whim
chimeryczny adj 1. (nierealny) chimerical; fantastic; illusory 2. (kapryśny) chimerical; wayward; freakish
chimeryk m 1. (człowiek kierujący się fantazją) visionary 2. (człowiek kapryśny) chimerical ⟨wayward, freakish⟩ person
chinina f singt farm quinine
Chinka f Chinese woman ⟨girl⟩
chinow|y adj quinic; **kora** ~a cinchona bark
Chińczy|k m (a) Chinese; pl ~**cy** the Chinese
chiński adj Chinese (wall, lantern etc.)
chińszczyzna f 1. (język) Chinese (language) 2. plast chinese art, painting, pottery 3. przen (coś niezrozumiałego) double Dutch; **dla mnie to** ~ it's Greek ⟨double Dutch⟩ to me
chiromancja f singt chiromancy; palmistry
chiromanta m, **chiromantka** f chiromancer; palmist
chirurg m surgeon
chirurgia f 1. med surgery; ~ **plastyczna** plastic surgery 2. pot (oddział szpitala) surgical department
chirurgicznie adv surgically
chirurgiczny adj surgical; **zabieg** ~ surgical operation
chityna f biochem chitin
chlać vt vi imperf wulg to tope; to soak
chlapa f bad ⟨foul, nasty⟩ weather
chlap|ać imperf — **chlap|nąć** perf I vt to splash (**wodą** itd. water etc.) II vr ~**ać** ⟨~**nąć**⟩ **się** to splash (about)

chlasnąć *perf* — **chlastać** *imperf* **I** *vi* (*wydawać plusk*) to splash; to smack **II** *vt* (*uderzać z rozmachem*) to smack; to whack; to lash
chleb *m* 1. (*pieczywo*) bread; ~ z masłem bread and butter; ~ powszedni a) (*codzienna strawa*) (one's) daily bread b) (*rzecz codzienna*) everyday occurrence; **domowy** ~ home-baked bread; **biały** ⟨**razowy**⟩ ~ white ⟨brown, whole-meal⟩ bread; *przen* **z tej mąki** ~**a nie będzie** nothing will come of this 2. *przen* (*utrzymanie*) livelihood; **ciężko pracować na kawałek** ~**a** to work hard for one's bread and cheese; **zarabiać na** ~ to earn a living ⟨one's daily bread⟩ 3. *bot* ~ **świętojański** carob pod ⟨bean⟩; St-John's--bread
chlebak *m* haversack
chlebodawca *m*, **chlebodawczyni** *f* employer
chlebowy *adj* bread — (crust etc.); **piec** ~ oven
chlew *m* pigsty; **brudno tu jak w** ~**ie** this is a regular pigsty
chlewiarka *f* (woman) hog-breeder; pigsty manageress
chlewn|y *adj*: **trzoda** ~**a** hogs, pigs, swine
chlipać *imperf* — **chlipnąć** *perf* **I** *vi* (*płakać*) to whimper **II** *vt* (*chłeptać*) to lap (up)
chlor *m singt chem* chlorine
chlorek *m chem* chloride
chlorkować *vt imperf* to treat with chloride
chlorofil *m singt bot* chlorophyl(l)
chloroform *m singt farm* chloroform
chloroformować *vt imperf* to chloroform
chlorować *vi imperf* to chlorinate
chlorowanie *n* ↑ **chlorować**; chlorination
chlorowan|y *adj*: **wapno** ~**e** chlorinated lime
chlorowodór *m singt chem* hydrogen chloride
chlorow|y *adj* chloric; **woda** ~**a** chlorine water
chlub|a *f* 1. (*przedmiot dumy*) pride; credit; **być** ~**ą rodziny** to be the pride of one's family; **to jest moja** ~**a** I am proud of this 2. (*sława*) glory; credit; **przynosić komuś** ~**ę** to do sb credit; **na jego** ~**ę powiem, że**... I must say to his credit that ...
chlubić się *vr imperf* to glory ⟨to take pride⟩ (*czymś* in sth); to boast (*czymś* of sth); to flatter oneself (*czymś* on sth; **tym, że się coś robi** on doing sth)
chlubnie *adv* with glory; creditably; with credit; commendably; in a praiseworthy manner
chlubny *adj* glorious; creditable; praiseworthy; commendable
chlupać *vi imperf* — **chlupnąć** *vi perf* 1. (*o cieczy*) to plash; to lap 2. (*o człowieku w wodzie*) to dabble 3. (*bryzgać*) to splash (**wodą, błotem itd.** water, mud etc.)
chlupot *m* lap, lapping
chlus|nąć *vi perf* — **chlus|tać** *vi imperf* 1. (*wylać płyn*) to sluice ⟨to splash, to flush⟩ (**wodą itd.** water etc.) 2. (*o płynie*) to gush; to spout; to spirt; **krew** ~**nęła z rany** the wound spouted blood
chłeptać *vt vi imperf* to lap (up)
chłodnawy *adj* coldish; rather ⟨somewhat⟩ cool; (*o pogodzie*) fresh; rather ⟨somewhat⟩ chilly
chłodni|a *f* refrigerating machine; cold storage plant; **trzymać w** ~ to keep in cold storage
chłodnica *f* 1. cooler 2. *aut* radiator
chłodnictwo *n singt* refrigerating engineering
chłodniczy *adj* cooling; refrigerating
chłodnieć *vi imperf* 1. (*o potrawie*) to cool 2. (*o pogodzie*) to freshen; to become ⟨to grow, to turn⟩ coolish ⟨chilly⟩ 3. *przen* (*o uczuciu*) to cool down
chłodnik *m kulin* cold borsch
chłodno *adv* coolly; ~ **mi** I feel chilly; **jest** ~ **it is** ⟨the weather is⟩ cool ⟨chilly⟩; *przen* ~ **przyjąć kogoś, coś** to give sb, sth a cool reception
chłodn|y *adj* 1. cool; **dzień był** ~**y** it was chilly; *geogr* **strefa** ~**a** the frigid zone 2. *przen* (*obojętny, opa-*

nowany) frigid 3. (*oschły*) cool; reserved
chłodzący *adj* cooling; refrigerating; frigorific
chłodziarka *f techn* refrigerating machine; refrigerator
chłodzić *imperf* I *vt* (*studzić*) to cool; to refresh; (*oziębiać*) to refrigerate II *vr* ~ **się** 1. (*o potrawie*) to cool (*vi*); to be cooling 2. (*o człowieku*) to refresh oneself
chłonąć *vt imperf* to absorb; to imbibe; *przen* to take in; to drink in (**piękno czegoś** the beauty of sth)
chłonność *f singt* absorptiveness; ~ **umysłu** receptivity; *handl* ~ **rynku** absorptive power of the ⟨a⟩ market
chłonny *adj* 1. absorptive; absorbing — (organ etc.); *anat* lymph — (glands); lymphatic (vessels) 2. (*o umyśle*) receptive
chłop *m* 1. (*wieśniak*) peasant; *pl* ~**i** the peasantry 2. *pot* (*mężczyzna*) man; ~ **jak dąb, kawał** ~**a** sturdy fellow ⟨chap⟩
chłopak *m* 1. (*chłopiec*) boy; lad; (a) youth 2. *pot* (*młodzieniec*) young man
chłop|iec *m* 1. boy; lad; (a) youth; youngster; **znam go od** ~**ca** I have known him from a boy 2. *pot* (*młody mężczyzna*) young fellow; ~**iec z lasu** partisan 3. (*adorator*) sweetheart; **mój** ~**iec** my boy-friend
chłopięcy *adj* 1. boyish; **wiek** ~ boyhood 2. (*złożony z chłopców*) boys' (choir etc.)
chłopka *f* peasant woman
chłopski *adj* 1. (*dotyczący chłopa, chłopów*) peasant's, peasants' 2. (*wieśniaczy*) rustic 3. (*właściwy chłopu*) boorish; ~ **rozum** common sense
chłopstwo *n* peasantry; country-folk
chłost|a *f* flogging; whipping; **skazać kogoś na karę** ~**y** to sentence sb to be flogged
chłostać *vt imperf* 1. to flog; to whip; to give (sb) a flogging 2. *przen* (*o deszczu, wietrze itd.*) to swish; to lash 3. *przen* (*krytykować*) to castigate
chł|ód *m* 1. (*umiarkowane zimno*) coolness; freshness; **w** ~**odzie** in the cool 2. (*niska temperatura powietrza*) the cold; **cierpieć** ~**ód i głód** to be cold and hungry 3. *przen* (*oziębłość*) distance of manner; iciness
chłystek *m* whipper-snapper; (*młokos*) hobbledehoy
chmara *f* host; countless number(s); swarms (of children etc.); crowds (of people); clouds (of gnats)
chmiel *m singt bot* hop; (*towar*) hops
chmielarstwo *n singt* hop-growing
chmielarz *m* hop-grower
chmielowy *adj* hop — (field, cones etc.)
chmur|a *f* 1. *meteor* cloud; **przysł z wielkiej** ~**y mały deszcz** much cry and little wool; the mountain has brought forth a mouse 2. (*tuman, obłok*) cloud (of dust, smoke etc.)
chmurny *adj* 1. (*pokryty chmurami*) cloudy; clouded (sky) 2. *przen* (*o minie*) gloomy
chmurzyć *imperf* I *vt* 1. (*zachmurzać*) to overcast 2. *przen* (*zasępiać*) to cloud; **to darken;** ~ **czoło** to knit the brow; to frown II *vr* ~ **się** 1. (*o niebie*) to become overcast; to darken 2. *przen* (*o człowieku*) to frown; to scowl
chochla *f* ladle
chochlik *m imp;* ~ **drukarski** the demon of misprints
chochoł *m* 1. (*przykrycie roślin na zimę*) mulch 2. *roln* capsheaf
chociaż, choć I *conj* 1. (*wyraża przeciwstawienie, rozbieżność*) though, although; ~ **bardzo bym chciał** much as I should like it 2. (*choćby nawet*) even if (one were to suffer, lose, die etc.); **ciemno choć oko wykol** pitch dark II *part* (*bodaj, przynajmniej*) at least; if only; **chociaż do jutra** at least till tomorrow; **chociaż po to, żeby ... if only to ...**
chociażby, choćby I *conj* even if ...; **choćbym miał** ⟨**musiał**⟩ ... even if I were ⟨if I have to, if I had to⟩ ...; **chociażbym miał do rana pracować** even if I have to work all night; **choćby nawet ... even though ...; choćby nawet i przyszedł** even if he

chodak 61 **chorągiew**

comes ⟨even if he should come⟩ ... II *part* at least ... (if not ...); **choćby jeden** ... a single ...; **choćby trochę** at least a trifle (if not more); **choćby jeden dzień** ⟨*przykład, człowiek itd.*⟩ a single day ⟨example, person etc.⟩; **choćby nie wiem gdzie** ⟨**jak, co** *itd.*⟩ no matter where ⟨how, what etc.⟩
chodak *m* 1. (*drewniany*) clog 2. (*łapeć*) moccasin
chodliwy *adj pot* sal(e)able; marketable; in demand
chodnik *m* 1. (*część ulicy*) pavement; *am* sidewalk 2. (*dywanik*) (stair-)carpet 3. *górn* gallery
chodząc|y *adj przen* walking (encyclopaedia etc.); ∼**a cnota** the embodiment of virtue; ∼**e nieszczęście** the very image of misery
chodz|ić *vi imperf* 1. (*udawać się dokądś*) to go (**na ryby, jagody, grzyby, po zakupy** *itd.* angling, berry-picking, mushrooming, shopping etc.); (*poruszać się*) to walk ⟨to move⟩ (**po pokoju, mieszkaniu** *itd.* about the room, the flat etc.); ∼**ić na posyłki** to run errands; ∼**ić o kulach** to walk on crutches; ∼**ić tam i z powrotem** to walk up and down ⟨back and forth⟩; **chodź(cie)!** come on!; come along!; **ona** ∼**i prać** ⟨**szyć** *itd.*⟩ she goes out washing ⟨sewing etc.⟩; *przen* ∼**ić koło czegoś** to see ⟨to attend⟩ to sth; ∼**ić koło kogoś** to look after sb; ∼**ić za kimś** to keep an eye on sb; ∼**ić z kimś** to walk about ⟨to go out⟩ with sb; **ta myśl** ⟨**ta melodia**⟩ ∼**i mi po głowie** that thought ⟨melody⟩ haunts me 2. (*uczęszczać*) to attend (**na zebrania, odczyty** *itd.* meetings, lectures etc.); ∼**ić do kościoła** to go to church 3. (*stąpać*) to tread (**lekko** lightly); ∼**ić jak paw** to stalk; to strut 4. (*nosić*) to wear (**w futrze, w jedwabiach, w żałobie** *itd.* a fur, silks, mourning etc.) 5. (*o środkach komunikacji — kursować*) to go (**dokądś** to a place); to ply (**skądś dokądś** between one place and another) 6. (*o maszynie*), *przyrządzie — funkcjonować*) to work; ze-

gar dobrze ∼**i** the clock keeps good time 7. (*o pogłosce itd. — krążyć*) to be abroad; ∼**i pogłoska, jakoby** ... there is a rumour abroad that ...; *przysł* **przypadki** ∼**ą po ludziach** you never know what may happen ‖ ∼**i o jego honor** his honour is involved ⟨at stake⟩; ∼**i o to, czy** ⟨**kto, kiedy** *itd.*⟩ the question is whether ⟨who, when etc.⟩; ∼**i o życie** life is at stake; **jeżeli o to** ∼**i** ... for that matter ...; **jeżeli** ∼**i o mnie** ⟨**o niego** *itd.*⟩ for my ⟨his etc.⟩ part; **nie** ∼**i mi o to** I don't mind that; **nie o to** ∼**i** that's beside the point; **nie rozumiem o co ci** ∼**i** I don't get your meaning; **o ciebie tu (nie)** ∼**i** you are (not) concerned; **o co** ∼**i?** what is it?; what's the matter?; *pot* what's up?; **o to** ∼**i** that's the point; **powiedzieć o co** ∼**i** to state one's case
choinka *f* 1. (*młode drzewo*) young spruce ⟨fir, pine⟩ 2. (*drzewko gwiazdkowe*) Christmas tree
choler|a I *f* 1. *med* cholera 2. *przen pot* the devil; hell; **co, do** ∼**y!?** what the devil!?; **idź do** ∼**y!** go to hell! 3. *wulg* (*jako wyzwisko*) damned fellow; ∼**a go wie** devil knows 4. *wulg* (*złość*) rage; ∼**a mnie wzięła** I flew into a rage **II** *interj posp* damn (it)!; hell!
cholernie *adv posp* cursedly; terribly; like the devil
cholerny *adj posp* 1. (*nieznośny*) bloody; damned; **to** ∼ **kłopot** it's the devil of a nuisance 2. (*wielki, straszny*) awful; terrible; thumping
choleryczny *adj* choleric (temperament etc.); fiery; bilious
choleryk *m* spitfire; irascible person
cholewa *f* top (of knee-boot); **buty z** ∼**mi** knee-boots
cholewk|a *f* shoe-top; *pot przen* **smalić** ∼**i do dziewczyny** to court ⟨to make up to⟩ a girl
chomąto *n* horse-collar
chomik *m* *zool* hamster
chorał *m* *muz* chorale
chorąg|iew *f* 1. (*flaga*) flag; *dosł i przen* banner; (*sztandar*) standard; (*propo-*

rzec) ensign; *kośc* gonfalon; **ulice ozdobione** ~**wiami** streets gay with bunting; **wywiesić** ~**iew** to hoist a flag 2. (*w harcerstwie*) troop 3. *hist wojsk* company

chorągiewk|a *f* 1. *dim* ↑ **chorągiew** 1.; banderole; pennon; **przen zwinąć** ~**ę** a) (*wycofać się z czegoś*) to beat a retreat b) (*zmienić poglądy*) to veer round; to change one's mind 2. (*papierowa*) paper flag 3. (*wskaźnik wiatru*) vane; weather-cock

chorąży *m* 1. *wojsk* ensign 2. *hist wojsk* standard-bearer; colour-bearer; cornet 3. *przen* (*propagator*) standard-bearer

choreograf *m* choreographer
choreografia *f* choreography; orchestics
choreograficzny *adj* choreographic(al); orchestic

chorob|a I *f* disease; (*z określeniem chorego organu*) affection ⟨complaint⟩ (of the heart etc.); trouble; (*niedomaganie*) illness, sickness; *dosł i przen* malady; ~**a angielska** rickets; ~**a morska, powietrzna** seasickness, air-sickness; ~**a nerwowa** nervous trouble; ~**a serca** (a) heart complaint ⟨trouble⟩; ~**a społeczna** social malady; ~**a umysłowa** mental disease; ~**a zawodowa** occupational disease; **poważna** ~**a** grave illness ⟨disease⟩; **ubezpieczenie na wypadek** ~**y** health-insurance; **nieobecny wskutek** ~**y** absent through illness; **cierpieć na jakąś** ~**ę** to suffer from an illness **II** *interj posp* ~**a!** damn (it)!; hell!; damnation!

chorobliwie *adv* morbidly; unhealthily; ~ **się bać czegoś** to have a morbid fear of sth

chorobliwy *adj* morbid; pathological; unhealthy

chorobotwórczy *adj* pathogen(et)ic

chorobow|y *adj* 1. (*patologiczny*) morbid; **objawy** ~**e** morbid symptoms 2. (*związany z chorobą*) sickness — (insurance etc.); sick- (leave etc.); **zasiłek** ~**y** sick-allowance; sick-benefit

chorować *vi imperf* 1. (*być chorym*) to be ill ⟨sick, ailing⟩; ~ **obłożnie** to keep one's bed; **on choruje na tyfus** ⟨**zapalenie płuc itd.**⟩ he is ill ⟨laid up⟩ with typhoid fever ⟨pneumonia etc.⟩ 2. (*cierpieć na chorobę*) to suffer (**na daną chorobę** from a disease); to complain (**na bronchit itd.** of bronchitis etc.); to be affected (**na artretyzm itd.** with arthritis etc.); ~ **na wątrobę** ⟨**płuca itd.**⟩ to have a liver ⟨pulmonary etc.⟩ complaint; ~ **na chorobę morską** to be seasick; ~ **na gardło** ⟨**na oczy**⟩ to have a sore throat ⟨sore eyes⟩ 3. *przen* to be crazy (**na sporty, podróże** about athletics, travelling etc.); ~ **z miłości** to be lovesick; **żart** ~ **na kieszeń** to be hard up ⟨stony-broke⟩

chorowity *adj* 1. (*słabowity*) sickly 2. (*o wyglądzie, cerze itd.*) sickly; unhealthy

chorwacki *adj* Croatian
Chorwat *m* Croat

chor|y I *adj* 1. (*o człowieku*) ill; sick; ailing; laid up; **być śmiertelnie** ~**ym** to be on the verge of death ⟨at death's door⟩ 2. (*o części ciała, miejscu na ciele*) sore (place, spot. eyes, foot, throat etc.); lame ⟨game, bad⟩ (leg, arm); **mam** ~**ą wątrobę** ⟨~**y żołądek itd.**⟩ my liver ⟨my stomach⟩ is bad 3. *przen* crazy (**na obrazy, książki itd.** about paintings, books etc.) **II** *m* ~**y** sick person; patient; invalid; *pl* **chorzy** the sick; **ciężko** ⟨**obłożnie**⟩ **chorzy** the serious cases; **izba** ~**ych** infirmary; **kasa** ~**ych** health-insurance; **przy** ~**ym** at sb's ⟨the patient's⟩ bedside

chowa|ć *imperf* **I** *vt* 1. (*odłożyć*) to put ⟨to lay⟩ away; *pot* to shove (**do kąta, szuflady itd.** in a corner, drawer etc.); ~**ć coś do kieszeni** ⟨**do portfela itd.**⟩ to put sth in one's pocket ⟨notebook etc.⟩; ~**ć coś na czarną godzinę** to put sth by against a rainy day; *przen* ~**ć miecz do pochwy** to sheathe the sword; ~**ć** (**sprawę**) **pod sukno** to shelve (a plan etc.) 2. (*ukrywać*) to hide; to conceal; ~**ć kogoś** to keep sb in hiding; *przen* ~**ć coś pod korcem** to hide sth under the

chowany   63   **chronić**

bushel; ~ć miłe wspomnienie w sercu to treasure a memory in one's heart; (on) ~ł urazę w sercu the insult rankled in his mind 3. (*wsuwać, wciskać*) to duck (głowę one's head); ~ć głowę w poduszkę to bury one's head in one's pillow; *przen* ~ć głowę w piasek to hide one's head in the sand 4. (*wychowywać*) to bring up 5. (*hodować*) to breed; to rear; to raise; to keep (bees, chickens) 6. (*grzebać zmarłych*) to bury II *vr* ~ć się 1. (*kryć się*) to hide (*vi*); to hide ⟨to conceal⟩ oneself; to keep ⟨to remain⟩ in hiding; to seek shelter; to keep out of sight 2. (*wychowywać się*) to be brought up ⟨educated⟩; to receive an ⟨one's⟩ education (gdzieś somewhere) 3. (*rosnąć*) to grow up; (*o zwierzętach*) to be bred ⟨reared, kept⟩; dobrze się ~ć a) (*o dziecku*) to be in good health b) (*o zwierzęciu*) to thrive

chowan|y *m w zwrocie:* zabawa w ~ego a) (*zabawa grupy dzieci*) hide-and--seek b) (*zabawa dorosłego z dzieckiem*) bo-peep; *am* peek-a-boo

chód *m* 1. (*sposób chodzenia*) walk; gait; ~ konia a horse's pace; ciężki ⟨lekki⟩ ~ a heavy ⟨light⟩ step; *pot* mieć chody to know the ropes; to have connexions 2. (*funkcjonowanie mechanizmu*) functioning; movement; motion; *pot* być na chodzie to be in working ⟨running⟩ order

chór *m* 1. (*zespół śpiewaczy*) choir; ~y anielskie celestial choirs; heavenly music; utwór na ~ z orkiestrą composition for choir and orchestra 2. (*w tragedii starogreckiej*) chorus 3. (*śpiew oraz przen*) chorus; śpiewać ⟨odpowiadać⟩ ~em to sing ⟨to answer⟩ in chorus 4. *arch i kośc* organ--loft; gallery

chóralnie *adv* in chorus

chóralny *adj* 1. *muz* choral (singing) 2. *przen* (*wspólny*) united; concerted

chórzysta *m* chorister; *kośc* choir-boy

chórzystka *f* chorus-girl

chów *m* breeding ⟨raising, rearing⟩ (of animals); *dosł i przen* domowego chowu home-bred; *przen* człowiek swego ⟨swojskiego⟩ chowu simple--hearted chap

chrabąszcz *m ent* cockchafer; May-bug; dor

chrapa *f* nostril

chrapać *vi imperf* — **chrapnąć** *vi perf* to snore; (*o zwierzęciu*) to snort

chrapk|a *f* I *dim* ↑ chrapa 2. żart *w zwrocie:* mieć ~ę na coś to have a fancy for sth

chrapliwy *adj* (*o głosie*) hoarse; husky; (*o dźwiękach*) harsh; grating

chrobot *m* 1. (*chrupot*) (a) scratching ⟨scraping, creaking⟩ 2. (*chrzęst*) grating

chrobotać *vi imperf* 1. (*chrupotać*) to scratch; to scrape; to creak 2. (*chrzęścić*) to grate

chrobotliwy *adj* scratching; scraping; creaking; grating

chrobry † *adj* brave; valiant; gallant; intrepid

chrom *m singt* 1. *chem* chrome, chromium, 2. *szew* boxcalf

chromać † *vi imperf* 1. (*kuleć*) to limp; to halt; to hobble 2. *przen* (*szwankować*) to be deficient

chromatyczny *adj fiz muz* chromatic; *muz* znak ~ (an) accidental

chromatyka *f* 1. chromatics 2. *muz* chromatic harmony

chromian *m chem* chromate

chromonikiel *m* chrome-nickel alloy

chromosom *m biol* chromosome

chromować *vi imperf* 1. *chem* to chrome 2. *techn* to plate with chromium

chromowy *adj* 1. chromic; chromium — (plating etc.); *chem* kwas ~ chromic acid 2. *szew* boxcalf — (shoes etc.)

chromy † *adj dosł i przen* lame

chronicznie *adv* chronically; *med* ~ cierpieć na coś to be a chronic sufferer from a disease

chroniczny *adj* chronic; stan ~ chronic condition, chronicity

chronić *imperf* I *vt* 1. (*strzec przed czymś*) to protect ⟨to guard⟩ (kogoś, coś od czegoś ⟨przed czymś⟩ sb. sth from ⟨against⟩ sth); to save (kogoś, coś od czegoś ⟨przed czymś⟩ sb, sth

from sth); to prevent (**przed wypadkami itd.** accidents etc.); (*dać schronienie*) to give (sb) refuge (**przed czymś** from sth) 2. (*zasłaniać*) to shelter ⟨to screen, to shield⟩ (**kogoś, coś przed czymś** sb, sth from sth); to keep off (**od kurzu, światła itd.** the dust, light etc.) II *vr* ~ **się** 1. (*strzec się*) to protect oneself (**od czegoś, przed czymś** from ⟨against⟩ sth); to guard (**od czegoś, przed czymś** against sth) 2. (*zasłaniać się*) to shelter (oneself) (**przed czymś** from sth); to take refuge ⟨shelter, cover⟩ (**przed czymś** from sth); ~ **się przed zimnem** to keep the cold out
chronologia *f* chronology
chronologiczny *adj* chronological
chronometr *m* chronometer; timepiece
chronometraż *m techn* timing
chropawy, chropowaty *adj* 1. (*niegładki*) rough; coarse; uneven; rugged 2. (*pozbawiony dźwięczności*) harsh; hoarse; raucous; grating
chropowatość *f* 1. (*szorstkość*) roughness; coarseness; unevenness (of surface etc.); ruggedness; asperity 2. (*niemelodyjność*) harshness; hoarseness; raucous ⟨grating⟩ sound
chrupać *vt vi imperf* 1. *zob* **chrupnąć** 2. (*o człowieku*) to munch; to crunch; (*o koniu*) to champ
chrupiący *adj* crisp
chrupki *adj* crisp; crusty
chrupnąć *vi perf* — **chrupać** *vi imperf* (*o śniegu, lodzie itd.*) to crunch; (*o drewnie, kości*) to crack
chrust *m* 1. (*suche gałęzie*) dry twigs; **wiązka** ~**u** fag(g)ot 2. (*zarośla*) brush(wood); underwood 3. *zbior kulin* crunch cakes
chryja *f pot* shindy; row; brawl
chrypieć *vi imperf* to speak ⟨to say sth⟩ in a hoarse ⟨husky⟩ voice
chrypk|a *f* hoarseness; sore throat; **mieć** ~**ę** to be hoarse
chrypliwy *adj* 1. (*o głosie*) hoarse; husky 2. (*o dźwięku*) harsh; grating
chrystiania *f sport* christiania
Chryst|us *m* Christ; ~**e Panie!** Good Lord!; **po** ~**usie** A.D.

chryzantema *f bot* chrysanthemum
chrzan *m bot* horse-radish; *eufem* **do** ~**u** no good; unusable; useless
chrząkać *vi imperf* — **chrząknąć** *vi perf* 1. (*charkać*) to hawk; to clear one's throat 2. (*dla zwrócenia uwagi*) to hem 3. (*wydawać odgłosy niezdecydowania, zakłopotania*) to hem and haw 4. (*o świni*) to grunt
chrząstka *f anat* gristle; cartilage; copula
chrząszcz *m ent* cockchafer
chrzciciel *m* baptist
chrzcić *vt imperf* 1. (*udzielać chrztu*) to baptize 2. (*nazwać*) to christen 3. *iron* to water down (wine, milk etc.)
chrzcielnica *f* (baptismal) font
chrzciny *plt* party given by the parents on the day of a child's baptism
chrz|est *m* 1. *rel* baptism; christening; ~**est narodu** Christianization of a nation; **trzymać dziecko do** ~**tu** to stand godfather ⟨godmother⟩ to a child; **to sponsor a child**; *przen* ~**est ogniowy** baptism of fire 2. (*uroczystość poświęcenia statku itd.*) christening
chrzestn|y I *adj* baptismal; **córka** ~**a** goddaughter; godchild; **imię** ~**e** Christian name; *am* given name; **matka** ~**a** godmother; sponsor; **ojciec** ~**y** godfather; sponsor; **rodzice** ~**i** godparents; **syn** ~**y** godson; godchild; **być czyimś ojcem** ~**ym** ⟨**czyjąś matką** ~**ą**⟩ to stand godfather ⟨godmother⟩ to sb II *m* ~**y** (*ojciec*) godfather; sponsor III *f* ~**a** (*matka*) godmother; sponsor
chrześcijanin *m* Christian
chrześcijanka *f* Christian woman
chrześcijańsk|i *adj* Christian; **po** ~**u** in a Christianlike ⟨Christianly⟩ manner
chrześcijaństwo *n singt* 1. (*wyznanie*) Christianity; the Christian faith 2. (*ogół wyznawców*) Christendom; christianity
chrześniaczka *f* goddaughter
chrześniak *m* godson
chrzęst *m* 1. (*odgłos uderzających o siebie przedmiotów*) clash; jangle; clat-

chrzęścić   65   **chwiać**

ter; clang 2. (*zgrzyt, chrupotanie*) crash; crunch; grating ⟨gritting⟩ sound

chrzęścić *vi imperf* 1. (*o metalach*) to clash; to jangle; to clatter; to clang; to clank 2. (*skrzypieć*) to grate; to grit; to crunch

chuch|ać *vi imperf* — **chuch|nąć** *vi perf* 1. (*wydychać*) to puff; to breathe; ~**ać w zgrabiałe ręce** to blow on one's frozen fingers 2. *przen* (*pielęgnować*) to nurse (**na kogoś, coś** sb, sth); to fondle (**na kogoś** sb)

chuchro *n pot* 1. (*słabeusz*) weakling 2. (*człowiek delikatny*) frail-bodied person

chuć *f* lust; concupiscence

chuderlawy *adj* skinny; lean; scraggy

chudeusz *m żart* 1. (*chudzielec*) scrag; lean ⟨skinny⟩ chap ⟨fellow⟩ 2. *przen* (*biedak*) starveling

chudnąć *vi imperf* to lose flesh ⟨weight⟩; to grow ⟨to become⟩ thin; to thin

chudnięcie *n* loss of flesh; thinning

chudoba *f* 1. (*mienie*) (modest) possessions ⟨belongings⟩ 2. *gw* (*inwentarz żywy*) livestock; cattle

chudopachołek *† m* 1. (*ubogi szlachcic*) impoverished yeoman ⟨nobleman⟩ 2. (*człowiek niskiego stanu*) man of the people

chudość *f singt* thinness; leanness; gauntness; scragginess

chud|y *adj* 1. (*szczupły*) lean; thin; skinny; scraggy 2. *przen* (*lichy, skromny*) scanty; sparing; meagre 3. *przen* (*ubogi*) poor; modest; ~**e lata** lean years 4. (*nietłusty*) lean

chudzielec *m pot* scrag; lean ⟨skinny⟩ chap ⟨fellow⟩

chuligan *m* hooligan; rowdy; *am* tough; roughneck; hoodlum

chuliganić *vi imperf* to brawl

chuligaństwo *n* hooliganism; rowdyism; ruffianly behaviour ⟨pranks⟩

chusta *f* shawl; rug; plaid; (linen or woollen) cloth; wrap

chusteczka *f* handkerchief

chustka *f* (*na głowę*) kerchief; (*na szyję*) neckerchief; neck-cloth; scarf; fichu

chwacki *adj* plucky; gallant; rakish

chwalba *f* 1. (*pochwała*) praise 2. (*chełpliwość*) boasting; brag

chwalca *m* 1. praiser; eulogist 2. (*pochlebca*) adulator; flatterer

chwalebny *adj* 1. (*godny pochwały*) praiseworthy; commendable; laudable 2. (*chlubny*) glorious

chwalenie *n* ↑ **chwalić**; praise; encomium; eulogy; ~ **się** self-praise; brag

chwal|ić *imperf* **I** *vt* to praise; to commend; (*wychwalać*) to extol; to exalt; (*sławić*) to glorify; **to ci** ⟨**mu itd.**⟩ **się** ~**i** it brings you ⟨him etc.⟩ credit; **to się** ~**i** that's better; ~**ć sobie coś** to be (perfectly) satisfied with sth; **on sobie** ~**i ten tryb życia** that mode of life suits him perfectly **II** *vr* ~**ić się** 1. (*podkreślać własne zalety*) to boast; to brag 2. (*chełpić się*) to boast (**czymś** of sth); to pride oneself (**czymś** on sth); **nie** ~**ąc się** without wishing to boast; with due modesty; *iron* **nie ma czym się** ~**ić** that's nothing to boast of ⟨to write home about⟩; **nie mogę się tym** ~**ić** that's not my strong point

chwał|a *f* 1. (*sława*) glory; **poległ na polu** ~**y** he died a glorious death 2. (*świetność*) glory; splendour 3. (*chwalenie*) praise; **to nie powód do** ~**y** it's nothing to brag about; ~**a Bogu** thank God ⟨Goodness, heaven⟩ 4. (*chluba*) pride; ~**a swej rodziny** the pride of ⟨a credit to⟩ one's family

chwast *m* 1. *bot* weed; **porosnąć** ~**ami** to run to weeds 2. (*frędzla*) tassel

chwat *m* plucky ⟨gallant, dashing⟩ fellow; *pot* merry blade; smart chap

chwiać *imperf* **I** *vt* to shake ⟨to toss, to rock, to agitate⟩ (**czymś** sth) **II** *vr* ~ **się** 1. (*kołysać się*) to shake; to rock; to toss; to be tossed ⟨agitated⟩ 2. (*ruszać się*) to be loose ⟨shaky⟩; (*o meblu*) to be rickety; (*o przedmiocie*) to be unsteady; (*o budowli, ustroju itd.*) to totter; to reel; to be unsteady; (*o cenach, kursach*) to fluctuate; (*o człowieku*) ~ **się na nogach** to reel; to stagger; to totter; to falter

3. *(być niezdecydowanym)* to waver; to vacillate; to falter

chwiejność f singt 1. shakiness; instability; ricketiness 2. *(niezdecydowanie)* irresolution; indecision; vacillation

chwiejny adj 1. shaky; unsteady; tottering; tottery; *(o równowadze)* unstable; *(o meblu)* rickety; ~ krok unsteady gait; stagger; *(o człowieku)* na ~ch nogach week-kneed; pot groggy; oparty na ~ch podstawach unsound 2. fiz chem labile; fiz astatic 3. *(niezdecydowany)* irresolute; wavering

chwil|a f 1. *(moment)* moment; instant; while; minute; spell; fit (of ill-humour etc.); ani na ~ę not for a moment; co ~a every now and then; jeszcze nie w tej ~i not just yet; na ~ę for a while; for a moment; od tej ~i a) *(od teraz)* from now on b) *(od tamtego czasu)* since then; po ~i in ⟨after⟩ a moment, a moment later; przed ~ą a while ago; just now; w ~i gdy ... as soon as ...; we właściwej ⟨w nieodpowiedniej⟩ ~i at the right ⟨wrong⟩ moment; w ostatniej ~i at the last moment; w tej ~i a) *(obecnie)* at the present moment; just now b) *(na razie)* for the time being; for the present c) *(niebawem)* in a moment; this instant; w tej samej ~i just then; za ~ę in a moment 2. pl ~e *(z przymiotnikiem)* time(s); ciężkie ~e hard times; wolne ~e free ⟨spare⟩ time 3. *(okres czasu, pora)* time; moment; krytyczna ~a critical moment

chwileczk|a f pot a jiffy; ~ę! a) *(proszę zaczekać)* just a minute; pot half a tick b) *(niech się namyślę)* let me see

chwilowo adv temporarily; for the time being; for the present; ~ nie not for the moment; not just now

chwilowy adj 1. *(tymczasowy)* temporary; transient; dypl *(o zastępcy itd.)* interim — (minister etc.) 2. *(krótkotrwały)* transitory; momentary

chwy|cić perf — **chwy|tać** imperf I vt to seize; to grasp; to catch ⟨to get, to lay⟩ hold (coś of sth); ~cić za broń to rise up in arms; z trudem ~tać powietrze to gasp for breath; przen ~tać kogoś za słowa to catch sb in his words; ~cić kogoś za serce to touch sb's heart; to go to sb's heart; ~tający za serce touching; ~tać w lot to grasp (an idea etc.); ~cił mnie ⟨go itd.⟩ strach ⟨gniew itd.⟩ I ⟨he etc.⟩ was seized with fear ⟨anger etc.⟩; pot pomysł ~cił the idea caught on II vi 1. *(o rybie)* to bite; to rise 2. przen *(o opowiadaniu itd.)* to go down; **to nie ~ci** that won't wash; that cock won't fight 3. *(o książce, towarze)* to take 4. *(nastawać)* mróz ~ta it freezes; it is freezing III vr ~cić ⟨~tać⟩ się to seize (czegoś, za coś sth); to catch hold (czegoś, za coś of sth); ~tać się każdej roboty to undertake any kind of work; ~cić się za głowę to clutch at one's head; przysł tonący brzytwy się ~ta a drowning man catches at a straw

chwyt m 1. *(ujmowanie)* grasp; hold; grip 2. *(uchwyt)* handle 3. *(sposób)* trick; catch

chwytać zob **chwycić**

chwytliwy adj 1. *(o oku, uchu)* quick 2. *(o umyśle)* quick of apprehension 3. *(o melodii itd.)* catching

chwytny adj *(o organie)* prehensile

chyba part 1. *(w zdaniu twierdzącym)* surely; I daresay; like enough; I imagine; I suppose; I fancy; ~ tak ⟨nie⟩ I suppose ⟨I believe⟩ so ⟨not⟩; I should think so ⟨not⟩; oni ~ zdążyli na pociąg they will have caught the train; to jest ~ dość jasne it is clear enough, isn't it?; to ~ szef? it must be the manager 2. *(w zdaniu przeczącym)* ~ nie surely not; hardly; on ~ tego nie zrobił he will ⟨he can⟩ scarcely have done that 3. *(gdy wyraża niezdecydowanie)* I think; ~ spróbuję I think I'll try 4. *(gdy się równa mocnemu potwierdzeniu)* (no) ~! I should say so!; pot you bet! 5. w zwrocie: ~ że, ~ żeby unless; ~ że się mylę unless I am mistaken

chybi|ać imperf — **chybi|ć** perf I vt to miss (celu itd. one's aim etc.);

przen ~**ać celu** to flash in the pan; to come to nothing **II** *vi przen (zawodzić)* to fail; to miscarry; to prove a failure; to be abortive; **ani** ~ without fail; for certain; for sure; **na** ~**ł trafił** at random; at ⟨by⟩ haphazard; **zgadywać na** ~**ł trafił** to make wild guesses

chybiony *adj* unsuccessful; ineffective; abortive; (*o uwadze, wypowiedzi*) pointless

chybki *adj* 1. *pot (prędki)* swift; fast 2. *(gibki)* supple; pliant

chybotać się *vr imperf* to shake; to rock; to wobble

chylić *imperf* **I** *vt* to bend; to bow; to incline; ~ **czoło przed kimś** to bow ⟨to pay tribute⟩ to sb **II** *vr* ~ **się** 1. *(pochylać, nachylać się)* to bend ⟨to be bent⟩ (down); to be inclined; to droop 2. *przen (zbliżać się ku końcowi)* to decline; ~ **się ku upadkowi** a) to be on the decline ⟨on the ebb⟩; to be decaying b) (*o instytucji itd.*) to be decrepit

chyłkiem *adv* stealthily; furtively; on the sly; ~ **wyjść** to sneak ⟨to steal⟩ out ⟨away, off⟩

chytrość *f* 1. *(przebiegłość)* cunning; slyness; craft 2. *(chciwość)* keenness on gain; greed

chytr|y *adj* 1. *(przebiegły)* cunning; sly; artful; crafty; *(o posunięciu itd.)* politic; *(o spojrzeniu)* shifty; ferrety; **to** ~**a sztuka** he is no fool 2. *(chciwy)* keen on gain; profit-seeking; covetous; greedy

chyżość *f singt* swiftness; fastness; fleetness

chyży *adj* swift; fast; fleet

ci[1] *part pot* for you; **to** ~ **głupiec** ⟨**traf**⟩! there's a fool ⟨a coincidence⟩ for you! ‖ **a to** ~ **dopiero!** well, well, well!

ci[2] *pron pl* these; they; ~, **którzy** those ⟨they⟩ who

ciałk|o *n biol* corpusc(u)le; **białe** ~**a krwi** leucocytes; **czerwone** ~**a krwi** erythrocytes

ciał|o[1] *n* 1. body; *przen* frame; *pot* anatomy; *rel* **Boże Ciało** Corpus Christi; **budowa** ~**a** physique; ~**em i duszą** body and soul; **diabeł w ludzkim ciele** a devil incarnate 2. *(tkanka mięsna)* flesh; **nabierać** ~**a** to put on flesh; **spadać z** ~**a** ⟨**na ciele**⟩ to lose flesh 3. *przen (grono)* staff (of teachers etc.) 4. *(zwłoki)* (dead) body; corpse 5. *fiz chem* substance; body; ~**o płynne** liquid; ~**o stałe** solid 6. *astr* ~**o niebieskie** heavenly body

ciamajda, ciapa *f m pot pog* slouch; dolt; ninny

ciarki *plt* gooseflesh; ~ **(po) mnie przechodzą** my flesh creeps

ciasno *adv* 1. *(nieprzestronnie)* with little room ⟨space⟩; **jest nam** ~ we are cramped for room ⟨confined for space⟩; we are crowded; **było** ~ the room ⟨street, tram etc.⟩ was crowded 2. *(ściśle, blisko obok siebie)* tight(ly); close(ly) 3. *przen (bez szerszych horyzontów)* narrow-mindedly

ciasno|ta *f singt* 1. *(brak miejsca)* lack of room ⟨of space⟩; **żyć** ⟨**mieszkać**⟩ **w** ~**cie** to be confined for space 2. *przen (brak szerszych poglądów)* narrow-mindedness

ciasny *adj* 1. *(mało pojemny)* narrow; close; confined; poky 2. *(wąski)* narrow 3. *(obcisły)* tight; close-fitting 4. *przen (o definicji itd.)* narrow; strict 5. *przen (ograniczony umysłowo)* narrow-minded 6. *(gęsty, zwarty)* tight; close

ciastkarnia *f* confectioner's shop, confectionery; pastry-cook's shop

ciastk|o *n* cake; *am* cookie; ~**o drożdżowe** bun; ~**o owocowe** tart; *pl* ~**a** cakes; pastry; confectionery

ciast|o *n* 1. *(masa)* dough; **francuskie** ~**o** flaky pastry 2. *pl* ~**a** cakes; confectionery; pastry 3. *przen* paste; plastic mixture

ciąć *imperf* **I** *vt* 1. to cut; ~ **coś na kawałki** to cut sth in(to) pieces; to cut sth up; ~ **na plastry** to slice 2. *(o komarach itd.)* to sting 3. *zw perf (uderzać batem)* to lash; to whip; *(pałaszem, szablą)* to hack; to slash 4. *przen (ranić słowami)* to sting **II** *vi przen* 1. *(o deszczu)* to pelt; **deszcz**

ciąg 68 **ciągota**

ciął there was a pelting ⟨driving⟩ rain 2. (*o skrzypku*) ~ **od ucha** to play briskly

ciąg *m* 1. (*w przestrzeni — droga*) thoroughfare; ~ **komunikacyjny** artery of traffic; ~ **spacerowy** promenade; *techn* ~**i instalacyjne** service ducts 2. (*trwanie*) duration; course; **dalszy** ~ continuation; sequel (of a story etc.); (*w napisie*) "continued"; **dalszy** ~ **nastąpi** to be continued; **jednym** ~**iem** a) (*bez przerwy*) without interruption; at a stretch b) (*duszkiem*) at one gulp; **w** ~**u** a) (*w czasie trwania*) during; in the course (of the trial, game, journey etc.); **w** ~**u dnia** ⟨**nocy**⟩ by day ⟨night⟩ b) (*na przestrzeni*) over (the centuries etc.) c) (*w granicach czasu*) in (two days, a week etc.); within (ten minutes, two hours etc.); **w dalszym** ~**u** a) (*wciąż*) still; **w dalszym** ~**u coś robić** to continue to do sth; to keep ⟨to go on⟩ doing sth b) (*później*) later; subsequently; **w dalszym** ~**u (tekstu)** farther on; below; **pisać w** ~**u** to write without paragraphs 3. (*prąd powietrza*) current of air; (*w kominie itd.*) draught 4. (*wędrówka zwierząt*) migration; ~ **ptaków** the passage ⟨flight⟩ of birds 5. *przen* (*sznur, procesja*) train (of sightseers, camels); fleet (of taxis etc.) 6. (*seria*) series; row; run (of luck etc.) 7. *mat* sequence

ciągle *adv* constantly; continually; incessantly; all the time; ~ **coś robić** to keep doing sth

ciągliwość *f singt techn* (*metali*) ductility; malleability; (*cieczy*) stringiness (of a liquid)

ciągliwy *adj techn* (*o metalu*) ductile; malleable; (*o cieczy*) stringy

ciągłoś|ć *f singt* continuity; consecutiveness; permanence; **brak** ~**ci** discontinuity

ciągł|y *adj* 1. (*nieprzerwany*) constant; continuous; permanent; uninterrupted; *fiz* **widmo** ~**e** continuous spectrum 2. (*ustawiczny*) ceaseless, endless

ciągn|ąć *imperf* I *vt* 1. (*przeciągać do siebie*) to pull; to draw 2. (*wlec*) to drag (**kogoś, coś za sobą** sb, sth along with one ⟨behind one⟩); (*o samochodzie, statku itd.*) to haul; to have in tow; ~**ąć kogoś za nos** ⟨**za rękaw itd.**⟩ to pull sb's nose ⟨sleeve etc.⟩; ~**ąć losy** ⟨**węzełki**⟩ to draw lots; *karc* ~**ąć karty** to draw cuts; *przen* ~**ąć kogoś za język** to sound ⟨pot to pump⟩ sb 3. (*wyciągnąć, wydobywać*) to draw; to get; to obtain; to pump (water etc.); ~**ąć zyski z czegoś** to derive profit from sth 4. (*wchłaniać*) to draw (feeding substance, sap etc.); to suck (in) 5. (*przyciągać*) to attract; *przen* (*wabić*) to lure; ~**ie go do kobiet** he is attracted by sex ⟨to women⟩ 6. (*kontynuować*) to continue; to proceed (**opowiadanie itd.** with one's story etc.) II *vi* 1. (*zw* ~**ąć dalej**) to continue; to proceed; to go on (doing sth) 2. (*wiać, dąć*) to blow; to sweep; ~**ie od okna** there is a draught from the window 3. (*o kominie, piecu*) to draw 4. (*dążyć — o tłumach*) to tend; to stream; (*o kolumnach wojsk*) to march; to tramp; (*o mgle, chmurach*) to drift; (*o ptakach wędrownych*) to fly 5. (*o drodze, szosie — biec*) to run 6. *przen* (*mieć pociąg*) to be attracted (**do czegoś** by sth); to lean (**do czegoś** to sth); to tend (**do czegoś** towards sth) III *vr* ~**ąć się** 1. (*być wleczonym*) to be dragged; to trail (**za kimś, czymś** behind sb, sth) 2. (*szarpać się*) to pull one another; ~**eli się za włosy** they pulled each other's hair 3. (*rozciągać się*) to stretch; to extend; to dilate; (*o metalu*) to be ductile ⟨malleable⟩ 4. (*o linii*) to run; (*o drodze, łańcuchu górskim itd.*) to run; to stretch; **droga** ~**ie się wzdłuż lasu** the road skirts the forest 5. (*trwać*) to last; to drag ⟨to wear⟩ on; (*o przedstawieniu itd.*) ~**ąć się dalej** to continue; to go on

ciągnienie *n* ↑ **ciągnąć**; pull; draught; haul; draw; traction; ~ **loterii** drawing of a lottery; **rozstrzygnąć przez** ~ **losów** to decide by lot

ciągnik *m* tractor; *roln* agrimotor

ciągot|a, ciągot|ka *f* 1. *pot* sex-urge;

ciąża   69   **ciekawy**

czuć ~y ⟨~ki⟩ **do kogoś** to lust for sb 2. *przen żart (skłonność)* inclination; *żart* itch
ciąż|a *f* pregnancy; **być w** ~y **to be pregnant; kobieta w** ~y expectant mother
ciążenie *n* ↑ **ciążyć** 1. *fiz* gravitation 2. *(skłanianie się)* tendency ⟨inclination, disposition⟩ (**do czegoś** to sth); proclivity (**do czegoś** to ⟨towards⟩ sth)
ciąży|ć *vi imperf* 1. *(być ciężkim)* to weigh (heavy); to be heavy; **głowa mi** ~ **I** have a heavy head 2. *przen (o obowiązkach, troskach itd.)* to lie ⟨hang⟩ heavy (**komuś** on sb's mind); to be a burden (**komuś** on sb); to rest (**na kimś** with sb); to be incumbent (**na kimś** on sb); ~ **na tobie obowiązek załatwienia tej sprawy** it rests with you ⟨it is incumbent on you⟩ to settle this affair; **ta praca mu nie** ~ the work sits lightly on him; *ekon* **na majątku** ~ **dług** the property is encumbered 3. *przen (o milczeniu, chmurze itd.)* to brood (**nad czymś** over sth) 4. *przen (skłaniać się)* to gravitate (**ku czemuś** towards sth)
cichaczem *adv* on the quiet; stealthily; on the sly; in secret; **wymknąć się** ~ to steal out
cichnąć *vi imperf* 1. *(o ludziach, zwierzętach itd.)* to quiet down; to subside into silence 2. *(o burzy, wietrze itd.)* to subside; to abate; to calm down
cicho *adv (comp ciszej)* 1. *(bez hałasu)* noiselessly; silently; **było** ~ everything was quiet; **było** ~ **jak makiem zasiał** there was dead silence; ~ **być** ⟨**się zachowywać**⟩ to be ⟨to sit, to keep⟩ quiet; ~ **mówić** to speak in a low voice; ~ **bądź!** be ⟨keep⟩ quiet!; ~, **sza!** hush!; ~ **tam!** silence there! 2. *przen (bez zakłóceń)* quietly; smoothly 3. *przen (po kryjomu)* secretly; on the quiet
cich|y *adj* 1. *(o głosie, dźwięku)* low; soft; gentle; muffled; stifled 2. *(o maszynie — nie hałaśliwa)* noiseless; *(o chodzie, krokach)* soft; velvety (steps etc.) 3. *(o morzu itd.* — *bez ruchu)* quiet; calm; *(o wodzie)* still; **przysł** ~**a woda brzegi rwie** still waters run deep 4. *(o miejscowości — bez gwaru)* quiet; secluded 5. *przen (o człowieku — spokojny, łagodny)* quiet; gentle 6. *przen (pozbawiony rozgłosu)* quiet; modest; unostentatious 7. *przen (ukrywany)* secret; private; ~**a spółka** silent partnership; ~**y wspólnik** sleeping partner; ~**a zgoda** tacit approval ‖ **po** ~**u, z** ~**a** = **cicho**; *przen* **z** ~**a pęk** unexpectedly and with the greatest composure
ciebie *pron od* **ty:** you
cie|c, cie|knąć *vi imperf* 1. *(płynąć)* to flow; to stream; to run; *(kroplami)* to drip; to trickle; **pot mu** ~**knie z czoła** his face is streaming with sweat; **krew mi** ~**knie z nosa** my nose is bleeding 2. *(przeciekać)* to leak
ciecz *f* liquid; fluid
ciekaw *adj praed* = **ciekawy** *adj*; ~ **jestem, czy** ⟨**kto itd.**⟩ I wonder if ⟨who etc.⟩
ciekawi|ć *vt imperf* to interest; **to mnie nie** ~ I'm not interested (in that)
ciekawie *adv* 1. *(z ciekawością)* curiously; with interest 2. *(wścibsko)* inquisitively 3. *(interesująco)* absorbingly
ciekawostka *f* 1. *(nowinka)* piece of (town) gossip; *(ciekawy szczegół)* curious ⟨interesting⟩ detail 2. *(ciekawy przedmiot)* (a) curiosity; curio
ciekawość *f* 1. *(zainteresowanie)* curiosity; interest; **przez** ~ out of curiosity 2. *(wścibskość)* inquisitiveness; **przysł** ~ **to pierwszy stopień do piekła** curiosity killed the cat
ciekawski *m* Paul Pry; peeping Tom; *przen* eavesdropper
ciekaw|y I *adj* 1. *(o człowieku)* curious (**czegoś** about sth); interested (**czegoś** in sth); *(o usposobieniu, spojrzeniu itd.)* inquiring 2. *(wścibski)* inquisitive 3. *(interesujący)* interesting; of interest; **nadzwyczaj** ~**y** thrilling; fascinating; **i, rzecz** ~**a** ... (and) curiously enough ⟨oddly enough⟩ ...; ~**e!** how curious! 4. *(osobliwy)* curious; quaint **II** *m* ~**y** looker-on; bystander

ciekły adj liquid; fluid; (o metalu) molten
cieknąć zob **ciec**
cielak m calf
cielec m: **złoty** ~ the golden calf
cielesny adj 1. (dotyczący ciała) carnal; of the body; (o karach itd.) corporal 2. (zmysłowy) lustful; sensual; of the flesh; **stosunek** ~ sexual intercourse
cielę n calf; przen (o człowieku) dolt; gaby; dunderhead
cielęcina f singt kulin veal
cielęc|y adj 1. (cielęcia) calf's; **skóra** ~a calf(-leather) 2. przen (naiwny) calfish; stupid; **miłość** ~a calf-love 3. kulin veal; **pieczeń** ~a roast veal
cielić się vr imperf to calve
cielist|y adj flesh-coloured; (o pończochach) nude; **trykoty** ~e flesh tights; fleshings
cielna adj in calf
ciemię n anat the crown of the head; vertex; pot **on nie jest w** ~ **bity** he is no fool
ciemięga f m pot ninny; thickhead; dullard
ciemięzca, ciemiężyciel m oppressor
ciemiężyć vt imperf to oppress; to tread down
ciemnia f fot dark room; fiz ~ **optyczna** camera obscura; dark chamber
ciemnica f 1. (ciemność) darkness; the dark 2. (loch) dark cell; dungeon
ciemnie|ć vi imperf to dim; to grow dark ⟨dim, dusky⟩; **już** ~**je** it is getting ⟨growing⟩ dark; ~**je w oczach** one's head ⟨mind⟩ reels; one feels dizzy
ciemno adv 1. darkly; dimly; **było** ~ it was dark ⟨dusky⟩; **robi się** ~ it is getting ⟨growing⟩ dark; **robi się** ~ **w oczach** ⟨**przed oczami**⟩ one's head ⟨mind⟩ reels; one feels dizzy; ~ **choć oko wykol** (it is) pitch-dark 2. (w ciemnym kolorze) in dark colours; ~ **ubrany** in dark clothes
ciemnoś|ć f (także pl ~**ci**) darkness; the dark; obscurity; przen **panowały egipskie** ~**ci** it was pitch-dark
ciemnota f singt 1. (brak oświaty) ignorance 2. (ludzie ciemni) ignorant people

ciemn|y adj 1. (słabo oświetlony) dark; dim; dusky; murky; (o nocy) black; pitch-dark; przen **typ spod** ~**ej gwiazdy** a suspicious character; **wszystko widzieć od** ~**ej strony** to see the gloomy side of things 2. (o świetle) dull 3. (o kolorze) dark; (o włosach, chlebie, papierze, piwie) brown 4. (o cerze) swarthy 5. (o barwie głosu) low-pitched 6. (niewykształcony) unenlightened; ignorant 7. (podejrzany) suspicious; dubious; (o transakcji) shady
cieniować vt imperf 1. plast to grade (a drawing etc.) 2. (modulować) to modulate
cienisty adj 1. (zacieniony) shady; shadowy 2. (ocieniający) shade-giving
cienki adj 1. (nie gruby) thin; slender; slight; (o tkaninie) thin; fine; ~**e pończochy** fine-meshed stockings 2. (rozwodniony, rzadki) thin; weak; watery 3. (o głosie) high-pitched; shrill
cienko adv 1. (szczupło) thinly; slenderly; fine; ~ **krajać** to cut into thin slices; ~ **coś** (**czymś**) **posmarować** to put a thin layer (of sth) on sth 2. (piskliwie) shrilly
cienkość f singt thinness; slenderness; slightness
cienkusz m pot 1. (piwo) small beer 2. (wino) weak ⟨watery⟩ wine
cie|ń m 1. (sylwetka) shadow; (o drzewach) **kłaść** ~**nie** to cast their shadows; to shade (**na ulicę itd.** the street etc.); przen **bać się własnego** ~**nia** to be afraid of one's own shadow; **to jest** ~**ń dawnego człowieka** he is a ghost of his former self; **pozostał z niego** ~**ń** he is worn to a shadow 2. przen (ślad, odrobina) ghost (of a smile etc.); grain (of common sense etc.); hint (of surprise etc.); cloud (of suspicion etc.); shade (of irony, disapproval etc.); ~**ń nadziei** a shadow of hope 3. (miejsce zacienione) shade; przen **pozostawać w** ~**niu** to keep in the background; **usuwać kogoś w** ~**ń** to eclipse sb
cieplarnia f hothouse; greenhouse

cieplarniany *adj* hothouse — (plants etc.)
cieplic|a *f* hot spring; *pl* ~e baths; watering place; spa
ciepln|y *adj* thermal; thermic; calor(if)ic; **jednostka** ~a therm
ciep|ło¹ *n* 1. warmth; **trzymać coś w** ~le to keep sth warm 2. *przen* (*serdeczność*) warmth; cordiality 3. (*pogoda*) warm weather ⟨season⟩ 4. *fiz* heat; ~ło **właściwe** specific heat
ciepło² *adv* 1. warmly; ~ **było w pokoju** the room was warm; **jest mi** ~ I am warm; **ubierać się** ~ to wear warm clothes 2. *przen* (*serdecznie*) warmly; with warmth; cordially
ciepłokrwisty *adj* warm-blooded
ciepłota *f singt* temperature
ciepłownia *f* heating plant
ciepł|y *adj* 1. warm; ~e **kraje** temperate zone 2. *przen* (*serdeczny*) warm; cordial
cierniow|y *adj dosł i przen* thorny; **korona** ~a crown of thorns
ciernisty *adj dosł i przen* thorny; prickly; **krzew** ~ thorn bush
cierny *adj techn* friction-, friction — (disk, gear)
cierń *m* thorn; *przen* a thorn in sb's flesh
cierpiący I *adj* unwell; ill; ailing; ~ **na artretyzm** ⟨**bóle głowy itd.**⟩ suffering from arthritis ⟨headaches etc.⟩ II *m* sufferer
cierpi|eć *imperf* I *vi* 1. (*odczuwać boleśnie*) to suffer; to be in pain 2. (*chorować*) to be ill; ~**eć na jakąś chorobę** to suffer from a disease; to be troubled ⟨afflicted⟩ with a disease; ~**eć na nerki** ⟨**żołądek** itd.⟩ to suffer from a kidney ⟨stomach etc.⟩ complaint; *przen* ~**eć na brak czegoś** to want sth badly 3. (*przeżywać ból moralny*) to be in anguish ⟨in torment⟩ 4. (*ponosić stratę*) to suffer (**na czymś** from sth); to suffer damage ⟨harm⟩ (**na czymś** on account of sth) II *vt* 1. (*znosić ból*) to suffer ⟨to endure, to stand⟩ ⟨**głód, zimno** itd.⟩ hunger, cold etc.) 2. (*znosić wytrwale, tolerować*) to suffer; to

bear; to stand; to put up (**coś with sth**) 3. (*z przeczeniem*) **nie** ~**eć** (*nienawidzić*) to hate ⟨to detest, to abhor⟩ (**kogoś, czegoś** sb, sth); **nie** ~**ę takich ludzi** I can't bear ⟨stand⟩ such people; **nie** ~**eć zwłoki** to brook no delay; **sprawa nie** ~**ąca zwłoki** a matter of utmost urgency
cierpieni|e *n* ↑ **cierpieć** 1. (*ból*) suffering; pain; *pl* ~**a** sufferings; torment; misery; **znosić** ~**a** to suffer; to be in pain 2. (*niedostatek, braki*) hardships 3. (*choroba*) disease; illness; sickness 4. (*ból moralny*) mental suffering; anguish; agony
cierpiętnik *m* sufferer; martyr
cierpki *adj* acrid; pungent; tart; *przen* (*o odezwaniu się itd.*) harsh; surly; acrid; (*o minie itd.*) sour
cierpliwoś|ć *f singt* patience; forbearance; endurance; **byłem u kresu** ~**ci** my patience was sorely tried; **brak mi** ~**ci do nich** I am out of patience with them; **nadużywać czyjejś** ~**ci** to try sb's patience; **uzbroić się w** ~**ć** to arm oneself with patience; ~**ci!** have patience!; be patient!
cierpliwy *adj* patient; forbearing; enduring
cierpn|ąć *vi imperf* (*o kończynie*) to grow numb; (*o skórze*) to creep; *przen* ~**ę na myśl o tym** the very thought of it makes my flesh creep; **od tego zęby** ~**ą** it sets one's teeth on edge
ciesielski *adj* carpenter's; **roboty** ~e carpentry; timber-work; wood-work
ciesielstwo *n singt* carpentering
ciesiołka *f singt* carpentry; carpentering, timber-work
ciesz|yć *imperf* I *vt* 1. (*sprawić radość*) to gladden; to delight; **bardzo mnie to** ~**y** I am very glad (of it) 2. (*bawić, weselić*) to amuse II *vr* ~**yć się** 1. (*doznać radości*) to be glad (**z czegoś** of sth); to be happy (**z czegoś** about sth); to rejoice (**z czegoś** at ⟨over⟩ sth); **ogromnie się** ~**ę** I am very glad indeed ⟨*pot* awfully glad⟩ 2. (*doznać zadowolenia*) to be pleased (**z czegoś** at ⟨with⟩ sth) 3.

(*radować się posiadaniem czegoś*) to enjoy (a good health, reputation etc.) 4. (*naprzód się radować*) to look forward (**na coś** to sth); to anticipate (**na coś** sth)

cieśla *m* carpenter

cieśnina *f geogr* straits; narrows; sound; **Cieśnina Kaletańska** the Straits of Dover

cietrzew *m orn* black grouse; (*samiec*) black-cock; (*samica*) grey-hen

cięcie *n* ↑ **ciąć** 1. (*cios*) cut(ting) 2. (*uderzenie bronią sieczną*) cutting blow (of the sword etc.) 3. (*szrama*) scar; gash 4. *ogr* incision

cięciwa *f* 1. (*w łuku*) (bow)string 2. *geom* chord

cięgi *pl* 1. (*chłosta*) flogging 2. (*bicie*) hiding; thrashing; drubbing

ciętość *f dosł i przen* sharpness; keenness; trenchancy; incisiveness

cięt|y *adj* 1. (*o człowieku — umiejący się odciąć*) sharp-tongued; (*o dowcipie*) keen; biting; ~**a odpowiedź** retort; ~**a uwaga** sally; **być** ~**ym** to have a quick wit 2. (*o stylu*) incisive; trenchant 3. (*zawzięty*) dogged; **być** ~**ym na kogoś** to be dead set against sb || ~**e kwiaty** cut flowers; **rana** ~**a** cut (wound)

ciężar *m* 1. (*waga*) weight; ~ **właściwy** ⟨**gatunkowy**⟩ specific weight ⟨gravity⟩; *przen* ~ **odpowiedzialności** the burden of responsibility 2. (*ciężki przedmiot*) load; *dosł i przen* burden; (*o człowieku, obowiązku itd.*) **być** ⟨**stać się**⟩ ~**em komuś** ⟨**dla kogoś**⟩ to be ⟨to become⟩ a burden to sb; **uginać się pod** ~**em trosk** to be laden with cares; **zrzucić** ~ **z serca** to unburden ⟨to unload⟩ one's heart ⟨one's mind⟩; to get sth off one's chest 3. (*zw pl*) (*obowiązek*) charge; task; duty 4. *sport* weight; **podnoszenie** ~**ów** weight-lifting

ciężarek *m* weight

ciężarn|y I *adj* 1. (*obciążony*) weighty; heavy 2. (*o kobiecie*) ~**a** pregnant; (big) with child; in the family way **II** *f* ~**a** pregnant woman; expectant mother

ciężarowiec *m sport* weight-lifter

ciężarowy *adj* of weight(s); **samochód** ~ lorry; truck

ciężarówka *f* lorry; truck; *am* goods truck

ciężk|i *adj* (*comp* **cięższy**) 1. (*mający dużą wagę*) heavy (artillery, clay water, industry); weighty; *sport* **waga** ~**a** heavy weight 2. *przen* (*o chmurach*) heavy; thick; (*o powietrzu*) close; sultry; oppressive; **tu jest** ~**ie powietrze** it's stuffy in here 3. *przen* (*o stylu*) heavy ponderous 4. *przen* (*o umysłowości człowieka*) heavy; dull; dense; slow 4. *przen* (*o budowli itd.*) heavy; massive 6. (*trudny, uciążliwy*) hard; difficult; arduous; (*o egzaminie, zadaniu do spełnienia*) stiff (*o warunkach itd.*) trying; (*o przedsięwzięciu*) troublesome; ~**ie roboty** hard labour; ~**ie więzienie** close confinement; **mieć** ~**ie życie** to have a hard ⟨rough⟩ time 7. (*o pokarmach*) stodgy 8. (*poważny, bolesny*) serious; grave; severe; bad; (*o stracie, błędzie, ranie itd.*) grievous; (*o strapieniu, potrzebie*) sore; ~**a żałoba** deep mourning; ~**i grzech** mortal sin; **z** ~**im sercem** with a heavy heart; reluctantly 9. (*wzmacnia przekleństwo itd.*) devilish; hellish; ~**i idiota** hopeless fool

ciężko *adv* (*comp* **ciężej**) 1. (*z dużym ciężarem*) heavily; *przen* ~ **mi na sercu** I have a heavy heart; I am sick at heart 2. (*ociężale*) lumberingly; clumsily; **chodzić** ~ to plod (along) 3. *przen* (*bez polotu*) ponderously; **on** ~ **pisze** he has a heavy pen ⟨a ponderous manner of writing⟩ 4. (*trudno*) hard; with difficulty; arduously; ~ **myśleć** to be dull of wit ⟨slow-witted⟩; ~ **strawny** heavy; indigestible; stodgy; ~ **mi jest** I am having a hard ⟨a rough⟩ time; *pot* I am up against it 5. (*poważnie, niebezpiecznie*) seriously; gravely; severely; badly; **być** ~ **rannym** to be badly wounded; ~ **zachorować** to fall gravely ill || ~ **westchnąć** to heave a heavy sigh

ciężkoś|ć *f singt* 1. (*ciężar, waga*) weight; heaviness; ponderosity; *fiz* siła ~ci gravity; środek ~ci centre of gravity, gravity centre 2. (*ociężałość*) heaviness
ciocia *f* auntie
cios *m* 1. blow; stroke; buffet; ~ **ostateczny** finishing stroke; **zadać ⟨wymierzyć⟩ komuś** ~ to strike a blow at sb 2. *przen* shock 3. *bud* ashlar
ciosa|ć *vt imperf* 1. (*drewno*) to hew; to chop into shape; *dosł i przen* **grubo** ~**ny** rough-hewn; *przen* ~**ć komuś kołki na głowie** to ill-treat ⟨to tyrannize, to bully⟩ sb 2. (*kamień*) to dress (building-stone); **kamień nie** ~**ny** undressed stone
cioteczn|y *adj*: **brat** ~**y, siostra** ~**a** (first) cousin
ciotka *f* aunt, auntie, aunty
cis[1] *m bot* yew(-tree)
cis[2] [c-i] *n muz* C sharp
cisawy *adj* chestnut (horse)
cis|kać *imperf* — **cis|nąć** *perf* I *vt* to fling; to hurl; *pot* to chuck; *przen* ~**kać** ⟨~**nąć**⟩ **coś w kąt** to chuck sth up; ~**kać gromy** ⟨**pioruny**⟩ to thunder (against sb, sth) II *vr* ~**kać** ⟨~**nąć**⟩ **się** 1. (*rzucać się*) to throw oneself (**na łóżko, na ziemię** itd. on a bed, on the ground etc.) 2. *imperf pot* (*złościć się*) to storm
cisnąć *imperf* I *vt* 1. *perf zob* **ciskać** 2. (*wywierać ucisk*) to press (**coś on** ⟨**against**⟩ sth) 3. (*gnębić*) to oppress 4. (*naglić*) to urge 5. (*tulić*) to press ⟨to clasp, to fold⟩ (**kogoś, coś do serca** sb, sth to one's heart) 6. (*o obuwiu*) to hurt; to pinch; **to be tight** II *vr* ~ **się** 1. (*tłoczyć się*) to press; to crowd; to push 2. *przen* (*o słowach, myślach, wspomnieniach itd.*) to throng; to thrust ⟨to force⟩ themselves 3. (*przeciskać się*) to force ⟨to elbow⟩ one's way
cisz|a I *f singt* 1. silence; hush; ~**a jak makiem zasiał** dead silence; **proszę o** ~**ę!** silence, please! 2. *przen* (*spokój*) quiet; tranquillity 3. (*bezruch*) stillness 4. (*brak wiatru na morzu*) calm; lull II *interj* ~**a!** silence!

ciszej I *adv comp* ↑ **cicho** II *interj* (*nie hałasujcie tak*) don't make such a noise; (*do mówiącego*) not so loud
ciśnienie *n* 1. (*ucisk*) pressure; *med* blood-pressure; *techn* thrust 2. *przen* stress
ciuch *m pot* 1. (*łach*) second-hand article of dress; *pl* ~**y** clouts; second-hand clothes 2. *pl* ~**y** (*targ*) rag fair
ciuciubabka *f* blindman's buff
ciułacz *m* money-grubber
ciułać *vt vi imperf* to save; to lay by
ciup *indecl . w zwrocie*: **buzia w** ~ primmed mouth ⟨lips⟩; **ściągnąć ⟨złożyć⟩ buzię w** ~ to prim one's mouth ⟨one's lips⟩
ciup|a *f pot* 1. (*klitka*) hovel 2. (*więzienie*) clink; lock-up; **wsadzić kogoś do** ~**y** to jug sb; to lock sb up
ciupaga *f* Tatra mountaineer's stick with decorative axe-like handle
ciupasem *adv* under convoy ⟨escort⟩
ciur|a *m* 1. *hist* (*człowiek z czeladzi obozowej*) camp-follower 2. *przen pog* a nobody; *pl* ~**y** small fry
ciurkać *vi imperf* to trickle
ciurkiem *adv* in a trickle; **kapać ⟨lać się⟩** ~ to trickle
ciżba *f singt* 1. (*tłum*) crowd; throng 2. (*ścisk*) squeeze; crush
ciżemka, ciżma *f hist* sixteenth-century foot-wear
ckliwie, ckliwo *adv* 1. (*mdło*) sickeningly 2. (*przykro*) sadly; **robi się komuś** ~ one feels sad
ckliwość *f singt* 1. (*mdłości*) sickly feeling; nausea; qualm 2. (*w utworze literackim*) mawkishness; maudlin
ckliwy *adj* 1. (*mdły*) sickly; nauseating 2. (*czułostkowy*) mawkish; maudlin
clić *vt imperf* to lay a customs duty (**towar** on a commodity)
cło *n* customs duty (**od towaru** on a commodity); *pl* **cła** tariff(s); **wolny od cła** duty-free
cmentarn|y *adj* 1. cemetery — (grounds etc.); ~**a cisza** deathlike silence 2. *przen* (*posępny*) graveyard — (atmosphere etc.).

cmentarz *m* cemetery; burial-ground; (*przy kościele*) churchyard; graveyard
cmentarzysko *n* 1. (*prehistoryczne*) burial-ground 2. *przen* dumping ground
cmokać, cmoktać *vt imperf* — **cmoknąć** *vt perf* 1. (*mlaskać*) to smack (**językiem, wargami** one's tongue, one's lips); to tchick (**na konia** a horse) 2. *żart* (*całować*) to smack 3. (*ssać*) to suck (**fajkę itd.** at one's pipe etc.)
cni|ć się *vr imperf* to feel nostalgic; ~ **mi się za tobą** ⟨**za domem itd.**⟩ I hanker after you ⟨after home etc.⟩
cnot|a *f* 1. *singt* (*zespół dodatnich cech moralnych*) virtue 2. *singt* (*prawość*) righteousness 3. *pl* ~**y** (*zalety*) good qualities; *iron* **być chodzącą** ~**ą** to be a model of virtue 4. *singt* (*dziewiczość*) virginity; chastity
cnotliwie *adv* virtuously; **żyć** ~ to live a virtuous life
cnotliwy *adj* 1. (*postępujący etycznie*) virtuous 2. (*prawy*) righteous 3. (*o kobiecie*) chaste
co I *pron* 1. *w pytaniach*: what?; **czego?** of what?; what of?; **czemu?** to what?; what to?; **czym?** with what?; what with?; **o czym?** about what?; what about?; **a ja to co?** what about me?; **co jeszcze?** what next?; **co ty na to?** what do you say?; **co u licha?** what the deuce?; **co z tego?** what of it?; **no to co?** what then? 2. *w wyrażeniach ekspresywnych w połączeniu z przeczeniem*: all sorts of; **czego tam nie było** there were all sorts of things there 3. *równoważnik zdania pytajnego lub ekspresywnego*: isn't that so?; don't you think?; eh?; **chcesz pieniędzy, co?** you want some money, eh?; **on jest lekarzem, co?** he is a doctor, isn't he?; **to już wystarczy, co?** that's enough, don't you think? **II** *pron relat* 1. what; **nie wiem, co powiedzieć** I don't know what to say 2. (*przyłączający zdania* = **i to**) which (*z poprzedzającym przecinkiem*) **powiedział, że mnie widział, co było nieprawdą** he said he had seen me, which was a lie; **po czym** whereupon; after which, and then; **przez co** whereby; and so, and thus 3. *z przymiotnikiem w wyrażeniach wtrąconych*: **co gorsza** worse still 4. (*jaki, jak*) as; **ten sam co i wczoraj** the same as yesterday 5. (*ile*) how much ⟨many⟩; **com się nacierpiał** how much I have suffered 6. **co za, co to za** a) *w pytaniach dotyczących osób*: who?; **co to za jeden?** who is that?; **co to za ludzie?** who are these people? b) *w pytaniach dotyczących rzeczy*: what *z następującym rzeczownikiem*: **co to za książka?** what book is this? c) *w zdaniach wykrzyknikowych*: what (a) — !; **co za olbrzym!** what a giant!; **co za rozkosz!** what pleasure! **III** *part* 1. *w wyrażeniach oznaczających powtarzanie się*: every; **co chwila** ⟨**dzień**⟩ every moment ⟨day⟩; **co drugi** ⟨**trzeci itd.**⟩ every other ⟨third etc.⟩; **co krok** at every step 2. *z przysłówkami w stopniu najwyższym*: **co najmniej** at (the very) least; **co najwyżej** at most; at the outmost 3. (*dlaczego, po co*) why?; **co tak stoicie?** why are you standing there? 4. *w zwrocie*: **tylko co** (*dopiero co, przed chwilą*) just; **tylko co poszedł** he has just gone **IV** *conj* (*ile razy*) every time; **co wystrzeli, to spudłuje** every time he shoots he misses ‖ **co bądź** (just) anything; whatever you like; **zjem co bądź** ⟨**co nie bądź**⟩ I'll eat anything; **co do** (*z rzeczownikiem w dopełniaczu*) a) (*co się tyczy*) regarding; as regards; concerning; **co do mnie** as for me; I personally; **co do tego** as far as that goes b) *w wyrażeniach uściślających*: to; **co do joty** to the letter; **co do nogi** to a man; **co nieco** just a little ⟨a bit⟩; a trifle; **co niemiara** heaps; lots; no end
codziennie *adv* every day; daily; day in day out
codzienność *f singt* commonplaceness; ordinariness
codzienn|y *adj* 1. (*powtarzający się każdego dnia*) everyday; daily; *przen* **chleb** ~**y** daily bread 2. (*zwykły*,

co dzień   75   **cuchnąć**

powszedni) ordinary; commonplace; ~e sprawy lawful occasions

co dzień *indecl* every day; **ubranie na co dzień** workaday clothes

cofacz *m* (*u maszyny do pisania*) back-spacer

cof|ać *imperf* — **cof|nąć** *perf* **I** *vt* 1. to remove; to move back; ~ać ⟨~nąć⟩ **samochód** to back a motor-car; ~ać ⟨~nąć⟩ **wałek maszyny do pisania** to backspace; ~ać ⟨~nąć⟩ **zegar** to put ⟨to set⟩ back the clock 2. (*odwoływać*) to withdraw; to recall; to call off; to go back (**przyrzeczenie** itd. on a promise etc.); ~ać ⟨~nąć⟩ **rozkaz** to countermand an order 3. (*wstrzymywać*) to withhold ⟨to keep back⟩ (**wypłatę a** payment) **II** *vr* ~ać ⟨~nąć⟩ **się** 1. (*ustępować*) to retire; to withdraw; to retreat; (*o widzach itd.*) to step ⟨to stand⟩ back 2. (*wracać do czegoś*) to go back; **przen** ~ać ⟨~nąć⟩ **się myślą do czegoś** to recall sth (to mind) 3. (*zatrzymać się przed przeszkodą*) to shrink ⟨to recoil, to flinch⟩ (**przed czymś** from sth); **przen nie** ~ać ⟨~nąć⟩ **się przed niczym** to stop at nothing; to dare everything

cofanie *n* ↑ **cofać** 1. (*posuwanie wstecz*) removal; withdrawal 2. (*odwołanie*) withdrawal; recall 3. ~ **się** retreat; recession

cofnąć *zob* **cofać**

cofnięty *adj* (*o czole, podbródku*) retreating; (*o budynku*) ~ **od ulicy** standing back from the street

cokolwiek I *pron* 1. (*także* ~ **bądź**) anything; anything you like ⟨you please⟩ 2. (*gdy wiąże zdanie podrzędne z nadrzędnym*) whatever; everything (that); ~ **zobaczy, to chce mieć** he wants whatever ⟨everything⟩ (that) he sees **II** *adv* somewhat; just a little; a trifle; a little bit; ~ **za mały** just a little ⟨a little bit⟩ too small

cokół *m* 1. (*postument pomnika*) plinth; socle 2. *bud* ground course (of a building)

comber *m kulin* fillet of venison; saddle (of mutton, hare etc.); haunch (of deer etc.)

comiesięczny *adj* monthly

co niemiara *zob* **niemiara**

conocny *adj* nightly

coraz *adv* 1. *z przymiotnikiem lub przysłówkiem tłumaczy się przez powtarzanie stopnia wyższego ze spójnikiem*: and; ~ **większy** larger and larger 2. *gdy oznacza częste powtarzanie się czynności*: repeatedly; ~ **zmienia się** it keeps changing 3. *w zwrocie*: ~ **to** every now and again

coroczny *adj* yearly; annual

coś *pron* 1. something; something or other; (*w zdaniach pytajnych*) anything; **czy masz** ~ **do powiedzenia?** have you anything to say?; ~ **innego** ⟨**dobrego** etc.⟩ something else ⟨good etc.⟩; ~ **niecoś** a trifle; just a little; somewhat; ~ **w rodzaju** ... something like ...; ~ **podobnego** a) something of the kind b) (*wykrzyknikowo*) well, well!; is that so?; **am** you don't say!; ~ **ci powiem** I'll tell you what 2. *gdy oznacza zasób bliżej nie określony* (*także* ~ **niecoś**): a little; some; ~ **około dwustu** somewhere round two hundred 3. *uzupełniające oznaczenie czasu, miary itd.*: **i** ~ and some; odd; **dwadzieścia i** ~ twenty and some; twenty odd 4. *pot gdy nie umiemy nazwać przedmiotu*; **to** ~ **the** ⟨a⟩ what-d'ye-call-it; **the** ⟨a⟩ thingamy

cotygodniowy *adj* weekly

córka *f* daughter

cóż *pron* = **co** *pron* 1., 2.; ~ **to?** what the deuce?; (*ze zdziwieniem*) hallo!; **ale** ~**!** but!; ~ **dopiero** ... let alone ...; not to mention ...; ~ **z tego kiedy** ... but then ...; only ...; **on wie, ale** ~ **z tego kiedy go nie ma** he knows but then ⟨only⟩ he isn't here

cuchnący *adj* fetid; ill-smelling; noisome

cuchn|ąć *vi imperf* to smell bad; to have a nasty smell; to stink (**czymś** of sth); **tu** ~**ie** there is a bad smell here

cuchnięcie *n* ↑ **cuchnąć**; stench; fetor; fetid smell
cucić *vt imperf* to bring (sb) back to consciousness
cud *m* 1. (*zjawisko*) miracle; ~ów nie ma there must be an explanation; jakby ~em by a miracle; miraculously 2. (*rzecz niezwykła*) wonder; marvel; prodigy; ~ **piękności** ⟨**techniki**⟩ a marvel of beauty ⟨of technology⟩; **dokazywać** ⟨**dokonywać**⟩ ~ów to work miracles ⟨wonders⟩; **jakim** ~em? how on earth?!
cudaczny *adj* whimsical; queer; odd; bizarre
cudak *m* (an) original; eccentric person; crank
cudem *adv* by a miracle; miraculously
cudny *adj* wonderful; marvellous; (*o kobiecie*) beautiful
cudo *n* 1. wonder; marvel; **co za** ~! how lovely!; **to istne** ~ it's a beauty ⟨*am pot* a beaut⟩ 2. (*dziwoląg*) freak; monstrosity
cudotwórca *m* 1. (*człowiek czyniący cuda*) worker of miracles; wonder--worker 2. (*magik*) magician; wizard
cudownie *adv* 1. (*cudem*) miraculously 2. (*zachwycająco*) wonderfully; admirably; ~! splendid!; fine!
cudown|y *adj* 1. (*czyniący cuda*) miraculous; wonder-working; **w** ~**y sposób** miraculously 2. (*zachwycający*) marvellous; admirable; ~**e dziecko** infant prodigy 3. (*wspaniały*) wonderful; adorable
cudzołożnica *f* adulteress
cudzołożnik *m* adulterer
cudzołożyć *vi imperf* to commit adultery
cudzołóstwo *n singt* adultery
cudzoziemiec *m*, **cudzoziemka** *f* alien; foreigner
cudzoziemsk|i *adj* foreign; **po** ~**u, z** ~**a** after foreign fashions; **mówić z** ~**a** to speak with a foreign accent
cudzoziemszczyzna *f* foreign influence
cudz|y *adj* somebody ⟨someone⟩ else's; another person's; other people's; ~**ym kosztem** at sb's expense; **żyć z** ~**ej pracy** to live at sb's ⟨other people's⟩ cost
cudzysłów *m* inverted commas; quotation-marks; (*przy dyktowaniu*) ~ **otwarty** ⟨**zamknięty**⟩ quote ⟨unquote⟩
cug|iel *m* rein; *dosł i przen* (*zw pl* ~**le**) reins; **ściągnąć** ~**le** to draw rein; **przen popuścić komuś** ~**li** to give rein to sb; **nie popuszczać komuś** ~**li** to keep a tight hold over sb; **wziąć kogoś w** ~**le** to curb sb
cugowy *adj* team — (horse)
cuk|ier *m* 1. *singt* sugar; ~**ier miałki castor** ⟨powdered⟩ sugar; ~**ier trzcinowy** cane sugar; ~**ier w kostkach** lump sugar 2. *pl* ~**ry** (*słodycze*) sweets; sweetmeats
cukier|ek *m* (a) sweet; sweetmeat; *am* (a) candy; *pl* ~**ki** sweets; drops; *posp* tuck; *am* candy
cukierkowy *adj przen* (*o utworze literackim itd.*) mawkish; (*o słowach*) sugary; (*o urodzie*) commonplace
cukiernia *f* 1. (*lokal*) café 2. (*wytwórnia ciastek*) confectionery; confectioner's (shop); pastry-cook's (shop)
cukiernica, cukierniczka *f* sugar-basin; sugar-bowl
cukiernictwo *n singt* 1. (*przemysł*) confectionery business 2. (*zawód*) confectioner's ⟨pastry-cook's⟩ trade
cukiernicz|y *adj* confectioner's; pastry--cook's; **wyroby** ~**e** confectionery; cakes and sweetmeats
cukiernik *m* confectioner; pastry-cook
cúkrować *imperf* I *vt* 1. (*posypywać cukrem*) to sprinkle ⟨to dust⟩ (a cake etc.) with sugar 2. (*lukrować*) to ice (a cake) II *vr* ~ **się** to be ⟨to become⟩ saccharified
cukrownia *f* sugar-factory; sugar-mill
cukrownictwo *n singt* sugar industry
cukrownik *m* sugar manufacturer
cukrowy *adj* sugar — (cane etc.); *chem* saccharic; saccharine; *bot* **burak** ~ sugar-beet
cukrzyca *f singt med* diabetes
cukrzyć (się) *vt vr imperf* = **cukrować** *vt* 1., *vr*
cuma *f mar* mooring-rope; hawser
cumować *vt imperf* to moor

cumownica f *mar* bollard
cupnąć vi *imperf* to squat down
cwał m *singt* gallop; canter; ~em, w ~ at a gallop; in full career
cwałować vi *imperf* to gallop; to canter; to career
cwaniacki adj *posp* artful; cunning; crafty; sly
cwaniactwo n *singt* cunning; craft
cwaniak m *posp* deep file; sly dog; (artful) dodger; taki z ciebie ~! so that's your little game!
cwany adj *posp* artful; cunning; crafty
cybernetyczny adj cybernetic
cybernetyka f cybernetics
cybuch m pipe-stem
cycek m 1. *posp* (*pierś kobiety*) nipple (of a woman's breast) 2. (*sutek zwierzęcia*) teat
cyfr|a f 1. (*znak liczbowy*) number; numeral; figure; ~y arabskie ⟨rzymskie⟩ Arabic ⟨Roman⟩ numerals 2. (*inicjały*) initials
cyfrować vt *imperf* to initial (a document)
cyfrow|y adj 1. numeral 2. (*napisany szyfrem*) ciphered; written in code; depesza ~a wire in code
cygan m 1. **Cygan** *etn* Gipsy; *pl* ~ie Gipsies; Cygan węgierski Tzigane; język Cyganów Romany 2. *przen* (*człowiek należący do cyganerii*) Bohemian 3. *pot* (*krętacz*) cheat; swindler; (*kłamca*) liar
cyganeria f Bohemia
cyganić vt vi *imperf pot* 1. (*oszukiwać*) to cheat; to swindle 2. (*kłamać*) to lie; (*kłamać niewinnie*) to fib
cyganka f 1. **Cyganka** *etn* Gipsy woman 2. (*krętaczka*) cheat; swindler; liar
cygański adj 1. Gipsy — (camp etc.); (*o muzyce*) Tzigane 2. *przen* Bohemian; nomadic; (*o trybie życia*) vagrant 3. *pot* (*oszukańczy*) deceitful; fraudulent; thievish
cygaństwo n *pot* 1. (*oszukaństwo*) deceit; fraud 2. (*kłamstwo*) lie; (*niewinne kłamstwo*) fib
cygarnica f 1. (*futerał na cygara*) cigar case 2. (*papierośnica*) cigarette case 3. (*cygarniczka*) cigar ⟨cigarette⟩ holder
cygarniczka f cigarette holder
cygaro n cigar
cyjanek m *chem* cyanide
cyjankali n *indecl pot* potassium cyanide
cyjanowodór m *chem* prussic acid
cykać vi *imperf* — **cyknąć** vi *perf* 1. (*o zegarze*) to tick 2. (*o koniku polnym*) to chirp 3. *pot* (*płacić po trochu*) to pay by driblets
cykada f *ent* cicada
cykata f *kulin* candied orange peel
cykl m 1. (*okres*) cycle; ~ słoneczny solar cycle 2. (*zespół czynności itp.*) course; series; round
cyklamen m *bot* cyclamen
cykliczny adj cyclic(al); periodic(al)
cyklina f scraper
cykliniarka f scraping machine
cyklinować vt *imperf* to scrape (wood, a parquet floor)
cyklista m cyclist
cyklistówka f cycling cap
cyklodrom m *sport* cycle-racing track
cyklon m 1. *meteor* cyclone; tornado 2. chem ~ mokry wet cyclone
cyklop m Cyclop
cyklotron m *fiz* cyclotron
cyknąć *zob* cykać
cykori|a f 1. *bot* chicory 2. *bot* (*roślina warzywna*) endive 3. (*domieszka do kawy*) chicory 4. *posp* (*strach*) funk; mieć ~ę to funk
cykuta f 1. *bot* poison hemlock; cowbane 2. (*trucizna*) hemlock
cylinder m 1. *techn* cylinder; barrel 2. (*kapelusz*) silk-hat; top-hat
cylindrowy adj cylindric; cylinder — (machine etc.)
cylindryczny adj cylindric(al); barrel-shaped; tubular
cymbalista m *muz* dulcimer player
cymbał m 1. *pl* ~y *muz* dulcimer 2. *pot pog* (*głupiec*) dolt; booby; duffer
cyna f *singt chem* tin
cynaderki *plt kulin* kidneys
cynamon m *singt* cinnamon (bark)
cynfolia f tin foil
cyngiel m trigger
cynia f *bot* zinnia

cyniczny *adj* cynical
cynik *m* 1. cynic 2. *filoz* Cynic
cynizm *m* cynicism; brazenness
cynk *m singt* 1. *chem* zinc 2. *posp (informacja)* tip
cynkować *vt imperf* to zinc; to zinc(k)ify
cynkownia *f* zinc-works
cynkow|y *adj* zinc — (oxide, plate etc.); zinc(k)ic; **blacha** ~a sheet zinc; *chem* **blenda** ~a (zinc) blende
cynob|er *m* cinnabar; vermillion; **malować** ~**rem** to vermillion
cynować *vt imperf techn* to tin; to tin-plate
cynow|y *adj* tin- (wares etc.); *chem* stannic; **dzban** ~**y** pewter; **naczynia** ~**e** pewter; tinware
cypel *m geogr* promontory; headland
Cypryjczyk *m* Cypriote
cyprys *m bot* cypress
cyranka *f orn* garganey
cyrk *m* circus
cyrkiel *m* 1. *(przyrząd)* compasses 2. *(brzeg sukienki)* rim; edge
cyrklować *vt imperf kraw* ~ **spódnicę** to even up ⟨to adjust⟩ the hem of a skirt
cyrkon *m* 1. *chem* zirconium 2. *miner* zircon
cyrkowiec *m* circus actor ⟨performer⟩; acrobat
cyrkowy *adj* circus — (show etc.); **wóz** ~ caravan
cyrkówka *f* circus actress ⟨performer⟩
cyrkulacja *f* circulation
cyrkularka *f* circular saw
cyrograf *m żart* pledge; bond
cyrulik † *m (golibroda)* barber; *(felczer)* barber surgeon
cyrylic|a *f* Cyrillic alphabet; **pisać** ~**ą** to use the Cyrillic alphabet
cysta *f med* cyst
cysterna *f* tank; cistern; **wagon** ~ tank car
cystersi *m* (a) Cistercian
cytadela *f* citadel
cytat *m* quotation
cytologia *f med* cytology
cytować *vt imperf* to quote; to cite; to adduce; to refer *(źródło* to a source); **błędnie** ~ to misquote

cytra *f muz* zither, zittern
cytrus *m bot* citrus
cytrusowy *adj* citrus — (fruit etc.)
cytryna *f* lemon
cytrynian *m chem* citrate
cytrynow|y *adj* 1. *bot* of the lemon-tree; of lemon-trees; **drzewo** ~**e** lemon (-tree) 2. *(dotyczący owocu cytryny)* lemon — (juice etc.); **kolor** ~**y** lemon; **koloru** ~**ego** lemon-coloured 3. *chem* citric (acid etc.)
cytrzysta *m* zitherist
cywil *m pot* civilian; **iść do** ~**a** to retire from the army; **w** ~**u** a) *(jako osoba cywilna)* in civilian life b) *(w ubraniu cywilnym)* in civilian clothes; *sl* in civvies
cywilista *m prawn* civilist
cywilistyka *f prawn* civil law
cywilizacja *f* civilization
cywilizacyjny *adj* of civilization; civilizing — (influence etc.)
cywilizować *imperf* I *vt* to civilize II *vr* ~ **się** to become civilized
cywiln|y *adj* 1. *(niewojskowy)* civilian; **w** ~**ym ubraniu** a) *(o wojskowym)* in civilian clothes; *pot* in mufti b) *(o agencie policji)* in plain clothes 2. *prawn* civil; **prawo** ~**e** civil law; **ślub** ~**y** registry office wedding; civil marriage; **urząd stanu** ~**ego** registry || **odwaga** ~**a** moral courage
cyzelować *vt vi imperf* to chase; to carve; to engrave; *przen* to smooth; to elaborate to perfection
czad *m* 1. *(gaz)* poison gas; carbon monoxide; *górn* choke-damp 2. *pot (swąd)* smell of burning
czaić się *vr imperf* to lie in wait *(na kogoś* for sb); *dosł i przen* to lurk
czajka *f orn* lapwing; pewit
czajniczek *m* tea-pot
czajnik *m* kettle; **nastawić** ~ to put the kettle on
czambuł *m w zwrocie*: **w** ~ wholesale; bodily; altogether; root-and-branch
czap|ka *f* cap; ~**ka błazeńska** fool's cap; ~**ka niewidka** the magic cap (in fairy tales); **futrzana** ~**ka** fur cap; **bez** ~**ki** bare-headed; **w** ~**ce na głowie**

with one's cap on; *przysł na złodzieju* ~ka gore the cap fits
czapkować *vi imperf* to cap (**komuś** to sb); *przen* to bow; to truckle
czapla *f orn* heron; ~ **biała** egret
czapnictwo *n singt* capmaking
czapnik *m* capmaker
czaprak *m* caparison(s); housings; trappings
czar *m* 1. *pl* ~y (*siła nadprzyrodzona*) sorcery; magic; witchcraft; wizardry; **kraina** ~ów fairyland; wonderland 2. (*powab, wdzięk*) spell; charm; fascination
czar|a *f* wine-cup; bowl; goblet; *dosł i przen* **wychylić** ~ę **do dna** to drain the cup
czarci *adj* devil's; Satan's
czardasz *m* czardas
czarka *f dim* ↑ **czara**
czarno *adv* in black; **być ubranym na** ~ to be (dressed) in black; *przen* (*o przyszłości*) ~ **się przedstawiać** to look black; ~ **na białym** in black and white
czarnogórski *adj* Montenegrin
czarnoksięski *adj* magic; conjuring; sorcerer's
czarnoksięstwo *n singt* sorcery; magic; witchcraft; wizardry
czarnoksiężnik *m* sorcerer; wizard; magician
czarnooki *adj* black-eyed
czarnorynkowy *adj* black-market — (transaction etc.)
czarnoskóry *adj* black; dark-skinned
czarność *f singt* 1. (*czerń*) (the) black (of a paint etc.); blackness (of the night, skin, hair etc.) 2. (*mroczność*) darkness
czarnowłosy *adj* black-haired
czarnoziem *m* humus; mould
czarnuch *m pot* 1. dark-haired ⟨dark-skinned⟩ boy ⟨man⟩ 2. *pog* (*Murzyn*) darky; nigger
czarnula, czarnuszka *f pieszcz* black-haired darling
czarn|y I *adj* 1. (*czarnej barwy*) black; ~y **jak węgiel** ⟨**jak smoła**⟩ jet black; as black as pitch; ~y **chleb** brown bread 2. (*brudny*) black; dirty; ~a **robota** a) (*brudna robota*) dirty work b) (*najcięższa praca*) spade work; *pot* donkey work 3. (*zły, niegodziwy*) villainous; wicked; black (market, magic etc.); ~a **niewdzięczność** black ingratitude; *zbior* ~a **reakcja** extreme ⟨black⟩ reactionaries; ~y **charakter** a) (*osoba występna*) mischief-maker b) (*postać literacka*) villain; *hist* ~a **sotnia** Black Hundred(s) 4. (*smutny*) black; ~a **rozpacz** black despair; ~e **myśli** dejection; wretchedness; **mieć** ~e **myśli** to feel blue ⟨wretched⟩; to be down in the mouth; **na** ~ą **godzinę** against a rainy day II *m* ~y dark-skinned person; Negro III *f w wyrażeniach*: **duża** ~a black coffee (full portion); **pół** ~ej, **mała** ~a demi-tasse of black coffee
czarodziej *m* sorcerer; magician; wizard
czarodziejka *f* fairy; sorceress; enchantress
czarodziejsk|i *adj* fairy; magic; **różdżka** ~a magic wand
czarować *imperf* I *vi* 1. (*czynić czary*) to bewitch; to work charms 2. (*zachwycać*) to ravish; to delight II *vt* 1. (*zachwycać*) to bewitch; to captivate 2. (*nęcić*) to entice; to lure 3. *pot iron* (*zwodzić*) to mislead; to lead up the garden path
czarownica *f* 1. (*wiedźma*) witch 2. *przen* (*jędza*) hag; harridan 3. *przen* (*czarująca kobieta*) sorceress
czarownik *m* sorcerer; magician; wizard
czarowny *adj* enchanting; ravishing; delightful
czart † *m* the Evil One
czarujący *adj* enchanting; bewitching; fascinating; delightful
czas *m* 1. *singt* (*pojęcie trwania*) time; ~ **mija** ⟨**płynie**⟩ time goes by; ~ **trwania** (**wojny** itd.) duration (of the war etc.); **stracić rachubę** ~u to lose count of time; **cały** ~ all the time; all through; **od** ~u (wojny itd.) since (the war etc.); **od pewnego** ~u for some time (past); **przez** ~ **trwania** (sztuki itd.) throughout (the play etc.); **przez ten** ~ meantime; **w** ~ie (odczytu, wojny itd.) during (the lecture,

the war etc.); **w tym samym** ~**ie** just then; **z** ~**em** with time; in course ⟨in process⟩ of time; **za wszystkie** ~**y** as never before or after; *przysł* ~ **to pieniądz** time is money 2. (*okres, pora*) time; season; age; ~ **ochronny** the close season; **przez jakiś** ⟨**pewien**⟩ ~ a) (*przez pewien okres*) for some length of time b) (*chwilowo*) for the time being; temporarily 3. *pl* ~**y** (*okres dziejowy*) times; days; **dobre** ⟨**lepsze**⟩ ~**y** happy ⟨better⟩ days; **złe** ~**y** hard times; **od niepamiętnych** ~**ów** time immemorial ⟨out of mind⟩; **po wszystkie** ~**y** for ever; **w dzisiejszych** ~**ach** nowadays; at the present time; **w ostatnich** ~**ach** lately; **w owych** ~**ach** in those days; at that time; **za** ~**ów Szekspira** in Shakespeare's days ⟨time⟩; **to były** ~**y!** those were the days! 4. (*zw singt*) (*chwila*) moment; while; space (of time); bout; spell; **dokładny** ~ the correct ⟨the right⟩ time; **co pewien** ~ every now and again ⟨now and then⟩; sometimes; **do tego** ~**u** a) (*do obecnej chwili*) by now b) (*do owej pory*) by then; **na krótki** ~ for a while; **od** ~**u do** ~**u** once in a while; occasionally; **po pewnym** ~**ie** a) (*po chwili*) after a while b) (*nieco później*) some time later; **w owym** ~**ie** at that time; then 5. (*zw singt*) (*stosowna pora*) time; moment; ~ **najwyższy** high time; (**będący**) **na** ~**ie** timely; opportune; **nie na** ~**ie** untimely; inopportune; out of season; **na** ~ a) (*nie za późno*) early enough; in (plenty of) time b) (*punktualnie*) on schedule; **tylko do** ~**u** it won't last; **w swoim** ⟨**we właściwym**⟩ ~**ie** in good time 6. *gram* tense 7. *singt* (*pogoda*) weather; **piękny** ~ fine ⟨lovely⟩ weather; **brzydki** ~ bad ⟨rainy, foul⟩ weather 8. *astr geogr* time; ~ **letni** ⟨**zimowy**⟩ summer ⟨winter⟩ time

czasami *adv* at times; now and then; occasionally

czasem *adv* 1. (*niekiedy*) sometimes 2. (*przypadkiem*) by any chance; **czy nie widziałeś** ~ **mojej torebki?** have you seen my handbag by any chance?

czasochłonny *adj* time-consuming

czasopismo *n* (a) periodical; magazine

czasopiśmiennictwo *n singt* periodical press

czasownik *m gram* verb

czasownikowy *adj* verbal

czasowo *adv* 1. (*pod względem czasu*) in respect of time 2. (*chwilowo*) temporarily; for the time being; provisionally

czasowy *adj* 1. (*związany z czasem*) time — (limit etc.) 2. (*chwilowy*) temporary; provisional 3. (*przemijający*) transient; transitory 4. *gram* temporal (clause etc.)

czasza *f lotn* (*spadochronu*) canopy

czaszka *f* skull; cranium; brain-pan; **trupia** ~ death's head

czat|a *f* 1. *pl* ~**y** (*czatowanie*) watch; outlook; wait; **być** ⟨**stać**⟩ **na** ~**ach** to be on the watch 2. (*zw pl*) *wojsk* ambuscade; ambush 3. *wojsk* (*żołnierze*) outpost

czatować *vi imperf* 1. (*czaić się*) to wait ⟨to be on the watch⟩ (**na kogoś, coś** for sb, sth) 2. *wojsk* to lie in ambush; to lie in wait

cząsteczka *f* 1. (*drobna część*) particle 2. *chem fiz* molecule; corpuscle, corpuscle

cząstk|a *f* small part; particle; (*należny komuś udział*) share; portion; **wybrać** ⟨**obrać**⟩ **lepszą** ~**ę** to make the better choice

cząstkowo *adv* partially; (by) piecemeal; piece by piece

cząstkowy *adj* partial; fragmentary; *gram* partitive

czciciel *m* worshipper; idolater; votary

czcić *vt imperf* 1. (*oddawać cześć boską*) to worship; to adore 2. (*otaczać wielkim szacunkiem*) to venerate; ~ **czyjąś pamięć** to keep alive sb's memory 3. (*obchodzić jako święto*) to celebrate; to observe ⟨to keep⟩ (a holiday)

czcigodny *adj* venerable; revered; (*w listach*) **Czcigodny Panie!** Sir;

czcionka *f* character; letter; *zbior* type; **gruba** ⟨**tłusta**⟩ ~ bold-faced type

czczo *adv w zwrocie*: **na ~** on an empty stomach; *rel* fasting; **jestem na ~** I have not had my ⟨any⟩ breakfast
czczość *f singt* 1. (*uczucie głodu*) feeling of emptiness in the stomach 2. *przen* (*bezcelowość*) futility
czcz|y *adj* 1. (*o żołądku*) empty 2. *przen* (*bezcelowy*) vain; futile 3. *przen* (*o słowach, obietnicy itd.*) empty; idle; vain; **~a formalność** mere formality; **~a gadanina** clap-trap
Czech *m* Czech
czek *m bank* cheque, *am* check; **~ bez pokrycia** unsecured cheque; **~ kasowy** cheque to the bearer; **~ przelewowy** transfer order
czeka|ć *vi vt imperf* 1. (*oczekiwać*) to wait (**na kogoś, coś** for sb, sth); to await (**na kogoś, coś** sb, sth); **~ć na dogodną sposobność** to wait ⟨to watch⟩ one's opportunity; to bide one's time; **kazać na siebie ~ć** to keep (sb) waiting 2. (*spodziewać się kogoś, czegoś*) to expect (**kogoś, czegoś** sb, sth); to be ready (**na kogoś, coś** for sb, sth) 3. (*być w przyszłości czyimś udziałem*) to be in store (**kogoś** for sb); **~ją nas ciężkie czasy** we are in for hard times; (*o wydarzeniu, skutkach czegoś itd.*) **nie dać na siebie ~ć** not to be slow (in) coming
czekan *m* ice-axe
czekanie *n* ↑ **czekać**; (a) wait
czekolad|a *f* chocolate; **tabliczka ~y** slab of chocolate
czekoladka *f* (a) chocolate; *am* chocolate candy; **~ nadziewana** chocolate cream
czekoladowy *adj* 1. (*z czekolady*) chocolate — (block etc.) 2. (*koloru czekolady*) chocolate brown
czekow|y *adj* cheque — (account etc.); **książeczka ~a** cheque-book
czeladnik *m* journeyman
czeladź *f singt hist zbior* servants; retainers; retinue; **~ folwarczna** farm hands
czelność *f singt* effrontery; audacity; nerve; cheek
czelny *adj* impudent; brażen-faced; **być na tyle ~m, żeby ...** to have the impudence ⟨the nerve, the cheek⟩ to ...

czeluść *f* abyss; gulf; precipice; depths
czemu I *pron zob* **co** II *adv* (*dlaczego*) why
czep|ek *m* 1. (woman's) cap; bonnet; **~ek nocny** night-cap 2. *med* caul; *przen* **w ~ku urodzony** born with a silver spoon in his ⟨her⟩ mouth
czepiać się *vr imperf* — **czepić się** *vr perf* 1. (*chwytać się*) to adhere ⟨to cling, to stick⟩ (**kogoś, czegoś** to sb, sth); (*o człowieku*) to catch (**czegoś** at sth); to hang on (**pojazdu itd.** to a vehicle etc.) 2. *przen* to cling (**nadziei itd.** to a hope etc.) 3. *pot* (*krytykować*) to find fault (**kogoś, czegoś** with sb, sth); to pick holes (**czegoś** in sth); to cavil (**kogoś, czegoś** at sb, sth)
czepiec *m* 1. coif; (woman's) cap 2. *med* caul; galea
czepliwy, czepny *adj* adhesive; sticky
czereda *f* crowd; swarm; pack
czeremcha *f bot* bird('s) cherry; hagberry
czerep *m* 1. *żart* (*czaszka*) skull 2. (*skorupa stłuczonego naczynia*) fragment; (*glinianego naczynia*) potsherd
czereśnia *f* 1. *bot* (*drzewo*) cherry-tree 2. (*owoc*) (sweet) cherry
czernica *f bot* blueberry; bilberry
czernić *imperf* I *vt* to blacken; to black; to paint black II *vr* **~ się** 1. (*stawać się czarnym*) to blacken (*vi*); to become ⟨to grow, to turn, to go⟩ black 2. (*tworzyć czarną plamę*) to appear like a black spot; to show black (against a background)
czernidło *n* black; blacking; black paint; black ink
czernieć *vi imperf* = **czernić się**
czernina *f* soup of pig's ⟨duck's, goose's⟩ blood
czer|ń *f* 1. (*czarny kolor*) black; black colour 2. (*czarne ubranie*) black dress; black suit ⟨clothes⟩; (*o człowieku*) **w ~ni** in black 3. † *pog* (*tłum*) the populace; the rabble
czerpa|ć *vt imperf* 1. (*wydobywać wodę*) to draw (water from a well, river etc.); **papier ~ny** hand-made paper; wove(n) paper 2. (*nabierać czerpakiem, łyżką itd.*) to scoop; to ladle (out)

czerpak   82   **częstować**

3. *przen* (*znajdować, zdobywać*) to derive (benefit, profit etc. from sth) 4. *przen* (*uzyskiwać*) to obtain ⟨to draw⟩ (**wiadomości z jakiegoś źródła** itd. information from a source etc.)
czerpak *m* scoop; bail; bucket; ladle; dipper
czerparka *f techn* scoop; excavator
czerstwieć *vi imperf* (*o pieczywie*) to become ⟨to grow⟩ stale
czerstwo *adv* healthily; ~ **wyglądać** to look healthy ⟨hale and hearty⟩
czerstwy *adj* 1. (*o pieczywie*) stale 2. (*o staruszku*) hale and hearty; robust 3. (*o cerze*) ruddy
czerw *m ent* grub; maggot; worm
czerwcowy *adj* June — (sunshine etc.)
czerwiec *m* June
czerwienić *imperf* **I** *vt* to redden; to paint red; to give a red colour (coś to sth) **II** *vr* ~ **się** 1. (*stawać się czerwonym*) to redden (*vi*); to become ⟨to grow, to turn, to go⟩ red 2. (*o człowieku — rumienić się*) to redden; to blush 3. (*tworzyć czerwoną plamę*) to appear like a red spot ⟨stain⟩; to show red (against a background)
czerwienieć *vi imperf* = **czerwienić się**
czerwień *f singt* 1. (the colour) red; scarlet; crimson 2. (*farba*) red paint; (*barwnik*) red pigment
czerwonawy *adj* reddish
czerwonka *f med wet* dysentery
czerwono *adv* in red
czerwonoarmista *m* soldier of the Red Army
czerwonoskóry **I** *adj* red-skinned; copper-skin — (Indian etc.) **II** *m* redskin Indian
czerwony *adj* 1. red; **Armia Czerwona** the Red Army; **Czerwony Krzyż** the Red Cross; ~ **jak burak** red as a turkey-cock 2. *pot* (*rewolucyjny*) red
czesać *imperf* **I** *vt* 1. (*porządkować włosy grzebieniem*) to comb (**kogoś** sb's hair); (*przygładzać szczotką*) to brush (**komuś włosy** sb's hair) 2. (*układać fryzurę*) to dress ⟨to do⟩ (**kogoś** sb's hair) 3. (*oczyszczać włókno*) to hackle ⟨to tease⟩ (flax); ~ **wełnę** to card ⟨to tease⟩ wool **II** *vr* ~ **się**

1. (*grzebieniem*) to comb one's hair; (*szczotką*) to brush one's hair 2. (*robić sobie fryzurę*) to do one's hair
czesanie *n* ↑ **czesać**; combing; hair-dressing; (*włókna*) hackling
czesanka *f tekst* worsted; cheviot
czesarka *f techn tekst* comber
czeski **I** *adj* Czech **II** *m* Czech (language)
czesne *n* tuition fee
Czeszka *f* Czech
cześć *f singt* 1. (*kult*) worship; adoration; cult; **oddawać** ~ **boską** (**słońcu** itd.) to worship (the sun etc.) 2. (*głęboki szacunek*) veneration; reverence; **pełen czci** reverential; **oddawać** ⟨**okazywać**⟩ ~ **komuś** to honour ⟨to venerate, to revere⟩ sb; **na** ~ ⟨**ku czci**⟩ **kogoś, czegoś** in honour ⟨in praise⟩ of sb, sth; in commemoration of sb, sth; ~ **ich pamięci!** peace to their memory!; ~ **jemu** ⟨**im itd.**⟩! hats off to him ⟨them etc.⟩! 3. (*honor, dobre imię*) honour; good name; **bez czci i wiary** infamous; **człowiek bez czci i wiary** arrant rascal; **utrata czci** infamy; outlawry 4. (*pozdrowienie*) hullo!; cheerio!
cześnik *m hist* (king's) cup-bearer
często *adv* (*comp* **częściej**) often; frequently; again and again; **dość** ~ now and again; now and then; *pot* ~ **gęsto** more often than not
częstokroć *adv* often; frequently; many a time; repeatedly
częstość *f singt* frequency; frequent occurrence
częstotliwość *f singt* 1. (*częste występowanie*) frequency; recurrence 2. *fiz* frequency
częstotliwy *adj* repeated; recurring in rapid succession; *gram* frequentative; iterative
częstować *imperf* **I** *vt* to treat (**kogoś czymś** sb to sth); to regale (**kogoś czymś** sb with sth); ~ **gości** to stand treat; to entertain one's guests **II** *vr* ~ **się** to treat oneself (**czymś** to sth); **częstuj się papierosem** ⟨**winem itd.**⟩ help yourself to the cigarettes ⟨the wine etc.⟩

częsty *adj* frequent; repeated
częściej *adv comp* ↑ **często**
częściowo *adv* in part; partly
częściowy *adj* partial; fragmentary
częś|ć *f* 1. *(wycinek całości)* part; ~**ci świata** the continents; *gram* ~**ć mowy** part of speech; ~**ć składowa** element; **przeważająca** ~**ć** the greater part; the majority; **to stanowi istotną ⟨integralną⟩** ~**ć całości** this is part and parcel of the whole; *(brać, produkować, sprzedawać itd.)* **na** ~**ci,** ~**ciami** piecemeal; **rozebrać zegarek itd. na** ~**ci** to take a watch etc. to pieces; **po** ~**ci** a) *(częściowo)* partly; in part b) *(poniekąd)* in a (certain) measure ⟨manner⟩; in a manner of speaking; **po większej** ~**ci** for the most part 2. *techn* unit 3. *(należny udział)* share; portion; *przen* **lwia** ~**ć** the lion's share; the great majority
Czilijczyk *m* (a) Chilean, Chilian
czkać *vi imperf* — **czknąć** *vi perf* to hiccup
czkawka *f singt* hiccups
czknąć *zob* **czkać**
człapać *vi imperf* to shuffle (along); ~ **pantoflami** ⟨**sandałami itd.**⟩ to clack one's slippers ⟨sandals etc.⟩
człek *m pot* man; fellow; chap
człekokształtny *adj* anthropoidal
człon *m* 1. *techn* element 2. *zool* segment 3. *gram* clause
człon|ek *m* 1. member (of an organization, a party, family etc.); ~**ek honorowy** honorary member; ~**ek korespondent** corresponding ⟨associate⟩ member; ~**ek zwyczajny** fellow; full member 2. *pl* ~**kowie** *(ogół członków)* membership; *am* constituency; **towarzystwo liczące** *x* ~**ków** a society with a membership of *x* 3. *(część ciała)* limb; ~**ek męski** penis
członkini *f* (female) member (of an organization)
członkostwo *n* membership
członkowski *adj* member's, members' —; membership — (card, fee etc.); party — (dues etc.)
człowieczeństwo *n singt* human nature; humanity; human dignity

człowieczy *adj książk* human; *bibl* **Syn Człowieczy** the Son of Man
człowiek *m* 1. man; individual; *pot* chap; fellow; **młody** ~ young man; (a) youth; **szary** ~ the man in the street; ~**u!** my good fellow!; my dear! 2. *(ktoś nieokreślony)* one; ~ **biegły w tym przedmiocie** one well acquainted with the subject 3. *(w funkcji zaimka osobowego)* one; you; *pot* a fellow; ~ **nie wie co go czeka** one never knows; you can never tell 4. *(nieokreślona osoba)* somebody; **jakiś** ~ **do ciebie** somebody to see you
czmychać *vi imperf* — **czmychnąć** *vi perf* to bolt
czochrać *imperf* **I** *vt* 1. *(wichrzyć)* to tousle **(sobie** ⟨**komuś**⟩ **włosy** one's ⟨sb's⟩ hair) 2. *(drapać)* to scratch; *(o psie itd.)* ~ **kudły** to scratch itself 3. *(o zwierzętach)* to rub **(kark o dyszel itd.** its neck against the shaft etc.) 4. *(oczyszczać len)* to ripple ⟨to hackle⟩ (flax) **II** *vr* ~ **się** 1. to scratch one's head 2. *(o zwierzęciu)* to chafe; to rub itself **(o coś against sth)**
czołg *m wojsk* tank
czołgać się *vr imperf* 1. *(pełzać)* to crawl; to creep 2. *przen (płaszczyć się)* to grovel; to cringe
czołgista *m* tankman; member of a Tank Corps
czoł|o *n* 1. *anat* forehead; *przen* brow; **chmurzyć** ~**o** to knit one's brow; *przen* **stawiać** ~**o komuś** to stand up to sb; **stawiać** ~**o niebezpieczeństwu itd.** to face ⟨to brave⟩ a danger etc.; **w pocie** ~**a** in the sweat of one's brow 2. *przen (śmiałość, czelność)* impudence 3. *(przód, front)* front; fore part; forefront; **wysunąć kogoś, coś na** ~**o** to bring sb, sth into the foreground; **wysunąć** ⟨**wybić**⟩ **się na** ~**o** to come to the fore; **na czele** in the forefront (of a movement etc.); at the head (of an institution etc.); at the top (of a list etc.); **stać na czele** a) *(kierować)* to manage **(przedsiębiorstwa itd.** a busi-

4*

czołobitność ness etc.) b) (*prowadzić*) to control (*organizacji itd.* an organization etc.); **stać na czele ruchu społecznego** to be in the van of a social movement; **stanąć na czele** to take the lead || **czołem** a) (*powitanie*) hullo! b) (*pożegnanie*) cheerio!

czołobitność *f singt* obsequiousness; servility

czołobitny *adj* obsequious; servile

czołowy *adj* 1. *anat* frontal (bone etc.) 2. (*przedni*) front — (line etc.); foremost; *wojsk* frontal (attack etc.) 3. (*naczelny, wybitny*) leading; outstanding; prominent

czołówk|a *f* 1. *wojsk* advance party; spearhead 2. (*pierwsze szeregi*) van; first ranks; leaders; **należeć do** ~**i** to be in the forefront 3. (*wiadomość w gazecie*) front-page news; (*główny artykuł*) leader 4. *film* film credits

czop *m* peg; plug; bung; spigot; *stol* tenon

czopek *m* 1. (*zatyczka beczki*) vent-peg 2. *farm* suppository

czopować *vt imperf* to plug; to obstruct

czort *m pot* the devil; the deuce; ~ **wie ...** Goodness knows ...

czosnek *m bot* garlic

czosnkowy *adj bot* alliaceous; *kulin* garlic — (sauce etc.)

czółenk|o *n* 1. (*łódeczka*) boat; canoe 2. *techn* shuttle 3. *pl* ~**a** (*pantofle damskie*) pumps

czółno *n* canoe; boat; dinghy

czterdziest|ka *f* 1. (*liczba*) forty 2. *pot* (*o wieku*) forty years of age; **on jest po** ~**ce** he has turned forty 3. (*pokój, tramwaj itd.*) (room, tram etc.) N° 40

czterdziestodniowy *adj* forty days' — (work etc.); of forty days' duration

czterdziestoletni *adj* 1. (*trwający 40 lat*) forty years' — (service etc.); of forty years' duration 2. (*mający 40 lat*) forty years old; **człowiek** ~ a person of forty

czterdziesty *num* fortieth

czterdzieści *num* forty; **on ma** ~ **lat** he is forty

czterechsetny *num* four-hundredth

czternastka *f* 1. (*liczba*) fourteen 2. (*pokój, tramwaj itd.*) (room, tram etc.) N° 14

czternastodniowy *adj* fourteen days' — (work etc.); of fourteen days' duration

czternastolatek *m pot* a boy of fourteen

czternastolatka *f pot* a girl of fourteen

czternastoletni *adj* 1. (*o okresie*) fourteen years' — (service etc.); of fourteen years' duration 2. (*mający 14 lat*) fourteen years old; fourteen-year-old

czternastowieczny *adj* fourteenth-century (building etc.)

czternasty *num* fourteenth

czternaście *num* fourteen

czteroczęściowy *adj* four-part — (composition etc.)

czterodniowy *adj* four-days' — (rest etc.); of four days' duration

czterogodzinny *adj* four-hours' — (work etc.); four-hour — (shifts etc.)

czteroklasowy *adj* four-class — (course etc.)

czterokołowy *adj* four-wheeled — (vehicle etc.)

czterokrotnie *adv* four times

czterokrotny *adj* fourfold; quadruple

czteroletni *adj* 1. (*o okresie*) four years' — (service etc.); of four years' duration; quadrennial 2. (*mający 4 lata*) four years old; four-year-old; **dziecko** ~**e** a child of four

czterolistny *adj* four-leaved

czteromasztowiec *m mar* four-master

czteromiesięczn|y *adj* 1. (*o okresie*) four months' — (stay etc.); of four months' duration 2. (*mający 4 miesiące*) four months old; **dziecko** ~**e** child of four months

czteromotorowy *adj techn* four-engined

czteroosobow|y *adj* of four persons; **samochód** ~**y** four-seater; *teatr* **loża** ~**a** box for four (persons)

czteropiętrowy *adj* four-storey(ed)

czterostronny *adj* quadrilateral; quadripartite

czterosuwowy *adj techn* four-stroke — (engine)
czterotaktowy *adj* 1. = czterosuwowy 2. *muz* four-bar — (motive etc.)
czterowiersz *m* tetrastich; quadrain
czterowiosłówka *f mar* four-oar boat
czterozgłoskowy *adj* tetrasyllabic; quadrisyllabic
cztery *num* four; **pomnożyć przez** ~ to quadruple; **jak dwa a dwa jest** ~ for a certainty; **w** ~ **oczy** between you and me; **powiedzieć coś komuś w** ~ **oczy** to tell sb sth in private; *przen* **kuty na** ~ **nogi** up to everything; **wygnać kogoś na** ~ **wiatry** to send sb to Jericho || *polit* **Pakt Czterech** Four-Power Pact
czterysta *num* four hundred
czub *m* 1. *(nastroszona fryzura)* hair on the top of the head 2. *przen pot* head; **wziąć się za** ~**y** to come to blows; **mieć w** ~**ie** to be tipsy ⟨in liquor⟩ 3. *(wierzchołek)* tip ⟨top⟩ (of anything); **mierzyć z** ~**em** to give heaped measure; **łyżka mąki z** ~**em** a heaped spoonful of flour 4. *(u ptaków)* tuft (of feathers); crest
czubatka *f* 1. *(kura)* cristate ⟨crested⟩ hen 2. *orn* **sikora** ~ crested titmouse ⟨tomtit⟩
czubaty *adj* 1. *(mający czub na głowie)* crested; tufted 2. *(z naddatkiem)* heaped (spoonful, cupful etc.)
czub|ek *m* 1. = czub 1. 2. *(koniuszek)* tip; **od** ~**ka głowy do pięt** from top to toe; **na** ~**ku języka** ⟨**nosa itd.**⟩ on the tip of one's tongue ⟨nose etc.⟩; **chodzić na** ~**kach palców** to walk on the tips of one's toes
czubić się *vr imperf* to quarrel; to bicker; to squabble
czuci|e *n* ↑ **czuć**; feeling; sensation; sense-perception; **bez** ~**a** unconscious; **paść bez** ~**a** to faint
czu|ć *imperf* **I** *vt* 1. *(odczuwać)* to feel (coś sth; że ktoś coś robi sb do sth); to have a feeling (coś of sth); *przen* **nie** ~**ć nóg** ⟨**rąk**⟩ to be dead tired 2. *(odczuwać powonieniem)* to smell; *(o psie itd.)* to scent; to wind (the fox etc.) 3. *(odbierać wrażenia smakowe)* to taste; **czy** ~**jesz smak czosnku?** can you taste the garlic? 4. *impers* to smell; **w pokoju** ~**ć było dymem** there was a smell of smoke in the room 5. *(doznawać uczuć)* to feel; to entertain a feeling ⟨feelings⟩ (coś of sth); ~**ć odrazę** ⟨**sympatię**⟩ **do kogoś** to have a dislike ⟨a liking⟩ for sb 6. *(przeczuwać)* to scent; to sniff; *przen* ~**ć coś w powietrzu** to feel sth coming; ~**ć coś przez skórę** to scent trouble; *pot* ~**ć pismo nosem** to smell a rat **II** *vi (wydawać przykry zapach)* to smell bad; to have a foul smell **III** *vr* ~**ć się** to feel ⟨to be⟩ + *przymiotnik*; ~**ć się dobrze** to feel ⟨to be⟩ comfortable; to be at one's ease; *(mówiąc o zdrowiu)* ~**ć się niedobrze** to feel unwell ⟨seedy⟩; **jak się** ~**jesz?** how do you feel?; ~**ję się dobrze** ⟨**słabo itd.**⟩ I feel ⟨I am⟩ well ⟨weak etc.⟩; ~**ję się nieswojo** I don't feel quite myself; ~**ć się kimś** to be at heart (a democrat etc.)
czujka *f wojsk* feeler
czujnie *adv* with vigilance; watchfully; ~ **spać** to be a light sleeper
czujność *f singt* vigilance; watchfulness; alertness; **obudzić czyjąś** ~ to put sb on his guard; **zmylić czyjąś** ~ to put ⟨to throw⟩ sb off his guard
czujny *adj* 1. *(baczny)* vigilant; watchful; alert; **być** ~**m** to be on the look-out; to keep one's eyes ⟨one's ears⟩ open 2. *(o śnie)* light
czule *adv* affectionately; tenderly; fondly
czulić się *vr imperf* 1. *(okazywać czułość)* to endear oneself (do kogoś to sb) 2. *(przymilać się)* to coax ⟨to wheedle, to cajole⟩ (do kogoś sb) 3. *(tkliwie odnosić się wzajemnie)* to coax ⟨to wheedle, to cajole⟩ (do siebie each other)
czułek *m* 1. *bot* mimosa 2. *zool (macka)* feeler; palp; tentacle; antenna
czułostkowość *f singt* sentimentality; soft-heartedness; mawkishness
czułostkowy *adj* sentimental; soft-hearted; mawkish

czułość f 1. (*tkliwość*) tenderness; fondness; affection 2. (*objaw tkliwości*) caress; endearment; word(s) of love 3. (*wrażliwość*) sensitiveness; niceness (of an instrument); keenness ⟨sharpness⟩ (of the senses)
czuł|y adj 1. (*tkliwy*) tender; affectionate; loving 2. (*wrażliwy*) sensitive; delicate; (*o słuchu*) keen; acute; (*o instrumencie*) nice; **być ~ym na coś** to be susceptible to sth; **być ~ym na punkcie czegoś** to feel strongly about sth; **dotknąć kogoś w ~e miejsce** to touch sb's sore spot
czupiradło n (a) fright; scarecrow
czupryna f crop ⟨head⟩ of hair; shag
czupurny adj defiant; quarrelsome; pugnacious
czuwać vi imperf 1. (*być czujnym*) to be vigilant ⟨watchful⟩; to be on the alert; to look out; to watch; to be on one's guard 2. (*pilnować*) to watch (**nad kimś, czymś** over sb, sth); to take care (**nad kimś, czymś** of sb, sth); to see (**nad kimś, czymś** to sb, sth); to look (**nad kimś, czymś** after sb, sth) 3. (*nie spać*) to stay ⟨to sit⟩ up (**dopóki ktoś nie przyjdzie** for sb; **przy pacjencie** with a patient); **kazać komuś ~** to keep sb up
czuwanie n ↑ **czuwać**; vigil; watch
czwartek m Thursday; **tłusty ~ Thursday** before Shrove Tuesday; **Wielki Czwartek** Maundy Thursday
czwartkowy adj Thursday — (morning, evening etc.)
czwartorzęd m singt geol quaternary
czwart|y I num fourth; **~a część** one fourth; a quarter; **~ego lipca** the fourth of July; **przyjdę na ~ego** (**do brydża**) I'll come to make a foursome; **wypełniony w trzech ~ych** three-quarter full **II** f **~a** four (o'clock)
czworaczki plt quadruplets
czworak m farm hands' living quarters ‖ **na ~ach** on all fours; on one's hands and knees
czworaki adj fourfold; quadruple; **w ~ sposób** fourfold
czworo num four; **składać we ~** to fold in four; przen **rozszczepiać włos na ~** to split hairs
czworoboczny adj quadrilateral; quadrate
czworobok m quadrangle; mat tetragon; wojsk square; **ustawić się w ~** to form into a square
czworokąt m quadrangle; mat tetragon
czworonożn|y adj zool four-footed; **~e zwierzę** quadruped
czwórka f 1. (*cyfra*) the figure ⟨number⟩ four 2. szk good mark 3. (*szereg złożony z czterech osób*) formation four deep; **ustawić się ~mi** to stand in fours; wojsk to form fours; **iść ~mi** to march four abreast 4. (*zaprzęg*) four-in-hand 5. (*tramwaj, pokój itp.*) (tram, room etc.) N° 4 6. karc (a) four
czy I part 1. w zdaniu nadrzędnym pytającym nie tłumaczy się: **~ widzieliście to?** did you see that? 2. w zdaniu podrzędnym: if; whether; **pytałem ~ to widzieli** I asked if ⟨whether⟩ they had seen that **II** conj or; **~ ... ~ też** whether ... or ...; **~ przyjdzie ~ nie** ... whether he ⟨she⟩ comes or not ...; **prędzej ~ później** sooner or later; **tak ~ inaczej** one way or the other
czyhać vi imperf to lie in wait ⟨to be on the look-out, to watch⟩ (**na kogoś, coś** for sb, sth)
czyj, czyja, czyje pron whose
czyjkolwiek, czyjakolwiek, czyjekolwiek pron anybody's
czyjś, czyjaś, czyjeś pron somebody's, someone's; somebody ⟨someone⟩ else's
czyli part or; that is to say; in other words; (*w pisowni*) i.e.
czyn m act; deed; action; **~ bohaterski** exploit; feat; achievement; **człowiek ~u** man of action; **złe ⟨karygodne⟩ ~y** wrong-doings; **słowem i ~em** in word and deed; **wprowadzić coś w ~** to carry sth into effect
czynele plt muz cymbals
czyni|ć imperf **I** vi 1. (*robić*) to act; **~ć dobrze ⟨źle⟩** to do good ⟨evil⟩ 2. (*stanowić*) to amount (**jakąś liczbę,**

sumę to a number, to a sum); **ile to ~?** how much does it come to? **II** *vt* **1.** (*robić*) to make; **~ć cuda** to work miracles; **~ć kroki, żeby ...** to take steps to ⟨in order to⟩ ...; **~ć wszystko, żeby ...** to do all in one's power ⟨to strain every nerve⟩ in order to ...; **~ć postępy** to make progress; *przysł* **nie czyń drugiemu co tobie niemiło** do as you would be done by 2. (*sprawić*) to cause ⟨to give⟩ (trouble, pain etc.) 3. (*powodować, że coś staje się jakimś*) to render ⟨to make⟩ (sth possible, pleasant, better etc.) 4. (*stanowić, tworzyć*) to constitute; to form **III** *vr* **~ć się** 1. (*stawać się*) to become (**lepszym, większym itd.** better, larger etc.) 2. (*być czynionym*) to be made; to be under way ⟨in progress⟩; **~ się starania, żeby ...** efforts are being made in order to ...

czynieni|e *n* ↑ **czynić**; *przen* **mieć do ~a z kimś** to deal ⟨to have to do⟩ with sb

czynnie *adv* actively; **znieważyć kogoś ~** to commit an assault on sb

czynnik *m* 1. (*składnik*) factor; agent; element; **~ społeczny** representative(s) of the community; **~i miarodajne** competent circles; the people in charge 2. *mat* factor; parameter 3. *techn* agent; medium

czynnościowy *adj* functional

czynność *f* 1. (*robota*) act; work 2. (*działanie, działalność*) function; activity

czynn|y *adj* active; *gram* **strona ~a** active voice; *prawn* **~a zniewaga** assault and battery; **być ~ym** a) (*o człowieku*) to be active b) (*o fabryce*) to be at work; to be working; to run c) (*o biurze, urzędzie*) to be open d) (*o piecu hutniczym*) to be in blast; *wojsk* **w ~ej służbie** in active service; **on the active list**

czynsz *m* rent; rental

czynszowy *adj* 1. (*związany z czynszem*) rent — (charges etc.) 2. (*o domu*) tenement — (building)

czyrak *m med* boil; furuncle

czystk|a *f pot* purge; comb-out; **przeprowadzić ~ę w partii itd.** to purge a party etc.

czysto *adv* 1. (*bez brudu*) clean; **~ ubrany** neatly dressed; **~ zamieciony** ⟨**umyty**⟩ swept ⟨washed⟩ clean; **tu jest ~** it is clean here; **przepisać coś na ~** to make a fair copy of sth 2. (*niefałszywie*) in tune; **~ mówić jakimś językiem** to speak a language faultlessly; **on mówi ~ po polsku** he speaks a perfect Polish 3. (*prawdziwie, zupełnie*) purely; entirely; exclusively; **~ prywatne** purely private 4. (*w obliczeniach*) net; **wyjść na ~** to be square

czystopis *m* fair copy

czystoś|ć *f singt* 1. (*brak brudu*) cleanness; neatness; spruceness; tidiness; **zamiłowanie do ~ci** cleanliness; **wątpliwej ~ci** soiled 2. (*brak domieszek itd.*) purity (of breed, style etc.) 3. (*przejrzystość*) clarity; lucidity, (*cieczy*) limpidity 4. (*w dźwiękach, głosie, rysunku*) clearness 5. (*szlachetność, prawość*) probity; integrity 6. (*niewinność*) chastity; virtue

czyst|y *adj* 1. clean; (*o pokoju itd.*) tidy; (*o ubraniu*) neat; spruce; **~y papier** blank ⟨unwritten⟩ sheet of paper 2. *przen* (*o człowieku*) free of guilt ⟨of sin, of suspicion⟩ 3. (*przejrzysty*) clear; (*o płynie*) limpid 4. *przen* (*o stylu — jasny*) lucid 5. (*bez domieszek*) pure; fine; (*o spirytusie*) raw; absolute; neat; **~a herbata** ⟨**woda itd.**⟩ plain tea ⟨water etc.⟩ 6. (*o brzmieniu, głosie*) clear; true 7. (*wolny od obcych wpływów, domieszek*) pure; (*o uczuciach*) pure; unmingled; unmixed; **~ej krwi** pure--blood(ed); **~ej rasy** pure-bred; **mówić ~ą angielszczyzną** to speak a perfect English 8. *przen* (*o nonsensie itp.*) perfect; pure; sheer; **~e szaleństwo** stark madness 9. (*o zysku, dochodzie*) net 10. (*szlachetny, prawy*) upright; above-board; (*o reputacji*) unspotted; unstained; **z ~ym sumieniem** with a clear conscience 11.

czyszczący   88   **ćwiartować**

(*dziewiczy*) chaste || **do ~a** clean; **umyć coś do ~a** to wash sth clean
czyszczący *adj* purgative; *farm* **środek ~** (a) purgative
czyszczeni|e *n* ↑ **czyścić** 1. (*usuwanie brudu*) cleaning; brushing; **~e chemiczne** ⟨**na sucho**⟩ dry-cleaning; **pasta** ⟨**płyn, proszek**⟩ **do ~a** polisher; **środek do ~a** detergent 2. *med* diarrhoea
czyścibut *m* shoeblack
czyściciel *m* cleaner; scourer
czyści|ć *imperf* I *vt* 1. (*usuwać brud*) to clean (up); **~ć chemicznie** ⟨**na sucho**⟩ to dry-clean; **~ć do połysku** to polish; to shine ⟨one's shoes⟩; **~ć szczotką** to brush (clothes etc.) 2. (*powodować rozwolnienie*) to purge II *vi w zwrocie*: **~ło mnie** I had diarrhoea III *vr* **~ć się** 1. to clean ⟨to brush⟩ one's clothes 2. (*poddawać się czyszczeniu*) to be cleaned ⟨brushed, scoured, polished⟩; **to się łatwo** ⟨**trudno**⟩ **~** this is easy ⟨hard⟩ to clean ⟨to keep clean⟩
czyściec *m singt rel* purgatory
czytać *imperf* I *vt* to read; **~ coś pobieżnie** to go over sth; **~ coś uważnie** to peruse sth; **~ nuty** to read music II *vi* to read; **dużo** ⟨**niewiele**⟩ **~** to be a great ⟨not much of a⟩ reader;
przen ~ komuś z ręki to read sb's hand; **~ między wierszami** to read between the lines
czytani|e *n* ↑ **czytać**; reading; **coś do ~a** something to read; **książka do ~a** reading-book; **możliwy do ~a** readable; **umiejętność ~a i pisania** literacy
czytanka *f* reader
czytelnia *f* 1. (*sala do czytania*) reading-room; **~ czasopism** news-room 2. (*wypożyczalnia książek*) lending library
czytelnictwo *n singt* reading; reading habit
czytelniczka *f* reader
czytelnie *adv* readably; legibly
czytelni|k *m* reader; *pl* **~cy** readers; the reading public
czytelny *adj* 1. (*łatwy do odczytania*) readable, legible 2. *przen* (*zrozumiały*) intelligible
czyt|ywać *vt imperf* to be wont to read; **~uję te książki w łóżku** it is my custom to read those books in bed; **~ywałem** I used to read; I would (sometimes, often etc.) read
czyż[1] *m* = **czyżyk**
czyż[2] *part emf* = **czy** *part*
czyżby *part* 1. = **czy**; **~ już poszedł?** can he have gone? 2. (*pytająco z niedowierzaniem*) oh?; really?; is that so?
czyżyk *m orn* siskin; green finch

Ć

ćma *f* 1. *ent* moth 2. (*ciżba*) swarm; host; multitude
ćmi|ć *imperf* I *vt* 1. (*przyciemniać*) to dim 2. (*palić, kurzyć*) to smoke; **~ć papierosy** ⟨**fajkę**⟩ to puff away at one's cigarettes ⟨pipe⟩ 3. (*pobolewać*) to hurt; to ache; (*mdlić*) to sicken II *vi* 1. *w zwrocie*: **~ w oczach** one is blinded 2. *przen* (*majaczyć*) to loom 3. (*tlić się*) to smoulder; (*żarzyć się*) to glimmer III *vr* **~ć się** 1. (*stawać się przyćmionym*) to be dimmed; **~ się**
w oczach one is blinded 2. (*tlić się*) to smoulder; (*żarzyć się*) to glimmer
ćwiartka *f* 1. (*ćwierć*) quarter; one fourth; **~ pomarańczy** ⟨**cytryny**⟩ segment of an orange ⟨lemon⟩ 2. (*część zabitego zwierzęcia*) quarter (of a beast's carcass); joint (of beef, veal, mutton) 3. (*1/4 litra*) quarter of a litre 4. *druk* (*1/4 arkusza*) quarter paper 5. (*butelka*) a quarter-litre bottle
ćwiartować *vt imperf* to divide into quarters

ćwiczebny *adj* schooling — (centre etc.); training — (ground etc.)
ćwiczeni|e *n* 1. ↑ ćwiczyć 2. (*zw pl* ~a) (*zajęcia*) instruction; schooling; training; practice; exercise; *wojsk* drill; *uniw* class; odbywać ~a ze studentami to have a class 3. (*zadanie*) exercise
ćwicz|yć *imperf* I *vt* 1. (*zaprawiać*) to train; to exercise; *wojsk* to drill 2. (*doskonalić*) to train (rzut dyskiem itd. the discus throw etc.); to practise (gamy itd. scales etc.) 3. (*chłostać*) to beat; to lash II *vi* (*wprawiać się*) to practise; to train; to keep in practice III *vr* ~yć się to practise ⟨to train⟩ (w czymś sth); to practise oneself (w czymś in sth); ~yć się w cierpliwości to school oneself in patience; ~ę się dalej w grece I am keeping up my Greek
ćwiek *m* hobnail; *przen* wbić ⟨zabić⟩ komuś ~a (w głowę) to put sb out; to puzzle ⟨to perplex⟩ sb
ćwierć *f* quarter
ćwierćfinał *m sport* quarter-final
ćwierćnuta *f muz* crotchet
ćwierkać *vi imperf* — ćwierknąć *vi perf* to twitter; to chirp; to warble
ćwikła *f* red-beet salad with horse-radish

d

D, d *n muz* D; D-dur D major; d-moll D minor
dach *m* 1. *bud* roof 2. *przen* roof; być pod ~em to have a roof above one's head; bez ~u nad głową homeless
dacharz *m bud* roofer
dachówka *f* (roofing-)tile
dać *perf* — dawać *imperf* I *vt* 1. (*czynić odbiorcą*) to give; dać ⟨dawać⟩ lekarstwo to administer medicine 2. (*wręczyć*) to hand (over); to let (sb) have (sth) 3. (*udzielać*) to give (lessons, permission etc.) 4. (*użyczyć, służyć czymś*) to give; dać ⟨dawać⟩ komuś ślub to perform sb's wedding ceremony; słowo daję! my word! 5. (*polecić zrobienie, zamówić*) to have ⟨coś zrobić sth done; komuś coś zrobić ⟨coś do zrobienia⟩ sb do sth); dałem sobie uszyć ubranie I had a suit made; daj to komuś do przepisania have sb rewrite ⟨type⟩ this 6. (*urządzić*) to give ⟨to perform⟩ (a play etc.); co dają w teatrze? what is on at the theatre? 7. (*dostarczać, przynosić*) to supply ⟨to provide⟩ (coś komuś sb with sth); to afford (pleasure etc.); to yield (fruits, milk etc.); dać ⟨dawać⟩ zysk to bring in a profit; dać ⟨dawać⟩ procent to bear interest 8. (*płacić*) to give; to pay; dać ⟨dawać⟩ zaliczkę to pay sth on account; ile dadzą za to? how much will they give for this? II *vi* 1. (*ofiarować*) to give (ubogim itd. to the poor etc.); dać ⟨dawać⟩ na jakiś cel to give ⟨to subscribe⟩ to a fund 2. (*pozwolić*) to let (komuś coś zrobić sb do sth); dać ⟨dawać⟩ komuś do poznania ⟨do zrozumienia⟩ że ... to give sb to understand that ...; dać ⟨dawać⟩ znać komuś o czymś to let sb know about sth; dane mi było to widzieć I was privileged to see that; nie było mu dane dokończyć swego dzieła it was not his good fortune to bring the work to a close 3. *w zwrotach*: dać ⟨dawać⟩ komuś w łapę to grease sb's hand; dać ⟨dawać⟩ komuś w twarz to slap sb's face; dajmy na to! let us say; for instance; daj Boże! please God! 4. *pot* (*słowo wprowadzające*) daj come on; daj, ja to zrobię come on I'll do it III *vr* dać ⟨dawać⟩ się 1. (*pozwolić się pokonać*) to surrender; to yield; to give in 2. (*być możliwym*) to be possible ⟨feasible⟩; jak ⟨jeżeli⟩ się tylko da if at all pos-

daktyl 90 **dane**

sible; **ile się da** as much as possible; **nie da się przewidzieć** ... it is impossible to foresee ...; there is no telling ...
daktyl m 1. (*owoc*) date 2. *prozod* dąctyl
daktyloskopia f dactyloscopy
daktylowy adj date — (palm etc.)
dal f distance; **w** ~ into the distance; *sport* **skok w** ~ long jump; **w** ~**i** in the distance; far away; **z** ~**a** from the distance; from afar; **trzymać się z** ~**a od kogoś, czegoś** to keep clear of sb, sth
dalece adv w zwrotach: **jak** ~ how far; to what degree ⟨extent⟩; **tak** ~ so much so ⟨to such a degree⟩ that; **tak** ~, **że** ... insomuch as ..
dalej adv (comp ↑ daleko) 1. (*w przestrzeni*) farther ⟨further⟩ (away, off) 2. (*w czasie*) next; afterwards; later; **co będziemy** ~ **robić?** what shall we do next ⟨afterwards, later, after this⟩? 3. (*w tekście*) below; in a further passage ⟨chapter⟩; further on 4. (*przy pojęciu ciągłości*) on; **i tak** ~ and so on; ~ **coś robić** a) (*nie przerywać*) to go on doing sth; to continue to do ⟨doing⟩ sth b) (*wciąż robić*) to keep doing sth 5. (*ponadto*) then; furthermore, moreover
dalek|i adj (comp **dalszy**) (*w przestrzeni i przen*) distant; far-away; remote; ~**a droga** long way; ~**ie podobieństwo** a remote likeness; ~**i krewny** distant relative; ~**i jestem od tego, żeby myśleć itd.** I am far from thinking etc. ǁ **z** ~**a** from afar
daleko adv (comp **dalej**) 1. (*w przestrzeni*) far; far away ⟨off⟩; **a long way away** ⟨off⟩; ~ **jedno od drugiego** wide apart; ~ **w tyle** far behind; ~ **stąd** far from here; a long way off; *przen* **posunąć się za** ~ to carry things too far; ~ **idący** far-reaching; important 2. (*w czasie*) a) (*w przyszłości*) a long time ahead b) (*w przeszłości*) far back; long ago 3. (*o wiele, znacznie*) far ⟨a lot, a great deal⟩ (better, worse etc.); (better, worse etc) by far

dalekobieżny adj long-distance — (train etc.)
dalekomorski adj 1. (*o połowach*) deep-sea — (fishing etc.) 2. (*o statku*) sea-going (ship)
dalekopis m teletype, teleprinter
dalekosiężny adj far-reaching
dalekowzroczność f singt 1. *med* long sight 2. *przen* far-sightedness
dalekowzroczny adj 1. *med* presbyopic; long-sighted 2. *przen* far-sighted
dalia f *bot* dahlia
dalibóg interj upon my word
dalsz|y adj (comp ↑ **daleki**) 1. (*w przestrzeni i przen*) farther, further; ~**y plan** background; **zejść** ⟨**usunąć się**⟩ **na** ~**y plan** to recede into the background 2. (*w czasie*) later; subsequent; **na** ~**ą metę** in the long run 3. (*w ciągłości* — *nowy, świeży*) further; fresh; new (chapter etc.); **do czasu otrzymania** ~**ych wieści** ⟨**instrukcji itd.**⟩ until further notice 4. (*przy wyliczeniu*) another; a further; ~**e dziesięć lat** another ⟨a further⟩ ten years 5. (*o czynnościach, stanach* — *kontynuowany*) further; continued; ~**e kształcenie się** further education; ~**y ciąg** continuation; sequel; ~**y ciąg nastąpi** to be continued; **robić coś w** ~**ym ciągu** to continue to do sth 6. *gram* (*o dopełnieniu*) indirect (complement, object)
daltonista m daltonist; colour-blind person
daltonizm m singt daltonism; colour-blindness
dama f 1. (*pani*) lady; ~ **serca** lady-love; ~ **dworu** lady-in-waiting; maid of honour 2. *szach karc* queen
damaszka f damson (plum)
damsk|i adj lady's ⟨ladies'⟩ — (watch, tailor etc.); **po** ~**u** in lady's fashion; **jeździć konno po** ~**u** to ride side-saddle
dancing, dansing m 1. (*tańce*) dance; dancing party 2. (*lokal*) dancing-hall
dan|e plt data; information; particulars; reason (to believe, to assume etc.); **brak** ~**ych** no data available

danie *n* 1. ↑ **dać** 2. *kulin* course; dish (rybne, mięsne itd. of fish, meat etc.)
daniel *m zool* fallow deer
danina *f* compulsory loan; (capital) levy
danser *m* dancer; dancing partner
dansing *zob* **dancing**
dantejski *adj* Dantean; ~e sceny infernal scenes
dany *adj* given (moment, point etc.)
dar *m* 1. (*upominek*) gift; present; **złożyć komuś coś w darze** to present sb with sth; to make sb a present of sth 2. (*wrodzona zdolność*) gift; talent; ~ słowa eloquence
darcie *n* 1. ↑ **drzeć** 2. *pot* (*ból*) shooting pain
daremnie *adv* vainly; in vain; without success ⟨result⟩; to no avail
daremny *adj* futile; vain; ~ **trud** lost labour; wild goose chase
darmo *adv* 1. (*bezpłatnie*) free of charge; for nothing; **za pół** ~ dirt-cheap 2. (*na próżno*) in vain; to no avail 3. **w zwrotach: to** ~, **trudno i** ~ there's nothing to be done; there's no getting out of it
darmowy *adj pot* gratuitous; free
darmozjad *m* parasite; sponger; cadger
dar|ń *f* turf; sod; **obkładać** ~**nią** to sod
dar|ować *vt perf* — **dar|owywać** *vt imperf* 1. (*dać na własność*) to present (**komuś coś** sb with sth); to make a present ⟨a gift⟩ (**komuś coś** of sth to sb) 2. (*zrezygnować, zapomnieć*) to overlook ⟨to excuse⟩ (a mistake etc.); to spare (**komuś życie** sb's life); **można było sobie** ~**ować** it could be spared 3. (*przebaczyć*) to forgive; to remit (a sentence etc.); ~**ować komuś winę** to let sb off; **pan** ~**uje, ale** ... I beg your pardon but ...
darowan|y *adj* gift —; *przysł* ~**emu koniowi w zęby się nie patrzy** never look a gift horse in the mouth
darowizna *f* 1. (*dar*) gift; *prawn* donation 2. (*umowa*) deed of gift
darowywać *zob* **darować**
darwinizm *m singt* Darwinism
darzy|ć *imperf książk* I *vt* to grant (**kogoś łaską** sb a favour); to bestow (**kogoś miłością** itd. one's affection etc.

on sb); ~**ć kogoś względami** to show considerateness to sb; ~**ć kogoś zaufaniem** to trust sb II *vr* ~**ć się** to thrive; ~ **mu się** he is thriving
daszek *m* 1. *dim* ↑ **dach**; little roof; hood 2. (*część czapki*) visor; peak
dat|a *f* date; **starej** ~**y** a) (*o człowieku*) old-fashioned b) (*o ubiorze*) outmoded; out of fashion; **świeżej** ~**y** recent; **przen pod dobrą** ~**ą** tipsy; *pot* screwed
datek *m* offering; contribution (to a charitable institution); charity
datowa|ć *imperf* I *vt* to date (a letter, cheque etc.); **być** ~**nym** ⟨**nie** ~**nym**⟩ to bear a date ⟨no date⟩ II *vr* ~**ć się** to date (*vi*) (**od danego okresu** from a given period)
datownik *m* date-marker; dater
dawca *m* giver; donor; ~ **krwi** blood donor
dawka *f* dose
dawkować *vt imperf* to dose
dawkowanie *n* ↑ **dawkować**; dosage
dawniej *adv* (*comp* ↑ **dawno**) formerly; at one time; in the past; **jak** ~ as before; as of old
dawno *adv* (*comp* **dawniej**) 1. (*niegdyś*) long ago; in the past; once upon a time 2. (*od dłuższego czasu*) since a long time; long since; for a long time; **już** ~ **nie byłem** ⟨**nie widziałem itd.**⟩ I have not been ⟨seen etc.⟩ for a long time ⟨*pot* for ages⟩; it is a long time ⟨it is long⟩ since I was ⟨saw etc.⟩; **już** ~ **powinien tu być it** ⟨he⟩ is long overdue 3. (*w pytaniach*) **jak** ~ **temu?** how long ago?; how long since? 4. (*w przeszłości*) ~ **temu** long ago; long since; **już** ~ **temu** long before now
dawn|y *adj* 1. (*starożytny*) ancient; ~e **czasy** antiquity; the early ages 2. (*były*) former; one-time; ex-; ~**y generał** a former ⟨a one-time⟩ general; an ex-general 3. (*poprzedni*) former; previous; preceding; late (Government etc.) 4. (*stary*) old; old-time; past; of long standing; ancient; ~**y zwyczaj** an ancient ⟨old⟩ custom 5. **w wyrażeniach: od** ~**a** since a long time; w

dąb 　　　　　　　　　92　　　　　　　　　**decydujący**

połączeniu z czasem present perfect: for a long time; **znamy się od ~a** we have known each other for a long time; **od ⟨z⟩ dawien ~a** since a long, long ⟨a very long⟩ time; since times immemorial; **po ~emu** as formerly; as before; as previously; as of old; as in the past
dąb *m* 1. *bot* oak(-tree); **chłop jak ~** a sturdy fellow; **koń staje dęba** the horse rears; *przen* **ludzie stawali dęba** people mutinied; **włosy mu stanęły dęba** his hair stood on end 2. (*drewno*) oak(-wood)
dąbrowa *f* oak wood ⟨forest, grove⟩
dąć *imperf* I *vi* 1. (*o wietrze*) to blow 2. (*o człowieku*) to blow (**w trąbkę itd.** a trumpet etc.) II *vr* **~ się** to give oneself airs
dąsać się *vr imperf* to sulk (**na kogoś** with sb); to be sulky; to be in a pet
dąsy *plt* sulks; sulkiness; pouts
dążenie *n* ↑ **dążyć** 1. (*zmierzanie do osiągnięcia celu*) aim; aspiration (**do czegoś** for ⟨after⟩ sth); design 2. (*pragnienie wykonania czegoś*) eagerness (**do czegoś** after ⟨for⟩ sth); anxiety (**do zrobienia czegoś** to do sth) 3. (*obrany kierunek*) trend ⟨drift⟩ (**do czegoś** towards sth)
dążyć *vi imperf* 1. (*zmierzać w jakimś kierunku*) to be bound ⟨to be bent, to make, to steer, to head⟩ (**dokądś** ⟨**ku czemuś**⟩ for a place) 2. (*chcieć osiągnąć wytknięty cel*) to endeavour ⟨to strive, to strain⟩ (**do czegoś** after sth); **~ do celu** to pursue one's ends; **~ do czegoś** to have sth in view 3. (*zmierzać*) to aim (**do czegoś** at sth); to tend (**dokądś** to a spot); to trend ⟨to drift⟩ (**ku czemuś** towards sth)
dba|ć *vi imperf* 1. (*troszczyć się*) to take care (**o kogoś, coś** ⟨**o siebie**⟩ of sb, sth ⟨of oneself⟩); to look (**o kogoś, coś** after sb, sth); to care (**o kogoś, coś** for sb, sth); **muszę ~ć o swoją reputację** I must uphold my reputation 2. (*przywiązywać wagę*) to attach importance (**o coś** to sth); to set store (**o coś** by sth); to be particular (**o coś** about sth); **nie ~ć o coś** to attach no importance to sth; **nie ~m o to** I don't care (about it)
dbałość *f singt* care; scrupulousness; conscientiousness; **~ o swój wygląd** tidiness; neatness
dbały *adj* 1. (*troskliwy*) careful ⟨mindful⟩ (**o coś** of sth); attentive (**o kogoś, coś** to sb, sth) 2. (*staranny*) scrupulous; conscientious; **~ o siebie** tidy; neat
debat|a *f* (*także pl* **~y**) debate; discussion; **po długich ~ach** after much debate ⟨long discussions⟩
debatować *vi imperf* to debate ⟨to discuss, to thrash out⟩ (**nad kwestią** a question); to deliberate (**nad kwestią** on ⟨over⟩ a question)
debet *m księgow* the debit side; **zapisać komuś kwotę na ~** to debit sb's account with a sum
debit *m* right of circulation (of foreign papers and magazines)
debiut *m* début
debiutować *vi perf imperf* to make one's début
decentralizacja *f* decentralization
decentralizować *vt imperf* to decentralize
dech *m singt* breath; breathing; **bez tchu** breathless; out of breath; panting; gasping; *przen* without respite; ceaselessly; **co tchu** with all possible haste ⟨speed⟩; **do ostatniego tchu** to the last gasp; **do utraty tchu** till you are ⟨one is⟩ blue in the face; **nabrać tchu** to pause for breath; **zapierać komuś ~** to take away sb's breath; *przen* **jednym tchem** in one breath; **przeczytać książkę jednym tchem** to read a book at one sitting; **wypić jednym tchem** to drink at one gulp; **z zapartym tchem** with bated breath
decybel *m fiz* decibel
decydować *imperf* I *vi* to decide; to take a decision; to resolve; to determine (**o czymś** sth) II *vr* **~ się** to take a decision; to make up one's mind; to decide (**na coś** on sth)
decydując|y *adj* decisive; conclusive; final; crucial; **to jest dla mnie ~e** that decides me

decymetr *m* decimetre
decyzj|a *f* decision; resolution; resolve; **sąd** ruling; **powziąć ~ę** to decide; to resolve; to come to ⟨to arrive at⟩ a decision; to make up one's mind
dedukcja *f singt* deduction; inference
dedukcyjny *adj* deductive; inferential
dedukować *vt vi imperf* to deduce; to infer
dedykacja *f* dedication ⟨inscription⟩ (of a book etc. to sb)
dedykować *vt perf imperf* to dedicate; to inscribe (a book etc. to sb)
defekt *m* 1. (*wada*) defect; flaw; (*o towarze*) **z drobnym ~em** slightly imperfect 2. (*uszkodzenie*) damage; injury; **~ motoru** break-down; engine-trouble
defensyw|a *f* defensive; **być w ~ie** to be on the defensive
defetyzm *m* defeatism
deficyt *m* 1. *księgow* deficit 2. (*niedobór*) deficit; deficiency; shortage
deficytowy *adj* unremunerative; losing — (business etc.)
defilad|a *f wojsk* march past; *lotn* fly-past; **odebrać ~ę** to take the salute (of the troops)
defilować *vi imperf* 1. *wojsk* to march (**przed kimś** past sb) 2. *przen* to walk in procession
definicja *f* definition
definiować *vt imperf* to define; to give the definition (**coś** of sth); to determine
definitywny *adj* 1. (*ostateczny*) final 2. (*decydujący*) decisive; conclusive
deflacja *f singt ekon* deflation
deformacja *f* deformation; malformation; deformity
deformować *imperf* **I** *vt* to deform **II** *vr* **~ się** to deform (*vi*); to get deformed
defraudacja *f* embezzlement
defraudant *m* embezzler
defraudować *vt imperf* to embezzle
degeneracja *f singt* 1. *med biol* degeneration; devolution 2. (*zwyrodnienie*) degeneracy
degenerat *m* (a) degenerate
degenerować się *vt imperf* 1. (*wyradzać się*) to degenerate 2. (*psuć się*) to deteriorate
deglomeracja *f singt* deglomeration
degradacja *f* degradation
degradować *vt imperf* to degrade; *wojsk* to break ⟨to cashier⟩ (an officer)
degustacja *f singt* tasting (of wine, tea etc.) for trade purposes
degustator *m* taster (of wine, tea etc.); wine-taster; tea-taster
dekabrysta *m* Dekabrist, Decembrist
dekada *f* decade
dekadencki *adj* decadent
dekadent *m* (a) decadent
dekadentyzm *m singt* decadentism
dekagram *m* decagramme
dekalog *m rel* decalogue
dekarz *m* roofer; tiler
dekatyzacja *f singt* steaming ⟨shrinking⟩ (of cloth)
deklamacja *f* 1. (*recytacja*) declamation; recitation 2. (*frazesy*) bombast; rant
deklamatorski *adj* 1. (*recytatorski*) declamatory; reciter's — (talent etc.) 2. (*czczy*) declaiming ⟨ranting⟩ — (promises etc.)
deklamować *vt vi imperf* 1. (*recytować*) to declaim; to recite 2. (*mówić frazesy*) to declaim; to rant
deklaracja *f* 1. (*opowiedzenie się*) declaration 2. (*manifest*) proclamation 3. (*oświadczenie*) statement 4. (*blankiet do zobowiązań*) pledge form
deklarować *imperf* **I** *vt* 1. (*opowiadać się*) to declare 2. (*przyrzekać*) to commit oneself (**pomoc** to help) **II** *vr* **~ się** to declare (oneself) (**za czymś** for sth; **przeciw czemuś** against sth)
deklinacja *f gram* declension
deklinacyjny *adj gram* declensional
deklinować *imperf gram* **I** *vt* to decline **II** *vr* **~ się** to be declined
dekolt *m* décolletage; **głęboki** ⟨**duży**⟩ **~** low-cut neck (of bodice etc.)
dekoltować się *vr imperf* to wear low-necked dresses
dekoltowany *adj* low-necked
dekompletować *vt imperf* to break up (**serwis itd.** a set etc.)
dekonspirować *imperf* **I** *vt* to unmask; to expose **II** *vr* **~ się** to throw off

dekoracja 94 **demontować**

the mask; *polit* to reveal oneself; to come out of hiding
dekoracja *f* 1. (*ozdoba*) decoration; adornment; ornament; trimming 2. (*zw pl*) *teatr* scenery; setting 3. (*ozdabianie*) decoration; ornamentation; ~ **wnętrz** interior decoration; ~ **wystaw sklepowych** window-dressing
dekoracyjny *adj* decorative; ornamental
dekorator *m* 1. (*projektujący urządzanie wnętrz*) interior decorator 2. *teatr* scene-painter
dekorować *vt imperf* 1. (*ozdabiać*) to decorate; to adorn; to ornament; to trim 2. (*przyznawać order*) to decorate (sb)
dekować się *vr imperf pot* to shirk front-line service (in war-time)
dekret *m* decree; edict
dekretować *vt imperf* to decree
dekstryna *f chem* dextrin
delegacja *f* 1. (*deputacja*) delegation 2. *pot* (*wyjazd służbowy*) business trip
delegat *m*, **delegatka** *f* delegate; deputy
delegować *vt imperf* to delegate
delektować się *vr imperf* to relish ⟨to savour⟩ (**czymś** sth); to delight (**czymś** in sth); to feast (**czymś** upon sth)
delfin *m zool* dolphin
delicje *plt* relish; (a) delicacy; **to są** ~ it is delicious
delikates *m* 1. (*przysmak*) (a) dainty; (a) delicacy; titbit 2. *pl* ~**y** grocery store; *am* delicatessen
delikatność *f singt* 1. (*subtelność*) delicacy; subtleness; (*uważające postępowanie*) tact; consideration; thoughtfulness; **przez** ~ out of tact 2. (*wrażliwość*) sensitiveness; (*wrażliwość zdrowia*) frailness
delikatn|y *adj* 1. delicate; subtle; dainty; (*uważający*) tactful; considerate; thoughtful; ~**e dotknięcie** light touch 2. (*wrażliwy*) sensitive; (*o zdrowiu*) frail; weak 3. (*o przedmiocie — łamliwy*) fragile 4. (*o tkaninie, włosach itd.*) fine 5. (*o sprawie, sytuacji*) ticklish; tricky; (*o temacie*) slippery
delikwent *m prawn* delinquent; culprit
delirium *n indecl singt med* delirium; *pot* D.T.

delta *f* delta
demagog *m* demagogue; ranter
demagogia *f* demagogy; rant
demagogiczny *adj* demagogic
demarkacyjny *adj* demarcation — (line etc.)
demaskować *imperf* I *vt* to unmask; to denounce ⟨to show up⟩ (an impostor etc.) II *vr* ~ **się** to throw off the mask
dementi *n indecl prawn* démenti; denial
dementować *vt imperf* to deny; to contradict; to give the lie (**pogłoskę itd.** to a rumour etc.)
demilitaryzacja *f singt* demilitarization
demobilizacja *f singt* demobilization
demobilizować *vt imperf* to demobilize; *pot* to demob
demograf *m* demographer
demografia *f* demography
demograficzn|y *adj* demographic; **statystyka** ~**a** vital statistics
demokracja *f* democracy; ~ **ludowa** people's democracy
demokrata *m* democrat
demokratyczny *adj* democratic
demokratyzacja *f* democratization
demokratyzować *imperf* I *vt* to democratize II *vr* ~ **się** to become democratized
demolować *vt imperf* to demolish; to destroy; to smash; to break to pieces
demon *m* demon; fiend
demoniczn|y *adj* demoniac, demoniacal; devilish; **kobieta** ~**a** vamp
demonstracj|a *f* 1. (*manifestacja*) demonstration; mass manifestation; **urządzić** ~**ę** to demonstrate; **uczestnik** ~**i** demonstrant 2. (*w naukach doświadczalnych*) demonstration
demonstracyjny *adj* ostentatious
demonstrant *m* demonstrant
demonstrator *m* demonstrator; lecturer's assistant
demonstrować *imperf* I *vt* (*pokazywać*) to demonstrate; to show; to make a show (**siłę itd.** of one's strength etc.) II *vi* (*brać udział w manifestacji*) to demonstrate
demontować *vt imperf techn* to dis-

demoralizacja 95 **desant**

assemble; to dismantle; to take to pieces
demoralizacja *f singt* demoralization
demoralizować *imperf* I *vt* 1. (*szerzyć rozwiązłość*) to demoralize; to deprave; to corrupt (sb's) morals; to pervert 2. (*podważać dyscyplinę*) to undermine discipline II *vr* ~ **się** to become demoralized
denacyfikacja, denazyfikacja *f* denazification
denat *m* 1. (*zamordowany*) (the) deceased (in a murder) 2. (*samobójca*) (the) suicide
denaturat *m singt* methylated spirit
denazyfikacja *zob* **denacyfikacja**
denerw|ować *imperf* I *vt* 1. (*działać na nerwy*) to make (sb) nervous 2. (*rozdrażniać*) to irritate; to vex; to exasperate; **to mnie zaczyna ~ować** it is getting on my nerves II *vr* ~**ować się** 1. (*być zdenerwowanym*) to be nervous ⟨uneasy, fidgety⟩; to fret; to fidget 2. (*złościć się*) to be irritated ⟨exasperated, upset⟩ 3. (*tracić równowagę duchową*) to get excited ⟨*pot* jumpy⟩; to flutter; **nie ~uj się** don't get excited; keep calm
denerwowanie się *n* 1. ↑ **denerwować się**; nervousness 2. (*rozdrażnienie*) irritation 3. (*utrata równowagi duchowej*) excitement
denerwujący *adj* irritating; exasperating; trying; vexing; *pot* aggravating
denko *n dim* ↑ **dno**; bottom; ~ **kapelusza** the crown of a hat
dentysta *m*, **dentystka** *f* dentist; **lekarz** ~ surgeon dentist
dentystyczny *adj* dentist's — (chair etc.); **dentąl** (technician, machine, cement etc.)
dentystyka *f singt* dentistry
denuncjacja *f* denunciation; information (**na kogoś** against sb)
denuncjant, denuncjator *m* informer
denuncjować *vt imperf* to denounce (**kogoś, coś** sb, sth); to inform (**kogoś** against sb)
departament *m* department (of State administration etc.); **szef ~u** departmental head

depesza *f* 1. (*telegram*) wire; cable 2. (*wiadomość prasowa*) dispatch
depeszować *vt imperf* to wire; to cable
depilator *m* depilator; depilating agent
deponować *vt imperf prawn* to deposit
deportacja *f* transportation (to penal colony etc.)
depozyt *m* 1. (*zdeponowane pieniądze itd.*) deposit; ~ **bankowy** safe-deposit 2. (*kaucja*) bail; security
deprawacja *f singt* depravation; depravity
deprawować *imperf* I *vt* to pervert; to debauch II *vr* ~ **się** to become perverted ⟨depraved⟩
deprecjacja *f* depreciation
deprecjonować *imperf* I *vt* to depreciate (a currency etc.) II *vr* ~ **się** to become depreciated
depresj|a *f* 1. (*przygnębienie*) dejection; **być w ~i** to be depressed ⟨downcast⟩ 2. *meteor* depression; (a) low 3. *astr ekon geogr* depression
deprymować *vt imperf* to depress; to dispirit; to deject
deprymujący *adj* depressing
deptać *vt vi imperf* to trample; to tread (**ziemię, po ziemi** the soil); (*w napisie*) „**nie ~ trawy**" "keep off the grass"; *przen* ~ **komuś po piętach** to tread on sb's heels; ~ **czyjeś uczucia** to trample sb's feelings
deptak *m* promenade; walk
deputat *m* allowance (of food stuffs etc.)
deputowany *m* deputy
deratyzacja *f singt* deratization
dereń *m* 1. *bot* dogwood; cornel 2. (*owoc*) dogberry
derka *f* 1. (*okrycie na konia*) horse-cloth; saddle-cloth 2. (*narzuta*) bed-spread
derkacz *m orn* corncrake; landrail
dermatolog *m* dermatologist
dermatologia *f singt med* dermatology
des *n indecl muz* d flat
desant *m wojsk* 1. (*operacja*) landing (operation); surprise raid 2. (*oddział*) landing troops; **wysadzić** ~ to perform a landing operation

desantowiec *m* commandoman; *am* Ranger
desantowy *adj wojsk* landing ⟨raiding⟩ (troops, party etc.)
deseń *m* pattern; decorative design; (*o tkaninie, tapecie itd.*) **w ~** figured; *pot* **w ten ~** like this; this way
deser *m* dessert; sweets
deserow|y *adj* dessert- ⟨dessert —⟩ (dish, plate etc.); **wino ~e** sweet wine
desk|a *f* 1. (*gruba*) board; (*cienka*) plank; *przen* **~a ratunku** sheet-anchor; **~i sceniczne** the boards; **do grobowej ~i** to one's last breath; **od ~i do ~i** from cover to cover 2. *pl* **~i** *sport* (*narty*) skis
desperacki *adj* desperate; **po ~u** desperately
despota *m,* **despotka** *f* 1. (*władca*) despot 2. (*człowiek despotyczny*) bully; tyrant
despotyczny *adj* despotic
despotyzm *m* 1. (*forma władzy*) despotism 2. (*postępowanie*) bullying; tyranny
destrukcja *f* destruction; wreck; ruin
destrukcyjny, destruktywny *adj* destructive
destylacja *f singt chem* distillation
destylarnia *f* distillery; still-room
destylator *m* distiller
destylować *vt imperf* to distil
desygnować *vt imperf* to designate ⟨to appoint⟩ (**kogoś na stanowisko itd.** sb to a post etc.)
deszcz *m* rain; **pada ~** it is raining; **pada drobny ~** it is drizzling; **pada ulewny ~** it is pouring; *przen* **wpaść** ⟨**trafić**⟩ **z ~u pod rynnę** to fall out of the frying-pan into the fire
deszczomierz *m meteor* rain-gauge
deszczowiec *m* raincoat
deszczow|y *adj* rainy; (*o pogodzie*) rough; wet; **chmura ~a** rain-cloud
deszczówka *f singt* rain-water
deszczułka *f* slat
deszczyk *m dim* ↑ **deszcz**; fine rain; drizzle
detal *m* 1. (*szczegół*) detail 2. *singt handl* retail trade
detalicznie *adv* by retail

detaliczny *adj* retail — (trade, price etc.)
detalista *m* retailer
detektor *m radio* crystal set
detektyw *m* (a) detective; **prywatny ~** private detective; *am* private eye
detektywistyczny *adj* detective — (novel etc.)
determinacj|a *f singt* 1. (*stanowczość*) determination; resoluteness; **z ~ą** resolutely 2. (*rezygnacja*) resignation
determinizm *m filoz* determinism; necessitarianism
detonacja *f* detonation; report (of explosion)
detonator *m* detonator; detonating fuse
detonować *imperf* **I** *vi* 1. (*wybuchać*) to detonate 2. *muz* to sing ⟨to play⟩ out of tune; to sing sharp ⟨flat⟩ **II** *vt* (*peszyć*) to put (sb) out of countenance; to disconcert; to abash **III** *vr* **~ się** (*peszyć się*) to lose countenance; to be disconcerted ⟨abashed⟩
detronizować *vt imperf* to dethrone; to depose (a monarch)
deuter *m fiz* deuterium
dewaluacja *f* 1. *ekon* devaluation (of a currency) 2. *przen* depreciation
dewaluować *imperf* **I** *vt* 1. *ekon* to devaluate (a currency) 2. *przen* to depreciate **II** *vr* **~ się** to become depreciated; to lose (its) value
dewastacja *f* devastation; destruction; ravage
dewastować *vt imperf* to devastate; to ravage; to lay waste
dewiz|a *f* 1. (*hasło*) motto; device; slogan 2. *pl* **~y** *ekon* foreign exchange ⟨currency⟩
dewizka *f* watch-chain
dewizow|y *adj ekon bank* foreign-currency — (department, policy etc.); **przestępstwo ~e** infringement of foreign-currency regulations
dewocja *f singt* bigotry; religionism
dewocjonalia *plt* devotional articles
dewoński *adj geol* Devonian
dewotka *f* bigot
dezaktualizować się *vr imperf* (*o wiadomości, kwestii itd.*) to become stale

dezaprobata 〈out of date〉; to lose its immediate interest
dezaprobat|a f disapproval; **z ~ą** disapprovingly
dezawuować vt imperf książk to disavow; to disown; to repudiate
dezercja f desertion
dezerter m deserter
dezerterować vi imperf to desert
dezorganizacja f singt disorganization; confusion; disorder; dislocation
dezorganizować vt imperf to disorganize; to throw into confusion 〈into disorder〉; to throw out of gear; to dislocate
dezorientacja f singt confusion; bewilderment
dezorientować vt imperf to make (sb) lose his bearings; to confuse; to bewilder
dezyderat m desideratum
dezynfekcj|a f singt disinfection; **przeprowadzić ~ę czegoś** to disinfect sth
dezynfekcyjny adj disinfecting — (agent etc.); **środek ~** disinfectant
dezynfekować vt imperf to disinfect
dębieć vi imperf (być zdumionym) to be dumbfounded 〈astounded, flabbergasted〉
dębina f 1. (dąbrowa) oakwood 2. (drewno) oakwood
dębowy adj oak — (floor etc.); oaken
dętka f 1. (kiszka rowerowa) air-chamber 2. aut tube 3. (w piłce) bladder (of football etc.)
dęt|y adj inflated; **instrumenty ~e** the wind; the brass; **orkiestra ~a** brass band
diabelnie adv pot confoundedly; deucedly; damnably
diabelny adj pot confounded; deuced
diabelski adj devilish, diabolic(al)
diab|eł m devil; fiend; demon; the deuce; (o człowieku) **~eł wcielony** the 〈a〉 devil incarnate; pot **~ła wart** good for nothing; **niech go ~li wezmą!** the devil take him!; **niech to ~li!**, **do ~ła!** oh hang!; blow!; confound it!; **przysł nie taki ~eł straszny jak go malują** the devil is not so black as he is painted

diabetyk m med (a) diabetic
diablica f (jędza) shrew
diadem m diadem; coronet; tiara
diafragma f anat fot techn diaphragm
diagnosta m diagnostician
diagnostyka f singt diagnostics
diagnoz|a f diagnosis; **postawić ~ę** to diagnose; to make a diagnosis
diagonalny adj diagonal
diagram m diagram; graph
diakon m rel deacon
diakrytyczny adj diacritical
dialekt m dialect; idiom
dialektyczny[1] adj filoz dialectical
dialektyczny[2] adj jęz dialectal
dialektyka f filoz dialectic
dialog m dialogue
diament m 1. miner diamond 2. (przyrząd szklarski) glass-cutter; cutting diamond
diamentowy adj diamond — (field etc.)
diametralnie adj diametrically; **różnić się ~** a) (między sobą) to be poles asunder b) (od czegoś) to be diametrically opposed (**od czegoś** to sth)
diametralny adj diametrical
diapozytyw m fot (lantern) slide
diatermia f diathermy
diecezja f diocese
die|ta[1] (ograniczone odżywianie) diet; **być na ~cie** to be on a diet; to follow a course
diet|a[2] f (także pl ~y) travelling allowance
dietetyczny adj dietetic
dietetyka f singt dietetics
dioda f el diode
dioptria, dioptra f fiz diopter
diuna f dune
dla praep 1. (cel) for; **~ ciebie** for you; (w połączeniu z rzeczownikiem odsłownym) to + bezokolicznik; **~ zrobienia czegoś** to do sth 2. (stosunek do kogoś, czegoś) to; towards; **być uprzejmym ~ kogoś** to be kind to 〈towards〉 sb; **przyjemne ~ oka** pleasing to the eye; nice to look at 3. (wzgląd na kogoś, coś) for the sake; **~ spokoju** for the sake of peace; **sztuka ~ sztuki** art for art's

dlaboga　　　　　　　　98　　　　　　　　**dłużej**

sake; **zrobiłem to ~ niego** I did it for his sake
dlaboga *interj* my Goodness!; oh dear!
dlaczego *adv* why?; what for?
dlatego *adv* 1. (*przeto*) (*także* ~ **też**) therefore; (and) so; this ⟨that⟩ is why 2. (*ponieważ*) ~ **że** because
dławić *imperf* **I** *vt dosł i przen* to choke; to strangle; to throttle; *przen* (*tłumić*) to stifle; to smother; to quash; to quell **II** *vr* ~ **się** to choke (*vi*) (**ze śmiechu** itd. with laughter etc.)
dławik *m el* choking-coil
dłoniasty *adj* palm-like; *bot* palmate
dło|ń *f* 1. (*wewnętrzna strona ręki*) palm (of the hand); **jak na** ~**ni** clearly; distinctly 2. (*ręka*) hand; **ująć coś w** ~**nie** to take sth in hand; *przen* **bratnia** ~**ń** helping hand; **mieć serce na** ~**ni** to be open-hearted; to have one's heart on one's sleeve
dłubać *imperf* **I** *vt* (*żłobić*) to gouge; to groove;. to hollow out **II** *vi* 1. (*majstrować*) to tinker (**przy czymś** at sth); to potter about 2. (*grzebać*) to poke (**w nosie** one's nose); to pick (**w zębach** one's teeth)
dłubanina *f* 1. (*żmudna praca*) toilsome ⟨painstaking⟩ work; drudgery 2. (*majstrowanie*) pottering about
dług *m* 1. debt; ~ **honorowy** debt of honour; **mieć** ~**i** to be in debt; **popaść w** ~**i** to run into debt; **zrobić** ⟨**zaciągnąć**⟩ ~ to incur a debt; **tonąć w** ~**ach po uszy** to be sunk in debt 2. *przen* obligation; indebtedness; **mieć** ~ **wdzięczności wobec kogoś** to be indebted ⟨under an obligation⟩ to sb
długi *adj* (*comp* **dłuższy**) 1. long; ~ **na 2** ⟨**3 itd.**⟩ **metry** 2 ⟨3 etc.⟩ metres long; **leżeć jak** ~ to lie at full length; **upaść jak** ~ to measure one's length (on the ground); **jak kraj** ~ **i szeroki** throughout the country 2. (*długotrwały*) long; long-drawn; (*o wysiłku*) sustained; (*o pobycie*) protracted; **jak dzień** ~ the livelong day; **jak rok** ~ all the year round
długo *adv* (*comp* **dłużej**) 1. long; a long way; far 2. (*przez długi czas*) long; (for) a long time; **na** ~ for long; for a long time; **jak** ~? how long?; **jak** ~ ... so long as ...; **jak** ~ **deszcz będzie padał nie będziemy mogli** ... as long as it rains we shall not be able to ...; **jak** ~ **jeszcze?** how much longer?
długodystansowiec *m sport* long-distance runner
długodystansowy *adj* long-distance (race etc.)
długofalowy *adj* 1. *fiz* long-wave — (broadcast etc.) 2. (*długookresowy*) long-term ⟨long-range⟩ — (plans etc.)
długogrający *adj* long-play — (record)
długoletni *adj* of many years; of long standing
długometrażowy *adj* **film** ~ feature film
długonogi *adj* long-legged
długonos|y *adj* long-nosed; *zool* **małpa** ~**a** nose-ape
długoogniskowy *adj fot* of great focal length
długopis *m* ball(-point) pen; ball-pointer
długoś|ć *f* 1. length; **miary** ~**ci** long ⟨linear⟩ measures; **na** ~**ć** lengthways; endways; *radio* ~**ć fali** wave-length 2. *geogr* longitude 3. (*w czasie*) length (of time); long duration
długoterminowy *adj* long-term — (loan etc.)
długotrwałość *f singt* long duration
długotrwały *adj* prolonged; sustained; long-drawn
długowieczność *f singt* long life; longevity
długowieczny *adj* long-lived
długowłosy *adj* long-haired
dłut|o *n* (*narzędzie stolarskie, kamieniarskie*) chisel; (*narzędzie rytownicze*) burin; graver; (*o pomniku itd.*) ~**a** ... (*czyjegoś*) carved ⟨chiselled⟩ by ... (sb)
dłutować *vt imperf* to chisel
dłużej *adv* (*comp* ↑ **długo**) longer; (**z przeczeniem**) ~ **już nie** no longer; no more; **na** ~ for any length of time; **nie będę tego** ~ **robił** a) (*to się nie powtórzy*) I shall not do it

dłużnik 99 **doba**

any more b) (*to nie będzie trwało dalej*) I shall not continue to do it; I shan't do it any longer; **tak ~ być nie może** this cannot go on

dłużni|k *m*, **dłużni|czka** *f* debtor; borrower; **być czyimś ~kiem** ⟨**czyjąś ~czką**⟩ to be in sb's debt; to be indebted to sb

dłużny *adj* 1. (*winien*) indebted; **być komuś ~m pewną kwotę** to owe sb a sum of money; *przen* **nie zostać komuś ~m** (*obrazy itd.*) to give sb tit for tat; to give sb as good as one gets 2. (*zobowiązany*) indebted; under an obligation; **jestem ci ~** I am in your debt; I am under an obligation to you; **~ ci jestem odpowiedź** I owe you a reply

dłuższ|y *adj* (*comp* ↑ **długi**) (*o wysiłku itd.*) sustained; (*o pobycie gdzieś itd.*) protracted; **od ~ego czasu** since a pretty long time; **przez** ⟨**na**⟩ **~y czas** for any length of time

dłużyc|a *f* log; *pl* **~e** lumber

dłuży|ć się *vr imperf* (*o czasie*) to drag on; to wear on; **czas mu się ~** time hangs heavy on his hands

dłużyzna *f* (*w utworze literackim itd.*) tedious passage

dmuchacz *m* (*w hucie szkła*) glass-blower

dmuch|ać *vi imperf* — **dmuch|nąć** *vi perf* to blow; **pot nie w kij ~ał** no trifle; no joke

dmuchawiec *m bot* blow-ball

dmuchawka *f* blow-pipe

dmuchnąć *zob* **dmuchać**

dna *f singt med* gout

dnie|ć *vi imperf* to dawn; **~je** day is dawning; **kiedy ~je** at daybreak

dniówk|a *f* 1. (*dzień pracy*) day's work; **praca na ~i** work by the day; **robotnik pracujący na ~i** day-labourer 2. (*wynagrodzenie*) a day's wages

dniówkowy *adj* paid by the day

dno *n* 1. (*spód*) bottom (of the sea, a river, ship, bottle etc.); **dnem do góry** bottom up; **iść** ⟨**pójść**⟩ **na ~** to go to the bottom; to sink; **wypić do dna** a) to drink to the last drop b) *przen* (*o kielichu goryczy*) to drink to the lees ⟨to the dregs⟩; *przen* **studnia** ⟨**beczka**⟩ **bez dna** a) (*o źródle*) inexhaustible source b) (*o nienasyconym człowieku*) insatiable person c) (*o zadaniu*) endless task; *bot* **~ kwiatowe** torus; *anat* **~ oka** fundus of the eye 2. *przen* (*głębia — rozpaczy itd.*) depths ⟨utterness⟩ (of despair etc.)

do *praep* 1. (*kierunek*) to (school, the theatre etc.); **iść do domu** to go home; **pójść do kogoś** to go to see sb 2. (*do wnętrza, środka*) into, in; down (a well etc.); up (the chimney etc.) 3. (*przy oznaczaniu granicy czasu*) till; until; **do jutra** till ⟨until⟩ to-morrow; **do tej pory** till now 4. (*w obrębie oznaczonych granic czasu*) by; within; **to będzie zrobione do końca tego tygodnia** it will be done by the end of the week 5. (*do oznaczonej granicy w przestrzeni*) up to; down to; as low as; as high as; as far as; **do kolan** down ⟨up⟩ to the knees 6. (*w odniesieniu do kogoś, czegoś*) towards; **odnoszenie się do kogoś** one's attitude towards sb 7. (*w obrębie oznaczonych granic rozmiaru lub liczebności*) to; as much ⟨many⟩ as; no less ⟨no fewer⟩ than; **było do stu osób** there were as many as ⟨no fewer than⟩ a hundred people 8. (*przeznaczenie*) for; **do czego to jest?** what is this for? 9. (*przy pojęciu celowania*) at; **strzelić do kogoś, czegoś** to shoot at sb, sth 10. (*z rzeczownikiem odsłownym*) to + *bezokolicznik*: **coś do zjedzenia** sth do eat; **nic do powiedzenia** nothing to say 11. (*z rzeczownikiem odsłownym — możność lub niemożność zrobienia czegoś*) a) *przymiotnik z końcówką* -able, -ible; **do naprawienia** reparable; **nie do przetłumaczenia** untranslatable b) can + *bezokolicznik*; **to jest do zrobienia** it can be done 12. (*w porównaniach*) with; **przyrównać do kogoś, czegoś** to compare with sb, sth 13. (*w wyrażeniach wykrzyknikowych*) **do licha!** hang it all!; **do diabła!** damn!

dob|a *f* 1. (*24 godziny*) twenty-four

doberman   100   **dobroć**

hours; a day and night; **trwać całą ~ę** to go on day and night; **raz na ~ę** once a day 2. (*epoka*) era; age; **w dzisiejszej ~ie** nowadays
doberman *m zootechn* Doberman pincher
dobicie *n* ↑ **dobić**; the finishing stroke
dobi|ć *perf* — **dobi|jać** *imperf* I *vt* 1. (*przyśpieszyć zgon*) to kill off (a wounded animal, warrior etc.) 2. *przen* to give (sb) a crushing blow; **to mnie ~ło** that was the last straw 3. (*docisnąć*) to drive home (a nail, peg etc.); *przen* **~ć ⟨~jać⟩ targu** to strike a bargain; to come to terms 4. (*dotrzeć*) to reach (**do brzegu** the shore; **do portu** a port) II *vr* **~ć ⟨~jać⟩ się** 1. (*dotrzeć*) to reach (**do celu** the goal) 2. *imperf* (*zabiegać*) to strive (**czegoś** for ⟨after⟩ sth) 3. *imperf* (*stukać*) to rattle (**do drzwi** at the door)
dobie|c, dobie|gnąć *vi perf* — **dobie|gać** *vi imperf* 1. (*osiągnąć cel*) to reach (**do mety itd.** a goal etc.) 2. (*biec do końca*) to run out (**do końca wyścigu** a race) 3. (*o dźwiękach*) to reach (**kogoś** sb's ears) 4. (*osiągnąć kres w czasie*) to come up to ⟨to be nearing⟩ (**czterdziestki itd.** forty etc.); **~gać końca** to be nearing the end 5. *imperf* (*nadchodzić*) to be near; to be approaching; to be nearly ⟨almost⟩ ...; **~ga południe** it is almost noon
dobierać *zob* **dobrać**
dobijać *zob* **dobić**
dobit|ek: na ~ek ⟨~kę⟩ on top of all that; what is worse; to crown all
dobitnie *adv* distinctly; clearly; emphatically
dobitny *adj* distinct; clear; emphatic
doborowy *adj* select; choice; high-grade; high quality — (wine etc.)
dobosz *m* drummer
dobowy *adj* twenty-four hours' — (output etc.); a day and night's (work etc.)
dobór *m singt* choice; selection; assortment; **~ naturalny** natural selection
dob|rać *perf* — **dob|ierać** *imperf* I *vt* 1. (*dołożyć sobie*) to have some more (**mięsa** meat); to help oneself to some more 2. (*wziąć więcej*) to take additionally; **~rać ⟨~ierać⟩ towaru ⟨pieniędzy itp.⟩** to take an additional consignment of goods ⟨sum of money etc.⟩ 3. (*wybrać coś odpowiedniego*) to make one's choice (**coś** of sth); to select; to choose; to pick; **~rać ⟨~ierać⟩ coś do czegoś** to assort ⟨to match⟩ sth with sth 4. (*dopasować*) to fit (**klucz do zamka itd.** a key to a lock etc.) II *vr* **~rać ⟨~ierać⟩ się** 1. (*zdobyć dostęp*) to lay one's hands (**do skarbów itd.** on treasures etc.) 2. (*zgadzać się, odpowiadać sobie*) to be well-matched 3. *imperf* (*usiłować posiąść*) to try to get (**do czegoś** at sth); to be after (**do czegoś** sth)
dobranoc *indecl* good-night; **mówić komuś ~** to wish ⟨to say⟩ sb good-night; **pocałować kogoś na ~** to kiss sb good-night
dobran|y *adj* well-chosen; (*o parze ludzi*) well-matched; (*o małżeństwie*) **oni są źle ~i** they are a bad match
dobrnąć *vi perf* (at long last) to reach (**do celu itd.** one's destination etc.)
dobr|o *n* 1. (*ideał moralny*) right; **~o i zło** right and wrong 2. (*pomyślność*) good; **dla czyjegoś ~a** for sb's good 3. (*majątek*) property 4. *pl* **~a handl** goods; wares; **~a konsumpcyjne** consumer goods 5. *pl* **~a** (*zdobycze*) values; **~a kulturalne** cultural values 6. (*interes, pożytek*) welfare; well-being; **~o publiczne** common property 7. **bank handl** the credit side (of an account) 8. *pl* **~a** (*majątek ziemski*) landed property; estate
dobroby|t *m singt* prosperity; welfare; **żyć w ~cie** to live in comfort
dobroczynnoś|ć *f singt* charity; welfare work; **towarzystwo ~ci** charitable ⟨philanthropic⟩ institution
dobroczynny *adj* 1. charitable; philanthropic 2. (*zbawienny*) beneficial
dobroczyńca *m* benefactor
dobroć *f singt* 1. (*cecha charakteru*) kindness; kind-heartedness 2. (*dobra jakość*) good quality

dobroduszność *f singt* kindliness; good-nature
dobroduszny *adj* kindly; good-natured; good-humoured
dobrodziej *m* benefactor; † **panie ~u** my good Sir
dobrodziejka *f* benefactress
dobrodziejstwo *n* 1. (*dobry uczynek*) good deed; act of kindness 2. (*pomyślna okoliczność*) (a) blessing; benefit 3. **prawn ~ inwentarza** benefit of inventory
dobrosąsiedzki *adj* good-neighbourly
dobrotliwość *f singt* good nature; kind-heartedness
dobrotliwy *adj* 1. (*dobroduszny*) good-natured; kind-hearted 2. *med* (*o nowotworze itd*.) benign
dobrowolnie *adv* voluntarily; of one's own free will
dobrowolny *adj* voluntary; free; gratuitous
dobr|y I *adj* (*comp* **lepszy**) 1. good; **mój ~y znajomy** a good friend of mine; **wszystkiego ~ego** the best of luck; **przysł wszystko ~e, co się dobrze kończy** all's well that ends well 2. (*uprzejmy*) kind; **bądź tak ~y i zrób to** be so kind as to do that 3. (*dodatni*) favourable; **przedstawić coś w ~ym świetle** to show sth in a favourable light 4. (*pogodny*) optimistic; **był ~ej myśli** he was optimistic 5. (*właściwy*) right; proper **II** *n* ~e *singt* good; **na ~e** for good (and all); **to ci wyjdzie na ~e** a) (*dobrze zrobi*) it will do you good b) (*będzie z korzyścią*) it will be to your advantage; **za dużo ~ego** too much of a good thing **III** *f pot* **~a!** all right!; O.K.!; **~a nasza!** righto!; hurray!
dobrze *adv* (*comp* **lepiej**) 1. well; **~ ci to zrobi** that will do you good; **~ się stało** it's a good thing; **~ żyć z kimś** to be on good terms with sb; to get on well with sb 2. (*poprawnie*) correctly; **o ile ~ pamiętam** if I remember rightly 3. (*właściwie, słusznie*) right; **~ odpowiedzieć** to give the right answer 4. (*przyjemnie*) nicely; comfortably; **~ im było razem** they were happy together; **jak to ~!** how nice! 5. (*mówiąc o samopoczuciu*) all right; **czy ~ się czujesz?** are you all right? 6. (*korzystnie*) becomingly; **~ ci w tym kapeluszu** that hat is very becoming ⟨suits you⟩ 7. (*wyrażając zgodę*) good!; all right; righto!; O.K. 8. (*w złożeniach*) well-; well —; **~ poinformowany** ⟨**znany**⟩ well informed ⟨known⟩; **~ wychowany** well-behaved; **~ ubrany** well-dressed
dobudować *vt perf* to add; **~ piętro** to build an additional storey
dobudzić *vt perf* (*także vr* **~ się**) to manage to wake (sb) up
dobytek *m singt* 1. (*mienie*) belongings; possessions 2. (*inwentarz*) livestock
docelowy *adj* 1. (*zmierzający do celu*) in-coming; (*o drogach*) of approach; of access 2. (*będący celem*) (port etc.) of destination
doceni|ać *vt imperf* — **doceni|ć** *vt perf* to value; to appreciate; **nie ~ać** to underestimate; to underrate
docent *m* assistant professor; *am* reader
docentura *f* assistant-professorship; *am* readership
dochodowość *f singt* remunerativeness
dochodowy *adj* 1. (*intratny*) remunerative; (*o przedsięwzięciu*) **być ~m** to pay 2. (*dotyczący dochodu*) of income; **podatek ~** income-tax
dochodząca *f* a daily
dochodzenie *n* ↑ **dochodzić** 1. (*śledztwo*) inquiry; (*zebranie danych*) investigation 2. (*domaganie się*) vindication (**praw** of one's rights)
dochodzić *imperf* — **dojść** *perf* **I** *vi* 1. (*idąc docierać*) to reach (**dokąd** a place) 2. (*o środkach komunikacji*) to go as far (**do jakiejś miejscowości** as a given place) 3. (*o przesyłce itd.*) to reach; to be delivered; to come 4. (*o okresie czasu*) to be nearing ⟨approaching⟩; **dochodzi godzina ósma** it is getting on for 8 o'clock; it is close on ⟨almost⟩ eight 5. (*osiągnąć*) to attain (**do władzy, zaszczytów itd.** power, honours etc.); **dochodzić** ⟨**dojść**⟩ **do pieniędzy** to come by some money; **dochodzić** ⟨**dojść**⟩ **do poro-**

dochować   102   **dodać**

zumienia to come to an understanding; **dochodzić ⟨dojść⟩ do przekonania, że ...** to come to the conviction that ...; **dochodzić ⟨dojść⟩ do sedna sprawy** to come to the point; **dochodzić ⟨dojść⟩ do wniosku, że ...** to arrive at the conclusion that ...; **jak do tego doszło?** how did this come about?; **doszło do tego, że ... things** came to such a point that ... 6. (*dojrzewać*) to ripen II *vt* 1. (*domagać się na drodze prawnej*) to claim ⟨to vindicate⟩ (**swych praw itd.** one's rights etc.) 2. (*dowiadywać się, badać*) to find out (**czegoś** sth); to inquire (**czegoś** into sth); **dochodzić ⟨dojść⟩ prawdy** to thrash out the truth
dochow|ać *perf* — **dochow|ywać** *imperf* I *vt* to keep (**tajemnicy** a secret; **wiary komuś** faith with sb) II *vr* ~**ać ⟨~ywać⟩ się** 1. (*przetrwać*) to be preserved 2. (*mieć wyniki wychowania, hodowli*) to have brought up (**syna** a son); to have reared (*x* **sztuk bydła** *x* head of cattle)
doch|ód *m* 1. (*zarobki*) income; *pl* ~**ody** earnings 2. (*także pl* ~**ody**) (*wpływy skarbowe*) ~**ody państwa** the State revenue 3. (*zysk*) profit; returns; **przedsiębiorstwo daje** ~**ód** the business pays ⟨shows profit⟩
doci|ąć *vi perf* — **doci|nać** *vi imperf przen* to nettle ⟨to sting⟩ (**komuś** sb); ~**ąć ⟨~nać⟩ sobie** (**nawzajem**) to bandy words
dociągać *vt imperf* — **dociągnąć** *vt perf* to bring ⟨to carry⟩ (**coś do jakiegoś punktu** sth to a certain point)
dociec *vt perf* — **dociekać** *vt imperf* to find out ⟨to investigate⟩ (**czegoś** sth); to inquire (**czegoś** into sth)
dociekanie *n* ↑ **dociekać**; investigation
dociekliwy *adj* inquiring; searching
docierać *imperf* — **dotrzeć** *perf* I *vt aut* to run in (**wóz** a car) II *vi* (*dostać się*) to reach (**do miejscowości** a place); **nie dotrzeć do celu** to fall short of one's aim
docinać *zob* **dociąć**
docinek *m* gibe; jeer; scoff; sally

docis|kać *imperf* — **docis|nąć** *perf* I *vt* to tighten (one's belt, *przen* the screw) II *vr* ~**nąć się** (*dopchać się*) to force one's way through (**do kogoś, czegoś** to sb, sth)
do cna *adv* altogether; completely; utterly; entirely
docucić *vt perf* (*także vr* ~ **się**) to succeed in bringing (sb) back to his ⟨her⟩ senses
doczek|ać *perf* I *vi* (*czekając dotrwać*) to wait (**aż się coś stanie** till sth happens) II *vt* (*także vr* ~**ać się**) (*osiągnąć, dożyć*) to reach (**starości itd.** a ripe old age etc.); to see (sth happen; the day when etc.); to get (sth) at last ⟨at long last⟩; to live to see (**czegoś** sth); ~**ać osiemdziesiątki** to live to be eighty; ~**ać się końca czegoś** to see sth through; ~**ać się końca wojny** to live to see the end of the war; **myślałem, że się ciebie nie** ~**am** I had given you up; **nie móc się** ~**ać czegoś** to be impatient for sth; to wait for sth in vain
doczepi|ać *imperf* — **doczepi|ć** *perf* I *vt* to attach; to hitch; to link; to hook on II *vr* ~**ać ⟨~ć⟩ się** to be attached ⟨linked, fixed, hitched, hooked on⟩
doczesn|y *adj* worldly; temporal; mundane; terrestrial; **dobra** ~**e** worldly possessions
doczyścić *vt perf* (*także vr* ~ **się**) to get (sth) thoroughly clean
doczyta|ć *vt perf* 1. (*przeczytać do końca*) to read (sth) through 2. (*przeczytać do pewnego miejsca*) to read (sth) up to a certain place; ~**łem dotąd** I have read up to here
doda|ć *perf* — **doda|wać** *imperf* I *vt* 1. (*dołożyć*) to add; ~**ć ⟨~wać⟩ cukru ⟨soli itd.⟩** to put in (some) more sugar ⟨salt etc.⟩ 2. (*dołączyć*) to join ⟨to affix⟩ (a document etc.) 3. (*wzmóc*) to add ⟨to lend⟩ (**powagi, piękna itd.** dignity, beauty etc.) 4. (*natchnąć czymś*) to impart (**komuś czegoś** sth to sb); ~**ć ⟨~wać⟩ komuś odwagi** to infuse sb with courage 5. (*sumować*) to add (up); to sum up II *vi* 1. (*powiedzieć jeszcze*) to add;

dodatek 103 **doić**

nie trzeba ~wać, że ... needless to say that ... 2. *karc* **~ć ⟨~wać⟩ do koloru** to follow suit
dodat|ek *m* 1. addition; supplement; **nadzwyczajny ~ek (gazety)** extra (edition); **~ek niedzielny** Sunday supplement 2. (*uzupełnienie poborów*) allowance; bonus 3. *pl* **~ki** accessories || **na ~ek, w ~ku** besides; moreover
dodatkowo *adv* additionally; in addition; into the bargain
dodatkowy *adj* 1. (*uzupełniający*) additional; supplementary; further 2. (*uboczny, luźny*) fresh; new; extra
dodatni *adj* 1. (*pozytywny*) positive 2. *księgow* (*o bilansie*) favourable; active 3. (*korzystny*) advantageous; (*o wpływie itd.*) beneficial; **~a strona** advantage
dodawani|e *n* ↑ **dodawać**; *mat* addition; **znak ~a** positive ⟨plus⟩ sign
dodzwoni|ć się *vr perf* 1. (*dzwonić aż ktoś się zgłosi*) to ring till sb answers 2. *telef* to get a telephone connexion; **nie ~łem się do niego** I could not get him on the phone
dog *m zootechn* great Dane
dogad|ać *perf* — **dogad|ywać** *imperf* I *vi* (*dociąć*) to scoff ⟨to jibe⟩ (**komuś** at sb); **~ać ⟨~ywać⟩ sobie** to bicker; **to bandy words II** *vr* **~ać ⟨~ywać⟩ się** 1. (*porozumieć się w obcym języku*) to make oneself understood 2. (*porozumieć się z kimś*) to understand (**z kimś** one another, each other) 3. (*dojść do porozumienia*) to come to an understanding ⟨to terms⟩
dog|adzać *vi. imperf* — **dog|odzić** *vi perf* 1. (*spełniać czyjeś życzenia*) to please (**komuś sb**); **~adzać ⟨~odzić⟩ komuś** to meet sb's wishes; **nikt mu ⟨jej⟩ nie ~odzi** there is no pleasing him ⟨her⟩ 2. *imperf* (*odpowiadać*) to be convenient (**komuś** to sb); to suit (**komuś sb**)
doganiać *vt imperf* — **dogonić, dognać** *vt perf* to catch up (**kogoś** with sb); to overtake
dogasać *vi imperf* to be dying out
dogasnąć *vi perf* to die out

dogląd *m* 1. (*nadzór*) supervision; care 2. *handl* servicing
doglądać *vt imperf* 1. (*nadzorować*) to supervise (**kogoś, czegoś** sb, sth) 2. (*pielęgnować*) to care (**kogoś, czegoś** for sb, sth); to nurse (**dziecka, chorego** a child, a patient) 3. (*pilnować*) to look after (**kogoś, czegoś** sb, sth) 4. *handl* to service (**samochodu, maszyny itd.** a car, a machine etc.)
dogłębny *adj* deep; profound
dogmat *m* dogma; tenet
dogmatyczność *f singt* 1. (*cecha opinii*) dogmatism 2. (*cecha osoby*) dictatorial behaviour
dogmatyczny *adj* dogmatic
dogmatyk *m filoz* dogmatist
dogmatyzm *m singt* dogmatism
dognać *zob* **doganiać**
dogodnie *adv* conveniently; **kiedy wam będzie ~** at your convenience
dogodność *f singt* convenience
dogodn|y *adj* 1. (*odpowiedni*) convenient; opportune; handy; **w ~ej chwili** at one's leisure 2. (*korzystny*) profitable; **~a cena** accessible price; **~e warunki zapłaty** easy terms
dogodzić *zob* **dogadzać**
dogonić *zob* **doganiać**
dogorywać *vi imperf* 1. (*dogasać*) to be dying out 2. (*konać*) to be dying ⟨on one's deathbed⟩
dogotow|ać *perf* — **dogotow|ywać** *imperf* I *vt* 1. (*ugotować całkowicie*) to get sth well cooked ⟨boiled⟩ 2. (*ugotować dodatkowo*) to cook ⟨to boil⟩ some more (**zupy itd.** soup etc.) II *vr* **~ać ⟨~ywać⟩ się** *perf* to be well cooked; *imperf* to be almost ready (to be served)
dogrywka *f sport* play-off
dogryzać *vi imperf* — **dogryźć** *vi perf* (*dogadywać*) to sting ⟨to nettle, to gall⟩ (**komuś** sb)
dogrz|ać *perf* — **dogrz|ewać** *imperf* I *vi* (*o słońcu*) to scorch; **słońce ~ewało** **therę** was a scorching heat II *vt* (*grzać dodatkowo*) to warm up some more (**wody itd.** water etc.)
doić *vt imperf* 1. to milk (a cow)

2. *przen* (*odzierać*) to fleece (kogoś sb)
doj|adać *imperf* — **doj|eść** *perf* I *vt* (*kończyć jeść*) to eat up; to finish eating II *vi* 1. (*jeść do syta*) to have enough to eat; **nie ~adać** to hunger; to starve 2. (*dokuczać*) to be painful; to disturb; **~eść komuś do żywego** to sting sb to the quick; to get on sb's nerves; **~adło mi to** I am sick of it ⟨*pot* fed up with it⟩
dojarka *f* 1. (*kobieta*) milkmaid 2. (*przyrząd*) milker
dojazd *m* 1. (*dostawanie się*) journey (to one's destination) 2. (*środki lokomocji*) means of reaching (**do miejsca przeznaczenia** one's destination) 3. (*dostęp*) access; approach
dojechać *vi perf* — **dojeżdżać** *vi imperf* to reach ⟨to get to, to arrive at⟩ (**do miejscowości** a place)
dojeść *zob* **dojadać**
dojeżdżać *vi imperf* 1. *zob* **dojechać** 2. (*stale jeździć*) to travel daily ⟨**am to commute**⟩ (**do miejsca pracy** to one's work, office)
dojmujący *adj* 1. (*o wietrze, mrozie itd.*) sharp; keen 2. (*o bólu*) acute; piercing
dojna *adj dosł i przen* **~ krowa** milch cow
dojrzałoś|ć *f singt* ripeness; maturity; *fizj* puberty; *szk* **egzamin ~ci** secondary school finals; school-leaving examination; **świadectwo ~ci** secondary school certificate
dojrzały *adj* (*o owocu*) ripe; (*o człowieku*) mature; **wiek ~** maturity; **przedwcześnie ~** precocious
dojrzeć[1] *vt perf* (*zobaczyć*) to catch a glimpse (**kogoś, coś** of sb, sth)
dojrzeć[2] *vi perf* — **dojrzewać** *vi imperf* to ripen; to mature; to mellow; *przen* to be ripe (**do wykonania** ⟨**zrobienia**⟩ **czegoś** for the execution of sth)
dojrzewani|e *n* ↑ **dojrzewać**; ripening; maturation; **~e płciowe** pubescence; **wiek** ⟨**okres**⟩ **~a** adolescence; puberty
dojście *n* 1. ↑ **dojść** 2. (*dostęp*) access; approach; (*do władzy, pełnoletności*) accession to ... (power, maturity)
dok *m mar* dock; *pl* **~i** dockyard; **~**

pływający wet ⟨floating⟩ dock; **suchy ~** dry ⟨graving⟩ dock
dokańczać *zob.* **dokończyć**
dokarmi|ać *vt imperf* — **dokarmi|ć** *vt perf* to give additional food (**człowieka, bydło** to a person, to cattle); **nie ~ony** underfed
dokaz|ać *vt perf* — **dokaz|ywać** *vt imperf* to achieve ⟨to accomplish⟩ (**czegoś** sth); **~ać** ⟨**~ywać**⟩ **cudów** to work miracles; to do wonders
dokazywać *imperf* I *zob* **dokazać** II *vi* to gambol; to frolic; to sport
dokąd *pron* 1. (*pytający* — w określeniach miejsca) where to?; where?; how far? 2. (*pytający* — w określeniach czasu) how long?; till when? 3. (*względny* — w określeniach miejsca) where; how far; **zobaczymy ~ zajdą** we'll see where ⟨how far⟩ they can go 4. (*względny* — w określeniach czasu) how long; till when; **nie wiem ~ to potrwa** I don't know how long ⟨till when⟩ this will last; **dotąd, ~** as long as
dokądkolwiek *pron* 1. (*w określeniach miejsca*) wherever; no matter where 2. (*w określeniach czasu*) as long as ...
dokądś *adv* somewhere
doker *m* docker; stevedore
dokleić *vt perf.* — **doklejać** *vt imperf* to stick on (**kartkę itd.** another leaf etc.)
dokładać *imperf* — **dołożyć** *perf* I *vt* to add (**coś** ⟨**czegoś**⟩ **do czegoś** sth to sth); to put (**kostkę cukru itd.** another ⟨an extra⟩ piece of sugar etc.); **dokładać** ⟨**dołożyć**⟩ **ręki do czegoś** to contribute to sth; to bear a hand in sth; **dokładać** ⟨**dołożyć**⟩ **starań** to take pains; **dołożę wszelkich starań** I shall spare no pains II *vi* 1. (*dodawać paliwa*) to add fuel (**do pieca** to the fire) 2. w zwrocie: **dokładać** ⟨**dołożyć**⟩ **do interesu** to run a losing business III *vr* **dokładać** ⟨**dołożyć**⟩ **się** 1. (*przyczynić się*) to contribute (**do czegoś** to sth) 2. (*przykładać się*) to take pains; to show diligence
dokładk|a *f* something thrown into the bargain; *handl i przen* makeweight;

(*u rzeźnika*) extra bone || **na ~ę** ... and to that ...
dokładnie *adv* 1. (*ściśle*) exactly; precisely; accurately 2. (*starannie*) thoroughly; carefully 3. (*punktualnie*) exactly; precisely; punctually; **~ o 8 godzinie** at 8 o'clock sharp 4. (*wiernie*) (to translate) faithfully; correctly
dokładność *f singt* 1. (*ścisłość*) exactitude; precision; accuracy 2. (*staranność*) thoroughness
dokładny *adj* 1. (*ścisły*) exact; precise; accurate 2. (*staranny*) thorough 3. (*o badaniu*) close; searching 4. (*o czasie*) exact; precise; **czy to jest ~ czas?** is this the right time?
dokoła I *adv* all (a)round; right round II *praep* round ⟨about⟩ (**kogoś, czegoś** sb, sth)
dokompletować *vt perf* to complete (*zestaw itd.* a set etc.)
dokon|ać *perf* — **dokon|ywać** *imperf* I *vt* 1. (*spełnić*) to execute (**czegoś** sth); to commit (**zbrodni** a crime) 2. (*dokazać*) to achieve ⟨to accomplish⟩ (**wielkich czynów** great deeds); **~ać** ⟨**~ywać**⟩ **cudów** to make miracles II *vr* **~ać** ⟨**~ywać**⟩ **się** to take place; to occur; to happen; (*o zbrodni*) to be perpetrated
dokonanie *n* ↑ **dokonać**; execution; performance; achievement; fulfilment
dokonany *adj gram* perfect
dokonywać *zob* **dokonać**
dokończenie *n* 1. ↑ **dokończyć** 2. (*ostatnia część*) end; completion; conclusion; **~ nastąpi** to be concluded
dok|ończyć *vt perf* — **dok|ończać, dok|ańczać** *vt imperf* to finish (up ⟨off⟩); to complete; to conclude; to end; **nie ~ończyć** ⟨**~ończać, ~ańczać**⟩ **czegoś** to leave sth unfinished; to do a thing by halves
dokooptować *vt perf* to co-opt
dokooptowanie *n* ↑ **dokooptować**; co-optation; co-option
dokrajać, dokroić *vt perf* — **dokrawać** *vt imperf* to cut some more (**chleba itd.** bread etc.)

dokrewny *adj biol* (*o gruczołach*) endocrine
dokręc|ać *vt imperf* — **dokręc|ić** *vt perf* to screw (sth) tight; **~ać** ⟨**~ić**⟩ **kurek** to turn a tap tight
dokrętka *f techn* nut
dokroić *zob* **dokrajać**
dokształc|ać *imperf* — **dokształc|ić** *perf* I *vt* **~ać** ⟨**~ić**⟩ **kogoś** to supplement sb's education; to give sb additional training II *vr* **~ać** ⟨**~ić**⟩ **się** to supplement one's education
dokształcanie *n* 1. ↑ **dokształcać**; additional schooling ⟨training⟩ 2. **~ się** self-improvement
doktor *m* 1. doctor; **~ chemii** doctor of chemistry 2. *pot* (*lekarz*) doctor; physician
doktorant *m* candidate for a doctor's degree
doktorat *m* doctorate; doctor's degree; **zrobić ~** to take a doctor's degree
doktorski *adj* doctor's; *pot* physician's
doktoryzować się *vr perf imperf* to take a doctor's degree
doktryna *f* tenet(s); doctrine; principles
doktryner *m* doctrinarian; doctrinaire
doktrynerski *adj* doctrinaire
doktrynerstwo *n singt* doctrinarianism
dokucz|ać *vi imperf* — **dokucz|yć** *vi perf* 1. (*drażnić*) to tease (**komuś** sb) 2. (*dawać się we znaki*) to annoy (**komuś** sb); to be a nuisance; **~ał mi głód** I was pinched with hunger 3. (*sprawiać ból*) to trouble; to be painful; **~a mu reumatyzm** he is troubled with ⟨he suffers from⟩ rheumatism 4. (*stać się nieznośnym*) to become a bore; **to mi ~yło** I am bored ⟨disgusted⟩ with it
dokuczliw|y *adj* 1. (*o człowieku*) vexatious; trying; troublesome 2. (*o upale, o bólu itd.*) nasty; trying; nagging; bad (headache etc.); **~a rzecz** nuisance
dokuczyć *zob* **dokuczać**
dokument *m* 1. (*akt*) document; deed 2. *pl* **~y** (*papiery osobiste*) papers
dokumentacja *f* 1. (*dowody*) records 2. *techn* working plan(s); specification

dokumentalny, dokumentarny *adj* documentary; **film** ~ (a) documentary
dokumentować *vt imperf* 1. (*udowadniać*) to evidence; to testify (**coś** to sth) 2. (*uzasadniać*) to base (a claim, a statement etc.)
dokupić *vt perf* to buy some more (**chleba, cukru itd.** bread, sugar etc.)
dokwaterować *vt perf* to assign living quarters (**kogoś komuś do mieszkania** to sb in sb else's flat)
dol|a *f singt* lot; destiny; **na ~ę i niedolę** for better for worse; **w ~i i niedoli** in weal or woe
dol|ać *vt perf* — **dol|ewać** *vt imperf* to pour (out) some more (**wody, herbaty itd.** water, tea etc.); **~ewał mu wina** he kept refilling his glass; *przen* **~ać ⟨~ewać⟩ oliwy do ognia** to fan the flame
dolar *m* dollar
dolarowy *adj* dollar — (note etc.)
dol|ecieć *vi perf* — **dol|atywać** *vi imperf* 1. (*o samolocie, ptaku*) to reach (**do celu** its destination); to come (**do lotniska ⟨do gniazda⟩** home) 2. (*o dźwiękach*) to be heard; to reach (**kogoś** sb ⟨sb's ears⟩); (*o zapachach*) to be felt; **~eciał mnie zapach róż** I felt the smell of roses
dolega|ć *vi imperf* to trouble (**komuś** sb); (*boleć*) to ache; to hurt; to be painful; **co ci ~?** what is wrong with you?; **coś mi ~** there's something the matter with me
dolegliwość *f* 1. (*choroba*) complaint 2. (*ból*) pain 3. (*zmartwienie*) trouble; worry
dolepić *vt perf* — **dolepiać** *vt imperf* to stick (sth) on
dolewać *zob* **dolać**
doliczać *vt imperf* — **doliczyć** *vt perf* to add (an expense, a percentage etc. to a bill etc.); to make an additional charge (**koszt przewozu itd.** for carriage etc.)
doliczenie *n* ↑ **doliczyć**; additional charge (to a bill etc.)
doliczyć *perf* I *zob* **doliczać** II *vr* ~ **się** to make one's count square; (*z przeczeniem*) to miss; to be ... short;

nie mogę się ~ dwóch książek I miss two books; **nie mogę się ~ 20 zł** I am 20 zlotys short
dolina *f* valley
dolnośląski *adj* Lower-Silesian
doln|y *adj* bottom (drawer, shelf etc.); lower (part, storey, jaw etc.); under (part, surface, teeth etc.); **~a warga** under-lip; **~y bieg rzeki** the lower course of a river
dolomit *m miner* dolomite
dołączenie *n* ↑ **dołączyć**; addition
dołącz|yć *perf* — **dołącz|ać** *imperf* I *vt* to add; to join; to affix; (*w liście*) to enclose; (*przypiąć*) to attach; to tack on II *vr* **~yć ⟨~ać⟩ się** to join (**do towarzystwa itd.** a company etc.)
doł|ek *m* 1. pit; hollow; hole (in the ground); *przen* **kopać pod kimś ~ki** to intrigue against sb 2. (*wgłębienie na policzku lub brodzie*) dimple 3. *anat* fossa; *pot* **ściska mnie w ~ku** a) (*ból*) I have a pain in the stomach b) (*zdenerwowanie*) I have butterflies in my stomach
dołować *vt imperf* to pit (vegetables); to earth (trees, shrubs)
dołożyć *zob* **dokładać**
dom *m* 1.(*budynek*) house; ~ **czynszowy** block of flats; tenement house; ~ **piętrowy** two-storied house; **w sąsiednim ~u** next door 2. (*mieszkanie*) home; **być w ~u** to be at home ⟨in⟩; **czuć się jak w ~u** to feel at home; **nie było go w ~u** he wasn't in; he was out; **poszliśmy do niego do ~u** we went (over) to his place 3. (*rodzina, domownicy*) household; **pan ~u** the host; **pani ~u** the hostess; (*o nazwisku kobiety*) **z ~u** maiden name; née 4. (*gospodarstwo*) housekeeping; **prowadzić ~** to do the housekeeping; to run the house 5. (*instytucja*) ~ **akademicki** student home ⟨*am* dormitory⟩; ~ **handlowy** business concern; firm; ~ **kultury ⟨ludowy⟩** club; ~ **publiczny** house of ill fame; ~ **starców** home for the aged; ~ **towarowy** general stores; department store; *pot*

~ wariatów a) lunatic asylum b) *przen* bear garden
domagać się *vr imperf* to demand (**czegoś od kogoś** sth of ⟨from⟩ sb); to claim (**czegoś od kogoś** sth from sb); to insist (**czegoś** on sth)
domator *m* stay-at-home
domek *m* cottage; ~ **campingowy** bungalow
domena *f* domain; realm; sphere
domiar *m* surtax; **nałożyć komuś** ~ **to** surtax sb || **na** ~ in addition; **na** ~ **złego** to make matters worse; on top of it all
domieszać *vt perf* to add; to admix
domieszk|a *f* admixture; addition; **bez ~i** pure
domięśniowy *adj med* intramuscular
dominanta *f* dominant
dominikanin *m* Dominican friar
dominikanka *f* Dominican nun
dominium *n polit* dominion
domino *n* 1. (*gra*) dominoes 2. (*strój*) domino
dominować *vi imperf* 1. (*przeważać*) to dominate; to preponderate; to prevail 2. (*górować*) to dominate (**nad okolicą itd.** over a region etc.); to command (**nad okolicą itd.** a region etc.)
dominujący *adj* predominant; prevailing
dom|knąć *perf* — **dom|ykać** *imperf* I *vt* to shut (a door, window) to II *vr* ~**knąć** ⟨~**ykać**⟩ się to shut (*vi*); **drzwi się nie** ~**ykają** the door won't shut
domniemanie *n* guess; conjecture; supposition
domniemany *adj* supposed; ~ **ojciec** putative father
domofon *m* door phone
domokrążca *m* pedlar; hawker
domorosły *adj* home-bred; self-taught
domostwo *n* 1. (*zagroda*) farmstead 2. (*dom*) homestead
domowni|k *m* inmate; *pl* ~**cy** the household
domow|y *adj* 1. (*związany z domem*) household — (goods etc.); **porządki** ~**e** housework 2. (*odbywający się, wykonywany w domu*) house — cleaning etc.); private (teacher); **ubiór**

~**y** indoor clothes; **szk zadanie** ~**e** homework 3. (*o potrawach*) home-made 4. (*o zwierzętach*) domestic 5. (*rodzinny*) homely (atmosphere etc.); family — (budget, doctor) 6. (*krajowy*) domestic; **wojna** ~**a** civil war || **po** ~**emu** informally; unceremoniously
dom|ówić *vt perf* — **dom|awiać** *vt imperf* to finish saying (sth): **nie** ~**ówić czegoś** to leave sth unsaid
domyć *vt perf* — **domywać** *vt imperf* to wash (sth) clean
domykać *zob* **domknąć**
domysł *m* guess; conjecture; speculation; **gubić się w** ~**ach** to be lost in conjecture; **to jest oparte na** ~**ach** it is pure guess-work
domyśl|ać się *vr imperf* — **domyśl|ić się** *vr perf* to assume; to presume; to suspect; **czy nie** ~**asz się kto ...?** cant't you guess who ...?; ~**ać** ⟨~**ić**⟩ **się czegoś** to guess sth
domyślnie *adv* significantly; expressively
domyślnik *m* implication; insinuation; hint; **mówić** ~**ami** to insinuate
domyślność *f singt* shrewdness; acumen; perspicacity
domyślny *adj* 1. (*bystry*) shrewd; perspicacious; smart 2. (*domniemany*) assumptive 3. *gram* understood
donaszać *zob* **donosić**
donica *f* 1. (*misa*) bowl 2. (*wazon*) flower-pot
do niczego *zob* **nic**
doniczka *f* flower-pot
doniczkowy *adj* potted (plant, flower)
do niedawna *zob* **niedawny**
doniesienie *n* ↑ **donieść** 1. (*wiadomość*) news; intelligence 2. (*donos*) information (**na kogoś** against sb)
don|ieść *perf* — **don|osić** *imperf* I *vt* to bring; to carry; to deliver II *vi* 1. (*zakomunikować*) to inform ⟨to notify⟩ (**komuś o czymś** sb of sth); ~**ieść** ⟨~**osić**⟩ **komuś o czymś** to let sb know sth; to send sb word ⟨news⟩ of sth 2. (*zadenuncjować*) to inform (**na kogoś** against sb); to denounce (**na kogoś** sb; **o czymś** sth); *szk* to sneak

doniosłoś|ć f singt importance; significance; **sprawa wielkiej ~ci** matter of great consequence
doniosły adj important; grave; far-reaching
donkiszot m quixote; knight-errant
donkiszoteria f, **donkiszotyzm** m quixotism, quixotry; errantry
donos m information (**na kogoś** against sb); denunciation
donosiciel m informer; denunciator; szk tale-bearer; sneak
donosicielstwo n singt informing; denunciating; szk tale-bearing; sneaking
don|osić vt perf — **don|aszać** vt imperf 1. zob **donieść** vt 2. (zużyć) to wear (a suit of clothes etc.) out of use 3. zw perf med to carry (the foetus) to term; **płód nie ~oszony** miscarried foetus
donośnie adv sonorously; in a loud voice
donośność f singt 1. (głosu) sonorousness; resonance 2. (broni) range (of a rifle etc.)
donośny adj loud; sonorous; resonant
donżuan m lady-killer
dookoła adv praep = **dokoła**
dopadać zob **dopaść**
dopal|ić perf — **dopal|ać** imperf I vt 1. (dokończyć palenia) to finish burning (sth); to burn (sth) up 2. (o człowieku palącym) to smoke out (**papierosa** a cigarette) II vr **~ić** ⟨**~ać**⟩ **się** to burn out; to burn to cinders
dopasow|ać perf — **dopasow|ywać** imperf I vt 1. (połączyć w całość) to fit; to adjust; to adapt 2. (dobrać) to match (a painting etc. to another) II vr **~ać** ⟨**~ywać**⟩ **się** 1. (przystosować się) to adapt oneself 2. (być dostosowanym) to fit (vi); to match (vi); to be adjusted; **oni się ~ali** they are well matched
dopasowany adj well-fitting; **ciasno ~** tight-fitting
dopasowywać zob **dopasować**
dopaść perf — **dopadać** imperf I vi (pędem osiągnąć cel) to run up (to sth); to reach (**do czegoś** sth) at a run II vt 1. (dogonić) to catch up (**kogoś** with sb); to overtake 2. (dorwać się)

to grab (**czegoś** sth); to lay hands (**czegoś** on sth)
dopat|rzyć perf — **dopat|rywać** imperf I vt (dopilnować) to watch (**czegoś** sth); to see (**czegoś** to sth); **nie ~rzyć czegoś** to neglect sth II vr **~rzyć** ⟨**~rywać**⟩ **się** 1. (zauważyć) to discern ⟨to detect⟩ (**czegoś** sth) 2. (doszukać się) to suspect ⟨to scent⟩ (**czegoś** sth)
dop|chać, dop|chnąć perf — **dop|ychać** imperf I vt to push (sth) home II vr **~chać** ⟨**~chnąć, ~ychać**⟩ **się** to push ⟨to elbow⟩ one's way (**dokąd** to a given spot)
dopełniacz m gram genitive; possessive case
dopełni|ać imperf — **dopełni|ć** perf I vt 1. (dodać do pełna) to fill up; **przen ~ać** ⟨**~ć**⟩ **miary** to fill the measure (of happiness etc.) 2. (uzupełnić) to complete; to complement 3. (spełnić) to execute; to perform II vr **~ać** ⟨**~ć**⟩ **się** 1. (uzupełniać się) to complement ⟨to supplement⟩ one another 2. **książk** (ziścić się) to be effected
dopełnienie n ↑ **dopełnić** 1. (uzupełnienie) complement; supplement 2. (spełnienie) execution; fulfilment 3. gram object ⟨complement⟩ (**bliższe** direct; **dalsze** indirect)
dopełzać vi imperf — **dopełznąć** vi perf to crawl up (to a given spot)
dopędzać vt imperf — **dopędzić** vt perf to catch up (**kogoś** with sb); to overtake
dopi|ąć perf — **dopi|nać** imperf I vt 1. (zapiąć dokładnie) to button up; to buckle up (one's belt); **przen ~ąć** ⟨**~nać**⟩ **coś na ostatni guzik** to have sth shipshape 2. (osiągnąć) to attain one's object; **~ąć celu** ⟨**swego**⟩ to attain one's object II vr **~ąć** ⟨**~nać**⟩ **się** to button (up)
dopić vt perf — **dopijać** vt imperf to drink up; to finish (one's tea etc.)
dopie|c perf — **dopie|kać** imperf I vt to finish baking (bread etc.) ⟨roasting (meat)⟩; **nie ~czony** (o pieczywie) baked slack; (o mięsie) underdone II vi 1. (o słońcu) to swelter; to scorch 2. (dokuczyć) to sting ⟨to

dopiero 109 **doprowadzać**

nettle⟩ (**komuś** sb); ~**c komuś do żywego** to sting sb to the quick III *vr* ~**c** ⟨~**kać**⟩ **się** *kulin* to be almost ready ⟨baked, roasted⟩
dopiero *adv* 1. (*zaledwie, tylko*) only; barely; scarcely; ~ **co** a while ago; just now; only just 2. (*nie prędzej, nie wcześniej*) not before; not till; it is ⟨was etc.⟩ only when ... that 3. (*w funkcji wykrzyknika*) **a to** ~**!** well, I never; well, well! || **a cóż** ⟨**a co**⟩ ~ ... to say nothing of ...
dopijać *zob* **dopić**
dopilnować *vt perf* 1. (*doglądać*) to supervise (**czegoś** sth); to see (**czegoś** to sth; **żeby ktoś coś zrobił** that sb does sth) 2. (*pilnować*) to take care (**kogoś, czegoś** of sb, sth)
doping *m* encouragement
dopingować *vi imperf* to shout (**kogoś** for sb); to cheer (a team etc.) on
dopis|ać *perf* — **dopis|ywać** *imperf* I *vt* to add (**uwagi itd.** remarks etc.; **coś do rachunku** sth to a bill) II *vi* 1. (*spełnić nadzieje*) to come up (**komuś** to sb's expectations); **pogoda** ~**ała** the weather was favourable; **szczęście mi** ~**ało** I was in luck; **szczęście mi nie** ~**ało** I was out of luck; **wzrok mu nie** ~**uje** his sight is failing; **zdrowie mi** ~**uje** my health is as good as ever 2. (*o gościach, publiczności* — *przybyć*) to turn up III *vr* ~**ać** ⟨~**ywać**⟩ **się** to add a word ⟨a line⟩
dopisek *m* 1. (*słowa dopisane do listu*) postscript 2. (*adnotacja do tekstu*) foot-note
dopłacić *perf* — **dopłacać** *imperf* I *vt* 1. (*dodatkowo zapłacić*) to meet an additional ⟨extra⟩ charge 2. (*zapłacić resztę*) to make up the sum (of a bill etc.) II *vi* (*ponieść stratę*) to lose (**do transakcji** by a deal)
dopłata *f* surcharge; extra charge; ~ **do biletu** extra fare; ~ **do listu** extra postage
dopły|nąć *vi perf* — **dopły|wać** *vi imperf* 1. (*o człowieku*) to swim (up to a spot) 2. (*o statku*) to make (**do portu** a port); to arrive (**do portu** at a port)

|| **prąd nie** ~**wa** there is a break in the current
dopływ *m* 1. (*dopłynięcie cieczy, gazu itd.*) inflow; inlet 2. (*rzeka*) (a) tributary
dopływać *zob* **dopłynąć**
dopom|agać *vi imperf* — **dopom|óc** *vi perf* to help (**komuś** sb); ~**óc komuś** to come to sb's aid
dopominać się *vr imperf* to claim (**o coś** sth); to demand (**o coś** sth)
dopomóc *zob* **dopomagać**
dopowi|edzieć *vt perf* — **dopowi|adać** *vt imperf* 1. (*skończyć mówić*) to finish saying (sth); **nie** ~**edzieć czegoś** to leave sth unsaid; **nie** ~**edzieć** ⟨~**adać**⟩ **zdania** to leave a sentence unfinished 2. (*dodać*) to add (to what was said)
dopóki *adv* 1. (*tak długo, jak*) as long as; so long as; while; ~ **będę żył** as long as ⟨so long as, while⟩ I live 2. *z przeczeniem*: till; until; **zaczekaj** ~ **nie przyjdę** wait till ⟨until⟩ I come
dopóty *adv* 1. (*do czasu*) till the time (**aż** ... when ...); ~, **dopóki** as long as 2. (*z przeczeniem*) till; until
do późna *zob* **późno**
dopracować *vt perf* — **dopracowywać** *vt imperf* to finish up (a piece of work)
doprać *vt perf* — **dopierać** *vt imperf* to wash (sth) clean
dopraszać się *vr imperf* to entreat (**czegoś od kogoś** sth of sb)
doprawdy *adv* really; indeed; ~ **nie wiem** I really don't know; *z powątpiewaniem*: ~**?** no, really?; *pytająco*: ~**?** really?; is that so?
doprawić *vt perf* — **doprawiać** *vt imperf* 1. (*przyprawić*) to season (food) to taste 2. (*dorobić*) to replace (a missing part etc.)
doprosić się *vr perf* to obtain (**o coś, czegoś** sth) by one's entreaties; **nie móc się** ~ to beg in vain; **nie mogę się** ~ **załatwienia tej sprawy** no entreaties on my part can bring about a settlement of the business
doprowadz|ać *imperf* — **doprowadz|ić** *perf* I *vt* 1. (*przyprowadzić*) to take ⟨to bring⟩ (**kogoś dokąd** sb somewhere); ~**ę cię do dworca** I'll take

doprowadzenie   110   **doraźny**

you as far as the station 2. *przen* (*przyprawić kogoś o coś*) to provoke (sb to sth); ~**ać** ⟨~**ić**⟩ **kogoś do nędzy** to reduce sb to beggary; ~**ać** ⟨~**ić**⟩ **kogoś do rozpaczy** to bring sb to the verge of despair; ~**ać** ⟨~**ić**⟩ **kogoś do szału** to drive sb mad; ~**ać** ⟨~**ić**⟩ **kogoś do wściekłości** to make sb furious 3. (*spowodować*) to bring about ⟨to cause⟩ (**do czegoś** sth); ~**ać** ⟨~**ić**⟩ **coś do doskonałości** to bring sth to perfection; ~**ać** ⟨~**ić**⟩ **coś do porządku** to set ⟨to put⟩ sth right 4. (*osiągnąć*) to achieve (**do czegoś** sth); ~**ać** ⟨~**ić**⟩ **coś do skutku** to carry sth into effect; ~**ić sprawę do końca** to bring a matter to completion 5. (*dostarczyć na pewne miejsce*) to convey (**krew, gaz itd.** blood, gas etc.); to install (**światło** the light); to lead (**wodę itd. dokądś** water etc. somewhere) II *vi* to lead (**do czegoś** to sth); **nie** ~**ić do niczego** to lead nowhere; to be of no avail III *vr* ~**ać** ⟨~**ić**⟩ **się** to bring oneself (**do pewnego stanu** to a certain state)
doprowadzenie *n* ↑ **doprowadzić** 1. (*spowodowanie*) reduction (**do pewnego stanu** to a certain state) 2. *radio* lead-in 3. (*wody, gazu itd.*) service-pipe
dopust *m* visitation; dispensation (**of** Providence); scourge
dopu|szczać *imperf* — **dopu|ścić** *perf* I *vt* 1. (*dać przystęp*) to admit; to receive; to give (**kogoś** sb) entrance ⟨access⟩ (**do czegoś** to sth); ~**szczać** ⟨~**ścić**⟩ **kogoś do egzaminu** ⟨**do studiów itd.**⟩ to admit sb to an examination ⟨to a university etc.⟩; ~**szczać** ⟨~**ścić**⟩ **kogoś do tajemnicy** to let sb into a secret; **nie zostać** ~**szczonym** to be refused admittance; **zostać** ~**szczonym do czegoś** to gain admittance to sth 2. (*pozwalać*) to allow; to permit; ~**szczać** ⟨~**ścić**⟩ **kogoś do poufałości** to allow of familiarity on sb's part; (*w rozmowie towarzyskiej*) **nie** ~**szczono mnie do głosu** I couldn't get a word in edgeways II *vi* (*pozwolić na coś*) to allow ⟨to permit⟩ (**do czegoś** sth); to let (**do tego, żeby się coś stało** sth happen ⟨be done⟩); **nie** ~**szczać** ⟨~**ścić**⟩ **do zrobienia czegoś** to stop sth being done III *vr* ~**szczać** ⟨~**cić**⟩ **się** to commit (evil deeds, excesses etc.)
dopuszczalny *adj* admissible; permissible
dopuszczenie *n* ↑ **dopuścić**; admittance; admission
dopuścić *zob.* **dopuszczać**
dopytywać się *vr imperf* to find out (**kogoś o coś** sth from sb)
dor|abiać *imperf* — **dor|obić** *perf* I *vt* (*robić coś brakującego*) to replace (a missing ⟨broken⟩ object ⟨part⟩) II *vi* (*zarabiać dodatkowo*) to supplement ⟨to eke out⟩ one's income (**lekcjami itd.** by coaching etc.) III *vr* ~**abiać** ⟨~**obić**⟩ **się** 1. (*zdobywać*) to acquire (**czegoś** sth) by one's work 2. (*wzbogacić się*) to grow rich; *przen* to feather one's nest
dorabianie *n* ↑ **dorabiać**; eking out one's income
dorachować *perf* I *vi* to add (**to** a sum) II *vr* ~ **się** (*doliczyć się*) to make one's count square; **nie móc się** ~ to miss; **to be ... short**
doradca *m* adviser; counsellor
doradczy *adj* advisory; consultative
doradzać *vt imperf* — **doradzić** *vt perf* to advise; to counsel; to recommend
dor|astać *vi imperf* — **dor|osnąć** *vi perf* 1. (*osiągnąć pewną wysokość, wielkość*) to grow (a certain height, size) 2. *przen* (*dorównać*) to be equal (**do zadania** to a task); ~**astać** ⟨~**osnąć**⟩ **do czyjegoś poziomu** to be on a level with sb 3. (*osiągnąć wiek dojrzały*) to grow up
dorastając|y *adj* adolescent; ~**a młodzież** teen-agers; ~**e pokolenie** the rising generation
doraźnie *adv* 1. (*natychmiastowo*) on the spot; extemporaneously 2. (*dorywczo*) as the occasion arises
doraźn|y *adj* immediate; summary; improvised; extemporaneous; emergency — (repairs, fund etc.); ~**a pomoc** relief; *wojsk* **sąd** ~**y** court-martial; *prawn* **zasądzenie w trybie** ~**ym** summary conviction

dordzeniowy *adj med* spinal (anaesthesia etc.)
doręcz|ać *vt imperf* — **doręczyć** *vt perf* 1. (*dostarczyć*) to deliver 2. (*wręczyć*) to hand over (sth to sb) 3. *sąd* to serve (**nakaz** ⟨**pozew** itd.⟩ **komuś** a writ ⟨summons etc.⟩) on sb)
doręczenie *n* ↑ **doręczyć**; delivery
doręczyciel *m* deliverer
doręczyć *zob* **doręczać**
dorob|ek *m* acquired possessions; goods and chattels; ~**ek pisarza** literary output ‖ **być na ~ku** to be starting in life
dorobić *zob* **dorabiać**
dorocznie *adv* yearly; annually
doroczny *adj* yearly; annual
dorodność *f singt* (*u człowieka*) good looks; (*u rośliny, zwierzęcia*) shapeliness
dorodny *adj* (*o człowieku*) handsome; good-looking; (*o roślinie, zwierzęciu*) shapely
doro|sły I *adj* adult; grown up **II** *m* ~**sły** (an) adult; *pl* ~**śli** grown-ups; adults; **szkoła itd. dla** ~**słych** school etc. for adults
dorosnąć *zob* **dorastać**
dorośleć *vi imperf* to grow up
do rozpuku *w zwrocie*: **śmiać się** ~ to be bursting with laughter
dorozumieć się *vr perf* — **dorozumiewać się** *vr imperf* to infer (czegoś 'sth); to guess ⟨to suspect⟩ (**czegoś** sth)
dorożka *f* cab
dorożkarski *adj* cabman's; **koń** ~ cab-horse
dorożkarz *m* cabman; cab-driver; *pot* cabby
dorówn|ać *vt perf* — **dorówn|ywać** *vi imperf* to equal ⟨to match, to parallel⟩ (**komuś** sb); to come up ⟨to be equal⟩ (**komuś** to sb); **nikt mu nie** ~**a** no one can compare with ⟨come up to⟩ him
dorsz *m icht* cod; **połów** ~**y** cod-fishing
dorwać się *vr perf* to seize ⟨to grab⟩ (**do czegoś** sth); to lay hold (**do czegoś** of sth); ~ **do władzy** to assume power

dorycki *adj* Dorian, Doric (order, column etc.)
dorywczo *adv* casually; at ⟨by⟩ haphazard; in ⟨by⟩ snatches; by fits and starts; off and on, on and off; **pracować** ~ a) (*niesystematycznie*) to work casually b) (*przygodnie*) to do odd jobs
dorywcz|y *adj* casual; irregular; haphazard; snatchy; done by fits and starts; ~**a praca** odd job(s)
dorzecze *n* river-basin; drainage-basin (of a river)
dorzeczny *adj* sensible; reasonable
dorzucać *vt imperf* — **dorzuc|ić** *vt perf* 1. (*dosięgnąć rzutem*) to throw as far (**do czegoś** as sth) 2. (*rzucając dodać*) to add; ~**ił kawałek cukru do herbaty** he put another piece of sugar in his tea 3. (*wtrącić słowo, uwagę*) to add ⟨to throw in⟩ (a word etc.)
dosadnie *adv* 1. (*dobitnie*) pointedly; strongly; in round terms; (*o stylu*) crisply 2. (*wyraziście*) in plain terms; bluntly 3. (*rubasznie*) in strong ⟨crude⟩ terms
dosadny *adj* 1. (*dobitny*) pointed; terse; (*o stylu*) crisp; forcible 2. (*wyrazisty*) expressive; straightforward; blunt 3. (*rubaszny*) strong (language); crude (terms)
dosi|adać *imperf* — **dosi|ąść** *perf* **I** *vt* to mount (a horse etc.) **II** *vr* ~**adać** ⟨~**ąść**⟩ **się** 1. (*przysiąść się*) to sit down (**do czyjegoś stolika** at sb's table); ~**adać** ⟨~**ąść**⟩ **się do towarzystwa** to join a company 2. (*przybyć* **do wagonu, autobusu** itd.) to walk in
dosiedzieć *vi perf* to sit out (**do końca odczytu** itd. a lecture etc.)
dosięg|ać *vt imperf* — **dosięg|nąć** *vt perf* 1. (*sięgać*) to attain (**kogoś, czegoś** sb, sth); to reach (**czegoś** sth); **przen nie** ~**ać wymaganego poziomu** to fall short of the mark 2. (*trafiać*) to hit; to strike
dosięgalny *adj* attainable; accessible (**dla kogoś** to sb)
dosięgnąć *zob* **dosięgać**
doskoczyć *vi perf* — **doskakiwać** *vi*

imperf 1. (*skoczyć*) to jump (**do pewnego miejsca** as far as ⟨up to⟩ a certain spot) 2. (*zbliżać się gwałtownie*) to make a leap (**do czegoś** for sth)
doskonale *adv* 1. (*najlepiej*) perfectly 2. (*wybornie*) splendidly, excellently 3. (*wyrażając zgodę*) good!; righto!; splendid!; *am* fine!
doskonalenie *n* ↑ **doskonalić**; improvement; betterment; ~ **się** self-improvement
doskonalić *imperf* I *vt* 1. (*doprowadzać do doskonałości*) to perfect 2. (*ulepszać*) to improve; to cultivate II *vr* ~ **się** to strive for perfection; to improve one's knowledge
doskonałość *f singt* perfection; excellence
doskonały *adj* 1. (*najlepszy*) perfect 2. (*wyborowy*) splendid; excellent; *pot* tip-top 3. (*o artyście itd.*) consummate; accomplished
doskwiera|ć *vi imperf* to trouble ⟨to worry⟩ (**komuś** sb); **~ło nam zimno i głód** we were beset by cold and hunger
dosłownie *adv* literally; **tłumaczyć** ~ to translate word for word
dosłowność *f singt* literal translation ⟨quotation⟩
dosłowny *adj* literal; **w ~m znaczeniu** literally
dosłyszalny *adj* audible
dosłysz|eć *vt perf* to hear; to catch (a sound); **nie ~ałem** I didn't catch you
dosta|ć *perf* — **dosta|wać** *imperf* I *vt* 1. (*otrzymać*) to receive; to get; to be given (sth); **~ć brawa** to be applauded; *przen* **~ć kosza** to meet with a refusal; to be turned down; **~ć** ⟨**~wać**⟩ **lanie** to get a hiding; **~ć** ⟨**~wać**⟩ **nagrodę** to get a prize 2. (*zdobyć*) to get; to obtain; **tego nie można ~ć** it is unobtainable 3. (*zachorować na coś*) to contract ⟨to catch, to get⟩ (**choroby** a disease); **~ć kataru** to catch a cold ⟨a chill⟩ 4. (*dosięgnąć*) to reach (**powały itd.** up to the ceiling etc.) II *vi* 1. (*być obsłużonym w sklepie*) to be served; to be attended to 2. (*zostać trafionym*) to get hit (**w plecy itd.** in the back etc.) || ~ **za swoje** to get one's deserts; *pot* to catch it III *vr* **~ć** ⟨**~wać**⟩ **się** 1. (*przypaść komuś w udziale*) to fall (**komuś** to sb ⟨to sb's lot⟩; **w czyjeś ręce** into sb's hands) 2. (*znaleźć się, trafić*) to get (**do kogoś, czegoś** at sb, sth); to land (**do więzienia itd.** in jail etc.); to fall (**pod koła itd.** under the wheels etc.); **~ć się do niewoli** to be taken prisoner; **~ć się** ⟨**nie ~ć się**⟩ **do pociągu** ⟨**autobusu itd.**⟩ to manage to get ⟨to fail to get⟩ inside the train ⟨the bus etc.⟩ 3. (*dotrzeć*) to get (somewhere); **jak się tu ~łeś?** how did you get here?
dostarcz|ać *vt imperf* — **dostarcz|yć** *vt perf* 1. (*dostawiać*) to deliver 2. (*zaopatrywać*) to supply ⟨to furnish, to provide⟩ (**coś komuś** sb with sth ⟨sth for sb⟩); **~ać** ⟨**~yć**⟩ **żywności** to cater (**komuś** for sb) 3. (*być źródłem czegoś*) to afford ⟨to give, to yield⟩ (pleasure etc.)
dostarczanie *n* ↑ **dostarczać** 1. (*dostawianie*) delivery 2. (*zaopatrywanie*) supply
dostarczyć *zob* **dostarczać**
dostatecznie *adv* sufficiently; enough; *szk* **zdać na ~ coś** ⟨**z czegoś**⟩ to get fair marks for sth; to pass
dostateczn|y *adj* 1. (*wystarczający*) sufficient; satisfactory; *szk* fair; **wynik ~y** (a) pass 2. (*należyty*) adequate; good enough
dostat|ek *m* 1. (*dobrobyt*) wealth; affluence; **opływać w ~ki** to wallow in riches; **żyć w ~ku** to be prosperous ⟨well-off, well-to-do⟩ 2. (*obfitość*) abundance; profusion; plenty; **pod ~kiem** in abundance; in plenty; in profusion
dostatni *adj* 1. (*zasobny*) prosperous; thriving; rich 2. (*suty*) ample
dostaw|a *f* 1. (*dostarczanie*) delivery; *handl* **z natychmiastową ~ą** prompt delivery; **z ~ą do domu** free delivery 2. (*zaopatrzenie*) supply
dostawać *zob* **dostać**

dostawca *m* tradesman; furnisher; purveyor
dostawiać *vt imperf* — **dostawić** *vt perf* 1. (*przystawić*) to add ⟨to fetch⟩ (**krzesło itd. dla kogoś** an extra chair etc. for sb) 2. (*dostarczyć*) to supply ⟨to deliver⟩ (goods etc.) 3. *sąd* (*przyprowadzić*) to bring (sb) under escort
dostąpić *vt perf* — **dostępować** *vt imperf* 1. (*zbliżyć się*) to approach ⟨to come up to⟩ (**kogoś, czegoś** sb, sth) 2. (*uzyskać*) to attain (**zaszczytu itd.** an honour etc.)
dostęp *m* access; approach; admission; **mieć ~ do kogoś, czegoś** to have access to sb, sth; to be admitted to sb's house, to sth
dostępn|y *adj* 1. (*o miejscu*) accessible 2. (*osiągalny*) approachable; attainable; (*o cenie*) **~a dla kogoś** within sb's means; **~y dla wszystkich** open to all 3. (*zrozumiały*) within the range ⟨grasp⟩ (**dla każdego** of every man) 4. (*o człowieku*) approachable; accessible; affable
dostępować *zob* **dostąpić**
dostojeństwo *n* 1. (*powaga*) dignity; stateliness 2. (*wysoki urząd*) high office
dostojnik *m* dignitary; (a) notable
dostojny *adj* dignified; stately; eminent; **~ gość** distinguished guest
dostosow|ać *perf* — **dostosow|ywać** *imperf* I *vt* to adapt ⟨to conform, to adjust⟩ (**coś do czegoś** sth to sth) II *vr* **~ać** ⟨**~ywać**⟩ **się** to adapt ⟨to conform, to adjust⟩ oneself
dostosowanie *n* ↑ **dostosować**; adaptation; conformity; adjustment
dostosowany *adj* in keeping (**do czegoś** with sth); **być ~m do czegoś** to fit sth
dostr|ajać *imperf* — **dostr|oić** *perf* I *vt* 1. *muz* to tune (up) (an instrument) 2. (*dostosowywać*) to adjust (sth to sth) II *vr* **~ajać** ⟨**~oić**⟩ **się** 1. (*dostosować się*) to adjust ⟨to adapt⟩ oneself (to sth) 2. (*być dostrojonym*) to be in tune ⟨to accord⟩ (**do czegoś** with sth)

dostrze|c *vt perf* — **dostrze|gać** *vt imperf* 1. (*zobaczyć*) to perceive to catch a glimpse (**coś** of sth); **nie ~c** ⟨**~gać**⟩ **czegoś** to miss ⟨to fail to notice⟩ sth 2. (*zauważyć*) to detect; to notice
dostrzegalny *adj* perceptible; discernible; noticeable; **ledwo** ⟨**ledwie**⟩ **~** scarcely perceptible
dostrzeganie *n* ↑ **dostrzegać**; perception; apprehension
dosunąć *vt perf* to push ⟨to pull⟩ (**coś do czegoś** sth close to sth)
dosyć *adv* 1. (*dostatecznie*) enough; sufficiently; **mam tego ~** I have enough of it; I am sick of it; **~ że ...** the fact is that ...; **nie ~** not enough; insufficient(ly); **nie ~, że ...** not only (do we ... etc.) 2. (*w pewnym stopniu*) pretty; fairly; rather; tolerably; **jest ~ zimno** it is rather cold; **~ dawno temu** some time ago 3. *w funkcji wykrzyknikowej:* **~!** that will do!
dosypać *vt perf* — **dosypywać** *vt imperf* 1. (*dopełnić*) to fill up (**cukru do cukierniczki** the sugar-basin with sugar) 2. (*nasypać dodatkowo*) to add (**cukru, soli itd.** some sugar, salt etc.)
doszczętnie *adv* completely; totally; utterly
doszczętny *adj* complete; total; utter
doszkolić *vt perf* — **doszkalać** *vt imperf* to complete ⟨to supplement⟩ an education; to give additional training
doszlifować *vt perf przen* to polish up (one"s knowledge etc.)
doszlusować *vi perf* — **doszlusowywać** *vi imperf pot* to join (**do czegoś** sth)
dosztukować *vt perf* to piece on; to sew on; to add
doszukać się *vr perf* — **doszukiwać się** *vr imperf* 1. (*znaleźć*) to succeed in finding (**czegoś** sth) 2. (*dopatrywać się*) to detect (**czegoś** sth)
doścignąć *vt imperf* — **doścignąć** *vt perf* 1. (*dogonić*) to catch up (**kogoś** with sb); to overtake 2. (*złapać*) to catch (a thief etc.) 3. (*równać się*) to come to a level (**kogoś** with sb)
dość *adv* = **dosyć**

dośpiewać *vt perf* 1. (*dokończyć śpiewania*) to finish singing (sth) 2. (*zaśpiewać dalszy ciąg*) to continue the singing (**piosenkę itd.** of a song etc.) 3. *przen* (*domyślić się*) to guess; to imagine; **możesz sobie ~ odpowiedź** you can imagine the reply
dośrodkowy *adj* centripetal; concentric
dośrubować *vt perf* to screw tight
doświadcz|ać *vt imperf* — **doświadcz¹yć** *vt perf* 1. (*zaznawać*) to experience ⟨to undergo, to suffer⟩ (**czegoś** sth); **~yłem tego na własnej skórze** I know it from my own ⟨from bitter⟩ experience 2. (*doznać*) to receive ⟨to meet with⟩ (**uprzejmości itd.** kindnesses etc.) 3. (*poddawać próbie*) to try (out) (**kogoś sb**); to put to the test (**kogoś, czyjąś cierpliwość itd.** sb, sb's patience etc.) 4. (*wystawić na ciężkie przejścia*) to try ⟨to afflict⟩ (a population etc.)
doświadczalnictwo *n* experimenting, experimentation
doświadczaln|y *adj* experimental; testing — (plant etc.); **stacja ~a** experiment station; *przen* **królik ~y** guinea-pig
doświadczeni'e *n* ↑ **doświadczyć** 1. (*znajomość spraw, praktyka*) experience; **brak ~a** inexperience; **wiedzieć o czymś z ~a** to have learnt sth by experience 2. (*eksperyment*) experiment; test; **poddać kogoś, coś ~u** to put sb, sth to the test
doświadczony *adj* experienced; versed (**w czymś** in sth)
doświadczyć *zob* **doświadczać**
dotacja *f ekon* grant-in-aid; endowment; subsidy
dotarcie *n* ↑ **dotrzeć**; attainment (**do czegoś** of sth)
dotarty *adj aut* run in; (*w napisie*) **nie ~** running in
dotąd *adv* 1. (*do tego miejsca*) up to here 2. (*do chwili obecnej*) till ⟨until⟩ now; hitherto; up to the present; **jak ~** as yet; thus far; (*w przeszłości*) till then; **jak ~ nie ...** not ... yet; not ... as yet 3. (*wciąż*) still; all this time; **~ siedzi w więzieniu** he is still in jail; he has been in jail all this time ‖ **~ go prosiła, aż się zgodził** she entreated him till he agreed
dotętniczy *adj med* intra-arterial
dotkliwy *adj* painful; severe; intense
dot|knąć *perf* — **dot|ykać** *imperf* **I** *vt* 1. (*zetknąć się*) to touch (**kogoś, czegoś** sb, sth) 2. (*obrazić*) to offend; **nie chciałem nikogo ~knąć** I meant no offence 3. (*urazić*) to hurt (**kogoś** sb's feelings); **~knąć kogoś do żywego** to touch sb to the quick 4. (*o nieszczęściu, o chorobie itd.*) to affect; to afflict 5. *przen* (*poruszać sprawę*) to touch (**tematu** upon a subject) **II** *vr* **~knąć** ⟨**~ykać**⟩ **się** to touch; *przen* **niczego się nie ~knąć** ⟨**~ykać**⟩ not to lift a finger
dotknięcie *n* ↑ **dotknąć**; touch; **~ pędzla** stroke of the brush; **za lada ~m** at a touch
dotknięty *adj* stricken (with sickness); afflicted (with misfortune); **czuć się ~m czymś** to take offence at sth; to resent sth
dotrwać *vi perf* 1. (*trwać*) to last; to survive 2. (*wytrzymać*) to endure; to hold out (**do lata itd.** till summer etc.)
dotrzeć *zob* **docierać**
dotrzym|ać *vt perf* — **dotrzym|ywać** *vt imperf* to abide (**warunków itd.** by conditions etc.); to adhere (**umowy itd.** to a contract etc.); to keep (**zobowiązania** ⟨**słowa**⟩ **itd.** one's word etc.); **nie ~ać obietnicy** ⟨**umowy itd.**⟩ to break one's promise ⟨a contract etc.⟩; **~ać** ⟨**~ywać**⟩ **komuś kroku** to keep pace with sb; **~ać komuś towarzystwa** to keep sb company
dotychczas *adv* till ⟨until⟩ now; hitherto; up to the present; **jak ~** as yet; thus ⟨so⟩ far
dotychczasow|y *adj* 1. (*istniejący dotychczas*) hitherto existing; **moje ~e mieszkanie** the flat I have occupied hitherto; **jego ~a praca** the work he has been doing up to the present 2. (*miniony*) past; **~a działalność** past activities 3. (*poprzedzający*) former; previous

dotyczący *adj* relating (kogoś, czegoś to sb, sth)
dotyczyć *vt imperf* 1. (*odnosić się*) to refer (kogoś, czegoś to sb, sth); to concern ⟨to regard, to affect⟩ (kogoś, czegoś sb, sth); to deal ⟨to have to do⟩ (kogoś, czegoś with sb, sth) 2. (*mieć zastosowanie*) to apply (kogoś, czegoś to sb, sth)
dotyk *m singt* (the) touch; (the) feel; **zmysł ~u** the touch
dotykać *zob* **dotknąć**
dotykalny *adj* palpable; *dosł i przen* tangible
dotykowy *adj* tactile (organs, perceptions)
doucz|ać *imperf* — **doucz|yć** *perf* I *vt* to complete ⟨to supplement⟩ (kogoś sb's) education ⟨schooling, training, knowledge⟩; to coach; to tutor II *vr* **~ać** ⟨**~yć**⟩ **się** to complete ⟨to supplement, to improve⟩ one's education ⟨schooling, knowledge, training⟩
doustny *adj* (*o leku*) oral
doważ|yć *vt perf* — **doważ|ać** *vt imperf* to give good weight; **nie ~yć** ⟨**~ać**⟩ to give underweight
dowcip *m* 1. (*żart*) joke; jest; witticism; **stary ~** stale joke; **sypać ~ami** to crack jokes 2. *singt* (*cecha umysłu*) wit; humour
dowcipkować *vi imperf* to joke; to crack jokes
dowcipnie *adv* wittily; with humour; pointedly; **~ odpowiedzieć** to give a pointed reply
dowcipniś *m* jester; joker
dowcipny *adj* witty; humorous
dowi|edzieć się *vr perf* — **dowi|adywać się** *vr imperf* 1. *imperf* (*dopytywać*) to inquire ⟨to ask⟩ (o kogoś, coś about ⟨after, for⟩ sb, sth); to ask questions ⟨to make inquiries⟩ (o kogoś, coś about sb, sth) 2. (*otrzymać wiadomość*) to learn (o czymś sth, about sth); to hear (o czymś sth, of sth); to find out (o czymś about sth); **jak się ~aduję** ... I gather ⟨I am told⟩ ...; **z radością ~aduję się, że** ... I am happy ⟨pleased, rejoiced⟩ to hear ⟨to learn⟩ that ...

dowierza|ć *vi imperf* to trust (komuś sb); to have confidence (komuś in sb); **nie ~m mu** I cannot rely on him
dowieść *vt perf* — **dowodzić** *vt imperf* to prove ⟨to demonstrate⟩ (czegoś sth)
dowieźć *vt perf* — **dowozić** *vt imperf* to bring (pasażera ⟨towary⟩ dokądś a passenger ⟨goods⟩ to a place
dowlec *perf* I *vt* to drag (sth) (**dokądś** to a place) II *vr* **~ się** to drag oneself ⟨to crawl⟩ (**dokądś** to a place)
dowodowy *adj* evidential; **materiał ~** the evidence
dowodzenie *n* ↑ **dowieść, dowodzić** 1. (*udowadnianie*) argumentation; contention 2. (*dowództwo*) command
dowodzić *imperf* I *vt zob* **dowieść** II *vi* to command (**pułkiem itd.** a regiment etc.); to be in command (**pułkiem itd.** of a regiment etc.)
dowolnie *adv* at will; freely; optionally
dowolność *f* free choice; option
dowoln|y *adj* 1. (*jakikolwiek*) any ... of one's choice; whichever ... one likes ⟨pleases⟩; **~a ilość** any amount; **w ~ym czasie** any time; at one's leisure; **w ~ym kierunku** in any direction 2. (*nieobowiązujący*) optional; facultative; discretional 3. (*swobodny*) free; unrestricted
dowozić *zob* **dowieźć**
dow|ód *m* 1. (*okoliczność* ⟨*rzecz*⟩ *dowodząca czegoś*) proof; (piece of) evidence; record (of a fact etc.); **~ód rzeczowy** exhibit; *pl* **prawn ~ody** evidence; **na ~ód, że** ... as a proof that ... 2. (*oznaka czegoś*) sign; token; mark (of respect etc.); manifestation (of feelings etc.); **na** ⟨**w**⟩ **~ód przyjaźni** in token of friendship 3. (*dokument*) deed; document; **~ód kasowy** voucher; **~ód osobisty** identity card 4. (*dowodzące rozumowanie*) argument
dowódca *m* commander; **~ naczelny** commander-in-chief
dowództwo *n* 1. (*władza*) command; **naczelne ~** command-in-chief; **objąć ~ nad jednostką** to take command

of a unit 2. (*siedziba*) (regimental, divisional etc.) headquarters
dowóz *m* 1. (*dostarczenie*) delivery 2. (*dostawa*) supply, supplies
doz|a *f* 1. (*porcja*) dose (of a medicine etc.) 2. *przen* amount; quantity; degree; **z dużą ~ą humoru** with a good deal ⟨plenty⟩ of humour
dozbrajać *vt imperf* — **dozbroić** *vt perf* to supplement the military equipment (**państwo** itd. of a state etc.)
dozgonnie *adv* for life; till death
dozgonny *adj* lifelong; undying (gratitude etc.)
dozna|ć *vt perf* — **dozna'wać** *vt imperf* 1. (*przeżyć fizycznie i psychicznie*) to experience (**uczucia** itd. feeling etc.); to meet with (**obelg, uprzejmości** insults, kindness); to feel (**przyjemności, ulgi** pleasure, relief); **~ć ⟨~wać⟩ niepowodzenia** to fail; to meet with a set-back; **~ć ⟨~wać⟩ obrażeń** to suffer ⟨to sustain⟩ injuries; to be hurt; **~ć ⟨~wać⟩ zawodu w czymś** to be disappointed in sth 2. (*być odbiorcą*) to receive (**wrażenia** itd. an impression etc.)
doznanie *n* ↑ **doznać**; (an) experience; feeling; sensation
doznawać *zob* **doznać**
dozorca *m* caretaker; (*domowy*) janitor; door-keeper
dozorczyni *f* (woman) caretaker; door-keeper
dozorować *vt imperf* to supervise (**czegoś** sth); to take care (**kogoś, czegoś** of sb, sth); to see (**czegoś** to sth)
dozować *vt imperf* to dose
dozowanie *n* ↑ **dozować**; dosage
doz|ór *m* supervision; care; **~ór policji** surveillance; **mieć ~ór nad czymś** to supervise sth; **bez ~oru** unattended
dozwolić *vi perf* — **dozwalać** *vi imperf* to allow ⟨to permit⟩ (**na coś** sth); to let (**żeby się coś stało** sth happen)
dozwolony *adj* permissible
doża *m* doge
doży|ć *perf* I *vt* 1. (*przetrwać*) to live to see (**czegoś** sth); to live ⟨to last⟩ (**wiosny** itd. till spring etc.); **on nie ~je jutra** he will not live through the night 2. (*żyć do pewnego czasu*) to reach (a certain age); to live to be (**80** itd. lat eighty etc.) II *vi* to live (till spring etc.); to live long enough; **jeżeli ~jemy** if we live long enough
dożylny *adj med* intravenous
dożynki *plt* harvest home ⟨festival⟩
dożynkowy *adj* harvest-home — (wreath etc.)
dożywiać *vt imperf* to feed (sb, an animal) up
dożywianie *n* 1. ↑ **dożywiać** 2. (*akcja*) fight with malnutrition
dożywocie *n* (*majątek*) life estate; (*dochód*) annuity, life pension
dożywotni *adj* lifelong; life — (annuity, pension etc.); (*o urzędzie itd.*) held for life
dójka *f* 1. (*dojarka*) milkmaid. 2. *zool* (*brodawka sutkowa*) teat; dug
dół *m* 1. (*zagłębienie*) hole (in the ground); pit; depression (in the soil) 2. (*najniższa część*) bottom; lower part; base; foot (of a hill, page etc.); **dołem** at the bottom; at the base; **od ⟨z⟩ dołu** from below; from underneath; **ku dołowi** downwards; **na dole** below; beneath; underneath; (*w piętrowym budynku*) downstairs; **na dole stronicy** at the bottom ⟨at the foot⟩ of the page; **na ~** downwards; **zejść na ~** a) (*z wzniesienia*) to go down ⟨downhill⟩ b) (*z piętra*) to go downstairs; **w ~ rzeki** down stream; **iść w ~** a) (*o ludziach*) to be on the downward path b) (*o towarze, o pieniądzach*) to lose in value c) (*o barometrze*) to point to rain d) (*o temperaturze*) to fall e) (*o cenach*) to drop; to fall; **płacić pobory z dołu** to pay people's wages ⟨salaries⟩ at the end of a working period
drab *m pog* 1. (*dryblas*) tall strapping fellow 2. (*opryszek*) ruffian; rowdy
drabina *f* 1. ladder; *przen* **~ społeczna** social scale 2. (*w stajni*) rack 3. (*u wozu*) rack (of a farm cart)
drabiniasty *adj* ladderlike; **~ wóz** rack waggon
draga *f techn* dredge

dragon *m* 1. *wojsk* dragoon 2. *przen* (*o kobiecie*) amazon; virago
draka *f pot* row; rumpus
drakoński *adj* Draconian; drastic; ~ **środek** rough remedy
dramat *m* 1. *lit teatr* drama 2. *przen* tragedy
dramaturg *m* playwright; dramatist
dramaturgia *f singt* playwriting; dramaturgy
dramatyczność *f singt* horror; tragic aspect (of a situation)
dramatyczn|y *adj* 1. (*sceniczny*) dramatic; **artysta** ~**y** actor; **artystka** ~**a** actress; **sztuka** ~**a** the drama; **sopran** ~**y** operatic soprano 2. (*wstrząsający*) dramatic; tragic
dramatyzować *vt vi imperf* to dramatize
drań *m posp* rotter; dirty dog; cad
draństwo *n posp* 1. (*świństwo*) scurvy trick; meanness 2. (*hołota*) riff-raff
drapacz *m* scraper; ~ **chmur** skyscraper
drap|ać *imperf* — **drap|nąć** *perf* I *vt* 1. (*skrobać*) to scrape; to scratch; (*o ptaku, zwierzęciu*) to claw 2. *imperf* (*łaskotać*) to irritate; **to** ~**ie w gardle** it irritates the throat II *vr* ~**ać** ⟨~**nąć**⟩ **się** 1. (*skrobać się*) to scratch oneself; *pot* ~**ać się w głowę** ⟨**po głowie**⟩ to hum and haw 2. *imperf* (*piąć się*) to climb (**na szczyt górski** up a mountain peak)
drapak *m w zwrocie:* **dać** ⟨**dawać**⟩ ~**a** to bolt; to take to one's heels
draperi|a *f* drapery; *pl* ~**e** hangings; tapestries
drapieżnik *m* 1. *zool* bird ⟨beast⟩ of prey 2. *przen* (*o człowieku*) plunderer; extortioner
drapieżn|y I *adj* 1. (*o zwierzętach*) predacious; predatory; **zwierzę** ~**e** beast of prey 2. (*o człowieku*) rapacious; grasping II *plt zool* **ssaki** ~**e** the carnivores; *orn* **ptaki** ~**e** the birds of prey
drapnąć *perf* I *zob* **drapać** II *vi* to bolt; to take to one's heels
drapować *vt imperf* to drape
drasnąć *perf* I *vt* to wound slightly; to scratch II *vr* ~ **się** to hurt oneself
drastyczny *adj* 1. (*surowy*) drastic; severe 2. (*nieprzyzwoity*) scabrous; risky
draśnięcie *n* ↑ **drasnąć**; slight wound; scratch
dratwa *f* twine; shoemaker's end
drażetka *f* 1. (*cukierek*) sugar-plum 2. *farm* dragée; bolus; pill
draźliwość *f singt* 1. (*obraźliwość*) testiness; irritability; peevishness 2. *psych* sensitivity
draźliwy *adj* 1. (*o temacie*) ticklish; thorny 2. (*o człowieku* — *obraźliwy*) touchy; testy; irritable; peevish 3. (*delikatny, poufny*) delicate; confidential 4. (*drastyczny*) scabrous; risky
drażniący *adj* irritating; provocative; (*o dźwięku*) jarring; grating; *farm* **środek** ~ an irritant
drażnić *imperf* I *vt* 1. (*działać na zmysły*) to excite; to stimulate 2. (*irytować*) to irritate; to vex; to annoy; to provoke 3. (*dokuczać*) to tease II *vr* ~ **się** to tease (**z kimś** sb)
drażnienie *n* ↑ **drażnić** 1. (*podniecanie*) stimulation 2. (*irytowanie*) provocation; vexation; annoyance
drąg *m* pole; rod
drągal *m pot* lubber; lout
drąż|ek *m* 1. (*kijek*) stick; rod; shaft; *sport* ~**ki gimnastyczne** parallel bars 2. *techn* rod; lever; *aut* ~**ek kierowniczy** steering rod; *lotn* ~**ek sterowy** joy-stick
drążyć *vt imperf* 1. (*żłobić*) to bore 2. (*wydłubywać pestki*) to seed (berries); to stone (fruit) 3. *przen* to fret; to gnaw
drelich *m* 1. (*materiał*) denim; jean; dungaree 2. (*ubranie*) denim overalls; jeans; dungarees
drelichowy *adj* denim — (trousers etc.)
dren *m* 1. (*rura*) drain-pipe; tile 2. *med* drain
drenaż *m techn med* drainage
drenować *vt imperf* 1. *roln* to drain; to ditch 2. *med* to drain
dreptać *vi imperf* to walk with a tripping ⟨mincing⟩ step; (*o dziecku*) to toddle
dres *m* track-suit
dreszcz *m* 1. *pl* ~**e** *med* shiver; chill; **mieć** ~**e** to shiver; **mam** ~**e** I have

dreszczowiec 118 **drobny**

(caught) a chill 2. *przen (uczucie zgrozy itd.)* shudder; shiver; thrill
dreszczowiec *m pot* thriller
dreszczyk *m dim* ↑ **dreszcz**; thrill; shudder; shiver; **powieść** *itd.* **z ~iem** thriller
drewienko *n* piece of wood; stick
drewniak *m* 1. *(budynek drewniany)* wooden hut; log cabin 2. *pl* ~i clogs
drewnian|y *adj* wooden; timber — (construction etc.); timbered (house); *muz* **instrumenty** ~e *zbior* the wood; wood-wind
drewnieć *vi imperf* to lignify; *przen* to stiffen; to grow tough
drewno *n* wood; timber; log
drewutnia *f* wood-shed
drezyna *f* trolley
dręczący *adj* agonizing; oppressive
dręczyciel *m* tormentor; torturer; oppressor
dręczyć *imperf* I *vt* 1. *(znęcać się)* to oppress; to tyrannize; to badger 2. *(niepokoić)* to trouble; to worry II *vr* ~ **się** 1. *(męczyć się)* to worry ⟨to fret, to trouble oneself⟩ (**czymś** about sth); to be tormented (**czymś** by sth) 2. *(dokuczać sobie)* to trouble ⟨to worry⟩ one another
drętwieć *vi imperf* to be cramped; to grow numb ⟨stiff⟩; to anchylose *(vi)*; *przen* ~ **ze strachu** to be paralysed with fear
drętwienie *n* ↑ **drętwieć**; (a) cramp; numbness
drętwo *adv* torpidly; lifelessly; *pot* ~ **przemawiać** to rant
drętwota *f singt* torpidity; numbness; lifelessness
drętw|y *adj* torpid; numb; cramped; lifeless; *pot* ~**a mowa** hot air; empty talk
drgać *vi imperf* — **drgnąć** *vi perf* 1. *(trząść się)* to quiver; to tremble; to vibrate 2. *(o mięśniu)* to twitch 3. *(o świetle)* to flicker 4. *(o głosie)* to quaver
drganie *n* 1. *(ruch nerwowy)* (a) twitch 2. *(migotanie światła)* (a) flicker; twinkle 3. *(falowanie głosu, dźwięku)* (a) quaver

drgawk|a *f* twitch; jerk; *pl* ~i *med* convulsions
drgną|ć *vi perf* 1. *zob* **drgać** 2. *(poruszyć się)* to stir; to budge 3. *(zerwać się)* to start; **ani nie** ~ł he did not move a muscle ⟨turn a hair⟩; *przen* **nie** ~**wszy** without a wince
driada *f* dryad; wood-nymph
drobiazg *m* 1. *(przedmiot)* knick-knack; trinket; gew-gaw; *pl* ~i odds and ends 2. *(błahostka)* trifle 3. *zbior (małe istoty)* small fry; *(dzieci)* the little ones
drobiazgowo *adv* 1. *(szczegółowo)* in detail 2. *(dokładnie)* minutely 3. *(pedantycznie)* meticulously; fussily
drobiazgowy *adj* 1. *(szczegółowy)* detailed 2. *(pedantyczny)* meticulous; scrupulous
drobić *imperf* I *vt (kruszyć)* to crumble II *vi* to trip along; *(o dziecku)* to toddle
drobina *f* 1. *(odrobina)* particle; atom 2. *fiz chem* molecule; corpuscle, corpuscule
drobnica *f singt* 1. *zbior (małe kawałki)* small fragments; detritus 2. *handl* smalls; parcels; packages
drobnicowiec *m mar* general cargo ship
drobnicow|y *adj* parcel — (delivery etc.); **ładunki** ~**e** parcels
drobno *adv* (cut, chopped) small; (crushed, ground) fine
drobnomieszczański *adj* lower middle-class — (family); **na sposób** ~ smugly
drobnomieszczaństwo *n singt* 1. *(klasa społeczna)* lower middle class 2. *(kołtuństwo)* smugness
drobnostka *f* 1. *(przedmiot)* trifle; trinket; gew-gaw 2. *(głupstwo)* trifle; **to** ~! it's nothing; it doesn't matter; never mind
drobnoustrój *m (zw pl)* microbe; germ; micro-organism
drobnoziarnisty *adj* fine-grained; close-grained
drobn|y I *adj* 1. *(małych rozmiarów)* small; little; tiny 2. *(o dzieciach)* little; very young 3. *(błahy)* trifling; slight; trivial; petty 4. *(o małej war-*

droczyć się 119 **drugi**

tości materialnej) small (debts, earnings etc.); ~e **wydatki** pocket expenses 5. *(miałki)* fine (powder etc.); small (rain etc.) 6. *(delikatny, wątły)* frail; *(o kobiecie)* petite 7. *(w małym zakresie)* small; ~y **handel** the retail trade; ~y **kupiec** small shopkeeper **II** *plt* ~e *(pieniądze)* (small) change; petty cash

droczyć się *vr imperf* to tease ⟨to banter⟩ (z kimś sb)

drog|a *f* 1. *(szosa)* road; **bita** ~a highway; ~a **polna** cart-road; **rozstajne** ~i cross-roads; **przy drodze** by the wayside; *przen* **swoją** ~**ą** to be sure; incidentally; **a to swoją** ~**ą** that's a different matter 2. *(trasa)* way; path; track; route; ~a **dla pieszych** footway; ~a **wodna** waterway; *astr* **Droga Mleczna** the Milky Way; ~**ą lądową** ⟨**morską, powietrzną**⟩ by land ⟨by sea, by air⟩; ~**ą rzeczną** by river transport; **przez całą** ~**ę** all the way; **w połowie** ~**i** half-way; **ustąpić komuś z** ~**i** to make way for sb; **z** ~**i**! clear the way!; *dosł i przen* **wskazywać** ~**ę** to lead the way; **nie tędy** ~a that isn't the way; *przen* ~a **życiowa** career; **sprawa jest na dobrej drodze** the matter is progressing well; **sprowadzić kogoś na złą** ~**ę** to lead sb astray 3. *anat* tract; duct; passage 4. *(podróż)* journey; **być w drodze** to be on a journey; to be away; **towar jest w drodze** the goods are on their way; **wybrać się w** ~**ę** to set off on a journey; **w drodze powrotnej** on the way back; **szczęśliwej** ~**i**! happy journey!; **w** ~**ę**! off we go! 5. *(sposób postępowania)* way; course; **właściwa** ~**a postępowania** the proper course to take; ~**ą perswazji** by persuasion 6. *przen* channels; ~**ą dyplomatyczną** ⟨**służbową**⟩ through diplomatic ⟨official⟩ channels || **na drodze, w drodze, drogą** through; by means of — (great sacrifice etc.); by way of — (deduction etc.)

drogeria *f* drysaltery; *am* drugstore

drogi *adj (comp* **droższy)** 1. *(kosztowny)* dear; expensive; costly; precious 2. *(żądający dużej zapłaty)* expensive 3. *(kochany)* dear; beloved

drogista *m* drysalter; druggist; *am* owner of a drugstore

drogo *adv (comp* **drożej)** 1. *(kosztownie)* dear; to be ~ expensive 2. *przen* dearly; ~ **sprzedać życie** to sell one's life dearly

drogocenny *adj* precious; valuable; costly; *przen (o czasie)* precious

drogowskaz *m* sign-post

drogow|y *adj* road — (accidents, transport etc.); **mapa** ~a route map; **pirat** ~y road-hog; **przepisy** ~e traffic regulations; the rule of the road; *w napisie:* **Uwaga! roboty** ~e Road Up

dromader *m zool* dromedary

dropsy *plt* (acid etc.) drops

drozd *m orn* thrush

drożdż|e *plt kulin* yeast leaven; **ciasto na** ~**ach** raised dough; **rosnąć jak na** ~**ach** to shoot up

drożdżow|y *adj* of yeast; leavened; **ciastko** ~e bun

drożeć *vi imperf* to rise in price; to go up (in price); to grow dearer

drożny *adj* permeable

drożyć się *vr imperf* 1. *(żądać drogo)* to charge a high price 2. *(ociągać się)* to demur; to raise difficulties ⟨objections⟩

drożyzna *f singt* high ⟨higher, rising⟩ cost of living; high prices

drób *m singt* poultry; **hodowla drobiu** a) *(zakład)* chicken-farm; poultry-farm b) *(zajęcie)* poultry-farming

dróbka *plt kulin* giblets

dróżka *f dim* ↑ **droga**; path

dróżnik *m* 1. *(na kolei)* track-walker; lineman 2. *(na szosie)* ditcher

druciany *adj* wire — (net etc.)

druciarnia *f* wire-drawing mill; wire works

druciarz *m* 1. *(wędrowny majster)* tinker 2. *(robotnik w druciarni)* wire--drawer

drucik *m dim* ↑ **drut**; *(w żarówce)* filament

druczek *m* 1. *(formularz)* form 2. *(ulotka)* leaflet.

drug|i I *num* 1. *(liczebnik porządkowy)*

drugoklasista   **drzeć**

the second; ~ie piętro second floor, *am* third floor; ~ie śniadanie light lunch; wagon ~iej klasy second-class carriage; *mat* ~a potęga the square; po ~ie secondly 2. (*jeden z dwóch wymienionych*) the other (one); co ~i every other; jeden po ~im one after the other; pierwszy ... ~i ... the former ... the latter ... 3. (*następny*) next; na ~i dzień the next day; na ~i raz next time 4. (*przeciwległy*) the other; po ~iej stronie on the other side; po ~iej stronie ulicy across the street; ... z ~iej strony ... on the other hand ... II *m* ~i somebody else; *pl* drudzy other people III *f singt* ~a (godzina) two (o'clock) IV *n* ~ie 1. *singt* (*coś innego*) something else; po ~ie secondly 2. (*danie*) second ⟨meat⟩ course
drugoklasista *m* second-form pupil
drugoplanowy *adj* of secondary importance
drugorocznik *m pot szk* pupil repeating a class
drugorzędny *adj* secondary; minor; second-rate
druh *m* 1. (*przyjaciel*) companion 2. (*harcerz*) boy-scout
druhna *f* 1. (*przy ślubie*) bridesmaid 2. (*harcerka*) girl guide
druk *m* 1. (*drukowanie*) printing; the press; iść do ~u to go to press; w ~u in the press 2. (*drukowany tekst*) print; type; rozstrzelony ~ spaced (out) type; dużym ⟨drobnym⟩ ~iem in large ⟨small⟩ type; ukazać się ~iem to appear in print; wydać ~iem to publish 3. (*formularz*) (application) form 4. *pl* ~i (*wydawnictwa*) printed material; stare ~i old prints 5. *pl* ~i (*materiał dostarczony pocztą*) printed matter; *am* third-class matter 6. *techn* cloth-printing
drukarni|a *f* printing-firm; (the) printers; w ~ at the printers'
drukarsk|i *adj* printers', printer's — (trade etc.); printing — (business etc.); maszyna ~a printing-press; błąd ~i printer's error
drukarstwo *n singt* printing

drukarz *m* printer
drukować *imperf* I *vt* to print II *vr* ~ się to be in the press ⟨in course of issue⟩
drukowan|y *adj* printed; litery ~e block letters; materiał ~y, słowo ~e print
drut *m* 1. wire; ~ kolczasty barbed wire 2. (*zw pl*) (*do robót dzianych*) knitting needle; robić na ~ach to knit
drutować *vt imperf* to wire; to fasten with wire
druzgocący *adj* (*o ciosie, klęsce*) shattering; crushing
druzgotać *vt imperf* to shatter; to smash
drużba *m* best man, bridesman, groomsman
drużka *f* bridesmaid
drużyna *f* 1. *hist* (king's) body-guard; (nobleman's) retinue 2. *sport* team 3. (*zespół ludzi*) party; ~ harcerska patrol; ~ ratownicza rescue ⟨search, relief⟩ party 4. *wojsk* squad
drużynowy *m* (*harcerz*) patrol leader
drwa *plt* firewood; *przysł* gdzie ~ rąbią, tam wióry lecą you can't make an omelette without breaking eggs
drwal *m* lumberman; woodcutter
drwalnia *f* wood-shed
drwiący *adj* derisive; sneering; scoffing
drwić *vi imperf* to deride (z kogoś, czegoś sb, sth); to sneer (z kogoś, czegoś at sb, sth)
drwina *f* sneer, scoff
dryblas *m pot* strapping fellow; strapper
dryblować *vi imperf sport* to dribble
dryf *m żegl* drift; driftage; leeway
dryf|ować *vi imperf żegl* to drift; ryb sieć ~ująca drift-net
dryg *m pot* knack; flair (do czegoś for sth); mieć ~ do czegoś to have a knack for doing sth
dryl *m* 1. (*ćwiczenie*) drill; training 2. *przen* strict military discipline
drzazga *f* splinter
drze|ć *imperf* I *vt* 1. (*rozrywać*) to tear; *przen* ~ć pasy z kogoś to flay sb alive; ~ć z kimś koty to quarrel with sb 2. (*niszczyć*) to wear out (one's clothes); to wear down (one's shoes) 3. *impers* (*o bólu reumatycznym*) to cause lacerating ⟨shooting⟩

drzemać — **dudek**

pains; ~ **mnie w kościach** I have pains in the joints **II** *vr* **~ć się** 1. (*o materiale*) to tear (*vi*) 2. (*być niszczonym*) to deteriorate; to get worn 3. *pot* (*wrzeszczeć*) to shout; to scream
drzemać *vi imperf* 1, (*spać*) to doze; to drowse 2. *przen* (*pozostawać w ukryciu*) to lurk
drzemk|a *f* nap; żart **uciąć ~ę** to take a nap; to have forty winks
drzewce *n* (*sztandaru*) flag-staff; (*dzidy, włóczni*) spearshaft
drzewiasty *adj* arborescent
drzewko *n* 1. (*młode drzewo*) sapling 2. (*choinka wigilijna*) Christmas tree
drzewny *adj* wood — (paper, fibre etc.); timber — (trade etc.); **spirytus ~** methylated spirit; **węgiel ~** charcoal
drzew¹o *n* 1. (*roślina*) tree; *przen* **~o rodowe** ⟨genealogiczne⟩ family-tree; *przyśł* **im dalej w las, tym więcej ~** the farther in the deeper 2. (*materiał drzewny*) wood; (*budulec*) timber; lumber
drzeworyt *m* woodcut
drzeworytnictwo *n singt* wood-engraving
drzeworytnik *m* wood-engraver
drzewostan *m* stand (of trees); standing timber
drzewoznawstwo *n singt* dendrology
drzwi *plt* door; **~ balkonowe** ⟨oszklone⟩ french window; **~ obrotowe** revolving door; **~ rozsuwane** sliding door; **wyrzucić kogoś za ~** to turn sb out (of doors); *przen* **wywalać** ⟨wyważać⟩ **otwarte ~** to force an open door; **zamknąć przed kimś ~** to shut the door in sb's face; *sąd* **przy ~ach otwartych** in open court; **przy ~ach zamkniętych** behind closed doors
drzwiczki *plt* (stove, ashpit etc.) door
drżąc|y *adj* trembling; shaky; **~ą ręką** shakily; **~ym głosem** with a tremor in one's voice
drżeć *vi imperf* 1. (*trząść się*) to tremble (**ze strachu** with fear); to shiver (**z zimna** with cold) 2. (*lękać się*) to tremble; to shudder; **~ o kogoś, coś** to tremble ⟨to quake⟩ for sb, sth
drżenie *n* ↑ **drżeć**; tremble; tremor;

shakiness; trepidation; *med* shivers; thrill; **~ głosu** quaver in the voice; **~ serca** quake
dualizm *m* dualism
dubbing *m kino* dubbing
dubbingować *vi imperf kino* to dub
dubeltowy *adj* double
dubeltówk|a *f* double-barrelled gun; shotgun; *przen* **całować z ~i** to kiss with a smack on both cheeks
dubler *m teatr* understudy; doubler
dublować *vt imperf* to double; *teatr* to understudy ⟨to double⟩ (**rolę** a part)
duby *plt w zwrocie*: *pot* **~ smalone** balderdash; bunkum; rot; **pleść ~ smalone** to talk bilge
duch *m* 1. *singt* (*umysł, dusza*) spirit; mind; soul; **w ~u** in secret; secretly; **śmiać się w ~u** to laugh inwardly 2. *filoz rel* soul; ghost; spirit; **Duch Święty** the Holy Ghost; **sprawy ~a** spiritual matters; **nie ma żywego ~a** there is not a living soul; *przen* **zły** ⟨**dobry**⟩ **~ szkoły** itd. the evil ⟨the good⟩ genius of a school etc. 3. (*zjawa*) ghost; spirit; apparition 4. (*istotna treść*) spirit (of a law etc.); **~ czasu** the spirit of the epoch ⟨of the age, of time⟩; **iść z ~em czasu** to keep abreast of the times; **w ~u czegoś** according to the spirit of sth 5. (*otucha*) morale; spirits; courage; **upadek ~a** despondency; low spirits; **nie tracić ~a** to be of good cheer 6. (*tchnienie*) life; **wyzionąć ~a** to give up the ghost; **~em** with all speed
duchowieństwo *n singt* the clergy
duchowny I *adj* ecclesiastic; church — (authorities, lands etc.); spiritual; **ojciec ~** father confessor; **stan ~** priesthood **II** *m* (*a*) divine; (*ksiądz*) priest; (*pastor*) clergyman
duchowo *adv* 1. (*w duszy*) spiritually 2. (*umysłowo*) mentally; intellectually 3. (*wewnętrznie*) inwardly
duchowy *adj* 1. (*dotyczący ducha*) spiritual 2. (*dotyczący umysłu*) intellectual; mental 3. (*moralny*) moral; **~ przywódca** moral leader 4. *rel* spiritual; of the soul
dud|ek *m* 1. *zool* hoopoe 2. (*głupiec*)

dudniący   122   **duży**

fool; dolt; *pot* **wystrychnąć kogoś na ~ka** to make a fool of sb
dudniący *adj* (*o brzmieniu*) hollow; rumbling; rolling
dudnić *vi imperf* to rumble; to roll
dudy *plt muz* pipes; bag-pipe
dudziarz *m* piper; bag-piper
duet *m muz* duet, duo
dukać *vt vi imperf* to stammer (out)
dukat *m* ducat
dum|a *f* 1. (*szlachetna ambicja*) (proper) pride; self-respect; **napawać kogoś ~ą** to fill sb with pride; **wbić kogoś w ~ę** to put sb on his mettle 2. (*pycha*) (false) pride; self-conceit; haughtiness 3. (*chluba*) pride (of a family etc.); boast (of an institution etc.)
dumać *vi imperf* to muse ⟨to meditate⟩ (**nad czymś** on sth); to ponder ⟨to brood⟩ (**nad czymś** on ⟨over⟩ sth)
dumny *adj* 1. (*pełen szlachetnej ambicji*) proud; **być ~m z kogoś, czegoś** to be proud of sb, sth 2. (*wyniosły*) proud; stately; lofty 3. (*butny*) proud; haughty; supercilious
Duńczyk *m* Dane
duński *adj* Danish
dupa *f wulg* arse; *am pot* ass
duplikat *m* duplicate; copy
dur[1] *m med* **~ brzuszny** typhoid ⟨enteric⟩ fever; **~ plamisty** typhus
dur[2] *m indecl muz* major
dural *m,* **duraluminium** *n singt techn* duralumin(ium)
dureń *m pot pog* fool; blockhead
durny *adj pot pog* silly; stupid; foolish; **nie bądź (taki) ~** don't be (such) a fool
durowy[1] *adj* typhoid; enteric
durowy[2] *adj· muz* major
durszlak *m* strainer
durzyć *imperf* **I** *vt* to fool **II** *vr* **~ się** to be enamoured (**w kimś** of sb)
dusiciel *m* strangler; *zool* **boa ~** boa constrictor
dusić *imperf* **I** *vt* 1. (*ściskać za gardło*) to throttle; to strangle 2. (*utrudniać oddech*) to choke; to stifle 3. (*przyciskać*) to squeeze; *przen* **~ ludność podatkami** to oppress the population with taxes; **~ pieniądze** to stint money 4. *kulin* to stew **II** *vr* **~ się** to choke; to suffocate; *przen* **~ się ze śmiechu** to choke with laughter
dusigrosz *m żart pog* niggard
dusz|a *f* 1. (*psychika*) psyche; mind; heart; soul; **ciężko mi na ~y** I have a heavy heart; **całą ~ą** with all one's heart; **w głębi ~y** in one's heart of hearts 2. *rel* soul 3. (*odwaga*) courage; **mieć ~ę na ramieniu** to have one's heart in one's shoes; **z ~ą na ramieniu** scared stiff 4. (*człowiek*) soul; **bratnia ~a** a man after one's own heart; **nie ma żywej ~y** there is not a living soul; **nie mieć grosza przy ~y** to be stony-broke 5. (*centralna postać zebrania itd.*) the life and soul (of a party etc.) 6. (*w żelazku*) heater (of a flat-iron)
duszkiem *adv* at one gulp; at a draught
dusznica *f singt med* asthma; **~ bolesna** angina pectoris
duszno *adv* sultrily; stiflingly; **jest ~** it is sultry ⟨close⟩
duszność *f singt* difficult breathing; *med* dyspnoea
duszny *adj* 1. (*o powietrzu, pogodzie*) sultry; stifling; close 2. (*o powietrzu w pokoju*) stuffy; fusty 3. (*o zapachu*) faint; sickly
duszpasterski *adj* priestly; **obowiązki ~e** cure of souls
duszpasterstwo *n singt* priesthood; ministry
duszpasterz *m* priest
dużo *adv* (*comp* **więcej**) 1. (*przy rzeczowniku w sing*) much (**wody, chleba itd.** water, bread etc.); a great deal (**wody itd.** of water etc.); a great amount (**pracy, czasu itd.**) of work, time etc.) 2. (*przy rzeczowniku w pl*) many (**domów, kwiatów itd.** houses, flowers etc.); a large number (**domów itd.** of houses etc.); **dość ~** quite a lot; not a little; **za ~** too much ⟨many⟩; **aż za ~** enough and to spare; more than enough
duż|y *adj* (*comp* **większy**) large; big; **~a czarna** black coffee (full portion); **~a litera** a capital letter; *szk* **~a**

pauza the long break; ~e dzieci grown-up children; ~e pieniądze large sums, pot pretty penny; ~e piwo large beer; ~y palec a) (u ręki) thumb b) (u nogi) big toe; w ~ej mierze in great measure
dwa num (męskoosobowy dwaj, żeński dwie, męskonieosobowy i nijaki dwa) two; ~ razy twice; pracować ⟨jeść⟩ za dwóch to work ⟨to eat⟩ enough for two; przen ~ kroki stąd round the corner; w dwóch słowach briefly; za dwie minuty in a couple of minutes
dwadzieścia num twenty; a score
dwadzieścioro num twelve
dwanaście num twelve
dwieście num two hundred
dwoi|ć imperf I vt to double II vr ~ć się to double (vi); ~ mi się w oczach I see double; ~ć się i troić to be in several places at once
dwoistość f singt duality; dualism
dwoisty adj double; dual; twofold
dwojaczki plt 1. (bliźnięta) twins 2. (garnek) double-pot
dwojaki adj double; twofold
dwojako adv doubly; twofold
dwoj|e num two; jedno z ~ga one of two things; either the one or the other; złożyć coś we ~e to fold sth in two; we ~e (just) the two of us (you, them); przysł z ~ga złego trzymaj się mniejszego of two evils one must choose the less
dworak m dosł i przen courtier
dworcow|y adj of the railway station; station — (buildings etc.); restauracja ~a refreshment room
dworek m manor-house
dworski adj 1. (dotyczący dworu królewskiego) court — (ceremonial etc.) 2. (należący do majątku ziemskiego) manorial 3. (układny) courtly
dworskość f singt książk courtliness
dworzanin m courtier
dworzec m (railway) station; am depot; ~ lotniczy air-port; ~ towarowy goods station
dwója f pot szk bad mark; no marks
dwójk|a f 1. (cyfra) a two 2. szk bad mark 3. (para) couple; we ~ę (just) the two of us ⟨of them etc.⟩ 4. (tramwaj, pokój itd.) (tram, room etc.) N° 2 5. karc (a) two
dwójkowy adj dual; mat binary
dwójnasób w zwrocie: w ~ twofold; doubly
dwór m 1. (dom majątku ziemskiego) mansion; manor(-house); hall 2. (podwórze) courtyard; na ~, na dworze out of doors; outside; in the open 3. (siedziba monarchy, rząd z panującym) court; na dworze królewskim at court
dwuaktowy adj two-act — (play etc.)
dwuatomowy adj chem diatomic
dwubarwny adj two-coloured
dwubiegunowy adj fiz bipolar
dwucalowy adj two-inch — (plank etc.); two inches long ⟨wide, thick etc.⟩
dwuchlorek m chem dichloride
dwucyfrowy adj of two figures
dwudrzwiowy adj double-doored (wardrobe etc.)
dwudzielny adj dual; bipartite; bot bicipital
dwudziestka f 1. twenty; score; (the symbol) 20 2. (tramwaj, pokój itd.) (tram, room etc.) N° 20
dwudziestolecie n 1. (okres) period of twenty years 2. (rocznica) twentieth anniversary
dwudziestozłotowy adj twenty-zloty — (bank-note etc.)
dwudziest|y num twentieth; godzina ~a twenty hours
dwufazowy adj two-phase — (process etc.); el diphase
dwugarbny adj two-humped (camel)
dwugłoska f jęz diphthong
dwuizbowy adj 1. (o mieszkaniu) two-room — (flat) 2. polit two-chamber — (system etc.)
dwujęzyczny adj bilingual
dwukierunkowy adj two-way — (traffic etc.)
dwukonny adj two-horse — (vehicle etc.)
dwukropek m colon
dwukrotnie adv twice (over)
dwukrotny adj 1. (dwa razy powtórzony) done ⟨said etc.⟩ twice; repeated

2. (*dwa razy większy*) twice as large ⟨as numerous⟩; double
dwuletni *adj* 1. (*mający 2 lata*) two years old 2. (*trwający 2 lata*) two years' — (work etc.); two-year — (period etc.) 3. *bot* biennial
dwulicowość *f singt* double-dealing; duplicity
dwulicowy *adj* double-faced; double-dealing
dwumian *m mat* (a) binomial
dwumiesięcznik *m* bimonthly publication; (a) bimonthly
dwunastka *f* 1. (*zespół jednostek*) twelve (**ludzi, przedmiotów itd.** people, objects etc.) 2. (*liczba*) the numeral twelve; (a) twelve 3. (*tramwaj, pokój itd.*) (tram, room etc.) N° 12
dwunastnica *f anat* duodenum
dwunast|y I *num* twelfth **II** *f* ~a twelve (o'clock)
dwunożn|y *adj* two-footed; bipedal; **stworzenie** ~e biped
dwuosobowy *adj* for two persons; (*o grze*) two-handed; (*o samochodzie*) two-seater; **pokój** ~ double bedroom
dwupiętrowy *adj* two-storied, two-storeyed; *am* three-storied, three-storeyed
dwupłatowiec *m lotn* biplane
dwupłciowy *adj* 1. *biol* hermaphroditic; bisexual 2. *bot* androgynous
dwupokojowy *adj* two-room — (flat etc.)
dwupoziomowy *adj* having two planes
dwuramienny *adj* two-armed
dwuręki *adj* two-handed; *zool* bimanous
dwurodzinny *adj* semi-detached (cottage)
dwururka *f* double-barrelled gun
dwurzędowy *adj* double-breasted (jacket etc.)
dwusetny, dwóchsetny *adj* two-hundredth
dwusiarczan *m chem* bisulphate
dwusiarczek *m chem* bisulphide
dwusieczn|y I *adj* double-edged **II** *f* ~a *mat* bisectrix, bisector
dwuskibowiec *m roln* two-furrow (plough)
dwustronny *adj* two-sided; bilateral
dwusuwowy *adj techn* two-stroke (engine)
dwuszereg *m wojsk* line

dwuszpaltowy *adj* two-column — (page etc.)
dwutakt *m techn* two-stroke engine
dwutlenek *m chem* dioxide; superoxide; ~ **węgla** carbon dioxide
dwutomowy *adj* two-volume — (work etc.)
dwutorowy *adj* double-track — (railway line etc.)
dwutygodnik *m* biweekly ⟨fortnightly⟩ publication
dwutysięczny *adj* two thousandth
dwuwarstwowy *adj* two-ply —; two-layer —
dwuwartościowy *adj chem* bivalent
dwuwęglan *m chem* bicarbonate
dwuwiersz *m prozod* distich
dwuwiosłowy *adj* two-oar — (boat)
dwuwymiarowy *adj* two-dimensional
dwuwyrazowy *adj* two-word — (name etc.)
dwuzgłoskowy *adj* disyllabic
dwuzłotowy *adj* two-zloty — (coin etc.)
dwuzłotówka *f* two-zloty coin
dwuzmianowy *adj* two-shift — (work etc.)
dwuznacznie *adv* ambiguously; equivocally
dwuznacznik *m* ambiguity; equivoke, equivoque; **mówić** ~**ami** to equivocate
dwuznaczność *f singt* double meaning; ambiguity; equivocation
dwuznaczny *adj* 1. ambiguous; equivocal 2. (*zawierający ukrytą aluzję*) dubious; insinuating; (*o komplemencie*) back-handed
dwuznak *m* digraph
dybać *vi imperf* to lie in wait ⟨to be on the look-out⟩ (**na kogoś, coś** for sb, sth); to scheme (**na kogoś** against sb); ~ **na czyjeś życie** to seek sb's life ·
dyby *plt* stocks
dychawiczny *adj med* asthmatic; *pot* short-winded
dydaktyczny *adj* didactic; instructive
dydaktyka *f* 1. (*pedagogika*) didactics; teaching methods 2. (*nauczanie*) instruction; teaching
dyferencjał *m techn* differential (gear)
dyfrakcja *f singt fiz* diffraction

dyfteryt *m*, **dyfteria** *f singt med* diphtheria
dyftong *m jęz* diphthong
dyfuzja *f chem fiz techn* diffusion
dyg *m* curts(e)y
dygać *vi imperf* — **dygnąć** *vi perf* to curts(e)y
dygnitarz *m* dignitary; official of high rank
dygocący *adj* shivering; all of a tremble
dygotać *vi imperf* 1. (*trząść się*) to tremble ⟨to shiver⟩ (*z zimna itd.* with cold etc.) 2. (*drżeć*) to be thrilled (*z radości itd.* with joy etc.)
dygresja *f* digression
dykcja *f singt* elocution; enunciation
dykta *f* plywood
dyktafon *m* dictaphone
dyktando *m* dictation; **pisać pod czyjeś** ~ to write at ⟨from, to⟩ sb's dictation
dyktator *m* dictator
dyktatorski *adj* dictatorial
dyktatura *f* dictatorship
dykteryjka *f* anecdote; yarn
dyktować *vt imperf* 1. to dictate 2. (*narzucać*) to impose (**komuś warunki** conditions on sb); ~ **modę** to set the fashion
dyl *m* 1. (*belka*) deal 2. (*deska*) deal board
dylemat *m* dilemma
dyletanck|i *adj* unprofessional; amateurish; **po** ~**u** amateurishly
dyletant *m* amateur
dyletantyzm *m singt* dilettantism; amateurishness
dyliżans *m* stage-coach
dyluwialny *adj* diluvial
dym *m* smoke; **pójść z** ~**em** to go up in smoke; **puścić z** ~**em** to reduce to ashes; *przen* **jak w** ~ without hesitation
dymić *imperf* I *vi* to smoke II *vr* ~ **się** to smoke (*vi*); (*parować*) to steam
dymisj|a *f* 1. (*zwolnienie ze stanowiska*) dismissal; **udzielić komuś** ~**i** to dismiss sb from service 2. (*ustąpienie z urzędu*) resignation; **podać się do** ~**i** to resign one's post

dymisjonować *vt imperf perf* to dismiss from the service; to discharge
dymisjonowany *adj* discharged
dymka [1] *f ogr* small onion bulb
dymka [2] *f tekst* diaper
dymn|y *adj* 1. of smoke; smoke — (signal etc.); ~**a zasłona** smoke-screen 2. (*zadymiony*) smoky, smoke-blackened
dymochłon *m* smoke-consumer
dyna *f fiz* dyne
dynamiczny *adj* dynamic
dynamika *f singt* dynamics
dynamit *m chem* dynamite
dynamizm *m singt* dynamism
dynamo *n*, **dynamomaszyna** *f techn* dynamo; dynamo-electric machine
dynamometr *m fiz* dynamometer
dynastia *f* dynasty; House (of Hannover etc.)
dynastyczny *adj* dynastic
dyndać *vi imperf* to dangle
dyngus *m* traditional custom of dousing womenfolk on Easter Monday
dynia *f bot* pumpkin
dyplom *m* diploma; **otrzymać** ~ **lekarza itd.** to qualify as doctor etc.; **otrzymać** ~ **uniwersytecki** to graduate from a university; to take one's degree
dyplomacja *f* 1. (*działalność*) diplomacy 2. (*instytucje*) diplomatic service 3. (*zręczność w postępowaniu*) diplomacy; tact; policy
dyplomata *m* diplomatist; *dosł i przen* diplomat
dyplomatyczn|y *adj* 1. diplomatic; **korpus** ~**y** diplomatic corps; **placówka** ~**a** diplomatic agency; **protokół** ~**y** (diplomatic) protocol; *przen* ~**a choroba** diplomatic indisposition 2. (*taktowny*) diplomatic; tactful
dyplomatyka *f singt* diplomatics
dyplomowany *adj* qualified; certificated
dyplomow|y *adj* **egzamin** ~**y** candidate's final examination; **praca** ~**a** thesis; dissertation
dyrekcj|a *f* 1. management 2. (*biuro*) manager's office 3. *muz* leadership (of an orchestra); **orkiestra pod** ~**ą** ... orchestra conducted by ...

dyrektor *m* manager; managing director; *pot* chief; boss; ~ **szkoły** head master
dyrektorka *f* manageress; ~ **szkoły** head mistress; school-mistress
dyrektywy *plt* instructions; orders
dyrygent *m* conductor (of an orchestra, of a choir); (orchestra) leader
dyrygentura *f* conducting
dyrygować *vt imperf* 1. *muz* to conduct (**orkiestrą** an orchestra) 2. (*zarządzać*) to manage ⟨to conduct, to superintend⟩ (**robotami itd.** operations etc.); ~ **kimś** to order sb about
dyscyplin|a *f* 1. discipline; **brak** ~**y** unruliness 2. (*gałąź nauki*) branch (of instruction) 3. (*narzędzie biczowania*) scourge for flagellation
dyscyplinarn|y *adj* disciplinary; **postępowanie** ~**e** disciplinary measures
dysertacja *f* thesis; dissertation
dysharmonia *f singt* disharmony; dissonance
dyshonor *m* dishonour; disgrace
dysk *m sport* discus
dyskobol *m sport* discus thrower
dyskonto *n singt handl* discount
dyskontować *vt imperf perf* 1. *handl* to discount (a bill) 2. *przen* to turn (sth) to profit
dyskontowy *adj* (rate etc.) of discount
dyskrecja *f singt* discretion; reserve (in speech)
dyskredytować *vt imperf* to discredit; to bring discredit (**kogoś, coś** on sb, sth)
dyskretnie *adv* discreetly; with discretion
dyskretny *adj* discreet; reticent
dyskryminacja *f* discrimination; ~ **rasowa** racial discrimination; colour bar
dyskryminować *vt imperf* to discriminate
dyskusj|a *f* discussion; debate; controversy; **poddać sprawę pod** ~**ę** to raise a question for discussion; *parl* to move a question; **nie podlegający** ~**i** incontrovertible; **podlegający** ~**i** debatable
dyskusyjny *adj* controversial
dyskutant *m* participant in a discussion; debater; disputant

dyskutować *vi imperf* to discuss ⟨to debate, to thrash out⟩ (**nad sprawą, o sprawie** a question)
dyskwalifikacja *f* disqualification; incapacitation
dyskwalifikować *vt imperf* 1. *sport* to disqualify 2. (*oceniać ujemnie*) to pronounce unfit ⟨inadequate⟩; to condemn
dysocjacja *f chem psych* dissociation
dysonans *m* 1. *muz* dissonance 2. *przen* (*rozdźwięk*) discordance
dyspensa *f rel* dispensation (**od postu** itd. from fasting etc.)
dysponent *m* disposer
dysponować *vt imperf* 1. (*rozporządzać*) to have at one's disposal ⟨at one's command⟩ (**czymś** sth); ~ **czasem** to have free time; ~ **gotówką** to have ready money 2. (*rozkazywać*) to exercise control (**kimś, czymś** over sb, sth)
dysponowany *adj* fit; in good form; ~ **do czegoś** ready to do sth
dyspozycj|a *f* 1. (*zarządzenie*) instructions; directions 2. (*możność rozporządzania*) disposal; command; **być do czyjejś** ~**i** to be at sb's command ⟨disposal⟩ 3. *med psych* disposition (**do czegoś** to sth)
dyspozycyjny *adj* discretionary (fund etc.)
dyspozytor *m* dispatcher; *górn* setter
dyspozytornia *f* dispatcher's office
dysproporcja *f* disproportion
dysputa *f* disputation; controversy; debate
dysputować *vi imperf* to dispute; to debate (**o czymś** sth, on sth)
dystans *m* distance; **zachowywać** ~ to keep one's distance; **na dalszy** ~ in the long run
dystansować *vt imperf* to outdistance; to outpace
dystrybucja *f* distribution
dystrybutor *m* distributor
dystyngowany *adj* refined; dignified
dystynkcja *f* 1. *singt* (*sposób bycia*) refinement; dignity 2. (*zw pl*) (*odznaki rangi itd.*) insignia of rank

dysydent m *hist* dissenter; non-conformist

dysza f *techn* snout; nose-piece; nozzle

dysz|eć vi *imperf* to breathe hard; to pant for breath; **już ledwie ~y** he is moribund; **przen ~eć zemstą itd.** to breathe forth vengeance etc.

dyszel m shaft; thill

dyszkant m *muz* soprano; treble

dywan m carpet; rug

dywersant m 1. *wojsk* guerilla fighter; partisan 2. (*szkodnik*) saboteur

dywersja f 1. *wojsk* diversion 2. (*szkodnictwo*) sabotage

dywidenda f *ekon* dividend

dywiz m *druk* hyphen

dywizja f *wojsk* division

dywizjon m *wojsk* unit; command; *lotn* wing

dyzenteria f *med* dysentery

dyżu|r m turn of duty; **ostry ~r** emergency service; **mieć ~r, być na ~rze** to be on duty; **nie mieć ~ru** to be off duty

dyżurka f duty-room; *wojsk* orderly-room

dyżurny I *adj* ... on duty; *wojsk* orderly; **oficer ~** orderly officer **II** m person on duty; *szk* duty prefect; *wojsk* orderly; **kolej ~ ruchu** train dispatcher

dyżurować vi *imperf* to be on duty

dzban m pitcher; jug; ewer; *przysł* **póty ~ wodę nosi, póki się ucho nie urwie** the pitcher goes so often to the well that at last it breaks; everything has its day

dzbanek m (little) jug; ewer; pot; **~ mleka** jugful of milk

dzia|ć vt *imperf* to knit; **wyroby ~ne** knit goods; hosiery

dzi|ać się vr *imperf* 1. (*zdarzać się*) to happen; to occur; to take place 2. (*odbywać się*) to go on; to take place; **co się tam ~eje?** what's going on ⟨what's the matter, *pot* what's up⟩ there? 3. (*stawać się*) to happen; **co się z tobą ~eje?** a) (*co u ciebie słychać*) how are you getting along? b) (*co ci się stało*) what has come over you?; **jak się to ~eje, że ...**

how is it that ...?; **niech się ~eje, co chce!** come what may!

dziad m 1. grandfather 2. (*żebrak*) beggar; **zejść na ~y** to be reduced to beggary 3. (*starzec*) old man

dziadek m 1. grandfather 2. (*staruszek*) old man 3. (*żebrak*) beggar 4. (*przyrząd do łupania orzechów*) nut-cracker 5. *karc* dummy

dziadostwo n *singt* 1. *pot* (*nędza*) (extreme) poverty; beggary 2. (*tandeta*) trash

dziadowski *adj* 1. beggar's; beggarly 2. *pot* (*tandetny*) trashy

dziadówka f *pot* beggar woman

dziadunio, dziadzio, dziadziuś m *pieszcz* grandpa; granddad

dział m division; section; (*w domu towarowym, w biurze itd.*) department; (*w gazecie*) column; (*w fabryce*) shop

działacz m, **działacz|ka** f person actively engaged in political ⟨welfare, religious⟩ work; **~ partyjny** active party member; agitator; **~ społeczny** social worker

działa|ć vi *imperf* 1. (*pracować*) to act; to be active; **~ć w czyimś imieniu** to act for sb ⟨in sb's name⟩ 2. (*oddziaływać*) to act; to operate; to produce ⟨to have⟩ an effect (**na kogoś, coś** on sb, sth); to influence (**na kogoś, coś** sb, sth); **~ć komuś na nerwy** to get on sb's nerves 3. (*wywoływać reakcję*) to act; to produce an effect; to work; (*o kwasach itd.*) to attack (**na metale itd.** metals etc.) 4. (*o mechanizmie itd.*) to work; to function; to run; **aparat nie ~** the apparatus does not work ⟨is out of order⟩ 5. (*o ustawie*) to be in force

działalność f *singt* activity; *zbior* activities; work; **~ literacka** literary output

działani|e n ↑ **działać** 1. (*praca*) activity; work; **zakres ~a** sphere of activity 2. *pl* **~a** *wojsk* military operations; **przerwa w ~ach** cease-fire 3. (*oddziaływanie*) effect; impact 4. (*skuteczność leku itd.*) efficacy 5. *mat* rule (of arithmetic)

działk|a f 1. plot (of ground) 2. *pl*

~i (*ogrody działkowe*) allotments 3. *techn* degree (on a graduated scale) **działkowy** *adj* ogród ~ allotment garden **działo** *n wojsk* gun; cannon; piece of ordnance
działow|y *adj* 1. (*należący do działu*) sectional 2. (*dzielący*) dividing; **ścianka** ~a partition wall
dzianina *f* knit goods; hosiery
dziarski *adj* 1. (*żwawy*) brisk; lively 2. (*zuchowaty*) perky; rakish
dziatwa *f singt książk zbior* children; young folks; ~ **szkolna** school children
dziąsło *n anat* gum
dziąsłowy *adj* 1. *anat* gingival 2. *jęz* alveolar
dzicz *f singt zbior* barbarians; savages
dziczeć *vi imperf* to grow wild; **przen** (*stronić od ludzi*) to seclude oneself; to become unsociable
dziczka *f bot* wilding
dziczyzna *f singt* venison
dzida *f* spear; pike
dzidziuś *m pieszcz* dot; baby
dzieciak *m* child; kid
dzieciarnia *f singt zbior* the young folks; the little ones
dzieciaty *adj pot* człowiek ~ family man
dzieciątko *n pieszcz* baby; little darling; *rel* **Dzieciątko Jezus** the Infant Jesus
dziecię *n* child
dziecięcy *adj* 1. childish; child's; children's; **wiek** ~ childhood 2. (*przeznaczony dla dzieci*) children's — (books, games etc.); (books etc.) for children
dziecinada *f* childishness
dziecinnieć *vi imperf* to sink into one's second childhood ʻinto one's dotageʼ
dziecinny *adj* 1. childish 2. (*dla dzieci*) children's — (clothes etc.); **pokój** ~ nursery 3. (*naiwny*) childish
dzieciństw|o *n singt* childhood; od ~a from childhood
dzieciobójca *m* child-murderer
dzieciobójczyni *f* child-murderess
dzieciobójstwo *n* infanticide; child-murder
dziec|ko *n* 1. child; chit; brat; *pot* kiddie, kid; **dom** ~**ka** a) (*zakład*) orphanage b) (*sklep*) children's store; **od** ~**ka** from childhood; from a child 2. **pl** ~**i** children; young folks; (the) little ones
dziedzic *m* 1. . (*spadkobierca*) heir; inheritor 2. (*następca*) successor 3. (*ziemianin*) squire; country gentleman
dziedzictw|o *n singt* 1. (*spuścizna*) heritage; inheritance; legacy; **objąć** ⟨**dostać**⟩ **coś w** ~**ie** to inherit 2. (*prawo do wejścia w posiadanie*) succession (to the throne etc.)
dziedziczenie *n* heirdom
dziedziczka *f* 1. (*spadkobierczyni*) heiress 2. (*ziemianka*) lady of the manor
dziedziczność *f* 1. *biol* heredity 2. (*prawo dziedziczenia*) succession (to the throne etc.)
dziedzicznjy *adj* 1. (*o właściwościach*) hereditary; to jest ~e it runs in the blood 2. (*otrzymany w spadku*) inherited; ancestral 3. (*o władcy*) hereditary (sovereign etc.)
dziedziczyć *vt imperf* to inherit (**majątek** ⟨**cechę itd.**⟩ **po kimś** property ⟨a characteristic etc.⟩ from sb)
dziedzina *f* sphere ⟨scope, range⟩ (of activity etc.); field (of knowledge etc.); province ⟨branchʼ (of learning etc.); domain (of literature etc.); line (of business etc.); walk (of life etc.)
dziedziniec *m* (court) yard; *am* door-yard
dziegieć *m singt* birch tar
dzieje *plt* history; **to są stare** ~ **it** belongs to the past
dziejopis *m* historiographer
dziejopisarstwo *n* historiography
dziejow|y *adj* 1. historical (records, truth etc.) 2. (*ważny historycznie*) historic (event, spot etc.); **burza** ~**a** historic upheaval
dziekan *m* 1. *kośc uniw* dean 2. *dypl* doyen
dziekanat *m* 1. *kośc* deanery 2. *uniw* dean's office; faculty offices
dziekański *adj* dean's; of (a) dean; decanal
dziekaństwo *n singt* deanship
dzielenie *n* ↑ **dzielić** 1. division; separation; partition 2. *mat* division
dzielić *imperf* **I** *vt* 1. (*rozdrabniać*) to

divide; to split; to break up (na części into parts) 2. *(rozłączać)* to separate 3. *(podzielać)* to share **(czyjś smutek, zapatrywania itd.** sb's sorrow, opinion etc.*)*; ~ **czyjś los** to cast in one's lot with sb 4. *mat* to divide **II** *vr* ~ **się** 1. *(rozdzielać się)* to divide *(vi)*; to split ⟨to break up⟩ **(na grupy** into groups) 2. *(składać się)* to be divisible **(przez jakąś liczbę** by części of several parts) 3. *(obdzielać się wzajemnie)* to share **(czymś z kimś** sth with sb); ~ **się myślami** ⟨**wrażeniami itd.**⟩ to exchange views ⟨impressions etc.⟩ 4. *(brać udział)* to share **(czymś z kimś** sth with sb) 5. *mat* to be composed ⟨to consist⟩ **(na kilka** a number)
dzielna *f mat* dividend
dzielnica *f* 1. *(część kraju)* province 2. *(część miasta)* quarter; district; *am* section
dzielnicowy I *adj* 1. *(regionalny)* regional 2. *(dotyczący części miasta)* district — (committee etc.) **II** *m* district constable
dzielnie *adv* 1. competently; efficiently; **spisałeś się** ~ you did very well 2. *(walecznie)* valiantly; bravely
dzielnik *m mat* divisor; divider
dzielność *f singt* courage; gallantry; pluck
dzielny *adj* 1. resourceful; ingenious; proficient 2. *(sprawny)* competent; efficient 3. *(waleczny)* valiant; brave; courageous
dzieł|o *n* 1. *(praca)* work 2. *(sprawa)* cause (of peace etc.) 3. *(wynik)* result; outcome (of war etc.) 4. *lit muz plast* work; composition; *pl* ~**a** *lit* works, writings; ~**o sztuki** (a) work of art
dzienniczek *m* 1. *(pamiętnik)* diary 2. *szk* parent-teacher correspondence note-book
dziennie *adv* daily; *x* **razy** ~ *x* times a day
dziennik *m* 1. *(gazeta)* (news)paper; daily; *radio* the news 2. *(księga codziennych zapisów)* journal; *handl* ~ **kasowy** day-book; ~ **okrętowy** log-book; ~ **podawczy** correspondence register 3. *(pamiętnik)* diary 4. *szk* school ⟨class⟩ register
dziennikarka *f* (woman) journalist; (press) reporter
dziennikarstwo *n singt* journalism
dziennikarz *m* journalist; pressman; newspaper man; (press) reporter
dzienn|y *adj* 1. day's (work, earnings etc.); **światło** ~**e** daylight; **porządek** ~**y zebrania** agenda; *wojsk* **rozkaz** ~**y** order of the day 2. *(dotyczący doby)* daily; *attr* diurnal
dzień *m* 1. *dav:* **cały (boży)** ~ all day long; *(powitanie)* ~ **dobry** a) *(przed południem)* good morning b) *(po południu)* good afternoon c) *(o każdej porze)* hullo; hullo, Sir; hullo everybody; ~ **powszedni** week-day; ~ **pracy** a day's work; ~ **roboczy** working day; ~ **świąteczny** feast-day; holiday; **poprzedniego dnia** the day before; **następnego dnia** the day after; on the morrow; **przed paru dniami** the other day; some days ago 2. *(światło dzienne)* daylight; daytime; **do białego dnia** till dawn; **w biały** ~ in broad daylight; **za dnia** in the daytime 3. *(doba)* a day and night; twenty-four hours; ~ **dzisiejszy** to-day; *przen* the present; **co** ~ every day; **co drugi** ~ every other ⟨second⟩ day; ~ **po dniu** day after day; **z dnia na** ~ a) *(stopniowo)* from day to day b) *(nagle)* from one day to the next; overnight; **żyć z dnia na** ~ to live from hand to mouth 4. *(termin)* day; date; **oznaczyć** ~ to fix a date; **do dnia dzisiejszego** to the present day; **tego dnia** (on) that day; **w tych dniach** one of these days
dzierżaw|a *f* 1. lease; tenancy; **wziąć w** ~**ę** to take on lease; to lease; to rent 2. *(czynsz)* rent; rental
dzierżawca *m* tenant; leaseholder
dzierżawczy *adj gram* possessive
dzierżawić *vt imperf* to rent; to hire; to hold on lease
dzierżawny *adj* of lease; rental; **kontrakt** ~ contract of lease

dzierżyć *vt książk* ~ **władzę** to wield power; ~ **berło** to sway the sceptre
dziesiątka *f* 1. ten; group of ten; (the symbol) 10 2. (*tramwaj, pokój itd.*) (tram, room etc.) N° 10 3. *karc* (a) ten
dziesiątkować *vt imperf* to decimate
dziesiątkowy *adj mat* decimal
dziesiąt|y I *num* tenth; ~**a godzina** ten o'clock; *przen* ~**a woda po kisielu** distant relation **II** *f* ~**a** *singt* ten (o'clock)
dziesięcina *f hist* tithes
dziesięciobok *m geom* decagon
dziesięciobój *m sport* decathlon
dziesięciokrotny *adj* tenfold; ten times bigger ⟨higher, deeper etc.⟩
dziesięciolecie *n* 1. (*okres*) decade 2. (*rocznica*) tenth anniversary
dziesięcioro *n* ten; *rel* ~ **przykazań** The Decalogue
dziesięciotysięczny *adj* ten-thousandth
dziesięć *num* ten
dziesiętny *adj* denary; *mat* decimal (system, fraction etc.)
dziewanna *f bot* mullein
dziewczę *n* girl; maiden
dziewczęcy *adj* girlish; maidenly; **wiek** ~ girlhood
dziewczyna *f* 1. girl; lass 2. (*pomocnica domowa*) maid
dziewczynka *f* girl; lass
dziewiarka *f* 1. (*robotnica*) knitter 2. (*maszyna*) knitting-machine
dziewiarstwo *n singt* knitting
dziewiarz *m* knitter
dziewiątka *f* 1. figure ⟨number⟩ nine 2. (*tramwaj, pokój itd.*) (tram, room etc.) N° 9 3. *karc* (a) nine
dziewiąt|y I *num* ninth **II** *f* ~**a** *singt* nine (o'clock)
dziewica *f* virgin; maiden; **Dziewica Orleańska** the Maid of Orleans
dziewictwo *n singt* virginity; maidenhood
dziewiczość *n singt* virginity; chastity
dziewiczy *adj* 1. virginal; maidenly 2. *przen* (*pierwotny* — *o lesie itd.*) virgin; primeval
dziewięcioro *num* nine (persons, objects)
dziewięć *num* nine

dziewięćdziesiąt *num* ninety
dziewięćdziesiątka *f* ninety; (the symbol) 90
dziewięćdziesiąty *num* ninetieth
dziewięćset *num* nine hundred
dziewięćsetny *num* nine-hundredth
dziewięćsił *m bot* carline
dziewiętnastka *f* 1. nineteen; (the symbol) 19 2. (*tramwaj, pokój itd.*) (tram, room etc.) N° 19
dziewiętnasty *num* nineteenth
dziewiętnaście *num* nineteen
dziewka *f pog* trollop; strumpet
dziewucha *f* girl; wench
dzieża *f* 1. kneading-trough 2. (*garnek*) earthen pot
dzięcioł *m orn* woodpecker
dzięgiel *m bot* angelica
dziękczynienie *n książk* thanksgiving
dziękczynn|y *adj* thankful; **list** ~**y** letter of thanks; **modły** ~**e** thanksgiving service
dzięki I *plt* thanks; ~ **Bogu** thank Goodness **II** *praep* thanks (**komuś, czemuś** to sb, sth); owing to; ~ **waszej uprzejmości** through your kindness
dzięk|ować *vi imperf* to thank (**komuś** sb); ~**uję** (**bardzo**) thank you (very much); thanks (awfully)
dzik *m zool* wild boar
dziki *adj* 1. wild; ~**e góry** rugged mountains; *bot* ~**e wino** Virginia creeper 2. (*nie cywilizowany*) wild; savage 3. (*okrutny*) fierce; ferocious 4. (*o wzroku*) haggard 5. (*nieokrzesany*) uncouth 6. (*dziwny*) strange (claims etc.); odd; (*o stylu*) bizarre || ~ **lokator** squatter
dzikus *m* wild man; savage; barbarian
dziobać *vt imperf* — **dziobnąć** *vt perf* 1. (*o ptakach*) to peck 2. (*kłuć*) to prod; to jab
dziobak *m zool* duckbill; platypus
dziobaty *adj* (*o człowieku*) pock-marked
dziob|ek, dziób|ek *m* 1. (*u ptaka*) beak, bill 2. *przen żart* (*buzia*) face; mouth 3. (*u dzbanka*) spout; **z** ~**kiem** beaked; lipped
dziobnąć *zob* **dziobać**
dziób *m* 1. (*u ptaka*) beak; bill 2. (*u*

statku, łodzi) stem; bow 3. *(blizna po ospie)* pock-mark
dzióbek *zob* **dziobek**
dzisiaj *adv* 1. to-day; ~ **rano** ⟨**po południu, wieczorem**⟩ this morning ⟨afternoon, evening⟩; ~ **w nocy** to-night; **którego mamy ~?** what date is it?; **na ~ for** the present ⟨to-day⟩ 2. *(obecnie)* nowadays; at the present time
dzisiejsz|y *adj* 1. *(bieżący)* to-day's *(paper* etc.); **dzień ~y** to-day; **do dnia ~ego** to this day; still; **od dnia ~ego** from now on 2. *(współczesny)* of to-day; present-day — (custom etc.); **~a młodzież** the young people of to-day; **w ~ych czasach** nowadays
dziś *adv* = **dzisiaj**; **~, jutro** any day; **po ~ dzień** till the present day
dziupla *f* hollow scooped out in a tree trunk
dziur|a *f* 1. hole; *(w odzieży itd.)* tear; *(w płocie)* gap; *pot* **szukać ~y w całym** to find quarrels in a straw 2. *(nędzny lokal)* hovel 3. *(o miejscowości)* *(także* **zapadła ~a)** a hole of a place
dziurawić *vt imperf* to make holes **(coś in sth)**
dziurawiec *m bot* St-John's-wort
dziurawy *adj* 1. *(o garnku itd.)* with a hole; with holes (in it); leaky; **kocioł jest ~** the kettle leaks 2. *(o ubraniu itd.)* worn into holes
dziurk|a *f* little hole; **~a od guzika** buttonhole; **~a od klucza** keyhole; **~a w nosie** nostril; *przen* **mieć czegoś po ~i w nosie** to be fed up with sth
dziurkacz *m* perforator; puncher
dziurkarka *f techn* punching-press
dziurkować *vt imperf* to perforate; to punch; **~ bilety** to cancel tickets
dziw *m* strange thing; wonder; **aż ~, że ...** it's a wonder that ...; **nie ~** no wonder
dziwactwo *n* 1. *(kaprys)* fad; vagary; crank 2. *(ekscentryczność)* eccentricity
dziwaczeć *vi imperf* to become ⟨to grow⟩ eccentric
dziwaczka *f* (an) original; eccentric woman; crank
dziwaczny *adj* 1. *(cudaczny)* odd; queer;

strange; bizarre 2. *(właściwy dziwakowi)* whimsical; freakish; eccentric
dziwaczyć *vi imperf* 1. to act oddly 2. *(kaprysić)* to be freakish
dziwadło *n pot* 1. (an) oddity; freak 2. = **dziwak, dziwaczka**
dziwak *m* (an) original; (an) eccentric; crank; *pot* queer customer
dziwi|ć *imperf* I *vt* to surprise; to astonish II *vr* **~ć się** to be surprised ⟨astonished⟩ **(komuś, czemuś** at sb, sth); to wonder **(komuś, czemuś** at sb, sth); **nie ~ę ci się** I don't blame you; **nie ma co się ~ć** no wonder
dziwka *f wulg* trollop; strumpet
dziwnie *adv* 1. *(osobliwie)* oddly; strangely; peculiarly; **~ to brzmi** ⟨**wygląda**⟩ it sounds ⟨looks⟩ strange 2. *(niezrozumiale)* unaccountably
dziwn|y *adj* odd; queer; strange; peculiar; **cóż ~ego, że ...?** what wonder that ...?; **nic ~ego, że ...** no wonder that ...
dziwo *n* 1. strange thing; **o ~!** fancy!; imagine! 2. *(cudo)* wonder; marvel
dziwoląg *m* 1. monster 2. *(niedorzeczność)* absurdity
dzwon *m* bell; **bić w ~y** to ring the bells; **uderzyć w ~ na trwogę** to sound the alarm; *przen* **od wielkiego ~u** on special occasions
dzwonek *m* 1. bell; **~ do mieszkania** door-bell 2. *(dzwonienie)* (a) ring (at the door); *przen* **ostatni ~** the highest time 3. *bot* campanula; bell-flower
dzwoni|ć *vi imperf* 1. *(o człowieku)* to ring (the bell); **~ć do mieszkania** to give a ring; **~ć na alarm** to sound the alarm 2. *(o dzwonie)* to ring; to peal 3. *przen* **~ mi w uszach** my ears ring; **~łem zębami** my teeth chattered 4. *(telefonować)* to phone; **~ć do kogoś** to ring ⟨to call⟩ sb up
dzwonko *n* slice of fish
dzwonnica *f* belfry
dzwonnik *m* bell-ringer
dźgać *vt imperf* — **dźgnąć** *vt perf* 1. *(kłuć)* to prod; to poke; to jab 2. *perf (przebić)* to stab (sb)
dźwięczeć *vi imperf* to sound; to ring
dźwięczn|y *adj* 1. *(donośny)* sonorous;

dźwięk resounding; ringing 2. *(harmonijny)* harmonious; melodious 3. *(o głosce)* voiced; *fonet* głoska ~a voiced sound
dźwięk *m* 1. sound; ~ dzwonu the clang of the bell; ~ dzwonka the tinkle of a bell; ~ syreny the blast of a siren; ~i muzyki the tones ⟨strains⟩ of music 2. *fonet* speech-sound
dźwiękowy *adj* of a sound, of sounds; sonic; sound — (wave, film etc.)
dźwig *m* 1. *(żuraw)* crane 2. *(winda osobowa)* lift; *am* elevator 3. *(winda towarowa)* hoist; lift
dźwig|ać *imperf* — **dźwig|nąć** *perf* I *vt* 1. *(podnosić)* to lift; to raise; to hoist 2. *imperf (nieść na sobie ciężar)* to bear; to support 3. *przen (podnosić kogoś materialnie, moralnie)* to elevate; to uplift; to raise II *vr* ~ać ⟨~nąć⟩ się to rise; to lift oneself up; to move up; *przen* ~ać ⟨~nąć⟩ się z choroby to recover
dźwigar *m bud* girder
dźwignąć *zob* dźwigać
dźwignia *f* lever; *przen* mainspring
dźwigowy *adj* crane — (arrangement)
dżdżownica *f zool* (earth-)worm
dżdżysty *adj* rainy; wet; rough (weather)
dżem *m* jam; ~ **malinowy** *itd.* raspberry etc. jam
dżentelmen *m* gentleman
dżet *m* jet
dżinsy *plt* blue jeans
dżokej *m* jockey
dżokejka *f* jockey-cap
dżonka *f* (Chinese) junk
dżudo *n sport* judo
dżul *m fiz* joule
dżuma *f singt med* plague; pest; pestilence
dżungla *f dosł i przen* jungle

e

E, e *n muz* E; **e-dur** E major; **e-moll** E minor
ebonit *m singt* ebonite; vulcanite
ech|o *n* 1. echo 2. *przen (oddźwięk)* response; repercussion; **odbić się** ~em to meet with a response; to have a repercussion; **przebrzmieć** ⟨minąć⟩ **bez** ~a to meet with no response
echosonda *f mar* sonic ⟨depth⟩ finder
edukacja *f singt* education; schooling
edycja *f* edition
edytor *m* editor; publisher
edytorski *adj* editor's; publishing — (firm etc.)
efekciarski *adj* clap-trap; showy
efek|t *m* 1. *(wrażenie)* impression; effect; **wywołać** ⟨**sprawić**⟩ ~t to create an impression 2. *(skutek)* effect; result; upshot; **w** ~**cie** ⟨~**t był taki, że**⟩ ... the result ⟨the upshot⟩ was that ...
efektowny *adj* 1. *(zwracający uwagę)* attractive; smart; dainty; *(o urodzie)* glamorous 2. *(wywołujący efekt)* striking; effective; brilliant; showy
efektywność *f* 1. *(skuteczność)* effectivity; efficiency 2. *(rzeczywistość)* reality, genuineness
efektywny *adj* 1. *(skuteczny)* effective; efficient; efficacious 2. *(rzeczywisty)* actual; real; genuine
efemeryczny *adj* ephemeral; transitory
efemeryda *f* 1. ephemera 2. *ent* ephemerid; day-fly 3. *bot* ephemeral
egid|a *f singt mitol* aegis; *przen* **pod** ~**ą** ... a) *polit* under the protectorate of ... b) *(o imprezie itd.)* sponsored by ...
Egipcjanin *m,* **Egipcjanka** *f* (an) Egyptian
egipski *adj* Egyptian
egocentryczny *adj* egocentric; self-centred
egocentryk *m* self-centred person
egoista *m,* **egoistka** *f* egoist; selfish person
egoistyczny *adj* egoistic; selfish

egoizm *m singt* egoism; selfishness
egotyzm *m singt* egotism
egzaltacja *f singt* exaltation
egzaltować się *vr imperf* to go into ecstasies (**czymś** over sth); to be enraptured (**czymś** with sth)
egzaltowany *adj* impassioned; over-sensitive
egzamin *m* examination; *pot* exam; ~ **z geografii** *itd.* examination in geography etc.; **poddać kogoś ~owi** to put sb through an examination; **składać** ~ to take ⟨to sit for⟩ an examination; **stawać** ⟨**przystępować**⟩ **do ~u** to enter for an examination; **zdać** ~ to pass an examination; *przen* to stand the test; **nie zdać ~u** to fail; *przen* to be found wanting
egzaminacyjny *adj* examination — (paper, room etc.)
egzaminator *m* examiner, examinant
egzaminować *vt imperf* to examine (**kogoś z czegoś** sb in a subject)
egzaminowanie *n* ↑ **egzaminować**; examination(s)
egzekucja *f* execution
egzekucyjny *adj* 1. (*dotyczący kary śmierci*) death- (warrant); **pluton** ~ firing squad 2. (*wykonawczy*) executive (power) 3. **sąd tytuł** ~ writ of execution
egzekutywa *f singt* 1. (*wykonywanie*) enforcement (of laws etc.) 2. (*organ wykonawczy*) executive; ~ **partyjna** party executive
egzekwie *plt* exequies
egzekwować *vt imperf* 1. (*wymagać wykonania*) to exact (the performance of an action) 2. *prawn* to enforce (the law); to exact ⟨to enforce⟩ (payment)
egzema *f singt med* eczema
egzemplarz *m* copy; **sporządzony w dwóch** ⟨**trzech**⟩ **~ach** made ⟨drawn up⟩ in duplicate ⟨in triplicate⟩
egzotyczny *adj* exotic
egzotyka *f singt* exoticism
egzystencja *f* existence; living conditions; livelihood
egzystencjalista *m* existentialist
egzystencjalizm *m singt filoz* existentialism

egzystować *vi imperf* to exist; to subsist
ekierka *f* set square; ~ **trójkątna** triangle
ekipa *f sport* team; crew; group; party; gang (of workmen)
eklektyzm *m singt* eclecticism
ekologia *f singt biol* (o)ecology
ekonom *m* steward (of an estate)
ekonomia *f singt* economy
ekonomiczny *adj* 1. economic; **kryzys** ~ depression; recess 2. (*oszczędny*) economical; thrifty
ekonomika *f singt* economics
ekonomista *m* economist
ekran *m kino* screen; ~ **telewizora** telescreen; **gwiazda ~u** film ⟨screen⟩ star
ekranizacja *f* screening
ekranizować *vt imperf* to screen (a novel etc.)
ekscelencja *m* excellency; (**Wasza**) **Ekscelencjo!** (Your) Excellency
ekscentryczność *f* eccentricity
ekscentryczny *adj* eccentric
ekscentryk *m* (an) eccentric
ekscytować *imperf* I *vt* to excite II *vr* ~ **się** to be ⟨to get⟩ excited (**czymś** over sth)
ekshaustor *m techn* exhauster; suction fan
ekshibicjonista *m* exhibitionist
ekshibicjonizm *m singt* exhibitionism
ekshumacja *f* exhumation; disinterment
ekshumować *vt imperf perf* to exhume; to disinter
ekskluzywny *adj* exclusive
ekslibris, ekslibrys *m* ex-libris; book-plate
eksmisja *f* eviction; ejection
eksmitować *vt imperf perf* to evict; to eject
ekspansja *f singt fiz ekon polit* expansion
ekspansywny *adj* 1. *polit* expansive 2. (*nieopanowany*) effusive
ekspedient *m* shop-assistant; salesman; *am* clerk
ekspedientka *f* shop-girl; saleswoman
ekspediować *vt imperf* to send (off); to dispatch
ekspedycja *f* 1. (*wysłanie*) dispatch; forwarding; sending 2. (*wyprawa*) expedi-

tion; ~ **ratunkowa** rescue party 3. (*obsługiwanie w sklepie*) service (of customers) 4. (*dział instytucji*) dispatch office
ekspedytor *m* 1. (*urzędnik*) shipping clerk 2. (*przedsiębiorca*) forwarding agent
ekspert *m* expert; specialist; connoisseur
ekspertyza *f* expert appraisement; expert's report; ~ **lekarska** medical expertise
eksperyment *m* experiment; test; trial
eksperymentalny *adj* experimental; experiment — (station etc.)
eksperymentator *m* experimenter; eksperymentator
eksperymentować *vi imperf* to experiment (**na czymś** on sth; **z czymś** with ⟨**in**⟩ sth)
eksploatacj[1]**a** *f singt* exploitation; **koszty** ~**i** working costs
eksploatator *m* exploiter
eksploatować *vt imperf* to exploit
eksplodować *vi imperf perf* to explode; to blow up
eksplozja *f* 1. (*wybuch*) explosion 2. (*odgłos*) report
eksponat *m* exhibit
eksponować *vt imperf* 1. (*wystawiać na pokaz*) to exhibit 2. (*wysuwać na pierwszy plan*) to expose
eksponowany *adj* responsible; (*w taternictwie*) dangerous
eksport *m singt* exportation; exports; export trade
eksportacja *f* funeral procession to the church for the burial service
eksporter *m* exporter
eksportować *vt imperf perf* to export
eksportowy *adj* export — (trade, duty etc.); **artykuł** ~ (an) export
ekspozycja *f* 1. (*pokaz*) exhibition 2. (*wyjaśnienie*) exposition
ekspozytura *f* 1. *handl* branch 2. *polit i przen* agency
ekspres[1] *m* (*list, przesyłka*) express ⟨*am* special delivery⟩ letter
ekspres[2] *m* 1. (*pociąg*) express (train) 2. (*do kawy*) expresso
ekspresja *f singt* expression
ekspresjonista *m* expressionist

ekspresjonizm *m lit plast* expressionism
ekspresywny *adj* expressive
ekstatyczny *adj* ecstatic; rapturous
ekstaz|**a** *f* ecstasy; rapture; **wpadać w** ~**ę** to go into ecstasies
eksterminacja *f singt* extermination
ekstern, eksternista *m szk* (an) extern
ekstra I *adv* additionally; apart **II** *adj* extraordinary; exceptional
ekstradycja *f prawn* extradition
ekstrakcja *f chem dent* extraction
ekstraklasa *f sport* top-league
ekstrakt *m* extract
ekstrawagancki *adj* extravagant
ekstremistyczny *adj* extremistic
ekwilibrystyka *f singt* acrobatics
ekwipować *vt imperf* to equip ⟨to provide⟩ (**kogoś w coś** sb with sth); to fit (sb, sth) out (**w coś** with sth)
ekwipunek *m* equipment; outfit
ekwiwalent *m* equivalent
elaborat *m* (*zw iron*) dissertation; disquisition; paper
elastyczność *f singt* elasticity; resilience
elastyczny *adj* elastic; resilient; stretchy; stretch — (stockings, fabrics etc.)
elegancja *f singt* elegance; smartness; style
elegancki *adj* elegant; smart; stylish; fashionable
elegant *m* man of fashion; dandy; *pot* swell
elegantka *f* woman of fashion; smartly dressed lady
elegia *f* elegy
elekcja *f hist* election
elektrochemia *f singt chem el* electrochemistry
elektrociepłownia *f* heat and power generating plant
elektroda *f el fiz* electrode; plate
elektrodynamika *f singt el fiz* electrodynamics
elektrokardiograf *m med* electrocardiograph
elektroliza *f chem el fiz* electrolysis
elektroluks *m* vacuum-cleaner
elektromagnes *m el fiz* electromagnet
elektromagnetyczny *adj* electromagnetic
elektromonter *m* electrician
elektron *m chem fiz* electron

elektronik *m* electronics specialist
elektronika *f singt fiz techn* electronics
elektronowy *adj. chem fiz* electronic; electron — (tube etc.)
elektrotechnik *m* electrotechnician
elektrotechnika *f singt* electrotechnics; electrical engineering
elektrownia *f* power station ⟨plant⟩
elektryczność *f singt el fiz* electricity; electric power ⟨current, *pot* light⟩
elektryczny *adj* electric (light, current etc.); electrical (drainage etc.)
elektryfikacja *f singt* electrification
elektryfikować *vt imperf* to electrify
elektryk *m* electrician; **inżynier** ~ electrical engineer
elektryka *f singt pot* electric light; electricity
elektryzować *vt imperf* 1. to electrify 2. *przen* (*poruszać*) to galvanize (an audience etc.)
element *m* 1. (*składnik*) element; constituent; component 2. (*czynnik*) factor 3. *techn bud* unit
elementarny *adj* elementary (principles etc.); rudimentary (knowledge etc.)
elementarz *m* primer; spelling-book; ABC
elewacja *f arch* elevation
elewator *m* elevator
eliksir *m* elixir
eliminacja *f* 1. elimination 2. *sport* test match
eliminować *vt imperf* to eliminate; to exclude; to reject
elipsa *f* 1. *geom* ellipse 2. *gram* ellipsis
eliptyczny *adj* 1. *geom* elliptic 2. *gram* elliptical
elita *f singt* the flower ⟨pick, elite⟩ (of the nation etc.)
elitarny *adj* exclusive; selective
elokwencja *f singt* eloquence; oratory
elokwentny *adj* eloquent
elżbietański *adj* Elizabethan — (style, drama etc.)
emalia *f* 1. (*szkliwo*) enamel 2. *cer* glaze 3. (*lakier*) lacquer, lacker
emaliować *vt imperf* 1. to enamel 2. *cer* to glaze
emanacja *f* emanation
emancypacja *f* emancipation

emancypantka *f* advocate of women's rights; suffragist
emancypować się *vr imperf* to free oneself from control
emanować *imperf* I *vt* to emit; to diffuse II *vi* to emanate
embargo *n singt ekon mar* embargo
emblemat *m* emblem
embrion *m biol* embryo
embrionalny *adj* embryonic; *dosł i przen* **w stanie** ~**m** in embryo
emeryt *m*, **emerytka** *f* retired employee
emerytalny *adj* pension — (scheme etc.); **fundusz** ~ retiring fund; **wiek** ~ pensionable age
emerytowany *adj* retired; pensioned
emerytur'a *f* (old age ⟨retiring'⟩ pension; *wojsk* retired pay; **przejść na** ~**ę** to retire
emfatyczny *adj* emphatic
emigracja *f* 1. emigration; exile 2. (*ogół emigrantów*) emigrants; *polit* emigrés
emigracyjny *adj* emigration — (office etc.); **rząd** ~ government in exile
emigrant *m*, **emigrantka** *f* (an) emigrant; (an) exile
emigrować *vi imperf* to emigrate
eminencja *f* (His) Eminence; **Eminencjo!** Your Eminence!; *przen* **szara** ~ the power behind the throne
emisja *f* 1. *ekon* issue ⟨issuing⟩ (of bank-notes etc.) 2. *fiz* emission (of rays etc.)
emitować *vt imperf ekon fiz* to emit
emocja *f* excitement; agitation
emocjonalny *adj* emotional; affectional
emocjonować się *vt imperf* to become ⟨to be'⟩ excited; to be agitated
emocjonujący *adj* exciting; thrilling
empiryczny *adj* empirical
emulsja *f chem fot* emulsion
encyklika *f* (an) encyclical
encyklopedia *f* encyclopaedia
encyklopedyczny *adj* encyclopaedic
endemiczny *adj* endemic
energetyczny *adj* energetistic
energetyka *f singt* energetics
energia *f* energy
energiczny *adj* energetic; vigorous; **człowiek** ~ hustler
enigmatyczny *adj* enigmatic

entomolog *m* entomologist
entomologia *f singt* entomology
entuzjasta *m*, **entuzjastka** *f* enthusiast; devotee; fan
entuzjastyczny *adj* enthusiastic; rapturous
entuzjazm *m* enthusiasm; rapture; **robić coś bez ~u** to do sth half-heartedly
entuzjazmować się *vr imperf* to be enthusiastic ⟨rapturous⟩ (**czymś** over ⟨**about**⟩ sth)
enuncjacja *f książk* enunciation; statement
enzym *m chem* enzyme
epicki, epiczny *adj* epic(al)
epidemia *f med i przen* (an) epidemic
epidemiczny *adj med i przen* epidemic; **szpital ~** hospital for infectious diseases
epika *f* epic poetry
epilepsja *f singt med* epilepsy
epileptyk *m* (an) epileptic
epilog *m* epilogue
episkopat *m singt* 1. (*ogół biskupów*) episcopate 2. (*godność*) episcopacy
epistoła *f żart* epistle
epitet *m* 1. (*określenie*) epithet 2. *pl* **~y** (*wyzwiska*) abuse; invectives
epizod *m* episode
epizodyczn|y *adj* episodic; *teatr* **rola ~a** bit part
epok|a *f* 1. (*okres czasu*) epoch; era; (*okres historii*) period; **stanowić ~ę** to make ⟨to mark⟩ an epoch (in history etc.) 2. *geol* age; **~a żelaza** the iron age
epokowy *adj* epochal, epoch-making
epopeja *f* epos; (an) epic (poem)
era *f* era
erg *m fiz* erg
erotoman *m* erotomaniac
erotomania *f singt* erotomania
erotyczny *adj* erotic; amatory
erotyka *f singt* erotica
erozja *f geol* erosion
errata *f* errata
erudycja *f* erudition; scholarship; learning
erudyta *m* man of learning; erudite; scholar
esej *m lit* essay
esencja *f* 1. (*ekstrakt*) essence; extract 2. (*napar z herbaty*) infusion of tea 3.* *przen* essence; gist
eskadra *f* 1. *lotn* flight 2. *mar* squadron
eskalacja *f* escalation
eskapada *f* escapade
Eskimos *m*, **Eskimoska** *f* (an) Eskimo
eskimoski *adj* Eskimo; Husky; **język ~** Husky; **pies ~** husky
eskort|a *f* escort; **pod ~ą** under guard
eskortować *vt imperf* to escort; to convoy
esperanto *n singt* Esperanto
esperantysta *m* Esperantist
esteta *m* aesthete
estetyczny *adj* aesthetic(al)
estetyka *f* aesthetics
Estończyk *m*, **Estonka** *f* (an) Estonian
estoński *adj* Estonian
estrada *f* platform; dais; **~ koncertowa** concert hall
estradowy *adj* platform — (boards etc.); *muz* concert-hall — (performance etc.); **śpiewak ~** concert singer
esy floresy *plt* flourishes
etan *m chem* ethane
etap *m* stage; **na tym ~ie** at this stage
eta|t *m* regular ⟨permanent⟩ post ⟨employment, job⟩; **być na ~cie** to hold ⟨to have⟩ a regular post; **być na pełnym ~cie** to work full-time; **być na pół ~tu** to work half-time ⟨part-time⟩
etatowy *adj* permanent ⟨full-time⟩ (employee)
etażerka *f* (book) shelf
eter *m* 1. *chem* ether 2. *fiz* the ether; *radio* **na falach ~u** over the ether; on the air
eteryczny *adj* 1. (*właściwy eterowi*) ethereal 2. (*zwiewny*) airy
etiopski *adj* Ethiopian
etiuda *f* etude
etniczny *adj* ethnic(al)
etnograf *m* ethnographer
etnografia *f singt* ethnography
etnograficzny *adj* ethnographic(al)
etnologia *f singt* ethnology
etola *f* fur stole
etruski *adj* Etruscan
etui *n indecl* case; **~ na okulary** spectacle-case
etyczny *adj* ethical; moral

etyka f ethics
etykiet|a f 1. (*sposób zachowania się*) etiquette; ceremonial 2. (*nalepka*) label; **nalepić ~ę na coś** to label sth
etyl m *singt chem* ethyl
etymologia f *jęz* etymology
eucharystyczny *adj* Eucharistic (congress etc.)
euforia f *singt* euphoria
eukaliptus m *bot* eucalyptus
eunuch m eunuch
Europejczyk m, **Europejka** f (a) European
europejski *adj* European
ewakuacja f evacuation
ewakuować *vt imperf perf* to evacuate (troops, a population etc.)
ewangelia f gospel
ewangelicki *adj* evangelic(al); Protestant; Lutheran
ewangeliczny *adj* evangelical
ewangelik m (a) Protestant; (a) Lutheran
ewentualnie *adv* 1. (*w razie czego*) if need be; in case of need; possibly 2. (*lub, albo*) or
ewentualność f eventuality; possibility; **przygotowany na każdą ~** ready for every emergency
ewentualny *adj* possible; conceivable; likely
ewidencj|a f record; roll; list; files; **~a ludności** census; **mieć coś w ~i** to have sth on the records ⟨in the files⟩; **mieć kogoś w ~i** to have sb's name on the list (of candidates etc.); **prowadzić ~ę czegoś** to keep a record of sth
ewolucj'a f 1. (*rozwój*) evolution; development 2. *pl* **~e** (*figury akrobatyczne*) evolutions; *lotn* aerobatics
ewolucyjny *adj* evolutional; evolutive
ezoteryczny *adj* esoteric

f

F, f n *muz* **F-dur** F major; **f-moll** F minor
fabrycznie *adv* by machinery; **zrobiony ~** machine-made; manufactured
fabryczn|y *adj* factory — (worker etc.); industrial; manufacturing — (town etc.); **cena ~a** factory-price; **znak ~y** trade-mark
fabryka f factory; works; mill; (industrial) plant
fabrykacja f *singt* manufacture; production
fabrykant m factory ⟨mill⟩ owner; manufacturer
fabrykat m product; production; *pl* **~y** manufactured goods
fabrykować *vt imperf* to manufacture; to produce; to make
fabularny *adj* fictional; **film ~** feature film
fabuła f plot (of a novel etc.); story
facet m *pot* fellow; chap; bloke; **am sl** guy; **śmieszny ~** funny beggar; **to porządny ~** he's a good sort
fach m business; profession; line; **kolega po ~u** professional colleague; **znać swój ~** to know one's job; **w swoim ~u** in one's line
fachowiec m specialist; expert; **to dobry ~** he knows his job
fachowo *adv* professionally; expertly
fachowość f *singt* expertness; professional competence ⟨skill⟩
fachowy *adj* 1. (*zawodowy*) professional; expert; competent 2. (*kwalifikowany*) skilled
facjata f 1. attic; garret 2. *żart pog* (*o twarzy*) phiz; dial
fagas m *pog* servant; flunkey
fagot m *muz* bassoon
fajans m faience
fajansowy *adj* faience — (vessel etc.)
fajerant m = **fajrant**
fajerka f stove-lid
fajerwerk m firework
fajka f pipe; *dost i przen* **~ pokoju** calumet
fajnie *adv pot* first-class

fajny *adj pot* fine; first-rate; *am* swell; hunky-dory
fajrant *m gw* knocking-off time; **zróbmy** ~ let's call it a day
fajtłapa *m f* milk-sop; crock
fakir *m* fakir
fakt *m* fact; matter of fact; *pl* ~y data; ~ **dokonany** accomplished fact; fait accompli; ~ ~**em, że ...** the fact remains ⟨is⟩ that ...; **to** ~**, że ...** admittedly ... (he is clever but ...)
faktura *f* 1. *handl* invoice 2. *lit muz plast* facture ⟨treatment⟩ (of a literary, musical, pictorial work)
faktycznie *adv* in (actual). fact; in point of fact; actually; factually; indeed; really
faktyczny *adj* factual; actual; real; ~ **stan sprawy** the facts of the case
fakultatywny *adj* optional; facultative
fakultet *m uniw* faculty
fal|a *f* 1. wave; billow 2. *przen* tide; surge 3. *el fiz* wave; ~**e długie** ⟨**średnie, krótkie**⟩ long ⟨medium, short⟩ waves
falanga *f* host; flock; army (of people etc.)
falbana, falbanka *f* flounce; furbellow; frill
falcować *vt imperf* 1. *druk* to fold 2. *techn* to join by means of a fold
falisty *adj* wavy; undulating; (*o linii*) sinuous; (*o blasze*) corrugated
falochron *m* breakwater; pier; mole; jetty
falować *vi imperf* to wave; to undulate
falset *m* falsetto; head-voice
falsyfikat *m* forgery; fake
falsyfikować *vt imperf* to forge
falujący *adj* wavy; undulating
fałd *m*, **fałd|a** *f* fold; crease; (*u spódnicy*) pleat; (*na twarzy*) wrinkle; *przen* **przysiąść** ~**ów** to work hard; to buckle to
fałdować *imperf* **I** *vt* to gather into folds; to crease; to rumple **II** *vr* ~ **się** to take a fold; to fall into folds; to crease (*vi*)
fałdzisty *adj* falling into folds ⟨creases⟩; flowing; (*o spódnicy*) full; (*o draperii*) ample

fałsz *m* falseness; deceitfulness; deceit; duplicity
fałszerstwo *n* falsification; counterfeit; forgery; fake
fałszerz *m* falsifier; forger; counterfeiter
fałszować *imperf* **I** *vt* to falsify; to counterfeit; to forge; ~ **rachunki** to cook up accounts **II** *vi* to sing ⟨to play⟩ out of tune
fałszowany *adj* (*o towarze itd.*) falsified; adulterated; filled
fałszywie *adv* falsely; wrongly; **śpiewać** ⟨**grać**⟩ ~ to sing ⟨to play⟩ out of tune
fałszywy *adj* 1. (*podrobiony*) false; counterfeit; forged 2. (*sztuczny*) artificial; fake; imitation — (jewels etc.) 3. (*błędny*) wrong; false 4. (*obłudny*) false; deceitful; double-dealing 5. (*dysonujący*) out of tune; discordant
fama *f* rumour; ~ **głosi, że ...** rumour has it that ...
familiarny *adj* unceremonious; informal
fanaberia *f* whim; vagary
fanatyczny *adj* fanatical; ~ **miłośnik** (**futbolu itd.**) (football etc.) fan
fanatyk *m* fanatic
fanatyzm *m singt* fanaticism
fanfara *f* fanfare; flourish of trumpets
fanfaronada *f* coxcombry; swagger
fant *m* 1. (*zastaw*) pledge; gage 2. (*na loterii*) prize 3. (*w grze towarzyskiej*) forfeit
fantastyczny *adj* fantastic
fantazj|a *f* 1. (*wyobraźnia*) fancy; imagination; **wybujała** ~**a** lively imagination; **pozbawiony** ~**i** unimaginative 2. (*zmyślenie*) fiction 3. (*kaprys*) whim; fancy; **jak mi przyjdzie** ~**a** as the whim takes me 4. (*animusz*) dash 5. *muz* fantasia
fantazjować *vi imperf* 1. (*roić*) to give play ⟨the reins⟩ to one's imagination 2. (*zmyślać*) to indulge in fiction; to improvise
fantazyjny *adj* fancy (dress etc.); fanciful
fantom *m* phantom
fantowy *adj* prize — (lottery)
fara *f* parish church
farad *m fiz* farad

faraon *m* 1. *hist* Pharaoh 2. † *karc* faro
farb|a *f* 1. paint; ~a **malarska** oil paint; oil colour 2. (*barwnik*) dye; dye-stuff; **puszczać** ~ę a) (*o tkaninie itd.*) to discolour b) *przen* (*zdradzić się z czymś*) to show one's hand 3. (*akwarela*) water-colour 4. (*kolor*) colour
farbiarnia *f* dye-works
farbiarstwo *n singt* dyeing (trade)
farbiarz *m* dyer
farbka *f* washing blue
farbkować *vt imperf* to blue (linen)
farbować *imperf* I *vt* to dye (coś na czarno itd. sth black etc.); ~ **sobie włosy** to dye one's hair II *vi* to stain; to discolour III *vr* ~ **się** to dye one's hair
farma *f* = **ferma**
farmaceuta *m*, **farmaceutka** *f* chemist
farmacja *f singt* pharmaceutics; pharmacy
farmakologia *f singt* pharmacology
farmer *m* farmer; *am* rancher
farsa *f* farce; *dosł i przen* mockery
farsz *m kulin* stuffing
fartuch *m* 1. (*okrycie*) apron; ~ **lekarski** physician's ⟨surgeon's⟩ coat 2. *techn* apron
fartuszek *m* pinafore
fasada *f* front (of a building); façade
fascynować *vt imperf* to fascinate; to enchant.
fasola *f bot* bean; kidney-bean; ~ **szparagowa** French bean
fason *m* 1. (*krój, model*) fashion; cut; form 2. (*fantazja*) self-assurance; dash; z ~em jauntily; with a dash 3. (*sposób bycia*) manner; fashion; **pot trzymać** ~ not to lose countenance
fasować *vt imperf gw wojsk* to draw (rations); to collect (equipment)
fastryga *f* baste; tacks
fastrygować *vt imperf* to baste; to tack
faszerować *vt imperf kulin* to stuff
faszyna *f singt* fascine
faszysta *m* fascist
faszystowski *adj* fascist
faszyzm *m singt* fascism

fatalizm *m* fatalism
fatalnie *adv* 1. (*katastrofalnie*) fatally; disastrously 2. (*bardzo źle*) badly; **czuć się** ~ to feel terribly bad; **to** ~ that's too bad
fatalny *adj* 1. (*nieszczęsny*) fatal; ill--fated; disastrous 2. (*bardzo zły* — *o pogodzie itd.*) nasty; awful 3. (*niechronny*) fateful; unescapable
fatałachy, fatałaszki *pl* fiddle-faddle; frippery
fatamorgana *f* fata morgana; mirage
fatum *n* fate; doom; **prześladuje mnie jakieś** ~ I am dogged by ill fortune
fatyg|a *f* trouble; pains; bother; **zadawać sobie** ~ę to take trouble ⟨pains⟩ (to do sth)
fatygować *imperf* I *vt* to trouble; to disturb; ~ **kogoś** to put sb to trouble II *vr* ~ **się** to trouble (*vi*); to bother (*vi*); **proszę się nie** ~ don't trouble; don't bother
faul *m sport* foul
fauna *f singt* fauna
faworki *pl kulin* crunch cakes
faworyt *m*, **faworyt'ka** *f* 1. (*ulubieniec oraz sport*) favourite 2. *pl* ~y (*bokobrody*) (side) whiskers
faworyta *f* favourite
faworyzować *vt imperf* to show favouritism (**kogoś** to sb)
faza *f* phase; stage
febra *f med* fever; ague
fechtować się *vr imperf* to fence
federacja *f* federation
federacyjny *adj* federal
federalny *adj* federal
fedrunek *m górn* yield; output
felczer *m* hospital attendant
felczerka *f* hospital nurse
feldmarszałek *m* Field Marshal
feler *m pot* defect; flaw; drawback
felieton *m dzien* paragraph; **pot** par; **radio** talk
felietonista *m dzien* par writer; columnist
feminista *m*, **feministka** *f* feminist
fen *m. meteor* föhn
Fenicjanin *m*, **Fenicjanka** *f* (a) Phoenician
fenicki *adj* Phoenician

fenol *m chem* phenol
fenomen *m* phenomenon
fenomenalny *adj* marvellous; wonderful
fenyl *m chem* phenyl
feralny *adj* unlucky; ill-fated
ferie *plt* vacation; holidays
ferma *f* farm; *am* ranch
ferment *m* 1. *biol chem* enzyme 2. *przen* (*w twórczości itd.*) leaven 3. (*wrzenie, niepokój*) ferment; agitation; unrest
fermentacja *f* fermentation
fermentować *vi imperf* to ferment
ferować *vt imperf* to pass (**wyrok** a sentence)
ferrostop *m techn* ferro-alloy
ferryt *m techn* ferrite
fertyczny *adj* lively; dapper
ferwor *m* fervour; **z ~em** with gusto
festiwal *m* festival
feston *m* festoon
festyn *m* garden party; picnic
fetor *m* stench; reek
fetować *vt imperf* to give (sb) a rousing welcome
fetysz *m* fetish
fetyszyzm *m* fetishism
feudalizm *m singt* feudalism; feudal system
feudalny *adj* feudal
feudał *m* liege lord
fez *m* fez
fiask|o *n* fiasco; break-down; **skończyć się ~iem** to prove abortive; to be ⟨to prove⟩ a wash-out
fibra *f techn* fibre
fibryna *f bot biol* fibrin
fig|a *f* 1. *bot* fig-tree 2. (*owoc*) fig 3. *żart* fig; *przen* **pokazać komuś ~ę** to take sb in; (*nic z tego*) **a ~ę!** nothing doing!; (*wykrzyknikowo*) **~ę z makiem!** a fig for you! 4. *pl* **~i** (*majtki*) briefs
fig|iel *m* trick; lark; **spłatać komuś ~la** to play a trick on sb; **o mały ~iel** almost
figlarny *adj* playful; frolicsome; skittish
figlarz *m* joker; jester

figlować *vi imperf* to frolic; to play pranks
figowiec *m bot* fig-tree
figowy *adj* fig — (leaf, tree etc.); **dosł i przen liść ~** fig-leaf
figur|a *f* 1. (*postać*) figure; shape; form 2. (*osobistość*) personage; figure 3. (*kształty, postać*) figure; **zachować ~ę** to keep one's figure 4. (*statua*) statue; (*kapliczka przydrożna*) wayside shrine 5. **szach** piece; *pl* **~y** chessmen 6. (*ruch w tańcu, sportach itd.*) figure 7. **mat** figure 8. **karc** court-card
figuralny *adj* figural
figurant *m,* **figurantka** *f* dummy; figure-head
figurka *f* 1. *dim* ↑ **figura** 2. (*posążek*) statuette
figur|ować *vi imperf* to figure ⟨to appear⟩ (in an account etc.); **~ować na liście** to be on the list; **on ~uje wśród świadków** he is mentioned among the witnesses
figurynka *f* statuette
fik|ać *vi imperf* — **fik|nąć** *vi perf* 1. (*wierzgać*) to kick; **~ać kozły** to turn somersaults 2. (*skakać*) to jump; to hop 3. *żart* (*tańczyć*) to hop
fikcja *f* (*urojenie*) fiction; invention; (*złudzenie*) illusion; sham
fikcyjny *adj* fictitious; imaginary
fiknąć *zob* **fikać**
fikus *m bot* rubber plant
filantrop *m* philanthropist
filantropia *f* philanthropy
filar *m* 1. *bud górn* pillar; **~ mostu** pier 2. *przen* pillar; mainstay
filatelista *m* stamp-collector; philatelist
filatelistyka *f singt* stamp-collecting; philately
filc *m tekst* felt
filcować *vt imperf tk* to felt
filcowy *adj* felt — (hat etc.)
filet *m* fillet (of meat, fish)
filharmonia *f* Philharmonic (Society)
filharmoniczny *adj* philharmonic
filia *f* branch (of a bank, firm etc.)
filigranowy *adj* 1. (*drobny, delikatny*) minute; dainty; delicate 2. **jub** filigree

filist|er m Philistine; *pl* ~rzy gigmanity
filisterski *adj* smug; narrow-minded
filiżanka *f* 1. (*naczynie*) cup; ~ **do herbaty** tea-cup; ~ **do kawy** coffee-cup 2. (*zawartość*) cupful
film m 1. *kino* film; picture; *am* motion picture; ~ **długometrażowy** ⟨**fabularny, niemy**⟩ full-length ⟨feature, silent⟩ film; ~ **dźwiękowy** sound film; *sl* talkie; ~ **kolorowy** colour film; *am* technicolor; ~ **rysunkowy** animated cartoons 2. (*taśma*) reel; *fot* roll-film 3. (*kinematografia*) the cinema; the films; cinematography; *posp* the movies
filmoteka *f* film library
filmować *vt imperf* to film; to screen (a novel etc.); to shoot (a scene etc.)
filmowiec m cinematographer
filmow|y *adj* film — (star etc.); **aktor** ~y movie actor; *am* cinemactor; **gwiazda** ~a film-star; **kronika** ~a news reel; **operator** ~y cinema operator
filolog m philologist
filologia *f* philology
filologiczny *adj* philological
filować *vi imperf* (*o lampie*) to smoke
filozof m philosopher
filozofia *f* 1. (*nauka*) philosophy 2. (*mądrość*) wisdom; *przen* **to niewielka** ⟨**to żadna**⟩ ~ there's no wizardry in it 3. *uniw* (*wydział*) faculty of philosophy
filozoficzny *adj* philosophical
filozofować *vi imperf* 1. to philosophize 2. *pot* (*mędrkować*) to play the philosopher
filtr m filter; strainer
filtracyjny *adj* filter — (paper, funnel etc.)
filtrować *vt imperf* to filter; to percolate; to strain
filut m (*figlarz*) joker; jester; (*spryciarz*) slyboots
filuterny *adj* playful; skittish
Fin m (a) Finn
finalista m *sport* finalist
finalizować *vt imperf* to settle; to conclude; to bring to an end; ~ **umowę** to sign a treaty

finał m 1. (*zakończenie*) end; close; epilogue 2. *muz* finale 3. *sport* cup-final
finałowy *adj* final
finans|e *plt* finance(s); **ministerstwo** ~ów the Ministry of Finance; (*w W. Brytanii*) the Exchequer
finansista m financier
finansjera *f singt* financiers; high finance
finansować *vt imperf* to finance (an undertaking etc.)
finansowo *adv* financially; **pomagać komuś** ~ to supply sb with funds
finansow|y *adj* of finance; financial; (*dotyczący prywatnych funduszów*) pecuniary (difficulties etc.); **gospodarka** ~a finances; **to przekracza moje możliwości** ~e it is beyond my means
finezja *f* fineness; delicacy; nicety
finezyjny *adj* subtle
finisz m *sport* the finish
finiszować *vi imperf sport* to spurt
finka *f* 1. **Finka** (a) Finn 2. *pot* (*nóż*) bowie knife
fiński *adj* Finnish; **domek** ~ prefabricated wooden house; **język** ~ Finnish; **nóż** ~ bowie knife
fiolet m violet; the colour violet
fioletowy *adj* violet
fiolka *f* phial; vial
fiołek m, *bot* violet; sweet violet; ~ **alpejski** cyclamen
fiołkowy *adj* violet
fiord m *geogr* fiord
firank|a *f* curtain; **zasunąć** ~i to draw the curtains
fircyk m 1. (*trzpiot*) spark 2. (*strojniś*) gallant; dandy; fop
fircykowaty *adj* dandyish
firet m *druk* quotation
firm|a *f* 1. (*przedsiębiorstwo*) firm; business; concern; establishment 2. (*urzędowa nazwa*) name ⟨style⟩ (of a firm); **pod** ~ą ... under the style of ...
firmament m firmament
firmować *vt imperf* to act as figure-head (**instytucję** in an institution)
firmow|y *adj* of a firm; firm's — (product etc.); **danie** ~e the restaurant

⟨the cook's⟩ special; **papier** ~y letter-head; **znak** ~y trade mark
firn *m* firn; névé
fisharmonia *f* harmonium
fiskalny *adj* fiscal
fisza *m f pot* big bug; VIP
fiszbin *m* whalebone
fiszka *f* 1. (*karteczka*) slip (of paper); card (of a card index) 2. (*liczman*) counter
fizjolog *m* physiologist
fizjologia *f singt* physiology
fizjologiczny *adj* physiological
fizjonomia *f* physiognomy; countenance
fizyczny *adj* 1. *fiz i sport* physical (phenomenon, culture etc.) 2. (*o pracy*) manual (labour); (*o pracowniku*) physical (worker) 3. (*cielesny*) bodily
fizyk *m* physicist
fizyka *f* physics
flaczki *plt kulin* tripe
flag|a *f* flag; ensign; banner; *pl* ~i bunting; flagging
flak *m* 1. *pl* ~i (*wnętrzności*) entrails; bowels; guts 2. *pl* ~i *kulin* tripe; **nudny jak** ~i **z olejem** as dull as ditch-water 3. (*przedmiot flakowaty*) rag
flakon *m* 1. (*ozdobna flaszeczka*) phial 2. (*wazon*) flower-vase; bowl
flakowaty *adj* flabby
flama *f pot żart* lady-love
flamandzki *adj* Flemish
flaming *m orn* flamingo
flanca *f ogr* seedling
flancować *vt imperf ogr* to plant; to set
flandryjski *adj* Flanders — (poppy etc.)
flanela *f tekst* flannel
flanelowy *adj* flannel — (trousers, shirt etc.)
flanka *f* 1. *wojsk* flank 2. *sport* wing
flaszka *f* bottle
flausz *m tekst* petersham; pilot-cloth
flądra *f* 1. *icht* flounder; plaice 2. *pot pog* (*niechluj*) slut; slattern
flecista *m* flutist; flute-player
flegma *f singt* 1. *med* phlegm 2. (*spokój, zimna krew*) calm; coolness
flegmatyczny *adj* phlegmatic; cool
flejtuch *m pot pog* slut; slattern; sloven

flek *m szew* tap, heel-tap; **przybić** ~ **do obcasa** to tap a heel
fleksja *f singt gram* inflexion; accidence
fleksyjny *adj* inflected (forms etc.)
flesz *m fot* flash-light
fle|t *m muz* flute; **grać na** ~**cie** to play the flute
flirciarz *m*, **flirciarka** *f* flirt
flirt *m* flirt, flirtation
flirtować *vi imperf* to flirt; to philander
flisak *m* rafter; raftsman
floks *m bot* phlox
flora *f singt* flora
florecista *m* foilsman
florencki *adj* Florentine
flores *m* flourish
floret *m szerm* foil
flota *f mar* fleet; ~ **handlowa** merchant marine; ~ **powietrzna** aerial fleet; ~ **wojenna** navy
flotacja *f singt* flo(a)tation
flotylla *f* flotilla; fleet; ~ **rybacka** fishing fleet
flower *m* fowling-piece
fluid *m* fluid
fluor *m chem* fluorine
fluorescencja *f fiz* fluorescence
fochy *plt* sulks; whims; **stroić** ~ to sulk; to be sulky
fok *m żegl* foresail
fok|a *f* 1. *zool* seal 2. *pl* ~i (*futro*) sealskins, sealskin fur
foksterier *m* fox-terrier
fokstrot *m* foxtrot; quickstep
folder *m* folder
folgować *vi imperf* 1. (*dawać folgę*) to relieve (**komuś, czemuś** sb, sth); ~ **sobie** to relax; ~ **sobie w czymś** to indulge in sth 2. (*dawać upust*) to give vent (**czemuś** to sth); to indulge (**swym namiętnościom itd.** one's passions etc.) 3. (*zmniejszać się*) to lessen; to abate
folia *f* foil
foliał *m* volume; folio book
folklor *m singt* folklore
folklorysta *m* folklorist
folklorystyczny *adj* folkloristic
folksdojcz *m* Volksdeutscher
folusz *m techn* fulling-mill
folwark *m* grange; farm

fonendoskop *m med* phonendoscope
fonetyczny *adj* phonetic(al)
fonetyk *m* phonetician, phoneticist
fonetyka *f* phonetics
fonia *f singt* 1. *radio* sound transmission 2. *tv* sound
foniczny *adj* phonic
fonoteka *f* 1. (*zbiór płyt*) record library 2. (*zbiór nagrań*) (sound) tape library
fontanna *f* fountain; waterworks
for *m* 1. (*także pl* ~y) *sport* odds; handicap 2. *pl* ~y (*poparcie*) good graces; **mieć u kogoś** ~y to be in sb's good graces
fordanser *m*, **fordanserka** *f* professional dancing-partner
foremny *adj* shapely; well-proportioned
form|a *f* 1. (*kształt zewnętrzny*) form; shape 2. (*rodzaj, struktura*) form; sort 3. (*zw pl*) (*sposób postępowania*) form; formality; manners; behaviour; ~y **towarzyskie** conventions 4. *sport* form; condition; **być w dobrej** ~ie to be in good form 5. *techn* mould; matrix 6. *kulin* mould; shape 7. *druk* form(e); chase
formacja *f* formation; *wojsk* unit
formalina *f singt chem farm* formalin
formalista *m* formalist
formalistyczny *adj* formalistic; formal
formalnie *adv* 1. (*pod względem formy*) structurally 2. (*urzędowo*) formally 3. (*naprawdę*) positively; actually
formalność *adv* formality; **to zwykła** ~ it is a mere formality
formaln|y *adj* 1. (*dotyczący struktury*) structural 2. (*przepisowy*) formal; official; regular; **kwestia** ~**a** point of order 3. (*prawdziwy*) positive; regular; ~**e przyrzeczenie** distinct promise
format *m* 1. size; *druk introl* format 2. *przen* caliber (of a person etc.)
formierstwo *n singt techn* moulding
formierz *m techn* moulder; founder; former
formować *imperf* I *vt* 1. (*kształtować*) to form; to shape; to fashion; to mould 2. (*organizować*) to create; to make; to call to life 3. (*ustawiać*) to form (ranks etc.) II *vr* ~ **się** 1. (*powstawać*) to come into being; to

spring up 2. (*ustawiać się*) to form (into line etc.)
formularz *m* (printed) form; sheet; *am* blank
formuła *f* 1. (*słowa*) formula; wording; words (of an oath etc.) 2. (*prawidło*) canon 3. *med* expression 4. *chem* recipe
formułować *vt imperf* to formulate; to express; to put into words
fornal *m* carter
fornir *m stol* veneer
fornirować *vt imperf stol* to veneer (furniture)
forować *vt imperf* to favour (sb)
forpoczta *f hist wojsk* outpost
forsa *f pot* dough; tin; chink; dibs
forsować *imperf* I *vt* 1. (*popierać usilnie*) to urge; to advocate; ~ **czyjąś kandydaturę** to push a candidate 2. (*przeciążać*) to drive; to overtask; to strain 3. (*pokonywać przeszkodę*) to force; to overcome II *vr* ~ **się** to exert oneself; to strain
forsownie *adv* forcefully; forcibly; strenuously
forsowny *adj* forceful; forcible; strenuous; ~ **marsz** forced march
fort *m wojsk* fort
forteca *f wojsk* fortress; *lotn* **latająca** ~ Superfortress
forteczn|y *adj* fortress — (walls etc.); **mury** ~**e** ramparts
fortel *m* ruse; artifice; stratagem
fortepian *m muz* piano; ~ **koncertowy** grand (piano); **grać na** ~**ie** to play the piano
fortepianowy *adj* piano — (music etc.); **koncert** ~ piano concerto
fortuna *f* 1. *singt* (*los, powodzenie*) fortune; **przysł** ~ **kołem się toczy** fortune is fickle 2. (*bogactwo*) (a) fortune; wealth; riches
fortyfikacja *f* fortifications; defences
fortyfikować *vt imperf* to fortify (a town etc.)
forum *n* 1. (*w Rzymie*) forum 2. *przen* the forum ⟨the bar⟩ (of public opinion etc.); **na** ~ **publicznym** in public
forytować *vt imperf książk* to favour (kogoś sb)

fosa *f* moat
fosfaty *pl chem roln* phosphates
fosfor *m singt chem* phosphorus
fosforan *m chem* phosphate
fosforescencja *f singt* phosphorescence
fosforow|y *adj chem* phosphoric; **nawozy ~e** phosphates
fosforyczny *adj* phosphorescent
fosforyt *m miner roln* phosphorite
fosforyzować *vi imperf* to phosphoresce
fosgen *m singt chem* phosgene
fotel *m* 1. arm-chair; **~ dentystyczny** dental chair; *przen* **~ ministerialny** ministerial office 2. *teatr* stall; *am* orchestra seat
fotoamator *m* amateur photographer
fotogeniczny *adj* photogenic
fotograf *m* photographer
fotografia *f* 1. *singt (technika)* photography; **~ kolorowa** colour photography 2. *(zdjęcie)* photograph; picture; *pot* photo; snap
fotograficzn|y *adj* photographic; **aparat ~y** camera; **odbitka ~a** print
fotografika *f* artistic photography
fotografować *imperf* **I** *vt* to photograph; to take pictures ⟨a picture⟩ **(kogoś** of sb) **II** *vr* **~ się** to have one's photograph ⟨picture⟩ taken
fotograwiura *f druk* photogravure
fotokomórka *f fiz* photo-cell
fotokopia *f fot druk* photocopy
fotomontaż *m* montage ⟨trick⟩ photo; composite photograph
fotooffset *m singt druk* photo-offset
fotoplastykon *m* peep-show
fotoreporter *m* press photographer
fotos *m kino fot* (a) still
fotosynteza *f chem biol bot* photosynthesis
foyer [fuajé] *n indecl* foyer; lounge
fracht *m handl* 1. *(przewóz)* carriage; transportation; **~ drogą morską** freight 2. *(ładunek)* consignment; shipment; *mar* cargo 3. *(opłata)* cost of transportation 4. *(list przewozowy)* consignment note; *mar* bill of lading
frachtowy *adj* of freight; shipment — (charges etc.); **list ~ consignment** note; *mar* bill of lading
fragment *m* fragment; *(urywek)* excerpt

fragmentaryczny *adj* fragmentary; scrappy
frajda *f posp* delight; pleasure; fun
fraje|r *m posp* gull; pigeon; mug; ty **~rze!** you silly fool!
frak *m* 1. *(strój wieczorowy)* full dress 2. *(surdut)* dress coat; swallow-tail (coat)
frakcja *f* fraction
frakcjonować *vt imperf chem* to fractionate; to fractionize
framuga *f* embrasure
franciszkanin *m rel* (a) Franciscan, Grey friar
franciszkański *adj* Franciscan
francusk|i I *adj* French; **~i obcas** high ⟨French⟩ heel; *kulin* **ciasto ~ie** puff paste; *techn* **klucz ~i** monkey-spanner, monkey-wrench **II** *m* **~i** French (language); **po ~u** in French
francuszczyzna *f singt* 1. *(obyczaje, moda)* French manners ⟨customs⟩ 2. *(język)* French (language)
Francuz *m* Frenchman
Francuzka *f* Frenchwoman
frank *m* franc
franko *adv handl* free; carriage-free; postage-paid
frant *m pot* 1. *(spryciarz)* fox; slyboots 2. *(filut)* rogue; rascal; **z głupia ~** acting the simpleton
frapować *vt imperf* to impress; to strike
frapujący *adj* impressive; striking
frasobliwy *adj* worried; worrying; sorrowful
fraszka *f* 1. *(błahostka)* trifle 2. *lit* epigram
fraza *f* 1. *jęz* sentence 2. *muz* phrase
frazeologia *f jęz* idioms; expressions
frazeologiczny *adj* idiomatic (dictionary etc.)
frazes *m* platitude; commonplace; *pl* **~y** clap-trap; cant
fregata *f mar* frigate
frekwencja *f singt* attendance (at a meeting, concert, lecture etc.); number of spectators (at a show etc.)
frenetyczny *adj* frantic; rapturous
fresk *m* fresco; wall-painting; mural painting
freudyzm *m singt* Freudianism

frezarka *f techn* milling-machine; miller
frezować *vt imperf techn* to mill
frędzla *f (zw pl)* fringe
front *m* 1. *(przód)* front; face; fore part; **stać ~em do czegoś** to face sth; *przen* **zmienić ~** to about-face 2. *(przód budynku)* front; façade; *arch* elevation; **mieszkać od ~u** to occupy front rooms 3. *wojsk* front 4. *polit* front; **~ narodowy** the Popular Front; **Front Jedności Narodu** National Unity Front
frontalny *adj* frontal
frontow|y *adj* 1. front — (door, window etc.); **drzwi ~e** street-door 2. *wojsk* front-line — (operation etc.)
froterka *f* floor-polisher
froterować *vt imperf* to polish (up)
frotowy *adj* of sponge-cloth; **ręcznik ~** Turkish towel
frunąć *vi perf* to fly (away)
fruwać *vi imperf* 1. *(latać)* to fly (about) 2. *(powiewać)* to flutter
frycowe *n* the price of inexperience; **płacić ~** to pay dear for one's experience
fryga *f* humming top; **zwinny jak ~** dapper; nimble
frygijski *adj* phrigian (cap etc.)
frykas *m* titbit; dainty (bit); delicacy
frymarczyć *vi imperf* to traffic ⟨to trade⟩ **(czymś** in sth)
frytki *pl kulin* fried potatoes; chips; crisps
frywolny *adj* frivolous
fryz *m* frieze
fryzjer *m*, **fryzjerka** *f* hairdresser; hair stylist
fryzjerski *adj* hairdresser's; **zakład ~** barber-shop; **salon ~** hair-dressing saloon
fryzjerstwo *n singt* hairdressing
fryzować *vt imperf* to curl ⟨to wave⟩ (sb's ⟨one's⟩ hair)
fryzura *f* head-dress; hair-do; coiffure
fuch|a *f pot* 1. *(praca wykonana na własny użytek)* work done on the side 2. *(fuszerka)* bungled work; **zrobić coś na ~ę** to bungle sth (a job etc.)

fuga¹ *f bud* joint
fuga² *f muz* fugue
fujara *f m (gapa)* nincompoop; ninny; noddy
fujarka *f muz* pipe; pan-pipe
fukać *vi imperf* — **fuknąć** *vi perf* 1. *(parskać)* to snort 2. *(besztać)* to scold; to chide; to rate **(na kogoś** sb)
fuks *m* 1. *(nowicjusz)* beginner; greenhorn 2. *pot* windfall; stroke of luck; **~em** by chance; by good luck; by fluke
fumy *plt* arrogance; airs; **stroić ~** to give oneself airs
fundacja *f* 1. *(zapis)* foundation; endowment 2. *(instytucja oraz założenie)* foundation
fundament *m bud* foundations; *przen* foundation; ground-work; **kłaść ~ pod coś** to lay the foundations of sth
fundamentalny *adj* fundamental; basic
fundator *m* 1. *(założyciel)* founder 2. *(częstujący)* the one who stands the treat
fundnąć *vt vi perf pot* = **fundować** 1.
fundować *vt vi imperf* 1. *(częstować)* to treat **(komuś coś** sb to sth); to stand **(komuś coś** sb sth) 2. *(założyć)* to found 3. *(czynić zapis)* to endow
fundusz *m* 1. *(kapitał)* fund; capital; money; **~ płac** wage-fund 2. *pl* **~e** funds; moneys
funkcj|a *f* 1. *(czynność)* function; *(o przedmiocie)* **spełniać ~ę czegoś** to serve as sth 2. *(obowiązki)* function, functions; duties; **pełnić ~e** to perform (certain) functions ⟨duties⟩ 3. *mat* function
funkcjonalny *adj* functional
funkcjonariusz *m* official; functionary; **~ milicji** militiaman
funkcjonować *vi imperf* 1. *(pełnić funkcje)* to perform a duty ⟨duties⟩; to fulfil one's duty ⟨duties⟩; **~ jako ...** to act as ... 2. *(o maszynie — działać)* to function; to work; to run; **nie ~** to be out of order
funt *m (jednostka wagi i monetarna)* pound
funtowy *adj* pound — (weight, note etc.)

fura f 1. (*wóz*) cart; waggon 2. (*ilość*) cartload; waggonload 3. *przen* (*dużo*) a lot; a great deal
furażerka f field-cap
furczeć *vi imperf*, **furkać** *vi imperf* — **furknąć** *vi perf* (*o maszynie itd.*) to rumble; (*o motorze itd.*) to hum; to buzz
furgon m waggon; van
furgonetka f delivery van
furi|a f fury; **atak ~i** a fit of raving madness; **wpaść w ~ę** to fly into a rage
furiat m raving madman
furiatka f madwoman
furkać, furknąć *zob* **furczeć**
furkot m 1. (*odgłos skrzydeł w czasie lotu*) flutter 2. (*warkot*) whirr; hum; buzz
furman m carter; waggoner
furmanić *vi imperf* to cart
furmanka f cart; waggon
furor|a f *singt* furore; rage; craze; **zrobić ~ę** to create a sensation; **sztuka robi ~ę** the play is the rage of the town
furta f wicket; wicket door ⟨gate⟩
furtian m brother gate-keeper
furtka f 1. wicket 2. *przen* (*sposób załatwienia*) salvo

fusy *pl* lees; dregs; **~ z kawy** (coffee-) grounds
fuszer m bungler; botcher
fuszerka f bungle; botch
fuszerować *vt imperf* to bungle; to botch
fuszersk|i *adj* bungled; botched; **po ~u** bunglingly
futbol m football
futbolista m footballer
futerał m case; casing; box; etui
futerkow|y *adj* fur — (collar, coat etc.); **zwierzęta ~e** fur-bearing animals
futr|o n 1. (*skórka*) fell; pelt; (animal's) skin; fur; **podszyć ~em** to fur (a coat etc.) 2. (*sierść*) (animal's) hair ⟨coat, fur⟩ 3. (*okrycie*) fur; fur-coat
futrować *vt imperf techn* to plaster; to coat
futrówka f *szew* lining (of a shoe)
futryna f door-frame; window-frame
futrzany *adj* fur — (collar, coat etc.)
futrzarstwo n *singt* furriery
futrzarz m furrier
futuryzm m *plast* futurism
fuzel m fusel oil; faints
fuzja[1] f (*strzelba*) gun; rifle
fuzj|a[2] f *ekon polit* merger; fusion; amalgamation; **dokonać ~i** to amalgamate; to combine; to join

g

G, g n *muz* G; **G-dur** G major; **g-moll** G minor
gabardyna f *tekst* gabardine
gabinet m 1. (*pokój do pracy w domu*) study; (*w instytucji*) office 2. (*u lekarza*) consulting room; (*u dentysty*) surgery 3. (*meble*) cabinet set (of furniture) 4. *polit* (*rada ministrów*) cabinet 5. *polit* (*sekretariat ministra*) secretariat(e)
gablota, gablotka f show-case; display stand
gacek m *zool* bat
gach m *pog* 1. (*kochanek*) lover 2. (*zalotnik*) suitor

gacie *plt pot* pants; drawers
gad m *zool* reptile
gada|ć *imperf pot* I *vi* to talk; to chatter; to prattle; **~ć na kogoś** to complain against sb; **~ć do rzeczy** to talk sense; **~ć od rzeczy** to talk nonsense; **przestań ~ć** hold your tongue; **szkoda ~ć!** nothing doing! II *vt* to say (sth); **co ty ~sz!** what are you talking about!
gadani|e n ↑ **gadać**; *pot* talk; gab; prattle; **mieć coś do ~a** to have one's say in the matter; **nie masz tu nic do ~a** it's no business of yours; **dość tego ~a!** that'll do!; **~e!** rubbish!

gadanina *f pog* talk; idle talk
gadatliwość *f singt* talkativeness; prate
gadatliwy *adj* talkative; loquacious; garrulous
gadka *f* 1. *pot (pogawędka)* chat 2. *pot (powiedzenie)* saying 3. *(opowieść)* story 4. *(plotka)* rumour
gadu-gadu *indecl pot* talk; chatting; **oni sobie ~** they talk(ed) and talk(ed)
gadulstwo *n singt* talkativeness; loquacity
gaduła *m* chatterer; prater; talker
gadzina *f* 1. *(gady, płazy)* reptiles; amphibians 2. *gw* cattle; live-stock
gadzinówka *f pot* reptile paper; rag
gaf|a *f* blunder; slip-up; **popełnić ~ę** to make a blunder; to put one's foot in it
gagatek *m* 1. *(ananas)* scamp; blighter 2. *(maminsynek)* molly-coddle
gaik *m* bosk, bosket
gaj *m* grove
gajowy *m* gamekeeper
gajówka *f* 1. *(dom gajowego)* gamekeeper's cottage 2. *orn* warbler
gal *m singt chem* gallium
gala *f singt* 1. *(bankiet)* gala; festivity 2. *(strój)* gala dress
galaktyka *f astr* Galaxy
galant *m* gallant; man of fashion
galanteria *f singt* 1. *(grzeczność)* gallantry 2. *handl (wyroby galanteryjne)* fancy goods ⟨articles⟩; haberdashery
galanteryjny *adj handl* fancy goods — (department etc.); **sklep ~** haberdasher's ⟨outfitter's⟩ shop
galar *m* barge
galareta *f* jelly; aspic; **trząść się jak ~** to be all of a tremble
galaretowaty *adj* jelly-like
galas *m*, **galasówka** *f* gall(-nut)
galer|a *f hist* 1. *(statek)* galley 2. *pl ~y (kara)* galleys; **skazany na ~y** sent to the galleys
galeria *f* gallery
galernik *m hist i przen* galley-slave
galicyjski *adj hist* Galician
galijski *adj* Gallic
Galilejczyk *m* (a) Galilean
galimatias *m singt pot* mess; muddle;

narobić ~u z czymś to make a mess of sth; to muddle sth up
galon[1] *m (ozdoba)* braid; galloon
galon[2] *m (jednostka objętości)* gallon
galop *m* gallop; *pot (co tchu)* **~em** at full gallop
galopować *vi imperf* to gallop
galopujący *adj* galloping
galowy *adj* gala — (day, uniform etc.); **w stroju ~m** in gala (dress)
galwaniczny *adj chem el fiz techn* galvanic
galwanizacja *f singt* 1. *med* galvanization 2. *techn* plating
galwanizować *vt* 1. *med i przen* to galvanize 2. *techn* to electroplate
galwanometr *m el fiz* galvanometer
galwanoplastyka *f singt* galvanoplasty
galwanotechnika *f singt* electroplating
gałązka *f* twig; sprig; spray; **~ oliwna** olive-branch
gałąź *f* 1. branch; *(duża)* bough 2. *(linia rodu)* offshoot 3. *(odnoga)* ramification; **~ rzeki** branch of a river; **~ urządzenia technicznego** side-line 4. *(dział nauki, administracji itd.)* branch; department; interest
gałgan *m* 1. *(szmata)* rag; **w ~ach** ragged; tattered 2. *(hultaj)* scamp
gałgan|ek *m* 1. *(szmatka)* rag; piece of cloth 2. *pl ~ki pot (fatałaszki)* finery
gałganiarka *f* rag-picker (woman)
gałganiarz *m* rag-and-bone man; rag-picker
gałgański *adj* scampish; roguish
gałgaństwo *n* roguery; mean trick
gałka *f* knob; ball; **~ muszkatołowa** nutmeg-apple; *anat* **~ oczna** eyeball
gam|a *f* 1. *muz* scale; gamut; **ćwiczyć ~y** to practise scales 2. *przen (skala)* gamut; range
gamajda *m f pot* numskull; noodle
gambit *m szach* gambit
gamoń *m* gawk; bumpkin
ganek *m* 1. *(przedsionek)* porch 2. *(galeria)* gallery; balcony 3. *górn* gallery
gang *m* gang
gangrena *f med i przen* gangrene
gangrenowaty *adj* gangrenous
gangster *m* gangster
gangsterski *adj* gangster's; ruffianly

ganiać *imperf* **I** *vi* to run ⟨to rush⟩ about **II** *vt* **1.** (*ścigać*) to run (kogoś, coś after sb, sth); to pursue; to chase **2.** (*popędzać*) to urge ⟨to drive⟩ (sb) on
ganić *vt imperf* **1.** (*krytykować*) to criticize; to find fault (kogoś, coś with sb, sth) **2.** (*potępiać*) to condemn; to blame
gap *m* gaping spectator ⟨passer-by⟩
gap|a *m f* giddy goat; *pot* pasażer na ~ę free rider; (*na statku*) stowaway; pojechać na ~ę to steal a ride
gapić się *vr imperf pot* to stare ⟨to gape⟩ (na kogoś, coś at sb, sth)
gapiostwo *n* giddiness
gapiowaty, gapowaty *adj* scatter-brained; empty-headed
garaż *m* garage
garażować *vt vi imperf* to garage
garb *m* hump
garbacieć *vi imperf* to hump (*vi*); to stoop
garbarnia *f* tannery; tan-yard
garbarski *adj* tanner's; tan — (pit etc.)
garbarstwo *n* tanning; the tanning industry
garbarz *m* tanner
garbato *adv* crookedly; trzymać się ~ to stoop
garbaty *adj* hump-backed; hunch-backed; ~ nos Roman nose
garbić się *vr imperf* to hunch one's back; to stoop
garbnik *m* tan; tannin
garbować *vt imperf* to tan (hides); *przen pot* ~ komuś skórę to tan sb's hide
garbowanie *n* ↑ garbować; tanning; tannage
garbus *m*, **garbuska** *f pot* hump-back; hunch-back
garda *f* hilt-guard
garderob|a *f* **1.** (*odzież*) wardrobe; (stock of) clothes; część ~y garment **2.** *teatr* dressing-room **3.** (*szatnia*) cloak-room
garderobiana *f* dresser
gardlany *adj* **1.** *anat med* throat — (complaint etc.) **2.** (*o głosie*) guttural
gard|ło *n* throat; ból ~ła sore throat; na całe ~ło at the top of one's voice; ze ściśniętym ~łem with one's heart in one's mouth; *przen* mieć nóż na ~le to be pinned against a wall; stanąć kością w ~le to be unbearable; (*w dziedzinie produkcji*) wąskie ~ło bottle-neck
gardłować *vi imperf* to clamour; to cry (za czymś for sth)
gardłow|y *adj* **1.** *anat* of the throat; pharyngeal; *przen* sprawa ~a hanging matter **2.** (*o głosie*) guttural
gardzić *vi imperf* to despise ⟨to scorn⟩ (kimś, czymś sb, sth); ~ niebezpieczeństwem itd. to brave perils etc.
gardziel *f* **1.** (*gardło*) throat; pharynx **2.** *geogr* gorge **3.** *techn* stockhole
garkuchnia *f* chop-house; cook-shop
garmażeria, garmażernia *f* shop selling prepared ⟨ready-to-cook⟩ foods; *am* delicatessen
garmażeryjn|y *adj* ready-to-cook — (foods etc.); artykuły ~e delicatessen; sklep ~y = garmażeria
garnąć się *vr imperf* **1.** (*przytulać się*) to cuddle up (do kogoś to sb) **2.** *przen* (*lgnąć*) to feel attracted (do kogoś to sb); ~ się do kogoś to seek sb's friendship **3.** (*rwać się do czegoś*) to crave for sth; to be eager (do czegoś for sth); to be keen (do czegoś on sth)
garncarnia *f* potter's workshop
garncarski *adj* potter's; of pottery; wyroby ~e pottery; earthenware
garncarstwo *n* pottery; potter's trade ⟨craft⟩
garncarz *m* potter
garn|ek *m* **1.** (*naczynie metalowe*) pot; (*naczynie gliniane*) jug; crock; przysłowie święci ~ki lepią it is no sorcery **2.** (*kubek*) tumbler; mug **3.** (*zawartość*) potful; jugful; mugful
garniec *m* (*dawna miara*) gallon; half a peck
garnirować *vt imperf kulin* to garnish (a dish)
garnitur *m* **1.** (*ubranie*) suit (of clothes) **2.** (*komplet*) set (of tools etc.); suite (of furniture); assortment (of goods etc.)
garnizon *m* garrison
garnkotłuk *m pot pog* kitchen wench
garnusz|ek *m* **1.** (*kubek*) little mug;

garsoniera   149   **gazownia**

goblet 2. *(mały garnek)* little pot; *pot być u kogoś na ~ku* to eat sb's bread and salt 3. *(zawartość)* mugful; potful
garsoniera *f* bachelor rooms
garsonka *f* two-piece (costume)
garstka *f* handful
garś|ć *f* 1. *(dłoń)* hand; the hollow of the hand; **pełną ~cią** abundantly; *pot* **wziąć się w ~ć** to control oneself; **wziąć kogoś w ~ć** to take sb in hand; **trzymać kogoś w ~ci** to keep a tight rein on sb; **trzymać wszystko w ~ci** to run the show 2. *(tyle, ile się zmieści w garści)* handful; **~ciami** by the handful 3. *przen (niewielka ilość)* handful; batch
gasić *vt imperf* 1. *(przerywać palenie się)* to put out ⟨to extinguish, to quench⟩ (fire); **~ papierosa** to stub out a cigarette; **~ motor** to switch off an engine; **~ wapno** to slake lime 2. *(przerywać świecenie)* to put out (the light); to switch off (an electric lamp); to turn off (the gas); to blow out (a candle) 3. *przen (uśmierzać)* to quench *(pragnienie itd.* one's thirst etc.) 4. *przen pot (zbijać z tropu)* to disconcert; to make (sb) feel small
gasnąć *vi imperf* 1. *(o ogniu, świetle)* to go out 2. *przen (ciemnieć, blaknąć)* to wane 3. *przen (maleć, blednąć przy czymś)* to fade; to shrink 4. *przen (umierać)* to be dying away 5. *przen (zanikać)* to fade
gastrologia *f singt med* gastrology
gastronomia *f singt* 1. *(sztuka kulinarna)* (the art of) good cooking 2. *zbior (restauracje)* the catering business
gastronomiczny *adj* gastronomic; **zakład ~** restaurant; catering establishment
gastryczny *adj* gastric
gaszenie *n* ↑ **gasić**; extinction; **~ świateł** curfew; *wojsk* taps
gaśnica *f* fire-extinguisher
gatun|ek *m* 1. *(rodzaj)* kind; sort; **wszelkiego ~ku** of all kinds ⟨sorts⟩; *przen* **ten ~ek ludzi** people of that description 2. *(jakość)* quality; brand; **w dobrym ⟨kiepskim⟩ ~ku** of good ⟨poor⟩ quality 3. *bot zool* species; **~ek jabłek**

itd. variety of apples etc.; **pochodzenie ~ków** the origin of species
gatunkować *vt imperf* to sort; to classify
gatunkowy *adj* 1. *(należący do określonego gatunku)* typical; type — (species, class etc.) 2. *(o cesze, różnicy, ciężarze itd.)* specific 3. *(o artykule handlu)* high-quality ⟨high-grade⟩ — (article etc.)
gawęda *f* 1. *(rozmowa, pogadanka)* chat; talk 2. *(utwór literacki)* tale
gawędziarski *adj* chatty
gawędziarz *m* story-teller
gawędzić *vi imperf* to chat; to tattle
gawiedź *f singt* mob; rabble; populace
gaworzyć *vi imperf* to babble; to coo
gawot *m* gavotte
gawron *m orn* rook
gaz *m* 1. *chem fiz* gas; **~ generatorowy** coke-oven gas; **~ kopalniany** choke-damp; **~ płynny** liquid ⟨buta⟩ gas; **~ świetlny** lighting gas; **~ ziemny** natural ⟨earth⟩ gas; **~y spalinowe** combustion gases; **zbiornik ~u** gas-holder; gas container; *wojsk* **~y bojowe** poison gases; *med* **~y w przewodzie pokarmowym** flatus; *pot* **być pod ~em** to be tipsy 2. *pot aut* accelerator; gas; **dodać ~u** to step on the gas; **jechać na pełnym ~ie** to drive at top speed
gaza *f* gauze; **~ opatrunkowa** antiseptic gauze
gazda *m reg* farmer (in the Carpathian mountains)
gazeciarski *adj* journalistic; newspaper — (style etc.)
gazeciarz *m* news-vendor; newsboy
gazela *f zool* gazelle
gazet|a *f* newspaper; paper; daily; **czytelnia ~** news-room
gazetka *f* news-sheet; **~ ścienna** news-sheet displayed on a notice-board
gazetowy *adj* newspaper — (columns etc.); **papier ~** newsprint
gazociąg *m techn* gas piping
gazomierz *m* gas-meter
gazon *m* lawn
gazoszczelny *adj* gas-proof; gas-tight
gazowany *adj* charged with gas; aerated
gazownia *f techn* gas-works; gas-plant

gazownictwo *n singt techn* the gas industry
gazow|y¹ *adj* 1. *(o substancji itd.)* gassy; gaseous; gasiform; **komora ~a** gas chamber; **maska ~a** gas-mask 2. *(związany z gazem palnym)* gas — (fitter, pipe, holder etc.); **instalacja ~a** gas-fittings; **kuchenka ~a** gas-range; **licznik ~y** gas-meter; **palnik ~y** gas-ring; **piecyk ~y** gas-fire
gazowy² *adj tekst* gauze — (fabric etc.)
gaździna *f reg* farm-mistress (in the Carpathian mountains)
gaźnik *m aut* carburettor
gaża *f* salary; pay; wage
gąbczasty *adj* spongy
gąbka *f* sponge
gąsienica *f ent techn* caterpillar
gąsior *m* 1. *orn* gander 2. *(butla)* demijohn 3. *bud* ridge tile
gąska *f* 1. *orn* goose 2. *bot* agaric 3. *przen (dziewczyna)* goose
gąszcz *m* thicket; brushwood; *dosł i przen* jungle; **~ włosów** thick hair
gbur *m* yokel; churl; boor
gburowatość *f singt* churlishness; boorishness
gburowaty *adj* churlish; boorish
gdakać *vi imperf* to cackle
gderać *vi imperf pot* to grumble; to grouch; to nag **(na kogoś** at sb)
gderliwość *f singt* bad temper; grumpiness
gderliwy *adj* bad-tempered; cross-grained; grumpy
gdy *conj* when; as; while; **podczas ~** while; as
gdyby *conj* if; **~ nawet** even though; **~ nie ... but for ...; ~ nie to, że ...** were it not (for the fact) that ...; **~ nie ty, on by nie żył** but for you ⟨were it not for you⟩ he'd be dead; **~ tylko** if only; **jak ~** as if; so to say; **~ się nadarzyła sposobność** should the occasion arise; **~m był na twoim miejscu** if I were you; in your place; **~m wiedział** if I knew; **~ś go zobaczył** a) if you saw him b) if you happen to see him
gdyż *conj* because; for; since; inasmuch as

gdzie *adv* 1. *(w pytaniach)* where?; *(dokąd)* where (to)? 2. *(w zdaniach twierdzących i przeczących będących równoważnikami określeń miejsca)* where; **wszędzie, ~ ..., wszędzie ... ~ ...** wherever ...; **~ tylko ..., ~ by nie ...** wherever ...; **~ indziej** elsewhere; somewhere else 3. *(w utartych zwrotach)* **byle ~** anywhere; **~ jak ~** unquestionably; say what you will; **jest ~ ...** there's plenty of room for ...; *pot* **~ tam!** nothing of the kind!; nonsense! || **~ bądź** anywhere; **~ indziej** somewhere else
gdziekolwiek *adv* 1. *(gdzie bądź)* anywhere 2. *(wszędzie)* wherever
gdzieniegdzie *adv* here and there; in places; at intervals
gdzieś *adv* 1. *(w miejscu bliżej nieokreślonym)* somewhere 2. *(mniej więcej)* somewhere round ...; **~ koło jedenastej** somewhere round eleven o'clock
gdzież *adv emf* = **gdzie** 1.; where on earth?!
gejsza *f* geisha
gejzer *m geol* geyser
gen *m biol* gene
gencjana *f bot farm* gentian
genealogia *f* genealogy
genealogiczn|y *adj* genealogical; **drzewo ~e** family tree
generacja *f* generation
generalicja *f singt* (staff ⟨body⟩ of) generals
generalissimus *m wojsk* generalissimo
generalizować *vt imperf* to generalize
generalnie *adv* 1. *(ogólnie)* generally; sweepingly; in general 2. *(całkowicie)* fully; totally
generaln|y *adj* 1. *(ogólny)* general (rule, fact, strike, opinion etc.); full-scale (washing, house-cleaning etc.); *teatr i przen* **próba ~a** dress rehearsal 2. *(naczelny)* general; **inspektor ~y** Inspector-General; **sztab ~y** General Staff; *hist* **Generalna Gubernia** German-occupied Poland (World War II)
generalski *adj* general's — (uniform etc.)
generał *m* general; **~-gubernator** governor general

generator *m* 1. *el* generator 2. *techn* gas producer ⟨generator⟩
genetyczny *adj* genetic
genetyka *f singt biol* genetics
genewski *adj* Genevan; Geneva — (Conventions etc.); **Jezioro Genewskie** Lake Geneva
geneza *f singt* genesis; origin
genialność *f singt* genius; greatness
genialn|y *adj* 1. (*obdarzony geniuszem*) of genius; ~y **człowiek** man of genius 2. (*znakomity*) splendid ⟨brilliant⟩ (idea etc.); ~e **dzieło** work of genius; ~y **wynalazek** great invention; **żart** ingenious device
genitalia *plt anat* genitals; privy parts
geniusz *m* 1. *singt* (*talent*) genius 2. (*człowiek*) (a) (musical, mathematical etc.) genius
genotyp *m biol* genotype
geocentryczny *adj* geocentric
geodeta *m* geodesist; (land-)surveyor
geodezja *f. singt* geodesy; land-surveying
geofizyczny *adj* geophysical
geofizyka *f singt* geophysics
geograf *m* geographer
geografia *f singt* geography
geograficzny *adj* geographic(al); **słownik** ~ gazetteer
geolog *m* geologist
geologia *f singt* geology
geologiczny *adj* geologic (strata, time etc.); geological (age, engineering etc.)
geometra *m* (land-)surveyor
geometria *f* geometry; ~ **wykreślna** descriptive geometry
geometryczn|y *adj* geometric(al); **figura** ~a geometrical figure; **postęp** ~y geometrical progression
geopolityka *f singt* geopolitics
georginia *f bot* dahlia
geriatria *f singt med* geriatrics
germanista *m*, **germanistka** *f* 1. (*znawca*) Germanist 2. (*student*) student of Germanic philology
germanistyka *f singt* German ⟨Germanic⟩ studies ⟨philology⟩
germanizacja *f singt* germanization
germanizować *vt imperf* to germanize
germański *adj* Germanic; Teutonic
gerontologia *f singt med* gerontology

gest *m* motion; **dosł i przen** gesture; **szeroki** ~ wave (of the hand); **przen mieć szeroki** ~ to do the handsome thing
gestapo *n indecl* Gestapo
gesti|a *f singt* management; administration; **być w** ~i **czyjejś** to fall within sb's cognizance
gestykulacja *f singt* gesticulation
gestykulować *vi imperf* to gesticulate
geszefciarz *m pot* spiv; profiteer
getry *plt* gaiters; spats
getto *n* ghetto
gęb|a *f* 1. *posp* (*usta*) potato-box; gob; mouth; *przen* **być mocnym w** ~ie to have a ready tongue; **dać komuś** ~y to give sb a smack; **nie mieć do kogo** ~y **otworzyć** to have nobody to open one's mouth to; **zapomnieć języka w** ~ie to be flabbergasted; (*o umowie itd.*) **na** ~ę by word of mouth; **stul** ~ę! shut up! 2. *posp* (*twarz*) mug; phiz; face; **dać komuś w** ~ę to slap sb's face; **przen całą** ~ą in the full sense of the word 3. (*pysk zwierzęcia*) snout; mouth
gęgać *vi imperf* to gaggle
gęsi *adj* of a goose; of geese; goose's — (grease etc.); ~e **pióro** quill; *przen* ~a **skórka** goose-flesh; **dostałem** ~ej **skórki** it made my flesh creep || ~ego in single file
gęsiarek *m*, **gęsiarka** *f* gooseherd
gęsina *f kulin* goose (meat)
gęstnieć *vi imperf* 1. (*o płynach*) to thicken; to become ⟨to grow⟩ thick 2. (*o tłumie, dymie itd.*) to become ⟨to grow, to get⟩ dense
gęsto *adv* 1. (*zawiesiście, zwarcie*) thick; thickly; **pojawiać się** ⟨**rosnąć itd.**⟩ ~ to appear ⟨to grow etc.⟩ densely ⟨thick, compactly⟩ 2. (*często*) often; frequently; *pot* ~ **się tłumaczyć** to be profuse in one's apologies
gęstość *f singt* 1. (*zawiesistość*) thickness 2. (*spoistość*) density (of smoke, population etc.)
gęstwina *f* = **gąszcz**
gęst|y *adj* 1. (*zwarty*) thick; close; compact; ~e **sito** fine sieve; ~y **grzebień** small-tooth comb; **powietrze** ~e **od**

dymu air thick with smoke; *pot* ~a **mina** self-confidence 2. (*o włosach, brwiach*) thick 3. (*zawiesisty*) thick 4. (*spoisty*) dense 5. (*częsty*) frequent
gęś *f* 1. *orn* goose; *pot* **rządzić się jak szara** ~ to boss the show 2. *pog* (*o kobiecie*) goose
gęśle *pl muz* (primitive) fiddle
giąć *imperf* **I** *vt* to bend; to bow; *przen* ~ **kark** ⟨**grzbiet**⟩ **przed kimś, czymś** to bow (one's head) to sb, sth **II** *vr* ~ **się** to bend (*vi*); to bow (*vi*); *przen* to submit
gibki *adj* flexible; supple
gidia *f pot pog* weed; lanky woman
giełda *f* (Stock) Exchange; **czarna** ~**da** black market; **na** ~**dzie** on Change
giełdow|y *adj* Stock-Exchange — (transactions etc.); **agent** ~**y** stock-broker; **spekulacje** ~**e** stockjobbing
giełdziarz *m* stockjobber
giemza *f* 1. *zool* chamois 2. (*skóra*) chamois ⟨shammy⟩ (-leather)
giermek *m hist* armour-bearer; squire
giez *m* gadfly
giętki *adj* 1. (*gibki*) flexible 2. (*elastyczny*) elastic 3. *przen* docile; pliable
giętkość *f singt* 1. (*gibkość*) flexibility; suppleness 2. (*sprężystość*) elasticity 3. *przen* (*podatne usposobienie*) docility
gigant *m* giant
gigantyczny *adj* gigantic; giant — (size etc.)
gil *m orn* bullfinch
gildia *f hist* guild, gild
gilotyna *f hist i techn* guillotine
gimnastyczka *f* (woman) gymnast
gimnastyczn|y *adj* gymnastic; athletic; **ćwiczenia** ~**e** physical exercise; **koszulka** ~**a** vest; **pantofle** ~**e** gym shoes; **sala** ~**a** gymnasium, *pot* gym
gimnastyk *m* gymnast
gimnastyka *f* gymnastics; physical exercise
gimnastykować się *vr imperf* to take exercise; to train (*vi*)
gimnazjalista *m* grammar-school boy
gimnazjalistka *f* grammar-school girl
gimnazjalny *adj* grammar-school — (curriculum etc.)
gimnazjum *n* grammar-school
ginąć *vi imperf* 1. (*umierać*) to die; to perish; to fall; *przen* ~ **w oczach** to be sinking fast; ~ **za kimś, czymś** to languish for sb, sth 2. (*zanikać*) to vanish; to disappear 3. (*przepadać*) to be ⟨to get⟩ lost
ginekolog *m* gynaecologist
ginekologia *f singt* gynaecology; women's diseases
ginekologiczny *adj* gynaecological
gips *m* 1. *miner* gypsum; plaster of Paris 2. (*odlew*) plaster cast 3. (*opatrunek*) plaster of Paris cast ⟨dressing⟩; **z ręką w** ~**ie** with his ⟨her⟩ arm in plaster || *pot* **ładny** ~! a fine kettle of fish!
gipsować *vt imperf* to plaster
gipsowy *adj* plaster (of Paris) — (cast etc.); gypsum — (quarry etc.)
girlanda *f* garland; festoon
girlsa *f* chorus girl
giser *m* moulder; founder
gisernia *f* foundry
gitara *f muz* guitar; ~ **hawajska** ukulele
gitarzysta *m*, **gitarzystka** *f* guitarist
glacjalny *adj* glacial
glacjał *m geol* glacial period
gladiator *m hist* gladiator
gladiolus *m bot* gladiolus
glansować *vt imperf* to polish; to shine (shoes etc.)
glaspapier *m pot* glass-paper
glauberski *adj* Glauber's (salt)
glazura *f* glaze; varnish; enamel
glazurować *vt imperf* to glaze; to varnish; to enamel
gleba *f* soil
glebostan *m roln* nature ⟨natural features⟩ of the soil
gleboznawstwo *n singt* soil science; pedology
glejt *m hist* safe conduct
ględzenie *n* ↑ **ględzić**; *pot* twaddle; idle talk
ględzić *vi imperf pot* to twaddle; to prate
glicerofosfat *m chem* glycerophosphate
gliceryna *f singt chem farm* glycerine
glikogen *m singt chem* glycogen
glikoza, glukoza *f singt chem* glucose

glin *m chem singt* aluminium; am aluminum
glin|a *f* 1. (*gleba*) clay; ~**a garncarska** argil; *przen* (*o człowieku*) **ulepiony z innej** ~**y** made of different stuff; **ulepiony z tej samej** ~**y** cast in the same mould 2. *posp* (*policjant*) slop
glinianka *f* clay-pit
gliniany *adj* clay — (pipe etc.); earthenware — (pot etc.)
gliniast|y *adj* clayey; ~**a gleba** loam
glinka *f* clay; ~ **biała** china-clay; kaolin
glista *f* (earth-)worm; *med* ~ **ludzka** eelworm
gliwieć *vi imperf* to go mouldy
glob *m* globe
globaln|y *adj* total; **kwota** ~**a** lump sum
globus *m* globe
glon *m bot* alga
gloryfikacja *f* glorification
gloryfikować *vt imperf* to glorify
glosa *f* gloss
glukoza *zob* **glikoza**
gładki *adj* 1. (*bez nierówności*) smooth; even 2. (*o włosach*) sleek 3. (*o ubraniu — bez ozdób*) plain 4. (*jednobarwny*) plain 5. (*układny, dobrze wychowany*) mannerly; well-behaved 6. (*uprzejmy*) suave 7. (*o stylu*) flowing; round 8. (*o mięśniu*) unstriated; smooth
gładko *adv* 1. (*bez nierówności*) smoothly; ~ **wygolony** clean-shaven; **włosy** ~ **uczesane** hair combed smooth 2. (*bez przeszkód*) smoothly; (*bez trudności*) easily 3. (*potoczyście*) fluently 4. (*uprzejmie*) suavely
gładkość *f singt* 1. (*równość powierzchni*) smoothness 2. (*cecha włosów, skóry itd.*) sleekness 3. (*funkcjonowanie bez zahamowań*) smoothness 4. (*potoczystość mowy, stylu*) fluency 5. (*układność*) polish 6. (*uprzejmość*) suavity
gładzić *vt imperf* 1. (*usuwać nierówności*) to smooth; to level 2. (*głaskać*) to stroke
gładziutki *adj* nice and smooth
głaskać *vt imperf* to stroke; to caress
głaz *m* stone; ~ **narzutowy** erratic block; **twardy jak** ~ adamant; **milczeć jak** ~ to be as silent as the tomb

głąb[1] *m* 1. *bot* stump (of a cabbage) 2. *przen* (*głupiec*) noodle
głąb[2] *f* 1. (*głębokie miejsce*) depth; deep part (of a lake, the sea etc.) 2. (*miejsce położone daleko od powierzchni, brzegu, skraju*) bottom; interior; back (of a room, stage etc.); **w** ~ deep; far inside; **w** ~ ⟨**w głębi**⟩ **kraju** up-country; in the interior; **w głębi** deep inside; *przen* **w głębi duszy** at heart; **z głębi serca** from the bottom of my ⟨one's etc.⟩ heart; **wzruszyć kogoś do głębi** to move sb deeply
głębia *f* 1. (*głębokie miejsce*) depth 2. (*intensywność*) intenseness; ~ **uczuć** intensity of feeling
głębina *f* depth; profundity
głębinow|y *adj* deep-water ⟨deep-sea⟩ — (fish etc.); **skały** ~**e** abyssal rocks; *wojsk* **bomba** ~**a** depth-bomb; depth-charge
głębok|i *adj* 1. deep; ~**i talerz** soup plate; ~**i dekolt** low neck; ~**i ukłon** low bow 2. (*o wysokim stopniu nasilenia*) profound; intense; ~**i sen** sound sleep; **po** ~**im namyśle** after mature consideration 3. (*o zjawiskach, uczuciach — mocny, poważny*) keen; intense; profound; ~**a rozpacz** blank despair; ~**ie spojrzenie** keen glance; ~**ie zainteresowanie** absorbing interest; ~**i szacunek** profound respect 4. (*o zjawiskach społecznych — ważny, istotny*) far-reaching (changes etc.)
głęboko *adv* 1. (*daleko w dół*) deep; ~ **odetchnąć** to breathe deep; ~ **westchnąć** to heave a deep sigh; ~ **zakorzeniony** deep-rooted 2. (*z wielkim nasileniem*) profoundly; deeply; intensely
głębokość *f* 1. depth 2. *przen* (*wielkie nasilenie*) profoundness; intenseness
głodno *adv* without food; **na** ~ on an empty stomach; **było** ~ there was no food
głodn|y I *adj* 1. (*pragnący pożywienia*) hungry; ~**y jak wilk** ravenous 2. (*cierpiący głód*) starving; famishing; ~**e lata** hungry years 3. *przen* avid of ⟨for⟩ sth **II** *m* ~**y** hungry ⟨starving, famished⟩ person; *przysł* ~**emu chleb**

głodomór 154 **głowa**

na myśli the tongue ever turns to the aching tooth
głodomór m starveling
głodować vi imperf 1. (z konieczności) to hunger; to starve; to famish 2. (dla odchudzenia) to lay off food
głodow|y adj 1. (spowodowany głodem) of hunger ⟨famine, starvation⟩; **umrzeć śmiercią ~ą** to die of starvation 2. (powodujący głód) hunger ⟨starvation⟩ — (wages etc.) 3. (okresu głodu) hunger — (years etc.); **strajk ~y** hunger-strike
głodówka f 1. (okres głodowania) hungry days ⟨years⟩ 2. (metoda leczenia) starvation diet
głodzić imperf I vt 1. (morzyć głodem) to starve (sb) 2. (trzymać o głodzie) to underfeed; to deprive of food II vr **~ się** to stint oneself of food
głogowy adj hawthorn — (shrub etc.)
głos m 1. (organ mowy) voice; **cichym ~em** in low tones; in a low voice; **na ~** out loud; aloud; **na cały ~** at the top of one's voice; przen ~ **wołającego na puszczy** a voice in the wilderness 2. fiz sound 3. (prawo przemawiania) leave to speak ⟨to address the meeting, to take the floor⟩; **dopuścić kogoś do ~u** to allow sb to speak ⟨to address the meeting⟩; **dochodzić do ~u** to come into prominence; **prosić o ~** to request leave to speak; **zabrać ~** to rise to speak 4. (udział w głosowaniu) vote; **~y za** the ayes; **~y przeciw** the noes; **dać** ⟨**oddać**⟩ **~** to vote; to cast one's vote; **wstrzymać się od ~u** to abstain 5. (zdanie, sąd, opinia) opinion; comment; **mieć ~** ⟨**nie mieć ~u**⟩ **w danej sprawie** to have one's ⟨to have no⟩ say in a matter 6. muz part; **śpiewać na ~y** to sing in parts
głosiciel m spokesman; champion
głosić vt imperf to proclaim; to announce; to preach (the Gospel etc.)
głoska f 1. fonet speech sound; phone 2. pot (litera) letter; przen **zapisać złotymi ~mi** to inscribe in letters of gold

głosować vi imperf perf 1. (opowiadać się) to vote (**za czymś** for sth; **przeciw czemuś** against sth; **nad sprawą** on a measure) 2. (brać udział w głosowaniu) to go to the polls; (oddać głos) to cast one's vote
głosowani|e n ↑ **głosować**; vote; voting; **~e wyborcze** suffrage; **prawo ~a** the right of vote; **tajne ~e** ballot; **udział w ~u** voting; **oddać sprawę pod ~e** to put a question to the vote
głosownia f 1. singt (nauka) phonetics 2. (wymowa) pronunciation
głosowy adj 1. vocal; voice — (chord etc.). 2. (fonetyczny) phonic
głosujący m voter
głośnia f anat glottis
głośnik m loud-speaker
głośn|o adv 1. aloud; **mówić ~o** to speak loud ⟨in a loud voice⟩; **proszę ~iej!** speak up, please! 2. (hałaśliwie) noisily; **~o się zachowywać** to be noisy 3. (jawnie) openly
głośny adj 1. loud; audible 2. (hałaśliwy) noisy 3. (znany) well-known; famous 4. (sławny) illustrious
głow|a f 1. anat head; **ból ~y** headache; **~a mnie boli** I have a headache; **kręci mi się w ~ie** my head reels; przen **mieć ~ę na karku** to have one's head screwed on the right way; **niech cię o to ~a nie boli** don't bother your bead about that; **przerastać kogoś o ~ę** to stand head and shoulders above sb; **stawać na ~ie** to spare no pains; **zawrócić komuś ~ę** to infatuate sb; **ani mi w ~ie** I won't think of it; pot nothing doing; **od stóp do głów** from head to foot; from top to toe; **~a do góry!** cheer up!; przysł **~ą muru nie przebijesz** what cannot be cured must be endured 2. (część rośliny) head of a plant; **~a kapusty** cabbage head 3. (część przedmiotu) head (of an axe etc.); **~a cukru** sugar loaf; **w ~ach łóżka** at the head of the. bed 4. przen (życie) head; life; **nastawiać ~ę** to risk one's skin; **przypłacić ~ą** to pay with one's head 5. (siedlisko myśli) head; brains; **~a do interesów**

good head for business; **co dwie ~y, to nie jedna** two heads are better than one; **iść po rozum do ~y** to think of sth sensible; **kłaść komuś coś do ~y** to drum sth into sb's head; **łamać sobie ~ę nad czymś** to rack one's brains about sth; **moja w tym ~a** I'll see to it; **nie mieścić się w ~ie** to be incredible; **to mi się nie mieści w ~ie** I can't take it in ⟨imagine it⟩; **nie tracić ~y** to keep cool; **robić coś z ~ą** to do sth intelligently; **skąd ci to przyszło do ~y?** what put that into your head?; **stracić ~ę** to lose one's head; **wbić sobie coś do ~y** to get sth into one's head; **wybij to sobie z ~y** forget about it; **wyleciało mi to z ~y** it has gone out of my head; **zachodzić w ~ę** to wonder (about sth); **zawracać komuś ~ę** to bother sb; *pot* **zawracanie ~y** fiddle-faddle; nonsense; **mieć coś z ~y** to be through with sth; to be rid of sth; **bez ~y** feather-brained; *przysł* **co ~a to rozum** many men many minds 6. *(człowiek)* man; person; head; **butelka piwa na ~ę** a bottle of beer per head; **pobić przeciwnika na ~ę** to beat an opponent hollow 7. *(zwierzchnik)* head (of a family, department etc.); chief; **koronowana ~a** crowned head
głowiasty *adj* headed (cabbage, lettuce etc.)
głowica *f* 1. *arch* capital; cap 2. *techn* head (of a machine, tool etc.); knob; *(w gramofonie)* **~ akustyczna** sound-box 3. *(miecza)* pommel
głowić się *vr imperf* to puzzle **(nad czymś** over ⟨about⟩ sth)
głowizna *f kulin* potted head; *am* head-cheese
głownia *f* 1. *(płonące polano)* (fire-)brand 2. *(głowica miecza)* pommel
głód *m* 1. hunger; **cierpieć ~** to hunger; **przymierać głodem** to be starving; **umrzeć z głodu** to die of starvation; **o głodzie** with ⟨on⟩ an empty stomach; *przysł* **~ najlepszy kucharz** hunger is the best sauce 2. *przen (pragnienie wiedzy etc.)* hunger ⟨thirst⟩ *(czegoś* for ⟨after⟩ sth) 3. *(klęska głodu)* famine; starvation 4. *przen (brak)* scarcity; shortage; **~ mieszkaniowy** housing shortage; **~ ziemi** land hunger
głóg *m* 1. *bot* hawthorn 2. *singt (owoc dzikiej róży)* hip
główka *f dim* ↑ **głowa** 1. *(część rośliny, przedmiotu)* head; knob; top; **~ maku** poppy-head; **~ szparaga** asparagus shoot; **~ szpilki** pinhead; **trupia ~** skull and cross-bones 2. *sport* heading
główkować *vi imperf sport* to head (the ball)
głównie *adv* principally; chiefly; mostly
głównodowodzący *m* commander-in-chief
główn|y *adj* principal; chief; main; **dworzec ~y** central station; *am* depot; *teatr i przen* **~a rola** the leading role ⟨part⟩; **~a wygrana** first prize (in a lottery); **~y inżynier** ⟨księgowy itd.⟩ chief engineer ⟨accountant etc.⟩; **grzechy ~e** deadly sins; *mat* **liczebnik ~y** cardinal number; **wojsk siły ~e** the main body of the army; *gram* **zdanie ~e** the main ⟨principal⟩ clause
głuchnąć *vi imperf* to grow deaf
głucho *adv* 1. *(niedźwięcznie)* dully; **brzmieć ~** to sound hollow 2. *(cicho)* noiselessly; **~ o nim** there is no mention of him; **~ wszędzie** silence reigns supreme || **zamknięty na ~** double-locked; bolted fast
głuchoniemy I *adj* deaf and dumb; deaf mute **II** *m* deaf-and-dumb person; (a) deaf-mute
głuchota *f singt* deafness
głuch|y I *adj* 1. deaf; **~y jak pień** stone-deaf 2. *przen (obojętny)* deaf **(na coś** to sth); **pozostać ~ym na czyjeś prośby** to turn a deaf ear to sb's entreaties 3. *(przytłumiony)* dead; dull; **~y odgłos** thud 4. *(cichy)* silent; **~a cisza** dead silence; **na ~ej prowincji** in a forlorn provincial town; **w ~ą noc** at dead of night **II** *m* **~y** *(człowieka)* deaf person; *pl* **głusi** the deaf
głupawy *adj (o człowieku)* weak-minded;

głupi   156   **gniewać**

(*o uśmiechu*) insipid; (*o wyrazie twarzy*) silly
głupi I *adj* 1. foolish; stupid; silly; **nie bądź** ~ don't be a fool 2. *pot* (*kłopotliwy*) unfortunate; **to** ~**a sytuacja** that's very awkward 3. *pot* (*błahy*) trifling; trivial **II** *m* fool; **chodzić jak** ~ **to fool about**; *pot* **nie ma** ~**ch** you don't catch me; *przysł* **nadzieja jest matką** ~**ch** hope often deludes the foolish man
głup|iec *m* fool; idiot; blockhead; **robić z siebie** ~**ca** to play the fool
głupieć *vi imperf* to lose one's head; to go daft
głupio *adv* 1. foolishly; stupidly; ~ **mówić** to talk nonsense; ~ **postąpić** to act like a fool 2. (*kłopotliwie*) awkwardly; **czuć się** ~ to feel awkward
głupkowaty *adj* half-witted; weak-minded
głupota *f* stupidity; imbecility; inanity; **co za** ~! how stupid!; what nonsense!
głupstw|o *n* 1. (*głupi postępek, powiedzenie*) (a) silly ⟨stupid⟩ thing; (a) stupidity; **palnąć** ~**o** to say sth silly; **robić** ~**o** to act foolishly 2. (*także pl* — *niedorzeczność, bzdura*) nonsense; *am sl* poppycock; **pleść** ~**a** to talk nonsense; ~**a gadasz!** (what) nonsense! 3. (*rzecz nieważna, błaha*) trifle; *pl* ~**a** fiddle-faddle; (*w odpowiedzi na przeproszenie*) **to** ~**o!** never mind!; it doesn't matter!
głuptas *m* simpleton; *pieszcz* **ty** ~**ie!** you silly!
głusza *f* 1. (*głucha cisza*) dead silence 2. (*pustkowie*) solitude
głuszec *m orn* wood grouse, heath-cock
głuszyć *vt imperf* to deaden (sounds); *dosł i przen* to smother; to stifle
gmach *m* edifice; building; structure
gmatwać *imperf* **I** *vt* to tangle (up); to entangle **II** *vr* ~ **się** to get into a tangle; to get muddled
gmatwanina *f* tangle; muddle; confusion
gmerać *imperf* **I** *vi* to rummage; to search **II** *vr* ~ **się** 1. (*szperać*) to fumble (**za czymś** for ⟨after⟩ sth) 2. (*guzdrać się*) to potter about

gmin † *m* the populace; the rabble
gmina *f* 1. (*jednostka administracyjna*) commune (territorial division) 2. (*urząd gminny*) local administration of a commune council
gminność *f singt* vulgarity
gminn|y *adj* 1. (*dotyczący jednostki administracyjnej i urzędu*) communal 2. (*pospolity*) vulgar; ~**e wyrażenie** vulgarism
gnać *imperf* **I** *vi* (*pędzić, mknąć*) to speed; to rush along; ~ **za kimś** to chase sb **II** *vt* (*popędzać*) to drive (a worker, a herd etc.)
gnat *m pot* bone; *posp* **połamać komuś** ~**y** to beat sb black and blue
gnębiciel *m* oppressor
gnębi|ć *vt imperf* 1. (*ciemiężyć*) to oppress 2. (*dręczyć*) to worry; to harass; **co cię** ~? what's on your mind?
gniady I *adj* bay **II** *m* bay (horse)
gniazdko *n* 1. nest 2. *przen* snug corner; nest 3. *el techn* socket
gniazdo *n* 1. nest; *mar* **bocianie** ~ crow's nest 2. *przen* (*dom rodzinny*) home 3. (*siedlisko*) seat; *przen* ~ **występku** hotbed of vice 4. (*zgrupowanie*) cluster; group; ~ **karabinów maszynowych** nest of machine-guns 5. *techn* socket
gnicie *n* ↑ **gnić**; decay; putrefaction
gnić *vi imperf* to decay; to rot; *przen* ~ **w więzieniu** to rot in jail
gnida *f* nit
gnieść *imperf* **I** *vt* 1. (*przyciskać*) to press; to squeeze 2. (*wyrabiać ciasto*) to knead 3. (*przytłaczać*) to oppress 4. (*miąć*) to crumple; to ruffle 5. (*uwierać* — *o obuwiu*) to pinch; to be tight **II** *vr* ~ **się** to huddle together; to be cooped up (in a confined space)
gniew *m* anger; irritation; *książk* wrath; **wybuch** ~**u** fit of temper; **tłumić** ~ to bottle up one's anger; **unosić się** ~**em** to fume; **wpaść w** ~ to flare up; **w** ~**ie** in anger
gniewać *imperf* **I** *vt* to anger; to make (sb) angry **II** *vr* ~ **się** 1. (*złościć się*) to be angry ⟨cross⟩ (**na kogoś o coś** with sb about sth); ~ **się o coś** to be irritated at sth; to resent sth

gniewliwy   157   **godzinny**

2. (*żyć z kimś w niezgodzie*) to be on bad terms (with sb)
gniewliwy *adj* irritable; bad-tempered
gniewny *adj* angry; cross; bitter
gnieździć się *vr imperf* 1. (*o ptakach*) to nest 2. (*o zwierzętach*) to breed 3. *przen* (*skupiać się*) to assemble 4. (*o ludziach — mieścić się w ciasnocie*) to be cooped up
gnilec *m singt med* scurvy
gnilny *adj* of putrefaction; putrefactive (bacteria etc.); *med* septic
gnoić *vt imperf* 1. (*powodować gnicie*) to rot 2. *roln* (*nawozić*) to manure ⟨to dung⟩ (fields etc.)
gnojownia *f* dunghill; manure pit
gnojówka *f* 1. (*płyn*) liquid manure 2. (*gnojownia*) manure pit
gnostycyzm *m singt rel* Gnosticism
gnój *m* 1. dung; manure 2. *przen* (*brud*) filth; muck
gnuśnieć *vi imperf* 1. (*tracić energię*) to grow ⟨to become⟩ listless ⟨sluggish⟩ 2. (*trwać w bezczynności*) to idle away one's time
gnuśność *f singt* 1. (*lenistwo*) laziness; sloth 2. (*ospałość*) sluggishness
gnuśny *adj* 1. (*leniwy*) lazy; slothful 2. (*ospały*) sluggish 3. (*apatyczny*) listless
gobelin *m* Gobelin (tapestry)
godet *m kraw* godet; gorę
godło *n* emblem; (*znak oberży itd.*) sign
godnie *adv* 1. (*stosownie*) worthily; suitably 2. (*z godnością*) with dignity; in a dignified manner
godność *f* 1. (*poczucie własnej wartości*) dignity; pride 2. (*urząd, funkcja*) post; position 3. (*zaszczytne stanowisko*) (a) dignity; (high) rank 4. *pot* (*nazwisko*) name; **jak ~?** your name (please)?
godny *adj* 1. (*wart*) worthy (**kogoś, czegoś** of sb, sth); worth (**czegoś** sth; **zobaczenia, wzmianki itd.** seeing, mentioning etc.); ~ **pochwały** praiseworthy; ~ **pożałowania** lamentable; ~ **uwagi** ⟨*zapamiętania*⟩ worthy of notice ⟨of remembrance⟩ 2. (*stosowny, właściwy*) suitable; proper; fit (**czegoś** for sth); ~ **przeciwnik** a person's ⟨sb's⟩ match 3. (*pełen poczucia własnej wartości*) dignified

godow|y *adj* 1. *zool* mating — (time etc.); nuptial; *pszcz* **lot ~y** nuptial flight 2. (*odświętny*) festive; **szaty ~e** wedding garment
gody *plt* 1. (*uroczystości*) festivities 2. (*wesele*) wedding
godzi|ć *imperf* 1. (*jednać*) to reconcile (**powaśnionych** disputing parties) 2. (*łączyć*) to reconcile (**coś z czymś** sth with sth) 3. (*najmować*) to hire; to engage **II** *vi* 1. (*celować*) to aim (**w kogoś, coś** at sb, sth) 2. (*nastawać*) to threaten (**na coś** sth); ~**ć na czyjeś życie** to seek sb's life **III** *vr* ~**ć się** 1. (*jednać się*) to be ⟨to become⟩ reconciled 2. (*przystawać*) to agree (**z czymś** to sth) 3. (*poddawać się*) to submit (**z czymś** to sth); ~**ć się z faktem** to accept a fact 4. (*wynajmować się do pracy*) to engage oneself ⟨to hire oneself out⟩ (**do czegoś** to do sth) 5. (*bezosobowo*) ~ **się** it is suitable ⟨proper, fit⟩ (**coś uczynić** to do sth); **to się nie ~** it is not suitable; it is improper ⟨out of place⟩
godzin|a *f* 1. (*część doby*) hour; (*u lekarza*) ~**y przyjęć** consulting-hours; ~**y urzędowe** office hours; **po ~ach urzędowych** after hours; **pierwsza** ⟨**druga itd.**⟩ ~**a** one ⟨two etc.⟩ o'clock; ~**ami** by the hour; endlessly; **która ~a?** what time is it?; what's the time?; **w złą ~ę** in an evil hour; **z ~y na ~ę** from one hour to the next 2. (*pewien okres, chwila*) time; moment(s); ~**a policyjna** curfew; **szara ~a** dusk; **lada ~a** any time; *przen* **schować coś na czarną ~ę** to keep sth against a rainy day; (*lada chwila*) **z ~y na ~ę** any moment 3. *szk* lesson; **podział ~** schedule; time-table
godzinami *adv* for hours on end
godzink|a *f* 1. (*niecała godzina*) about an hour 2. *pl* ~**i** *rel* canonical hours
godzinny *adj* an hour's (walk etc.); one-hour — (periods etc.)

godziwy *adj* 1. *(właściwy)* suitable 2. *(rzetelny)* equitable; just; fair
gofrować *vt imperf* 1. *(karbować)* to corrugate 2. *(marszczyć)* to crimp; to frill
goguś *m* fop
goić *imperf* **I** *vt* to heal **II** *vr* ~ **się** to heal *(vi)*
gol *m sport* goal
golas *m pot* naked man; **na** ~**a** naked
golec *m* 1. = **golas** 2. *pog (biedak)* tatterdemalion
goleni|e *n* ↑ **golić**; shaving; (a) shave; **do** ~**a** shaving — (brush, basin, cream); **elektryczna maszynka do** ~**a** electric shaver; **maszynka do** ~**a** safety razor
goleń *m anat* tibia; shin-bone
golf *m* 1. *sport* golf 2. *(sweter)* polo--neck sweater ⟨jersey⟩; turtle-necked pullover 3. *(kołnierz)* polo-collar
golgota *f emf* Golgotha
golić *imperf* **I** *vt* 1. to shave; **dać się** ~ to get shaved 2. *żart (pić)* to soak; to booze **II** *vr* ~ **się** to shave *(vi)*
golonka *f kulin* hand of pork
gołąb *m orn* pigeon; ~ **pocztowy** carrier-pigeon; **przen** ~ **pokoju** dove of peace
gołąb|ek *m dim* ↑ **gołąb** 1. pigeon; **przysł pieczone** ~**ki nie lecą same do gąbki** nothing falls into the mouth of a sleeping fox 2. *kulin* stuffed cabbage leaf 3. *bot (grzyb)* russula (an edible fungus)
gołębi *adj* 1. pigeon's (flight etc.) 2. *przen* dovelike; ~**e serce** tender heart
gołębiarstwo *n singt* pigeon-breeding
gołębiarz *m* pigeon-fancier; pigeon--breeder
gołębica *f* dove
gołębnik *m* dovecot; pigeon-house
goło *adv* 1. *(nago)* with no clothes on; **chodzić** ~ to walk about naked 2. *pot (ubogo)* in poverty
gołoledź *f* glazed frost; glaze
gołosłown|y *adj* proofless; groundless; ~**e wypowiedzi** empty words
gołowąs † *m* raw lad; young shaver
goł|y *adj* 1. *(nagi)* naked; bare; nude; ~**y jak go Pan Bóg stworzył** stark naked; ~**ym okiem** with the naked eye; **na** ~**ym ciele** next to the skin; **pod** ~**ym niebem** in the open air; **z** ~**ą głową** bare-headed 2. *(o izbie itd.* — *pusty)* bare; empty; **na** ~**ej ziemi** on the bare ground 3. *pot (ubogi)* poor; ~**y jak święty turecki** poor as a church mouse
gondola *f* gondola
gondolier *m* gondolier
gong *m* gong; **uderzyć w** ~ to sound the gong
gonić *imperf* **I** *vt* 1. *(ścigać)* to pursue; to chase; ~ **ostatkami sił** to be exhausted; **przen** ~ **w piętkę** to have lost one's bearings 2. *(poganiać)* to drive; ~ **kogoś do pracy** to make sb toil ⟨drudge⟩ **II** *vi* 1. to be in search (**za kimś, czymś** of sb, sth); to hunt (**za kimś** sb); ~ **za przyjemnościami** ⟨**sławą itd.**⟩ to seek pleasure ⟨fame etc.⟩ 2. *(biec)* to run **III** *vr* ~ **się** 1. *(ścigać się)* to race *(vi)* 2. *(o zwierzętach)* to be in heat
goniec *m* 1. *(w biurze)* office-boy; errand-boy; *(w hotelu)* page 2. *szach* bishop
goniometr *m* goniometer
goniometria *f singt* goniometry
gonitwa *f* 1. *(gonienie)* chase; pursuit 2. *(ściganie się)* race
gonokok *m med* gonococcus
gont *m* shingle
gończ|y *adj* chasing; **pies** ~**y** hound; *prawn* **list** ~**y** warrant of arrest; **rozesłano za nim listy** ~**e** a warrant is out against him
gorąco¹ *n (zw singt)* heat
gorąco² *adv* 1. *(bardzo ciepło)* hot; **potrawa na** ~ dish served hot; **było mi** ~ I was hot; **jest** ~ it is hot; **zrobiło mi się** ~ I grew ⟨I felt⟩ hot; *przen* **na** ~ straight away; **wiadomości na** ~ news hot from the press 2. *(serdecznie)* heartily; warmly 3. *(intensywnie)* keenly; ~ **czegoś pragnąć** to wish for sth keenly; ~ **popierać kogoś, coś** to give whole-hearted support to sb, sth 4. *(namiętnie)* hotly; ~ **protestować** to protest hotly
gorąc|y *adj* 1. hot; *(o pogodzie)* hot;

strefa ~a torrid zone; *przen* w ~ej wodzie kąpany hot-headed; złapany na ~ym uczynku caught red-handed; przysł kuj żelazo póki ~e strike the iron while it is hot 2. *(pełen uczucia)* warm; hearty; ~a dyskusja heated discussion; ~e oklaski warm applause; ~e pragnienie earnest desire
gorączk|a *f* 1. *med* fever; dostać ~i to run a temperature; mieć ~ę to have a temperature; biała ~a the horrors; delirium tremens; *przen* doprowadzić kogoś do białej ~i to put sb in a rage 2. *przen (podniecenie)* excitement 3. *przen (namiętność)* passion (czegoś for sth); hist ~a złota gold rush
gorączk|ować *imperf* I *vi* to have a temperature ⟨a fever⟩ II *vr* ~ować się to be feverish ⟨excited, pot in a stew⟩; nie ~uj się keep cool; *pot* keep your hair on
gorączkowo *adv* feverishly
gorączkowy *adj* 1. *med* febrile; fever — (heat etc.); stan ~ (a) temperature 2. *(pełen podniecenia)* feverish; hectic
gorczyca *f bot farm* charlock; white mustard
gordyjski *adj* węzeł ~ Gordian knot
gore † *interj* fire!
goreć *zob* gorzeć
gorliwiec *m iron* zealot
gorliwość *f singt* zeal; ardour
gorliwy *adj* zealous; ardent; keen; nadmiernie ~ officious
gors *m* 1. *anat* chest; breast; *(u kobiety)* bosom 2. *(przód koszuli męskiej)* shirt-front; plastron 3. *(dekolt)* neck-opening ⟨neck-line⟩ *(of a dress)*
gorseciarka *f* stay-maker; corset-maker
gorset *m* 1. *(spodnia część garderoby)* stays; corset 2. *(część stroju ludowego)* bodice 3. *(pas ortopedyczny)* corset
gorszący *adj* 1. *(wywołujący zgorszenie)* scandalous; shocking 2. *(wywierający zły wpływ)* demoralizing
gorsz|y *adj (comp ↑ zły)* worse **(od kogoś, czegoś, niż ktoś, coś** than sb, sth); inferior **(od kogoś, czegoś, niż ktoś, coś** to sb, sth); ~a **jakość** second quality; **coraz** ~y worse and worse; **co** ~a **powiedział, że ...** what is worse he said that ...
gorszyć *imperf* I *vt* to scandalize; to shock II *vr* ~ się to be scandalized; to be shocked **(czymś** at ⟨by⟩ sth)
gorycz *f* 1. *(gorzki smak)* bitterness; bitter taste 2. *(substancja o gorzkim smaku)* bitter principle; wypić do dna kielich ~y to drain the cup of bitterness 3. *przen (rozgoryczenie)* bitterness; pełen ~y embittered
goryczka *f* 1. *(gorzkawość)* slightly bitter ⟨bitterish⟩ taste 2. *bot* gentian
goryl *m zool* gorilla
gorzała, gorzałka *f* booze
gorzeć, goreć *vi imperf* 1. *(palić się)* to burn 2. *książk (świecić)* to glow
gorzej *adv (comp ↑ źle)* worse; mieć się ~ to feel worse; sprawy przedstawiały się coraz ~ things went from bad to worse; tym ~ all the worse; so much the worse
gorzelnia *f* alcohol distillery
gorzelnictwo *n singt* distilling of alcohol
gorzelnik *m* alcohol-distiller
gorzkawy *adj* bitterish
gorzk|i *adj* 1. *(o smaku)* bitter; *(o zapachu)* pungent; ~a **herbata** ⟨**kawa**⟩ unsweetened tea ⟨coffee⟩; farm ~a sól Epsom salt 2. *przen (o losie, łzach, żalu itd.)* bitter; ~a **ironia** biting irony; ~ie doświadczenie painful experience
gorzknieć *vi imperf* 1. to grow bitter 2. *przen (o człowieku — stawać się zgorzkniałym)* to grow embittered; to sour
gorzko *adv* bitterly; *przen* ~ **płakać** to cry bitter tears
gospoda *f* 1. *(jadłodajnia)* eating-house; chop-house; restaurant; public-house; *pot* pub 2. † *(dom zajezdny)* inn
gospodarczo *adv* economically; kraj zacofany ~ underdeveloped country
gospodarczy *adj* 1. *(ekonomiczny)* economic 2. *(gospodarski)* farm — (buildings etc.); farming — (implements etc.)
gospodarka *f* 1. *ekon* economy; ~ narodowa ⟨planowa, socjalistyczna⟩ na-

tional ⟨planned, socialist⟩ economy 2. (*gospodarowanie*) management; administration; ~ **domowa** housekeeping 3. (*gospodarstwo rolne*) farm; (*sposób gospodarowania*) farming; husbandry
gospodarny *adj* thrifty; economical
gospodarować *vi imperf* 1. (*prowadzić gospodarstwo rolne*) to run a farm 2. (*zarządzać gospodarstwem*) to farm 3. (*zarządzać domem*) to keep house 4. (*kierować gospodarką*) to manage ⟨to administer⟩ (**czymś** sth)
gospodarsk|i *adj* 1. (*związany z gospodarstwem wiejskim*) farm — (buildings etc.); farming — (implements etc.) 2. (*należący do gospodarstwa ⟨gospodarza⟩*) farmer's (work, children etc.) 3. (*związany z gospodarstwem domowym*) housewifely; housekeeping — (activities etc.) || **po ~u** as farmers do ⟨will⟩
gospodarstw|o *n* 1. (*posiadłość wiejska*) farm; holding; **~o hodowlane** stock-farm; *am* ranch; **~o karłowate** small-holding; **~o mleczne** dairy-farm; **~o warzywne** market garden 2. (*mienie*) possessions 3. (*prowadzenie domu*) housekeeping; *handl* **artykuły ~a domowego** household goods; **być na własnym ~ie** to be on one's own; **prowadzić komuś ~o** to keep house for sb; **prowadzić własne ~o** to run one's own house 4. (*gospodarowanie na roli*) farming
gospodarz *m* 1. (*rolnik*) farmer 2. (*pan domu*) master of the house; **dobry ~** good husbandman 3. (*człowiek przyjmujący gości*) host; *pl* **~e** the host and hostess; **~ balu itd.** organizer of a ball etc. 4. (*właściciel domu, mieszkania*) landlord 5. (*zarządzający*) manager; steward
gospodarzyć *vi imperf* = **gospodarować**
gospodyni *f* 1. (*pani domu*) mistress of the house; hostess 2. (*kobieta prowadząca gospodarstwo*) housekeeper; housewife; **wiejska ~** farm-mistress 3. (*właścicielka domu, mieszkania*) landlady
gosposia *f* (domestic) servant; maid

gościć *imperf* I *vt* 1. (*podejmować*) to entertain (**kogoś u siebie** sb at one's house) 2. (*częstować*) to treat (**kogoś czymś** sb to sth) II *vi* to stay (**gdzieś** somewhere; **u kogoś** at sb's house, with sb)
gościec *m singt med* rheumatism
gościn|a *f* visit; stay; **bawić u kogoś w ~ie** to stay with sb; **przyjechać w ~ę** to come for a stay; **dziękować komuś za ~ę** to thank sb for his ⟨her⟩ hospitality
gościniec *m* 1. (*droga*) road; highroad 2. † (*podarunek*) present
gościnnie *adv* hospitably; **przyjąć kogoś ~** to make sb welcome
gościnność *f singt* hospitality
gościnny *adj* 1. hospitable 2. (*o pokojach itd.*) guest-; guest — (chamber etc.) || *teatr* **na występach ~ch** on tour
goś|ć *m* 1. guest; visitor; *pl* **~cie** guests; company; **nieproszony ~ć** intruder; **oczekujemy ~ci** we are expecting company; **zaprosić kogoś w ~ci** to invite sb to one's home 2. (*klient — w sklepie, taksówce itd.*) customer; (*w hotelu*) inmate; (*w pensjonacie*) boarder; (*w kawiarni itd.*) guest 3. *pot* (*osobnik*) chap; fellow; *am* guy
gotować *imperf* I *vt* 1. (*doprowadzić do wrzenia*) to boil (water, eggs etc.) 2. (*przyrządzać potrawy itd.*) to cook (dinner, food etc.); to make (a dish, some tea etc.) 3. (*przygotowywać*) to prepare; to get (sth) ready II *vi* to cook III *vr* **~ się** 1. (*wrzeć*) to boil 2. (*przygotowywać się*) to prepare (*vi*) (**do czegoś** for sth)
gotowany *adj* boiled (milk, meat, eggs)
gotowoś|ć *f singt* 1. (*stan przygotowania*) readiness 2. (*chęć*) readiness; willingness; **z ~cią** willingly; with all my heart
gotow|y *adj* 1. (*wykonany*) ready; finished; **~e ubranie** ready-made clothes; **~e!** ready! 2. (*przygotowany*) prepared; ready; *sport* **do biegu — ~i —** start! on your mark — get set — go! 3. (*skłonny*) willing ⟨ready⟩ (**coś zrobić** to do sth)

gotów *adj praed* = gotowy; (on) ~ jest (przyjść, pomyśleć itd.) (he) is likely to (come, think etc.)
gotów|ka *f singt* cash; ready money; **handl** płatne w ~ce prompt cash
gotówkowy *adj* cash — (payment etc.)
gotycki *adj* Gothic
gotyk *m* 1. (*styl*) Gothic (style) 2. (*pismo*) Gothic
goździk *m* 1. *bot* pink; carnation 2. (*zw pl*) *kulin* clove
gór|a *f* 1. mountain; (*z nazwą*) Mount (Everest etc.); ~a lodowa iceberg 2. (*duża ilość*) heap (of difficulties etc.) 3. (*wyższa część czegoś*) top; upper part; (*w domu*) upper storey(s) 4. w wyrażeniach przyimkowych: do ~y, ku górze upwards; dnem do ~y, do ~y nogami upside down; iść do ~y po schodach itd. to go up ⟨to climb⟩ the stairs etc.; do ~y i na dół up and down; ręce do ~y! hands up; na ~ę to the top (of sth); (*w domu*) upstairs; na ~rze at the top (of sth); (*w domu*) upstairs; pod ~ę uphill; u ~y at the top; w ~ę upwards; iść w ~ę a) *dosł i przen* (*o człowieku*) to rise b) (*o cenach, termometrze itd.*) to go up; w górze up above; in the air; z ~y from above; (*w domu*) from upstairs; patrzeć na kogoś z ~y to look down on sb 5. (*przewaga*) the upper hand; the advantage (nad kimś, czymś over sb, sth); być ~ą to be on top; wziąć ~ę nad kimś, czymś to gain the upper hand of sb, sth 6. (*władza*) the authorities; the management || ~ą up above; z ~ą upwards of —, dwadzieścia lat itd. z ~ą upwards of ⟨more than⟩ twenty years etc.; (*zawczasu*) z ~y in advance; dziękować komuś z ~y to thank sb in anticipation; cieszyć się z ~y na coś to look forward to sth
góral *m* mountaineer
góralka *f* mountaineer woman
góralski *adj* mountaineer's, mountaineers'
górka *f* 1. (*wzgórze*) hill; hillock 2. (*stryszek*) attic
górnictwo *n singt* 1. (*przemysł*) mining industry 2. (*wiedza, praca górnika*) mining
górnicz|y *adj* 1. (*związany z górnictwem*) mining — (engineer, village etc.); lampa ~a safety lamp; Akademia Górnicza Mining Academy; Academy of Mines 2. (*dotyczący górników*) miner's, miners' — (work etc.); karta ~a miners' privileges
górnik *m* miner
górnolotność *f singt* bombast; big words
górnolotny *adj* bombastic; grandiloquent
górn|y *adj* 1. (*wyżej wzniesiony*) high; higher; top — (shelf, storeys etc.) 2. (*wyższy*) upper (lip, teeth etc.); ~a granica upper limit; ceiling 3. *geogr* Upper (Rhine, Silesia etc.); ~y bieg rzeki the upper course of a river 4. *muz* top; upper; ~e C top C
górotwórczy *adj geol* tectonic; orogenic
górować *vi imperf* 1. (*wznosić się*) to dominate (nad miastem itd. a town etc.); (*o wieży itd.*) to tower (nad otoczeniem above its surroundings) 2. *przen* (*mieć przewagę*) to excel (nad innymi the others); to predominate (nad kimś, czymś over sb, sth)
górski *adj* mountainous (region etc.); mountain — (climate, resort etc.)
górzysty *adj* mountainous; hilly
gówniarz *m wulg obelż* squit
gówno *n wulg* 1. *fizjol* shit 2. *przen* (*nic*) nothing; to mnie ~ obchodzi I don't care a damn
gra *f* 1. (*zabawa*) game; ~ towarzyska parlour game; ~ w karty card game; ~ w ciuciubabkę blindman's buff; ~ na giełdzie speculating on change; ~ słów pun; uczciwa ~ fair play; ~ nie warta świeczki the game is not worth the candle; wchodzić w grę a) (*być branym pod uwagę*) to be involved b) (*występować*) to come into play; to be at stake 2. *przen* (*udawanie*) sham; pretence 3. (*hazard*) gambling; dom gry gaming-house 4. *sport* game 5. *teatr* acting 6. (*mienlenie się barw itd.*) play (of colours etc.)
grab *m bot* hornbeam
grabarz *m* grave-digger
grabiarka *f* 1. (*maszyna*) hay-rake 2. (ko-

grabić   162   **granda**

bieta) (woman) haymaker
grabić *vt imperf* 1. *(zgrabiać)* to rake (up ⟨together⟩) 2. *(rabować)* to plunder
grabie *plt* (a) rake
grabieć *vi imperf* to grow numb ⟨stiff⟩ (**z zimna** with cold)
grabież *f* plunder; pillage
grabieżca *m* plunderer
grabieżczy *adj* plundering — (raid etc.); predatory
grabki *plt* (little) rake
graca *f* 1. *roln* hoe 2. *bud* larry
graciarnia *f* lumber-room
gracj|a *f* grace; **pełen ~i** graceful
gracki *adj* plucky; gallant
gracować *vt imperf roln ogr* to hoe
gracz *m* 1. player; *(hazardzista)* gambler 2. *przen (spryciarz)* sly fox
gra|ć *imperf* I *vi* 1. *(brać udział w grze)* to play (**w piłkę nożną, w karty itd.** football, cards etc.); **~ć na giełdzie** to speculate on change; *przen* **~ć na zwłokę** to temporize; **~ć w otwarte karty** to show one's hand 2. *(uprawiać hazard)* to gamble 3. *muz* to play (**na fortepianie, skrzypcach itd.** the piano, the violin etc.); *przen* **~ć komuś na nerwach** to get on sb's nerves; *pot* **wszystko musi ~ć** everything must be shipshape 4. *teatr* to play; to act; *przen* **~ć komedię** to pretend 5. *(mienić się barwami)* to show ⟨to change⟩ colours II *vt* 1. *teatr* to play ⟨to act⟩ (**rolę** a part) 2. *(wystawiać na scenie)* to give ⟨to play, to show⟩ (a tragedy, comedy etc.); **co ~ją dzisiaj?** what's on to-day? 3. *muz* to play ⟨to perform⟩ (**sonatę itd.** a sonata etc.); *przen* **~ć pierwsze skrzypce** to play first fiddle
grad *m* 1. *meteor* hail; **ziarnko ~u** hailstone; **pada ~** it hails 2. *przen* volley (**kamieni itd.** of stones etc.); **zasypać kogoś ~em pytań** to riddle sb with questions
gradacja *f* gradation
gradobicie *n* the hail
gradow|y *adj* of hail; **burza ~a** hailstorm; **chmura ~a** thundercloud
gradus *m mar* grade

graficznie *adv* graphically
graficzn|y *adj* 1. *(dotyczący grafiki)* graphic 2. *(dotyczący drukarstwa)* typographic; **szata ~a (książki itd.)** the typography (of a book etc.) 3. *(pisemny)* written; **znak ~y** graphic symbol
grafik *m* 1. *(artysta)* graphic artist 2. *(wykres)* diagram
grafika *f* 1. *(sztuka graficzna)* graphic art 2. *(dzieło sztuki graficznej)* engraving
grafion *m* drawing pen
grafit *m* 1. *miner* graphite 2. *(część ołówka)* black-lead
grafolog *m* graphologist; handwriting expert
grafologia *f sing* graphology
grafoman *m* graphomaniac
grafomania *f*, **grafomaństwo** *n sing* graphomania
graham *m* graham bread
grajdołek *m pot żart* 1. *(miejscina)* a place at the back of beyond 2. *(na plaży)* a temporary shelter on the beach
grajek *m* home-bred musician
gram *m* gram(me)
gramatycznie *adv* grammatically; **~ niepoprawny** ungrammatical
gramatyczny *adj* grammatical; grammatically correct
gramatyk *m* grammarian
gramatyka *f* grammar; **~ historyczna** ⟨**opisowa, porównawcza**⟩ historical ⟨general, comparative⟩ grammar
gramoatom *m chem fiz* gramme-atom
gramocząsteczka *f*, **gramodrobina** *f chem fiz* mole
gramofon *m* gramophone
gramofonow|y *adj* gramophone — (music, record etc.); **płyta ~a** record; disk
gramolić się *vr imperf* to clamber (**na czyjeś kolana** up sb's knees)
granat[1] *m* 1. *bot* pomegranate 2. *(kolor)* navy-blue
granat[2] *m* 1. *wojsk* shell 2. *miner* garnet
granatnik *m wojsk* howitzer
granatowy *adj (o kolorze)* navy blue
grand *m (w Hiszpanii)* grandee
grand|a *f posp* 1. *(burda)* rumpus; **zrobić**

grandziarz 163 **grobowy**

~ę to kick up a row; **pchać się na ~ę** to jostle one's way through; **zrobić coś na ~ę** to do sth grossly ⟨coarsely⟩ 2. (*banda łobuzów*) gang (of hooligans)
grandziarz *m posp* racketeer; hooligan
graniastosłup *m geom* prism
graniasty *adj* 1. (*kanciasty*) angular 2. (*łaciaty*) roan
granic|a *f* 1. (*linia zamykająca*) limit; *zbior* bounds; confines; **dolna** ⟨**górna**⟩ **~a** bottom ⟨top⟩ limit 2. (*linia dzieląca*) border line; barrier 3. (*linia oddzielająca obszar terytorialny*) frontier; border; boundary; **przejść ~ę** to cross the border; **za ~ę, za ~ą** abroad; **zza ~y** from abroad 4. (*zasięg, miara, kres*) limit(s); compass; reach; **moja cierpliwość ma swoje ~e** there's a limit to my patience; **nie znać ~** to know no bounds; **to przechodzi wszelkie ~e** that's the limit 5. **w wyrażeniach przyimkowych: bez ~** without limit; boundlessly; endlessly; **do ~y czegoś** to the limit of sth; **do jakich ~?** to what extent?; **do ostatnich ~** to the utmost; **w ~ach czegoś** within the bounds ⟨the range⟩ of sth
graniczny *adj* 1. (*końcowy*) terminal 2. (*związany z granicą państwa, obszaru*) frontier — (station etc.); border — (line etc.); **słup ~** landmark
graniczyć *vi imperf* 1. (*przylegać terytorialnie*) to adjoin (**z czymś** sth); to be contiguous; to border (**z innym krajem** upon another country) 2. (*mieć wspólną granicę*) to be next-door neighbours 3. (*o stanach psychicznych*) to border ⟨to verge⟩ (**z czymś** on sth)
granit *m miner* granite
granulacja *f med techn* granulation
grań *f* 1. (*krawędź*) edge; ridge 2. (*grzbiet górski*) ridge
grape-fruit *m* [grejpfrut] grape-fruit
grasica *f anat* thymus gland
grasować *vi imperf* 1. (*grabić*) to prowl 2. (*o chorobach itd.*) to be rife
grat *m* 1. (*rupieć*) dilapidated piece of old furniture; (*o samochodzie, rowerze*) bone-shaker; *pl* **~y** old furniture;

lumber 2. *przen pog* (*o człowieku*) crock
gratisowo *adv* free of charge
gratisowy *adj* free (of charge)
gratka *f* windfall; piece of good fortune; **to ci ~!** what a score!
gratulacje *pl* congratulations; **składać komuś ~ z powodu czegoś** to congratulate sb on sth
gratulować *vi imperf* to congratulate (**komuś czegoś** sb on sth)
gratyfikacja *f* bonus; extra pay
grawer *m* engraver
grawerować *vt imperf* to engrave
grawerstwo *n singt* engraving
grawitacja *f fiz* gravitation
grawitować *vi imperf dosł i przen* to gravitate (**ku czemuś** toward sth); to lean (**ku czemuś** to sth)
grdyka *f anat* Adam's apple
greck|i *adj* 1. (*o narodzie, języku itd.*) Greek; **~i język** Greek; **po ~u in** Greek 2. (*o stylu, nosie itd.*) Grecian
greckokatolicki *adj rel* Greek Catholic, Uniat
Greczynka *f* Greek woman
gregoriański *adj* Gregorian (calendar, music etc.)
grejpfrut *m* = grape-fruit
Grek *m* Greek; *przen* **udawać ~a** to play the fool; to pretend
greka *f singt* Greek
gremialnie *adv* in a body; in a group; one and all
gremialny *adj* general; corporate
gremium *n* body ⟨group⟩ (of persons)
grenadier *m hist* grenadier
grenlandzki *adj* Greenlandic
grępel *m* card
gręplarka *f techn* carding machine
gręplarnia *f* carding shop
gręplarz *m* carder
gręplować *vt imperf* to card (wool etc.)
grobla *f* dam; dike; *przysł* **podług stawu ~** one must cut one's coat according to one's cloth
grobowiec *m* tomb; **~ rodzinny** family vault
grobow|y *adj* 1. of a tomb; grave — (marker etc.); sepulchral; **kamień ~y** tombstone; *przen* **do ~ej deski** till

groch 164 **grozić**

death 2. *przen* deathly; (*o głosie*) sepulchral; (*o minie itd.*) gloomy
groch *m* 1. *bot* pea; ~ **cukrowy** green pea 2. *kulin* peas; *przen* ~ **z kapustą** medley; **rzucać** ~**em o ścianę** to waste one's breath 3. *pl* ~**y** (*deseń*) spots
grochowina *f zbior* haulm(s)
grochówka *f kulin* pea soup
grodzić *vt imperf* to fence in
grodzisko *n* castle
grodzki *adj* of a town; of a city; of a castle; town ⟨city⟩ (authorities etc.); **sąd** ~ court of the first instance
grog *m* grog
grom *m książk* clap of thunder, thunderclap; *przen* **ciskać** ~**y na kogoś, coś** to storm against sb, sth
gromada *f* 1. (*grupa*) herd; group; **jest nas cała** ~ there is a whole lot of us 2. (*jednostka administracyjna*) district 3. *bot zool* phylum
gromadnie *adv* in a body; in a group; in a mass
gromadny *adj* 1. (*masowy*) corporate; collective 2. (*występujący wspólnie*) collective; gregarious; **instynkt** ~ herd ⟨gregarious⟩ instinct
gromadzenie *n* ↑ **gromadzić**; accumulation; collection
gromadzić *imperf* **I** *vt* 1. (*zbierać rzeczy*) to gather; to amass 2. (*zbierać ludzi*) to assemble **II** *vr* ~ **się** 1. (*o ludziach*) to assemble; to gather 2. (*o rzeczach itd.*) to collect; to accumulate; to heap up
gromadzki *adj* district — (council etc.)
gromić *vt imperf* 1. (*łajać*) to reprimand 2. *książk* (*zadać porażkę*) to defeat (the enemy etc.)
gromki *adj* (*o głosie itd.*) loud; (*o brawach itd.*) ringing
gromnica *f* candle blessed on Candlemas Day and lighted at the bedside of dying persons
gromowładny *adj* thundering
gronkowiec *m med* staphylococcus
gron|**o** *n* 1. *bot* raceme 2. (*kiść*) cluster; bunch (of grapes etc.) 3. (*zespół ludzi*) circle; group; ~**o nauczycielskie** teaching staff; ~**o rodzinne** family circle;

w ~**ie przyjaciół** in the midst of one's friends
gronostaj *m zool* ermine
gronowy *adj* grape — (wine etc.); **cukier** ~ grape sugar; glucose
gros *m* gross; twelve dozen
grosz *m* 1. (*setna część złotego*) grosz; *przen* penny; farthing; *am* cent; **kupić coś za** ~**e** to buy sth dirt-cheap; **liczyć się z** ~**em** to look twice at every penny one spends; *przen* **nie mieć za** ~ **czegoś** (**rozsądku itd.**) not to have a whit of sth (of common sense etc.); **wtrącać swoje trzy** ~**e w jakąś sprawę** to have one's say ⟨to poke one's nose⟩ in an affair; **bez** ~**a** penniless; *pot* stony-broke; **co do** ~**a** to a penny 2. (*zbiorowo — fundusz*) money; funds; ~ **publiczny** public ⟨State⟩ funds
grosz|**ek** *m dim* ↑ **groch**; **zielony** ~**ek** green pea; **jedwab w** ~**ki** polka dot silk; *bot* ~**ek pachnący** sweet pea
groszorób *m pog* money-grubber
groszow|**y** *adj* bought ⟨sold, made etc.⟩ for a grosz ⟨for a couple of groszy⟩; cheap; ~**y wydatek** trifling expense; ~**e oszczędności** cheese-paring
grot[1] *m* 1. (*strzała*) arrow; (*pocisk ręczny*) shaft 2. (*ostrze strzały, oszczepu itd.*) arrow-head; spearhead
grot[2] *m* 1. (*maszt*) mainmast 2. (*żagiel*) mainsail
grota *f* grotto
groteska *f* 1. (*ornament*) grotesque 2. (*utwór literacki, muzyczny*) burlesque
groteskowy *adj* grotesque
grotmaszt *m* = **grot**[2] 1.
grotołaz *m* spel(a)eologist
grotżagiel *m* = **grot**[2] 2.
groz|**a** *f singt* 1. (*okropność*) grimness; **pełen** ~**y** grim 2. (*niebezpieczeństwo*) danger; threat 3. (*lęk*) awe; terror; **przejąć kogoś** ~**ą** to terrify sb; **pod** ~**ą czegoś** in dread of sth; **pod** ~**ą kary śmierci** under penalty of death
grozi|**ć** *vi imperf* 1. (*straszyć*) to threaten ⟨to menace⟩ (**komuś czymś** sb with sth); ~**ć komuś palcem** to shake one's finger at sb 2. (*zagrażać*) to threaten; ~ **im wojna** they are in

groźba 165 **gruntowy**

danger of war; **nic ci ⟨nam itd.⟩ nie ~ you ⟨we etc.⟩** are quite safe
groźba f 1. (*zapowiedź przykrych następstw*) threat; menace 2. (*niebezpieczeństwo*) danger (of accident etc.)
groźn|y *adj* 1. (*grożący*) threatening; menacing 2. (*budzący lęk*) sinister; grim; (*o niebezpieczeństwie*) pressing; (*o chorobie itd.*) grave; **nic ~ego** nothing serious
grób *m* grave; tomb; *bibl* Sepulchre; **Grób Nieznanego Żołnierza** the Tomb of the Unknown Warrior; *przen* **ty mnie wpędzisz do grobu** you will be the death of me; **jedną nogą w grobie** on the brink of the grave
gród *m* 1. (*zamek*) castle 2. *książk* (*miasto*) city
grubas *m pot* fatty; pot-belly
grubianin *m* boor; churl
grubiańsk|i *adj* rude; **po ~u** (*ordynarnie*) rudely; roughly; (*gburowato*) churlishly
grubiaństwo *n* 1. (*grubiańskie postępowanie*) rudeness; churlishness 2. (*ordynarne wyrazy*) scurrility
grubieć *vi imperf* 1. (*tyć*) to put on flesh; to grow stout(er) 2. (*stawać się szorstkim*) to coarsen
grubo *adv* 1. (*niecienko*) thick; thickly; **~ smarować chleb masłem** to spread butter thick on the bread; **~ ubrany** thickly clothed; **~ wyglądać** to look big ⟨stout⟩; *przen* (*o człowieku*) **~ ciosany** rough-hewn 2. (*w połączeniach wyrazowych — dużo, bardzo*) **~ grać** to play for high stakes; **~ się mylić** to be a long way out; **~ więcej a** sight more; **~ zapłacić** to pay big money
grubokościsty *adj* heavy-boned
gruboskórny *adj* thick-skinned; callous; coarse; rude
gruboś|ć f *singt* thickness; **ile to ma ~ci?** how thick ⟨how big⟩ is it?
groboziarnisty *adj* coarse-grained
grubsz|y *adj comp* ↑ **gruby**; **z ~a** roughly; roughly speaking; in rough outline
grub|y *adj* (*comp* **grubszy**) 1. (*niecienki*) thick; (*o kiju itd.*) stout; (*mający znaczną objętość*) large; big; *przen* **~a**

ryba bigwig; VIP; **~e pieniądze** big sums; **~y błąd** serious mistake; **szyte ~ymi nićmi** self-evident 2. (*otyły*) stout 3. (*o głosie*) low
gruchać *vi imperf* 1. (*o gołębiach*) to coo 2. *przen żart* (*o ludziach*) to warble; (*o zakochanych*) to bill and coo
gruchnąć *vi perf* 1. (*huknąć*) to crash 2. *przen* (*o wieści*) to come like a bomb-shell 3. (*uderzyć*) to hit 4. (*runąć*) to fall with a crash; to collapse
gruchot *m* 1. (*huk*) crash 2. (*rzecz zniszczona*) rickety object; (*samochód itd.*) rattletrap
gruchotać *imperf* **I** *vt* (*druzgotać*) to shatter; to smash **II** *vt* (*wydawać huk*) to crash; (*turkotać*) to rattle
gruczoł *m anat* gland; **~ łzowy** ⟨**potowy** *itd.*⟩ lachrymal ⟨sweat etc.⟩ gland
gru|da f 1. (*bryła*) clod (of earth) 2. (*zamarznięta ziemia*) frozen ground; **idzie jak po ~dzie** it's tough work
grudka f (*dim* ↑ **gruda**) lump; clot (of cream etc.); nodule
grudkowaty *adj* cloddy
grudzień *m* December
grun|t *m* 1. (*gleba*) soil; earth; ground; *przen* **podatny ~t** favourable conditions (for sth) 2. *dosł i przen* (*teren*) ground; **na neutralnym** ⟨**twardym, pewnym**⟩ **~cie** on neutral ⟨firm, safe⟩ ground; **~t mu się pali pod nogami** he is being dogged 3. (*dno rzeki itd.*) bottom; *dosł i przen* **tracić ~t pod nogami** to get out of one's depth 4. *przen* (*podstawa, zasada*) base; basis; **stanąć na ~cie czegoś** to base oneself on sth; **do ~tu** thoroughly; **w ~cie rzeczy** in fact; **z ~tu** thoroughly; basically; **to ~t** that is the main thing 5. *mal* ground colour
gruntować *imperf* **I** *vi* (*dotykać dna*) to ground; to touch bottom **II** *vt* 1. (*opierać*) to base 2. *mal* to ground
gruntownie *adv* thoroughly
gruntowność f *singt* thoroughness
gruntowny *adj* 1. (*dokładny*) thorough 2. (*całkowity*) complete
gruntow|y *adj* of the land; of the ground; **land —** (tax, value etc.);

grupa 166 **grzebień**

ground- (rent, water etc.); *roln* **uprawa** ~a field culture
grupa *f* group; *bot zool* class; *biol* ~ **krwi** blood-group
grupować *imperf* I *vt* to assemble II *vr* ~ **się** to assemble (*vi*); to come together
grupowy *adj* of a group ⟨class⟩; group — (solidarity etc.); collective
grusza *f bot* pear-tree
grusz|ka *f* pear; *przen* **nie zasypiać ~ek w popiele** to seize the occasion by the forelock; **obiecywać ~ki na wierzbie** to promise wonders
gruz *m* rubble; *pl* **~y** (*ruiny*) ruins; **leżeć w ~ach** to lie in ruin
gruzeł *m* 1. (*bryłka*) clod 2. (*narośl*) excrescence
gruzełkowaty *adj* cloddish; tubercular
gruźlica *f singt med* tuberculosis; consumption; *pot* TB
gruźliczka *f* (a) consumptive
gruźliczy *adj* tuberculous; consumptive
gruźlik *m* (a) consumptive
gryczany *adj* buckwheat — (porridge etc.)
gryf[1] *m mitol* griffin, griffon, gryphon
gryf[2] *m muz* neck (of a violin, guitar etc.)
gryka *f bot* buckwheat
grymas *m* 1. (*wykrzywienie twarzy*) grimace; wry face; **zrobić** ~ **to pull a face** 2. *pl* **~y** whims
grymasić *vi imperf* to be fussy
grymaśny *adj* 1. (*wybredny*) fussy; fastidious 2. (*kapryśny*) freakish
grynszpan *m chem* verdigris; copper-rust
grypa *f med* grippe; influenza; *pot* flu
gryps *m* letter smuggled through to or from prison
grysik *m singt kulin* 1. (*kaszka*) manna-croup; semolina; *am* cream of wheat 2. (*cukier*) granulated sugar
grywać *vi imperf* to play occasionally; to be wont to play
gryzący *adj* (*o zapachu*) pungent; (*o dymie*) acrid; (*o środku chemicznym*) corrosive; *przen* (*o dowcipie*) caustic
gryzipiórek *m pog* scribbler; quill-driver
gryzmolić *vt imperf* to scrawl; to scribble

gryzmoły *plt* scrawls; scribbles
gryzoń *m zool* (a) rodent
gryźć *imperf* I *vt vi* 1. (*zatapiać zęby*) to bite 2. (*żuć*) to chew; to munch 3. *przen* (*o dymie itd.*) to sting (**w oczy** the eyes) 4. *przen* (*dręczyć*) to torment II *vr* ~ **się** 1. (*kąsać się wzajemnie*) to bite one another 2. *przen* (*martwić się*) to worry; to fret 3. (*kłócić się*) to go on at each other
grz|ać *imperf* I *vt* to warm; to heat; ~**eję wodę na herbatę** I have put the kettle on; *przen* **to mnie ani ~eje, ani ziębi** to me it's quite indifferent II *vi* to warm (*vi*); to heat (*vi*); to be hot; **słońce przyjemnie ~eje** the sun is nice and warm III *vr* ~**ać się** 1. (*o człowieku, zwierzęciu*) to warm oneself; ~**ać się w słońcu** to bask in the sun 2. (*być nagrzewanym*) to get warm; **woda się ~eje** the water is on; I am getting some water hot
grzałka *f* warmer; heater
grzank|a *f kulin* toast; *pl* ~**i** (**do zupy**) croutons
grządka *f* (garden) patch; ~ **kwiatowa** flower-bed
grząski *adj* quaggy; miry
grzbiet *m* 1. *anat zool* back; spine 2. (*tylna część czegoś*) back (of the hand, of a book); *pot* **mieć co na** ~ **włożyć** to have something to cover one's back with 3. (*górna część czegoś*) back; ridge (of a mountain); edge
grzbietowy *adj* dorsal; *sport* (*w pływaniu*) **styl** ~ back stroke
grzebać *imperf* I *vi* to rummage (**po kieszeniach itd.** one's pockets etc.); ~ **w książkach itd.** to dig in books etc.; *przen* ~ **w pamięci** to ransack one's memory II *vt* (*chować umarłych*) to bury (the dead) III *vr* ~ **się** 1. (*gmerać*) to rummage (*vi*); to fumble (**w czymś** at ⟨with⟩ sth) 2. (*marudzić*) to dawdle; to potter
grzebała *m f pog* fumbler; potterer
grzebieniasty *adj* 1. (*mający kształt grzebienia*) comb-shaped 2. *zool* pectinate
grzebień *m* 1. (*do czesania*) comb 2. *zool* pecten; cock's comb; *przen* ~ **fali**

crest of a wave 3. *techn* hackle; teaser; willow
grzebyczek, grzebyk *m* little comb
grzech *m* 1. *rel* sin; **popełnić** ~ to sin 2. (*przewinienie*) offence
grzechot *m* rattle; din
grzechotać *vi imperf* to rattle
grzechotka *f* 1. (*zabawka*) rattle-box 2. (*drewniane narzędzie*) clapper
grzechotnik *m zool* rattlesnake
grzecznie *adv* politely; kindly; (*do dziecka*) **zachowuj się** ~ be good
grzecznościowy *adj* polite; (*o bilecie do teatru itd.*) complimentary; courtesy — (title, visit etc.)
grzecznoś|ć *f* 1. (*uprzejmość*) politeness 2. *pl* ~**ci** (*uprzejme słowa*) compliments 3. (*przysługa*) favour; **zrobić komuś** ~**ć** to oblige sb; **przez** ~**ć** out of kindness
grzeczny *adj* 1. (*dobrze wychowany*) polite; (*do dziecka*) **bądź** ~ be good; be a good boy ⟨girl⟩ 2. (*uprzejmy*) kind; **bądź taki** ~ **i podaj mi** ... be so kind as to hand me ...; **on był bardzo** ~ **dla mnie** he was very nice to me
grzejnictwo *n techn* calorifics
grzejnik *m techn* radiator
grzesznica *f*, **grzesznik** *m* sinner
grzeszny *adj* sinful
grzeszyć *vi imperf* 1. (*popełniać grzech*) to sin 2. *przen* (*uchybiać*) to err; to transgress (**przeciwko czemuś** against sth) 3. *przen iron* żart (*z przeczeniem — nie odznaczać się czymś*) **nie** ~ **uprzejmością** ⟨**sprytem itd.**⟩ to be none too civil ⟨clever etc.⟩; **nie** ~ **zbytnią skromnością** not to err on the side of modesty
grzę|da *f* 1. *ogr* patch; ~**da kwiatów** flower-bed 2. (*drążek w kurniku*) (hen-) roost; **siedzieć na** ~**dzie** to roost; *przysł* **daj kurze** ~**dę, ona: wyżej się dę!** give him an inch and he'll take an ell
grzęzawisko *n* quag(mire); *dosł i przen* morass
grzęznąć *vi imperf* to sink; to get stuck
grzmiący *adj* thunderous
grzmi|eć *vi imperf* 1. (*o piorunie*) to thunder; *impers* ~ it thunders 2. (*o dźwiękach*) to boom; to rumble; to roar 3. (*mówić z groźbą*) to fulminate; to thunder (**na kogoś** against sb)
grzmocić *vt vi imperf* to bang; to batter
grzmot *m* 1.* (*grom*) thunder 2. (*huk*) roar; boom
grzmotnąć *perf* **I** *vt* to bang; to batter **II** *vi* (*także: vr* ~ **się**) (*uderzyć się*) to smash ⟨to come bang⟩ (**o coś** against sth)
grzyb *m bot* fungus; ~ **jadalny** mushroom; **iść na** ~**y** to go mushrooming; **rosnąć jak** ~**y po deszczu** to shoot up like mushrooms; *przen* **pog stary** ~ dotard
grzyb|ek *m* 1. *dim* ↑ **grzyb**; mushroom; *przen* **posłać kogoś na** ~**ki** to dismiss ⟨to sack⟩ sb 2. (*do cerowania*) darning egg
grzybica *f med wet* mycosis
grzybieć *vi imperf* to shrivel up
grzybnia *f biol bot* spawn of fungi; mushroom spawn
grzybobranie *n* mushrooming (party)
grzybowy *adj* mushroom — (sauce etc.)
grzywa *f* mane
grzywka *f* fringe
grzywn|a *f* fine; **ukarać kogoś** ~**ą** to fine sb
gubernator *m* governor
gubernatorstwo *n* 1. (*okręg*) province 2. (*władza*) governorship
gubernia *f hist* gubernya; **Generalna Gubernia** German-occupied Poland (1939—45)
gubić *imperf* **I** *vt* 1. (*tracić*) to lose 2. (*doprowadzać do zguby*) to ruin (sb) **II** *vr* ~ **się** 1. (*doprowadzać siebie do zguby*) to bring about one's ruin 2. (*ginąć*) to get lost; to go astray 3. (*niknąć*) to vanish 4. (*tracić orientację w przestrzeni*) to get lost 5. *przen* (*nie orientować się w sytuacji, temacie*) to lose oneself; to get confused; ~ **się w domysłach** to be lost in conjecture
gulasz *m kulin* stew; goulash
gulgot *m* 1. (*płynów*) bubbling sound; gurgle 2. (*indyka*) gobble

gulgotać vi imperf 1. (*o płynach*) to bubble 2. (*o indyku*) to gobble
gum|a f 1. *bot* caoutchouc; gum; ~a **arabska** gum arabic 2. *techn* gum; rubber; **pot złapać ~ę** to get a puncture || ~a **do żucia** chewing-gum
gumiak m *pot* rubber boot
gumka f 1. (*do wycierania*) rubber; ~ **do ołówka** india-rubber 2. (*tasiemka z gumy*) elastic
gumno † n 1. (*stodoła*) barn 2. (*klepisko*) threshing floor 3. (*podwórze gospodarskie*) (barn-)yard
gumować vt imperf to gum
gumowy adj elastic; **gum —** (boots etc.); rubber — (ball, coat etc.)
gurt m *kraw* petersham
gusła plt wizardry; witchcraft
gust m 1. (*poczucie piękna*) (good) taste; **są ~a i guściki** tastes differ; **w złym guście** tasteless; inelegant 2. (*upodobanie*) liking (**do czegoś** for sth); **przypaść komuś do ~u** to take sb's fancy 3. (*rodzaj*) kind; sort; **coś w tym guście** something of this ⟨that⟩ sort; something in that style
gustować vi imperf to like ⟨to enjoy⟩ (**w czymś** sth)
gustowny adj in good taste
guślarstwo n witchcraft
guślarz m wizard
gutaperka f *sing* gutta-percha
guwernantka † f governess
guwerner † m (private, family) tutor
guz m 1. (*duży guzik*) button 2. (*gula*) bump; (*od uderzenia*) bruise; *przen* **oberwać ~a** to get a licking; **szukać ~a** to seek trouble 3. *med* tumour
guzdrać się vr imperf *pot* to dawdle; to potter
guzdralski m, **guzdrała** f m *pot* dawdler
guzek m 1. (*mały guz*) bump 2. *med* node
guziczek m (tiny) button
guzik m 1. (*u odzieży*) button; *przen* **zapięty na ostatni ~** a) (*starannie ubrany*) dressed up to the nines b) (*starannie przygotowany*) in perfect trim 2. *techn* knob; **~ do dzwonka** bell-push 3. *pot eufem* nothing; **~ z pętelką** nothing at all; *posp* nix

guzikarz m button maker
gwałcenie n ↑ **gwałcić** 1. (*popełnienie gwałtu*) violation; rape 2. (*przymus*) compulsion 3. (*naruszenie*) violation
gwałciciel m violator; ravisher
gwałcić vt imperf 1. (*dopuszczać się gwałtu*) to violate ⟨to rape⟩ (**kogoś** sb) 2. (*zmuszać*) to compel 3. (*naruszać*) to violate ⟨to transgress⟩ (the law, a treaty etc.)
gwałt m 1. (*przemoc*) force; compulsion; constraint; **zadawać komuś ~** to constrain sb 2. (*bezprawie*) outrage 3. (*pogwałcenie*) violation 4. (*zgwałcenie kobiety*) rape 5. *pot* (*zamieszanie*) confusion; tumult 6. *pot* (*pośpiech*) hurry; haste; **nie ma ~u** there's no hurry || **~em** a) (*siłą*) forcibly; by force b) (*usilnie*) very much; **~em chcieć** ⟨**potrzebować**⟩ **czegoś** to want ⟨to need⟩ sth very badly c) (*natychmiast*) at once; **na ~** a) (*pośpiesznie*) in all haste b) (*koniecznie*) at all costs; **~u!** help!
gwałtownie adv 1. (*porywczo, silnie*) vehemently; violently 2. (*nagle*) suddenly
gwałtowność f vehemence; violence; impetuosity
gwałtowny adj 1. (*porywczy*) impetuous; vehement; violent 2. (*silny*) vehement; (*o gniewie*) towering (rage); (*o deszczu*) torrential 3. (*nagły*) sudden; (*o potrzebie*) urgent; (*o śmierci*) violent
gwar m hum; buzz; hubbub
gwara f 1. (*dialekt*) dialect 2. (*mowa środowiska*) jargon; cant
gwarancj|a f 1. (*rękojmia*) safeguard 2. (*zapewnienie*) warrant; **dawać ~ę czegoś** to warrant sth 3. (*zabezpieczenie*) security 4. *handl* guarantee; warranty
gwarancyjn|y adj of guarantee; of warranty; **karta ~a** guarantee
gwarantować vt imperf 1. (*dawać gwarancję*) to safeguard 2. (*ręczyć*) to warrant; to vouch (**coś** for sth) 3. (*zapewniać*) to ensure
gwardia f guard
gwardzista m guardsman

gwarny *adj* noisy; loud
gwarowy *adj* 1. (*dialektalny*) dialectal 2. (*żargonowy*) slang
gwarzyć *vi imperf* to chat
gwasz *m mal* gouache
gwiazd|a *f* 1. *astr* star; ~a **spadająca** shooting star; *przen* ~a **przewodnia** guiding star; **spod ciemnej** ~y vile; **urodzony pod nieszczęśliwą** ~ą ill-starred 2. *przen* (*o aktorce itd.*) star
gwiazdka *f* 1. *astr* starlet 2. (*odznaka rangi oficerskiej*) star; *pot* pip 3. *druk* asterisk 4. (*wigilia*) Christmas Eve 5. (*podarunek*) Christmas gift 6. *przen* (*o aktorce itd.*) starlet
gwiazdkowy *adj* Christmas — (gift, number of a magazine etc.)
gwiazdor *m* (film) star
gwiazdowy *adj astr* sidereal (time etc.); astral (beams etc.); stellar (motion etc.)
gwiazdozbiór *m astr* constellation
gwiaździsty *adj* 1. (*usiany gwiazdami*) starry; starlit 2. (*podobny do gwiazdy*) star-shaped
gwiezdny *adj* 1. (*dotyczący gwiazd*) star — (system etc.); sidereal (time etc.); stellar (motion etc.) 2. (*usiany gwiazdami*) starry
gwinea *f* guinea
gwint *m* (screw-)thread; ~ **wewnętrzny** female screw; ~ **zewnętrzny** male screw
gwintować *vt imperf* to thread (a male screw); to tap (a female screw)
gwintownica *f techn* screw-stock
gwizd *m* whistle; (*parowozu, syreny*) blast; hoot; (*pocisku itd.*) whizz (of a bullet etc.)
gwi|zdać *vi imperf* — **gwi|zdnąć** *vi perf* to whistle; (*dawać sygnał gwizdkiem*) to blow a ⟨the⟩ whistle; (*o publiczności*) to hiss; (*o pocisku itd.*) to whizz; *przen pot* (*lekceważyć*) ~**zdać na coś** to snap one's fingers at sth; ~**żdżę na to** I don't care a rap
gwizdek *m* whistle
gwizdnąć *perf* I *zob* **gwizdać** II *vt posp* (*ukraść*) to pinch
gwoździarnia *f* nailery; nail factory
gwoździk *m* 1 *dim* ↑ **gwóźdź** 1. 2. = **goździk**
gwóźdź *m* 1. (*metalowy*) nail; **wbić** ~ **do ściany** to drive a nail into the wall; **wbijać gwoździe** to hammer in nails; *przen* ~ **do czyjejś trumny** a nail in sb's coffin 2. *pot* (*atrakcja zabawy, programu itd.*) high light; clou
gzić się *vr imperf* 1. *pot* (*o zwierzętach* — *ujawniać ból spowodowany ukąszeniem gza*) to run wild 2. (*o zwierzętach* — *ujawniać popęd płciowy*) to be in heat 3. *wulg* (*o ludziach*) to run amuck
gzyms *m arch* mould; moulding

h

H, h *n muz* B; **H-dur** B major; **h-moll** B minor
habilitacja *f uniw* defence of a thesis presented to qualify (oneself) as assistant professor
habilitacyjn|y *adj uniw* qualifying for assistant-professorship; **praca** ~a qualifying thesis
habilitować *imperf uniw* I *vt* to qualify (sb) as assistant professor II *vr* ~ **się** to qualify (oneself) as assistant professor
habit *m* monk's frock; **przywdziać** ~ to take the frock
haczyk *m* 1. hook; barb; ~ **do wędki** fish-hook; *pot* **połknąć** ~ to swallow a gudgeon 2. *przen pot* snag
haczykowaty *adj* hooked; barbed
hafciarka *f* 1. (*kobieta*) embroidress 2. (*maszyna*) embroidering machine
hafciarstwo *n* embroidering; embroidery
hafn *m singt chem* hafnium
haft *m* 1. (*wzór*) embroidery 2. (*czynność*) embroidering

haftka *f* hook and eye
haftować *vt imperf* to embroider
hagiografia *f* hagiography
hajdamak *m hist* 18th century Cossack rebel
hak *m* 1. hook; crotchet; pot-hanger; *techn* clamp 2. *boks* hook; upper cut || ... z ~iem ... odd
hakata *f singt hist* German chauvinistic organization
hakatysta *m hist* German sworn enemy of Poles
hala[1] *f* (*pomieszczenie*) hall; (*w zakładzie przemysłowym*) room; house; shop; ~ **dworcowa** hall of a railway station; *am* depot; ~ **maszyn** engine room; ~ **sportowa** sports hall; ~ **targowa** covered market
hala[2] *f* (*pastwisko górskie*) mountain pasture; alp
halabarda *f hist wojsk* halberd
halabardnik, halabardzista *m hist* halberdier
halifaksy *plt sport* figure skates
halka *f* underskirt; slip
hall *m* (*w domu prywatnym*) hall; (*w hotelu*) lounge; (*w instytucji*) lobby; (*w teatrze*) foyer
hallo *interj* = **halo**[1]
halma *f* halma
halniak *m singt pot* foehn, föhn (in the Tatra mountains)
halny I *adj* mountain — (pasture etc.); alpine **II** *m* (*także* **wiatr** ~) foehn, föhn (in the Tatra mountains)
halo[1] *interj* 1. *telef* hallo 2. (*przywołując kogoś*) I say!; *am* say!
halo[2] *n indecl* 1. *astr* halo 2. *fot* halation
hals *m żegl* tack
halucynacj|a *f* hallucination; **mieć** ~**e** to see things
hałas *m* 1. (*głośne dźwięki*) noise; din; z ~**em** noisily 2. *przen* fuss; row; ado; **wiele** ~**u o nic** much ado about nothing; **narobić** ~**u** to make a racket; *pot* to kick up a row
hałasować *vi imperf* to make a noise; to be noisy
hałastra *f singt pog* rabble; mob; riff-
-raff

hałaśliwie *adv* noisily
hałaśliwość *f singt* noisiness
hałaśliwy *adj* 1. (*głośny*) noisy; loud 2. (*zgiełkliwy*) boisterous
hałda *f* (waste-)heap ⟨dump⟩; ~ **węglowa** ⟨**żużlowa**⟩ coal ⟨cinder⟩ tip
hamak *m* hammock
hamować *imperf* **I** *vt* 1. (*zatrzymywać*) to brake (a car, a train etc.); ~ **ruch uliczny** to tie up ⟨to impede⟩ the traffic 2. (*utrudniać*) to hamper; to check; to impede 3. (*powściągać*) to restrain; to inhibit 4. (*opanowywać*) to control; to curb; ~ **łzy** to gulp down one's tears; ~ **namiętności** to bridle one's passions **II** *vi* to put the brake(s) on; to apply the brake **III** *vr* ~ **się** to restrain oneself; to control oneself; ~ **się, żeby czegoś nie zrobić** to refrain from doing sth; **nie** ~ **się** to let oneself go
hamowanie *n* ↑ **hamować** 1. (*zatrzymanie pojazdu*) applying of the brake 2. (*utrudnianie*) check; impediment 3. (*powściąganie*) restraint; ~ **się** restraint
hamujący *adj* restrictive; inhibitory
hamulcowy I *adj* of a ⟨the⟩ brake; brake — (band, drum etc.) **II** *m kolej* brakesman
hamul|ec *m* 1. *techn* brake; ~**ec ręczny** hand-brake; *kolej* ~**ec bezpieczeństwa** emergency brake 2. *przen* check; curb; restraint; *psych* inhibition; **brak** ~**ców** lack of restraint; abandon; **bez** ~**ców** unrestrainedly
hand|el *m singt ekon* trade; business; commerce; ~**el detaliczny** ⟨**hurtowy**⟩ retail ⟨wholesale⟩ trade; ~**el uspołeczniony** co-operative trade; ~**el wewnętrzny** ⟨**zagraniczny**⟩ home ⟨foreign⟩ trade; ~**el żywym towarem** white-slave traffic; **prowadzić** ~**el czymś** to deal ⟨to trade⟩ in a commodity; **ukazać się w** ~**lu** to appear in the market
handlarka *f* (woman) shopkeeper; tradeswoman; vendor
handlarski *adj* trading — (disposition etc.)
handlarz *m* shopkeeper; tradesman; vendor; **uliczny** ~ coster-monger

handlować *vi imperf* to deal ⟨to trade⟩ (**jakimś artykułem, towarem** in an article of trade, in a commodity); to run a shop
handlow|iec *m* 1. (*specjalista w dziedzinie handlu*) business man; **on jest ~cem** he is in business 2. (*kupiec*) shopkeeper; tradesman; merchant
handlowo *adv* commercially
handlow|y *adj* commercial (bank etc.); **trade —** (route etc.); **merchant —** (marine etc.); **trading —** (company etc.); **centrum ~e** shopping centre; **dom ~y** business firm; **Izba Handlowa** Chamber of Commerce
handlówka *f pot* commercial school
handryczyć się *vr imperf pot* to quarrel; to squabble
hangar *m lotn żegl* hangar
haniebnie *adv* shamefully; ignominiously; disgracefully
haniebny *adj* 1. (*hańbiący*) shameful; disgraceful 2. (*sromotny*) infamous; ignominious 3. (*okropny*) disreputable; vile
hantle *plt sport* dumb-bells
hańb|a *f* shame; disgrace; infamy; ignominy; **przynosić komuś ~ę** to bring disgrace upon sb
hańbiący *adj* shameful; disgraceful
hańbić *imperf* **I** *vt* to bring shame (**kogoś** upon sb); to disgrace; to dishonour **II** *vr* **~ się** to bring shame upon oneself
haracz *m* 1. (*danina*) tribute; **nałożyć ~ na kraj** to lay a country under tribute 2. *pot* (*opłata*) exaction; extortion; squeeze
harap *m* riding-whip
haratać *vt vi imperf pot* to knock; to bash; to batter
harc *m* 1. *pl* **~e** (*psoty*) pranks; **wyprawiać ~e** to cut capers 2. *pl* **~e** (*popisy jeździeckie*) caracoles; capers 3. *hist* single combat
harcerka *f* girl guide; brownie; *am* girl scout
harcerski *adj* scout's; scouts'; scout — (badge, law, oath, camp etc.)
harcerstwo *n singt* Scouting; the Scouts; the Girl Guides

harcerz *m* boy scout
harcmistrz *m* scoutmaster
harcować *vi imperf* 1. (*dokazywać*) to gambol 2. (*popisywać się jazdą konną*) to prance
hardo *adv* 1. (*dumnie*) haughtily; proudly; loftily 2. (*zuchwale*) arrogantly
hardość *f singt* 1. (*duma*) haughtiness; pride; loftiness 2. (*zuchwałość*) arrogance
hardy *adj* 1. (*dumny*) haughty; proud; lofty 2. (*zuchwały*) arrogant
harem *m* harem
harfa *f muz* harp
harfiarz *m*, **harfiarka** *f* harper, herpist
harmider *m* noise; din; row; hullabaloo
harmonia *f* 1. *singt* (*zgodność*) harmony; concord 2. (*instrument*) accordion
harmonijka *f* (*także ~ ustna*) mouth-organ, harmonica
harmonijnie *adv* harmoniously
harmonijny *adj* harmonious
harmonika *f* 1. = **harmonijka** 2. *muz* (*nauka*) harmonics
harmonista *m* accordionist
harmonizować *imperf* **I** *vi* to harmonize; to concord; to be in harmony (with sth) **II** *vt* 1. (*dostosowywać*) to harmonize; to bring (things) into harmony 2. *muz* to harmonize
harmonogram *m* (graphic) schedule; am time-table
harować *vi imperf* to exert oneself; to toil (and moil); to sweat; to drudge; to slave
harówka *f pot* hard work; toil; drudgery
harpia *f* (*zw pl*) *mitol* harpy
harpun *m* harpoon
hart *m singt* (*także ~ ducha*) fortitude
hartować *imperf* **I** *vt* 1. *techn* to temper; to harden 2. (*uodparniać*) to season; to inure; to harden (**kogoś na coś** sb to sth) **II** *vr* **~ się** 1. *techn* to temper (*vi*); to harden (*vi*) 2. (*o człowieku*) to inure oneself (**na coś** to sth); to steel oneself (**na coś** against sth)
hartowność *f singt techn* temper (of steel etc.)
hartowny *adj* tempered; hardened

hasać vi imperf 1. (*brykać*) to gambol; to frisk 2. (*tańczyć*) to dance
haski adj of the Hague; Hague — (Tribunal etc.)
hasł|o n 1. (*dewiza*) motto; watchword; slogan; **pod ~em (wolności itp.**) under the banner (of liberty etc.) 2. (*sygnał*) signal (**do czegoś** for sth) 3. *wojsk* password; *hist* battle-cry 4. (*w słowniku, encyklopedii*) entry
hasłowy adj entry — (word etc.)
haszysz m hashish, hasheesh
haubica f *wojsk* howitzer
haust m draught; gulp; swig; (**jednym) ~em** at one gulp; at a draught
hawajsk|i adj Hawaiian; **gitara ~a** ukulele
hawański adj Havana — (cigar etc.)
hazard m 1. (*ryzyko*) risk; venture; hazard 2. (*gra hazardowa*) gambling
hazardować się vr imperf to gamble
hazardow|y adj 1. (*ryzykowny*) risky; hazardous 2. (*połączony z hazardem*) hazardous (game etc.); **gry ~e** gambling
hazardzista m gambler
heban m ebony
hebanowy adj 1. (*z hebanu*) ebony — (keys of a piano etc.) 2. (*czarny*) ebony black
hebel m *stol* plane
heblarka f *techn* planing machine
heblarnia f planing mill
heblować vt imperf to plane
hebrajsk|i adj Hebrew; Hebraic; **po ~u** in Hebrew
heca f *pot* 1. (*zdarzenie*) lark; fun; **a to ci ~!** a fine kettle of fish!; **co za ~!** what a lark!; what fun! 2. (*niezwykła historia*) affair; fuss
hedonistyczny adj hedonistic
hedonizm m *singt filoz* hedonism
hegelianizm m *singt filoz* Hegelianism
hegemonia f *singt* hegemony
heglizm m = **hegelianizm**
heglowski adj Hegelian
hejnał m bugle-call
hekatomba f hecatomb
heksametr m *prozod* hexameter
hektar m hectare
hektogram m hectogramme
hektolitr m hectolitre
hel m *singt chem* helium
helikopter m helicopter
heliocentryczny adj *astr* heliocentric
heliotrop m *bot* heliotrope
hellenista m Hellenist
hellenistyczny adj Hellenistic
hellenizm m *singt* Hellenism
helleński adj Hellenic
helo|ta m *hist* helot; pl **~ci** helots; helotry
hełm m helmet; **~ tropikalny** pith helmet
hełmofon m *wojsk* headphone
hematolog m h(a)ematologist
hematologia f *singt* h(a)ematology
hematyt m *miner* hematite
hemisfera f *książk* hemisphere
hemofilia f *singt med* h(a)emophilia
hemoglobina f *singt biol* h(a)emoglobin
hemoliza f *med* h(a)emolysis
hemoroidy *plt med* h(a)emorrhoids; piles
hemostatyczny adj *med* h(a)emostatic
henna f *singt* henna
heparyna f *biol farm* heparin
heraldyczny adj heraldic
heraldyka f heraldry
herb 1. (*znak rodowy*) coat of arms; armorial bearings; crest 2. (*godło*) (heraldic) arms (of a town etc.)
herbacian|y adj tea — (leaves, set etc.); **róża ~a** tea-rose
herbaciarnia f tea-room(s); (*w Japonii*) tea-house
herbarz m baronage; (an) armorial
herbat|a f 1. *bot* tea-plant 2. *singt kulin* tea; **filiżanka, łyżeczka, przybory do ~y** teacup, tea-spoon, tea-things; **pić ~ę** to take ⟨to have⟩ tea; **naparzyć** ⟨**zaparzyć**⟩ **~ę** to infuse tea 3. (*przyjęcie*) tea-party
herbatka f tea-party
herbatnik m biscuit
herbowy adj 1. (*heraldyczny*) heraldic; armorial; **znak ~** crest 2. (*szlachecki*) nobleman's; of the nobility
herc m *fiz* cycles per second
heretycki adj heretical
heretyk m heretic
herezja f heresy
herkulesowy adj Herculean (labours etc.)

hermafrodyta *m biol* hermaphrodite
hermafrodytyzm *m singt biol* hermaphroditism
hermetycznie *adv* hermetically; tight; ~ **zamknięty** air-tight
hermetyczność *f singt* air-tightness
hermetyczny *adj* hermetic; air-tight
hermetyzacja *f techn* hermetic ⟨air-tight⟩ sealing
herod-baba *f* virago; termagant
heroiczność *f singt* heroism
heroiczny *adj* heroic
heroina *f* 1. *książk* (*bohaterka*) heroine 2. *chem farm* heroin
heroizm *m singt* heroism
herold *m hist* herald
heros *m mitol* hero; demigod
herszt *m* ringleader; chieftain
hetera *f* 1. (*w starożytnej Grecji*) hetaera 2. *pot* (*jędza*) shrew
heterodyna *f radio* heterodyne
heterogenetyczny *adj biol* heterogenetic, heterogenic
heterogeniczny *adj chem* heterogeneous
heteromorfoza *f singt biol* heteromorphosis
hetka *f żegl* a type of yacht
hetman *m* 1. *hist* hetman 2. *szach* queen
hetmański *adj* 1. *hist* hetman's 2. *szach* queen's
hiacynt *m bot miner* hyacinth
hiatus *m jęz* hiatus
hibernacja *f biol med* hibernation
hiena *f zool i przen* hyena
hierarchia *f* hierarchy
hierarchiczny *adj* hierarchic(al)
hieratyczny *adj* hieratic
hieroglificzny *adj* hieroglyphic
hieroglify *pl dosł i przen* hieroglyphs
higiena *f* hygiene
higienicznie *adv* hygienically
higieniczny *adj* hygienic; healthy; **papier** ~ toilet paper
higienista *m*, **higienistka** *f* hygienist
higrometr *m* hygrometer
higroskop *m* hygroscope
higroskopijność *f singt* hygroscopicity
higroskopijn|y *adj* hygroscopic; **wata** ~**a** hygroscopic cotton
hikory *plt sport* hickory skis

Hindus *m*, **Hinduska** *f* (a) Hindu, (a) Hindoo
hinduski *adj* Hindu, Hindoo
hiobow|y *adj* distressing; ~**a wieść** Job's news
hiperbola *f* 1. *ret* hyperbole 2. *mat* hyperbola
hiperboliczny *adj ret mat* hyperbolic(al)
hipiczn|y *adj* horsemanship ⟨riding⟩ — (contest etc.); **wyścigi** ~**e** horse-race
hipika *f singt* horsemanship
hipis *m* hippy
hipnotyczny *adj* hypnotic
hipnotyzer *m* hypnotist, hypnotizer
hipnotyzm *m singt* hypnotism
hipnotyzować *vt imperf* 1. (*wprowadzać w stan hipnozy*) to hypnotize 2. *przen* (*oczarowywać*) to fascinate
hipnoza *f singt* hypnosis
hipochondria *f singt* hypochondria
hipochondryczny *adj* hypochondriac(al)
hipochondryk *m* (a) hypochondriac
hipokryta *m* hypocrite
hipokryzja *f singt* hypocrisy
hipopotam *m zool* hippopotamus; *pot* hippo
hipotecznie *adv* by mortgage
hipoteczn|y *adj* hypothecary ⟨mortgage⟩ — (debt etc.); **księga** ~**a** register of mortgages; record of land-ownership
hipotek|a *f* 1. (*instytucja*) land registry 2. (*kapitał zabezpieczony na nieruchomości*) mortgage 3. (*księga hipoteczna*) register of mortgages; **czysta** ~**a** unencumbered property; *przen* a clean record; **wejść komuś na** ~**ę** to enter a mortgage on sb's property in the land registry
hipotetyczny *adj* hypothetical
hipoteza *f* hypothesis
hippiczny *adj* = **hipiczny**
hippika *f* = **hipika**
hippis *m* hippy
histeria *f med* hysteria, hysterics
histeryczka *f* hysterical woman; (a) hysteric
histerycznie *adv* hysterically
histeryczn|y *adj* hysterical; **atak** ~**y** a fit of nerves; **dostać ataku** ~**ego**

histeryk   174   hołdować

to become hysterical; to go ⟨to fall⟩ into hysterics
histeryk *m* (a) hysteric
histeryzować *vi imperf* to be hysterical
histologia *f singt biol* histology
histopatologia *f singt med* histopathology
histori|a *f* 1. *(proces rozwoju, nauka)* history; ~a **sztuki** history of art 2. *(opowiadanie)* story; **opowiadać niestworzone** ~e to spin yarns 3. *(sprawa, zdarzenie)* affair; business; show; **dziwna** ~a! that's a queer show!; **ładna** ~a! a fine kettle of fish!; **to stara** ~a that's old stuff 4. *pl* ~e *(nadzwyczajności)* all sorts of things
historiografia *f singt* historiography
historiozofia *f singt* philosophy of history
historycznie *adv* historically
historyczność *f singt* historicity
historyczny *adj* historic (day, spot etc.); historical (evidence, truth, novel, materialism, school, year etc.); history-making (event etc.)
historyjka *f* story; yarn; anecdote
historyk *m* historian; ~ **sztuki** a) *(znawca)* historian of art b) *(student)* art student
Hiszpan *m* Spaniard
hiszpanka *f* 1. Hiszpanka Spanish woman 2. *(grypa)* influenza; flu 3. † *(bródka)* pointed beard
hiszpańsk|i *adj* Spanish; **po** ~u in Spanish
hitlerowiec *m* Hitlerite; (a) Nazi
hitlerowski *adj* Nazi
hitleryzm *m* Hitlerism; Nazism
hobbista *zob* **hobbysta**
hobby *n* hobby
hobbysta, hobbista *m* hobbyist
hochsztapler *m* impostor; fraud
hochsztaplerstwo *n singt* fraud; swindle; humbug
hocki-klocki *plt* pranks; antics
hodować *vt imperf* 1. *(chować zwierzęta itd.)* to raise; to breed; to rear 2. *(uprawiać kwiaty itd.)* to grow ⟨to cultivate⟩ (flowers etc.)
hodowca *m* 1. *(hodujący zwierzęta itd.)*

breeder; ~ **bydła** stock farmer 2. *(uprawiający rośliny)* grower; cultivator; ~ **róż** rose-grower
hodowla *f* 1. *(zajęcie)* animal husbandry; culture (of microorganisms etc.); raising ⟨breeding, rearing⟩ (of animals); ~ **bydła** *(zajęcie)* cattle-breeding; *(zakład)* stock-farm; ~ **drobiu** chicken-farming; ~ **koni** horse-breeding; ~ **pszczół** bee-keeping; ~ **ryb** fish-culture 2. *(zakład)* farm
hodowlan|y *adj* of cultivation; of raising ⟨breeding, rearing, farming⟩ (animals); **gospodarstwo** ~e stock-raising farm
hojnie *adv* 1. *(szczodrze)* generously; lavishly; ~ **szafować pieniędzmi** to be free with one's money 2. *(obficie)* amply; largely
hojność *f singt* generosity; lavishness; liberality
hojny *adj* 1. *(szczodry)* generous; lavish; liberal 2. *(obfity)* ample; abundant
hokeista *m sport* hockey player
hokej *m sport* hockey; ~ **na lodzie** ⟨**na trawie**⟩ ice ⟨field⟩ hockey
hokejowy *adj* hockey — (match, stick etc.)
hokus-pokus *m indecl* 1. *(zaklęcie)* hocus-pocus 2. *(sztuczki)* hanky-panky
hol[1] *m* 1. *(lina)* tow-line 2. *(ciągnięcie sieci)* haul
hol[2] *m (przedpokój)* hall; *(poczekalnia)* lobby; *(w hotelu)* lounge
holender *m* 1. **Holender** Dutchman 2. *techn* hollander
holenderka *f* 1. **Holenderka** Dutchwoman 2. *(krowa)* Holstein-Friesian cow
holenderski *adj* Dutch; **język** ~ Dutch
holendrować *vi imperf sport* to make rocking-turns (on skates)
holocen *m geol* Holocene
holować *vt imperf* to tow; to haul; *(ciągnąć holownikiem)* to tug
holowanie *n singt* ↑ **holować**; towage; haulage
holowniczy *adj* tow- ⟨towing —⟩ (line -etc.)
holownik *m* tug; tugboat
hołd *m* homage; **składać** ~ to pay homage
hołdować *vi imperf* 1. *(być zwolenni-*

kiem) to advocate (*czemuś* sth); to be in favour (*czemuś* of sth) 2. (*być wyznawcą*) to profess (**pewnym zasadom** *itd.* certain principles etc.)
hołdownictwo *n singt hist* allegiance; vassalage
hołdowniczy *adj* vassal's; tributary
hołota *f singt pog* rabble; ragtag and bobtail
hołubić *vt imperf* to snuggle; to fondle; to cuddle
homar *m zool* lobster
homeopata *m* homeopath(ist)
homeopatia *f singt med* homeopathy
homeopatyczny *adj* homeopathic; *przen żart* minute
homerycki *adj* Homeric (age, epic etc.)
homeryczny *adj* Homeric (laughter etc.)
homogeniczny *adj biol chem fiz* homogenous, homogeneous
homogenizacja *f* homogenization
homogenizator *m* homogenizer
homogenizować *vt imperf* to homogenize
homonim *m jęz* homonym
homoseksualista *m* (a) homosexual
homoseksualizm *m singt* homosexualism
homoseksualny *adj* homosexual
honor *m* 1. *singt* (*cześć*) honour; **punkt ~u** point of honour; **unieść się ~em** to take offence; **słowo ~u daję** (upon) my word; **z ~em** with credit; *żart* **coś trzyma się na słowo ~u** it's a case of touch and go 2. **książk** (*zaszczyt*) honour 3. *pl* **~y** (*dostojeństwa, wyróżnienia itd.*) honours; distinctions; **czynić ~y domu** to do the honours of one's house; **przyjąć kogoś z ~ami** to receive sb with full honours 4. *karc* honour
honorarium *n* fee
honorować *vt imperf* 1. (*okazywać cześć*) to honour 2. (*uznawać za prawomocne*) to acknowledge ⟨to accept⟩ (as valid); **~ weksel** ⟨**zobowiązania**⟩ to honour ⟨to meet⟩ a bill ⟨one's engagements⟩
honorowanie *n* ↑ **honorować**; (*uznanie za prawomocne*) acknowledgment
honorowo *adv* 1. (*jak honor nakazuje*) honourably 2. (*zaszczytnie*) with honour 3. (*bezpłatnie*) gratuitously

honorow|y *adj* 1. (*o człowieku*) gentlemanly; honourable; respectable; **człowiek ~y** man of honour; gentleman 2. (*o czynie, postępowaniu*) honourable; (*o pobudkach, motywach*) respectable; **dług** ⟨**kodeks, sąd**⟩ **~y** debt ⟨code, court⟩ of honour 3. (*zaszczytny*) of honour; **kompania ~a** guard of honour; **miejsce ~e** seat of honour; *sport* **runda ~a** victory lap 4. (*tytularny, nominalny*) honorary (degree, membership etc.) 5. (*bezpłatny*) honorary; gratuitous
hop *interj* jump; *przysł* **nie mów ~, dopóki nie przeskoczysz** don't count your chickens before they are hatched
horda *f* horde
hormon *m biol* hormone
hormonalny *adj* hormonal
horoskop *m* 1. (*tablica położenia gwiazd*) horoscope; **stawiać ~y** to foretell; to tell fortunes; **stawiać komuś ~** to cast sb's horoscope 2. *pl* **~y** (*przewidywania*) prospect(s)
horrendalny *adj* horrible; (*o cenach itd.*) exorbitant
hortensja *f bot* hydrangea
horyzon|t *m* 1. (*widnokrąg*) horizon; **ukazać się na ~cie** to come into sight; **zniknąć z ~tu** to vanish 2. *przen* (*zakres zainteresowań itd.*) (a person's) horizon 3. *pl* **~y** *przen* (*perspektywy*) prospects; vistas
horyzontalny *adj* horizontal
hospitacja *f* mutual attending of lessons by pupil-teachers
hospitant *m* pupil-teacher
hossa *f ekon* rise (of prices); boom
hostia *f rel* host
hotel *m* hotel; **~ robotniczy** lodging-house for the work-people of an institution
hotelarski *adj* (school etc.) of hotel management; **przemysł ~** hotel trade
hotelarstwo *n singt* 1. (*przemysł hotelarski*) hotel trade 2. (*prowadzenie hotelu*) hotel management
hotelarz *m* hotel-keeper
hotelowy *adj* hotel — (room etc.)
hoży *adj* comely; (*o dziewczynie*) buxom; (*o cerze*) fresh

hrabia *m* count; earl
hrabianka *f* count's daughter
hrabina *f* countess
hrabiowski *adj* count's; **tytuł ~** title of count
hrabstwo *n* county
huba *f bot* polypore, bracket fungus
huczeć *vi imperf* — **huknąć** *vi perf* 1. *(rozbrzmiewać)* to ring; to resound; *(o wichurze itd.)* to storm; *(o strzale armatnim itd.)* to boom; *(o morzu itd.)* to roar; *(o syrenie)* to hoot; **huczy mi w głowie** my head is in a whirl; **huczy mi w uszach** my ears ring 2. *(krzyczeć)* to bellow; to bawl
hucznie *adv* sumptuously; with pomp; in style
huczn|y *adj* 1. *(okazały)* sumptuous 2. *(hałaśliwy)* noisy; **~a zabawa** revelry
hufiec *m wojsk* detachment; troops; **~ harcerski** scout troop
hugenot, hugonot *m hist* Huguenot
huk *m* 1. *(łoskot)* rumble; crash 2. *(odgłos wybuchu)* explosion 3. *(odgłos wystrzału)* report 4. *(grzmot piorunu itd.)* clap; peal 5. *singt (poruszenie)* stir; commotion 6. *(mnóstwo)* profusion; great plenty; lots
hukać *vi imperf (o ptakach)* to hoot; *(o sowie)* to tu-whit
huknąć *vi perf* 1. *zob* **huczeć** 2. *pot (palnąć)* to knock; to thump; to whack 3. *(krzyknąć)* to give (sb) a rating
hula|ć *vi imperf* 1. *(spędzać czas na hulankach)* to revel 2. *(dokazywać)* to gambol; **~j dusza!** enjoy yourself to the full!
hulajnoga *f* scooter
hulaka *m* reveller; rioter
hulanie *n* ↑ **hulać**; revel(s); revelry
hulanka *f* revel; carouse; junket
hulaszcz|y *adj* rakish; roistering; **~e życie** life of revelry
hultaj *m* rascal; good-for-nothing
hultajski *adj* rascally; roguish
humanista *m* humanist
humanistyczn|y *adj* humanistic; **nauki ~e** the Arts; **wykształcenie ~e** classical education; **liceum ~e** Grammar School

humanistyka *f singt* the humanities
humanitarność *f singt* humaneness
humanitarny *adj* humane; humanitarian
humanitaryzm *m singt* humanitarianism
humanizm *m singt* humanism
humanizować *vt imperf* to humanize
humo|r *m* 1. *singt (cecha charakteru)* humour; **poczucie ~ru** sense of humour 2. *(nastrój)* mood; temper; **zły ~r** ill-humour; bad temper; **być w złym ~rze** to be out of humour ⟨out of sorts⟩; **być w dobrym ~rze** to be in a good mood ⟨in good temper⟩ 3. *pl* **~ry** *(kaprysy)* whims; vagaries
humoreska *f* 1. *lit* humorous sketch ⟨story⟩ 2. *muz* humoresque
humorysta *m* humorist
humorystycznie *adv* comically; facetiously; **brać coś ~** to treat sth as a joke
humorystyczny *adj* humoristic; funny; *(o czasopiśmie itd.)* comic
humorystyka *f* humoristic literature
hungarystyka *f singt* Hungarian studies
huragan *m* 1. *(gwałtowny wiatr)* hurricane 2. *przen* storm; **~ oklasków** storm of applause; **~ śmiechu** roar of laughter
huraganow|y *adj* 1. *meteor* hurricane — (force etc.) 2. *przen (gwałtowny)* stormy; **~e oklaski** storm of applause; *wojsk* **ogień ~y** drumfire; barrage
hurmem *adv* in a crowd; in a mass; **pójść ~** to crowd (somewhere)
hur|t *m* wholesale trade; **w ~cie** wholesale; **kupować** ⟨**sprzedawać**⟩ **~tem** to buy ⟨to sell⟩ wholesale
hurtownia *f* wholesale firm ⟨establishment⟩
hurtownik *m* wholesale dealer; wholesaler
hurtow|y *adj* wholesale — (dealer, trade etc.); **cena ~a** wholesale ⟨quantity⟩ price
hurysa, huryska *f* houri
husaria *f hist wojsk* the hussars
husarz *m hist wojsk* hussar
husycki *adj* Hussite (movement, heresy etc.)
husyta *m hist* Hussite
huśtać *imperf* **I** *vt* to swing; to rock

huśtawka   177   idiotyczny

(a cradle etc.) **II** *vr* ~ **się** to swing (*vi*); to balance (*vi*)
huśtawka *f* swing; seesaw; **przen** ~ **cen fluctuations of prices**
huta *f* smelting works; ironworks; steelworks; ~ **szkła** glass works
hutnictwo *n* metallurgy
hutniczy *adj* metallurgic; **piec** ~ blast--furnace
hutnik *m* metallurgist; ironmaster
huzar *m hist wojsk* hussar
hybryd *m*, **hybryda** *f biol jęz* hybrid
hybrydyzacja *f singt* hybridization
hycel *m* dog-catcher; flayer
hydra *f mitol i przen* hydra
hydrant *m* 1. (*zawór rury*) hydrant 2. (*wąż gumowy*) water-hose; fire-hose
hydrauliczny *adj* hydraulic
hydraulik *m* plumber
hydraulika *f singt* hydraulics
hydrodynamika *f singt* hydrodynamics
hydroelektrownia *f* hydroelectric plant
hydroenergetyka *f singt* water-power engineering
hydrofor *m* (private) water-supply system
hydrografia *f geogr* hydrography
hydroliza *f chem techn* hydrolysis
hydromechanika *f singt* hydromechanics
hydropatia *f singt med* hydropathy
hydroplan *m* seaplane, hydroplane
hydrostatyka *f singt fiz* hydrostatics
hydrotechnika *f singt* hydraulic engineering
hydroterapia *f singt* hydrotherapy
hymn *m* hymn; ~ **narodowy** national anthem; **przen** ~**y pochwalne** chorus of praise

i

i *conj* 1. (*łączący*) and 2. (*także, też*) also; too 3. (*zarówno*) both; both ... and; **i w zimie, i w lecie** both in winter and in summer 4. (*nawet*) even; **i to nie pomogło** even that didn't help || **i już, i tyle** and that's final; **i owszem** why yes; by all means; **i tak** in any case; anyway
ibis *m orn* ibis
ich *pron od* **on, ona, ono**
ichtiol *m singt farm* ichthyol
ichtiolog *m* ichthyologist
ichtiologia *f singt* ichthyology
ichtiolowy *adj* ichthyol — (ointment, soap etc.)
ichtiozaur *m paleont* ichthyosaurus
idea *f* idea; notion
idealista *m*, **idealistka** *f* idealist
idealistyczny *adj* idealistic
idealizm *m* idealism
idealizować *vt imperf* to idealize; to sublime
idealnie *adv* 1. (*nierealnie*) ideally 2. (*doskonale*) perfectly
idealny *adj* 1. (*nierealny*) ideal 2. (*doskonały*) perfect
ideał *m* 1. (*doskonałość*) ideal 2. (*wzór doskonałości*) perfection; ~ **męża** the ideal husband 3. *żart* (*osoba uwielbiana*) dream boy ⟨girl⟩
identyczność *f singt* identity; sameness
identyczny *adj* identical
identyfikacja *f singt* identification
identyfikować *imperf* **I** *vt* to identify **II** *vr* ~ **się** to identify oneself (**z czymś** with sth)
ideolog *m* ideologist
ideologia *f* ideology
ideologiczny *adj* ideological
ideowiec *m* devoted adherent of an ideology
ideowy *adj* 1. (*dotyczący idei*) ideological 2. (*oddany idei*) disinterested; whole--hearted
idiom *m jęz* idiom
idiomatyczn|y *adj jęz* idiomatic; **wyrażenie** ~**e** idiom
idiomatyzm *m* = **idiom**
idiota *m*, **idiotka** *f* 1. (*upośledzony umysłowo*) idiot; imbecile 2. *pot* idiot; fool
idiotyczny *adj* idiotic; stupid

idiotyzm *m* stupidity; nonsense
idylla *f* idyll
idylliczny *adj* idyllic
igelit *m* singt igelite
igielnik *m* needle-case
iglast|y *adj bot* coniferous; **drzewa ~e** the conifers
iglica *f* 1. *arch* spire 2. *(skała)* jag; aiguille 3. *techn* needle; pin 4. *(część broni palnej)* needle; firing-pin
igliwie *n singt* litter of conifer needles
igł|a *f* 1. *(narzędzie do szycia)* (sewing-) needle; **nawleczona ~a** needle and thread; *przen* **prosto z ~y, jak z ~y** bran(d)-new; spick and span; **ubrany jak z ~y** dressed up to the nines; **szukać ~y w stogu siana** to look for a needle in a bottle of hay; *przysł* **robić z ~y widły** to make mountains out of mole-hills 2. *techn* (magnetic etc.) needle 3. *bot* needle (of fir, pine etc.)
ignorancja *f singt* ignorance
ignorant *m* (an) ignorant; ignoramus
ignorować *vt imperf* 1. *(lekceważyć)* to ignore (sb, sth); to disregard (sth) 2. *(celowo nie zauważać)* to cut (sb)
igrać *vi imperf* to dally; to sport; **~ z niebezpieczeństwem** to court danger; *przen* **~ z ogniem** to play with fire
igraszk|a *f* 1. *(zabawa)* toy; plaything; **robić sobie ~ę z kogoś, czegoś** to trifle with sb, sth 2. *(rzecz małej wagi)* trifle 3. *pl* **~i** *(figle)* gambols; pranks
igrek *n indecl m* 1. *(litera)* the letter y 2. *mat* the unknown quality y 3. *pot (określenie kogoś)* So-and-so
igrzyska *pl* (Olympic etc.) games
ikona *f rel* icon
ikonografia *f* iconography
ikra *f* 1. *(jaja rybie)* spawn 2. *pot (werwa)* spirit; *posp* pep
ikrzak *m icht* seeder; spawner
ikrzyć się *vr imperf* icht to spawn
iks *n indecl m* 1. *(litera)* the letter x; **nogi w ~** knock-knees 2. *mat* the unknown quantity x 3. *pot (określenie kogoś)* (zw **~ igrek**) So-and-So
ilasty *adj* loamy

ile *pron* 1. *(pytający z rzeczownikiem w sing)* how much (water, air, wood etc.); **~ czasu?** how long?; **~ to kosztuje?** how much is this? 2. *(pytający z rzeczownikiem w pl)* how many (people, trees etc.); **~ masz lat?** how old are you? 3. *(względny)* as much ... as; as many ... as; **weź ~ chcesz** take as much ⟨as many⟩ as you like || **o ~** a) *(jeżeli)* if; **o ~ nie** if not; unless b) *(pod warunkiem)* provided (that); **o ~ wiem** as far as I know; **o tyle o ~** inasmuch as; in so far as
ilekroć *adv* whenever; every time
iloczas *m jęz* quantity (of a vowel, of a syllable)
iloczyn *m mat* product
iloraz *m mat* quotient
ilościowy *adj* quantitative; numerical; **stosunek ~** ratio
ilość *f* quantity; amount; number; *pot* a lot; lots; a great deal; **mała ~** small amount; **wielka ~** profusion
iluminacja *f* illumination; floodlight(ing)
iluminować *vt imperf* to illuminate; to light up
ilustracja *f* illustration
ilustracyjny *adj* 1. *(odnoszący się do ilustracji)* pictorial; **materiał ~** the illustrations 2. *(ilustrujący)* illustrative
ilustrator *m* illustrator
ilustrowa|ć *vt imperf* to illustrate
ilustrowany *adj* illustrated ⟨pictorial⟩ (magazine etc.)
iluzj|a *f* illusion; self-deception; **robić sobie ~e** to delude oneself
iluzjonista *m* illusionist; conjurer
iluzoryczny *adj* illusory; delusive; deceptive
ił *m geol* loam
im *adv w wyrażeniu:* **~ ... tym ...** the ... the ...; **~ mniej słów tym lepiej** least said soonest mended; **~ wcześniej** ⟨**więcej itd.**⟩ **tym lepiej** ⟨**gorzej itd.**⟩ the sooner ⟨the more etc.⟩ the better ⟨the worse etc.⟩
imadło *n techn* vice, vise; *(u tokarki, obrabiarki)* chuck
imaginacja *f* imagination
imaginacyjny *adj* imaginary

imak *m techn* jaws; gripper
imbecyl *m psych* imbecile
imbir *m bot* ginger
imbryk *m* (*do zaparzania herbaty*) teapot; (*do gotowania wody*) kettle; tea-kettle
imieniny *plt* 1. (*dzień*) name-day; **kiedy masz ~?** when is your name-day? 2. (*przyjęcie*) name-day party
imiennie *adv* by name; personally; individually
imiennik *m* namesake
imienny *adj* personal; individual; nominal
imiesłów *m gram* participle
imi|ę *n* 1. (*miano osobiste*) first ⟨Christian⟩ name; forename; **am** given name; **~ę i nazwisko** full name; **jak ci na ~ę?** what is your (Christian) name?; **oni mówią do siebie po ~eniu** they call each other by their first names; **podpisać się swoim ~eniem i nazwiskiem** to put one's full signature to a document; **wołać kogoś po ~eniu** to call sb by his ⟨her⟩ first name 2. (*nazwa, nazwisko*) name; **teatr ⟨szkoła itd.⟩ ~enia Słowackiego ⟨Mickiewicza itd.⟩** the Słowacki ⟨Mickiewicz etc.⟩ (memorial) theatre ⟨school etc.⟩; **czynić coś w czyimś ~eniu** to do sth in sb's name ⟨on sb's behalf, in behalf of sb⟩; **nazywać rzeczy po ~eniu** to be plain-spoken; to call a spade a spade; **w ~ę prawdy ⟨pokoju itd.⟩** for the sake of truth ⟨peace etc.⟩ 3. *jęz* noun (**pospolite, własne** common, proper)
imigracja *f* immigration
imigrant *m*, **imigrantka** *f* immigrant
imigrować *vi imperf* to immigrate
imitacja *f* 1. (*naśladownictwo*) imitation 2. (*przedmiot*) counterfeit; **~ skóry ⟨złota itd.⟩** imitation ⟨sham⟩ leather ⟨gold etc.⟩
imitator *m* imitator
imitować *vt imperf* to imitate; *teatr* to mimic
immatrykulacja *f singt* matriculation
immunitet *m* immunity; privilege; **~ dyplomatyczny** diplomatic immunity
immunizacja *f singt biol* immunization

immunologia *f singt* immunology
impas *m* 1. (*zastój*) impasse; deadlock; **w ~ie** at a deadlock 2. *karc* finesse; **zrobić ~ pod króla** to finesse the king
impasować *vi imperf karc* to finesse
imperator *m hist* emperor
imperatyw *m* imperative
imperialista *m* imperialist
imperialistyczny *adj* imperialist(ic)
imperializm *m singt* imperialism
imperium *n* empire
impertynencj'a *f* impertinence; pertness; **nagadać komuś ~i** to be impertinent ⟨pert, saucy⟩ to sb
impertynencki *adj* impertinent; pert; saucy; cheeky
impet *m singt* impetus; impulse; violence; **z ~em** violently
implantacja *f bot med* implantation
implikować *vt perf* 1. (*mieścić w sobie*) to imply 2. (*przypisywać*) to ascribe
impon|ować, *vi imperf* to create ⟨to make⟩ an impression (**komuś** on sb); to impress (**komuś sb**); **chcieć ~ować** to show off; **to mi ~uje** I am impressed by it; I find it impressive
imponujący *adj* impressive; commanding; grand
import *m ekon* 1. (*przywóz*) importation; **towary z ~u** imports 2. (*towar*) imported article
importer *m* importer
importować *vt imperf* to import
impotencja *f singt* impotence
impotent *m* (an) impotent
impregnacja *f techn* impregnation
impregnować *vi imperf techn* to impregnate
impresario *m* impressario
impresja *f* impression
impresjonista *m plast muz* impressionist
impresjonizm *m singt plast muz* impressionism
impreza *f* 1. (*widowisko teatralne itd.*) entertainment; spectacle; show; performance 2. *sport* (athletic) fixture; (field etc.) events
improwizacja *f* 1. (*improwizowanie*) improvisation; extemporizing 2. (*utwór*) improvization

improwizator *m* improviser; *(o mówcy itd.)* extemporizer
improwizować *vt imperf* 1. *(układać utwór na poczekaniu)* to improvise; to extemporize 2. *przen (urządzić coś na poczekaniu)* to arrange sth at a moment's notice
impuls *m* 1. *(bodziec)* impulse; stimulus 2. *fiz* impulse
impulsywność *f singt* impulsiveness; impetuosity
impulsywny *adj* impulsive; impetuous
imputować *vt imperf* to impute ⟨to ascribe⟩ (**coś komuś** sth to sb)
inaczej *adv* 1. *(odmiennie)* differently (**niż ktoś, coś** ⟨**od kogoś, czegoś**⟩ from sb, sth); unlike (**niż ktoś, coś** ⟨**od kogoś, czegoś**⟩ sb, sth); otherwise; **ja myślę** ~ I think otherwise; **jak można** ~ **postąpić?** what else can one do?; **tak czy** ~ a) *(w ten czy inny sposób)* this way or that; one way or another b) *(w każdym razie)* anyway; in any case 2. *(w przeciwnym razie)* otherwise; or else
inauguracja *f* inauguration
inaugurować *vt imperf perf* to inaugurate
incydent *m* incident
ind *m singt chem* indium
indagacja *f* questioning; questions
indagować *vt imperf* to ask (sb) questions; to interrogate
indeks *m* 1. *(spis)* index; **umieścić książkę na** ~**ie** to put a book on the Index 2. *uniw* student's book
Indianin *m*, **Indianka** *f* (Red) Indian
indiański *adj* Indian
indochiński *adj* Indo-Chinese
indoeuropejski *adj* Indo-European
Indonezyjczyk *m* (an) Indonesian
indonezyjski *adj* Indonesian
indor *m* turkey-cock
indos *m prawn ekon* endorsement
indosować *vt imperf prawn ekon* to endorse
indukcja *f log fiz* induction
indukcyjny *adj* inductive
industrializacja *f singt* industrialization
indyczka *f* turkey-hen
indyczyć się *vr imperf żart* to bristle up; to flare up
indyjski *adj* Indian; India — (tea etc.)
indyk *m* turkey, turkey-cock
indywidualista *m* individualist
indywidualizm *m singt* individualism
indywidualność *f* 1. *singt (swoistość)* individuality 2. *(osoba wybitna)* personality
indywidualny *adj* 1. *(właściwy jednostce)* individual 2. *(odrębny)* separate; peculiar 3. *(swoisty)* distinctive; particular; personal
indywiduum *n indecl* individual
indziej *adv w wyrażeniach*: **gdzie** ~ elsewhere; somewhere else; *am* some place else; **nigdzie** ~ nowhere else; **kiedy** ~ some other time
inercja *f* 1. *fiz* inertia 2. *przen (bierność)* inertness; inaction
infant *m* infante
infantka *f* infanta
infantylizm *m singt* infantilism
infantylny *adj* infantile; childish
infekcja *f* infection
infekcyjny *adj* infectious
infekować *vt imperf* to infect
infiltracja *f* infiltration
infiltrować *vt imperf* to infiltrate
inflacja *f ekon* inflation
inflacyjny *adj* inflationary
informacj|a *f* 1. *(także pl* ~**e**) *(powiadomienie, wiadomość)* information; news; **bliższe** ~**e** particulars; **dalsze** ~**e** further particulars; **mylna** ~**a** misinformation; **szczegółowe** ~**e** full particulars; detailed information; **udzielić komuś** ~**i** to inform sb; **zasięgnąć** ~**i o kimś, czymś** to inquire about sb, sth; **dla waszej** ~**i** for your guidance; **według moich** ~**i** as far as I know; to my knowledge 2. *(biuro informacji)* inquiry office; *(w napisie)* „**Informacja**" "Inquiries"; ~ **kolejowa** railway inquiry-office
informacyjn|y *adj* inquiry (office etc.); **agencja** ~**a** press agency
informator *m* 1. *(człowiek)* informant 2. *(publikacja)* directory; guide-book, book of reference
informować *imperf* **I** *vt* to inform; to

give information; **dokładnie kogoś ~ to post sb up II** *vr* **~ się** to inquire **(u kogoś o kogoś, coś** of sb about ⟨after, for⟩ sb, sth)
infuła *f kośc* mitre
ingerencja *f* interference
ingerować *vi imperf* to interfere ⟨to meddle⟩ **(w coś** in sth)
inhalacja *f med* inhalation
inhalator *m* inhaler
inicjał *m* (an) initial
inicjator initiator
inicjatyw|a *f* 1. (*impuls do działania*) initiative; enterprise; **zrobić coś z własnej ~y** to do sth on one's own initiative; *pot* **~a prywatna** private enterprise 2. (*propozycja*) suggestion; **wystąpić z ~ą** to suggest; **z czyjejś ~y** at sb's suggestion 3. (*przedsiębiorczość*) initiative; enterprise
inicjować *vt imperf* 1. (*projektować*) to devise 2. (*zapoczątkowywać*) to initiate
iniekcja *f med* injection
iniektor, inżektor *m techn* injector
inkarnacja *f książk* incarnation
inkasent *m* bank-messenger; collector (of gas-works etc.)
inkas|o *n singt handl* collection (of payments etc.); **rachunek do ~a** account for collection
inkasować *vt imperf* to collect (payments, bills); **~ czek** to cash a cheque
inklinacja *f* 1. (*skłonność*) inclination; disposition ⟨bent⟩ **(do czegoś** for sth) 2. (*sympatia*) liking **(do kogoś** for sb) || *fiz* **~ magnetyczna** magnetic dip
inkrustacja *f* incrustation; inlaid work
inkrustować *vt imperf* to incrust, to encrust; to inlay
inkryminowany *adj* incriminatory
inkubacja *f* incubation (of eggs, bacteria etc.)
inkubacyjny *adj* incubative; incubatory
inkubator *m* incubator
inkwizycja *f singt hist* the Inquisition; the Holy Office
inkwizytor *m hist* Inquisitor
inlet *m tekst* ticking
innowacja *f* innovation; novelty
innowator *m* innovator
innowierca *m hist* dissenter

inn|y I *pron* (*drugi, pozostały*) another (one); the other (one); *pl* **~i, ~e** (the) others **II** *adj* 1. (*nie ten*) another; (the) other; *pl* **~i, ~e** other 2. (*nowy*) another; a further — (person, case etc.) 3. (*pozostały*) the other — (person, thing etc.) 4. (*odmienny*) other **(od kogoś, czegoś** than sb, sth); different **(od kogoś, czegoś** from sb, sth); **być ~ego zdania** to be of a different opinion; **~ymi słowy** in other words; **~ym razem** some other time; **między ~ymi** among(st) other things; **w ~y sposób** otherwise; differently; **to co ~ego** that's a different thing 5. (*po zaimkach*: **ktoś, coś, nikt, nic**) else **III** *m* **~y** somebody else; (*w zdaniach pytających i przeczących*) anybody else; *pl* **~i, ~e** other people; others
inscenizacja *f teatr tv* staging; production; stage adaptation
inscenizacyjny *adj* producer's ⟨stage-manager's, stage adapter's⟩ — (talent etc.)
inscenizator *m teatr tv* stage-manager; producer; stage adapter
inscenizować *vt perf imperf* to produce; to stage
insekty *pl pot* insects; vermin
inseminacja *f singt biol* artificial insemination
inspekcj|a *f* inspection; **przeprowadzić ~ę** to review; to survey; *wojsk* to pass in review (troops etc.)
inspekt *m* (garden) frame; hotbed; **w ~ach** under glass
inspektor *m* inspector; *szk* supervisor
inspektorat *m* inspectorate
inspektow|y *adj* forced (vegetables etc.); **mata ~a** shading mat; **skrzynia ~a** garden frame; **uprawa ~a** glass culture
inspicjent *m teatr* stage manager
inspiracja *f singt* inspiration
inspirator *m* inspirer
inspirować *vt imperf* to inspire; to give inspiration **(kogoś** to sb)
instalacja *f* installation; plant; fittings; **~ gazowa** ⟨**wodna, kanalizacyjna**⟩ plumbery; piping; **~ wodociągowa** water supply

instalacyjn|y *adj* of the ⟨of a⟩ (gas, electric, water-supply) installation; **przewody ~e** piping; **urządzenia ~e** installation
instalator *m* fitter; (*elektryk*) electric fitter; (*gazu*) gasfitter; (*hydraulik*) plumber
instalować *imperf* **I** *vt* to install ⟨to lay on⟩ (electricity, gas etc.) **II** *vr* **~ się** to install ⟨to establish⟩ oneself; to settle in
instancj¹a *f* 1. (*w administracji itd.*) (administrative etc.) stage; **przejść przez wszystkie ~e** to pass through the usual channels; **przen najwyższa ~a** the last resort 2. **sąd pierwszej ~i** court of first instance
instrukcj'a *f* 1. (*polecenie*) order 2. (*pouczenie*) instructions; **udzielić komuś ~i** to instruct sb
instruktaż *m singt* teaching; training
instruktor *m* instructor; trainer
instruktorka *f* instructress; trainer
instrument *m* 1. (*narzędzie*) tool; implement 2. *muz* instrument
instrumentacja *f singt muz* instrumentation; orchestration
instrumentalista *m* instrumentalist
instrumentalny *adj* instrumental
instrumentariusz *m*, **instrumentariuszka** *f* operating-theatre attendant
instrumentować *vt imperf* to instrument (music); to orchestrate (a musical composition)
instruować *vt imperf* to instruct; to teach
instynkt *m* instinct
instynktownie *adv* instinctively; by instinct
instynktowny *adj* instinctive
instytucja *f* institution
instytut *m* institute
insulina *f singt farm* insulin
insurekcja † *f* insurrection; uprising
insynuacja *f* insinuation
insynuować *vt imperf* to insinuate
intarsja *f plast* inlay; inlaid work
integracja *f singt* integration
integralność *f singt* integrality
integralny *adj* integral; whole
integrować *vt imperf* to integrate

intelekt *m* intellect; mind; intelligence
intelektualista *m*, **intelektualistka** *f* (an) intellectual(ist); *pot* (a) highbrow
intelektualny *adj* intellectual
inteligencja *f* 1. (*zdolność rozumienia*) intelligence; intellect; understanding 2. (*warstwa społeczna*) the intellectuals; intelligentsia, intelligenzia
inteligent *m*, **inteligentka** *f* (an) intellectual; educated person
inteligentny *adj* intelligent; quick of understanding; clever; bright; sharp
intencj|a *f* 1. (*zamiar*) intention; **mieć dobre ~e** to mean well 2. (*cel*) purpose; view; **na czyją ~ę?** for whose benefit?
intendent *m* steward; *wojsk* commissary
intendentura *f* stewardship; *wojsk* commissariat
intensyfikacja *f singt* intensification
intensyfikować *vt imperf* to intensify
intensywność *f singt* intensity; intenseness
intensywn|y *adj* intensive; (*o uczuciach itd.*) intense; deep; (*o pracy*) strenuous; (*o świetle*) bright; *ekon* **~a gospodarka rolna** intensive agriculture
interes *m* 1. (*sprawa*) business; matter; .affair; *pl* **~y** business; affairs; matters; **to nie twój ~** it's none of your business 2. (*pożytek, czyjeś dobro*) interest(s); **w ~ie wszystkich** in everybody's interest; **mieć ~ w czymś** to be personally interested in sth 3. (*przedsięwzięcie*), business; transaction; deal; bargain; *pl* **~y** affairs; business; **~y idą dobrze** ⟨**źle**⟩ business is good ⟨slack⟩; **zrobić dobry** ⟨**kiepski**⟩ **~** to make a good ⟨a losing⟩ bargain; *przen* **złoty** ⟨**kokosowy**⟩ **~** a gold mine 4. *pot* (*przedsiębiorstwo*) (a) business; shop; *am* store; (a) commercial enterprise ⟨undertaking⟩; **mamy ruch w ~ie** we are having a hectic time; **nie mówmy o ~ach** don't let's talk shop || *pot* **taki** ⟨**ten**⟩ **~** (**do otwierania konserw itd.**) a ⟨that⟩ thingammy; a ⟨that⟩ gadget (for opening tins etc.)
interesant *m* 1. (*klient*) client 2. (*ktoś, kto przyszedł w interesie*) person who

has come on business; ~ **do pana** somebody to see you
interesować *imperf* **I** *vt* to interest **II** *vr* ~ **się** to be interested ⟨to take an interest⟩ (**kimś, czymś** in sb, sth)
interesowność *f singt* self-seeking; self-interest
interesowny *adj* self-seeking; self-interested
interesujący *adj* interesting; entertaining; **nadzwyczaj** ~ captivating; absorbing
interferencja *f fiz* interference
interferować *vt imperf fiz* to interfere
interlinia *f druk* (*odstęp*) space
interludium *n indecl muz* interlude
interna *f singt* 1. (*dział medycyny*) internal medicine 2. *pot* (*oddział szpitala*) department of internal diseases
internacjonalista *m* (an) internationalist
internacjonalistyczny *adj* internationalist
internacjonalizm *m singt* internationalism
internacjonalny *adj* international
internat *m* boarding-school
internista *m* internist
internować *vt imperf* to intern
internowany *m* internee; **obóz dla** ~**ch** internment camp
interpelacj|a *f* interpellation; *parl* question; **wnieść** ~**ę** to ask a question ⟨questions⟩
interpelować *vt imperf* to interpellate; *parl* to ask a question ⟨questions⟩
interpretacja *f* 1. (*tłumaczenie*) interpretation; **czyjaś** ~ **jakiegoś faktu** sb's version of an event 2. (*sposób wykonywania utworu*) rendition, rendering
interpretator *m,* **interpretatorka** *f* 1. (*komentator*) interpreter; commentator 2. (*odtwórca*) exponent; interpreter
interpretować *vt imperf* to interpret; **właściwie** ⟨**fałszywie**⟩ ~ **czyjeś słowa itd.** to put the proper ⟨a false⟩ construction on sb's words etc.
interpunkcja *f singt* punctuation
interwencja *f* intervention; interference
interwencyjny *adj* interventionist (troops etc.)
interweniować *vi imperf* 1. (*wtrącać się*) to intervene; to interfere 2. (*pośredniczyć*) to mediate 3. (*wstawiać się*) to intercede ⟨to plead⟩ (**u kogoś w czyjejś sprawie** with sb for sb)

interwent *m* intervener
intoksykacja *f med* intoxication
intonacja *f muz fonet* intonation
intonować *vt imperf* 1. *muz* to intone; ~ **piosenkę** to strike up a song 2. (*wymawiać akcentująco*) to intonate
intratność *f singt* remunerativeness
intratn|y *adj* profitable; remunerative; ~**a posada** lucrative post
introligator *m* bookbinder
introligatornia *f* bookbinder's workshop; bindery
introligatorstwo *n singt* bookbinding
intronizacja *f* enthronement
intronizować *vt imperf* to enthrone
introspekcja *f psych* introspection
intruz *m* intruder; **czuć się** ~**em** to feel de trop
intryg|a *f* 1. (*knowanie*) intrigue; *pl* ~**i** intrigues; scheming; **knuć** ~**i przeciwko komuś** to plot against sb 2. *lit* (*węzeł dramatyczny*) plot
intrygancki *adj* intriguing; scheming
intryganctwo *n singt* scheming
intrygant *m,* **intrygantka** *f* intriguer; schemer; mischief-maker, trouble-maker
intrygować *imperf* **I** *vi* (*robić intrygi*) to intrigue; to scheme; to plot **II** *vt* (*zaciekawiać*) to puzzle; to arouse interest (**kogoś** in sb)
intuicja *f* intuition
intuicyjny *adj* intuitive
intymność *f singt* intimacy
intymny *adj* intimate; secret
inwalida *m* cripple; ~ **wojenny** disabled soldier
inwalidzk|i *adj* cripplehood — (state etc.); **fotel** ~**i** wheel chair; **renta** ~**a** disability benefit
inwalidztwo *n singt* disability; cripplehood
inwazj|a *f* invasion; **dokonać** ~**i na kraj** to invade a country
inwektyw|a *f* invective; *pl* ~**y** abuse
inwencja *f* inventiveness; ingeniousness
inwentaryzacja *f* stock-taking; cataloguing
inwentaryzować *vt imperf* to list; to catalogue; to take stock (**coś** of sth)
inwentarz *m* inventory; stock; **sporzą-**

inwersja 184 **iść**

dzenie ~a stock-taking; żywy ~ livestock; martwy ~ dead stock
inwersja f inversion
inwestor m ekon investor
inwestować vt imperf to invest in capital expenditure
inwestycj|a f 1. (także pl ~e) (nakład) capital expenditure 2. (przedmiot, na który wydano pieniądze) investment
inwestycyjny adj of capital expenditure; investment — (policy etc.); **kredyt** ~ investment credit; **nakład** ~ investment
inwigilacja f surveillance
inwigilować vt imperf to watch; to keep under surveillance
inwokacja f invocation (**do muz itd.** of the muses etc.)
inwolucja f biol mat involution
inżektor zob iniektor
inżynier m engineer; ~ **chemik** ⟨**elektryk**⟩ chemical ⟨electrical⟩ engineer; ~ **górnik** engineer of mines; ~ **lądowy** civil engineer; ~ **mechanik** mechanical engineer; ~ **rolnictwa** agricultural engineer
inżynieria f singt engineering
iperyt m chem yperite; mustard gas
ipsylon m the letter y
Irańczyk m (an) Iranian
irański adj Iranian
ircha f chamois-leather; shammy
irchow|y adj chamois-leather — (jacket etc.); ~**e rękawiczki** kid gloves
Irlandczyk m Irishman
Irlandka f Irishwoman
irlandzki adj Irish
ironia f irony
ironiczny adj ironical
ironizować vt imperf to deride; to speak ironically
irracjonalizm m filoz irrationalism
irracjonalny adj irrational
iryd m singt chem iridium
irygacja f med roln irrigation
irygator m med irrigator
irygować vt imperf roln to irrigate
irys m 1. bot iris 2. (cukierek) toffee
irytacja f irritation; vexation; exasperation
irytować imperf I vt to irritate; to annoy; to vex; to exasperate II vr ~ **się** to be ⟨to become⟩ irritated ⟨annoyed, vexed⟩ (**na kogoś** at sb)
ischias m med sciatica
iskać vt imperf to cleanse of vermin
iskierka f dim ↑ iskra; ~ **nadziei** a flicker of hope
iskra f dosł i przen spark; sparkle; ~ **boża** the divine spark
iskrówka f radiogram, radio-telegram
iskrzyć się vr imperf to sparkle; to glitter; to glisten
islam m singt rel Islam
Islandczyk m, **Islandka** f Icelander
islandzki adj Icelandic
istnieć vi imperf 1. (egzystować) to exist; to be 2. (żyć) to live
istniejący adj 1. (będący na świecie) existing; in existence; (o dokumencie, okazie itp.) extant 2. (żyjący) living
istnienie n ↑ **istnieć**; existence
istny adj real; veritable; ~ **szał** stark madness; ~ **rozbój** downright robbery
isto|ta f 1. (żywy organizm) creature; being; ~**ta ludzka** human being 2. (dusza) soul 3. (to, co jest zasadnicze) essence; substance (and sum); ~**ta rzeczy** the essence ⟨the heart⟩ of the matter; **w** ~**cie** in reality; in fact
istotnie adv 1. (rzeczywiście) indeed; in reality; really; in (point of) fact 2. (zasadniczo) essentially 3. (bardzo znacznie) substantially; considerably
istotn|y adj 1. (zasadniczy) essential; fundamental; substantial 2. (rzeczywisty) actual; real; true; **między nimi jest** ~**a różnica** they differ in kind 3. (ważny) important
iść vi imperf 1. (stąpać, kroczyć) to go (**ulicą, drogą itd.** along the street, the road etc.); to walk; ~ **piechotą** to go on foot; ~ **prosto** ⟨**lewą, prawą stroną**⟩ to keep straight on ⟨to the left, to the right⟩ 2. (zbliżać się, nadchodzić) to come; to approach; **już idę** I'm coming 3. (podążać) to go; to make (one's way) (**do domu itd.** for home etc.); (o pociągu) **idący na zachód, na wschód** west-bound, east-bound; ~ **spać** to go to bed; (rozkazująco) **idź/cie!** go away!; **idź/cie** so-

bie! leave me alone! 4. *(funkcjonować)* to run; to work; *(o zegarze)* to be going 5. *(toczyć się)* to take place; to go on; ~ **dalej** to continue; to go on; **lata szły** the years ran ⟨went by⟩ 6. *(udawać się, cieszyć się pomyślnością)* to get along; to succeed; **jak ci idzie?** how are you getting along?; **idzie jak w zegarku** things are going like clockwork; **wszystko idzie gładko** ⟨**jak po maśle, jak z płatka**⟩ things are running smooth; **idzie mi** ⟨**nie idzie mi**⟩ **karta** I'm in luck ⟨out of luck⟩ 7. *(występować w jakiejś kolejności)* to come **(przed** ⟨**po**⟩ **czymś** before ⟨after⟩ sth) 8. *z przyimkami i wyrażeniami przyimkowymi*: ~ **do domu** to go home; ~ **do kogoś** ⟨**do przyjaciół, do lekarza itd.**⟩ to go and see sb ⟨some friends, a doctor etc.⟩; ~ **do łóżka** to go to bed; to turn in; **to wino idzie mi do głowy** this wine goes to my head; ~ **komuś na zdrowie** to do sb good; ~ **na obiad** to go and have lunch ⟨dinner⟩; ~ **na przełaj** to take a short cut; ~ **na ryby** ⟨**na grzyby itd.**⟩ to go fishing ⟨mushrooming etc.⟩; **idzie o pieniądze** ⟨**honor itd.**⟩ money ⟨honour etc.⟩ is at stake; **jeśli o to idzie** as far as that goes; as far as that; **nie wiem o co ci idzie** I don't see what you are after; ~ **po coś** ⟨**kogoś**⟩ to go and fetch sth ⟨sb⟩; ~ **po linii najmniejszego oporu** to follow the line of least resistance; ~ **przed siebie** to saunter along; ~ **w parze z czymś** to go together with sth; ~ **w prawo** ⟨**w lewo**⟩ to take ⟨to keep⟩ to the right ⟨to the left⟩; ~ **w świat** to leave home; ~ **w życie** to start life; **czy mogę** ~ **z tobą?** may I come along?; **idziesz z nami?** will you join us?; ~ **z wizytą do kogoś** to go and see sb; ~ **za kimś, czymś** ⟨**za czyimś przykładem**⟩ to follow sb, sth ⟨sb's example⟩; ~ **za czyjąś radą** to take sb's advice; **co za tym idzie** consequently; hence

iterb *m singt chem* ytterbium
itr *m singt chem* ytterium
iwa *f bot* sallow
izba *f* 1. *(pokój)* room; apartment 2. *(instytucja)* Chamber **(handlowa, lekarska itd.** of Commerce, of Physicians etc.); *parl* **Izba Gmin** ⟨**Lordów**⟩ the House of Commons ⟨of Lords⟩
izbica *f techn* ice-apron; ice-breaker
izdebka *f* cubby
izobar *m (zw pl) chem* isobar
izobara *f (zw pl) meteor* isobar
izolacja *f* 1. *(odosobnienie)* isolation; seclusion 2. *fiz techn (izolowanie)* insulation 3. *fiz techn (materiał)* insulator; insulating substance ⟨tape etc.⟩
izolacjonizm *m singt polit* isolationism
izolacyjn[1]**y** *adj.* 1. *(dążący do odosobnienia)* isolating 2. *fiz techn* insulating; *bud* **warstwa** ~**a** damp-course
izolatka *f* isolation ward
izolator *m* insulator
izolować *imperf* **I** *vt* 1. *(odosabniać)* to isolate; to seclude 2. *fiz el* to insulate; *techn* to waterproof **II** *vr* ~ **się** to seclude oneself
izoterma *f (zw pl) fiz chem meteor* isotherm
izotop *m (zw pl) chem fiz* isotope
Izraelczyk *m* (an) Israeli
izraelicki *adj* Israelitish
izraelita *m* Israelite
izraelski *adj* Israeli
iż *conj* that

i

ja I *pron* I; myself; **to** ~ it's me; **tacy ludzie jak** ~ people such as myself; people like me **II** *n indecl* self; **swoje** ~ one's self
jabłczanka *f* apple soup

jabłecznik *m* 1. *(wino)* cider 2. *(placek)* charlotte; apple pie
jabłeczny *adj* apple — (pie etc.)
jabłko *n* 1. *(owoc jabłoni)* apple; ~ **Adama** Adam's apple; *przen* **zbić ko-**

jabłkowity 186 **jak**

goś na kwaśne ~ to beat sb black and blue; *przysł* **niedaleko pada ~ od jabłoni** like father like son 2. (*godło władzy*) orb; globe
jabłkowity *adj* (*o koniu*) dapple-grey
jabłoń *f bot* apple-tree; **dzika** ~ crab (tree)
jabłuszko *n dim* ↑ **jabłko**; **rajskie** ~ apple-john
jacht *m* yacht
jachting *m* yachting
jachtklub *m* yacht-club
jad *m* poison; *dosł i przen* venom; ~ **kiełbasiany** botulin
jada|ć *vt imperf* to eat; to have (one's meals etc.); **dużo** ⟨**mało**⟩ ~**ć** to be a large ⟨small⟩ feeder; ~**łem** I used to eat; **co** ~**sz na śniadanie?** what do you (usually) have for breakfast?
jadalnia *f* dining-room
jadalny I *adj* 1. (*zdatny do jedzenia*) edible; eatable; **cooking** — (oil) 2. (*o stole*) dining ⟨dining-room⟩ — (table); **pokój** ~ dining-room **II** *m* dining-room
jadło *n* food; fare; eatables; food-stuff
jadłodajnia *f* eating-house; cook-shop
jadłospis *m* bill of fare; menu
jadowicie *adv dosł i przen* venomously
jadowitość *f singt dosł i przen* venomousness; virulence
jadowity *adj dosł i przen* poisonous; venomous
jaga *f* **baba** ~ witch
jagielloński *adj* Jagellonian
jaglany *adj* millet — (porridge etc.)
jaglica *f singt med* trachoma
jagły *pl* millet
jagnię *n* lamb
jagnięc|y *adj* lamb's; **skóra** ~**a** lamb-skin
jagod|a *f* berry; **czarna** ~**a** blueberry; **wilcza** ~**a** deadly nightshade, belladonna; **iść na** ~**y** to go berrying ⟨berry-picking⟩
jagodow|y *adj* 1. (*jagody, jagód*) of a berry, of berries; **zupa** ~**a** berry soup 2. (*rodzący jagody*) berry-bearing; bacciferous
jaguar *m zool* jaguar

jajczarsk|i *adj* egg-producing; egg-dealing; **ferma** ~**a** egg farm
jajecznica *f kulin* scrambled eggs
jajeczny *adj* egg — (powder etc.)
jajk|o *n* egg; *biol* ovum; ~**o na miękko** ⟨**na twardo**⟩ soft-boiled ⟨hard-boiled⟩ egg; ~**o sadzone** fried egg; **obchodzić się z kimś jak z** ~**iem** to handle sb with kid gloves; *przysł* ~**o mądrzejsze od kury** it's like teaching your grandmother to suck eggs
jajnik *m anat* ovary
jaj|o *n* egg; *biol* ovum; **wysiadywać** ~**a** to hatch (eggs); *przen* **kukułcze** ~**o** foundling
jajorodny *adj* oviparous
jajowaty *adj* egg-shaped; oval
jajowód *m anat* oviduct
jak¹ **I** *pron* 1. (*pytający*) how; ~ **ty to robisz?** how do you do that?; **no,** ~ **tam?** how's everything?; **jeszcze** ~! rather!; you bet! 2. (*w połączeniu z przymiotnikiem lub przysłówkiem*) how; ~ **bardzo** how; how very; *pot* how awfully 3. (*po czasownikach:* **widzieć, słyszeć** *itd. nie tłumaczy się*) **słyszałem** ~ **to mówił** I heard him say that; **patrzyłem** ~ **oni to robią** I watched them do that || **podobnie** ~ just as; **równie** ~ ... no less than ...; both ... and ...; **w miarę** ~ as; ~ ... **tak** as ... so **II** *conj* 1. (*wprowadzając porównanie, stwierdzenie itd.*) as; ~ **można się było spodziewać** as was to be expected; ~ **się to mówi** as the saying goes; ~ **widzisz** as you see; ~ **wyżej** as above; ~ **zwykle** as usual 2. (*przy wyliczeniach i przykładach*) such as 3. **w wyrażeniach:** ~ **i,** ~ **też,** ~ **również** likewise; also; and also; **zarówno młodzi** ~ **starzy** both young and old; young and old alike 4. (*w zdaniach czasowych*) when; as soon as; no sooner ... than; since; ~ **tylko się pokaże** when ⟨as soon as⟩ he ⟨it⟩ appears; he ⟨it⟩ no sooner appears than; **już kilka lat** ~ **umarł** it is several years since he died 5. (*w porównaniach*) like; as ... as; **czarny** ~ **noc** as black as night; ~ **ptak** like a bird 6. *w wyrażeniach:* ~ **na** for;

jak   187   **jakże**

ona jest wysoka ~ na swój wiek she is tall for her age; ~ dotąd a) (*w zdaniach twierdzących i pytających*) hitherto; till now b) (*w zdaniach przeczących*) (not) yet **III** *part* as (*+stopień równy*) ... as possible; the (*+ stopień najwyższy*) ... possible; ~ najszybciej as quickly as possible; ~ najlepszy the best possible || ~ gdyby as if; as though; so to say

jak² *m zool* yak

jakby *conj* 1. (*warunek*) if; ~ś miał czas if you have the time 2. (*porównanie*) like; as if

jaki *pron* 1. (*w pytaniach*) a) (*w odniesieniu do wymienionego rzeczownika*) which one?; *pl* **jacy, ~e?** which ones? b) (*w połączeniu z rzeczownikiem*) what ...?; ~ będzie z tego pożytek? what use will it be?; ~ego koloru jest ...? what colour is ...? c) (*jakiego rodzaju*) what sort ⟨kind⟩ of ...?; jacy to ludzie? what sort of people are they?; ~ on jest? what is he like? 2. (*w zdaniach względnych*) a) (*w odniesieniu do rzeczownika już wymienionego*) which, that (*oba zaimki mogą być pominięte*); listy ~e pisywał the letters which ⟨that⟩ he wrote; the letters he wrote b) (*w połączeniu z rzeczownikiem*) what; nie wiem jaką muzykę lubisz I don't know what music you like 3. (*w zdaniach wykrzyknikowych*) a) (*w połączeniu z rzeczownikiem*) what; what a; ~ geniusz! what genius! b) (*w połączeniu z przymiotnikiem*) how; ~e to zabawne! how amusing!; ~ś ty dobry! how kind you are! 4. *w wyrażeniach, zwrotach*: byle ~, lada ~, ~ bądź a) (*lichy*) paltry; shabby b) (*obojętnie który*) no matter which; any; (*po wymienionym rzeczowniku*) any one; (*przeciętny*) ~ch mało rare; exceptionally good; (*przeciętny*) ~ taki tolerable; so-so 5. *w sentencjach*: ~ ... taki ... like ... like ...; *przysł* ~ **pan, taki kram** like master like man 6. (*około, prawie, blisko*) ... or so; somewhere round; something like; za ~ rok a

year or so later; somewhere round ⟨something like⟩ a year later

jakikolwiek *pron* 1. (*w odniesieniu do rzeczownika już wymienionego*) whichever one ⟨*pl* ones⟩ you like; no matter which 2. (*w połączeniu z rzeczownikiem*) any; any ... you like; whichever

jak|iś *pron* a; some; unknown; strange; (*pewien*) a certain; ~aś pani przyszła an unknown ⟨a strange⟩ lady has come; ~iś czas (for) some time

jakkolwiek *pron* 1. (*jakoś*) somehow 2. (*byle jak*) anyhow; no matter how; as you like 3. (*chociaż*) though; however

jako *pron* 1. (*będąc*) as; przyjechałem tu ~ chłopiec I came here as a boy 2. (*w charakterze*) as; in one's capacity as; for; ~ dziekan musiał mnie ukarać in his capacity as dean he was compelled to punish me; mówię ~ przyjaciel I am speaking as a friend || ~ też also; likewise; ~ taki as such; ~ tako a) (*znośnie*) so-so; tolerably well b) (*w niewielkim stopniu*) to a certain degree; to some extent; ~ to namely; ~ że as

jakobin *m hist* Jacobin

jakobinizm *m singt hist* Jacobinism

jakoby I *conj* that; opowiadali ~ ... it was rumoured that ... II *part* by all accounts; from what I hear ⟨I gather⟩

jakoś *pron* 1. (*w jakiś sposób*) somehow; one way or another; ~ to będzie things will turn out well, I'm sure 2. (*odcień niedokładności*) I should think; tak ~, ~ tak somehow

jakościowo *adv* qualitatively

jakościow|y *adj* qualitative; quality — (test, standard etc.); różnica ~a difference in quality

jakoś|ć *f singt* quality; standard; kind; towar wysokiej ~ci high-quality article

jakże *pron emf* = jak 1. (*pytający*) how on earth; ~ tak można? how on earth can this be? 2. (*w połączeniu z przymiotnikiem lub przysłów-*

jałmużna 188 **jasno**

kiem) how very || a ~ yes indeed; oh yes; of course
jałmużn|a *f* an alms; *zbior* alms; **rozdawać** ~ę to give alms; **żyć z** ~y to live on charity
jałowcowy *adj* juniper — (berry etc.)
jałowcówka *f* juniper-flavoured vodka
jałowić *vt imperf* to render sterile
jałowiec *m bot* juniper
jałowieć *vi imperf* to become sterile ⟨barren⟩
jałowość *f singt* sterility; barrenness
jałowy *adj* 1. *zool* barren 2. (*o glebie*) barren; sterile 3. *przen* (*o rozmowie itd.*) dry; insipid 4. (*o pokarmach*) fatless; meagre 5. *med* sterilized, aseptic 6. *techn* idle; ~ **bieg** idling; **na** ~m **biegu** running idle
jałówka *f* heifer
jama *f* 1. (*rozpadlina*) cave; cavern; den; **smocza** ~ dragon's den 2. (*nora*) burrow; lair; hole 3. *biol* cavity; ~ **brzuszna** ⟨**ustna**⟩ abdominal ⟨oral⟩ cavity; ~ **nosowa** nasal fossa
jamb *m prozod* iambus
jamnik *m zool* dachshund
jankes *m żart* Yankee
janowiec *m bot* genista; furze; broom
Japonka *f* Japanese (woman, girl)
Japończy|k *m* (a) Japanese; *pl* ~cy the Japanese
japoński *adj* Japanese; Nipponian
jar *m* canyon; ravine
jard *m* yard
jarmarczn'y *adj* 1. (*związany z jarmarkiem*) fair-time — (purchase etc.); **budka** ~a booth; market-stall 2. (*tandetny*) shoddy; tawdry
jarmark *m* fair
jarmuż *m ogr* curly kale
jarosz *m* vegetarian
jarowizacja *f singt roln* vernalization
jarsk|i *adj* vegetarian; **dieta** ~a vegetable ⟨vegetarian⟩ diet
jary *adj* 1. (*wiosenny*) spring — (wheat, rye etc.) 2. † (*czerstwy*) hale
jarząbek *m orn* hazel grouse ⟨hen⟩
jarzenie się *n* ↑ **jarzyć się**; glow; *fiz* luminescence
jarzeniowy *adj* fluorescent (light etc.)
jarzeniówka *f pot* fluorescent tube

jarzębiak *m* rowan vodka
jarzębina *f* 1. *bot* mountain-ash; rowan 2. (*owoc*) rowan-berry
jarzm|o *n* 1. (*zaprząg*) yoke; **w** ~ie yoked; *przen* in thrall 2. *przen* (*niewola*) thraldom 3. *techn* yoke
jarzyć się *vr imperf* to glow
jarzyn|a *f* vegetable; *pl* ~y (*artykuł handlu*) greengrocery
jarzyniarka *f*, **jarzyniarz** *m* greengrocer
jarzynowy *adj* vegetable — (course, soup etc.)
jasełka *plt* 1. (*widowisko*) Nativity play 2. (*szopka*) crèche; crib
jasiek *m* 1. (*poduszka*) little pillow 2. *ogr* bean; *zbior* beans
jaskier *m bot* buttercup
jaskinia *f* cave; *przen* ~ **gry** gambling den; ~ **zbójców** den haunt ⟨of robbers⟩
jaskiniowiec *m* cave-man; cave-dweller
jaskiniowy *adj* cave — (drawing, dweller)
jaskółczy *adj* swallow's — (nest etc.)
jaskółka *f* 1. *orn* swallow; *przen* **pierwsza** ~ harbinger; forerunner; *przysł* **jedna** ~ **nie czyni wiosny** one swallow does not make a summer 2. *teatr* the gallery 3. *sport* (*skok do wody*) swallow-dive
jaskra *f singt med* glaucoma
jaskrawo *adv* brightly; glaringly
jaskrawoczerwony *adj* of a vivid red (colour)
jaskrawość *f singt* 1. (*intensywność barw*) vividness; brightness; intenseness 2. (*intensywność światła*) glare; brilliancy 3. (*barwność stroju, stylu itd.*) gaudiness; garishness 4. (*skrajność*) extremeness (of views etc.)
jaskrawy *adj* 1. (*o kolorach*) vivid; bright; glaring 2. (*o świetle*) bright; brilliant; dazzling; glaring 3. (*o stroju, stylu*) gaudy; garish 4. (*skrajny*) extreme (views etc.); (*o sprzeczności, kontraście itd.*) flagrant
jasno *adv* 1. brightly; brilliantly; **zrobiło się** ~ it dawned 2. *przen* cheerfully; serenely 3. (*w jasnym odcieniu*) clearly; brightly 4. (*wyraźnie*) plainly; distinctly; obviously; ~ **jak na dłoni**

jasnoblond   189   **jazda**

as clear as can be; **postawić sprawę** ⟨**wyrażać się**⟩ ~ to make oneself clear 5. (*zrozumiale*) clearly; lucidly 6. (*nie zostawiając wątpliwości*) explicitly
jasnoblond *adj* fair; fair-haired; blond
jasnobłękitny *adj* = **jasnoniebieski**
jasnoczerwony *adj* light-red; pale-red
jasnoniebieski *adj* light-blue; pale-blue
jasnooki *adj* clear-eyed
jasność *f singt* 1. (*światło*) light; brilliance; glow 2. (*intensywność światła*) intensity of light; brightness; *fot* ~ **obiektywu** aperture ratio of a lens 3. (*cecha barwy*) brilliance; paleness (of a colour) 4. (*czystość dźwięku*) clarity; clearness 5. (*zrozumiałość*) clarity; lucidity 6. (*wyrazistość*) explicitness 7. (*także pl*) *fiz* luminosity
jasnowidz *m* clairvoyant; seer
jasnowidzący I *adj* clairvoyant **II** *m* clairvoyant; seer
jasnowłosy *adj* fair-haired
jasnozielony *adj* light-green; pale-green
jasnożółty *adj* light-yellow; pale-yellow
jasn|y *adj* 1. (*o świetle*) bright; vivid; brilliant 2. (*błyszczący*) bright; brilliant; shining 3. (*o pokoju itd.*) light; (*o dniu, niebie*) bright; sunny 4. *przen* (*pomyślny*) propitious; ~**e strony czegoś** the bright side of sth 5. (*o barwach*) light; pale; (*o piwie*) pale 6. (*o kolorze włosów*) fair; blond; (*o cerze*) fair 7. (*zrozumiały*) clear; **to jest zupełnie** ~ there's no mistaking it; ~**e jak słońce** as plain as a pikestaff; crystal clear; **rzecz** ~**a** of course 8. (*wyraźny*) plain; clear; obvious 9. (*o wypowiedzi itd.* — *nie budzący wątpliwości*) explicit
jaspis *m miner* jasper
jastrząb *m orn* goshawk
jastrzębi *adj* hawk's (eyes etc.)
jasyr *m singt hist* Tatar ⟨Turkish⟩ captivity
jaszcz *m wojsk* (*ammunition*) trailer; (*artillery*) caisson
jaszczur *m* 1. (*skóra*) shagreen 2. *zool* salamander
jaszczurczy *adj* 1. (*należący do jaszczurki*) lizard's 2. (*podobny do jaszczurki*) lizardlike 3. *przen* (*podły*) reptile; mean
jaszczurka *f zool* lizard
jaśmin *m* jasmin(e)
jaśnie *adv* ~ **wielmożny** the Honourable; ~ **oświecony** His Grace; ~ **pan** His Lordship; ~ **pani** Her Ladyship
jaśnieć *vi imperf* to shine; to radiate; to gleam
jaśniepański *adj* 1. (*magnacki*) lordly 2. (*butny*) cavalier
jatk|a *f* 1. (*kram*) butcher's stall 2. *pl* ~**i** *przen* massacre; shambles
jaw *m w zwrotach:* **wydobyć na** ~ to bring to light; **wyjść na** ~ to become evident; to appear; (*o tajemnicy*) to leak out; to transpire
jaw|a *f singt* consciousness; **sen na** ~**ie** waking dream; **śnić na** ~**ie** to day-dream
jawajski *adj* Javanese
Jawańczyk *m* (a) Javanese
jawić się *vr perf imperf książk* to appear; to show oneself
jawnie *adv* publicly; in public; openly
jawność *f singt* publicness ⟨publicity⟩ (of a scandal etc.)
jawny *adj* 1. (*nie ukrywany*) public; open 2. (*wyraźny*) manifest; evident; apparent; notorious 3. (*o złodziejstwie, kłamstwie itd.*) downright
jawor *m bot* sycamore
jaz *m* dam; mill-dam
jazd|a I *f* 1. (*przebywanie drogi*) drive (**dorożką, samochodem** in a cab, motor-car); ride (**autobusem, konno, na motorze, pociągiem, statkiem** on a bus, on horseback, on a motor cycle, on a train, in a boat); ~**a tramwajem** tram ride 2. (*czynność jechania*) driving; ~**a na łyżwach** skating; ~**a na nartach** skiing; ~**a pociągiem** riding ⟨travelling⟩ by ⟨on a⟩ train; ~**a autobusem** ⟨**statkiem itd.**⟩ riding ⟨travelling⟩ by bus ⟨by boat atc.⟩; ~**a samochodem** motoring; **konna** ~**a** horse-riding; *aut* **nauka** ~**y** driving lessons; **prawo** ~**y** driving license; **szkoła konnej** ~**y** riding-school 3. (*podróż*) journey (by train, by boat); **rozkład** ~**y** a) (*plan*) time-table b) (*publika-*

cja) railway guide 4. *hist wojsk* cavalry II **interj** *pot* ~**a**! 1. (*wynoś się*) off you go!; clear out! 2. (*chodźmy*) come along!; let's be off! 3. (*zaczynaj*) go ahead!
jazgot *m singt* 1. (*wrzawa*) clamour; yells 2. (*mieszanina dźwięków*) clatter; rattle
jazgotać *vi imperf* 1. (*mówić krzykliwie*) to clamour; to yell 2. (*wydawać hałaśliwe dźwięki*) to clatter; to rattle
jazgotliwy *adj* 1. (*krzykliwy*) clamorous 2. (*piskliwy*) shrill
jazz *m* jazz
jazzowy *adj* jazz — (music, band etc.)
jaźń *f* (the) ego; self
jąć się *vr perf książk* to take up (**czegoś** sth); ~ **pewnych środków** to resort to certain means; ~ **pióra** to take to writing
jądro *n* 1. (*ziarno owocu*) kernel 2. *przen* (*wnętrze czegoś*) core 3. *przen* (*istota rzeczy*) heart of a matter 4. *anat* testicle 5. *biol fiz* nucleus
jądrowy *adj biol fiz* nuclear (energy etc.)
jąkać się *vr imperf* to stutter; to stammer
jąkała *m* stutterer; stammerer
jąkanie się *n* ↑ **jąkać się**; stutter; stammer
jątrzyć *imperf* I *vt* 1. (*wstrzymywać gojenie*) to inflame (a wound) 2. (*drażnić*) to irritate (sb) 3. (*wywoływać wzburzenie*) to provoke; to instigate II *vr* ~ **się** 1. (*o ranie*) to fester; to rankle 2. (*o kimś*) to be exasperated ⟨vexed⟩ 3. (*o sprawie*) to rankle
jechać *vi imperf* 1. (*przenosić się z miejsca na miejsce*) to drive (**dorożką, samochodem** in a cab, a motor-car); to ride (**autobusem, konno, pociągiem, statkiem** on a bus, on horseback, on a train, in a boat); to go (**autobusem, pociągiem, statkiem** by bus, by train, by boat); ~ **na motocyklu** to motor--cycle; ~ **na nartach** to ski; ~ **rowerem** to cycle; ~ **samochodem** to motor; ~ **lewą** ⟨**prawą**⟩ **stroną** to keep to the left ⟨to the right⟩; ~ **prosto** to keep straight on 2. (*odby-*

wać podróż) to travel; to voyage; to sail; to be on a journey; *pot* ~ **na gapę** to steal a ride; *posp* ~ **do Rygi** to vomit; to cat 3. (*podążać*) to go (**dokądś** somewhere; **do jakiejś miejscowości** to a place; **na dworzec, na wieś** itd. to the station, to the country etc.; **nad morze** to the seaside; **w góry** to the mountains); ~ **do domu** to go home 4. (*wyjeżdżać*) to leave (**dokądś** for a place); **jadę do Warszawy** ⟨**za granicę** itd.⟩ I am leaving for Warsaw ⟨for abroad etc.⟩ 5. (*o środku lokomocji*) to run (**z szybkością** *x* at a speed of *x*); to go (**dokądś** to a place); (*o statku*) to sail; (*o pociągu, statku*) to be bound (**dokądś** for a place)
jed'en *m*, **jed|na** *f*, **jed|no** *n num* 1. (*liczba, cyfra*) one; *emf* a single; **ani** ~**en** ... not one ⟨not a single⟩ ...; ~**en po drugim** one after the other; in turn; ~**ni** ... **drudzy** ... some ... others ...; ~**ni i drudzy** both parties; ~**nym słowem** in one word; in short; ~**nym tchem** in one breath; **za** ~**nym zamachem** at one go; **z** ~**nej strony** ... **z drugiej** ... on the one hand ... on the other ... 2. (*sam*) alone; ~**en jedyny** a solitary 3. (*tworzący całość*) one; **jak** ~**en mąż** like one man 4. (*ten sam, wspólny*) the same; **w** ~**nym czasie** at the same time 5. (*pewien*) a; a certain; ~**en znajomy** a person of my acquaintance; **co to za** ~**en?** who is he?
jedenastka *f* 1. (*liczba*) number eleven 2. (*autobus, pokój itd.*) (bus, room etc.) N°. 11 3. *sport* team; eleven
jedenastoletni *adj* 1. (*o chłopcu*) (a boy) of eleven ⟨eleven years old⟩ 2. (*trwający 11 lat*) of eleven years' duration; eleven-year — (period etc.); eleven years' — (service etc.)
jedenast|y I *num* eleventh II *f* ~**a** *singt* (*godzina*) eleven (o'clock)
jedena|ście *num* eleven; **on ma** ~**ście lat** he is eleven; **było nas** ~**stu** there were eleven of us
jedenaścioro *num* eleven
jedlina *f* 1. (*jodła, świerk*) fir (tree)

2. (*drewno*) fir-wood 3. (*gałęzie*) fir and spruce branches
jedna *zob* **jeden**
jednać *imperf* **I** *vt* to win over; ~ **sobie kogoś** to conciliate sb's good will **II** *vr* ~ **się** to make matters up; to become reconciled
jednak *adv* however; yet; still; but
jednakowo *adv* similarly; identically; the same way; equally
jednakow|y *adj* similar; identical; the same; equal; *praed* alike; **w ~ej mierze** in equal degree; **oni są ~i** they are alike
jedn|o I *zob* **jeden II** *n* 1. (*jedna rzecz*) one thing; **~ego się boję** there's one thing I'm afraid of; **~o z dwojga** one of two things 2. (*wspólna całość*) one whole || **~o na drugim** one on top of the other; (*oderwać itd.*) **~o od drugiego** apart; **wszystko ~o** all the same; **to wychodzi na ~o** it comes to the same
jedno- *praef* one-; uni-; single-
jednoaktówka *f* one-act play
jednobarwny *adj* one-coloured; unicoloured
jednocylindrowy *adj techn* one-cylinder — (motor etc.)
jednoczenie *n* ↑ **jednoczyć**; union; unification; ~ **się** merger
jednoczesność *f singt* 1. (*równoczesność*) simultaneousness, simultaneity 2. (*współczesność*) contemporaneity
jednoczesny *adj* 1. (*równoczesny*) simultaneous 2. (*współczesny*) contemporaneous, contemporary
jednocześnie *adv* 1. (*w tej samej chwili*) simultaneously; at the same time 2. (*współcześnie*) contemporaneously 3. (*zarazem*) at the same time; also
jednoczyć *imperf* **I** *vt* to unite; to join **II** *vr* ~ **się** to unite (*vi*); to join (together); to merge
jednodaniowy *adj* one-course — (meal)
jednodniowy *adj* 1. (*żyjący, trwający jeden dzień*) of one day; one-day —; one day's — (work etc.) 2. *przen* (*krótkotrwały*) transient; ephemeral; fleeting
jednodniówka *f* 1. *ent* day-fly 2. (*publikacja*) leaflet; special number (of a newspaper, magazine)
jednoetapowy *adj* single-stage
jednofazowy *adj el fiz* single-phase — (current)
jednogarbny *adj zool* one-humped (camel)
jednogatunkowy *adj biol* congeneric
jednogłosowy *adj muz* monodic
jednogłośnie *adv* unanimously; with one voice; **komitet uchwalił wniosek ~** the committee were unanimous in carrying the motion
jednogłośny *adj* unanimous
jednogodzinny *adj* of one hour; one hour's — (journey); one-hour — (periods etc.)
jednoimienny *adj* 1. (*o ludziach*) having the same name (**z kimś** as sb) 2. *fiz mat* monomial
jednoizbowy *adj* 1. (*o mieszkaniu*) one--room — (apartment) 2. *parl* unicameral
jednojęzyczny *adj* monolingual
jednokierunkowy *adj* 1. (*odbywający się, działający w jednym kierunku*) one--way — (traffic etc.) 2. (*jednostronny — o zainteresowaniach itd.*) one--sided
jednokomorowy *adj* one-chamber; *bot* unilocular
jednokomórkowiec *m zool* protozoon
jednokomórkowy *adj* one-celled; *biol* unicellular
jednokonny *adj* 1. (*o pojazdach*) one--horse — (vehicle) 2. *techn* one-horse--power — (motor etc.)
jednokopytny *adj zool* solid-hoofed
jednokrotny *adj* single
jednokwiatowy *bot* uniflorous
jednolat'ek *m* 1. (*zwierzę, roślina*) one--year-old 2. *pl* **~ki** (*rówieśnicy*) persons of the same age
jednoletni *adj* 1. (*w wieku jednego roku*) one-year-old 2. (*trwający jeden rok*) of one year; one year's — (service etc.); one-year — (periods etc.)
jednolicie *adv* 1. (*jednorodnie*) uniformly; homogeneously 2. (*bez zróżnicowania*) equally
jednoliścienny *adj bot* monocotyledonous

jednolitość *f singt* 1. (*jednorodność*) uniformity; homogeneity 2. (*brak zróżnicowania*) equality; ~ **poglądów** unity of opinion
jednolity *adj* 1. (*jednorodny*) uniform; homogenous 2. (*bez zróżnicowania*) equal; (*o barwach*) solid 3. (*nie podzielony*) all of a piece
jednomasztowiec *m mar* single-masted boat
jednomian *m mat* monomial
jednomiesięczny *adj* 1. (*żyjący jeden miesiąc*) one-moth-old 2. (*trwający jeden miesiąc*) of one month; one month's — (work, wages etc.); one--month — (periods etc.)
jednomotorowy *adj* one-engine — (boat)
jednomyślnie *adv* unanimously; by common consent; with one accord ⟨assent⟩
jednomyślność *f singt* unanimity
jednomyśln|y *adj* unanimous; **oni są ~i** they are agreed ⟨of one mind⟩
jednooki *adj* one-eyed
jednookienny *adj* one-windowed
jednoosobowy *adj* 1. (*pełniony, wykonany przez jedną osobę*) one-man — (management etc.); individual; single 2. (*dla jednej osoby*) single (room etc.); **pojazd** ~ single-seater
jednopalcow¹y *adj* (*o rękawiczce*) with one finger; **rękawica ~a** mitten
jednopiętrowy *adj* one-floor — (building etc.); one-storeyed; *am* two-storeyed
jednopłatkowy *adj bot* unipetalous
jednopłatowiec *m lotn* monoplane
jednopłciowy *adj* 1. *biol* unisexual 2. *bot* phanerogamous
jednopokojowy *adj* one-room — (apartment etc.)
jednopolowy *adj roln* one-crop — (system)
jednopostaciowy *adj* isomorphic
jednoprocentowy *adj* one-per-cent — (increase etc.)
jednoramienny *adj* single-armed — (lever etc.)
jednorazowo *adv* (only) once
jednorazowy *adj* single; (*nie przerywany*) uninterrupted; continuous
jednoręki *adj* one-handed
jednoroczny *adj* 1. (*mający jeden rok*) one-year-old 2. (*trwający jeden rok*) of one year; one-year's — (service etc.); one-year — (periods etc.)
jednorodność *f singt* homogeneity; similarity
jednorodny *adj* homogeneous; similar
jednorodzinny *adj* one-family — (house etc.)
jednorożec *m* 1. (*legendarne zwierzę*) unicorn 2. *zool* narwhal 3. **Jednorożec** *astr* Monoceros, Unicorn
jednorzędowy *adj* arranged in one row; (*o marynarce, płaszczu*) single-breasted
jednorzędówka *f* single-breasted jacket
jednoskibowy *adj* one-furrow — (plough)
jednostajnie *adv* uniformly; monotonously
jednostajność *f singt* 1. (*niezmienność*) uniformity; ~ **ruchu** regularity ⟨steadiness⟩ of a motion 2. (*monotonia*) monotony; dullness
jednostajny *adj* 1. (*niezmienny*) uniform; (*o temperaturze itd.*) even 2. (*równy* — *o ruchu itd.*) regular; steady 3. (*monotonny*) monotonous; dull
jednostka *f* 1. (*osoba, osobnik*) individual 2. (*całość będąca cząstką zespołu*) unit 3. (*określona wielkość*) unit (of measure, weight etc.) 4. *mat* unit
jednostkowy *adj* 1. (*osoby, osobnika*) individual; singular 2. (*umownej wielkości*) unit — (cost, price etc.) 3. (*pojedynczy*) single; separate
jednostopniow|y *adj* single-stage; **wybory** ~**e** direct vote
jednostronnie *adv* one-sidedly; unilaterally
jednostronność *f singt* one-sidedness
jednostronny *adj* 1. (*dotyczący jednej strony*) one-sided; unilateral 2. (*ograniczony*) narrow
jednosylabowy *adj* monosyllabic
jednoszynowy *adj* monorail — (transporter etc.)
jedność *f singt* 1. (*odrębna całość*) unit; entity 2. (*spójność*) unity; union; *lit* ~ **czasu, miejsca i akcji** the dramatic unities of place, time, and action 3. (*zgoda*) concord; harmony; unity
jednośladowy *adj* one-track — (vehicle etc.)

jednotomowy *adj* one-volume — (edition etc.)
jednotonowy *adj* one-ton — (load etc.)
jednotorowy *adj* one-track — (railway etc.)
jednowartościowy *adj chem* univalent
jednozasadowy *adj chem* monobasic
jednozgłoskowy *adj* monosyllabic
jednoznacznie *adv* univocally; unequivocally
jednoznacznik *m* synonym
jednoznaczny *adj* 1. *(mający jedno znaczenie)* univocal 2. *(mający to samo znaczenie)* synonymous
jednożaglowy *adj* one-sail — (craft)
jednożeństwo *n singt* monogamy
jedwab *m* silk; **sztuczny** ~ rayon
jedwabisty *adj* silken; silky
jedwabnictwo *n singt* 1. *(przemysł)* the silk industries; the silk trade 2. *(hodowla)* sericulture
jedwabniczy *adj* silk — (trade etc.)
jedwabnik *m ent* silkworm; **hodowla** ~ów sericulture
jedwabny *adj* silk — (tie etc.); *przen* silky
jedynaczka *f* (an) only child ⟨daughter⟩
jedynak *m* (an) only child ⟨son⟩
jedynie *adv* only; merely; solely
jedynka *f* 1. *(cyfra)* the figure one 2. *(w grze w kości)* ace 3. *(pokój, tramwaj itd.)* (tram, room etc.) N° 1
jedynowładca *m* autocrat
jedynowładztwo *n singt* autocracy
jedyny *adj* 1. *(wyłączny)* the only (one); the sole; **jeden** ~ the one and only; ~ **sposób** the only way; ~ **w swoim rodzaju** unique 2. *(nie mający równego)* unique; matchless 3. *(najmilszy)* dearest
jedzeni|e *n* 1. *(czynność)* eating; *(posiłki)* meals; **pora** ~**a** mealtime; **do zażywania przed** ~**em** ⟨**po** ~**u**⟩ to be taken before ⟨after⟩ meals 2. *(żywność)* food; fare 3. *(utrzymanie)* keep; board
jegomość *m żart* gentleman
jejmość *f żart* woman; female
jeleni *adj* stag's; **rogi** ~**e** antlers
jeleń *m zool* stag; hart; deer

jelit|o *n* intestine (**grube** large, **cienkie** small); *pl* ~**a** intestines; bowels
jelonek *m* 1. *(młody jeleń)* young stag; fawn 2. *(chrząszcz)* stag-beetle
jełczeć *vi imperf* to become ⟨to grow⟩ rancid
jemioła *f bot* mistletoe
jemiołucha, jemiołuszka *f orn* waxwing
jeniec *m* prisoner of war
jeniecki *adj* prisoner-of-war ⟨P.O.W.⟩ — (camp etc.)
jerzyk *m orn* swift
jesienny *adj* autumnal; autumn — (weather etc.)
jesień *f* autumn; *am* fall
jesion *m bot* ash(-tree)
jesionka *f* overcoat
jesionowy *adj* ash — (wood, boards etc.); ash- (tree etc.)
jesiotr *m icht* sturgeon
jest *zob* **być**
jeszcze *adv* 1. *(wciąż, nadal)* still; yet; ~ **jest czas** there is still ⟨yet⟩ time 2. *(w zdaniach przeczących)* (not) ... yet 3. *(już)* already; ~ **w średniowieczu** already in the Middle Ages 4. *(w połączeniu ze stopniem wyższym)* still — (greater etc.) 5. *(dodatkowo)* more; another one ⟨two etc.⟩; ~ **dużo** much ⟨many⟩ more; ~ **pięć minut** another five minutes; ~ **raz** once more ⟨again⟩ 6. *(w połączeniu z zaimkiem)* else; ~ **ktoś, coś** somebody, something else; **co** ~? what else? 7. *ekspresywnie*: ~ **by tego brakowało** that would be' the limit; ~ **jak!** I should say so!; *pot* not half!
jeść *vt imperf* 1. *(spożywać)* to eat; to have (**mięso na obiad** itd. meat for dinner etc.); to take (**posiłki** one's meals); **czy jadłeś obiad?** have you had your dinner?; **dać** ⟨**dawać**⟩ ~ to feed; **chce mi się** ~ I am hungry
jeśli *conj* if; ~ ..., **to** ... if ... (then) ...; ~ **chcesz, to przyjdź** if you care (then) come along; ~ **nie** if not; unless; **a** ~ **nie zapłaci?** what if ⟨supposing⟩ he doesn't pay?
jeśliby *conj* if; should *(także z inwersją)*; ~ **coś powiedział** if he should

jezdnia 194 **językoznawstwo**

say something; should he say something
jezdni|a *f* street; **przechodzić przez ~ę** to cross the street; **zejść na ~ę** to step off the pavement
jezdny *adj* carriageable
jezioro *n* lake
jezuita *m* Jesuit; *przen* Jesuit; hypocrite
jeździ|ć *vi imperf* 1. (to be accustomed ⟨to be wont⟩) to drive ⟨to ride, to travel⟩ **(po kraju itd.** about the country etc.); **~ć pociągiem** ⟨**dorożką, autobusem**⟩ (to be accustomed ⟨to be wont⟩) to use ⟨to take⟩ the train ⟨a cab, the bus⟩; *pot* **~ć komuś po głowie** to bully sb 2. *(umieć posługiwać się)* to drive **(samochodem itd.** a motor-car etc.); to ride **(na rowerze itd.** a bicycle etc.); **czy ~sz na rowerze?** can you ride a bicycle?
jeździec *m* rider; horseman
jeździecki *adj* riding (boots etc.); *sport* **~** horsemanship
jeździectwo *n singt* horsemanship
jeż *m zool* hedgehog; **włosy na ~a** hair cut in a stubble
jeżatka *f* = **jeżozwierz**
jeżeli *conj* if
jeżowiec *m zool* sea-urchin; echinus
jeżozwierz *m zool* porcupine
jeżyć *imperf* **I** *vt* to bristle; to ruffle; *(o strachu itd.)* **~ komuś włosy** to make sb's hair stand on end **II** *vr* **~ się** to bristle up; *(o włosach pod wpływem strachu itd.)* to stand on end; *(o jeżu)* to set up its bristles
jeżyna *f* 1. *bot* blackberry-bush; bramble 2. *(jagoda)* blackberry
jęczący *adj* mournful; plaintive
jęczeć *vi imperf* 1. *(wydawać jęk)* to groan; to moan; to wail 2. *(skarżyć się)* to complain; to grumble 3. *przen* to groan (under oppression etc.)
jęczenie *n* ↑ **jęczeć**; groan(s); moan(s)
jęczmienn|y *adj* barley — (straw etc.); **kasza ~a** pearl barley
jęczmień *m* 1. *bot* barley 2. *med* sty(e)
jędrnieć *vi imperf* to become firm ⟨compact⟩
jędrność *f singt* 1. *(ścisłość, twardość)*

firmness; compactness 2. *przen (języka, stylu)* terseness; pithiness
jędrny *adj* 1. *(ścisły, twardy)* firm; compact 2. *przen* terse; pithy
jędza *f* 1. *(postać baśniowa)* witch 2. *przen (złośnica)* shrew
jędzowaty *adj* shrewish
jęk *m* groan; moan
jęknąć *vi perf* = **jęczeć** 1.; to utter a groan
jętka *f* 1. *bud* collar beam 2. *ent* ephemerid; May-fly
jęzor *m* tongue
języcz|ek *m* 1. *dim* ↑ **język**; tonguelet 2. *anat* uvula 3. *techn* tongue; *(u wagi)* pointer; index hand; *przen* **być ~kiem u wagi** to hold the balance
język *m* 1. *anat* tongue; *przen* **ciągnąć kogoś za ~** to pump sb; **on ma za długi ~** his tongue is too long for his teeth; **mieć coś na końcu ~a** to have sth on the tip of one's tongue; **pokazać komuś ~** to put out one's tongue to sb; **rozwiązać komuś ~** to loosen sb's tongue; **trzymać ~ za zębami** to keep one's tongue within teeth; **ugryźć się w ~** to bridle one's tongue; **zapomnieć ~a w gębie** to be taken aback; **u niego co w sercu, to i na ~u** he wears his heart on his sleeve; *przysł* **jest to cnota nad cnotami trzymać ~ za zębami** the greatest virtue is to hold one's tongue 2. *(mowa)* language; speech; **ojczysty ~** one's mother tongue; **obce ~i** foreign languages; **mówić łamanym ~iem** to speak broken English ⟨French etc.⟩ 3. *(mowa pewnego środowiska)* speech; (legal etc.) parlance; cant; **zasięgać ~a** to inquire; to find out; **znaleźć z kimś wspólny ~** to understand one another 4. *(przedmiot w kształcie języka)* tongue (of land); tongue ⟨flap⟩ (of a shoe)
językow|y *adj* 1. *anat fonet* lingual 2. *(dotyczący mowy)* linguistic; language — (difficulties etc.); **zdolności ~e** capacity for languages
językoznawca *m* linguist
językoznawczy *adj* linguistic
językoznawstwo *n singt* linguistics

jod *m singt chem* iodine
jodełk|a *f dim* ↑ **jodła**; **wzór w ~ę** herring-bone pattern
jodła *f bot* fir(-tree)
jodłowy *adj* fir — (wood, needles etc.)
jodoform *m singt chem farm* iodoform
jodowy *adj chem farm* iodic
jodyna *f singt chem farm* (tincture of) iodine
jodynować *vt imperf* to paint with iodine
jog *m* yogi
jogurt *m singt* yog(h)urt
jołop *m pog* blockhead
jon *m fiz* ion; **~ dodatni** cation; **~ ujemny** anion
jonizacja *f fiz* ionization
jonizować *vt imperf fiz* to ionize
jonosfera *f meteor* ionosphere
jonowy *adj fiz* ionic
joński *adj arch* Ionic (order etc.)
jot *n indecl* the letter j
jot|a *f w wyrażeniach*: **ani na ~ę** not a bit; **co do ~y** to the letter; **~a w ~ę** identical
jowialność *f singt* joviality; jocoseness; geniality
jowialny *adj* jovial; jocose; genial
jubel *m pot* 1. (*radość*) joy 2. (*zabawa*) merry-making
jubilat *m*, **jubilatka** *f* celebrator of a jubilee
jubiler *m* jeweller
jubilerski *adj* jeweller's — (art, shop etc.)
jubilerstwo *n singt* jeweller's craft ⟨work, trade⟩
jubileusz *m* jubilee
jubileuszowy *adj* jubilee — (celebrations etc.)
jucht *m* Russia leather
juczn|y *adj* pack-, pack — (animal); **zwierzę ~e** beast of burden
judaistyczny *adj* Judaic, Judaistic
judaizm *m singt* Judaism
judasz *m* 1. (*człowiek fałszywy*) deceiver; Judas 2. (*otwór w drzwiach*) peep-hole
judaszowski, **judaszowy** *adj* false; deceitful
judo *n* = **dżudo**

judzić *vt imperf* to incite; to instigate; **~ kogoś przeciw komuś** to set sb on sb
Jugosłowianin *m*, **Jugosłowianka** *f* (a) Jugoslav ⟨Yugoslav⟩
jugosłowiański *adj* Jugoslav, Yugoslav
juhas *m* young shepherd (in the Tatra mountains)
juki *pl* saddle-bags; panniers
junacki *adj* plucky; rash; reckless
junactwo *n singt* pluck; rashness; recklessness
junak *m* plucky fellow
junior *m* junior
Jura *f geol* Jura; Jurassic period
jurajski *adj* Jurassic
jurność *f singt* lewdness; lasciviousness; lust
jurny *adj* lewd; lascivious; lustful
juro|r *m* juror; juryman; *pl* **~rzy** the jury
jury *n indecl* jury
jurysdykcja *f prawn* jurisdiction
justować *vt imperf druk* to justify; to register
justunek *m druk* justification
juta *f* jute
jutr|o¹ *m* 1. (*dzień następujący po dzisiejszym*) to-morrow; **do ~a** a) (*do następnego dnia*) till to-morrow b) (*do widzenia*) see you to-morrow; so long; **od ~a** from to-morrow on; **od ~a za tydzień** to-morrow week 2. *przen* (*przyszłość*) the future
jutro² *adv* to-morrow; **dziś tu, a ~ tam** here one day, elsewhere the next; **~ rano** to-morrow morning; **przysł co masz ~ zrobić, zrób dziś** never put off till to-morrow what you can do to-day
jutrzejszy *adj* to-morrow's; **dzień ~** to-morrow
jutrzenka *f* 1. (*świt*) dawn; daybreak 2. **Jutrzenka** (*gwiazda poranna*) morning star
juwenalia *plt* traditional rejoicings of university students
już *adv* 1. (*gdy wyraża skończoność w czasie*) already; by ⟨before⟩ now 2. (*gdy wyraża wczesność*) as early as;

~ od godziny czekam I've been waiting a full hour; ~ wkrótce shortly; ~ w marcu as early as March; ~ wtedy by ⟨before⟩ then; ~ dawno long ago; ~ dawno go nie widziałem I haven't seen him for a long time 3. (*w pytaniach*) yet; czy ~ musisz iść? need you go yet? 4. (*w zdaniach przeczących*) ~ nie no more; no longer; ~ nigdy never again 5. (*jako równoważnik zdania*) ~? ready?; O.K.?; ~! a) (*gotowe*) O.K.! b) (*idę*) coming! || i ~ and there's an end; and that's all; ~ po wszystkim it's all over; ~ (to) ... ~ (to) ... either ...; or ...; ~, ~ (at) any moment

k

kabaczek *m* pumpkin
kabalarka *f* (woman) fortune-teller
kabalista *m* cab(b)alist
kabalistyka *f* cab(b)ala
kabał|a *f* 1. (*wróżenie*) fortune-telling; postawić komuś ~ę to tell sb's fortune by cards 2. (*trudne położenie*) predicament; scrape; wpakować się w ~ę to get into trouble
kabanos *m* thin dry-smoked pork sausage
kabaret *m* 1. (*teatrzyk*) cabaret 2. (*kawiarnia*) café chantant
kabel *m* cable
kabestan *m* windlass; capstan
kabina *f* cabin; ~ telefoniczna call box; *lotn* ~ pilota cockpit
kablogram *m* cable(gram)
kablować *vt imperf* to cable
kablow|y *adj* cable — (traction etc.); depesza ~a cable(gram)
kabłąk *m* hoop; bow; bail
kabłąkowaty *adj* bow-shaped; arched
kabotyn *m* poser; comedian
kabotynizm *m*, kabotyństwo *n singt* buffoonery
kabriolet *m* 1. *aut* cabriolet 2. (*powóz*) gig
kabura *f* holster
kabz|a *f* money-bag; purse; *pot* nabić ~ę to make one's pile
kac *m pot* hangover; mieć ~a to be chippy; to have a bad head
kacabaja *f pot* wadded vest
kacerz † *m rel* heretic
kacet *m pot* Nazi concentration camp
kacyk *m* 1. (*wódz*) cacique 2. *przen* (*u-*

rzędnik) despotic official; Jack-in-office
kaczan *m* 1. (*kolba kukurydzy*) (corn-)-cob 2. (*głąb kapusty*) cabbage stump
kaczeniec *m bot* marsh marigold; cowslip
kaczk|a *f* 1. *orn* duck; dzika ~a mallard; puszczać ~i na wodzie to play ducks and drakes 2. (*wiadomość*) hoax 3. (*naczynie na mocz*) (invalid's) urinal
kaczkowaty *adj* (*o chodzie*) waddling
kaczor *m orn* drake
kaczy *adj* duck's; duck — (pond); ~ chód waddle
kadencj|a *f* 1. (*czas urzędowania*) term of office; *sąd* term; w czasie czyjejś ~i during sb's tenure of office 2. *muz* cadence
kadet *m wojsk* cadet; szkoła ~ów military college ⟨*am* academy⟩
kadłub *m* 1. (*tułów*) trunk; ~ zwierzęcia carcass 2. (*trzon, podstawa*) framework; body; ~ samolotu fuselage; ~ statku ⟨okrętu⟩ hull
kadłubowy *adj* truncated; incomplete; *hist* ~ parlament the Rump
kadm *m singt chem* cadmium
kadr *m kino* picture; frame (in a film)
kadra *f* 1. (*zespół pracowników*) personnel; staff 2. *wojsk* cadre (of a skeleton unit); depot || *sport* ~ narodowa national team
kadrow|y I *adj* personnel ⟨staff⟩ — (reserves etc.); polityka ~a personnel policy II *m* ~y staff manager
kadzić *vi imperf* 1. (*palić kadzidło*) incense (bóstwu itd. a deity etc.)

2. *przen pot* (*pochlebiać*) to butter up (komuś sb)
kadzidło *n* incense; *przysł* pomoże mu to, jak umarłemu ~ it's of no earthly use
kadzielnica *f* censer; thurible
kadź *f* vat; tub
kafar *m* ram; rammer
kafel *m* tile
kaflarz *m* tiler
kaflowy *adj* tile — (stove etc.)
kaftan *m* 1. (*ubiór*) jacket; ~ bezpieczeństwa strait jacket 2. (*u ludów Wschodu*) caftan
kaftanik *m* jacket; ~ dziecinny vest; ~ niemowlęcia baby's robe
kaganek *m dim* ↑ **kaganiec** 2.
kaganiec *m* 1. (*dla psa*) muzzle; nakładać ~ psu to muzzle a dog 2. (*do oświetlenia*) cresset; *przen* ~ oświaty the torch of learning; nieść ~ oświaty to hand on the torch
kahał *m* Jewish community
kainit *m miner* kainite
kajać się *vr imperf* to confess contritely (za grzechy one's sins)
kajak *m* canoe
kajakarstwo *n singt* canoeing
kajakować *vi imperf* to canoe; to paddle a canoe
kajakowy *adj* canoe — (wharf etc.); canoeing (contest etc.)
kajdaniarz *m* convict
kajdanki *plt dim* ↑ **kajdany** 1.
kajdany *plt* 1. handcuffs; manacles; nałożyć komuś ~ to handcuff sb 2. *przen* fetters; bonds; zrzucić ~ to burst one's fetters
kajman *m zool* cayman, caiman
kajuta *f mar* cabin
kajzerka *f* fancy roll (of bread)
kakao *n* cocoa
kakaow|y *adj* cocoa — (butter etc.); drzewo ~e cocoa-tree
kakofonia *f* cacophony
kaktus *m bot* cactus
kala|ć *vt imperf* to soil; to stain; *przysł* zły to ptak, co własne gniazdo ~ it's an ill bird that fouls it's own nest
kalafior *m bot* cauliflower
kalafonia *f singt* rosin; colophony

kalambur *m* pun; quibble; robić ~y to quibble; to play on words
kalamburzysta *m* punster
kalander *m techn* calender; mangle
kalarepa *f bot* kohlrabi
kalcyt *m miner* calcite
kalectwo *n* cripplehood; lameness
kaleczyć *imperf* I *vt* 1. (*ranić*) to hurt; to wound; to injure 2. *przen* to murder (a language etc.) II *vr* ~ się to injure ⟨to wound, to hurt⟩ oneself
kalejdoskop *m* 1. *opt* kaleidoscope 2. (*mieszanina*) medley; miscellany
kaleka *m f* cripple; invalid
kaleki *adj* crippled; lame
kalendarz *m* 1. (*rachuba czasu*) calendar; ~ terminowy diary; agenda 2. (*publikacja*) almanach
kalendarzowy *adj* calendar — (month, year etc.); rok ~ calendar year
kalendarzyk *m dim* ↑ **kalendarz**
kalesony *plt* drawers; *handl* pants
kaletnik *m* purse maker
kalia *f bot* calla(-lily); arum lily
kalib|er *m* calibre; *przen* człowiek wielkiego ~ru man of great calibre
kalibrować *vt imperf techn* to calibrate
kalif *m hist* caliph
kalifornijski *adj* Californian
kaligrafia *f* calligraphy
kaligraficzny *adj* calligraphic
kaligrafować *vt imperf* to write calligraphically
kalina *f bot* viburnum; cranberry tree
kalk|a *f* 1. (*do odbijania*) carbon paper; kopia przez ~ę carbon copy 2. (*do rysunków technicznych*) tracing paper
kalkomania *f* decalcomania; transfer
kalkować *vt imperf* to trace (over); to calk
kalkulacja *f* calculation; reckoning; ~ cen costing; cost accounting
kalkulator *m* calculator; reckoner
kalkulować *imperf* I *vt* 1. (*obliczać*) to calculate; to reckon; to compute; to work out (a price etc.) 2. (*przemyśliwać*) to reckon II *vr* ~ się *pot* 1. (*przynosić zysk*) to show a profit; to pay (*vi*) 2. (*być wynikiem oblicza-*

nia) to work out (**na daną cenę** at a price)
kaloria *f fiz* calorie
kaloryczność *f singt fiz* caloricity
kaloryczny *adj* calorific
kaloryfer *m* radiator
kalorymetr *m fiz* calorimeter
kalorymetria *f singt fiz* calorimetry
kalosz *m* galosh, golosh; overshoe; *am* rubber; *pot* **to inna para** ~y that's quite another matter
kalumnia *f* calumny; slander
kalwaria *f dosł i przen* Calvary
kalwin, kalwinista *m rel* Calvinist
kalwinizm *m singt rel* Calvinism
kalwiński *adj* Calvinist
kał *m* excrement; f(a)eces; *med* stool
kałamarz *m* inkstand; ink-bottle; ink-pot
kałdun *m wulg* belly; paunch
kałuża *f* puddle; pool; plash
kamasz *m* 1. (*but z gumowymi wstawkami*) (an) elastic-sides 2. (*zw pl*) (*do kolan*) gaiters; (*do kostek*) spats
kamasznik *m* leather-stitcher
kamea *f* cameo
kameduła *m rel* (a) Cameldolite (monk)
kameleon *m zool i przen* chameleon
kamelia *f bot* camellia
kamera *f* 1. *fot* camera (body) 2. *kino* motion-picture camera; ~ **filmowa** cinecamera; ~ **telewizyjna** telecamera, television camera
kameralny *adj* private; (*music, orchestra etc.*); *teatr* small-audience — (hall etc.); **nastrój** ~ closed-circle atmosphere
kamerdyner *m* valet (de chambre); man-servant
kamerton *m muz* tuning-fork; ~ **dęty** pitch-pipe
kamfora *f singt chem* camphor; **zniknąć jak** ~ to vanish into thin air
kamforowy *adj* camphor — (ball etc.); camphoric (acid etc.); **olejek** ~ camphorated oil
kamgarn *m tekst* worsted-yarn cloth
kamica *f med* stone (disease); lithiasis
kamieniarka *f*, **kamieniarstwo** *n* stonework; masonry
kamieniarz *m* (stone-)mason; stone-cutter
kamienica *f* tenement(-house)

kamienicznik *m pot* owner of a tenement(-house)
kamienieć *vi imperf* 1. (*o substancjach, roślinach itd.*) to petrify (*vi*) 2. *przen* (*o człowieku*) to be petrified (with fear etc.)
kamieniołom *m* quarry; stone-pit
kamienisty *adj* stony; (*o plaży itd.*) shingly; pebbly
kamienn|y *adj* 1. stone — (floor, slab etc.); stony; rock — (dust, salt); *geol* **epoka** ~**a** Stone Age; **węgiel** ~**y** mineral coal 2. *przen* (*nieczuły*) stony-hearted; ~**e serce** heart of stone; ~**y wyraz twarzy** impassivity
kamienować *vt imperf* to stone to death; to lapidate
kamie|ń *m* 1. (*bryła skalna*) stone; rock; ~**ń ciosany** building stone; ~**ń grobowy** tombstone; ~**ń młyński** mill-stone; *dosł i przen* ~**ń probierczy** touchstone; ~**ń węgielny** corner stone; *przen* ~**ń obrazy** stumbling-block; **ciążyć komuś** ~**niem** to weigh heavy on sb's mind ⟨heart⟩; **idzie jak z** ~**nia** it is hard ⟨slow, up-hill⟩ work; ~**niem siedzieć** not to budge from a spot; ~**ń na** ~**niu nie został** not a stone was left standing; ~**ń spadł mi z serca** it is a load off my chest; **mieć serce z** ~**nia** to be stony-hearted; **przepaść** ⟨**zniknąć**⟩ **jak** ~**ń w wodę** to vanish; to melt into thin air; **rzucać** ~**niem na kogoś** to throw a stone at sb 2. (*cenny minerał*) precious stone; jewel; (*w zegarku itd.*) jewel 3. *med* calculus; stone; *dent* ~**ń nazębny** tartar; scale ‖ ~**ń kotłowy** fur; scale; incrustation
kamionka *f* 1. *cer* stoneware 2. *bot* stone bramble 3. *zool* stone marten
kamizelka *f* waistcoat; *am* vest; *żegl* ~ **ratunkowa** life-jacket
kampania *f* campaign; ~ **wyborcza** electoral campaign
kamrat *m żart* comrade; pal; mate
kamuflaż *m* camouflage; screen
kamyk *m* little stone; shingle; (*otoczak*) pebble; ~ **do zapalniczki** flint; *przen* ~ **do czyjegoś ogródka** a hint meant

kanada   199   **kant**

for sb; **to jest ~ do twojego ogródka** that's a dig at you
kanada *f singt posp* (*bogactwa*) gold-mine; bonanza
Kanadyjczyk *m* (a) Canadian
kanadyjka *f* 1. **Kanadyjka** (a) Canadian 2. (*kurtka*) wind-breaker 3. (*łódź*) canoe
kanadyjski *adj* Canadian
kanalia *f obelż* blackguard; rascal; scoundrel
kanalik *m* 1. (*rów, mały kanał*) channel; ditch 2. *anat* duct
kanalizacja *f singt* 1. (*kanały miejskie*) sewers; sewage system 2. (*kanały osuszające, rzeczne*) drainage; ~ **rzek** canalization of rivers
kanalizacyjny *adj* sewage — (pipes, system etc.)
kanalizować *vi imperf* 1. (*dom*) to sewer; (*miasto*) to provide with a sewage system 2. (*rzekę*) to canalize
kanał *m* 1. (*rów*) ditch; dike, dyke; ~ **odwadniający** drain 2. (*ściek*) sewer (pipe); drain; gully; gutter 3. (*sztuczna droga wodna*) canal; watercourse; channel; ~ **dopływowy** ⟨**odpływowy**⟩ head ⟨tail⟩ race; ~ **morski** ship canal; ~ **żeglugowy** water-way; **sztuczny** ~ artificial channel 4. (*cieśnina*) channel; **Kanał La Manche** the English Channel 5. (*przewód w murze*) channel; ~ **dymowy** flue; ~ **wentylacyjny** ventilating duct 6. *anat* canal; duct 7. *radio tv* channel
kanapa *f* sofa; couch
kanapka *f* 1. (*mebel*) small sofa; settee 2. *kulin* open sandwich; snack; canapé
kanarek *m orn* canary
kanarkowy *adj* bright-yellow
kanasta *f karc* canasta
kancelaria *f* office; ~ **adwokacka** lawyer's office ⟨chambers⟩
kancelaryjny *adj* office — (work etc.); **papier** ~ foolscap
kancelista † *m* clerk
kancera *f filat* damaged stamp
kanciarstwo *n pot* racketeering; spoofing; swindle

kanciarz *m pot* racketeer; spoofer; swindler; crook
kanciasty *adj* 1. (*posiadający kanty*) angular; sharp-edged 2. *przen* (*niezgrabny*) awkward; angular; stiff
kanclerski *adj* chancellor's
kanclerstwo *n* chancellorship
kanclerz *m* chancellor
kandahar *m sport* kandahar binding
kandelabr *m* candelabrum
kandydack|i *adj* candidate's; **uniw praca** ~a thesis
kandydat *m*, **kandydat|ka** *f* candidate (**na stanowisko** itd. for an office etc.); applicant (**na coś** for sth); **lista** ~**ów** waiting list
kandydatur|a *f* candidature ⟨candidacy⟩ (**na stanowisko** for a post); **wysunąć** ⟨**postawić**⟩ **czyjąś** ~**ę** to propose ⟨to nominate⟩ sb
kandydować *vi imperf* to be (a) candidate ⟨to compete, to run⟩ (**na stanowisko** for a post); ~ **w wyborach** to stand for an election
kandyzowany *adj* crystallized ⟨candied⟩ (fruits etc.)
kangur *m zool* kangaroo
kania *f* 1. *orn* kite 2. *bot* an edible mushroom
kanibal *m* cannibal
kanibalizm *m* cannibalism
kanikuła *f* dog-days; (*upały*) swelter; heat
kanion *m geol geogr* canyon
kanister *m·* (petrol) can
kanka *f* canula; nozzle
kankan *m* cancan
kanon *m* canon
kanonada *f* cannonade; gunfire
kanonia *f* canonry
kanoniczn|y *adj rel prawn mat* canonical; **prawo** ~**e** canon law
kanonier *m* gunner
kanonierka *f mar wojsk* gunboat
kanonik *m kośc* canon
kanonizacja *f rel* canonization
kanonizować *vt imperf rel* to canonize
kant *m* 1. (*brzeg, krawędź*) edge; arris; (*u spodni*) crease; *posp* **puścić kogoś, coś** ~**em** to chuck sb, sth up 2. *pot* (*oszustwo*) spoof; swindle; *am* racket

kantar m halter
kantata f muz lit cantata
kanton m admin canton
kantor[1] m 1. (*w synagodze*) cantor 2. (*w kościele*) chanter
kantor[2] m 1. (*biuro*) counting-house 2. (*instytucja bankowa*) banking-house; ~ **wymiany** (foreign) exchange office 3. (*lada*) counter
kantować vi vt imperf pot (*oszukiwać*) to cheat; to swindle; *posp* to spoof
kantówka f *bud* scantling
kantyczka f *rel* canticle; hymn
kantyna f (*sklepik*) canteen; (*gospoda*) mess-room
kanwa f 1. (*tkanina*) canvas 2. *przen* (*tło*) groundwork
kaolin m *miner* kaolin; porcelain clay
kapa f 1. (*narzuta*) cover; bedspread 2. *kośc* cope
kap|ać vi imperf — **kap|nąć** vi perf 1. (*ściekać*) to drip; to dribble; (*o łzach, świecy*) to run 2. *przen* to drop; ~**iący od złota** gorgeous in gold 3. *pot* (*o pieniądzach*) to come in
kapanin|a f *w zwrocie*: **płacić** ~**ą** to pay by driblets
kapar m *bot kulin* capar
kapcanieć vi imperf to grow stupid ⟨inefficient⟩
kapciuch m tobacco-pouch
kapeć m 1. (*pantofel*) slipper 2. (*stary but*) old worn-out shoe
kapela f band (of musicians)
kapelan m chaplain
kapelmistrz m *muz* conductor; bandmaster
kapelusz m 1. (*nakrycie głowy*) hat; ~ **filcowy** ⟨**słomkowy**⟩ felt ⟨straw⟩ hat; **bez** ~**a** hatless; with no hat on; **w** ~**u** with one's hat on 2. *bot* (*u grzyba*) cap; pileus
kapelusznictwo n hat-making
kapelusznik m hatter
kaper m *hist mar* privateer
kaperstwo n *hist mar* privateering
kapilarność f *biol fiz geol* capillarity
kapilarny adj capillary
kapiszon m 1. (*kaptur*) hood 2. (*spłonka*) percussion cap; detonator
kapitalista m capitalist

kapitalistyczny adj capitalistic (system, enterprise etc.); capitalist — (society, economic system etc.)
kapitalizacja f *singt* capitalization
kapitalizm m *singt* capitalism
kapitalizować imperf **I** vt to capitalize **II** vr ~ **się** to be capitalized
kapitalnie adv splendidly; brilliantly
kapitalny adj 1. (*główny*) fundamental; essential; **remont** ~ capital repairs 2. (*znakomity*) splendid; excellent; *pot* first-rate; *am* swell; ~ **pomysł** bright ⟨brilliant⟩ idea
kapitał m 1. *ekon* capital; the principal; ~ **akcyjny** (joint) stock; capital stock; ~ **obrotowy** working capital; ~ **zakładowy** initial capital 2. *zbior* (*kapitaliści*) big business
kapitan m *wojsk mar sport* captain; ~ **portu** harbour-master; port warden
kapitanat m *mar* port ⟨harbour⟩ authorities
kapitel m *arch* capital ⟨cap⟩ (of a column)
kapitulacja f capitulation
kapitulować vi imperf 1. *wojsk* to capitulate 2. *przen* (*dać za wygraną*) to give up; to surrender
kapituła f chapter
kapka[1] f 1. (*kropla*) drop 2. (*odrobina*) just a little; a whit
kapka[2] f 1. (*narzutka*) cover, covering 2. (*u bucika*) toe-cap
kaplica f chapel
kapliczka f 1. (*mała kaplica*) little chapel 2. (*przy drodze*) wayside shrine
kapłan m priest
kapłanka f priestess
kapłaństwo n *singt* priesthood; ministry
kapłon m capon
kapnąć zob **kapać**
kapo m f *indecl* prisoner foreman (in Nazi camps)
kapota f *pot* capote; cloak
kapotaż m *lotn* overturning ⟨nose-over⟩ (of a plane)
kapotować vi imperf to overturn; *lotn* to turn ⟨to nose⟩ over
kap|ować vi vt imperf *pot* to twig; to

tumble to; to understand; ~ujesz? savvy?
kapral *m wojsk* corporal
kaprawy *adj* 1. (*o oczach*) blear 2. (*o człowieku*) blear-eyed
kapryfolium *n bot* honeysuckle
kaprys *m* whim; fancy; caprice
kaprysić *vi imperf* 1. (*miewać kaprysy*) to be capricious ⟨humoursome⟩ 2. (*grymasić*) to be fastidious' 3. (*o dziecku*) to sulk; to be out of humour
kapryśnica *f* skittish ⟨humoursome⟩ woman ⟨girl⟩
kapryśność *f singt* 1. (*zmienność usposobienia*) whimsicality 2. (*grymaśność*) fussiness; fastidiousness
kapryśny *adj* 1. (*o zmiennym usposobieniu*) whimsical; capricious; freakish 2. (*grymaśny*) fussy; fastidious
kapsel *m*, **kapsla** *f* 1. (*na butelce*) cap; (metallic) capsule (for bottle) 2. (*spłonka*) percussion cap
kapslować *vt imperf* to cap ⟨to capsule⟩ (bottles)
kapsułka *f farm* capsule
kaptować *vt imperf* to win over; ~ **klientów** to tout for customers
kaptur *m* 1. (*nakrycie głowy*) hood; (*zakonnika*) cowl 2. (*osłona*) hood; cap; (*silnika*) hood; ~ **kominowy** cowl; turn-cap 3. *myśl* hood
kapturek *m* little hood; **Czerwony Kapturek** Little Red Riding Hood
kapturowy *adj hist* **sąd** ~ vehmgericht
kapucyn *m rel* Capuchin
kapust|a *f bot* cabbage; **kiszona** ~**a** sauerkraut; *przen* **groch z** ~**ą** mishmash
kapuś *m posp* informer
kapuścianly *adj* cabbage — (leaf, stump etc.); *przen* **głowa** ~**a**, **głąb** ~**y** blockhead
kapuśniak *m* 1. *kulin* cabbage soup 2. (*deszcz*) drizzle
kapuza *f* hood
kar|a *f* punishment; penalty; chastisement; ~**a cielesna** corporal punishment; ~**a pieniężna** fine; ~**a śmierci** ⟨**główna**⟩ capital punishment; **nałożyć** ~**ę na kogoś** to punish sb; *prawn* to sentence sb; **pod** ~**ą śmierci itd.** on pain of death etc.; **to jest** ~**a za to, że** ... it serves you ⟨him etc.⟩ right for ...
karabin *m* rifle; ~ **maszynowy** machine-gun; (an) automatic
karabinowy *adj* rifle — (fire etc.)
karać *vi imperf* to punish; to penalize; to chastise
karafka *f* water-bottle; carafe
karaibski *adj* Caribbean
karakuł *m* 1. (*owca*) Persian lamb 2. *pl* ~**y** (*futro*) astrakhan fur
karakułowy *adj* astrakhan — (collar etc.)
karalność *f singt* penality
karalny *adj* punishable; **czyn** ~ penal act
karaluch *m ent* black-beetle; cockroach
karambol *m* 1. *bil* cannon 2. *przen* (*zderzenie*) collision
karany *adj* **sąd** convicted; **człowiek** ~ defaulter; **nie** ~ with a clean record
karaś *m icht* crucian carp
karat *m* carat
karatow|y *adj* -carat; **24-**~**e złoto** 24-carat gold
karawan *m* hearse
karawana *f* caravan
karawaniarz *m* undertaker's ⟨*am* mortician's⟩ man; mute
karb *m* notch; nick; *przen* **kłaść coś na** ~ **czegoś** to attribute sth to sth; **ująć kogoś w** ~**y** to curb sb; **trzymać kogoś w** ~**ach** to keep a tight hold on sb
karbid *m chem* carbide
karbidówka *f* acetylene lamp
karbol *m farm* carbolic acid
karbować *vt imperf* 1. (*robić nacięcia*) to notch; to nick 2. (*fałdować*) to corrugate; to goffer
karburator *m techn* carburettor, carburetter
karcący *adj* reproachful; rebuking; upbraiding
karcenie *n* ↑ **karcić**; reproach(es); rebuke; censure
karcer *m* dark cell
karciany *adj* card — (game etc.); **dług** ~ play-debt; gaming-debt

karciarstwo *n singt* card-playing; gaming
karciarz *m* card-player; gamester; gambler
karcić *vt imperf* to rebuke; to reprimand; to upbraid
karczek *m* 1. *dim* ↑ **kark** 2. (*część sukni*) neck
karczemny *adj* 1. (*mający związek z karczmą*) public-house — (atmosphere etc.) 2. (*ordynarny*) ribald; scurrilous; vulgar
karczma *f* 1. (*gospoda*) inn 2. (*szynk*) public-house; *pot* pub
karczmarka *f* ale-wife; innkeeper's wife
karczmarz *m* innkeeper; publican
karczoch *m bot* artichoke
karczować *vt imperf* to grub (up) (**grunt, drzewa** land, trees); ~ **las** to clear (an area) of forests
karczowisko *n leśn* clearing (in a forest)
karczunek *m* clearing of land
kardan *m aut* 1. (*urządzenie*) Kardan shaft 2. (*połączenie*) Kardan joint
kardiograf *m med* cardiograph
kardiografia *f med* cardiography
kardiogram *m med* cardiogram
kardiolog *m* cardiologist
kardiologia *f singt med* cardiology
kardynalny *adj* cardinal; fundamental; ~ **błąd** glaring error
kardynał *m kośc* cardinal
kareta *f* 1. (*pojazd*) carriage; coach 2. *karc* (a) four
karetka *f* chaise; ~ **pogotowia** ambulance; ~ **pocztowa** mail-coach; ~ **więzienna** prison van
kariatyda *f arch* caryatid
kariera *f* career; **robić** ~**ę** to work one's way up; **zrobić** ~**ę** to make a career
karierowicz *m* careerist; pusher
kark *m* nape ⟨scruff⟩ (of the neck); *przen* **mieć głowę na** ~**u** to have a good head on one's shoulders; **mieć twardy** ~ to be stiff-necked; **nadstawiać** ~**u** to risk one's life; **siedzieć komuś na** ~**u** to pester sb; **skręcić** ~ to break one's neck; **ukręcić czemuś** ~ to put an end to sth;
na złamanie ~**u** headlong; at breakneck speed
karkołomny *adj* breakneck — (pace, climb etc.)
karleć *vi imperf* to become dwarfed ⟨stunted⟩
karlica, karliczka *f* dwarf (woman, girl); midget; pigmy
karlik *m* dwarf
karłowacieć *vi imperf* = **karleć**
karłowat|y *adj* dwarf; dwarfish; stunted; ~**e stworzenie,** ~**a roślina** scrub
karm *m,* **karma** *f* fodder; (cattle) feed
karmazyn *m* 1. (*kolor*) crimson 2. *hist* Polish nobleman of ancient stock 3. *icht* Norway haddock 4. *pl* ~**y** (*rasa kur*) a breed of fowls
karmazynowy *adj* crimson
karmel *m* caramel; burnt sugar
karmelek *m* caramel; toffee
karmelita *m rel* Carmelite monk
karmelitanka *f rel* Carmelite nun
karmelkowy *adj przen* sugary; mawkish
karmicielka *f* feeder; nourisher
karmić *imperf* I *vt* 1. (*żywić własnym mlekiem*) to suckle; to nurse; to give suck (**dziecko** to a child); ~ **dziecko** to feed ⟨to give suck to⟩ a child 2. (*dostarczać pożywienia*) to feed; to nourish II *vr* ~ **się** to feed ⟨to live⟩ (**czymś** on sth)
karmieni|e *n* ↑ **karmić;** ~**e piersią** suckling; breast-feeding; **okres** ~**a** lactation
karmin *m* carmine
karminować *vt imperf* to carmine
karmiony *adj* fed; ~ **łyżeczką** spoon-fed; ~ **piersią** breast-fed
karmnik *m* 1. (*chlewek*) feeding trough 2. (*dla ptaków*) feeding tray 3. (*tuczony wieprz*) fattened hog
karnacja *f* complexion
karnawał *m* carnival
karnet *m* 1. (*książeczka z kuponami*) coupon-book 2. † (*notesik balowy*) dance order ⟨card⟩
karnie *adv* 1. (*w drodze karnej*) by way of punishment; penally 2. (*zdyscyplinowanie*) in orderly fashion
karnister *m* (petrol) can
karnisz *m* wooden valance

karność *f singt* discipline
karn|y *adj* 1. (*dotyczący kary*) penal (code, colony); punitive (expedition etc.); **prawo ~e** penal ⟨criminal⟩ law; **sport rzut ~y** penalty 2. (*zdyscyplinowany*) well disciplined; (*o społeczeństwie*) law-abiding
karo *n karc* diamonds
karoca † *f* carriage; coach
karoseria *f aut* body (of a car)
karoten *m biochem* carotene, carotin
karowy *adj karc* (ace, king etc.) of diamonds
karp *m icht* carp
karpacki *adj* Carpathian
karpiel *m bot* rutabaga
kart|a *f* 1. (*formularz itp.*) card; ticket; **~a członkowska** membership card; **~a pocztowa** postcard; **~a wizytowa** visiting-card; **~a wstępu** admission ticket ⟨card⟩ 2. (*część książki, zeszytu*) leaf; *przen* page (of history etc.); **nie zapisana ~a** blank card 3. (*wykaz*) chart; *med* **~a gorączkowa** temperature chart 4. (*spis potraw*) bill of fare; menu 5. *karc* (playing-) card; *przen* **grać w otwarte ~y** to play a square game; **stawiać wszystko na jedną ~ę** to stake one's all on a chance 6. *pl* **~y** (*gra karciana*) cards; **grać w ~y** to play cards 7. *polit* charter; **Karta Atlantycka** ⟨**Narodów Zjednoczonych**⟩ the Atlantic ⟨United Nations Organization⟩ Charter
kartacz *m hist wojsk* grape-shot
kartel *m ekon* cartel
karter *m mech* crank case; casing
kartk|a *f* 1. (*kawałek papieru, kartonu itd.*) card; slip of paper; (*arkusik*) sheet of paper; **~a pocztowa** postcard; **~a żywnościowa** ration-card; coupon; **chleb na ~i** rationed bread 2. (*część książki, zeszytu*) leaf
kartkować *vt imperf* to turn over the leaves (**książkę** of a book); to skim (**książkę** through a book)
kartoflanka *f kulin* potato soup
kartoflan|y *adj* potato — (field, chips etc.); **zupa ~a** potato soup
kartoflisko *n* potato field

kartograf *m* cartographer
kartografia *f singt geogr* cartography
kartograficzny *adj geogr* cartographic(al)
karton *m* 1. (*gruby papier*) cardboard; **~ rysunkowy** Bristol board 2. (*pudełko*) (cardboard) box; package 3. (*szkic*) cartoon
kartonowy *adj* cardboard — (binding etc.)
kartotek|a *f* card index; file; **prowadzić ~ę** to card-index
karuzela *f* merry-go-round; roundabout
kary *adj* (*o koniu*) black
karygodny *adj* 1. (*naganny*) blameworthy; **czyn ~** offence; crime 2. (*skandaliczny*) unpardonable; (*o błędzie itd.*) gross; (*o ignorancji itd.*) crass
karykatura *f* caricature; (*rysunek satyryczny*) cartoon
karykaturalny *adj* grotesque; farcical
karykaturować *vt imperf* to caricature
karykaturzysta *m* caricaturist; cartoonist
karzący *adj* avenging; vindicatory
karzeł *m* dwarf; midget
karzełek *m* 1. *dim* ↑ **karzeł** 2. (*istota baśniowa*) gnome; brownie; goblin
kas|a *f* 1. (*skrzynka*) cash box; (*szafa żelazna*) safe 2. (*pieniądze*) cash (in hand); **stan ~y** cash balance 3. (*dział instytucji*) pay-office; cashier's office; (*w sklepie*) cash desk; (*w teatrze*) box-office; (*na kolei*) booking-office; *am* ticket-office 4. (*instytucja dokonująca operacji pieniężnych*) bank fund; society; **~a emerytalna** old-age pension fund; **~a oszczędności** savings bank; **~a zapomogowa** provident fund
kasacja *f* 1. (*zniesienie*) annulment 2. *prawn* (*uchylenie wyroku*) cassation
kaseta *f* 1. (*skrzynka*) casket; jewel-case 2. *fot* (*na klisze*) plate holder; (*na film*) film case
kaseton *m arch* coffer; caisson
kasetonować *vt imperf arch* to panel (a ceiling)
kasetonowy *adj arch* coffered (ceiling)
kasiarz *m* safe-breaker
kasjer *m* cashier; cash-clerk; **kolej** booking-clerk
kasjerka *f* (woman) cashier
kask *m* helmet

kaskada *f* cascade
kasłać *vi imperf* to cough
kasować *vt imperf* to cancel; to annul; to dissolve (an institution etc.); *(w tramwaju itd.)* ~ **bilety** to cancel tickets; ~ **znaczek pocztowy** to obliterate a stamp
kasownik *m* 1. *muz* (a) natural 2. *druk* "delete" (sign) 3. *(na poczcie)* postmark; dater 4. *(w tramwaju)* ticket puncher
kasow|y *adj* 1. *(dotyczący operacji gotówkowych)* counting-house — (office etc.); **kwit** ~**y** receipt; voucher 2. *(dotyczący wpływów ⟨stanu⟩ gotówki)* cash — (payment etc.); **księga** ~**a** cash-book 3. *(przynoszący dochód)* lucrative; paying; **sztuka** ~**a** box-office draw ⟨*am* hit⟩
kasta *f* caste
kastaniety *plt* castanets
kastet *m* knuckle-duster
kastowość *f singt* caste system
kastowy *adj* caste (system, division etc.)
kastracja *f biol* castration; gelding
kastrat *m* 1. *(człowiek)* castrated man 2. *(zwierzę)* gelding
kastrować *vt imperf* to castrate
kasyno *n* 1. *(rodzaj klubu)* mess(-room) 2. *(dom gry)* casino
kasz|a *f* 1. *(produkt spożywczy)* cereals 2. *(potrawa)* porridge; gruel; *przen* **nie dać sobie w** ~**ę dmuchać** not to let oneself be led by the nose
kaszak *m med* atheroma
kaszalot *m zool* cachalot; sperm whale
kaszanka *f* black pudding
kaszel *m* cough
kaszka *f dim* ↑ **kasza**; *kulin* gruel
kaszkiet *m* (vizored) cap
kaszlać, kaszleć *vi imperf* — **kaszlnąć** *vi perf* to cough
kaszmir *m tekst* cashmere
kaszta *f druk* (type) case
kasztan *m* 1. *bot* chestnut (tree) 2. *(owoc* — *jadalny)* (edible) chestnut; *(niejadalny)* (horse-)chestnut 3. *(koń)* chestnut (horse); sorrel
kasztanka *f* chestnut mare
kasztanowaty *adj* chestnut-colour(ed) (horse); auburn (hair)

kasztanowiec *m bot* horse-chestnut
kasztanowy *adj* 1. *(dotyczący kasztana)* chestnut (-tree etc.) 2. *(koloru kasztanowego)* brown; chestnut-colour(ed); *(o włosach)* auburn
kasztelan *m hist* castellan
Kaszub *m etn* (a) Kas(h)ubian, Kashube
kaszubski *adj etn* Kas(h)ubian
kat *m* 1. *(wykonawca wyroków)* executioner; hangman 2. *pot* butcher; oppressor
katafalk *m* catafalque
kataklizm *m* cataclysm; disaster
katakumby *pl* catacomb
katalepsja *f med* catalepsy
kataleptyczny *adj med* cataleptic
kataliza *f chem* catalysis
katalizator *m chem* catalyst; catalyzer
katalizować *vt imperf chem* to catalyze
katalog *m* catalogue
katalogować *vt imperf* to list (books); to catalogue
katapulta *f lotn mar techn* catapult
katapultować *vt imperf* to catapult
katar *m med* catarrh; ~ **kiszek** enteritis; ~ **nosa** (common) cold; *pot* (a) cold (in the head); **nabawić się** ~**u** to catch a cold
katarakta *f geol med* cataract
kataralny *adj med* catarrhal (state etc.)
katarzyniarz *m* organ-grinder; hurdy-gurdy man
katarynka *f* barrel-organ; street organ; hurdy-gurdy
katastrof|a *f* catastrophe; disaster; *aut kolej lotn* crash; *mar* shipwreck; **doprowadzić (kogoś) do** ~**y** to bring (sb) to ruin; **ulec** ~**ie** to be ⟨to get⟩ wrecked
katastrofalny *adj* catastrophic; disastrous
katecheta *m* catechist; teacher of religion
katechizm *m kośc* catechism
katedr|a *f* 1. *(pulpit)* (teacher's, professor's) desk; **mówić jak z** ~**y** to speak like a don 2. *uniw* chair; department; **kierownik** ~**y** holder of a chair; head ⟨chairman⟩ of a department 3. *(świątynia)* cathedral
katedralny *adj* cathedral — (church, tower etc.)

kategoria f category; **myśleć ~mi ...** to think in terms of ...
kategorycznie adv categorically; positively; (*zaprzeczyć itd*.) flat(ly); (*odmówić*) downright
kategoryczny adj categorical; positive; downright (refusal); flat (denial)
kateter m med catheter
katgut, ketgut m singt med catgut
kation m fiz cation, positive ion
katiusza f wojsk katyusha
katoda f fiz cathode, negative electrode
katodow|y adj fiz cathodic; cathode — (rays etc.); **lampa ~a** thermionic valve
katolicki adj (Roman) Catholic
katolicyzm m singt Catholicism
katolik m, **katoliczka** f (a) (Roman) Catholic
katorga f 1. (*kara*) penal servitude; the galleys 2. *przen* slaving; drudgery
katorżnik m convict sentenced to hard labour
katować vt imperf to torture; *pot* to beat black and blue
katownia f place of torture
katusze pl 1. (*katowanie*) torture; **zadawać komuś ~** to torture ⟨to torment⟩ sb 2. (*cierpienie*) torment; agony; **cierpieć ~** to be in torment
katzenjamer m = kac
kaucj|a f deposit; security; **sąd złożyć ~ę za kogoś** to bail sb (out); **wypuścić kogoś za ~ą** to let sb out on bail
kauczuk m singt caoutchouc; **~ naturalny** Indiarubber, india-rubber; **~ syntetyczny** synthetic rubber
kauczukowy adj rubber- (plant, tree); rubber — (cloth etc.)
kaukaski adj Caucasian
kaustyczny adj caustic
kauter m med cautery
kaw|a f 1. *bot* coffee plant ⟨shrub, tree⟩ 2. *singt* (*ziarna kawowe*) coffee (-beans); **~a zbożowa** ersatz coffee 3. (*napój*) coffee; (*porcja*) (a) coffee; *pot* **~a ⟨~ę⟩ na ławę** (to talk etc.) bluntly
kawalarz m 1. (*dowcipniś*) jester; joker 2. (*figlarz*) practical joker
kawale|r m 1. (*nieżonaty mężczyzna*) bachelor; **stary ~r** old bachelor; **być ~rem** to be single 2. (*adorator*) gallant; lady's man; bean 3. **w wołaczu: ~rze!** young man! 4. (*osoba odznaczona orderem*) knight (of an order)
kawaleri|a f wojsk cavalry; **pułk ~i** regiment of horse
kawalerka f 1. (*mieszkanie*) bachelor flat; bachelor's rooms 2. *pot* (*kawalerski okres życia*) bachelorhood
kawalersk|i adj bachelor's; single; **stan ~i** bachelorhood; *przen* **jazda ~a** furious driving ⟨riding⟩; *pot* **nasze ~ie!** cheerio! || **po ~u** bachelor fashion
kawalerstwo n singt bachelorhood
kawaleryjski adj (*kawalerzysty*) cavalryman's; (*kawalerii*) cavalry — (charge etc.); **koszary ~e** horse-barracks
kawalerzysta m cavalryman; trooper
kawalkada f cavalcade
kawał m 1. (*znaczna część*) (large) piece; lump; *przen* **~ chleba** a living; **~ chłopa** strapping fellow; **~ czasu** a long time; ages; **~ drania** rascal; **~ drogi** ⟨roboty⟩ a good bit of the way ⟨of· the work⟩ 2. *pot* (*dowcip*) yarn; joke; jest; **opowiedzieć ~** to pull a yarn 3. *pot* (*psota*) (practical) joke; **brać kogoś na ~** to pull sb's leg; **zrobić komuś ~** to play a trick on sb; **to dobry ~!** what a lark!; that's a good one!
kawałecz|ek m a little ⟨tiny⟩ bit; **po ~ku** inchmeal
kawał|ek m 1. (*niewielka część*) (little) piece ⟨bit⟩; lump (of sugar etc.); scrap (of paper); slice (of meat, cake, fruit etc.); cake (of soap etc.); *przen* **~ek chleba** a living; **po ~ku** piece by piece; piecemeal; **w ~kach** in pieces 2. *pot* (*utwór*) piece (of music, poetry etc.)
kawałkować vt imperf to break up; to split up
kawerna f 1. *geol* cave 2. *med* cavity
kawęczeć vi imperf *pot* to be sickly
kawiarenka f (modest) little café
kawiarnia f café
kawiarniany adj café — (rooms etc.)

kawior *m kulin* caviar(e)
kawka *f orn* jackdaw
kawon *m* water-melon
kawow|y *adj* coffee — (service etc.); **koloru** ~**ego** coffee-coloured
kazać *vi imperf* 1. *(rozkazywać, nakazywać)* to order ⟨to command⟩ **(komuś coś zrobić** sb to do sth) 2. *(wydawać polecenię)* to tell **(komuś coś zrobić** sb to do sth); to get ⟨to have⟩ (coś zrobić sth done); ~ **komuś czekać** ⟨**pracować**⟩ to keep sb waiting ⟨working⟩ 3. *(zmuszać)* to make **(komuś coś zrobić** sb do sth)
kazalnica *f kośc* pulpit
kazani|e *n* 1. *kośc* sermon; **wygłaszać** ~**a** to preach; **siedzieć jak na tureckim** ~**u** not to understand a thing 2. *przen (morały)* peroration; **powiedzieć komuś** ~**e** to lecture sb; **przestań mi prawić** ~**a** stop lecturing me
kazeina *f singt biochem* casein
kazirodczy *adj* incestuous
kazirodztwo *n singt* incest
kaznodzieja *m* preacher
kaznodziejstwo *n singt* preaching
kazuistyka *f singt* casuistry
kaź|ń *f singt* 1. *(torturowanie)* torture 2. *(stracenie)* execution; **miejsce** ~**ni** the gallows
każdorazowo *adv* each ⟨every⟩ time
każdorazowy *adj* each; every (single)
każd|y *pron* I *w użyciu przymiotnikowym* 1. *(poszczególny, własny)* each; respective; **poglądy** ~**ego z nas** our respective opinions; ~**y z dwóch** either 2. *(wszelki, bez wyjątku)* every; ~**y człowiek musi pracować** every man must work; ~**ego dnia** every day; **na** ~**ym kroku** at every step; **za** ~**ym razem** every time 3. *(jakikolwiek)* any; all; whichever; **o** ~**ej porze** at any hour of the day; **w** ~**ym razie** at any rate; anyhow II *w użyciu rzeczownikowym* 1. *(bez wyjątku)* everybody; everyone; each; ~**y, kto** whoever; ~**y z nas** everyone of us; **przysł** ~**y sobie rzępkę skrobie** every man for himself and the devil take the hindmost 2. *(wszelki, bez wyboru)* anybody; anyone; ~**y ci powie** anybody will tell you

kącik *m* 1. *(miejsce styku)* corner (of a room etc.); ~ **oka** corner of the eye 2. *(mieszkanie)* home; nook 3. *(schronienie)* cubby; cubicle; recess 4. *(ustronie)* nook; secluded spot 5. *(w czasopiśmie)* column
kądziel *f* distaff; **po** ~**i** on the distaff side
kąkol *m bot* corn cockle
kąpa|ć *imperf* I *vt* 1. *(myć)* to bath; *przen* **w gorącej wodzie** ~**ny** hot-tempered 2. *chem techn* to soak; to steep II *vr* ~**ć się** to bathe; to take ⟨to have⟩ a bath ⟨baths⟩; *(w morzu, rzece itd.)* to have a dip ⟨a swim⟩; *przen* to bathe (in the sun, in blood etc.)
kąpiel *f* 1. *(kąpanie, kąpanie się)* bath; tub; ~ **słoneczna** sun-bath; **zażywać** ~**i** to take a bath ⟨baths⟩ 2. *chem techn* bath; solution; soaking 3. *pl* ~**e** *(zakład)* baths; bathing establishment
kąpielisko *n* 1. *(zakład)* baths 2. *(uzdrowisko)* spa; watering-place 3. *(miejscowość nadmorska)* seaside resort
kąpielowy I *adj* bath — (towel, slippers etc.); bathing — (costume etc.); **basen** ~ swimming bath; *am* swimming-pool; **czepek** ~ bathing-cap; **kostium** ~ swim-suit; **płaszcz** ~ bathing-gown, bathing-wrap II *m* bath attendant
kąpielówki *plt* bathing-drawers, bathing-trunks
kąsać *vt imperf (zębami)* to bite; *(żądłem)* to sting
kąsek *m* 1. *(kawałek czegoś jadalnego)* a bite (of sth to eat); morsel; mouthful; **smaczny** ~ (a) dainty; tit-bit 2. *(trochę)* a little
kąśliwy *adj* 1. *(gryzący)* sharp; acute 2. *przen (cięty)* biting; *(o słowach)* trenchant
kąt *m* 1. *geom* angle; ~ **widzenia** a) *opt* visual angle b) *(zapatrywanie)* point of view; **pod** ~**em** at an angle; *przen* **pod** ~**em** ... from the point of view of ... 2. *(miejsce styku)* corner; **łazić z** ~**a w** ~ to potter about; *przen* **usunąć się w** ~ to withdraw from people's sight 3. *(mieszkanie)*

kątomierz   kiełznać

lodging; **mieć swój ~ to have a corner of one's own; mieszkać ~em u kogoś to be** sheltered under sb's roof 4. *(miejscowość)* out-of-the-way place; **zapadły ~ a** place at the back of beyond
kątomierz *m mat techn* protractor; angle gauge
kątownik *m bud* square
kciuk *m* thumb
kefir *m* kefir
keks *m* 1. *(ciasto z bakaliami)* tea-cake 2. *pl* ~y biscuits
kelner *m* waiter
kelnerka *f* waitress
kemping *m* 1. *(obozowanie)* camping 2. *(obozowisko)* camping site
kempingować *vi imperf* to go camping
kempingowy *adj* camping — (site etc.); **domek** ~ camping hut
keson *m techn wojsk* caisson
ketgut *zob* katgut
kędzierzawy *adj* curly; frizzly; crisp; fuzzy
kędzior *m* curl; lock (of hair); ringlet
kępa *f* 1. *(skupisko drzew)* cluster; clump (of trees etc.) 2. *(wysepka)* holm; ait
kęs *m* piece; morsel; *(kawałek odgryziony)* mouthful
khaki *indecl (także koloru ~)* khaki
kibel *m posp* bucket (in prison cell)
kibic *m* looker-on; *am* kibitzer; *sport* supporter; fan
kibicować *vi imperf* to look on; *sport* to be a fan of ⟨to support⟩ *(drużynie* a team*)*
kibić *f książk* waist
kicać *vi imperf* to hop; to skip
kichać *vi imperf* — **kichnąć** *vi perf* to sneeze
kichnięcie *n* ↑ **kichnąć**; a sneeze
kici *interj (zw* ~!, ~!*)* pussy, pussy!
kicia *f* pussy; kitty
kicz *m* 1. *(obraz)* daub 2. *(utwór literacki)* (literary) trash; junk
kidnaper *m* kidnapper
kidnaperstwo *n singt* kidnapping
kieck|a *f pot* skirt; petticoat; *pl* ~i togs; duds
kiedy *pron* 1. *(w zdaniach pytających)* when?; *od* ~ **tak jest** ⟨**wiesz itd.**⟩? how long has this been so ⟨have you known etc.⟩? 2. *(w zdaniach podrzędnych)* when; as; ~ **tylko** ... as soon as ...; **teraz** ~ ... now (that) ... 3. *(podczas gdy)* while 4. *(gdy oznacza czas nieokreślony)* ever; at any time; **jeżeli** ~ if ever; ~ **bądź** at any time; ~ **indziej** some other time 5. *(skoro, ponieważ, jeżeli)* since ...
kiedykolwiek *adv* 1. *(w czasie nieokreślonym)* ever; *czy* **to się** ~ **skończy?** will this ever end? 2. *(w dowolnym czasie)* at any time; whenever you like; any time you like
kiedyś *adv* 1. *(w nieokreślonej przeszłości)* once; at one time; used to ...; *(także* **tu** ~*)* the other day; ~ **było nas więcej** there used to be more of us 2. *(w nieokreślonej przyszłości)* some time (or other); one day; once; when the time comes
kielich *m* 1. *(puchar)* (drinking-)glass; *kośc* chalice; *przen* ~ **goryczy** the cup of bitterness 2. *bot* calyx
kielisz|ek *m* liqueur-glass; ~**ek do jaj** egg-cup; ~**ek do wina** wine-glass; ~**ek wódki** (a) glass of vodka; *przen* **przy** ~**ku** over a bottle
kielnia *f bud* trowel
kieł *m (u człowieka)* canine (tooth); *(u psa, wilka)* fang; *(u konia, morsa, słonia, dzika)* tusk
kiełb *m icht* gudgeon; *przen* **mieć** ~**ie we łbie** not to be quite right in the upper storey
kiełbasa *f* sausage; *przen* **nie dla psa** ~ it's too good for the likes of you ⟨them, us⟩
kiełbasiany *adj* sausage — (meat etc.); **jad** ~ botulin
kiełbasić się *vr imperf pot* to get tangled ⟨meddled, confused⟩
kiełbaska *f* polony; saveloy
kiełek *m bot* sprout
kiełkować *vi imperf* to sprout; to shoot
kiełkowanie *n* ↑ **kiełkować**; germination; pullulation
kiełkujący *adj* 1. *bot* germinating 2. *przen* budding
kiełznać *vt imperf* 1. *(konia)* to bridle

(a horse) 2. *przen* to restrain; to check; to curb
kiep *m* fool; simpleton
kiepski *adj* 1. (*lichy*) poor; second-rate; (*o pogodzie itd.*) bad; nasty 2. *pot* (*słaby, chory*) ill; weak
kiepsko *adv* badly; poorly; **czuć się** ~ to be under the weather ⟨out of sorts⟩; **on** ~ **wygląda** he does not look well
kier *m karc* hearts
kierat *m* 1. *roln* horse gear; treadmill 2. *przen* the daily round ⟨routine, treadmill⟩
kierdel *m reg* flock (of sheep, goats); herd
kiereszować *vt imperf* to slash; to gash; to hack
kiermasz *m* fair; ~ **książki** (local) book fair
kierować *imperf* **I** *vt* 1. (*prowadzić dokądś*) to direct; to lead; to guide; to show the way; ~ **swe kroki dokądś** to bend one's steps to a place 2. (*celować, nakierowywać*) to aim ⟨to level⟩ (**karabin, satyrę itd. na kogoś, coś** a gun, satire etc. at sb, sth); to address (one's requests, prayers to ...); ~ **swoje uwagi pod czyimś adresem** to aim one's remarks at sb 3. (*z narzędnikiem* — *nadawać kierunek*) to drive (**samochodem, pojazdem konnym** a motor-car, a horse-drawn vehicle); (*sterować*) to steer (**statkiem, samolotem** a ship, an aircraft) 4. (*z narzędnikiem* — *zarządzać*) to control; to manage ⟨to administer⟩ (**sprawami, instytucją itd.** affairs, an institution etc.); to run ⟨*am* to operate⟩ (**przedsiębiorstwem** an enterprise, a business); (*o panującym, mężu stanu*) to rule ⟨to govern⟩ (**państwem** a state); (*o dowódcy*) to command (**jednostką** a unit); ~ **orkiestrą** to conduct an orchestra 5. (*o uczuciach itd.* — *powodować kimś*) to actuate ⟨to animate⟩ (**kimś** sb) **II** *vr* ~ **się** 1. (*zmierzać, dążyć*) to go ⟨to run, to drive, to ride, to fly, to swim, to sail⟩ (**dokądś** towards a place); ~ **się do kogoś z prośbą itd.** to apply to sb

with a request etc. 2. (*powodować się*) to be guided ⟨prompted, actuated⟩ (by sth); to follow (**czyjąś radą itd.** sb's advice etc.); **kieruj się własnym rozumem** use your own judgement
kierowanie *n* 1. ↑ **kierować** 2. *techn* control; **zdalne** ~ remote control; *wojsk* **zdalne** ~ **pocisku** missile guidance
kierowany *adj* steered; **zdalnie** ~ steered by remote control
kierowca *m* driver; chauffeur; motorist
kierownic|a *f* (*samochodu*) (steering-) wheel; (*motocykla, roweru*) handle-bar; **zasiąść za** ~**ą** to take the wheel
kierownictwo *n* 1. *singt* (*zarządzanie*) management; administration; conduct; **objąć** ~ to assume the management 2. (*zespół kierowniczy*) management; administration; managing staff
kierowniczka *f* manageress; directress; *szk* head mistress
kierownicz|y *adj* controlling; managing; directing; ~**e stanowisko** post of authority; **zespół** ~**y** the managers; *aut* **układ** ~**y** the car-steering mechanism
kierownik *m* manager; chief, head; supervisor; *pot* boss; *szk* head master
kierowy *adj karc* (ace, king etc.) of hearts
kierpce *pl* moccasins
kierun|ek *m* 1. (*droga do celu*) direction; course; **nadać** ~**ek czemuś** to direct sth; **pójść** ⟨**pojechać**⟩ **w** ~**ku na ...** to go in the direction of ...; (*o wietrze, opinii publicznej*) **zmienić** ~**ek** to veer; to turn; **w jakim** ~**ku?** which way?; **w** ~**ku wskazówek zegara** clockwise; **w** ~**ku przeciwnym do ruchu wskazówek zegara** counterclockwise; **w przeciwnym** ⟨**w tym, tamtym**⟩ ~**ku** the other ⟨this, that⟩ way; **w obu** ~**kach** both ways 2. *przen* (*prąd w literaturze, malarstwie*) trend; current; phase (in painting etc.) 3. *uniw* (*wydział, dyscyplina*) line; specialization; studies
kierunkowość *f singt* directive tendency
kierunkowskaz *m* 1. (*drogowskaz*) signpost; traffic indicator 2. *aut* trafficator; ~ **świetlny** flashing light indicator

kierunkowy *adj* direction — (angle, switch etc.); *radio* directional; beam — (antenna etc.)
kiesa *f dosł i przen* purse
kieszeniówka *f tekst* pocketings
kiesze|ń *f* 1. (*w ubraniu*) pocket; *przen* **pusta** ⟨**dziurawa**⟩ ~**ń** light ⟨an empty⟩ purse; **znać coś jak własną** ~**ń** to know sth inside out; **mieć węża w** ~**ni** to be hard-fisted 2. *przen* (*zasoby pieniężne*) purse; means; funds; **nie na czyjąś** ~**ń** beyond sb's means
kieszonka *f dim* ↑ **kieszeń**; pouch
kieszonkowiec *m* pickpocket
kieszonkow|y I *adj* pocket — (dictionary etc.); **złodziej** ~**y** pickpocket **II** *n* ~**e** pocket-money; pin-money
kij *m* 1. (*pałka*) stick; staff; (*w różnych grach*) bat; ~ **bilardowy** (billiard) cue; ~ **do miotły** broomstick; *przen* ~ **żebraczy** beggary; **jakby** ~ **połknął** as stiff as a poker; **nie** ~**em go, to pałką** it's six one way and half a dozen the other; *przysł* **każdy** ~ **ma dwa końce** two can play at that game; **kto chce psa uderzyć zawsze** ~ **znajdzie** any stick to beat a dog 2. *pl* ~**e** (*bicie*) cudgelling
kijanka *f* 1. (*łopatka do prania*) battledore 2. *zool* tadpole
kijek *m dim* ↑ **kij**; ~ **narciarski** ski-stick; *przysł* **zamienił stryjek siekierkę na** ~ (it's) a losing bargain
kiks *m* 1. *sport* miss; muff 2. *muz* (*w śpiewie*) squeak; screech; (*w grze na instrumencie*) false note
kikut *m* 1. (*część kończyny*) stump 2. *przen* stub
kil *m mar* keel
kilim *m* kilim; rug
kilimiarstwo *n* kilim weaving
kilk|a, kilk|u, kilk|oro *num* several; a few; some; **dwadzieścia** ⟨**trzydzieści**⟩ ~**a** twenty ⟨thirty etc.⟩ odd
kilkadziesiąt, kilkudziesięciu *num* tens ⟨dozens, scores⟩ (of people etc.)
kilkakrotnie *adv* several times; repeatedly
kilkakrotny *adj* repeated; reiterated
kilkanaście, kilkunastu, kilkanaścioro *num* anywhere from ten to twenty; a dozen or so

kilkaset, kilkuset *num* several hundred
kilkoro, kilku *zob* **kilka**
kilku- *praef* several —; ~**dniowy** several days' — (work etc.); ~**metrowy** of several metres; several metres long; ~**tysięczny** of several thousand
kilkudziesięcioletni *adj* of several score years
kilkudziesięciu *zob* **kilkadziesiąt**
kilkunasto- *praef* of a dozen or so ⟨of more than ten ⟩ ... (days, metres, degrees, people etc.)
kilkunastu *zob* **kilkanaście**
kilkuset *zob* **kilkaset**
kilo *n indecl* kilogram(me)
kilocykl *m fiz* kilocycle
kilof *m* (pick)axe; *górn* hack
kilogram *m* kilogram(me)
kilogramometr *m fiz* kilogram(me)-meter
kiloherc *m fiz* kilocycle
kilometr *m* kilometre, kilometer
kilometrowy *adj* 1. of one kilometre; kilometre — (post etc.) 2. *przen* (*nie kończący się*) endless
kilowat *m el* kilowatt
kilowatogodzina *f el* kilowatt-hour
kilwater *m żegl* wake (of a ship)
kiła *f med* syphilis
kimać *vi imperf* — **kimnąć** *vi perf posp* to kip; to doze
kimono *n* kimono
kindżał *m* (double-edged) dagger
kinematografia *f* cinematography; the film
kinematyka *f fiz* kinematics
kineskop *m tv* kinescope
kineskopowy *adj tv* kinescope — (lamp)
kinetyczny *adj fiz* kinetic
kinetyka *f fiz* kinetics
kinkiet *m lamp* bracket (candlestick); sconce
kino *n* cinema; the pictures; motion pictures; the movies
kinoman *m* film-fan
kinomania *f* film craze
kiosk *m* news-stand; news-stall
kioskarz *m* news-stand ⟨news-stall⟩ keeper
kiper *m* taster
kipieć *vi imperf* to boil; *dosł i przen* to

8 Podr. słow. pol.-ang.

kipiel

seethe; *przen* ~ **radością** ⟨**ze złości**⟩ to boil over with joy ⟨with rage⟩
kipiel *f* surf; welter (of the waves); surge
kipnąć *vi perf żart posp* to peg out
kir *m* pall
kirasjer *m hist wojsk* cuirassier
kisić *vt imperf kulin* to pickle (cabbage etc.); *roln* to silage (fodder)
kisiel *m kulin* (kind of) fruit jelly; *przen* **dziesiąta woda po** ~**u** very distant relative
kisnąć *vi imperf* 1. (*fermentować*) to ferment; to pickle; (*o mleku*) to sour; to turn 2. *przen pot* (*o człowieku*) to lie sunk in dullness; to hang about
kiszk|a *f* 1. *anat* intestine; bowel; gut; *pl* ~**i** bowels; guts; entrails; **ślepa** ~**a** appendix 2. (*wędlina*) black pudding 3. (*dętka*) air-chamber
kiszkowaty *adj* long and narrow
kiszonka *f roln* (en)silage
kiszon|y *adj kulin* pickled (cucumber etc.); ~**a kapusta** sauerkraut
kiść *f* 1. (*gałązka*) spray; (*grono*) bunch; cluster 2. (*pęk*) tuft
kit *m* putty
kit|a *f* 1. (*pęk piór*) tuft (of feathers); (*pióropusz*) panache 2. (*puszysty ogon*) brush; *wulg* **odwalić** ~**ę** to kick the bucket
kitel *m* (doctor's etc.) coat; (*używany przy operacjach*) operating gown; (*w laboratoriach*) laboratory overall ⟨coat⟩; (*strój robotniczy*) overalls; smock-frock
kitować *vt imperf* to putty
kiw|ać *imperf* — **kiw|nąć** *perf* **I** *vt* 1. (*machać*) to sway (*czymś* sth); to shake (**głową** one's head); to wag (**palcem** one's finger; **ogonem** the tail); ~**ać na kogoś palcem** to beckon sb with one's finger; ~**ać ręką** to wave one's hand; ~**nąć głową komuś** to nod to sb 2. *pot* (*oszukiwać*) to fool (sb) 3. *sport* to dodge **II** *vi* to sign (**na kogoś** to sb) **III** *vr* ~**ać** ⟨~**nąć**⟩ **się** to shake; **krzesło się** ~**a** the chair is shaky ⟨rickety⟩
kiwi *n indecl orn* kiwi
kiwnąć *zob* **kiwać**

kiwnięcie *n* ↑ **kiwnąć**; sign; motion; ~ **głową** (a) nod
klacz *f* mare
klajster *m* paste; size; glue
klajstrować *vt imperf* to paste; to stick
klaka *f pot teatr* claque
klakier *m pot* claqueur
klakson *m* (motor-)horn; horn (signal)
klamerka *f* (*także med*) clip; (*u pasa itd.*) buckle
klamk|a *f* door handle; **otworzyć drzwi z** ~**i** to unlatch the door; *przen* ~**a zapadła** the die is cast
klamoty *pl pot* belongings; chattels
klamp *m med* (artery-)clip
klamr|a *f* 1. (*zapięcie*) buckle; clasp 2. *bud techn* cramp(-iron); clamp 3. *sport* (*do wspinaczki*) staple; climbing iron 4. *boks* clinch 5. *pl* ~**y** square brackets
klan *m* 1. (*związek rodowy*) clan 2. *przen* clique
klapa[1] *f* 1. (*zawór*) valve; *dosł i przen* ~ **bezpieczeństwa** safety valve 2. (*pokrywa na zawiasach*) hatch; flap 3. (*wyłóg u kołnierza*) lapel
klap|a[2] *f pot* (*niepowodzenie*) wash-out; flop; **zrobić** ~**ę** to fall flat
klapnąć *vi perf* 1. (*stuknąć*) to tap 2. (*paść bezwładnie*) to flop (down)
klap|ować *vi imperf pot żart* to fit together; **wszystko** ~**uje** everything's O.K.
klaps[1] *m* 1. (*uderzenie*) smack; slap; **dać dziecku** ~**a** to spank a child 2. (*gruszka*) a variety of pear
klaps[2] *m film* clapper
klapsa *f pot zob* **klaps**[1] 2.
klarnecista *m* clarinettist
klarnet *m muz* clarinet
klarować *imperf* **I** *vt* 1. (*oczyszczać z zawiesin*) to clarify; to clear; *chem* to filter 2. *pot* (*wyjaśniać*) to clarify; to explain **II** *vr* ~ **się** 1. (*stawać się klarownym*) to become clear; to clarify (*vi*) 2. (*precyzować się*) to become distinct ⟨clear⟩
klarowność *f singt* clarity
klarowny *adj* clear; (*w optyce*) lucid; limpid
klas|a *f* 1. (*kategoria*) class; rank; order;

pot (*o człowieku, rzeczy*) (**pierwsza**) ~a first-rate 2. *bot zool* class 3. *kolej* class 4. (*grupa społeczna*) class 5. *szk* (*w szkole podstawowej*) standard; (*w szkole średniej*) form; *am* grade; (*uczniowie*) class 6. (*przedmiot nauczania*) class; ~a śpiewu singing class 7. (*sala szkolna*) class-room 8. *pl* ~y (*gra dziecinna*) hopscotch
klaser *m filat* stamp-album
klaskać *vi imperf* (*bić brawo*) to clap (one's hands); to applaud
klaskanie *n* 1. ↑ **klaskać** 2. (*brawa*) applause
klasnąć *vi perf* to clap one's hands
klasow|y *adj* class — (distinctions etc.); **walka** ~a class struggle
klasówka *f szk* class test
klasycyzm *m lit plast* classicism
klasyczn|y *adj* 1. (*o kulturze, studiach*) classical; **filologia** ~a the classics 2. (*klasycystyczny*) classicistic 3. (*doskonały*) classical; standard 4. (*typowy*) typical; standard || *sport* **kombinacja** ~a Nordic event; **styl** ~y breast stroke
klasyfikacja *f* classification; *szk* marking
klasyfikator *m* 1. (*człowiek*) classifier 2. *górn* classifier; sizer
klasyfikować *vt imperf* 1. (*segregować*) to classify; to categorize; to class 2. *szk* to award marks
klasyk *m* classic
klasztor *m* cloister; convent; monastery; **wstąpić do** ~u a) (*o mężczyźnie*) to take the habit b) (*o kobiecie*) to take the veil
klasztorn|y *adj* monastic; religious; **szkoła** ~a convent school
klaśnięcie *n* ↑ **klasnąć**; clap (of hand--palms); smack (of a whip etc.)
klatka *f* 1. (*do hodowli ptaków, zwierząt*) cage; (*do przewożenia towarów*) crate; *anat* ~ **piersiowa** chest; **bud** ~ **schodowa** staircase 2. *film fot* frame (of a film); still
klauzula *f prawn* clause; reservation; ~ **dodatkowa** rider
klauzura *f rel* enclosure
klawesyn *m muz* harpsichord
klawiatura *f* keys; (*fortepianu*) keyboard; (*organów*) manual; (*maszyny do pisania itp.*) keys
klawikord *m muz* clavichord
klawisz *m* key (of a piano); key ⟨button⟩ (of a typewriter etc.)
klawo *adv pot* in fine style; O.K.; righto; *am* fine
klawy *adj pot* scrumptious; first-rate; *am* swell
kląć *imperf* I *vi* to curse (**na kogoś, coś** sb, sth) II *vr* ~ **się** to swear
kląskać *vi imperf* (*o słowiku*) to trill
klątw|a *f* excommunication; curse; **rzucić** ~**ę na kogoś** to excommunicate ⟨to anathematize⟩ sb; **pod** ~**ą** on pain of excommunication
klecha *m pog* shaveling
klechda *f* folk story; ancient tale
klecić *vt imperf* 1. (*budować byle jak*) to botch up (a construction etc.) 2. *przen* (*tworzyć*) to concoct (verses etc.) 3. *przen* (*kojarzyć*) to bring together
kle|ić *imperf* I *vt* to stick (together); to glue II *vr* ~**ić się** 1. (*trzymać się razem*) to stick (together); *przen* ~**ją mu się powieki** he is overcome with sleep 2. *przen* (*z przeczeniem* — *o rozmowie itd.*) **nie** ~**ić się** to falter; to flag
kleik *m* gruel; pap
kleisty *adj* sticky; viscous; gluey
klej *m* glue; gum; ~ **roślinny** ⟨**stolarski**⟩ vegetable ⟨joiner's⟩ glue
klejnot *m* 1. (*drogocenny kamień*) jewel; gem 2. *pl* ~y (*kosztowności*) jewellery 3. *przen* gem
klejonka *f* plywood
klejow|y *adj* **farba** ~a distemper
klekot *m* 1. (*bociani*) (stork's) clattering 2. *pot* (*gruchot*) dilapidated object; rickety vehicle
klekotać *vi imperf* 1. (*o bocianie*) to clatter 2. *pot* (*trajkotać*) to chatter
kleks *m* blot; ink-stain
klep|ać *imperf* — **klep^rnąć** *perf* I *vt* 1. (*uderzać lekko dłonią*) to pat ⟨to clap, to slap⟩ (**kogoś po ramieniu** sb on the shoulder); *przen* ~**ać biedę** to be hard up 2. (*paplać*) to blab; to

chatter 3. *imperf (kuć)* to hammer II *vr* ~ać ⟨~nąć⟩ się to slap (po udach itd.) one's thighs etc.)
klepisko *n (w stodole)* threshing ⟨barn⟩ floor; *(w izbie)* dirt floor
klepk|a *f* 1. *(do wyrobów bednarskich)* stave; *przen* to jest majster ~a he is clever at doing things; *pot (o człowieku)* bez piątej ~i loony 2. *(do posadzek)* parquet-flooring board; plank (board)
klepnąć *zob* klepać; ~ kogoś po głowie to give sb a tap on the head
klepsydra *f* 1. *(ogłoszenie o śmierci)* (an) obituary 2. *(przyrząd do mierzenia czasu)* sand-glass
kleptomania *f singt* kleptomania
kler *m* clergy
kleryk *m* seminarist
klerykalizm *m singt* clericalism
klerykalny *adj* clerical
kleszcz *m ent* tick
kleszcze *plt* 1. *(szczypce)* pliers; pincers; *dent* extractor; *med* forceps 2. *przen* grip (of the frost etc.) 3. *zool* claws
klęczeć *vi imperf* to kneel
klęczk|i *plt w zwrotach*: na ~ach, na ~i on one's knees
klęcznik *m* kneeling-chair
klękać *vi imperf* — klęknąć *vi perf* to kneel (down); to go down on one's knees
klępa *f* 1. *(samica łosia)* female-elk 2. *przen obelż* slut
klęsk|a *f* 1. *(porażka)* defeat; zadać nieprzyjacielowi ~ę to defeat the enemy 2. *(niepowodzenie)* repulse; ponieść ~ę to meet with a repulse 3. *(nieszczęście)* calamity; ~a elementarna ⟨żywiołowa⟩ disaster
klęsnąć *vi imperf (zapadać się)* to cave in; to sink; *(o obrzęku)* to subside
klient *m handl* customer; buyer; *(w kawiarni itd.)* guest; stały ~ regular customer; patron
klientela *f handl* customers; buyers
klientka *f* = klient
klika *f pog* clique
klimakterium *n* (the) climacteric
klimat *m dosł i przen* climate
klimatologia *f singt* climatology

klimatyczn|y *adj* climatic(al); leczenie ~e climatic treatment; miejscowość ~a (health) resort
klimatyzacja *f singt* 1. *(regulowanie temperatury itp.)* air-conditioning 2. *(aparatura)* air-conditioner
klimatyzować *vt imperf* to air-condition (a room etc.)
klin *m* 1. *(trójkąt z drewna lub metalu)* wedge; *bud* key; rozbić coś ~em to wedge sth; *przen* ~ ~em się wybija like cures like; zabić komuś ~a w głowę to stump sb 2. *kraw* gusset 3. *meteor* wedge (of barometric pressure)
klinga *f* blade (of a sword)
kliniczny *adj* clinical (treatment etc.); clinic — (attendance etc.)
klinika *f* clinic; ~ lalek doll hospital
klinkier *m* clinker
klinow|y *adj* wedge-shaped; cuneate; *hist* pismo ~e cuneiform-writing
klipa *f (gra)* tipcat
klips *m* clip
kliring *m ekon* clearing
klisza *f* 1. *fot* plate 2. *druk* (wood)cut; printing-block
klitka *f* cubicle
kloaczny *adj* cloacal; dół ~ latrine; cesspool
kloaka *f* latrine; cesspool
kloc *m* log; chunk; block (of wood)
kloc|ek *m* 1. *dim* ↑ kloc; block; chock 2. *pl* ~ki *(do zabawy)* building blocks; bricks 3. *(w koronkarstwie)* bobbin
klomb *m* flower-bed
klon *m* maple(-tree)
klops *m* 1. *kulin* minced meat 2. *pot* wash-out; flop
klosz *m* 1. *(osłona lampy)* (lamp-)shade 2. *(patera)* vase 3. *(krój spódnicy)* flare (of a skirt)
kloszowy *adj* bell-shaped; *(o spódnicy itd.)* flaring
klown *m* clown
klozet *m* lavatory; (the) toilet
klub *m* club
klubow|y *adj* club — (rooms etc.); meble ~e lounge suite; fotel ~y easy chair

klucz *m* 1. (*do zamka, kłódki*) key; **otworzyć** ~**em** to unlock; **zamknąć drzwi na** ~ to lock the door; **pod** ~**em** under lock and key 2. *przen* clue (**zagadki** to a riddle) 3. (*system znaków*) code; ~ **szyfrowy** key to a cipher 4. (*komentarz*) key; glossary 5. (*szyk lecących żurawi itd.*) flock ⟨skein⟩ (of wild geese etc. in flight) 6. *lotn* flight; (*szyk*) Vic formation 7. *muz* clef (**wiolinowy, basowy, tenorowy** trebble, bass, C) 8. *techn* spanner; ~ **płaski** open ended spanner; ~ **uniwersalny** pass-key
kluczow|y *adj* pivotal; key — (industry, position etc.); *wojsk* **formacja** ~**a** Vic formation
kluczyć *vi imperf* to dodge; to foul the trail
kluć się *vr imperf* 1. (*o pisklętach*) to hatch (*vi*) 2. *przen* to sprout
klusk|a *f kulin* ball of boiled paste; dumpling; *pl* ~**i** noodles; *pot* (*o człowieku*) **ciepłe** ~**i** podge; milksop
kładka *f* foot-bridge; *mar* gangway
kłak *m* 1. (*puszysty strzęp*) lock ⟨flock⟩ (of wool, cotton etc.); wisp (of hair etc.); **niewarte funta** ~**ów** not worth a fillip 2. *pl* ~**i** *pog* (*włosy, sierść*) matted hair; mop
kłam *m singt* falsehood; **zadać** ~ **czemuś** to give the lie to sth
kłamać *vi imperf* to lie; to tell lies
kłamca, *pot* **kłamczuch** *m* liar
kłamliwy *adj* deceitful; mendacious; lying
kłamstwo *n* lie; falsehood; **wierutne** ~ rousing lie
kłaniać się *vr imperf* 1. (*składać ukłon*) to bow 2. (*przywitać*) to greet (**komuś** sb) 3. (*korzyć się*) to bow and scrape (to sb) 4. (*przesyłać pozdrowienia*) to send one's greetings ⟨compliments, respects, kind regards⟩ (to sb)
kłap|ać *vi imperf* — **kłap|nąć** *vi perf* to snap; ~**ać** ⟨~**nąć**⟩ **zębami** to snap one's teeth
kłapouch *m* (*osioł*) lop-eared donkey; (*królik*) lop-ear
kłaść *imperf* **I** *vt* 1. (*umieszczać*) to put (down); to lay; to set; to return (**coś**

na swoje miejsce sth to its place); ~ **dziecko spać** to put a child to bed; *przen* ~ **karty na stół** to disclose one's cards; ~ **komuś coś w głowę** to din sth into sb's ears; ~ **kres** ⟨**koniec**⟩ **czemuś** to put an end to sth; ~ **rękę** ⟨*pot* **łapę**⟩ **na coś** to clap one's hands on sth 2. (*budować*) to build; *przen* ~ **podwaliny pod coś** to lay down the foundations of sth 3. (*obalać*) to bring ⟨to knock⟩ down; to floor (an opponent); (*o chorobie*) ~ **kogoś** to strike sb down; ~ **trupem** to strike (sb) dead 4. (*wkładać na siebie*) to put on **II** *vr* ~ **się** 1. (*przybierać pozycję leżącą*) to lie down 2. (*iść spać*) to go to bed 3. (*przechylać się*) to incline; to bend over
kłąb *m* 1. (*skłębiona masa*) skein (of yarn etc.); whiff (of smoke, steam); **kłęby dymu** clouds of smoke 2. *pl* **kłęby** (*zwierzęcia*) buttocks; rump
kłącze *n bot* rhizome; root-stock
kłąb|ek *m* ball (of wool); hunk ⟨a skein⟩ (of yarn); *przen* ~**ek nerwów** a bundle of nerves; **zwinąć się w** ~**ek** to curl up; to huddle (oneself, itself) up; **dojść po nitce do** ~**ka** to find the clue
kłębiasty *adj* whirling; swirling; *meteor* cumulous
kłębić się *vr imperf dosł i przen* to whirl (*vi*)
kłębowisko *n* whirl; swirl; vortex
kłod|a *f* 1. (*pień*) log 2. (*kloc*) clog; **zwalić się jak** ~**a** to fall in a heap; *przen* **rzucać komuś** ~**y pod nogi** to put spokes in sb's wheel
kłonica *f* stanchion; stake
kłopo|t *m* trouble; bother; nuisance; *pl* ~**ty** difficulties; straits; **być w** ~**cie** to be in trouble ⟨at a loss, in a fix⟩; **jeżeli to nie sprawi** ~**tu** if not inconvenient; **narazić kogoś na** ~**t** to get sb into trouble; **sprawić komuś** ~**t** to inconvenience sb; **a to** ~**t!** this is too bad!; *co za* ~**t!** what a nuisance!
kłopotać *imperf* **I** *vt* to trouble; to inconvenience **II** *vr* ~ **się** to worry ⟨to concern oneself⟩ (**o coś** about sth)

kłopotliw|y adj 1. (*sprawiający kłopot*) troublesome; vexatious; inconvenient 2. (*wprawiający w zakłopotanie*) perplexing; ~e pytanie teaser
kłos *m* ear (of corn); **zbierać** ~y to glean
kłosić się *vr imperf* to head; to ear
kłócić *imperf* I *vt* 1. (*wstrząsać*) to stir; (*mieszać*) to mix 2. (*doprowadzać do niezgody*) to set (people) at variance II *vr* ~ **się** 1. (*spierać się*) to quarrel; to brawl; *pot* to have words (with sb) 2. (*nie pasować*) to clash; to jar
kłódk|a *f* padlock; **zamknąć drzwi na** ~**ę** to padlock the door; *posp* **trzymać ⟨zamknąć⟩ gębę na** ~**ę** to become tight-lipped; **zamknąć komuś gębę na** ~**ę** to seal sb's lips
kłótliwość *f singt* quarrelsomeness
kłótliwy *adj* quarrelsome; contentious
kłótnia *f* quarrel; brawl; squabble; row
kłucie *n* (*owada*) stings; (*ból*) sting; shooting pain
kłuć *imperf* I *vt* 1. (*zadawać razy ostrą bronią*) to stab; to spear; (*dźgać*) to prod; to jab 2. (*ranić igłą, kolcem itd.*) to prick; (*o owadzie*) to sting II *vi* (*o bolącej części ciała*) to shoot; **przen** ~ **w oczy** to excite people's envy III *vr* ~ **się** to prick (**w palec** one's finger)
kłujący *adj* (*o roślinie itd.*) prickly; (*o bólu*) shooting; piercing
kłus *m* trot; ~**em** at a trot; **jechać** ~**em** to trot (along)
kłusować[1] *vi imperf* (*o koniu, jeźdźcu*) to trot
kłusować[2] *vi imperf* (*zajmować się kłusownictwem*) to poach
kłusownictwo *n singt* poaching
kłusownik *m* poacher
kłykieć *m anat* condyle
kmieć *m hist* peasant
kminek *m* 1. *bot* cum(m)in 2. *kulin* (*nasienie*) caraway seeds
kmiotek *m pog* yokel
knajpa *f pot* pub; public house; *am* dive; saloon
knajpiarz *m pot* publican

knebel *m* 1. (*do zamykania ust*) gag 2. (*kołek*) stick; peg
kneblować *vt imperf* to gag
knedel *m kulin* a kind of dumpling
kniaź *m hist* Ukrainian ⟨Lithuanian⟩ prince
knieja *f* forest; wood(s)
knocić *vt imperf* *pot* to bungle; to botch
knot *m* 1. (*u świecy*) (candle-)wick; (*u lampy*) (lamp-)wick 2. *pot* (*sknocona robota*) (a) bungle; (a) botch
knowani|e *n* (*także pl* ~**a**) scheming; plotting; machinations
knu|ć *vt imperf* to plot; to scheme; **co on** ~**je?** what's his game?
knur *m* boar
knut *m* knout
knykieć *m anat* knuckle
koagulacja *f singt chem fiz* coagulation
koalicja *f* coalition
kobalt *m singt chem* cobalt
kobaltow|y *adj* 1. *chem* cobaltic (compound etc.); **bomba** ~**a** cobalt bomb 2. (*niebieski*) cobalt — (china etc.)
kobiałka *f* chip basket
kobieciarz *m* lady's ⟨ladies'⟩ man; philanderer
kobiecość *f singt* femininity; womanhood
kobiec|y *adj* feminine; womanish; **po** ~**emu** after the manner of women
kobie|rzec *m* carpet; **na ślubnym** ~**rcu** at one's wedding; **stanęła z nim na ślubnym** ~**rcu** he led her to the altar
kobieta *f* woman
kobra *f zool* cobra
koby|ła *f* 1. (*klacz*) mare; *posp* **jeździć na kimś jak na łysej** ~**le** to trample sb under foot; *przysł* **słowo się rzekło** ~**ła u płotu** be true to your word 2. *pot* (*długi utwór*) long-winded work
kobza *f muz* bagpipe
kobziarz *m* bagpipe-player; piper
koc *m* blanket
kochać *imperf* I *vt* to love; to cherish; **bardzo kogoś** ~ to love sb dearly II *vr* ~ **się** 1. (*wzajemnie*) to love each other 2. (*durzyć się*) to be in love (**w kimś** with sb) 3. (*lubować się*) to be very fond (**w czymś** of sth)

kochający *adj* loving; affectionate; fond (**kogoś, coś** of sb, sth)
kochanek *m* lover
kochanie *n* ↑ **kochać** 1. (*uczucie*) love; affection 2. (*istota kochana*) (sb's) love; sweetheart 3. *w wołaczu*: a) (*poufale*) (my) dear b) (*z miłością*) darling; my love; **am** honey
kochanka *f* mistress
kochany *adj* dear
kocher *m* cooker
kochliwy *adj* amorous
koci *adj* 1. (*właściwy kotu*) cat's; cattish; catlike; (*o chodzie*) velvety; **pot ~a muzyka** caterwaul; **~e łby** cobble-stones 2. (*należący do rodzaju kociego*) feline
kociak *m* 1. (*młody kot*) kitten 2. **pot** (*o młodej kobiecie*) smasher; peach
kocica *f* she-cat
kocić się *vr imperf* to kitten; to bring forth kittens ⟨hares, goats etc.⟩
kociokwik *m pot* hangover
kocioł *m* 1. (*naczynie kuchenne*) kettle; pot; cauldron; (*do gotowania bielizny*) wash-boiler; **przysł przygania ~ garnkowi, a sam smoli** the pot calls the kettle black 2. *techn* boiler; **~ parowy** steam boiler 3. *muz* kettle-drum
kocmołuch *m pot* sloven; slattern; slut
kocur *m pot* Tom-cat
koczkodan *m* 1. *zool* talapoin 2. (*czupiradło*) dowdy; frump
koczować *vi imperf* 1. (*prowadzić wędrowny tryb życia*) to lead a nomadic life 2. (*obozować*) to bivouac; to camp
koczownictwo *n singt* nomadism
koczowniczy *adj* nomadic
koczownik *m* nomad; wanderer
kod *m* code
kodeina *f singt farm* codein(e)
kodeks *m* code
kodować *vt imperf* to code
kodycyl *m prawn* codicil
kodyfikacja *f singt* codification
kodyfikować *vt imperf* to codify
koedukacja *f singt* co-education
koedukacyjn|y *adj* co-educational; **szkoła ~a** mixed ⟨co-educational⟩ school
koegzystencja *f singt* coexistence

kofeina *f* caffeine
kogel-mogel *m* yolk stirred with sugar to a cream
koguci *adj* cock's; **boks waga ~a** bantam weight
kogut *m* 1. (*samiec kury*) cock 2. *przen* (*człowiek czupurny*) cockerel
koherencj|a *f singt* coherence; **brak ~i** incoherence
kohezja *f singt fiz* cohesion
koić *vt imperf* (*uspokajać*) to soothe; to calm; (*uśmierzać*) to alleviate ⟨to relieve, to appease⟩ (pain)
koja *f mar* (sleeping-)berth, bunk
kojarzyć *imperf* **I** *vt* 1. (*łączyć*) to unite; to join; **~ małżeństwo** to make up a marriage 2. (*łączyć wrażenia*) to associate (ideas etc.) **II** *vr* **~ się** 1. (*łączyć się*) to unite (*vi*); to join (*vi*) 2. (*o wrażeniach itd.*) to associate (*vi*)
kojący *adj* soothing; restful
kojec *m* 1. (*dla drobiu*) hen-coop 2. (*dla dziecka*) (baby's) pen
kok *m* bob; bun; chignon
kokaina *f singt chem* cocain
kokainizować się *vr imperf* to be addicted to cocaine
kokarda *f* (slip-)knot; bow
kokieteria *f singt* coquetry
kokieteryjny *adj* coquettish
kokietka *f* coquette; flirt
kokietować *vt imperf* 1. (*starać się podobać*) to coquet (**kogoś** with sb) 2. *iron* (*jednać sobie*) to woo; to court
kokila *f hut techn metal* mould; gravity die
kokilka *f* casserole
koklusz *m med* (w)hooping cough
kokon *m* cocoon
kokos *m* 1. (*orzech*) coconut 2. (*zw pl*) *przen* (*rzecz wyśmienita*) something grand; **robić ~y** to coin money
kokosowy *adj* coconut — (milk etc.); **orzech ~** coconut; *przen* **~ interes** scoop
kokosz, kokoszka *f* laying hen
kokota *f* cocotte; courtesan
koks *m* coke
koksa *f* a variety of apple

koksiak m pot coke stove; fire-basket
koksochemia f singt chemistry of coke
koksować vi vt imperf to coke
koksownia f techn cokery; coking plant
koksownictwo n techn coke production
koksowy adj coke — (oven etc.)
koktajl m cocktail
kolaboracja f collaboration; polit quislingism
kolaboracjonista, kolaborant m collaborationist; quisling
kolaborować vi imperf to collaborate
kolacja f supper
kolacjonować vt imperf to collate (a copy with the manuscript etc.); to check
kolank|o n 1. dim ↑ **kolano** 2. techn knee-piece; (rurowe) knee, ell 3. bot node, nodus
kolan|o n 1. anat knee; **na ~ach** on one's knees; przen **robić coś na ~ie** to do sth slapdash 2. techn knee; bend 3. (zakręt, wygięcie) turn; twist
kolanowy adj anat genual; of the knee; **staw ~** knee-joint
kolanówki pl (skarpety) knee-stockings
kolarski adj cyclist's; cycling — (track, race etc.)
kolarstwo n singt cycling
kolarz m cyclist; am wheelman
kolba f 1. bot spadix; pot **~ kukurydzy** corn-cob 2. chem fiz flask 3. techn (także **~ lutownicza**) soldering tool 4. (u broni palnej) butt(-end) (of rifle)
kolczasty adj prickly; spiny; bot thorny; **drut ~** barbed wire
kolczatk|a f 1. zool echidna 2. roln rotary harrow 3. pl **~i** (pantofle do biegów) spiked shoes; track-shoes
kolczuga f hist coat of mail
kolczyk m ear-ring
kolczykować vt imperf zootechn to earmark
kolebka f dosł i przen cradle
kol|ec m 1. (przedmiot stalowy, żelazny) spike; barb 2. (u roślin) prick; thorn; spike; spine; **bez ~ców** spineless; przysł **nie ma róży bez ~ców** no rose without a thorn 3. pl **~ce** = **kolczatka** 3.

kolega m colleague; comrade; pot mate; chum; pal; am buddy; **~ po fachu** professional colleague; **~ szkolny** school-fellow; class-mate
kolegialność f singt joint action
kolegialny adj joint; collective
kolegiata f collegiate church
kolegium n governing ⟨administrative⟩ body; council
koleg|ować vi imperf to be comrades (with sb); **~owaliśmy w szkole** we were school-mates; **~ujemy ze sobą w biurze** we are office comrades
koleina f rut
kole|j f 1. (przedsiębiorstwo) railway; am railroad; **~j linowa** cable railway; **~j podziemna** the underground; the tube; am subway 2. (tor kolejowy) track 3. (pociąg) train; **jechać ~ją** to travel by train 4. (kolejność) turn; **na mnie** ⟨**na ciebie itd.**⟩ **~j** it's my ⟨your etc.⟩ turn; **po ~i** by turns; **z ~i** next; then 5. (zmiana losu) change of life; **zmienne ~je losu** ups and downs; vicissitudes
kolejarz m railwayman
kolej|ka f 1. (kolej wąskotorowa) narrow-gauge railway; **~ka linowa** cable railway; **~ka podziemna** the underground; **~ka zębata** rack-railway 2. pot (kolejna porcja trunku) round (of drinks) 3. (ogonek) queue; line; **stać w ~ce** to queue; to stand in line; **ustawić się w ~ce** a) (o grupie) to line up b) (o jednej osobie) to join the queue
kolejnictwo n singt the railways
kolejno adv in turn; in succession; one after the other; **zmieniać się ~** a) (następować po sobie) to alternate b) (robić coś na przemian) to take turns (at doing sth)
kolejnoś|ć f order; sequence; succession; **w ~ci** successively; **w ~ci alfabetycznej** in alphabetical order
kolejny adj 1. (kolejno następujący) succeeding; following; **numer ~** serial number 2. (następny) next
kolejowy adj railway ⟨am railroad⟩ — (ticket etc.)
kolekcja f collection

kolekcjoner *m* collector (of stamps etc.)
kolekcjonerstwo *n singt* mania of collecting
kolekcjonować *vt imperf* to collect (stamps etc.)
kolektor *m* 1. *techn el* commutator; (*w różnych maszynach*) collector 2. (*w kanalizacji*) main drain
kolektura *f* lottery office
kolektyw *m* (collective) body
kolektywizacja *f singt* collectivisation
kolektywizm *m* collectivism
kolektywizować *vt imperf* to collectivize
kolektywnie *adv* collectively
kolektywność *f* collectivity
kolektywny *adj* collective; corporate
kolender *m*, **kolendra** *f bot* coriander
koleżanka *f* colleague; comrade
koleżeńsk|i *adj* friendly; amicable; **po ~u** in a friendly manner; amicably
koleżeńskość *f singt* comradeship
koleżeństwo *n singt* 1. = **koleżeńskość** 2. (*ogół kolegów*) comrades
kolęda *f* (Christmas) carol
kolędni|k *m* caroller; *pl* **~cy** waits
kolędować *vi imperf* 1. (*śpiewać kolędy*) to carol 2. (*chodzić po kolędzie*) to go carolling 3. *pot* (*długo czekać*) to kick one's heels
kolia *f* necklace
koliber *m orn* humming-bird
kolidować *vi imperf* to collide; to be in collision; to clash
koligacja *f* affinity; relationship by marriage
kolisty *adj* circular
kolizj|a *f* 1. (*sprzeczność*) conflict; clash (of interests etc.); **~a z prawem** infringement of the law; **wchodzić w ~ę z prawem** to infringe the law 2. (*zderzenie*) collision
kolka *f med wet* colic; gripping pains
kolofon *m* colophon
koloid *m* (*zw pl*) *chem* colloid
koloidalny *adj chem* colloidal
kolokwialny *adj* 1. *uniw* examination — (results etc.) 2. (*potoczny*) colloquial
kolokwium *n uniw* colloquium; test
kolombina *f* Columbine
kolonia *f* 1. *polit biol* colony 2. (*osiedle*) settlement 3. (*rodzaj wakacji*) summer camp
kolonializm *m singt* colonialism
kolonialn|y *adj* colonial; **polityka ~a** policy of colonial expansion; **sklep ~y** grocer's shop; **towary ~e** groceries
kolonista *m*, **kolonistka** *f* (a) colonial; colonist; settler
kolonizacja *f* colonization
kolonizator *m* colonizer
kolonizować *vt imperf* to colonize; to settle (**kraj ludźmi** a country with people)
kolońsk|i *adj* **woda ~a** Cologne water; eau-de-Cologne
kolor *m* 1. (*barwa*) colour; tint; hue; **jakiego to (jest) ~u?** what colour is it? 2. *pl* **~y** (*rumieńce*) rosy complexion; **dostawać ~ów** to flush 3. *karc* suit; **dodać do ~u** to follow suit; **nie dodać do ~u** to renounce (clubs etc.)
koloratura *f muz* coloratura
kolorować *vt imperf* to colour; to paint; to stain (wood, paper, glass etc.)
kolorowy *adj* **I** *adj* coloured; colourful **II** *m* coloured person
kolorysta *m* (*malarz*) colourist
kolorystyczny *adj* colouristic
kolorystyka *f singt* 1. *plast* colouring 2. *muz* tone colour
koloryt *m* 1. *plast* colouring; tone 2. (*cechy epoki, środowiska itd.*) colour; **~ miejscowy** local colour
koloryzować *imperf* **I** *vt* to overdraw **II** *vi* to colour; to exaggerate; to varnish the truth
kolos *m* 1. (*olbrzymi posąg*) colossus 2. *przen* (*olbrzym*) giant
kolosalny *adj* colossal; gigantic
kolportaż *m* distribution (of newspapers, magazines and books)
kolporter *m*, **kolporterka** *f* 1. *handl* distributor 2. (*roznosiciel czasopism*) news-agent; news-man; news-boy
kolportować *vi imperf* 1. (*rozpowszechniać*) to distribute; *przen* **~ pogłoski ⟨wiadomości⟩** to retail ⟨to spread⟩ ru-

kolt 218 **kołysać**

mours ⟨news⟩ 2. (*rozprzedawać*) to sell
kolt *m* Colt revolver
kolubryna *f* 1. *hist* wojsk culverin 2. *przen* something huge ⟨voluminous⟩; (*długa książka*) lengthy book
kolumna *f* 1. *arch* column; pillar 2. *wojsk* column 3. (*zespół*) unit; ~ **sanitarna** hospital unit 4. (*rząd cyfr itd.*) column (of figures etc.) 5. *druk* column
kolumnada *f arch* colonnade
kolumnowy *adj* 1. (*o kształcie kolumny*) columnar 2. (*z kolumnami*) columned; pillared
kołacz *m* cake; (*weselny*) wedding-cake; *przysł* **bez pracy nie ma** ~**y** no reward without toil
kołatać *vi imperf* 1. (*stukać*) to knock; to rattle (**do drzwi** at the door) 2. (*o sercu*) to beat; to palpitate; to throb 3. (*zabiegać*) to request (**do kogoś o coś** sth of sb)
kołatka *f* rattle; clapper; (*u drzwi*) door-knocker
kołchoz *m* kolkhoz
kołchoźnik *m* kolkhoz member
kołczan *m* quiver
kołdra *f* counterpane; quilt
kołdun *m* *kulin* boiled meat-ball
koł|ek *m* 1. (*kawałek drewna*) peg; *stol* dowel; (*do wieszania ubrania itd.*) hanger; **sam, jak** ~**ek w płocie** quite alone; *przen* **ciosać komuś** ~**ki na głowie** to bully sb; **język mu stanął** ~**kiem** he was speechless; *pot* **siedzieć** ~**kiem gdzieś** not to stir from a spot; **stać jak** ~**ek** to stand like a post 2. *muz* tuning-peg
kołkować *vt imperf* to peg
kołnierz *m* collar; **złapać kogoś za** ~ to collar sb
koł|o[1] *n* 1. (*krąg*) circle; ring; *filoz* **log błędne** ~**o** vicious circle; ~**em** in a circle; (*idąc do celu*) **zrobić** (**wielkie**) ~ to go a (long) way round 2. (*u pojazdu itd.*) wheel; ~**o fortuny** Fortune's wheel; **fortuna** ~**em się toczy** Fortune is fickle; *przen* **piąte** ~**o u wozu** the fifth wheel to a cart; **czuć się jak piąte** ~**o u wozu** to feel

de trop 3. (*przedmiot mający kształt koła*) circle; ~**o ratunkowe** lifebelt 4. (*sfera, środowisko*) circle; ~**a kupieckie** ⟨**sportowe itd.**⟩ the business ⟨sporting etc.⟩ world; ~**a literackie** the literary set
koło[2] *praep* 1. (*dokoła*) round 2. (*w pobliżu kogoś, czegoś*) near ⟨close to⟩ (sb, sth); (*w okolicy*) in the neighbourhood (of sth) 3. (*przy*) at; with; **zrobić coś** ~ **samochodu** to tinker at the car 4. (*w przybliżeniu*) about; somewhere round; **coś** ~ **tego** there or thereabout(s)
kołodziej *m* wheelwright
kołowacieć *vi imperf* 1. *wet* (*o owcach*) to be affected with gid 2. *przen* (*o człowieku*) to become dazed; to go silly
kołowacizn|a *f* 1. *wet* gid (of sheep); staggers 2. *przen* (*zamęt w głowie*) confusion; **można dostać** ~**y** it's enough to drive a man crazy
kołować *imperf* **I** *vi* 1. (*krążyć*) to circle 2. *dosł i przen* (*wirować*) to whirl; to be in a whirl 3. (*nakładać drogi*) to take a roundabout course; to stray **II** *vt przen* to be too smart (**kogoś** for sb); ~ **kogoś** to lead sb up the garden path
kołowrotek *m* spinning-wheel
kołowrót *m* 1. *górn* gin; *techn* windlass; hoist 2. (*krzyżak na słupku*) turnstile
kołowy *adj* 1. (*o kształcie koła, okrężny*) circular 2. (*odbywający się na kołach*) vehicular (traffic); **ruch** ~ traffic
kołpak *m* calpack
kołtun *m* 1. *med* plica 2. *przen* tangle 3. *pog* (*obskurant*) smug person; Philistine
kołtuneria *f singt* 1. (*zacofanie*) smugness; priggishness; Philistinism 2. (*ludzie*) prigs; Philistines; gigmanity
kołtuński *adj* smug; Philistine
kołtuństwo *n* = **kołtuneria** 1.
koły|sać *imperf* **I** *vt* to swing; (*bujać*) to rock (**dziecko do snu** a baby to sleep) **II** *vr* ~**sać się** (*huśtać się*) to swing; (*o drzewach na wietrze*) to be tossed to and fro; (*o statku na fa-*

kołysanie (się) 219 **komis**

lach) to roll; **chodzić ~sząc się w biodrach** to waddle
kołysanie (się) *n* ↑ **kołysać (się)**; swing
kołysanka *f* lullaby; cradle-song
kołysk|a *f* cradle; *przen* **od ~i** from the cradle ⟨a child⟩
komandor *m* 1. *mar* commodore 2. (*kawaler orderu*) commander
komandorski *adj* commander's; *mar* commodore's
komandos *m wojsk* commando; ranger
komar *m ent* gnat; midge
komasacja *f* integration (of parts) into a whole
komasować *vt imperf* to integrate into a whole
kombajn *m roln* combine harvester; *górn* coal combine
kombatancki *adj* combatant — (officer etc.)
kombatant *m wojsk* combatant
kombi *n aut* estate car
kombinacja *f* 1. (*łączenie*) combination; union; arrangement 2. (*plan, manewr*) contrivance; scheme 3. (*damska bielizna*) slip 4. *sport* event; contest; **~ alpejska** Alpine event; **~ klasyczna** Nordic event
kombinat *m* works; plant; group of enterprises
kombinator *m* 1. (*spryciarz*) combiner; schemer 2. (*oszust*) swindler
kombinatorstwo *n* scheming; spoofing
kombinerki *plt* pliers
kombinezon *m* overalls; dungarees
kombinować *imperf* **I** *vt* to combine; to join; to arrange **II** *vi* 1. (*zastanawiać się*) to think 2. (*spekulować*) to live by one's wits; to contrive
komedi|a *f* 1. (*utwór sceniczny*) comedy 2. *pot* (*udawanie*) sham; pretence; **grać ~ę** to pretend 3. *pot* (*zabawne zdarzenie*) amusing situation; **istna ~a** great fun
komediancki *adj* faked; feigned
komedianctwo *n* pretence; sham
komediant *m*,. **komediantka** *f* deceiver; pretender
komediopisarstwo *n* writing of comedies
komediopisarz *m* comedist; writer of comedies

komediowy *adj* comedy — (actor etc.); (*o sytuacji itd.*) comic
komend|a *f* 1. (*słowny rozkaz*) command; **jak na ~ę** in unison 2. (*dowodzenie*) command; **sprawować ~ę** to be in command 3. (*komendantura*) headquarters
komendant *m* commander
komendantura *f* headquarters
komenderować *vt imperf* 1. (*dawać komendę*) to give an order, orders ⟨a command, commands⟩ (**podwładnymi** to one's subordinates) 2. (*dowodzić*) to command (**podwładnymi** subordinates)
komentarz *m* 1. (*przypisy objaśniające*) commentary 2. (*uwaga interpretująca wydarzenie*) comment; remark; **~e zbyteczne** comment is needless; **bez ~y!** no remarks, please! 3. *dzien* commentary
komentator *m* commentator
komentować *vi imperf* 1. (*opatrywać komentarzami*) to comment (**tekst** upon a text) 2. (*tłumaczyć na swój sposób*) to commentate (**coś** upon sth)
komercjalizacja *f* 1. *ekon* commercialization 2. *przen* (*nastawienie na zysk*) mercenariness
komercjalny, komercyjny *adj* commercial
komers *m* reunion
kometa *f astr* comet
komfort *m singt* comfort; (*w nowoczesnym mieszkaniu*) all modern conveniences
komfortowly *adj* comfortable; cosy; **~e mieszkanie** flat with all conveniences
komiczn|y *adj* comic(al); amusing; funny; **opera ~a** comic opera; opera bouffe
komik *m* comediant
komiks *m* comic strip; *pl* **~y** comics
komin *m* chimney; chimney-stalk
komin|ek *m* fire-place; hearth; **przy ~ku** by the fireside
kominiarka *f* (*czapka*) woollen cap
kominiarstwo *n singt* chimney sweeping
kominiarz *m* chimney-sweep
Komintern *m singt polit* Comintern
komis *m* 1. (*sprzedaż*) commission sale; **oddać coś w ~** to deposit sth for

komisariat commission sale 2. *pot (sklep)* commission shop
komisariat *m* 1. *(urząd milicyjny)* police-station 2. *(doraźna instytucja)* Commissioners
komisarz *m* 1. *hist (oficer policji)* police officer 2. *(urzędnik mający pełnomocnictwa)* commissioner
komisja *f* committee; *(organ administracji)* board; ~ **egzaminacyjna** examining board; ~ **lekarska** medical board; ~ **rewizyjna** board of control
komisowy *adj* commission — (sale, agent etc.); **sklep** ~ = **komis** 2.
komisyjny *adj* corporate; collective
komite|t *m* committee; board; **być w** ~**cie** to be on a committee
komityw|a *f singt* good terms; **być w dobrej** ~**ie z kimś** to be on friendly terms with sb; **wejść w** ~**ę z kimś** to make friends with sb
komiwojażer *m handl* commercial traveller
komizm *m singt* comicality
komnata *f* apartment; (palatial) room
komoda *f* chest of drawers
komora *f* 1. *(składzik)* receptacle 2. *(izba)* room 3. *anat (sercowa itd.)* ventricle 4. *techn fiz* chamber; ~ **gazowa** gas chamber 5. *(urząd)* ~ **celna** customs; customhouse
komorne *n singt* rent(al)
komornik *m* bailiff
komórka *f* 1. *(klitka)* cubby-hole; receptacle 2. *(jednostka organizacyjna)* cell; division; section 3. *biol* cell; cellule; loculus || *fiz* ~ **fotoelektryczna** photoelectric cell
komórkowy *adj* cellular; locular
kompan *m pot* comrade; pal
kompania *f* 1. *(towarzystwo)* company 2. *wojsk* company; ~ **honorowa** guard of honour
kompas *m* compass
kompendium *n* compend(ium); abstract
kompensacja *f singt* compensation
kompensata *f* compensation
kompensator *m* compensator
kompensować *vt imperf* to compensate; ~ **stratę** *itd.* to make up for a loss etc.

kompetencj|a *f* 1. *(zakres uprawnień)* competence; authority; **przekroczyć swoje** ~**e** to exceed one's powers 2. *(zakres działania)* sphere; scope; province
kompetentny *adj* competent; cognizant; qualified (**do robienia czegoś** to do sth)
kompilacja *f* compilation
kompilować *vt imperf* to compile
kompleks *m* 1. *(zespół)* group; complex; ~ **budynków** block of buildings 2. *psych* complex; ~ **niższości** inferiority complex
kompleksowość *f singt* complexity
kompleksowy *adj* complex; composite
komplement *m* compliment; *pl* ~**y** fair words; **prawić** ~**y** to pay compliments
komple|t *m* 1. *(ogół osób)* complete group; full assembly; **być w** ~**cie** to be present in full force 2. *(grupa uczniów)* study group; class 3. *(pełny zestaw)* complete set; ~**t mebli** suite of furniture; ~**t narzędzi** gang ⟨set⟩ of tools; kit
kompletnie *adv* completely; ⟨utterly; wholely; fully
kompletny *adj* 1. *(bez braków)* complete; entire; full 2. *(zupełny)* complete; utter; thorough; ~ **nonsens** sheer nonsense
kompletować *vt imperf* to complete; to make up (a set etc.)
komplikacja *f* complication
komplikować *imperf* I *vt* to complicate II *vr* ~ **się** to become complicated
komponować *vt imperf* to compose; ~ **muzykę do słów** to set words to music
kompost *m* compost
kompostować *vt imperf* to compost
kompot *m kulin* compote; stewed fruit
kompotierka *f* compote-dish
kompozycja *f* 1. *(układ, budowa)* composition 2. *(mieszanina)* mixture
kompozytor *m* composer
kompres *m* poultice; compress
kompresja *f* compression; ~ **etatów** axing of services
kompresor *m techn* compressor (of gas etc.)

kompromis *m* settlement; **pójść na ~ w sprawie czegoś** to compromise on sth
kompromisowość *f singt* readiness to compromise
kompromisow|y *adj* 1. (*oparty na ustępstwach*) compromising; **~e załatwienie** settlement by compromise 2. (*polubowny*) conciliatory
kompromitacja *f* loss of face; discredit
kompromitować *imperf* I *vt* to compromise; **to make (sb) look silly** II *vr ~ się* to compromise oneself; to lose face; to disgrace oneself
komputer *m* computer
komsomolec *m* member of the Comsomol
komsomoł *m* Comsomol; Communist Union of Youth
komtur *m hist* Commander (of the Order of Teutonic Knights)
komuna *f* 1. (*wspólnota*) Commonalty 2. *pot* (*ustrój komunistyczny*) communist system; *hist* **Komuna Paryska** the Paris Commune
komunalny *adj* communal; municipal
komunał *m* platitude
komuni|a *f rel liturg* Communion; **przystąpić do ~i** to receive Holy Communion
komunikacj|a *f singt* communication; **~a kolejowa** ⟨**autobusowa, tramwajowa**⟩ train ⟨bus, tram⟩ service; **Ministerstwo Komunikacji** Ministry of Transport; **środki ~i** means of communication ⟨of transport⟩
komunikacyjny *adj* (means, lines etc.) of communication
komunikat *m* (news) bulletin; *radio* announcement; **~ meteorologiczny** weather report; **~ urzędowy** official statement; communiqué
komunikatywny *adj* 1. (*służący do porozumiewania się*) serving as a means of intercourse 2. (*zrozumiały*) clear
komunikować *imperf* I *vt* to impart ⟨to convey, to transmit⟩ (**wiadomość** news) II *vi* to inform; to report (**o czymś** sth) III *vr ~ się* 1. (*porozumiewać się*) to communicate (*vi*) 2. (*utrzymywać kontakt*) to be in contact 3. *rel* to receive Holy Communion
komunikowanie (się) *n* ↑ **komunikować**

(się); communication, intercommunication
komunista *m*, **komunistka** *f* (a) Communist
komunistyczny *adj* Communist (party etc.); Communistic (tendencies etc.); **Komunistyczna Partia Związku Radzieckiego** ⟨**Wielkiej Brytanii, Stanów Zjednoczonych**⟩ Communist Party of the Soviet Union ⟨of Great Britain, of the United States⟩
komunizm *m singt* communism
komża *f kośc* surplice
konać *vi imperf* to be dying; to be at the point of death; *przen* **~ ze śmiechu** to split one's sides with laughter
konający I *adj* dying; *dosł i przen* moribund II *m·* person in agony
konar *m* bough; branch
koncentracja *f* concentration
koncentracyjny *adj* concentration — (camp etc.)
koncentrat *m* extract; concentrate
koncentrować *imperf* I *vt* 1. (*skupiać*) to concentrate; **~ uwagę na czymś** to fix one's attention on sth 2. (*gromadzić*) to accumulate II *vr ~ się* 1. (*skupiać się*) to concentrate (*vi*) 2. (*gromadzić się*) to accumulate (*vi*)
koncentryczny *adj* concentric
koncepcja *f* idea; conception
koncepcyjny *adj* conceptional
koncept *m pot* (*trafny pomysł*) brain wave; happy idea; **ruszyć ~em** to think of a good plan
koncern *m* syndicate; consortium
koncert *m* 1. (*impreza*) concert 2. *muz* (*utwór*) (piano, violin etc.) concerto
koncertmistrz *'m* concertmaster
koncertować *vi imperf* to give a concert ⟨concerts⟩; to perform
koncertowo *adv* (*popisowo*) admirably; magnificently
koncertow|y *adj* 1. concert — (music, hall etc.); **fortepian ~y** concert grand; **sala ~a** concert hall 2. *pot* (*doskonały*) admirable; magnificent
koncesj|a *f* 1. (*zezwolenie*) licence; **wydawać komuś ~ę na coś** to license ⟨to licence⟩ sb to do sth 2. (*ustępstwo*) concession

koncesjonariusz *m* licensee; concession(n)aire
koncesjonować *vt imperf* to license, to licence
koncesjonowany *adj* licensed, licenced
koncha *f* conch; *anat* ~ **uszna** concha; external ear
koncypować *vt imperf książk żart* to devise
kondensacja *f* condensation
kondensat *m* condensate
kondensator *m fiz el techn* condenser
kondensować *imperf* **I** *vt* to condense; to compress **II** *vr* ~ **się** to condense (*vi*)
kondolencj|a *f* (*zw pl*) condolence; words of sympathy; **złożyć komuś** ~**e** to present one's condolences to sb; to express sympathy with sb
kondolencyjny *adj* (letter, telegram) of condolence
kondor *m orn* condor
kondotier *m hist* condottiere
kondukt *m* funeral procession
konduktor *m* (tram, bus) conductor; (*w pociągu*) guard; *am* conductor
konduktorka *f* 1. (*kobieta-konduktor*) conductress 2. (*torebka*) shoulder bag
kondycj|a *f singt* (*forma*) form; **być w dobrej ⟨kiepskiej⟩** ~**i** to be in ⟨out of⟩ form; *sport* to be in ⟨out of⟩ training
kondycyjny *adj* training — (camp etc.)
kondygnacja *f bud* storey, story; ~ **schodów** flight of stairs
koneksje *pl* connections; relations
koneser *m* expert; connoisseur
konewka *f* 1. (*naczynie*) pot; jug 2. (*polewaczka*) watering can
konfederacja *f hist polit* confederacy
konfederat *m hist* (a) confederate
konfekcja *f singt* 1. (*produkcja*) clothing manufacture 2. (*sklep*) ready-made clothier(s) (shop); *am* clothing store 3. (*odzież*) ready-made clothing; *am* store clothes; *pot* slops
konfekcyjny *adj* ready-made — (clothes etc.); **przemysł** ~ clothing manufacture
konferansjer *m* compère; narrator

konferansjerka *f* functions of compère; compère's ⟨narrator's⟩ comments
konferencj|a *f* conference; **mieć** ~**ę** to be in conference
konferencyjny *adj* conference — (room etc.)
konferować *vi imperf* to have ⟨to hold⟩ a conference; to be in conference
konfesjonał *m* confessional
konfetti *plt indecl* confetti
konfidencja *f singt książk* (*zażyłość*) intimacy
konfidencjonalnie *adv* 1. (*poufale*) familiarly 2. (*w zaufaniu*) in confidence; confidentially
konfidencjonalny *adj* 1. (*zażyły*) intimate; familiar 2. (*poufny*) confidential
konfident *m*, **konfidentka** *f* (common) informer
konfiguracja *f* configuration; ~ **terenu** lay of the land
konfirmacja *f singt rel* confirmation
konfiskata *f* confiscation
konfiskować *vt imperf* to confiscate
konfitura *f*, **konfitury** *pl* jam; (fruit) preserve(s)
konflikt *m* conflict; clash; **wejść w** ~ **z prawem** to infringe the law
konformista *m* conformist
konformizm *m singt* conformity
konfrontacja *f* 1. (*porównanie*) collation 2. (*zestawienie*) confrontation
konfrontować *vt imperf* 1. (*porównywać*) to collate 2. *sąd* to confront; to bring face to face
konfucjanizm *m rel filoz* Confucianism
konglomerat *m* 1. *lit* (*skupisko*) conglomeration 2. *chem techn* conglomerate
kongregacja *f rel* Congregation
kongres *m* congress
kongresowy *adj* congress — (room etc.); **Królestwo Kongresowe = Kongresówka**
Kongresówka *f pot hist* Congress Kingdom of Poland
koniak *m* cognac
koniarz *m* 1. (*hodowca*) horse breeder 2. (*handlarz*) horse-dealer
koniczyna *f bot* clover

koniec *m* 1. *(zakończenie)* end; termination; finish; close (of a period, a speech etc.); **szary ~ tail-end**; *(na lekcji itd.)* ~! time's up! 2. *(skraj, czubek)* extremity (of a cable etc.); tip (of one's tongue, fingers etc.); foot (of a page, list etc.); bottom (of the table, a garden etc.); *przen* **wiązać ~ z końcem** to keep one's head above water; *przysł* **każdy kij ma dwa końce** it's a two-edged sword 3. *(kres, schyłek czegoś)* end; **dobiegać końca** to draw to an end ⟨to a close⟩; **doprowadzić zadanie do końca** to finish off a task; **nie było końca temu** it went on and on; **zbliża się ~ the end is near**; **i ~, i na tym ~ that's all**; **nie ~ na tym** and that is not all; **~ końców, ~ końcem** finally; to sum up || **bez końca** a) *(przymiotnikowo)* without end; unending; interminable b) *(przysłówkowo)* without end; on and on; *(dużo)* no end; **do końca** a) *(bez dopełnienia)* to the end; to a finish; **wytrwać do końca** to persist to the bitter end; to endure b) *(z dopełnieniem)* till the end (of the year etc.); **na końcu** a) *(bez dopełnienia)* lastly; **na samym końcu** at the very end; last of all b) *(z dopełnieniem)* at the extreme end (of the alley, branch etc.); at the very back (of the room, stage etc.); **na końcu świata** at the end of the world; at the back of beyond; **na ~** a) *(bez dopełnienia — na zakończenie)* finally; to end with; last of all b) *(z dopełnieniem)* to the confines (of the earth); **od końca** a) *(bez dopełnienia)* from the end; **od końca do końca** from end to end; **drugi ⟨trzeci itd.⟩ od końca** last but one ⟨two etc.⟩ b) *(z dopełnieniem)* since the end (of the summer etc.); **pod ~** a) *(bez dopełnienia)* latterly b) *(z dopełnieniem)* in the latter part (of the week etc.); **pod ~ roku ⟨życia itd.⟩** late in the year ⟨in life etc.⟩; **w końcu** at length; at last; lastly; **z końcem** towards the end (of the year etc.)
koniecznie *adv* 1. *(bezwarunkowo)* necessarily; of necessity; indispensably; **~ czegoś potrzebować** to need sth very badly; **muszę ~ ...** I absolutely must ...; I have simply ⟨absolutely⟩ got to ...; **trzeba ~ ...** it is imperative ⟨indispensable⟩ that ⟨to⟩ ... 2. *(niezawodnie)* without fail; **przyjdź ⟨napisz itd.⟩ ~** be sure ⟨don't fail⟩ to come ⟨to write etc.⟩
konieczność|ć *f singt* necessity; **jeżeli zajdzie ~ć, w razie ~ci** if necessary
konieczn¹y *adj* 1. *(bezwzględnie potrzebny)* necessary; needful; **warunek ~y** precondition; **~e jest ⟨jest rzeczą ~ą⟩ żeby ...** it is imperative that ⟨to⟩ ... 2. *(nieodzowny)* indispensable; **to, co jest ~e** the indispensable
konik *m* 1. *dim* ↑ **koń**; pony; *ent* **~ polny** grasshopper; *icht* **~ morski** sea-horse 2. *(zabawka)* hobby-horse 3. *(bzik)* hobby 4. *pot (pokątny sprzedawca biletów)* scalper 5. *szach* knight
konina *f singt* horse meat; horseflesh
koniokrad *m* horse thief
koniugacja *f biol gram* conjugation
koniugować *vt imperf biol gram* to conjugate
koniunktura *f* 1. *(sytuacja)* situation; **pomyślna ⟨niepomyślna⟩ ~** favourable ⟨unfavourable⟩ circumstances 2. *ekon* economic situation; **dobra ~** boom; prosperity; **zła ~** slump
koniunkturalny *adj* dictated by the existing state of affairs
koniuszek *m dim* ↑ **koniec**; tip (of the tongue, finger etc.)
konkluzja *f* conclusion; inference
konkordat *m* concordat
konkret *m* (a, the) concrete; *pl* **~y** hard facts
konkretnie *adv* concretely; specifically
konkretny *adj* 1. *(istniejący materialnie)* concrete; substantial 2. *(realny)* actual; real; specific; **~ wypadek** definite case
konkretyzować *vt imperf* 1. *(czynić rzeczywistym)* to realize; to concretize 2. *(precyzować)* to specify
konkubina *f książk* concubine
konkubinat *m książk* concubinage
konkurencj|a *f* 1. *(rywalizacja)* rivalry; *handl* competition; *handl* **brudna ~a**

konkurencyjny 224 **konspirować**

unfair competition; **robić komuś ~ę a)** *handl* to compete with sb b) *przen* to take away sb's trade; **bez ~i** matchless 2. *sport* contest; competition; event
konkurencyjn|y *adj* competitive (prices etc.); **walka ~a** competition
konkurent *m* 1. *handl* competitor 2. † *(starający się o rękę)* suitor
konkur|ować *vi imperf* 1. *(rywalizować)* to rival; to vie; **oni ~ują ze sobą** they rival ⟨outvie⟩ one another 2. † *(starać się o rękę kobiety)* to sue for a woman's hand
konkurs *m* competition; contest; **ogłosić ~ na coś** to throw sth open to competition; **stanąć do ~u o coś** a) *(brać udział w konkursie)* to compete for sth b) *(podjąć się wykonania pracy)* to put in a tender for a piece of work; **drogą ~u** by open competition; by tender; **poza ~em** not for ⟨out of⟩ competition
konkursowy *adj* competitive (examination etc.); **sąd ~** jury
konkury † *plt* (love-)suit; **iść w ~ o rękę kobiety** to sue for a woman's hand
konnic|a *f wojsk* cavalry; **oddział ~y** cavalry unit; detachment of horse
konno *adv* on horseback; **jeździć ~** to ride on horseback
konn|y *adj* *(o człowieku — na koniu)* mounted; on horseback; *(o pojeździe)* horse-drawn; **jazda ~a** horsemanship; **wyścigi ~e** horse-race(s)
konopiasty *adj* towy
konopie *plt* hemp
konopny *adj* 1. *(z konopi)* hemp — (cord etc.); hempen 2. *(płowy)* towy
konosament *m handl* bill of lading
konotacja *f filoz jęz* connotation
konował *m posp* 1. *(weterynarz)* farrier 2. *przen pog* sawbones
konsekracja *f rel* consecration
konsekrować *vt imperf* to consecrate
konsekwencj|a *f* 1. *(wynik)* consequence; effect; result; **ponosić ~e czegoś** to take the consequences of sth; **wyciągnąć ~e z czegoś** to learn (a lesson) from sth; **w ~i ...** as a consequence

⟨as a result⟩ ... 2. *(logiczna ciągłość w działaniu)* consistency (of conduct)
konsekwentnie *adv* 1. *(logicznie)* consistently 2. *(wytrwale)* constantly
konsekwentny *adj* 1. *(logiczny)* consistent 2. *(wytrwały)* constant
konserw|a *f (także pl ~y)* tinned ⟨canned⟩ food; **~y mięsne** ⟨**rybne, owocowe itd.**⟩ tin ⟨*am* can⟩ of preserved meat ⟨fish, fruit etc.⟩; **fabryka ~** cannery
konserwacja *f* preservation ⟨maintenance, upkeep⟩ (of a building, historical monuments etc.)
konserwacyjn|y *adj* maintenance — (works etc.); **koszty** ⟨**środki**⟩ **~e** upkeep; preservation
konserwator *m* 1. *(specjalista od konserwacji zabytków)* conservator (of monuments etc.) 2. *(mechanik)* tender
konserwatorium *n* conservatory; conservatoire
konserwaty|sta *m*, **konserwaty|stka** *f* conservatist; *polit* conservative; *pl* **~ści** *polit* the conservative party
konserwatywny *adj* conservatist; *polit* conservative
konserwatyzm *m singt* conservatism
konserwować *imperf* **I** *vt* to conserve (monuments etc.); to preserve (monuments, food etc.) **II** *vr* **~ się** to keep *(vi)*
konserwowy *adj* tinned; canned; pickled; potted; **przemysł ~** packing trade; canning industry
konsola *f* 1. *(mebel)* bracket; pier table 2. *arch* console; corbel; bracket
konsolidacja *f* consolidation
konsolidować *vt imperf* 1. *(umacniać)* to consolidate 2. *ekon* to fund
konsonans *m muz prozod* consonance
konsorcjum *n ekon* consortium; syndicate
konspekt *m* 1. *(szkic)* draft 2. *(skrót)* summary; synopsis
konspiracja *f* conspiracy
konspiracyjny *adj* 1. *(spiskowy)* conspiratorial; secret 2. *(podziemny)* underground 3. *(tajemniczy)* mysterious
konspirator *m* conspirator
konspirować *imperf* **I** *vi* to conspire; to

plot II vr ~ się to hide ⟨to conceal⟩ oneself
konstanta f (a) constant
konstatować vt vi imperf to ascertain
konstelacja f 1. àstr constellation 2. przen (stan spraw) situation; state of affairs
konsternacja f consternation; dismay
konsternować vt imperf to fill with consternation ⟨with dismay⟩; to dismay
konstrukcja f 1. (budowanie) construction; building 2. (struktura) structure; building; frame
konstrukcyjny adj constructional; structural
konstruktor m constructor; builder
konstruktywny adj constructive (criticism, suggestion etc.)
konstruować vt imperf to construct; to build
konstytuanta f polit Constituent Assembly
konstytucja f 1. polit constitution 2. (skład, budowa) constitution (of a person); physique
konstytucyjny adj constitutional (law, monarchy etc.)
konstytuować vt imperf to constitute; to form (a committee etc.)
konstytuowanie n ↑ konstytuować; constitution; formation
konsul m consul
konsularny adj consular
konsulat m consulate
konsultacja f consultation
konsultacyjny adj advisory; consultative
konsultant m consultant; consulting physician ⟨engineer⟩
konsultatywny adj książk consultative; advisory
konsultować imperf I vt to give professional advice (kogoś to sb) II vr ~ się to consult; ~ się u kogoś to seek sb's opinion
konsum m co-operative store; pot co-op
konsument m consumer
konsumować vt imperf 1. (spożywać) to consume; to eat and ⟨or⟩ drink 2. (zużywać) to use
konsumpcja f consumption

konsumpcyjny adj consumer — (goods etc.)
konsygnacja f handl consignment note
konsygnacyjny adj consignment — (note, shipment, terms etc.)
konsygnować vt imperf handl to consign
konsylium n consultation; odbyć ~ to hold a consultation
konsystencja f consistency
konsystorz m rel consistory
konszachty plt collusion; sheming
kontak|t m 1. (styczność) contact; touch; communication; pl ~ty relations; connections; być w ~cie z kimś to be in contact ⟨in touch, in communication⟩ with sb; nawiązać ~t z kimś to get into touch with sb; pozostawać w ~cie to keep in touch 2. el (do przekręcania) switch; (gniazdko) (wall) socket; włączyć ~t to switch on (the current); włączyć do ~tu to plug in (the desk lamp etc.)
kontaktować imperf I vi (stykać się) to be in contact II vt (powodować łączność, zetknięcie) to bring (sb, sth) into contact (with ...) III vr ~ się to be in contact ⟨in touch⟩
kontaktowy adj contact — (action, process, lens etc.)
kontaminacja f blending; jęz contamination (of words or phrases)
kontekst m context
kontemplacj|a f contemplation; oddawać się ~i to lead a contemplative life
kontemplacyjny adj 1. (oddający się kontemplacji) contemplative 2. (refleksyjny) meditative
kontenans m książk countenance; nie tracąc ~u unabashed; stracić ~ to be put out of countenance
konto n bank handl account; pot na to ~ on that score
kontować imperf księgow I vi to make entries in the books II vt to enter (kwotę an item)
kontr|a¹ f 1. karc double; dać ~ę to double 2. (w wioślarstwie) backing of oars 3. boks counter
kontra² praep against; versus
kontrabanda f contraband
kontrabas m muz double-bass

kontradmirał m wojsk rear-admiral
kontrafałda f box-pleat; double fold
kontrahent m contracting party
kontrakcja[1] f jęz fiz chem contraction
kontrakcja[2] f (przeciwdziałanie) counteraction
kontrakt m contract; **zawrzeć z kimś ~** to enter into a contract with sb
kontraktacja f farmer's contract for the supply of agricultural products
kontraktować vt imperf 1. (zawierać umowę na dostawę) to contract (coś to supply sth) 2. (angażować) to engage (an employee etc.)
kontraktow|y adj contracted (sum etc.); **praca ~a** contract work; **pracownik ~y** temporary worker
kontralt m muz contralto
kontrapunkt m muz counterpoint
kontrargument m counterargument
kontrast m contrast; **stanowić ~ z czymś** to contrast with sth
kontrastować vt imperf to contrast; to stand in contrast (with sth); to form a contrast (z czymś to sth)
kontrastowo adv in ⟨by⟩ contrast; **zestawiać ~ coś z czymś** to set one thing in contrast against another
kontrastowy adj contrasting; **fot** contrasty
kontrasygnata f countersignature
kontrasygnować vt imperf to countersign
kontratak m counter-attack
kontratakować vi imperf to counter-attack
kontredans m chor quadrille
kontrkandydat m opponent
kontrofensywa f wojsk counteroffensive
kontrol|a f 1. (sprawdzenie) checking; check-up; inspection; **~a ruchu** traffic control; **przeprowadzać ~ę czegoś** to check ⟨to inspect, to supervise⟩ sth 2. pot (czynniki sprawdzające) supervisor(s)
kontroler m, **kontrolerka** f inspector; supervisor; kolej ticket collector; (rewident księgowy) auditor
kontroln|y adj supervisory; (w zakładzie pracy) **karta ~a** time card; **zegar ~y** time clock; **znak ~y** check; sport **punkt ~y** control point

kontrolować vt imperf 1. (badać) to check; **am** to check up (coś on sth); to inspect; to supervise; **~ rachunki** to audit accounts 2. (panować nad czymś) to control (**swoje ruchy itd.** one's motions etc.)
kontrować vt imperf karc to double
kontrowersja f controversy
kontrowersyjny adj controversial
kontrpropaganda f counter-propaganda
kontrreformacja f singt hist rel counter-reformation
kontrrewolucja f counter-revolution
kontrrewolucjonista m counter-revolutionist
kontrrewolucyjny adj counter-revolutionary
kontrtorpedowiec m mar (torpedo-boat) destroyer
kontrwywiad m counter-espionage
kontrybucj|a f contribution; **nałożyć ~ę na kraj, obłożyć kraj ~ą** to lay a country under contribution; **ściągnąć ~ę** to levy a contribution
kontuar m counter
kontur m outline; contour
konturować vt imperf to outline
konturow|y adj contour — (line etc.); **mapa ~a** sketch-map
kontusz m robe of ancient Polish noble
kontuzja f contusion
kontuzjowa|ć vt perf imperf to contuse; **być ~nym** to suffer from contusion; wojsk to be shell-shocked
kontynent m continent; mainland
kontynentalny adj continental
kontyngent m 1. (świadczenia) levy (of agricultural products etc.); **nakładać ~y** to exact levies 2. (określona ilość czegoś) contingent; quota
kontynuacja f continuation
kontynuator m, **kontynuatorka** f continuator, continuater
kontynuować vt imperf to continue; to carry on; to go on (**pracę itd.** with one's work etc.)
konus m techn cone
konwalia f bot lily of the valley
konwekcja f fiz convection
konwenans m convention; convention-

ality; ~e towarzyskie social conventions; good form(s)
konwenansowy *adj* conventional — (decorum etc.)
konwencja *f* 1. (*umowa międzynarodowa*) convention 2. (*umowa normująca*) compact
konwencjonalny *adj* conventional
konwencyjny *adj* conventional
konwent *m* convent
konwersacja *f* conversation; (*rozmowa towarzyska*) small talk
konwersacyjny *adj* conversational
konwersja *f chem ekon filoz* conversion
konwersyjny *adj* conversional; conversion — (cost etc.)
konwertor *m techn* converter
konwertować *vt imperf ekon* to convert (securities etc.)
konwikt † *m* boarding school
konwojent *m* escort; guard
konwojować *vt imperf* to escort; to convoy
konwl|ój *m* 1. (*eskorta*) escort; pod ~ojem under escort 2. (*kolumna konwojująca lub konwojowana*) convoy
konwulsj|a *f* (*zw pl*) convulsion; dostać ~i to fall into a fit of convulsions
konwulsyjny *adj* convulsive
koń *m* 1. *zool* horse; ~ gospodarski plough horse; ~ pociągowy draught horse; ~ wyścigowy race-horse; ~ na biegunach rocking-horse; co ~ wyskoczy post-haste; na ~! to horse!; ~ by się uśmiał it would make a cat laugh; *przysł* darowanemu koniowi nie zagląda się w zęby don't look a gift horse in the mouth 2. *fiz* ~ mechaniczny horse-power
końcow|y *adj* 1. (*będący zakończeniem*) final; terminal; ~a część the latter part; ~a stacja, ~y przystanek terminus; *uniw* ~y egzamin (a) final; 2. (*o okresie czasu*) closing ⟨late⟩ (years etc.) 3. (*ostateczny*) concluding; ultimate
końcówka *f* 1. (*zakończenie*) ending; end 2. (*reszta*) remainder 3. *gram* ending
kończyć *imperf* I *vt* 1. (*doprowadzić do końca*) to finish; to end; to bring to an end; to put an end (coś to sth); ~ naukę w wieku 16 lat to leave school at (the age of) 16; ~ szkołę średnią to acquire a secondary education; ~ uniwersytet ⟨studia⟩ to graduate; ~ medycynę to take one's degree in medicine; ~ rozmowę telefoniczną to ring off; ~ dwadzieścia ⟨pięćdziesiąt itd.⟩ lat to be almost twenty ⟨fifty etc.⟩ 2. (*zaprzestać*) to leave off ⟨to stop⟩ (coś sth); ~ pracę to quit work; *pot* to knock off II *vi* (*zerwać z czymś*) to discontinue (z czymś sth); to stop (coś robić doing sth) III *vr* ~ się 1. (*być zakończonym*) to end ⟨to finish, to result⟩ (czymś in sth); ~ się dobrze ⟨źle⟩ to come out well ⟨badly⟩ 2. (*urywać się*) to come to an end 3. (*umierać*) to be passing away 4. (*o okresie czasu, zapasach itd.*) to run out; kończy mi się zapas węgla ⟨cukru itd.⟩ my coal ⟨sugar etc.⟩ is running out 5. (*o terminie, ważności dokumentu itd.*) to expire
kończyna *f anat* limb; member
końsk|i *adj* horse's, horses'; *przen* ~a kuracja heroic treatment; ~i środek rough remedy; ~ie zdrowie an iron constitution; *bot* ~i ząb flint corn
kooperacja *f* co-operation
kooperacyjny *adj* co-operative
kooperatywa † *f* co-operative (society); *pot* co-op
kooperować *vt imperf* to co-operate
kooptować *vi imperf* to co-opt
koordynacja *f* co-ordination
koordynować *vt imperf* to co-ordinate
kop|a *f* 1. (*sześćdziesiąt sztuk*) sixty ⟨three score⟩ (eggs, sheaves etc.) 2. *pot* (*wielka ilość*) dozens; ~ę lat! ages! 3. (*sterta*) stack; ~a siana hayrick; haystack
kopacz *m* 1. (*przy budowie drogi, mostu itd.*) navvy; digger; (*przy kopaniu ziemniaków*) potato-lifter 2. *górn* (coal-)cutter
kopaczka *f* 1. (*maszyna do kopania*) steam shovel ⟨navvy⟩ 2. (*motyka*) hoe
kopać *imperf* I *vt* 1. (*uderzać nogą*)

to kick 2. (*ryć ziemię*) to dig; to pick; to spade; ~ **studnię** to sink a well 3. (*wydobywać z ziemi*) to mine (**węgiel, rudę itd.** (for) coal, ore etc.); ~ **ziemniaki** to lift potatoes **II** *vr* ~ **się** to work one's way (**w piasku, śniegu itd.** through the sand, snow etc.)
kopalina *f* mineral
kopalnia *f* mine; ~ **soli** salt-mine; ~ **węgla** coal-mine; *dosł i przen* ~ **złota** gold-mine
kopalniany *adj* mine — (hoist, shaft etc.)
kopalnictwo *n singt* mining; the mining industry
kopalny *adj* 1. (*o bogactwach wydobywanych z ziemi*) mineral 2. (*o skamielinach*) fossil
kopanie *n* ↑ **kopać** 1. (*uderzanie nogą*) kicks 2. (*wydobywanie z ziemi*) excavation; ~ **węgla** coal-mining; ~ **ziemniaków** potato-lifting
koparka *f* excavator; mechanical shovel
kopcić *imperf* **I** *vi* 1. (*dymić*) to smoke 2. *pot* (*palić papierosy itd.*) to smoke **II** *vt pot* (*palić papierosy itd.*) to smoke (cigarettes etc.)
kopciuszek *m* 1. **Kopciuszek** (*postać z bajki*) Cinderella 2. (*popychadło*) (household) drudge; slavey
kopcować *vt imperf roln* to clamp ⟨to pit⟩ (vegetables etc.)
kopczyk *m* small pile of earth; hillock
kopeć *m* lampblack
koper *m bot* dill; ~ **włoski** fennel
koperczaki † *plt* courtship; **stroić ~ do kobiety** to court a woman
koperek *m dim* ↑ **koper**; dill leaves
koper|ta *f* 1. (*opakowanie na list*) envelope; **w osobnej ~cie** under separate cover 2. (*przykrywa zegarka*) (watch-)case 3. (*poszwa*) linen case enclosing a quilt
kopia[1] *f* 1. (*powtórzenie oryginału*) copy; duplicate; (*przez kalkę*) carbon (copy) 2. (*odtworzenie dzieła sztuki*) replica; reproduction 3. *fot* print
kopi|a[2] *f hist* (*broń*) spear; *przen* **kruszyć ~e o coś** to wage war for sth;

kruszyć ~e o kogoś to stick up for sb.
kopiał *m* letter book
kopiarka *f* 1. *fot* printing-frame 2. *techn* copying frame
kopiarnia *f* printing room
kopiasto *adv* in a heap; in heaps; ~ **czegoś nałożyć na talerz** to heap sth on a plate
kopiast|y *adj* heaped; piled; **~a łyżka** heaped spoonful
kopica *f roln* cock (of hay); shock (of sheaves)
kopić *vt imperf roln* to cock (hay); to shock (sheaves)
kopiec *m* 1. (*usypisko*) mound; (*stos*) heap 2. (*wzgórze*) hillock 3. *roln* (*stos buraków, ziemniaków*) clamp
kopiejka *f* kopec(k)
kopiorama *f* printing-frame
kopiować *vt imperf* 1. (*sporządzać kopie*) to copy; to transcribe; to reproduce; *fot* to print 2. (*naśladować*) to copy; to imitate
kopiowani|e *n* ↑ **kopiować**; *fot* **ramka do ~a** printing-frame; **papier do ~a** printing-paper
kopiowy *adj* copying — (ink, ribbon); **ołówek ~** indelible pencil
kopista *m* copyist
kopnąć *vt perf* to kick; ~ **kogoś, coś** to give sb, sth a kick
kopniak *m pot* (a) kick; **dostać ~a** a) (*zostać uderzonym nogą*) to get a kick b) *przen* (*zostać wyrzuconym z posady*) to get the kick; to get sacked
kopnięcie *n* ↑ **kopnąć**; (a) kick
kopnięty *adj pot* (*zwariowany*) barmy; potty; daft; *am* wacky
kopny *adj* fresh-fallen; deep (snow); loose (sand); (*o drodze*) blocked with snow, sand)
kopra *f* copra
koprodukcja *f* coproduction; joint production
koprowy *adj* dill (seeds, leaves etc.); fennel (sauce etc.)
kopulacja *f biol* copulation
kopulasty *adj* semispherical; arched, domed
kopuła *f* dome; copula

kopystka, kopyść f ladle
kopytk|o n 1. *dim* ↑ **kopyto**; hoof 2. *pl* ~a *kulin* sort of dumpling
kopytny *adj* hoofed
kopyt|o n 1. (*u niektórych ssaków*) hoof; *przen* z ~a then and there; off-hand; **ruszyć** z ~a to be off like a shot; *posp* **wyciągnąć** ~a to kick the bucket 2. *szew* last; *przen* **robić wszystko na jedno** ~o to do everything after one fashion
kora f 1. *bot* bark; ~ **chinowa** Peruvian bark; *anat* ~ **mózgowa** cortex 2. *tekst* seersucker
koral m 1. = **koralowiec** 2. *pl* ~e (*paciorki*) coral beads 3. (*zw pl*) (*u indyka itp.*) wattle
koralik m coral bead
koralowiec m *zool* coral; anthozoon
koralowy *adj* 1. (*złożony z korali*) coral — (reef etc.) 2. (*podobny barwą do korala*) coral-red
Koran m *singt* al. Koran, Alcoran
korba f crank; winch; (pump etc.) handle
korbował m *techn* crank axle ⟨shaft⟩
korbowód m *techn* connecting rod
korbowy *adj* crank — (axle, pin etc.)
korci|ć *vt imperf* 1. (*nie dawać spokoju*) to haunt; ~ **mnie, żeby** ... I itch to ... 2. (*kusić*) to tempt
kordegarda f *hist* guardhouse, guardroom
kordelas m cutlass
kordialny *adj* cordial; hearty
kordon m 1. (*szpaler*) cordon (of police, of troops etc.); ~ **sanitarny** sanitary cordon 2. (*granica*) border
kordonek m 1. (*nitka do robót ręcznych*) (silk, cotton) twist 2. (*sznurek ozdobny*) purl
Koreańczyk m, **Koreanka** f (a) Korean
koreański *adj* Korean
koreferat m joint report; co-report
koreferent m assistant ⟨joint⟩ reporter; co-reporter
kor|ek m 1. (*masa korkowa*) cork 2. (*wyrób z masy*) cork; ~ki **do bucików** loose cork wedges for shoes 3. (*zamknięcie butelki*) stopper 4. *el* plug; fuse 5. *pot* (*zator*) jam; traffic-jam

korekcyjny *adj* corrective
korekt|a f 1. (*poprawka*) correction 2. *druk* (*poprawianie błędów*) proof-reading; **robić** ~ę to read a proof; to proof 3. (*odbitka korektorska*) proof(-sheet); ~a **szpaltowa** galley proof; ~a **łamana** page proof
korektor m, **korektorka** f proof-reader
korektornia f proof-room
korektorski *adj* proof-reader's (work etc.); **znaki** ~e proof-readers' marks
korektura f correction
korelacja f correlation
korelacyjny *adj* correlational; correlation — (coefficient etc.)
korepetycj|a f private lesson; **udzielać komuś** ~i to coach sb
korepetytor m coach
korespondencja f 1. (*porozumiewanie się*) correspondence 2. (*listy*) mail 3. (*artykuł do gazety*) letter (from a correspondent)
korespondencyjnie *adv* by correspondence; by mail
korespondencyjny *adj* correspondence — (school etc.)
korespondent m correspondent; (*w akademii itd.*) **członek** ~ associate ⟨corresponding⟩ member
korespondować *vi imperf* to correspond (with sb)
korkociąg m 1. (*przyrząd*) cork-screw 2. *lotn* (tail) spin
korkować *vt imperf* 1. (*zamykać korkiem*) to cork (up); to stop (the bottle) 2. (*tamować*) to jam ⟨to obstruct⟩ (the traffic)
korkowiec m 1. *bot* cork tree 2. (*zabawka*) cork pistol
korkownica f corker
korkowy *adj* cork — (sole, jacket etc.)
kormoran m *orn* cormorant
korner m *sport* corner(-kick)
kornet [1] m (*nakrycie głowy*) cornet
kornet [2] m *muz* cornet
kornik m *ent* bark beetle; borer
korniszon m gherkin
korny *adj emf książk* humble
korodować *vi imperf* to corrode
koron|a f 1. (*oznaka władzy monarszej*) crown 2. (*przybranie głowy*) crown;

(*wieniec*) wreath; ~a cierniowa crown of thorns; ~a papieska tiara 3. (*u drzewa*) crown; corona; tree-top 4. (*jednostka monetarna w Anglii* = 5 *szylingów*) crown; (*moneta skandynawska i austriacka*) krone 5. *anat* (*część zęba*) crown (of a tooth) 6. *dent* crown; **pokryć ząb** ~**ą** to crown a tooth 7. *bot* (*część okwiatu*) corolla 8. *karc* honours 9. *myśl* head of antlers
koronacja *f* coronation
koronka *f* 1. = **korona** 5., 6., 8. 2. (*tkanina*) lace 3. *przen* (*coś ażurowego*) open-work; tracery
koronkarka *f* lace-maker
koronkarstwo *n singt* lace-making
koronkow|y 1. (*zrobiony z koronki*) lace — (ornament etc.) 2. *przen* (*misterny*) lacelike; ~**a robota** delicate work
koronny *adj hist* royal ⟨crown⟩ (lands etc.); *przen* **świadek** ~ king's ⟨queen's⟩ evidence
koronowa|ć *vt imperf* to crown; ~**ne głowy** royalty
korować *vt imperf* to peel (logs etc.); to decorticate
korow|ód *m* 1. (*pochód*) pageant 2. *pl* ~**ody** (*trudności*) difficulties 3. *pl* ~**ody** (*ceregiele*) ceremony; fuss; **bez** ~**odów** without further ado
korozj|a *f singt chem geol* corrosion; **ulegać** ~**i** to corrode (*vi*)
korozyjny *adj* corrosive
korporacja *f* 1. (*stowarzyszenie*) association; corporation 2. *hist uniw* students' association; *am* fraternity
korporant *m* member of a students' association ⟨*am* fraternity⟩
korpulentny *adj* stout; portly; corpulent
korpus *m* 1. (*tułów*) trunk; body 2. (*kadłub*) trunk; body; carcass 3. *wojsk* (army) corps; ~ **kadetów** military school; ~ **oficerski** a) (*jakiejś jednostki*) officers' staff b) (*ogół oficerów*) officers on the Army-list || ~ **dyplomatyczny** diplomatic corps
korsarski *adj* piratic(al)
korsarstwo *n singt* piracy
korsarz *m* pirate

korso *n* corso
korsykański *adj* Corsican
kort *m sport* tennis-court
korumpować *vt imperf* to corrupt
korupcja *f* 1. (*demoralizacja*) corruption 2. (*przekupstwo*) bribery
koryfeusz *m* coryphaeus
korygować *vt imperf* to correct
koryncki *adj* Corinthian (**porządek itd.** order etc.)
korytarz *m* 1. (*wąskie, długie pomieszczenie*) corridor; passage; *am* passage-way 2. (*przekop, tunel*) tunnel
kory|to *n* 1. (*naczynie do karmienia zwierząt*) feeding ⟨watering⟩ trough; *przen iron* **być przy** ~**cie** to have one's hand in the till 2. *techn* channel 3. (*łożysko rzeki*) river-bed
korzec *m* bushel; *przen* **dobrać się w korcu maku** to be cast in the same mould; **chować coś pod korcem** to keep sth under one's hat
korzenić się *vr imperf* 1. (*puszczać korzenie*) to take root 2. *przen* to become established
korzenny *adj* spicy; **kupiec** ~ grocer
korze|ń *m* 1. *bot* root; **dosł i** *przen* **wyrwać z** ~**niami** to uproot; **zapuszczać** ~**nie** to strike root 2. *przen* (*podstawa, źródło*) root 3. *pl* ~**nie** *kulin* spices 4. *anat* root (of a tooth, hair, nerve)
korzonek *m bot anat* rootlet; radicle
korzyć się *vr imperf* to humble oneself
korzystać *vi imperf* 1. (*odnosić korzyść*) to profit (**na czymś** by sth); ~ **z czyjejś porady** to take sb's advice 2. (*wyzyskać*) to use (sth) to one's advantage; to avail oneself ⟨to take advantage⟩ (**z czegoś** of sth); ~ **ze sposobności** to take ⟨to seize⟩ an opportunity (**żeby coś zrobić** to do sth) 3. (*używać*) to use (**z czegoś** sth); to avail oneself (**z czegoś** of sth); **możesz swobodnie** ~ **z tego** you are welcome to this 4. (*czynić użytek*) to exercise (**z prawa itd.** a right etc.) 5. (*posiadać*) to enjoy (**z prawa, przywileju** a right, a privilege)
korzystnie *adv* 1. (*z korzyścią*) profitably; advantageously; ~ **dla kogoś** to

sb's advantage 2. (*zyskownie*) remuneratively; with profit 3. (*pochlebnie*) favourably || **wyglądać** ~ to look attractive
korzystny *adj* 1. (*przynoszący korzyść*) profitable; advantageous 2. (*zyskowny*) lucrative; remunerative 3. (*pochlebny*) favourable
korzyś|ć *f* 1. (*pożytek*) advantage; benefit; good; ~**ć własna** self-interest; **jaka będzie z tego** ~**ć**? what good will this do?; **mieć ⟨odnosić⟩** ~**ć z czegoś** to profit by sth; **zmienić się na** ~**ć** a) (*o człowieku*) to change for the better b) (*o sytuacji*) to take a turn for the better; **na czyjąś** ~**ć** a) (*na pożytek*) to sb's advantage b) (*na rzecz kogoś*) in sb's favour; **z** ~**cią** advantageously; **z** ~**cią dla kogoś** to sb's advantage 2. (*zysk*) profit; gain; **czerpać** ~**ć z czegoś** to reap profit from sth; **mieć** ~**ć z czegoś** to gain by sth
kos *m orn* blackbird
kosa *f* 1. (*narzędzie*) scythe; **przysł trafiła** ~ **na kamień** he got tit for tat; he found his match 2. *książk* (*warkocz*) tress (of hair)
kosaciec *m bot* iris
kosarz *m zool* daddy-long-legs
kosiarka *f* mowing machine; mower
kosiarz *m* mower; (*przy sianokosach*) haymaker
kosić *vt imperf* to mow; to scythe
kosmaty *adj* 1. (*obrośnięty włosami*) hairy; hirsute 2. (*kudłaty*) shaggy
kosmetyczka *f* 1. (*osoba*) cosmetician; *am* beautician 2. (*torebka*) vanity bag
kosmetyczn|y *adj* cosmetic; **gabinet** ~**y** beauty parlour; **chirurgia** ~**a** plastic surgery
kosmetyk *m* cosmetic; *pl* ~**i** cosmetics
kosmetyka *f singt* 1. (*sztuka upiększania ciała*) cosmetics; cosmetology 2. *przen* (*upiększanie*) beautifying
kosmiczn|y *adj* cosmic(al); **pojazd ⟨statek⟩** ~**y** space craft; *fiz* **promienie** ~**e** cosmic rays; **przestrzeń** ~**a** outer space; **pył** ~**y** cosmic dust
kosmodrom *m* cosmodrome
kosmogonia *f singt* cosmogony

kosmografia *f singt* cosmography
kosmograficzny *adj* cosmographic
kosmologia *f singt filoz* cosmology
kosmonauta *m* cosmonaut; spaceman; space pilot
kosmonautyka *f singt* cosmonautics; space navigation
kosmopolita *m* cosmopolitan
kosmopolityczny *adj* cosmopolitan
kosmopolityzm *m singt* cosmopolitism
kosmos *m singt* cosmos; universe; outer space
kosmyk *m* wisp (of hair)
kosodrzew *m*, **kosodrzewina** *f bot* dwarf mountain pine
kosooki *adj* 1. (*o skośnych oczach*) slant-eyed 2. (*zezowaty*) cross-eyed
kosówka *f* = **kosodrzew**
kosteczka *f dim* ↑ **kostka**; ossicle
kostium *m* 1. (*damski żakiet i spódnica*) tailor-made costume 2. (*strój*) dress; garb; (*przebranie karnawałowe*) fancy dress; ~ **gimnastyczny** gym suit; ~ **kąpielowy** swim suit
kostiumer *m* costumer; wardrobe keeper
kostiumernia *f teatr* wardrobe
kostiumolog *m* costumist
kostiumowy *adj* costume — (play etc.); **bal** ~ fancy-dress ball
kost|ka *f dim* ↑ **kość** 1. (*do gry*) die; *pl* ~**ki** dice 2. *anat* (*w palcach ręki*) knuckle; (*u nogi*) ankle; **po** ~**ki** ankle-deep; **suknia po** ~**ki ⟨do** ~**ek⟩** ankle-length dress 3. (*sześcian*) cube; brick; lump (of sugar); cake (of butter etc.); **cukier w** ~**kach** lump sugar; **brukowany** ~**ką** paved
kostnica *f* mortuary; dead-house
kostnieć *vi imperf* 1. *fizj* to ossify 2. *przen* (*stawać się niezdolnym do ulegania zmianom*) to ossify; to fossilize 3. *przen* (*drętwieć*) to grow numb 4. *przen* (*marznąć*) to freeze
kostnienie *n* ↑ **kostnieć**; ossification
kostny *adj* osseous
kostropaty *adj* rough; rugged
kostur *m* stick
kostycznie *adv* caustically; sarcastically
kostyczny *adj* 1. (*o uwadze itd.*) biting; caustic 2. (*o zachowaniu człowieka*) rough; blunt

kosy adj 1. (*krzywy*) slanting 2. (*zezowaty*) cross-eyed 3. (*o spojrzeniu*) scowling
kosynier m hist scytheman
kosz m 1. (*sprzęt z wikliny*) basket; (*na śmieci*) waste-paper basket; **mar ~ masztowy** (main) top; *przen* **dać komuś ~a** to turn sb down; **dostać ~a** to meet with a rebuff; *pot* to get a raspberry 2. (*na plaży*) strand chair 3. (*przyczepa do motocykla*) side-car 4. (*gondola pod balonem*) nacelle 5. *sport* goal; basket
koszałk|a f hamper || **~i-opałki** fiddle-faddle
koszarniak m *pot wojsk* confinement to barracks
koszary plt *wojsk* barracks; caserns
koszerny adj *rel* kosher (meat etc.)
koszmar m nightmare
koszmarn|y adj nightmarish; ghastly; **mieć ~e sny** to be hagridden
koszt m 1. (*cena*) cost; price; **~ własny** prime cost; **bez względu na ~** at any price; *przen* **~em czegoś** at the cost. ⟨at the sacrifice⟩ of sth 2. (*wydatkowana suma pieniędzy*) cost; expense; charge; **~y utrzymania** cost of living; **~y podróży** travelling expenses; **~y przewozu** freight; **narazić kogoś na ~y** to put sb to expense; **żyć czyimś ~em** to sponge on sb; **~em x zł** at a charge of x zlotys; **na ~ własny** at one's own charge 3. *pl* **~y ekon** costs; **~y eksploatacyjne** operating costs
kosztela f a variety of apple
kosztorys m estimate; cost calculation
koszt|ować vt imperf 1. (*stanowić wartość pieniężną*) to cost; **ile to ~uje?** how much is this ⟨does this cost⟩? 2. (*wymagać nakładu pieniędzy*) to cost; **drogo ~ować** to be expensive; **tanio ~ować** to be cheap 3. (*być przyczyną, wynikiem wysiłku itd.*) to cost (**kogoś wiele trudu, cierpienia itd.** sb a great deal of trouble, suffering etc.); **to cię będzie drogo ~ować** you will pay dearly for it 4. (*próbować smaku*) to try ⟨to taste⟩ (a dish etc.)

kosztownie adv 1. (*z wielkim nakładem pieniędzy*) expensively 2. (*bogato*) richly
kosztownoś|ć f 1. (*wysoka wartość*) (great) value 2. *pl* **~ci** (*cenne przedmioty*) valuables; jewellery
kosztowny adj 1. (*drogi*) dear; expensive 2. (*cenny*) precious 3. (*o stroju itd.*) rich
koszula f 1. (*sztuka bielizny męskiej*) shirt; **przysł bliższa ~ ciału niż sukmana** near is my shirt but nearer is my skin 2. (*sztuka bielizny damskiej*) chemise; **~ nocna** night-dress; night-gown
koszularka f shirt-maker
koszulka f 1. dim ↑ koszula; dziec shimmy; **~ gimnastyczna** zephyr 2. (*futerał*) cover; (*obwoluta*) jacket 3. (*w lampie gazowej*) gas mantle || **kulin jajka w ~ch** poached eggs
koszulow|y adj shirt — (sleeve etc.); **materiały ~e** shirtings
koszyk m basket
koszykarka f *sport* basket-ball player
koszykarstwo n basketry; basket-work
koszykarz m 1. (*rzemieślnik*) basket-maker 2. *sport* basket-ball player; *pot* basket-baller
koszykówka f singt *sport* basket-ball
kośba f mowing
kościany adj bone — (handle etc.); *przen* **~ dziadek** doddering old man
kościec m 1. (*szkielet*) skeleton 2. *przen* frame(work)
kościeln|y I adj 1. (*związany ze świątynią*) church — (tower, bells etc.); **ubogi jak mysz ~a** as poor as a church mouse 2. (*związany z organizacją duchowną*) ecclesiastical (law etc.); **church —** (lands etc.); (*o muzyce, pismach itd.*) sacred; **ślub ~y** church wedding; **święto ~e** church festival **II** m **~y** sexton; sacristian
kościotrup m skeleton
kości|ół m 1. (*budynek, nabożeństwo*) church; **w ~ele a)** in a church **b)** (*na nabożeństwie*) at church; at the service; *pot* **po ~ele** after church ⟨the service⟩ 2. (*organizacja*) Church; **głowa ~oła** head of the Church

kościsty *adj* bony
koś|ć *f* 1. *anat* bone; ~**ć pacierzowa** vertebral column; ~**ć słoniowa** ivory; *przen* ~**ć niezgody** bone of contention; **skóra i** ~**ci** bag of bones; **nie czuć** ~**ci** to be dead tired; **porachować komuś** ~**ci** to beat sb black and blue; **rozejść się po** ~**ciach** to come to nothing; **to mi stoi** ~**cią w gardle** I am fed up with it; **do szpiku** ~**ci** to the bone; *pot* **psia** ~**ć!** hang it! 2. *pl* ~**ci** (*zwłoki*) bones 3. (*zw pl*) (*do gry*) dice; ~**ci rzucone** the die is cast
koślawić *vt imperf* to deform; to distort
koślawy *adj* 1. (*krzywy*) crooked; lop-sided 2. (*niezgrabny*) misshapen 3. (*powykręcany*) distorted; (*o meblu*) rickety
kot *m* 1. *zool* cat; *pot* puss; pussy(-cat); *przen* **bawić się z kimś jak** ~ **z myszą** to play cat-and-mouse with sb; **drzeć z kimś** ~**y, żyć z kimś jak pies z** ~**em** to lead a cat-and-dog life with sb; **kupić** ~**a w worku** to buy a pig in a poke; **odwracać** ~**a ogonem** to quibble; **tyle, co** ~ **napłakał** mighty little 2. *pl* ~**y** *zool* the felids
kota *f* 1. *bud* figured height 2. *wojsk* spot height
kotara *f* (thick) curtain
koteczek *m*, **koteczka** *f* *pieszcz* kitty
kot|ek *m* puss(y), pussy-cat; **zabawa w** ~**ka i myszkę** tag
koteria *f* coterie; clique
kotew *f* *bud mar* anchor
kotk|a *f* 1. *zool* (female) cat; she-cat 2. (*zw pl*) *bot* catkin; *pl* ~**i** aments; catkins
kotlarnia *f* *techn* boiler works
kotlarstwo *n singt techn* boiler-making
kotlarz *m* (*wyrabiający kotły*) boiler--maker; (*wyrabiający rondle itd*.) coppersmith
kotlet *m* *kulin* chop; ~ **barani** ⟨**wieprzowy**⟩ mutton ⟨pork⟩ chop; ~ **cielęcy** veal cutlet; ~ **siekany** Hamburger steak
kotlina *f* valley; dale
kotłować się *vr imperf* 1. (*być w ciągłym ruchu*) to seethe 2. (*kłębić się*)

to eddy; to whirl; *przen* (*o tłumie*) to be agitated; to surge
kotłowanina *f* agitation; confusion
kotłownia *f* boiler room
kotłowy I *adj* boiler — (scale etc.) **II** *m* boiler-man
kotna *adj* big, heavy with young; (*o kotce*) in ⟨with⟩ kitten; (*o owcy*) with lamb
koturn *m* 1. (*zw pl*) *hist* cothurnus; buskin; **na** ~**ach** a) (*o pantoflach*) buskined b) *przen* (*napuszony*) stilted 2. *pl* ~**y** (*obuwie*) wedge-heeled shoes 3. (*obcas*) wedge heel
koturnowy *adj* 1. (*o obcasie*) buskined 2. *przen* (*napuszony*) stilted; bombastic
kotwic|a *f* *mar* anchor; **podnieść** ⟨**zarzucić**⟩ ~**ę** to weigh ⟨to cast⟩ anchor
kotwiczn|y *adj* anchor — (buoy etc.); **stanowisko** ~**e** anchorage; moorings
kotwiczyć *imperf mar* **I** *vt* to anchor (a ship) **II** *vi* to lie ⟨to ride⟩ at anchor
kotylion *m* 1. (*taniec*) cotillion 2. (*ozdoba*) favour (in cotillion)
kowadełko *n* 1. (*małe kowadło*) (tinsmith's) stake 2. *anat* incus; anvil
kowadł|o *n* anvil; *przen* **między młotem a** ~**em** between the devil and the (deep blue) sea
kowal *m* (black)smith; *przen* **być** ~**em własnego losu** to be the architect of one's fortunes
kowalny *adj* malleable
kowalski *adj* (black)smith's — (apprentice etc.); **miech** ⟨**młot**⟩ ~ smith's bellows ⟨hammer⟩
kowalstwo *n singt* smithing
koz|a *f* 1. *zool* goat; *pot* (*samica*) she--goat; **przysł raz** ~**ie śmierć!** sink or swim!; **przyszła** ~**a do woza** Mahomet has come to the mountain 2. *pot* (*podlotek*) flapper; filly 3. *pot* (*areszt*) jug; clink
kozacki *adj* Cossack's, Cossacks'; Cossack — (stanitsa etc.)
kozactwo *n singt* the Cossacks
kozaczki *pl* (*buty*) fur-lined half length ⟨knee-high⟩ boots; buskins
kozak *m* 1. **Kozak** Cossack 2. (*chwacki*

chłopiec) plucky chap 3. (*taniec*) Cossack (a lively dance)
kozi *adj* 1. (*kozy*) goat's — (milk etc.); **przen zapędzić kogoś w ~ róg** to knock sb into a cocked hat 2. (*podobny do kozy*) goat-like; **~a bródka** goatee
kozica *f* chamois
kozik *m* clasp-knife
koz|ioł *m* 1. *zool* (*samiec kozy*) (he-)goat; **uparty jak ~ioł** as obstinate as a mule; **przen ~ioł ofiarny** scapegoat; **wywrócić ~ła** to somersault 2. *zool* (*samiec sarny*) roebuck 3. (*siedzenie dla woźnicy*) (coach-)box 4. (*podpórka*) trestle 5. **wojsk** stack (of arms); **ustawić broń w ~ły** to stack arms 6. *sport* (*przyrząd gimnastyczny*) horse
koziołkować *vi imperf* to somersault; to tumble over; (*o samochodzie*) to overturn; *pot* to turn turtle
koziorożec *m* 1. *zool* ibex 2. **Koziorożec** *singt astr* Capricorn; **zwrotnik Koziorożca** the tropic of Capricorn
kozłow|y *adj* goat's; capric; **skóra ~a** goatskin; buckskin
koźlarz *m* brick carrier
koźlątko, koźlę *n* goatling; kid
kożuch *m* 1. (*futro*) sheepskin (coat); **jak kwiatek do ~a** inappropriate(ly) 2. (*na powierzchni płynu — płynny*) head ⟨coating⟩ (on milk etc.); (*stężała warstwa*) skin; film
kożusznik *m* furrier
kół *m* stake
kółko *n dim* ↑ **koło**; circle; ring(let); **~ na klucze** key ⟨split⟩ ring; **~ u mebla** castor; **w ~** a) (*dookoła swej osi*) round and round b) (*po obwodzie koła*) in a circle c) (*bez odmiany*) invariably; **powtarzać to samo w ~** to harp on one string
kózka *f dim* ↑ **koza**; **przysł gdyby ~ nie skakała, to by nóżki nie złamała** better be safe than sorry
kpiarski *adj* derisive; derisory
kpiarstwo *n* derision; mockery
kpiarz *m* scoffer; giber
kpiąco *adv* derisively; scoffingly
kpi|ć *vi imperf* 1. (*szydzić*) to mock ⟨to scoff⟩ (**z kogoś, czegoś** at sb, sth)

2. (*lekceważyć*) to make light (**z kogoś, czegoś** of sb, sth); **~ę sobie z tego** I don't care a rap
kpin|a *f* (*także pl* **~y**) mockery; scoffing; **to są ~y!** this is ridiculous!
kra *f zbior* ice float; (*pojedyncza tafla*) floe
krab *m zool* crab
krach *m* 1. *giełd* slump 2. (*bankructwo*) failure
kraciasty *adj* chequered; checked
kradzież *f* theft; robbery; *prawn* larceny
kraina *f* land; **~ baśni** fairyland; *przen* **~ mlekiem i miodem płynąca** land of milk and honey
kraj *m* 1. (*państwo*) country; land; **po całym ~u** all over the country 2. (*okolice, strony*) land; **~e tropikalne** the tropics; **wewnątrz** ⟨**w głębi**⟩ **~u** inland; **przysł co ~ to obyczaj** other countries other laws 3. (*ojczyzna*) (one's) country ⟨homeland, native soil⟩; **wiadomości z ~u** news from home; *dzien* home news; **jechać do ~u** to go home; **u nas w ~u** in our country; **w ~u i za granicą** at home and abroad 4. *książk* (*skraj*) edge (of a precipice etc.); hem (of a garment)
kraj|ać *imperf* **I** *vt* to cut; to carve (meat) **II** *vr* **~ać się** to cut (*vi*); *przen* **serce mi się ~e** the heart breaks
krajan *m reg* countryman; compatriot
krajanka[1] *f* (*ciasto*) sliced cake
krajanka[2] *f reg* countrywoman; compatriot
krajka *f* 1. (*pas*) belt 2. (*wstążka*) ribbon 3. (*brzeg tkaniny*) selvage
krajobraz *m* 1. (*widok okolicy*) scenery 2. (*pejzaż*) landscape
krajow|iec *m* (a) native; *pl* **~cy** (*tubylcy*) aborigines
krajow|y *adj* 1. (*ogólnokrajowy*) national (council etc.) 2. (*odbywający się wewnątrz kraju*) local; domestic; home — (product etc.); inland — (trade etc.); (*o towarach*) home-made; (*o owocach itd.*) **uprawy ~ej** home-grown
krajoznawcz|y *adj* touring (club etc.); tourist (agency etc.); **ruch ~y** touring; sightseeing; **wycieczka ~a** excursion;

piesza wycieczka ~a walking-tour; *pot* hike

krajoznawstwo *n* touring; sightseeing; *pot* hiking

krakać *vi imperf* 1. (*o krukach itd.*) to caw; to croak 2. *przen* (*wyrażać złe przewidywania*) to croak

krakowiak *m* 1. = krakowianin 2. Krakowiak (*mieszkaniec okolic Krakowa*) (a) Cracovian (peasant) 3. (*taniec*) cracovienne

krakowianin *m*, **krakowianka** *f* (a) Cracovian

krakowski *adj* Cracow's — (monuments etc.); Cracovian (accent etc.); *przen* ~m targiem by way of compromise

Kraków *spr* Cracow; *w zwrocie: nie od razu* ~ zbudowano Rome was not built in a day

kraksa *f pot* (motor) accident; crash; *lotn* crash-landing

kram *m* 1. (*stragan*) (market) stall 2. *przen* (*rupiecie*) odds and ends; cały ~ the whole show; *przysł* jaki pan taki ~ like master like man 3. *pot* (*kłopot*) sorry pickle; trouble 4. *pot* (*nieporządek*) mess

kramarz † *m* huckster; stall-keeper

kramarzyć † *vi imperf dosł i przen* to huckster

kran *m* 1. (*kurek*) tap; *am* faucet; woda z ~u tap water 2. *techn* (*żuraw*) crane

kraniec *m* 1. (*kres*) end; extreme limit; confines; na ~ świata to the confines of the earth 2. (*skraj*) outskirts (of a city etc.)

krańcowość *f* extremism, extremeness

krańcow|y *adj* 1. (*końcowy*) extreme 2. (*skrajny*) excessive; utmost; ~e poglądy ultraism

kras *m singt geol* Karst

krasa *f poet* beauty

krasić *vt imperf* 1. *kulin* to season; to add butter ⟨lard, gravy⟩ (potrawę to a dish) 2. *poet* to add to (sb's) beauty

kraska *f orn* European roller

krasnolud|ek *m* brownie; *pl* ~ki the little people

krasny *adj* 1. (*czerwony*) red 2. (*piękny*) beautiful; handsome

krasomówca *m* orator

krasomówczy *adj* oratorical

krasomówstwo *n singt* oratory

krasowy *adj geol* karsic

krasula *f reg* roan cow

kraść *vt imperf* to steal; to rob (komuś coś sb of sth)

kraśnieć *vi imperf książk* to blush

krat|a *f* 1. (*przegroda*) grating; grill(e); ~y więzienne iron bars; za ~ą, za ~ami behind iron bars 2. (*paka do przewozu towarów*) crate 3. (*wzór*) check; chequered pattern; szkocka ~a tartan 4. *gimn* climbing frame

krater *m* crater

kratk|a *f dim* ↑ **krata**; w ~ę a) (*o papierze*) squared b) (*o tkaninie*) checked; *przen* pracować w ~ę to work irregularly

kratkować *vt imperf* to rule (paper) in squares; to chequer; to check; to square (paper)

kratkowany *adj* squared

kratować *vt imperf* to grate (a window etc.)

kratownica *f* 1. (*ogrodzenie*) grate 2. *bud* truss

kraul *m singt sport* crawl; płynąć ~em to swim the crawl

krawat *m* tie; necktie

krawcowa *f* dressmaker; seamstress

krawędź *f* (*kant*) edge; (*skraj*) brink; verge; ~ chodnika kerb; *am* curb

krawężnica *f stol* edge saw

krawężnik *m* kerb, *am* curb

krawiec *m* tailor; (*damski*) dressmaker; *przysł* tak ~ kraje, jak materii staje one must cut one's coat according to one's cloth

krawieck|i *adj* tailor's; tailors'; sartorial; robota ~a tailoring

krawiectwo *n singt* tailoring; ~ damskie dressmaking

krąg *m* 1. (*obwód*) circle; ring 2. *przen* (*grupa osób*) circle 3. *przen* (*zakres zainteresowań*) range; sphere 4. (*przedmiot kolisty*) disc, disk || w ~ all around; in a circle

krągły *adj książk* round(ed)

krążek *m* 1. (*przedmiot kolisty*) disc,

disk; ~ **masła** pat of butter 2. *techn* block; trolley
krążeni|e *n* ↑ **krążyć**; circulation; *fizj* **układ** ~a circulatory system
krążownik *m mar* cruiser
krążyć *vi imperf* 1. (*zataczać kręgi*) to revolve; to rotate; to circle; (*o samolocie itd.*) to hover; (*o ptakach*) to wheel (in the air) 2. (*kołować*) to wander; to rove; ~ **dokoła czegoś, kogoś** to go round sth, sb; *przen* ~ **dokoła tematu** to beat about the bush 3. (*przechodzić od jednego do drugiego*) to go round (z rąk do rąk from hand to hand); (*o plotce, wieści*) to circulate 4. (*o sokach w roślinie, o krwi*) to circulate; to flow
kreacja *f* 1. *teatr* creation (of a part) 2. (*strój*) toilet; creation
kreatura *f pej* toad; skunk; contemptible person
krech|a *f* thick line; *przen* **mieć** ~**ę u kogoś** to be in sb's bad books
kreci *adj* mole's; ~**a skórka** moleskin; *przen* ~**a robota** intrigues; scheming
kreda *f* 1. chalk 2. *geol* cretaceous period
kredens *m* sideboard; cupboard; ~ **kuchenny** dresser
kredka *f* 1. (*pałeczka barwionej kredy*) crayon 2. (*do ust*) lipstick 3. (*kolorowy ołówek*) coloured pencil 4. *plast* crayon drawing
kredow|y *adj* 1. (*z kredy*) chalk — (hills etc.) 2. *geol* cretaceous 3. (*podobny do kredy*) chalky; ~**a bladość** chalkiness; **papier** ~**y** coated paper
kredyt *m* credit; **kupować** ⟨**sprzedawać**⟩ **na** ~ to buy ⟨to sell⟩ on credit ⟨*pot* on tick⟩; **udzielić komuś** ~**u** to give sb credit
kredytować *vt imperf* 1. (*udzielać kredytu*) to give credit 2. (*sprzedawać na kredyt*) to sell on credit
krem *m* 1. *kulin* cream; custard 2. *kosmet* cream
kremacja *f* cremation ⟨incineration⟩ (of corpses)
krematorium *n* crematory; crematorium
kremowy *adj* 1. (*z kremu*) cream —

(cake etc.) 2. (*koloru kremowego*) cream-coloured
kremówka *f* 1. (*śmietanka*) sweet cream 2. (*ciastko*) cream cake
Kreol *m*, **Kreolka** *f* Creole
kreować *vt imperf* 1. (*tworzyć*) to create 2. *teatr* to create (a part) 3. (*ustanawiać*) to institute ⟨to set up⟩ (a university chair etc.)
kreozot *m chem* creosote
krepa *f* crape, crêpe
krepina *f* crinkled paper
kres *m* 1. (*koniec*) end; **dobiegać** ~**u** to be drawing to a close; **położyć** ⟨**kłaść**⟩ ~ **czemuś** to put an end to ⟨to make an end of⟩ sth; **wszystko ma swój** ~ there is an end to everything 2. (*granica*) limit; **dojść do** ~**u** to reach a limit; **u** ~**u sił** utterly exhausted 3. *pl* ~**y** (*pogranicze*) borderland
kreska *f* 1. (*linia*) line; stroke (of the pen); *druk* . dash; ~ **podkreślająca** underline; *przen* **przyjdzie na niego** ~ his turn will come 2. (*linia w termometrze itd.*) mark (on a graduated scale); degree 3. (*w alfabecie Morse'a*) dash
kreskować *vt imperf* to line
kreskowany *adj* lined
kreskow|y *adj* line — (drawing etc.); *druk* **klisza** ~**a** line engraving
kreskówka *f film* animated cartoons
kresowiak, kresowiec *m* borderer
kreślarka *f* draughtswoman, draftswoman
kreślarnia *f* draughting ⟨drafting⟩ room
kreślarstwo *n singt* draughtsmanship, draftsmanship
kreślarz *m* draughtsman, draftsman
kreśl|ić *imperf* **I** *vt* 1. (*wykonywać rysunek techniczny*) to draught, to draft; (*w przemyśle*) to design 2. (*rysować*) to trace; to draw 3. *przen* (*o pocisku w powietrzu itd.*) to describe (a circle ⟨a curve etc.⟩ in the air) **II** *vr* ~**ić się** † to sign oneself; ~**ę się z poważaniem** I remain, Dear Sir ⟨Madam⟩ yours very truly
kret *m* 1. *zool* mole 2. *pl* ~**y** (*futro*) moleskin fur 3. *techn* mole

kretes w wyrażeniu: **z ~em** completely; utterly
kreton m tekst cretonne
kretowisko n molehill
kretyn m, **kretynka** f med i obelż cretin; imbecile; moron
kretynizm m singt 1. med cretinism; imbecility 2. (idiotyzm) idiotic idea ⟨thing⟩
kretyński adj moronic; imbecile; cretinous
krew f singt 1. fizjol blood; **~ mu idzie z nosa** his nose is bleeding; **przen głos krwi** the call of blood; **węzły krwi** blood ties; **zimna ~** composure; cold blood; **zachować zimną ~** to keep cool; **żołnierz** ⟨**artysta itd.**⟩ **z krwi i kości** (true-)born soldier ⟨artist etc.⟩; **psuć sobie ~** to fret; to worry; **to mrozi ~ w żyłach** it makes your blood run cold; **do ostatniej kropli krwi** to one's last breath 2. (temperament) temperament; nature; **on to ma we krwi** he has it in his nature; **to weszło u niego w ~** it has become a second nature with him; **~ nie woda** blood is thicker than water 3. (ród) descent; stock 4. (rasa) race; **koń czystej krwi** blood-horse; (a) thoroughbred
krewetka f shrimp
krewki adj hot-headed; impetuous
krewna f relative; kinswoman
krewniak m relative
krewn|y m relative; kinsman; pl **~i** kinsfolk
kreza f ruff; ruche
krezus m książk Croesus
kręci|ć imperf I vt 1. (obracać w koło) to turn (round) (kogoś ⟨kimś⟩, coś ⟨czymś⟩ sb, sth); **~ć głową** to shake one's head; **~ć film** to shoot a film; pot **~ć nosem** to be fastidious 2. przen pot (komenderować) to boss (kimś sb) 3. (zwijać) to twist (**powrozy** itd. ropes etc.); to curl (**sobie włosy** one's hair) II vi 1. (robić zakręty) to wind; to meander 2. pot (wyłgiwać się) to prevaricate; to quibble III vr **~ć się** 1. (obracać się w koło) to go round; to rotate; to revolve; to turn

round and round; **~ć się dokoła sprawy** to centre round a question; **~ mi się w głowie** my head is reeling 2. (poruszać się w różnych kierunkach) to move about; to bustle 3. pot (zabiegać) to busy oneself (**koło czegoś** about sth) 4. pot (wiercić się) to fidget 5. (wić się — o drodze, rzece) to wind; (o włosach) to curl
kręg m anat vertebra
kręgielnia f skittle-alley; am bowling-alley
kręgle pl skittles; ninepins
kręgosłup m anat vertebral column; spine; dosł i przen backbone
kręgow|iec m zool vertebrate; pl **~ce** the vertebrates
kręgowy adj anat vertebral; spinal; zool vertebrate
krępować imperf I vt 1. (mocno wiązać) to bind (sb) hand and foot 2. przen (ograniczać swobodę) to cramp; (hamować) to impede; to hinder; to hamper 3. przen (być niewygodnym) to inconvenience; (żenować) to embarrass II vr **~ się** to be ⟨to feel⟩ embarrassed; **nie ~ się** not to stand on ceremony; (nie być onieśmielonym) to feel at ease; **proszę się nie ~** make yourself at home
krępujący adj embarrassing; awkward; (o sytuacji) uneasy; (o pomieszczeniu) inconvenient
krępy adj thickset; squat
krętacki adj slippery; shuffling
krętactwo n slipperiness; shuffling
krętacz m shuffler
krętanina f singt comings and goings
krętek m biol spirochaete; **~ blady** pathogen of syphilis
krętło n techn brace
kręt|y adj 1. winding; twisting; **~e schody** winding stairs; **~e włosy** fuzzy hair 2. (zawiły) intricate
krnąbrność f singt restiveness; refractoriness
krnąbrny adj restive; unruly; refractory
krochmal m singt starch
krochmalić vt imperf to starch
krocie † pl 1. (wielka liczba, ilość)

krociowy hundreds of thousands 2. (*wielka gotówka*) huge sums
krociowy *adj książk* 1. (*wielki*) enormous 2. (*bardzo bogaty*) fabulously rich
krocze *n anat* perineum; *pot* crotch
kroczyć *vi imperf* 1. (*stąpać*) to tread; to pace; to step 2. *przen* to stride (forward)
krogulec *m orn* sparrow-hawk
kroi|ć *imperf* I *vt* 1. = krajać 2. (*o krawcu*) to cut out (a garment etc.) II *vr* ~ć się (*zanosić się*) to be afoot; (*zapowiadać się*) to be in prospect; coś się ~ something is afoot; there's something brewing
krojczy *m,* **krojczyni** *f* cutter (of clothes)
krok *m* 1. (*stąpnięcie*) step; iść za kimś ~ w ~ to keep at sb's heels; stawiać pierwsze ~i to take the first steps; co ~ continually; ~ za ~iem step by step; na każdym ~u at every step; o kilka ~ów some paces away; o parę ~ów stąd just round the corner 2. (*tempo chodzenia*) pace; dotrzymywać ~u komuś, czemuś to keep pace with sb, sth; szybkim ⟨wolnym⟩ ~iem at a quick ⟨at a foot⟩ pace; żółwim ~iem at a snail's pace 3. *pl* ~i (*odgłos stąpania*) footfalls 4. (*posunięcie*) move; measure; *pl* ~i steps; ~i sądowe legal proceedings; poczynić ~i, żeby ... to take steps ⟨measures⟩ to ... 5. *pot* (*część ubrania*) crotch (of the trousers)
krokiet[1] *m singt* (*gra*) croquet
krokiet[2] *m kulin* croquette
krokiew *m bud* rafter
krokodyl *m* crocodile
krokowy *adj anat* gruczoł ~ prostate (gland)
krokus *m bot* crocus
kromka *f* slice (of bread etc.)
kronika *f* 1. (*zapis wydarzeń*) chronicle; annals 2. dzień radio tv news; kino newsreel; ~ sportowa sports bulletin ⟨round-up⟩
kronikarstwo *n singt* chronicler's work; recording of events
kronikarz *m* chronicler; annalist
kropeczka *f* dot; spot

kropel|ka *f* drop(let); po ~ce drop by drop
kropelkowy *adj med* droplet — (infection etc.)
krop|ić *imperf* — **krop|nąć** *perf* I *vt* 1. (*opryskiwać*) to sprinkle 2. *pot* (*bić*) to beat II *vi* (*o deszczu*) to spit; ~ił deszcz there was a sprinkle of rain
kropidło *n kośc* aspergillum
kropielnica *f kośc* holy-water basin
krop|ka *f* 1. (*punkt*) dot; point; (*o deseniu*) w ~ki dotted; spotted 2. (*znak przestankowy*) full stop; trzy ~ki points of suspension; ~ka w ~kę taki sam jak ... identical with ...; *przen* znaleźć się w ~ce a) (*być w trudnym położeniu*) to be in a fix b) (*zręcznie wybrnąć*) to rise to the occasion 3. (*znak diakrytyczny*) dot; *przen* postawić ~kę nad i to make things perfectly clear 4. (*w alfabecie Morse'a*) dot
kropkować *vt imperf* to dot; to spot
kropl|a *f* 1. drop; ~a deszczu raindrop; ~a potu bead of perspiration ⟨of sweat⟩; *przen* ~a w morzu a drop in the bucket; podobni jak dwie ~e wody as like as two peas; ~a po ~i drop by drop 2. *pl* ~e (*lekarstwo*) drops
kroplisty *adj* in heavy drops; ~ pot beads of perspiration
kroplomierz *m* dropping-tube; dropper
kroplówka *f med* drip
kropnąć I *zob* kropić II *vr* ~ się 1. (*upaść*) to come a cropper 2. (*pośpieszyć*) to run over (dokądś somewhere)
krosna *pl tk* loom
krosta *f* pimple; pustule
krostowaty *adj* pustular; pimpled
krowa *f* cow; dosł i *przen* dojna ~ milch cow; przysł ~, która dużo ryczy, mało mleka daje great talkers are little doers
krowianka *f farm* vaccine
krócej *zob* krótko
króciutki *adj* very short
króciutko *adv* 1. (*chwilkę*) a very short time; just a minute 2. (*zwięźle*) very briefly

krój *m* 1. (*fason*) cut; fashion; style 2. (*technika*) cutting; **kurs kroju** cutting course 3. *druk* type face 4. *roln* coulter
król *m* king; sovereign; **wieczór Trzech Króli** Twelfth-night; *rel* **Trzej Królowie** the Magi; **święto Trzech Króli** the Epiphany
królestwo *n* kingdom; *dosł i przen* realm
królewiak *m hist* inhabitant of Congress Poland
królewicz *m* king's son; Royal Prince
królewna *f* king's daughter; Royal Princess; **śpiąca** ~ the Sleeping Beauty
królewsk|i *adj* king's ⟨queen's⟩ ⟨crown etc.⟩; royal ⟨blood, family etc.⟩; *chem* **woda ~a** aqua regia
królica *f zool* doe (of tame rabbit)
króliczy *adj* rabbit's; **futerko ~e** cony ⟨rabbit⟩ skin
królik[1] *dim* ↑ **król**; kinglet
królik[2] *m zool* rabbit
królikarnia *f* (rabbit)warren
królobójca *m* (a) regicide
królobójstwo *n* regicide
królowa *f* 1. (*monarchini*) queen; ~ **matka** queen mother; ~ **wdowa** queen dowager 2. *przen* belle (of the ball etc.) 3. *ent* (*u pszczół*) queen bee 4. (*w szachach*) queen
królować *vi imperf* to reign; to rule
krótk|i *adj* (*comp* **krótszy**) 1. (*niedługi*) short; ~**i wzrok** short sight 2. (*krótkotrwały*) short; brief; ~**a samogłoska** (a) short; *el* ~**ie spięcie** short circuit; **w ~im czasie** soon; before long 3. (*zwięzły*) brief; concise; terse; **w ~ich słowach** in brief
krótko *adv* (*comp* **krócej**) 1. (*niedługo*) short 2. (*krótkotrwale*) a short time; **na** ~ for a short space 3. (*zwięźle*) briefly; ~ **mówiąc** in short; in brief 4. (*blisko*) at a short distance; *przen* ~ **kogoś trzymać** to keep a tight rein over sb
krótkobieżny *adj* (*o pociągu*) shuttle (train)
krótkodystansowiec *m sport* short-distance runner
krótkofalowiec *m radio* radio amateur; *posp* radio ham
krótkofalówka *f pot* 1. *radio* short-wave transmitter 2. *med* diathermia
krótkogłowy *adj antr* brachycephalic
krótkometrażowy *adj* **film** ~ short-feature film
krótkometrażówka *f pot* (a) short
krótkoogniskowy *adj fot* short-focus — (lens)
krótkoś|ć *f singt* 1. shortness 2. = **krótkotrwałość** 3. (*zwięzłość*) brevity; conciseness; **w ~ci** in short; in brief
krótkoterminowy *adj* short-term — (loan etc.)
krótkotrwałość *f singt* short duration; transitoriness
krótkotrwały *adj* of short duration; short-lived; transitory
krótkowidz *m* short-sighted person
krótkowzroczność *f singt* 1. (*wada wzroku*) short sight 2. *przen* short-sightedness
krótkowzroczny *adj* 1. (*mający krótki wzrok*) short sighted 2. *przen* short-sighted; unforeseeing
krótszy *zob* **krótki**
krtaniowy *adj* laryngeal
krtań *f anat* larynx
krucho *adv* badly; ~ **ze mną** I am in trouble; ~ **u niego z pieniędzmi** he is pressed for money
kruchość *f singt* 1. (*łamliwość*) fragility; brittleness 2. (*cecha pieczywa*) crispness 3. *przen* (*niepewność*) uncertainty; frailty
kruchta *f kośc* porch
kruchy *adj* 1. (*łamliwy*) fragile; brittle 2. (*o pieczywie itd.*) crisp 3. (*o mięsie*) tender 4. *przen* (*wątły*) weak; frail 5. *przen* (*niepewny*) uncertain; frail
krucjata *f hist i przen* crusade
krucyfiks *m* crucifix
kruczek *m* (*wybieg prawniczy*) loop-hole; *przen* snag
kruczowłosy *adj* raven-haired
kruczy *adj* 1. *zool* corvine 2. (*czarny*) raven-black
kruk *m orn* raven; *przen* **biały** ~ white crow; *przysł* ~ ~**owi oka nie wykole** dog doesn't eat dog
krup *m med* croup

krupier *m* croupier
krupnik *m* 1. (*zupa*) barley soup 2. (*napój*) spiced hot liquor of honey and spirit
krupy *pl* 1. (*kasza*) cereals; ~ **perłowe** pearl barley 2. *meteor* granular snow
kruszcow|y *adj* metallic; **żyła** ~**a** reef
kruszec *m geol* ore
kruszeć *vi imperf* 1. (*o mięsie*) to become tender 2. (*o ciałach twardych*) to become brittle; to crumble
kruszon *m* bishop; mulled wine
kruszonka *f kulin* crumble
kruszyć *imperf* **I** *vt* 1. (*łamać na drobne kawałki*) to break into fragments 2. (*niszczyć*) to destroy; *przen* ~ **kopie** (**o coś**) to take up the cudgels (for sth) **II** *vr* ~ **się** to become brittle; to crumble (*vi*)
kruszyna *f* 1. (*odkruszone pieczywo*) crumb 2. (*kawałeczek*) fragment 3. *pieszcz* (*dziecko*) dot; mite
krużganek *m arch* gallery; ~ **klasztorny** cloister
krwawica *f* 1. (*ciężka praca*) toil; labour 2. (*pieniądze*) hard-earned money
krwawić *vi imperf* (*także vr* ~ **się**) to bleed
krwawnik *m* 1. *bot.* yarrow; milfoil 2. *miner* carnelian, cornelian
krwawo *adv* bloodily; with blood; *przen* **grosz** ~ **zarobiony** hard-earned money
krwaw|y *adj* 1. (*zawierający krew*) bloody; ~**a plama** blood-stain; *przen* ~**y pot** bloody sweat 2. (*mający kolor krwi*) blood-red
krwiak *m med* h(a)ematoma
krwinka *f* (*zw pl*) *biol* blood corpuscle
krwiobieg *m singt biol* circulation of blood
krwiodawca *m*, **krwiodawczyni** *f* blood donor ⟨giver⟩
krwiomocz *m med* h(a)ematuria
krwionośny *adj biol* blood — (vessel); **układ** ~ blood vascular system
krwiopijca *m* blood sucker
krwiotwórczy *adj* h(a)emogenous; h(a)emogenic
krwiożerczość *f singt* bloodthirstiness
krwiożerczy *adj dosł i przen* bloodthirsty; murderous
krwistość *f singt* ruddiness
krwisty *adj* 1. (*zawierający krew*) sanguineous 2. (*czerwony*) blood-red 3. (*pełen wigoru*) full-blooded; sanguine; (*wyglądający czerstwo*) ruddy
krwotok *m* h(a)emorrhage
krycie *n* ↑ **kryć**; (*dachu*) roofing
kryć *imperf* **I** *vt* 1. (*chować*) to conceal; to hide 2. *przen* (*taić*) to keep secret 3. (*osłaniać*) to cover; to cloak; ~ **kogoś** to shield sb 4. (*zawierać w sobie*) to contain 5. (*dawać pokrycie*) to roof (a building); (*obijać*) to cover (chairs etc.) 6. *zootechn* to cover; to serve 7. *wojsk sport* (*stać w równej linii*) to cover off (one's front man) **II** *vr* ~ **się** 1. (*chować się*) to hide (oneself); ~ **się przed kimś, czymś** to avoid sb, sth 2. (*taić*) to keep (**z czymś** sth) to oneself; **nie** ~ **się z czymś** to make no secret of sth 3. *przen* (*o prawdzie, zasadzie itd.*) to underlie (**pod czymś** sth)
krygować się *vr imperf* to give oneself airs and graces; to mince
kryjom|y *w zwrocie*: **po** ~**u** in secret
kryjówka *f* hiding-place
kryminalista *m*, **kryminalistka** *f* (a) criminal
kryminalistyka *f singt* crime detection
kryminaln|y *adj* criminal; **powieść** ~**a** detective story
kryminał *m pot* 1. (*więzienie*) prison; jail, gaol 2. (*zbrodnia*) crime 3. (*powieść*) detective ⟨crime⟩ story
kryminolog *m* criminologist
kryminologia *f singt* criminology
krymski *adj* Crimean
krynolina *f* crinoline; hoop skirt
krypta *f bud* crypt; vault
kryptonim *m* cryptonym
krystaliczność *f singt* 1. (*właściwość*) crystallinity 2. *przen* (*przeźroczystość*) limpidity
krystaliczny *adj* crystalline; *przen* limpid
krystalizacja *f dosł i przen* crystallization
krystalizować *imperf* **I** *vt dosł i przen*

krystalografia   241   **krzyczeć**

to crystallize **II** *vr* ~ **się** *dosł i przen* to crystallize (*vi*); *przen* to take shape
krystalografia *f singt fiz miner* crystallography
kryształ *m* crystal; ~ **górski** rock crystal
kryształowy *adj* 1. (*z kryształu*) crystal ⟨cut-glass⟩ — (vase etc.) 2. *przen* (*o nieskazitelnym charakterze*) upright; ~ **człowiek** man of spotless integrity
kryterium *n* criterion; test; gauge
kryt|y *adj* covered; ~**y dachem** roofed; ~**y dachówką** tiled; ~**y strzechą** thatched; ~**a pływalnia** indoor swimming-pool || *przen pot* (*o człowieku*) **być** ~**ym** to be shielded
krytycyzm *m singt* 1. (*postawa*) critical judgement 2. (*skłonność do krytykowania*) criticism; fault-finding
krytycznie *adv* critically
krytyczny *adj* 1. (*dotyczący krytyki*) critical (realism etc.) 2. (*oceniający ujemnie*) critical; fault-finding 3. (*przełomowy*) critical; crucial 4. (*trudny*) critical (situation etc.)
krytyk *m* critic; (*recenzent*) reviewer
krytyk|a *f* 1. (*ocena*) critique; critical examination 2. (*ocena ujemna*) censure; criticism; **poniżej wszelkiej** ~**i** abominable 3. (*recenzja*) review 4. *singt* (*dział piśmiennictwa*) reviewing
krytykować *vt imperf* 1. (*oceniać ujemnie*) to criticize; to find fault (**coś** with sth) 2. (*recenzować*) to review
kryza *f* ruff; ruche
kryzys *m* 1. (*okres przełomu*) crisis 2. *ekon* crisis; depression; slump; recession
kryzysowy *adj* critical
krzaczasty *adj* bushy; shaggy
krzak *m* bush
krzątać się *vr imperf* 1. (*żwawo się poruszać*) to bustle 2. (*zabiegać*) to strive (**koło czegoś** for ⟨after⟩ sth)
krzątanina *f singt* bustle; stir; comings and goings
krzem *m singt chem* silicon
krzemian *m chem* silicate
krzemienny *adj* flint — (implement etc.)
krzemień *m miner* silex; flint

krzemionka *f singt chem* silica; silicon dioxide
krzemionkowy *adj* siliceous
krzemowy *adj chem* siliceous; silicic
krzep|a *f singt pot* grit; vim; **chłop z** ~**ą** chap full of vim; **mieć** ~**ę** to have vim
krzepiący *adj* invigorating; tonic; bracing
krzepić *imperf* **I** *vt* to invigorate; to brace up; ~ **moralnie** to comfort **II** *vr* ~ **się** to fortify oneself; to brace oneself up
krzepki *adj* vigorous; robust; lusty; (*o starcu*) hale and hearty
krzepko *adv* vigorously; **trzymać się** ~ to keep hale and hearty
krzepkość *f singt* vigour
krzepliwość *f singt* coagulability
krzepliwy *adj* coagulable
krzepnąć *vi imperf* 1. (*ścinać się*) to coagulate; (*zamarzać*) to freeze; (*twardnieć*) to solidify 2. (*nabierać sił*) to acquire (new) vigour; to grow in strength
krzepnięcie *n* ↑ **krzepnąć**; coagulation
krzesać *vt imperf* to strike (**iskry z czegoś** sparks out of sth)
krzesiwo *n* flint (and steel); tinder-box
krzesło *n* 1. (*mebel*) chair 2. (*zw pl*) *teatr* stalls
krzew *m* shrub; *pl* ~**y** shrubbery; bushes
krzewiasty *adj* shrubby (plants etc.)
krzewiciel *m*, **krzewicielka** *f* propagator
krzewić *imperf* **I** *vt* 1. (*rozpowszechniać*) to propagate 2. (*budzić*) to inculcate **II** *vr* ~ **się** to spread
krzewienie *n* ↑ **krzewić**; propagation; inculcation; ~ **się** (the) spread
krzt|a *f singt* particle; whit; **ani** ~**y** (*prawdy itd.*) not a scrap (of truth etc.); **ani** ~**y zdrowego rozsądku** not an ounce ⟨atom⟩ of common sense
krztusić się *vr imperf* to choke
krztusiec *m singt med* hooping cough
krzyczący *adj* 1. (*o barwach itd.*) loud; glaring 2. (*o postępowaniu, niesprawiedliwości*) crying; flagrant
krzy|czeć *vi imperf* — **krzy|knąć** *vi perf* 1. (*głośno wołać*) to shout; to

9 Podr. słow. pol.-ang.

krzyk   242   **krzyżowanie**

cry (out); ~**czeć na całe gardło** to scream; to shriek; to yell; ~**czeć z radości** to shout for joy 2. (*łajać*) to shout (**na kogoś** at sb)
krzyk *m* 1. (*wrzask*) shout; scream; yell; **co to za** ~**i?** what's all this noise about?; **narobić** ~**u o coś** to make a noise about sth; **pot już po** ~**u** it's all over 2. (*wołanie*) call; *przen* **ostatni** ~ the last word ⟨thing⟩ (in fashion, motor-cars etc.)
krzykactwo *n singt* stamp oratory
krzykacz *m pot* 1. (*człowiek krzykliwy*) shouter 2. (*agitator*) tubthumper
krzykliwy *adj* 1. (*skłonny do krzyku*) vociferous; clamorous; uproarious 2. (*hałaśliwy*) noisy 3. (*jaskrawy*) loud; showy
krzyknąć *zob* **krzyczeć**; to cry out; to utter a cry
krzywa *f* curve
krzywd|a *f* 1. (*szkoda moralna, materialna*) (a) wrong; prejudice; detriment; **dochodzić swojej** ~**y** to seek redress of a wrong; **wyrządzić komuś** ~**ę** to do sb a wrong; **z** ~**ą czyjąś** ⟨**dla kogoś**⟩ to sb's prejudice ⟨detriment⟩ 2. (*szkoda fizyczna*) injury; harm 3. (*niesprawiedliwość*) (a) wrong; injury; injustice; **dzieje mu się** ~**a** he is being wronged; **robisz mu** ~**ę** you do him an injustice
krzywdzący *adj* 1. (*wyrządzający krzywdę*) wrongful (**dla kogoś** to sb) 2. (*niesprawiedliwy*) unjust; unfair
krzywdziciel *m* wrong-doer
krzywdzić *vt imperf* 1. (*wyrządzić krzywdę*) to wrong; to harm; to damage 2. (*o czynności, słowach*) to be prejudicial (**kogoś** to sb); to be detrimental (**kogoś** to sb) 3. (*być niesprawiedliwym*) **to be unfair** (**kogoś** to sb)
krzywica *f singt med* rachitis; rickets
krzywić *imperf* I *vt* to bend; to curve; ~ **usta** to make a grimace II *vr* ~ **się** 1. (*ulegać krzywieniu*) to bend (*vi*); to curve (*vi*) 2. (*robić grymasy*) to pull a face 3. *przen* (*okazywać niezadowolenie*) to frown (**na coś** at sth); to be ill-disposed (**na kogoś, coś**

towards sb, sth); to look askance (**na kogoś, coś** at sb, sth)
krzywik *m* = **krzywka** 2.
krzywizna *f* curvature; bend
krzywka *f* 1. *techn* cam 2. (*przyrząd kreślarski*) drawing curve
krzywo *adv* 1. (*nieprosto*) not straight; crookedly; lop-sidedly 2. *przen* (*niechętnie*) disapprovingly; ~ **patrzeć na kogoś, coś** to look askance at sb, sth
krzywonogi *adj* 1. (*z nogami w kabłąk*) bow-legged 2. (*koślawy*) bandy-legged
krzywoprzysięgać *vi imperf* — **krzywoprzysiąc** *vi perf* to foreswear ⟨to perjure⟩ oneself
krzywoprzysięstwo *n* perjury
krzywoprzysięzca *m* perjurer
krzywy *adj* 1. (*nieprosty*) not straight; crooked; lop-sided 2. (*wygięty*) twisted; distorted 3. *przen* (*niechętny*) disapproving; **patrzeć na kogoś, coś** ~**m okiem** to look askance at sb, sth
krzyż *m* 1. cross; **Czerwony Krzyż** the Red Cross; **na** ~ crosswise 2. *rel* cross; crucifix; *przen* **wyglądać jak z** ~**a zdjęty** to look the very picture of misery 3. *przen* (*udręka*) troubles; *pot* **mam z nim** ~ **pański** he worries the life out of me 4. (*order*) cross; **Złoty** ⟨**Srebrny**⟩ **Krzyż Zasługi** Gold ⟨Silver⟩ Cross of Merit 5. (*także pl* ~**e** — *część kręgosłupa*) the small of the back
krzyżacki *adj* of the Teutonic Order; **zakon** ~ the Teutonic Order
krzyżactwo *n* Teutonic Knights ⟨Order⟩
krzyżak *m* 1. (*przedmiot*) trestle 2. **Krzyżak** Teutonic Knight 3. (*pająk*) cross-spider
krzyżmo *n singt* chrism
krzyżować *imperf* I *vt* 1. (*przybijać do krzyża*) to crucify 2. (*układać na krzyż*) to cross (one's arms, swords etc.) 3. (*udaremniać*) to frustrate (**czyjeś plany itd.** sb's plans etc.) 4. *bot zool* to (inter)cross II *vr* ~ **się** 1. (*przecinać się*) to cross (*vi*); to intersect (*vi*); (*o drogach itd.*) to meet 2. *bot zool* to hybridize; to intercross
krzyżowanie *n* ↑ **krzyżować** 1. (*przybijanie do krzyża*) crucifixion 2. *bot*

krzyżowiec *zool* hybridization; cross-fertilization; cross-breeding 3. ~ **się** (*przecinanie*) intersection
krzyżowiec *m* crusader
krzyżow|y *adj* 1. (*mający znak krzyża*) cross-shaped 2. (*krzyżujący się*) intersecting; **wojsk ogień ~y** cross-fire; **przen ~y ogień pytań** cross-examination 3. *rel* of the (Holy) cross 4. *anat* sacral; **kość ~a** sacrum
krzyżówka *f* 1. *kulin* sirloin 2. *biol* (*jednostka powstała z krzyżowania*) hybrid 3. (*zgadywanka*) cross-word puzzle
krzyżyk *m* 1. *dim* ↑ **krzyż**; **postawić ⟨położyć⟩ na czymś** ~ to give sth up 2. (*zamiast podpisu*) mark 3. *muz* (a) sharp
ksenon *m singt chem* xenon
kserografia *f singt fot* xerography
ksiądz *m* priest
książeczk|a *f* book(let); **~a czekowa** cheque book; **~a oszczędnościowa** savings-bank book; **składać pieniądze na ~ę** to put money in the savings bank
książę *m* prince
książęcy *adj* 1. (*księcia*) prince's 2. *przen* (*wspaniały*) princely
książka *f* book
książkowy *adj* 1. (*odnoszący się do książki*) book — (cover, binding etc.) 2. (*czerpany z książek*) bookish
książnica *f książk* library
księg|a *f* book; **księgow ~a główna** ledger; **prowadzić ~i** to keep (the) books; **zamknąć ~i** to balance (the) books
księgarnia *f* bookshop; *am* book-store
księgarski *adj* book-selling (trade etc.); **rynek ~** book market; **na półkach ~ch** at the booksellers'
księgarstwo *n singt* the book trade; bookselling
księgarz *m* bookseller
księgować *vt imperf* to enter (items) in the books; to book (items)
księgowanie *n* ↑ **księgować**; book-keeping entries
księgowość *f singt* book-keeping; accountancy
księgowy *m*, **księgowa** *f* book-keeper; accountant
księgozbiór *m* library; collection of books
księstwo *n* principality (of Monaco etc.); duchy (of Warsaw, Luxembourg etc.)
księżna *f* princess; duchess
księżniczka *f* princess
księżowski, księży *adj* priest's; priestly (duties etc.); clerical (collar etc.)
księżyc *m* moon; **nauka o ~u** selenology; **blask ~a** moonlight; **promień ~a** moonbeam
księżycow|y *adj* moon's; *astr* lunar (cycle, eclipse etc.); **noc ~a** moonlight night
ksylofon *m muz* xylophone
ksylolit *m techn bud* xylolite
kształcący *adj* instructive
kształcenie *n* ↑ **kształcić** 1. (*nauka*) instruction; education 2. (*urabianie charakteru*) training; schooling; cultivation
kształcić *imperf* I *vt* 1. (*uczyć*) to instruct; to educate 2. (*urabiać charakter*) to train, to school II *vr* ~ **się** to be educated; to go to school ⟨to the university etc.⟩; to learn (**w śpiewie, w malarstwie** etc. singing, painting etc.)
kształt *m* 1. (*forma*) shape; form; **coś na ~ ...** something like ...; **przybierać ~ czegoś** to take the shape of sth; **przen przybierać realne ~y** to materialize 2. (*układ*) shape; configuration 3. *pl* **~y** (*figura*) figure; shape; proportions
kształtny *adj* neat; shapely
kształtować *imperf* I *vt* to shape; to form; to fashion II *vr* ~ **się** 1. (*przybierać kształt*) to be shaped; to form (*vi*) 2. (*osiągać pewien poziom*) to trend upwards ⟨downwards⟩; (*o cenach*) to rule (**wysoko, nisko** high, low)
kształtowanie *n* ↑ **kształtować**; formation
kształtownik *m techn metalurg* section; shape
kształtujący *adj* formative; constitutive
kszyk *m orn* snipe
kto *pron* 1. (*zastępuje nazwy osób*)

ktokolwiek 244 **kuć**

who; (*w zdaniach pytających*) ~?
who?; kogo? whom?; ~ **to?** who is that?; who is he? 2. (*każdy, wszyscy*) everyone ⟨all those⟩ who 3. (*osoba bliżej nie określona*) somebody; anybody; ~ **bądź, byle** ~ anybody; obojętne ~ whoever; ~ **jak** ~ **ale** ... others may not but ... 4. (*ktoś*) somebody; ~ **inny** somebody else
ktokolwiek *pron* anybody; anyone; whoever (you like)
ktoś *pron* (*w zdaniu twierdzącym*) somebody; someone; (*w zdaniu pytającym*) anybody; anyone
którędy *pron* which way?
któr|y *m*, **któr|a** *f*, **któr|e** *n* (*pl* **którzy** *m*, **które** *f, n*) *pron* I (*w funkcji niesamodzielnej — przy rzeczowniku*) 1. (*w pytaniach*) which?; **~y chłopiec przyszedł pierwszy?** which boy came first? 2. (*którykolwiek*) any; whichever; **~y bądź** any II (*w funkcji samodzielnej — gdy zastępuje rzeczownik*) 1. (*w zdaniach pytających*) which (one); **~y z was to zrobił?** which of you has done this?; **~ego jest dzisiaj?** which day of the month ⟨what date⟩ is it? 2. (*w zdaniach zależnych — gdy zastępuje rzeczownik osobowy w mianowniku*) who; that; (*gdy zastępuje rzeczownik nieosobowy*) which; that 3. *w odniesieniu* a) (*do czasu*) when; **dzień w ~ym** ... the day when ... b) (*do miejsca*) where; **miasto w ~ym** ... the place where ... c) (*do przyczyny*) why, powód dla **~ego** ... the reason why...
któr|ykolwiek *pron* any; whichever; whatever; **~ykolwiek z nas** any of us; **~egokolwiek dnia** any day
któryś *pron* a; some; some ... or other
któryż *pron emf* (*w zdaniach pytających*) = **który**
któż *pron emf* (*w zdaniach pytających*) who ever; who is it that ...; who on earth; ~ **to jest?** who ever is that?; ~ **ci to powiedział?** who is it that told you?
ku *praep* 1. (*kierunek*) to; towards; **ku domowi** home; homeward(s) 2. (*bliskość czasowa*) towards (the end,

the evening) 3. (*skutek*) to (my horror, the joy of the children etc.)
Kubanka *f*, **Kubańczyk** *m* (a) Cuban
kubański *adj* Cuban
kubatura *f* capacity; volume; cubage
kubek *m* mug; tumbler; ~ **w** ~ **podobni** as like as two peas
kubeł *m* bucket; *przen* **wylać** ~ **zimnej wody komuś na głowę** to damp sb's spirits
kubiczny *adj* cubic
kubik *m* cubic metre
kubista *m plast* cubist
kubizm *m plast* cubism
kubrak *m* doublet
kuc *m* pony
kucać *vi imperf* — **kucnąć** *vi perf* to squat; to crouch
kuchar|ka *f* cook; *przysł* **gdzie ~ek sześć, tam nie ma co jeść** too many cooks spoil the broth
kucharsk|i *adj* 1. (*kucharza*) cook's, cooks' 2. (*związany z kucharstwem*) cooking — (utensils etc.); **książka ~a** cookery-book; *am* cook-book
kucharz *m* cook
kuchcik *m* cook's boy
kuchenka *f* stove; ~ **spirytusowa** spirit-stove; ~ **gazowa** gas range
kuchenn|y *adj* 1. (*związany z piecem kuchennym*) of a ⟨the⟩ kitchen stove ⟨range⟩; **piec ~y** kitchen-stove; range 2. (*związany z izbą kuchenną*) kitchen — (floor etc.); **schody ~e** backstairs 3. (*związany z gotowaniem*) cooking — (utensils etc.); **sól ~a** kitchen salt
kuchmistrz *m* chef
kuchnia *f* 1. (*piec*) kitchen-stove; range; ~ **elektryczna** electric cooker; ~ **gazowa** gas-cooker; gas range 2. (*izba*) kitchen 3. (*potrawy*) fare; food 4. (*sposób przyrządzania potraw*) cooking; cuisine
kuchta *f pog* skivvy
kucki *plt* squatting; **siedzieć w** ~ to squat
kucnąć *zob* **kucać**; to squat down
kucyk *m* pony; nag; cob
kuczki *plt rel* the Feast of Tabernacles
kuć *vt imperf* 1. (*ubijać*) to forge; to

kudłaty hammer; *przysł* **kuj żelazo póki gorące** strike while the iron is hot 2. (*podkuwać*) to shoe (a horse) 3. *pot szk* (*uczyć się*) to cram; *posp* to swot up
kudłaty *adj* hairy; shaggy
kudły *pl* (*u zwierzęcia*) long hair; *pot* (*u człowieka*) shag; mop of hair
kufel *m* mug (of beer)
kufer *m* 1. (*skrzynia*) chest 2. (*wielka waliza*) trunk
kuglarski *adj* juggling; *przen* (*oszukańczy*) deceitful
kuglarstwo *n* jugglery; *przen* deception
kuglarz *m* juggler; conjurer; magician
kuguar *m zool* cougar; puma
kujon *m szk pot* crammer; pladder
kukać *vi imperf* — **kuknąć** *vi perf* to cuckoo
kukiełka *f* puppet
kukiełkowy *adj* **teatr** ⟨**teatrzyk**⟩ ∼ puppet-show
kukła *f* 1. (*lalka*) doll 2. (*manekin*) effigy 3. *przen* puppet; man of straw
kuknąć *zob* **kukać**
kuksaniec *m* blow; punch; poke (in the ribs etc.)
kuku[1] *indecl* (call of the) cuckoo; **a** ∼**!** peek-a-boo!
kuku[2] *indecl żart* **mieć** ∼ **na muniu** to be wrong in the garret
kukułka *f orn* cuckoo
kukurydza *f bot* maize; *am* (Indian) corn
kukuryku *indecl* cock-a-doodle-doo
kul|a[1] *f* 1. (*bryła*) sphere 2. (*przedmiot o kształcie kuli*) ball; ∼**a śnieżna** snowball; ∼**a ziemska** the (terrestrial) globe; **na** ∼**i ziemskiej** on the face of the earth; *przen* **być komuś** ∼**ą u nogi** to be a drag on sb 3. *sport* shot; **pchnięcie** ∼**ą** shot put 4. *wojsk* (*pocisk*) bullet
kula[2] *f* crutch; **chodzić o** ∼**ch** to walk on crutches
kulas *m posp* 1. *pl* ∼**y** (*nogi*) stumps; trotters 2. (*człowiek*) cripple 3. *pl* ∼**y** (*litery*) scrawl
kulawy *adj* lame
kulbaczyć *vt imperf* to saddle (a horse)
kulbaka *f* saddle

kuleć *vi imperf* 1. (*utykać*) to be lame; to limp; to hobble 2. *przen* (*źle się rozwijać*) to struggle along; (*o rozmowie*) to flag
kulfon *m pot pog* 1. (*człowiek*) pudge; squab; humpty-dumpty 2. *pl* ∼**y** scribble
kulić się *vt imperf* to cower; to crouch; to cringe
kulig *m* (carnival) sledging cavalcade
kulinarn|y *adj* cooking — (ability etc.); gastronomical; culinary; **sztuka** ∼**a** gastronomy; art of cooking
kulis *m* coolie, cooly
kulistość *f singt* sphericity; roundness
kulisty *adj* spherical; round
kulis|y *pl* 1. *teatr* wings; scenes 2. *przen* (*ukryte szczegóły sprawy*) the inner history (of an affair); (*w ukryciu*) **za** ∼**ami** behind the scenes
kulka *f* ball; (*z papieru, chleba itd.*) pellet; (*gałka*) knob
kulkowy *adj* ball — (handle, bearing etc.)
kulminacyjny *adj* culminant; **punkt** ∼ climax
kulomb *m el fiz* coulomb
kulszowy *adj anat* sciatic (nerve, artery)
kult *m rel* worship; cult; *przen* ∼ **jednostki** personality cult
kultur|a *f* 1. (*dorobek materialny i duchowy*) culture; **dom** ∼**y** community centre 2. (*ogłada*) culture; cultivation; **człowiek bez** ∼**y** uncultivated person 3. *sport* ∼**a fizyczna** physical education ⟨culture⟩
kulturalny *adj* 1. (*związany z kulturą*) cultural; culture — (stage, centre etc.) 2. (*wykształcony*) educated 3. (*dobrze wychowany*) cultivated; well-mannered; **człowiek** ∼ a gentleman
kulturowy *adj* cultural; culture — (group etc.)
kulturysta *m* (a) culturist
kulturystyka *f* physical culture
kultywacja *f roln* cultivation
kultywator *m roln* cultivator
kultywować *vt imperf książk* to cultivate
kuluar *m* (*zw pl*) lobby
kułak[1] *m* 1. (*pięść*) fist; *przen* **śmiać się**

w ~ to laugh in one's sleeve 2. (*uderzenie*) punch
kułak² *m* (*bogaty chłop*) kulak, well-to-do peasant
kum *m* 1. (*ojciec chrzestny*) godfather; (*w stosunku do matki chrzestnej*) fellow-sponsor 2. *pot żart* friend; chum
kuma *f* 1. (*matka chrzestna*) godmother; (*w stosunku do ojca chrzestnego*) fellow-sponsor 2. *pot żart* friend
kumać się *vr imperf pot* to hob-nob
kumkać *vi imperf* to croak
kumoszka *f* crone
kumoterski *adj* log-rolling — (assistance etc.)
kumoterstwo *n* log-rolling; **uprawiać** ~ to have favourites
kumpel *m pot* pall; chum; *am* buddy
kumulacja *f* 1. (*nagromadzenie*) (ac)cumulation 2. (*połączenie*) fusion; merger
kumulować *imperf* **I** *vt* to (ac)cumulate **II** *vr* ~ **się** to accumulate (*vi*)
kumys *m singt* k(o)umiss
kuna *f* 1. *zool* marten 2. *pl* ~y (*futro*) martens
kundel *m* mongrel; *dosł i przen* cur
kunktator *m książk* procrastinator
kunszt *m* 1. (*mistrzostwo*) masterly skill; artistry 2. (*sztuka*) art (**kulinarny itd.** of cooking etc.)
kunsztowny *adj* 1. (*artystyczny*) artistic 2. (*misterny*) ingenious; minute
kup|a *f* 1. (*stos, sterta*) heap; pile; **na** ~ie heaped up 2. *pot* (*gromada, tłum*) crowd; **trzymać się** ~y a) (*trzymać się razem*) to hold together b) (*o słowach, myślach*) to make sense; **w** ~ie together; *przen* **wziąć się do** ~y a) (*wytężyć siły*) to put one's shoulder to the wheel b) (*opanować się*) to pull up one's socks 3. *pot* (*mnóstwo*) a lot; lots 4. *wulg* (*kał*) turd
kupcowa *f* shopkeeper
kupczyć *vi imperf* to traffic ⟨to trade⟩ (**wpływami itd.** in one's influence etc.)
kuper *m* 1. (*u ptaka*) rump; parson's nose 2. *pot* (*zadek*) backside; bottom
kupić *zob* **kupować**; ~ **coś** to make a purchase

kupiec *m* 1. (*człowiek trudniący się handlem*) businessman; merchant; dealer (**branży drzewnej itd.** in timber etc.) 2. (*właściciel sklepu*) shopkeeper; *am* store-keeper 3. (*nabywca*) buyer
kupiecki *adj* 1. (*odnoszący się do kupca*) businessman's; shopkeeper's 2. (*związany z handlem*) commercial; business — (career etc.)
kupiectwo *n singt* 1. (*handel*) business; commerce; trade 2. (*kupcy*) tradespeople
kuplet *m* music-hall song; couplet
kupn|o *n singt* buying; purchase; **akt** ~a purchase deed; **siła** ~a purchasing power
kupny *adj* purchased; bought; acquired
kupon *m* 1. (*odcinek biletu*) counterfoil 2. (*odcinek tkaniny*) length ⟨piece⟩ of cloth; ~ **na ubranie** suit length 3. *ekon* (*dividend*) coupon
kupować *vi imperf* — **kupić** *vt perf* to buy; to purchase; *imperf* (*robić zakupy*) to do one's shopping
kupujący *m* customer; purchaser; shopper
kur *m reg* cock; *przen* **czerwony** ~ a fire; conflagration
kura *f* 1. *orn* hen; **znać się na czymś jak** ~ **na pieprzu** not to know the first thing about sth 2. *kulin* fowl; chicken
kuracj|a *f* cure; treatment; **poddać się** ~i to undergo treatment
kuracjusz *m*, **kuracjuszka** *f* patient (taking a cure); (*w miejscowości kuracyjnej*) visitor (at a health resort)
kuracyjn|y *adj* curative; **miejscowość** ~a health resort
kurak *m* cock; chicken
kurant *m* (*w zegarze*) carillon; (*melodia dzwonów*) chime(s)
kuratel|a *f* 1. (*opieka prawna*) wardship 2. *przen* tutelage; **być pod** ~ą to be under restraint; **trzymać kogoś pod** ~ą to hold sb in leash
kurator *m* 1. (*szkolny*) school superintendent 2. *prawn* (*opiekun*) guardian 3. *prawn* (*osoba nadzorująca instytucję*) custodian

kuratorium *n* school superintendent's office
kurcz *m* cramp; **dostać ~u** to be seized with cramp
kurczak *m* chicken
kurczątko *n dosł i przen* chick
kurczenie się *n* ↑ **kurczyć się**; contraction
kurczę *n* chick(en)
kurczowy *adj* convulsive; spasmodic
kurczyć się *vr imperf dosł i przen* (*o tkaninie itd.*) to shrink; (*o mięśniu*) to contract
kurdupel *m pog wulg* pudge; squab; humpty-dumpty
kurek *m* 1. (*na kościele*) weather vane 2. (*kran*) tap; *am* faucet 3. (*u strzelby*) cock
kurenda *f* circular
kuria *f* curia
kurier *m* 1. (*posłaniec*) courier 2. (*gazeta*) daily
kuriozum *n* oddity; monstrosity
kurka *f* hen
kurkuma *f bot chem* curcuma; turmeric
kurnik *m* poultry-house
kurny *adj* chimneyless (cabin, shack)
kuropatwa *f orn* partridge
kurort † *m* health-resort; spa
kurować *imperf* I *vt* to treat (**pacjenta na jakąś chorobę** a patient for an illness) II *vr* ~ **się** to take a cure
kurs *m* 1. (*przejazd taksówką, dorożką itd.*) drive; **ile płacę za ~?** what is the fare? 2. (*należność za kurs*) fare 3. *mar lotn* course; tack 4. *przen* (*kierunek polityki*) policy; tack; course (of action) 5. *ekon* rate of exchange (of a currency); *giełd* market price; **~y giełdowe** quotations 6. (*obieg*) circulation 7. (*szkolenie*) course (of a language etc.) 8. (*rok nauki, program, ogół studentów*) class
kursant *m*, **kursantka** *f* student
kursowa|ć *vi imperf* 1. (*o środkach lokomocji — jeździć*) to ply ⟨to run⟩ (**między** ... **a** ... between ... and ...); **tramwaje nie ~ły** the trams were not running 2. (*być w użyciu*) to be in circulation; (*o pieniądzach*) to be legal tender 3. *przen* (*o wiadomości, plotce*

itd.) to be abroad; to pass from mouth to mouth
kursywa *f druk* italics
kurtka *f* short overcoat
kurtuazja *f* courtesy
kurtuazyjn|y *adj* courteous; **wizyta ~a** a) (*oficjalna*) goodwill visit b) (*prywatna*) formal call
kurtyna *f teatr* curtain; **żelazna ~** a) *teatr* fireproof curtain b) *przen* iron curtain
kurtyzana † *f* courtesan
kurtyzować *vt imperf* to dock (a horse, a dog etc.)
kurwa *f wulg* whore
kurz *m* dust; **ścierać ~e** to dust (the furniture)
kurzajka *f* (fugitive) wart
kurzawa *f* 1. (*tumany pyłu, kurzu*) whirling cloud ⟨swirl⟩ of dust 2. (*kłęby śniegu*) snowstorm
kurz|y *adj* hen's, hens'; fowls'; **~a ferma** chicken farm; *med* **~a ślepota** night-blindness; *przen* **~e łapki** crow's feet
kurzy|ć *imperf* I *vi* to raise clouds of dust; **~ śniegiem** snow is driven by the wind II *vt vi pot* to smoke III *vr* **~ć się** 1. (*dymić*) to smoke (*vi*) 2. (*parować*) to steam; to smoke
kusiciel *m* tempter
kusicielka *f* temptress
kusicielski *adj* tempting; enticing
kusić *imperf* I *vt* 1. (*wystawiać na pokusę*) to tempt 2. (*pociągać*) to lure II *vr* ~ **się** to attempt (**coś zrobić** to do sth; **o coś** sth)
kuso *adv* 1. (*krótko*) (too) short; **~ ubrana** short-skirted 2. (*marnie*) badly); ill; **~ z nim he** is badly off; **~ u mnie z pieniędzmi** I am short of money
kustosz *m* custodian; keeper; conservator
kusy *adj* (too) short; scanty
kusza *f hist* arbalest; cross-bow
kuszący *adj* tempting; luring; seductive
kuszenie *n* ↑ **kusić**; temptation
kuszetka *f* berth
kuśnierstwo *n singt* furriery
kuśnierz *m* furrier

kuśtykać *vi imperf* to hobble (along); to limp
kuśtykanie *n* ↑ **kuśtykać**; (a) hobble; (a) limp
kuter *m mar* smack
kuternoga *m f posp* lame-leg
kutwa *m f* miser; niggard
kut|y *adj* forged; ⟨*o koniu*⟩ shod; ~e żelazo wrought iron; *przen* ~y na cztery nogi cunning; sly; shrewd; człowiek ~y na cztery nogi sly fox; deep file
kuweta *f fot* dish; tray
kuzyn *m*, **kuzynka** *f* cousin
kuźnia *f* 1. smithy; forge 2. *przen* hotbed (of intrigue etc.)
kuźnica *f techn* ironworks
kwadra *f astr* quarter (of the lunar period)
kwadrans *m* quarter of an hour; ~ **akademicki** fifteen minutes' grace
kwadrant *m* quadrant
kwadrat *m* square; **podnieść liczbę do** ~**u** to raise a number to the second power
kwadratowy *adj* square; **metr** ⟨**pierwiastek**⟩ ~ square meter ⟨root⟩
kwadratura *f* quadrature; ~ **koła** squaring of the circle
kwakać *vi imperf* (*o kaczce*) to quack
kwak|ier *m* Quaker; *pl* ~**rzy** Quakers; (*sekta*) Society of Friends.
kwalifikacj|a *f* 1. *singt* (*ocena*) appraisal; evaluation 2. *pl* ~**e** qualifications ⟨competence⟩ (**do czegoś** for sth)
kwalifikacyjny *adj* qualifying — (examination etc.)
kwalifikator *m* label
kwalifikować *imperf* **I** *vt* 1. (*zaliczać*) to class 2. (*określać*) to describe ⟨to qualify⟩ (**kogoś jako ...** sb as ...) **II** *vr* ~ **się** 1. (*posiadać kwalifikacje*) to be qualified (**do czegoś** for sth) 2. (*nadawać się*) to be fit ⟨suitable⟩ (**do czegoś, na coś** for sth)
kwalifikowany *adj* qualified (worker, majority etc.)
kwant *m fiz* quantum
kwapić się *vr imperf* to be in a hurry; to be eager (**do czegoś** for sth)
kwarantanna *f* quarantine

kwarc *m miner* quartz
kwarcówka *f* quartz lamp
kwarcyt *m miner* quartzite
kwarta *f* quart
kwartalnie *adv* quarterly
kwartalnik *m* (a) quarterly
kwartalny *adj* quarterly; three-monthly; terminal (subscription etc.)
kwartał *m* term; quarter
kwartet *m muz* quartet(te); ~ **smyczkowy** string quartet
kwas *m* 1. (*smak*) acidity 2. (*zaczyn*) leaven 3. *pl* ~**y** *przen* (*niesnaski*) discord; ill feeling; bad blood 4. *chem* acid
kwasek *m dim* ↑ **kwas**; slight acidity; ~ **cytrynowy** citric acid
kwasić *imperf* **I** *vt kulin* to subject to fermentation; to sour (milk etc.); to pickle (cabbage etc.); to salt (cucumbers etc.) **II** *vr* ~ **się** 1. *kulin* to ferment; to sour (*vi*); to pickle (*vi*) 2. *przen* to become soured
kwaskowaty, **kwaskowy** *adj* acrid; sourish; acidulous
kwasota *f singt chem* acidity
kwaśnieć *vi imperf* = **kisnąć**, **kwasić się**
kwaśn|y *adj* 1. (*o smaku*) sour; ~**a kapusta** sauerkraut; ~**e mleko** sour milk; ~**y ogórek** pickled ⟨salted⟩ cucumber 3. (*w złym humorze*) peevish; sour; ~**a mina** wry mouth
kwatera *f* 1. (*mieszkanie*) lodging; living accommodation 2. *wojsk* quarters
kwaterka *f* quarter of a litre
kwatermistrz *m wojsk* quartermaster
kwaterować *imperf* **I** *vt* to give living accommodation (**kogoś** to sb); to put (sb) up; *wojsk* to quarter (troops) **II** *vi* to stay; *wojsk* to be quartered
kwaterunek *m* 1. *pot* (*urząd*) State office for the control of living accommodation 2. (*zakwaterowanie*) living quarters
kwef *m* 1. (*u muzułmanki*) yashmak 2. (*u zakonnicy*) wimple
kwe|sta *f* collection; **chodzić po** ~**ście** to collect (contributions for a charitable purpose)
kwesti|a *f* 1. (*problem, sprawa*) question; matter; ~**a formalna** a point of order; ~**a gustu** a matter of taste

kwestionariusz 249 **lać**

2. (*wątpliwości*) question; doubt; **bez ~i** undoubtedly; **to nie ulega ~i** there is no doubt about it 3. *teatr* lines
kwestionariusz *m* questionnaire; inquiry sheet
kwestionować *vt imperf* to call in question; to question
kwestor *m uniw* bursar
kwestować *vi imperf* to collect (for the poor etc.)
kwestura *f uniw* bursary
kwękać *vi imperf* to be sickly
kwiaciarka *f* florist
kwiaciarnia *f* florist's (shop)
kwiaciarz *m* florist
kwiat *m* 1. (*roślina ozdobna*) flower 2. *bot* (*u roślin*) inflorescence; ~ **drzew owocowych** blossom 3. (*najlepsza część*) prime (of youth etc.); **w kwiecie wieku** in the prime of life
kwiatostan *m bot* inflorescence
kwiczeć *vi imperf* to squeak; to squeal
kwiecić *vt imperf* to adorn ⟨to deck⟩ with flowers
kwiecień *m* April
kwiecisty *adj* 1. (*w kwiaty*) flowered; flowery 2. *przen* (*o stylu*) florid; ornate
kwietnik *m* flower bed
kwik *m* squeak; squeal
kwilić *vi imperf* 1. (*o dziecku*) to whimper; to mewl; to whine 2. (*o ptakach*) to twitter
kwint|a *f* quint; *przen* **spuścić nos na ~ę** to make a long face

kwintal *m* quintal
kwintesencja *f singt* quintessence; essence
kwintet *m muz* quintet; ~ **smyczkowy** string quintet
kwit *m* receipt; ~ **bagażowy** luggage receipt; *am* baggage check
kwita *indecl pot* (*koniec, basta*) enough (of that); **jesteśmy** ~ we are square; ~ **z naszej przyjaźni** we are through
kwitariusz *m* receipt-book
kwit|ek *m dim* ↑ **kwit**; **odejść z ~kiem** to go empty-handed; **odprawić kogoś z ~kiem** to rebuff sb
kwitnący *adj* 1. (*o kwiecie*) in bloom; blooming; (*o drzewie*) in blossom 2. *przen* flourishing; **w ~m zdrowiu** in the pink of health
kwitnąć *vi imperf* 1. *bot* to bloom; to blossom 2. *przen* (*wyglądać zdrowo*) to look healthy 3. *przen* (*prosperować*) to flourish; to thrive
kwitni|enie, kwitni|ęcie *n* ↑ **kwitnąć**; **okres ~enia** ⟨**~ęcia**⟩ florescence
kwitować *imperf* **I** *vt* to acknowledge receipt (**kwotę** of a sum); ~ **rachunek** to receipt a bill **II** *vi* to acknowledge receipt (**z czegoś** of sth)
kwoka *f* clocking hen; sitter
kwokać *vi imperf* to cluck
kwota *vi imperf* sum; amount; ~ **ogólna** sum total; **wydatek w kwocie** *x* expense amounting to *x*
kynologia *f singt* cynology
kynologiczny *adj* **związek** ~ the Kennel Club

---

lab|a *f pot* 1. (*czas wolny*) time free from school ⟨duties⟩; **mamy ~ę** no school to-day 2. (*próżnowanie*) truancy
labiedzić *vi imperf pot* to complain; *am* to bellyache
labirynt *m* labyrinth; maze
laborant *m*, **laborantka** *f* 1. *uniw* manipulator; laboratory assistant 2. (*w aptece*) manipulator; assistant chemist
laboratorium *n* laboratory; *pot* lab
laboratoryjny *adj* laboratory — (equipment, worker etc.)
laburzysta *m* labourite
lać *imperf* **I** *vt* 1. (*nalewać, wylewać*) to pour; ~ **łzy** ⟨**krew**⟩ to shed tears ⟨blood⟩ 2. (*odlewać*) to cast 3. *pot* (*bić*) to shower blows (**kogoś** on sb) **II** *vi* (*o deszczu*) to pour; **lało jak**

lada — **łapoński**

z cebra it rained cats and dogs ⟨pitchforks⟩ III vr ~ się to flow; ~ się strumieniami to stream down; przen krew się lała there was bloodshed
łada¹ f counter
łada² adj any; ~ co anything; ~ jak anyhow; ~ chwila (at) any moment || nie ~ no mean; first-class (artist, achievement etc.)
ładaco indecl good-for-nothing
ładacznica f książk strumpet
lafirynda f pog tart
lagier m pot Nazi concentration camp
laguna f lagoon
laicki adj lay
laicyzacja f singt secularization
laik m layman; (a) non-professional
lak m 1. (do pieczętowania) sealing-wax; przen w ⟨z⟩ braku ~u for want of something better 2. bot wall-flower; gillyflower
laka f lacquer
lakier m 1. (roztwór) varnish; ~ do paznokci nail enamel ⟨polish⟩ 2. (skóra) patent leather
lakierek m patent-leather shoe
lakiernictwo n dosł i przen varnishing
lakiernik m varnisher
lakierować vt imperf dosł i przen to varnish
lakmus m litmus
lakmusowy adj litmus- (paper)
lakoniczny adj brief; terse
lakować vt imperf to seal (with sealing wax)
laktacja f singt biol lactation
laktoza f chem lactose
lala f doll; pot jak ta ~ nicely
lal|ka f doll; teatr ~ek puppet show; dom ~ek doll's house; bawić się ~kami to play with dolls
lalkarstwo n singt 1. (wyrób lalek) doll manufacture ⟨industry⟩ 2. teatr puppet-show industry
lalkowat|y adj dollish; ~a twarz doll's face
laluś m fop; am dude
lama¹ f tekst lamé
lama² f zool llama
lama³ m rel lama
lambrekin m lambrequin; pelmet

lament m lament; lamentation; wail
lamentować vi imperf to wail; to lament (nad kimś, czymś over sb, sth)
laminat m techn laminate
lamować vt imperf to trim (with lace etc.)
lamówka f trimming; edge
lamp|a f lamp; radio ~a elektronowa valve; am tube; ~a jarzeniowa fluorescent tube ⟨lamp⟩; ~a naftowa oil--lamp; am kerosene-lamp; ~a sygnalizacyjna flash-lamp; ~a ścienna wall lamp; przy świetle ~y by lamplight
lampart m zool leopard
lampas m stripe
lamperia f dado
lampion m Chinese lantern
lampka f 1. dim ↑ lampa; ~ nocna night-lamp 2. (kieliszek) wine-glass 3. (zawartość) glassful; ~ wina glass of wine
lamus m lumber-room; przen odłożyć coś do ~a to discard ⟨am to junk⟩ sth
lanca f lance
lancet m lancet
landara f 1. (kareta) chaise 2. przen (coś dużego) jumbo
landryn(k)a f acid drop; (a) sweet
langusta f zool spiny lobster
lanie n ↑ lać; (bicie) hiding; (kara wymierzona dziecku) spanking; spuścić ⟨sprawić⟩ komuś ~ to give sb a (sound) thrashing
lanolina f chem lanolin
lansować vt imperf 1. (propagować) to promote 2. (reklamować) to bring out (a film star etc.); to give publicity (kogoś, coś to sb, sth) 3. (wprowadzać w modę) to initiate
lan|y adj (odlany) cast; z ~ego żelaza cast-iron — (bracket etc.); kulin ~e ciasto ⟨kluski⟩ soft egg noodles
lapidarny adj terse; concise
lapis m chem silver nitrate
lapisować vt imperf to cauterize with silver nitrate
Lapończyk m, **Laponka** f Lapp
łapoński adj Lapponian; język ~ Lappish

lapsus *m* (*także* ~ **linguae**) slip of the tongue
larwa *f* larva
laryngolog *m* laryngologist; throat specialist
laryngologia *f singt* laryngology
las *m* 1. forest; (a) wood; **dziewiczy** ~ virgin forest; **gęsty** ~ **thicket**; ~ **iglasty** ⟨liściasty⟩ leafy ⟨coniferous⟩ forest; *przysł* **im dalej w** ~, **tym więcej drzew** the farther in the deeper; **nauka nie poszła w** ~ he has ⟨they have etc.⟩ learned his ⟨their etc.⟩ lesson; **nie wywołuj wilka z** ~**u** let sleeping dogs lie 2. *przen* forest (of masts etc.)
lasecznik *m biol* rod-shaped bacterium; bacillus
lasek *m* grove; coppice
laser *m* laser
laska *f* 1. (*pręt do podpierania się*) (walking-)stick; cane; staff 2. (*pałeczka*) rod; stick (of cynnamon etc.); bar (of metal, chocolate etc.) 3. (*kreska litery, nuty itd.*) down stroke
laskowy *adj* hazel — (tree etc.); *bot* **orzech** ~ hazel-nut
lasować *imperf* **I** *vt* to slake (lime) **II** *vr* ~ **się** to slake (*vi*); to become slaked
lasso *n indecl* lasso
lastryko *n indecl bud* terrazzo
latać *vi imperf* 1. (*fruwać*) to fly; to flit; to flutter 2. *lotn* to fly 3. (*uganiać*) to run about; ~ **za kimś** to make up to sb; *pot* ~ **za kobietami** to run after women
latanina *f* comings and goings; bustle; stir
latarka *f* (electric) torch; flash-light
latarnia *f* lantern; ~ **morska** lighthouse; ~ **uliczna** street-lamp
latarnik *m* lighthouse keeper
lataw|iec *m* 1. (*zabawka*) kite; **puszczać** ~**ca** to fly a kite 2. (*człowiek lubiący przebywać poza domem*) gadabout
lateks *m* latex
lat|o *n* 1. (*pora roku*) summer(time); **babie** ~**o** Indian summer; ~**em, w lecie** in summer; **w pełni** ~**a** in midsummer 2. *pl* ~**a** (↑ **rok**) years; **całymi** ~**ami** for years at a stretch; **od** ~ for many years; **po** ~**ach** many

years later; **sto** ~! here's to you; cheerio! 3. *pl* ~**a** (*wiek*) years; **ile masz** ~? how old are you?
latorośl *f* 1. *bot* shoot; **winna** ~ grape-vine 2. *przen* (*potomek*) offspring
latryna *f* latrine
latyfundium *n hist* latifundia
laubzega *f pot* fret-saw; jig-saw
laufer *m szach* bishop
laur *m* 1. *bot* laurel 2. *przen* laurel wreath; *pl* ~**y** laurels; **zbierać** ⟨**zdobywać**⟩ ~**y** to reap ⟨to win⟩ laurels; **spoczywać na** ~**ach** to rest on one's laurels
laureat *m* prizeman; ~ **nagrody Nobla** Nobel prize winner
laurka *f* congratulatory scroll
lawa *f geol* lava
lawenda *f* 1. *bot* lavender 2. (*woda kwiatowa*) lavender water
laweta *f* gun-carriage
lawina *f dosł i przen* avalanche
lawirant *m pot* trimmer
lawirować *vi imperf* 1. (*posuwać się omijając przeszkody*) to pick one's way 2. *przen* (*postępować zręcznie*) to serve time; (*w polityce itd.*) to trim 3. *mar* to tack; to trim
lazur *m* 1. (*kolor*) sky blue; azure 2. (*firmament*) the blue
lazurowy *adj* azure ⟨sky⟩ blue
ląc się *vr imperf* = **lęgnąć się**
ląd *m* 1. (*ziemia w odróżnieniu od morza*) land; (*o podróży, transporcie*) ~**em** by land; **na lądzie** on shore 2. (*kontynent*) continent; ~ **stały mainland**
lądować *vi imperf* to land; (*o statku kosmicznym*) to touch down
lądowani|e *n* ↑ **lądować**; landing; lot **bez** ~**a** non-stop flight; ~**e na księżycu** touch-down; moon landing; **miękkie** ~**e** soft landing
lądow|y *adj* 1. (*kontynentalny*) continental (climate etc.) 2. (*znajdujący się na lądzie*) land — (army etc.); **drogą** ~**ą** by land; *przen* (*o człowieku*) **szczur** ~**y** landsman; *pot* landlubber
ląg *m* hatch(ing)
lebioda *f bot* pigweed
lec, legnąć *vi perf książk* 1. (*położyć*

lecieć *się*) to lie down; **lec w grobie** to go to one's grave 2. (*paść*) to fall; **lec w gruzach** to fall into ruin; **lec w walce** to fall; to succumb
leci|eć *vi imperf* 1. to fly 2. (*spadać*) to fall; to drop; **wszystko mi ~ z rąk** I keep dropping things 3. *pot* (*o płynach*) to flow; **ślinka mi na to ~** it makes my mouth water 4. *przen* (*o czasie*) to fly; to pass 5. *przen* (*pędzić*) to run ‖ *pot* **~eć na coś** to be keen on sth; **~eć na kogoś** to be sweet on sb
leciutki *adj* very ⟨*pot* awfully⟩ light
leciwy † *adj* elderly
lecytyna *f singt biol* lecithin
lecz *conj* but; however; though
leczenie *n* 1. ↑ **leczyć** 2. (*kuracja*) cure; treatment
lecznica *f* hospital; infirmary; **~ prywatna** nursing home; policlinic
lecznictwo *n singt* therapeutics; medical care; health service; **~ otwarte** out-patient medical service; **~ zamknięte** hospital service
lecznicz|y *adj* curative; healing; therapeutic; **środek ~y** remedy
leczyć *imperf* I *vt* to attend (a patient, patients); to give medical attendance (**kogoś to sb**); to treat (**chorobę a** disease; **kogoś na jakąś chorobę** sb for a disease) II *vr* **~ się** to undergo treatment; to take a cure (**na jakąś chorobę** for a disease)
ledw|ie, ledw|o *adv* 1. (*z trudem*) (*także* **~ie ~ie, ~o ~o**) hardly; scarcely; **~ie ⟨~o⟩ żywy** half dead 2. (*niedawno, dopiero co*) hardly; scarcely; barely; only just
legacja † *f* legation
legalizacja *f singt* 1. (*uwierzytelnienie*) authentication 2. (*nadanie mocy prawnej*) legalization
legalizować *vt imperf* 1. (*uwierzytelniać*) to authenticate; to certify 2. (*nadać moc prawną*) to legalize
legalnie *adv* legally; lawfully
legalność *f singt* legality; lawfulness
legalny *adj* legal; lawful
legar *m bud* joist; mudsill
legat[1] *m* (*poseł*) legate

legat[2] *m prawn* (*zapis*) legacy; bequest
legawiec *m zootechn* setter; pointer
legenda *f* legend
legendarny *adj* legendary; fabulous
leghorn *m zootechn* Leghorn fowl
legia *f hist wojsk* legion; **Legia Cudzoziemska** the Foreign Legion; **Legia Honorowa** the Legion of Honour
legion *m dosł i przen* legion
legionista *m* legionary
legitymacja *f* 1. (*dowód tożsamości*) identity card 2. (*dowód przynależności do organizacji*) membership card
legitymować *imperf* I *vt* to check (**kogoś** sb's) identity papers; to identify (sb) II *vr* **~ się** to show one's papers; to prove one's identity
legitymowanie *n* ↑ **legitymować**; verification of identity papers
legnąć *zob* **lec**
legować *vt imperf prawn* to bequeath
legowisko *n* 1. (*posłanie*) shakedown; pallet 2. (*barłóg zwierzęcia*) lair; den
legumina *f* dessert; sweet (dish)
lej *m* 1. (*urządzenie*) funnel; hopper 2. (*zagłębienie*) crater; **~e od bomb** bomb craters
leja *f* (*jednostka monetarna*) leu
lejce *pl* reins
lejdejsk|i *adj fiz* **butelka ~a** Leyden jar
lejek *m* funnel
lek *m* medicine; drug; *dosł i przen* remedy (**na coś** against ⟨for⟩ sth)
lekarka *f* lady ⟨woman⟩ doctor
lekarski *adj* doctor's; physician's; medical; **gabinet ~** consulting room; surgery; **świadectwo ~e** health certificate; **wydział ~** Faculty of Medicine
lekarstw|o *n* medicine; **zażywać ~o** to take (one's) medicine; *przen* **ani na ~o** a) (*ani trochę*) not a whit b) (*nikogo*) not a soul; **na to nie ma ~a** there's no cure for that
lekarz *m* doctor; physician; **~ szkolny** school medical officer; **~ zakładowy** house-physician; **pójść do ~a** to go and see a doctor; *przysł* **czas najlepszy ~** time is the best healer
lekceważący *adj* slighting; disrespectful

lekceważenie *n* 1. ↑ **lekceważyć** 2. *(brak szacunku)* slight; disrespect
lekceważyć *vt imperf* 1. *(traktować bez szacunku)* to slight; to treat with disregard 2. *(bagatelizować)* to make light *(coś* of sth) 3. *(nie zwracać uwagi)* to disregard; ~ **niebezpieczeństwo** to brave dangers
lekcj|a *f* 1. *(zajęcie szkolne)* lesson; class; *pl* ~**e** *(korepetycje)* private tuition; udzielać komuś ~**i** czegoś to give sb lessons in a subject 2. *przen (nauczka)* lesson 3. *szk (materiał zadany)* lesson; odrabiać ~**e** to do one's lessons
lekk|i *adj (comp* **lżejszy)** 1. *(nieciężki)* light (step, heart etc.); *sport* ~**a waga** light weight 2. *(słaby)* slight; gentle; *(o śnie, winie)* light; *(o herbacie)* weak 3. *(łatwy)* easy; ~**i chleb** easy gain 4. *(niepoważny)* not serious; light-hearted; *(lekkomyślny)* light-headed 5. *(rozwiązły)* light; **kobieta** ~**ich obyczajów** woman of easy virtue; light-o'-love ‖ **z** ~**a** slightly; somewhat
lekko *adv (comp* **lżej)** 1. *(nieciężko)* lightly; ~ **ubrany** lightly clad; *przen* ~ **mi było na sercu** I felt light-hearted 2. *(nieznacznie)* slightly; somewhat 3. *(delikatnie)* slightly; gently 4. *(łatwo)* easily; **to się** ~ **czyta** it's light reading; *sport* ~ **wygrać** to win hands down 5. *(lekkomyślnie)* light-heartedly
lekkoatleta *m,* **lekkoatletka** *f* athlete
lekkoatletyka *f singt* athletics
lekkoduch *m* trifler; *am pot* playboy
lekkomyślność *f* 1. *(brak rozwagi)* rashness; recklessness 2. *(niepoważny stosunek do życia)* light-headedness. 3. *(niestateczność)* flightiness; frivolity
lekkomyślny *adj* 1. *(nierozważny)* rash; reckless 2. *(lekko biorący życie)* light-headed; light-minded 3. *(niepoważny)* frivolous
lekkość *f singt dosł i przen* lightness
lekospis *m* pharmacopoea
lekoznawstwo *n singt* pharmacognosy
leksykalny *adj* lexical
leksykograf *m* lexicographer
leksykografia *f singt jęz* lexicography

leksykograficzny *adj jęz* lexicographical
leksykolog *m* lexicologist
leksykologia *f singt jęz* lexicology
leksykon *m* lexicon
lektor *m,* **lektorka** *f* 1. *(osoba czytająca komuś)* reader (aloud) 2. *uniw* lector
lektorat *m* 1. *(stanowisko lektora)* lectorship 2. *(kurs nauki języków obcych)* course (in a foreign language)
lektur|a *f* 1. *(czytanie)* reading 2. *(to, co jest przeznaczone do czytania)* reading matter; ~**a obowiązkowa** set book; **spis** ~ reading list
lektyka *f* litter; sedan-chair
lemiesz *m* (plough)share; *am* plowshare
leming *m zool* lemming
lemoniada *f* lemonade; lemon squash
lemur *m zool* lemur
len *m* flax
lenić się *vr imperf* 1. *(nie mieć ochoty do pracy)* to laze 2. *(ociągać się)* to dally
lenieć *vi imperf* = **linieć**
leninizm *m singt* Leninism
leninowski *adj* Lenin's (philosophy etc.); Leninist (festivities etc.)
lenistwo *n singt* laziness; idleness, sloth
leniuch *m* sluggard; idler
leniuchować *vi imperf* to laze
leniwiec *m zool* sloth
leniwy *adj* lazy
lennik *m hist* vassal; liegeman
lenno *n hist* fief; feud
lenny *adj hist* feudal
leń *m* sluggard; lazy-bones
lep *m* glue; ~ **na muchy** fly-paper; *przen* **brać kogoś na** ~ to ensnare sb; **iść na** ~ **czegoś** to be lured by sth
lepianka *f* mud hut
lepić *imperf* **I** *vt* 1. *(urabiać, formować)* to model; to fashion; to mould *(coś z gliny* sth in clay) 2. *(łączyć za pomocą kleju itd.)* to stick (things) together; to paste; to glue (up) **II** *vr* ~ **się** 1. *(być lepkim)* to be sticky 2. *(przylegać)* to stick
lepiej *adv (comp* ↑ **dobrze)** 1. better; ~ **się czuć** to be ⟨to feel⟩ better; **coraz** ~ better and better; **tym** ~ **all the better** 2. *(raczej)* rather; (had)

better; **milczałbyś** ~ you had better be quiet ⟨keep silent⟩
lepik *m bud techn* cement; glue
lepiszcze *n bud techn* (an) adhesive
lepki *adj* sticky; gluey; *przen* **mieć** ~**e ręce** to have light fingers
lepkość *f singt* stickiness; viscosity
leprozorium *n* leprosery; hospital for lepers
lepsz|y I *adj (comp* ↑ **dobry**) better; **pierwszy** ~**y** anyone; **w braku czegoś** ~**ego** for want of sth better **II** *n* ~**e** *singt* something better; **obrócić się na** ~**e, iść ku** ~**emu** to take a turn for the better; **a co** ~**e ...** better still ...; **and what more ...;** *przysł* ~**e jest wrogiem dobrego** leave well alone
lesbijka *f* (a) Lesbian
lesisty *adj* wooded; woody
less *m geol* loess
leszcz *m icht* bream
leszczyna *f* 1. *bot* hazel 2. *(lasek)* hazel--wood
leśnictwo *n* 1. *singt (nauka, gospodarowanie)* forestry 2. *(obszar)* forest district; forest-range
leśniczówka *f* forester's lodge
leśniczy *m*, **leśnik** *m* forester
leśn|y *adj* forest — (trees etc.); wood — (anemone etc.); **gospodarka** ~**a** forest--administration; **robotnik** ~**y** woodsman
letarg *m* 1. *med* lethargy 2. *przen* trance; **ocknąć się z** ~**u** to arouse oneself from one's torpor; **wyrwać kogoś z** ~**u** to wake sb up
letargiczny *adj* lethargic
letni *adj* 1. *(związany z latem)* summer — (months etc.); **czas** ~ summer ⟨*am* light-saving⟩ time; **wakacje** ⟨**ferie**⟩ ~**e** long vacation 2. *bot zool (o kwiatach, zjawiskach itd.)* aestival 3. *(ciepławy)* lukewarm; tepid
letnik *m*, **letniczka** *f* holiday-maker
letnisk|o *n* summer resort; **na** ~**u** in the country; on holiday
letniskow|y *adj* summer-resort — (atmosphere etc.); **miejscowość** ~**a** summer resort
leukemia *f med* leukemia
leukocyt *m biol* leucocyte

leukoplast *m farm* sticking-plaster; adhesive tape
lew[1] *m zool* lion; *przen (także* ~ **salonowy)** carpet-knight
lew[2] *m (jednostka monetarna)* lev
lewa *f karc* trick
lewantyński *adj* Levantine
lewar *m* 1. *(dźwignik)* jack; **podnieść** ~**em** to jack up (a car etc.) 2. *(rurka do przelewania cieczy)* siphon, syphon
lewarek *m* jack
lewatywa *f* enema; *(zabieg)* lavement
lewica *f* 1. *polit* the Left (Wing) 2. *książk (lewa ręka)* left hand
lewicowy *adj* leftist
lewkonia *f bot* stock; stock-gillyflower
lewo *adv* left; **na** ~, **w** ~ left; **na prawo i (na)** ~ right and left; *pot (nielegalnie)* **na** ~ on the crook
leworęczny *adj* left-handed
lewoskrętny *adj techn* left-handed
lewostronny *adj* left-sided
lew|y *adj* 1. left (shoe, glove, bank of a river etc.); **trzymać się** ~**ej strony** *(ulicy, szosy)* to keep to the left; *przen* **wstać** ~**ą nogą** to get out of bed on the wrong side 2. *(o stronie papieru, monety)* verso; *(o stronie tkaniny)* back; wrong side; **na** ~**ą stronę** inside out 3. *przen pot (nielegalny)* faked; *(nielegalnie nabyty)* **z** ~**ej ręki** obtained on the crook 4. *pot (radykalny)* leftist || **z** ~**a** from the left
leźć *vi imperf pot* 1. *(o owadach itd.)* to creep 2. *(wlec się)* to shuffle along 3. *(wspinać się)* to climb **(po drabinie itd.** up a ladder etc.) 4. *(iść)* to go ⟨to plod⟩ along; *przen* ~ **komuś w łapy** to fall into sb's lap
leżak *m* deck-chair
leżakować *vi imperf* to lie in a deck--chair in the open air
leżakowanie *n* ↑ **leżakować**; open-air rest cure
leżanka *f* couch
leżąc|y *adj* lying; recumbent; **pozycja** ~**a** recumbent posture
leże *n* 1. *(posłanie)* shakedown 2. *wojsk i przen* quarters 3. *(legowisko zwierza)* lair

leż|eć *vi imperf* 1. to lie; to be recumbent; (*pozostawać w łóżku*) to stay in bed; ~eć **na grypę** to be ill with flu; (*do psa*) ~eć! down! 2. (*rozpościerać się warstwą*) to lie; to be; ~eć **w gruzach** to lie in ruin; *przen* ~y **mi to na sercu** I have it at heart; **to** ~y **w twoim interesie** it is in your interest 3. (*o ubraniu*) to fit; to suit; ~y **na tobie jak ulał** it fits you like a glove 4. (*znajdować się, być położonym*) to lie; to be situated 5. *karc* ~eć **bez jednej** ⟨**dwóch itd.**⟩ to be one ⟨two etc.⟩ down
lędźwie *pl anat* loins
lędźwiowy *adj anat* lumbar
lęg *m* hatch(ing)
lęgnąć się *vr* 1. (*rodzić się*) to breed 2. (*wykluwać się*) to hatch 3. *przen* (*powstawać*) to arise
lęgowisko *n dosł i przen* breeding-ground
lęgowy *adj* (season etc.) of breeding; brood — (bag, chamber)
lęk *m* fear (**przed czymś** of sth); ~ **przestrzeni** agoraphobia
lękać się *vr imperf* 1. (*bać się*) to be afraid (**kogoś, czegoś** of sb, sth); to dread ⟨**to fear**⟩ (**kogoś, czegoś** sb, sth) 2. (*niepokoić się*) to fear (**o kogoś, coś** for sb, sth)
lękliwość *f* timidity
lękliwy *adj* timid; apprehensive
lękowy *adj med* anxiety — (neurosis etc.)
lgnąć *vi imperf* 1. (*grzęznąć*) to sink (in the mud etc.) 2. (*przylepiać się*) to stick 3. (*garnąć się*) to cling; tó feel attracted (**do kogoś, czegoś** to sb, sth)
liana *f bot* liana
libacja *f* drinking bout; revel
libella *f techn* (spirit) level
liberalizm *m singt* liberalism
liberalność *f singt* liberality
liberalny *adj* broad-minded; liberal
liberał *m* (a) liberal
liberia *f* livery
librecista *m* librettist
libretto *n* libretto
lice *n bud* face ⟨surface⟩ (of a wall)

licealista *m*, licealistka *f* secondary-school pupil
licealny *adj* secondary-school — (pupil etc.)
licencja *f* licence
liceum *n* Polish secondary school
licho[1] *adv* badly; poorly
lich|o[2] *n* the evil spirit; devil; **do** ~**a** a) (*przekleństwo*) hang it! b) (*dużo*) no end (of sth); **idź do** ~**a!** hang you!
lichość *f singt* poor quality
lichota *f* trash; shoddy
lichtarz *m* candlestick
lichwa *f* usury
lichwiarski *adj* usurious
lichwiarstwo *n singt* usury
lichwiarz *m* usurer
lichy *adj* 1. (*w złym stanie*) poor; miserable 2. (*w złym gatunku*) bad
lico *n* 1. *książk* (*twarz*) face 2. *książk* (*policzek*) cheek 3. (*zewnętrzna powierzchnia*) face ⟨surface⟩ (of a paper, wall etc.)
licować *imperf* **I** *vi* to be in harmony (with sth); **nie** ~ .**z czymś** to be incompatible with sth **II** *vt bud* to face (a wall etc.)
licowy *adj* 1. (*stanowiący zewnętrzną stronę*) right ⟨front, obverse⟩ (side) 2. *bud* (*używany do licowania*) facing — (brick etc.)
licytacj|a *f* 1. (*sprzedaż*) auction; **wystawić na** ~**ę** to put sth up to auction 2. *karc* bidding
licytant *m* bidder
licytator *m* auctioneer
licytować *imperf* **I** *vt* 1. (*sprzedawać na licytacji*) to sell by auction ⟨**am** at auction⟩ 2. (*zgłaszać sumę na licytacji*) to bid; to offer 3. (*egzekwować*) to sell up (a debtor) 4. *karc* to bid **II** *vr* ~ **się** to outvie each other; ~ **się w czymś** to vie with each other in sth
liczba *f* 1. (*pojęcie*) number; ~ **bezwzględna** absolute value ⟨number⟩; ~ **całkowita** whole number; ~ **względna** relative value ⟨number⟩; *gram* ~ **pojedyncza** ⟨**mnoga**⟩ singular ⟨plural⟩ (number); *mat* ~ **dziesiętna** (a) deci-

mal 2. *(stan liczebny)* number; **pewna** ⟨**znaczna**⟩ ~ a certain ⟨a considerable⟩ number
liczbow|y *adj* numerical; **loteria** ~**a** number lottery
liczebnie *adv* numerically; in number; **przewyższać** ~ to outnumber
liczebnik *m gram* (a) numeral
liczebny *adj* numerical; *wojsk* **stan** ~ **oddziału** effective force of a unit
liczeni|e *n* ↑ **liczyć**; (the) count; calculation; **maszyna d,o** ~**a** calculator
liczko *n* 1. *(buzia)* (pretty, little) face 2. *garb* grain side
liczman *m* 1. *(żeton)* counter ⟨fish⟩ (in games) 2. *przen książk (namiastka)* substitute
licznie *adv* in great number; in force
licznik *m* 1. *(przyrząd, zegar)* meter; (speed etc.) counter; *(w taksówce)* taximeter 2. *mat* numerator (of a fraction)
liczny *adj* numerous
liczy|ć *imperf* I *vi* 1. *(rachować)* to count; to reckon; to calculate; *szk* to do sums 2. *(spodziewać się)* to bank (**na coś** on sth); **na to nie** ~**łem** I didn't bargain for that 3. *(polegać)* to rely (**na kogoś, coś** on sb, sth); ~**ć na własne siły** to depend on oneself; **możesz na to** ~**ć** you may depend on it; ~**ć na coś** to take sth into account II *vt* 1. *(obliczać)* to count; to reckon; *(zsumowywać)* to add up 2. *(składać się)* to be composed *(x* **pokoi, ludzi itd.** of *x* rooms, people etc.); ~**ć sobie** *x* **lat** to number *x* years 3. *(żądać zapłaty)* to charge; **ile on** ~ **za wizytę?** what does he charge for a consultation? III *vr* ~**ć się** 1. *(być branym pod uwagę)* to count; to enter into account 2. *(być poważanym)* to be held in esteem 3. *(przywiązywać wagę)* to reckon (**z kimś, czymś** with sb, sth); ~**ć się ze słowami** to mind one's words; ~**ć się z każdym groszem** to be careful of every penny one spends; **nie** ~**ć się z czymś** to ignore sth; **nie** ~**ć się z niczym** to go all lengths

liczydło *n* 1. *(przyrząd do liczenia)* abacus 2. *techn* counter
liczykrupa *m f* skinflint, niggard
lider *m* leader
liga *f* league
ligatura *f* 1. *druk med.* ligature 2. *muz* bind; tie
lignina *f singt* wood-wool
ligowiec *m sport* league player
ligowy *adj* league — (football etc.)
lik *m w zwrotach*: **bez** ~**u** countless; innumerable
likier *m* liqueur
likwidacja *f* 1. *(zwinięcie)* liquidation; winding up (of a society etc.) 2. *(zniesienie)* suppression; abolition; stamping out (of an epidemic, illiteracy etc.) 3. *pot euf (unicestwienie)* extermination 4. *handl* clearance (of a business etc.)
likwidatura *f* payments ⟨public⟩ department (of a bank etc.)
likwidować *vt imperf* 1. *(zwinąć)* to liquidate; to wind up 2. *(znieść)* to suppress; to do away (**coś** with sth); to stamp out (an epidemic etc.) 3. *pot euf (unicestwić)* to make away (**kogoś** with sb); to exterminate (a race etc.) 4. *handl* to clear (accounts)
lila *adj* lilac (blue)
lilak *m bot* mock-orange; ~ **pospolity** lilac
lilia *f* lily
liliowy¹ *adj (dotyczący lilii)* lily — (white, hands etc.)
liliowy² *adj (o kolorze)* lilac (blue)
liliput *m* (a) Lilliputian; pygmy; midget
liman *m* coastal salt lake
limba *f bot* stone pine
limfa *f* lymph
limfatyczny *adj* lymphatic
limfocyt *m biol* lymphocyte
limit *m* limit; ~ **czasu** dead-line
limitować *vt imperf* to limit
limuzyna *f* limousine
lin *m icht* tench
lin|a *f* line; rope; cord; ~**a holownicza** tow-line; **chodzić** ⟨**tańczyć itd.**⟩ **na** ~**ie** to perform on the tightrope; **ciągnąć na** ~**ie** to tow
lincz *m* lynch

linczować *vt imperf* to lynch
linearny *adj* lineal, linear
lingwista *m* linguist
lingwistyczny *adj* linguistic
lingwistyka *f singt* linguistics
lini|a *f* 1. *geom* line; ~a krzywa curve; w prostej ~i in a straight line; as the crow flies 2. (*trasa środka komunikacyjnego*) line; ~a autobusowa ⟨kolejowa, tramwajowa itd.⟩ bus ⟨railway, am railroad, tram etc.⟩ line; ~a lotnicza air-route, airway; ~e lotnicze airlines 3. (*kierunek, dążność*) line (**postępowania itd.** of conduct etc.); ~a partyjna party line; iść po ~i najmniejszego oporu to follow the line of least resistance 4. (*sylwetka*) figure; dbać o ⟨stracić⟩ ~ę to think of ⟨to lose⟩ one's figure 5. (*linial*) ruler 6. *wojsk* line (of operation etc.); *wojsk i przen* na całej ~i all along the line
linial *m* ruler
linieć *vi imperf* (*o ssakach*) to moult; to cast off ⟨to shed⟩ (its ⟨their⟩) hair; (*o gadach*) to slough (its ⟨their⟩) skin
linijka *f* 1. (*linial*) ruler 2. (*wiersz*) line
liniować *vt imperf* to line ⟨to rule⟩ (paper etc.)
liniowiec *m* (*statek*) liner
liniow|y *adj* lineal; linear; papier ~y ruled paper; *wojsk* służba ~a front-line service
linka *f dim* ↑ **lina**; thin line ⟨cord⟩; cablet
linoleum *n singt* linoleum
linoryt *m* linoleum print
linoskoczek *m* tightrope dancer
linotyp *m druk* linotype
linow|y *adj* rope — (ladder etc.); cable — (carrier etc.); kolejka ~a cable railway; funicular
lipa *f* 1. *bot* lime-tree; linden 2. *singt pot* (*oszustwo*) fake; cheat; (*tandeta*) trash; shoddy
lipcowy *adj* July — (day etc.); Manifest ~ Manifesto of the Polish Committee of National Liberation
lipiec *m* July
lipny *adj pot* faked-up; trashy

lipowy *adj* linden ⟨lime⟩ — (wood etc.); kwiat ~ lime flower
lir *m* (*jednostka monetarna*) lira
lira *f muz* lyre
lirnik *m* lyrist
liryczny *adj* lyric(al)
liryk *m* 1. (*poeta*) lyrist; lyrical poet 2. *pl* ~i (*utwory*) lyrics
liryka *f singt* lyric poetry
liryzm *m singt* lyricism
lis *m* fox; *przen* (*o człowieku*) szczwany ~ sly fox; **farbowany** ~ cheat; hoax
lisi *adj* fox — (fur etc.); *zool* vulpine; *przen* (*o człowieku*) foxy
lisica *f* vixen
lisiura *f* (*futro*) fox fur; (*czapka*) fox-fur cap
list *m* letter; note; ~ gończy warrant of arrest; ~ kredytowy letter of credit; ~ otwarty open letter; ~ polecony registered letter; mar ~ przewozowy bill of lading; ~ żelazny safe-conduct; *pl* ~y uwierzytelniające credentials; (*na kopercie*) z ~ami XYZ care of ⟨skr c/o⟩ XYZ
lista *f* list; ~ obecności time-sheet; attendance record; ~ płac pay-roll
listek *m dim* ↑ **liść**; leaflet
listonosz *m* postman
listonoszka *f* postwoman
listopad *m* November
listopadowy *adj* November — (weather etc.)
listowie *n singt książk* leaves; foliage; leafage
listownie *adv* by letter
listowny *adj* imparted by letter; written
listow|y *adj* letter — (post, paper etc.); papier ~y note-paper; skrzynka ~a letter-box
listwa *f* 1. (*deska*) slat; (*przy podłodze*) skirting-board 2. (*pasek materiału*) list; border
liszaj *m med* lichen; tetter
liszajec *m med* impetigo
liszka *f* caterpillar
liściast|y *adj* 1. (*pokryty liśćmi*) leafed, leaved; leafy; **drzewo** ~e deciduous tree; las ~y deciduous ⟨leaved⟩ forest

2. *(mający kształt liścia)* leaflike; foliaceous
liścień *m bot* cotyledon; seed-leaf
liścik *m dim* ↑ **list**; note; **napisz mi ~ drop me a line**
liś|ć *m* leaf; **~cie drzew** foliage
lit *m chem* lithium
litania *f* 1. *rel* litany 2. *przen* endless list
liter|a *f* letter; **duża ⟨mała⟩ ~a** capital ⟨small⟩ letter; *przen* **trzymać się ~y prawa** to be letter-bound
literacki *adj* literary
literalny *adj* literal
literat *m* writer; literary man; man of letters
literatka *f* 1. *(pisarka)* writer; woman of letters 2. *(szklaneczka)* wine glass
literatura *f* 1. *(twórczość piśmiennicza)* literature; writings; **~ piękna** belles-lettres 2. *(bibliografia)* bibliography
literaturoznawstwo *n* theory of literature
liternictwo *n singt* letterer's craft
literować *vt imperf* to spell
literówka *f druk* misprint
litewski *adj* Lithuanian
litografia *f* 1. *singt (technika)* lithography 2. *(odbitka)* lithograph
litościwy *adj* merciful
litoś|ć *f singt* mercy; pity; compassion; **mieć ~ć nad kimś** to take pity ⟨to have mercy⟩ on sb; **z ~ci** out of pity; **~ci!** mercy!; **na ~ć Boską!** for goodness' sake!
litować się *vr imperf* to feel pity **(nad kimś** for sb); to have mercy **(nad kimś** on sb)
litr *m* litre
litraż *m* litre capacity
liturgia *f* liturgy
liturgiczn|y *adj* liturgical; **szaty ~e** canonicals
Litwin *m*, **Litwinka** *f* (a) Lithuanian
lity *adj* 1. *(masywny)* solid 2. **książk** *(złotolity)* of gold cloth 3. *(lany)* cast
liz|ać *imperf* — **liz|nąć** *perf* **I** *vt* to lick; *przen* **pot palce ~ać** (it is) excellent **II** *vr* **~ać się** to lick one another; *przen* **~ać się z ran** to lick one's wounds

lizak *m* 1. *(cukierek)* lollipop 2. *żart pot (tarcza na trzonku)* "stop" sign
liznąć *vt perf* 1. *zob* **lizać** 2. *pot (skosztować)* to taste 3. *przen (poznać coś powierzchownie)* to dabble **(czegoś** at sth); **~łem nieco francuszczyzny** I have a smattering of French
lizol *m singt farm* lysol
lizus *m pog* toady
lizusostwo *n* toadying; fawning; *am* boot-licking
liźnięcie *n* ↑ **liznąć**; a lick
lnian|y *adj* flax — (straw etc.); flaxen (thread); linen — (cloth etc.); **olej ~y** linseed oil; **siemię ~e** linseed; *przen* **~e włosy** flaxen hair
loch *m* 1. *(piwnica)* cellar 2. † *(więzienie)* dungeon 3. *(korytarz podziemny)* underground passage
locha *f zootechn* sow
locja *f mar* pilotage
loco *indecl handl (na miejscu)* on the spot; **~ stacja** free on rail; **~ statek** free on board, *skr* f.o.b.
locum [lokum] *n* 1. *(miejsce)* room 2. *(pomieszczenie)* lodgings 3. *(nocleg)* accommodation
loden *m tekst* coarse woollen cloth
lodołamacz *m* ice-breaker
lodowacieć *vi imperf* 1. *(zamarzać)* to freeze 2. *przen (drętwieć)* to stiffen
lodowaty *adj* 1. *(zimny jak lód)* icy; chilling 2. *(oziębły)* icy; frigid
lodowcow|y *adj geol* glacial; *geol* **epoka ~a** glacial period; ice-age
lodowiec *m* glacier
lodowisko *n* 1. *(pole lodowe)* ice field 2. *(także sztuczne ~)* ice rink; skating-rink
lodowni|a *f* cold room; ice-cellar; **zimno jak w ~** icy cold
lodow|y *adj* ice — (field etc.); glacial — (period etc.); **epoka ~a** glacial period; ice-age; **góra ~a** iceberg
lodówka *f* refrigerator, *pot* frig, fridge
lody *zob* **lód** 2.
lodziarz *m* ice-cream man
log *m mar* log
logarytm *m mat* logarithm
logarytmiczny *adj mat* logarithmic
loggia *f arch* loggia

logiczność f singt soundness (of an argument etc.)
logiczny adj logical; **rozbiór ~ zdania** parsing
logika f singt logic
lojalność f singt loyalty
lojalny adj 1. (*przestrzegający prawa*) loyal; law-abiding 2. (*wierny*) loyal; true (**wobec kogoś** to sb)
lok m lock; curl
lokaj m lackey; man-servant
lokajski adj lackey's, man-servant's; *przen* (*służalczy*) servile
lokal m 1. (*pomieszczenie*) premises; **~ biurowy** office 2. (*zakład przeznaczony dla publiczności*) premises; restaurant; café; bar; *pot* local; pub; **~ nocny** night club; **~ rozrywkowy** place of amusement
lokalizacja f 1. (*umiejscowienie*) location 2. (*zlokalizowanie*) localization
lokalizować vt imperf 1. (*umiejscawiać*) to locate 2. (*nie dopuszczać do rozprzestrzeniania się*) to localize
lokalny adj local
lokalowy adj housing ⟨dwelling⟩ (conditions etc.); **podatek ~ housing tax**
lokat|a f 1. *ekon* investment 2. (*w klasyfikacji*) position (in a class ⟨list etc.⟩); **otrzymać pierwszą ⟨piątą itd.⟩ ~ę** to come (out) first ⟨fifth etc.⟩
lokator m, **lokatorka** f tenant; *dosł i przen* occupant, occupier
lokaut m *ekon* lock-out
lokomocj|a f locomotion; communication; **środki ~i** means of communication
lokomotywa f engine
lokować I vt 1. (*umieszczać*) to locate; to place 2. (*inwestować*) to invest (one's capital) **II** vr **~ się** 1. (*umieszczać się*) to place oneself 2. (*znajdować pomieszczenie*) to take lodgings; to put up; to find accommodation
lokum n = **locum**
lombard m pawnshop
Londyńczyk m Londoner; Cockney
londyński adj London's (monuments, traffic etc.); London — (fog etc.); **akcent ~** cockney accent
lont m (blasting) fuse
lora f *kolej* truck
lord m lord; **Izba Lordów** House of Lords
lornet|a f, **lornet|ka** f binoculars; **~ka teatralna** opera-glass(es); **~a polowa** field-glass
los m 1. (*dola*) lot; **koleje ~u** vicissitudes; **zły ~** adversity; **borykać się z ~em** to wrestle with adversity; **jego ~y się ważą** his fate hangs in the balance; **podzielić czyjś ~** to cast in one's lot with sb; **pozostawić kogoś własnemu ~owi** ⟨**na łasce ~u**⟩ to leave sb to his fate ⟨in the lurch⟩ 2. (*przeznaczenie*) fate; destiny 3. (*traf, przypadek*) chance; hazard; **~ padł na mnie, żeby** ... the lot fell upon me to ...; **na ~ szczęścia** at a venture; **zdać się na ~ szczęścia** to leave everything to chance 4. (*kartka, gałka itp. do losowania*) lot; **ciągnąć ~y o coś** to draw lots for sth 5. (*bilet loteryjny*) lottery ticket; **przen wygrać wielki ~** to have ⟨to be in⟩ luck
losować vi imperf to draw lots
losowanie n ↑ **losować**; drawing (of lots)
losow|y adj of fate; **klęska ~a** disaster
lot m flight; **~em błyskawicy** in a flash; **w locie** (*o samolocie*) on the fly; (*o ptaku*) on the wing; **z lotu ptaka** from the air; **widok z lotu ptaka** bird's-eye view ‖ **w ~** in a twinkling; **w ~ zrozumiał** he was quick to take it in
loteria f lottery; **~ fantowa** raffle
loteryjka f lotto
lotka f 1. *orn* flight-feather 2. *lotn* aileron
lotnictwo n 1. (*żegluga powietrzna*) aviation 2. *wojsk* air force
lotniczka f (woman) aviator
lotnicz|y adj air — (base etc.); **linie ~e** airlines; **poczta ~a** air mail; **pocztą ~ą** by air mail; **port ~y** airport
lotnik m airman; aviator
lotnisko n airfield; airport

lotniskowiec *m* aircraft carrier
lotność *f singt* 1. *chem* volatility 2. (*szybkość*) swiftness 3. *przen* (*polot*) sprightliness 4. *przen* (*bystrość*) sharpness; acuteness
lotn|y *adj* 1. *chem* volatile 2. (*szybki*) swift; (*ruchliwy*) mobile ⟨flying⟩ (squad etc.); ~e piaski quicksand; ~a komisja ⟨kontrola⟩ surprise inspection 3. *przen* (*pełen polotu*) sprightly 4. *przen* (*bystry*) sharp; acute
lotos *m* lotus
lowelas *m* ladies' man
loża *f* 1. *teatr* box; (*w sejmie itd.*) ~ prasowa press gallery 2. (*masońska*) lodge
lód *m* 1. (*zamarznięta woda*) ice; *przen* zamki na lodzie castles in the air; osiąść na lodzie to be stranded; przełamać pierwsze lody to break the ice; *pot* jak lodu galore 2. *pl* lody (*przysmak*) ice-cream; ices; (*porcja*) an ice(-cream)
lśniący *adj* 1. (*świecący*) brilliant 2. (*błyszczący*) glossy
lśnić (się) *vi vr imperf* 1. (*dawać blask*) to sparkle 2. (*błyszczeć*) to shine
lub *conj* or; ~ też or (else)
lubczyk *m bot* lovage
lubiany *adj* popular; (*o polityku, aktorze itd.*) być ~m to enjoy popularity
lubi|ć *imperf* I *vt* to like; to be fond (coś, kogoś of sth, sb); to enjoy (coś sth; coś robić doing sth); nie ~ć czegoś, kogoś to dislike sth, sb; co kto ~ there's no accounting for tastes II *vr* ~ć się to like each other ⟨one another⟩
lubieżność *f singt* lust; lewdness; lechery
lubieżny *adj* lustful; lewd; lecherous
lubować się *vr imperf* to delight (w czymś in sth); to take ⟨to find⟩ pleasure (w czymś in sth)
lub|y I *adj* beloved II *m* ~y, *f* ~a sweetheart
lucerna *f bot* lucerne; alfalfa
Lucyfer, Lucyper *m* Lucifer
lud *m* 1. (*zw singt*) (*warstwy pracujące*) working classes; ~ wiejski country-folk 2. (*grupa etniczna*) (a) people; nation 3. *singt* (*tłum*) mob

ludność *f singt* population; inhabitants
ludny *adj* crowded; teeming
ludobójstwo *n* genocide
ludojad *m* man-eater
ludowy *adj* 1. (*dotyczący ludu*) people's (republic etc.) 2. (*dotyczący wsi*) popular (costume etc.); country — (dance etc.); folk — (music etc.); dom ~ community centre 3. (*chłopski*) peasant — (party etc.)
ludoznawstwo *n singt* 1. (*nauka o kulturze ludowej*) folklore 2. (*etnografia*) ethnography
ludożerc|a *m* cannibal; *pl* ~y anthropophagi
ludożerstwo *n singt* cannibalism
ludzi|e *pl* (↑ człowiek) people; *pot* folks; straty w ~ach loss of life; będą z niego ~e he will grow into a splendid fellow; ~e mówią, że ... they say that ...; wyjść na ~ to get on in life
ludzk|i *adj* 1. (*dotyczący człowieka*) human; of man; man's; istota ~a human being; ~a praca the work of man 2. (*humanitarny*) humane 3. (*życzliwy*) kind || po ~u (*w sposób właściwy człowiekowi*) like a human being; (*przychylnie*) kindly; (*należycie*) suitably; properly
ludzkość *f singt* mankind; humanity; the human race
lues *m med* lues
lufa *f* barrel (of rifle etc.)
lufcik *m* casement; ventilator
lufka *f pot* (*cygarniczka*) cigarette-holder
luft *m* chimney flue; *pot* do ~u good for nothing
lugier, luger *m mar* 1. (*żaglowiec*) lugger 2. (*dryfter*) drifter; drift-boat
luk *m* 1. (*pomieszczenie pod pokładem*) hold 2. (*otwór w pokładzie*) hatch(way)
luk|a *f* gap; blank; dosł i *przen* zapełnić ~ę to bridge ⟨to fill⟩ a gap
lukier *m kulin* icing (on cake)
lukratywny *adj* lucrative; remunerative
lukrecja *f bot farm* licorice
lukrować *vt imperf kulin* to ice; *przen* to varnish
luks *m fiz* lux

luksus *m* luxury; **podatek od ~u** luxury tax
luksusowy *adj* luxurious; luxury — (article etc.)
lulać *imperf* **I** *vt* to rock (a child) to sleep **II** *vi* **pot** *dziec* to sleep
lumbago *n med* lumbago
lumen *m fiz* lumen
luminarz *m* luminary; eminent personage
luminescencja *f singt fiz* luminescence
lump *m pot* reveller
lumpować (się) *vi vr imperf* to revel
lunapark *m* amusement grounds
lunatyczka *f* somnambulist; sleepwalker
lunatyczny *adj* somnambulistic
lunatyk *m* somnambulist; sleepwalker
lunatyzm *m singt* somnambulism; sleep-walking
lunąć *perf* **I** *vi* (*o deszczu*) to start pouring **II** *vt posp* (*uderzyć*) to fetch a wipe (**kogoś at sb**)
luneta *f* field-glass; *astr* telescope
lupa *f* magnifying glass
lura *f pot* slops; swill; (*o herbacie*) cat-lap
lusterko *n* pocket looking-glass; *aut ~* **wsteczne** rear-view mirror
lustracja *f* inspection
lustro *n* looking-glass; mirror; *przen ~* **wody** water-level
lustrować *vt imperf* to inspect
lustrzanka *f fot* reflex camera
lustrzany *adj* shining, shiny
lut *m chem techn* solder
luteranin *m* (a) Lutheran

luteranizm *m singt* Lutheranism
lutnia *f muz* lute
lutnik *m* violin maker
lutować *vt imperf* to solder
lutownica *f techn* soldering iron
lutowy *adj* February — (frost etc.)
luty *m* February
luz *m* 1. (*wolne miejsce, wolny czas*) margin; *pot* leeway; **dać trochę ~u** to loosen 2. *techn* play || **~em** (*bez obciążenia*) light; (*bez opakowania*) loose; (*swobodnie*) freely; *techn* biec **~em** to run idle
luzak *m* led horse
luzować *imperf* **I** *vt* 1. (*zastępować, zmieniać*) to replace ⟨to relay⟩ (sb); to relieve (the guard etc.); to take over (**kogoś** from sb) 2. (*zmniejszać naprężenie*) to loosen **II** *vr ~* **się** to replace one another
luźny *adj* 1. (*nieobcisły*) loose; ample 2. (*nieumocowany*) loose; detached 3. (*o linie itd. — nie naciągnięty*) slack
lwi *adj* lion's (share, mane etc.)
lwiątko *n* lion's cub
lwica *f* lioness
lżej *adv* (*comp* ↑ **lekko**) more lightly; **jest mi ~** a) (*czuję się lepiej*) I feel better b) (*spadł mi ciężar z serca*) I am relieved
lżejszy *adj comp* ↑ **lekki**
lżenie *n* ↑ **lżyć**; insults; abuse
lżyć *vt imperf* to insult; to abuse; to revile (**kogoś** sb, against sb); to shower abuse (**kogoś** on sb)

Ł

łabędzi *adj* swan's (egg etc.); swan — (lake etc.); *przen ~* **śpiew** swan song
łabędź *m orn* swan
łach *m pot* clout; *pl ~y* (*odzież*) duds
łacha *f* sandbank
łachman *m* rag; clout; *pl ~y* (*nędzne ubranie*) tatters; rags; **w ~ach** ragged; tattered
łachmaniarz *m* 1. (*człowiek trudniący się zbieraniem szmat*) rag picker 2. (*nędzarz*) ragamuffin; tatterdemalion
łachudra *m posp pog* scoundrel
łaciarz *m* 1. (*krawiec*) patcher-up (of old clothes) 2. (*szewc*) cobbler
łaciasty *adj*, **łaciaty** *adj* spotted; (*o zwierzętach*) patchy
łacina *f singt* Latin; *przen ~* **kuchenna** dog Latin

łaciński *adj* Latin; **język** ~ Latin; **pismo** ~e Latin alphabet
ład *m* order; orderliness; **dojść do** ~u **z czymś** to get sth straight; **dojść do** ~u **z kimś** a) (*z osobą dorosłą*) to come to terms with sb b) (*z dzieckiem*) to bring (a child) to reason; **doprowadzić coś do** ~u to put sth straight; **przywrócić** ~ **i porządek** to bring back law and order; **bez** ~u **i składu** a) (*nieporządnie*) higgledy-piggledy b) (*bez związku*) without rhyme or reason
ładnie *adv* nicely; prettily; ~ **ci w tym** that suits you very well; ~ **wyglądać** (*o kobiecie*) to look pretty; (*o mężczyźnie*) to look well; **było to** ~ **z twojej** ⟨**jego itd.**⟩ **strony** it was nice of you ⟨him etc.⟩; ~ **postąpić wobec kogoś** to treat sb handsomely; (*o pogodzie*) **jest** ~ it is fine
ładny *adj* 1. nice; pretty; lovely; *am pot* cute; (*o pogodzie*) fine 2. *pot* (*pokaźny*) pretty (sum etc.); handsome (price etc.); goodly (number etc.)
ładowacz *m* loader
ładować *vt imperf* 1. (*obciążać ładunkiem*) to load (**wagon towarem** a railway waggon with goods); *mar* to freight (a ship) 2. (*wkładać ładunek*) to load (a revolver, gun etc.); *el* ~ **akumulator** to charge a battery
ładowarka *f techn* loader
ładownia *f* 1. *kolej* loading platform 2. *mar* hold
ładownica *f* cartridge pouch
ładowność *f singt* load capacity; *mar* ~ **statku** cargo capacity
ładowny *adj* 1. (*naładowany*) loaded 2. (*pakowny*) capacious
ładunek *m* 1. (*ładowany towar*) load; freight; *mar* cargo 2. (*materiał wybuchowy w naboju*) charge 3. *pot* (*nabój*) cartridge 4. *el* charge
ładunkow|y *adj* loading — (device etc.); **dokumenty** ~e shipping documents
łagodnieć *vi imperf* to become more gentle; to grow milder; to soften; to mellow
łagodność *f singt* gentleness; mildness
łagodny *adj* 1. (*dobry*) gentle; mild;

kindly 2. (*o zwierzęciu*) tame 3. (*o karze, klimacie, przebiegu choroby*) mild
łagodząc|y *adj* 1. (*uspokajający*) pacificatory; soothing 2. (*kojący*) palliative; **środek** ~y (a) palliative ∥ **okoliczności** ~e extenuating circumstances
łagodzenie *n* ↑ **łagodzić** 1. (*uspokajanie*) appeasement 2. (*kojenie*) relief
łagodzić *vt imperf* 1. (*czynić łagodniejszym*) to soften; to smooth 2. (*koić*) to appease; to soothe; to ease (a pain) 3. (*czynić mniej srogim*) to milden 4. (*czynić mniej gwałtownym*) to mitigate 5. (*zmniejszyć siłę*) to deaden (a blow)
łajać *vt imperf* to scold; to rate
łajba *f żart* boat
łajdacki *adj* scoundrelly; rascally
łajdactwo *n* roguery; rascality; villainy
łajdaczyć się *vr imperf* to lead a dissolute life; to give oneself up to debauch
łajdak *m* scoundrel; rascal
łajno *m* dung; droppings
łaknąć *vi imperf książk* 1. (*odczuwać głód*) to hunger 2. *przen* to pant ⟨to crave⟩ (*czegoś* for sth)
łaknienie *n* ↑ **łaknąć** *książk* 1. (*głód, apetyt*) hunger 2. *przen* (*pragnienie*) thirst ⟨(a) craving, panting⟩ (**czegoś** for sth)
łakocie *pl* sweets; sweetmeats; dainties; *am zbior* candy
łakomczuch *m* glutton; (*o dziecku*) greedy child
łakomić się *vr imperf* to be tempted (**na coś** by sth); to be greedy ⟨avid⟩ (**na coś** of sth); ~ **na zysk** to be grasping ⟨avid of gain⟩
łakomstwo *n singt* greedinesss; gourmandism; (*obżarstwo*) gluttony
łakomy *adj* 1. (*chciwy jedzenia*) greedy; gourmand 2. (*chciwy*) greedy; covetous; avid (of gain etc.) 3. (*budzący chciwość*) tempting; alluring; ~ **kąsek** tasty bit; titbit
łam *m* column (of a paper)
łamacz *m* 1. (*maszyna*) breaker; crusher; ~ **fal** breakwater; *mar* ~ **lodów** ice-breaker 2. *druk* clicker; maker-up
łam|ać *imperf* **I** *vt* 1. (*rozbijać*) to break; to smash; to fracture (a bone

etc.); *przen* ~ać sobie głowę nad czymś to cudgel one's brains about sth; to puzzle about ⟨over⟩ sth; *pot* ~ie mnie w kościach I have a pain in my bones 2. *przen* (*pokonywać*) to overcome (difficulties etc.) 3. *przen* (*naruszać*) to break (the law, one's promise etc.) 4. *druk* to make up (columns) II *vr* ~ać się 1. (*dawać się łamać*) to break (*vi*) 2. (*dzielić się*) to share (czymś sth); ~ać się opłatkiem to break the wafer (a traditional Christmas custom) 3. *przen* (*o głosie*) to falter 4. *przen* (*o człowieku — załamywać się*) to collapse 5. *przen* (*ustępować przed przeciwnościami*) to give in 6. *przen* (*zmagać się*) to wrestle (with difficulties etc.)
łamaga *f m pot* muff; bungler
łamanie *n* ↑ **łamać**; ~ w kościach rheumatic pains
łamaniec *m* 1. (*skręt ciała*) contortion 2. (*ćwiczenie akrobatyczne*) feat of acrobatics
łaman|y *adj* broken; ~a polszczyzna ⟨angielszczyzna itd.⟩ broken Polish ⟨English etc.⟩
łamigłówka *f* puzzle
łamistrajk *m* strike-breaker; blackleg
łamliwość *f singt* fragility; brittleness
łamliwy *adj* breakable; fragile; brittle
łan *m* 1. (*ziemia*) corn-field 2. (*rosnące zboże*) corn
łania *f* 1. (*samica jelenia*) hind; kobieta jak ~ graceful woman 2. (*samica daniela*) doe
łańcuch *m* 1. (*szereg ogniw, pasmo gór itd., chem*) chain; pies na ~u bandog 2. *pl* ~y *przen* (*kajdany*) chains
łańcuchow|y *adj* catenary (curve, bridge etc.); chain — (coupling etc.); góry ~e chain mountains; pies ~y watchdog; *chem* reakcja ~a chain reaction
łańcuszek *m dim* ↑ **łańcuch** 1. chainlet; ~ do zegarka watch-chain 2. (*ścieg*) chain-stitch
łap|a *f* 1. (*noga zwierzęcia*) paw; przednie ~y forefeet; na tylnych ~ach on its hind legs 2. *pot* (*ludzka dłoń*) flipper; daj ~ę shake hands; dostać po ~ach to get a rap on one's knuckles;

przen dać komuś w ~ę to grease sb's palm; dostać w ~ę to get a tip; położyć ~ę na czymś to clap one's hands on sth
łapać *imperf* I *vt* to catch; to seize; to grasp; *radio* ~ stację a) to pick up a station b) *pot* (*o odbiorniku*) to get a station; ~ kogoś na czymś to catch sb at ⟨doing⟩ sth; ~ kogoś za słowa to catch people in their words; ~ oddech to catch one's breath; ~ ryby to fish; to catch fish; (*wędką*) to angle; *przen* ~ ryby w mętnej wodzie to fish in troubled waters; ~ złodzieja! stop thief! II *vr* ~ się 1. (*chwytać się*) to clutch (za coś at sth); to catch hold (za ucho, nos itd, of one's ear, nose etc.) 2. *pot* (*podejmować coś*) to take up (za jakieś zajęcie itd. an occupation etc.) 3. (*o zwierzętach, rybach*) to get caught 4. *przen* (*dać się zwodzić*) to let oneself be caught (na coś by sth — flattery etc.)
łapanka *f* round-up; raid
łapawica *f* mitt; mitten
łap-cap *indecl* = **łapu-capu**
łapczywość *f singt* greediness; avidity
łapczywy *adj* greedy ⟨avid⟩ (na coś of ⟨for⟩ sth); ~ na pieniądze grasping; money-grubbing
łapeć *m* bast moccasin
łapiduch *m żart* stretcher-bearer
łapk|a¹ *f dim* ↑ **łapa** 1. (*zwierzęcia*) paw; (*dziecka*) pud; ~i karakułowe fur of Persian lamb paws; *przen* (*zmarszczki*) kurze ~i crow's feet 2. (*packa na muchy*) fly-swatter
łapka² *f* (*pułapka*) trap; ~ na myszy mousetrap
łapownictwo *n singt* bribery; corruption
łapownik *m* bribe-taker; *am pot* grafter
łapówk|a *f* bribe; gratification; dać komuś ~ę to bribe sb
łapówkarz *m* bribe-taker
łapserdak *m pog* 1. (*obszarpaniec*) tatterdemalion 2. (*łobuz*) rogue; scoundrel
łapu-capu *indecl pot* (*także na* ~) 1. (*w pośpiechu*) hurry-scurry 2. (*bezładnie*) helter-skelter 3. (*niedbale*) slapdash
łasic|a *f* 1. *zool* weasel 2. *pl* ~e (*futro*) weasels

łasić się vr imperf 1. (o zwierzęciu) to fawn 2. (o człowieku) to fawn (do kogoś on sb); to toady (do kogoś sb)
łas|ka f 1. (przychylność) favour; good graces; być w czyichś ~kach to be in the good graces of a person; dostąpić czyjejś ~ki to gain sb's favour; robić ~kę to condescend; stracić czyjąś ~kę to fall out of favour with sb; ubiegać się o czyjeś ~ki to ingratiate oneself with sb; wkradać się w czyjeś ~ki to insinuate oneself into sb's favour 2. (łaskawość) bounty; generosity; być na czyjejś ~ce to live on sb's generosity; jak z ~ki reluctantly; z ~ki swojej if you please; artysta ⟨poeta itd.⟩ z Bożej ~ki a born artist ⟨poet etc.⟩ 3. (wspaniałomyślność) mercy; pity; być zdanym na czyjąś ~kę i niełaskę to be at sb's mercy 4. (ułaskawienie) pardon; prawo ~ki the right of reprieve
łaskawość f singt 1. (życzliwość) graciousness 2. (dobroć) kindness 3. (wielkoduszność) condescension
łaskaw|y adj, łaskaw adj praed 1. (przyjazny) kind; friendly 2. (wielkoduszny) gracious; być u kogoś na ~ym chlebie to depend on sb's generosity for one's living 3. (w zwrotach grzecznościowych) kind; Łaskawy Panie Dear Sir; Dear Mr N; bądź ~ ... be so kind as to ...; proszę o ~e poinformowanie will you kindly inform 4. (sprzyjający) favourable; propitious
łaskotać vt imperf to tickle
łaskotki pl (a) tickle
łaskotliwy adj ticklish
łasować vt imperf to eat on the sly (dainties, jam etc.)
łasuch m greedy child; gourmand
łasy adj 1. (łakomy) fond (na coś of sth) 2. (żądny) keen (na coś on sth); greedy (na coś for sth); avid (na coś of sth) 3. (wzbudzający chęć posiadania) tempting
łaszczyć się vr imperf = łakomić się
łasz|ek m (zw pl) a bit of frippery; pl ~ki frippery
łat|a¹ f patch

łat|a² f stol lath; patch; miern staff; ~ miernicza measuring staff
łatacz m patcher; ~ obuwia cobbler
łatać vt imperf to patch (up) (garments etc.); to cobble (shoes)
łatanina f pot 1. (łatanie) repairs 2. (partactwo) bungled work
łatk|a f dim ↑ łata; small patch; przen przypiąć komuś ~ę to have a dig at sb
łatwizna f easy task; przen easy shot
łatwo adv 1. (bez trudu) easily; ~ to powiedzieć it's easy to say; ~ dostępny easy of access 2. (szybko) readily; soon; ja się ~ męczę I soon get tired
łatwopalność f singt inflammability; combustibility
łatwopalny adj inflammable; combustible
łatwoś|ć f singt ease; easiness; facility; ~ć wypowiadania się fluency of speech; z ~cią easily
łatwowierność f singt credulity
łatwowierny adj credulous; (naiwny) gullible; być ~m to take things on trust
łatw|y adj 1. easy; (prosty) simple; (o zadaniu itd.) light; ~y chleb easy money 2. (o człowieku — obyty towarzysko) of easy manners; ~y w obejściu easy to deal with 3. (skłonny) ready; kobieta ~a woman of lax morals
ław|a f 1. (sprzęt) bench; kolega z ~y szkolnej school-mate; ~a przysięgłych the jury; na ~ie oskarżonych in dock 2. (zwarta masa) compact mass; ~ą in a mass; przybywać ~ą to pour in 3. (kładka) foot-bridge
ławica f 1. (mielizna) sandbank 2. (warstwa) layer 3. (skupisko ryb) shoal (of fish in motion)
ławka f bench; (w szkole) desk; (w kościele) pew
ławnik m 1. (radny miejski) town councillor; alderman 2. sąd assessor
łazanki pl kulin kind of noodles
łazarz m poor beggar
łazęga f m dawdler
łazić vi imperf 1. (o człowieku) to dawdle; (chodzić) to tread; ~ po

łazienka   265   **łgarstwo**

drzewach ⟨po górach⟩ to climb trees ⟨mountains⟩; *pot ~ za kimś* to seek favour with sb; to dangle after sb 2. (*o owadzie itd*.) to crawl; to creep
łazienk|a *f* 1. (*w mieszkaniu*) bath(-room) 2. *pl ~i* (*zakład kąpielowy*) baths
łazienny *m* baths attendant
łazik *m* 1. (*włóczęga, próżniak*) loiterer; lounger 2. *aut* jeep
łazikować *vi imperf* to loiter; to lounge; *pot* to slope about
łaźnia *f* baths
łażenie *n* ↑ **łazić** 1. (*wałęsanie się*) dawdling 2. (*pełzanie owada*) (a) crawl
łącząc|y *adj* junctive; *~a nić* link; *gram tryb ~y* subjunctive (mood)
łączenie *n* ↑ **łączyć**; union; junction; connection
łączka *f* 1. *dim* ↑ **łąka**; *przen ośla ~* nursery slope 2. (*wzór na materiale*) flowered pattern
łącznica *f* 1. (*kolejowa*) junction-line 2. *telef* telephone exchange; switch-board
łączniczka *f wojsk* woman liaison officer
łącznie *adv* together; jointly; *~ z ...* together with ...; *~ z kosztami transportu* inclusive of transportation; *jęz pisane ~* spelt in one word
łącznik *m* 1. (*to, co łączy*) tie; bond; link 2. *wojsk* ljaison officer 3. (*znak graficzny*) hyphen 4. *bud techn* bonding bar; coupler
łącznikowy I *adj* connecting — (link etc.); liaison — (officer etc.) **II** *m wojsk* liaison officer
łącznoś|ć *f singt* 1. (*jedność, wspólnota*) unity 2. (*kontakt*) contact; connection; *nawiązać ~ć z kimś, czymś* to establish contact with sb, sth 3. (*kontakt dzięki środkom technicznym*) (tele-)communication; *środki ~ci* means of communication 4. *wojsk* communication; *służba ~ci* Corps of Signals
łączn|y *adj* 1. (*połączony*) joint; united; *jęz pisownia ~a* unhyphened spelling 2. (*tworzący sumę*) total; global 3. *biol tkanka ~a* connective tissue
łącz|yć *imperf* **I** *vt* 1. (*jednoczyć w całość*) to unite; to join; to couple; *~yć w sobie pewne cechy* to combine certain elements; *nic nas nie ~y* we have nothing in common 2. (*spajać*) to bind; to weld 3. *telef* to connect 4. (*mieszać, zsypywać*) to mix; to blend || (*w listach*) *~ę wyrazy szacunku* I remain Dear Sir ⟨Dear Madam⟩, yours very truly **II** *vr ~yć się* 1. (*stanowić całość*) to unite (*vi*); to be united; to come together 2. (*stykać się*) to adjoin; to merge; (*o pokojach*) to (inter)communicate 3. *telef* to get a connexion; *~yć się z kimś* to ring sb up
łąka *f* meadow; (**bawić się** *itd*.) **na łące** (to play etc.) on the grass
łąkowy *adj* meadow — (flowers etc.)
łątka *f ent* damsel fly
łeb *m* 1. (*głowa zwierzęcia*) head; *przen kocie łby* cobble-stones 2. *pot* (*głowa ludzka*) pate; *przen zakuty ~* blockhead; **brać się za łby** to come to grips; **mieć ~ na karku** to have brains; **mieć we łbie** to be tipsy; **palnąć sobie w ~** to blow out one's brains; **patrzeć spode łba** to scowl; **ukręcić ~ sprawie** to shelve an affair; **wodzić się za łby** to tussle; **na ~, na szyję** headlong
łeb|ek *m* 1. *dim* ↑ **łeb** 2. (*tępe zakończenie*) head (of a nail etc.) 3. *posp* (*osoba*) head; person; **wieźć kogoś na ~ka** to give sb a lift; **po 5 zł od ~ka** 5 zlotys each ⟨per head⟩ || *przen* (*powierzchownie*) **po ~kach** superficially
łebski *adj posp* brainy; clever
łechtaczka *f anat* clitoris
łechtać *vt imperf* 1. (*łaskotać*) to tickle 2. *przen* (*pochlebiać*) to flatter (sb's ambition etc.)
łechtanie *n* ↑ **łechtać**; (a) tickle (in the nose etc.)
łepek *m* = **łebek**
łepski *adj* = **łebski**
łezk|a *f dim* ↑ **łza**; *przen z ~ą* mawkish
łęg *m* marshy meadow
łęk *m* 1. (*łuk*) arch 2. (*u siodła*) pommel 3. *geol* syncline
łękotka *f anat* meniscus
łgać *vi imperf* to lie; to tell lies
łgarstwo *n* lie

łgarz *m* liar
łkać *vi imperf* to sob
łkanie *n* ↑ **łkać**; sobs
łobuz *m* 1. (*urwis*) bounder; urchin 2. (*łajdak*) scoundrel
łobuzeria *f singt* 1. (*grupa urwisów*) scamps; urchins 2. (*grupa łajdaków*) band of rascals
łobuzerski *adj* 1. (*figlarny*) arch 2. (*hultajski*) mischievous
łobuziak *m* scamp
łobuzować (się) *vi vr imperf* to play pranks
łodyga *f* stem; stalk
łogawy *adj wet* spavined
łoić *vt imperf pot* to wallop; ~ **komuś skórę** to tan sb's hide
łojotok *m med* seborrhoea
łojowaty *adj* tallowy; suety
łojowy *adj* tallow — (candle etc.); *fizj* **gruczoł** ~ sebaceous gland
łojówka *f* tallow candle
łokciow|y *adj* 1. *anat* cubital; ulnar; **kość** ~**a** ulna; **staw** ~**y** elbow joint 2. † (*o miarze*) yard-long
łok|ieć *m* 1. *anat* elbow; **mieć roboty po same** ~**cie** to be up to the elbows in work; **rozpychać się** ~**ciami** to elbow one's way (through the crowd etc.); **trącić kogoś** ~**ciem** to nudge sb; **urabiać sobie ręce po** ~**cie** to work one's fingers to the bone 2. † (*miara*) ell
łom *m* 1. (*pręt żelazny*) crow-bar; ~ **złodziejski** jemmy 2. (*blok skalny*) ashlar; *przen* ~ **czekoladowy** block chocolate 3. (*chrust*) chips; scrap
łomot *m* din; rumble
łomotać *vi imperf* 1. (*stukać*) to rattle; to clatter; (*dudnić*) to rumble 2. (*dobijać się*) to batter (**do drzwi** at the door)
łomotanie *n* 1. ↑ **łomotać** 2. (*huk*) din; rumble 3. (*dobijanie się*) battering (at the door etc.)
łon|o *n* 1. *anat* pubes; womb; *przen* **na** ~**ie przyrody** in the open; **na** ~**ie rodziny** in the bosom of one's family; **w** ~**ie rządu** ⟨**partii itd.**⟩ within the cabinet ⟨the party etc.⟩ 2. (*podołek*) lap 3. *poet* (*pierś*) bosom; **tulić do** ~**a** to hug in one's arms

łonow|y *adj anat* pubic; **kość** ~**a** pubic bone; **wzgórek** ~**y** pubes
łopat|a *f* shovel; spade; *przen pot* **kłaść** ~**ą do głowy** to explain in the simplest terms
łopatk|a *f* 1. (*narzędzie*) (small) shovel; ~**a do tortu** cake-shovel 2. *anat* scapula; shoulder-blade; *przen* **leżeć na obie** ~**i** to be beaten hollow; **położyć kogoś na obie** ~**i** to overcome sb; to beat sb hollow
łopatkowy *adj* 1. (*kształtu łopatki*) spatular 2. *anat* scapular
łopian *m bot* burdock; hardlock
łopot *m* flap(ping); flutter(ing)
łopotać *vi imperf* to flap; to flutter
łopuch *m* = **łopian**
łosiowy *adj* elk — (gloves etc.)
łosica *f* female elk
łosiowy *adj* elk — (gloves etc.)
łoskot *m* din; racket; **narobić** ~**u** to boom; to bang; (*o samolocie*) to roar by; **spaść z** ~**em** to clatter down
łoskotać *vi imperf* 1. (*robić hałas*) to din; to rumble; (*huczeć*) to bang 2. (*stukać*) to clatter
łososiowy *adj* 1. (*dotyczący łososia*) salmon — (steak etc.) 2. (*o kolorze*) salmon(-coloured)
łosoś *m icht* salmon
łosza *f* female elk
łoś *m zool* elk; ~ **amerykański** moose
łotewski *adj* Lettish; Latvian; **język** ~ Lett; Latvian
łotr *m obelż* scoundrel; rascal
łotrostwo *n* knavery; roguery
łotrowski *adj* scoundrelly; rascally; knavish
łotrzyk *m iron żart* rogue
Łotysz *m*, **Łotyszka** *f* (a) Lett; (a) Latvian
łowca *m* hunter; ~ **posagów** fortune hunter
łowczy I *adj* hunting — (grounds etc.); **ptak** ~ hawking bird **II** *m hist* Master of the Royal Hunt
łowić *vt imperf* 1. (*łapać*) to catch (game, butterflies etc.); ~ **dzikiego zwierza** to chase; to hunt; ~ **ryby** to fish; (*wędką*) to angle; *przen* ~ **ryby w mętnej wodzie** to fish in troubled

łowiecki waters 2. (*natężać uwagę*) to be heedful; ~ **czyjeś słowa** to hang on sb's lips; ~ **dźwięki** to strain one's ears to catch sounds
łowiecki *adj* hunting ⟨shooting⟩ — (terms etc.); hunting- ⟨shooting-⟩ (grounds, season etc.); **revir** ~ (a) shoot; hunt; **prawo** ~**e** game-law
łowiectwo *n singt* hunting; game shooting
łowienie *n* 1. ↑ **łowić** 2. (*łowy*) the chase; the hunt; hunting; ~ **ryb** fishing; (*wędką*) angling
łowisko *n* 1. (*miejsce pobytu zwierzyny*) hunting-ground 2. (*miejsce połowu ryb*) fishery
łown|y *adj* (*o zwierzynie*) of an age to be hunted; (*o jeleniu*) warrantable; **zwierzyna** ~**a** beasts of the chase; game; **kot** ~**y** good mouse-catcher
łowy *zob* **łów** 1.
łoza, łozina *f* 1. *bot* osier; wicker 2. (*witka*) withy, withe
łozinowy *adj* wicker — (basket etc.)
łoż|e *n* 1. (*łóżko*) bed; ~**e małżeńskie** nuptial bed; **żart** ~**e madejowe** bed of suffering; **na** ~**u śmierci** on one's deathbed; **z nieprawego** ~**a** illegitimate 2. *techn* bed; cradle; ~**e karabinu** rifle stock; ~**e działa** gun mount
łożyć *imperf* I *vi* to spend money (**na kogoś, coś** on sb, sth) II *vt* to pay (large sums etc.); to lay out
łożysko *n* 1. (*koryto*) river-bed 2. *anat zool bot* placenta 3. *techn* bed; bearing; ~ **kulkowe** ball-bearing; ~ **rolkowe** roller-bearing
łódka *f* 1. boat; canoe 2. *lotn* gondola 3. *techn* (*czółenko tkackie*) shuttle
łódź *f* boat; craft; ~ **motorowa** motor boat; ~ **podwodna** submarine; ~ **ratunkowa** lifeboat
łój *m* tallow; *kulin* suet
łów *m* 1. (*zw pl łowy*) (*polowanie*) the chase; the hunt 2. (*połów*) fishing
łóżk|o *n* bed; ~**o dziecinne** crib; ~**o polowe** camp-bed; ~**o składane** trundle-bed; **leżeć w** ~**u** to be in bed; **położyć się do** ~**a** to go to bed
łubek *m* 1. (*zw pl*) *med* splint 2. *techn* fish-bar; fish-plate

łubianka *f* chip basket
łubin *m bot* lupin(e)
łucznictwo *n singt* archery
łuczniczka *f* (lady, woman) archer
łucznik *m* archer
łuczywo *n* resinous chip
łudzący *adj* deceptive; delusive
łudzić *imperf* I *vt* to deceive; to delude; ~ **kogoś nadziejami** to dangle hopes before sb; ~ **kogoś obietnicami** to beguile sb with promises II *vr* ~ **się** to delude ⟨to deceive⟩ oneself; **nie ma co się** ~ there's no blinking the facts
ług *m* lye
ługować *vt imperf chem* to leach; to lixiviate
ługowanie *n* ↑ **ługować**; *chem* lixiviation
łuk *m* 1. (*krzywizna*) bow; curve; bend; **obejść** ~**iem** to bypass; **opisać** ~ **w powietrzu** to describe a bow in the air; **wygiąć (się) w** ~ to arch 2. *astr geom el* arc 3. *hist wojsk sport* arc; bow; **strzelać z** ~**u** to draw the bow 4. *arch bud* arch
łukowato *adv* archwise; ~ **sklepiony** arched
łukowaty *adj* arched
łukow|y *adj* arched; curved; *el* **lampa** ~**a** arc lamp; *arch* **sklepienie** ~**e** arch
łuna *f* glow
łup *m* 1. (*zdobycz wojenna*) booty; plunder; loot; **paść** ~**em kogoś, czegoś** to fall a prey to sb, sth 2. (*upolowane zwierzę, także przen*) prey; quarry
łup|a *f* peel; *pl* ~**y** (*obierzyny*) peelings
łup|ać *imperf* — **łup|nąć** *perf* I *vt* 1. (*boleć*) to ache; to give shooting pains; **głowa mnie** ~**ie** I have a splitting headache 2. (*rozszczepiać*) to split (wood etc.); ~**ać orzechy** to crack nuts; *geol* **epoka kamienia** ~**anego** the paleolithic era II *vr* ~**ać się** to split ⟨to chip, to crack⟩ (*vi*)
łupanie *n* 1. ↑ **łupać** 2. (*ból*) shooting pain
łupek *m* slate
łupić *vt imperf* 1. (*grabić*) to plunder; to loot 2. (*zdzierać skórę*) to flay

⟨to skin⟩ (zwierzę an animal); *pot* ~ ze skóry to fleece sb
łupiestwo *n* plunder
łup|ień *m w zwrotach*: **dać komuś ~nia** to crump sb; to give sb a purler; **dostać ~nia** to take a purler
łupież *m singt med* scurf; dandruff
łupieżca *m* plunderer; pillager; looter
łupieżczy *adj* plundering; pillaging
łupin|a *f* 1. (*skórka owocu itd.*) skin; peel; hull; *pl* **~y** (*obierzyny*) peelings 2. (*skorupka*) shell; (*łuska*) husk; **dosł i przen ~a orzecha** nutshell
łupkow|y *adj* slate — (deposit etc.); **tabliczka ~a** (a) slate
łupliwość *f singt* fissility
łupliwy *adj* fissile
łupnąć *perf* I *vt* 1. *zob* **łupać** 2. *pot* (*uderzyć*) to bang II *vr* ~ **się** *pot* to bang (**w głowę** one's head) against sth
łusk|a *f* 1. *bot* hull; husk; scale; *przen* **~i spadły mi z oczu** the scales fell from my eyes 2. *wojsk* (*gilza*) shell 3. *zool* squama; *pl* **~i**. (*ryb, gadów*) scales (of fishes, reptiles)
łuskać *vt imperf* to shell (nuts, peas etc.); to scale (almonds etc.); to husk (maize etc.); to hull (rice etc.)
łuskowaty *adj* 1. (*przypominający łuskę*) husky; scaly 2. (*pokryty łuskami*) scaled
łuszczarnia *f* pearling mill; ~ **ryżu** rice-mill
łuszczyca *f med* psoriasis
łuszczyć *imperf* I *vt* 1. to shell (nuts, peas etc.); to hull (rice) 2. *techn* (*obdzierać z kory*) to decorticate II *vr* ~ **się** to peel ⟨to shell⟩ off
łut *m* half an ounce; *przen* ~ **szczęścia** an ounce of luck
łuza *f bil* pocket
łużycki *adj* Lusatian
łydka *f* calf (of the leg-shank)
łyk *m* draught; sip; gulp; **pić małymi ~ami** to sip; **wypić jednym ~iem** to drink at one gulp; ~ **powietrza** a breath of air
łyk|ać *vt imperf* — **łyk|nąć** *vt perf* 1. (*pobierać pokarmy*) to swallow; to gulp down 2. (*jeść nie przeżuwając należycie*) to bolt (one's food); *przen* **~ać ślin(k)ę** to lick one's chops || **~nąć powietrza** to have a breath of air
łyk|o *n bot* phloem; bast
łykowacieć *vi imperf* to become fibrous ⟨tough⟩
łykowaty *adj* fibrous; tough
łyp|ać *vi imperf* — **łyp|nąć** *vi perf* to wink; **~nąć okiem** to cast a glance (**na kogoś, coś** at sb, sth)
łysieć *vi imperf* to become bald
łysienie *n* ↑ **łysieć**; progressing baldness
łysina *f* bald spot; bald head; baldness
łysy *adj* bald; ~ **jak kolano** as bald as a coot
łyszczyk *m miner* mica
łyżeczka *f* tea-spoon; ~ **chirurgiczna** curette; ~ **do czarnej kawy** coffee--spoon
łyżeczkować *vt imperf med* to curette
łyżka *f* 1. spoon; ~ **stołowa** table--spoon; ~ **do butów** shoehorn 2. (*zawartość łyżki*) spoonful; *przen* ~ **strawy** a bite of food
łyżwa *f sport* skate; **jazda na ~ch** skating; **jeździć na ~ch** to skate
łyżwiarka *f* (woman, girl) skater
łyżwiarski *adj* skating — (boots, club etc.); **tor** ~ skating-rink
łyżwiarstwo *n singt* skating
łyżwiarz *m* skater
łza *f* tear; **lać** ⟨**ronić**⟩ **łzy** to shed tears; **nie uroniwszy łzy** dry-eyed; **płakać rzewnymi ~mi** to cry one's heart out; **szkoda łez** it's no use crying; **śmialiśmy się do łez** we laughed till the tears came; **zalać się ~mi** to burst into tears
łzawiący *adj* lachrymatory; **gaz** ~ tear-gas
łzawić *vi imperf* to water; to run
łzawy *adj* 1. (*przepojony łzami*) tearful 2. (*smutny*) tearful; mournful 3. (*cklwy*) maudlin; *pot* soppy
łzowy *adj anat* lacrimal, lachrymal

maca f matzoth; unleavened bread
macać *imperf* **I** *vt* 1. *(wyczuwać za pomocą dotyku)* to feel; to finger (a piece of cloth etc.); to palpate; to examine by touch 2. *przen pot (badać)* to sound; to probe 3. *posp* to paw ⟨to cuddle⟩ (a woman) **II** *vr* ~ **się** to feel **(po biodrach itd.** one's haunches etc.)
macerować *vt imperf* to macerate
mach|ać *imperf* — **mach|nąć** *perf* **I** *vi* to wave **(ręką, kapeluszem, chusteczką itd.** one's hand, hat, handkerchief etc.); *(potrząsać z pogróżką)* to brandish **(laską, szablą itd.** a cane, a sword etc.); *(o psie)* ~**ać ogonem** to wag its tail **II** *vt* 1. *pot (wykonywać szybko)* to dispatch ⟨to expedite⟩ (a lot of work etc.); ~**ać kozły** to cut capers; ~**nąć kozła** to turn a somersault 2. *(przebyć odległość)* to cover (*x* kilometres etc.)
macher *m pot* 1. *(szachraj)* trickster; bluffer; humbug 2. *(specjalista)* master hand **(od czegoś** at sth)
macherka f *pot (oszustwo)* swindle
machina f machine; *dosł i przen* ~ **wojenna** war machine; *przen* ~ **państwowa** the wheels of State
machinacj|a f machination; *pl* ~**e** machinations; scheming
machinalny *adj* 1. *(automatyczny)* mechanical; automatic(al) 2. *(odruchowy)* instinctive
machlojka f *pot* swindle
machnąć *perf* **I** *vi zob* **machać** *vi*; ~ **na coś ręką** a) *(zlekceważyć)* to wave sth aside b) *(zrezygnować z czegoś)* to give sth up; ~ **ręką na wszystko** to become indifferent to everything; to let things slide **II** *vr* ~ **się** *pot (pojechać)* to hop over; *(pospieszyć)* to run
machnięcie *n* ↑ **machnąć**; (a) wave (of the hand etc.); ~ **pędzlem** a stroke of the brush
macica f *anat* uterus; ~ **perłowa** mother of pearl
maciczny *adj* uterine
maciejka f *bot* night-scented stock
macierz f 1. *przen (kraj rodzinny)* mother country 2. *mat* matrix
macierzanka f *bot* thyme
macierzyńsk|i *adj* 1. *(matczyny)* mother's (love etc.); maternal 2. *(właściwy matce)* maternal; motherly; *(o zasiłku, urlopie itd.)* maternity — (benefit, leave etc.); **po** ~**u** in motherly fashion
macierzyństwo *n* motherhood; maternity; **świadome** ~ birth control
macierzysty *adj* 1. *(pierwotny)* mother — (country etc.); parent — (cell etc.); **port** ~ home port 2. *(rodzimy)* **mother** — (tongue etc.)
maciora f sow
mack|a f 1. *zool* tentacle; antenna; feeler 2. *pl* ~**i** *przen* tentacles; feelers 3. *pl* ~**i** *techn* cal(l)ipers
macoch|a f stepmother; **być od** ~**y** to be treated like a dog
macosz|y *adj* 1. *(właściwy macosze)* stepmotherly 2. *przen (o traktowaniu)* harsh; **po** ~**emu** harshly; unfairly
macza|ć *vt imperf* to dip **(coś w płynie itd.** sth in a liquid etc.); ~**ć chleb w sosie itd.** to sop bread in gravy etc.; *przen* ~**ć w czymś palce** to have a hand in sth
maczanka f *kulin* sop; sippet
macz|ek *m dim* ↑ **mak**; poppy; *kulin* ~**ek kolorowy** hundreds and thousands; *przen* **drukować** ~**kiem** to print in tiny type; **pisać** ~**kiem** to write (in) a tiny hand
maczuga f club; cudgel
mać † f mother; *wulg* **psia** ~ damn!
madera f Madeira (wine)
Madonna f Madonna
madrygał *m lit muz* madrigal
mafia f 1. *(organizacja przestępcza)* mafia 2. *przen* clique
mag *m* 1. *(kapłan)* magus 2. *(czarnoksiężnik)* sorcerer
magazyn *m* 1. *(skład, budynek)* warehouse; *(pomieszczenie)* store; *wojsk*

magazynek magazine; **mieć towar w ~ie** to have an article in stock 2. *(sklep)* shop; *am* store; *(salon mody)* house of fashion 3. *(czasopismo)* magazine
magazyn|ek *m dim* ↑ **magazyn**; magazine; **karabin z ~kiem** magazine rifle
magazynier *m* warehouseman; store-keeper
magazynować *vt imperf* 1. *(przechowywać w magazynie)* to store 2. *(gromadzić)* to store up; to accumulate
magazynowanie *n* ↑ **magazynować**; storage
magia *f dosł i przen* magic; **czarna ~** witchcraft
magiczn|y *adj* magic; **latarnia ~a** magic lantern; **oko ~e** magic eye; **uprawiać sztuczki ~e** to conjure
magiel *m* 1. *(przyrząd, pomieszczenie)* mangle 2. *przen pot (ścisk)* crush 3. *techn* calender
magik *m* magician; illusionist; conjurer
magister *m* 1. *uniw (stopień)* master; **~ nauk humanistycznych** Master of Arts, M.A.; **~ nauk matematyczno-przyrodniczych** Master of Science, M.Sc. 2. *(człowiek mający stopień naukowy)* (an) M.A. ⟨M.Sc.⟩; (a) graduate (of a university) 3. *pot (aptekarz)* apothecary
magisterium *n uniw* 1. *(stopień)* Master's degree 2. *(egzamin)* final university examination
magistersk|i *adj uniw* graduate's; **praca ~a** master's thesis; **egzamin ~i** final university examination
magistracki *adj* municipal
magistrala *f* arterial road; **kolej** trunk-line; **~ wodna** water-main
magistralny *adj* main
magistrant *m uniw* candidate for the master's degree; M.A. ⟨M.Sc. etc.⟩ candidate
magistrat *m* 1. *(zarząd miasta)* municipality; *(rada miejska)* municipal council 2. *(ratusz)* town hall
maglarka *f* mangle owner
maglować I *vt imperf* 1. *(wałkować bieliznę)* to mangle 2. *(wałkować tkaninę)* to calender 3. *przen pot (przyciskać do muru pytaniami)* to drive (sb) into a corner II *vr ~ się przen pot (gnieść się w tłoku)* to be ⟨to get⟩ crushed
maglownica *f* hand mangle
maglownik *m* mangling cloth
magma *f geol* magma
magnacki *adj* lordly
magnat *m* magnate; lord
magnateria *f singt* the magnates; the baronage
magnes *m* magnet; *przen* attraction; lure
magnesować *vt imperf* to magnetize
magnesow|y *adj* magnetic; **igła ~a** magnetic needle
magneśnica *f el fiz* field magnet (of dynamo)
magneto *n el fiz* magneto
magnetofon *m* tape recorder
magnetyczny *adj fiz* magnetic(al); **biegun ~ (Ziemi)** magnetic pole
magnetyt *m miner* magnetite
magnetyzm *m singt fiz* magnetism
magnez *m singt chem* magnesium
magnezja *f singt chem* magnesia; *fot* magnesium
magnezjow|y *adj* magnesic; **światło ~e** magnesium light
magnificencja *m uniw* Rector Magnificus (of a university); **Jego Magnificencja** His Magnificence
magnolia *f bot* magnolia
maharadż|a *m* maharaja(h); **żona ~y** maharanee, maharani
mahometanin *m* (a) Mohammedan
mahometanizm *m singt* Mohammedanism
mahometanka *f* Mohammedan (woman)
mahometański *adj* Mohammedan
mahoniowy *adj* mahogany — (table, colour etc.)
mahoń *m* mahogany
maić *vt imperf* to adorn with verdure
maj *m* May; **1 Maj(a)** First of May
majaczenie *n* ↑ **majaczyć**; ravings; hallucinations
majaczy|ć *imperf* I *vi* 1. *(zarysowywać się mgliście)* to loom 2. *(bredzić)* to be delirious; to rave II *vr ~ć się* 1. = **majaczyć** *vi* 1. 2. *(przywidywać się)* to appear in one's dreams; **~ mi się coś** I dream of sth
majak *m* hallucination; phantom

majątek — malaria

mająt|ek *m* 1. (*posiadłość*) (a) property; ~ek ziemski estate 2. (*mienie*) fortune; ~ek nieruchomy real estate; ~ek ruchomy personal property 3. (*bogactwo*) riches; fortune; dojść do ~ku to make a fortune
majątkowy *adj* property — (tax etc.); stan ~ circumstances; financial standing ⟨status⟩
majcher *m sl* sticker
majdan *m* 1. (*dziedziniec*) maidan; open space 2. *pot* (*dobytek*) traps
majeranek *m bot kulin* marjoram
majestat *m* 1. (*dostojeństwo*) majesty 2. (*godność monarchy*) kingship; obraza ~u lese-majesty
majestatyczność *f singt* regal stateliness; grandeur
majestatyczny *adj* majestic; stately
majętność *f* 1. (*majątek ziemski*) (an) estate 2. † (*mienie*) fortune
majętny *adj* wealthy; rich; well-to-do
majolika *f cer* majolica
majonez *m kulin* mayonnaise
major *m* 1. *wojsk* major 2. *lotn* squadron leader
majorat *m* 1. *prawn* (*sposób dziedziczenia*) right of primogeniture 2. (*majątek*) entail
majoryzować *vt imperf* 1. (*przegłosowywać*) to outvote 2. (*mieć przewagę liczebną*) to outnumber
majow|y *adj* May — (flowers etc.); ~e święto May Day
majówka *f* picnic; junket
majster *m* 1. (*rzemieślnik*) master — (carpenter, baker etc.); (*w warsztacie*) boss; ~ do wszystkiego Jack of all trades; handy man; ~ klepka a) (*człowiek bez przygotowania fachowego*) bungler b) (*zręcznie wykonujący pracę*) dabster 2. (*w fabryce, na budowie*) foreman
majsterkować *vi imperf* to tinker
majstersztyk *m* masterpiece
majstrować *imperf* **I** *vt* to make (an object); to knock off (a piece of work) **II** *vi* to tinker (koło czegoś at sth)
majtać *vt imperf* to dangle (**nogami itd.** one's legs etc.)

majtek *m* sailor; deck-hand
majtki *pl* drawers; panties
majuskuła *f* capital letter
mak *m* 1. *bot* poppy; ~ polny corn poppy 2. (*nasienie*) poppy seed; przen rozbić się w drobny ~ to get broken into atoms; cisza jak ~iem zasiał you could have heard a pin drop
makabra *f pot* ghastly ⟨gruesome⟩ sight ⟨scene, situation etc.⟩
makabryczny *adj* macabre; ghastly; gruesome; ~ film horror film
makagiga *f kulin* sweetmeat of poppy seed, honey, almonds and nuts
makaron *m* macaroni; noodles
makaroniczny *adj* (*o wierszu, stylu*) macaronic
makaronizm *m jęz lit* macaronicism
makata *f* tapestry
makieta *f* 1. *bud plast* model 2. *druk* dummy
makijaż *m* make-up
makler *m* 1. *giełd* stockbroker 2. *mar* ship-broker
makolągwa *f orn* linnet
makowiec *m kulin* poppy-seed cake
makowy *adj* poppy — (seed etc.)
makówka *f* 1. poppy-head 2. *przen żart* (*głowa*) pate
makrela *f icht* mackerel
makrokosmos *m* macrocosm
makroskopowy *adj fiz* macroscopic
maksimum I *n* maximum; wykorzystać coś do ~ to make the most of sth **II** *adv* at the outmost
maksyma *f* maxim
maksymalista *m* maximalist
maksymalnie *adv* to a maximum; to ⟨in⟩ the highest degree
maksymalny *adj* maximum — (degree, pressure etc.); top — (speed etc.); peak — (consumption, output etc.)
makuch *m* oilcake
makulatura *f* waste paper
makutra, makotra *f* mixing bowl
malachit *m* malachite
malaga *f* Malaga wine
Malaj, Malajczyk *m*, **Malajka** *f* (a) Malay(an)
malajski *adj* Malay(an); język ~ Malay
malaria *f singt med* malaria; paludism

malarka f paintress
malarnia f painting shop (of a factory etc.)
malarsk|i adj 1. (*dotyczący malarza*) painter's ⟨painters'⟩ (brushes, studio etc.); **po ~u** like a painter 2. (*dotyczący malarstwa*) (the art, exhibition etc.) of painting 3. (*malowniczy*) pictorial
malarsko adv in painting; in paints; pictorially; from the painter's point of view
malarstwo n singt 1. **plast** painting 2. (*rzemiosło*) house-painting; **~ pokojowe** wall-painting
malaryczny adj malarial; paludal
malarz m 1. (*artysta*) painter 2. (*rzemieślnik*) house-painter; **~ pokojowy** wall-painter; decorator
malec m boy; lad
maleć vi imperf to grow smaller; to diminish; to lessen; to decrease
maleńki adj very little; tiny; minute
maleństwo n pieszcz little darling ⟨mite⟩
malign|a f singt med malignant fever; **mówić jak w ~ie** to rave
malina f (*krzew*) raspberry bush; (*owoc*) raspberry
maliniak m 1. (*zarośla malin*) raspberry field 2. (*napój alkoholowy*) raspberry--flavoured mead 3. **pl ~i** geol detached rocks (in the Tatra valleys)
malkontent m grumbler
mal|ować imperf I vt 1. (*barwić*) to paint; **~ować sobie usta** to make up; *w napisie*: **świeżo ~owane** fresh paint 2. (*tworzyć obraz*) to paint (a canvas etc.); **przen ~owany król** puppet king 3. przen (*przedstawiać*) to depict; to portray; *przysł* **nie taki diabeł straszny jak go ~ują** the devil is not so black as he is painted II vi to paint (farbami olejnymi, wodnymi in oil, in water-colours etc.) III vr **~ować się** 1. (*szminkować się*) to make up 2. (*o uczuciach itd.* — *wyrażać się*) to be manifest (**na czyjejś twarzy** in sb's face)
malowank|a f 1. (*obrazek*) picture 2. pl **~i** (*obrazki do kolorowania*) children's painting book

malowidło n painting; picture
malowniczość f singt picturesqueness
malowniczy adj picturesque
maltański adj Maltese; **rycerz** ⟨**kawaler**⟩ **~ Knight of Malta**
maltoza f singt chem maltose
maltretować vt imperf to ill-treat; to bully
maltretowanie n ↑ **maltretować**; ill-treatment
malusieńki adj, **malutki** adj very little; tiny; minute
malwa f bot mallow
malwersacj|a f embezzlement; peculation; **popełnić ~ę** to embezzle money ⟨funds⟩
mał|o adv (comp **mniej**) 1. *w połączeniu z rzeczownikiem*: (*w sing*) little ⟨not much⟩ (bread, time etc.); (*w pl*) few ⟨not many⟩ (people, trees etc.); **za ~o** too little; too few 2. *w połączeniu z czasownikiem*: little; not much 3. *w połączeniu z przymiotnikiem, przysłówkiem*: little; not very; not enough 4. *w użyciu orzeczeniowym*: **~o jest** ⟨**było, będzie**⟩ **owoców** ⟨**kwiatów itd.**⟩ there is ⟨was, will be⟩ a lack ⟨a shortage⟩ of fruits ⟨flowers etc.⟩; **jakich ~o** rare 5. *w połączeniu z zaimkiem*: **~o co** not much; but little; **~o kto** hardly anybody; **jak ~o kto** to a rare degree; **~o który** hardly any; **~o tego** what is more; **o ~o co nie zrobić czegoś** to come near doing sth; **o ~o co go nie zabiło** he narrowly escaped being killed
małoduszność f singt meanness; faint heart; pusillanimity
małoduszny adj mean-spirited; faint--hearted; pusillanimous
małokalibrowy adj small-calibre — (ammunition); small-bore — (rifle etc.)
małoletni I adj under age; juvenile II — m **~**, f **~a** (a) minor; (a) juvenile
małoletn(i)ość f singt minority
małolitrażowy adj low-powered ⟨low-capacity⟩ — (car)
małomiasteczkowy adj provincial; parochial
małomówność f singt taciturnity
małomówny adj taciturn; reticent

małoobrazkowy *adj fot* 35 milimeter (film)
małopolski *adj* of Little Poland
małorolny I *adj* petty — (farmer) **II** *m* (*także* **chłop** ~) petty farmer; small holder
małostka *f* trifle
małostkowość *f singt* meanness; narrow-mindedness
małostkowy *adj* mean; narrow-minded
małość *f singt* littleness
małowartościowy *adj* of little value
małoważny *adj* unimportant; of little importance
małpa *f zool* monkey; ~ **bezogonowa** ape
małpi *adj* 1. (*odnoszący się do małpy*) monkey's; monkey — (skin etc.); *zool* simian 2. (*właściwy małpom*) monkeyish; apish; ~e **figle** monkey business
małpiatki *pl zool* the Lemuroidea
małpolud *m* ape man; anthropoid (creature)
małpować *vt imperf* to ape
małpowanie *n* ↑ **małpować**; apery
mał|y I *adj* (*comp* **mniejszy**) 1. (*niewielki*) little; small; ~a **kawa** small coffee; ~e **litery** small letters; ~y **palec** little finger; *przen* **mieć coś w** ~ym **palcu** to know sth through and through; o ~y **włos** by a hairbreadth 2. (*o szybkości, zapasie itd.*) low 3. (*krótki*) short; ~a **chwila** a short while; **a moment II** *m* ~y, *f* ~a little fellow ⟨girl⟩ **III** *n* ~e 1. (*dziecko*) tot; **od** ~ego from a child; from childhood 2. (*zwierzę*) (a) young; **mieć** ~e to have young ‖ **bez** ~a almost; pretty nearly; **poprzestawać na** ~ym to have modest aspirations; **zacząć od** ~ego to make a modest beginning
małż *m* mollusc
małżeńsk|i *adj* conjugal; matrimonial; **para** ~a bridal pair; married couple; **pożycie** ~ie married life; **stan** ~i matrimony
małżeństw|o *n* 1. (*związek prawny*) marriage; matrimony; (*stan małżeński*) the married state; ~o **z miłości** love-match; ~o **z rozsądku** marriage of convenience; **zawrzeć** ~o to contract marriage 2. (*para małżeńska*) married couple; **oni są** ~em they are married; **oni są dobrym** ~em they are a good match
małżonek *m* husband; spouse; **Książę Małżonek** Prince Consort
małżonka *f* wife; spouse
małżonkowie *pl* husband and wife; married couple
małżowina *f* (mollusc's) shell; *anat* ~ **uszna** auricle
mama *f* mother; *dziec* mum, mummy
mamałyga *f singt* maize gruel
mameluk *m hist* Mameluke
mam|er *m sl* jug; lock-up; **w** ~rze in clink
mamić *imperf* **I** *vt* 1. (*zwodzić*) to deceive; to delude 2. (*wabić*) to entice; to lure **II** *vr* ~ **się** to deceive oneself
maminsynek *m* molly-coddle; milksop
mamka *f* wet-nurse
mamlać, mamleć *vt imperf* 1. (*mówić niewyraźnie*) to mumble (words etc.) 2. (*jeść niedołężnie*) to mumble (one's food)
mamona *f singt książk* mammon
mamrotać *vt vi imperf* to mumble; to mutter
mamrotanie *n* ↑ **mamrotać**; mumble; gibber
mamunia *f*, **mamusia** *f pieszcz* mummy; *dziec* mum, mummy
mamut *m* 1. *zool* mammoth 2. *przen pog* (*o człowieku*) old fogy ⟨fogey⟩ 3. (*rodzaj fasoli*) (large-sized) bean(s)
manatki *pl pot* traps; goods and chattels; **zwijać, zwinąć** ~ to pack
mandaryn *m* mandarin
mandarynka *f* mandarin(e) (orange); tangerine
mandat *m* 1. (*pełnomocnictwo*) mandate; ~ **poselski** seat in Parliament 2. (*nakaz płacenia grzywny*) fine
mandatariusz *m* 1. (*osoba mająca mandat*) assignee; trustee 2. (*państwo mające mandat*) mandatary
mandatowy *adj* mandatory ⟨mandatary⟩ (state)
mandolina *f muz* mandolin
mandolinista *m* mandolinist

mandragora *f bot* mandrake; mandragora
manekin *m dosł i przen* dummy
manele *pl pot* traps
manewr *m* 1. *(zręczne posunięcie)* manoeuvre 2. *pl* ~y *wojsk* manoeuvres
manewrować *vt vi imperf* 1. to manoeuvre **(czymś** sth) 2. *przen (używać podstępów)* to employ artifices ⟨stratagems⟩; to manipulate **(czymś** sth) **maneż** *m* 1. *(ujeżdżalnia)* riding-school 2. *(kierat)* horse-driven mill (for thrashing etc.)
mangan *m singt chem* manganese
manganian *m chem* manganate
manganowy *adj chem* manganic
mania *f* 1. *(pasja)* fad; fixed idea; mania ⟨craze⟩ **(czegoś** for sth); ~ **wielkości** megalomania 2. *med* mania; ~ **prześladowcza** persecution mania
maniacki *adj* maniacal
maniactwo *n* faddishness; craziness
maniak *m*, **maniaczka** *f* 1. *(człowiek opanowany pasją)* crank 2. *med* maniac
maniakalny *adj* maniacal
manicure [-kjur] *m* manicure; **zrobić sobie** ~ a) *(pójść do manicurzystki)* to have one's finger-nails done b) *(samemu)* to do one's finger-nails
manicurzystka [-kju-] *f* manicurist
manier|a *f* 1. *(zmanierowanie)* mannerism 2. *pl* ~y *(sposób bycia)* manners; **o dobrych** ~**ach** well-mannered; **o złych** ~**ach** ill-mannered
manierka *f* flask; *wojsk* canteen
manierować *imperf* I *vt* to render (sb) mannerisitic II *vr* ~ **się** to acquire a mannerism ⟨mannerisms⟩
manieryzm *m lit plast* mannerism
manifest *m* manifesto; ~ **komunistyczny** Communist Manifesto
manifestacja *f* manifestation; demonstration
manifestacyjny *adj* ostentatious; **strajk** ~ token strike
manifestant *m*, **manifestantka** *f* demonstrator; manifestant
manifestować *imperf* I *vt* to manifest; to display; to evince (an opinion, a feeling etc.) II *vi* to manifest; to stage a demonstration III *vr* ~ **się** *(o stanach, uczuciach itd.)* to manifest ⟨to evince⟩ itself
maniok *m* manioc
manipulacj|a *f* 1. *(czynność)* manipulation; handling 2. *pl* ~**e** procedure
manipulacyjn|y *adj* manipulative; **koszty** ~**e** administrative costs
manipulować *imperf* I *vt* to manipulate ⟨to handle⟩ **(coś, czymś** sth) II *vi (majstrować)* to tinker **(przy czymś** at sth)
mankament *m* fault; defect; shortcoming
mankiet *m (u rękawa)* cuff; *(u spodni)* turn-up
manko *n (w kasie)* cash shortage; *(w towarze)* shortage
manna *f* semolina; *am* cream of wheat
manometr *m techn* manometer
manowce *pl* wilderness; *przen* wrong way; *przen* **sprowadzić kogoś na** ~ to lead sb astray; **zejść na** ~ to go wrong
mansarda *f* 1. *(dach)* mansard roof 2. *(przestrzeń pod dachem)* attic 3. *(mieszkanie)* garret
mansardow|y *adj* mansard — (roof etc.); **mieszkanie** ~**e** garret, **okno** ~**e** dormer-window
manto *n pot w zwrotach*: **dostać** ~ to get a hiding; **spuścić komuś** ~ to dust sb's jacket
mantyczyć *vi imperf* to grumble; to fret
mantyka *m (zrzęda)* grumbler; growler
manufaktura *f* workshop
manuskrypt *m lit* manuscript
mańk|a † *f* left hand; *obecnie w zwrocie*: **zażyć kogoś z** ~**i** to fool sb; to take sb in
mańkut *m* left-hander; left-handed person
mapa *f* map; *(pogody itd.)* chart
mapnik *m* map-case
mara *f* 1. *(widzenie senne)* dream; nightmare 2. *(duch)* ghost
marabut *m orn* marabou(t)
maraton *m sport* Marathon
maratończyk *m* Marathon runner
maratoński *adj* Marathon — (race etc.)
marazm *m singt* 1. *med* marasmus

2. *przen (otępienie)* torpor; **popaść w ~** to fall into a state of torpor
marcepan *m* marchpane, marzipan
marchew *m* carrot
marchewka *f dim* ↑ **marchew**; *kulin* (a dish of) carrots
marchia *f hist* margraviate
marcowy *adj* March — (weather etc.)
marengo *adj* pepper-and-salt (cloth)
margaryna *f* margarine; *pot* marge
margerytka *f bot* daisy
margiel *m geol* marl
margines *m* 1. *(czysty brzeg kartki)* margin 2. *przen* thing of minor importance; **uwaga na ~ie** side-note; **być na ~ie** to play a secondary role
marginesowy *adj* 1. *(zapisany na marginesie)* marginal 2. *przen (poboczny, nawiasowy)* incidental; casual; parenthetic
margrabia *m* margrave
margrabina *f* margravine
mariacki *adj* St Mary's (Church)
mariasz *m karc* marriage; matrimony
marionet|ka *f dosł i przen* puppet; **teatr ~ek** puppet-show
marionetkowy *adj* puppet — (state etc.)
mark|a[1] *f* 1. *(znak fabryczny)* trade mark 2. *(gatunek)* quality; brand 3. *(firma)* make; brand 4. *(opinia)* (good, bad) name; reputation; **mieć dobrą ~ę** to enjoy a good reputation 5. † *(znaczek pocztowy)* stamp
marka[2] *f (jednostka monetarna)* mark
markierant *m* scrimshanker
markierować *vi imperf* to scrimshank
markietan *m,* **markietanka** *f hist* sutler; camp-follower
markiz *m* marquis, marquess
markiza *f* 1. *(żona markiza)* marchioness 2. *(osłona przed słońcem)* awning; markee
markizeta *f tekst* marquisette
markotnieć *vi imperf* to become gloomy; to turn sulky
markotność *f singt* low spirits; bad humour
markotn|y *adj* gloomy; sullen; moody; morose; **~a mina** a long face
markować *imperf* I *vi* 1. *(udawać)* to pretend; to make believe 2. *teatr* to walk through one's part 3. *sport* to feint II *vt* to pretend (**robotę, jedzenie itd.** to be working, eating etc.)
marksista *m* (a) Marxist; (a) Marxian
marksistowski *adj* Marxian; Marxist
marksizm *m singt* Marxism; **~-leninizm** Marxism-Leninism
marmolada *f* jam; marmalade
marmoladka *f* jelly sweet
marmur *m* marble
marmurowy *adj* marble — (arch, steps etc.)
marnie *adv* badly; poorly; **~ wyglądać** to look out of sorts; **~ zginąć** to come to a bad end
marnieć *vi imperf* 1. *(stawać się marnym)* to deteriorate 2. *(marnować się)* to be wasted 3. *(niszczeć)* to decline; to decay 4. *(ginąć)* to perish; to languish (in prison etc.); *(o roślinach)* to wilt; to fade 5. *(mizernieć)* to waste away
marność *f* 1. *singt (znikomość)* flimsiness; paltriness 2. *(to, co jest próżne)* vanity
marnotrawca *m* spendthrift; squanderer; wastrel
marnotrawić *vt imperf książk* to waste; to trifle away (one's time, money etc.); to squander
marnotrawny *adj* wasteful; prodigal; *bibl i przen* **syn ~** the prodigal son
marnotrawstwo *n singt* 1. *(nieoszczędna gospodarka)* waste; thriftlessness 2. *(rozrzutność)* prodigality
marnować *imperf* I *vt* 1. *(zużywać bez potrzeby)* to waste; to trifle away (one's time, money etc.) 2. *(trwonić)* to squander; to dissipate 3. *(tracić)* to dawdle ⟨to dally⟩ (one's time etc.) away; **~ okazję** to lose an opportunity II *vr* **~ się** to be wasted; to be squandered; *(o człowieku)* to be wasted (in a post etc.)
marn|y *adj* 1. *(mało wart)* worthless; of no value; trivial 2. *(lichy)* bad; poor; paltry 3. *(próżny, bezcelowy)* vain; futile; **wyrzucać na ~e** to squander; **iść** ⟨**schodzić**⟩ **na ~e** to be wasted
marokański *adj* Moroccan
mars *m* frown

Marsjanin *m*, **Marsjanka** *f* (a) Martian
marskość *f singt med* cirrhosis
marsow|y *adj* 1. *(srogi)* stern; severe; grim 2. † *(wojenny)* martial; **pole** ~e the field of Mars
Marsylianka *f singt* the Marseillaise
marsz *m* 1. *(maszerowanie)* march; walk; ~! forward, march!; **pot** ~ **stąd!** off you go! 2. *muz* march; ~ **weselny** ⟨**żałobny**⟩ wedding ⟨funeral⟩ march
marszałek *m* marshal; ~ **Sejmu** President of the Polish Seym
marszałkowski *adj* Marshal's (baton etc.)
marszczyć *imperf* **I** *vt* 1. *(pokrywać zmarszczkami)* to wrinkle; ~ **brew** to knit one's brow; to frown 2. *(układać w zmarszczki)* to crease; to rumple **II** *vr* ~ **się** 1. *(pokrywać się zmarszczkami)* to become wrinkled; to pucker up 2. *(być zmarszczonym)* to crease *(vi)*; *(o powierzchni wody)* to ripple
marszow|y *adj* marching — (orders etc.); **kolumna** ~**a** column of route; **szyk** ~**y** order of march
marszruta *f* route; itinerary
martenowski *adj hutn* open-hearth — (furnace, steel etc.)
martwica *f* 1. *med* necrosis 2. *bot* cork 3. *miner* sinter
martw|ić *imperf* **I** *vt* to sadden; to grieve; to distress; to afflict; to depress; ~**i mnie to** I don't feel happy about that **II** *vr* ~**ić się** to worry ⟨to be uneasy⟩ **(kimś, czymś, o kogoś, coś** about sb, sth); **czym się** ~**isz?** what's worrying you?; **nie** ~ **się** don't worry; never mind; **nie trzeba się** ~**ić na zapas** care killed the cat
martwieć *vi imperf* 1. *(obumierać)* to deaden; *med* to undergo necrobiosis 2. *(stawać się nieczułym)* to grow numb
martwo *adv* lifelessly; **leżeć** ~ to lie dead
martwota *f singt* 1. *(brak objawów życia)* lifelessness; torpor 2. *(nieczułość)* numbness
martw|y *adj* 1. *(nieżywy)* dead; lifeless 2. *przen* dead (silence, letter, language etc.); **plast** ~**a natura** still life; ~**y punkt** deadlock; **stanąć na** ~**ym punk-**

cie to come to a standstill; ~**y sezon** slack season 3. *ekon* stagnant
martyrologia *f* martyrdom
maruda *m*, *f* dawdler
maruder *m* 1. *(niekarny żołnierz)* straggler; marauder 2. *(guzdrała)* dawdler
maruderstwo *n singt* 1. *(odłączanie się żołnierzy)* marauding 2. *(ociąganie się)* dawdling
marudny *adj* 1. *(nudny)* tedious 2. *(opieszały)* slothful; lazy 3. *(o dziecku)* querulous
marudzić *vi imperf* 1. *(guzdrać się)* to dally; to linger **(z czymś** over sth) 2. *(gadać nudnie)*· to be tedious 3. *(zrzędzić)* to be querulous
mary *pl* bier
marynark|a *f* 1. *(część ubioru)* coat; jacket; **bez** ~**i** in one's shirt-sleeves 2. *mar (morskie siły zbrojne)* navy; *(statki handlowe)* merchant marine; **(on) poszedł do** ~**i** he went to sea
marynarski *adj* sailor's (life etc.); sailor — (collar, hat etc.); naval (college etc.); navigation — (school)
marynarz *m* sailor; seaman
marynata *f* pickle
marynista *m* marine painter; seascapist
marynistyczny *adj* marine — (paintings etc.); **obraz** ~ seascape; sea-piece
marynistyka *f singt* seascape painting
marynować *vt imperf* to pickle
marynowany *adj* pickled
marzanna *f bot* madder
marzec *m* March
marzeni|e *n* 1. *dosł i przen* dream 2. *pl* ~**a** *(rojenia)* reverie; **oddawać się** ~**om** to muse; ~**e ściętej głowy** pipe dream
marz|nąć [r-z] *vi imperf* 1. *(zamarzać)* to freeze 2. *(ziębnąć)* to freeze; to be frozen; **ręce mi** ~**ły** my hands were frozen 3. *(ginąć wskutek mrozu)* to freeze to death
marzyciel *m*, **marzycielka** *f* dreamer
marzycielski *adj* dreamy (disposition, eyes etc.)
marzycielstwo *n singt* 1. *(usposobienie)* dreamy disposition 2. *(fantazjowanie)* day-dreaming
marzyć *imperf* **I** *vi* to dream **(o kimś, czymś** of sb, sth); **szkoda** ~ it is out

of the question II *vr* ~ **się** 1. *(przedstawiać się w myśli)* to occupy the thoughts **(komuś** of sb) 2. *(przedstawiać się we śnie)* to appear in one's dreams
marża *f handl* margin of profit
mas|a *f* 1. *(substancja)* mass; substance; *techn* pulp 2. *(mnogość)* mass; a great deal; a lot 3. *(szerokie kręgi)* the generality; *pl* ~**y** the masses; the working classes; *pog* **ciemna** ~**a** dolt 4. *fiz* volume; mass; ~**a atomowa** atomic mass 5. *prawn* estate; ~**a upadłościowa** estate in bankruptcy || ~**ami** in great quantities; in masses; ~**ę** heaps; a lot; **mieć** ~**ę roboty** to have a lot of work to do
masakra *f* massacre; butchery
masakrować *vt imperf* to massacre
masarnia *f* pork-butcher's shop
masarstwo *n singt* pork-butcher's business
masarz *m* pork-butcher
masaż *m* massage; *kosmet* ~ **twarzy** (a) facial
masażysta *m* masseur
masażystka *f* masseuse
maseczka *f* 1. *dim* ↑ **maska** 2. *(kobieta na maskaradzie)* masker, masquer || ~ **kosmetyczna** face mask
maselnica *f* churn
maselniczka *f* butter-dish
mas|ka *f* 1. *dosł i przen* mask; **w** ~**ce** masked 2. *(odlew)* mask; ~**ka pośmiertna** death-mask 3. *(ochrona twarzy)* mask; ~**ka spawacza** welder's mask; ~**ka gazowa** gas-mask 4. *(pokrywa silnika)* bonnet (of a motor-car); *am* hood
maskarada *f* masquerade
maskota *f,* **maskotka** *f* mascot; charm
maskować *imperf* I *vt* to mask; *wojsk* to camouflage; *przen* ~ **uczucie** to conceal a feeling II *vr* ~ **się** *(ukrywać swe uczucia, zamiary)* to put on ⟨to wear⟩ a mask; to dissemble *(vi)*
maskowanie *n* ↑ **maskować** 1. *(ukrywanie)* concealment; *wojsk* camouflage 2. *(ukrywanie uczuć)* dissembling
maskowy *adj* masked ⟨fancy dress⟩ (ball)
masło *n singt* butter; ~ **deserowe** sweet butter; **idzie jak po maśle** it goes swimmingly; *pot* **żart to jest** ~ **maślane** it is a redundancy
masochista *m* masochist
masochizm *m singt med psych* masochism
mason *m hist* freemason
masoneria *f singt hist* freemasonry
masoński *adj* freemason's, freemasons'
masować *imperf* I *vt* to massage II *vr* ~ **się** to take a massage
masowo *adv* in masses; ~ **produkować** to mass-produce; **napływać** ~ to pour in
masow|y *adj* mass — (production, manifestation etc.); *handl* ~**y odbiorca** quantity buyer; **towary** ~**ej produkcji** mass-production goods
masówka *f pot* mass meeting
mastodont *m paleont* mastodon
maswerk *m arch* tracery
masyw *m* 1. *geol* massif 2. *(coś ogromnego)* pile; edifice
masywność *f singt* massiveness; solidity
masywny *adj* 1. *(mocno zbudowany)* massive; massy 2. *(lity)* solid 3. *(o człowieku)* thickset
maszerować *vi imperf* to march
maszkara *f* (a) fright; monster
maszkaron *m arch* mask; mascaron
maszt *m* 1. *mar* mast 2. *(słup)* pole; *(flagowy)* flag-staff; **flaga opuszczona do połowy** ~**u** flag at half-mast; ~ **radiostacji** aerial mast
masztalerz *m hist* stableman; groom
masztowiec *m* sailing-ship
maszyn|a *f* 1. *techn (urządzenie mechaniczne)* machine; *(urządzenie napędowe)* engine; ~**a do liczenia** calculating machine; ~**a do pisania** typewriter; ~**a do szycia** sewing-machine; ~**a drukarska** printing-press; ~**a parowa** steam-engine; **napisać na** ~**ie** to type a letter; **napisany na** ~**ie** typewritten 2. *przen (organizacja)* machine; ~**a państwowa** ⟨**wojenna itd.**⟩ the State ⟨war etc.⟩ machine 3. *przen (o człowieku)* automaton
maszyneria *f* 1. ⟨*zespół maszyn*⟩ machinery; enginery 2. *(mechanizm)* mechanism 3. *przen* enginery

maszynista *m* 1. *(prowadzący lokomotywę)* engine-driver; *am* engineer 2. *(w fabryce)* machinist 3. *teatr* scene-shifter; stage-hand
maszynistka *f* typist
maszynka *f dim* ↑ **maszyna**; device; ~ **do golenia** safety razor; **elektryczna** ~ **do golenia** (electric) shaver; ~ **do gotowania** cooker; ~ **do kawy** percolator; ~ **do mielenia mięsa** mincer; ~ **do strzyżenia** clipper; ~ **spirytusowa** spirit lamp
maszynopis *m* typescript; (typewritten) copy
maszynownia *f* engine room
maszynowo *adv* by machinery; **wykonany** ~ machine-made
maszynowy *adj* 1. *(dotyczący maszyny)* machine — (parts etc.); engine — (room etc.); **park** ~ machine park 2. *(automatyczny)* automatic; mechanical; **karabin** ~ machine-gun 3. *(przeznaczony dla maszyny do pisania)* typewriter — (ribbon, paper etc.) 4. *(wykonany maszyną)* machine-made
maszynoznawstwo *n singt* science of mechanics
maścić *vt imperf* 1. *(smarować)* to oil; to grease 2. *kulin* to butter (food); to use fat **(potrawę** in a dish)
maść *f* 1. *farm* ointment; unguent; salve 2. *(barwa sierści)* colour
maślanka *f (zw singt)* buttermilk
maślan|y *adj* buttery; *przen* ~e **oczy** filmy eyes; ~e **ręce** butter-fingers
mat[1] *m szach* mate; **szach i** ~ checkmate; **dać komuś** ~a to checkmate sb
mat[2] *m (brak połysku)* mat; **na** ~ without gloss
mata *f* mat
matactwo *n* 1. *(wybieg)* fraud 2. *(oszustwo)* swindle 3. *(krętactwo)* machination
matacz *m* prevaricator; machinator
matador *m* matador
matczyn|y *adj* maternal; **po** ~**emu** maternally
matecznik *m* 1. *(głąb puszczy)* backwoods 2. *(w ulu)* queen bee's cell
matematyczny *adj* mathematical
matematyk *m* mathematician
matematyka *f singt* mathematics; ~ **czysta** ⟨**stosowana, wyższa**⟩ pure ⟨applied, higher⟩ mathematics
materac *m* mattress
materi|a *f* 1. *fiz filoz* matter; **przemiana** ~**i** metabolism 2. *(ropa)* pus, matter 3. † *(przedmiot, temat)* subject; point; matter; **w tej** ~**i** on this subject ⟨point⟩; in this matter 4. † *(tkanina)* stuff; cloth
materialista *m*, **materialistka** *f* materialist
materialistyczn|y *adj* materialistic; **filozofia** ~**a** materialism
materializacja *f singt* materialization
materializm *m singt* materialism; ~ **dialektyczny** dialectical materialism
materializować się *vr imperf* to materialize *(vi)*
materialność *f singt* materiality
materialn|y *adj* 1. *(dotyczący materii)* material 2. *(finansowy)* financial; pecuniary; wordly (possessions); **środki** ~e (material) means ⟨resources⟩
materiał *m* 1. *(tworzywo, surowiec)* material; stuff; substance; ~ **wybuchowy** explosive; ~**y piśmienne** stationery 2. *przen* makings **(na polityka itd.** of a politician etc.); **to dobry** ~ **na męża** he will make a good husband 3. *(dane)* material(s); ~ **dowodowy** evidence; ~ **obciążający** aggravating circumstances 4. *(tkanina)* cloth; material; stuff; fabric
materiałoznawstwo *n singt* knowledge of commercial materials
matka *f* 1. mother; **królowa** ~ the queen mother; **Matka Boska** the Holy Virgin; ~ **chrzestna** godmother; **komisja** ~ nominating committee 2. *(samica zwierząt)* dam 3. *(zakonnica)* Mother Superior 4. *ent* queen (bee, wasp, ant)
matkobójca *m* matricide
matkobójstwo *n* matricide
matkować *vi imperf* to mother (**komuś** sb)
matni|a *f* 1. *(sieć)* poke-net 2. *(sidła)* snare; trap 3. *przen* trap; **być w** ~ to be trapped
matołectwo *n singt med* imbecility

matołek *m* imbecile; cretin
matować *vt imperf* to mat (metals); to frost ⟨to grind⟩ (glass)
matowieć *vi imperf* to become mat; to lose its gloss
matowość *f singt* dull ⟨dead⟩ finish (of a surface); flat sound (of a voice)
matow|y *adj* 1. (*bez połysku*) mat; dull; flat; dead 2. (*o szkle*) frosted; ground; ~a żarówka frosted bulb 3. (*o głosie*) flat
matówka *f fot* focussing screen
matriarchalny *adj* matriarchal
matriarchat *m singt* matriarchate, matriarchy
matrona *f książk* matron; staid woman; dowager
matryca *f* 1. *druk* matrix 2. (*papier do powielania*) stencil 3. *techn* matrix; (*sztanca*) stamp; die
matrycować *vt imperf* 1. *druk* to take a matrix (*coś* of sth) 2. *techn* to stamp
matrymonialn|y *adj* matrimonial; marital; **biuro** ~e matrimonial agency
matur|a *f* 1. (*egzamin*) examination for the secondary-school certificate 2. (*świadectwo*) secondary-school certificate; **mieć** ~ę to have a secondary education
maturalny *adj* school-leaving — (certificate etc.)
maturzysta *m*, **maturzystka** *f* 1. (*zdający maturę*) candidate for the secondary-school certificate 2. (*abiturient*) school-leaver
Maur *m* Moor
mauretański *adj* (*o ludziach*) Moorish; (*o stylu itd.*) Moresque
mauzoleum *n* mausoleum
mawiać *vt vi imperf* to be accustomed ⟨to be wont⟩ to say
maz|ać *imperf* — **maz|nąć** *perf* **I** *vt* 1. (*smarować*) to smear; (*brudzić*) to blot 2. *pot* (*malować*) to daub; (*bazgrać*) to scribble 3. *pot* (*wymazywać*) to wipe out **II** *vr* ~ać się *pot* (*mazgaić się*) to snivel; to whine
mazak *m* 1. (*szczoteczka do pasty do obuwia*) shoe dauber 2. (*gruby pędzel*)

thick painting brush 3. (*flomaster*) marker
mazanina *f* (a) daub
mazgaić się *vr imperf pot pog* to snivel
mazgaj *m pot pog* cry-baby
mazgajowaty *adj pot pog* 1. (*ślamazarny*) dawdling 2. (*płaczliwy*) snivelling
mazidło *n* liniment
mazisty *adj* clammy; sticky; greasy
maznąć *zob* **mazać**; ~ **pędzlem** to give (sth) a stroke of the brush
mazowiecki *adj* Mazovian
mazur *m* 1. **Mazur** (*Mazowszanin*) (a) Mazovian 2. **Mazur** (*mieszkaniec Mazur*) (a) Mazurian 3. (*taniec*) mazurka
mazurek *m* 1. *muz* mazurka 2. *kulin* a kind of cake
mazurski *adj* Mazurian
mazut *m chem* mazut
maź 1. (*gęsta substancja*) greasy substance; lubricant; **ruszać się jak mucha w mazi** to be sluggish 2. (*smar*) cart-grease
maźnica *f techn* axle-box; grease-box; oil-box; *kolej* lubricating-box
mąciciel *m* trouble-maker
mąci|ć *imperf* **I** *vt* 1. (*czynić mętnym*) to make turbid; to muddy 2. (*burzyć*) to ruffle (water etc.); *przen* ~**ć komuś wodę** to disturb sb 3. (*zakłócać*) to disturb; to alloy (sb's happiness etc.); to mar (sb's joy etc.); ~**ć w głowie** to confuse (**komuś** sb) **II** *vr* ~**ć się** 1. (*stawać się mętnym*) to become turbid ⟨muddy, dim⟩ 2. (*stawać się chaotycznym*) to become confused; **w głowie mi się** ~ I feel giddy; I am confused
mąciwoda *m pot* trouble-maker
mączasty, mączysty *adj* floury; mealy (potatoes etc.)
mączka *f* meal; flour; ~ **cukrowa** powdered sugar
mączniak *m bot* powdery mildew
mączn|y *adj* farinaceous (foods etc.); farinose (substances etc.); **produkty** ~e cereals
mądrala *m iron* wiseacre; *am* smart alec
mądroś|ć *f* (*zw singt*) 1. (*rozum*) wisdom; ~**ć życiowa** practical wisdom; **księgi** ~**ci** the sapiential books; **ząb** ~**ci**

wisdom-tooth 2. *(roztropność)* sagacity; intelligence
mądr|y *adj* 1. *(rozumny)* wise 2. *(bystry)* clever; intelligent; przysł ~ej głowie dość dwie słowie a word to the wise; ~y Polak po szkodzie wise after the event 3. *(rozsądny)* sensible; judicious 4. *(sprytny)* sharp-witted; smart
mądrzeć *vi imperf* to grow wise
mądrzyć się *vr imperf pot* to play the philosopher
mąk|a *f* flour; meal; ~a kartoflana potato flour; starch; *przen* nie będzie chleba z tej ~i it's labour lost; it's a hopeless endeavour
mątew(ka) *f* whisk
mątwa *f zool* cuttle-fish; sepia
mąż *m* 1. *(małżonek)* husband; po mężu nazywa się Smith by marriage she is Mrs. Smith; rodzina jej męża her in-laws; wydać córkę za ~ to marry one's daughter (off); wyjść za ~ to marry; to get married 2. *emf (o mężczyźnie)* man; ~ opatrznościowy providential ⟨Heaven-sent⟩ man; ~ stanu statesman; ~ zaufania delegate; jak jeden ~ as one man; in a body
mdlący *adj (o zapachu itd.)* nauseating; sickening
mdle|ć *vi imperf* 1. *(tracić przytomność)* to faint; to swoon 2. *(słabnąć)* to fail; to be failing; ~jącym głosem in a faint voice
mdli|ć *vt vi imperf* to nauseate; to sicken; ~ mnie I feel sick; I am queasy ⟨qualmish⟩
mdławy *adj* faint
mdło *adv* sickeningly; robi mi się ~ I feel sick
mdłości *pl* nausea; biorą mnie ~ I feel sick; przyprawiać kogoś o ~ to make sb feel sick; to nauseate sb
mdły *adj* 1. *(pobudzający do wymiotów)* sickly; nauseating 2. *(bez smaku)* insipid; vapid 3. *(ckliwy)* insipid; mawkish 4. *(o świetle — słaby)* faint; dim 5. *(niewyrazisty)* indistinct; fuzzy
meand|er *m* 1. *(ornament)* meander 2. *pl* ~ry *geogr i przen* windings
meandrować *vi imperf (o rzece)* to wind (its way)

meb|el *m* piece of furniture; *pl* ~le furniture
meblarstwo *n singt* furniture making
meblarz *m* furniture ⟨cabinet⟩ maker
meblościanka *f* room divider
meblować *imperf* I *vt* to furnish (a room, flat etc.) II *vr* ~ się to furnish one's room ⟨flat etc.⟩
meblowy *adj* furniture — (timber etc.); wóz ~ moving van
mecenas *m* 1. *(protektor)* patron; Maecenas 2. *(tytuł adwokata)* title given to lawyers
mecenat *m* patronage
mech *m* 1. *bot* moss 2. *przen (puszek)* down
mechanicznie *adv* 1. *(w sposób mechaniczny)* mechanically 2. *(maszynowo)* by machinery
mechaniczn|y *adj* 1. *(oparty na zasadach mechaniki)* mechanical; koń ~y metric horsepower 2. *(maszynowy)* mechanical; machine — (tool etc.); praca ~a machine-work 3. *(machinalny)* mechanical; automatic
mechanik *m* mechanic; mechanician; inżynier ~ mechanical engineer
mechanika *f* mechanics
mechanizacja *f singt* mechanization
mechanizm *m* mechanism; ~ zegara works of a clock
mechanizować *vt imperf* to mechanize
mecz *m sport* game; match; ~ ligowy cup-tie
meczeć *vi imperf* to bleat
meczet *m* mosque
medal *m* medal; *dosł i przen* odwrotna strona ~u the reverse of the medal; *pot* na ~ perfect(ly); faultless(ly); *przysł* każdy ~ ma dwie strony there are two sides to every coin
medalier *m* medallist; medal-maker
medalik *m rel* holy medal
medalion *m* 1. *(ozdoba)* locket 2. *(płas korzeźba)* medallion
medalista *m* medallist
mediacja *f* mediation
mediacyjny *adj* mediatory
medialny *adj* mediumistic
mediator *m* mediator
mediewista *m* medi(a)evalist

mediolański adj Milanese
medium n medium
meduza f medusa; jelly-fish
medycyna f medicine; ~ **sądowa** forensic medicine
medyczka f (girl) student of medicine
medyczny adj medical
medyk m medical student; *pot* (a) medical
medykament m (a) medicine
medytacja f meditation
medytować vi *imperf* to meditate; to ponder
megafon m megaphone; loudspeaker
megaherc m *fiz* megahertz
megaloman m megalomaniac
megalomania f *singt* megalomania
megalomanka f megalomaniac (woman)
megawat m *fiz* megawatt
megawolt m *fiz* megavolt
megiera f shrew
Meksykanin m (a) Mexican
meksykański adj Mexican
melancholia f *singt* melancholy; **czarna** ~ absolute prostration
melancholiczka f melancholi(a)c (woman)
melancholijny adj melancholy; melancholic; dismal
melancholik m melancholi(a)c
melanż m mixture; blend
melasa f *singt* treacle; molasses; brown sugar
melchior m *chem* German silver
meldować *imperf* I vt 1. (*składać meldunek*) to report 2. (*wciągać do książki meldunkowej*) to register II vi to inform (**komuś o czymś** sb of sth); to report (**komuś o czymś** sth to sb); ~ **o postępach** to report progress III vr ~ **się** 1. (*zgłaszać się*) to report (**na policji itd.** at the police etc.); to report oneself (**u swego przełożonego itd.** to one's superior etc.) 2. (*wciągać się do księgi meldunkowej*) to register
meldunek m 1. (*sprawozdanie*) report 2. (*zgłoszenie, zawiadomienie*) notification; announcement 3. (*zapis w księdze meldunkowej*) registration
meldunkow|y adj registration — (office etc.); **karta ⟨książka⟩** ~**a** registration form ⟨book⟩

melina f *posp* 1. (*schronienie*) (thieves' etc.) den ⟨haunt⟩: *am* joint 2. (*kryjówka*) hide-out; ~ **pijacka** speak-easy
melinować *imperf* *posp* I vt to receive and conceal (stolen goods); to harbour (criminals) II vr ~ **się** to conceal oneself; to hide (*vi*)
melioracja f drainage; land reclamation
melioracyjny adj drainage — (pipes etc.)
meliorator m drainage engineer
meliorować vt *imperf* to drain ⟨to reclaim⟩ (land)
melodeklamacja f recitation to music
melodia f melody; (*drobny utwór*) (an) air; tune; **to jest** ~ **przyszłości** it's still a long way off
melodramat m melodrama
melodramatyczny adj melodramatic
melodyczny adj *muz* melodic
melodyjność f *singt* melodiousness; tunefulness
melodyjny adj melodious; tuneful
melodyka f *singt* melodics
meloman m, **melomanka** f music lover
melon m (musk) melon
melonik m bowler(-hat)
membrana f diaphragm
membranow|y adj tympanic; *muz* instrumenty ~**e** timpani
memento n *indecl* memento; reminder
memorandum n memorandum; *pot* memo
memoriał m memorial; *sport* **zawody o** ~ memorial contest
menażer m manager
menażeria f menagerie
menaż|ka f 1. (*turystyczna itd.*) mess-tin 2. *pl* ~**ki** (*połączone naczynia*) stacked canteen
menda f *wulg* 1. = **mendoweszka** 2. (*o człowieku*) (a) bore
mendel m fifteen (eggs etc.); *roln* shock (of 15 sheaves)
mendelizm m *biol* Mendeli(ani)sm
mendoweszka f *ent* crab-louse
menisk m *anat chem fiz fot* meniscus
mennica f mint
menniczy adj coin — (gold, silver etc.)
mensa f *kośc* mensa
menstruacja f *fizj* menses; menstruation; monthlies

mentalność *f singt* mentality; (a person's) turn of mind
mentol *m singt chem farm* menthol
mentolowy *adj* mentholated
mentor *m*, **mentorka** *f książk* mentor; preceptor
mentorski *adj* mentorial; preceptorial
menu *n indecl* menu; bill of fare
menuet *m* minuet
menzura *f* burette
menzurka *f* burette; measuring glass
mer *m* mayor
merdać *vi imperf* — **merdnąć** *vi perf* to wag (**ogonem** its tail)
mereżka *f* 1. drawn-work 2. (*ścieg dziurkowany*) hem-stitch
mereżkować *vt vi imperf* 1. (*wykonywać mereżkę*) to hem-stitch 2. (*ozdabiać haftem mereżkowym*) to ornament with drawn-work
meritum *n indecl singt książk* essence (of a matter)
merkantylizm *m singt* mercantilism
merkantylny *adj* mercantile; commercial
merostwo *n* mayoralty
merynos *m* merino
merytorycznie *adv* essentially; in essence; on the merits of the case
merytoryczn|y *adj* essential; substantial; **strona** ~**a** the merits
mesjanizm *m* Messianism
mesjasz *m singt* 1. **Mesjasz** *rel* the Messiah 2. *przen* (a) messiah
mesmeryzm *m singt psych* mesmerism
meszek *m* 1. (*puszek*) down 2. (*nalot na owocach, liściach*) bloom 3. (*na tkaninie*) nap; fluff
met|a *f sport* goal; (*w wyścigach*) winning-post; **przybiec pierwszy do** ~**y** to breast the tape; *przen* **na bliską** ⟨**krótką**⟩ ~**ę** at short range; **na daleką** ~**ę** at long range; **polityka na dalszą** ~**ę** long-term policy
metabolizm *m biol chem* metabolism
metafizyczny *adj* metaphysical
metafizyka *f singt* metaphysics
metafora *f* metaphor
metaforyczny *adj* metaphorical; figurative
metal *m* metal

metaliczny *adj* metallic (lustre, sound etc.)
metalizować *vt imperf techn* to metallize
metalografia *f singt chem techn* metallography
metaloid *m chem* metalloid
metaloplastyka *f singt* (artistic) work in metal
metalowiec *m* metal-worker
metalowy *adj* metal — (industry etc.)
metaloznawstwo *n singt* metallography
metalurgia *f* metallurgy
metalurgiczny *adj* metallurgical; metal — (works etc.)
metamorficzny *adj* metamorphic (rocks)
metamorfizm *m singt geol* metamorphism
metamorfo|za *f* metamorphosis; **ulec** ~**zie** to metamorphose (*vi*); to undergo metamorphosis
metan *m chem* methane
metanol *m singt chem* methanol; methyl alcohol
metanowy *adj* methanated
metempsychoza *f* metempsychosis
meteor *m astr* meteor
meteorolog *m* meteorologist
meteorologia *f singt* meteorology
meteorologiczny *adj* meteorological; **instytut** ~ weather-bureau; **komunikat** ~ weather-forecast; weather report; *radio* the weather
meteoryt *m astr* meteorite; shooting star
metoda *f* method; system
metodologia *f* methodology
metodologiczny *adj* methodological
metodyczność *f singt* methodicalness
metodyczny *adj* methodical; systematic
metodyka *f* methodics; methodology
metodysta *m*, **metodystka** *f* Methodist
metr *m* 1. metre; ~ **bieżący** ⟨**kwadratowy, sześcienny**⟩ running, linear ⟨square, cubic⟩ metre; ~ **przestrzenny** (**drewna**) stere 2. (*cetnar*) quintal 3. (*taśma z podziałką*) tape-measure
metrampaż *m druk* clicker; maker-up
metraż *m* 1. (*długość*) measurement; metric length 2. (*powierzchnia*) metric area 3. (*powierzchnia mieszkalna*) living area
metro *n* underground (railway)

metronom *m muz sport* metronome
metropolia *f* metropolis
metropolita *m* (a) metropolitan
metrówka *f* metre measure
metrum *n singt indecl* metre
metryczny *adj* metric (system etc.); *prozod* metrical
metryka[1] *f* 1. (*księga metrykalna*) the public register (of births, marriages and deaths) 2. (*wyciąg*) certificate; ~ urodzenia ⟨chrztu, ślubu, zgonu⟩ birth ⟨baptismal, marriage, death⟩ certificate 3. (*informacje o przedmiocie*) specification
metryka[2] *f prozod* metrics
metrykaln|y *adj* register — (office etc.); księgi ~e the public register; urząd ~y register office; wyciąg ~y birth certificate
metyl *m chem* methyl
metylen *m chem* methylene
metylowy *adj chem* methylic; methyl — (alcohol etc.)
Metys *m* métis; half-breed
Metyska *f* métisse; half-breed
mewa *f orn* gull; sea-gull; mew
mezalians *m* misalliance
mezozoiczny *adj geol* Mesozoic
mezzosopran *m muz* mezzo-soprano (voice, singer)
męczarni|a *f* 1. (*cierpienia fizyczne*) torture; torment; znosić ~e to be in ⟨to suffer⟩ torment 2. (*ciepienia moralne*) torment; anguish; agony
męczący *adj* 1. (*dokuczliwy*) painful 2. (*powodujący zmęczenie*) tiring; fatiguing
męczennik *m*, **męczennica** *f* martyr
męczeńsk|i *adj* martyr's (death etc.); miejsce uświęcone ~ą krwią spot hallowed by martyr blood
męczeństwo *n* 1. (*śmierć męczeńska*) martyrdom 2. (*męczarnia*) torture
męczyć *imperf* **I** *vt* 1. (*sprawiać cierpienie*) to torment; to rack; to torture; (*o upale itd.*) to oppress; (*o uczuciach, myślach itd.*) to worry; to agonize; (*dokuczać*) to weary 2. (*powodować zmęczenie*) to tire; to exhaust; to fatigue **II** *vr* ~ się 1. (*cierpieć fizycznie*) to be in pain; to suffer; (*cierpieć mo-*

ralnie) to worry (**czymś** about sth); to be agonized (**czymś** at sth) 2. (*odczuwać zmęczenie*) to tire (**czymś** of sth) 3. (*trudzić się*) to toil (**nad czymś** at sth); to take pains
mędrek *m* know-all; wiseacre; *am pot* smart alec
mędrkować *vi imperf* to play the philosopher; to sophisticate
mędrkowanie *n* ↑ **mędrkować**; sophistry
mędrzec *m* sage; thinker; philosopher; **Mędrcy Wschodu** the Magi
męk|a *f* 1. (*cierpienia fizyczne*) torture; torment; suffering; pain; pangs (of hunger, death etc.); **Męka Pańska** the Passion of Christ; wziąć kogoś na ~i to put sb to torture ⟨to the rack⟩; zadawać komuś ~i to inflict torture on sb 2. (*cierpienia moralne*) torment; anguish; agony 3. (*coś uciążliwego*) drudgery; cóż to za ~a! what a drudgery! 4. (*udręka*) vexation; nuisance
męsk|i *adj* 1. (*odnoszący się do mężczyzny*) man's; men's (hats, clothes, underwear etc.); *handl* gentleman's, gentlemen's; fryzjer ~i gentlemen's hairdresser; wiek ~i manhood 2. *jęz* masculine (gender) 3. (*właściwy mężczyźnie*) manly; manlike; virile 4. (*płci męskiej*) male; *bot* staminate; ludność płci ~iej the manhood (of a nation etc.); po ~u (*w sposób właściwy mężczyźnie*) like a man; (*odważnie, zdecydowanie*) manfully
męskość *f singt* virility; masculinity
męstwo *n singt* 1. (*odwaga*) courage; stalwartness 2. (*hart duszy*) manfulness; fortitude 3. (*waleczność*) valour; prowess
mętlik *m pot* topsy-turvy; mess; confusion
mętniactwo *n singt pot* muddle-headedness
mętniak *m pot* muddle-headed fellow
mętnieć *vi imperf* 1. (*stawać się mętnym*) to become turbid ⟨muddy, clouded⟩ 2. (*stawać się niewyraźnym*) to become ⟨to grow⟩ dim ⟨misty, fuzzy⟩
mętność *f* 1. (*cecha cieczy*) turbidity; (*nieprzejrzystość*) dimness; haziness 2. *przen* obscurity; vagueness

mętn|y *adj* 1. (*o cieczach*) turbid; muddy; (*o spojrzeniu*) hazy; *przen* **łowić ryby w ~ej wodzie** to fish in troubled waters 2. *przen* (*o umyśle*) confused; muddled 3. *przen* (*niejasny*) obscure; confused; vague 4. *przen* (*podejrzany*) fishy; dubious
męty *pl* 1. (*osad*) lees; dregs; (*fusy*) grounds 2. (*szumowiny społeczne*) scum (of society)
mężatka *f* married woman
mężczy|zna *m* man; *pl* **~źni** men; (*w napisach*) Gentlemen; **bądź ~zną** play the man
mężnieć *vi imperf* 1. (*nabierać sił*) to grow manly 2. (*stawać się dorosłym mężczyzną*) to grow into a man
mężny *adj* courageous; brave; valiant
mężobójstwo *n* murder of one's husband
mężowski *adj* husband's; (*o obowiązkach itd.*) marital
mgiełka *f* haze; mist; film
mglisto *adv* 1. *meteor* foggily; mistily; **jest ~** it is foggy ⟨misty⟩ 2. (*niewyraźnie*) hazily; dimly; **~ coś pamiętać** to have a distant ⟨hazy⟩ recollection of sth 3. (*mętnie*) obscurely; turbidly; vaguely
mglisty *adj* 1. (*zasnuty mgłą*) foggy; misty; hazy 2. (*zamglony, niewyraźny*) misty; hazy; dim; (*o wspomnieniu*) distant; hazy 3. (*mało zrozumiały*) obscure; vague
mgł|a *f* fog; mist; *pl* **~y** (*opary*) vapours; **jest ~a** it is foggy; **pamiętać coś jak przez ~ę** to have a distant ⟨hazy⟩ recollection of sth; *przen* (*o szkle itd.*) **zachodzić ~ą** to cloud over
mgławica *f astr* nebula
mgłow|y *adj* fog- (signal etc.); **syrena ~a** fog-horn
mgnieni|e *n* 1. (*ruch powieki*) flicker (of the eyelid); wink; **~e oka** a twinkling; **w ~u oka** in the twinkling of an eye 2. (*moment*) instant
miał *m* dust; **~ węglowy** coal-dust
miałki *adj* fine; crushed; **~ cukier** granulated sugar
mian|o *n* 1. (*nazwa*) name; appellation; **określić kogoś ~em geniusza** to label sb a genius 2. *chem* titre

mianować *imperf* **I** *vt* 1. (*nadawać godność*) to appoint (**kogoś na stanowisko itd.** sb to a post etc.); (*nadawać tytuł*) to make (**kogoś marszałkiem itd.** sb marshal etc.); **~ kogoś pułkownikiem** to promote sb to the rank of colonel 2. *chem* to determine the titre **II** *vr* **~ się** to call oneself (**czymś** sth)
mianowanie *n* ↑ **mianować** 1. (*dawanie godności*) appointment 2. (*określanie*) designation
mianowicie *adv* namely; to wit; (*w pisowni*) viz. (= videlicet)
mianownictwo *n* nomenclature
mianownik *m* 1. *gram* nominative (case) 2. *mat* denominator; *dosł i przen* **sprowadzić do wspólnego ~a** to reduce to a common denominator
miar|a *f* 1. (*wielkość*) measure (of length etc.); **~a objętości** ⟨**powierzchni**⟩ cubic ⟨square⟩ measure; **urzędowe ~y i wagi** standard weights and measures 2. (*przyrząd do mierzenia*) measure; measuring rod ⟨tape, glass, vessel⟩ 3. (*rozmiar*) size; dimensions; **wziąć czyjąś ~ę na ubranie** to take sb's measure for a suit; **ubranie** ⟨**buty**⟩ **uszyte na ~ę** clothes ⟨boots⟩ made to measure; **człowiek** ⟨**artysta itd.**⟩ **wielkiej ~y** a man ⟨an artist etc.⟩ of great calibre; **na ~ę europejską** ⟨**światową**⟩ by European ⟨world⟩ standards 4. (*ilość, liczba*) quantity; amount; number 5. (*umiar*) measure; moderation; **w ~ę** moderately; in due measure 6. (*granica*) limit; bounds; **przebrać ~ę** to exceed the bounds; **bez ~y** boundlessly; without restraint; **nad ~ę** beyond measure; **w dostatecznej mierze** sufficiently; **w ~ę jak ... as ...**; **w ~ę potrzeby** as the need arises; **w pewnej mierze** to some extent; to a certain degree; **w znacznej mierze** notably; considerably; **ze wszech ~ in** every respect; **żadną ~ą** by no means 7. (*przymiarka*) (a) fitting 8. (*mierzenie*) measure
miareczkować *vt imperf chem* to titrate
miareczkowanie *n* ↑ **miareczkować**; titration

miark|a *f* 1. (*rurka*) burette; ~a skalowana calibrated measure 2. (*miara*) measure; **przen przebrała się** ~a that's carrying things too far; **pot mierzyć innych swoją** ~**ą** to judge others by oneself; *przysł* ~**a za** ~**ę** measure for measure
miarkować *imperf* **I** *vt* 1. (*hamować*) to check; to restrain; to moderate 2. (*odmierzać*) to measure out **II** *vi* (*domyślać się czegoś*) to gather **III** *vr* ~ **się** 1. (*hamować się*) to restrain oneself 2. (*orientować się*) to see (for oneself); to realize
miarodajn|y *adj* 1. (*taki, na którym można polegać*) authoritative; reliable 2. (*kompetentny*) competent; **czynniki** ~**e** competent circles
miarowość *f singt* 1. (*równomierność*) regularity; steadiness 2. (*rytmiczność*) rhythm; cadence
miarow|y *adj* 1. (*równomierny*) regular; steady 2. (*rytmiczny*) rhythmical; cadenced 3. (*uszyty na miarę*) made to measure; **krawiectwo** ~**e** tailoring
miasteczko *n dim* ↑ **miasto**; country ⟨little⟩ town; **wesołe** ~ amusement grounds; fun fair
miast|o *n* town; city; ~**o stołeczne** capital; ~**o powiatowe** chief town (of a district); ~**o wojewódzkie** capital of a province; **w mieście** a) (*nie na wsi*) in town b) (*poza domem*) not at home; out; **nie ma go w mieście** he is out of town; **pójść do** ~**a** to go (up) to town; **poza** ~**em** outside the town
miauczeć *vi imperf* — **miauknąć** *vi perf* to miaul; to mew
miauknięcie *n* ↑ **miauknąć**; (a) mew; (a) miaow
miazg|a *f singt* 1. (*masa*) pulp; squash; *przen* **zbić** ⟨**stłuc**⟩ **kogoś na** ~**ę** to beat sb to a mummy 2. *bot* cambium
miazmat *m* (*zw pl*) miasma (*pl* miasmata)
miażdżący *adj* (*o klęsce itd.*) crushing; (*o ciosie*) smashing
miażdżyca *f singt med* arteriosclerosis
miażdżyć *vt imperf* to crush; to grind

miąć *imperf* **I** *vt* 1. (*pozbawiać gładkości*) to crumple; to rumple; to crease 2. (*gnieść w rękach*) to crush (up) **II** *vr* ~ **się** to crumple ⟨to crease, to crush⟩ (*vi*)
miąższ *m* 1. (*owoców*) flesh; pulp 2. *anat bot* parenchyma
miech *m* 1. (*przyrząd*) bellows; ~ **kowalski** forge bellows 2. † (*worek*) sack; (*torba*) bag 3. *fot* bellows
miecz *m* 1. (*broń sieczna*) sword; *przen* **ślepy** ~ a tool (in sb's hands); **postawić sprawę na ostrzu** ~**a** to bring matters to a head; **ogniem i** ~**em** by fire and sword 2. † (*męska linia rodu*) spear side; **po** ~**u** on the spear side 3. *mar* drop keel
mieczow|y *adj* of a ⟨the⟩ sword; *hist* **Kawalerowie** ~**i** Livonian branch of the Teutonic Order
mieczyk *m bot* gladiolus
mieć *imperf* **I** *vt* 1. *w połączeniu z rzeczownikiem*: a) (*posiadać*) to have (got); to possess; to own; (*przeżywać, doznawać*) to have (a request, the flu, hopes etc.); ~ **coś na sobie** to wear sth; to have sth on; **nie** ~ **odwagi** ⟨**cierpliwości itd.**⟩ to lack courage (patience etc.); **nie ma czegoś** there isn't a ⟨there is no⟩ (book, club, sugar etc.); there isn't any (ink, sugar etc.); there aren't any ⟨there are no⟩ (people, flowers etc.); (*o kimś*) **nie ma go** he's out ⟨away⟩; **jutro mnie nie będzie** to-morrow I shan't be in ⟨I shall be away⟩; **nie ma co** there is no need (**płakać itd.** to cry etc.); it's no use (**płakać itd.** crying etc.); **nie ma czemu się dziwić** it is not to be wondered at; **nie ma z czego być dumnym** ⟨**czym się martwić, czego się bać**⟩ it's nothing to be proud of ⟨to worry about, to be afraid of⟩; **nie· ma gdzie siedzieć** there's nowhere to sit; **nie ma to jak ...** there's nothing like ...; **nie ma za co** (*dziękować*) don't mention it b) (*zajmować stanowisko itd.*) to hold (a post etc.); (*prowadzić warsztat itd.*) to run (a workshop, a shop etc.) c) (*gdy z podmiotem wiąże się określenie rozmiaru, wagi, wie-*

miednica   286   miedziowy

ku itd.) ~ *x* metrów wysokości ⟨szerokości itd.⟩ to be *x* metres high ⟨wide etc.⟩; **mieć** *x* **lat** to be *x* years old; **ile masz lat?** how old are you? d) *w zwrotach:* ~ **czas coś zrobić** to have time enough to do sth; ~ **miejsce** to occur; to take place; to happen; ~ **obowiązek coś zrobić** to be under the obligation to do sth 2. *w połączeniu z przymiotnikiem lub imiesłowem biernym:* to keep; ~ **drzwi** ⟨**oczy itd.**⟩ **otwarte** ⟨**zamknięte**⟩ to keep the door ⟨one's eyes etc.⟩ open ⟨shut⟩ 3. *w połączeniu z wyrażeniami przyimkowymi:* ~ **coś do zrobienia** ⟨**powiedzenia itd.**⟩ to have sth to do ⟨to say etc.⟩; ~ **do czynienia z czymś** to deal with sth; ~ **na coś** to be able to afford sth; **nie mam na to** I can't afford it; ~ **coś przeciw czemuś, komuś** to object to sth, sb; **czy masz coś przeciw temu?** do you mind?; ~ **coś przy sobie** to have ⟨to carry⟩ sth about one; **to ma w sobie jad** it contains poison; **on ma w sobie coś nieprzyjemnego** there's sth unpleasant about him; **mam to za sobą** I have it behind me; it is over; **on miał wszystkich za sobą** he had everybody on his side 4. *w połączeniu z bezokolicznikiem:* a) (*gdy wyraża powinność*) to be expected to; to have (got) to; **masz wiedzieć, że ...** you are expected to know that ...; **masz zapłacić gwineję** you have (got) to pay a guinea b) (*o czymś przewidywanym, zamierzonym*) **on ma przyjechać** he is (due) to arrive c) (*o czynności właśnie zamierzonej*) to be about to (do sth); **już mieliśmy zacząć** we were just about to begin d) (*o rzeczach wątpliwych — podobno, jakoby*) **to ma być prawda** they say it's true e) (*w zdaniach pytających*) **co to ma być?** what is this supposed to be?; **co miałem robić?** what was I to do?; **mam w to wierzyć?** am I supposed ⟨expected⟩ to believe it? 5. *w połączeniu z przysłówkiem:* ~ **czysto** ⟨**ciepło itd.**⟩ to keep one's home ⟨flat, room⟩ clean ⟨warm etc.⟩; **mam daleko** ⟨**blisko**⟩ **do biura** my office is rather far ⟨is near here⟩; **masz tu niewygodnie** you are not comfortable here; **on ma dobrze** he is lucky; he is well off ‖ (*dając lub pokazując coś komuś*) **masz** here ⟨there⟩ you are; (*podając komuś coś*) **masz pióro** ⟨**swój bilet itd.**⟩ here's a pen ⟨your ticket etc.⟩; **którego mamy dzisiaj?** what date is it (to-day)?; ~ **za swoje** to get one's deserts; **masz za to, żeś taki niedbały** it serves you right for being so careless **II** *vr* ~ **się** 1. (*mówiąc o samopoczuciu*) to be ⟨to feel⟩ (well, unwell etc.); **jak się masz?** how are you? 2. (*mówiąc o powodzeniu*) to be getting on; ~ **się dobrze** to be doing well; ~ **się źle** to be in a bad plight 3. (*o sprawie*) to stand; **jak się rzecz ma** ⟨**sprawy mają**⟩? how does the matter ⟨how do things⟩ stand? 4. *z wyrażeniami przyimkowymi:* ~ **się ku końcowi** to draw to an end; **ma się ku czemuś** sth is drawing near; **ma się na deszcz** it looks like rain; ~ **się za mądrego** ⟨**za fachowca itd.**⟩ to consider oneself clever ⟨a specialist etc.⟩ ‖ ~ **się na baczności** to be on one's guard; ~ **się w pogotowiu** to be in readiness; to stand by; ~ **się z pyszna** to be in a sorry plight

miednica *f* 1. (*naczynie*) (wash-)basin; wash-bowl 2. *anat* pelvis

miedniczka *f* 1. *dim* ↑ **miednica** 2. *anat* (*zw* ~ **nerkowa**) renal pelvis

miedz|a *f* boundary strip; (*o gruntach*) **graniczyć o** ~**ę** to adjoin; (*o ludziach*) **sąsiadować o** ~**ę** to live next door

miedziak *m* (a) copper

miedziany *adj* 1. (*z miedzi*) copper — (fittings etc.) 2. (*zawierający miedź*) cupreous 3. (*koloru miedzi*) coppery

miedziawy *adj chem* cuprous

miedzioryt *m* copperplate

miedziorytnictwo *n singt* copperplate engraving

miedziorytnik *m* copper engraver

miedziować *vt imperf* to coat with copper

miedziowy *adj* copper — (steel etc.); cupric

miedź f singt chem copper
miejsc|e n 1. (wolna przestrzeń) room; space; **mało** ⟨**dużo**⟩ ~**a** little ⟨much, plenty of⟩ room; **mieć mało** ~**a** to be cramped; **zrobić dla kogoś** ~**e** to make room for sb 2. (wycinek przestrzeni, punkt) (a) place; spot; point; scene (of a disaster etc.); site (of a building etc.); **czułe** ~**e** tender spot; ~**e honorowe** place of honour; ~**e kaźni** place of execution; ~**e pobytu** residence; ~**e pracy** place of employment; ~**e publiczne** public place; ~**e stałego zamieszkania** permanent residence; abode; ~**e wiecznego spoczynku** last resting-place; **gram okolicznik** ~**a** local adverb; (o wydarzeniu itd.) **mieć** ~**e** to take place; to occur; przen **nie móc sobie znaleźć** ~**a** to fidget; to be nervous 3. z przyimkami: **do** ~**a, w którym** ⟨**gdzie**⟩ **(coś się stało itd.)** to the place ⟨to the spot, to where⟩ (sth had occurred etc.); **do tego** ~**a** up to there; up to here; **na** ~**e** a) (swoje, własne) in its ⟨one's⟩ place; **idź na** ~**e** go to your place b) (z powrotem gdzie było) back; **połóż to na** ~**e** put this back c) (do określonego punktu) there; **muszę pojechać na** ~**e** I must go there d) (na miejsce przeznaczenia) to one's ⟨its⟩ destination e) (zamiast kogoś, czegoś) instead of sb, sth; **na czyjeś** ~**e** in sb's stead; in place of sb; **na** ~**u** a) (tam gdzie się ktoś znajduje) on the spot b) (o człowieku — taktowny) civil; correct; tactful c) (o posunięciu — właściwy) proper d) (o uwadze, wypowiedzi) relevant; **nie na** ~**u** improper; **w** ~**e czegoś** instead of sth; **w** ~**u** in one spot; at a deadlock; **w którym** ~**u?** whereabouts?; przen **deptać w** ~**u** to make no progress; **nie móc usiedzieć w** ~**u** to fidget; **stanąć w** ~**u** to stop short; **z** ~**a** from one's ⟨its⟩ place; **ruszyć z** ~**a** a) (o człowieku, pojeździe) to move on b) przen to break a deadlock 4. (miejscowość) locality; town; city; ~**e urodzenia** birthplace; (napis na kopercie) **w** ~**u** local 5. (przestrzeń do siedzenia) seat; room; (w hotelu, pensjonacie) room; **czołowe** ~**e** front ⟨prominent⟩ place; (przy stole itd.) ~**e honorowe** seat of honour; ~**e siedzące** (a) seat; ~**e stojące** standing place; **siedzieć na** ~**u** to keep one's seat; **ustąpić komuś** ~**a** to give sb one's seat; **wszyscy wstali z** ~ everybody stood up; **zająć swoje** ~**e** to take one's seat; **proszę zająć** ~**a!** take your seats, please!; **am kolej** all aboard!; **nie ma** ~**!** full up!; przen **nie móc** ~**a zagrzać** never to stay in one place 6. (w książce itd.) place; passage; **w tym** ~**u** in this passage 7. (pozycja w zespole) place; **mat** ~**e dziesiętne** decimal place; **przen ustąpić** ~**a czemuś** to give place to sth 8. (posada) place; job; occupation || ~**ami** here and there; in places; **z** ~**a** right off; straight away; **odmówić z** ~**a** to refuse point-blank; **przerwać z** ~**a** to cut short; **przetłumaczyć coś z** ~**a** to translate sth out of hand
miejscownik m gram locative (case)
miejscowoś|ć f locality; place; spot; town; village; ~**ć kąpielowa** watering-place; ~**ć kuracyjna** ⟨**uzdrowiskowa**⟩ health resort; ~**ć nadmorska** seaside resort; **nazwa** ~**ci** place-name; **do** ⟨**w**⟩ **tej** ~**ci** there
miejscowy adj local; **człowiek** ~ (a) native
miejscówka f pot kolej reserved-seat ticket; reservation
miejsk|i adj municipal; urban; town — (council etc.); city — (walls etc.); **czytelnia** ~**a** public library; **ludność** ~**a** urban population; **zarząd** ~**i** municipality
mieli|zna f (a) shallow; shoal; **(osiąść) na** ~**źnie** (to run) aground
mieniący się adj shot (silk etc.); versicoloured
mieni|ć się vr imperf 1. (zmienić barwę) to change colour; ~**ł się na twarzy** his colour came and went 2. (skrzyć się) to shimmer; to glitter
mienie n singt possessions; property; estate; ~ **społeczne** common property
mienszewik m hist polit Menshevik

miernictwo *n singt* (land-)surveying; land-measuring
mierniczy I *adj* surveyor's (table etc.); measuring ⟨surveying⟩ — (chain, staff etc.) **II** *m* (land-)surveyor
miernik *m* 1. *dosł i przen (wskaźnik)* measure; gauge; standard 2. *techn* measurer
mierność *f singt* mediocrity
miernota *f* 1. *(człowiek)* (a) mediocrity 2. *(rzecz)* work of no value
mierny *adj* 1. *(średni)* mean; average 2. *(lichy)* indifferent; mediocre; poor
mierzeja *f geogr* spit; sand-bar
mierzenie *n* ↑ **mierzyć**; measurement; mensuration
mierzi|ć [r-z] *vt imperf* to disgust; to sicken; ~ **mnie to** it palls on me
mierznąć [r-z] *vi imperf* to pall **(komuś on sb)**
mierzwa *f* 1. *(obornik)* muck; farmyard manure 2. *(zgnieciona słoma)* matted straw
mierzwić *imperf* **I** *vt* 1. *(wichrzyć)* to ruffle; to tousle; to mat 2. *(nawozić)* to muck ⟨to manure⟩ (a field etc.) **II** *vr* ~ **się** to get ruffled ⟨tousled, matted⟩
mierzyć *imperf* **I** *vt* 1. *(określać rozmiar)* to measure; ~ **czyjś puls** to feel sb's pulse; ~ **kogoś wzrokiem** to eye sb up and down; ~ **komuś temperaturę** to take sb's temperature 2. *przen* to estimate; ~ **innych własną miarką** to measure others by one's own yard-stick 3. *(przymierzać)* to try on 4. *(mieć określone wymiary)* to measure (*x* **metrów** *x* metres) **II** *vi (brać na cel)* to aim ⟨to level⟩ a gun **(do kogoś** at sb); *przen* ~ **wysoko** to have high aspirations **III** *vr* ~ **się** 1. *(dorównywać)* to equal ⟨to match⟩ (z **kimś** sb); **nie móc się** ~ **z kimś** to be no match for sb 2. *(konkurować)* to rival (z **kimś** sb) 3. *(stawać do walki)* to measure oneself
miesiąc *m* 1. *(część roku)* month; **miodowy** ~ honeymoon; *przen* **popamiętasz ruski** ~ you won't forget it for a long while 2. *poet gw (księżyc)* moon

miesiączka *f* monthlies; menses; menstruation
miesiączkować *vt imperf* to have one's monthlies; to menstruate
miesiączkowanie *n* ↑ **miesiączkować**; menstruation
miesić *vt imperf* to knead (dough, clay etc.)
miesięcznie *adv* monthly; every month; **tysiąc złotych** ~ a thousand zlotys a month; **płacić komuś** ~ to pay sb by the month
miesięcznik *m* monthly (magazine)
miesięczny *adj* 1. monthly; one month's — (wages etc.) 2. *(mający jeden miesiąc)* month-old (calf etc.)
mieszacz *m* mixer
miesza|ć *imperf* **I** *vt* 1. *(łączyć)* to mix; to mingle; *przen* ~**ć groch z kapustą** to make a medley (of sth); *pot* ~**ć kogoś z błotem** to blow sb up; to jaw sb 2. *(bełtać)* to stir 3. *(rozrabiać)* to knead 4. *(dodawać)* to add **(coś z czymś** sth to sth) 5. *(wplątywać)* to entangle **(kogoś w coś** sb in sth); **mnie w to nie** ~**jcie** leave me out of this 6. *(brać jedno za drugie)* to mistake **(jedno z drugim** one for another); to confuse **(dwie różne rzeczy** two different things) 7. *(peszyć)* to confuse 8. † *(mącić)* to throw into confusion; ~**ć komuś szyki** to cross sb's plans **II** *vr* ~**ć się** 1. *(łączyć się)* to mix ⟨to mingle⟩ *(vi)* 2. *(wtrącać się)* to meddle **(w coś** with sth); to interfere **(w coś** with ⟨in⟩ sth) 3. *(okazywać zakłopotanie)* to get mixed up; to be confused 4. *(mącić się)* to become confused; **wszystko mi się** ~ **w głowie** my thoughts are in a whirl
mieszadło *n* stirrer; agitator; mixer
mieszanie *n* 1. ↑ **mieszać** 2. *(bełtanie)* agitation 3. ~ **się** *(wtrącanie się)* interference **(do czegoś** in sth) 4. ~ **się** *(zakłopotanie)* confusion
mieszaniec *m* 1. *(człowiek)* half-breed 2. *(roślina)* hybrid 3. *(zwierzę)* cross; mongrel
mieszanina *f* 1. *(zespół substancji itd.)* mixture; compound 2. *(nagromadzenie)* medley; jumble

mieszanka *f* mixture; mix; composition; compound; *aut* mixture
mieszany *adj* 1. (*łączony*) mixed 2. (*różnorodny*) miscellaneous; *handl* assorted 3. (*złożony*) compound
mieszarka *f techn* mixer; agitator
mieszczani|n *m* townsman; citizen; *pl* ~e townspeople
mieszczanka *f* townswoman; middle--class woman
mieszczański *adj* 1. (*dotyczący mieszczaństwa*) middle-class — (circles etc.) 2. (*ograniczony*) narrow-minded; Philistine; bourgeois
mieszczaństwo *n singt* 1. (*ludność*) townspeople; the middle class 2. (*cechy*) narrow-mindedness
mieszczka *f pog* townswoman
mieszczuch *m pog* townsman
mieszek *m* 1. *dim* ↑ **miech** 2. † (*sakiewka*) money-bag 3. *bot* follicle 4. *fot* bellows
mieszeni|e *n* ↑ **miesić**; **maszyna do** ~a **ciasta** kneader
mieszkać *vi imperf* 1. (*mieć mieszkanie*) to live; to have a flat; to have a room; to lodge 2. (*stale zamieszkiwać*) to reside 3. (*przebywać chwilowo*) to stay (**u kogoś** with sb); ~ **z kimś** a) (*w jednym pokoju*) to room with sb b) (*w jednym mieszkaniu*) to share a flat with sb
mieszkaln|y *adj* habitable; **dom** ~y dwelling-house; habitation; **izba** ~a habitable room
mieszkanie *n* flat; rooms; *am* apartment; (*przy rodzinie*) lodgings; ~ **służbowe** tied dwelling; **dać komuś** ~ **i utrzymanie** to give sb bed and board; **przyjąć kogoś na** ~ to lodge sb; **wynająć sobie** ~ to take lodgings
mieszkaniec *m*, **mieszkanka** *f* 1. (*obywatel kraju*, *miejscowości*) inhabitant 2. (*lokator*) tenant 3. (*domownik*) inmate
mieszkaniow|y *adj* dwelling- (house etc.); housing — (problem etc.); **dzielnica** ~a residential district; **głód** ~y house shortage; **spółdzielnia** ~a building society
mieszkanka *zob* **mieszkaniec**

mieszkanko *n dim* ↑ **mieszkanie**; (small, cosy) flat
mieści|ć *imperf* I *vt* to contain; to hold; to comprise II *vr* ~ć **się** 1. (*znajdować się*) to be situated 2. (*być zawartym*) to be contained 3. (*móc się zmieścić*) to have enough room; to go (**w czymś** — **kieszeni**, **szufladzie itd.** into sth — a pocket, a drawer etc.); *przen* **to się w głowie nie** ~ it is beyond comprehension
mieścina *f* out-of-the-way paltry place
mieść *vi imperf* 1. (*ciskać*) to hurl; to fling 2. (*zmiatać*) to sweep 3. (*o wietrze* — *pędzić*) to drive (**śniegiem itd.** snow etc.)
miewa|ć *imperf* I *vt* to have (from time to time, sometimes); ~m **bóle głowy** I have headaches II *vr* ~ć **się** to feel; to be feeling; **jak się pan(i)** ~? how are you feeling?
mięciutki *adj dim* ↑ **miękki**; very soft; nice and soft
mięczak *m dosł i przen* mollusc
międlarka *f* swingle; brake(r)
międlenie *n* ↑ **międlić**; braking
międlica *f* brake
międlić *vt imperf* to swingle
między *praep* 1. (*pośrodku*) between (**nas**, **nami itd.** us etc.); **ściśle** ~ **nami** between ourselves; between you and me; *dosł i przen* ~ **wierszami** between the lines 2. (*pośród*, *wśród*) among, amongst; in the midst (of friends etc.); ~ **innymi** among other things
międzybieg *m sport* heat
międzyklubowy *adj* interclub — (contests etc.)
międzykontynentalny *adj* intercontinental
międzykostny *adj anat* interosseous
międzyludzki *adj* interhuman; **stosunki** ~e mutual relations between people
międzymiastow|y *adj* interurban; *telef* **centrala** ~a trunk service; **rozmowa** ~a trunk-call; *am* long-distance call
międzymorze *n geogr* isthmus
międzynarodowy *adj* international
międzynarodówka *f* 1. (*związek*) International 2. (*hymn*) the Internationale
międzypaństwowy *adj* interstate

międzyparlamentarny adj interparliamentary
międzyplanetarn|y adj interplanetary; podróże ~e space travels; przestrzeń ~a (outer) space
międzyplemienny adj intertribal
międzyplon m roln 1. (śródplon) intercrop 2. (poplon) aftercrop
międzypokład m mar tweendecks
międzyrzecze n region between two rivers
międzysojuszniczy adj interallied
międzyszkolny adj inter-school — (contest etc.)
międzyuczelniany adj intercollegiate
międzywojenny adj interwar — (period etc.)
międzyżebrowy adj anat intercostal
miękczenie n 1. ↑ **miękczyć** 2. jęz palatalization
miękczyć vt imperf 1. (czynić miękkim) to soften 2. przen to soften (sb's heart etc.) 3. jęz to palatalize
miękisz m 1. anat zool bot parenchyma 2. (chleba) crumb
miękki adj 1. soft; (o mięsie) tender; (o skórze itd.) supple; (o meblach) upholstered; (wiotki) flabby; flaccid; limp; przen (o człowieku) ~ **jak wosk** yielding as wax; mieć ~e serce to be soft-hearted 2. przen (uległy) mild; feeble 3. jęz palatal
miękko adv 1. softly; jajko ugotowane na ~ soft-boiled egg 2. przen (łagodnie, czule) gently; tenderly
miękkość f singt 1. softness; flabbiness; flaccidity; limpness 2. przen (uległość) pliancy 3. przen (łagodność) gentleness
mięknąć vi imperf 1. (stawać się miękkim) to soften 2. przen (stawać się skłonnym do ustępstw) to relent 3. przen (łagodnieć) to grow milder
mięsak m med sarcoma
mięsień m muscle
mięsistość f singt fleshiness
mięsisty adj 1. (o częściach ciała) fleshy 2. (o roślinach) succulent
mięsiwo n meat (dish)
mięsn|y adj meat — (dish, product etc.);

sklep ~y butcher's ⟨meat⟩ shop; **bydło** ~e beef cattle
męs|o n 1. kulin meat; sztuka ~a boiled beef 2. pot flesh
mięsożern'y adj carnivorous; zwierzęta ~e carnivores
mięśniowy adj muscular
mięta f bot farm kulin mint; ~ **pieprzowa** peppermint
miętosić vt imperf to crumple; to crush (in one's hands)
miętow|y adj peppermint — (oil, water etc.); **cukierki** ~e peppermints
miętówka f 1. (cukierek) peppermint (lozenge) 2. (wódka) peppermint-flavoured vodka
mig m (zw pl) significant gesture (in dumb show); pl ~i dumb show; finger language; mówić na ~i to speak by signs ‖ ~iem, w ~ in no time; ~iem! look sharp!
migacz m 1. (aparat) flasher 2. aut blinker (light)
mig|ać imperf — **mig|nąć** perf I vi 1. (ukazywać się na chwilę) to flash; (w ruchu) to flit by 2. (świecić przerywanym światłem) to flicker; ~ające **światło** flashlight 3. imperf (rozmawiać na migi) to speak by signs II vr ~ać się pot (uchylać się) to scrimshank
miganie n 1. ↑ **migać** 2. (porozumiewanie się znakami) dumb show; finger language 3. (przerywanie światła) flicker
migawk|a f 1. fot shutter 2. przen (krótki reportaż) instantané
migawkow|y adj fot instantaneous; **zdjęcie** ~e snap(shot)
migdalić się vr imperf to pet (vi); am to neck (z kimś sb)
migdał m 1. almond; przen myśleć o niebieskich ~ach to day-dream 2. anat tonsil
migdałki pl anat tonsils
migdałowiec m almond-tree
migdałowy adj 1. (odnoszący się do drzewa) almond — (family, kernel etc.) 2. (z migdałów) almond — (icing, milk etc.) 3. (o kształcie migdała) almond-shaped
mignąć zob **migać**

migocący *adj* twinkling (star)
migot *m* gleam; glimmer
migotać *vi imperf* 1. (*świecić przerywanym światłem*) to flicker; to glimmer; to twinkle 2. (*połyskiwać*) to shimmer; to glisten
migotanie *n* ↑ migotać 1. (*przerywane światło*) flicker; glimmer; twinkle 2. (*lśnienie*) shimmer; glisten
migotliwy *adj* flickering; glimmering; twinkling
migow|y *adj* expressed by signs; **mowa** ~a dumb show
migracja *f* migration
migrena *f* sick headache; migraine
migrować *vi imperf* to migrate
mijać *imperf* — **minąć** *perf* **I** *vt* to pass (by); to go past; (*zostawić za sobą*) to go beyond; to leave behind; **mar mijać, minąć przylądek** to double a cape; **minęła mnie sposobność zrobienia** ⟨**powiedzenia itd.**⟩ I missed ⟨lost⟩ the opportunity to do ⟨to say etc.⟩; **nie minie cię to** you shall not escape it **II** *vi* to pass; to elapse; to go by **III** *vr* **mijać, minąć się** 1. (*wymijać się* — *o ludziach*) to cross each other; (*o listach itd.*) to cross (*vi*); (*o pociągach itd.*) to pass each other; **mijać się z celem** to be beside the purpose; **mijać, minąć się z powołaniem** to miss one's vocation; **mijać, minąć się z prawdą** a) (*o człowieku*) to depart ⟨to swerve⟩ from the truth b) (*o wypowiedzi itd.*) to be untrue 2. (*rozminąć się*) to miss each other
mijanie *n* ↑ mijać; passage (of time); lapse
mijanka *f* turn-out; loop
mika *f miner* mica
mikado *m* mikado
mikologia *f singt bot* mycology
mikrob *m* (*zw pl*) *biol* microbe
mikrobiologia *f singt* microbiology
mikrobowy *adj* microbial
mikrocząstka *f chem fiz* micromolecule
mikroelement *m biol* microorganism
mikrofarad *m fiz radio* microfarad
mikrofilm *m* microfilm

mikrofon *m* microphone; **występować przed** ~em to broadcast.
mikrofotografia *f* 1. *singt* (*metoda*) microphotography 2. (*zdjęcie*) microphotograph
mikroklimat *m geogr meteor* microclimate
mikrokosmos *m* microcosm
mikrometr, mikromierz *m* micrometer
mikron *m* micron
mikroorganizm *m biol* microorganism
mikroskop *m* microscope
mikroskopijn|y *adj* microscopic(al); minute; ~a **porcja** microscopic portion
mikroskopowy *adj* microscopic
mikrosom *m* (*zw pl*) *biol* microsome
mikrus *m pot* 1. *żart* (*mały chłopiec*) pickaninny 2. *żart* (*człowiek małego wzrostu*) midget 3. (*mały samochód*) midge car
mikser *m* 1. (*barman*) barman; *am* bartender; mixer 2. *techn druk kino radio tv* mixer
miksować *vt imperf* to mix
mikstura *f* (*compound*) medicine
mila *f* mile; ~ **morska** nautical mile
milanez *m singt tekst* artificial silk knitted in stocking stitch
milcząco *adv* in silence; silently
milczący *adj* taciturn; silent; (*nie wyrażony słownie*) tacid
milcz|eć *vi imperf* to be silent; *pot* to hold one's tongue; ~**eć jak głaz** to be as silent as the grave; ~**!** be quiet!; hold your tongue!
milczek *m* man of few words; taciturn person
milczeni|e *n* ↑ milczeć; (*cisza*) silence; **chwila** ~a pause; ~**e jest znakiem zgody** silence gives consent; **pominąć coś** ~**em** to pass over sth in silence; **zachować** ~**e** to keep silent; **zmusić do** ~**a** to silence (a person etc.); **w** ~**u** in silence; silently
milczkiem *adv* 1. (*milcząco*) silently; in silence 2. (*potajemnie*) secretly; on the sly
mile *adv* 1. (*uprzejmie*) courteously; (*życzliwie*) kindly; **być** ~ **widzianym** to be welcome 2. (*przyjemnie*) pleasantly;

milenium   292   **mimika**

~ **wspominać kogoś, coś** to have a pleasant memory of sb, sth
milenium zob **millennium**
miliamper m fiz milliampere
miliard m milliard; am billion
miliarder m multimillionaire
milibar m fiz meteor millibar
milicja f constabulary; **Milicja Obywatelska** Civic Militia
milicjant m constable
milicjantka f constabless
milicyjny adj constabular
miligram m milligramme; **z dokładnością do jednego** ~**a** to a grain
milimetr m millimetre
milimetrowy adj of one millimetre; **papier** ~ graph paper
milion m million
milioner m, **milionerka** f millionaire
milionowy adj 1. (odnoszący się do miliona) one millionth 2. (złożony z milionów) numbering millions (of people etc.) 3. (wart miliony) worth a million ⟨millions⟩ (of dollars etc.) 4. (liczący milion, miliony) amounting to a million ⟨to millions⟩
militarny adj military
militarysta m militarist
militarystyczny adj militaristic
militaryzacja f singt militarization
militaryzm m singt militarism
militaryzować vt imperf to militarize
miliwat m fiz el milliwatt
miliwolt m fiz el millivolt
milknąć vi imperf 1. (przestać mówić) to cease talking 2. (cichnąć) to calm down
mil(l)en(n)ium n indecl millennium; (a) millenary
milord m His ⟨Your⟩ Lordship
milowy adj one-mile — (intervals etc.); **słup** ~ mile post; **dosł i przen kamień** ~ milestone; **przen iść** ~**mi krokami** to advance with giant strides
milszy adj (comp ↑ **miły**) preferable (**od czegoś** to sth)
milusińscy plt the little ones
milutki adj dim ↑ **miły**; very nice; very pleasant
miło adv pleasantly; agreeably; (z przyjemnością) with pleasure; **jest mi niezmiernie** ~ I am delighted; ~ **mi będzie napisać** ⟨**zobaczyć itd.**⟩ I shall be glad to write ⟨to see etc.⟩; ~ **mi jest zawiadomić, że ...** I have much pleasure in informing you that ...; ~ **mi ...** I am glad to ...; ~ **tu jest** this is a nice place; **aż** ~ it's a real pleasure; **to** ~ **z twojej strony** it's nice of you
miłosierdzie n singt 1. (współczucie) compassion; charity 2. (litość) pity; **siostra miłosierdzia** Sister of Charity 3. (zmiłowanie się) mercy
miłosierny adj 1. (współczujący) compassionate; charitable; ~ **uczynek** act of charity 2. (litościwy) merciful; pitiful; **Boże** ~! Good gracious!
miłosn|y adj amatory; **list** ~**y** love-letter; **przygoda** ~**a** (love-)affair; **scena** ~**a** love-scene
miłostka f (love-)affair
miłościwy adj gracious; ~ **król** our gracious king
miłoś|ć f 1. singt (uczucie) love (**do kogoś** of ⟨for⟩ sb); affection (**do kogoś for** ⟨towards⟩ sb); ~**ć bliźniego** love of one's neighbour; ~**ć własna** self-love; **z** ~**cią** fondly; lovingly; **z** ~**ci dla kogoś** for the love of sb; **na** ~**ć boską!** for goodness' sake 2. (osoba) sweetheart; (ukochana kobieta) lady love
miłośnik m, **miłośniczka** f lover (of painting, dogs etc.)
miłować vt imperf poet gw to love; to cherish
mił|y adj (comp milszy) 1. (ujmujący, sympatyczny) likable; nice; pleasant; (o spędzonych chwilach) enjoyable; ~**a powierzchowność** good looks; ~**a wiadomość** gratifying news; **starać się być** ~**ym** to make oneself pleasant; **do** ~**ego zobaczenia** I am looking forward to see you again; **z** ~**ą chęcią** with great pleasure 2. (drogi) dear; ~**y gość** welcome guest
mim m mime
mimetyzm m singt = **mimikra**
mimiczny adj mimic
mimika f singt mimicry; dumb show

mimikra f, **mimikry** indecl biol mimesis; mimicry
mimo[1] adv 1. (chociaż) (także ~ to, ~ że, ~ iż) although; though; am tho' 2. † (obok) past; **przejść** ~ to walk past
mimo[2] praep 1. (w połączeniu z rzeczownikiem) in spite of ⟨notwithstanding⟩ (zimna, trudności itd. the cold, difficulties etc.); ~ **swych wad** ⟨zalet itd.⟩ for all his faults ⟨qualities etc.⟩; ~ **woli** involuntarily; **puścić coś** ~ **uszu** to turn a deaf ear to sth 2. w połączeniu z zaimkiem: ~ **to** ⟨tego⟩ none the less; nevertheless; ~ **wszystko** in spite of all; for all that
mimochodem adv incidentally; casually; by the way
mimośród m techn eccentric
mimowolny adj 1. (niezależny od woli) involuntary; unintentional 2. (odruchowy) instinctive
mimoza f bot mimosa
mimozowaty adj sensitive
min|a[1] f look (on sb's face); air; countenance; **mieć smutną** ~**ę** to look sad; ~**a mu zrzedła** his jaw dropped; **nadrabiać** ~**ą** to keep one's countenance; **robić dobrą** ~**ę do złej gry** to put a good face on a bad business; **robić** ⟨**stroić**⟩ ~**y** to pull faces
min|a[2] f mine; **poławiacz** ~ mine-sweeper
minaret m minaret
minąć zob **mijać**
miner, minier m wojsk miner; sapper
mineralny adj mineral (acid, salt, water etc.)
mineralogia f singt mineralogy
mineralogiczny adj mineralogical
minerał m mineral
minia f singt minium
miniatu|ra f miniature; w ~**rze** in miniature
miniaturowy adj miniature — (copy etc.); tiny
miniaturzysta m miniaturist; miniature painter
minimalnie adv in ⟨to⟩ a very small degree; slightly

minimalny adj minimum — (amount, dose etc.)
minimum I n indecl minimum; **zredukować coś do** ~ to reduce sth to a minimum II adv at the very least
minion|y adj past; bygone; **rzeczy** ~**e** things of the past; **dawno** ~**y** of long ago
minister m (cabinet) minister; ~ **pełnomocny** minister plenipotentiary (przy jakimś rządzie to a government); **Rada Ministrów** the cabinet
ministerialn|y adj ministerial; **teka** ~**a** portfolio; **na szczeblu** ~**ym** at cabinet minister level
ministerstwo n ministry; office; board; am department; ~ **finansów** Ministry of Finance; ~ **handlu wewnętrznego** ⟨zagranicznego⟩ Ministry of Home ⟨of Foreign⟩ Trade; ~ **komunikacji** Ministry of Transport; ~ **kultury i sztuki** Ministry of Culture and Art; ~ **łączności** Ministry of Telecommunication; ~ **obrony narodowej** Ministry of National Defence; ~ **oświaty** Ministry of Education; ~ **spraw wewnętrznych** ⟨zagranicznych⟩ Ministry of the Interior, of Home Affairs ⟨of Foreign Affairs⟩; ~ **żeglugi** Ministry of Navigation
ministrant m choir-boy; altar-boy
minorowy adj 1. muz minor 2. przen (smętny) doleful
minować vt imperf to mine
minóg m zool lamprey
minus m 1. mat minus; **plus** ~ more or less; approximately 2. (przy oznaczaniu temperatury) below zero 3. (wada) drawback; disadvantage; fault
minut|a f minute; **co do** ~**y** on ⟨to⟩ the minute; on the dot
minutka f a moment
minutow|y adj one-minute — (intervals etc.); one minute's — (pause etc.); **wskazówka** ~**a** minute-hand
miocen m geol Miocene
miodarka f honey extractor
miodobranie n honey harvest
miododajny, miodonośny adj honey-yielding; melliferous
miodopłynny † adj mellifluous; honeyed

miodosytnia f 1. (*miejsce sycenia miodu*) mead brewery 2. (*pijalnia miodu*) mead cellar
miodownik m *kulin* gingerbread
miodowy adj 1. (*dotyczący miodu*) honey — (gland etc.) 2. (*słodki jak miód*) honey-sweet; ~ **miesiąc** honeymoon 3. (*koloru miodu*) honey yellow
miot m 1. *zool* (*potomstwo*) litter 2. (*rzut*) cast; throw
miotacz m 1. *sport* thrower; (*rzucający kulą*) putter 2. *wojsk* ~ **min** mine-thrower; ~ **ognia** flame-thrower
miota|ć *imperf* I vt 1. (*ciskać*) to hurl; to toss; to throw; *przen* ~**ć obelgi** to sputter abuse; ~**ć przekleństwa** to thunder out curses 2. *przen* (*o uczuciach itd.*) to agitate II vr ~**ć się** (*szamotać się*) to toss (vi); (*w przystępie furii*) to storm; to rave
miotełka f 1. *dim* ↑ **miotła** 2. (*odkurzacz z piór*) feather-duster
miotlarz m broom-maker
mio|tła f broom; **siedział jak mysz pod** ~**tłą** he never stirred
miód m 1. *pszcz* honey 2. (*napój*) mead
mir m *książk* esteem; respect; **cieszyć się** ~**em u ludzi** to be held in respect; to be popular
mira *zob* **mirra**
miraż m mirage; *przen* illusion
mir(r)a f myrrh
mirt m *bot* myrtle
misa f bowl; basin; pan
miseczka f *dim* ↑ **miska**; bowl
misja f mission
misjonarski adj missionary
misjonarz m (a) missionary
miska f 1. (*do potraw*) bowl 2. (*do mycia*) wash-basin; finger-bowl 3. *fot* tray
misterium n 1. (*zw pl*) *rel* mystery 2. *lit* miracle play
misternie adv delicately; subtly
misterność f *singt* artistry; delicacy (of a piece of work)
misterny adj delicate; fine; subtle
mistrz m 1. (*człowiek niedościgniony w danej dziedzinie*) master; expert; master hand (**w czymś** at sth); ~ **ceremonii** Master of Ceremonies 2. *sport* champion 3. (*wzór, nauczyciel*) master 4. (*rzemieślnik*) master craftsman 5. (*w zakonie*) Master; **Wielki Mistrz** Grand Master (of the Teutonic Knights)
mistrzostw|o n 1. (*najwyższy stopień biegłości*) mastery; expertness 2. *pl* ~**a** *sport* championship
mistrzowsk|i adj 1. (*niezrównany*) masterly; expert; ~**ie posunięcie** master-stroke 2. *sport* champion's; **tytuł** ~**i** the title of champion ‖ **po** ~**u** in a masterly manner; expertly
mistrzyni f 1. (*kobieta niedościgniona w danej dziedzinie*) master; expert 2. *sport* champion 3. (*w rzemiośle*) mistress (in a craft)
mistycyzm m *singt* mysticism
mistyczny adj mystical (religion etc.)
mistyfikacja f mystification; deception; hoax
mistyfikator m deceiver; trickster
mistyfikować vt *imperf* to mystify; to hoax
mistyk m (a) mystic
mistyka f mysticism
misyjny adj missionary (activities etc.); mission — (buildings etc.)
miszmasz m *pot* hotchpotch
miś m 1. *pieszcz żart* bear; (*w bajkach*) Bruin 2. (*zabawka*) Teddy bear 3. (*sztuczne futro*) nylon fur
mit m myth
mitenka, mitynka f mitt; mitten; **w** ~**ch** mittened
mitologia f mythology
mitologiczny adj mythological
mitoman m mythomaniac
mitomania f *psych* mythomania
mitra f mitre
mitręga f *pot* 1. (*strata czasu*) loss ⟨waste⟩ of time 2. † (*zwłoka*) delay
mitrężyć *imperf pot* I vt to dawdle away (**czas** one's time) II vi (*marudzić*) to dawdle; to loiter
mityczn|y adj mythical; ~**a postać** myth
mitygować *imperf* I vt 1. (*powstrzymywać*) to moderate; to restrain; to check 2. (*uśmierzać*) to appease II vr ~ **się** to control ⟨to restrain⟩ oneself
mitygowanie n ↑ **mitygować** 1. (*powścią*-

mityng 295 **młodszy**

ganie) moderation; restraint 2. ~ **się** self-control; self-restraint
mityng *m* (mass) meeting
mitynka *zob* **mitenka**
mizantrop *m* misanthrope
mizantropia *f singt* misanthropy
mizdra *f* rough ⟨flesh⟩ side (of leather)
mizdrzyć się *vr imperf* (*przymilać się*) to wheedle (**do kogoś** sb); (*umizgać się*) to ogle (**do kogoś** sb); ~ **przed lustrem** to posture in front of the looking-glass
mizeria *f singt kulin* cucumber salad
mizernie *adv* 1. (*niezdrowo*) palely; wanly; **wyglądać** ~ to look poorly 2. (*marnie*) wretchedly; **budynek wyglądał** ~ the building looked shabby
mizernieć *vi imperf* 1. (*stawać się mizernym*) to grow wan ⟨haggard⟩ 2. (*chudnąć*) to lose flesh; to grow thin
mizern|y *adj* 1. (*zmizerowany*) ill-looking; haggard; wan; ~**y wygląd** wanness; poor looks 2. (*marny*) poor; paltry; wretched; ~**e wyniki** poor results
mizerota *f* 1. (*bieda*) poverty; want 2. (*rzecz licha*) rubbish 3. (*o człowieku*) starveling
mknąć *vi imperf* to speed; to rush; (*o czasie*) to fleet
mlaskać *vi imperf* — **mlasnąć** *vi perf* to click ⟨to smack⟩ (**językiem, wargami** one's tongue, one's lips)
mlaskanie *n* ↑ **mlaskać**; smacking ⟨clicking⟩ noises (made when eating)
mlasnąć *zob* **mlaskać**
mlaśnięcie *n* ↑ **mlasnąć**; click ⟨smack⟩ of the tongue ⟨of the lips⟩
mlecz *m* 1. *bot* sow-thistle 2. (*sok roślinny*) milk (of plants) 3. (*u ryb*) milt; *anat biol* ~ **pacierzowy** spinal marrow
mleczak *m* 1. (*samiec ryby*) milter 2. (*młode zwierzę*) suckling
mleczarka *f* milk-woman
mleczarnia *f* creamery; dairy
mleczarsk|i *adj* of a creamery; **spółdzielnia** ~**a** co-operative creamery; **zakład** ~**i** creamery
mleczarstwo *n singt* dairying; dairy work
mleczarz *m* milkman
mleczko *n dim* ↑ **mleko**; milk; ~ **migdałowe** almond milk; ~ **pszczele** royal jelly
mleczność *f singt* 1. (*zdolność wydzielania mleka*) lactation 2. (*wydajność mleka u bydła*) milking capacity; yield 3. (*białość*) milkiness
mleczn|y *adj* 1. (*dotyczący mleka*) milk — (cattle, bar, chocolate etc.); lacteal (fever etc.); **gospodarstwo** ~**e** dairy (farm); **gruczoł** ~**y** lacteal gland; **krowa** ~**a** milch cow; **kuracja** ~**a** milk cure; ~**y brat** foster-brother; ~**e zęby** milk-teeth 2. (*podobny kolorem do mleka*) milky; *astr* **Droga Mleczna** the Milky Way; **żarówka** ~**a** frosted bulb
mleć *vt imperf* 1. (*rozcierać na mąkę*) to grind (corn, coffee etc.); to mill 2. (*rozdrabniać na miazgę*) to mince (**mięso** meat) 3. *przen* (*gryźć*) to munch; *pot* ~ **językiem** ⟨**ozorem**⟩ to jabber
mlek|o *n singt* 1. milk; **kwaśne** ⟨**zsiadłe**⟩ ~**o** sour ⟨curdled⟩ milk; ~**o odciągane** ⟨**zbierane**⟩ separated ⟨skimmed⟩ milk; ~**o w proszku** milk-powder; **pełne** ~**o** full-cream milk; (*o krowie*) **dawać** ~**o** to yield milk; *przen* **kraj** ~**iem i miodem płynący** land of milk and honey 2. *bot* milk (of plants); latex
mlekowy *adj* lactic; **kwas** ~ lactic acid
młocarnia, młocarka *f* threshing-machine; thresher
młocarz *m* thresher
młocka, młócka *f singt* threshing
młockarnia *f* threshing-machine
młodnieć *vi imperf* to grow younger; to feel younger; to look younger
młodo *adv* 1. (*w młodości*) in one's youth; ~ **umarł** he died young 2. (*jak osoba młoda*) young; **on** ~ **wygląda** he looks young
młodociany *adj* 1. (*małoletni*) juvenile; adolescent; young 2. (*o twórczości — z okresu młodości*) youthful; early
młodoś|ć *f* youth; **w** ~**ci** in one's young days; ~**ć musi się wyszumieć** youth will have its fling
młodszy *adj* 1. (*comp* ↑ **młody**) younger;

młody   296   **mniejszy**

junior 2. *admin wojsk* junior; ~ **oficer** subaltern 3. *(niższy rangą itp.)* lower
młod|y I *adj* 1. *(niestary)* young; ~**e pokolenie** the rising generation; ~**y człowiek** young man; ~**a para** newly--married couple; **pan** ~**y** bridegroom; **panna** ~**a** bride 2. *(charakterystyczny dla młodego wieku)* youthful 3. *(o roślinach, winie itd.)* new (potatoes, wine etc.); **za** ~**u** in one's young days; in one's youth; when young **II** *m* ~**y** young man; *pl* **młodzi** young folks **III** *n* ~**e** *(zwierzę)* cub; pup; kitten etc.; *pl* ~**e** (the) young; **mieć** ~**e** to bring forth young
młodzian *m żart* young man
młodzieniec *m* young man; lad
młodzieńczość *f singt* youthfulness; juvenility
młodzieńczy *adj* youthful; ~ **wygląd** juvenile appearance; **wiek** ~ adolescence
młodzież *f singt* young people; young folks; ~ **szkolna** school children; ~ **uniwersytecka** university students; **złota** ~ gilded youth; **lektura dla** ~**y** books for young people
młodzieżow|y *adj* youth — (organization, hostel etc.); **pismo** ~**e** youth magazine
młodzik *m* youngster
młokos *m pog* young shaver; hobbledehoy
młot *m* 1. *(narzędzie)* hammer; **serce wali** ~**em** the heart pounds; *przen* **między** ~**em a kowadłem** between the hammer and the anvil 2. *techn* hammer; ~ **pneumatyczny** air-hammer 3. *sport* the hammer; **rzut** ~**em** hammer throw
młoteczek *m dim* ↑ **młotek**; *(w fortepianie itd.)* hammer
młotek *m* hammer; ~ **kamieniarski** stone-axe
młócić *vt imperf* 1. *roln* to thresh 2. *przen (tłuc)* to pommel; to pound
młócka *zob* **młocka**
młyn *m* (flour-)mill; ~ **poruszany mechanicznie** power-mill; ~ **wodny** water-mill; *przen* **to jest woda na jego** ~ it is grist to his mill

młynarka *f* 1. *(właścicielka młyna)* (woman) miller 2. *(żona młynarza)* miller's wife
młynarski *adj* 1. *(młynarza)* miller's 2. *(związany z młynarstwem)* milling — (machine, industry etc.)
młynarstwo *n singt* flour-milling
młynarz *m* miller
młyn|ek *m* 1. *(przyrząd do mielenia)* mill; grinder; ~**ek do kawy** coffee--mill; ~**ek ręczny** handmill 2. *roln* winnower; **kręcić** ~**ka** to twirl **(laską itd.** a cane etc.)
mły|niec *m* (a) whirl; **wywijać** ~**ńca** to whirl
młynkować *imperf* **I** *vi* 1. *roln* to winnow 2. *(robić młynki)* to whirl **II** *vt* to twirl **(laską itd.** a cane etc.)
młynówka *f pot* mill-race
młyński *adj* mill- (wheel, pond etc.); **dosł i przen kamień** ~ millstone
mnemotechniczny *adj* mnemonic, mnemotechnic
mnemotechnika *f* mnemonics, mnemotechnics
mnich *m* monk; friar
mniej *adv (comp* ↑ **mało)** 1. *w połączeniu z rzeczownikiem w sing*: less (time, money etc.); *w połączeniu z rzeczownikiem w pl*: fewer (houses, mistakes etc.) 2. *w połączeniu z liczebnikiem*: minus; **dziesięć** ~ **dwa** ten minus two 3. *(z przeczeniem)* **nie** ~ **niż** ... not less ⟨not fewer⟩ than ... 4. *w połączeniach i zwrotach*: **im** ~, **tym lepiej** ⟨**gorzej**⟩ the less ⟨the fewer⟩ the better ⟨the worse⟩; ~ **więcej** more or less; about; **ni** ~, **ni więcej** neither more nor less
mniejszościowy *adj* minority — (school etc.)
mniejszoś|ć *f* minority; ~**ci narodowe** national minorities
mniejsz|y *adj (comp* ↑ **mały)** 1. *(mniejszych rozmiarów)* smaller 2. *(o mniejszym znaczeniu)* less; lesser; minor; **w** ~**ym stopniu** in a less degree; ~**a!** never mind!; ~**a o to** that's of no consequence 3. *(o cenie itd.)* lower; **za** ~**ą cenę** for less 4. *(mniej intensywny)* slighter; *(o bólu itd.)* less acute

mniemać *vi imperf książk* to suppose; to imagine; to think
mniemani|e *n* ↑ **mniemać** 1. *(przekonanie)* notion; conception; conviction; **błędne ~e** misconception 2. *(opinia, sąd)* estimation; opinion; **mieć wysokie ~e o kimś** to hold sb in high esteem; **mieć wysokie ~e o sobie** to be self-important; **w czyimś ~u** in sb's opinion
mnisi, mniszy *adj* monk's; monastic
mniszek *m bot* dandelion
mniszka *f* nun
mniszy *zob* **mnisi**
mnog|i *adj książk* numerous; *gram* **liczba ~a** the plural (number)
mnogość *f singt książk* great number; multitude
mnożeni|e *n* ↑ **mnożyć** 1. *mat* multiplication; **tabliczka ~a** multiplication-table 2. **~e się** multiplication; proliferation; breeding
mnożna *f mat* multiplicand
mnożnik *m 'mat* multiplier
mnożny *adj* multiplicative
mnożyć *imperf* **I** *vt* 1. *mat* to multiply 2. *(powiększać)* to increase; to augment **II** *vr* **~ się** to multiply *(vi)*; to grow in numbers; to breed *(vi)*
mnóstwo *n singt* lots; large numbers; multitude; host; *pot.* loads; **~ dzieci ⟨książek itd.⟩** children ⟨books etc.⟩ galore
mobilizacja *f* mobilization
mobilizacyjny *adj* mobilization — (order etc.)
mobilizować *vt imperf* to mobilize; to call up
moc *f* 1. *(siła)* strength; might; force; power; *(gwałtowność wiatru itd.)* violence; **to nie jest w mojej ~y** it is not within my power; **zrobić co jest w czyjejś ~y** to do all in one's power 2. *(zdolność wywoływania skutków)* efficiency; **~ argumentu** force of an argument 3. *(prawomocność)* validity; **~ prawna** legal force; **być w ~y** to be in force; **mieć ~** to be valid; *(o rozporządzeniu itd.)* **nabrać ~y** to take effect; **nadać dekretowi ~ prawną** to enact a decree; **na ~y zarządze-**

nia ⟨**paragrafu itd.**⟩ on the strength of a decision ⟨of a paragraph etc.⟩ 4. *(trwałość)* strength ⟨solidity⟩ (of a texture etc.) 5. *(intensywność)* intensity 6. = **mnóstwo** 7. *el mech* power
mocarstwo *n* power
mocarstwow|y *adj* **polityka ~a** power politics
mocarz *m* 1. *emf* athlete 2. *przen* potentate (of the press etc.)
mocno *adv* 1. *(silnie)* strongly; firmly; **~ zapukać** to give a loud knock; **~ trzymać** a) to hold tight b) *przen* to keep (**kogoś, coś** sb, sth) under control; *przen* **~ się trzymać** to keep oneself under control; **~ stać na nogach** to stand on firm ground 2. *(krzepko)* robustly; **~ zbudowany** of sturdy build 3. *(intensywnie)* strongly; **być ~ przekonanym o czymś** to be firmly convinced of sth; **~ kochać** to love dearly; **~ spać** to sleep soundly; to be fast asleep 4. *(solidnie)* strongly; fast; tight; **to ~ siedzi** it sits tight 5. *(w dużym stopniu)* greatly ⟨very much⟩ (obliged, surprised etc.)
mocn|y *adj* 1. *(silny)* strong; powerful; *(o uderzeniu)* hard; heavy; smart; *(o pukaniu)* loud; *(o uścisku)* tight; *(o przekonaniu)* strong; firm; *(o leku)* potent; *(o rządzie, walucie)* stable; *(o śnie)* sound; **~y uścisk dłoni** hearty shake of the hand; **~ym głosem** in a loud voice; **to jego ~a strona** that is his strong point 2. *(krzepki)* robust; sturdy 3. *(o płynach)* strong (tea etc.) 4. *(trwały)* strong 5. *(biegły)* strong; well up (in a subject); *pot* **on jest ~y w języku** he has a ready tongue
mocodawca *m* mandatary
mocować *imperf* **I** *vt* to fasten; to fix **II** *vr* **~ się** to wrestle (**z kimś, czymś** with sb, sth); *dosł i przen* to cope (with difficulties, with a problem)
mocz *m singt* urine; **oddawać ~** to urinate; **oddawanie ~u** urination
moczar *m (zw pl)* bog; marsh; swamp
moczarka *f bot* water-thyme
moczenie *n* ↑ **moczyć** 1. *(trzymanie w*

mocznica   298   **mokrzuteńki**

płynie) soaking; ~ **nóg** footbath 2. *fizj* urination
mocznica *f singt med* ur(a)emia
mocznik *m chem* urea
moczopędny *adj* diuretic
moczopłciowy *adj anat* urogenital
moczowód *m anat* ureter
moczow|y *adj* urinary (bladder etc.); uric (acid etc.); *anat* **cewka** ~**a** urethra; **drogi** ~**e** urinary tracts
moczyć *imperf* **I** *vi* 1. (*polewać płynem*) to drench 2. (*zwilżać*) to wet 3. (*trzymać w płynie*) to soak; ~ **len** to ret flax **II** *vr* ~ **się** 1. (*być moczonym*) to soak (*vi*) 2. (*mimowolnie oddawać mocz*) to urinate
mod|a *f* fashion; **ostatni krzyk** ~**y** the height of fashion; **rewia** ⟨**salon**⟩ ~**y** fashion show ⟨house⟩; **wyjść z** ~**y** to go out of fashion; **według** ~**y** after the fashion; **w modzie** fashionable; stylish; in vogue
modalny *adj* modal
model *m* 1. (*wzór*) model; pattern; shape 2. (*typ*) type; style 3. (*osoba pozująca*) model; sitter 4. = **modelka** 2.
modelarnia *f* pattern-shop
modelarstwo *n singt* modelling; modelling-work
modelarz *m* modeller; pattern-maker
modelka *f* 1. (*osoba pozująca*) model 2. (*osoba demonstrująca stroje*) mannequin; model
modelować *vi imperf* to fashion; to shape; to model
moderator *m* moderator; regulator
modernista *m* modernist
modernistyczny *adj* modernist(ic)
modernizacja *f singt* modernization
modernizm *m singt* modernism
modernizować *imperf* **I** *vt* to modernize **II** *vr* ~ **się** to be modernized
modlić się *vr imperf* to pray (**do Boga o coś** God for sth); to say one's prayers
modlitewnik *m* prayer-book
modlitewny *adj* prayer — (rug etc.)
modlitwa *f* prayer
modł|a † *f* model; fashion; *obecnie w zwrotach:* **na** ~**ę angielską** after the English fashion; **urobić kogoś na swo-**

ją ~**ę** to fashion sb after one's own mould
modły *plt* prayers
modniarka *f* milliner; modiste
modniarstwo *n singt* millinery
modnie *adv* fashionably; in modern style
modnisia *f iron żart* woman of fashion; dressy woman
modniś *m iron* dandy; fop
modny *adj* 1. (*o strojach itd.*) fashionable; stylish; in fashion 2. (*o pisarzu itd.*) in vogue; popular
modrooki *adj* blue-eyed
modry *adj* deep-blue
modrzew *m bot* larch
modulacja *f* modulation
modulować *vt imperf* 1. (*cieniować głos*) to inflect 2. *muz fiz* to modulate
moduł *m* 1. *arch bud* module 2. *mat* modulus
modyfikacja *f* modification; alteration
modyfikator *m* modifier
modyfikować *imperf* **I** *vt* to modify; to alter **II** *vr* ~ **się** to undergo modifications ⟨alterations⟩
modystka *f* milliner; modiste
mogiła *f* grave; tomb
moher *m* mohair
Mohikanin *m* Mohican
moja, moje *zob* **mój**
mojżeszow|y *adj rel* Moses' ⟨Mosaic⟩ (law etc.); **wyznanie** ~**e** Jewish faith
mokasyn *m* moccasin
mokka *f* mocha; Mocha coffee
moknąć *vi imperf* 1. (*stawać się mokrym*) to get wet; to soak; to be out in the rain 2. (*być zanurzonym w płynie*) to soak
mokradło *n* marshy ground; swamp
mokro *adv* wet; **jest** ~ it is wet outside; **na** ~ **prasować** ⟨**czesać włosy**⟩ to iron (sth) ⟨to dress the hair⟩ wet; *chem techn* **robić coś na** ~ to employ the wet method
mokry *adj* wet; watery; (*o pogodzie*) wet; rainy; (*o gruncie*) soggy; (*o człowieku na deszczu*) wet through; (*o człowieku spoconym*) all in a sweat
mokrzuteńki *adj* (*o człowieku na deszczu*) soaking wet; (*o człowieku spoconym*) bathed in perspiration; (*o u-*

braniu) wringing wet; (*o parasolu*) dripping wet
mol *m chem fiz* mole
molekularny *adj chem fiz* molecular
molekuła *f chem fiz* molecule
molestować *vt imperf* to importune; to pester; to molest
molibden *m chem* molybdenum
molierowski *adj* Molière's (characters etc.)
moll *indecl muz* minor
mollowy *adj muz* minor — (scale etc.)
molo *n* mole; jetty; pier; quay
moloch *m* 1. **Moloch** *mitol* Moloch 2. (*nienasycony demon*) insatiable demon
momencik *m dim* ↑ **moment**; short while; *pot* jiffy; ~! just a moment!; *pot* half a mo!
momen|t *m* 1. (*chwila*) moment; instant; **w ~cie, gdy** ... just as ...; **w najodpowiedniejszym ~cie** in the nick of time 2. (*wzgląd*) point; consideration 3. (*współczynnik*) factor; moment (of inertia etc.)
momentalnie *adv* 1. (*w jednej chwili*) in a moment 2. (*natychmiast*) immediately
momentalny *adj* instantaneous; immediate
monada *f biol filoz* monad
monarcha *m* monarch; sovereign
monarchia *f* monarchy
monarchiczny *adj* monarchic(al)
monarchista *m* (a) monarchist
monarchizm *m singt* monarchism
monet|a *f* 1. (*pieniądz kruszcowy*) coin; **~a obiegowa** circulating medium; **brzęcząca ~a** (hard) cash; **przen brać coś za dobrą ~ę** to take it all in; **odpłacić się komuś tą samą ~ą** to pay sb in his own coin 2. *zbior żart* chink
monetarny *adj* monetary; **system ~** currency
mongolski *adj* Mongol(ian)
monistyczny *adj* monistic(al)
monit *m* dunning letter; dun
monitor *m* monitor
monitować *vt imperf* to monitor; to admonish

monizm *m singt filoz* monism
monochromatyczny *adj* 1. *plast* monochrome — (painting) 2. *fiz* monochromatic (light)
monodram *m* monodrama
monogamia *f singt* monogamy
monogamiczny *adj* monogamous; monogamic
monografia *f* monograph
monograficzny *adj* monographic
monogram *m* monogram
monokl *m* monocle; eye-glass
monolit *m dosł i przen* monolith
monolityczny *adj* monolithic
monolog *m* monologue; soliloquy
monologować *vi imperf* to monologize; to soliloquize
monomania *f* monomania
monopartia *f polit* single party in power
monoplan *m lotn* monoplane
monopol *m* monopoly; **~ państwowy** régie; State monopoly
monopolistyczny *adj* monopolistic
monopolizować *vt imperf* to monopolize
monopolowy *adj* monopolistic; **sklep ~** liquor shop
monosylaba *f* monosyllable
monosylabiczny *adj* monosyllabic
monoteistyczny *adj* monotheistic
monoteizm *m singt* monotheism
monotonia *f singt* monotony
monotonność *f singt* monotony
monotonny *adj* monotonous; dull; drab; humdrum
monotyp *m biol druk* monotype
monstrancja *f kośc* monstrance
monstrualność *f singt* monstrosity
monstrualny *adj* monstrous
monstrum *n* monster; *przen* monstrosity
monsun *m meteor* monsoon
montaż *m* 1. (*składanie maszyn itd.*) assembly 2. (*zakładanie instalacji itd.*) installation; laying down (of cables etc.) 3. (*łączenie części w całość*) set--up ⟨fitting up⟩ (of parts etc.); mounting (of a play etc.); montage ⟨editing⟩ (of a film)
montażownia *f* assembly room; fitting--shop

montażowy *adj* assembly — (room etc.); *film tv* **stół** ~ film cutting bench
montażysta *m* assembler
monter *m* fitter; mechanic; (*elektryk*) electrician; (*wodociągowy*) plumber
montować *vt imperf* 1. (*składać części*) to assemble ⟨to fit up⟩ (a machine etc.) 2. (*zakładać instalacje*) to install; to lay down (cables etc.) 3. *przen* (*organizować*) to organize; to mount ⟨to stage⟩ (a play etc.)
montowanie *n* ↑ **montować** 1. (*składanie maszyn itd.*) assembly 2. (*zakładanie instalacji itd.*) installation 3. (*łączenie części w całość*) set-up (of parts)
montownia *f* = **montażownia**
monument *m książk* monument
monumentalny *adj* monumental
mops *m* pug(-dog); *pog* **nudzić się jak** ~ to be bored stiff
mora *f* moire
morale *n indecl* morale
moralista *m* moralist
moralizator *m* moralizer
moralizatorski *adj* moralizing
moralizować *vi imperf* to moralize
moralnoś|ć *f singt* morals; morality; **obraza** ~**ci** offence of public morals
moralny *adj* 1. (*etyczny*) moral; ethical 2. (*duchowy*) mental; moral (support, certainty etc.)
morał *m* moral (of a story etc.); **prawić** ~**y** to moralize; **prawić komuś** ~**y** to sermon sb
moratorium *n prawn* moratorium
moratoryjny *adj prawn* moratory (law etc.)
mord *m* murder; **masowy** ~ slaughter
mord|a *f* 1. (*pysk*) muzzle; snout (of a pig etc.) 2. *wulg* mug; phiz; **skuć komuś** ~**ę** to bash sb's face; **wyrzucić kogoś na zbitą** ~**ę** to kick sb out; **trzymać wszystkich za** ~**ę** to run the show
morderca *m* murderer; assassin
morderczy *adj* 1. (*właściwy mordercy*) murderous 2. (*wyczerpujący*) killing; (*o wojnie*) cutthroat
morderczyni *f* murderess
morderstwo *n* murder; assassination
mordęga *f singt pot* fag; drudgery

mordobicie *n wulg* bashing sb's ⟨one another's⟩ face; smashing ⟨punching⟩ sb's head
mordować *imperf* I *vt* 1. (*dokonywać mordu*) to murder; to assassinate; to kill 2. (*męczyć*) to worry to death; to harass II *vr* ~ **się** 1. to murder each other 2. (*męczyć się*) to toil (**nad czymś** at sth); to sweat (**nad czymś, z czymś** over sth); to drudge (**nad czymś** at sth)
mordowanie *n* ↑ **mordować**; murder; assassination
mordownia *f* 1. (*miejsce gdzie mordują*) death-trap 2. *przen pot* (*spelunka*) drinking-den; *am* low dive
morela *f* 1. *bot* apricot tree 2. (*owoc*) apricot
morena *f geol* moraine
mores *m singt* disciplined behaviour; **nauczyć kogoś** ~**u** to put sb in his place; **on zna** ~ he knows his place
morfina *f singt chem farm* morphine; morphia
morfinista *m*, **morfinistka** *f* morphinist; morphia addict
morfinizm *m singt* morphinism
morfinizować się *vr imperf* to be addicted to morphia; to take morphine
morfologia *f singt* morphology
morfologiczny *adj* morphological
morga *f* unit of land measure (= 5600 m²)
morganatyczny *adj* morganatic
morow|y *adj* 1. (*niosący mór*) pestilential; ~**e powietrze** plague; pestilence 2. *pot* (*o człowieku — dzielny*) plucky; ~**y chłop** a trump; a brick 3. *pot* (*przyjemny*) first-rate; (*mocny*) mighty
mors *m zool* walrus
morsk|i *adj* 1. (*związany z morzem*) sea — (air, trade etc.); **brzeg** ~**i** sea-shore; sea coast; **klimat** ~**i** marine ⟨oceanic⟩ climate; **podróż** ~**a** (sea)-voyage; cruise; **woda** ~**a** salt water 2. (*związany z żeglugą*) nautical (mile etc.); shipping — (routes etc.); **handel** ~**i** sea trade; *przen* **wilk** ~**i** sea dog 3. (*związany z morską siłą zbrojną*) naval; **bitwa** ~**a** naval battle
morszczyn *m bot* fucus; rockweed

mortadela *f* a type of sausage
morusać *imperf* **I** *vt* to dirty; to soil **II** *vr* ~ **się** to get dirty ⟨soiled⟩
morwa *f bot* mulberry
morze *n* 1. sea; **otwarte** ⟨**pełne**⟩ ~ the open sea; the high seas; **jechać nad** ~ to go to the seaside; **wypłynąć na** ~ to put (out) to sea; ~**m** by sea; **nad** ~**m** a) (*o miejscowości itd*.) on the sea coast b) (*o pobycie*) at the seaside; **za** ~, **za** ~**m** overseas 2. *przen* (*mnóstwo*) sea, oceans
morzy|ć † *vt imperf* to harass; *obecnie w zwrotach*: ~**ć kogoś głodem** to starve sb; **sen mnie** ~**ł** I was overcome with sleep
mosiądz *m* brass
mosiądzować *vt imperf techn* to braze
mosiężny *adj* brass — (plate, instrument etc.)
moskalik *m* pickled herring
moskit *m ent* mosquito
moskitiera *f* mosquito-net
most *m* bridge; ~ **łańcuchowy** chain-bridge; ~ **pontonowy** pontoon-bridge; ~ **wiszący** suspension-bridge; ~ **zwodzony** drawbridge; *przen* **powiedzieć coś prosto z** ~**u** to say sth right off the bat; **spalić za sobą** ~**y** to burn one's boats; *iron* **potrzebne jak dziura w moście** worse than useless
mostek *m* 1. *dim* ↑ **most**; bridge 2. *anat* sternum 3. *kulin* brisket 4. *dent sport* bridge
moszcz *m singt* 1. (*sok*) grape-juice 2. (*młode wino*) must; stum
moszna *f anat* scrotum
mościć *imperf* **I** *vt* to pad ⟨to cushion⟩ (a seat etc.) **II** *vr* ~ **się** to lie comfortably down to sleep; to cushion one's seat
mość *f* (*w tytułach*) **Wasza Królewska Mość** Your Majesty; **Jego Książęca Mość** His Highness
motacz *m*, **motaczka** *f* spooler; reeler
motać *vt imperf* 1. (*nawijać*) to spool; to reel 2. (*wikłać*) to tangle 3. (*robić intrygi*) to intrigue
motek *m* hank; skein
motel *m* motel
motłoch *m pog* mob; rabble; populace

motocykl *m* motor cycle; *pot* motor bike
motocyklista *m* motor cyclist
motocyklowy *adj* motor-cycle — (race etc.)
motopompa *f techn* motor pump
motor *m* 1. (*silnik*) engine; motor; ~ **spalinowy** internal combustion engine 2. *dosł i przen* (*źródło energii*) motive power 3. *pot* (*motocykl*) motor bike
motorniczy *m* tram driver; *am* motor man
motorower *m* motorized bicycle; moped
motorowiec *m* motor ship
motorowodny *adj sport* motor-boat — (races etc.)
motorowy **I** *adj* motor — (thresher etc.); motor-driven (vehicle etc.) **II** *m* tram driver
motorówka *f* motor boat
motoryczn|y *adj* motor ⟨motorial⟩ (nerve, impulse etc.); *przen* **siła** ~**a** motive power
motoryzacja *f singt* motorization
motoryzować *vt imperf* to motorize; to mechanize
motoszybowiec *m lotn* motor glider
motowidło *n* reeling-machine; reel; spool
motto *n* motto
motyczkować, motyczyć *vt imperf roln* to hoe
motyk|a *f* hoe; *przen* **porywać się z** ~**ą na słońce** to go on a wild-goose chase
motyl *m ent* butterfly
motylek *m* 1. *dim* ↑ **motyl** 2. *sport* double over-arm stroke 3. *techn* (*nakrętka*) butterfly-nut
motylica *f singt wet* fluke
motylkowate *pl bot* the papilionaceous plants
motylkow|y *adj* 1. *bot* papilionaceous 2. *sport* **styl** ~**y** double over-arm stroke
motyw *m* 1. (*pobudka*) motive; (*powód*) reason 2. *lit plast* subject; theme 3. *muz* motif; theme
motywacja *f singt* justification
motywować *vi imperf* 1. (*ukazywać motywy*) to give reasons (*coś* for sth) 2. (*uzasadniać*) to justify
mow|a *f* 1. *singt* (*język narodu*) lan-

guage; tongue; speech; ~a ojczysta (one's) mother tongue 2. *singt* (*język środowiska*) parlance; ~a potoczna colloquial speech; w ~ie prawniczej ⟨codziennej⟩ in legal ⟨in common⟩ parlance 3. *gram* speech; części ~y parts of speech 4. *singt* (*zdolność mówienia*) (the faculty of) speech; narządy ~y the organs of speech; *dosł i przen* odzyskać ~ę to find one's tongue; *przysł* ~a jest srebrem, a milczenie złotem speech is silvern but silence is golden 5. *singt* (*to, co się mówi*) talk; reference (*o* kimś, czymś to sb, sth); osoba ⟨sprawa⟩ o której ~a the person ⟨the matter⟩ in question; o czym ~a? what are you talking of?; nie ma ~y! nothing doing!; o tym nie ma ~y that's out of question; *przysł* o wilku ~a a wilk tuż talk of the devil and he is sure to appear 6. (*przemówienie*) (a) speech; (an) address; wygłosić ~ę to make ⟨to deliver⟩ a speech
mozaika *f* mosaic
mozaikowy *adj* tessellated (floor etc.); mosaic — (work etc.)
mozolić się *vr imperf* to drudge; to exert oneself; to toil (nad czymś at sth); ~ nad problemem to strain one's wits over a problem
mozolnie *adv* strenuously
mozoln|y *adj* strenuous; toilsome; arduous; ~a praca toil
mozół *m* toil; labour
moździerz *m kulin wojsk* mortar
może *adv* 1. *3 pers* ↑ móc 2. (*przypuszczenie*) perhaps; maybe 3. (*propozycja*) how about ...?; suppose ... 4. (*prośba*) would you mind ...?; I wish you would ... 5. (*zw z part* by) ~ coś zjesz?, ~ byś coś zjadł?; won't you have something to eat?; ~ byś się zabrał do roboty I wish you'd get down to your work
możliwie *adv* 1. (*w miarę możności*) if possible 2. (*przed przymiotnikiem lub przysłówkiem w sup*) the ... possible; as + *stopień równy* + as possible; ~ najlepiej as good as possible; ~ najlepszy the best possible; as good

as possible 3. *pot* (*znośnie*) tolerably (well etc.)
możliwoś|ć *f* 1. (*to, co jest możliwe*) possibility; chance; w miarę moich ~ci to the best of my ability 2. (*ewentualność*) contingency 3. *pl* ~ci (*szanse, widoki*) prospects ⟨chances⟩ (powodzenia itd. of success etc.) 4. (*zakres*) power; to przekracza moje ~ci that's beyond my power
możliw|y *adj* 1. (*dający się urzeczywistnić*) possible; ~y do przeprowadzenia feasible; ~y do przyjęcia acceptable; jeżeli tylko to będzie ~e if at all possible 2. *pot* (*znośny*) passable
można *adv* 1. (*jest możliwe*) one ⟨you⟩ can ...; one ⟨you⟩ may ...; it is possible to ...; ~ to zrobić it can be done; nie ~ ... it is impossible to ...; there is no -ing; nie ~ przewidzieć ... there is no telling ... 2. (*wolno coś komuś*) one ⟨you⟩ may; czy ~? may I?; ~by ... one ⟨you, we etc.⟩ might ...
możnoś|ć *f* 1. (*możliwość*) possibility; mieć ~ć zrobienia czegoś to have the possibility of doing sth; w miarę ~ci as far as possible; if possible 2. (*sposobność*) occasion; opportunity
możnowładca *m* magnate; potentate
możnowładztwo *n singt* the magnates
możny *adj* powerful; mighty
móc *vi imperf* 1. (*potrafić*) a) *w zdaniach twierdzących i pytających*: to be able (coś zrobić to do sth); to be capable (coś zrobić of doing sth); mogę powiedzieć ⟨napisać itd.⟩ I can say ⟨write etc.⟩; robię, co mogę I do all I can ⟨my best⟩ b) *w zdaniach przeczących*: not to be able ⟨to be unable⟩ (czegoś zrobić to do sth); nie mogę tego zrobić I cannot do that; nie mogłem się powstrzymać od śmiechu I could not help laughing 2. (*zezwolenie*) to be allowed (coś robić to do sth); may; czy mogę to wziąć? may I take this? 3. (*prawdopodobieństwo*) to be likely (to happen etc.); may; może spaść deszcz it may rain 4. (*możliwość*) to be liable (stać się to take place); may; kto to może być? I won-

mój der who it is ⟨who it may be⟩; **być może, może być** maybe; perhaps; very likely; **nie może być!** impossible; you don't say so!; **tak nie może być** that won't do

mój m, **moja** f, **moje** n I pron 1. (z rzeczownikiem, który precyzuje) my; ~ **dom** my house; **moja żona** my wife 2. (z rzeczownikiem, którego nie precyzuje) (a) ... of mine; **pewien ~ przyjaciel** a friend of mine 3. (w funkcji samodzielnej) mine; **to nie moje** it's not mine II n **moje** what belongs to me; my property ‖ **po mojemu** to my mind; as I see it

mól m 1. ent moth; **przen ~ książkowy** bookworm 2. przen (strapienie) worry; **przysł każdy ma swojego mola, co go gryzie** we all have our worries

mór m murrain; plague

mórg m = **morga**

mówca m 1. (krasomówca) orator 2. (przemawiający) speaker

mówi|ć imperf I vi to speak (**o kimś, czymś** about ⟨of⟩ sb, sth; **obcym językiem** a foreign language); to talk; (napomykać) to mention (**o czymś** sth); **~ć dobrze** ⟨**źle**⟩ **o kimś** to speak well ⟨ill⟩ of sb; **~ć głośno** ⟨**głośniej**⟩ to speak loud ⟨to speak up⟩; **~ć na ucho** ⟨**szeptem**⟩ to talk in a whisper; **~ć bez ogródek** to speak out; **~ć trzy po trzy** to talk thirteen to the dozen; **~ć za siebie** a) (we własnym imieniu) to speak for oneself b) przen (o zjawisku) to speak for itself; **to ~ za siebie** it tells its own tale; **jak się to ~ as** the saying goes; **~ąc między nami** between ourselves; **~ą, że on** ... they say that he ...; **nie ma o czym ~ć** it isn't worth mentioning; **ściśle** ⟨**szczerze, ogólnie**⟩ **~ąc** strictly ⟨honestly, generally⟩ speaking II vt to say; to tell (coś komuś sb sth); **~ć prawdę** to speak the truth; **nic nie ~ć** to say nothing; **mówcie co chcecie, ale** ... say what you will the fact is ...; **to mi nic nie ~** that conveys nothing to me; **wiem co ~ę** I know what I'm talking about; (niedowierzająco) **co ty ~sz?** is that so?

mówieni|e n ↑ **mówić**; speech; **sposób ~a** way ⟨manner⟩ of speaking

mównica f rostrum, platform

mózg m 1. anat brain; **zapalenie ~u** brain fever; **techn ~ elektronowy** computer 2. (umysł) brains; mind; **trust ~ów** brains trust

mózgownica f pot żart iron brain; the upper storey

mózgowy adj of the brain; cerebral

móżdżek m dim ↑ **mózg** 1. anat cerebellum 2. żart iron brains; **ptasi ~** the brains of a canary 3. kulin brains

mroczek m (zw pl) med scotoma

mroczny adj dark; dusky; (o pokoju itd.) dim; przen (ponury) gloomy

mroczy|ć się vr imperf to darken (vi); nieosobowo: **~ się** it grows dark

mrok m darkness; (zmierzch) dusk; **zapada ~** it gets dusk

mrowić się vr imperf to swarm; to teem

mrowie n singt 1. (chmara) swarm; multitude 2. (ciarki) gooseflesh; creeps; **od tego ~ przechodzi po skórze** it makes one's flesh creep

mrowienie n singt formication; pins and needles

mrowisko n ant-hill; przen **wsadzić kij w ~** to cause a stir

mrozić vt imperf to freeze; to chill; przen **~ krew w żyłach** to make one's blood run cold

mrozoodporny adj frost-proof ⟨frost-resisting⟩ (substance); (o roślinach) (frost-)hardy

mroźno adv frostily; **jest ~** it freezes

mroźny adj f.osty; (o wietrze) icy

mrożonki pl chilled fruits ⟨vegetables⟩

mrożon|y adj chilled ⟨frozen⟩ (meat etc.); **kawa ~a** iced coffee

mrówczany adj formic (spirit etc.)

mrówcz|y adj 1. (dotyczący mrówek) ants'; **~e jaja** ant-eggs 2. przen (wytrwały) unremitting (work, efforts)

mrówka f ant

mrówkojad m zool ant-eater

mrówkowy adj formic (acid etc.)

mróz m 1. (zimno) (także pl **mrozy**) frost; the cold; **tęgi ~** hard frost

mruczeć   304   **murek**

2. (*szron*) hoar-frost; ~ **na szybach** frost(-work) 3. *przen* shudder; ~ **przeszedł po mnie** a shudder ran down my spine
mruczeć *vi imperf* — **mruknąć** *vi perf* 1. (*o kocie*) to purr; (*o niedźwiedziu itd.*) to growl 2. (*mamrotać*) to mumble; to mutter 3. (*o człowieku* — *szemrać*) to murmur; (*narzekać*) to grumble
mruczenie *n* ↑ **mruczeć**; (a) murmur
mrugać *vi imperf* 1. to blink; to twinkle (**oczami** one's eyes); ~ **porozumiewawczo na kogoś** to wink at sb 2. (*o świetle, gwiazdach*) to twinkle
mruganie *n* ↑ **mrugać**; flicker (of a light); flutter (of the eyelids)
mrugną|ć *vi perf* to wink (**na kogoś** one's eye at sb); ~**ć na znak zgody** to wink assent; *przen* **nie** ~**ć okiem** not to turn a hair; **nie** ~**wszy okiem** without flinching
mrugnięcie *n* ↑ **mrugnąć**; (a) wink; (a) twinkle
mruk *m pot* man of few words; growler
mrukliwie *adv* in a mutter
mrukliwy *adj* 1. (*małomówny*) taciturn 2. (*opryskliwy*) gruff; churlish
mruknąć *zob* **mruczeć**
mruż|yć *vt imperf* to squint (one's eyes); ~**ąc oczy** with eyes half-shut
mrzeć *vi imperf* to die; to perish; ~ **z głodu** to be starving
mrzonka *f* fantasy; day-dream; **gonić za** ~**mi** to catch at shadows
msz|a *f rel muz* mass; **odprawić** ~**ę** to say mass
mszaki *spl bot* the phylum Bryophyta
mszaln|y *adj* mass — (requisites etc.); **wino** ~**e** sacramental wine
mszał *m* missal
mszyca *f ent* plant louse; aphis
mściciel *m* avenger
mścicielka *f* avengeress
mścić *imperf* **I** *vt* to avenge (**krzywdę, zbrodnię** a wrong, a crime); to take vengeance (**coś** for sth) **II** *vr* ~ **się** to revenge oneself (**na kimś za coś** on sb for sth)
mściwość *f singt* revengefulness; vindictiveness

mściwy *adj* revengeful; vindictive
much|a *f* (house-)fly; ~**a końska** horse-fly; *pot* **ginąć jak** ~**y to die like flies**; **mieć** ~**y w nosie** to be in the blues; **robić z** ~**y słonia** to make a mountain of a mole-hill; **taki, że** ~**a nie siada** topping
muchołapka *f* fly trap
muchomor *m* toadstool
muczeć *vi imperf* to moo
muezin *m* muezzin
mufa *f techn* muff; coupler; sleeve
mufka *f* muff
muflon *m zool* mouflon, mufflon
Mulat *m*, **Mulatka** *f* mulatto
mulica *f* hinny
mulić *vt imperf* (*zamulać*) to silt up
mulina *f singt* embroidery floss
mulisty *adj* slimy; muddy; silty; sludgy
multimilioner *m* multimillionaire
multyplikator *m* multiplier
muł[1] *m zool* mule
muł[2] *m* (*szlam*) slime; mud; silt; sludge
mułła *m rel* mulla(h)
mumia *f dosł i przen* mummy
mumifikacja *f* mummification
mumifikować *vt imperf* to mummify
mundur *m* uniform; ~ **połowy** battle dress; **przywdziać** ⟨**zrzucić**⟩ ~ to enter ⟨to quit⟩ the service
mundurek *m dim* ↑ **mundur**; (school) uniform
mundurować *vt imperf* to clothe (sb) in uniform
mundurowy *adj* uniform — (cap etc.)
municypalny *adj* municipal
munsztuk *m* 1. (*kiełzno*) bit 2. (*u papierosa*) cigarette tip 3. *muz* mouthpiece
mur *m* wall; ~**y obronne** city walls; *przen* **przyprzeć kogoś do** ~**u** to drive sb to the wall; (*o człowieku*) **jak** ~ unswerving
murarka *f* 1. (*kobieta*) woman bricklayer 2. (*fach*) bricklaying
murarsk|i *adj* bricklayer's; mason's; **zaprawa** ~**a** mortar
murarstwo *n singt* bricklaying; masonry
murarz *m* bricklayer; mason
murawa *f* grass; the green
murek *m* low wall

murować *vt imperf* to build (in brick, in stone)
murowan|y *adj* 1. *(zbudowany z cegieł)* brick ⟨stone⟩ — (house, wall etc.) 2. *pot (pewny)* absolutely certain; **to ~e** it's a dead cert ⟨am a cinch⟩
murszeć *vi imperf* to rot
murzyn *m* 1. **Murzyn** Negro; *przen* **biały ~** drudge; *pot* **opalić się na ~a** to bronze; to get tanned 2. *przen* hack
Murzynka *f* Negress
murzyński *adj* Negro — (songs etc.)
mus¹ *m singt (konieczność)* necessity; constraint; **robić coś z ~u** to do sth under constraint ⟨on compulsion⟩
mus² *m kulin* mousse
musi|eć *vi imperf* 1. *(być zniewolonym)* to have ⟨to be obliged, to be forced, to be compelled⟩ **(coś zrobić** to do sth); **muszę** ⟨**musisz itd.**⟩ **to zrobić** I ⟨you etc.⟩ must do it; I ⟨you etc.⟩ have (got) to do it; **~ałem się roześmiać** I couldn't help laughing 2. *(koniecznie chcieć)* **muszę to mieć** I've got to have it; **~ałeś postawić na swoim** you had to have your way 3. *(przypuszczenie)* must; **~ał padać deszcz** it must have rained 4. *(przekonanie)* to be sure ⟨certain, bound⟩ **(stać się** itd. to happen etc.); **oni ~szą wygrać** they're sure ⟨certain, bound⟩ to win
mus|kać *imperf* — **mus|nąć** *perf* I *vt* 1. *(dotykać)* to skim **(powierzchnię czegoś** a surface, over a surface); to brush **(kogoś, coś** sb, sth) 2. *(głaskać)* to stroke **(sobie wąsy itd.** one's moustache etc.) II *vr* **~kać** ⟨**~nąć**⟩ **się** to preen oneself up
muskularność *f singt* muscularity
muskularny *adj* muscular
muskuł *m* muscle
musnąć *zob* **muskać**; **~ wargami czyjś policzek itd.** to peck sb's cheek etc.
musować *vi imperf* 1. *(wydzielać gaz)* to effervesce; to sparkle 2. *(pienić się)* to froth; to foam
musowo *adv gw* (there's) no help for it; there's no getting out of it
mustang *m* mustang
musujący *adj* gassy; effervescent
muszelka *f* (cockle-)shell; scallop

muszk|a *f* 1. *(owad)* midge; *wędk* **dry-fly** 2. *(krawat)* bow-tie 3. *(na twarzy)* beauty-spot 4. *(u wylotu lufy)* foresight; **wziąć kogoś, coś na ~ę** to draw a bead on sb, sth
muszkat *m* 1. *(wino)* muscat(el) 2. *(gałka muszkatołowa)* nutmeg
muszkatołow|y *adj* muscat — (grape, vine etc.); **gałka ~a = muszkat** 2.
muszkiet *m hist* musket
muszkieter *m hist* musketeer
muszla *f* 1. *(skorupa małża, ślimaka)* shell; scallop 2. *(przedmiot o kształcie muszli)* shell; **anat ~ uszna** conch; external ear; **~ klozetowa** lavatory pan 3. *(dla orkiestry)* band-shell
musztarda *f singt* mustard; *przen* **~ po obiedzie** a day after the fair
musztardowy *adj* mustard —; **chem gaz ~** mustard gas
musztra *f* drill; exercise
musztrować *vt imperf* 1. *(uczyć musztry)* to drill (soldiers etc.) 2. *przen (uczyć dobrych manier)* to teach (sb) manners 3. *przen (karcić)* to rebuke
musz|y *adj* fly's; *sport* **waga ~a** fly-weight
muślin *m tekst* muslin
muśnięcie *n* ↑ **musnąć**; (a) brush; (a) graze; (a) shave
mutacja *f* 1. *(przemiana)* change 2. *(odmiana)* variation 3. *biol nukl* mutation 4. *(zmiana głosu)* break (in a boy's voice); breaking of the voice 5. *dzien* edition
muterka *f dim* ↑ **mutra**
mutować *vi imperf* 1. *(o głosie)* to break 2. *biol* to mutate
mutra *f* nut
mutualizm *m biol ekon* mutualism
muza *f* muse
muzealnictwo *n singt* museum management
muzealny *adj* museum — (value etc.); **okaz ~** museum piece
muzeum *n* museum
muzułmanin *m,* **muzułmanka** *f* (a) Mussulman
muzułmański *adj* Mussulman
muzyczn|y *adj* musical (performance

etc.); *music* — (education etc.); **szkoła** ~**a** school of music; **słuch** ~**y** an ear for music; **uzdolnienia** ~**e** gift for music
muzyk *m* musician
muzyka *f singt* music; *przen* **to jest** ~ **przyszłości** it's still a long way off
muzykalność *f singt* 1. (*uzdolnienie*) gift for music 2. (*zamiłowanie*) love of music 3. (*melodyjność*) melodiousness
muzykalny *adj* musical; gifted for music
muzykan|t *m* musician; instrumentalist; *pl* ~**ci** the band
muzykolog *m* musicologist
muzykologia *f singt* musicology
muzykować *vi imperf pot* to music; to practise music
my *pron* we; (*przypadek dopełnienia*) us; **u nas** a) (*w naszym domu*) in our house ⟨family⟩; at home b) (*w naszym kraju*) in our country
mycie *n* ↑ **myć**; a wash
mycka *f* skull-cap
myć *imperf* **I** *vt* to wash; *przysł* **ręka rękę myje** you scratch my back and I'll scratch yours **II** *vr* ~ **się** to wash (oneself)
mydelniczka *f* soap-holder
mydlan|y *adj* soap — (powder etc.); **dosł i przen bańka** ~**a** soap-bubble
mydlarnia *f* soap-trade perfumery
mydlarstwo *n singt* soap-boiling
mydlenie *n* ↑ **mydlić**; *pot* ~ **oczu** bluff
mydlić *imperf* **I** *vt* to soap; *pot* ~ **komuś oczy** to bluff sb **II** *vr* ~ **się** to froth
mydliny *plt* (soap-)suds
mydłek *m pot* whipper-snapper
mydło *n* soap; ~ **do golenia** shaving--soap; ~ **do prania** household soap
myjka *f* washing-glove
myl|ić *imperf* **I** *vt* to deceive; ~**ić kogoś z kimś** to mistake sb for sb else; **o ile mnie pamięć nie** ~**i** if I remember right; *przysł* **pozory (często)** ~**ą** appearances are often deceitful **II** *vr* ~**ić się** to make a mistake; to be wrong; **grubo się** ~**isz** you are entirely wrong; **jeśli się nie** ~**ę** if I am not mistaken
mylnie *adv* 1. (*błędnie*) wrong(ly); false-

ly; mis-; ~ **tłumaczyć** to misinterpret; ~ **zrozumieć** to misunderstand 2. (*omyłkowo*) by mistake, by error
mylność *f singt* erroneousness; fallacy
myln|y *adj* wrong; erroneous; false; fallacious; mis-; ~**a informacja** misinformation; ~**e obliczenie itd.** miscalculation etc.
mysi *adj* mouse's; ~ **kolor** mouse-grey; **żart** ~ **ogonek** pigtail
mysikrólik *m orn* kinglet
mysz *f* mouse; ~ **polna** field-mouse; **biedny jak** ~ **kościelna** as poor as a church mouse; **siedzieć jak** ~ **pod miotłą** to lie low; *przysł* ~**y tańcują, gdy kota nie czują** when the cat is away the mice will play
myszk|a *f* 1. *dim* ↑ **mysz**; little mouse; *przen* **trącić** ~**ą** to be antiquated 2. (*znamię*) birth-mark
myszkować *vi imperf* to poke about; to poke and pry
myszołów *m orn* buzzard
myśl *f* 1. (*czynność myślenia*) thought; idea; ~ **przewodnia** the central idea; **być dobrej** ~**i** to hope for the best; **mieć coś na** ~**i** to mean sth; **na samą** ~ **o tym** at the very thought of it; **przyszło mi na** ~, **że** ... it occurred to me that ...; *przysł* **co z oczu, to i z** ~**i** out of sight, out of mind 2. (*przekonanie, pogląd*) opinion; view; **wymiana** ~**i** exchange of views; **być jednej** ~**i z kimś** to be at one with sb 3. (*projekt*) suggestion; **poddać** ⟨**rzucić**⟩ ~ **o czymś** to suggest sth 4. (*zamiar*) intention; **bić się z** ~**ami, czy** ... to be in two minds about sth; **nigdy nie miałem tego na** ~**i** I never intended anything of the sort; **nosić się z** ~**ą zrobienia czegoś** to contemplate doing sth; **to idzie po mojej** ~**i** that suits me; **to nie było po mojej** ~**i** that's not what I intended; **w dobrej** ~**i** with the best of intentions; **w** ~ **czegoś** in accordance with sth; **w** ~ **ustawy** according to the law
myśląc|y *adj* thinking; **istota** ~**a** thinking being
myśl|eć *vi imperf* 1. (*mieć w myśli*) to think (**o kimś, czymś** of sb, sth); **nie-**

myślenie — na

wiele ~ąc straight away 2. *(przypuszczać)* to think; to suppose; **co on sobie ~i?** what can he be thinking of?; **~ałby kto, że ...** anybody would think that ...; **tak sobie ~ałem!** I thought so! 3. *(zamierzać)* to think **(coś robić** of doing sth); to intend **(coś robić** to do sth); **czy poważnie o tym ~isz?** are you serious about this? **myśleni|e** *n* ↑ **myśleć**; reflection; sposób **~a** way of thinking; **to mi daje do ~a** it makes me think
myśliciel *m* thinker
myślistwo *n sing t* 1. *(polowanie na ptactwo, zające itd.)* (game) shooting 2. *(łowy)* hunting; the chase
myśliwiec *m lotn* fighter (plane); chaser
myśliwsk|i *adj* 1. *(dotyczący myślistwa)* (trophies etc.) of the chase; shooting — (rights, season etc.); **pies ~i** retriever; hunting-dog; **prawo ~ie** game-laws; **teren ~i** hunting-grounds 2. *(dotyczący myśliwego)* huntsman's; **karta ~a** shooting-licence; **kurtka ~a** shooting-jacket
myśliwy *m* huntsman; hunter
myślnik *m* dash
myślowo *adv* in thought; inwardly; mentally
myślowy *adj* mental; inward; reflective
myto *n hist* toll
mżawka *f* drizzle
mży|ć *vi imperf* to drizzle; *nieosobowo:* **~** it drizzles
mżysty *adj* drizzly

n

na *praep* 1. *(przy określaniu miejsca, położenia itp.)* on; at; in; **na kolanach** one one's knees; **na niebie** in the sky; **na początku** ⟨końcu itd.⟩ at the beginning ⟨end etc.⟩; **na sobie** on one; **na ulicy** in the street; **na wierzchu** on top; **na dworze** out of doors 2. *(w kierunku)* to; towards; **na dwór** out; **na północ** to ⟨towards⟩ the North 3. *(przy określaniu długości trwania)* for; **na krótko** for a while; **na zawsze** for ever 4. *(przy wyznaczaniu pory)* in; on; **na wiosnę** in spring; **na pierwszego** on the first (of the month) 5. *(przy ustalaniu ostatecznego terminu)* by; **zrób to na sobotę** do this by Saturday 6. *(impuls do działania)* at; **na znak** at a signal; **na czyjś rozkaz** at sb's command 7. *(określając uczestnictwo)* at; **na przedstawieniu** ⟨konferencji itd.⟩ at a performance ⟨conference etc.⟩ 8. *(przy oznaczaniu pomiarów przestrzennych)* by; **pięć na siedem** five by seven 9. *(przy oznaczaniu dystansu, głębokości — przy pojęciu ruchu)* to; **na odległość** ⟨wysokość, głębokość⟩ ... to a distance ⟨height, depth⟩ of ...; *(przy pojęciu spoczynku)* at; away; off; **na wysokości** *x* ... at a height of *x* ...; **na milę stąd** a mile away; **gruby na cal** an inch thick 10. *(przy oznaczaniu mierzenia i ważenia)* by; **na tuziny** by the dozen 11. *(gdy wskazuje cel)* for; to; **na co to?** what is that for?; **iść na obiad** ⟨**na wojnę itd.**⟩ to go to dinner ⟨to war etc.⟩; *(nie tłumaczy się)* **pójść na grzyby** ⟨zakupy itd.⟩ to go mushrooming ⟨shopping etc.⟩ 12. *(w przewidywaniu czegoś)* against; **na starość** against old age; **na wypadek nieszczęścia** against an accident 13. *(wytwór czynności)* for; **żelazo na pługi** iron for ploughs 14. *(w zwrotach oznaczających podział)* to; in; into; **podrzeć na kawałki** to tear to pieces; **złożyć arkusz na dwoje** to fold a sheet in two; **dzielić na części** to divide into parts 15. *(w zwrotach oznaczających zamianę)* for; **zamienić towar na pieniądze** to exchange goods for money 16. *(w porównaniach)* like; **wygląda na artystę** he looks like an artist 17. *(gdy oznacza przyczynę, bodziec)* at; **na myśl**

11*

o tym at the thought of it; **na czyjeś wezwanie** at sb's call 18. *(gdy oznacza chorobę, cierpienie)* with; from; **chorować na szkarlatynę** to be ill with scarlet fever; **ciepieć na bóle głowy** to suffer from headaches 19. *(przy określaniu przyczyny śmierci)* of; **on zmarł na zapalenie płuc** ⟨**na serce**⟩ he died of pneumonia ⟨of heart failure⟩ 20. *(gdy wskazuje przeznaczenie leku)* for; **lekarstwo na bezsenność** a medicine for insomnia 21. *(przy oznaczaniu ilości przypadającej na jednostkę)* per; to; **funt na osobę** one pound per person; **x mieszkańców na kilometr kwadratowy** x inhabitants to the square kilometre 22. *(gdy wyraża stosunek liczbowy)* to; in; **dwóch na jednego** two to one; **raz na sto lat** once in a hundred years; *(nie tłumaczy się)* **raz na dzień** ⟨**na rok**⟩ once a day ⟨a year etc.⟩
na bakier *adv* aslant; **nasadzić kapelusz ~** to cock one's hat; *przen* **być z kimś ~** to be at variance with sb
nabawi|ć *perf* — **nabawi|ać** *imperf* **I** *vt* to be the cause **(kogoś choroby itd.** of sb's illness etc.); to bring **(kogoś wstydu itd.** shame etc. upon sb) **II** *vr* **~ć** ⟨**~ać**⟩ **się** to get **(choroby** an illness); to let oneself in **(kłopotu** for some trouble); **~ć się kataru** to get a cold in the head
nabiał *m singt* dairy (and egg farm) produce
nabiałowy *adj* dairy — (produce etc.); **sklep ~** dairy
nabi|ć *perf* — **nabi|jać** *imperf* **I** *vt* 1. to beat; **~ć kogoś** to give sb a beating; **~ć sobie guza** to bruise one's head 2. *(wtłoczyć)* to pack **(coś czymś** sth with sth); **~ć fajkę tytoniem** to have a fill of tobacco; *pot* **~ć kabzę** ⟨**kieszeń**⟩ to make one's pile; **~ć kogoś w butelkę** to make a fool of sb; **~ć komuś głowę czymś** to stuff sb's head with sth (ideas etc); **~ć sobie głowę czymś** to get sth into one's head 3. *(naładować)* to load (a gun etc.); to charge (a battery) **II** *vr* **~ć** ⟨**~jać**⟩ **się** 1. *(nadziać się)* to get stuck ⟨na włócznię itd. on a spear etc.) 2. *imperf (kpić)* to make fun **(z kogoś** of sb); **~jać się z kogoś** to pull sb's leg
nabiedzić się *vr perf* to have an enormous amount of trouble **(z kimś, czymś** with sb, sth)
nabie|gać *imperf* — **nabie|c, nabie|gnąć** *perf* **I** *vi* to swell; to fill **(łzami itd.** with tears etc.); **oczy ~głe krwią** blood-shot eyes **II** *vr* **~gać się** 1. to run about a great deal 2. *(szukać)* to exert oneself **(za czymś** to obtain sth)
nabierać *zob* **nabrać**
nabieranie *n* 1. ↑ **nabierać** 2. *(oszukaństwo)* (a) cheat; swindle
nabijać *zob* **nabić**
nabijanie (się) *n* ↑ **nabijać (się)**; *pot* **~ w butelkę** spoof; hoax; **~ się z kogoś** leg-pull
nabity *adj* 1. *(o lokalu, tramwaju itd.)* crowded; crammed; *praed* full up 2. *(o ciele)* compact 3. *(o rewolwerze)* loaded
nablocić *vi perf* to mud; to soil with mud
nabłonek *m anat bot* epithelium
nabłonkowy *adj* epithelial
nabożeństw|o *n* (divine) service; office; **książka do ~a** prayer-book; **~o żałobne** requiem mass; **odprawiać ~o** to officiate; to say mass
nabożnie *adv* devoutly
nabożny *adj* religious; pious
nabój *m* 1. *(jednostka amunicji)* cartridge; round of ammunition; *am* shell; **ostry ~** ball-cartridge; **ślepy ~** blank cartridge 2. *(ładunek materiału wybuchowego)* charge
nab|rać *perf* — **nab|ierać** *imperf* **I** *vt* 1. *(zagarnąć)* to take **(dużo czegoś** a great deal of sth); **~ierać łopatą (węgiel, węgla itd.)** to shovel (coal etc.); **~rać benzyny** to take a fill of petrol; **~rać** ⟨**~ierać**⟩ **sobie jakiejś potrawy** to help oneself to a dish 2. *(uzyskać)* to gather **(doświadczenia, sił,** szybkości experience, strength, speed); *(nabyć)* to acquire (przyzwyczajenia, biegłości, ważności a habit, proficiency, importance); *(rozwinąć w sobie)* to develop (zamiłowania ⟨skłonności,

ochoty⟩ do czegoś a taste ⟨an inclination, a liking⟩ for sth); (*stać się*) to become + *przymiotnik odpowiadający polskiemu dopełniaczowi*: ∼**rać pewności** ⟨*przekonania, przyzwyczajenia*⟩ to become certain ⟨convinced, accustomed⟩ 3. *pot* (*oszukać*) to take (sb) in; ∼**ieracie mnie** you're kidding me 4. (*wypełnić się*) to fill (**wody, krwi itd**. with water, blood etc.) **II** *vi* (*o wrzodzie*) to gather (head) **III** *vr* ∼**rać** ⟨∼**ierać**⟩ **się** *pot* to be taken in; **dałem się** ∼**rać** I've been had
nabroić *vi perf* to do a lot of mischief
nabrudzić *vi perf* to dirty
nabrzeże *n* 1. (*ocembrowany brzeg*) wharf; landing-pier 2. (*bulwar*) embankment
nabrzmiałość *f* (a) swelling
nabrzmieć *vi perf* — **nabrzmiewać** · *vi imperf* to swell; to distend
nabrzmienie *n* ↑ **nabrzmieć**; (a) swelling; distension; tumescence
nabrzmiewać *zob* **nabrzmieć**
naburmuszyć się *vr perf pot* to make a wry face
nabyci|e *n* ↑ **nabyć** 1. (*zakupienie*) purchase; **do** ∼**a** available; on sale; *handl* in the market; **nie do** ∼**a** unobtainable 2. (*zdobycie*) acquirement (**doświadczenia itd**. of practice etc.)
nabyć *vt perf* — **nabywać** *vt imperf* 1. (*kupić*) to get; to buy; to purchase; to obtain 2. (*zdobyć*) to acquire (**wprawy, umiejętności** practice, knowledge)
nabytek *m* purchase; acquisition
nabyt|y *adj* acquired; ∼**e prawa** vested interests
nabywać *zob* **nabyć**
nabywca *m* buyer; purchaser
nabywcz|y *adj* purchaser's; **siła** ∼**a** purchasing power
nacechowa|ć *vt perf* 1. (*nadać cechę*) to characterize; **być** ∼**nym czymś** to be characterized by sth 2. (*ostemplować*) to mark; to stamp
nachalność *f singt pot* impudence; effrontery
nachalny *adj pot* impudent; brazen
nachmurzony *adj* dark; sombre; gloomy
nachmurz|yć *perf* **I** *vt* to darken (**czoło** one's brow); **być** ∼**onym, mieć** ∼**oną minę** to scowl **II** *vr* ∼**yć się** (*o człowieku*) to knit one's brow; to frown; to scowl
nachodzić *zob* **najść**
nachwalić się *vr perf* 1. (*kogoś*) to extol; **nie mogli się go** ∼ they hadn't enough words of praise for him 2. (*wychwalać siebie*) to boast without restraint
na chybcika *adv pot* in a hurry; in haste; with speed
nachylać *zob* **nachylić**
nachyleni|e *n* ↑ **nachylać, nachylić**; slant; inclination; **stopień** ∼**a** gradient
nachyl|ić *perf* — **nachyl|ać** *imperf* **I** *vt* to slant; to incline **II** *vr* ∼**ić** ⟨∼**ać**⟩ **się** 1. (*o człowieku*) to bend; to lean forward 2. (*o przedmiocie*) to (have a) slant 3. (*o terenie*) to slope
nachylony *adj* slanting; aslant; inclined; (*o terenie*) sloping
naci|ąć *perf* — **naci|nać** *imperf* **I** *vt* 1. (*ściąć wiele*) to cut a great deal (**kwiatów itd**. of flowers etc.) 2. (*nadciąć*) to notch; to incise 3. *posp* (*nabrać*) to take (sb) in **II** *vr* ∼**ąć** ⟨∼**nać**⟩ **się** *posp* to be taken in ⟨duped⟩
naciągacz *m* 1. *posp* trickster; fraud 2. (*przyrząd*) tightener
naciągać *zob* **naciągnąć**
naciąganie *n* ↑ **naciągać** 1. *posp* trickery; hoax 2. (*nabranie smaku, koloru*) infusion
naciąg|nąć *perf* — **naciąg|ać** *imperf* **I** *vt* 1. (*napiąć*) to tighten; to stretch; ∼**nąć mięsień** to strain a muscle; ∼**nąć struny instrumentu** to string a musical instrument; ∼**nąć** ⟨∼**ać**⟩ **zwichniętą nogę** to set a leg 2. (*wdziać*) to pull ⟨to draw⟩ on (one's gloves etc.); to slip on (a dressing gown etc.) 3. (*naczerpać*) to draw (**wody ze studni itd**. water from a well etc.) 4. (*nasunąć*) to pull (**pokrowiec itd**. na coś a cover etc. on sth) 5. *pot* (*nabrać*) to take (sb) in; ∼**nąć** ⟨∼**ać**⟩ **kogoś** to pull sb's leg; ∼**nąć** ⟨∼**ać**⟩ **kogoś na pożyczkę** to tap sb for a loan 6. *pot* (*dostosować do własnych potrzeb*) to stretch (**praw-**

naciągnięty — 310 — **nad**

dę itd. the truth etc.); ~**nąć** ⟨~**ać**⟩ sens słów to strain an interpretation II *vi* (*o płynie*) to infuse; (*o herbacie*) to draw

naciągnięty *adj* 1. (*naprężony*) tight; stretched 2. *pot* (*o porównaniu itd.*) strained; far-fetched

naciec, nacieknąć *vi perf* to flow ⟨to pour⟩ (**do czegoś** into sth)

naciek *m* 1. *geol* sinter; infiltration 2. *med* infiltration

nacieknąć *zob* **naciec**

nacierać *imperf* — **natrzeć** *perf* I *vt* 1. (*trąc posmarować*) to rub; **nacierać, natrzeć kogoś** to give sb a rub-down; *przen* **natrzeć komuś uszu** to give sb a talking-to 2. *perf* (*utrzeć większą ilość*) to grate a lot (**czegoś** of sth) II *vi* to attack (**na nieprzyjaciela** the enemy)

nacierani|e *n* ↑ **nacierać**; (a) rub; friction; *med* embrocation; **płyn do** ~**a** liniment

nacierpieć się *vr perf* to suffer a great deal

nacieszyć *perf* I *vt* to gladden (**oczy** one's eyes) II *vr* ~ **się** to enjoy to the full (**czymś** sth); **nie mogę się tym** ~ I never cease enjoying this

nacięcie *n* ↑ **naciąć**; incision; cut; notch

nacinać *zob* **naciąć**

nacisk *m* 1. (*ciśnienie*) pressure 2. (*napór*) thrust (of an army etc.) 3. (*akcent*) stress; accent; **położyć** ~ **na coś** to lay stress ⟨emphasis⟩ on sth; **powiedzieć coś z** ~**iem** to emphasize ⟨to stress⟩ sth 4. *przen* (*wpływ*) pressure; influence; **wywierać** ~ **na kogoś** to press sb

nacis|kać *vt imperf* — **nacis|nąć** *vt perf* 1. (*przyciskać*) to press (**klamkę** itd. a door-handle etc.); ~**nąć hamulec** to apply the brake 2. (*nacierać*) to push (**na nieprzyjaciela** an enemy) 3. *przen* (*wywierać presję*) to press (**kogoś** sb); to bring pressure to bear (**kogoś** on sb)

naciśnięcie *n* ↑ **nacisnąć**; (a) push; (a) press

nacja *f* nation; (a) people

nacjonalista *m*, **nacjonalistka** *f* (a) nationalist

nacjonalistyczny *adj* nationalist(ic)

nacjonalizacja *f singt* nationalization

nacjonalizm *m singt* nationalism

nacjonalizować *vt imperf* to nationalize

na czczo *zob* **czczo**

naczelnik *m* 1. (*zwierzchnik*) head; director; manager; chief; ~ **poczty** postmaster; ~ **stacji** station-master 2. *hist wojsk* commander-in-chief

naczelny *adj* 1. (*główny*) leading; main; chief 2. (*kierowniczy*) chief; **dowódca** ~ commander-in-chief; **redaktor** ~ editor-in-chief 3. (*najważniejszy*) chief; main; principal

naczyniak *m med* angioma

naczyni|e *n* 1. (*przedmiot użytkowy*) utensil; ~**a kuchenne** kitchen utensils; pots and pans; **zmywać** ~**a** to wash up 2. (*pojemnik*) vase; dish; *fiz* ~**a połączone** communicating vessels 3. *anat* vessel; ~**e krwionośne** blood-vessel; ~**a włosowate** capillary vessels 4. *bot* (*zw pl*) vessel; trachea

naczyniowy *adj* vascular

naczyniówka *f anat* 1. (*warstwa gałki ocznej*) chor(i)oid 2. (*opona mózgowa*) pia mater

nać *f singt* leaves ⟨top(s)⟩ (of vegetables); ~ **buraczana** beet-top; ~ **marchwi** carrot leaves

nad *praep* 1. (*powyżej*) over; above 2. (*więcej niż, ponad*) beyond; ~ **wszelkie pochwały** beyond all praise 3. (*w pobliżu*) a) (*z narzędnikiem*) on; at; ~ **Wisłą** on the Vistula; ~ **morzem** at the seaside; on the sea-shore b) (*z biernikiem*) to; ~ **morze** to the seaside 4. (*z wyrazami oznaczającymi pracę*) at; over; on; **męczyć się czymś** to work hard at sth; **ślęczeć** ~ **książką** to pore over a book 5. (*po czasownikach oznaczających procesy myślowe*) over; on; **dumać** ~ **czymś** to brood over sth 6. (*z wyrazami oznaczającymi sprawowanie władzy, nadzoru*) over; **sprawować władzę** ~ **instytucją** to exercise authority over an institution. 7. (*z wyrazami oznaczającymi uczucia*) at; of; over; for; **boleć**

nadać

~ **czymś** to grieve at ⟨for, over⟩ sth; **płakać** ~ **kimś** to weep for sb || ~ **ranem** at daybreak; ~ **wieczorem** at nightfall

nada|ć *perf* — **nada|wać** *imperf* **I** *vt* 1. (*dać, przyznać*) to grant (**coś komuś** sb sth); to bestow (**przywilej komuś itd.** a privilege upon sb etc.); to confer (**tytuł** ⟨**odznaczenie itd.**⟩ **komuś** a title ⟨a distinction etc.⟩ on sb); to give (**nazwę czemuś** sth a name); ~**ć** ⟨~**wać**⟩ **komuś stanowisko** to promote sb to an office 2. (*wysłać*) to post (a letter); to register (one's luggage etc.) 3. *radio* to broadcast; to transmit || *pot* **diabli** ~**li** hang it **II** *vr* ~**ć** ⟨~**wać**⟩ **się** 1. (*być odpowiednim*) to be suitable (**do czegoś** for sth); to suit (**do jakiegoś celu** a purpose); (*być dobranym*) to match (**do czegoś** with sth); **to się nie** ~**je do użytku** it is unfit for use; **to się doskonale** ~**je** it suits the purpose perfectly 2. (*mieć przymioty, kwalifikacje*) to be fitted ⟨competent⟩ (**do czegoś** for sth); **on się dobrze** ~**je na to stanowisko** he is well fitted for the post || ~**wać się do czytania, jedzenia, uprawy, żeglugi itd.** to be readable, edible, cultivable, navigable

nadajnik *m* transmitter

nadal *adv* as before; as formerly; still; as hitherto; ~ **coś robić** to continue to do sth

nadanie *n* ↑ **nadać** 1. (*przyznanie*) conferment (**komuś tytułu** ⟨**stopnia naukowego itd.**⟩ of a title ⟨degree etc.⟩ on sb); investiture (**komuś godności itd.** of a person with an office etc.) 2. (*wysłanie*) registration (of a letter, of luggage) 3. (*darowizna*) (a) grant; endowment

nadaremnie *adv* in vain; to no purpose

nadaremny *adj* vain; unsuccessful

nadarz|yć się *vr perf* — **nadarz|ać się** *vr imperf* to occur; to turn up; **gdyby się** ~**yła sposobność** should the occasion arise

nadawać *zob* **nadać**

nadawanie *n* ↑ **nadawać** 1. *radio* (a)

broadcast; transmission 2. ~ **się** fitness; suitableness

nadawca *m* 1. (*wysyłający*) sender 2. *radio* broadcaster

nadawczy *adj* 1. *radio* broadcasting — (station etc.); **aparat** ~ transmitter 2. (*przyznający itd.*) (deed etc.) of grant

nad|ąć *perf* — **nad|ymać** *imperf* **I** *vt* to inflate (a balloon etc.); to puff out (**policzki** one's cheeks) **II** *vr* ~**ąć** ⟨~**ymać**⟩ **się** 1. (*wydąć się*) to swell out 2. (*wciągnąć powietrze*) to draw in the air 3. *pot* (*nadąsać się*) to assume a sullen air 4. *pot* (*napuszyć się*) to puff oneself up

nadąsać się *vr perf* = **nadąć się** 3.

nadąsany *adj* sulky; sullen

nadąż|ać *vi imperf* — **nadąż|yć** *vi perf* 1. (*dotrzymywać kroku*) to keep up (**za kimś** with sb); **nie** ~**ać** to lag behind 2. (*podołać*) to cope (**czemuś, z czymś** with sth)

nadbałtycki *adj* Baltic (States etc.)

nadbiec, nadbiegnąć *vi perf* — **nadbiegać** *vi imperf* to run up; to come running; to hasten up

nadbitka *f druk* offprint

nadbrzeże *n* 1. (*obszar nad morzem*) seashore; (*nad rzeką*) riverside; (*nad jeziorem*) lakeside 2. (*bulwar*) embankment

nadbrzeżny *adj* waterside — (trees etc.); sea-shore — (villas)

nadbudowa *f* superstructure

nadbudować *vt perf* — **nadbudowywać** *vt imperf* to add (**piętro** a storey)

nadbudówka *f* 1. (*nadbudowana część*) additional storey 2. *mar* quarter-deck

nadchodzący *adj* (on)coming; approaching

nadchodzić *vi imperf* — **nadejść** *vi perf* to come; to approach; to arrive

nadciągać *vi imperf* — **nadciągnąć** *vi perf* to come; to approach; to draw near; (*o niebezpieczeństwie*) to be imminent

nadciągający *adj* (on)coming; approaching; imminent

nadciągnąć *zob* **nadciągać**

nadciśnienie *n* 1. *med* hypertension 2. *fiz* overpressure
nadciśnieniowy *adj* hypertensive
nadczłowiek *m* superman
nadczynność *f singt med* excessive functional activity; ~ **tarczycy** hyperthyroidism
naddać *vt perf* — **naddawać** *vt imperf* to lengthen; to piece out
naddarcie *n* ↑ **nadedrzeć**; (*dziura*) slight tear
naddatek *m* surplus; overmeasure
naddunajski *adj* Danubian
naddzierać *zob* **nadedrzeć**
naddźwiękowy *adj* supersonic
nade *praep* = **nad**; ~ **mną** above me; ~ **wszystko** above all; above everything else
nadedrzeć *vt perf* — **naddzierać** *vt imperf* to tear slightly
nadejści|e *n* ↑ **nadejść**; arrival; oncoming; **po** ~**u** ⟨**przed** ~**em**⟩ **nocy** after ⟨before⟩ nightfall; **po** ~**u zimy** when winter had come
nad|ejść *zob* **nadchodzić**; to set in; **pociąg** ~**szedł** the train is in
nadeptać, nadepnąć *vi perf* to tread (**na coś** on sth); to crush under foot (**na coś** sth)
nader *adv książk* most (lovely etc.); exceedingly; extremely
nad|erwać *vt perf* — **nad|rywać** *vt imperf* 1. to tear partly 2. (*nadwerężyć*) to strain; ~**erwane ścięgno** torn tendon
nad|esłać *vt perf* — **nad|syłać** *vt imperf* to send; to forward; ~**esłać** ⟨~**syłać**⟩ **pieniądze** to remit a sum
nadetatowy *adj* supernumerary
nadęty *adj* 1. (*zarozumiały*) conceited; puffed up 2. (*o stylu*) stilted; bombastic 3. (*nadąsany*) sulky
nadfiolet *m fiz* ultra-violet rays
nadganiać *vt imperf* — **nadgonić** *vt perf* to catch up (**kogoś, coś** with sb, sth)
nadgarstek *m anat* carpus; wrist
nadgniły *adj* slightly affected with rot
nadgodzin|a *f* hour of extra work; *pl* ~**y** overtime
nadgonić *zob* **nadganiać**
nadgorliwy *adj* overzealous; officious

nadgraniczny *adj* frontier ⟨border⟩ — (town etc.)
nadgry|zać *vt imperf* — **nadgry|źć** *vt perf* to gnaw (**coś** at sth); *przen* ~**ziony zębem czasu** time-worn
nadir *m astr* nadir
nadjechać *vi perf* — **nadjeżdżać** *vi imperf* to come up; to arrive; *imperf* to approach
nadkładać *zob* **nadłożyć**
nadkomplet *m* superfluity; redundance
nadkwasota, nadkwaśność .*f singt med* hyperacidity
nadlecieć *vi perf* — **nadlatywać** *vi imperf* to come flying; *imperf* to approach
nadleśnictwo *n* forest inspectorate
nadleśniczy *m* forest inspector
nadliczbow|y *adj* additional; supernumerary; **godziny** ~**e** overtime
nadliczbówka *f pot* overtime work
nadludzki *adj* superhuman
nad|łożyć *vt perf* — **nad|kładać** *vt imperf* to add; ~**łożyć** ⟨~**kładać**⟩ **drogi** to take a roundabout way
nadmanganian *m chem* permanganate
nadmetraż *m singt* excess of space in living quarters
nadmia|r *m* excess; surplus; overabundance; ~**r szczęścia** excessive happiness; **w** ~**rze** in ⟨**to**⟩ excess
nadmieniać *vi imperf* — **nadmienić** *vi perf książk* to mention; to add; to hint
nadmiernie *adv* in ⟨**to**⟩ excess; excessively; overmuch
nadmierny *adj* excessive; inordinate; undue
nadmorski *adj* maritime; seaside — (resort etc.)
nadmuch|ać *vt perf* — **nadmuch|iwać** *vt imperf* to inflate; ~**ana poduszka** air--cushion; ~**iwany materac** air-mattress
nadnaturalny *adj* supernatural
nadnercze *n anat* suprarenal gland
nadnerkowy *adj anat* suprarenal
nadobn|y *adj książk* comely; sightly; **odpłacać komuś pięknym za** ~**e** to pay (sb) back in his own coin
nadobowiązkowy *adj* optional; facultative; *am szk* elective

nadpełzać vi *imperf* — **nadpełznąć** vi *perf* to crawl up
nadpić vt *perf* — **nadpijać** vi *imperf* to take a sip (**czegoś** of sth)
nadplanowy *adj* (produced, delivered etc.) in excess of the plan
nadpłacić vt vi *perf* — **nadpłacać** vt vi *imperf* to make an excess payment (**pewną kwotę** of a sum)
nadpłata *f* excess payment
nadpłynąć vi *perf* — **nadpływać** vi *imperf* (*o statku*) to call; to come; (*o rybach, człowieku*) to swim up; *imperf* to approach
nadpowietrzny *adj* of outer space
nadprodukcja *f singt* overproduction
nadprogram *m* supplement
nadprogramowy *adj* additional; supplementary
nadproże *n bud* lintel
nadpruć vt *perf* to unsew a few stitches (**coś** of sth)
nadprzyrodzony *adj* supernatural
nadpsuć *perf* **I** vt to impair; to cause (sth) to decay **II** vr ~ **się** to begin to deteriorate ⟨to rot⟩; to get somewhat spoiled
nadr|abiać *imperf* — **nadr|obić** *perf* **I** vt 1. (*uzupełniać*) to make up (**jakiś brak, zaległości** a deficiency, arrears); ~**abiać** ⟨~**obić**⟩ **brak czegoś** to make up for the want of sth; ~**abiać** ⟨~**obić**⟩ **stracony czas** to make up for lost time 2. (*dosztukowywać*) to eke out; to piece on **II** vi ~**abiać bezczelnością** to brazen it out; ~**abiać miną** to make the best of a bad bargain
nadrealistyczny *adj* surrealistic
nadrealizm *m singt* surrealism
nadrobić[1] *zob* **nadrabiać**
nadrobić[2] vt *perf* (*drobno pokruszyć*) to crumble
nadruk *m* overprint; surprint; (*na znaczku pocztowym*) surcharge
nadrywać *zob* **naderwać**
nadrzecze *n* riverside
nadrzeczny *adj* riverside — (cottage etc.); riverain (plant etc.)
nadrzędność *f singt* superior authority; precedence

nadrzędn|y *adj* superior; **gram zdanie** ~**e main clause**
nadscenie *n teatr* fly
nadsiarczan *m chem* persulphate
nadskakiwać vi *imperf* to curry favour (**komuś** with sb); to fawn (**komuś** upon sb)
nadskakiwanie *n* ↑ **nadskakiwać**; obsequiousness; flunkeism
nadskakujący *adj* obsequious; fawning; servile
nadsłuchiwać vt vi *imperf* to prick up one's ears; ~ **czegoś** to listen for sth
nadspodziewanie *adv* beyond expectation; above all expectations
nadspodziewany *adj* unhoped for; ~ **sukces** a success beyond expectation
nadstawi|ać *imperf* — **nadstawi|ć** *perf* **I** vt 1. (*podstawiać*) to hold out; ~**ać policzek do pocałowania** to present one's cheek for a kiss; **przen** ~**ać uszu** ⟨**ucha**⟩ to prick up one's ears 2. (*wystawiać na działanie*) to expose; **przen** ~**ać głowy** ⟨*pot* **karku**⟩ to risk one's life ⟨*pot* one's neck⟩ **II** vr ~**ać** ⟨~**ć**⟩ **się** to run risks
nadstawka *f* level raiser; ~ **szafy** upper addition to a wardrobe; ~ **ula** superhive
nadsyłać *zob* **nadesłać**
nadszarpnąć vt *perf* — **nadszarpywać** vt *imperf* 1. (*nadwerężyć*) to impair (one's health, sb's reputation etc.) 2. (*uszczuplić*) to reduce (sb's fortune etc.)
nadsztukować vt *perf* — **nadsztukowywać** vt *imperf* to lengthen; to piece out
nadszybie *n górn* pit-head
nadtarczyczność *f singt med* hyperthyroidism
nadtlenek *m chem* peroxide
nadtłu|c vt *perf* — **nadtłu|kiwać** vt *imperf* to chip ⟨to notch⟩ (**naczynie porcelanowe itd.** crockery etc.); ~**czone jajko** cracked egg
nadto *adv* moreover, besides; furthermore; **aż** ~ more than enough; enough and to spare; **tego już** ~ that's coming it too strong
nadużyci|e *n* ↑ **nadużyć**; abuse; misuse

nadużyć 314 **nadzwyczajny**

(of a word etc.); *pl* ~a corrupt practises; ~e kasowe embezzlement; ~e władzy use of undue authority **naduży|ć** *vt perf* — **naduży|wać** *vt imperf* to abuse (czegoś sth; czyjejś uprzejmości itd. sb's kindness etc.); to indulge too freely (alkoholu itd. in alcohol etc.); ~ć ⟨~wać⟩ czyjejś gościnności to wear out one's welcome; ~ć ⟨~wać⟩ swych sił to overtax one's strength
nadużywanie *n* ↑ nadużywać; abuse; misuse
nadwaga *f* overweight
nadwartość *f singt ekon* overvalue
nadwątlić *vt perf* to weaken; to impair
nadwerężać *zob* **nadwerężyć**
nadwerężenie *n* ↑ nadwerężyć; impairment; strain (czegoś on sth)
nadweręż|yć *perf* — **nadweręż|ać** *imperf* I *vt* to impair; to weaken; to strain; to tax (czyjeś siły, zasoby itd. sb's energies, resources etc.) II *vr* ~yć ⟨~ać⟩ się to strain oneself
nadwichnąć *vt perf* to sprain
nadwiślański *adj* situated on the Vistula
nadwodny *adj* aquatic; riverside — (reeds etc.)
nadworny *adj* court — (official etc.); ~ **dostawca** purveyor by appointment ⟨in ordinary⟩
nadwozie *n aut* (car) body
nadwrażliwość *f singt* hypersensitiveness
nadwrażliwy *adj* oversensitive; hypersensitive
nadwyżka *f* surplus; ~ **wagi** excess weight; ~ **kasowa** (an) over (in the cash)
nadwzroczność *f singt med* hyperopia
nadymać *zob* **nadąć**
nadymani|e *n* ↑ nadymać 1. inflation; do ~a inflated; air- (mattress, cushion etc.) 2. ~e się *pot* a) (*puszenie się*) conceit; airs b) (*dąsanie się*) sulks
nadymany *adj* inflated
nadzi|ać *perf* — **nadzi|ewać** *imperf* I *vt* 1. *kulin* to stuff; to fill (sausages etc.) 2. (*nasadzić*) to stick ⟨to fix⟩ (coś na widelec itd. sth on a fork etc.) II *vr* ~ać ⟨~ewać⟩ się to stick ⟨to get

stuck⟩ (na coś on sth); to come up (na coś against sth)
nadział *m* apportionment (of land)
nadzie|ja *f* hope; mieć ~ję to hope; to be hopeful; to have hopes; nie tracę ~i I am still hopeful; pokładać ~je w kimś, czymś to set (all) one's hopes on sb, sth; w ~i, że coś się stanie hopeful ⟨in the hope⟩ that sth will happen; **rokujący** ~je promising; *†* **przy** ~i in the family way
nadziemn|y [d-z] *adj* above-ground — (work etc.); **kolej** ~a overhead railway; *am* elevated railroad
nadziemski [d-z] *adj* heavenly; celestial
nadzienie *n kulin* stuffing; filling
nadziewać *zob* **nadziać**
nadziwić się *vr perf* to be amazed; nie mogę się ~ **twojej odwadze** I wonder at your courage
nadzmysłowy [d-z] *adj* transcendental; supranaturalistic
nadzorca [d-z] *m* supervisor; inspector; overseer
nadzorcz|y [d-z] *adj* supervisory; **rada** ~a Board of Directors
nadzorować [d-z] *vt imperf* to superintend; to supervise; to inspect; ~ **kogoś** to keep an eye on sb
nadzorujący [d-z] *m* supervisor; (*robotnik*) foreman
nadz|ór [d-z] *m* supervision; inspection; superintendence; ~**ór państwowy** Government control; ~**ór policyjny** surveillance; mieć ~**ór nad czymś** to superintend ⟨to supervise⟩ sth; znajdować się pod ~**orem** to be under surveillance
nadzwyczaj *adv* unusually; exceptionally
nadzwyczajnie *adv* extremely; exceedingly; (*przed przymiotnikiem lub przysłówkiem*) most (**serdeczny, uprzejmie** itd. cordial, kindly etc.); **robić coś** ~ to do sth exceptionally well
nadzwyczajność *f singt* uncommonness; extraordinariness
nadzwyczajn|y *adj* 1. (*wyjątkowy*) extraordinary; exceptional; remarkable; **to jest coś** ~**ego!** it's simply wonderful! 2. (*specjalny*) special; ~**y dodatek** supplement; ~**e wydanie** (**gazety**) (a)

nadżerka special; **profesor** ~y assistant professor
nadżerka [d-ż] *f med* erosion
nafciany *adj* oil — (fields etc.)
nafciarstwo *n singt* mineral-oil industry
nafciarz *m pot* 1. (*specjalista*) oil exploiter 2. (*robotnik*) workman in the mineral-oil industry
nafta *f singt* 1. (*do oświetlania*) paraffin oil; lamp-oil; *am* kerosene 2. (*ropa naftowa*) petroleum; (mineral) oil
naftalen *m singt*, **naftalina** *f singt chem* naphthalene, naphthaline
naftociąg *m* oil pipe-line
naftodajny, naftonośny *adj* oil-yielding
naftow|y *adj* 1. oil — (industry etc.); **pole** ~e oilfield; **ropa** ~a (mineral) oil; petroleum; **szyb** ~y oil well; **zagłębie** ~e oil district 2. (*o przyrządzie*) paraffin ⟨*am* kerosene⟩ — (lamp etc.); **maszynka** ~a oil-cooker
nagab|ywać *vt imperf* — **nagab|nąć** *vt perf* 1. (*zaczepiać*) to trouble; to importune; to molest; ~ywać kogoś pytaniami to ply sb with questions 2. (*zwracać się z prośbami*) to solicit
nagadać *perf I vt* to say; to tell; ~ głupstw to say a lot of nonsense; ~ komuś impertynencji to be impertinent with sb **II** *vi* 1. (*skrzyczeć*) to rate (komuś sb) 2. (*obmówić*) to backbite (na kogoś sb) **III** *vr* ~ się to talk to one's heart's content
nagan *m* (a type of) revolver; seven-shooter
nagan|a *f* reprimand; reproof; **udzielić komuś** ~y to reprimand sb
naganiacz *m* 1. *myśl* beater 2. *przen* (*namawiający do kupna itd.*) tout
naganiać *zob* **nagnać**
naganka *f myśl* battue
naganny *adj książk* blameworthy; censurable; reprehensible
nagar *m aut* carbon deposit
nag|i *adj* 1. (*goły*) naked; nude 2. *przen* (*bez pokrycia*) bare (trees, walls etc.) 3. *przen* (*bez obsłonek*) naked; bare; plain; ~ie fakty bare facts; ~a prawda naked ⟨bare, plain⟩ truth || do ~a to the skin
nagi|ąć *perf* — **nagi|nać** *imperf I vt* 1. (*nachylić*) to bend; to incline; **prżen** ~ąć do czegoś karku to submit to sth 2. *przen* (*skłonić*) to adapt; to accommodate **II** *vr* ~ąć ⟨~nać⟩ się *przen* to adapt ⟨to accommodate⟩ oneself (do czegoś to sth)
nagietek *m*, **nagietka** *f bot* marigold
naginać *zob* **nagiąć**
naglący *adj* urgent; pressing
nagle *adv* 1. (*nieoczekiwanie*) suddenly; all of a sudden; all at once; (*o pojeździe*) ~ **stanąć** to stop short 2. (*szybko*) hastily; swiftly; **przysł co** ~, **to po diable** more haste less speed
nagli|ć *vt imperf* to urge; to press; **czas** ~ time presses; **nic nie** ~ there's no (particular) hurry
nagłos *m jęz* initial sound
nagłość *f singt* suddenness; abruptness
nagłośnia *f anat* epiglottis
nagłowić się *vr perf* to cudgel one's brains; to puzzle a great deal
nagłówek *m* title; heading; (*w gazecie*) headline; ~ **listu** letter-head
nagł|y *adj* 1. (*niespodziewany*) sudden; unexpected; **w** ~ym wypadku in case of emergency 2. (*raptowny*) instantaneous; instant 3. (*pilny*) urgent; pressing || z ~a suddenly; all of a sudden; all at once
nagminny *adj* 1. (*powszechny*) general; common 2. (*epidemiczny*) epidemic; endemic
naganiać *vt imperf* to drive; to urge; *przen* ~ **kogoś do roboty** to compel sb to work
nagnieść *vt perf* — **nagniatać** *vt imperf* to press
nagniotek *m* corn
nago *adv* 1. (*bez ubrania*) nakedly; with no clothes on; in the nude 2. *przen* (*bez przybrania*) nakedly 3. *przen* (*bez obsłonek*) crudely
nagolennik *m sport* shin-guard; knee-pad
nagonić *zob* **nagnać**
nagonka *f* 1. *myśl* battue 2. *przen* (*prześladowanie*) campaign (**na kogoś** against sb); dead set (**na kogoś** at sb)
nagość *f singt* 1. (*golizna*) nakedness; nudity 2. *przen* (*brak przybrania*) bare-

ness 3. *przen* (*występowanie bez osłonek*) crudity (of a statement etc.)
nagrabić *vt perf* 1. (*zgarnąć grabiami*) to rake up (**furę siana** itd. a cartful of hay etc.) 2. (*zgromadzić za pomocą grabieży*) to rob ⟨to plunder⟩ a lot of ...
nagrać *vt perf* — **nagrywać** *vt imperf* to record ⟨to register⟩ (**coś na płycie, na taśmie** sth on a disc, on tape) **nagr|adzać** *vt imperf* — **nagr|odzić** *vt perf* 1. (*obdarzać w nagrodę*) to reward; to recompense (**kogoś za coś** sb for sth) 2. (*na konkursie*) to award a prize (**kogoś** to sb) 3. (*kompensować*) to compensate (**komuś stratę, szkodę** itd. sb for a loss, damage etc.); to make up (**coś czymś** for sth by sth); ∼**adzać** ⟨∼**odzić**⟩ **krzywdę** to redress a wrong
nagrani|e *n* ↑ **nagrać**; (a) recording; *pl* ∼**a** recorded music; ∼**e na taśmie** tape-recording
nagrobek *m* 1. (*płyta*) tombstone; monument 2. (*napis*) epitaph
nagrobkowy *adj* sepulchral (stone etc.)
nagrobny *adj* sepulchral; **napis** ∼ epitaph
nagrod|a *f* 1. (*zapłata*) reward; recompense; **w** ∼**ę za coś** in reward for sth 2. (*odznaczenie*) prize; award; **przyznać komuś** ∼**ę** to award sb a prize 3. (*odszkodowanie*) compensation
nagrodzić *zob* **nagradzać**
nagrodzony I *adj* prize — (stallion etc.) II *m* prize-winner
nagromadzać *zob* **nagromadzić**
nagromadzenie *n* ↑ **nagromadzić**; accumulation; collection; agglomeration
nagromadz|ić *perf* — **nagromadz|ać** *imperf* I *vt* to accumulate; to amass; to collect II *vr* ∼**ić** ⟨∼**ać**⟩ **się** 1. (*skupić się*) to accumulate (*vi*) 2. (*zebrać się*) to assemble
nagrywać *zob* **nagrać**
nagryzmolić *vt perf* to scribble; to scrawl
nagrz|ać *perf* — **nagrz|ewać** *imperf* I *vt* to warm; to heat II *vr* ∼**ać** ⟨∼**ewać**⟩ **się** to get warm
nagrzewacz *m* heater; warmer; radiator
nagrzewać *zob* **nagrzać**

nagus *m pot* naked person
nagusek *m* naked baby
nagusień|ki *adj* stark naked
na gwałt *zob* **gwałt**
nahaj *m*, **nahajka** *f* whip
naigrawać się *vr imperf* to ridicule (**z kogoś, czegoś** sb, sth); to sneer (**z kogoś, czegoś** at sb, sth)
naigrawanie *n* ↑ **naigrawać**; ridicule; derision; sneers
naiwniak *m pot* żart *iron* gull; simpleton
naiwność *f singt* naïveté; simple-mindedness; ingenuousness
naiwny *adj* naïve; simple-minded; ingenuous; credulous
naj- *praef tworzy stopień najwyższy przymiotników i przysłówków od ich form stopnia wyższego*: most; -est
najada *f mitol* naiad
najadać się *zob* **najeść się**
najazd *m* incursion; invasion; irruption
naj|ąć *perf* — **naj|mować** *imperf* I *vt* 1. (*korzystać z usług*) to engage (a teacher, a specialist etc.); to hire (workmen, a coach etc.) 2. (*wziąć w użytkowanie*) to rent ⟨to lease⟩ (a flat, a house etc.) II *vr* ∼**ąć** ⟨∼**mować**⟩ **się** to be hired; to engage oneself; to take work ⟨a job⟩; ∼**ąć się do pracy** to go to work
najbardziej *adv* (*sup* ↑ **bardzo**) most (of all); **to co** ∼ **lubię** what I like best; **jak** ∼ as much as possible
najbliżej *adv* (*sup* ↑ **blisko**) nearest (**kogoś, czegoś** sb, sth, to sb, sth); **jak** ∼ as near as possible
najbliż|szy I *adj* (*sup* ↑ **bliski**) nearest (**kogoś, czegoś** sb, sth, to sb, sth); next (**kogoś, czegoś** to sb, sth); ∼**szy krewny** next of kin; ∼**szy sąsiad** immediate ⟨next-door⟩ neighbour; **przy** ∼**szej sposobności** as soon as the occasion presents itself II *pl* ∼**si** one's family and closest friends
najczęściej *adv* (*sup* ↑ **często**) most often; generally
najdalej *adv* (*sup* ↑ **daleko**) 1. (*w określeniach czasu*) a) (*trwanie*) at the longest; ∼ **do tygodnia** a week at the longest b) (*przyszłość*) at the latest; ∼ **za kwadrans** in 15 minutes at the

najdalszy 317 **najprawdopodobniej**

latest c) (*przeszłość*) at the outmost; ~ 10 **minut temu** ten minutes ago at the outmost 2. (*w przestrzeni*) farthest ⟨furthest⟩ of all
najdalszy *adj* (*sup* ↑ **daleki**) the farthest ⟨furthest⟩; extreme; **do ~ch granic** to the utmost limit
najechać *vt vi perf* — **najeżdżać** *vt vi imperf* 1. (*wpaść na kogoś*) to run (**kogoś, na kogoś** into sb); to knock (sb) down 2. (*wpaść na coś*) to run ⟨to crash⟩ (**na coś** into sth) 3. (*dokonać najazdu*) to invade (a country); to make an incursion (**kraj** into a country)
najedzony *adj* sated; **jestem** ~ **I** have had enough (to eat)
najem *m* 1. (*wzięcie siły roboczej*) hire (of workers etc.) 2. (*odstąpienie, wzięcie nieruchomości itd.*) renting; leasing; letting; **oddać w** ~ to rent; to lease; to let; **wziąć w** ~ to rent; to lease; to take on lease ⟨on hire⟩
najemca *m*, **najemczyni** *f* hirer; tenant; lessee
najemnica *f* journey ⟨hired⟩ woman
najemniczy *adj* (*o wojsku*) mercenary
najemnik *m* 1. (*pracownik*) wage-earner; hired man 2. (*żołnierz*) (a) mercenary
najemn|y *adj* 1. (*płatny*) wage-earning; **praca ~a** hired labour 2. (*o żołnierz*u) mercenary
naj|eść się *vr perf* — **naj|adać się** *vr imperf* 1. (*zjeść dużo czegoś*) to eat a lot (**chleba itd.** of bread etc.) 2. (*nasycić się*) to eat one's fill 3. *przen* (*doznać przykrości*) to suffer (**czegoś** sth); **~eść się wstydu** to blush for shame; **~adłem się strachu** I had an awful fright
najezdniczy *adj* predatory; invasive
najeździć się *vr perf* to travel a great deal
najeźdźca *m* invader
najeżać *zob* **najeżyć**
najeżdżać *zob* **najechać**
najeżony *adj* bristling (with bayonets' etc.); *przen* ~ **trudnościami itd.** bristling ⟨beset⟩ with difficulties etc.
najeż|yć *perf* — **najeż|ać** *imperf* I *vt* (*o zwierzęciu*) to bristle (its hair);

(*o ptaku*) to ruffle (its feathers) II *vr* **~yć** ⟨**~ać**⟩ **się** 1. (*o zwierzęciu*) to bristle its hair; (*o ptaku*) to ruffle its feathers 2. *przen* (*stać się nieprzystępnym*) to bristle up
najęcie *n* ↑ **najać**; hire; lease; rent; ~ **pracownika** engagement of an employee
najęty *adj* hired; **wrzeszczeć jak** ~ to scream like one possessed; **on kłamie jak** ~ he is an arrant liar
najgorszy *adj* (*sup* ↑ **zły**) the worst; **w ~m razie** at (the) worst
najgorzej *adv* (*sup* ↑ **źle**) worst (of all)
najjaśniejszy *adj sup* ↑ **jasny**; **Najjaśniejszy Panie** Your Majesty
najlepiej *adv* (*sup* ↑ **dobrze**) best (of all); ~ **będzie, jeżeli pójdziesz** ⟨**zrobisz itd.**⟩ you had better go ⟨do etc.⟩; ~ **jak tylko mogłem** as well as I could; to the best of my ability
najleps|zy I *adj* (*sup* ↑ **dobry**) the best; **w ~ym razie** at best II *n* **~e** the best thing; the very best; **oni bawią się w ~e** they are amusing themselves as if nothing had happened; **wszystkiego ~ego!** the best of luck!; (*życzenia urodzinowe*) many happy returns (of the day)
najmniej *adv* (*sup* ↑ **mało**) least ⟨fewest⟩ (of all) || **co** ~ at (the very) least; **jak** ~ as little ⟨as few⟩ as possible
najmniejszy *adj* (*sup* ↑ **mały**) (the) least; *praed* least of all; **w ~m stopniu** least (of all)
najmować *zob* **nająć**
najniższy *adj* (*sup* ↑ **niski**) lowest; lowermost
najnowszy *adj* (*sup* ↑ **nowy**) (*o poglądach, wiadomościach itd.*) the latest; ~ **wynalazek** the last thing (in radio, motor cars etc.)
najpewniej *adv* 1. *sup* ↑ **pewnie** 2. (*prawdopodobnie*) like enough; very like
najpierw *adv* first (of all); in the first place
najpóźniej *adv* (*sup* ↑ **późno**) latest of all; at the very latest; ~ **do soboty** by Saturday at the very latest
najprawdopodobniej *adv* (*sup* ↑ **prawdopodobnie**) most likely

najprędzej *adv* (*sup* ↑ **prędko**) at the earliest; **jak** ~ as soon as possible
najrozmaitszy *adj* (*sup* ↑ **rozmaity**) of all possible sorts ⟨kinds⟩
najskrytszy *adj* (*sup* ↑ **skryty**) inmost; innermost
najstarszy *adj* (*sup* ↑ **stary**) oldest; (*w rodzinie*) eldest (brother etc.)
najście *n* ↑ **najść** 1. (*niespodziewane pojawienie się*) intrusion 2. (*napaść*) invasion
najść *vt perf* — **nachodzić** *vt imperf* 1. (*pojawić się niespodziewanie*) to intrude (**kogoś** upon sb) 2. (*napaść*) to invade
najświeższy *adj* (*sup* ↑ **świeży**) (*o wiadomości itd.*) the latest
najświętszy *adj* (*sup* ↑ **święty**) sacred; holy; **Najświętsza Panna** Our Lady
najtajniejszy *adj* (*sup* ↑ **tajny**) innermost
najważniejszy *adj* (*sup* ↑ **ważny**) main; chief; paramount; **być ~m** to come first
najwcześniej *adv* (*sup* ↑ **wcześnie**) at the earliest
najwięcej *adv* (*sup* ↑ **dużo**) most of all
największy *adj* (*sup* ↑ **duży**) greatest; largest; (*w natężeniu*) utmost; extreme
najwyraźniej *adv* 1. *sup* ↑ **wyraźnie** 2. (*przypuszczalnie*) clearly; evidently
najwyżej *adv* (*sup* ↑ **wysoko**) (*także co ~*) at (the very) most; at the outmost; **~ powie „nie"** he can only say "no"
najwyższy *adj* (*sup* ↑ **wysoki**) 1. (*górny*) highest; upmost; top — (drawer etc.); **~ czas** high time; **w ~m stopniu** extremely 2. (*najważniejszy*) chief; outstanding; paramount 3. (*najintensywniejszy*) utmost; extreme; *gram* superlative (degree)
najzupełniej *adv* = **zupełnie**
nakapać *perf* **I** *vt* to drip (a liquid); to let (a liquid) drip **II** *vi* to drip
nakarmić *vt perf* to feed; to give (sb) food and drink
nakaz *m* 1. (*rozporządzenie*) order; command; *sąd prawn* writ; warrant (of arrest etc.); **~ płatniczy** precept (for payment); **~ pracy** compulsory direction to a job; *przen* **~ dnia** the order of the day 2. (*norma działania*) rule; dictate (of conscience etc.)
nakaz|ać *vt perf* — **nakaz|ywać** *vt imperf* to order ⟨to command⟩ (**komuś coś zrobić** sb to do sth); (*o prawie, ustawie itd.*) to require; **~ać** ⟨**~ywać**⟩ **komuś milczenie** ⟨**ostrożność itd.**⟩ to enjoin silence ⟨prudence etc.⟩ on sb; **rozsądek ~uje tak postąpić** common sense demands this step ⟨action⟩; **~ywać szacunek** to command ⟨to inspire⟩ respect
nakazujący *adj* peremptory; imperative
nakazywać *zob* **nakazać**
nakierować *vt perf* to direct ⟨to point⟩ (**coś na coś** sth to sth)
nakleić *vt perf* — **naklejać** *vt imperf* to stick; to glue; to paste
naklejka *f* label
nakład *m* 1. (*suma pieniędzy*) outlay; cost; **z wielkim ~em pieniędzy** at great cost 2. (*włożona praca, energia itd.*) expenditure (of work, time etc.) 3. (*liczba egzemplarzy wydania*) edition (of a book); circulation (of a paper, magazine); **jaki był ~?** what size was the edition? 4. (*wydanie*) edition; impression; issue; **~em firmy ...** edited by Messrs ...; **nowy ~** reimpression; **~ wyczerpany** (the book is) out of print
nakładać *imperf* — **nałożyć** *perf* **I** *vt* 1. (*umieszczać*) to put; to place; to load (goods on a cart etc.); **nakładać sobie** ⟨**komuś**⟩ **na talerz** to take ⟨to give sb⟩ a helping (of sth); **nakładać psu kaganiec** to muzzle a dog; **nałożyć warstwę czegoś na coś** to give sth a coating of sth 2. (*obciążyć*) to impose (**podatek, obowiązek itd. na kogoś** a tax, an obligation etc. on sb); **nałożyć cło na towar** to put dues on a commodity; **nałożyć karę na kogoś** to inflict a penalty on sb; **nałożyć cenę na czyjąś głowę** to set a price on sb's head 3. (*ubierać się w coś*) to put on (a garment) || **nałożyć drogi** to take a roundabout way **II** *vr* **nakładać** ⟨**nałożyć**⟩ **się** (*zachodzić na siebie*) to overlap
nakładanie *n* ↑ **nakładać**; **~ kary** inflic-

tion of a punishment; ~ **podatków** imposition of taxes

nakładan|y *adj kraw* sewn on; ~a **kieszeń** patch-pocket

nakładca *m* investor; (*wydawca*) publisher

nakładk|a *f* 1. *techn* fish-plate 2. *stol* splice; lap; (*o łodzi*) **poszyta na ~ę** clinker-built

nakładowy *adj* publishing (firm etc.)

nakł|aniać *imperf* — **nakł|onić** *perf* **I** *vt* 1. (*namawiać*) to induce ⟨to incline, to incite⟩ (sb to do sth); **usilnie ~aniać kogoś do czegoś** to urge sth on sb 2. (*schylać*) to incline; to bend; *przen* **~aniać ucha czemuś** to incline one's ear to sth **II** *vr* **~aniać** ⟨**~onić**⟩ **się** 1. (*pochylać się*) to incline ⟨to bend⟩ (*vi*) 2. (*być skłonnym do czegoś*) to be inclined (**do zrobienia czegoś** to do sth)

nakłanianie *n* ↑ **nakłaniać**; inducement; incitement; persuasion

nakłaść *vt perf* to put (**czegoś na coś** ⟨**w coś**⟩ plenty of sth on sth ⟨in sth⟩); *pot* ~ **coś komuś w uszy** to give sb an earful (of injunctions etc.)

nakłucie *n* ↑ **nakłuć** 1. (*ukłucie*) prick 2. *med* puncture

nakłuć *vt perf* — **nakłuwać** *vt imperf* 1. (*ukłuć*) to prick 2. *med* to puncture

nakłuwacz *m* spike-file

nakłuwać *zob* **nakłuć**

nakolannik *m* knee-pad

nakraja|ć *vt perf* to cut some ⟨many⟩ slices (**chleba, szynki itd.** of bread, ham etc.); **~ny chleb** slices of bread

nakrapiać *vt imperf* — **nakropić** *vt perf* to moisten; to sprinkle

nakrapiany *adj* spotted

nakreślić *vt perf* — **nakreślać** *vt imperf* 1. (*narysować*) to sketch; to delineate; to trace (a plan etc.) 2. (*wytyczyć*) to trace out (a scheme etc.); to lay down (a line of conduct etc.) 3. *perf* (*napisać*) to write

nakręcić *vt perf* — **nakręcać** *vt imperf* to wind up (a clock etc.); to dial (a telephone number etc.); to shoot (a film, a scene)

nakrętka *f* 1. (*mutra*) nut 2. (*zamknięcie butelki, tuby*) (screw) cap ⟨top⟩

nakrochmalić *vt perf* to starch; to stiffen

nakrochmalony *adj* starched; stiff

nakroić *vt perf* = **nakrajać**

nakropić *zob* **nakrapiać**

nakruszyć *perf* **I** *vt* (*rozdrobnić*) to crumb **II** *vi* (*pozostawić okruszyny*) to leave crumbs of bread behind one

nakrycie *n* ↑ **nakryć** 1. covering; overlay; ~ **głowy** a) (*męskie*) headgear b) (*kobiece*) head-dress; ~ **łóżka** bedspread 2. (*zastawa stołowa*) table-ware; (*na jedną osobę*) (a) cover

nakry|ć *perf* — **nakry|wać** *imperf* **I** *vt* 1. to cover; to overspread; **~ć dachem** to roof (a building); **stół ~ty na dwie osoby** a table laid for two 2. *pot* (*przyłapać*) to nab; to catch (sb) red--handed **II** *vi* to lay (**na dwie osoby** for two); **~ć, ~wać do stołu** to lay the table; **~ć do obiadu itd.** to lay the table for dinner etc. **III** *vr* **~ć** ⟨**~wać**⟩ **się** to cover oneself; *pot* **~ć się nogami** to come a purler; to fall head over heels

nakrywkow|y *adj* covering; **szkiełko ~e** cover-glass

nakrzyczeć *vi perf pot* to scold (**na kogoś** sb)

nal|ać *vt perf* — **nal|ewać** *vt imperf* 1. (*lać*) to pour (**wodę** ⟨**wody**⟩ **w coś** ⟨**do czegoś**⟩ water in ⟨into⟩ sth); (*napełnić*) to fill (**coś** ⟨**czegoś**⟩ **w coś** ⟨**do czegoś**⟩ sth with sth); **~ać** ⟨**~ewać**⟩ **komuś herbaty** to pour out some tea for sb; **przysł z próżnego** ⟨**z pustego**⟩ **i Salomon nie ~eje** you can't make bricks without straw 2. (*zrobić nalewkę*) to steep (berries etc.) in alcohol 3. (*rozlać*) to spill (water on the floor etc.)

nalan|y *adj* bloated; puffy; **~a twarz** pudding face

nalatywać *vi imperf* — **nalecieć** *vi perf* 1. (*o owadach — przybywać*) to come flying 2. *perf* (*wpaść na kogoś*) to bump (**na kogoś** against sb) 3. *pot* (*występować przeciwko komuś*) to assail (**na kogoś** sb)

naleciałość *f* accretion; ~ językowa loan-word
nalecieć *zob* **nalatywać**
nalegać *vi imperf* to insist (**na coś** on sth); to urge ⟨to press⟩ (**na kogoś, coś sb, sth**)
nalegający *adj* insistent
naleganie *n* ↑ **nalegać**; insistence
nalepi|ać *vt imperf* — **nalepi|ć** *vt perf* to stick; to paste; to glue; ~**ć znaczek pocztowy** to stick on a stamp; **ogłoszeń ~ać nie wolno** stick no bills
nalepka *f* (adhesive) label; *am* sticker
naleśnik *m kulin* pancake; *am* flapjack
nalewać *zob* **nalać**
nalewka *f* 1. (*napój*) infusion of herbs ⟨berries, fruits⟩ steeped in alcohol 2. *farm* tincture
należ|eć *imperf* I *vi* 1. (*być czyjąś własnością*) to belong (**to** sb) 2. (*wchodzić w skład, zaliczać się*) to belong (**to** an organisation, **to** the best writers etc.); to rank (**do sławnych ludzi itd.** among the illustrious men etc.) 3. (*brać udział*) to belong (**to** a plot etc.); to take part (**do czegoś** in sth) 4. (*stanowić prawo, obowiązek*) to rest ⟨to lie⟩ (**do kogoś** with sb); ~**eć do czyichś obowiązków** to come within sb's duties; **to do ciebie nie ~y** that's none of your business; **zrobiłem to, co do mnie ~ało** I have done my part ‖ *impers* ~**y** ... one should ⟨one ought to⟩ ...; ~**y być ostrożnym** one should ⟨ought to⟩ be careful; ~**y tego unikać** this should be avoided; **co ~y powiedzieć?** what should one say?; **nie ~y się bać** there's nothing to be afraid of; (*gdy podmiot wiadomy stosuje się formę osobową*) **co ~y robić?** what am I to do?; **nie ~y mówić takich rzeczy** you shouldn't say such things II *vr* ~**eć się** 1. (*stanowić dług*) to be owing (**komuś** to sb); to be (**komuś** sb's) due; **ile się panu ~y?** what do I owe you?; (*do lekarza itd.*) what is your fee? 2. (*przysługiwać komuś*) to fall by right; to be due (**komuś** to sb); *podmiot osobowy* + to owe ⟨to deserve⟩; ~**y mu się nagroda** he deserves a reward; **to, co się komuś ~y sb's share** ⟨due⟩
należnoś|ć *f* dues; amount due; (*honorarium*) fee; „~**ć otrzymałem**'' ''received''; **prosimy o przesłanie nam ~ci** please send us your remittance; **ściągnąć ~ć** to collect one's dues
należny *adj* 1. (*przysługujący*) due 2. (*należący się*) owing (**to** sb)
należycie *adv* duly; in due form; suitably
należyty *adj* due; suitable
nalot *m* 1. (*osad*) deposit 2. *med* deposit; coating; ~ **na języku** fur 3. (*atak samolotów*) air raid; **dokonać ~u na miasto** to raid a town
naładow|ać *vt perf* — **naładow|ywać** *vt imperf* 1. (*zapełnić*) to load; ~**ać statek** to freight a ship 2. *el* to charge (a battery etc.) 3. (*nabić broń*) to charge (a rifle)
nałamać *vt perf* to break (**gałęzi itd.** lots of branches etc.); **przen ~ sobie głowy nad czymś** to puzzle a great deal over sth
nałogowiec *m* (*narkoman*) addict; (*pijak, palacz itd.*) inveterate drunkard, smoker etc.
nałogowy *adj* inveterate (drunkard, gambler etc.)
nałożnica *f* concubine
nałożyć *zob* **nakładać**
nał|óg *m* 1. (*zły nawyk*) addiction (**to** drugs etc.); bad habit; **oddawać się ~ogowi** to indulge in a habit; **popaść w ~óg** to acquire a habit 2. (*przyzwyczajenie*) habit; **z ~ogu** from force of habit
nałykać się *vr perf* 1. (*połknąć*) to gorge oneself (**jadła** with food); *pot* ~ **strachu** to be in deadly fear 2 (*wdychać*) to breathe in (**dymu, kurzu** no end of smoke, dust)
namacać *vt perf* to find by feeling; to feel (**coś palcami** sth under one's fingers)
namacalność *f singt* tangibility; palpability
namacalny *adj* tangible
namagnesowanie *n* magnetization
namakać *zob* **namoknąć**
namaszczać *vt imperf* — **namaścić** *vt*

namaszczenie 321 **naoczny**

perf 1. (*smarować*) to smear; to grease; to oil 2. *rel* to anoint (a king) 3. *rel* (*przy udzielaniu sakramentów*) to apply holy oil (**kogoś** to sb)
namaszczenie *n singt* 1. ↑ **namaszczać, namaścić**; *rel* ostatnie ~ Extreme Unction 2. (*podniosły nastrój*) solemnity; **mówić z** ~**m** to speak with unction
namaścić *zob* **namaszczać**
nam|awiać *imperf* — **nam|ówić** *perf* I *vt* 1. (*nakłaniać*) to induce; to incline; to persuade; ~**ówić kogoś do zrobienia czegoś** to get sb to do sth 2. (*zachęcać*) to incite (**do buntu** to revolt; **do złego** to evil) II *vr* ~**awiać** ⟨~**ówić**⟩ **się** *pot* to plot; to conspire
namawianie *n* ↑ **namawiać**; inducement; persuasions; (*do złego*) incitement
namęczyć *perf* I *vt* to torment; to harass II *vr* ~ **się** to give oneself a great deal of trouble; to take great pains
namiar *m* 1. *lotn mar* bearings 2. *techn* batch
namiastka *f* substitute; ersatz; stopgap
namiernik *m lotn mar* pelorus
namierzyć *vt perf* 1. (*zmierzyć*) to measure out 2. *mar lotn wojsk* to take one's bearings
namiestnictwo *n hist* lieutenancy; governorship; viceregency
namiestnik *m hist* lieutenant; deputy; governor; viceregent
namięknąć *vi perf* — **namiękać** *vi imperf* to soften (*vi*)
namiętnie *adv* passionately; ~ **kogoś pokochać** to become infatuated with sb; *pot* ~ **lubię tańczyć** *itd*. I love dancing etc.
namiętnoś|ć *f* passion; infatuation ‖ ~**ci rozgorzały** public feeling ran high
namiętny *adj* passionate; (*o słowach, mowie itd*.) impassioned
namiot *m* tent; pavilion; **wielki** ~ marquee; **rozbić** ~ to pitch a tent; **spać w** ~**ach** to sleep under canvas
namoczyć *vt perf* to soak; to wet; ~ **bieliznę** to soak the washing
namoknąć *vi perf* — **namakać** *vi imperf* to soak; to become saturated
namordować *perf* I *vt* 1. to kill (lots of people etc.) 2. (*zmęczyć*) to tire (sb) out II *vr* ~ **się** to tire oneself out
namotać *vt perf* 1. (*nawinąć*) to wind (on a spool etc.) 2. *pot* (*narobić intryg*) to intrigue; to scheme
namow|a *f* incitement; suggestion; prompting; **działać z czyjejś** ~**y** to act at ⟨**on**⟩ sb's instigation; **ulec** ~**om** to yield to persuasion
namówić *zob* **namawiać**
namulać *vt imperf* — **namulić** *vt perf* to deposit silt (**okolicę** *itd*. in a region etc.); *roln* to warp (**glebę** the soil)
namulisko *n* 1. (*osad*) silt 2. (*obszar*) silt-covered land
namuł *m* silt
namy|sł *m* reflection, reflexion; consideration; **działać bez** ~**słu** to act on the spur of the moment; **powiedzieć coś bez** ~**słu** to say sth straight out ⟨**off-hand**⟩; **mówić z** ~**słem** to speak with deliberation; **po** ~**śle** after due consideration; **po głębokim** ~**śle** after much thought
namyśl|ać się *vr imperf* — **namyśl|ić się** *vr perf* 1. (*rozważać*) to reflect; to take time for consideration; ~**ać się nad czymś** to give some thought to sth; ~**am się, czy nie** ... I have half a mind to ...; **niech się chwilę** ~**ę** let me see; **nie** ~**ając się** acting on impulse; **muszę się** ~**ić** I must think it over 2. *perf* (*zdecydować się*) to make up one's mind
nanieść *vt perf* — **nanosić** *vt imperf* 1. (*przynieść*) to bring (**cukierków** *itd*. a quantity of sweets etc.) 2. (*osadzić* — *o wietrze*) to drift (**śniegu** *itd*. snow etc.); (*o wodzie*) to deposit (**mułu** *itd*. silt etc.) 3. (*zostawić po sobie*) to carry in (**błota** *itd*. mud etc.) 4. (*zaznaczyć na mapie*) to mark; (*w tekście*) to write in (corrections etc.)
nanizać *vt perf* to string (beads etc.)
nanos *m geol* silt, mud; ooze
nanosić *zob* **nanieść**
nań = **na niego** *zob* **on**
naocznie *adv* with one's own eyes
naoczny *adj* 1. (*oczywisty*) evident 2. (*dokonywany własnymi oczami*) visual ‖ ~ **świadek** eye-witness

na odchodne, na odchodnym *adv* when parting
na odczepne, na odczepnego *adv pot* (promise made etc.) to shake sb off
na odjezdne, na odjezdnym *adv* when parting
na odlew *adv* with all one's might; with a swing
na odwrót *adv* (*odwrotnie*) inversely; (*przeciwnie*) on the contrary
naokoło I *praep* round; about; all round **II** *adv* circuitously; in a ring; all around
naoliwić *vt perf* — **naoliwiać** *vt imperf* to oil; to grease
na opak *adv* the wrong way; awry; upside-down
naopowiadać *vt perf* to relate ⟨to tell⟩ (**historii itd.** stories etc.)
na ostatek, na ostatku *adv* to end with; in the end; finally; at last
naostrzyć *vt perf* to sharpen
na oścież *adv* wide; **otwarty** ∼ wide open
na oślep *adv* blindly; *przen* at haphazard; thoughtlessly
napad *m* 1. (*atak zbrojny*) attack ⟨aggression, inroad⟩ (**na kraj** upon a country) 2. (*rabunkowy*) robbery; raid 3. (*objaw choroby*) attack; fit 4. *sport* the forwards
napa|dać *imperf* — **napa|ść** *perf* **I** *vi* 1. (*działać zbrojnie*) to attack; to asssail; to assault; ∼**ść na kraj** to make incursions into a country 2. (*w celach rabunkowych*) to raid ⟨to rob⟩ (**na bank itd.** a bank etc.) 3. (*występować zaczepnie*) to assail (**na kogoś, coś** sb, sth) 4. *perf nieosobowo*: ∼**dało dużo śniegu** ⟨**deszczu**⟩ there has been a heavy snowfall ⟨rain⟩ **II** *vt* 1. = *vi* 1., 2. 2. (*o chorobach*) to attack; to come (**kogoś** upon sb); ∼**dł go szał** he had an access of fury; **co cię** ∼**dło?** what's come over you?
napalić *vi perf* to make a fire (**w piecu** in the stove); ∼ **w pokoju** to warm the room
napalm *m chem wojsk* napalm
napar *m* infusion; brew
naparstek *m* thimble

naparstnica *f* 1. *bot* foxglove 2. *farm* digitalis
naparz|ać *imperf* — **naparz|yć** *perf* **I** *vt* 1. (*parzyć*) to infuse 2. (*zw imperf*) *posp* (*bić*) to larrup **II** *vr* ∼**ać** ⟨∼**yć**⟩ **się** 1. (*zaparzać się*) to infuse (*vi*) 2. (*zw imperf*) *posp* (*bić się*) to larrup
napastliwość *f singt* aggressiveness
napastliwy *adj* aggressive
napastnicz|y *adj* aggressive; **wojna** ∼**a** war of aggression
napastnik *m* 1. (*napadający*) aggressor; assailant 2. *sport* (a) forward
napastować[1] *vt imperf* 1. (*atakować*) to assail; to fall (**kogoś** upon sb) 2. (*nagabywać, zaczepiać*) to importune; to molest; to pester
napastować[2] *vt perf* (*posmarować pastą*) to wax (a floor)
napastowanie *n* ↑ **napastować** 1. (*atakowanie*) assault(s); persecution 2. (*nagabywanie*) molestation(s)
napaść[1] *f* 1. (*atak zbrojny*) attack, assault 2. (*napad rabunkowy*) raid; hold-up (of a train etc.) 3. (*wystąpienie słowne*) onslaught
napaść[2] *zob* **napadać**
napaść[3] *vt perf* to feed (cattle)
napatoczyć się *vr perf pot* 1. (*natknąć się*) to come (**na kogoś, coś** across sb, sth) 2. (*zjawić się*) to turn up; (*o zjawisku itd.*) to crop up
napatrz|eć się *vr perf*, **napatrz|yć się** *vr perf* to have a good look (**komuś, czemuś** at sb, sth); **nie mogłem się** (**dość**) **temu** ∼**eć** ⟨∼**yć**⟩ I could not take my eyes off it; ∼**eć** ⟨∼**yć**⟩ **się czemuś** to see enough ⟨more than enough⟩ of sth
napawać *imperf książk* **I** *vt* to fill (**kogoś podziwem, lękiem itd.** sb with admiration, terror etc.) **II** *vr* ∼ **się** to delight (**czymś** in sth); ∼ **się widokiem czegoś** to feast one's eyes on sth
nap|chać *perf* — **nap|ychać** *imperf* **I** *vt* to fill; to cram; to pack **II** *vr* ∼**chać** ⟨∼**ychać**⟩ **się** 1. (*wejść tłumnie*) to crowd in 2. *pot* (*najeść się*) to gorge oneself (with food)
napchany *adj* full (up); cram-full

napełni|ć perf — **napełni|ać** imperf I vt to fill II. vr ~ać ⟨~ć⟩ się to fill (vi)
napę|d m techn 1. (wprawianie w ruchu) propulsion; force; drive; ~d elektryczny electromotion; ~d parowy steam drive; ~d odrzutowy jet propulsion; o ~dzie mechanicznym power-driven 2. (urządzenie) driving gear
napędowy adj driving (force, wheel, belt, gear etc.); propulsive
napędz|ać vt imperf — **napędz|ić** vt perf 1. (wpędzać) to round up (zwierzynę game); ~ać bydło itd. to drive cattle etc.; przen ~ić komuś strachu to give sb a fright 2. imperf techn to drive, to propel
napi|ąć perf — **napi|nać** imperf I vt 1. (naprężyć) to strain; to stretch (tightly); to tighten (a rope etc.); to string (a bow); to tense (the muscles) 2. przen to start negotiations (sprawę for an affair) II vr ~ąć ⟨~nać⟩ się to tighten; to become strained
napić się vr perf to have sth to drink; to have a drink (of water etc.); ~ się wody ⟨herbaty itd.⟩ to have a glass of water ⟨a cup of tea etc.⟩
napierać imperf I vi 1. (nacierać) to advance; to press forward; ~ na wroga to press the enemy hard 2. (domagać się) to press ⟨to urge⟩ (na kogoś, żeby coś zrobił sb to do sth) II vr ~ się to claim (o coś sth); to clamour (o coś for sth)
napierśnik m 1. (u fartucha) apron-top 2. hist (część zbroi) breast-plate
napięci|e n ↑ napiąć 1. (stan naprężenia) tension; tenseness; tensity; strain; stretch 2. przen (stan nasilenia) intensity (of feeling etc.); być w ~u to be tense; trzymać kogoś w ~u to keep sb in suspense 3. fiz tension 4. el voltage; sieć wysokiego ~a high-tension system; (o przewodzie) bez ~a dead (wire); pod ~em live (wire)
napięstek m anat carpus; wrist
napiętek m anat szew heel
napiętnować vt perf dosł i przen to brand
napiętnowanie n 1. ↑ napiętnować 2. przen censure

napięt|y adj 1. (o linie, mięśniach itd.) tense; (o linie, kablu itd.) tight 2. przen strained; tense; ~a uwaga close ⟨rapt⟩ attention; z ~ymi nerwami strung up; high-strung 3. przen (w stanie bliskim realizacji) in progress
napinać zob napiąć
napis m inscription; (na monecie, medalu) legend; (na książce) lettering; pl ~y kino captions
napi|sać vt vi perf to write (a letter, a book etc.); ~sać do kogoś to write to sb; ~sać na maszynie to type; ~sać utwór muzyczny to compose a piece of music; ~sz do mnie drop me a line
napitek m pot żart beverage
napiwek m tip; dać komuś ~ to tip sb
napletek m anat foreskin
napluć vi perf to spit
na płask adv flatwise; leżeć na płask to lie flat
napły|nąć vi perf — **napły|wać** vi imperf 1. (o cieczach) to flow in; krew ~nęła mu do głowy the blood mounted to his head; łzy ~nęły mi do oczu tears rose to my eyes 2. przen (o publiczności) to flock 3. przen (o funduszach, zgłoszeniach itd.) to pour in
napływ m 1. (zbieranie się płynu) affluence ⟨inflow, influx⟩ (of a liquid); med ~ krwi congestion 2. przen inflow (of fresh air etc.) 3. przen (gromadne przybycie) affluence (of persons)
napływać zob napłynąć
napływający adj inflowing; ingoing; inpouring
napływowy adj 1. (przybyły) foreign; alien; immigratory 2. geol alluvial
napocząć vt perf — **napoczynać** vt imperf to cut (bochenek itd. into a loaf etc.); to open (a bottle etc.); to broach (a cask)
na poczekaniu adv off-hand; out of hand; w napisach: „naprawy itd. na poczekaniu" "repairs etc. while you wait"
na podoręcziu adv at hand; within one's reach

napoić *vt perf* to water (cattle); to give (people, cattle) water to drink
napoleonka *f kulin* napoleon
napoleoński *adj* Napoleonic (wars etc.); Napoleon's (soldiers etc.)
na poły *adv* half- (demolished etc.); almost; pretty nearly
napominać *vt imperf* — **napomnieć** *vt perf* 1. *(zwracać uwagę)* to admonish 2. *(strofować)* to reprimand
napominanie *n* ↑ **napominać** 1. *(zwracanie uwagi)* admonition 2. *(strofowanie)* (a) reprimand
napomknąć *vi perf* — **napomykać** *vi imperf* to hint (o czymś at sth); to allude (o czymś to sth); to mention (o czymś sth)
napomknienie, napomknięcie *n* ↑ **napomknąć**; hint (o czymś at sth); allusion (o czymś to sth); reference (o kimś, czymś to sb, sth)
napomnieć *zob* **napominać**
napomnienie *n* ↑ **napomnieć** 1. *(zwrócenie uwagi)* admonition 2. *(skarcenie)* reprimand; rebuke
napomykać *zob* **napomknąć**
na poprzek *adv* crosswise; transversely
naporow|y *adj* of pressure; *techn* turbina ~a reaction turbine
napotkać *vt perf* — **napotykać** *vt imperf* 1. *(spotkać)* to meet (kogoś, coś sb, sth) 2. *(natrafić)* to come ⟨to run⟩ (kogoś, coś across sb, sth); to be faced ⟨confronted⟩ (trudności itd. with difficulties etc.)
napotny *adj* sudorific
napotykać *zob* **napotkać**
napowietrzn|y *adj* aerial; *(o kablach)* overhead — (wires); **kolej** ~a aerial railway; *am* elevated railroad
nap|ój *m* drink; beverage; *med* draught; ~oje wyskokowe spirits; liquor; ~ój miłosny love potion
na pół *adv* half; **podzielić na pół** to divide by half
napór *m* pressure; stress; *techn* thrust
napracować się *vr perf* to work very hard
napraszać się *vr imperf* 1. *(molestować)* to importune; to molest 2. *(narzucać*

się) to intrude (komuś upon sb); to thrust oneself (komuś upon sb)
napraw|a *f* 1. *(naprawienie)* repair(ing); reparation; repairs; renovation; **dać coś do** ~y to have sth repaired ⟨mended⟩; **w** ~**ie** under repair 2. *(zmiana na lepsze)* improvement; reform; ~a błędu correction of a mistake; ~a krzywdy redress of a wrong
naprawczy *adj* repair — (shop etc.)
naprawdę *adv* really; indeed; truly
naprawiacz *m* 1. *(reperujący)* repairer; mender 2. *(ulepszający)* reformer; renovator
naprawi|ać *vt imperf* — **naprawi|ć** *vt perf* 1. *(reperować)* to repair; to mend 2. *(zmieniać na lepsze)* to improve; to reform; **dosł i przen** ~ć błąd to correct an error 3. *(wynagradzać krzywdę)* to redress (a wrong); to make up **(szkodę** for an injury)
naprawieni|e *n* ↑ **naprawić** 1. *(reperacja)* reparation; **nie do** ~a beyond repair 2. *(polepszenie)* improvement; reform 3. *(wynagrodzenie)* redress (of a wrong); **nie do** ~a irreparably
naprędce *adv* in a hurry; in all haste
naprężacz *m* 1. *anat* erector-muscle 2. *techn* tightener
napręż|ać *imperf* — **napręż|yć** *perf* I *vt* to tighten; to strain II *vr* ~ać ⟨~yć⟩ **się** to tighten *(vi)*; to become strained
naprężeni|e *n* 1. ↑ **naprężyć** 2. *przen (stan nasilenia)* tightness; strain; tenseness; tension; ~**e** polityczne strained relations; **w** ~**u** tensely; **być w** ~**u** to be tense ⟨strung up⟩ 3. *techn fiz* strain; stress; tension
naprężnik *m* tightener
naprężony *adj* 1. *(napięty)* tight; taut; erect; stretched 2. *przen (o człowieku, nerwach)* tense; strung up
napromieniać *vt imperf* — **napromienić** *vt perf med* to irradiate
napromienienie *n* ↑ **napromienić**; irradiation
na prost = **na wprost**
naprostować *vt perf* 1. *(ustawić prosto)* to erect; to straighten (out) 2. *przen (skorygować)* to correct
naprowadz|ać *vt imperf* — **naprowadz|ić**

vt perf 1. *(nakierować)* to direct (**kogoś na coś** sb to sth); ~**ić kogoś na właściwą drogę** to put sb on the right track; ~**ić rozmowę na jakiś temat** to bring the conversation round to a subject 2. *(podsuwać myśl)* to suggest (**kogoś na coś** sth to sb); ~**ić kogoś na myśl, że** .. to give sb to suppose that ...

na próżno *adv* vainly; in vain

naprzeciw, naprzeciwko I *adv* opposite; vis-à-vis; **wyjść komuś** ~ a) *dosł* to meet sb b) *przen* to meet sb half-way **II** *praep* opposite (**kogoś, czegoś** sb, sth)

naprzeciwległy *adj mat* opposite

na przekór *adv (wbrew)* in despite (**komuś** of sb); *(na złość)* (just) to spite (**komuś** sb)

na przełaj *adv* diagonally; **biec na przełaj** to run across country; *sport* **bieg na przełaj** cross-country (foot-)race

na przemian *adv* alternately; by turns; **występować na przemian** to alternate

naprzemianległy *adj bot mat* alternating

na przestrzał *adv* through and through; right through; **otworzyć okna** ⟨**drzwi**⟩ **na przestrzał** to open opposite windows ⟨doors⟩

naprzód *adv* 1. *(przed siebie)* forward; ahead; on; onward; **iść** ~ to advance; ~! forward! 2. *(najpierw)* first (of all); in the first place 3. *(zawczasu)* in advance; ahead of time; *(z góry)* in anticipation; **cieszyć się czymś** ~ to look forward to sth

naprzykrzać się *vr imperf* — **naprzykrzyć się** *vr perf* to make a nuisance of oneself; to bother ⟨to molest⟩ (**komuś** sb)

naprzykrzanie się *n* ↑ **naprzykrzać się**; molestation(s); obtrusion (**komuś** on sb)

naprzykrzony *adj* troublesome; pestering

naprzykrzyć się *zob* **naprzykrzać się**

napsuć *vt perf* to spoil (**wiele czegoś** a lot of sth); *pot* ~ **komuś krwi** to try sb's patience

napuszać *zob* **napuszyć**

napuszczać *vt imperf* — **napuścić** *vt perf* 1. *(wpuścić)* to let in (**powietrza do pokoju itd.** fresh air into the room etc.); do pour (**płynu do czegoś** a liquid into sth); to fill (**wody do wanny itd.** the bath etc. with water) 2. *(nasycać)* to saturate; to imbue 3. *pot (podburzać)* to set (**kogoś na kogoś** sb on sb); to dare (**kogoś, żeby coś zrobił** sb to do sth)

napuszoność *f singt* 1. *(nadętość)* conceitedness 2. *(sztuczność)* bombast; *(stylu)* grandiloquence

napuszony *adj* 1. *(pyszałkowaty)* conceited; pompous 2. *(sztuczny)* bombastic; grandiloquent

napuszyć się *vr perf przen (o człowieku)* to puff oneself up

napuścić *zob* **napuszczać**

napychać *zob* **napchać**

napytać *vt perf pot* to bring (**sobie biedy itd.** misfortunes etc. on oneself)

narad|a *f* council; deliberation(s); consultation; conference; ~**a wojenna** council of war; **odbyć** ~**ę** (**nad czymś**) to hold a council ⟨consultation⟩ (on sth)

naradz|ać się *vr imperf* — **naradz|ić się** *vr perf* to consult (**z kimś** sb; **nad czymś** on sth); to confer (**z kimś** with sb); to deliberate (**nad czymś** over sth)

naradzanie się *n* ↑ **naradzać się**; consultation; deliberation

naraić *vt perf pot* to procure (**coś komuś** sth for sb); to get ⟨to find⟩ (**komuś coś** sth for sb)

naramiennik *m* 1. *wojsk* shoulder-strap 2. *hist* brassard 3. *hist (ozdoba)* bracelet

narastać *vi imperf* — **narosnąć** *vi perf* to grow; to increase; to augment; *(o procentach itd.)* to accrue

narastający *adj* growing; increasing

narastanie *n* ↑ **narastać**; growth; increase; accumulation; accretion

naraz *adv* 1. *(nagle)* suddenly; all of a sudden 2. *(jednocześnie)* at the same time; *(wspólnie)* together

nara|zić *perf* — **nara|żać** *imperf* **I** *vt* to expose (**kogoś na niebezpieczeństwo itd.** sb to danger etc.); to endanger (**zdrowie itd.** one's health etc.); to

jeopardize (**reputację itd.** sb's reputation etc.); ~**zić** ⟨~**żać**⟩ **kogoś na stratę** to cause sb to sustain a loss **II** vr ~**zić** ⟨~**żać**⟩ **się** to expose oneself (**na niebezpieczeństwo itd.** to danger etc.); **to risk (na stratę, niepowodzenie itd.** a loss, failure etc.); to lay oneself open (**na śmieszność itd.** to ridicule etc.); ~**zić** ⟨~**żać**⟩ **się na przykrości** to look for trouble; **nie chcę się** ~**zić** ⟨~**żać**⟩ I want to be on the safe side; **przen** ~**zić** ⟨~**żać**⟩ **się komuś** to expose oneself to sb's displeasure
na razie adv as yet; for the time being
narażenie n ↑ **narazić**; risk; venture; exposure; **z** ~**m życia** at the risk of one's life
narażony adj subject (**na pokusy itd.** to temptations etc.); **być** ~**m na uszkodzenie ciała** ⟨**na poniesienie straty itd.**⟩ to be liable to suffer an injury ⟨a loss etc.⟩
narąbać vt perf to chop (**drzewa itd.** wood etc.)
narciark|a f 1. (*kobieta*) skier 2. pot (*czapka*) ski cap 3. pl ~**i** pot (*buty*) ski shoes
narciarski adj ski — (club etc.)
narciarstwo n singt skiing
narciarz m skier
narcyz m bot narcissus
narcyzm m singt narcissism
naregulować vt perf to regulate (a mechanism); ~ **zegarek** to set a watch right
nareperować vt perf to repair; to fix
nareszcie adv at last; finally; (*w końcu*) ultimately
naręcze n armful (of flowers, dry twigs etc.)
nargile plt narghile; hookah
narkoman m drug addict
narkomania f the drug habit
narkomanka f drug addict
narkotyczny adj narcotic
narkotyk m narcotic; drug; med anaesthetic
narkotyzować się vr imperf to indulge in drugs; to take dope
narkoz|a f 1. (*zabieg*) anaesthetization

2. (*sen*) narcosis; **operować pod** ~**ą** to operate under anaesthesia
narobić perf **I** vt 1. (*wykonać*) to make (**dużo przedmiotów** many objects) 2. (*spowodować*) to cause (**kłopotu itd.** a lot of trouble etc.); to do (**wiele złego** a lot of harm); to make (**długów itd.** a lot of debts etc.); ~ **hałasu** to make a lot of noise; ~ **plotek** to spread gossip 3. pot (*wydalić mocz, kał*) to make a mess **II** vr ~ **się** to toil hard
narodowiec m polit nationalist
narodowościowy adj nationalistic
narodowość f (*zw sing*) nationality
narodowowyzwoleńcz|y adj of ⟨for⟩ national independence; **walka** ~**a** fight ⟨struggle⟩ for national independence
narodowy adj national; People's (Council etc.)
narodzenie n ↑ **narodzić (się)**; birth; **Boże Narodzenie** a) (*święto*) Christmas b) (*przyjście na świat*) Nativity
narodzić się vr perf to be born; przen to come into existence; to arise
narodziny plt birth
narodzon|y adj born; **czuć się jak nowo** ~**y** to feel restored to life
narosnąć zob **narastać**
na roścież adv wide open
narośl f 1. med growth; tumour 2. bot gnarl; wart
narowić imperf **I** vt to make (a horse, a person) restive **II** vr ~ **się** to be ⟨to become⟩ restive ⟨vicious⟩
narowisty adj restive; vicious
na rozcież adv wide open
narożnik m 1. (*kąt*) angle; corner 2. (*węgieł*) corner; quoin
narożny adj corner — (house, room etc.)
naród m 1. (*ogół obywateli*) nation; (a) people; ~ **polski** the people of Poland; the Polish nation 2. pot (*tłum*) people; crowd
narów m 1. (*zły zwyczaj*) bad habit; restiveness 2. (*wada*) fault; vice
na równi adv equally; alike; even
narracja f narration; narrative
narrator m narrator
narratorski adj narrative
nart|a f (*zw pl*) sport ski; ~**y wodne**

nartostrada 327 **nasiąkać**

water-skis; **jeździć na ~ach** to ski; **iść ⟨pójść⟩ na ~y** to go skiing
nartostrada f sport ski trail
narusz|ać vt imperf — **narusz|yć** vt perf 1. (*napoczynać*) to cut ⟨to break⟩ ⟨coś into sth⟩; to disturb the whole ⟨the integrity⟩ (coś of sth); **~yć zapasy** to break into provisions 2. (*psuć*) to spoil; **~yć równowagę czegoś** to throw sth out of balance 3. (*pogwałcić*) to infringe (the law etc.); **~yć czyjś spokój** to disturb sb's peace; **~yć granice kraju ⟨czyjeś prawa itd.⟩** to encroach on the territory of a country ⟨on sb's rights etc.⟩; **~yć porządek publiczny** to create a disturbance; **~yć tajemnicę** to disclose a secret
naruszenie n 1. ↑ **naruszyć** 2. (*napoczęcie*) cutting ⟨breaking⟩ (czegoś into sth) 3. (*uszkodzenie*) injury (**organu ciała** to an organ) 4. (*pogwałcenie*) violation; transgression; infringement; **~ obietnicy** breach of promise; **~ tajemnicy** disclosure of a secret
naruszyć zob **naruszać**
narwać vt perf to pluck ⟨to pick⟩ (flowers etc.); to gather (berries etc.)
narwal m zool narwhal
narwaniec m madcap; crank
narwany adj crazy; hot-headed
nary plt plank bed; bed of boards
narybek m singt 1. (*młode ryby*) fry 2. przen (*młode pokolenie*) coming generation
narysować vt perf to draw
narywać vi imperf 1. (*wzbierać ropą*) to gather 2. (*puchnąć*) to swell
narząd m (bodily) organ
narzecze n dialect
narzeczeński adj engaged — (couple etc.); engagement — (ring etc.)
narzeczeństwo n engagement; betrothal
narzeczona f fiancée
narzeczony m fiancé
narzekać vi imperf to complain (**na coś** of sth); to grumble (**na coś** at sth)
narzekanie n ↑ **narzekać**; complaints
narzędnik m gram instrumental (case); ablative
narzędzie n tool; instrument
narzędziownia f tool-house; tool-room

narznąć, narżnąć vt perf — **narzynać** vt imperf 1. (*zrobić nacięcia*) to notch; to make incisions (**coś** on sth) 2. perf (*krajać*) to cut (**sieczki** chaff)
narzuc|ać imperf — **narzuc|ić** perf I vt 1. (*rzucać*) to throw (**coś na coś** sth on sth) 2. (*okrywać się pospiesznie*) to throw on (a coat etc.) 3. (*zmuszać kogoś do czegoś*) to force ⟨to impose, to press⟩ (**coś komuś** sth upon sb); **~ać ⟨~ić⟩ komuś swoją wolę** to work one's will upon sb; **~ić komuś swoje zdanie** to thrust one's opinion upon sb; **~ać ⟨~ić⟩ warunki** to impose ⟨to dictate⟩ conditions II vr **~ać ⟨~ić⟩ się** to thrust ⟨to intrude⟩ oneself (**komuś** upon sb); **to się samo ~a** it suggests itself
narzucający się adj officious; intrusive
narzucanie n 1. ↑ **narzucać**; imposition (of conditions etc.) 2. **~ się** ↑ **narzucać się**; officiousness; intrusion
narzut m 1. bud (*sposób tynkowania*) coating 2. bud (*warstwa tynku*) floating (coat) 3. handl surcharge
narzuta f overlay; coverlet; bedspread
narzutka f cape; mantle
narzutowy adj erratic (block)
narzynać, narżnąć zob **narznąć**
nasada f base; bottom; root
nasadka f socket; adapter; cap
nasadz|ać vt imperf — **nasadz|ić** vt perf 1. (*zamocować*) to fix; to set; **~ić okulary na nos** to put on one's spectacles; przen **~ić kurę** to set a hen 2. (*oprawić*) to helve (a tool etc.) 3. (*posadzić*) to plant (**wiele kwiatów itd.** many flowers etc.)
nasalać zob **nasolić**
na schwał adj (*przy rzeczowniku*) splendid; magnificent; **chłop ~ lusty** ⟨**strapping**⟩ fellow
nasenn|y adj sleep-inducing; soporific; **środek ~y** (a) soporific; **pigułki ~e** sleeping pills
nasercowy adj cordial
nasiadówka f hip-bath
nasiąk|ać vi imperf — **nasiąk|nąć** vi perf to absorb (**czymś** sth); to soak (**czymś** in sth); to become imbibed (**czymś** with sth); **przysł czym skorupka za**

młodu ~nie, tym na starość trąci what's bred in the bone will come out in the flesh
nasiąkanie *n* ↑ nasiąkać; imbibition; absorption; impregnation
nasiąkliwy *adj* absorbable
nasiąknąć *zob* nasiąkać
nasienie *n* 1. *bot* seed(s) 2. *fizj* semen; sperm
nasieniowód *m anat* spermatic ⟨deferent⟩ duct
nasiennictwo *n singt* seed production
nasiennik *m bot roln* seedling, seed-tree
nasienn|y *adj* seminal; seminiferous; roślina ~a seed plant
nasiębierny *adj techn* overshot (mill-wheel)
nasilać się *vr imperf* — nasilić się *vr perf* to grow ⟨to become⟩ more intense; to intensify (*vi*)
nasilenie *n* ↑ nasilić się 1. (*wzmocnienie*) intensification 2. (*intensywność*) intensity; *fiz* volume (of sound); *med* exacerbation
nasilić się *zob* nasilać się
nasionko *n* (a) seed; (a) grain
naskarżyć *vi perf* to inform (**na kogoś** against sb); to tell tales (**na kogoś** on sb); *szk* to sneak
naskórek *m* 1. *anat* epidermis; cuticle 2. *bot* cuticle
naskórkowy *adj* epidermic; epidermal
naskórny *adj* endermic; cutaneous
na skutek *adv* in consequence of (sth), as a result of (sth)
nasłać *vt perf* — nasyłać *vt imperf* to incite (**kogoś na kogoś** sb against sb); to hire (**zabójcę na kogoś** an assassin to murder sb)
nasłonecznić *vt perf* to expose to the sun's rays; to insolate
nasłonecznienie *n* ↑ nasłonecznić; insolation
nasłuch *m* monitoring
nasłuchać się *vr perf* to hear ⟨to listen to⟩ (**narzekań itd.** endless complaints etc.)
nasłuchiwać *vi imperf* to strain one's ears; to listen intently (**czegoś** for sth); *radio* to monitor
nasłuchowy *adj radio* monitoring

nasmarować *vt perf* to grease; to oil; (*maścią*) to rub with an ointment; (*masłem*) to butter (one's bread etc.)
nasolić *vt perf* to salt (meat etc.)
nasrożyć się *vr perf* to assume a severe appearance; to look severe
nastać *vi perf* — nastawać *vi imperf* to come (about); (*nastąpić*) to come; to follow (**po czymś** sth); (*o zimie, nocy itd.*) to set in
nastanie *n* ↑ nastać; advent; coming; set--in; ~ nocy nightfall
nastarczać *vi imperf* — nastarczyć *vi perf* to keep pace (**z czymś** with sth); to cope (**z czymś** with sth); to meet the demand (**z czymś** for sth)
nastawać *vi imperf* 1. (*nalegać*) to insist (**na coś** on sth); ~ **na kogoś** to press sb 2. (*zagrażać*) to have designs (**na kogoś** on ⟨against⟩ sb ⟨on sb's life⟩)
nastawczy *adj* adjustable
nastawiacz *m* adjuster; setter
nastawi|ać *imperf* — nastawi|ć *perf* I *vt* 1. (*zwrócić w jakimś kierunku*) to direct; to point (a telescope etc.); (*podnieść*) to raise (**kołnierz itd.** one's collar etc.); to hold out (**rękę** one's hand); ~ona ręka outstretched hand; *przen* ~ać karku to risk one's life; ~ć ⟨~ać⟩ ucha to cock one's ears 2. (*postawić na kuchni*) to put (a pot etc.) on the range; ~ć wodę na herbatę to put the kettle on 3. (*ustawić odpowiednio*) to fix; to set (**aparat itd.** an instrument etc.); to adjust (a mechanism etc.); ~ć aparat fotograficzny na ostrość to bring a camera into focus; ~ć płytę to put on a record; ~ć radio to turn on ⟨to switch on⟩ the wireless; ~ć zegarek to set one's watch (right) 4. (*nastroić*) to dispose (**kogoś życzliwie do kogoś, czegoś** sb well towards sb, sth); wrogo kogoś ~ć do kogoś to set sb against sb else 5. *med* to set (**złamaną kość** a broken bone); to reduce (**zwichnięty staw** a displaced joint) II *vr* ~ć ⟨~ać⟩ się 1. (*zwrócić się*) to expose oneself (**do czegoś** to sth); to turn (**do czegoś** towards sth) 2. (*nastroić się*) to dispose oneself (**na coś** to sth)

nastawienie *n* 1. ↑ **nastawić** 2. *(ustosunkowanie się)* attitude (**do kogoś, czegoś** towards sb, sth); disposition (**do czegoś** to sth); **nieprzychylne** ~ **do kogoś, czegoś** prejudice ⟨bias⟩ against sb, sth; **przychylne** ~ **do kogoś, czegoś** bias in favour of sb, sth 3. *(naregulowanie)* adjustment; *med* ~ **złamanej kości** setting of a broken bone
nastawion|y *adj* disposed (**do kogoś, czegoś** towards sb, sth); **dobrze** ~**y do kogoś, czegoś** well-disposed towards sb, sth; **wrogo** ~**y do kogoś, czegoś** hostile to sb, sth
nastawnia *f* 1. (*w elektrowni*) control room ⟨station⟩ 2. *kolej* signal box
nastawnica *f kolej* signal box
nastawniczy *m kolej* pointsman
nastawnik *m techn el* controller
nastawn|y *adj* adjustable; **śrubka** ~**a** adjusting screw
nast|ąpić *vi perf* — **nast|ępować** *vi imperf* 1. *(nadepnąć)* to tread (**na coś** on sth); **pot** ~**ępować komuś na pięty** to tread on sb's heels 2. *(pojawiać się po)* to follow ⟨to come after, to succeed⟩ (**po kimś, czymś** sb, sth); ~**ępować szybko po sobie** to follow in quick succession; (**przeczytał itd.**) **co** ~**ępuje** (he read etc.) the following; **jak** ~**ępuje** as follows 3. *(nastać)* to take place; to happen; to follow; ~**ąpiła wojna** (then) war broke out; ~**ąpiła śmierć** death ensued; ~**ąpiły mrozy** the frost came
następca *m* successor; ~ **tronu** heir to the throne; Crown prince
następczy *adj* sequent; consequent
następczyni *f* successor; heiress
następnie *adv* then; next; afterwards
następn|y *adj* the next; the following; ~**e pokolenia itd.** later generations etc.; ~**ym razem** next time; ~**ego dnia** the next day; **w** ~**ym tygodniu** the following week
następować *zob* **nastąpić**
następstw|o *n* 1. *(skutek)* result; consequence; **w** ~**ie czegoś** in consequence of sth; **pociągać za sobą** ~**a** to carry consequences 2. *(kolejność w czasie)* sequence; **gram** ~**o czasów** sequence of tenses 3. *(dziedziczenie)* succession (**tronu** to the throne)
następująco *adv* as follows
następujący *adj* the following (person, object etc.); ~ **po kimś, czymś** the next (one) after sb, sth
nastolat|ek *m*, **nastolat|ka** *f* teen-ager; *pl* ~**ki** teenagers; teens
nastrajać *zob* **nastroić**
nastraszyć *vt perf* to frighten; to scare
nastręcz|yć *perf* — **nastręcz|ać** *imperf* I *vt* 1. *(polecić)* to recommend; to procure (**komuś coś** sth for sb) 2. *(dostarczyć)* to afford; to present (difficulties etc.); to offer (an occasion for sth etc.) II *vr* ~**yć** ⟨~**ać**⟩ **się** to present itself; to offer; to arise
nastr|oić *perf* — **nastr|ajać** *imperf* I *vt* 1. *muz* to tune (an instrument) 2. *(usposobić kogoś)* to dispose (**kogoś do czegoś** sb to sth); ~**oić** ⟨~**ajać**⟩ **kogoś do czegoś** to put sb in a mood for sth II *vr* ~**oić** ⟨~**ajać**⟩ **się** to adopt a mood (**wesoło itd.** of gaiety etc.)
nastrojony *adj* 1. *(o instrumencie)* in tune 2. *(o człowieku)* in a mood (**do czegoś** for sth); **wesoło** ⟨**smutno itd.**⟩ ~ in a gay ⟨sad etc.⟩ mood
nastrojowość *f singt* romantic atmosphere; poetic feeling
nastrojowy *adj* romantic; poetic; pathetic
nastroszyć *perf* I *vt* (*o ptaku*) to ruffle (its feathers); (*o zwierzęciu*) to bristle (its hair); ~ **uszy** to cock its ears II *vr* ~ **się** 1. (*o zwierzęciu*) to bristle up 2. *przen* (*przybrać postawę obronną*) to assume a pugnacious attitude
nastroszony *adj* erect
nastr|ój *m* 1. *(usposobienie)* mood; humour; **być w dobrym** ~**oju** to be in good humour ⟨in high spirits⟩; **być w kiepskim** ~**oju** to be out of humour ⟨in low spirits⟩ 2. *(atmosfera)* atmosphere 3. *(zw pl)* *(nastawienie społeczeństwa)* public feeling; ~**oje wojenne** ⟨**pokojowe**⟩ warlike ⟨peaceful⟩ atmosphere
nasturcja *f bot* nasturtium; lark-heel
nasu|nąć *perf* — **nasu|wać** *imperf* I *vt* 1. *(naciągnąć)* to draw (**coś na coś** sth

nasuwka 330 natężenie

over sth); ~nąć kapelusz na oczy to pull one's hat over one's eyes 2. (*podsunąć*) to afford ⟨to present⟩ (possibilities etc.); ~nąć komuś przypuszczenie, że ... to lead sb to suppose that ...; ~nąć ⟨~wać⟩ myśl o czymś to suggest sth; ~nąć ⟨~wać⟩ wątpliwości to raise doubts II *vr* ~nąć ⟨~wać⟩ się 1. (*o sposobności itd.*) to offer; to present itself 2. (*powstać*) to arise; to occur; to suggest itself (to sb)
nasuwka *f techn* muff; nipple; sleeve
nasycać *zob* **nasycić**
nasycenie *n* ↑ **nasycić** 1: (*zaspokojenie głodu*) satiation 2. (*przepojenie*) saturation; impregnation
nasyc|ić *perf* — **nasyc|ać** *imperf* I *vt* 1. (*zaspokoić głód*) to sate; to satiate; ~ić głód to appease one's hunger 2. (*zadowolić*) to satisfy (one's ambitions etc.); ~ić ciekawość ⟨pragnienie⟩ czegoś to gratify one's curiosity ⟨a desire⟩ for sth; ~ić oczy czymś to feast one's eyes on sth 3. (*przepoić*) to fill; to saturate II *vr* ~ić ⟨~ać⟩ się 1. (*najeść się*) to eat one's fill; to appease one's hunger 2. (*doznać do sytości*) to enjoy (**czymś** sth) to the full 3. (*być przesiąkniętym*) to be saturated (**czymś** with sth)
nasycony *adj* 1. (*wypełniony*) replete 2. *chem* saturated
nasyłać *zob* **nasłać**
nasyp *m* embankment; mound
nasypać *vt perf* — **nasypywać** *vt imperf* 1. to strew (**piasku na podłogę** sand on the floor) 2. (*nagromadzić*) to pour (sand, grain etc.)
nasz *m*, **nasz|a** *f*, **nasz|e** *n pron* 1. (*z rzeczownikiem*) our (family etc.); **pewien** ⟨**jeden**⟩ ~ ... a ... of ours; **po** ~**emu** a) as we do it b) (*po polsku*) our fashion ⟨way⟩ c) (*w naszym języku*) in our language 2. *w funkcji samodzielnej*: ours
naszkicować *vt perf* to sketch
naszpikować *vt perf kulin i przen* to lard
naszycia *pl* trimmings
naszyć *vt perf* — **naszywać** *vt imperf* 1. (*przyszyć*) to sew (**coś na czymś** sth on sth) 2. (*ozdobić*) to trim (**coś cekinami itd.** sth with sequins etc.)
naszyjnik *m* necklace
naszywać *zob* **naszyć**
naszywan|y *adj* sewn on; ~a kieszeń patch-pocket
naszywka *f* stripe
naśladować *perf* I *vt* to imitate; to copy; ~ kogoś a) (*udawać*) to mimic sb b) (*postępować jak ktoś*) to follow in sb's footsteps II *vi* to mime
naśladowani|e *n* ↑ **naśladować**; **godny** ~a deserving of imitation; **nie do** ~a inimitable
naśladowca *m*, **naśladowczyni** *f* imitator
naśladownictwo *n* 1. (*wzorowanie się*) imitation 2. (*podrobienie*) counterfeit; forgery 3. *biol* mimicry
naśmiać się *vr perf* — **naśmiewać się** *vr imperf* 1. (*wyśmiać*) to laugh (**z kogoś, czegoś** at sb, sth) 2. *perf* (*śmiać się do woli*) to have a good laugh
naświetlać *vt imperf* — **naświetlić** *vt perf* 1. (*poddawać działaniu promieni*) to irradiate 2. (*ukazywać*) to show (sth) in a certain light 3. (*objaśniać*) to throw (some) light (**sprawę** on a question) 4. *fot* to expose (a film)
naświetlanie *n* 1. (*poddawanie działaniu promieni*) irradiation 2. (*ukazywanie w pewnym świetle*) light (shed upon a question) 3. *fot* exposure
naświetlić *zob* **naświetlać**
natarcie *n* ↑ **natrzeć** 1. (*tarcie*) (a) rub 2. (*atak*) attack; *wojsk* offensive
natarczywość *f singt* importunity; insistence
natarczywy *adj* importunate; insistent
natchnąć *vt perf* to inspire (**kogoś czymś** sb with sth)
natchnienie *n* ↑ **natchnąć** 1. (*poryw twórczy*) inspiration 2. (*dobra myśl*) happy thought; *pot* brain wave
natchniony *adj* inspired
natęż|ać *imperf* — **natęż|yć** *perf* I *vt* 1. (*potęgować*) to intensify 2. (*wysilać*) to strain; to exert II *vr* ~ać ⟨~yć⟩ się to exert oneself; to strain (*vi*)
natężenie *n* 1. (*wysilanie*) strain; exertion 2. (*intensywność*) intensity 3. (*na-*

natężyć 331 **na udry**

silenie) pitch; force; **fiz ~ dźwięku** volume of sound; **el ~ prądu** current intensity; **z ~m** with close attention
natężyć *zob* **natężać**
natka *f dim* ↑ **nać**; leaves (of vegetables)
natknąć się *zob* **natykać się**
natłoczony *adj* crowded; packed
natłok *m singt* 1. (*tłum*) crowd 2. (*ścisk*) crush 3. *przen* pressure (of business etc.); **~ myśli** ⟨**słów**⟩ a flood of thoughts ⟨words⟩; **w ~u zajęć** under the pressure of business
natłuszczać *vt imperf* — **natłuścić** *vt perf* to grease; to oil
natomiast *adv książk* instead; however; on the other hand; whereas; while
natrafi|ć *vi perf* — **natrafi|ać** *vi imperf* to meet (**na kogoś, coś** sb, sth); to come up (**na kogoś, coś** against sb, sth); **~ć** ⟨**~ać**⟩ **na przeszkodę** to meet with an obstacle
natręctwo *n* importunity; *med* **~ myśli** ⟨**myślowe**⟩ obsession
natręt *m* intruder
natrętny *adj* importunate; (*o myśli*) obsessive
natrysk *m* 1. (*tusz*) shower-bath; *pot* shower 2. *techn* spray(ing)
natryskiwać *vt imperf techn* to spray
natryskow|y *adj* **kąpiel ~a** shower-bath
natrząsać się *vr imperf* to sneer (**z kogoś** at sb)
natrzeć *zob* **nacierać**
natu|ra *f singt.* 1. (*przyroda*) nature; **martwa ~ra** still life; **powrót do ~ry** return to nature 2. (*usposobienie*) nature; disposition; **~ra ludzka** human nature; **być przeciwnym czyjejś ~rze** to go against the grain with sb; *przysł* **przyzwyczajenie jest drugą ~rą** habit is a second nature 3. (*istota*) nature; **sprawy ~ry finansowej** matters of a financial nature 4. (*produkty jako środek płatniczy*) kind; **otrzymać zapłatę w ~rze** to be paid in kind
naturalista *m*, **naturalistka** *f* naturalist
naturalistyczny *adj* naturalistic (novel, description etc.)
naturalizacja *f singt* naturalization
naturalizm *m singt* naturalism
naturalizować *imperf* **I** *vt* to naturalize **II** *vr* **~ się** to be naturalized
naturalnie *adv* 1. (*z natury*) naturally; by nature 2. (*oczywiście*) naturally; of course
naturalność *f singt* naturalness
naturaln|y *adj* 1. (*zgodny z naturą*) natural; **bogactwa ~e** natural resources; **przyrost ~y** birth rate 2. (*przyrodzony*) inborn; *plast* **wielkości ~ej** life-size 3. (*niesztuczny*) natural; unaffected; **~y jedwab** pure silk
natychmiast *adv* at once; immediately; instantly; on the spot
natychmiastowy *adj* immediate; instant; (done, said etc.) on the spot
natykać się *vr imperf* — **natknąć się** *vr perf* to come up (**na kogoś, coś** against sb, sth)
naucz|ać *imperf* — **naucz|yć** *perf* **I** *vt* to teach (**kogoś czegoś** sb a subject); to instruct (**kogoś czegoś** sb in a ·subject); *przen* **~yć kogoś rozumu** to teach sb a lesson; to bring sb to reason **II** *vi* to teach
nauczanie *n* ↑ **nauczać**; instruction (**języka itd.** in a language etc.); teaching (**języka** of a language); **tajne ~** clandestine teaching
nauczk|a *f* lesson; **dać komuś ~ę** to teach sb a lesson; **masz ~ę** it serves you right
nauczony *adj* taught; educated; trained; **~ doświadczeniem** having learned the lesson of experience
nauczyciel *m* teacher; instructor; (*w szkole średniej*) school-master; (*w podstawowej*) school-teacher; **~ prywatny** tutor
nauczycielka *f* teacher; instructress; schoolmistress; **prywatna ~** governess
nauczycielski *adj* teacher's, teachers'; tutorial; **ciało** ⟨**grono**⟩ **~e** teaching-staff
nauczycielstwo *n singt* 1. (*nauczyciele*) teachers 2. (*zawód*) teaching
nauczyć *perf* **I** *zob* **nauczać II** *vr* **~ się** to learn; to have learnt (**czegoś** sth)
na udry *adv pot* with hostility; **iść z kimś ~** to keep spiting sb; **udry ~** tit for tat

nauk|a *f* 1. (*wiedza*) learning; science; ~**i humanistyczne** the humanities; ~**i ścisłe** exact sciences 2. (*dyscyplina badawcza*) science; research work 3. (*kształcenie się*) study, studies; education; lesson(s); (*w napisie*) „~**a jazdy**" "**L**" 4. (*zajęcia szkolne*) school; **skończyć** ~**ę** to leave school 5. (*kształcenie kogoś*) teaching; instruction 6. (*pouczenie*) lesson; ~**a moralna** (a) moral; *przysł* ~**a nie poszła w las** the lesson has not been forgotten
na ukos *adv* obliquely; aslant; diagonally
naukowiec *m* research worker; scholar; scientist
naukowo *adv* scientifically
naukow|y *adj* 1. (*zgodny z zasadami nauki*) scientific; scholarly; learned; academic; **cenzus** ~**y** higher education; **praca** ~**a** a) (*publikacja*) treatise; thesis b) (*działalność*) research (work); **socjalizm** ~**y** scientific socialism; **towarzystwo** ~**e** learned society 2. (*dotyczący nauczania*) educational; **pomoce** ~**e** means of instruction; **zakład** ~**y** educational institution
na umór *adv w zwrotach*: **pić na umór** to drink oneself dead drunk
naumyślnie *adv* purposely; on purpose; deliberately
nausznik *m* ear-protector
nautofon *m mar* nautophone
nautyczny *adj* nautical
naw|a *f* 1. aisle; (*w kościele*) ~**a główna** nave; ~**a boczna** aisle; ~**a poprzeczna** transept 2. † (*okręt*) vessel; *obecnie w zwrotach*: *przen* **książk** ~**a państwowa** the ship of the State; **kierować** ~**ą państwową** to be at the helm of the State
nawadniać *vt imperf* — **nawodnić** *vt perf* 1. *roln* to irrigate 2. (*nasycać wodą*) to water; *chem* to hydrate
nawal|ać *vi imperf* — **nawal|ić** *vi perf posp* to bungle; to let (people) down; (*o oponie*) to go flat; **guma mi** ~**iła** I have ⟨had⟩ a puncture
nawalny *adj* tempestuous; violent; ~

deszcz driving rain; ~ **śnieg** heavy snow-fall
nawalony *adj posp* broken-down; out of whack
nawał *m* enormous amount; multitude; host; lots; **mieć** ~ **pracy** to have a spate of work
nawała *f* 1. (*napadające wojsko*) invading army 2. (*napad*) onslaught; onset
nawałnica *f* 1. (*zawierucha*) storm; tempest; hurricane 2. (*śnieżyca*) blizzard 3. *przen* (*napad*) onslaught
nawar *m* 1. (*osad*) incrustation 2. *geol* sinter
nawarstwi|ać *imperf* — **nawarstwi|ć** *perf* I *vi* to stratify II *vr* ~**ać** ⟨~**ć**⟩ **się** to stratify (*vi*)
nawarstwianie *n* ↑ **nawarstwiać (się)**; stratification
nawarstwienie *n* ↑ **nawarstwić (się)**; layer; stratum
nawarzyć *vt perf w zwrotach:* ~ **piwa** to cause trouble; ~ **sobie piwa** to get into trouble
nawet *adv* even; ~ **gdyby** (**zapłacił itd.**) even though (he should pay etc.); ~ **nie** not even; not so much as; not yet
nawiać *perf* — **nawiewać** *imperf* I *vt* to blow ⟨to drift⟩ (**śniegu itd.**) snow etc.) II *vi posp* (*uciec*) to make off; to sling one's hook; to bunk
nawias *m* parenthesis; brackets; ~**y kwadratowe** square brackets; **wziąć wyraz w** ~ to bracket a word; **w** ~**ie, w** ~**ach** in parenthesis; in brackets; *przen* ~**em mówiąc** incidentally; by the by; **poza** ~**em społeczeństwa** outside the pale of society
nawiasowo *adv* incidentally; by the by
nawiasowy *adj* incidental; digressive
nawiąz|ać *perf* — **nawiąz|ywać** *imperf* I *vt* to link (**coś do czegoś** sth to sth); ~**ać kontakt z kimś** to come into contact ⟨to get in touch⟩ with sb; ~**ać korespondencję z kimś** to enter into correspondence with sb; ~**ać rozmowę z kimś** to start a conversation with sb II *vi* (*w rozmowie, korespondencji*) to refer (**do czyjegoś pisma itd.** to sb's letter etc.); ~**ując do**

nawiązka 333 **na wylot**

Waszego pisma z dnia ... with reference to your letter of ... III vr ~ać ⟨~ywać⟩ się to be ⟨to become⟩ tied ⟨bound⟩
nawiązk|a f w zwrocie: z ~ą a) (z nadwyżką) with interest; with usury b) (przy wynagradzaniu krzywdy) with a vengeance
nawiązywać zob **nawiązać**
nawiedzać vt imperf — **nawiedzić** vt perf to visit; to afflict; (o zjawie) to haunt; to obsess
nawiertak m górn techn countersink
nawierzchnia f pavement; surface (of a road); kolej permanent way
nawietrzny adj mar windward
nawiewać zob **nawiać**
nawieźć vt perf — **nawozić** vt imperf 1. (zawieźć) to bring ⟨to cart⟩ (piasku itd. sand etc.) 2. (użyźnić nawozem) to manure (glebę the soil)
nawigacja f singt mar lotn navigation
nawigacyjn|y adj navigational; światła ~e sea lights
nawigator m navigator
nawigować vi imperf mar lotn to navigate
nawi|jać imperf — **nawi|nąć** perf I vt to wind (up); to roll; to reel II vr ~jać ⟨~nąć⟩ się (pojawiać się) to come into sight; (o sposobności) to present itself; ~nąć się komuś to come sb's way; ~nąć się komuś pod rękę to fall into sb's hands
nawijak m techn reeling ⟨spooling⟩ apparatus
nawijarka f techn winder; reeler
nawilgać vi imperf — **nawilgnąć** vi perf to get wet; to absorb moisture
nawilżacz m techn humidifier
nawilżać vt imperf — **nawilżyć** vt perf to moisten; to humidify
nawinąć zob **nawijać**
nawis m (an) overhang; brow (of a hill etc.)
nawisać vi imperf to hang over
nawisły adj overhanging
nawlec vt perf — **nawlekać** vt imperf 1. (igłę) to thread a needle 2. (nanizać) to string (pearls etc.)

nawodniać vt imperf — **nawodnić** vt perf = **nawadniać, nawodnić**
nawodn|y adj aquatic (plants etc.); ~e budowle lacustrine dwellings; waterside — (trees etc.)
nawoływać vi vt imperf 1. (wołać) to call; to halloo 2. (zachęcać) to exhort (do czegoś to sth)
nawoływanie n ↑ **nawoływać**; exhortation(s); urge; call (of a bird, an animal)
nawozić zob **nawieźć**
nawożenie n ↑ **nawozić**; roln fertilization
nawóz m manure; dung; ~ sztuczny fertilizer
na wpół adv half- (finished, baked etc.); semi- (transparent etc.)
na wprost I adv straight on II praep opposite (okien itd. the windows etc.)
nawr|acać imperf — **nawr|ócić** perf I vi to return; to turn back II vt 1. (zawracać) to turn back (sb, sth) 2. (nakłaniać do zmiany poglądów itd.) to convert III vr ~acać ⟨~ócić⟩ się to be converted; ~ócić się na katolicyzm to turn Catholic
nawracanie n ↑ **nawracać**; proselytism
nawrócenie n ↑ **nawrócić (się)**; conversion
nawrócić zob **nawracać**
nawr|ót m 1. (powrócenie) return; ~otami repeatedly 2. (recydywa) recurrence; relapse (into illness)
na wskroś adv through (and through); thoroughly; **przejrzeć kogoś, coś** ~ to see sb, sth through; **znać coś** ~ to have a thorough knowledge of sth; **przenikać** ~ to pierce right through
na wspak adv 1. (w tył) backwards 2. (na opak) the wrong way
nawyczka f pot habit
nawyk m habit; custom
nawyknąć vi perf — **nawykać** vi imperf to fall into a habit; to become accustomed (do czegoś to sth); to get used to sth
nawykowy adj habitual
na wylot adv through and through; znać kogoś, coś ~ to know sb, sth through and through

nawymyślać *vi perf* to blow (**komuś** sb) up
na wyrost *adv* 1. (*o ubraniu itd.*) allowing for growth 2. (*o planach itd.*) allowing for expansion
na wyrywki *adv* at random
na wywrót *adv* 1. (*na lewą stronę*) inside out 2. (*spodem do góry*) upside down 3. (*przodem do tyłu*) back to front
nawzajem *adv* 1. (*obopólnie*) mutually; reciprocally; each other 2. (*w zamian*) in return; (*w odpowiedzi na życzenia*) the same to you
na wznak *adv* on one's back; **leżeć** ~ to lie on one's back; to lie supine
na zabój *adv w zwrocie*: **kochać się** ~ to be head over heels in love
nazad *adv gw* back; **tam i** ~ this way and that; backwards and forwards
nazajutrz *adv* the day after; the following ⟨next⟩ day
nazbierać *perf* I *vt* to gather; ~ **kwiatów** to pick (a quantity of) flowers II *vr* ~ **się** to gather in great ⟨in a considerable⟩ number
nazbyt *adv* too (much); overmuch
nazewnictwo *n jęz* onomastics
nazębny *adj dent* **kamień** ~ 'tartar; scale
naziemn|y *adj* ground — (game etc.); overground (portion of a plant etc.); terrestrial (animal etc.); **roboty** ~**e** earthwork; *lotn* **obsługa** ~**a** ground staff
nazista *m* (a) Nazi
nazistowski *adj* Nazi
nazizm *m singt* Nazism
naznacz|ać *vt imperf* — **naznacz|yć** *vt perf* 1. (*opatrzyć znakiem*) to mark; to stamp 2. (*nakreślić*) to trace; to draw 3. (*określić*) to fix; to appoint; to set; ~**yć cenę na czyjąś głowę** to set a price on sb's head
nazw|a *f* name; appellation; designation; ~**a fabryczna** trade name; **z** ~**y** by name
naz|wać *perf* — **naz|ywać** *imperf* I *vt* 1. (*nadać nazwę*) to call; to term; to denominate; *przen* ~**ywać rzeczy po imieniu** to call a spade a spade 2. (*nadać imię*) to christen (**kogoś Piotrem**

itd. sb Peter etc.) II *vr* ~**ywać się** 1. (*o człowieku*) to be called; **jak się** ~**ywasz?** what is your name? 2. (*o rzeczy itd.*) to be called; **jak się to** ~**ywa?** what is this called?
nazwisk|o *n* (family) name; surname; **ktoś** ~**iem** ... somebody named ...; **nazwać kogoś po** ~**u** to call sb by name; (*dla zaanonsowania*) **jak** ~**o, proszę?** who shall I say?; your name, please?
nazywać *zob* **nazwać**
nażreć się *vr perf* (*o zwierzęciu*) to eat its fill; *wulg* (*o człowieku*) to have a blow out
neandertalczyk *m* Neanderthal man
nefryt *m miner* nephrite
negacja *f* negation
negatyw *m fot techn* negative
negatywnie *adv* negatively; **być** ~ **nastawionym do czegoś** to disapprove of sth; **odpowiedzieć** ~ to answer in the negative; **prośbę załatwiono** ~ the request was rejected
negatywny *adj* negative
negliż *m* négligé; **w** ~**u** in one's scanties
negocjacja *f* (*zw pl*) **książk** negotiation
negować *vi vt imperf* 1. (*przeczyć*) to deny (**coś** sth; **że** ... that ...) 2. (*nie uznawać istnienia czegoś*) to negate sth
Negr *m* Negro; *pog* nigger
nekrofilia *f singt med* necrophilia
nekrolog *m* (an) obituary; obituary notice
nekroza *f singt biol med* necrosis
nektar *m* nectar
nelson *m sport* half nelson; **podwójny** ~ (full) nelson
nelsońsk|i *adj kulin* **zrazy** ~**ie** ⟨**po** ~**u**⟩ collops à la Nelson
nenufar *m bot* water lily; nenuphar
neofilologia *f singt* study of modern languages
neofita *m,* **neofitka** *f* neophyte
neoklasycyzm *m singt* neo-classicism
neolit *m singt geol* Neolithic age
neologizm *m jęz* neologism; new-coined word
neon *m* 1. (*lampa*) neon lamp; (*reklama*) neon sign 2. *chem* neon
neonowy *adj* neon — (lamp etc.)

neorealizm *m singt* neorealism
nepotyzm *m singt książk* nepotism
neptun *m singt chem* neptunium
nereida *f (zw pl)* nereid
ner|ka *f* 1. *anat* kidney; *med* zapalenie ~ek nephritis 2. *pl* ~ki *kulin* kidneys
nerkowy *adj* renal; nephritic; kidney — (trouble etc.)
nerkówka *f singt kulin* loin of veal
nerw *m* 1. *anat* nerve 2. *przen (żywość)* vigour 3. *pl* ~y *(system nerwowy)* nerves; *przen* **kłębek** ~ów bundle of nerves; **stalowe** ~y nerves of steel; **żelazne** ~y iron nerves; **działać komuś na** ~y to get on sb's nerves 4. *(zw singt) (zdolności)* ability 5. *bot* vein; rib
nerwica *f med* neurosis
nerwoból *m med* neuralgia, neuralgy
nerwowość *f singt* 1. *(skłonność do rozdrażnienia)* irritability 2. *(zdenerwowanie)* nervousness
nerwowy *adj* 1. *(dotyczący nerwów)* nervous (system, breakdown etc.): nerve — (centre etc.); **atak** ~ fit of nerves; **specjalista chorób**·~**ch** nerve specialist 2. *(świadczący o zdenerwowaniu)* nervous 3. *(o człowieku)* nervous; excitable
nerwus *m pot* excitable person
neseser *m* toilet-case; dressing-case
nestor *m* Nestor; senior
netto *indecl handl* net (profit, price, weight etc.)
neuralgia *f med* neuralgia
neuralgiczny *adj* neuralgic
neurastenia *f singt med* neurasthenia
neurastenik *m* (a) neurasthenic
neurochirurgia *f singt med* neurosurgery
neurolog *m* neurologist
neurologia *f singt med* neurology
neurologiczny *adj* neurological
neuron *m anat* neuron
neuropatologia *f singt med* neuropathology
neutralizacja *f singt* neutralization
neutralizator *m* neutralizer
neutralizować *vt imperf* to neutralize
neutralnie *adv* neutrally; **zachowywać się** ~ to stand neuter; to remain neutral

neutralność *f singt* neutrality; **zachować** ~ to remain neutral
neutralny *adj* neutral; impartial
neutron *m chem fiz* neutron
newralgia *f med* neuralgia
newralgiczny *adj* neuralgic
nęcący *adj* alluring; enticing; tempting
nęcić *vt imperf* to allure; to entice; to tempt
nędz|a *f* 1. *(ubóstwo)* extreme poverty; indigence; **w** ~y destitute; **w skrajnej** ~y down and out 2. *przen (rzecz licha)* trash
nędzarka *f* beggar-woman; pauper
nędzarz *m* beggar; pauper
nędznica *f* rogue; wretch
nędznie *adv* 1. *(ubogo)* poorly 2. *(licho)* shabbily; ~ **zginąć** to die a pitiful death
nędznieć *vi imperf* to decline; to waste away
nędznik *m* rascal; rogue
nędzny *adj* 1. *(świadczący o nędzy)* beggarly; miserable; wretched; *(o odzieniu)* shabby; *(o pomieszczeniu)* poky 2. *przen (podły)* base; vile 3. *(bezwartościowy)* trashy; worthless
nęka|ć *vt imperf* to torment; to harass; *(o głodzie, wyrzutach sumienia itd.)* to gnaw; ~**ć nieprzyjaciela** to press the enemy hard; *wojsk* **ogień** ~**jący** harassing fire
ni *conj* nor; nor ... either; **ni ..., ni ...** neither ... nor ...; **ni mniej, ni więcej** imagine; just fancy; **ni pies, ni wydra** neither fish nor fowl; **ni stąd,** **ni zowąd, ni z tego, ni z owego** a) *(nieoczekiwanie)* suddenly b) *(z nieznanych przyczyn)* for no reason whatever; **ni to, ni owo** neither fish, flesh nor good red herring; **ni w pięć, ni w dziewięć** without rhyme or reason; out of place
niania *f* nanny
niańczyć *vt imperf* to nurse; to dandle
niańka *f* nurse; nurse-maid; nanny
niby *adv* 1. *(jakby)* as if; like; as it were; ~ **przypadkiem** as if ⟨as though⟩ by chance 2. *(gdy coś jest sprzeczne z rzeczywistością)* supposedly; ~ **coś robić** to pretend to be

doing sth; **robić coś na** ~ **to make believe that one is doing sth** 3. (*z przekąsem*) a kind of; a sort of; of a kind; **on jest** ~ **artystą** he is a kind of artist

nic *pron* 1. (*w funkcji podmiotu lub orzecznika*) nothing; ~ **mu się nie stało** nothing happened to him; ~ **mi nie jest** I am all right; ~ **więcej** nothing else; **to** ~ it doesn't matter 2. (*z wyrazem przeczącym*) anything; **on nigdy** ~ **nie mówi** he never says anything 3. *z przymiotnikiem w dopełniaczu:* nothing (+ *przymiotnik lub wyrażenie przyimkowe*); ~ **podobnego** nothing of the kind; ~ **szczególnego** nothing particular; ~ **ważnego** nothing of importance 4. (*wzmacnia przeczenie*) ~ **a** ~ nothing at all 5. (*bynajmniej*) not a bit; ~ **nie lepszy** not a bit better; **to ci** ~ **nie pomoże** it won't help you a bit 6. (*w wyrażeniach przyimkowych*) **bez niczego** a) (*nago*) without anything on b) (*bez pieniędzy*) penniless; **do niczego** useless; no good; **na** ~ a) for nothing b) (*jako orzecznik*) completely; altogether; **na** ~ **się nie zdać** to be completely useless c) (*jako równoważnik orzeczenia*) useless; of no avail; **to na** ~ it's to no purpose; **to jest na** ~ it's no good; it won't help; **w niczym** in no respect; **z niczego** out of nothing; **z niczym** empty-handed; **za** ~ for nothing; **za** ~ **w świecie** not for worlds

nice † *pl* (*lewa strona tkaniny*) wrong side (of a cloth); *obecnie w zwrotach:* *przen* **obrócić na** ~ to turn upside down

nicejsk|i *adj* Nice — (festivities etc.); **oliwa** ~**a** olive oil

nician|y *adj* thread — (lace etc.); ~**e rękawiczki** fabric ⟨thread⟩ gloves

niciarka *f techn* riveting machine

nicość *f singt* nonentity

nicować *vt imperf kraw* to turn a garment

nicowani|e *n* ↑ **nicować**; **materiał nadający się do** ~**a** reversible cloth

nicpoń *m* (a) good-for-nothing; scal(l)awag; bad lot

niczego I *zob* **nic II** *adv adj pot* (*oględna pochwała*) not bad; quite good; (*o kobiecie, twarzy*) not unsightly

niczyj *m*, **niczyja** *f*, **niczyje** *n pron* nobody's; no one's; (*o zwierzęciu itd.*) ownerless

niczym *zob* **nic**

nić *f* thread; **przen to jest robota grubymi nićmi szyta** the affair is transparent; *pot* **żart nici będą z tego** it will come to nothing

niderlandzki *adj* Netherlandic, Netherlandian

nie 1. (*zaprzeczenie, odmowa*) no 2. (*w połączeniu z czasownikiem*) not 3. (*w połączeniu z rzeczownikiem użytym orzecznikowo*) not a; not any; no; ~ **brak** ... there is no lack ... 4. (*w połączeniu z imiesłowem*) without; ~**/ płacąc** without paying; ~ **zapytany** without being asked 4. (*równoważnik zdania*) no; **czemu** ~**?** why not?; **czy wiesz, czy** ~**?** do you know or don't you?; **no** ~**?** don't you think so? || ~ **bez** not without (effort etc.); **nie do zniesienia** past bearing; ~ **kto inny, jak tylko on** none but he; ~ **od tego, żeby** not disinclined; ~ **żeby** not that; **co to, to** ~ that is out of the question; **już** ~**, dziękuję** no more thank you

nie- *praef* un-; non-; mis-; -less

nieadekwatny *adj* inadequate

nieagresj|a *f singt polit* non-aggression; **pakt** ~**i** non-aggression pact

nieaktualny *adj* out-of-date; (*o wiadomości*) stale

nieapetyczny *adj* unappetizing

nieartykułowany *adj* inarticulate

nieatrakcyjny *adj* inattractive

niebaczny *adj* imprudent; inconsiderate; ~ **na** ... regardless of ...

niebagatelny *adj* not trifling

niebanalny *adj* not commonplace

niebawem *adv* soon; presently; before long; by and by

niebezpieczeństw|o *n* danger; peril; .być **w** ~**ie** to be in danger; ~**o minęło** we are ⟨he is etc.⟩ out of danger; **w** ~**ie życia** in peril of one's life

niebezpiecznie *adv* dangerously; perilously
niebezpieczny *adj* dangerous; perilous; ~ zakręt awkward corner
niebezpośredni *adj* indirect
niebiański *adj* heavenly; celestial; *dosł i przen* divine
niebiedny *adj* not badly off
niebieskawy *adj* bluish
niebieski *adj* 1. (*o kolorze*) blue 2. (*o sklepieniu niebieskim itd.*) celestial; ciało ~e celestial sphere; *przen* ~ ptak adventurer; to jest ~ ptak he lives by his wits 3. (*dotyczący nieba*) heavenly; królestwo ~e the Kingdom of Heaven
niebieskooki *adj* blue-eyed
niebieszczeć *vi imperf* 1. (*nabierać barwy niebieskiej*) to become ⟨to grow, to turn⟩ blue 2. (*tworzyć niebieską plamę*) to show blue
niebiosa *plt* heavens; wynosić ⟨wychwalać⟩ kogoś, coś pod ~ to extol sb, sth to the skies
nieblisko *adv* not so very near; pretty far; some way off
niebłahy *adj* not trifling
nieb|o *n* 1. (*firmament*) the sky; the skies; heaven; the firmament; do samego ~a sky-high; między ~em a ziemią in mid-air; na ~ie in the sky; pod gołym ~em in the open; *przen* o całe ~o lepsze better by far; spaść z ~a to come as a godsend; to ~o i ziemia they are not to be compared 2. *przen* (*raj*) paradise; być w siódmym ~ie to be in the seventh heaven 3. *rel* heaven(s); *przen* poruszyć ~o i ziemię to move heaven and earth; to leave no stone unturned
nieboga *f* poor dear
niebogaty *adj* not rich
niebolesny *adj* painless
nieboraczek, nieborak *m* poor devil; poor creature
niebosiężny *adj* sky-reaching; sky-high
nieboski *adj w zwrotach*: jak ~e stworzenie dreadfully; wyglądać jak ~e stworzenie to look awful
nieboskłon *m* horizon
nieboszcz|yk *m,* **nieboszcz|ka** *f* deceased ⟨dead⟩ person; the deceased; the defunct; moja ~ka matka my dead mother; ~yk pan X the late Mr X
niebotyczny *adj* sky-reaching
niebożątko, niebożę *n* poor devil
niebrzydki *adj* not unsightly; rather good-looking; *pot* not bad
niebrzydko *adv* in not unsightly fashion; *pot* passably; to ~ wygląda it is not unpleasing
nie byle jak *adv* 1. (*nieprzeciętnie*) in no mean fashion; *pot* like the dickens 2. (*nie jak bądź*) not carelessly; not just anyhow
nie byle jaki *adj* no mean — (writer etc.); sprawa o ~m znaczeniu a matter of considerable importance
niebył|y *adj* unexisting; uważać coś za ~e to consider sth null and void
niebyt *m singt* nonentity
niebywale *adv* uncommonly; exceedingly
niebywały *adj* uncommon; unusual; exceptional
niecałkowity *adj* 1. (*niekompletny*) incomplete 2. *mat* fractional
niecał|y *adj* 1. (*niecałkowity*) incomplete 2. (*niepełny*) somewhat less than; ~e dwie godziny a short two hours; miał ~e 18 lat he was not yet 18; w ~ą godzinę in less than an hour
niecelny *adj* inaccurate (of aim)
niecelowość *f singt* inexpedience
niecelowy *adj* inexpedient, futile
niecenzuralny *adj* 1. (*nieprzyzwoity*) indecent 2. (*niezgodny z przepisami cenzury*) censurable
niech 1. (*część składowa form trybu rozkazującego*) let; ~ przyjdzie let him come; (*w wykrzyknieniach*) ~ żyje ...! long live ...!; ~ będzie! all right!; się dzieje co chce! come what may!; (*w zwrocie konwencjonalnym*) ~ mi wolno będzie ... allow me to ... 2. (*przypuśćmy*) suppose; supposing; say; ~ się ktoś dowie suppose somebody gets wind of this; ~ się okaże, że to prawda say it proves true
niechaj *emf* = niech
niechby 1. (*nawet gdyby*) even if ⟨though⟩ 2. (*przypuśćmy*) suppose; ~

niechcąco — niedaleko

się ludzie dowiedzieli suppose people get to know
niechcąco, niechcący *adv* involuntarily; unintentionally
niechcenie *n w zwrotach*: od ~a a) (*przypadkiem*) accidentally; involuntarily b) (*niedbale*) casually; nonchalantly
niechę|ć *f* 1. (*brak chęci*) indisposition (**do czegoś** to sth); disinclination (**do czegoś** for ⟨to⟩ sth); aversion (**do czegoś** to sth); reluctance (**do robienia czegoś** to do sth); **poczuć ~ć do czegoś** to take a dislike to sth; **z ~cią** = **niechętnie** 2. (*nieprzyjazne uczucia*) ill-will (**do kogoś** towards sb); **mieć ⟨żywić⟩ ~ć do kogoś** to bear sb ill-will
niechętnie *adv* reluctantly; unwillingly; **~ coś robić** to be loath to do sth; **~ to mówię** I hate to say this
niechętny *adj* disinclined (**do czegoś** for ⟨to⟩ sth); reluctant (**do robienia czegoś** to do sth); ill-disposed (**do kogoś, czegoś** towards sb, sth); **być ~m komuś, czemuś** to be unfriendly towards sb, sth
niechlubny *adj* inglorious
niechluj *m* sloven
niechlujnie *adv* in slovenly fashion; **~ wykonany** slovenly
niechlujny *adj* slovenly; untidy; **~a robota** slipshod ⟨sloppy⟩ work
niechlujstwo *n singt* slovenliness; untidiness
niechodliwy *adj pot handl* unsaleable (article)
niechwalebny *adj* inglorious
niechybnie *adv* without fail; for sure
niechybny *adj* certain; unavoidable
niechże *emf* = niech
niecić *vt imperf książk* to light (a fire); *przen* to stir up (passions etc.)
nieciekawy *adj* 1. (*nie pragnący wiedzieć*) not curious; incurious (**czegoś** of sth); uninterested (**czegoś** in sth) 2. (*nie budzący zainteresowania*) uninteresting; dull
niecierpliwić *imperf* I *vt* to put (sb) out of patience; to make sb impatient II *vr* ~ **się** to become ⟨to grow, to get⟩ impatient; to lose patience
niecierpliwie *adv* impatiently; restlessly
niecierpliwoś|ć *f singt* impatience; **z ~cią** impatiently
niecierpliwy *adj* impatient
niecka *f* 1. (*naczynie gospodarcze*) trough 2. *geol* syncline 3. *górn* hutch
niecnie *adv* infamously; ignominiously
niecnota *m f* blackguard; scoundrel
niecny *adj książk* infamous; ignoble
nieco *adv* somewhat; a little
niecodzienność *f singt* uncommon nature (of an event etc.)
niecodzienny *adj* uncommon; unusual
niecywilizowany *adj* uncivilized; savage; barbarous
nieczęsto *adv* infrequently; not often
nieczęsty *adj* infrequent; not frequent
nieczułość *f singt* heartlessness; frigidness; insusceptibility; insensibility
nieczuły *adj* 1. (*pozbawiony uczuć*) unaffectionate; frigid; insusceptible; insensible; unresponsive (**na coś** to sth) 2. (*nie czujący*) unfeeling; insensible; numb
nieczynny *adj* 1. (*bezczynny*) inactive 2. (*nie funkcjonujący*) inactive; closed down; (*o mechanizmie*) out of order; (*o instytucji*) closed; (*o teatrze itd. — w napisie*) "no performance" 3. *chem fiz* inactive; inert
nieczysto *adv* 1. (*brudno*) dirtily; filthily 2. (*nieetycznie*) unfairly 3. *muz* out of tune
nieczystoś|ć *f* 1. *singt* (*brak czystości*) uncleanliness; filth 2. *singt* (*w pojęciu moralnym*) impurity 3. *pl* ~ci refuse; rubbish; litter
nieczyst|y *adj* 1. (*zabrudzony*) dirty; (*o wodzie, powietrzu*) polluted 2. (*nieuczciwy*) dishonest; shady (business etc.) || **~e sumienie** guilty conscience
nieczyteln|y *adj* illegible; **~e pismo** a scribble; **~y podpis** undecipherable signature
niedaleki *adj* 1. (*w przestrzeni*) not distant; not far away 2. (*w czasie*) near; coming; approaching; **~ termin** an early date
niedaleko *adv* not far; near by; close by;

niedawno 339 **niedomoga**

przysł ~ **pada jabłko od jabłoni** a chip of the old block
niedawno *adv* not long ago; recently; newly (published, opened etc.); ~ **temu** a short time ago
niedawn|y *adj* recent; **do** ~**a** until quite lately; **od** ~**a** since a short time
niedbalstwo *n*, **niedbałość** *f singt* 1. (*brak dbałości*) neglect; negligence 2. (*niestaranność*) slapdash; sloppy execution
niedbaluch *m pog* bungler; sloven
niedbałość *zob* **niedbalstwo**
niedbały *adj* 1. (*nie dbający*) heedless ⟨neglectful⟩ (**o coś** of sth); ~ **o swój wygląd** untidy; unkempt; disorderly 2. (*niestaranny*) negligent; slack; slapdash; nonchalant
niedelikatność *f singt* indelicacy; tactlessness
niedelikatny *adj* indelicate; tactless
niedługi *adj* short
niedługo *adv* 1. (*przez niedługi czas*) not long; ~ **to potrwa** it won't take long 2. (*wkrótce*) soon; before long; **to się** ~ **skończy** it will end by and by
niedobit|ek *m* survivor; *pl* ~**ki** remains; survivors (of an army etc.)
niedobór *m* 1. (*brak*) shortage 2. (*deficyt*) deficit; shortage; ~ **kasowy** cash shortage
niedobrany *adj* ill-assorted; ill-matched
niedobry *adj* 1. (*pozbawiony dobroci*) ill-natured; (*o dziecku*) naughty; ~ **chłopiec** bad boy 2. (*nieprzyjazny*) unkind; unfriendly 3. (*niewłaściwy*) bad; wrong 4. (*sprzeczny z zasadami moralnymi*) bad; wicked 5. (*nieprzyjemny*) nasty; unpleasant 6. (*niesmaczny*) bad
niedobrze *adv* 1. (*niewłaściwie*) wrong; badly; improperly; **mieć** ~ **w głowie** to have a screw loose 2. (*niezdrowo*) unwell; **czuć się** ~ to feel ill; **jest mi** ~ I feel sick 3. (*niepomyślnie*) unfavourably; **sprawy** ~ **stoją** affairs are in a bad state 4. (*nieprzyjemnie*) badly; unpleasantly
nieceniony *adj* underestimated; undervalued; unappreciated
niedochodowy *adj* unprofitable

niedociągnięcie *n* shortcoming; failing; bad side (of a plan etc.); drawback
niedoczekanie *n pot* ~ **twoje** ⟨**wasze itd.**⟩ never, never!
niedoczynność *f singt med* hypofunction
niedogodność *f* inconvenience drawback
niedogodny *adj* inconvenient; awkward
niedogotowany *adj* half-cooked
niedojadanie *n* undernourishment
niedojda *f m pog* duffer; fumbler
niedojrzałość *f singt* 1. (*stan owocu itd.*) unripeness 2. (*brak wyrobienia*) immaturity
niedojrzały *adj* 1. (*o owocu itd.*) unripe 2. (*o człowieku — niedorosły*) immature 3. (*niedoświadczony*) green; raw (lad)
niedokładność *f* inaccuracy; inexactitude
niedokładny *adj* 1. (*zawierający usterki*) inaccurate; inexact; incomplete 2. (*niesprecyzowany*) not precisely stated 3. (*niestaranny*) careless
niedokonany *adj gram* imperfect (tense)
niedokończony *adj* unfinished
niedokrwienie *n singt med* isch(a)emia
niedokrwistość *f singt med* anaemia
niedokrwisty *adj* an(a)emic
niedokwasota, **niedokwaśność** *f singt med* hypoacidity
niedola *f książk* adversity; distress
niedołęga *m f* oaf; lout; duffer; muff
niedołęstwo *n singt* 1. (*brak sprawności fizycznej*) physical unfitness; clumsiness; ~ **starcze** decrepitude 2. (*upośledzenie fizyczne*) infirmity 3. (*nieudolność*) incompetence; inefficiency
niedołężnie *adv* clumsily; awkwardly; incompetently
niedołężnieć *vi imperf* to grow clumsy ⟨awkward, incompetent, (*o starcu*) decrepit⟩
niedołężny *adj* 1. (*fizycznie upośledzony*) infirm; indolent 2. (*nieudolny*) incompetent; (*o starcu*) decrepit
niedomagać *vi imperf* to be ill; to feel unwell
niedomagający *adj* ill; unwell; suffering
niedomaganie *n* 1. ↑ **niedomagać** 2. (*choroba*) illness; indisposition 3. *przen* shortcoming; defect
niedomoga *f* 1. *med* asthenia; insuffi-

12*

ciency 2. *przen* shortcoming; defect; deficiency
niedomówienie *n* insinuation
niedomykalność *f singt* insufficiency; *med* ~ zastawek (serca) valvular insufficiency
niedomyślność *f singt* lack of perspicacity
niedomyślny *adj* lacking perspicacity; dull-brained
niedonoszony *adj med* aborted
niedopałek *m* brand; ~ cygara stub ⟨stump⟩ (of a cigar); ~ papierosa cigarette-end
niedopatrzenie *n* oversight; want of care
niedopieczony *adj* (*o mięsie*) underdone (roast); (*o pieczywie*) slack-baked
niedopowiedzenie *n* insinuation
niedopuszczalność *f singt* inadmissibility
niedopuszczalny *adj* inadmissible
niedopuszczenie *n* exclusion
niedorajda *m f* oaf; lout; duffer
niedoręczenie *n* non-delivery; w razie ~a if undelivered
niedorosły *adj* minor; under age; immature
niedorostek *m* adolescent; teen-ager; urchin; stripling; greenhorn
niedorozwinięty *adj* 1. (*umysłowo*) mentally deficient; weak-minded 2. (*fizycznie*) under-developed
niedorozwój *m singt* 1. (*fizyczny*) underdevelopment 2. (*umysłowy*) mental deficiency
niedorzeczność *f* 1. (*cecha*) absurdity; preposterousness 2. (*postępek, powiedzenie*) (an) absurdity; (a piece of) nonsense; to jest ~ it is absurd ⟨pure nonsense⟩
niedorzeczny *adj* absurd; preposterous; nonsensical
niedosięgły, niedosiężny *adj* unattainable; inaccessible
niedoskonałość *f* imperfection
niedoskonały *adj* imperfect; deficient
niedosłyszalny *adj* inaudible
niedosłyszeć *vi imperf* to be hard of hearing
niedostatecznie *adv* insufficiently
niedostateczn|y *adj* insufficient; unsatisfactory; *szk* stopień ~y, ocena ⟨nota⟩ ~a bad mark
niedostatek *m singt* (*bieda*) want; indigence; cierpieć ~ to be in need ⟨in distress⟩
niedostępność *f singt* inaccessibility
niedostępny *adj* 1. (*mający trudny dostęp*) inaccessible; ~ dla kogoś beyond ⟨out of⟩ sb's reach 2. *przen* (*o człowieku*) unapproachable
niedostrzegalny *adj* imperceptible; unperceivable
niedosypiać *vi imperf* not to have enough sleep
niedosyt *m singt* hunger ⟨thirst⟩ (czegoś for sth); *med* bulimy
niedoszły *adj* 1. (*nie zrealizowany*) unrealized; unattained 2. (*o człowieku*) would-be; manqué
niedościgły *adj* 1. (*niezrównany*) matchless; peerless; unique 2. (*niepojęty*) unfathomable 3. (*nieosiągalny*) unattainable
niedościgniony *adj* 1. (*nie dający się dogonić*) swift 2. = niedościgły 1., 3.
niedoświadczenie *n singt* inexperience
niedoświadczony *adj* inexperienced; raw
niedoświetlony *adj fot* under-exposed
niedotarty *adj aut* running-in
niedotlenienie *n singt med* anox(a)emia
niedotrzymanie *n* breach; ~ słowa breach of faith
niedotykalny *adj* intangible; unpalpable
niedouczony *adj* undereducated
niedowaga *f singt* short weight
niedoważony *adj* immature
niedowcipny *adj* 1. (*bez dowcipu*) unwitty; unamusing 2. (*bez poczucia humoru*) with no sense of humour
niedowiarek *m* unbeliever; sceptic
niedowidzieć *vi imperf* to be dim-sighted
niedowierzająco *adv* incredulously; distrustfully
niedowierzanie *n singt* incredulity; distrust (komuś of sb)
niedowład *m med* paresis
niedozwolony *adj* forbidden; prohibited; *prawn* illicit
niedożywienie *n singt* undernutrition

niedożywiony *adj* under-fed; undernourished
niedrogi *adj* inexpensive; cheap
niedrogo *adv* cheap
niedrożny *adj* choked; *med* impervious; occluded
niedużo *adv* not much; not many
niedyży *adj* not large; not big; smallish; (*niewysoki*) rather short
niedwuznaczny *adj* clear; distinct; unequivocal
niedyplomatyczny *adj* impolitic; undiplomatic; awkward
niedyskrecja *f* 1. (*cecha*) indiscreetness 2. (*postępowanie itd.*) (an) indiscretion
niedyskretny *adj* indiscreet
niedysponowany *adj* 1. (*niezdrowy*) indisposed; unwell 2. (*nieusposobiony*) unfit (**do czegoś** for sth)
niedyspozycja *f* indisposition; ill-health
niedziela *f* Sunday
niedzisiejszy *adj* old-time — (customs etc.); not modern; (*o człowieku*) old-fashioned
niedźwiadek *m* bear's cub; young bear
niedźwiedzi *adj* bear's (cub etc.); bear — (trap etc.); *przen* **wyświadczyć komuś ~ą przysługę** to do sb an ill turn
niedźwiedzica *f zool* she-bear; *astr* **Mała Niedźwiedzica** the Little Bear; **Wielka Niedźwiedzica** the Great Bear
niedźwiedziowaty *adj* bearish
niedźwiedź *m* 1. *zool* bear 2. *żart iron* (*o człowieku*) galoot; clumsy lout
niedźwięczny *adj* dull; muffled
nieefektowny *adj* unattractive; ineffective
nieegoistyczny *adj* unselfish
nieekonomiczny *adj* uneconomical
nieelastyczny *adj* inelastic; inflexible
nieelegancki *adj* inelegant
nieenergiczny *adj* unenergetic
nieestetyczny *adj* inaesthetic; in bad taste
nieetatowy *adj* supernumerary; part-time (worker)
nieetyczny *adj* unethical; immoral
nieeuropejski *adj* non-European
niefachowiec *m* layman; amateur
niefachowy *adj* unprofessional; unqualified; inexpert; amateurish
nieforemnie *adv* mis-shapenly

nieforemność *f singt* shapelessness; deformity
nieforemny *adj* shapeless; irregular; deformed
nieformalnie *adv* informally; against the rules
nieformalność *f* irregularity; informality
nieformalny *adj* irregular; informal
niefortunnie *adv* 1. (*pechowo*) unluckily; unfortunately 2. (*niepomyślnie*) unhappily; haplessly; **~ wypaść** to go amiss; **to take a bad turn**
niefortunny *adj* 1. (*pechowy*) unlucky; unfortunate 2. (*niepomyślny*) hapless; regrettable
niefrasobliwość *f singt* unconcern
niefrasobliwy *adj* 1. (*świadczący o beztrosce*) unconcerned; unpreoccupied 2. (*nieskłonny do martwienia się*) care-free; easy-going
niegadatliwy *adj* sparing of words; reticent
niegasnący *adj* unextinguished; *przen* unfading
niegaszon|y *adj* unslaked (lime); **~e wapno** quick-lime
niegdyś *adv* once; formerly; in the past
niegładki *adj* uneven; *dosł i przen* rough
niegłęboki *adj* 1. (*płytki*) not deep 2. (*powierzchowny*) not profound; superficial
niegłodny *adj* not hungry
niegłośno *adv* not loud; **mówić ~** to speak in a low ⟨soft⟩ voice
niegłośny *adj* scarcely audible; gentle
niegłupi *adj pot* not stupid; **on jest ~** he is no fool
niegłupio *adv* sensibly; **to ~!** that's quite clever
niegodny *adj*, **niegodzien** *adj praed* 1. (*nie zasługujący na coś*) unworthy (**czegoś** of sth); **jestem ~ tego zaszczytu** I do not deserve this honour; **~ uwagi** unworthy of notice 2. (*podły*) vile
niegodziwiec *m* scoundrel; rogue
niegodziwość *f* 1. *singt* (*cecha*) wickedness; vileness; baseness 2. (*postępek*) foul ⟨wicked⟩ deed
niegodziwy *adj* vile; base; mean

niegospodarność *f singt* uneconomical management; thriftlessness
niegospodarny *adj* uneconomical; thriftless; improvident
niegościnność *f singt* inhospitality; inhospitableness
niegościnny *adj* inhospitable
niegotowy *adj* not ready; not finished
niegramatycznie *adv* ungrammatically; incorrectly; mówić ⟨pisać⟩ ~ to speak ⟨to write⟩ bad grammar
niegramatyczny *adj* ungrammatical; incorrect
niegroźny *adj* not dangerous; not serious
niegrzecznie *adv* rudely; unkindly; impolitely
niegrzeczność *f* impoliteness; rudeness
niegrzeczny *adj* 1. (*nieuprzejmy*) unkind 2. (*grubiański*) impolite; rude 3. (*o dziecku*) naughty; ~ **chłopiec** bad boy; być ~m to be naughty
niegustownie *adv* in bad taste; without taste
niegustowny *adj* in bad taste; inelegant
niehałaśliwy *adj* noiseless
nieharmonijny *adj* inharmonious; discordant
niehartowny *adj* (*o stali itd.*) untempered
niehigieniczny *adj* unhygienic; insanitary
niehonorowy *adj* dishonourable; ungentlemanly; (*o grze*) unfair
nieinteligentnie *adv* unintelligently; without sense; dully
nieinteligentny *adj* unintelligent; not very clever; dull
nieinteresująco *adv* in an uninteresting manner; unentertainingly
nieinteresujący *adj* uninteresting; unentertaining; dull
nieinterwencja *f singt* non-intervention
nieistnienie *n singt* non-existence
nieistniejący *adj* non-existent; (*nie zachowany*) non-extant
nieistotny *adj* inessential; insignificant
niejadalny *adj* 1. (*nie nadający się do jedzenia*) inedible 2. (*niesmaczny*) uneatable; tasteless
niejadowity *adj* non-poisonous; harmless
niejaki *pron* 1. (*pewien, jakiś*) a 2. (*nieznaczny*) some; slight; ~ **trud** ⟨czas itd.⟩ some difficulty ⟨time etc.⟩ 3. (*o człowieku*) a certain; a ⟨one⟩ (Mr So-and-so)
niejako *adv* 1. (*jak gdyby*) so to say 2. (*poniekąd*) to some extent
niejasno *adv* 1. (*niewyraźnie*) indistinctly 2. (*niezrozumiale*) obscurely 3. (*jak przez mgłę*) hazily
niejasność *f* 1. *singt* (*cecha*) vagueness; dimness 2. (*o wypowiedzi itd.*) obscure passage
niejasny *adj* 1. (*słabo oświetlony*) dim 2. (*niewyraźny*) indistinct; vague 3. (*mglisty*) hazy; foggy 4. (*niezrozumiały*) obscure
niejawn|y *adj* secret; *prawn* **posiedzenie** ~e closed session
niejed|en *m*, **niejed|na** *f*, **niejed|no** *n* I *pron* many a; quite a number; not a few II *m* ~en many a man III *n* ~no many a thing
niejednakowo *adv* not alike; differently
niejednakowy *adj* not alike; different; diverse
niejednokrotnie *adv* more than once; many a time; repeatedly
niejednolicie *adv* not uniformly; variously; heterogeneously
niejednolitość *f singt* absence of uniformity; diversity; heterogeneity
niejednolity *adj* not uniform; various; diversified; heterogeneous
niejednorodny *adj* heterogeneous
niejednoznaczny *adj* 1. (*niesynonimiczny*) not identical in meaning (z czymś with sth) 2. (*wieloznaczny*) having more than one meaning
niekaralny *adj* unpunishable
niekarność *f singt* indiscipline; insubordination
niekarny *adj* undisciplined; insubordinate; unruly
niekiedy *adv* sometimes; at times; now and again
nieklarowny *adj* not limpid; unclear
niekłamany *adj* unfeigned; genuine
niekłopotliwy *adj* 1. (*o okolicznościach itd.*) uninconveniencing; convenient 2. (*o człowieku*) easy to get along with
niekobiecy *adj* unwomanly

niekoleżeński *adj* uncomradely; unobliging
niekompetencja *f singt* incompetence, incompetency
niekompetentny *adj* incompetent; unqualified **(do zrobienia czegoś** to do sth)
niekompletny *adj* incomplete; deficient
niekoniecznie *adv* not necessarily
niekonieczn|y *adj* not indispensable; to ~**e** we can do without (it); it can be omitted
niekonsekwencja *f* inconsistency
niekonsekwentny *adj* inconsistent; inconsequent
niekorzystnie *adv* 1. (*niepomyślnie*) unfavourably 2. (*ujemnie*) disadvantageously; ~ **dla kogoś** to sb's disadvantage 3. (*niedogodnie*) inconveniently
niekorzystny *adj* 1. (*niezyskowny*) unprofitable 2. (*niepomyślny*) unfavourable 3. (*niepochlebny*) disadvantageous (**dla kogoś** to sb) 4. (*niedogodny*) inconvenient
niekorzyść *f* disadvantage; **na czyjąś** ~ to sb's disadvantage; in sb's disfavour; **rozstrzygnąć sprawę na czyjąś** ~ **to** decide a case against sb
niekosztowny *adj* inexpensive
niekowalny *adj* unmalleable
niekrępujący *adj* convenient
niekrzepliwy *adj* non-coagulable
niekształtny *adj* mis-shapen; unshapely
niektó|rzy, niektó|re I *pron* some **II** *pl* ~**rzy** some people
niekulturalny *adj* ungentlemanly; uncultivated; mannerless
niekwalifikowany *adj* unskilled
nie lada *adj* no mean; first-class
nieledwie *adv* almost; practically
nielegalność *f singt* illegality
nielegalny *adj* illegal
nielekki *adj* 1. (*niemało ważący*) not light 2. (*niełatwy*) not easy
nieletni I *adj* juvenile; minor **II** *m* (a) juvenile; (a) minor; **sąd dla** ~**ch** juvenile court
nieletniość *f singt* minority
nielękliwy *adj* unafraid; fearless
nielicho *adv pot* (*dobrze*) not so bad; (*znacznie*) not a little

nielichy *adj pot* not (at all) bad; quite good
nielicznie *adv* in small numbers
nieliczn|y I *adj* small **II** *pl* ~**i** few
nieliniowy *adj* 1. *mat* non-linear 2. *wojsk* non-combatant
nieliteracki *adj* non-literary; **wyraz** ~ colloquialism
nielitościwy *adj* pitiless; merciless
nielogiczny *adj* 1. (*przeciwny logice*) illogical 2. (*bezsensowny*) nonsensical
nielojalność *f singt* disloyalty
nielojalny *adj* disloyal
nielotny *adj chem* fixed
nieludzki *adj* inhuman; barbarous; ~**e czyny** atrocities
nieludzkość *f singt* inhumanity; ruthlessness
nieła|d *m* 1. (*chaos*) disarray 2. (*nieporządek*) disorder; mess; **wprowadzić** ~**d w coś** to throw sth into disorder; **w** ~**dzie** untidy; messy; in disorder
nieładnie *adv* 1. (*dość brzydko*) unattractively; ~ **się ubierać** to dress unbecomingly; **ona** ~ **wyglądała** she did not look her best 2. (*niewłaściwie*) improperly; ~ **z kimś postąpić** to treat sb unfairly; **to** ~ **z twojej strony** that's not nice of you
nieładny *adj* 1. (*dość brzyki*) plain; unhandsome; (*o przedmiocie*) unsightly 2. (*nieodpowiedni*) improper; (*niegrzeczny*) unkind
niełamliwy *adj* unbreakable; not brittle
niełask|a *f singt* disfavour; disgrace; **popaść w** ~**ę** to fall into disgrace
niełaskawie *adv* unkindly; with disfavour
niełaskawy *adj* unkind (**dla kogoś** to sb); unfriendly (**dla kogoś** towards sb); (*o pogodzie*) inclement
niełatwy *adj* not easy; pretty hard ⟨tough⟩; (*o człowieku*) not easy to get along with
nie ma *zob* **mieć**
niemal, nieomal *adv* almost; practically; pretty nearly
niemało *adv* 1. (*sporo*) not a little (**kłopotu, czasu itd.** trouble, time etc.); quite a lot (**kłopotu, czasu itd.** of trouble, of time etc.) 2. (*w dużej liczbie*) not a few (**wypadków itd.** cases

etc.); (quite) a number (**wypadków itd.** of cases etc.)
niemały *adj* pretty large; considerable
niematerialny *adj* immaterial
niemądry *adj* silly; stupid
niemczyć *vt imperf* to germanize
niemczyzna *f singt* 1. (*język*) the German language 2. (*kultura i cywilizacja*) German culture ⟨customs, way of life⟩
niemelodyjny *adj* unmelodious
niemetal *m chem* non-metal
niemęski *adj* unmanly
niemianowan|y *adj mat* liczba ~a abstract number
niemiara *f w wyrażeniu*: co ~ a) (*bez liku*) numberless b) (*bez ograniczenia*) without limit; **piliśmy co** ~ **we drank without limit**
niemiarodajny *adj* not authoritative; unreliable
niemiarowy *adj* unrhytmic(al); irregular
Niemiec *m* German
niemieck|i I *adj* German II *m* German (language); **po** ~**u** in German; **mówić z** ~**a** to speak with a German accent
niemieckość *f singt* 1. (*cechy niemieckie*) German character 2. (*pochodzenie*) German origin
niemieć *vi imperf* to grow ⟨to become⟩ dumb
niemile, niemiło *adv* unpleasantly; disagreeably; **być** ~ **dotkniętym czymś** to be much affected by sth
niemiłosierny *adj* 1. (*nielitościwy*) unmerciful; pitiless 2. *przen* (*okropny*) dreadful
niemiły *adj* unpleasant; disagreeable; (*o zapachu*) nasty; (*o dźwięku*) harsh; (*o widoku*) unsightly; (*o wiadomości*) unwelcome
Niemka *f* German (woman)
niemłody *adj* no longer young; past one's prime
niemnący *adj* uncrushable; crease--resistant
niemniej *adv* however; still; all the same; ~ **jednak** nevertheless
niemo *adv* dumbly; in silence
niemoc *f singt* 1. (*słabość*) faintness; prostration; ~ **płciowa** impotence 2. (*brak siły wewnętrznej*) debility; decline; infirmity
niemodny *adj* out of fashion; unfashionable; démodé
niemoralność *f singt* immorality
niemoralny *adj* immoral
niemota *f singt* dumbness; muteness
niemowa *m f* (a) mute
niemowlę *n* baby; infant (in arms); **od** ~**cia** from babyhood
niemowlęctwo *n singt* babyhood; infancy
niemowlęcy *adj* infant's; infantile
niemożliwie *adv* impossibly; dreadfully; shockingly
niemożliwoś|ć *f* impossibility; ~**cią jest ... it is impossible to ...; do** ~**ci** excessively
niemożliw|y *adj* 1. (*nie dający się urzeczywistnić*) impossible; ~**y do opanowania** uncontrollable; ~**y do osiągnięcia** inaccessible; unobtainable 2. (*okropny*) unearthly; shocking; ~**a pora** unreasonable hour
niemożność *f singt* impossibility; inability (*zrobienia czegoś* to do sth)
niemrawy *adj* sluggish; dull; indolent
niemuzykalny *adj* unmusical; **jestem** ~ I have no ear for music
niem|y *adj* 1. (*pozbawiony mowy*) dumb; mute 2. (*milczący*) silent; ~**a litera** mute letter; ~**y film** silent film
nienadzwyczajnie *adv* not extraordinarily
nienadzwyczajny *adj* not extraordinary
nienaganny *adj* faultless; irreproachable; (*o reputacji*) unassailable
nienapastliwy *adj* unaggressive
nienaruszalność *f singt* inviolability; infrangibility; sacredness
nienaruszalny *adj* inviolable; infrangible; sacred; ~ **przepis** hard and fast rule
nienaruszony *adj* intact; untouched; (*o porządku itd.*) undisturbed
nienasycony *adj* 1. (*o apetycie itd.*) insatiable; unsatiated; (*o pragnieniu*) unquenchable 2. *fiz chem* unsaturated 3. *przen* (*chciwy*) insatiable
nienaturalnie *adv* unnaturally; with affectation
nienaturalność *f singt* unnaturalness; affectation
nienaturalny *adj* unnatural; factitious;

affected; (o uśmiechu) strained; (o zachowaniu) (con)strained
nienaukowy adj unscientific
nienaumyślnie adv unintentionally
nienawidzieć vt imperf to hate ⟨to detest⟩ (kogoś, czegoś sb, sth)
nienawistnie adv with hatred; hatefully
nienawistny adj hated; hateful; odious
nienawiść f singt hatred (do kogoś, czegoś of sb, sth); czuć ⟨żywić⟩ ~ do kogoś, czegoś to hold sb, sth in abomination
nienawykły adj not accustomed (do czegoś to sth)
nienormalność f singt anomaly; abnormality
nienormalny adj 1. (odbiegający od normy) abnormal 2. (umysłowo chory) not right in one's mind; insane
nienowoczesny adj not modern; antiquated
nienowy adj not new; used; second-hand; (o garderobie) worn; (o poglądach itd.) antiquated; (o wiadomości) stale
nieobc|y adj familiar (face etc.); to mi jest ~e I have experienced that
nieobecnoś|ć f singt absence; non-attendance; w razie ~ci ... in case of absence
nieobecn|y I adj not present; absent; missing; (poza domem) not in; out; przen ~e spojrzenie distant gaze II ~y m absentee; pl ~i the missing
nieobfity adj not abundant
nieobliczalność f singt irresponsibility
nieobliczalny adj 1. (ogromny) incalculable; inestimable 2. (niepoczytalny) irresponsible; unpredictable
nieobojętny adj not indifferent (na coś to sth); on jest jej ~ she is not indifferent to him
nieobowiązkowość f singt lack of conscientiousness; negligence; remissness
nieobowiązkowy adj 1. (niesumienny) lacking conscientiousness; negligent; remiss 2. (nieobowiązujący) not obligatory; optional
nieobrotny adj uningenious
nieobycie n singt 1. (towarzyskie) lack of good breeding 2. (nieoswojenie się) unacquaintance (z czymś with sth)
nieobyczajność f singt 1. (złe obyczaje) ill manners 2. (nieprzyzwoitość) indecency
nieobyty adj unmannered
nieoceniony adj invaluable; priceless; inestimable
nieoczekiwan|y adj unexpected; unforeseen; unanticipated; ~e odwiedziny surprise visit
nieoczytany adj not lettered
nieodczuwalny adj imperceptible
nieodgadniony adj inscrutable; mysterious; impenetrable
nieodłączny adj inseparable
nieodmienność f singt invariability
nieodmienny adj 1. jęz uninflected; undeclinable 2. (niezmienny) invariable
nieodparcie adv irresistibly; (niezbicie) irrefutably
nieodparty adj irresistible; compelling; (o argumencie itp.) irrefutable
nieodpłatny adj gratuitous
nieodporny adj not resistent (na chorobę itd. to disease etc.); not inured (na coś to sth); not proof (na coś against sth)
nieodpowiedni adj 1. (nie nadający się) inadequate ⟨unsuitable⟩ (do czegoś to sth); unfit (do czegoś for sth); to jest (całkiem) ~e that won't do (at all) 2. (niewłaściwy) wrong (moment etc.); inopportune (time, remark etc.) 3. (niestosowny) improper; (o ubiorze itd.) unbecoming
nieodpowiedzialność f singt irresponsibility
nieodpowiedzialny adj 1. (nie ponoszący odpowiedzialności) irresponsible 2. (niepoczytalny) unpredictable
nieodrodny adj true (son etc.)
nieodstępny adj inseparable; ever-present
nieodwołalność f singt irrevocability
nieodwołaln|y adj 1. (nie mogący być odwołanym) irrevocable; to jest ~e this is beyond recall 2. (ostateczny) final
nieodwracalność f singt irreversibility
nieodwracalny adj irreversible

nieodzowność [d-z] *f singt* irrevocability; indispensability
nieodzowny [d-z] *adj* irrevocable; indispensable
nieodżałowan|y [d-ż] *adj* lamented; much regretted; ~ej pamięci the late lamented
nieoficjalny *adj* unofficial; informal; private; (*o wiadomości*) off the record
nieogarnięty *adj* boundless; limitless
nieogarniony *adj* 1. (*bezgraniczny*) limitless; infinite 2. (*niepojęty*) inconceivable
nieoględność *f singt* 1. (*nierozwaga*) inconsiderateness 2. (*lekkomyślność*) rashness
nieoględny *adj* 1. (*nierozważny*) inconsiderate 2. (*lekkomyślny*) rash
nieograniczoność *f singt* 1. (*całkowitość*) absoluteness 2. (*brak skrępowania*) unrestrictedness
nieograniczony *adj* 1. (*nieskrępowany*) unrestricted 2. (*całkowity*) absolute (power etc.) 3. (*nieoznaczony*) unlimited; indefinite 4. (*bezgraniczny*) boundless
nieokazały *adj* unostentatious; modest
nieokiełznany *adj* 1. (*niepowściągliwy*) uncontrollable; exuberant 2. (*rozpasany*) unbridled
nieokreśloność *f singt* indefinableness; vagueness
nieokreślony *adj* 1. (*nie dający się oznaczyć*) undetermined; undefined; uncertain 2. (*nieoznaczony*) indefinite (pronoun, period etc.)
nieokrzesany *adj* crude; churlish; uncouth; człowiek ~ lout
nicomal *adv* almost; pretty nearly
nieomylnie *adv* unerringly; infallibly
nieomylność *f singt* infallibility
nieomylny *adj* infallible; unerring; sure (hand, aim etc.)
nieopanowanie *n* lack of self-control
nieopanowany *adj* (*o człowieku*) vehement; (*o uczuciach*) uncontrollable; unrestrained (laughter, anger etc.)
nieopatrzny *adj* inconsiderate; reckless
nieopisany *adj* indescribable
nieopłacalny *adj* unprofitable; unremunerative

nieoprawny *adj* (*o książce*) unbound; (*o klejnocie*) unmounted; (*o obrazie*) unframed
nieorganiczny *adj* inorganic (chemistry, compounds); inanimate
nieortograficznie *adv* in bad spelling; ~ napisane incorrectly spelt
nieortograficzny *adj* incorrectly spelt; mis-spelt
nieosiadły *adj* unsettled; nomadic
nieosiągalny *adj* unattainable; unobtainable
nieosobisty *adj* not personal
nieosobowy *adj* impersonal
nieostrożność *f singt* imprudence; incautiousness; carelessness; przez ~ inadvertently; through carelessness
nieostrożny *adj* imprudent; incautious; careless
nieostry *adj* 1. (*tępy*) not sharp; blunt 2. *fot* out of focus 3. (*o zimie, klimacie*) mild
nieoswojony *adj* 1. (*o zwierzęciu*) untamed; wild 2. (*o człowieku — nieprzyzwyczajony*) unaccustomed (z czymś to sth)
nieoszacowany *adj* książk inestimable
nieoszczędny *adj* uneconomical; improvident
nieoświecony *adj* uneducated; unenlightened
nieoznaczony *adj mat* indeterminate (equation)
nieożywiony *adj* 1. (*nie będący istotą żywą*) inanimate 2. (*pozbawiony żywości*) unanimated; dull
niepalący I *adj* non-smoking; jestem ~ I don't smoke **II** *m* non-smoker; przedział dla ~ch non-smoking compartment
niepalność *f singt* incombustibility
niepalny *adj* incombustible
niepamięć *f singt* oblivion; forgetfulness; pójść w ~ć to sink into oblivion; puścić coś w ~ć to consign sth to oblivion
niepamiętliwy *adj* not rancorous
niepamiętny *adj* immemorial; od ~ch czasów from time immemorial
nieparlamentarny *adj* unparliamentary; vulgar

nieparzystość f *singt* oddness (of a number)
nieparzysty *adj* odd; uneven
niepełno *adv* not brim-full
niepełnoletni *adj* minor; under age
niepełnoletność f *singt* minority; prawn infancy
niepełny *adj* 1. (*nie wypełniony*) not quite full 2. (*niezupełny*) incomplete
niepewnie *adv* unsteadily, uncertainly; without certainty; czuć się ~ to feel uneasy
niepewnoś|ć f *singt* 1. (*brak pewności*) uncertainty; incertitude; stan ~ci suspense; trwać w ~ci to be in suspense 2. (*wahanie*) hesitancy; dubiousness; doubt 3. (*brak bezpieczeństwa*) insecurity; precariousness; ~ć jutra uncertain future
niepewny *adj* 1. (*niezupełnie bezpieczny*) insecure; unsafe; precarious 2. (*trudny do przewidzenia*) uncertain 3. (*niesolidny*) unsafe; unreliable; untrustworthy 4. (*wahający się*) hesitant; doubtful, dubious 5. (*niezdecydowany*) unsteady; (*o chodzie*) tottering; staggering; (*o wyniku*) undecided; (*o głosie*) faltering
niepierwsz|y *adj* w zwrotach: ~ej czystości not fresh from the laundry; nie ~ej młodości no longer in the pink of youth
niepijący I *adj* abstinent II *m* abstainer
niepisany *adj* unwritten
niepiśmienny *adj* illiterate
nieplanowy *adj* unplanned
niepłatny *adj* unpaid; (*o wekslu*) undue
niepłodność f *singt* barrenness; sterility
niepłodny *adj* barren; sterile
niepłonn|y *adj* książk 1. (*niebezpodstawny*) motivated; well-founded (fears etc.) 2. (*niedaremny*) not vain; mam ~ą nadzieję, że ... I am full of hope that ...
niepobożny *adj* impious
niepobudliwy *adj* non-excitable
niepochlebn|y *adj* unflattering; uncomplimentary; mieć o kimś ~e zdanie to have a low opinion of sb
niepociągający *adj* unattractive

niepocieszając|y *adj* not cheering; ~a wiadomość sad news
niepocieszony *adj* disconsolate; inconsolable; byłbym ~, gdyby ... I should be very unhappy if ...
niepoczciwy *adj* unkind; disobliging
niepoczytalność f *singt* insanity; irresponsibleness
niepoczytalny *adj* insane; irresponsible
niepoczytny *adj* (*o autorze*) not widely read; (*o czasopiśmie*) with a limited circulation
niepodatny *adj* intractable; proof (na coś against sth); ~ na chorobę insusceptible to a disease
niepodejrzliwy *adj* unsuspicious; unsuspecting
niepodległość f *singt* independence
niepodległy *adj* independent (nation etc.)
niepodobieństwo *n* impossibility; to (jest) ~! (it is) impossible!
niepodobna *adv* it is impossible; ~ wybrnąć z tego there is no getting out of it
niepodobny *adj* unlike (do kogoś, czegoś sb, sth, to sb, sth); dissimilar (do kogoś, czegoś to sb, sth)
niepodzielność f *singt* indivisibility
niepodzieln|y *adj* 1. (*nie dający się podzielić*) indivisible; ~a całość integral whole; ~a własność joint possession 2. (*nie podzielony*) undivided
niepogoda f bad ⟨foul⟩ weather
niepogodny *adj* rainy; stormy; cloudy
niepohamowany *adj* 1. (*o uczuciu*) uncontrollable; irrepressible; (*o człowieku*) violent 2. (*nieokiełznany*) unbridled; (*niepowstrzymany*) unrestrained
niepojętność f *singt* dullness; stupidity
niepojętny *adj* dull; unintelligent; stupid
niepojęt|y *adj* 1. (*nie dający się pojąć*) inconceivable; unimaginable 2. (*niezrozumiały*) incomprehensible; to jest dla mnie ~e it is beyond my understanding
niepokalany *adj* książk 1. (*nieskazitelny*) immaculate 2. (*doskonały*) perfect
niepokaźnie *adv* inconspicuously; modestly; shabbily; wyglądać ~ to look shabby ⟨paltry⟩
niepokaźny *adj* 1. (*skromny*) inconspic-

uous; modest 2. (*wyglądający licho*) shabby
niepokoić *imperf* I *vt* 1. (*przeszkadzać*) to trouble; to bother; to disturb 2. (*wywoływać niepokój*) to alarm; to upset 3. (*nękać*) to annoy II *vr* ~ **się** to worry ⟨to be uneasy⟩ (**czymś** about sth; **o kogoś** about sb); to be alarmed (**czymś** at sth; **o kogoś** about sb)
niepokojący *adj* alarming; distressing; disquieting
niepokojenie *n* ↑ **niepokoić** 1. (*przeszkadzanie*) bother 2. ~ **się** worry; uneasiness
niepokonany *adj* 1. (*o trudnościach itd.*) insuperable; unsurmontable 2. (*niezwyciężony*) invincible; unconquerable
niepok|ój *m* 1. (*brak spokoju*) trouble; disquiet 2. (*zaniepokojenie*) anxiety; unrest; restlessness 3. † *pl* ~**oje** (*rozruchy*) unrest; agitation
niepokupny *adj* not saleable; not much in demand
niepolityczny *adj* 1. (*nieroztropny*) impolitic 2. (*niestosowny*) improper; indecorous 3. (*apolityczny*) non-political
niepolski *adj* non-Polish
niepomierny *adj książk* extreme; excessive; inordinate
niepomny *adj książk* oblivious ⟨forgetful⟩ (**czegoś** ⟨**na coś**⟩ of sth)
niepomyślnie *adv* 1. (*niekorzystnie*) unfavourably 2. (*nieszczęśliwie*) unsuccessfully; **wszystko skończyło się** ~ things went wrong
niepomyślność *f* 1. (*brak powodzenia*) unsuccess; ill fortune 2. (*niepomyślne zdarzenie*) misfortune; set-back
niepomyślny *adj* 1. (*niekorzystny*) unfavourable; ~ **obrót sprawy** unfavourable ⟨bad⟩ turn 2. (*niedobry*) unhappy ⟨bad⟩ (news etc.); (*o wróżbie*) ill-boding
nieponętny *adj* unattractive
niepopłatny *adj* unprofitable; unremunerative; (*o pracy itd.*) unrewarding
niepoprawnie *adv* incorrectly; **mówić** ⟨**pisać**⟩ ~ to make mistakes in one's speech ⟨spelling⟩
niepoprawność *f* incorrectness
niepoprawny *adj* 1. (*błędny*) incorrect 2. (*zatwardziały*) incorrigible
niepopularność *f singt* unpopularity
niepopularny *adj* unpopular
nieporadność *f singt* 1. (*niezaradność*) helplessness 2. (*niezgrabność*) awkwardness; unskilfulness
nieporadny *adj* 1. (*niezaradny*) helpless 2. (*niezgrabny*) awkward; unskilful
nieporęczny *adj* inconvenient; awkward
nieporozumieni|e *n* 1. (*pomyłka*) misunderstanding; mistake; misapprehension; **zaszło** ~**e** there was a misunderstanding; **wskutek** ~**a** by mistake 2. (*zwada*) misunderstanding; disagreement
nieporównany *adj* incomparable
nieporównywalny *adj* uncomparable
nieporuszony *adj* 1. (*nieruchomy*) motionless 2. (*niewzruszony*) impassive; untouched
nieporząd|ek *m* disorder; untidiness; mess; **w** ~**ku** in disorder; untidy; messy
nieporządnie *adv* 1. (*bezładnie*) in disorderly fashion; chaotically 2. (*niestarannie*) in slovenly fashion
nieporządny *adj* 1. (*niechlujny*) disorderly; untidy; slovenly 2. (*w nieporządku*) untidy; messy 3. (*bezładny*) chaotic
nieposkromiony *adj* (*o człowieku*) uncontrollable; indomitable; (*o uczuciach itd.*) untamable
nieposłuszeństwo *n singt* disobedience
nieposłuszny *adj* disobedient; indocile; **być** ~**m** to disobey
niepospolitość *f singt* uncommonness
niepospolity *adj* uncommon; rare; exceptional; extraordinary; outstanding
niepostrzegalny *adj* imperceptible
niepostrzeżenie *adv* unnoticeably; imperceptibly; **odejść** ~ to slip out; to take French leave
nieposzanowanie *n* disrespect (**kogoś** for sb); irreverence (**kogoś, czegoś** towards sb, sth)
nieposzlakowany *adj* irreproachable; unimpeachable
niepośledni *adj* not unimportant; not inconsiderable; no mean (writer etc.)
niepotrzebnie *adv* unnecessarily; need-

niepotrzebny — nieproduktywny

lessly; ~ **to zrobiłem** I shouldn't have done that
niepotrzebny *adj* unnecessary; needless; useless; (*zbędny*) superfluous; (*nieużywany*) spare (room etc.); (*niepożądany*) unwanted; (*o pracowniku itd.*) redundant
niepoważny *adj* not serious; (*o człowieku*) not to be taken seriously
niepowetowany *adj* irreparable (loss etc.); irremediable (evil etc.)
niepowodzeni|e *n* 1. (*brak powodzenia*) adversity; ill-success; failure 2. (*nieudane przedsięwzięcie*) (a) failure; miscarriage; reverse of fortune; unsuccess 3. (*porażka*) defeat; **doznać ~a** to suffer a defeat; (*o człowieku*) to fail; (*o planach itd.*) to prove abortive
niepowołan|y *adj* 1. (*niekompetentny*) unfit (**do czegoś** for sth); not competent (**do robienia czegoś** to do sth); incompetent; **ludzie ~i** the wrong people 2. (*nieodpowiedni*) improper
niepowrotny *adj* irrevocable; irretrievable
niepowstrzymanie *adv* without hindrance; **posuwać się naprzód ~ to progress** unhindered
niepowstrzymany *adj* uncontrollable; irresistible; unrestrained
niepowszedni *adj* uncommon; exceptional
niepowściągliwy *adj* uncontrollable; immoderate; intemperate; incontinent
niepowtarzalność *f singt* non-recurrence; uniqueness
niepowtarzalny *adj* 1. (*nie do powtórzenia*) unrepeatable; unquotable '2. (*nie powtarzający się*) unrecurring; unique
niepoznak|a *f w zwrotach*: **dla ~i** a) (*żeby nie można było poznać*) to avoid recognition b) (*dla zatarcia śladów*) to cover up one's tracks; **do ~i** beyond recognition
niepozornie *adv* inconspicuously; **wyglądać ~** to be inconspicuous
niepozorność *f singt* inconspicuous appearance
niepozorny *adj* inconspicuous; modest
niepożądany *adj* undesirable; objectionable; unwelcome
niepożyteczny *adj* unprofitable; useless

niepożyty *adj* indefatigable; hardy; indestructible
niepożywny *adj* innutritious
niepraktyczny *adj* 1. (*o człowieku*) unpractical 2. (*o narzędziu*) unhandy
nieprawda 1 *f singt* untruth; falsehood; **to ~ this** is not true; (*niedowierzająco*) **~!** impossible!; don't tell me! **II** *part pytająca* isn't that so?
nieprawdopodobieństwo *n* improbability
nieprawdopodobnie *adv* improbably
nieprawdopodobny *adj* 1. (*pozbawiony cech prawdopodobieństwa*) improbable; unlikely 2. *pot* (*niesłychany*) incredible
nieprawdziwie *adv* untruthfully; not genuinely; falsely
nieprawdziwość *f singt* 1. (*niezgodność z prawdą*) untruth; fallacy; falsehood 2. (*sztuczność*) spuriousness; falseness
nieprawdziw|y *adj* 1. (*niezgodny z prawdą*) untrue; false; fictitious 2. (*nierzeczywisty*) unreal; faked; **z ~ego zdarzenia** incredibly unfit; improbable 3. (*naśladujący*) not genuine; spurious; imitation — (leather etc.); (*sztuczny*) false
nieprawidłowo *adv* 1. (*wbrew regule*) irregularly; contrary to the rules 2. (*niepoprawnie*) incorrectly
nieprawidłowość *f singt* 1. (*brak prawidłowości*) irregularity 2. (*niepoprawność*) incorrectness
nieprawidłowy *adj* 1. (*niezgodny z regułami*) contrary to the rules; irregular 2. (*niepoprawny*) incorrect
nieprawny *adj* unlawful; illegal
nieprawomocny *adj* prawn (legally) invalid
nieprawomyślność *f singt* disloyalty
nieprawomyślny *adj* disloyal
nieprawowierność *f singt* non-conformity
nieprawowierny *adj* non-conformist
nieprawowity *adj* illegal; illegitimate
niepraw|y *adj* illegal; unlawful; **dziecko ~e** (*z ~ego łoża*) illegitimate child
nieprecyzyjny *adj* inaccurate; inexact
nieprędko *adv* not soon
nieproduktywny *adj* 1. (*nic nie wytwarzający*) unproductive 2. (*bez korzyści*) unprofitable 3. (*zbędny*) needless

nieproporcjonalnie *adv* disproportionately (**do czegoś** to sth); out of (all) proportion (**do czegoś** to sth)
nieproporcjonalny *adj* disproportionate (**do czegoś** to sth); out of proportion ⟨incommensurate⟩ (**do czegoś** with sth); **być ~m do czegoś** to bear no proportion to sth
nieproszony *adj* unwelcome (guest etc.)
nieprzebaczalny *adj* unpardonable; inexcusable
nieprzebrany *adj* countless; innumerable; inexhaustible; boundless
nieprzebyty *adj* impassable; impenetrable
nieprzechodni *adj* 1. (*o pokoju*) non--communicating 2. *gram* intransitive
nieprzeciętny *adj* uncommon; above the average
nieprzejednany *adj* uncompromising; irreconcilable; implacable
nieprzejrzany *adj* 1. (*bezkresny*) boundless; immeasurable 2. (*nie przenikniony*) impenetrable
nieprzejrzysty *adj* not transparent; opaque
nieprzekraczalny *adj* impassable; **~ termin** dead-line
nieprzekupność *f singt* incorruptibility
nieprzekupny *adj* incorruptible
nieprzeliczony *adj* countless; innumerable
nieprzemakalność *f singt* impermeability
nieprzemakalny *adj* impermeable; waterproof; **płaszcz ~** (a) waterproof; raincoat
nieprzemijający *adj* lasting; permanent
nieprzemożony *adj* irresistible; invincible
nieprzenikliwy *adj* impervious
nieprzeniknionyǀ *adj* 1. (*nieprzejrzysty*) impenetrableǀ 2. (*nie dający się zrozumieć*) inscrutable
nieprzeparty *adj* irresistible; overpowering
nieprzepisowǀy *adj* contrary to the rules; irregular; *sport* **~a gra** foul play
nieprzepuszczalność *f singt* impermeability; imperviousness
nieprzepuszczalny *adj* impenetrable; **~ dla cieczy** impermeable; **~ dla światła** impervious to light
nieprzerwany *adj* uninterrupted; incessant; unbroken; consecutive; (*o podróży*) non-stop
nieprześcigniony *adj* unsurpassed
nieprzetłumaczalny *adj* untranslatable
nieprzewidziany *adj* 1. (*nie dający się przewidzieć*) unforeseeable 2. (*niespodziewany*) unforeseen; unexpected
nieprzewodnik *m fiz* non-conductor
nieprzezorność *f singt* improvidence
nieprzezorny *adj* improvident; unforeseeing
nieprzezroczystość *f singt* opacity
nieprzezroczysty *adj* opaque
nieprzezwyciężony *adj* insurmountable; overpowering; invincible
nieprzychylnie *adv* unfavourably; **~ nastawiony** unfavourable (**do kogoś, czegoś** to sb, sth); prejudiced ⟨biassed⟩ (**do kogoś, czegoś** against sb, sth)
nieprzychylność *f singt* unfavourable attitude (towards sb, sth); disapproval (of sb, sth); prejudice ⟨bias⟩ (against sb, sth)
nieprzychylny *adj* unfavourable (to sb, sth); unfriendly (towards sb, sth); prejudiced ⟨biassed⟩ (against sb, sth)
nieprzydatność *f singt* uselessness; unserviceableness
nieprzydatny *adj* useless; unserviceable
nieprzyjaciel *m* 1. (*człowiek*) enemy; *poet* foe 2. *singt* (*armia*) the enemy
nieprzyjacielski *adj* enemy's; enemy — (tanks etc.); *przen* **rozpoczęcie kroków ~ch** outbreak of hostilities
nieprzyjazny *adj* 1. (*wrogi*) unfriendly (**dla kogoś** towards sb); hostile; inimical; malevolent 2. (*niepomyślny*) unfavourable; impropitious
nieprzyjaźń *f* unfriendliness; enmity; hostility
nieprzyjemnie *adv* unpleasantly; disagreeably; **było mi ~** I felt uncomfortable; **byłoby mi ~ gdyby ...** I should be unhappy if ⟨to⟩ ...
nieprzyjemnośǀć *f* unpleasantness; *pl* **~ci** unpleasantness; trouble; difficulties
nieprzyjemnǀy *adj* unpleasant; disagreeable; distasteful (**dla kogoś** to sb); annoying; (*o człowieku, zapachu itd.*) nasty; **~a rzecz** nuisance
nieprzystępność *f singt* 1. (*brak dostępu*)

inaccessibility 2. (*w stosunku do ludzi*) unapproachableness
nieprzystępny *adj* 1. (*niedostępny*) inaccessible; (*o cenie*) extravagant 2. (*o człowieku*) unapproachable
nieprzystojny *adj* (*niestosowny*) improper; indecorous; (*nieprzyzwoity*) indecent
nieprzyswajalny *adj* unassimilable
nieprzytomnoś|ć *f singt* unconsciousness; senselessness; **do ~ci** franticly; madly
nieprzytomny *adj* 1. (*bez świadomości*) unconscious; senseless; **~ wzrok** vacant stare 2. *przen* wild ⟨frantic⟩ (**z radości itd.** with delight etc); **~ ze strachu** frightened out of one's wits; scared stiff
nieprzytulny *adj* not cosy; not snug
nieprzywykły *adj* unaccustomed (**do czegoś** to sth)
nieprzyzwoitość *f* 1. *singt* 1. (*niemoralność*) indecency; impropriety 2. (*czyn*) (an) indecency
nieprzyzwoity *adj* (*nieobyczajny*) indecent; (*niestosowny*) improper; (*sprośny*) obscene
niepunktualność *f singt* unpunctuality
niepunktualny *adj* unpunctual
niepyszny *adj w zwrocie*: **jak ~ crestfallen**; shamefaced
nieracjonalny *adj* irrational; unreasonable
nierad *adj* 1. (*w funkcji orzecznika — niezadowolony*) displeased; annoyed 2. (*w funkcji zbliżonej do przysłówka — niechętnie*) unwillingly; **rad ~ willy-nilly**
nierasowy *adj* not thoroughbred
nieraz *adv* many a time; sometimes
nierdzewny *adj* stainless; rustless; rust-proof
nierealność *f singt* unreality
nierealny *adj* 1. (*nierzeczywisty*) unreal 2. (*niemożliwy do zrealizowania*) unrealisable
nieregularność *f* irregularity
nieregularny *adj* irregular
nierelgijny *adj* irreligious
nierentowny *adj* unprofitable
nierogacizna *f singt zootechn* hogs; swine

nierozciągliwy *adj* inextensible
nierozdzielność *f singt* inseparability; indissolubleness
nierozdzielny *adj* inseparable; indissoluble
nierozerwalność *f singt* indissolubility
nierozerwalny *adj* 1. (*nie dający się rozerwać*) indissoluble 2. (*nie dający się rozłączyć*) inseparable
nierozgarnięty *adj* dull; slow-witted
nierozłączność *f singt* inseparability
nierozłączny *adj* inseparable
nierozmowny *adj* uncommunicative; reserved; reticent
nierozmyślny *adj* unintentional
nierozpoznawalny *adj* undistinguishable
nierozpryskow|y *adj techn* splinter-proof; **szkło ~e** safety glass
nierozprzestrzenianie *n* non-proliferation
nierozpuszczalny *adj chem* insoluble
nierozsądny *adj* unwise; unreasonable
nieroztropność *f singt* unwisdom
nieroztropny *adj* unwise; unjudicious; imprudent
nierozumny *adj* unreasonable; foolish
nierozwaga *f singt* inconsiderateness; thoughtlessness; rashness
nierozważny *adj* inconsiderate; thoughtless; rash
nierozwiązalny *adj* insoluble (problem)
nierozwikłany *adj* inextricable
nierozwinięt|y *adj* undeveloped; (*o dziecku*) backward; **umysłowo ~y** mentally retarded; *gram* **zdanie ~e** simple sentence
nieród *m pog* idler; loafer; do-nothing
nieróbstwo *n singt* loafing; idleness
nierównie *adv książk* incomparably; by far
nierówno *adv* 1. (*krzywo*) not straight; unevenly 2. (*nierównomiernie*) unequally; unevenly
nierównoboczny *adj mat* inequilateral; **trójkąt ~** scalene triangle
nierównomierność *f singt* inequality; irregularity
nierównomierny *adj* unequal; irregular
nierównoś|ć *f* 1. (*brak równości*) inequality; **~ci społeczne** social inequalities 2. *singt* (*cecha powierzchni*) uneven-

ness 3. *pl* ~ci irregularities; asperities; (*w terenie*) ups and downs
nierówny *adj* 1. (*niegładki*) uneven; (*o terenie*) hilly; (*o drodze*) bumpy 2. (*niejednakowy*) unequal; irregular 3. (*o usposobieniu*) unequable; (*o człowieku*) fitful; humoursome
nieruchawy *adj* 1. (*powolny*) torpid; sluggish 2. (*niezgrabny*) awkward; clumsy
nieruchliwy *adj* 1. (*ociężały*) ponderous; unwieldy 2. (*nieruchomy*) motionless
nieruchomieć *vi imperf* to cease moving
nieruchomo *adv* without motion; leżeć ⟨siedzieć, stać⟩ ~ to lie ⟨to sit, to stand⟩ motionless ⟨still⟩
nieruchomość *f* 1. *sing* (*bezruch*) immobility 2. (*dobra nieruchome*) realty; real estate; property; *pl* ~ci prawn immovables
nieruchomly *adj* motionless; still; (*o mechanizmie*) at rest; (*zamocowany na stałe*) fixed; mienie ~e, własność ~a realty; real estate
nierycerski *adj* unchivalrous
nierychliwy *adj* tardy; sluggish
nierytmiczny *adj* unrhythmic(al)
nierzadko *adv* not uncommonly; not seldom; now and then
nierząd *m singt* 1. (*rozpusta*) prostitution; harlotry; debauchery; dom ~u bawdy-house; uprawiać ~ to walk the streets 2. (*anarchia*) anarchy
nierzeczowy *adj* 1. (*nietrafny*) pointless 2. (*czczy*) futile
nierzeczywisty *adj* unreal; fictitious
nierzetelny *adj* ⟨*niesumienny*⟩ unreliable; unconscientious; (*nieuczciwy*) dishonest
niesamodzielnie *adv* not independently; without self-reliance
niesamodzielny *adj* not self-reliant; not done independently
niesamowitość *f singt* uncanniness; weirdness
niesamowity *adj* 1. (*niezwykły*) strange; indescribable 2. (*przerażający*) uncanny; weird
niesforność *f* indocility; refractoriness
niesforny *adj* 1. indocile; refractory; turbulent 2. *przen* (*o włosach itd*.) refractory; unruly

nieskalany *adj* spotless
nieskazitelnie *adv* spotlessly; without blemish; impeccably
nieskazitelność *f singt* 1. (*idealna czystość*) spotlessness; immaculacy 2. (*prawość*) moral rectitude; integrity
nieskazitelny *adj* 1. (*idealnie czysty*) spotless; immaculate 2. (*prawy*) spotless; unblemished; beyond reproach
nieskażony *adj* undefiled; untainted; unpolluted
niesktadnie *adv* inharmoniously; discordantly; clumsily; szło mu to ~ he was clumsy at it
niesktadny *adj* inharmonious; discordant; unrhythmical; clumsy
niesktonny *adj* indisposed; disinclined (do robienia czegoś to do sth)
nieskomplikowany *adj* simple
nieskończenie *adv* infinitely
nieskończoność *f singt* 1. *mat* infinity 2. (*bezmiar*) boundlessness; w ~ without limit; trwający w ~ interminable
nieskończony *adj* 1. (*bezkresny*) infinite; endless; boundless 2. (*trwający długo*) interminable 3. *mat* infinite (quantity etc.)
nieskoordynowany *adj* incoordinate
nieskory *adj* not eager; slow (do czegoś to sth)
nieskracalny *adj mat* irreducible
nieskromność *f singt* immodesty
nieskromny *adj* immodest
nieskuteczność *f singt* inefficacy
nieskuteczny *adj* 1. (*nie przynoszący skutku*) inefficacious; ineffective 2. (*daremny*) futile
niesłabnący *adj* unabated; unflagging
niesława *f singt* disgrace; shame
niesławny *adj* inglorious; disgraceful
niesłony *adj* unsalted
niesłowność *f singt* unreliability; undependableness
niesłowny *adj* unreliable; undependable; być ~m not to keep ⟨to break⟩ one's word
niesłusznie *adv* unjustly; wrongly; słusznie czy ~? rightly or wrongly?
niesłuszność *f* 1. (*brak słuszności*) injus-

tice 2. (*bezpodstawność*) groundlessness
niesłuszny *adj* 1. (*niesprawiedliwy*) unjust; wrong 2. (*bezpodstawny*) groundless
niesłychanie *adv* extremely; excessively
niesłychan|y *adj* stupendous; unheard of; (*nadzwyczajny*) extreme; excessive; to ~e! this is incredible!
niesłyszalny *adj* inaudible
niesmaczny *adj* 1. (*niesmakowity*) tasteless; unsavoury 2. (*trywialny*) in bad taste; coarse
niesmak *m singt* 1. bad taste (in the mouth) 2. (*odraza*) repugnance; **mieć** ~ **do czegoś** to feel repugnance to sth; **miałem uczucie** ~**u** I had a feeling of disgust
niesnaski *pl* discord; disputes; ~ **rodzinne** family quarrels
niesolidarny *adj* not solidary
niesolidn|y *adj* unreliable; unconscientious; ~**a robota** sloppy piece of work
niespełna *adv* 1. (*bez mała*) somewhat less than; about ⟨some⟩ (twenty minutes etc.); **w** ~ **rok po wypadku** within a year of the event 2. (*niezupełnie*) not altogether; ~ **rozumu** not all there
niespiesznie *adv* = **nieśpiesznie**
niespieszny *adj* = **nieśpieszny**
niespodzianie *adv* unexpectedly; unawares
niespodziank|a *f* surprise; **być przygotowanym na** ~**i** to be ready for the unexpected; **zrobić komuś** ~**ę** to give sb a surprise
niespodziany *adj* = **niespodziewany**
niespodziewanie *adv* unexpectedly; unawares
niespodziewan|y *adj* unexpected; unlooked for; ~**e odwiedziny** surprise visit
niespokojn|y *adj* 1. (*pozbawiony spokoju*) restless; turbulent; ~**e czasy** stormy days; ~**y sen** restless sleep 2. (*zaniepokojony*) anxions; uneasy; ~**e sumienie** guilty conscience
niespołeczny *adj* 1. (*nie będący własnością społeczną*) not communally owned; private 2. (*aspołeczny*) unsocial

niesporny *adj prawn* undisputable; incontestable
niesporo *adv* 1. (*powoli*) slowly 2. (*niesprawnie*) sluggishly; **idzie mi** ~ I am progressing with difficulty
niespostrzeżenie *adv* = **niepostrzeżenie**
niespotykany *adj* unparalleled; unheard-of
niespożyty *adj* 1. (*niezmordowany*) indefatigable 2. (*niezniszczalny*) indestructible
niesprawdzalny *adj* unascertainable
niesprawiedliwość *f* injustice; unfairness
niesprawiedliwy *adj* unjust; unfair; **być** ~**m dla kogoś** to wrong sb
niesprawny *adj* inefficient
niesprzeciwianie się *n* non-resistance
niesprzedainy *adj* incorruptible
niesprzedażny *adj* not for sale
niestałokć *f singt* 1. (*zmienność w uczuciach*) instability; inconstancy 2. (*przelotny charakter*) transitoriness
niestały *adj* 1. (*zmienny w uczuciach*) inconstant; unsteadfast 2. (*podlegający zmianom*) changeable; variable; ~**a pogoda** unsettled weather 3. (*przelotny*) transitory
niestanowczy *adj* 1. (*o człowieku*) undecided 2. (*o zarządzeniu itd.*) indecisive
niestaranność *f* carelessness; neglectfulness
niestaranny *adj* 1. (*o człowieku*) careless; neglectful 2. (*o pracy itd.*) slapdash; sloppy
niestary *adj* not yet old
niestateczny *adj* 1. *lotn mar aut* unstable 2. (*niezrównoważony*) unstaid; unsedate; flighty
niestawiennictwo *n singt* absence; **sąd contumacy**
niestety *adv* alas; unfortunately; (*przy odmowie*) I am sorry; ~ **tak** ⟨**nie**⟩ I am afraid so ⟨not⟩
niestosownie *adv* unfittingly; unsuitably; improperly; incorrectly; **zachować się** ~ to forget one's manners
niestosowność *f* unfitness; unsuitableness; incorrectness
niestosowny *adj* 1. (*nie nadający się*) unfit; unsuitable 2. (*nie na miejscu*)

out of place; improper 3. *(niewłaściwy)* incorrect
niestrawność *f singt* indigestion
niestrawny *adj* indigestible
niestrudzony *adj* indefatigable; untiring
niestworzon|y *adj pot* incredible; unbelievable; ~e rzeczy fantastic stories
niesubordynacja *f singt* insubordination
niesumienność *f singt* unconscientiousness; unreliability
niesumienny *adj* unconscientious; unreliable
nieswojo *adv* strangely; uneasily; czuć się ~ to feel uncomfortable
nieswój *adj* 1. *(zakłopotany)* ill at ease; uncomfortable 2. *(niezdrów)* seedy; off colour; jestem ~ I'm not myself
niesymetryczny *adj* unsymmetrical
niesympatyczny *adj* unengaging; unlikeable; unpleasant; disagreeable
niesystematyczny *adj* unsystematical; unmethodical; haphazard
niesyty *adj* unsated; unsatiated
nieszablonowy *adj* not commonplace
nieszczególnie *adv* not particularly well; indifferently; so-so
nieszczególny *adj* not particularly good; pretty fair; so-so; mediocre; indifferent
nieszczelność *f* 1. *(cecha)* lack of tightness 2. *(szpara)* leak
nieszczelniy *adj* untight; *(o naczyniach itd.)* leaky; okno jest ~e the window does not shut tight
nieszczerość *f singt* insincerity; hypocrisy
nieszczery *adj* insincere; double-dealing; hypocritical
nieszczerze *adv* insincerely; falsely
nieszczęsny *adj* 1. *(nie mający szczęścia)* unhappy; luckless; ~ człowiek poor fellow 2. *(fatalny)* unfortunate; fatal; ill-fated
nieszczęści|e *n* 1. *(zła dola)* adversity; ill fortune; bad luck: to przynosi ~e it is unlucky; wyglądać jak ~e ⟨jak półtora ~a⟩ to look the very picture of misery; na ~e unfortunately; unluckily; przysł ~a chodzą po ludziach accidents will happen 2. *(tragiczne położenie)* misery; affliction; distress 3. *(tragedia, klęska)* misfortune; mishap; accident; nie ma ~a it's no tragedy; przysł ~a chodzą w parze it never rains but it pours
nieszczęśliwie *adv* 1. *(w sposób godny politowania)* unhappily; pitifully 2. *(niefortunnie)* unhappily; unluckily; ~ się skończyło the outcome was fatal; ~ wypadło it was unfortunate 3. *(niepomyślnie)* unsuccessfully
nieszczęśliw|y *adj* 1. *(nie mający szczęścia)* unhappy; unfortunate; *(trapiony nieszczęściami)* miserable; wretched; mieć ~ą minę to look wretched 2. *(fatalny)* unfortunate; unlucky; ill-fated; ~y wypadek accident: pod ~ą gwiazdą under an unlucky star 3. *(nieudany)* unsuccessful
nieszczęśnik *m* poor ⟨ill-starred⟩ fellow; (poor) wretch
nieszkodliwość *f singt* harmlessness; inoffensiveness
nieszkodliwy *adj* harmless; inoffensive; *(o wężach, drobnoustrojach itd.)* innocuous
nieszlachetny *adj* base; mean
nieszpory *plt kośc* vespers
nieszykowny *adj* inelegant; without style
nieściągaln|y *adj* uncollectable; ~e długi bad debts
nieścisłość *f* inaccuracy; inexactitude
nieścisły *adj* inaccurate; inexact; unprecise
nieściśliwość *f singt fiz* incompressibility
nieściśliwy *adj fiz* incompressible
nieść *imperf* I *vt* 1. *(dźwigać)* to carry 2. *przen (powodować)* to carry (death, disease etc.) 3. *(o falach, wietrze itd.)* to drive 4. *(ofiarowywać)* to sacrifice; ~ komuś pomoc to come to sb's help; ~ życie w ofierze to lay down one's life || ~ jaja to lay (eggs) II *vi* 1. *(o broni)* to carry (na 100 m a hundred metres) 2. *(głosić)* to be rumoured; wieść ⟨fama⟩ niesie, że ... it is rumoured that ... III *vr* ~ się 1. *książk (rozlegać się)* to spread 2. *(o samicach ptaków)* to lay eggs
nieślubny *adj (o związku)* unwedded; *(o dziecku)* illegitimate
nieśmiałość *f singt* shyness; timidity
nieśmiały *adj* shy; timid

nieśmiertelnik m bot (an) everlasting
nieśmiertelność f singt immortality
nieśmiertelny adj immortal
niespiesznie adv without haste
niespieszny adj leisurely
nieświadomie adv 1. (bez udziału świadomości) unconsciously; unknowingly 2. (bezwiednie) unawares
nieświadomość f singt 1. (niewiedza) ignorance 2. (nieprzytomność) unconsciousness
nieświadomy adj, **nieświadom** adj praed 1. (nie zdający sobie sprawy) unaware (czegoś of sth) 2. (nie obeznany z czymś) ignorant (czegoś of sth) 3. (powstały bez udziału świadomości) unconscious (motion etc.); (bezwiedny) involuntary
nieświetny adj not outstandingly good
nieświeży adj not fresh; (o chlebie) stale; (o mięsie, rybie, jajku) bad; (o maśle) rancid
nietakt m tactlessness; indiscretion
nietaktowny adj tactless; indelicate
nieterminowy adj unpunctual
nietęgi adj 1. (niezbyt mocny) not very strong 2. (kiepski) not particularly good; mediocre
nietknięty adj 1. (nie naruszony) intact; untouched; entire; ~ **ludzką stopą** untrodden 2. (zdrów, cały) safe and sound; unharmed
nietłukący adj unbreakable
nietłusty adj (o potrawach) fat-free; (o mięsie) lean; (o substancjach) oilless
nietoksyczny adj non-toxic
nietolerancja f intolerance
nietolerancyjny adj intolerant
nietoperz m bat
nietopliwy adj infusible
nietowarzyski adj unsociable
nietrafnie adv inaptly; inappropriately; not to the point
nietrafny adj 1. (chybiony) missing the mark; ~ **strzał** (a) miss 2. (nie trafiający w sedno rzeczy) inapt; inappropriate
nietreściwy adj 1. (o pożywieniu) unsubstantial 2. (bez głębszej treści) lacking substance

nietrudno adv without difficulty; easily; ~ **odgadnąć** it is easy to guess
nietrudny adj not difficult; not hard; easy
nietrwałość f singt impermanence; undurableness; unstability
nietrwały adj impermanent; undurable; unstable
nietrzeźwość f tipsiness
nietrzeźwy adj tipsy; intoxicated
nietutejszy adj not of this locality; foreign; **człowiek** ~ stranger
nietuzinkowy adj not trite; not commonplace; not banal
nietwórczy adj uncreative
nietykalność f singt immunity; inviolability; ~ **poselska** parliamentary privilege
nietykalny adj immune; inviolable
nietypowy adj non-typical; untypical
nieubłagany adj 1. (bezlitosny) relentless; unyielding 2. (bezwzględny) implacable; inexorable 3. (nieodwołalny) unswerving
nieuchronność f singt inevitability
nieuchronny adj inevitable
nieuchwytny adj 1. (nie dający się uchwycić) elusive; evasive 2. (nie dający się spostrzec) imperceptible 3. (nie dający się usłyszeć) inaudible 4. (nie dający się bliżej określić) indefinable
nieuciążliwy adj not burdensome; not troublesome
nieuctwo n singt ignorance
nieuczciwość f singt dishonesty; fraud
nieuczciwy adj dishonest; fraudulent; unfair
nieuczony adj unschooled
nieuczynność f singt disobligingness
nieuczynny adj disobliging; unobliging
nieudany adj unsuccessful; abortive
nieudolność f singt inefficiency; ineffectiveness; inaptitude; incompetence
nieudoln|y adj inefficient; ineffective; incompetent; inapt; ~**a administracja** maladministration
nieufnoś|ć f singt distrust; mistrust; polit **votum** ~**ci** vote of censure
nieufny adj distrustful; mistrustful
nieugaszony adj unquenchable; inextinguishable; unsuppressible

nieugiętość *f singt* inflexibility
nieugięty *adj* inflexible
nieujarzmiony *adj* unsubdued
nieuk *m pog* ignoramus; *szk* dunce
nieukojony *adj* inconsolable (grief)
nieuleczalnie *adv* incurably; ~ **chory** incurable
nieuleczalność *f singt* incurability
nieuleczalny *adj* incurable
nieulękły *adj książk* fearless
nieumiarkowanie *n singt* immoderation; unrestraint; (*w piciu*) intemperance
nieumiarkowany *adj* 1. (*nadmierny*) immoderate 2. (*nieopanowany*) unrestrained; excessive; ~ **w piciu** intemperate
nieumiejętność *f singt* incompetence
nieumiejętny *adj* incompetent
nieumyślny *adj* unintentional; involuntary
nieunikniony *adj* inevitable
nieuprawny *adj roln* uncultivated; untilled
nieuprzedzony *adj* unbiassed; unprejudiced
nieuprzejmość *f singt* unkindness; discourtesy
nieuprzejmy *adj* unkind; discourteous
nieurodzaj *m* bad crops; ~ **na ...** a poor crop of ...
nieurodzajność *f singt roln* infertility; barrenness
nieurodzajny *adj roln* infertile; unfertile; barren; ~ **rok** lean year
nieurodziwy *adj książk* uncomely; unhandsome; plain
nieurzędowy *adj* unofficial; informal
nieusłuchany *adj pot* disobedient
nieuspołeczniony *adj* 1. (*o sklepie itd.*) privately owned 2. (*o człowieku*) devoid of civic spirit
nieustanny *adj* incessant; unceasing; continual
nieustawny *adj* incommodious; awkward to furnish
nieustępliwość *f singt* uncompromising attitude; unyieldingness; inflexibility
nieustępliwy *adj* uncompromising; unyielding; inflexible
nieustraszony *adj* intrepid; fearless; dauntless

nieusuwalny *adj* irremovable
nieuszanowanie *n singt* 1. (*brak szacunku*) disrespect 2. (*nieuwzględnianie*) disregard (**prawa** *itd.* of the law etc.)
nieutulony *adj* inconsolable; **pozostali w ~m żalu** the bereaved
nieuwag|a *f singt* inattention; inadvertence; **chwila ~i** unguarded moment; **przez ~ę** through ⟨by⟩ an oversight
nieuważny *adj* inattentive; inadvertent; **jesteś ~** you don't pay attention
nieuzasadniony *adj* groundless; unfounded
nieuzdolniony *adj* untalented
nieużyteczny *adj* useless; unserviceable
nieużyt|ek *m roln* (a) barren; *pl* **~ki** waste land
nieużyty *adj* disobliging; **człowiek ~** hedgehog
niewart *adj* unworthy (**kogoś, czegoś** of sb, sth); **gra ~a świeczki** the game is not worth the candle
nieważki *adj* imponderable; weightless
nieważkość *f singt* weightlessness
nieważność *f singt* 1. (*błahość*) unimportance; triviality 2. *prawn* invalidity; nullity
nieważny *adj* 1. (*błahy*) unimportant; unessential; trivial 2. *prawn* void; null; invalid
niewątpliwie *adv* doubtless; undoubtedly; no doubt
niewątpliwy *adj* indubitable; unquestionable
niewczas *m* **w zwrocie: po ~ie** a) (*za późno*) too late b) (*po fakcie*) after the event
niewczesność *f singt* untimeliness
niewczesny *adj* untimely; ill-timed; inopportune; unseasonable; premature; belated
niewdzięcznica *f* ungrateful girl ⟨woman⟩
niewdzięcznik *m* ungrateful boy ⟨man⟩
niewdzięczność *f singt* ingratitude
niewdzięczn|y *adj* 1. (*o człowieku*) ungrateful 2. (*o pracy itd.*) arduous; **~e zadanie** a thankless task
niewesoło *adv* without gaiety; sadly; **sytuacja wyglądała ~** things looked pretty bad; **~ było** things were in a bad state

niewesoł|y *adj* not gay; joyless; ~a **mina** long face
niewiadom|y I *adj* unknown **II** *f* ~a **mat** unknown quantity **III** *n* ~e the unknown
niewiara *f* 1. (*brak zaufania*) disbelief (**w coś** in sth); mistrust (**w kogoś** of sb); ~ **we własne siły** diffidence 2. *rel* unbelief
niewiarogodny *adj*, **niewiarygodny** *adj* incredible; unbelievable; past belief
niewiasta *f* woman
niewidoczny *adj* invisible; (*niedostrzegalny*) imperceptible
niewidom|y I *adj* blind **II** *m* ~y blind man; *pl* ~i the blind
niewidzialny *adj* invisible; unseen; *fiz* obscure
niewidziany *adj* 1. (*taki, którego nie widziano*) unseen 2. (*niebywały*) unprecedented
niewiedza *f singt* ignorance
niewiel|e, niewiel|u (*przy rzeczowniku w sing, przysłówku, przymiotniku, czasowniku*) little; not much; (*przy rzeczowniku w pl*) few; not many; ~e **brakowało, żeby go zabiło** he very nearly got killed; ~e **myśląc** quick as a flash; (*o mężczyznach*) ~u **nas było** there was a handful of us
niewielki *adj* 1. (*niedużych rozmiarów*) not large; little; small(ish); ~ego **wzrostu** rather short of stature 2. (*błahy*) unimportant; of little importance
niewielu *zob* **niewiele**
niewierność *f* 1. (*wiarołomność*) infidelity 2. (*nieścisłość*) inaccuracy
niewierny I *adj* 1. (*wiarołomny*) disloyal; untrue; unfaithful 2. (*niezgodny z prawdą*) inaccurate 3. † *rel* unbelieving **II** † *m* unbeliever; infidel
niewierzący I *adj* unbelieving; unreligious **II** *m* agnostic
niewieści *adj książk* feminine; womanly
niewiniąt|ko *n żart iron* (an) innocent; **udawać** ~**ko** to feign innocence || **rzeź** ~**ek** Massacre of the Innocents
niewinność *f singt* 1. (*brak winy*) innocence 2. (*cnotliwość*) purity; chastity
niewinny *adj* 1. (*bez winy*) innocent; not guilty 2. (*dziewiczy*) pure; chaste 3. (*nieszkodliwy*) harmless; inoffensive 4. (*naiwny*) ingenuous; unsophisticated
niewłaściwość *f* 1. *singt* (*niestosowność*) inappropriateness; unsuitableness 2. (*coś nieodpowiedniego*) impropriety; **to była** ~ **that was out of place**
niewłaściwy *adj* 1. (*nieodpowiedni*) unsuitable; inappropriate; ~ **wyraz** the wrong word; **nastały w** ~**m czasie** untimely 2. (*niestosowny*) improper
niewol|a *f* 1. (*brak wolności*) slavery; servitude; *hist* ~a **pańszczyźniana** serfdom 2. *wojsk* captivity; **pójść do** ~i to be taken prisoner; **wziąć** *x* **ludzi do** ~i to take *x* people prisoner
niewolić *vt imperf* to constrain; to compel
niewolnica *f* slave
niewolnictwo *n* slavery
niewolniczy *adj* slavish; servile; slave — (labour etc.)
niewolnik *m* 1. slave; serf 2. (*jeniec wojenny*) prisoner of war
niewolny I *adj* enslaved **II** *m* bondsman; slave; serf
niew|ód *m* drag-net; *przysł* **łowić ryby przed** ~**odem** to count one's chickens before they are hatched
niewprawność *f singt* inexpertness; incompetent
niewprawny *adj* unskilled; inexpert; incompetent
niewrażliwość *f singt* insensibility (**na coś** to sth); (*nieczułość*) stolidity
niewrażliwy *adj* insensible (**na coś** to sth); callous; (*nieczuły*) unemotional; stolid
niewspółmierność *f singt* incommensurability
niewspółmierny *adj* incommensurable; incomparable (**z czymś** to ⟨with⟩ sth); **być** ~**m z czymś** to be out of proportion to sth
niewstrzemięźliwy *adj* immoderate; unrestrained; intemperate
niewybaczalny *adj* unpardonable; inexcusable
niewybredny *adj* 1. (*niewymagający*) easy to please; indiscriminate; not fastidious 2. (*niewyszukany*) unrefined
niewychowany *adj* ill-mannered

niewyczerpany *adj* inexhaustible; unfailing
niewyczuwalny *adj* imperceptible; impalpable
niewydajny *adj* inefficient; unproductive
niewydarzony *adj* (*nieudany*) unsuccessful; (*nieudolny*) incompetent; (*lichy*) mediocre
niewydolność *f singt* incapacity; *med* insufficiency
niewydolny *adj* inefficient
niewygasły *adj* dosł i przen unextinguished; (*o terminie*) unexpired
niewygod|a *f* 1. (*kłopot*) inconvenience 2. (*brak wygody*) discomfort 3. *pl* ~y hardships; **znosić** ~y to suffer hardships
niewygodny *adj* 1. (*pozbawiony wygód*) uncomfortable 2. (*niedogodny*) inconvenient 3. (*nieporęczny*) cumbersome
niewykonalność *f singt* impracticability; unfeasibility
niewykonalny *adj* impracticable; unfeasible; unrealisable
niewykształcony *adj* uneducated; untaught
niewykwalifikowany *adj* unskilled
niewykwintny *adj* inelegant; unrefined
niewymienny *adj* non-interchangeable; *giełd* unconvertible
niewymierny *adj* incommensurable; *mat* irrational
niewymowny *adj książk* unutterable; inexpressible
niewymuszony *adj* unconstrained; natural; unaffected
niewymyślny *adj* 1. (*niewybredny*) not fastidious 2. (*niewyszukany*) unsophisticated; plain
niewypał *m* 1. (*nabój*) misfire 2. (*pocisk*) blind shell 3. *przen pot* (a) wash-out
niewyparzon|y *adj pot* ~a gęba, człowiek z ~ą gębą foul-mouthed individual
niewypłacalność *f singt* insolvency; **ogłosić swą** ~ to declare oneself insolvent
niewypłacalny *adj* insolvent
niewypowiedziany *adj* inexpressible; unutterable
niewyprawny *adj garb* untanned; crude
niewyraźnie *adv* 1. (*niejasno*) indistinctly; **mówić** ~ to mumble; **pisać** ~ to write illegibly 2. (*nieswojo*) seedily; **czuć się** ~ to feel ill at ease
niewyraźny *adj* 1. (*niejasny*) indistinct; faint; dim; vague 2. (*o piśmie*) crabbed 3. *pot* (*podejrzany*) shady; suspicious
niewyrobienie *n* 1. (*brak wyrobienia*) immaturity 2. (*nieobycie*) lack of good breeding 3. (*niewprawność*) lack of practice
niewyrobiony *adj* 1. (*nie mający wyrobienia*) immature 2. (*niedoświadczony*) inexperienced
niewyrozumiałość *f singt* unforbearance
niewyrozumiały *adj* unforbearing
niewysłowiony *adj* unutterable; inexpressible
niewysoki *adj* not very high; (*o człowieku*) shortish
niewyspany *adj* sleepy; **jestem** ~ I have not had enough sleep
niewystarczający *adj* inadequate; insufficient
niewystarczalność *f singt* insufficiency
niewystawny *adj* unostentatious; modest
niewyszukany *adj* unsophisticated; homely; simple
niewytłumaczalny, niewytłumaczony *adj* inexplicable; incomprehensible
niewytrwały *adj* unpersevering
niewytrzymały *adj* unenduring; not resistant (**na coś** to sth); unpersevering; sensitive ⟨not inured⟩ (**na coś** to sth); **jestem** ~ **na zimno** I cannot stand cold
niewytworny *adj* inelegant; unrefined
niewywrotny *adj* stable; (*o łodzi*) uncapsizable
niewyżyty *adj* unappeased
niewzajemny *adj* unreciprocated
niewzruszalność *f singt* immovability; imperturbability
niewzruszalny *adj* immovable; imperturbable
niewzruszenie *adv* 1. (*niezmiennie*) unchangeably 2. (*mocno*) firmly
niewzruszoność *f singt* 1. (*niemożność poruszenia*) immovability 2. (*nieugiętość*) inflexibility; (*niepodatność na wzruszenia*) imperturbability
niewzruszony *adj* 1. (*tkwiący w miejscu*)

niezachwiany

rigid; immovable 2. *(nieugięty)* inflexible; *(niepodatny na wzruszenia)* imperturbable
niezachwiany *adj* unshaken; unflinching
niezadługo *adv* soon; before long; in a short time
niezadowolenie *n singt* discontent (z czegoś with ⟨at⟩ sth)
niezadowolony *adj* unsatisfied (z czegoś with sth); dissatisfied (z kogoś, czegoś with sb, sth); discontented (z kogoś, czegoś with sb, sth)
niezakłócony *adj* undisturbed; *(o szczęściu itd.)* unmarred
niezależnie *adv* 1. *(samodzielnie)* independently (od czegoś of sth); irrespective (od czegoś of sth) 2. *(oprócz)* beside ⟨apart from⟩ (od wydatków itd. the expense etc.)
niezależność *f singt* independence; ~ **materialna** self-sufficiency; ~ **osobista** self-dependence
niezależn|y *adj* 1. *(niepodległy)* independent (od kogoś, czegoś of sb, sth) 2. *(samodzielny)* self-dependent; *(o przemyśle)* self-contained; być ~ym to depend on oneself; z powodów od nas ~ych for reasons beyond our control 3. gram mowa ~a direct speech; zdanie ~e main clause
niezamącony *adj* undisturbed
niezamężna *adj* unmarried; single
niezamieszkały *adj* uninhabited; untenanted
niezamożny *adj* indigent; of limited means; unpropertied
niezapalny *adj* uninflammable
niezapłacenie *n* default; un-payment; w razie ~a failing payment
niezapobiegliwy *adj* improvident
niezapominajka *f bot* forget-me-not
niezapomniany *adj* unforgettable
niezaprzeczalny *adj* undeniable; incontestable
niezaradność *f singt* resourcelessness; shiftlessness
niezaradny *adj* resourceless; shiftless
niezasłużenie *adv* undeservedly; unjustly
niezasobny *adj* 1. *(słabo zaopatrzony)* scantily provided (w coś with sth) 2. *(ubogi)* poor; penurious

niezdolność

niezastąpiony *adj* irreplaceable; indispensable
niezaszczytny *adj* inglorious
niezatarty *adj* indelible, ineffaceable
niezauważalny *adj* imperceptible
niezawisłość *f singt* independence
niezawisły *adj* independent; self-dependent
niezawodnie *adv* 1. *(z pewnością)* without fail; unfailingly 2. *(nieomylnie)* infallibly
niezawodność *f singt* reliability; sureness
niezawodny *adj* unfailing; certain; sure; reliable
niezbadany *adj* inscrutable; unfathomable
niezbędnie *adv* indispensably; ~ **potrzebny** indispensable
niezbędność *f* indispensability; absolute necessity
niezbędn|y *adj* indispensable; necessary; essential; jest rzeczą ~ą, żebyśmy ... it is essential that we should ...
niezbity *adj* irrefutable
niezbyt *adv* not very; not too; none too; ~ **dobrze** none too well
niezdara *m f* duffer; muff
niezdarność *f singt* clumsiness; awkwardness
niezdarny *adj* clumsy; awkward; *(o wykonanej pracy)* bungled
niezdatność *f singt* 1. *(nienadawanie się)* unfitness (do czegoś for sth) 2. *(niezdolność)* incompetence; incapacity
niezdatny *adj* unfit (do czegoś for sth; do picia to drink); unqualified (do robienia czegoś for doing sth); unserviceable
niezdecydowanie[1] *n singt* indecision; irresolution
niezdecydowanie[2] *adv* irresolutely; hesitantly
niezdecydowany *adj* undecided; irresolute; hesitant
niezdobyty *adj* impregnable; unconquerable
niezdolność *f singt* 1. *(brak zdolności)* incapability; inaptitude (do czegoś for sth) 2. *(niemożność wykonania)* inability (zrobienia czegoś to do sth) 3. *(niezdatność)* unfitness (do czegoś

for sth); ~ **do pracy** disablement ⟨incapacity⟩ for work
niezdolny *adj* 1. *(nie mogący podołać)* unable; incapable (**coś zrobić** of doing sth) 2. *(nie nadający się)* unfit (**do czegoś** for sth; **do służby wojskowej** for military service) 3. *(niezdatny)* incapable (**do zdrady itd.** of treason etc.) 4. *(nie mający uzdolnień)* unintelligent; not clever; dull
niezdrowo *adv* unhealthily; **to ~ it is** unwholesome; **wyglądać ~ to** look ill
niezdrowy *adj* 1. *także* **niezdrów** *adj praed (trochę chory)* unwell; ill; indisposed 2. *(chorowity)* sickly 3. *(szkodliwy dla zdrowia)* unhealthy; unwholesome 4. *(moralnie szkodliwy)* morbid
niezdyscyplinowany *adj* undisciplined; unruly
niezgłębionly *adj* unfathomable; inscrutable; **~a tajemnica** impenetrable mystery
niezgoda *f* discord; dissension; **kość ~dy** bone of contention; **być w ~dzie** a) *(o ludziach)* to be at variance b) *(o faktach, zeznaniach)* to be in conflict
niezgodność *f* 1. *(brak zgody)* disagreement; discordance; incompatibility (of temper etc.); inconformity (**z czymś** to ⟨with⟩ sth) 2. *(sprzeczność)* collision; clash
niezgodny *adj* 1. *(będący w sprzeczności)* discordant; incompatible; inconsistent; not in conformity (**z czymś** to ⟨with⟩ sth) 2. *(kłótliwy)* quarrelsome
niezgorszy *adj* tolerable; passable
niezgorzej *adv* tolerably; passably; fairly well
niezgraba *m f*, **niezgrabiasz** *m pot* duffer; muff
niezgrabność *adj* 1. *(niezdarność)* clumsiness; awkwardness 2. *(nieforemność)* unshapeliness
niezgrabny *adj* 1. *(niezdarny)* clumsy; awkward 2. *(nieforemny)* unshapely
nieziemski *adj* 1. *(niepodobny do ziemskiego)* unearthly; unworldly 2. *(niebiański)* celestial; heavenly
nieziszczalny *adj* unrealizable
niezliczonly *adj* innumerable; numberless; countless; **~ą ilość razy** times out of number
niezłomnie *adv* steadfastly; inflexibly; perseveringly
niezłomność *f singt* steadfastness; inflexibility
niezłomny *adj* steadfast; inflexible; *(o duchu)* unbroken
niezłożony *adj* uncomplicated; simple
niezły *adj* 1. *(dość dobry)* passable; tolerable; quite good 2. *(o człowieku)* quite nice; **to ~ człowiek** he is not a bad fellow 3. *(spory)* pretty big
niezmazany *adj* indelible; ineffaceable
niezmącony *adj* undisturbed; unruffled; unmarred
niezmiennie *adv* invariably; unalterably
niezmienność *f singt* invariability; unalterability; immutability
niezmienny *adj* 1. *(nie ulegający zmianom)* invariable; unvarying; unalterable; immutable 2. *(stały)* constant
niezmiernie *adv* extremely; exceedingly; immensely
niezmierny *adj* boundless; *(olbrzymi)* immense; huge
niezmierzony *adj* 1. *(nie dający się zmierzyć)* immeasurable 2. = **niezmierny**
niezmordowany *adj* untiring; unflagging
niezmożony *adj książk* 1. *(niepokonany)* invincible 2. *(niezmordowany)* indefatigable
niezmywalny *adj* indelible
nieznacznie *adv* imperceptibly; insensibly
nieznacznly *adj* 1. *(drobny)* slight; inconsiderable; **~a większość głosów** narrow majority 2. *(niewiele znaczący)* insignificant 3. *(mało widoczny)* imperceptible
nieznajomość *f singt* unacquaintance (**czegoś** with sth); unawareness (**czegoś** of sth); ignorance
nieznajomy I *adj* strange (faces etc.); unknown (people etc.) **II** *m* (a) stranger
nieznanly I *adj* unknown; unfamiliar; *(o sprawcy)* unidentified; **Grób Nieznanego Żołnierza** Tomb of the Unknown Warrior **II** *n* **~e** the unknown; **podróż w ~e** mystery trip

niezniszczalność *f singt* imperishableness; indestructibility
niezniszczalny *adj* imperishable; indestructible
nieznośnie *adv* unbearably; intolerably
nieznośny *adj* 1. unbearable; intolerable 2. *(dokuczliwy)* annoying; *(o bólu)* nagging; **on jest ~ he is a bore** ⟨a nuisance⟩ 3. *(o dziecku)* aggravating
niezrażony *adj* undeterred; undiscouraged
niezręcznie *adv* 1. *(niezdarnie)* clumsily; awkwardly 2. *(nieporęcznie)* inconveniently 3. *przen (niefortunnie)* impoliticly; tactlessly
niezręczność *f* 1. *singt* clumsiness; awkwardness 2. *(niezręczny postępek)* impolicy
niezręczny *adj* 1. *(niezdarny)* clumsy; awkward 2. *przen (niefortunny)* impolitic
niezrozumiałość *f singt* 1. *(niemożność zrozumienia)* incomprehensibility 2. *(zawiłość)* obscureness 3. *(niemożność wytłumaczenia)* inexplicability
niezrozumiały *adj* 1. *(taki, którego nie można zrozumieć)* incomprehensible; unintelligible 2. *(niejasny)* obscure 3. *(niewytłumaczony)* unaccountable; inexplicable; **w sposób ~ unaccountably**
niezrozumienie *n* incomprehension; **spotkać się z ~m** to be misunderstood
niezrównany *adj* 1. *(nie mający sobie równego)* incomparable; matchless 2. *(nadzwyczajny)* unsurpassed; *pot* grand; **on jest ~ he is great**
niezrównoważony *adj* unbalanced
niezupełnie *adv* not quite; not altogether
niezupełny *adj* incomplete; imperfect; defective
niezwłocznie *adv* without delay; immediately
niezwłoczny *adj* immediate; prompt
niezwrotny *adj* unrepayable
niezwyciężony *adj* invincible
niezwyczajny *adj* uncommon; unusual
niezwykle *adv* 1. *(nie tak jak zwykle)* not as usual 2. *(nadzwyczajnie)* extraordinarily; excessively; extremely
niezwykłość *f singt* uncommonness

niezwykły *adj* 1. *(nie taki jak zwykle)* uncommon; unusual 2. *(nadzwyczajny)* extreme; rare
nieźle *adv* pretty well; **~ by było it wouldn't be a bad thing**
nieżeglowny *adj* unnavigable
nieżelazny *adj* non-ferrous (metals)
nieżonaty I *adj* unmarried; single **II** *m* bachelor
nieżyciowy *adj* impracticable (scheme etc.)
niechętliwie *adv* unkindly; malevolently
niechętliwość *f singt* unkindness; unfriendliness (dla kogoś towards sb)
niechętliwy *adj* 1. *(nieprzychylny)* unfavourable 2. *(niechętny)* unfriendly; unkind; malevolent
nieżyjący *adj* dead; deceased; late; **mój ~ ojciec my late father**
nieżyt *m med* catarrh; **~ oskrzeli** bronchitis; **~ żołądka** gastritis
nieżywotny *adj* inanimate
nieżywy *adj* lifeless; dead
nieżyzny *adj* unfertile; barren
nigdy *adv* never; **~ w życiu** a) *(nigdy przedtem)* never before b) *(nic podobnego)* nothing of the kind; **jak gdyby ~ nic** as if nothing had happened; **jak ~** as never before
nigdzie *adv* nowhere; *(po przeczeniu)* anywhere
nihilista *m* nihilist
nihilistyczny *adj* nihilistic
nihilizm *m singt* nihilism
nijak *adv* nohow; not ... anyhow; by no means
nijaki *adj* vague; indistinct; *gram* neuter (gender, verb)
nijako *adv pot* 1. *(pod względem samopoczucia)* uncomfortably 2. *(niezdecydowanie)* vaguely
nikczemnieć *vi imperf* to sink into degradation
nikczemnik *m* blackguard; scoundrel; villain
nikczemność *f* 1. *singt (cecha)* baseness; meanness 2. *(postępek)* (a piece of) meanness; villainy; shabby ⟨dirty⟩ trick
nikczemny *adj* dishonourable; abject; base; mean; shabby ⟨dirty⟩ (trick)
nikiel *m chem* nickel

niklować vt imperf to nickel-plate
niklowanie n nickel-plating
niklowy adj 1. (zrobiony z niklu) nickel — (coin etc.) 2. (niklowany) nickel-plated
nikłość f 1. (niepokaźność) minuteness; (słabość światła) dimness; (słabość głosu, zapachu) faintness 2. (nietrwałość) evanescence
nikły adj 1. (niepokaźny) hardly perceptible; minute; (o świetle) dim; faint; (o dźwięku, zapachu) faint; (o nadziei) slender 2. (nietrwały) evanescent
niknąć vi imperf 1. (ginąć z oczu) to vanish 2. (zanikać) to fade away; (o dźwiękach) to die away 3. (o organizmach) to waste away; pacjent ~ie w oczach the patient is sinking fast
nikotyna f singt nicotine
nikt pron nobody; no one; no man; (po przeczeniu) anybody; anyone; ~ z nas none of us; **nikogo** nobody; not a soul
nim conj 1. (zanim) before; ~ **wiosna nastanie** before spring comes; ~ **zaczął padać deszcz** before it began to rain; **światło zgasło** ~ **skończyłem pisać** the light went out before I had finished writing; ~ **wejdziesz, zapukaj do drzwi** before entering knock at the door 2. (aż) till
nimb m nimbus; halo
nimbus m meteor nimbus
nimfa f mitol nymph
niniejsz|y adj the present; ~a **sprawa** the matter under discussion; ~ym hereby; do ~ego hereto; wraz z ~ym herewith
niob m chem niobium; columbium
nioska f layer; laying hen
nirwana f singt nirvana
niski adj 1. (niewysoki) low; (małego wzrostu) short; of short stature; ~ **ukłon** low bow 2. (niżej postawiony) low; humble; **na** ~m **poziomie at a low level** 3. (nieszlachetny) low; base; mean 4. (o brzmieniach, głosie) low; (basowy) deep
nisko adv low (down); **przen** ~ **coś cenić** to hold sth cheap

niskociśnieniowy adj techn low-pressure — (installation etc.)
niskogatunkowy adj poor-quality — (article etc.)
niskokaloryczny adj 1. (o pokarmach) of low calorie content 2. (o paliwie) lean
niskopienny adj dwarf (apple etc.)
niskoprocentowy adj 1. (zawierający niewielki procent czegoś) low-standard; low-grade 2. (przynoszący mały procent) low-interest — (loan etc.)
niskowartościowy adj low-value — (food, fodder)
nisza f niche; recess
niszczący adj destructive
niszczeć vi imperf to deteriorate; to decay; to go to ruin
niszczenie n 1. (rozpad) deterioration; decay 2. (burzenie) devastation, destruction
niszczyciel m destroyer
niszczycielski adj destructive; ruinous; devastating
niszczyć vt imperf 1. (burzyć) to destroy; to demolish; to ruin; to devastate 2. (psuć) to spoil; to shatter (**sobie zdrowie** one's health); to wear out (**ubranie** itd. one's clothes etc.)
nit m techn rivet
nit|ka f thread; przen **dojść po** ~ce **do kłębka** to unravel a plot; **nie zostawić na kimś suchej** ~ki to pick sb to pieces; (o życiu itd.) **wisieć na** ~ce to hang by a thread; **zmoknąć do** ~ki to get soaked; to be drenched to the skin
nitkowaty adj filiform; filamentous; thread-like
nitować vt imperf to rivet
nitownica f techn riveter
nitroceluloza f chem nitrocellulose
nitrogliceryna f chem nitroglycerin(e)
nitrowy adj chem nitric
nitryfikacja f chem nitrification
niuans m nuance; shade (of difference)
niuch m pinch (of snuff); **pot żart mieć** ~a **do czegoś** to have a flair for sth
niuchać imperf **I** vt to take (snuff) **II** vi 1. pot (szperać) to nose about 2. (węszyć) **to sniff**

niuton *m fiz* newton
niwa *f książk* 1. (*pole*) soil 2. (*dziedzina*) realm; sphere; field
niweczyć *vt imperf* to annihilate; ~ czyjeś nadzieje to shatter sb's hopes; ~ czyjeś plany to frustrate sb's plans
niwelacja *f* 1. (*równanie terenu*) levelling 2. *miern* survey
niwelator *m miern* (surveyor's) leveller
niwelować *vt imperf* 1. *dosł i przen* to level 2. *miern* to survey
nizać *vt imperf* to string (beads etc.); to thread (pearls etc.)
nizina *f* lowland (plain)
nizinny *adj* low-lying; lowland — (vegetation etc.)
niziutki *adj dim* ↑ niski; very low
niźli *conj* = niżeli
niż¹ *conj* than
niż² *m.* 1. (*obszar lądowy*) lowland; depression 2. *meteor* depression; (a) low
niżby *conj* than
niżej *adv* (*comp* ↑ nisko) lower; further down; (*w dalszej treści*) below; ~ podpisany the undersigned; ~ wymieniony undermentioned; mentioned below
niżeli *conj* (rather) than
niżowy *adj geogr* lowland — (area etc.) 2. *meteor* depression — (area etc.)
niższość *f singt* inferiority
niższy *adj* (*comp* ↑ niski) 1. (*mniej wysoki*) lower 2. (*mniejszego wzrostu*) shorter 3. (*gorszej jakości*) inferior (od kogoś, czegoś to sb, sth) 4. (*mający niższą rangę*) junior 5. (*mający mniejsze znaczenie*) subordinate
no *part interj* 1. (*przy trybie rozkazującym*) just; quick! 2. a) (*wahanie*) why b) (*zdziwienie*) ~, ~! well, well! c) (*pytanie*) ~? well? d) (*uspakajanie*) ~, ~! come, come!
nobel *m singt chem* nobelium
nobilitacja *f* ennoblement
nobilitować *vt imperf* to ennoble
nobliwie *adv* with refinement; wyglądać ~ to look refined
nobliwy *adj* refined; elegant
noc *f* night; pracować po ~ch to work by lamplight; całą ~ all night (long); dzisiejszej ~y to-night; przed ~ą by ⟨before⟩ nightfall; z nadejściem ~y at nightfall; przez ~ overnight; ~ą by night
nochal *m pot* beezer; boko; conk
nocleg *m* night's lodging; accommodation (for the night); dać komuś ~ to put sb up; znaleźć ~ w hotelu ⟨u znajomych⟩ to put up at a hotel ⟨with friends⟩
noclegowy *adj* dom ~ hostel
nocnik *m* chamber(-pot)
nocny *adj* night's — (rest etc.); night — (train etc.); nocturnal (birds etc.); ~a koszula a) (*męska*) nightshirt b) (*damska*) night-gown; ~y lokal night-club; lampka ~a night-lamp; szafka ~a pedestal; stróż ~y night-watchman
nocować *imperf* I *vi* to spend the night ⟨to stay⟩ (w hotelu at a hotel; u kogoś with sb) II *vt* ~ kogoś to lodge sb (for the night); to put sb up
noga *f* 1. (*odnóże oraz część sprzętu*) leg; (*stopa*) foot (*pl* feet); podstawić komuś ~ę to trip sb up; przen kuty na cztery ~i cunning; przen wziąć ~i za pas to take to one's heels; pot dać ~ę to hook it; to sling one's hook; *posp* wyciągnąć ~i to turn up one's toes; na jednej nodze! quick!; suchą ~ą dry-shod; do góry ~ami upside-down; pot karc bez ~i one down 2. *w wyrażeniach i zwrotach z przyimkami:* ~a za ~ą at a snail's pace; (*do psa*) do ~i! to heel!; *wojsk* do ~i broń! ground arms!; *przen* (co) do ~i to a man; na ~ach on one's feet; *przen* być cały dzień na ~ach to be astir all day long; stać na mocnych ~ach to be firm on one's legs; stanąć na ~i a) (*po upadku*) to recover one's legs b) (*po chorobie*) to pick up; postawić kogoś na ~i to put sb on his feet; w ~ach łóżka at the foot of the bed; iść ⟨nie iść⟩ w ~ę to walk in step ⟨out of step⟩; lecieć ⟨walić się⟩ z nóg to be on one's last legs; ściąć kogoś z nóg to knock sb off his feet 3. *przen posp* (*niedołęga*) duffer; muff
nogawka *f* (trouser) leg
nogietek *m bot* marigold
nokaut *m sport* knock-out (blow)
nokautować *vt imperf* to knock (sb) out

noktambulizm *m* somnambulism; sleep-walking
nokturn *m* nocturne
nomenklatura *f* nomenclature; terminology
nominacj|a *f* appointment; **dostać ~ę na stanowisko** to be appointed to a post
nominalizm *m singt filoz* nominalism
nominaln|y *adj* nominal; **wartość ~a** face value; **~a zapłata** token payment
noniusz *m* nonius; vernier
nonparel *m druk* nonpareil
nonsens *m* nonsense; absurdity
nonsensowny *adj* nonsensical; absurd; preposterous
nonszalancja *f singt* nonchalance
nonszalancki *adj* nonchalant
nora *f* 1. (*kryjówka zwierzęcia*) burrow; den 2. *przen* den; hovel
nordycki *adj* Nordic
norka *f* 1. *dim* ↑ **nora**; burrow; den 2. *zool* mink
norm|a *f* 1. (*reguła*) rule; standard; (*o człowieku*) **wrócić do ~y** to recover; **stosunki wróciły do ~y** conditions are back to normal 2. (*wzór*) norm 3. (*obowiązująca ilość*) quota
normalizacja *f* normalization; standardization
normalizować *vt imperf* to normalize; to standardize
normalność *f singt* normalcy; normality
normaln|y I *adj* 1. (*prawidłowy*) normal; standard 2. (*zwykły*) habitual; ordinary; regular 3. *psych* normal; sane II *f* **~a** *mat* (a) normal
normański *adj* Norman
normatyw *m* norm; standard
normatywny *adj* normative
normować *vt imperf* to standardize; to regulate; to normalize
normowanie *n* standardization
Norweg *m* (a) Norwegian
norweski *adj* Norwegian
Norweżka *f* (a) Norwegian (woman)
nos *m* 1. *anat* nose; (*u zwierząt*) snout; **idzie jak krew z ~a** I am ⟨we are⟩ making no headway; **mówić przez ~** to speak through the nose; *przen* **dostać po ~ie** to get snubbed; **kręcić ~em** to pick and choose; **kręcić ~em na coś** to turn up one's nose at sth; **miałem ~a** I felt it in my bones; **mieć ~a do czegoś** to have a scent for sth; **mieć kogoś w ~ie** to snap one's fingers at sb; **mieć wszystko w ~ie** not to care a damn; **pilnować swego ~a** to mind one's own business; **uśmiechać się pod ~em** to laugh in one's sleeve; **utrzeć komuś ~a** to take sb down a peg or two; **wodzić kogoś za ~** to lead sb by the nose; **wtykać ~ w cudze sprawy** to poke one's nose into other people's affairs; **zadzierać ~a** to be stuck up; **zagrać komuś na ~ie** to cock a snook at sb; **zamknąć komuś drzwi przed ~em** to slam the door in sb's face 2. (*u bucika*) toe(-cap)
nosacizna *f singt wet* glanders; farcy
nosek *m* 1. *dim* ↑ **nos**; nose; snout 2. *techn* (*u dachówki*) cog 3. (*u młotka*) pane; peen 4. (*u bucika*) toe(-cap)
nosiciel *m*, **nosicielka** *f* 1. (*ten, kto nosi*) carrier 2. *med* germ carrier; vector
nosi|ć *imperf* I *vt* 1. (*dźwigać*) to carry; to bear; *przen* **~ć kogoś na rękach** to dote upon sb 2. (*mieć przy sobie*) to carry (a revolver etc.) 3. (*mieć, posiadać*) to bear (nazwisko, tytuł itd. a name, a title etc.) 4. (*mieć na sobie*) to wear (czapkę, brodę itd. a cap a beard etc.); **jaki numer butów pan ~?** what size do you take in shoes? 5. (*o samicy ptaka*) to lay (eggs) II *vr* **~ć się** 1. *w wyrażeniach*: **~ć się z zamiarem zrobienia czegoś** to intend doing sth 2. (*ubierać się według jakiejś mody*) to follow a fashion 3. (*o materiale*) to wear (*vi*) 4. (*zachowywać się*) to bear oneself (**dumnie itd.** haughtily etc.)
nosidł|o *n* (*także pl* **~a**) yoke
nosiwoda *m* water-carrier
nosorożec *m zool* rhinoceros
nosowy *adj* nasal
nosówka *f* 1. *jęz* (a) nasal 2. *wet* canine distemper
nostalgi|a *f singt* nostalgia; homesick-

nostalgiczny / **nowonarodzony**

ness; **mieć** ⟨**cierpieć na**⟩ ~ę to be homesick
nostalgiczny *adj* nostalgic
nostryfikacja *f* nostrification
nostryfikować *vt imperf, perf* to nostrificate
nosze *plt* stretcher; hand-barrow
noszeni|e *n* ↑ **nosić**; *(o ubraniu)* **do** ~**a na co dzień** for everyday wear
nośnik *m techn* carrier; ~ **ciepła** ⟨**tlenu**⟩ heat ⟨oxygen⟩ carrier
nośność *f singt* 1. *techn* carrying capacity; ~ **statku** deadweight (capacity) 2. *(donośność)* range (of a voice, of a gun etc.) 3. *(u samic)* egg-production
nośny *adj* 1. *techn* (load) bearing (wall etc.); carrying ⟨bearing⟩ (axle etc.) 2. *(donośny)* ranging 3. *(o samicy ptaka)* laying
nota *f* 1. *dypl* note 2. *szk* mark; am grade
notabene *indecl* by the by; by the way; incidentally
notacja *f muz* notation
notarialny *adj* notarial (functions etc.); **akt** ~ deed executed and authenticated by a notary
notariat *m* notariate
notariusz *m* notary (public)
notatk|a *f* note; **robić** ~**i z czegoś** to take notes of sth
notatnik *m* notebook; diary
notes *m* notebook
notka *f* 1. *(w książce)* foot-note 2. *(w prasie)* paragraph, *pot* par
notoryczny *adj* notorious; *(o łajdaku itd.)* arrant
notowa|ć *vt imperf* 1. *(zapisywać)* to note; to write down; to take a note (coś of sth) 2. *(rejestrować)* to register; to record; *gield* to quote (prices); **być** ~**nym przez policję** to have a bad record; **być dobrze** ⟨**źle**⟩ ~**nym u kogoś** to be in sb's good ⟨bad⟩ books
notowanie *n* ↑ **notować**; record (of a fact etc.); *gield* quotation
notyfikować *vt imperf dypl prawn* to notify (coś komuś sb of sth)
nowalgina *f farm* novaldin

nowalia, nowalijka *f* early vegetable; forced fruit
nowator *m*, **nowatorka** *f* innovator
nowatorski *adj* innovatory
nowatorstwo *n* 1. *(działalność)* innovatory activities 2. *(wyniki działalności nowatorskiej)* innovation; novelty
nowela *f* 1. short story 2. *prawn* amendment (do ustawy to a bill)
nowelista *m*, **nowelistka** *f* short-story writer
nowelistyka *f singt* short-story writing
nowelizacja *f singt prawn* amendments (ustawy to a bill)
nowelka *f dim* ↑ **nowela** 1.
nowenna *f kośc* novenna
nowicjat *m singt* noviciate, novitiate
nowicjusz *m*, **nowicjuszka** *f* novice
nowin|a *f* 1. *(wieść)* piece of news; news; **jakie masz** ~**y?** what news? 2. *(coś nowego)* something new; news; **dla mnie to** ~**a** that's news to me; **to nie** ~**a** that's no news 3. *roln* = **nowizna**
nowinka *f* 1. *(plotka)* a piece of gossip 2. *(nowość)* novelty innovation
nowinkarski *adj* innovatory
nowinkarz *m* 1. *(plotkarz)* gossip-monger 2. *(lubiący to, co nowe)* person fond of novelty
nowiuteńki *adj*, **nowiutki** *adj* brand-new
nowizna *f roln* untilled land; new soil
nowo *adv* 1. *(świeżo)* newly (built, appointed etc.) 2. *(od nowa)* anew; afresh; **na** ~ again; anew; **wciąż na** ~ again and again 3. *(przy czasowniku)* re-; **napisać na** ~ to rewrite
nowobogac|ki I *adj* newly enriched **II** *m* ~**ki** upstart; nouveau riche; *pl* ~**cy** the new rich
nowoczesność *f singt* modernity; modernness
nowoczesny *adj* modern; present-day; up-to-date
nowocześnie *adj* in up-to-date style
nowofunlandczyk *m zool* Newfoundland dog
nowokaina *f farm* novocain(e)
nowomodny *adj* up-to-date; new-fashioned; *iron* newfangled
nowonarodzony *adj* new-born

nowoprzybyły I *adj* newly arrived II *m* newcomer
noworoczny *adj* New-Year's (wishes etc.)
noworodek *m* new-born child
nowoś|ć *f* 1. *(cecha)* newness; recency; novelty 2. *(rzecz nowa)* (a) novelty; *(nowa książka)* new book; *(nowy film)* new release 3. *(wiadomość)* piece of news; *pl* ~ci news
nowotwór *m* 1. *(neologizm)* new-coined word 2. *med* neoplasm; tumour
nowoże|niec *m* bridegroom; *pl* ~ńcy a) *(podczas ślubu)* bride and bridegroom b) *(po ślubie)* the newly married couple
nowożytny *adj* modern (literature etc.)
now|y *adj* 1. *(następujący)* new; co ~ego? what news? 2. *(świeży)* new; fresh; jak ~y as good as new 3. *(od niedawna istniejący)* recent; latest 4. *(kolejny)* new; another; further; additional ‖ od ~a again; anew; afresh; from the beginning; po ~emu in a new manner
nozdrze *n anat* nostril
nożn|y *adj* foot — (control etc.); pedal — (lathe etc.); piłka ~a football; *aut* hamulec ~y foot brake
nożownictwo *n singt* brigandage
nożowniczy *adj* 1. *(bandycki)* cut--throat — (practices etc.) 2. *(związany z robieniem noży)* cutler's — (trade etc.)
nożownik *m* knifer
nożyc|e *plt* 1. *(narzędzie)* scissors; shear(s); *przen* ~e cen price scissors; przysł uderz w stół, a ~e się odezwą the hit dog howls 2. *sport* scissor jump; *(w pływaniu)* scissors kick; *(w akrobacji)* splits
nożyk *m dim* ↑ nóż; penknife
nów *m singt* new moon
nóż *m* knife; *techn* cutting tool; cutter; blade; ~ chirurgiczny lancet; scalpel; ~ do papieru paper-knife; ~ składany clasp-knife; ~ sprężynowy flick--knife; ~ stołowy table-knife; *przen* wojna na noże war to the knife; mieć ~ na gardle to be in a tight corner; wbić komuś ~ w plecy to stab sb in the back

nóż|ka *f dim* ↑ noga 1. little foot; dziec tootsy-wootsy; *kulin* ~ki cielęce calve's foot jelly 2. *(u kieliszka)* stem; *(u cyrkla)* leg
nucić *vt vi imperf* to hum; to croon
nud|a *f* boredom; tedium; tediousness; przen umierać z ~ów to be bored stiff
nudn|o, nudnie *adv* dully; monotonously; ~o było it was boring; ~o mi było I was bored
nudnoś|ć *f* 1. *singt* dul(l)ness; tediousness; tedium 2. *pl* ~ci nausea; mieć ~ci to feel sick
nudny *adj* boring; tedious; dull; *(o człowieku)* ~ jak flaki z olejem as dull as ditch-water
nudysta *m* nudist
nudyzm *m singt* nudism
nudziara *m f*, **nudziarz** *m* (a) bore
nudz|ić *imperf* I *vt* 1. to bore; to pall (kogoś on sb) 2. *(przykrzyć się)* to weary; to make (sb) tired; ~i mnie to I am tired of this 3. *(mdlić)* ~i mnie I feel sick 4. *(nagabywać)* to give (sb) no rest; to keep (kogoś on sb) II *vi* to make a nuisance of oneself; to be tedious ⟨boring⟩; nie nudź! don't be a nuisance! III *vr* ~ić się to be bored; to feel dull; ~i mi się, ~ę się I am bored
nugat *m kulin* nougat
nuklearn|y *adj* nuclear; broń ~a nuclear weapon(s); zakaz doświadczeń z bronią ~ą nuclear test ban
nukleonika *f fiz* nucleonics
numer *m* 1. *(liczba)* number; *(wielkość obuwia itd.)* size; ~ rejestracyjny registration number; jaki masz ~ telefonu? what is your telephone number?; mieszkamy pod ~em 10 we live at Nr 10 2. *(tabliczka, blaszka bagażowego itd.)* badge 3. *(egzemplarz)* number; issue (of a paper etc.) 4. *(w hotelu)* room Nr ... 5. *(część widowiska itd.)* turn; ~ popisowy star turn 6. *iron* wily chap; to dobry ~! a fine fellow! 7. *przen pot (wybieg)* trick; ten ~ nie przejdzie! nothing doing!

numeracja *f* numeration; numbering; *druk* ~ arkuszy foliation
numerator *m techn* numberer
numerek *m* 1. *dim* ↑ **numer** 1., 2., 6. 2. (*w garderobie itd.*) check; ticket
numerować *vt imperf* to number (houses etc.); to mark (things) with numbers; *druk* to foliate
numerowanie *n* ↑ **numerować**; numbering; numeration; *druk* ~ arkuszy foliation
numerow|y I *m* ~y 1. (*bagażowy*) porter 2. (*pokojowy*) hotel waiter II *f* ~a hotel waitress
numizmatyczny *adj* numismatic(al)
numizmatyka *f singt* numismatics
nuncjatura *f* nunciature
nuncjusz *m* nuncio
nur *m* (a) dive; plunge; **dać** ~a a) (*nurkować*) to dive b) *pot* (*uciec*) to bolt
nur|ek *m* 1. (*człowiek, ptak*) diver 2. (*skok*) (a) dive; plunge; ~kiem under water
nurk|a *f* 1. = **norka** 2. *pl* ~i *pot* (*futro*) mink coat
nurkować *vi imperf* (*o człowieku, samolocie*) to dive
nurkowiec *m* 1. *lotn* dive bomber 2. *mar* submarine
nurkowy[1] *adj* diver's (dress etc.); diving — (gear etc.); *lotn* lot ~ (nose-) dive
nurkowy[2] *adj* (*z norek*) mink — (coat etc.)
nurt *m* 1. (*prąd*) current; (running) stream 2. (*kierunek w literaturze itd.*) current; trend; set (of public opinion etc.) 3. *pl* ~y waters; billows
nurtować *vt vi imperf* 1. (*przenikać*) to pervade (**kogoś, coś, w kimś, czymś** sb, sth) 2. (*gnębić*) to rankle (kogoś, w kimś sb's heart)
nurzać *imperf* I *vt* to plunge; to dip II *vr* ~ **się** 1. (*pogrążać się*) to plunge; to be plunged 2. (*tarzać się*) to welter
nut *m stol* mortise, mortice
nut|a *f* 1. *muz* note; *przen* **uderzyć we właściwą** ~ę to touch the right chord 2. *pl* ~y score; **kłamać jak z** ~ to lie like a gas-meter; **mówić jak z** ~ to speak like a book 3. (*melodia*) music; melody
nutowy *adj* note — (part etc.); **papier** ~ music-paper
nutria *f* 1. *zool* coypu 2. *zw pl* (*skórka*) nutria
nuż † what if; *obecnie w zwrotach*: **a** ~ **się nie uda?** what if it fails?; **a** ~ **wygram?** what if I win?
nużący *adj* wearisome; tiresome
nużyć *imperf* I *vt* to tire; to weary II *vr* ~ **się** to tire (*vi*); to grow weary
nygus *m pot* do-nothing; lazybones
nygusostwo *n singt pot* laziness; loafing
nylon *m* 1. (*tworzywo*) nylon 2. *pl* ~y (*pończochy*) nylons
nylonowy *adj* nylon — (stockings etc.)
nyża *f bud* niche; recess

O

o[1] *praep* 1. (*na temat*) about; of; on; **o czym mówicie?** what are you talking about?; **wykład o Szekspirze** a lecture on Shakespeare; **co o tym myślisz?** what do you think of this? 2. (*odnośnie do*) about; concerning; of; **opinia o kimś, czymś** an opinion concerning sb, sth 3. (*przy wyrażeniu prośby*) for; **prosił o kawałek chleba** he asked for a piece of bread 4. (*przy określaniu przedmiotu kłótni, walki itd.*) about; over; for; **jest o co walczyć** ⟨**kłócić się**⟩ it is worth fighting for ⟨quarreling about⟩ 5. (*przy określaniu przyczyny oskarżenia*) of; **oskarżyć kogoś o coś** to accuse sb of sth 6. (*przy określaniu przedmiotów, o które się coś rozbija, opiera*) against; **uderzył głową o belkę** he struck his head against the beam; **oprzeć się o**

ścianę to lean against the wall 7. (*przy określaniu wielkości, stopnia, rangi*) by; **o wiele lepszy** better by far; **wyższy ode mnie o głowę** taller than me by a head 8. (*przy określaniu pory*) at; **o świcie ⟨zmroku, godzinie drugiej itd.⟩** at daybreak ⟨nightfall, two o'clock etc.⟩ 9. *w wyrażeniach przymiotnikowych;* **o niebieskich oczach** blue-eyed (girl); **o głodzie i chłodzie** hungry and cold
o² *interj* 1. **oh!; o mój Boże!** oh, God! 2. (*zwraca na coś uwagę*) look!; **o, ślady niedźwiedzia** look, traces of a bear
oaza *f dost i przen* oasis
oba(j) *num* both; **obaj przyszli** they both came; **both of them came**
obalać *zob* **obalić**
obalenie *n* ↑ **obalić** 1. *polit* overthrow (**rządu** of a government); subversion (**ustroju** of a political system) 2. *przen* (*uzasadnienie błędności*) abolition (of a law etc.); refutation (of a theory etc.); **sąd ~ wyroku** reversal of a judgment
obal|ić *perf* — **obal|ać** *imperf* I *vt* 1. (*powalić*) to overthrow (**sb, sth**) 2. *polit* to overthrow (**rząd** a government); to subvert (**ustrój** a political system) 3. *przen* (*uzasadnić błędność*) to refute (a theory etc.); (*znieść*) to abolish (a law etc.); *prawn* **~ić** testament to successfully contest a will; **~ić wyrok** to reverse a judgement II *vr* **~ić się** to tumble (down); to fall down
obandażować *vt perf* to bandage
obarcz|yć *perf* — **obarcz|ać** *imperf* I *vt* 1. (*obciążyć*) to burden; to load; to encumber (a property) 2. *przen* to saddle (**kogoś obowiązkiem itd.** sb with a duty etc.); **~ony dużą rodziną** saddled with a large family 3. (*uczynić odpowiedzialnym*) to burden (**kogoś odpowiedzialnością** sb with a responsibility); **~yć kogoś winą za coś** to lay the blame for sth on sb
obarzanek *m* round cracknel
obaw|a *f* 1. (*niepokój*) apprehension; anxiety; *pl* **~y** misgivings; **mieć ~y o coś, kogoś** to be anxious ⟨to have misgivings⟩ about sth, sb 2. (*lęk*) fear; **możemy bez ~y iść naprzód** we can safely go on; **w ~ie o własne życie** in fear of one's life; **z ~y, aby się coś nie stało** for fear that sth might happen; **z ~y o kogoś, coś** through fear for sb, sth; **z ~y przed czymś** for fear of sth
obawia|ć się *vr imperf* to stand in awe (**kogoś, czegoś** of sb, sth); to dread (**kogoś, czegoś** sb, sth); to be afraid (**kogoś, czegoś of sb, sth; że** ... that ...); to fear (**czegoś** sth; **że** ... that ...)
obcałować *vt perf* — **obcałowywać** *vt imperf* to smother (sb) with kisses
obcas *m* heel; **buty na wysokim** ⟨**niskim**⟩ **~ie** high-heeled ⟨low-heeled⟩ shoes
obcążki *plt* pincers; pliers
obcesowość *f singt* unceremoniousness; brusqueness
obcesowy *adj* unceremonious; brusque
obcęgi *plt* (pair of) pincers
obchodzenie *n* 1. ↑ **obchodzić** 2. (*kontrolowanie*) round; tour (of inspection); (policeman's) beat; round 3. (*okrążenie*) circuit; evasion (of an obstacle; *przen* elusion (of the law etc.) 4. (*świętowanie*) celebration (of an anniversary etc.); observance (of a holiday etc.) 5. **~ się** (*traktowanie*) treatment; **złe ~ się** ill-treatment (of sb) 6. **~ się** (*posługiwanie się*) use; usage; **złe ~ się z narzędziem itd.** ill-use of a tool etc.
obchodzić *imperf* — **obejść** *perf* I *vt* 1. (*robić obchód*) to inspect (a factory etc.); (*o policjancie, stróżu*) to go one's round; to be on one's beat 2. (*okrążać*) to walk ⟨coś round sth⟩; *wojsk* to turn (**skrzydło nieprzyjaciela** the enemy's flank); **obchodzić, obejść przeszkodę** to evade an obstacle; *przen* **obchodzić, obejść prawo** to circumvent the law 3. (*interesować*) to be of interest (**kogoś** to sb) 4. (*dotyczyć*) to affect; to concern; to be of concern (**kogoś** to sb); **to cię nic nie obchodzi** it's none of your business; **to mnie bardzo obchodzi** it is of great concern to me; **to mnie nic nie obcho-**

dzi a) (*nie dotyczy*) it's no concern of mine b) (*jest mi obojętne*) I don't care a straw; **co cię to obchodzi?** what business is that of yours? 5. (*świętować*) to celebrate (an anniversary etc.); to observe (**święto** a holiday) **II** *vi* (*nakładać drogi*) to make a circuit; to take a roundabout way **III** *vr* **obchodzić ⟨obejść⟩ się** 1. (*postępować z kimś, czymś*) to treat (**z kimś, czymś** sb, sth); **źle się obchodzić z kimś** to ill-treat sb 2. (*posługiwać się*) to use ⟨to handle⟩ (**z czymś** sth — a tool, an instrument etc.); **źle się obchodzić z czymś** to ill-use ⟨to misuse⟩ sth 3. (*obywać się*) to go ⟨to do⟩ (**bez kogoś, czegoś** without sb, sth); **nie obeszło się bez kłótni** there had to be a quarrel; **obejdzie się bez tego** that is not necessary 4. (*zadowolić się czymś*) to be satisfied (**czymś** with sth)

obchód *m* 1. (*kontrolowanie*) round; tour (of inspection); (a doctor's) round (of visits); (a policeman's, a watchman's) beat; **odbywać ~** to be on one's round 2. (*uroczystość*) festival; celebration

obci|ąć *perf* — **obci|nać** *imperf* **I** *vt* 1. (*uciąć*) to cut off; to clip; **dać sobie ~ąć włosy** to have one's hair cut; **~ąć psu ogon** to curtail a dog 2. (*ograniczyć*) to cut down (expenses etc.); to shorten (a speech etc.) 3. *szk* to reject ⟨to pluck⟩ (a pupil, a candidate) **II** *vr* **~ąć ⟨~nać⟩ się** *szk* to fail ⟨to get plucked⟩ (in an examination)

obciągnąć *vt perf* — **obciągać** *vt imperf* 1. (*powlec*) to clothe; to cover; to coat (with paint etc.) 2. (*poprawić na sobie odzież*) to straighten (one's coat, tie etc.)

obciążać *zob* **obciążyć**

obciążeni|e *n* 1. (*ciężar*) load; burden; weight; charge; **~e finansowe dla kogoś** a strain on sb's finances 2. *ekon prawn* encumbrance; *pl* **~a** liabilities; *handl* debit(ing) (of an account) 3. *fiz techn* load || *med psych* **~e dziedziczne** hereditary transmission; (bad) inheritance

obciąż|yć *vt perf* — **obciąż|ać** *vt imperf* 1. (*włożyć ciężar*) to load; to burden; *techn* to weight 2. *przen* to burden ⟨to saddle⟩ (**kogoś obowiązkiem itd.** sb with a duty etc.); to encumber (**majątek długiem** a property with a debt); *handl* **~yć ⟨~ać⟩ konto jakąś kwotą** to debit an account with a sum; *prawn* **~yć ⟨~ać⟩ hipotekę** to mortgage a property; **~yć ⟨~ać⟩ kogoś kosztami** to charge expenses to sb 3. (*uczynić odpowiedzialnym*) to make (sb) responsible (**za coś** for sth); **sąd okoliczności ~ające** aggravating circumstances

obciec, obciekać *vi perf* — **obciekać** *vi imperf* to drip; to drip dry

obcierać *vt imperf* — **obetrzeć** *vt perf* 1. (*wycierać*) to wipe; **obcierać ⟨obetrzeć⟩ sobie pot z czoła** to wipe ⟨to mop⟩ one's forehead 2. (*ocierać skórę*) to rub sore; to abrade (the skin)

obcięcie *n* 1. ↑ **obciąć** 2. (*sposób cięcia*) (a) cut; (a) clip; (a) crop; **~ płac** wage cuts

obcinarka *f* cutter; trimmer; *techn* trimming machine; *fot* edge-cutter

obcinek *m* (a) cutting; clipping; snip- (pet); scrap

obcios|ać *vt perf* — **obcios|ywać** *vt imperf* to square (timber); *dosł i przen* **grubo ~any** rough-hewn

obciskać *vt imperf* — **obcisnąć** *vt imperf* 1. (*zaciskać wokół*) to clasp 2. (*opinać*) to fit (sb) tight; to cling (**ciało** to the body)

obcisłość *f singt* tightness

obcisły *adj* tight-fitting; close-fitting; clinging

obcisnąć *zob* **obciskać**

obciśle *adv* tight; close

obco *adv* strangely; unfamiliarly; **brzmieć ~** to sound strange; **czuć się ~** to feel a stranger; not to feel at home

obcojęzyczny *adj* speaking ⟨said, written⟩ in a foreign language

obcokrajowiec *m* foreigner; alien

obcość *f singt* strangeness; outlandishness

obcować *vi imperf* to entertain relations ⟨to mix, to associate⟩ (**z kimś** with sb); to frequent (z artystami itd. artists etc.); to be in contact (z kimś with sb); ~ z przyrodą to commune with nature

obcowanie *n* ↑ obcować; relations; intercourse

obc|y I *adj* 1. (*cudzy*) strange; unfamiliar; new; ~y człowiek stranger 2. (*zewnętrzny*) extraneous (**dla kogoś, czegoś** to sb, sth); foreign (body, substance) 3. (*z innego kraju*) foreign (language, currency etc.) 4. (*nie znający*) unacquainted (**czemuś** with sth); alien (**czemuś** to sth) II *m* ~y 1. (*nieznajomy*) stranger 2. (*cudzoziemiec*) foreigner; (an) alien ‖ **z ~a** a) (*na wzór obcy*) after foreign models b) (*z cudzoziemskim akcentem*) with a foreign accent

obczy|zna *f singt* foreign lands; **na ~źnie** a) (*zagranicą*) abroad b) (*na wygnaniu*) in exile

obdarow|ać *vt perf* — **obdarow|ywać** *vt imperf* to bestow (**kogoś, czymś** sth on sb); to endow (**kogoś czymś** sb with sth); ~**ać kogoś czymś** to make a gift of sth to sb; to present sb with sth; **hojnie kogoś** ~**ywać** to lavish gifts on sb

obdarowanie *n* ↑ obdarować; bestowal; endowment

obdarowany *m* recipient (of a gift); beneficiary; *prawn* grantee; donatory

obdarowywać *zob* obdarować

obdartus *m* ragamuffin; tatterdemalion

obdarty *adj* ragged; in rags; tattered

obdarzać *zob* obdarzyć

obdarzenie *n* ↑ obdarzyć; bestowal; endowment

obdarzony *adj* gifted

obdarz|yć *vt perf* — **obdarz|ać** *vt imperf* = obdarować; **natura** ~**yła go zdolnościami** nature has gifted him; ~**yć** ⟨~**ać**⟩ **kogoś uczuciem** to favour sb with one's affection; ~**yć** ⟨~**ać**⟩ **kogoś pełnym zaufaniem** to give full confidence to sb

obdłużać *zob* obdłużyć

obdłużenie *n* ↑ obdłużyć; mortgage

obdłuż|yć *perf* — **obdłuż|ać** *imperf* I *vt* to mortgage (a property); ~**ony** in debt II *vr* ~**yć** ⟨~**ać**⟩ **się** to get ⟨to run⟩ into debt

obdrapać *vt perf* — **obdrapywać** *vt imperf* 1. (*porysować*) to scratch 2. (*odrapać*) to dilapidate

obdukcja *f med* obduction; autopsy

obdziel|ać *imperf* — **obdziel|ić** *perf* I *vt* 1. (*rozdzielać*) to deal (**ludzi czymś** sth to people); to distribute (**ludzi czymś** sth among people) 2. (*rozdawać*) to endow (**kogoś czymś** sb with sth) II *vr* ~**ać** ⟨~**ić**⟩ **się** to share (**czymś** sth)

obdzielenie *n* ↑ obdzielić; distribution (**ludzi czymś** of sth among people)

obdzielić *zob* obdzielać

obdzierać *vt imperf* — **obedrzeć** *vt perf* 1. (*ogołacać*) to strip (**kogoś z czegoś** sb of sth); **obdzierać zwierzę ze skóry** to skin (an animal) 2. (*wykorzystywać*) to rack (**kogoś** sb); **obdzierać kogoś ze skóry** (*to fleece*) sb

obdziergać *vt perf kraw* to edge ⟨to fringe⟩ (a material); ~ **dziurkę od guzika** to stitch a buttonhole

obecnie *adv* 1. (*w tej chwili*) (just) now; at present 2. (*w dzisiejszych czasach*) to-day; nowadays

obecnoś|ć *f singt* presence; attendance (**na czymś** at sth); **lista** ~**ci** a) (*na uczelni*) attendance record b) (*w zakładzie pracy*) time sheet

obecn|y I *adj* 1. (*znajdujący się w danym miejscu*) present; **być** ~**ym** to attend (**na odczycie, koncercie itd.** a lecture, a concert etc.); to assist (**na uroczystości itd.** at a ceremony etc.); to witness (**przy wypadku itd.** an accident etc.) 2. (*tkwiący, będący cechą*) inherent; immanent 3. (*teraźniejszy*) present; present-day; to-day's; nowaday —; (*o poglądach itd.*) prevailing; prevalent; **w** ~**ej chwili** at present II *pl* ~**i** the present company; those present

obedrzeć *zob* obdzierać

obejmować *zob* objąć

obejrzeć *perf* — **oglądać** *imperf* I *vt* 1. (*przyjrzeć się*) to look ⟨to glance⟩ (**kogoś, coś** at sb, sth); *perf* to have a look (**kogoś, coś** at sb, sth) 2. (*za-*

obejrzenie   371   **obiad**

poznać się) to view ⟨to examine; to inspect⟩ (rooms to let etc.); to glance over (a book etc.); **obejrzeć** ⟨**oglądać**⟩ **film** ⟨**sztukę** itd.⟩ to see ⟨to watch⟩ a film ⟨a play etc.⟩ II *vr* **obejrzeć** ⟨**oglądać**⟩ **się** 1. (*przypatrzeć się samemu sobie*) to look at oneself (in a mirror) 2. (*spojrzeć do tyłu*) to look round (**za kimś, czymś** at sb, sth) 3. (*patrzeć wokół siebie*) to look around 4. (*poszukać*) to look round (**za kimś, czymś** for sb, sth) 5. *perf* (*zauważyć*) to notice; to see; **ani się obejrzeć** in no time
obejrzeni|e *n* ↑ **obejrzeć**; (a) look round; (*w ogłoszeniach o wynajmie itd.*) **do ~a** on view
obejście *n* 1. ↑ **obejść** 2. = **obchód** 1. 3. (*droga okalająca*) by-pass 4. (*podwórze*) farmyard 5. (*sposób bycia*) manner; address; **mieć miłe ~** to have a pleasing address
obelg|a *f* insult; invective; affront; *pl* **~i** abuse; **miotać ~i na kogoś** to volley abuse at sb
obelisk *m* obelisk
obelżywy *adj* insulting; abusive
oberek *m* oberek (a folk dance)
oberwać *perf* — **obrywać** *imperf* I *vt* 1. (*urwać*) to tear off; to pluck (flowers, leaves etc.) 2. *pot* (*dostać*) to get (**klapsa** a box on the ears, **burę** a scolding) II *vi pot* (*także* **oberwać nauczkę**) to cop it; to catch it III *vr* **oberwać** ⟨**obrywać**⟩ **się** 1. (*zostać urwanym*) to be torn off 2. (*oderwać się*) to come off 3. *pot* (*podźwigać się*) to overstrain oneself || **chmura się oberwała** there was a cloud-burst
oberwanie *n* ↑ **oberwać**; **~ chmury** cloud-burst
oberwaniec *m pot* ragamuffin; tatterdemalion
oberwany *adj* in rags; tattered
oberznąć, oberżnąć *vt perf* — **obrzynać** *vt imperf* 1. (*okroić*) to edge; to trim 2. (*odciąć*) to cut off; to clip
oberża † *f* inn; tavern
oberżysta † *m*, **oberżystka** † *f* innkeeper
obeschnąć *vi perf* — **obsychać** *vi imperf* to get dry

obeschnięty *adj* dry
obetkać *vt perf* — **obtykać** *vt imperf* to tuck in ⟨up⟩; **obetkać** ⟨**obtykać**⟩ **szpary** to stop up chinks
obetonować *vt perf* to concrete; *bud* to brace
obetonowanie *n* ↑ **obetonować**; bracing; strengthening
obetrzeć *zob* **obcierać**
obeznać *vt perf* — **obeznawać** *vt imperf* to acquaint (**kogoś z czymś** sb with sth)
obeznanie (się) *n* ↑ **obeznać (się)**; knowledge (**z czymś** of sth)
obeznany *adj* acquainted ⟨familiar⟩ (**z czymś** with sth)
obeznawać *zob* **obeznać**
obezwładniać *vt imperf* — **obezwładnić** *vt perf* to disable; to overpower; to render (sb) helpless ⟨harmless⟩
obezwładnienie *n* 1. ↑ **obezwładnić** 2. (*wyczerpanie*) exhaustion 3. (*bezwład*) inertia
obeżreć *perf* — **obżerać** *imperf* I *vt* to eat up; to gnaw away II *vr* **obeżreć, obżerać się** *wulg* to guzzle; to gorge oneself; to overfeed
obficie *adv* abundantly; in abundance; profusely
obfitoś|ć *f singt* abundance; profusion; (a) plenty; wealth; **róg ~ci** horn of plenty; **znajdować się w ~ci** to be abundant ⟨plentiful⟩
obfitować *vi imperf* to abound (**w coś** with ⟨in⟩ sth); (*o okolicy, rzece, drogach itd.*) to swarm ⟨to teem⟩ (**w coś** with sth)
obfity *adj* abundant; plentiful; profuse; **~ posiłek** copious meal
obgadać *vt perf* — **obgadywać** *vt imperf* 1. (*obmówić*) to crab 2. (*omówić*) to talk (sth) over
obgotować *vt perf* — **obgotowywać** *vt imperf* to parboil
obgry|zać *vt imperf* — **obgry|źć** *vt perf* (*o człowieku*) to pick (**a bone**); (*o zwierzęciu*) to gnaw (**kość a** bone); **~zać sobie paznokcie** to bite one's nails
obiad *m* dinner; **jeść ~** to have dinner; **to dine; wydać ~** to give a dinner-

13*

-party; **po obiedzie** a) after dinner b) (*po południu*) in the afternoon
obiadow|y *adj* dinner — (interval etc.); **pora ~a** dinner-time
obibok *m pot żart* do-nothing; lazy-bones
obicie *n* 1. (*pobicie*) drubbing 2. (*pokrycie*) furniture covering; upholstery; ~ **ścienne** tapestry
obiciowy *adj* furniture-covering — (textile etc.)
obi|ć *perf* — **obi|jać** *imperf* **I** *vt* 1. (*zbić*) to batter; to knock 2. (*pokrywać*) to coat (a wall etc.); to upholster (furniture) **II** *vr* ~**ć, ~jać się** 1. (*o dźwiękach*) to be re-echoed (**o coś** by sth); (*o wiadomości itd.*) ~**ć się o czyjeś uszy** to come to sb's ears; **~ło mi się o uszy, że** ... I have heard something to the effect that ... 2. (*o owocach*) to get bruised
obie *num* both
obiec, obiegnąć *vt perf* — **obiegać** *vt imperf* 1. (*biec dookoła*) to run round; *techn* to circulate; to orbit 2. (*przechodzić z rąk do rąk*) to pass from hand to hand; (*o dzbanie itd.*) to circulate (**stół itd.** round the table etc.) 3. (*o planecie*) to revolve (**Ziemię itd.** round the earth etc.) 4. (*odwiedzić*) to scour (the countryside etc.) 5. (*o pogłoskach itd.*) to go round
obiecać *zob* **obiecywać**
obiecank|a *f* empty promise; *pl* ~**i** fair promises; **przysł ~a cacanka a głupiemu radość** fools are taken with fine promises
obiecujący *adj* promising; full of promise
obiec|ywać *vt vi imperf* — **obiec|ać** *vt vi perf* to promise; **~ać sobie** a) (*postanawiać*) to promise oneself (**coś zrobić** to do sth) b) (*spodziewać się*) to look forward (**coś** to sth); **solennie ~ać** ⟨**~ywać**⟩ to promise faithfully; *przen* **ziemia ~ana** land of promise
obiecywanie *n* ↑ **obiecywać**; promises
obieg *m* 1. *astr* revolution; cycle 2. (*krążenie*) circulation; ~ **krwi** blood circulation 3. (*przechodzenie z rąk do rąk*) circulation (of capital etc.); **być**

w ~u to be in circulation; (*o pieniądzu*) **mieć ~** to be legal tender; **wycofać z ~u** to withdraw from circulation; *przen* **puścić w ~ pogłoskę** to spread a rumour
obiegać, obiegnąć *zob* **obiec**
obiegow|y *adj* 1. (*dotyczący okrążania*) rotary (motion) 2. (*będący w obiegu*) current; **moneta ~a** legal tender; **środek ~y** circulating medium; **mający wartość ~ą** negotiable
obiekcja *f zw pl* objection; demur; **wysuwać ~e** to demur
obiekt *m* 1. (*przedmiot*) object 2. (*cel*) target; objective 3. (*budynek*) building; structure
obiektyw *m fot* lens; *opt* objective
obiektywizm *m singt* objectivism
obiektywny *adj* objective
obielić *vt perf* to whitewash
obieraczka *f* (potato) peeler
obierać *imperf* — **obrać** *perf* **I** *vt* 1. (*obłupywać*) to peel (potatoes, fruits etc.); to rind (vegetables) 2. *pot* (*obrabować*) to strip (**kogoś z pieniędzy** sb of his money) 3. (*wybierać dla siebie*) to choose; to adopt (a method, a line of conduct etc.); to take up (a profession etc.) 4. (*wybierać drogą głosowania*) to elect; to choose **II** *vi* (*także vr* **obierać się**) *pot* to suppurate; to fester; to gather head
obieralny *adj* elective
obierek *m*, **obierka** *f*, **obierzyna** *f* peeling
obietnic|a *f* promise; **dać ~ę** to make a promise; **złamać ~ę** to break a promise; **łudzić** ⟨**zwodzić**⟩ **kogoś ~ami** to dangle hopes before sb
obieżyświat *m pot* globe-trotter
obijać *imperf* **I** *vt zob* **obić** 1., 2.; *przen* **~ bruki** to loaf about **II** *vr* **~ się** 1. *zob* **obić się** 2. *pot* (*próżnować*) to loaf about
obijak *m* mallet
obiór *m* choice; election
obj|adać *imperf* — **obj|eść** *perf* **I** *vt* 1. (*ogryzać dookoła*) to gnaw sth all round 2. (*zjadać do szczętu*) to eat (sth) up; **~adać drzewko z liści** to strip a tree of leaves 3. (*utrzymywać*

objaśniać   373   **oblać**

się na czyjś koszt) to sponge (**kogoś on sb**) **II** *vr* ~**adać** ⟨~**eść**⟩ **się** to overeat (oneself); (*opychać się*) to cram (**ciastkami itd.** cakes etc.); to gorge oneself (with cakes etc.)

objaśni|ać *vt imperf* — **objaśni|ć** *vt perf* to explain (**sth** to **sb**); to make (**sth**) clear; ~**ać** ⟨~**ć**⟩ **kogoś** to inform **sb**

objaśniający *adj* explanatory

objaśnić *zob* **objaśniać**

objaśnienie *n* ↑ **objaśnić** 1. (*wytłumaczenie*) explanation 2. (*uwaga na piśmie*) commentary; interpretation; gloss

objaw *m* 1. (*symptom*) symptom 2. (*oznaka*) sign (of life, of joy etc.); manifestation

objawi|ać *imperf* — **objawi|ć** *perf* **I** *vt* to reveal; to manifest; to show **II** *vr* ~**ać** ⟨~**ć**⟩ **się** to appear; to manifest itself

objawienie *n* revelation; manifestation; disclosure; *rel* revelation

objawow|y *adj* symptomatic(al); *med* **leczenie** ~**e** symptomatic treatment

objazd *m* 1. (*objeżdżanie dokoła*) circuit; détour 2. (*kolejne odwiedzanie*) tour (of inspection etc.); visitation; round 3. (*droga okólna*) diversion (of the traffic); (*napis*) "road stopped", "detour"

objazdow|y *adj* 1. (*okrężny*) by-passing; **droga** ~**a** by-pass 2. (*wędrowny*) itinerant; travelling (library etc.); ambulatory; **teatr** ~**y** touring theatre company; theatre on tour

objąć *vt perf* — **obejmować** *vt imperf* 1. (*otoczyć ramionami*) to encircle; to embrace; (*uściskać*) to hug 2. *przen* (*o wzroku*) to take in (a view etc.) 3. (*podjąć się*) to take over ⟨**on, up**⟩ (**stanowisko, posadę itd.** a post etc.); to assume (**władzę, dowództwo itd.** authority, command etc.); **objąć** ⟨**obejmować**⟩ **urząd** ⟨**majątek itd.**⟩ to succeed in an office ⟨a fortune etc.⟩; **objąć** ⟨**obejmować**⟩ **obowiązki** to take up ⟨to embrace⟩ one's duties 4. (*o ogniu, mgle*) to envelop 5. (*pojąć*) to grasp; to take in 6. (*zawierać*) to comprise; to include; **być objętym ustawą** to come within a law 7. (*o uczuciach itd.* — **owładnąć**) to overcome

objechać *vt perf* — **objeżdżać** *vt imperf* 1. (*okrążyć*) to go round; to evade (**przeszkodę** an obstacle) 2. (*zwiedzić*) to visit (towns etc.) 3. (*dokonać inspekcji*) to tour; to inspect 4. *posp* (*zbesztać*) to blow (**sb**) up

objedzenie *n* surfeit; (a) gorge

objeść *zob* **objadać**

objeżdżać *zob* **objechać**

objęci|e *n* ↑ **objąć** 1. (*przyjęcie*) assumption (of power etc.); accession (**urzędu, tronu itd.** to an office, the throne etc.); **do** ~**a natychmiast** vacant possession 2. (*uścisk*) embrace; **trzymać kogoś w** ~**ach** to hug **sb**; **w czyichś** ~**ach** in **sb**'s arms; *przen* **w** ~**ach Morfeusza** in the arms of Morpheus

objętościowo *adv* in respect of volume

objętościowy *adj* voluminal; *fiz chem* volumetric

objętość *f* 1. *mat* volume 2. (*pojemność*) capacity; content

objuczyć *vt perf* — **objuczać** *vt imperf* to pack (a beast); to load (a beast, a person — **czymś** with **sth**)

obkuwać się *vr imperf szk* to cram (**do egzaminu** for an examination)

obl|ać *perf* — **obl|ewać** *imperf* **I** *vt* 1. (*polać*) to pour ⟨to spill⟩ (**kogoś, coś wodą itd.** water etc. on **sb**, **sth**); to bathe; to drench; *przen* ~**ać** ⟨~**ewać**⟩ **kogoś zimną wodą** to throw cold water on **sb**; ~**ać** ⟨~**ewać**⟩ **kogoś łzami** to mourn (for) **sb**; ~**ał go pot** he was in a sweat; ~**any krwią** bathing in one's blood; *szk* ~**ać egzamin** to get plucked ⟨to fail⟩ in an examination 2. (*powlec*) to sprinkle; (*posmarować*) to smear 3. *przen* (*wystąpić*) to suffuse; **rumieniec** ~**ał jej policzki** a blush suffused her cheeks 4. *imperf* (*o morzu* — **otaczać**) to wash (a country); (*o rzece*) to water (a district) 5. *pot* to celebrate (a success etc.). **II** *vr* ~**ać** ⟨~**ewać**⟩ **się** 1. (*wylać na siebie*) to pour ⟨to spill⟩ (**czymś** **sth**) on ⟨over⟩ oneself; ~**ać** ⟨~**ewać**⟩ **się potem** to be bathed in sweat 2. *szk*

to get plucked ⟨to fail⟩ || ~ać ⟨~ewać⟩ się rumieńcem to redden
obladry *pl leśn* slabs
obladzać *zob* **oblodzić**
oblamować *vt perf* to hem (a garment)
oblamowanie *n* (a) hem; (a) border
oblanie *n* ↑ **oblać**; *szk* ~ **egzaminu** (a) pluck
oblatać *vt perf* — **oblatywać** *vt imperf lotn* to test (aircraft)
oblatany *adj pot* familiar (**w sprawach handlowych itd.** with matters of business etc.); ~ **po świecie** experienced; travelled
oblatywacz *m lotn* test pilot
oblatywać[1] *zob* **oblatać**
oblatywać[2] *zob* **oblecieć**
oblatywanie *n* ↑ **oblatywać**[1]; *lotn* ~ **samolotów** test flying
oble|c[1] *perf* — **oble|kać** *imperf* I *vt* 1. (*odziać*) to clothe 2. (*powlec*) to cover; ~**c** ⟨~**kać**⟩ **poduszkę** to put a pillow-case on a pillow II *vr* ~**c** ⟨~**kać**⟩ **się** to clothe oneself (**w coś** in sth)
oblec[2], **oblegnąć** *vt perf* — **oblegać** *vt imperf* 1. (*otoczyć zbrojnie*) to beleaguer; *wojsk* to besiege 2. *przen* (*otoczyć tłumnie*) to surround
obl|ecieć *vt perf* — **obl|atywać** *vt imperf* 1. (*lecieć wokół*) to fly round (sth) 2. *przen* (*o wieści itd.*) to go the round (**wieś itd.** of a village etc.) 3. (*odwiedzić*) to have been (**całe miasto** all over the town); 4 *przen* (**owładnąć**) to come over (sb); **strach go** ~**eciał** he got cold feet II *vi pot* ~**eci!** it can do!
obleczenie *n* bed-clothes
oblegać, oblegnąć *zob* **oblec**[2]
oblegający *adj* besieging
oblekać *zob* **oblec**[1]
oblepi|ać *imperf* — **oblepi|ć** *perf* I *vt* 1. (*nalepiać*) to stick ⟨to paste, to post⟩ (**coś afiszami, etykietami itd.** bills, labels etc. all over sth) 2. (*pokrywać*) to coat (**coś gliną itd.** sth with clay etc.) 3. (*przylegać*) to stick (**coś** to sth) II *vr* ~**ać** ⟨~**ć**⟩ **się** 1. (*ściśle przylegać*) to stick (**wokół**

czegoś to sth) 2. (*pokryć się*) to be coated (**czymś** with sth)
obleśny *adj* 1. (*obłudnie przymilny*) oily 2. (*lubieżny*) lustful
oblewać *zob* **oblać**
oblewanie ↑ **oblewać**; *pot* ~ **sukcesu itd.** celebration; ~ **nowego mieszkania** house-warming party
obleźć *perf* — **obłazić** *imperf* I *vt* 1. (*o owadach* — *wpełznąć*) to come ⟨to creep⟩ (**kogoś** over sb); to cover (a plant etc.) 2. (*łażąc okrążyć*) to creep (**coś** round sth) II *vi* to come off; (*o lakierze itd.*) to peel off; (*o włosach, sierści*) to fall out
oblężeni *pl* the besieged
oblężeni|e *n* siege; **stan** ~**a** state of siege; **odstąpić od** ~**a** to raise a siege; **przystąpić do** ~**a fortecy** to lay siege to a fortress
oblężnicz|y *adj* siege — (artillery etc.); **machiny** ~**e** siege-train; **wojska** ~**e** besieging army
oblicować *vt perf bud* to face (a wall)
oblicowanie *n* ↑ **oblicować**, **oblicówka** *f bud* facing
oblicz|ać *imperf* — **oblicz|yć** *perf* I *vt* 1. (*dokonywać obrachunku*) to count; to reckon; to calculate; ~**ać** ⟨~**yć**⟩ **kasę** to total up the receipts; **źle** ~**yć** to miscalculate 2. (*oceniać*) to estimate ⟨to evaluate⟩ (**coś na ileś** sth at so much) || ~**ony na efekt** meant for effect II *vr* ~**ać** ⟨~**yć**⟩ **się** 1. (*zrobić obrachunek*) to settle accounts (with sb) 2. (*planować*) to estimate (**z kosztami** the cost) 3. *pot* (*załatwić porachunki*) to square accounts (**z kimś** with sb)
obliczanie *n* ↑ **obliczać**; calculation; estimate; evaluation
oblicz|e *n* 1. *książk* (*twarz*) visage; countenance; face; *przen* **stanąć w** ~**u trudności** ⟨**niebezpieczeństwa itd.**⟩ to envisage ⟨to stand face to face with⟩ difficulties ⟨danger etc.⟩; **stanął w** ~**u ruiny** ruin stared him in the face; **w** ~**u prawa** in the eye of the law; **w** ~**u śmierci** in the article of death 2. (*aspekt*) aspect; **odsłonić prawdziwe** ~**e** to throw off the mask || **znieść**

coś z ~a ziemi to wipe sth off the face of the earth
obliczenie *n* ↑ obliczyć 1. *(rachunek)* calculation; reckoning; computation; count 2. *(ocena)* estimation; evaluation; ~ w przybliżeniu ⟨na oko⟩ rough estimate
obliczeniowy *adj* computational; (system etc.) of reckoning
obliczyć *zob* obliczać
oblig *m ekon* promissory note; bond; *(rewers)* (an) I.O.U.
obligacj|a *f ekon* bond; share; *pl* ~e stock; securities
obliz|ać *perf* — obliz|ywać *imperf* I *vt* to lick II *vr* ~ać ⟨~ywać⟩ się to lick one's lips; *(o zwierzęciu)* to lick its mouth
oblodzenie *n* 1. ↑ oblodzić 2. *(osad lodu)* ice-formations; *lotn* icing (on an aircraft)
oblodzić *vt perf* —. obladzać *vt imperf* to cover with ice
oblubienica *f emf* 1. *(narzeczona)* betrothed 2. *(panna młoda)* bride
oblubie|niec *m emf* 1. *(narzeczony)* betrothed 2. *(pan młody)* bridegroom 3. *pl* ~ńcy a) *(narzeczeni)* the betrothed b) *(nowożeńcy)* the newly married couple
obluzow|ać *perf* — obluzow|ywać *imperf* I *vt* to loosen; to slack II *vr* ~ać ⟨~ywać⟩ się to slacken *(vi)*; to come loose
obluzowanie *n* ↑ obluzować (się); (the) slack (of a rope)
obluzowywać *zob* obluzować
obluźnić, obluźniać = obluzować, obluzowywać
obładow|ać *perf* — obładow|ywać *imperf* I *vt* to load; to burden II *vr* ~ać ⟨~ywać⟩ się to burden oneself
obłam|ać *perf* — obłam|ywać *imperf* I *vt* to break (sth) off; to break off bits (coś of sth) II *vr* ~ać ⟨~ywać⟩ się to break off *(vi)*
obłaskawiać *vt imperf* — obłaskawić *vt perf* to tame (an animal)
obłaskawiony *adj* tame
obław|a *f* 1. *(polowanie)* hunting; chase; battue 2. zbior *(obławnicy)* beaters 3. *(akcja policyjna, wojskowa)* round-up; raid; comb-out; przeprowadzić ~ę to round up (thieves etc.)
obławiać się *zob* obłowić się
obłazić *zob* obleźć
obłąkanie *n* = obłęd
obłąkany I *adj* mad; insane; crazy; demented II *m* madman; lunatic; zakład dla ~ch (lunatic ⟨insane⟩) asylum
obłąkańczy *adj* mad; insane; crazy
obłęd *m med psych* madness; insanity; lunacy; dementia; doprowadzić kogoś do ~u to drive sb mad; wpaść w ~ to go mad
obłędny *adj* mad; insane; crazy
obłoczek *m* cloudlet
obłok *m* 1. *meteor* cloud; pod ~i cloud--high; *przen* bujać w ~ach to be in the clouds; spaść z ~ów to fall from the clouds; wynosić kogoś pod ~i to raise sb to the skies 2. *przen* cloud (of dust etc.)
obłowić się *vr perf* to fill one's pocket; to line one's purse; to make a pile
obłożnie *adv* severely (ill); ~ chory bed--ridden
obłożny *adj* severe (illness)
obłożyć *perf* — okładać *imperf* I *vt* 1. *(pokryć)* to cover (up); to wrap; obłożyć ⟨okładać⟩ książkę to cover a book (with brown paper etc.); *med* obłożony język coated ⟨furry⟩ tongue 2. *(obciążyć)* to impose (kogoś podatkiem, grzywną a tax, a fine on sb); obłożyć coś aresztem to seize sth; obłożyć kogoś klątwą to excommunicate sb; obłożyć towar cłem to put dues on a commodity 3. *imperf (bić)* to hit; okładać kogoś pięściami to pummel sb II *vr* obłożyć ⟨okładać⟩ się to surround oneself (with books etc.); to be crammed (with notes etc.)
obłóczyny *plt kośc* (the) taking of the veil
obłuda *f* hypocrisy; cant; duplicity; double-dealing
obłudnik *m* hypocrite; dissembler
obłudny *adj* hypocritical; canting; dissembling; double-dealing; false
obłupać *vt perf* — obłupywać *vt imperf*

obłupić   376   **obojczyk**

to shell (eggs etc.); to peel (fruits etc.); to bark (trees); to flay (animals) **obłupić** *vt perf* 1. = **obłupać**; ~ **kogoś ze skóry** to fleece sb 2. *przen (obrabować)* to rob (sb)
obłupywać *zob* **obłupać**
obły *adj książk (walcowaty)* cylindrical; *(jajowaty)* oval
obmacać *vt perf* — **obmacywać** *vt imperf* to feel (with one's fingers); to finger (a fabric etc.); *med* to palpate
obmacywanie *n* ↑ **obmacywać**; *med* palpation
obmarzać [r-z] *vi imperf* — **obmarznąć** [r-z] *vi perf* to freeze over
obmawiać *vt imperf* — **obmówić** *vt perf* to speak ill (**kogoś** of sb); to slander; to backbite
obmawianie *n* ↑ **obmawiać**; slander
obmiar *m techn* quantity survey
obmiatać *vt imperf* — **obmieść** *vt perf* to brush the dust away (**ściany itd. z kurzu** from the walls etc.)
obmierzły [r-z] *adj* loathsome; odious; disgusting; detestable
obmierz|nąć [r-z] *vi perf* to become odious ⟨hateful⟩; **życie mi ~ło** I am sick of life ⟨*pot* fed up with life⟩
obmieść *zob* **obmiatać**
obmowa *f* slander; backbiting
obmówić *zob* **obmawiać**
obmurować *vt perf* — **obmurowywać** *vt imperf* to line (a building etc.) with brickwork
obmurowanie *n* 1. ↑ **obmurować** 2. *(mur)* brick wall; masonry
obmurowywać *zob* **obmurować**
obmycie *n* (a) wash
obmy|ć *perf* — **obmy|wać** *imperf* I *vt* to wash; to give (sb, sth) a wash; **~ć twarz z kurzu** ⟨**potu**⟩ to wash the dust ⟨sweat⟩ off one's face II *vr* **~ć** ⟨**~wać**⟩ **się** to wash oneself; to have a wash
obmyślać *vt imperf* — **obmyślić** *vt perf* to meditate (**coś** on sth); to consider (a plan etc.); to ponder (**coś** over sth)
obmyślanie *n* ↑ **obmyślać**; meditations; deliberations; cogitations
obmyślony *adj* premeditated; studied
obmywać 1. *zob* **obmyć** 2. *zw w 3 oso-*
bie (o morzu) to wash (a country); *(o rzece)* to water (a district)
obnaż|ać *imperf* — **obnaż|yć** *perf* I *vt* 1. *(pozbawić ubrania)* to unclothe; to strip (sb) of his ⟨her⟩ clothes 2. *(odsłaniać)* to uncover; to strip; to bare 3. *zw imperf (nie okrywać)* to leave (the neck etc.) bare II *vr* **~ać** ⟨**~yć**⟩ **się** 1. *(zdejmować ubranie)* to take off one's clothes; to strip (*vi*) 2. *(odsłaniać się)* to become uncovered ⟨stripped, bare⟩; to appear
obnażon|y *adj* unclad, unclothed; bare; *(o szabli)* unsheathed; **~y do pasa** bare to the waist; **z ~ą głową** bare-headed
obnażyć *zob* **obnażać**
obnieść *zob* **obnosić**
obniż|ać *imperf* — **obniż|yć** *perf* I *vt* 1. *(czynić niższym)* to lower 2. *(zmniejszać liczbę, nasilenie)* to reduce; to lessen; to diminish; **~ać** ⟨**~yć**⟩ **jakość** ⟨**wartość**⟩ **czegoś** to debase sth; *lotn* **~ać** ⟨**~yć**⟩ **lot** to plane down; to descend 3. *przen (pomniejszać)* to depreciate II *vr* **~ać** ⟨**~yć**⟩ **się** 1. *(zniżać się)* to drop; to fall; to sink; to lower (*vi*) 2. *(zmniejszać się)* to decrease; to decline; to diminish (*vi*)
obniżenie *n* ↑ **obniżyć**; **~ terenu** depression; **~ wartości** debasement; *lotn* **~ lotu** descent
obniżka *f* reduction; drop; fall; diminution; cut (in prices etc.); abatement (of a temperature etc.)
obniżyć *zob* **obniżać**
obn|osić *imperf* — **obn|ieść** *perf* I *vt* 1. *(nosić z miejsca na miejsce)* to take (sth) round; **~osić** ⟨**~ieść**⟩ **herbatę** ⟨**kanapki itd.**⟩ to serve ⟨to take round⟩ tea ⟨sandwiches etc.⟩; *pot* **~osić kogoś na językach** to slander 2. *imperf pot (afiszować się)* to parade; to sport; to flaunt II *vr* **~osić się** to parade (ze swoją wiedzą itd. one's erudition etc.)
oboczność *f jęz* twofold form; variancy
oboczny *adj* collaterant; variant
oboista *m* oboist
obojczyk *m anat* clavicle; collar-bone

oboje   377   **obrabiać**

oboje *num* both (he and she); both of us ⟨you, them⟩
obojętnie *adv* 1. (*z obojętnością*) indifferently 2. *pot* (*bez różnicy*) no matter (**kiedy, kto itd.** when, who etc.); ~ **który** whichever you like
obojętnieć *vi imperf* to become indifferent (**na coś** to sth; **dla kogoś** about sb)
obojętność *f singt* indifference ⟨insensibility⟩ (**na coś** to sth; **dla kogoś** to sb)
obojętn|y *adj* 1. (*nie okazujący zainteresowania*) indifferent; insensible (**na coś** to sth); **to mi jest ~e** I don't care; **to jest ~e** it makes no difference 2. (*błahy*) trivial 3. (*nijaki*) indifferent; neutral 4. *chem* neutral; inert 5. *fiz* inactive
obojnactwo *n singt biol* hermaphroditism; androgyny
obojnak *m biol* hermaphrodite; androgyne
obok[1] *adv* (*także tuż* ~) close by; near by; next door; **przeszedł ~** he went past
obok[2] *praep* 1. (*w bezpośredniej bliskości*) near; next to; close to; beside 2. (*oprócz*) beside; apart from
obolały *adj* aching; painful; sore
obopólnie *adv* 1. (*wspólnie*) in common 2. (*wzajemnie*) mutually; reciprocally
obopólny *adj* 1. (*okazywany przez obie strony*) common (consent etc.) 2. (*wzajemny*) mutual; reciprocal
obor|a *f* 1. (*budynek*) cow-shed; byre; *am* cow barn; *przen* **patrzeć na księżą ~ę** to have one foot in the grave 2. (*bydło*) cattle
obornik *m* cow dung; stable manure
obosieczn|y *adj dosł i przen* double-edged; two-edged; **to jest broń ~a** that cuts both ways
obostrz|ać *vt imperf* — **obostrz|yć** *vt perf* to increase the rigour (**dyscyplinę itd.** of discipline etc.); **~ać karę** to augment a penalty
obostrzenie *n* 1. ↑ **obostrzyć** 2. (*wzmożony rygor*) greater rigour 3. (*pogorszenie choroby*) aggravation
obostrzyć *zob.* **obostrzać**

obowiązany *adj* obliged; compelled; **być ~m coś robić** to be under an obligation to do sth
obowiąz|ek *m* 1. (*powinność*) duty; obligation; *pl* **~ki** duties; responsibilities; functions; **pełnić ~ki dozorcy itd.** to act as caretaker etc.; **jak ~ek nakazuje** as in duty bound; **mieć ~ek zrobienia czegoś** to be in duty bound to do sth; **spełnić swój ~ek** to do one's duty 2. *karc* book; contract
obowiązkowość *f singt* sense of duty; conscientiousness
obowiązkowy *adj* 1. (*obowiązujący*) obligatory; compulsory (dress etc.) 2. (*sumienny*) conscientious; dutiful
obowiązując|y *adj* obligatory; compulsory; binding; (*o prawie*) in force; (*o umowie itd.*) valid; **moc ~a** validity; **mieć moc ~ą dla kogoś** to be binding to sb; **nie ~y** optional; facultative
obowiązywać *vi imperf* 1. (*być uznaną zasadą*) to be obligatory ⟨compulsory, de rigueur⟩ 2. (*mieć ważność*) to hold good 3. (*mieć moc prawną*) to be in force
obozować *vi imperf* to camp (out); to tent
obozowisko *n* 1. (*miejsce do obozowania*) encampment; *sport* camping-ground; camp site 2. (*obóz*) camp
obozowy *adj* camp — (life etc.); camp-(bed, fire etc.); (*dotyczący obozu koncentracyjnego*) camp — (clothes, police etc.)
obożny *m*, **obożna** *f* (*w harcerstwie*) camp leader
obój *m muz* oboe
obóz *m* 1. *sport wojsk* camp; *sport* **~ kondycyjny** training camp; **rozbić ~** to pitch a camp; **zwinąć ~** to strike camp 2. (*kurs*) instruction camp; training centre 3. (*stronnictwo*) camp; **przejść do wrogiego obozu** to turn one's coat || **~ pracy** labour camp; **~ koncentracyjny** concentration camp
obr|abiać *vt imperf* — **obr|obić** *vt perf* 1. (*poddawać obróbce*) to work ⟨to fashion, to shape⟩ (wood, iron etc.); **~abiać z grubsza** to rough down (lumber) 2. (*uprawiać*) to till ⟨to culti-

obrabiarka   378   **obrastać**

vate⟩ (land) 3. (*obrębiać*) to hem 4. *posp* (*pozyskiwać*) to win (sb) over to one's side; ~**abiać interes** ⟨**sprawę**⟩ to talk some business over; ~**obić interes** ⟨**sprawę**⟩ to settle a business 5. *posp* (*obmawiać*) to pick ⟨to pull⟩ (sb) to pieces 6. *posp* (*okradać*) to rifle

obrabiarka *f techn* machine tool
obrabow|ać *vt perf* — **obrabow|ywać** *vt imperf* to rob (sb, a train etc.); ~**ać kogoś z pieniędzy** to rob sb of his money

obr|acać *imperf* — **obr|ócić** *perf* **I** *vt* 1. (*kręcić*) to turn (a wheel, a key in a lock etc.) ~**acać** ⟨~**ócić**⟩ **coś na drugą stronę** to turn sth over; ~**acać coś na wszystkie strony** to turn sth about; *przen* ~**acać kapitałem** to put capital to profit 2. (*ustawiać w jakimś kierunku*) to turn (sb, sth in a certain direction); ~**ócony plecami do ...** with one's back to ...; ~**ócony na północ** ⟨**południe itd.**⟩ looking North ⟨South etc.⟩ 3. (*użytkować*) to use (coś na jakiś cel sth for a certain purpose); ~**acać** ⟨~**ócić**⟩ **coś na swój pożytek** to turn sth to one's profit 4. (*przemieniać*) to turn (sth into sth else); *przen* ~**acać** ⟨~**ócić**⟩ **coś wniwecz** to bring sth to nought; *przen* ~**acać** ⟨~**ócić**⟩ **coś w gruzy** to bring sth to ruin; ~**acać** ⟨~**ócić**⟩ **coś w perzynę** to reduce sth to ashes; ~**acać** ⟨~**ócić**⟩ **coś w żart** to turn sth into a jest **II** *vi pot* (*odbywać drogę tam i z powrotem*) to go there and back **III** *vr* ~**acać** ⟨~**ócić**⟩ **się** 1. (*okręcać się*) to turn round; to wheel round; ~**acać** ⟨~**ócić**⟩ **się na osi** to revolve; ~**ócić się na pięcie** to swing round on one's heel 2. (*zwracać się*) to turn (**do kogoś, czegoś** towards sb, sth); ~**acać** ⟨~**ócić**⟩ **się plecami do kogoś** to turn one's back on sb 3. (*wirować*) to turn round; to rotate; *przen* (*o rozmowie itd.*) ~**acać się dookoła czegoś** to pivot upon sth; **to się ~óci przeciwko tobie** it will turn against you 4. (*przekształcać się*) to turn (**w coś** into sth); ~**acać** ⟨~**ócić**⟩

się wniwecz to be foiled; **wszystko ~óciło się na dobre** everything turned out well 5. (*przebywać*) to spend one's time; to move (**w dobrym towarzystwie** in good society)
obracanie *n* ↑ **obracać**; rotation
obrachow|ać *perf* — **obrachow|ywać** *imperf* **I** *vt* 1. (*obliczyć*) to count; to reckon; to figure out (**koszt, wydatek** the cost, the expense) 2. *przen* (*ocenić*) to estimate; to evaluate **II** *vr* ~**ać** ⟨~**ywać**⟩ **się** 1. (*zorientować się w funduszach*) to count one's money; to see how one stands 2. (*zrobić z kimś rachunek*) to settle accounts with sb
obrachowanie *n* ↑ **obrachować** 1. (*obliczenie*) count 2. (*ocena*) estimation; evaluation
obrachun|ek *m* account; count; reckoning; **zrobić ~ek z ...** to account for ...; *przen* **dokonać ~ku czegoś** to count sth
obrachunkowy *adj* account — (day etc.)
obrać *zob* **obierać**
obradować *vi imperf* to deliberate (**nad sprawą** a question); to debate (**nad sprawą** a question)
obradowanie *n* ↑ **obradować**; deliberations; debates; proceedings (of a society, of Parliament etc.)
obrad|y *pl* deliberations; debates; conference; proceedings (of a society, of Parliament etc.); **porządek ~** agenda; order of the day; **sala ~** conference room; **zamknąć ~y** to adjourn
obradzać *zob* **obrodzić**
obramować *vt perf* — **obramowywać** *vt imperf* 1. (*okolić*) to encircle; to frame; to fringe 2. (*obszyć*) to hem ⟨to edge⟩ (a garment)
obramowanie *n* (a) frame; (a) border
obramowywać *zob* **obramować**
obranie *n* = **obiór**
obr|astać *imperf* — **obr|osnąć** *perf* **I** *vt* to grow (**coś** on sth); to cover (sth) with its vegetation; ~**ośnięty mchem** moss-grown; ~**ośnięty winem** vine-clad **II** *vi* to be overgrown (**czymś** with sth); *przen* ~**astać** ⟨~**osnąć**⟩ **w sadło** to put on flesh; ~**astać** ⟨~**osnąć**⟩ **w piórka** to feather one's nest

obraz *m* 1. (*malowidło*) picture; painting; drawing 2. (*widok*) view; *przen* ~ nędzy i rozpaczy a pitiful sight 3. (*całokształt spraw*) picture 4. *teatr* scene; żywy ~ tableau vivant 5. *fiz fot* image
obraz|a *f* 1. (*ubliżenie*) offence; affront; insult; *przen* ~a boska crime 2. (*poczucie się obrażonym*) feeling of offence; kamień ~y (rock of) offence 3. (*wykroczenie*) transgression; offence (prawa against the law); ~a majestatu high treason; ~a moralności outrage against morals; ~a sądu contempt of court; ~a czynna assault; ~a słowna slander
obraz|ek *m dim* ↑ **obraz**; książka z ~kami picture-book
obra|zić *perf* — **obra|żać** *imperf* I *vt* 1. (*znieważyć*) to offend; to affront; to insult; to hurt (sb's feelings) 2. (*wykroczyć*) to offend ⟨to transgress⟩ (prawo itd. against the law etc.) II *vr* ~zić ⟨~żać⟩ się to be offended (o coś at sth; na kogoś with sb); to take offence (o coś at sth); to resent (o coś sth)
obrazkow|y *adj* illustrated; picture — (magazine etc.); **historyjki** ⟨**powieści**⟩ ~e comics
obrazoburczy *adj* iconoclastic
obrazować *vt imperf* to picture; to represent; to illustrate
obrazowość *f singt* picturesqueness; figurativeness
obrazowy *adj* picturesque (style etc.); figurative
obraźliwość *f singt* offensiveness
obraźliw|y *adj* 1. (*obrażający*) offensive; insulting; ~e słowa abuse 2. (*skłonny do obrażania się*) susceptible; touchy
obrażać *zob* **obrazić**
obrażający *adj* = **obraźliwy** 1.
obrażalski *m*, **obrażalska** *f żart* sulker; pouter
obrażeni|e *n* 1. ↑ **obrazić**; (an) offence; offences 2. *pl* ~a (*uszkodzenia ciała*) (bodily) injuries; **doznać** ~a to get hurt
obrażon|y *adj* offended; resentful; **mieć** ~ą minę to look offended

obrąbać *vt perf* — **obrąbywać** *vt imperf* to chop off
obrąbek *m* hem
obrąbywać *zob* **obrąbać**
obrączka *f* ring; band; ~ ślubna wedding-ring
obrączkować *vt imperf* to ring (a bird); to girdle (a tree)
obrączkowy *adj* annular; ringed
obręb *m* 1. (*teren*) precincts; premises; **w** ~ie czegoś within sth; **w** ~ie domu ⟨posiadłości⟩ on the premises 2. (*granica*) limits; (*zasięg*) reach; compass 3. *przen* (*dziedzina*) sphere 4. (*obszycie*) hem
obrębek *m* hem
obrębiać *vt imperf* — **obrębić** *vt perf* to hem
obręcz *f* 1. (*koło metalowe u beczki itd.*) hoop; band; ~ koła pojazdu rim of a wheel 2. (*otok*) circle; ring
obrobić *zob* **obrabiać**
obroczniak *m* nosebag
obrodzić *vi perf* — **obradzać** *vi imperf* to bear a rich crop; to be plentiful
obrok *m singt* fodder; provender
obron|a *f* 1. (*bronienie*) defence; ~a pracy magisterskiej defence of a thesis; ~a konieczna necessary intervention; ~a własna self-defence; wojsk ~a przeciwlotnicza air defence 2. (*ochrona*) protection (**przed czymś** against sth) 3. (*ujmowanie się za kimś*) defence; **stanąć w czyjej** ~ie to stand up for sb 4. *sąd* defence; plea; ~a z urzędu dock brief 5. = **obrońca** 3. 6. *sport* backs 7. *karc* rescue(-bid)
obronić *perf* I *vt* 1. (*odeprzeć atak*) to defend (**kogoś przed kimś, czymś** sb from ⟨against⟩ sb, sth) 2. (*uratować*) to deliver ⟨to rescue, to save⟩ (**kogoś, coś przed niebezpieczeństwem itd.** sb, sth from a danger etc.) 3. (*ująć się*) to defend II *vr* ~ się to defend oneself; *sąd* to win one's case
obronienie *n* ↑ **obronić** 1. (*odparcie ataku*) defence; protection 2. (*uratowanie*) deliverance; rescue
obronnie *adv* defensively; acting on the defensive

obronność *f singt* (a country's etc.) defences; defensive system
obronn|y *adj* 1. (*broniący*) defensive; protective; **w pozycji** ~**ej** on one's guard; **wyjść (z czegoś)** ~**ą ręką** to get off cheap; to come off well 2. (*warowny*) fortified
obrońca *m* 1. (*broniący*) defender; protector 2. (*rzecznik*) champion ⟨advocate⟩ (of a cause) 3. *prawn sąd* counsel for the defence; ~ **z urzędu** public defender 4. *sport* back
obrończ|y *adj* of the defence; **mowa** ~**a** plea
obrosły *adj*, **obrośnięty** *adj* hairy
obrosnąć *zob* **obrastać**
obrotnica *f techn kolej* turn-table
obrotność *f singt* 1. (*ruchliwość*) agility; nimbleness 2. *pot* (*zaradność*) resource(fulness); smartness; cleverness
obrotny *adj* 1. (*ruchliwy*) agile; nimble; *przen* ~ **język** glib tongue 2. *pot* (*zaradny*) canny; shrewd; smart; clever; resourceful; crafty
obrotomierz *m techn* revolution counter
obrotowo *adv* by rotary motion
obrotowy *adj* 1.◾ (*dotyczący ruchu dokoła osi*) rotary; rotatory; **ruch** ~ rotary motion 2. (*obracający się*) revolving (door, stage etc.) 3. *handl ekon* circulating (capital etc.); **podatek** ~ turnover tax
obroża *f* dog-collar
obróbka *f* 1. *techn* dressing; tooling; treatment; working (of wood etc.) 2. *roln* cultivation
obrócić *zob* **obracać**
obr|ót *m* 1. (*ruch dokoła osi*) turn; revolution; circle; **zrobić pełny** ~**ót** to come full circle; *techn* **pracować na wysokich** ⟨**niskich**⟩ ~**otach** to work in top ⟨in low⟩ gear; *przen* **praca idzie na pełnych** ~**otach** the work is in full swing; **wziąć kogoś w** ~**oty** to handle sb 2. (*tok sprawy*) turn; **przybrać korzystny** ~**ót** to take a turn for the better 3. *ekon handl* turnover; trade; sales; ~**ót gotówkowy** cash payments; ~**ót czekowy** cheque payments; ~**ót towarowy** trade turnover
obrugać *vt perf pot* to blow (sb) up

obrumienić *vt perf kulin* to brown (meat)
obrus *m* table-cloth; **nakryć** ~**em** to lay the cloth
obrusz|ać *imperf* — **obrusz|yć** *perf* I *vt* to bring down; to loosen (earth etc.) II *vr* ~**ać** ⟨~**yć**⟩ **się** 1. (*oburzać się*) to bridle up 2. (*obsuwać się*) to give way; to come loose
obrys *m* contour; outline
obrysować *vt perf* — **obrysowywać** *vt imperf* 1. (*zarysować kontur*) to contour; to draw in outline 2. (*obramować*) to border; to fringe
obrywać *zob* **oberwać**
obryzgać *vt perf* — **obryzgiwać** *vt imperf* to splash (**kogoś wodą** water on sb); to spatter (**kogoś błotem** sb with mud)
obrządek *m* 1. (*obrzęd*) rites; ceremonial; ceremony 2. *rel* (*wyznanie*) confession 3. (*prace gospodarskie*) farm work
obrządkowy *adj* ritual
obrządz|ać *vt imperf* — **obrządz|ić** *vt perf* to tend (**zwierzęta itd.** to the cattle etc.); to attend (**coś** to sth); ~**ać** ⟨~**ić**⟩ **gospodarstwo** to do the farm work
obrzezać *vt perf* to circumcise
obrzezanie *n* circumcision
obrzeżenie *n* ↑ **obrzeżyć**; border; edge; fringe
obrzeżyć *vt perf* — **obrzeżać** *vt imperf* to border; to edge; to fringe
obrzęd *m* rite; ceremonial; ceremony; traditional custom
obrzędowość *f singt* rites; ceremonial
obrzędowy *adj* ritual(istic);˙ ceremonial
obrzęk *m med* swelling; tumour
obrzękły *adj* swollen
obrzęknąć *vi perf* — **obrzękać** *vi imperf* to swell; to become swollen
obrzmiałość *f* swelling; tumour
obrzmieć *vi perf* — **obrzmiewać** *vi imperf* to swell
obrzmienie *n* 1. ↑ **obrzmieć** 2. (*obrzęk*) swelling
obrzuc|ić *vt perf* — **obrzuc|ać** *vt imperf* 1. (*obsypać*) to throw (**kogoś, coś kamieniami, błotem itd.** stones, mud etc.

obrzutka   381   **obsługiwać**

at sb, sth); *przen* ~ić ⟨~ać⟩ kogoś błotem ⟨obelgami⟩ to shower slander ⟨abuse⟩ on sb; ~ić ⟨~ać⟩ kogoś, coś spojrzeniem to cast a glance at sb, sth 2. (*obszyć*) to overcast 3. (*obłożyć*) to coat (**coś gliną itd.** sth with clay etc.); *bud* to rough-cast (a wall)
obrzutka *f bud* rendering; scratch ⟨rough⟩ coat
obrzydlistwo *n* hideousness; abomination; eyesore
obrzydliwiec *m* disgusting person
obrzydliwoś|ć *f* hideousness; abomination; disgust; **do ~ci** disgustingly
obrzydliwy, obrzydły *adj* abominable; hideous; foul; disgusting; loathsome; sickening
obrzyd|nąć *vi perf* to become odious ⟨loathsome, hateful⟩; **~ło mi to** I am sick of it ⟨*pot* fed up with it⟩
obrzydzać *zob* **obrzydzić**
obrzydzenie *n* 1. ↑ **obrzydzić** 2. (*uczucie odrazy*) disgust; abhorrence; nausea; **~ do samego siebie** self-abomination; **mieć ~ do kogoś, czegoś** to hold sb, sth in abomination; **~ mnie bierze na ten widok** I nauseate at the sight
obrzydz|ić *vt perf* — **obrzydz|ać** *vt imperf* to make ⟨to render⟩ (sb, sth) repugnant (**komuś** to sb); **~ić ⟨~ać⟩ sobie kogoś, coś** to become disgusted with sb, sth
obrzynać *zob* **oberznąć**
obrzyn|ek *m* clipping; *pl* ~ki clippings; trimmings
obsada *f* 1. (*obsadzenie*) appointment 2. (*zespół osób*) staff; (*załoga*) crew; *teatr* cast 3. *techn* mount(ing) 4. *zootechn* stock
obsadka *f* 1. (*do pisania*) penholder 2. *techn* mount(ing) (of a bulb etc.)
obsadz|ić *vt perf* — **obsadz|ać** *vt imperf* 1. (*zasadzić*) to plant (**drzewa itd.** trees etc.); ~**ić** ⟨~**ać**⟩ **drogę drzewami** to line a road with trees 2. (*umocować*) to set ⟨to fix⟩ (sth in a tool etc.) 3. (*wyznaczyć na stanowisko*) to fill (a post); ~**ić** ⟨~**ać**⟩ **kimś stanowisko** to appoint sb to a post; *teatr* ~**ić** ⟨~**ać**⟩ **sztukę** to cast a play

4. *wojsk* to man (a post etc.); to garrison (a fortress etc.)
obserwacj|a *f* observation; *med* (**być**) **na ~i** ⟨**pod ~ą**⟩ (to be) under observation
obserwacyjn|y *adj* observational; observation — (balloon etc.); **punkt ~y** observation post; **wieża ~a** watch-tower
obserwator *m* observer
obserwatorium *n* observatory
obserwow|ać *vt imperf* 1. (*dokonywać obserwacji*) to observe; to take observations; **często ~any** of frequent occurrence 2. (*śledzić*) to take stock (**coś** of sth)
obserwowanie *n* ↑ **obserwować**; observation
obsesja *f med* obsession
obsesyjny *adj* obsessional
obsiać *vt perf* — **obsiewać** *vt imperf roln* to sow (**pole pszenicą itd.** a field with wheat etc.)
obsiadać *vt imperf* — **obsiąść** *vt perf* 1. (*siadać dookoła*) to sit (**stół itd.** round a table etc.) 2. (*gromadzić się*) to gather (**coś** round sth)
obsiew *m roln* sowing
obsiewać *zob* **obsiać**
obskakiwać *vt imperf* — **obskoczyć** *vt perf* to come leaping round (sb); (*o psach, ludziach ciekawych itd.*) to surround; to beset; to close in (**kogoś** on sb)
obskok *m sport* (*w narciarstwie*) jump turn
obskurant *m* obscurant
obskurantyzm *m singt* obscurantism
obskurny *adj* dingy; sordid; shabby; mean
obsłon|ka *f* cover; veil; *przen* (**mówić**) **bez ~ek** (to speak) bluntly
obsług|a *f* 1. (*obsługiwanie*) service; attendance; **z ~ą** service included 2. (*personel*) staff; operating personnel; *wojsk kolej lotn mar* crew
obsłu|giwać *vt imperf* — **obsłu|żyć** *vt perf* to serve; to attend (**kogoś** to sb); to wait (**kogoś** on sb); ~**giwać maszynę** to tend ⟨to work⟩ a machine; ~**giwać mechanizm** ⟨**centralę telefo-**

obsługiwanie 382 **obszukać**

niczną itd.⟩ to operate a mechanism ⟨a telephone exchange etc.⟩
obsługiwanie *n* ↑ **obsługiwać**; service; attendance
obsługujący *m* operator
obsłużyć *zob* **obsługiwać**
obsprawiać się *vr imperf* — **obsprawić się** *vr perf pot* to fit oneself out with clothing
obstalować *vt perf* — **obstalowywać** *vt imperf* to order (some coffee, a suit of clothes etc.)
obstalunek *m* order; **zrobiony na** ~ made to order ⟨to measure⟩
obstawa *f* guard
obstawać *vi imperf* to insist (**przy czymś** on sth); to persist (**przy swoim zdaniu** in one's opinion); to stick (**przy swoich poglądach** to one's opinion)
obstawanie *n* ↑ **obstawać**; insistence (**przy czymś** on sth)
obstawi|ać *vt imperf* — **obstawi|ć** *vt perf* 1. (*stawiać naokoło, wzdłuż*) to place (**stół krzesłami itd.** chairs etc. round a table); to surround (a building with police etc.); to guard; to picket; **~ać ulicę policją** to line a street with policemen; *sport* **~ać bramkę** ⟨**kosz**⟩ to crowd round the goal 2. (*na wyścigach*) to back || *karc* **król nie ~ony** unguarded king
obstąpić *vt perf* — **obstępować** *vt imperf* to form a circle ⟨to crowd, to gather⟩ (**kogoś** round sb)
obstrukcja *f* 1. (*hamowanie*) obstruction; hindrance 2. *med* constipation
obstrukcjonizm *m singt* obstructionism
obstrukcyjny *adj* obstructive
obstrzał *m singt wojsk* fire; gun-fire; **pod ~em** under fire; **poza ~em** out of shot
obstrzępi|ć *vt perf* to unravel; **~ony** tattered
obstukiwać *vt imperf* to tap
obsu|nąć się *vr perf* — **obsu|wać się** *vr imperf* 1. (*przesunąć się w dół*) to be lowered; to sink; to drop; **~nąć się na kolana** to sink on one's knees; **~nąć się na ziemię** to sink to the ground

obsunięcie (się) *n* ↑ **obsunąć (się)**; **~ się ziemi** landslip
obsuszyć *vt perf* — **obsuszać** *vt imperf* to get (sth) partly dried
obsuwać *zob* **obsunąć**
obsuwisko *n* landslip
obsychać *zob* **obeschnąć**
obsyłać *zob* **obesłać**
obsyp|ać *perf* — **obsyp|ywać** *imperf* **I** *vt* 1. (*posypać*) to strew (**kogoś, coś kwiatami itd.** flowers etc. over sb, sth); to sprinkle (**coś cukrem, mąką itd.** sth with sugar, flour etc.); **drzewa ~ane śniegiem** trees covered with snow 2. *przen* (*obrzucić*) to shower (**kogoś pieszczotami** ⟨**obelgami itd.**⟩ caresses ⟨abuse etc.⟩ on sb) 3. (*obdarzyć*) to load ⟨to lavish⟩ (**kogoś darami itd.** gifts on sb) 4. *roln* to earth up **II** *vr* **~ać** ⟨**~ywać**⟩ **się** 1. (*sypiąc się oblecieć*) to drop; to fall 2. (*zostać obsypanym*) to be covered (**czymś** with sth)
obszar *m* area; space; region; **~ językowy** language area
obszarniczy *adj* landed — (property etc.)
obszarni|k *m* landowner; *pl* **~cy** landed aristocracy; squirearchy
obszarpać *vt perf* — **obszarpywać** *vt imperf* to tear to rags
obszarpaniec *m pog* ragamuffin; tatterdemalion
obszarpany *adj* ragged; in rags
obszarpywać *zob* **obszarpać**
obszczekać *vt perf* 1. (*o psie*) to bark (**kogoś** at sb) 2. *posp* (*obmówić*) to crab (sb)
obszernie *adv* extensively; widely; at great length; **dość ~** at some length
obszerność *f singt* 1. (*przestronność*) ampleness; amplitude; (*ubioru*) looseness 2. (*duży rozmiar*) extensiveness
obszerny *adj* 1. (*zajmujący duży obszar*) extensive; spacious; vast 2. (*przestronny*) roomy; (*o ubiorze*) ample; loose 3. (*wyczerpujący*) comprehensive; extensive
obszuk|ać *vt perf* — **obszuk|iwać** *vt imperf* to search; to ransack; **~ać kogoś** to search sb; **~ać czyjeś kieszenie** to go through sb's pockets

obszycie *n* 1. ↑ **obszyć** 2. (*obszywka*) hem ⟨border⟩ (of a garment)
obszy|ć *vt perf* — **obszy|wać** *vt imperf* 1. (*oblamować*) to border; to edge; *przen* **jak ~ł** exactly; precisely 2. (*obdziergać*) to fringe 3. *pot* to mend (**kogoś** sb's clothes)
obszywka *f* hem; border; fringe
obślinić *vt perf* — **obśliniać** *vt imperf* to beslaver
obt|aczać *vt imperf* — **obt|oczyć** *vt perf* 1. *kulin* to coat (**w mące** itd. in flour etc.) 2. (*na tokarni*) to turn on the lathe
obtańcować *vt perf* — **obtańcowywać** *vt imperf pot* to dance again and again (**kogoś** with sb)
obtarcie *n* 1. ↑ **obetrzeć** 2. (*wytarcie*) wiping; dusting 3. (*ranka*) sore
obtłuc *vt perf* — **obtłukiwać** *vt imperf* 1. (*spowodować odpryśnięcie*) to chip (**naczynie porcelanowe** itd. crockery etc.) 2. (*obić*) to bruise (a fruit)
obtłuczenie *n* 1. ↑ **obtłuc** 2. (*obite miejsce*) (a) bruise; bruised spot
obtłukiwać *zob* **obtłuc**
obtoczyć *zob* **obtaczać**
obtykać *zob* **obetkać**
obuch *m* head (of an axe); hammer-head; *przen* **dostać ~em w głowę** ⟨**w łeb**⟩ to be stunned ⟨staggered⟩
obu|ć *perf* — **obu|wać** *imperf* **I** *vt* to put shoes ⟨boots⟩ (**kogoś** on sb); to help (sb) on with his ⟨her⟩ shoes **II** *vr* **~ć** ⟨**~wać**⟩ **się** to put on one's shoes ⟨boots⟩
obud|owa *f* 1. (*osłona*) casing; housing; cover; jacket; *bud* **~owa betonowa** concrete lining; **~owa drewniana** timbering 2. (*otaczające budowle*) surrounding buildings ⟨structures⟩ 3. *singt* (*czynność*) the providing of a casing ⟨housing, cover, jacket⟩ (**czegoś** for sth)
obudować *vt perf* — **obudowywać** *vt imperf* to build (**coś** round sth)
obudzenie *n* ↑ **obudzić**; awakening
obudzić *perf* **I** *vt* 1. (*przebudzić*) to wake (sb) up; to awaken 2. (*wzbudzić*) to awaken (suspicions etc.); to rouse (feelings etc.) **II** *vr* **~ się** 1. (*zbudzić się*) to wake up; to awake (from sleep) 2. (*zrodzić się*) to arise; to spring up; to come to life
obumarcie *n* ↑ **obumrzeć**; *med* **~ tkanek** necrosis
obumarły *adj* 1. (*o roślinach, tkankach*) dead 2. *med* gangrened; mortified .
obumierać *vi imperf* — **obumrzeć** *vi perf* 1. (*zamierać*) to waste away; to wither; *med* to atrophy 2. (*stopniowo zanikać*) to decrease; to shrink
obumieranie *n* ↑ **obumierać**; necrosis
obumrzeć *zob* **obumierać**
obupłciowość *f singt biol* bisexuality; hermaphroditism; *bot* monoecism
obupłciowy *adj biol* bisexual; hermaphroditic; *bot* monoecious
oburącz *adv* with both hands ⟨arms⟩
oburęczny *adj* ambidexter; two-handed
oburz|ać *imperf* — **oburz|yć** *perf* **I** *vt* to rouse (**kogoś** sb's) indignation; to revolt (**kogoś** sb) **II** *vr* **~ać** ⟨**~yć**⟩ **się** to feel indignant (**na kogoś** with sb; **na coś** at sth); to revolt (**na coś** at ⟨against⟩ sth); **~ać** ⟨**~yć**⟩ **się na wiadomość o** ... to be indignant to learn that ...
oburzający *adj* revolting; outrageous
oburzenie *n* ↑ **oburzyć**; indignation; resentment; disgust
oburzony *adj* indignant (**na coś** at sth); resentful (**na coś** of sth)
oburzyć *zob* **oburzać**
obustronnie *adv* 1. (*po obu stronach*) on both sides 2. (*w odniesieniu do obu stron*) bilaterally 3. (*obopólnie*) mutually 4. (*wzajemnie*) reciprocally
obustronny *adj* 1. (*dotyczący obu stron*) relating to both parties; bilateral 2. (*obopólny*) mutual 3. (*wzajemny*) reciprocal
obuty *adj* with one's shoes on; shod; booted
obuwać *zob* **obuć**
obuwie *n singt* shoes; boots; footwear
obuwniczy *adj* shoe — (industry etc.)
obwałować *vt perf* to embank; to rampart
obwałowanie *n* ↑ **obwałować**; embankment; rampart
obwarow|ać *perf* — **obwarow|ywać**

obwarowanie — **obyczajowy**

imperf I vt 1. (*oszańcować*) to fortify (a town etc.) 2. (*zagwarantować*) to secure; to guarantee 3. (*zastrzec sobie*) to reserve (a right) **II** vr **~ać** ⟨**~ywać**⟩ **się** 1. (*oszańcować się*) to retrench oneself 2. (*zastrzec sobie*) to secure (sth) for oneself; to reserve (a right) **obwarowanie** n 1. ↑ **obwarować** 2. retrenchment
obwarowywać zob **obwarować**
ob(w)arzanek m cracknel
obwąchać vt perf — **obwąchiwać** vt imperf to sniff ⟨to smell⟩ (**coś** at sth)
obwiązać vt perf — **obwiązywać** vt imperf to bind up; to tie; to bandage
obwie|sić perf — **obwie|szać** imperf **I** vt to hang (**pokój** ⟨**ścianę**⟩ **obrazami itd.** a room ⟨a wall⟩ with pictures etc.); **~szony orderami** covered with decorations **II** vr **~sić** ⟨**~szać**⟩ **się** to deck oneself out (**biżuterią itd.** with jewels etc.)
obwieszczać zob **obwieścić**
obwieszczenie n 1. ↑ **obwieścić** 2. notice; proclamation; announcement
obwieś m good-for-nothing; scoundrel
obwieścić vt perf — **obwieszczać** vt imperf **książk** to notify; to proclaim; to announce; to make public
obwieść vt perf — **obwodzić** vt imperf to surround; to encircle; to enclose; to line
obwieźć vt perf — **obwozić** vt imperf to drive (**kogoś po mieście itd.** sb round the town etc.)
obwi|jać imperf — **obwi|nąć** perf **I** vt 1. (*okręcać*) to wrap up; to bind up; przen **~jać** ⟨**~nąć**⟩ **kogoś koło palca** to wind sb round one's little finger; **~jać coś w bawełnę** to mince matters 2. (*otaczać*) to wind (**coś** round sth) **II** vr **~jać** ⟨**~nąć**⟩ **się** 1. (*otulać się*) to wrap oneself up (**czymś** in sth) 2. (*okręcić się*) to wind (itself) (**dookoła czegoś** round sth)
obwiniać vt imperf — **obwinić** vt perf to accuse (**kogoś o coś** sb of sth); to charge (**kogoś o coś** sb with sth)
obwinienie n ↑ **obwinić**; accusation; charge; imputation
obwiniony m the accused; the defendant

obwisły adj hanging loosely; drooping; flagging
obwisnąć vi perf — **obwisać** vi imperf to hang loosely; to droop; to flag
obwodowy adj 1. (*dotyczący obwodu*) circumferential; circular; peripheral (nerves, speed, force etc.) 2. (*dotyczący okręgu administracyjnego*) district — (authorities)
obwodzić zob **obwieść**
obwoluta f jacket
obwołać vt perf — **obwoływać** vt imperf 1. (*wybrać*) to acclaim (**kogoś królem itd.** sb king etc.) 2. (*nazwać*) to call (**kogoś zdrajcą itd.** sb a traitor etc.)
obwozić zob **obwieźć**
obwód m 1. (*okrąg*) circumference; girth; mat periphery; el circuit; **~ w biodrach** measurement around the hips 2. (*okręg*) district
obwód|ka f 1. (*obramowanie*) border; rim; edge; astr halo; **w czarnej ~ce** black-edged 2. (*lamówka*) edge; fringe
oby I part may you ⟨he, she etc.⟩; I wish you ⟨he, she etc.⟩ may ... **II** interj would to God!; let us hope so!
obycie n singt 1. (*oswojenie się*) experience (**z czymś** of sth); practical acquaintance (**z czymś** with sth) 2. (*ogłada*) polished manners; good breeding
obycie się n 1. ↑ **obyć się**; (*dawanie sobie rady*) doing without (**bez kogoś, czegoś** sb, sth); dispensing (**bez kogoś, czegoś** with sb, sth) 2. (*poprzestanie na czymś*) being satisfied (**czymś** with sth) 3. = **obycie** 1.
obyczaj m 1. (*zwyczaj*) custom; **co kraj to ~** so many countries so many customs 2. (*przyzwyczajenie*) habit 3. pl **~e** (*sposób życia*) morals; **dobre ~e** decorum; good manners; **kobieta lekkich ~ów** woman of easy virtue; **zepsucie ~ów** demoralization
obyczajowość f singt 1. (*obyczaje*) customs 2. (*moralność*) morals, morality
obyczajow|y adj 1. (*dotyczący zwyczajów*) relating to the customs (of a country etc.); **film ~y** social film; **książki ~e** moral books; **prawa ~e**

obyć się   385   **ochładzać**

unwritten laws 2. *(dotyczący moralności)* moral
oby|ć się *vr perf* — **oby|wać się** *vr imperf* 1. *(dać sobie radę)* to dispense (**bez kogoś, czegoś** with sb, sth); **nie mogę się ~ć bez niego** I cannot spare him 2. *(zadowolić się)* to be satisfied (**czymś** with sth) 3. *perf (nabrać ogłady)* to acquire polished manners 4. *perf (oswoić się)* to accustom oneself (**z czymś** to sth); to become familiar (with sth)
obydwa(j), obydwie *num* both
obydwoje *num* both (he and she)
obyty *adj* 1. *(obeznany)* familiar (**z czymś** with sth); experienced (**z czymś** in sth); accustomed (**z czymś** to sth) 2. *(umiejący się zachować)* polished; well-mannered; well-bred; **~ w świecie** worldly-wise
obywać się *zob* **obyć się**
obywatel *m* 1. *(członek społeczeństwa)* citizen; **~e naszego kraju** our nationals 2. *(stały mieszkaniec)* inhabitant; **~ miasta** burgess; **~ ziemski** landowner
obywatelka *f* citizen(ess)
obywatelsk|i *adj* civic (guard, virtues etc.); civil (rights, liberty etc.); **duch ~i** public spirit; **po ~u** like a good citizen
obywatelstw|o *n singt* citizenship; nationality; **nadać komuś ~o** to nationalize sb; **przyjąć ~o** to become nationalized; *przen* **zdobyć prawo ~a** to be generally accepted
obznaj|amiać *imperf* — **obznaj|omić** *perf* I *vt* to acquaint (**kogoś z czymś** sb with sth); to inform (**kogoś z czymś** sb of sth) II *vr* **~amiać ⟨~omić⟩ się** to acquaint oneself (with sth)
obznajomiony *adj* conversant· ⟨familiar⟩ (**z czymś** with sth); **być ~m z jakimś tematem** to be well up in a subject
obżarstwo *n singt* 1. *(skłonność do objadania się)* gluttony 2. *(obżeranie się)* guzzling; stuffing oneself
obżartuch *m pog* guzzler; glutton
obżerać *zob* **obeżreć**
obżeranie (się) *n* ↑ **obżerać (się)**; surfeit-gorging

ocal|ać *imperf* — **ocal|ić** *perf* I *vt* to rescue; to save (**sb, sth,** one's reputation etc.); **~ić kogoś od śmierci** to deliver sb from death II *vr* **~ać ⟨~ić⟩ się** 1. *(ratować się)* to be rescued 2. *(zachować się)* to be saved; to escape (**od śmierci, ruiny itd.** death, ruin etc.); **~ić się z katastrofy** to survive a disaster
ocalał|y *adj* remaining; **~a reszta** the remainder; *(ludzie)* the survivors
ocaleć *vi perf* 1. *(uniknąć śmierci)* to escape (death); to save one's life 2. *(uniknąć zniszczenia)* to escape destruction 3. *(uratować się)* to survive
ocalenie *n* 1. ↑ **ocalić, ocaleć** 2. *(ratunek)* escape; rescue; salvation
ocalić *zob* **ocalać**
ocean *m* ocean; **za ~em** overseas
oceaniczny *adj* oceanic; **ocean ~** *(bottom etc.)*; **klimat ~** maritime climate
oceanografia *f singt* oceanography
oceanograficzny *adj* oceanographic
ocelot *m zool* ocelot
ocembrowanie *n* timbering (of a shaft etc.); casing (of a well); *(kamienne, betonowe)* steening
ocen|a *f* 1. *(sąd o czymś)* opinion; appreciation; estimation 2. *szk* mark 3. *(oszacowanie)* valuation; **dać coś do ~y** to have sth valued ⟨estimated⟩
oceniać *vt imperf* — **ocenić** *vt perf* 1. *(oszacować)* to price; to evaluate; to appraise; to estimate; to rate (**coś na x funtów** sth at x pounds) 2. *(wydać opinię)* to estimate; to judge
ocet *m* vinegar
ochlap|ać *perf* — **ochlap|ywać** *imperf* I *vt* to splash ⟨to spatter⟩ **(kogoś cieczą** sb with a liquid); **~any błotem** splashed with mud; mud-bespattered II *vr* **~ać ⟨~ywać⟩ się** to splash **(cieczą** a liquid over oneself); to get spattered **(błotem itd.** with mud etc.)
ochł|adzać *imperf* — **ochł|odzić** *perf* I *vt* 1. *(czynić chłodnym)* to cool; to chill 2. *(orzeźwiać)* to refresh II *vr* **~adzać ⟨~odzić⟩ się** 1. *(stawać się chłodnym)* to cool; to get cool; to chill; **~adza się** it is getting cool 2. *(orzeźwiać się)* to refresh oneself

14 Podr. słow. pol.-ang.

ochładzająco *adv* refreshingly
ochłap *m pog* broken meat; offal; *przen* a mere pittance
ochłoda *f singt* (the) cool; coolness
ochłodnąć *vi perf* 1. (*ochłodzić się*) to cool; to get cooler 2. *przen* (*o zapale itd.*) to cool down 3. *przen* (*o stosunkach między ludźmi*) to grow chilly
ochłodzenie *n* 1. ↑ **ochłodzić** 2. (*spadek temperatury*) (the) cool; coolness
ochłodzić *zob* **ochładzać**
ochłonąć *vi perf* 1. (*oprzytomnieć*) to compose oneself; (*ze strachu itd.*) to recover (from a fright, from one's astonishment etc.); (*z gniewu*) to cool down 2. (*po rozgrzaniu*) to cool oneself 3. *przen* (*o zapale itd.*) to cool down
ochłonięcie *n* ↑ **ochłonąć**; composure
ochmistrz *m* 1. *hist* chamberlain; steward (of a court) 2. *mar* chief steward
ochmistrzyni *f* 1. *hist* stewardess 2. † governess
ochoczo *adv* readily; willingly; eagerly
ochoczy *adj* 1. (*chętny*) ready; willing 2. (*pełen zapału*) eager 3. (*pogodny*) gay; (*raźny*) lively
ochot|a *f singt* 1. (*chęć*) readiness; willingness; whole-heartedness; **brak ~y do robienia czegoś** unwillingness to do sth; **mieć ~ę coś zrobić** to feel like doing sth; **nie mieć ~y czegoś zrobić** to have no inclination to do sth; **czy miałbyś ~ę na to?** would you like that?; **z ~ą** willingly
ochotniczo *adv* as a volunteer; voluntarily; **~ wstąpić do wojska** to volunteer for the army
ochotniczy *adj* voluntary; volunteer — (service etc.)
ochotnik *m* volunteer; **zgłosić się na ~a** to volunteer
ochra *f singt* ochre
ochraniacz *m* 1. (*osłona*) protector; defender; (*na nogi przy sportach*) pad 2. *mar* fender; bumper
ochr|aniać *imperf* — **ochr|onić** *perf* I *vt* to protect ⟨to shield⟩ **(kogoś, coś od czegoś ⟨przed czymś⟩** sb, sth from ⟨against⟩ sth); to safeguard ⟨to guard⟩ **(od czegoś ⟨przed czymś⟩** against

sth) II *vr* **~aniać** ⟨**~onić**⟩ **się** 1. (*osłaniać się*) to be protected ⟨safeguarded, shielded⟩ 2. (*przetrwać*) to withstand ⟨to survive⟩ (**przed czymś** sth)
ochron|a *f* 1. (*zabezpieczenie*) protection (**od czegoś** ⟨**przed czymś**⟩ from ⟨against⟩ sth); preservation; safeguard; **~a pracy** labour protection; **~a przeciwpożarowa** fire protection; **~a przed wypadkami** prevention of accidents; **~a przyrody** preservation of nature; **być pod ~ą** to be preserved 2. (*straż*) guard; **~a kolejowa** railway guard service
ochronić *zob* **ochraniać**
ochronn|y *adj* protective; preventive; safeguarding; **barwa ~a** a) *zool* protective colouring b) *wojsk* khaki; *handl* **cła ~e** protective tariffs; *myśl czas* **~y** close-season; *med* **szczepienie ~e** preventive vaccination; **środki ~e** protective measures; *handl* **znak ~y, marka ~a** trade mark
ochrypłość *f singt* hoarseness
ochrypły *adj* hoarse; husky; raucous; **~m głosem** in a raucous voice; hoarsely
ochrypnąć *vi perf* to grow hoarse
ochrypnięcie *n* ↑ **ochrypnąć**; hoarseness
ochrzanić *vt perf wulg* to blow (sb) up
ochrzcić *perf* I *vt* 1. (*udzielić chrztu*) to baptize; to christen (a child, a ship etc.); *przen żart* **~ mleko** to water milk 2. (*przezwać*) to dub; to nickname II *vr* **~ się** to be baptized ⟨christened⟩
ochrzczenie *n* ↑ **ochrzcić**; baptism
ochwacić *perf* I *vt* to founder (a horse) II *vr* **~ się** to founder (*vi*)
ochwat *m wet* foot-founder; laminitis
ochwierutany *adj* shaky; loose
ociągać się *vr imperf* 1. (*zwlekać*) to temporize; to delay (**z czymś** sth ⟨doing sth⟩); to linger (**z robieniem czegoś** to do sth); to put off (**z czymś** sth) 2. (*robić coś niechętnie*) to be reluctant (**z robieniem czegoś** to do sth)
ociągający się *adj* 1. (*zwlekający*) lingering 2. (*niechętny*) reluctant

ociąganie się *n* ↑ **ociągać się** 1. (*zwlekanie*) delay 2. (*niechęć*) reluctance
ocie|kać *vi imperf* — **ocie|c, ocie|knąć** *vi perf* 1. (*ściekać kroplami*) to drip; to stream; ~**kać potem** to be dripping (streaming) with perspiration 2. (*schnąć*) to dry
ocieleni|e (się) *n* ↑ **ocielić się**; calving; **na** ~**u** about to calve
ocielić się *vr perf* to calve
ociemniały I *adj* blind **II** *m* blind man
ociemnieć *vi perf* to go blind
ocieniać *vt imperf* (*rzucać cień*) to shade; (*zacieniać*) to overshadow; (*osłaniać*) to protect from the sun
ocieniony *adj* shaded; shady; overshadowed
ocieplać *zob* **ocieplić**
ocieplenie *n* 1. ↑ **ocieplić** 2. (*podniesienie temperatury*) warming up 3. (*cieplejsza pogoda*) warmer weather
ociepl|ić *perf* — **ociepl|ać** *imperf* **I** *vt* to warm (a room etc.); to get (sth) warm **II** *vr* ~**ić** ⟨~**ać**⟩ **się** to grow warm(er); ~**a się** it grows warm(er)
ocierać *imperf* — **otrzeć** *perf* **I** *vt* 1. (*wycierać*) to wipe; **ocierać** ⟨**otrzeć**⟩ **coś z kurzu** to wipe the dust off sth; **ocierać** ⟨**otrzeć**⟩ **komuś** ⟨**sobie**⟩ **łzy** to wipe sb's ⟨one's⟩ tears; **ocierać** ⟨**otrzeć**⟩ **sobie czoło** to mop one's forehead 2. (*ścierać skórę*) to rub sore; **otarłem sobie stopę** I have a sore foot **II** *vr* **ocierać** ⟨**otrzeć**⟩ **się** 1. (*wycierać się*) to wipe one's face ⟨one's mouth⟩ 2. (*trzeć o coś*) to rub ⟨to brush⟩ (**o coś** against sth); *przen* **ocierać** ⟨**otrzeć**⟩ **się o pewne sprawy** to have had some experience of certain matters; **ocierać** ⟨**otrzeć**⟩ **się o świat aktorski** to mix with artists
ociężałość *f singt* heaviness; ponderousness
ociężały *adj* heavy; ponderous
ocios *m górn* side-wall
ocios|ać *vt perf* — **ocios|ywać** *vt imperf* to hew (wood, stone); **z gruba** ~**any** rough-hewn; *przen* (*o człowieku*) uncouth
ociupina *f* a bit; a tiny bit
ocknąć się *vr perf* 1. (*zbudzić się*) to awake (from sleep); to wake up 2. (*oprzytomnieć*) to be roused (from meditation etc.)
ocknięcie (się) *n* ↑ **ocknąć się**; awakening
ocleni|e *n* ↑ **oclić**; imposition of duty; **artykuł podlegający** ~**u** dutiable article; **czy ma pan coś do** ~**a?** have you anything to declare?
oclić *vt perf* 1. (*nałożyć cło*) to levy duty (**towar** on a commodity) 2. (*pobrać cło*) to collect duty (**towar** for a commodity)
octan *m chem* acetate
octownia *f* vinegar factory
octowy *adj* acetic; vinegar — (essence etc.)
ocuc|ić *perf* — **ocuc|ać** *imperf* **I** *vt* to revive; to bring back to consciousness; to bring (sb) back to (his) senses **II** *vr* ~**ić** ⟨~**ać**⟩ **się** to come round; to regain consciousness; to rouse oneself
ocukrzyć *vt perf* 1. (*posypać cukrem*) to sprinkle with sugar 2. *dosł i przen* (*osłodzić*) to sugar; to sweeten
oczadzieć *vi perf* to be asphyxiated with carbon monoxide
oczarować *vt perf* — **oczarowywać** *vt imperf* to charm; to enrapture; to ravish
oczarowanie *n* 1. ↑ **oczarować** 2. (*fascynacja*) charm; enchantment; fascination
oczarowany *adj* rapt; spell-bound
oczarowywać *zob* **oczarować**
oczekiwać *vt imperf* 1. (*czekać*) to wait (**kogoś, czegoś** for sb, sth); to await (**kogoś** sb) 2. (*spodziewać się*) to expect (**kogoś, czegoś** sb, sth); ~ **czegoś po kimś** to expect sth from sb
oczekiwani|e *n* 1. ↑ **oczekiwać** 2. (*nadzieja*) expectation(s); **nie zawieść** ~**a** to come up to expectations; **wbrew** ~**om** contrary to expectation; **w** ~**u czegoś** in anticipation of sth; **ponad wszelkie** ~**a** beyond all expectations
oczeret *m bot* bulrush; sedge
oczerniać *vt imperf* — **oczernić** *vt perf* to slander; to defame; to calumniate; to blacken (**kogoś** sb's reputation)
oczernianie *n* ↑ **oczerniać**; slander; defamation; calumny

oczęta *plt pieszcz* = **oczy**
ocz|ko *n* 1. *dim* ↑ **oko**; *przen* **być czyimś ~kiem w głowie** to be the apple of sb's eye 2. (*w pierścionku*) gem (set in a ring) 3. (*w sieci*) mesh 4. (*w robocie dziewiarskiej*) stitch; **spuszczone ~ko** run(ner); (*w pończosze*) ladder 5. (*w grze*) pip 6. *ogr* eye; shield-bud
oczkować *vt imperf* 1. *pot żart* to ogle; to make eyes (**kogoś** at sb) 2. *ogr* to inoculate; to bud (a rose, a tree etc.)
oczkowanie *n* ↑ **oczkować** 1. *żart pot* (*kokietowanie*) ogling, ogles 2. *ogr* inoculation; budding
oczn|y *adj* ophthalmic (hospital etc.); optic (nerve etc.); *anat* **gałka ~a** eye-ball
oczodołowy *adj* orbital
oczodół *m anat* orbit; eye-socket
oczyszczać *zob* **oczyścić**
oczyszczający *adj* detersive; **środek ~** (a) detergent
oczyszczalnia *f techn* refinery; bloomery; purification plant
oczyszczalnik *m techn* cleaner; purifier
oczyszczanie *n* ↑ **oczyszczać** 1. (*usuwanie brudu*) cleaning 2. (*usuwanie zanieczyszczeń*) clearing away (of rubbish etc.) 3. (*uniewinnianie*) exculpation
oczy|ścić *perf* — **oczy|szczać** *imperf* I *vt* 1. (*usunąć brud*) to clean; to cleanse; **~ścić** ⟨**~szczać**⟩ **chemicznie** a) (*ubranie itd.*) to dry-clean (garments etc.) b) (*rektyfikować*) to purify; to rectify; **~ścić** ⟨**~szczać**⟩ **coś z błota** to clean the mud off sth 2. (*usunąć zanieczyszczenia*) to clear (**powietrze** the air; **teren pod budowę** a building site) 3. (*uniewinnić*) to clear (**kogoś z zarzutu, winy** sb of a charge, of guilt); to exculpate (**kogoś z winy** sb from blame) II *vr* **~ścić** ⟨**~szczać**⟩ **się** 1. (*być oczyszczonym*) to be cleaned ⟨cleared, purified⟩ (**z czegoś** of sth) 2. (*uwolnić się*) to purge oneself (**z czegoś** of sth); to be cleared (**z winy** of guilt); to be exculpated (**z zarzutu** from blame)
oczytanie *n singt* extensive reading
oczytany *adj* well-read

oczywistość *f singt* evidence; obviousness
oczywisty *adj* self-evident; obvious; manifest
oczywiście *adv* of course; naturally; obviously; evidently; **~!** certainly!
oćwiczyć *vt perf* to flog; to cane
od, ode *praep* 1. (*z danej strony*) from; **od podłogi** from the floor 2. (*w określeniach czasu*) from; since; from ... on; **z czasem present perfect** for; **znam go od dawna** I have known him for a long time 3. (*w określeniach przyczyny*) from; with; **roić się od much** to teem with flies 4. (*wymieniając jednostkę obrachunkową*) per; by; **płatny od wiersza** paid by the line 5. (*w wyrażeniach określających oddalenie, uwolnienie*) from; of; **dalej ode mnie** further away from me; **na północ od nas** North of us; **wolny od winy** free from guilt; **wolny od cła** free of duty 6. (*przeciw*) from; against; **chronić kogoś od złego** to protect sb from ⟨against⟩ evil 7. (*w wyrażeniach określających zależność*) on; **to zależy od okoliczności** it depends on the circumstances 8. (*określając specjalizację*) in; **fachowiec od stolarki** expert in joinery 9. (*w porównaniach*) **starszy ode mnie** older than me || **od czego są święta?** what are the holidays for?; **od jednego razu** at one go; **od niechcenia** casual|ly; **od ... do ...** a) (*oznaczając czas*) from ... till ...; **od rana do nocy** from morning till night b) (*wyznaczając przestrzeń*) from ... to ...; **od stóp do czubka głowy** from head to foot c) (*podając liczby*) from ... to ...; between ... and; **od 20 do 30** from 20 to 30; between 20 and 30 d) **od słowa do słowa** one word led to the next
oda *f* ode
odaliska *f* odalisque
odarcie *n* ↑ **odrzeć**; despoilment; **~ ze skóry** flaying
odarnić, odarniować *vt perf* to turf (a bank, a grave etc.)
odautorski *adj* author's
odąć *perf* — **odymać** *imperf* I *vt* to puff out (**policzki** one's cheeks); to pout (**wargi** the lips); *przen* **odęty**

puffed up II *vr* **odąć** ⟨**odymać**⟩ **się** 1. (*nadąsać się*) to puff out one's cheeks; to pout (*vi*); to scowl 2. (*puszyć się*) to puff oneself up
odbarwi|ać *imperf* — **odbarwi|ć** *perf* I *vt* to decolo(u)rize; *chem* to discharge II *vr* ~**ać** ⟨~**ć**⟩ **się** to become decolo(u)rized
odbarwianie *n* ↑ **odbarwiać**; decolo(u)rization
odbarwić *zob* **odbarwiać**
odbarwnik *m chem* bleaching agent
odbąknąć *vi perf* to mutter sth in reply
odbezpieczyć *vt perf* — **odbezpieczać** *vt imperf* to release the safety device (coś of sth); to uncock (**strzelbę itd.** a gun etc.)
odbębnić *vt perf* 1. (*odegrać na bębnie*) to drum (a signal etc.) 2. *pog* (*na fortepianie*) to thump out 3. *przen* to rattle off (a lesson etc.)
odbici|e *n* 1. ↑ **odbić** 2. *fiz* deflection (of light etc.); repercussion (of sound); **kąt** ~**a** angle of reflexion 3. (*odblask, obraz w zwierciadle*) reflection, reflexion; (*żywe*) ~**e swego ojca** the (very) picture of one's father 4. (*odparowanie ciosu*) (a) parry; (a) counter; **piłka trudna do** ~**a** a ball difficult to return 5. (*odzyskanie*) recapture (of a fortress etc.); rescue (of a prisoner) 6. (*powetowanie*) compensation (of a loss) 7. *druk* imprint; impress 8. ~**e się** (*zmiana kierunku*) deflection, deflexion (of a bullet etc.); reflection (**światła itd.** of light etc.); repercussion ⟨reverberation⟩ (**głosu** of sound); echo 9. ~**e się** (*odskoczenie piłki*) bound (of a ball) 10. ~**e się** (*odepchnięcie się skokiem od ziemi*) take-off
odbi|ć *perf* — **odbi|jać** *imperf* I *vt* 1. (*zmienić kierunek biegu ciała*) to turn aside ⟨to deflect⟩ (a bullet etc.); to reflect (**promienie świetlne** the rays of light) 2. (*dać obraz czegoś*) to reflect (sth) 3. (*odłamać*) to break off 4. (*odeprzeć*) to parry (**uderzenie** a blow); to return (**piłkę a ball**); *dosł i przen* to counter; ~**ć** ⟨~**jać**⟩ **atak** to repulse an attack 5. (*odzyskać*) to recapture (a fortress etc.); to rescue

(**więźnia** a prisoner); ~**ć chłopcu dziewczynę** to win a girl away from a boy 6. (*powetować sobie*) to make up (**coś** for sth) 7. *druk* to print; to proof (**kliszę** a woodcut) II *vi* (*odpłynąć od brzegu*) to set sail; to shove off III *vr* ~**ć** ⟨~**jać**⟩ **się** 1. (*o świetle*) to be reflected; (*o głosie*) to echo. ~**ć się głośnym echem w całym kraju** to ring (again) all over the land 2. (*o piłce itd.*) to rebound; to bounce 3. (*odepchnąć się skokiem od ziemi*) to take off 4. (*zostać odbitym w lustrze*) to be reflected 5. (*zostać wydrukowanym*) to be printed 6. *przen* (*zostawić ślad*) to leave its imprint ⟨its trace⟩ 7. *przen* (*wywrzeć wpływ*) to have repercussions; **to się na tobie** ~**je** you will feel the effects of this 8. (*odłączyć się*) to detach oneself (**od czegoś** from sth) 9. *pot* (*powetować sobie*) to make up for one's losses 10. *nieosobowo*: ~**ja mu się** he eructates; he belches
odbie|c, odbie|gnąć *vi perf* — **odbie|gać** *vi imperf* 1. (*biegnąc oddalić się*) to run away (**od czegoś** from sth) 2. *przen* to stray; to depart; ~**c od tematu** to stray from the point; **nie** ~**gać od tekstu** to stick to the text
odbieganie *n* ↑ **odbiegać**; departure; ~ **od tematu** digression(s)
odbierać *vt imperf* — **odebrać** *vt perf* 1. (*brać*) to take (**coś od kogoś** sth from sb) 2. (*otrzymać*) to receive; to be given (sth); to get; **odbierać** ⟨**odebrać**⟩ **dziecko** ⟨**poród**⟩ to deliver (a woman) of a child; **odbierać** ⟨**odebrać**⟩ **przysięgę od kogoś** to swear sb in; **odbierać** ⟨**odebrać**⟩ **telefon** to take a (phone) call; to answer the telephone 3. (*wycofywać*) to withdraw (**pieniądze z banku** money from a bank; **chłopca ze szkoły** a boy from school) 4. (*pozbawiać*) to deprive (**komuś coś** sb of sth; **komuś głos** sb of speech; **komuś rozum** sb of reason); **odbierać** ⟨**odebrać**⟩ **komuś apetyt** to spoil sb's appetite; **odbierać** ⟨**odebrać**⟩ **komuś chleb** to take the bread out of sb's mouth; **odebrać sobie życie** to make

odbierak   390   **odchować**

away with oneself 5. *(zabierać coś swojego z powrotem)* to take back; to collect ⟨to pick up⟩ (one's clothes from the cleaners', one's luggage from the luggage-office etc.)
odbierak *m techn* ~ **prądu** current collector
odbijać *imperf* I *zob* **odbić** II *vi* 1. *(wyróżniać się kolorem)* to be conspicuous; *(odcinać się)* to stand out **(od czegoś** against sth) 2. *(o broni palnej)* to kick
odbiorca *m* 1. *(odbierający)* receiver; recipient; *(odbierający list, przesyłkę)* addressee; *(odbierający przesyłkę towarową)* consignee 2. *(klient)* customer; consumer
odbiorczy *adj* receiving; **aparat** ~ receiver
odbiornik *m radio* receiver; radio set
odbi|ór *m* 1. *(odebranie)* receipt; collection (of a sum); **potwierdzenie** ~**oru** acknowledgement of receipt 2. *radio* reception 3. *przen* perception
odbitka *f druk fot* (a) print; *druk* impression; proof; (impress) copy; reprint
odbitkowy *adj fot* **papier** ~ printing paper
odblask *m* 1. *(blask odbity)* reflection, reflexion 2. *fot* halation
odblaskowy *adj* reflective
odblokować *vt perf* to unblock; to unlock
odbłysk *m* = **odblask** 1.
odbojnica *f kolej* check rail; guard-rail
odbrązawiać *vt imperf* — **odbrązowić** *vt perf* to take the gilt off (a great name etc.)
odbudowa *f singt* restoration; reconstruction
odbudow|ać *perf* — **odbudow|ywać** *imperf* I *vt* 1. *(zbudować na nowo)* to rebuild 2. *(odrestaurować)* to restore II *vr* ~**ać** ⟨~**ywać**⟩ **się** to be rebuilt ⟨restored⟩
odbudowanie *n* ↑ **odbudować**; restoration; reconstruction
odbudowywać *zob* **odbudować**
odburknąć *vi perf* to mutter; to growl ⟨to snap⟩ out in reply

odburknięcie *n* 1. ↑ **odburknąć** 2. *(odpowiedź)* muttered reply
odbycie *n* ↑ **odbyć**; performance (of a function etc.); execution (of a task etc.); discharge (of a duty etc.)
odby|ć *perf* — **odby|wać** *imperf* I *vt* to do (a task, one's military service etc.); to perform (some work, a ceremony etc.); to discharge (a duty etc.); to make (a journey etc.); to go through (a course of study etc.); to hold (a meeting, a conversation with sb etc.); to give (a lecture, lessons etc.); to undergo (punishment etc.); to serve **(karę sądową** a sentence); ~**ć studia** to complete one's studies II *vr* ~**ć** ⟨~**wać**⟩ **się** to take place; to go on; to happen; *(o wystawie, naradzie, zebraniu itd.)* to be held; *(o uroczystości)* to be celebrated
odbyt *m anat* anus
odbytnica *f anat* rectum
odbywać *zob* **odbyć**
odcedzić *vt perf* — **odcedzać** *vt imperf* to strain (soup etc.); to strain out (a liquid)
odchodn|e *n w zwrocie:* **na** ~**ym** when taking one's leave (of sb); at parting
odchody *plt* excrement(s); f(a)eces; evacuations
odchodzić *vi imperf* — **odejść** *vi perf* 1. *(oddalać się)* to go (away); to leave **(od kogoś** sb; **skądś** a place); to quit **(z posady** one's post); **odchodzić, odejść ze świata** to depart (from) this world; **odchodzić od zmysłów** to be raving; **odejść z kwitkiem** to have achieved nothing; **odchodzący** outgoing 2. *(o pociągu itd.)* to leave; *(o samolocie)* to start; *(o statku)* to sail (away) 3. *pot (odrywać się)* to fall off; to come away 4. *(o drodze itd.* — *tworzyć odgałęzienie)* to deviate || **odchodzi mnie ochota** I don't care any longer; **sen mnie odszedł** I don't ⟨didn't⟩ feel sleepy any longer
odchorować *vt perf* to fall in (coś in consequence of sth); **ciężko coś** ~ to pay the price of sth by a severe illness
odchować *vt perf* — **odchowywać** *vt*

imperf 1. (*wychować*) to rear ⟨to bring up⟩ (a child) 2. (*odkarmić*) to feed
odchrząknąć *vi vt perf* to clear one's throat; to hem; to hawk up (the phlegm)
odchuchać *vt perf* to nurse (sb) back to health
odchudzać się *vr perf* — **odchudzić się** *vr imperf* to slim (*vi*)
odchudzający *adj* slimming (diet etc.)
odchudzanie się *n* ↑ **odchudzać się**; slimming diet ⟨exercises etc.⟩
odchudzić się *zob* **odchudzać się**
odchwaścić *vt perf* — **odchwaszczać** *vt imperf* to weed (a garden)
odchylać *zob* **odchylić**
odchylenie *n* 1. ↑ **odchylić** 2. (*odbiegnięcie od normy*) deviation; declination; departure (**od zasady** from a principle) 3. *fiz* deflection 4. *polit* deviation; ~ **lewicowe** ⟨**prawicowe**⟩ leftist ⟨rightist⟩ deviation
odchyl|ić *perf* — **odchyl|ać** *imperf* I *vt* 1. (*wyprostować*) to put (sth) straight 2. (*odgiąć*) to bend (sth) back; to deflect; to deviate 3. (*uchylić*) to half-open (a door etc.); ~**ić** ⟨~**ać**⟩ **koszulę** to open one's shirt II *vr* ~**ić** ⟨~**ać**⟩ **się** to deflect (*vi*); to deviate (*vi*)
odchylony *adj* (*o drzwiach itd.*) ajar; (*o koszuli*) open (at the neck)
odchyłka *f techn* deviation
odci|ąć *perf* — **odci|nać** *imperf* I *vt* 1. (*oderżnąć*) to cut off 2. (*odłączyć*) to detach 3. (*odgrodzić*) to cut off; ~**ąć** ⟨~**nać**⟩ **nieprzyjacielowi odwrót** to intercept the enemy's retreat II *vr* ~**ąć** ⟨~**nać**⟩ **się** 1. (*odgrodzić się*) to cut oneself off; to separate oneself; to withdraw (from people) 2. *'ostro odpowiedzieć*) to retort; to riposte; **umieć się** ~**ąć** to be quick at repartee
odciąg|ać *vt imperf* — **odciąg|nąć** *vt perf* 1. (*ciągnąc odsunąć*) to pull back; to draw (back); ~**ać uwagę** to distract the attention; ~**nąć kogoś od złego towarzystwa** to wean sb from bad company 2. (*odprowadzić na bok*) to draw (sb) aside 3. *przen* (*odwieść, zniechęcić*) to dissuade ⟨to deter⟩ (**kogoś od zamiaru itd.** sb from his design etc.) 4. (*odwlec*) to delay; to put off ‖ ~**nąć śmietanę z mleka** to separate milk; ~**ane mleko** skim milk
odciągnięcie *n* ↑ **odciągnąć** 1. (*odsunięcie*) withdrawal; retraction 2. (*oddzielenie*) separation (of milk)
odciążać *zob* **odciążyć**
odciążenie *n* ↑ **odciążyć**; relief; alleviation
odciążyć *vt perf* — **odciążać** *vt imperf* 1. (*ująć ciężaru*) to relieve of a burden 2. (*ulżyć*) to ease (**kogoś w pracy** sb of some of his work) 3. (*uwolnić od zarzutu itd.*) to exculpate (sb)
odciec *vi perf* — **odciekać** *vt imperf* to flow away
odcień *m* 1. (*zabarwienie*) tint; tinge 2. *przen* shade (of difference etc.)
odcierpieć *vt perf* to expiate; to atone (**błąd itd.** for a fault etc.)
odcięcie *n singt* 1. ↑ **odciąć** 2. (*oderżnięcie*) cutting off; *med* amputation 3. (*odłączenie*) detachment 4. (*odgrodzenie*) separation; isolation 5. ~ **się** (*odgrodzenie się*) separation; isolation 6. ~ **się** (*ostra odpowiedź*) retort; repartee
odcięta *f mat* abscissa
odcinać (się) *vt vr imperf* 1. *zob* **odciąć (się)** 2. (*odznaczać się*) to stand out in relief (**od czegoś** against the background of sth)
odcin|ek *m* 1. (*w przestrzeni*) section; division; stretch (of road) 2. (*w czasie*) space (of time); period 3. (*odcięta część*) cutting; ~**ek karty żywnościowej itd.** coupon 4. (*dowód wpłaty itd.*) receipt; voucher 5. (*w czasopiśmie*) fragment; passage; instalment; **wydany w** ~**kach** serial 6. *mat* segment (of a circle, sphere, line) 7. *wojsk* sector 8. *przen* (*dziedzina*) sphere
odcinkowy *adj* 1. (*częściowy*) segmental 2. (*drukowany w odcinkach*) serial
odcisk *m* 1. (*odbicie*) impress; impression; imprint; ~**i palców** finger-marks 2. (*nagniotek na stopach*) corn; (*na dłoniach*) callosity
odcis|kać *imperf* — **odcis|nąć** *perf* I *vt* 1. (*odgniatać*) to impress; to leave ⟨to

odciśnięcie 392 **oddać**

make⟩ an impression (coś of sth) 2. (*wyciskać*) to squeeze out (juice etc.) II *vr* ~kać ⟨~nąć⟩ się to be impressed; to leave its impression (on sth); *przen* ~nąć się w umyśle to be impressed on the mind
odciśnięcie *n* ↑ **odcisnąć**; impress; impression; stamp; trace
odcumować *vt vi perf mar* to unmoor (a ship)
odcyfrować *vt perf* to decipher; to make out
odczarować *vt perf* — **odczarowywać** *vt imperf* to free (sb, sth) from a magic spell
odczasownikowy *adj gram* verbal
odczekać *vt perf* — **odczekiwać** *vt imperf* to wait (**jakiś czas** some time)
odczep|ić *perf* — **odczep|iać** *imperf* I *vt* to unhook; to unhitch; to unfasten; to detach; **kolej** to uncouple II *vr* ~ić ⟨~iać⟩ się 1. (*odpiąć się*) to become disconnected; to come unhooked 2. *pot* (*pozbyć się czyjegoś towarzystwa*) to get rid (**od kogoś** of sb); to leave (sb) alone; ~ się! get out!; *am* beat it!
odczepienie (się) *n* ↑ **odczepić (się)**; disconnection
odczepne † *n obecnie w zwrocie*: **na** ~ for the sake of peace and quietness
odczuci|e *n* 1. ↑ **odczuć** 2. (*wrażenie*) feeling; sense (of proportion etc.); **dać coś komuś do** ~**a** to make sb feel sth
odczu|ć *vt perf* — **odczu|wać** *vt imperf* 1. (*doznać*) to feel (pain etc.); **boleśnie coś** ~**ć** ⟨~**wać**⟩ to resent sth; **dać komuś coś** ~**ć** to make sb feel sth; **dać się** ~**ć** to be felt 2. (*uświadomić sobie*) to realize (sth)
odczulać *vt imperf* — **odczulić** *vt perf fot med* to desensitize
odczuwać *zob* **odczuć**
odczuwalny *adj* sensible; perceptible
odczuwanie *n* ↑ **odczuwać**; feeling; sense; taste (**piękna** for the beautiful)
odczyn *m chem med* reaction
odczyniać *vt imperf* — **odczynić** *vt perf* to break (**urok** a spell)
odczynnik *m chem* reagent

odczynowy *adj* reactive
odczyścić *vt perf* — **odczyszczać** *vt imperf* to clean, to polish
odczyt *m* lecture; talk
odczyt|ać *vt perf* — **odczyt|ywać** *vt imperf* 1. (*zapoznać się z treścią*) to read; to take the readings (**licznik itd.** of a meter etc.) 2. (*przeczytać głośno*) to read out; to call (**listę obecności itd.** the roll etc.); *sąd* ~**ać** ⟨~**ywać**⟩ **wyrok** to pronounce a sentence
odda|ć *perf* — **odda|wać** *imperf* I *vt* 1. (*zwrócić*) to give (sth) back; to return; to repay (**pieniądze, pożyczkę** money, a loan); *przen* ~**ć** ⟨~**wać**⟩ **co się komu należy** to render sb his due 2. (*wręczyć, dać*) to hand (**coś komuś** sth to sb); to deliver (a letter, parcel etc.); ~**ć** ⟨~**wać**⟩ **coś do naprawy** ⟨**do roboty, do szycia**⟩ to have sth repaired ⟨made, sewn⟩; *przen* ~**ć** ⟨~**wać**⟩ **córkę komuś za żonę** to give one's daughter away in marriage to sb; ~**ć kogoś w ręce policji** to turn sb over to the police; ~**ć** ⟨~**wać**⟩ **sprawę do sądu** to bring a case to court; ~**ć życie za kogoś, coś** to give one's life for sb, sth; (*w wyborach*) ~**ć głos** to cast one's vote; ~**ć głos na kogoś** to give one's vote for sb 3. (*odstąpić*) to leave; ~**ć coś za bezcen** to let sth go for a song 4. (*skierować, umieścić*) to commit (**kogoś, coś komuś w opiekę** sb, sth to sb's care); to send (a boy to school etc.); ~**ć chłopca do terminu** to apprentice a boy; ~**ć kogoś pod sąd** to commit sb for trial 5. (*odwzajemnić się*) to return (**ukłon itd.** a greeting etc.); ~**ć wet za wet** to give tit for tat 6. (*odtworzyć*) to render (**podobieństwo itd.** a likeness etc.) 7. (*wydalić z siebie*) to pass (**mocz** urine); ~**ć stolec** to evacuate one's bowels 8. *fiz chem* to emit II *vi* (*odwzajemnić uderzenie*) to hit back III *vr* ~**ć** ⟨~**wać**⟩ **się** 1. (*poddać się*) to give oneself up; to surrender; ~**ć** ⟨~**wać**⟩ **się nałogowi** to addict oneself to a bad habit; ~**ć** ⟨~**wać**⟩ **się rozpaczy** to abandon oneself to despair; ~**ć** ⟨~**wać**⟩ **się w niewolę** ⟨**w ręce**

sprawiedliwości⟩ to yield oneself prisoner ⟨to justice⟩ 2. *(poświęcić się)* to devote oneself **(czemuś** to sth) 3. *(o kobiecie)* to give oneself (to sb) **oddal** *f książk* the distance || **w ~i** in the distance; far off; **z ~i** from afar
oddalać *zob* **oddalić**
oddaleni|e *n* 1. ↑ **oddalić** 2. *(odległość)* distance; **w ~u** a) *(w oddali)* in the distance; far away b) *(w pewnej odległości)* at a certain distance; **z ~a** from a distance; from afar
oddal|ić *perf* — **oddal|ać** *imperf* I *vt* 1. *(odsunąć)* to remove; **~ić od siebie podejrzenia** *itd.* to avert suspicions etc. 2. *(zwolnić z pracy)* to dismiss 3. *prawn* to dismiss (a charge) II *vr* **~ić** ⟨**~ać**⟩ **się** 1. *(odejść)* to walk away; to withdraw; to retire 2. *(niknąć w dali)* to recede; to move away
oddalon|y *adj* distant; remote; far-away; **być ~ym** a) *(o budynku itd.)* to be (*x* paces) away (from sth) b) *(o miejscowości)* to lie (*x* kilometers) away (from sth)
oddanie *n* 1. ↑ **oddać** 2. *(zwrot)* return (of a borrowed object etc.); restitution (of sb's property); repayment (of a sum) 3. *(odtworzenie)* rendering ⟨rendition⟩ (of a likeness etc.) 4. *(także ~ się)* *(poświęcenie)* devotion; **~ się nałogowi** addiction to a bad habit; **~ się sprawie** devotion to a cause 5. *(przywiązanie)* affection **(komuś** for sb)
oddany *adj* 1. *(przywiązany)* devoted 2. *(kochający)* affectionate; loving
oddawać *zob* **oddać**
oddawca *m* deliverer (of a parcel etc.); bearer (of a cheque, a letter etc.)
oddech *m* respiration; breath; breathing
oddechomierz *m med* spirometer
oddechow|y *adj* respiratory; breathing — (apparatus, organ etc.); **drogi ~e** air passages
oddolny *adj pot* proceeding from the ranks (of the workers)
oddychać *vi imperf* — **odetchnąć** *vi perf* 1. *(wdychać i wydychać)* to breathe; to take breath; to respire; **ciężko oddychać** to breathe heavily; **odetchnąć świeżym powietrzem** to breathe fresh air; **nie ma czym oddychać** a) *(jest duszno)* it is stifling hot b) *(w pokoju jest złe powietrze)* it is stuffy 2. *(doznawać uczucia ulgi)* to breathe freely; **odetchnąć z ulgą** to heave a sigh of relief
oddychanie *n* ↑ **oddychać**; respiration; **sztuczne ~** rescue breathing
oddział *m* 1. *wojsk* detachment; squad 2. *(grupa milicjantów)* force; squad 3. *(część instytucji)* department; section; branch; agency; *(dział fabryki)* shop; *(dział szpitala)* ward; department; *(filia)* branch
oddziałać *zob* **oddziaływać**
oddziałowy *adj* departmental; sectional; department — (head etc.); section — (chief etc.)
oddziaływać *vi imperf* — **oddziałać** *vi perf* 1. *(wywierać wpływ)* to influence **(na kogoś, coś** sb, sth); to exert one's influence **(na kogoś, coś** on sb, sth) 2. *(wywoływać reakcję)* to produce an effect; to act 3. *chem* to effect
oddziaływanie *n* 1. ↑ **oddziaływać** 2. *(wpływ)* influence 3. *(działanie)* effect; action; **wzajemne ~** interaction
oddziel|ać *imperf* — **oddziel|ić** *perf* I *vt* 1. *(odgradzać, odłączać)* to separate ⟨to cut off⟩ (sb, sth from sth); to detach; to isolate 2. *przen (odróżniać)* to distinguish (the bad from the good) II *vr* **~ać** ⟨**~ić**⟩ **się** to become detached; to come apart; to separate *(vi)*
oddzielanie *n* ↑ **oddzielać**; separation; disconnection; segregation
oddzielić *zob* **oddzielać**
oddzielnie *adv (rozłącznie)* separately; independently; *(każdy osobno)* singly; **przesyłamy ~ nasz katalog** we are sending our catalogue under separate cover
oddzieln|y *adj* separate (entrance etc.); independent
oddźwięk *m* 1. *(rezonans)* sound; note; echo; resonance 2. *przen (reakcja)* response; **wywołać ~ u kogoś** to meet with a response from sb
ode *praep zob* **od**; **~ mnie** from me; **~ drzwi** from the door

odebrać *zob* **odbierać**
odebranie *n* ↑ **odebrać**; collection (of a debt etc.); withdrawal (of money from a bank etc.); reception (of sound etc.)
odechci|eć się *vr perf* — **odechci|ewać się** *vr imperf* to cease liking sth; to lose one's wish (to do sth); ~**ało mi się tego** I have lost all liking for it; ~**ało mi się pójść** ... I felt no longer like going ...
odedrzeć *perf* — **oddzierać** *imperf* **I** *vt* to tear (**coś od czegoś** sth off sth); to pull off **II** *vr* **odedrzeć** ⟨**oddzierać**⟩ **się** (**być oddartym**) to be torn off; (**odpaść**) to come off
odegnać *zob* **odganiać**
odegrać *perf* — **odgrywać** *imperf* **I** *vt* 1. (*wykonać utwór muzyczny*) to play (**hymn narodowy** itd. the national anthem etc.); **odgrywać coś z płyt** ⟨**z taśmy**⟩ to reproduce sth from records ⟨from tape⟩ 2. *teatr* to play; to act; to perform; *przen* **odegrać** ⟨**odgrywać**⟩ **rolę Otella** to play the part of Othello; **odegrać** ⟨**odgrywać**⟩ **komedię** to act a part; to pretend; **odegrać** ⟨**odgrywać**⟩ **rolę** to be of importance; **to nie odgrywa żadnej roli** it makes no difference whatever 3. *karc* to return (**kolor partnera** the partner's lead) **II** *vr* **odegrać** ⟨**odgrywać**⟩ **się** 1. (*odbić przegraną*) to win back one's money 2. (*zemścić się*) to take one's revenge (**na kimś** on sb)
odegranie *n* 1. ↑ **odegrać** 2. ~ **się** (*zemsta*) revenge
odejmować *zob* **odjąć**
odejmowanie *n* 1. ↑ **odejmować** 2. *mat* subtraction
odejście *n* ↑ **odejść**; leave; departure; (*odchylenie*) divergence; deviation
odemglać *vt imperf techn* to devaporate
odemknąć *perf* — **odmykać** *imperf* **I** *vt* to open (a door, one's eyes etc.); (*uchylić*) to half-open; to set ajar **II** *vr* **odemknąć** ⟨**odmykać**⟩ **się** to open (*vi*)
odemknięty *adj* open; **na pół** ~ half-open; ajar
odeń = **od niego** *zob* **on**
odepchnąć *perf* — **odpychać** *imperf* **I** *vt* 1. (*pchnięciem odsunąć*) to push away ⟨back⟩; **odepchnąć** (**łódź**) **od brzegu** to shove off 2. *przen* (*odeprzeć*) to beat back (**nieprzyjaciela** the enemy) 3. *przen* (*wzgardzić*) to spurn **II** *vr* **odepchnąć** ⟨**odpychać**⟩ **się** 1. (*odsunąć się*) to push back (from sth) 2. *fiz* to repel each other
odepchnięcie *n* ↑ **odepchnąć**; (backward) push; (a) repulse || ~ **się od brzegu** push-off; shove-off
odeprzeć *perf* — **odpierać** *imperf* **I** *vt* 1. (*odepchnąć siłą*) to beat off; to repulse 2. (*obalić*) to confute; to disprove (**twierdzenie** a statement); **odeprzeć zarzut** to refute a charge **II** *vi perf w czasie przeszłym* (*odrzec*) to retort
oderwać *perf* — **odrywać** *imperf* **I** *vt* 1. (*urwać*) to tear off 2. (*przerwać kontakt*) to detach; to sever; *przen* **oderwać** ⟨**odrywać**⟩ **czyjąś uwagę od czegoś** to divert sb's attention from sth; **oderwać myśl od czegoś** to stop thinking of sth 3. (*odłączyć*) to tear (sb) away (**od kogoś, czegoś** from sb, sth) **II** *vr* **oderwać** ⟨**odrywać**⟩ **się** 1. (*odpaść*) to come off; to fall off; to break off 2. (*oddalić się*) to move away; to lose touch (**od kogoś** with sb); to separate (**od kogoś, czegoś** from sb, sth); (*o samolocie*) **oderwać się od ziemi** to take off; **nie móc się oderwać od czegoś** to be unable to tear oneself away from sth
oderwani|e *n* 1. ↑ **oderwać** 2. (*rozłączenie*) detachment; separation; severance; disengagement 3. (*brak związku*) irrelevance; **w** ~**u** separately
oderwany *adj* 1. (*oddzielny*) separate; ~ **od tematu** irrelevant; ~ **od rzeczywistości** unreal 2. (*abstrakcyjny*) abstract
oderżnąć *vt perf* — **odrzynać** *vt imperf* to cut off
odesłać *vt perf* — **odsyłać** *vt imperf* 1. (*przekazać gdzie indziej*) to send 2. (*zwrócić*) to send back; to return 3. (*skierować*) to refer (**kogoś do kogoś innego** sb to sb else); to direct (**kogoś dokądś** sb somewhere)

odespać *perf* — **odsypiać** *imperf* **I** *vt* to make up for the loss of sleep (**przepracowaną noc** due to night work) **II** *vr* **odespać się** to sleep one's fill
odetkać *perf* — **odtykać** *imperf* **I** *vt* to unstop(per); to uncork; to open (a bottle); to unchoke (a pipe) **II** *vr* **odetkać ⟨odtykać⟩ się** (*o zatyczce itd.*) to fall out; (*o rurze itd.*) to get unchoked
odezwa *f* proclamation; appeal
odezwać się *vr perf* — **odzywać się** *vr imperf* 1. (*przemówić*) to speak; to say sth; (*zagadnąć*) to address (**do kogoś** sb); **nie odzywali się do siebie** they were not on speaking terms 2. (*dać się słyszeć*) to be heard 3. *przen* (*dać znać o sobie*) to have a repercussion; **odezwała się w nim ambicja** his pride was aroused 4. *karc* to bid
odezwanie *n* 1. ↑ **odezwać się** 2. (*przemówienie*) (a) saying; utterance; remark; observation 3. ∼ **się** (*brzmienie*) sound; (*oddźwięk*) response
odęcie *n* ↑ **odąć**; pout; ∼ **warg** curl of the lip
odęty *adj* 1. (*nabrzmiały*) swollen; bloated 2. (*nadąsany*) sulky; sullen 3. (*pyszałkowaty*) puffed-up; self-conceited
odfajkować *vt perf* 1. *pot* to check off (an item in a list) 2. *pot* (*załatwić byle jak*) to get rid (**robotę itd.** of a job etc.); to get (**robotę a job**) out of the way
odgad|nąć *vt perf* — **odgad|ywać** *vt imperf* 1. (*domyślić się*) to guess; to nick (the truth etc.); to assume; **spróbować** ∼**nąć** to make a guess; ∼**nąć ⟨**∼**ywać⟩ przyszłość** to practise divination 2. (*rozwikłać*) to solve (a riddle etc.)
odgadywanie *n* ↑ **odgadywać**; ∼ **przyszłości** divination
odgałęziacz *m el* multiple plug
odgałęziać się *vr imperf* to branch out; to branch off; to fork
odgałęzienie *n* 1. ↑ **odgałęziać się** 2. (*odnoga*) branch; ramification; **kolej** branch-line; *el* branch-switch

odganiać *vt imperf* — **odgonić, odegnać** *vt perf* to drive away ⟨**off**⟩
odgarnąć *vt perf* — **odgarniać** *vt imperf* to rake aside; to clear (the snow etc.)
odgi|ąć *perf* — **odgi|nać** *imperf* **I** *vt* 1. (*wyprostować*) to straighten (out) 2. (*odchylić*) to bend aside 3. (*odwinąć*) to fold back ⟨**down**⟩ **II** *vr* ∼**ąć ⟨**∼**nać⟩ się** 1. (*wyprostować się*) to straighten (*vi*) 2. (*odchylić się*) to bend aside (*vi*); to curve (*vi*)
odgięcie *n* ↑ **odgiąć**; (a) bend; (a) curve; retortion
odgłos *m* sound; noise; *dosł i przen* echo
odgniecenie *n* ↑ **odgnieść**; impression; mark impressed (on sth); gall; bruised spot (on a fruit)
odgni|eść *perf* — **odgni|atać** *imperf* **I** *vt* to crease (the skin etc.); to leave an impression ⟨a mark⟩ (on sth); to bruise (a fruit) **II** *vr* ∼**eść ⟨**∼**atać⟩ się** to be impressed (on sth)
odgonić *zob* **odganiać**
odgórnie *adv* by order of superior authority
odgórny *adj* 1. (*położony bliżej szczytu*) top — (layer etc.) 2. (*pochodzący od instancji nadrzędnych*) overhead — (instructions etc.)
odgr|adzać *imperf* — **odgr|odzić** *perf* **I** *vt* to separate; to shut out; to screen off **II** *vr* ∼**adzać ⟨**∼**odzić⟩ się** to separate oneself; to shut oneself off (**od ludzi** from people)
odgranicz|ać *imperf* — **odgranicz|yć** *perf* **I** *vt* to delimit; to demarcate **II** *vr* ∼**ać ⟨**∼**yć⟩ się** 1. (*oddzielać się*) to separate oneself 2. (*być oddzielonym*) to be delimited ⟨demarcated⟩
odgraniczenie *n* ↑ **odgraniczyć** 1. (*oddzielenie*) separation 2. (*linia graniczna*) demarcation
odgrażać się *vr imperf* to threaten; ∼ **komuś czymś** to threaten sb with sth
odgrażanie się *n* ↑ **odgrażać się**; threats
odgrodzić *zob* **odgradzać**
odgromnik *m el* lightning conductor ⟨rod⟩
odgruzować *vt perf* — **odgruzowywać** *vt imperf* to clear (a space) of rubble

odgruzowanie *n* ↑ **odgruzować**; removal of rubble
odgrywać *zob* **odegrać**
odgry|zać *imperf* — **odgry|źć** *perf* **I** *vt* to bite off **II** *vr* ~**zać** ⟨~**źć**⟩ **się** 1. *przen (bronić się)* to hit back 2. *pot (odcinać się)* to snap back
odgrzać *vt perf* — **odgrzewać** *vt imperf* 1. *(ogrzać na nowo)* to warm up (some food etc.) 2. *przen (odświeżyć)* to rehash (an old story etc.)
odgrzeb|ać *vt perf* — **odgrzeb|ywać** *vt imperf* 1. *(wydobyć coś zakopanego)* to dig up; ~**ać** ⟨~**ywać**⟩ **zwłoki** to disinter a dead body 2. *przen (wydobyć na jaw)* to rake up
odgrzewać *zob* **odgrzać**
odgrzybić *vt perf* — **odgrzybiać** *vt imperf* to eliminate dry-rot (**drewno** from timber)
odhaczyć *vt perf* — **odhaczać** *vt imperf* to unhook
odimienny *adj gram* substantival
odizolować *perf* **I** *vt* to isolate **II** *vr* ~ **się** to shut oneself off
odjazd *m* departure; **kiedy pociąg ma** ~**?** when is the train due to leave?; **przed** ~**em** before the departure; before leaving
odjazdowy *adj* departure — (signal, platform etc.)
odjąć *vt perf* — **odejmować** *vt imperf* 1. *(ująć)* to deduct; to diminish **(10 cm z długości itd.** the length etc. by 10 centimetres); **odejmować sobie od ust** to stint oneself 2. *(oddzielić)* to remove; *przen* **jak ręką odjął** as if by magic 3. *(zabrać)* to take away **(komuś coś** sth from sb); *przen* **odjęło mi mowę** I was struck dumb 4. *mat* to subtract
odjechać *vi perf* — **odjeżdżać** *vi imperf* to set off (on a journey); to take one's departure; to leave **(dokąd** for a place)
odjemna *f mat* minuend
odjemnik *m mat* subtrahend
odjezdn|e *n w wyrażeniu*: **na** ~**ym** when leaving; at parting
odjeżdżać *zob* **odjechać**

odjeżdżający *adj* leaving; starting; outgoing
odjęcie *n* ↑ **odjąć** 1. *(ujęcie)* deduction; diminution 2. *(oddzielenie)* removal; *med* amputation 3. *(pozbawienie)* deprivation 4. *mat* subtraction
odkarmić *vt perf* to feed up
odkaszlnąć *perf* — **odkaszliwać** *imperf* **I** *vi* to clear one's throat; to hem **II** *vt* to cough up ⟨to expectorate⟩ (phlegm)
odkaszlnięcie *n* ↑ **odkaszlnąć**; expectoration; (a) hem
odkazać *vt imperf* — **odkazić** *vt perf* to disinfect
odkażająco *adv* antiseptically; **działać** ~ to act as a disinfectant
odkażający *adj* antiseptic; **środek** ~ disinfectant
odkażenie *n* ↑ **odkażać**; disinfection
odkąd *adv* 1. *(w zdaniach pytających)* since when?; how long + *czas present perfect*;. ~ **tu mieszkasz?** how long have you been living here? 2. *(od czasu gdy)* since 3. *(jak długo)* ever since; as far back as; ~ **pamięć sięga** as far back as memory can reach
odkiełznąć *vt perf* to unbridle (a horse)
odkle|jać *imperf* — **odkle|ić** *perf* **I** *vt* to unstick; to detach (a stamp etc.) **II** *vr* ~**jać** ⟨~**ić**⟩ **się** to get unstuck; *(o znaczku itd.)* to come off
odkład *m* layer; *ogr* **robić** ~**y** to layer (currants)
odkładać *vt imperf* — **odłożyć** *vt perf* 1. to put aside; **odkładać** ⟨**odłożyć**⟩ **słuchawkę** to ring off 2. *(zostawić na później)* to put off; to postpone 3. *(oszczędzać)* to save; to lay (money) by; **odkładać** ⟨**odłożyć**⟩ **na czarną godzinę** to put by (sth) for a rainy day 4. *(o organizmach* — *gromadzić)* to accumulate; to deposit 5. *ogr* to layer
odkładanie *n* 1. ↑ **odkładać** 2. *(zostawianie na później)* postponement; deferment
odkł|onić się *vr perf* — **odkł|aniać się** *vr imperf* to bow back; ~**onić** ⟨~**aniać**⟩ **się komuś** to return sb's greeting
odkomenderować *vt perf* to draft; to detach

odkopać *vt perf* — **odkopywać** *vt imperf* to dig up; to turn up
odkorkować *vt perf* to open ⟨to uncork⟩ (a bottle)
odkotwiczyć *vi perf* to raise the anchor
odkrajać, odkrawać *zob* **odkroić**
odkręc|ić *perf* — **odkręc|ać** *imperf* I *vt* 1. *(odśrubować)* to unscrew 2. *(otworzyć)* to open; ∼ić ⟨∼ać⟩ kurek (wodociągowy ⟨gazowy⟩) to turn on the water ⟨the gas⟩ 3. *przen (odwikłać)* to unravel (a situation etc.) II *vr* ∼ić ⟨∼ać⟩ się 1. *(odśrubować się)* to come unscrewed 2. *(obrócić się)* to turn round
odkroić, odkrajać *vt perf* — **odkrawać** *vt imperf* to cut off
odkrycie *n* 1. ↑ **odkryć** 2. *(zbadanie)* exploration; ∼ naukowe ⟨geograficzne⟩ discovery 3. *(wyjawienie)* exposure; revelation
odkry|ć *perf* — **odkry|wać** *imperf* I *vt* 1. *(odsłonić)* to uncover; to expose; to bare; *przen* ∼ć ⟨∼wać⟩ karty to put one's cards on the table 2. *(dokonać odkrycia)* to discover 3. *(wyjawić)* to disclose; to find out (the truth etc.) II *vr* ∼ć ⟨∼wać⟩ się 1. *(zdjąć z siebie przykrycie)* to uncover oneself 2. *(odsłonić się)* to appear; to be exposed (to view)
odkryt|y *adj* open (carriage etc.); z ∼ą głową bare-headed
odkrywać *zob* **odkryć**
odkrywca *m* discoverer; explorer
odkrywczość *f sing* novelty
odkrywczy *adj* 1. *(mający charakter odkrycia)* revealing; revelational 2. *(mający na celu dokonanie odkrycia)* exploratory
odkrywka *f* 1. *geol* outcrop 2. *górn* exposure
odkrywkow|y *adj* opencast; kopalnia ∼a quarry; delf
odkrzyknąć *vt perf* — **odkrzykiwać** *vi imperf* to shout back
odkształcać *zob* **odkształcić**
odkształcenie *n* 1. ↑ **odkształcić** 2. *(zmiana kształtu)* deformation
odkształc|ić *perf* — **odkształc|ać** *imperf* I *vt* to deform II *vr* ∼ić ⟨∼ać⟩ się to be deformed; to strain ⟨to set⟩ off
odkuć *vt perf* — **odkuwać** *vt imperf* 1. *(wykuć)* to forge; to hammer 2. *(rozkuć)* to remove (a convict's chains etc.)
odkupiciel *m* redeemer
odkupić *vt perf* — **odkupywać** *vt imperf* 1. *(kupić)* to buy ⟨coś od kogoś sth off sb⟩ 2. *(wynagrodzić stratę)* to replace (a broken object etc.)
odkurzacz *m* vacuum cleaner; *pot* vac; dust exhauster; Hoover
odkurzać *vt imperf* — **odkurzyć** *vt perf* to dust (furniture etc.); *(czyścić odkurzaczem)* to vacuum-clean; to hoover
odkuwać *zob* **odkuć**
odkwasić *vt perf* — **odkwaszać** *vt imperf* to deacidify
odlać *vt perf* — **odlewać** *vt imperf* 1. *(wylać część)* to pour off; to drain (the potatoes etc.) 2. *(zrobić odlew)* to cast; to mould
odlecieć *vi perf* — **odlatywać** *vi imperf* 1. *(oddalić się)* to fly away; *lotn* to take off 2. *(odpaść)* to come off
odlegiwać *zob* **odleżeć**
odległościomierz *m fot* range-finder
odległoś|ć *f* 1. *(w przestrzeni)* distance; mała ⟨duża⟩ ∼ć short ⟨long⟩ way; na ∼ć ramienia at arm's length; w niewielkiej ∼ci not far off; w ∼ci kilku kroków several paces away; w pewnej ∼ci some distance off 2. *(w czasie)* remoteness 3. *muz* interval
odległy *adj (daleki w przestrzeni i czasie)* distant; remote; far-away; *(dawny)* long-ago (times etc.)
odlepi|ać *imperf* — **odlepi|ć** *perf* I *vt* to unstick; to detach (a stamp etc.) II *vr* ∼ać ⟨∼ć⟩ się to get unstuck ⟨detached⟩
odlew[1] *m* 1. *(odlany przedmiot)* cast; mould 2. *(odlewanie)* casting; moulding 3. *(cykl pracy w odlewni)* founding
odlew[2] *zob* **na odlew**
odlewacz *m* moulder
odlewać *zob* **odlać**
odlewnia *f* foundry

odlewnictwo *n singt* founding ⟨casting⟩ (of metals)
odlewnicz|y *adj* casting — (mould, machine etc.); **żelazo ~e** berlin iron
odleźć *zob* **odłazić**
odle|żeć *perf* — **odle|giwać** *imperf* I *vt* 1. *(leżeć dla pozbycia się zmęczenia itd.)* to get over (one's fatigue etc.) by lying in bed 2. *med* to develop bedsores (coś on sth) II. *vr* **~żeć** ⟨**~giwać**⟩ **się** 1. *(o glebie)* to rest; to lie idle 2. *(o piśmie urzędowym, o sprawie itd.)* to lie over
odleżyna *f med* bedsore
odlicz|ać *imperf* — **odlicz|yć** *perf* I *vt* 1. *(przeliczać)* to count off 2. *(odtrącać)* to deduct; to allow **(koszt przewozu itd.** for carriage etc.) II *vi* to count **(do pięciu** up to five); *wojsk* **~!** number!; *am* count off!
odliczenie *n* ↑ **odliczyć**; deduction; allowance
odliczyć *zob* **odliczać**
odlot *m* 1. *(samolotu)* take-off; start 2. *(ptaków)* flight (of birds)
odludek *m* recluse; solitary
odludny *adj* solitary; lonely
odludzie *n* solitary spot; seclusion
odłam *m* 1. *(kawał, bryła)* block; mass 2. *przen (grupa)* group; section; *polit* faction
odłam|ać *perf* — **odłam|ywać** *imperf* I *vt* to break away II *vr* **~ać** ⟨**~ywać**⟩ **się** to break away ⟨off⟩ *(vi)*
odłamek *m* bit; piece; fragment; chip (of stone etc.); stump (of tooth etc.); **~ pocisku** a shell splinter
odłamywać *zob* **odłamać**
odłazić *vi imperf* — **odleźć** *vi perf pot* 1. *(oddalać się)* to crawl away 2. *(odstawać)* to come off
odłączenie (się) *n* ↑ **odłączyć (się)**; disconnection; dissociation; separation; severance; detachment
odłącz|yć *perf* — **odłącz|ać** *imperf* I *vt* 1. *(oddzielić)* to disconnect; to dissociate; to separate; to detach; to sever 2. *(wyłączyć)* to separate; to eliminate 3. *(odczepić)* to unfix; to uncouple; **~yć** ⟨**~ać**⟩ **dziecko od piersi** to wean a child II *vr* **~yć** ⟨**~ać**⟩ **się** to become detached; to recede; **~yć** ⟨**~ać**⟩ **się od innych** to leave one's company
odłogować *vi imperf roln* to lie fallow
odłogowy *adj roln* fallow; **system ~** fallowing
odł|óg *m roln* fallow land; **leżeć ~ogiem** to lie fallow
odłup|ać *perf* — **odłup|ywać** *imperf* I *vt* to split off; to chip off II *vr* **~ać** ⟨**~ywać**⟩ **się** *(o drzazgach, odłamkach itd.)* to split off; to chip off *(vi)*; *(o farbie itd.)* to flake off
odma *f med* pneumatosis; **~ opłucnowa** pneumothorax
odmaczać *vt imperf* — **odmoczyć** *vt perf* to soak (out); to soak off
odmakać *vi imperf* — **odmoknąć** *vi perf* to soak off
odmalow|ać *vt perf* — **odmalow|ywać** *vt imperf* 1. *(pomalować na nowo)* to repaint; **~ać mieszkanie** to redecorate a flat 2. *przen (przedstawić)* to represent; to picture; to portray
odmarsz *m* march out; marching off
odmarznąć [r-z] *vi perf* — **odmarzać** [r-z] *vi imperf* to thaw; to unfreeze
odmaszerować *vi perf* — **odmaszerowywać** *vi imperf* to march off
odm|awiać *imperf* — **odm|ówić** *perf* I *vt* 1. *(nie godzić się)* to refuse **(czegoś** sth; **zrobienia czegoś** to do sth); to decline (an offer etc.); **~awiać** ⟨**~ówić**⟩ **komuś pomocy w potrzebie** to leave sb in the lurch; **~awiać** ⟨**~ówić**⟩ **sobie (przyjemności itd.)** to deny oneself (a pleasure etc.); **~awiać** ⟨**~ówić**⟩ **komuś talentu** to refuse to acknowledge sb's talents; **nerwy** ⟨**ręce, nogi itd.**⟩ **~ówiły mu posłuszeństwa** his nerves ⟨hands, legs etc.⟩ failed him 2. *(mówić)* to say **(modlitwę** one's prayers) II *vi* to refuse; to decline; to turn down **(czyjejś prośbie** sb's request)
odmeldować się *vr perf* to report one's departure
odmęt *m poet* 1. *(coś kłębiącego się)* whirl; vortex 2. *przen* chaos; confusion
odmian|a *f* 1. *(zmiana)* change; modification; **dla ~y, na ~ę** for a change 2. *bot zool* variety 3. *jęz* accidence;

odmiatać — **odnieść**

inflexion; ~a czasownika conjugation; ~a rzeczownika declension
odmiatać *vt imperf* — **odmieść** *vt perf* to sweep away ⟨aside⟩
odmieni|ać *imperf* — **odmieni|ć** *perf* I *vt* 1. (*czynić innym*) to change; to alter 2. *jęz* to inflect; to decline (a substantive); to conjugate (a verb) II *vr* ~**ać** ⟨~**ć**⟩ **się** 1. (*stawać się innym*) to change (*vi*); to undergo a change 2. *jęz* (*o czasowniku*) to be conjugated; (*o rzeczowniku*) to be declined
odmienność *f singt* dissimilarity
odmienn|y *adj* 1. (*inny*) different; other (od kogoś, czegoś than sb, sth); unlike (**od kogoś, czegoś** sb, sth); **płeć** ~**a** the opposite sex; **być** ~**ego zdania** to disagree 2. (*odrębny*) separate; distinct 3. *jęz* inflected ‖ † **być w** ~**ym stanie** to be pregnant
odmierzać *vt imperf* — **odmierzyć** *vt perf* to measure (out)
odmieść *zob* **odmiatać**
odmięknąć *vi perf* — **odmiękać** *vi imperf* to soften
odmł|adzać *imperf* — **odmł|odzić** *perf* I *vt* 1. (*nadawać młodszy wygląd*) to make (sb) look younger 2. (*zastępować starszych młodszymi*) to rejuvenate II *vr* ~**adzać** ⟨~**odzić**⟩ **się** 1. (*stawać się młodszym*) to rejuvenate 2. (*czuć się młodszym*) to grow ⟨to feel⟩ young again 3. (*ujmować sobie lat*) to pretend to be younger
odmłodnieć *vi perf* 1. (*poczuć się młodszym*) to rejuvenate; to grow young again 2. (*wyglądać młodziej*) to look younger
odmłodzenie *n* ↑ **odmłodzić**; rejuvenation
odmoczyć *zob* **odmaczać**
odmoknąć *zob* **odmakać**
odmowa *f* refusal (**czegoś** of sth); denial
odmownie *adv* negatively; **prośbę załatwiono** ~ the request was rejected
odmown|y *adj* negative; ~**a odpowiedź** refusal
odmówić *zob* **odmawiać**
odmówienie *n* 1. ↑ **odmówić** 2. = **odmowa**
odmrozić *vt perf* — **odmrażać** *vt imperf* 1. (*doznać odmrożenia*) to get (**sobie uszy** *itd.* one's ears etc.) frozen 2. (*spowodować odmarznięcie*) to unfreeze (a window pane etc.); to thaw (refrigerated meat etc.); to defrost (frozen food etc.) 3. *lotn* to de-ice
odmrożenie *n* 1. *singt* ↑ **odmrozić** 2. (*uszkodzenie ciała*) frost-bite; kibe
odmulać *vt imperf* — **odmulić** *vt perf* to desludge
odmyć *vt perf* — **odmywać** *vt imperf* 1. (*oczyścić*) to wash (sth) clean 2. (*wywabić*) to wash off (a stain)
odmykać *zob* **odemknąć**
odmywać *zob* **odmyć**
odnająć *vt perf* — **odnajmować** *vt imperf* 1. (*użytkować*) to rent (**pokój u kogoś** a room from sb) 2. (*odstąpić*) to let off (a room, a flat)
odnajdować *zob* **odnaleźć**
odnajęcie *n* ↑ **odnająć**; sub-letting
odnajmować *zob* **odnajać**
odnalezienie *n* ↑ **odnaleźć**; recovery; retrieval
odna|leźć *perf* — **odna|jdować** *imperf* I *vt* to find (again); to recover II *vr* ~**leźć** ⟨~**jdować**⟩ **się** 1. (*zjawić się z powrotem*) to turn up 2. (*być odszukanym*) to be found
odn|awiać *imperf* — **odn|owić** *perf* I *vt* 1. (*restaurować*) to renew; to renovate; to restore; (*odświeżać*) to recondition 2. (*reformować*) to reform 3. (*ponawiać*) to renew (a promise, treaty, friendship etc.); to revive (a custom etc.); to resume (broken-off relations etc.) II *vr* ~**awiać** ⟨~**owić**⟩ **się** to be renewed
odniesieni|e *n* 1. ↑ **odnieść** 2. (*zaniesienie*) carriage (**pakunku** *itd.* of a parcel etc.) 3. (*zastosowanie do kogoś, czegoś*) reference; **w** ~**u do kogoś, czegoś** with reference to sb, sth 4. ~**e się** (*potraktowanie*) behaviour (**do kogoś** towards sb); treatment (**do kogoś** sb)
odn|ieść *perf* — **odn|osić** *imperf* I *vt* 1. (*zanieść*) to carry ⟨to take⟩ (**coś dokądś** sth to a place); (*przynieść z powrotem*) to bring back 2. (*osiągnąć*) to gain (a victory etc.); to achieve (a success); ~**ieść korzyść z czegoś** to

odnoga   400   **odparzyć**

derive profit from sth; ~ieść ⟨~osić⟩ skutek to produce an effect 3. (*doznać*) to sustain (injuries etc.); ~ieść rany to be wounded; ~ieść ⟨~osić⟩ wrażenie, że ... to have the impression that ... 4. (*zastosować*) to refer; to relate 5. (*przypisać*) to ascribe II vr ~ieść ⟨~osić⟩ się 1. (*zachować się*) to behave (do kogoś, czegoś towards sb, sth); to treat (do kogoś, czegoś życzliwie ⟨wrogo itd.⟩ sb, sth kindly ⟨with hostility etc.⟩) 2. zob **odnosić się**
odnoga f branch, ramification; limb; bot offshoot; ~ górska spur of a mountain chain; ~ morska arm of the sea; ~ rzeki arm of a river
odnosić się vr *imperf* 1. zob **odnieść się** 2. (*dotyczyć*) to refer ⟨to have reference, to relate⟩ (do kogoś, czegoś to sb, sth); to concern (do kogoś, czegoś sb, sth)
odnoszenie n ↑ **odnosić (się)** 1. (*zanoszenie*) carriage 2. ~ **się** behaviour (do kogoś, czegoś towards sb, sth)
odnośnie do (*wobec*) towards (sb, sth); in relation to (sb, sth); (*w odniesieniu do*) regarding (sb, sth); with reference to (sb, sth)
odnośnik *m* reference
odnośny *adj* 1. (*o którego chodzi*) relative; relevant; (the one) mentioned 2. (*właściwy*) proper
odnotować *vt perf* — **odnotowywać** *vt imperf* to make a note (coś of sth); to note down
odnowa f 1. (*odnowienie*) renovation; restoration 2. (*odrodzenie się*) revival; regeneration
odnowić zob **odnawiać**
odnowienie n ↑ **odnowić** 1. (*restaurowanie*) renovation; restoration 2. (*reforma*) reform 3. (*ponowienie*) renewal; revival 4. ~ **się** (*ponowienie*) renewal; *med* recrudescence; (*recydywa*) relapse
odnóże n *ent* limb (of an insect)
odnóżka f 1. *dim* ↑ **odnoga** 2. *ogr* shoot
odos|obnić *perf* — **odos|abniać** *imperf* I *vt* to isolate; to sequester II *vr* ~**obnić** ⟨~**abniać**⟩ **się** to seclude oneself; to be isolated

odosobnieni|e n 1. ↑ **odosobnić** 2. (*izolacja*) seclusion; isolation; żyć w ~u to retire from the world
odosobniony *adj* 1. (*ustronny*) isolated; secluded 2. (*samotny*) solitary; individual 3. (*wyjątkowy*) exceptional
odór *m* (offensive) smell
odpad *m* (*zw pl*) waste (material); refuse; ~y użytkowe utility refuse
odpadać *vi imperf* — **odpaść** *vi perf* 1. (*odrywać się*) to fall off; to come off; to peel off 2. (*wycofać się, być usuniętym*) to drop out (z zawodów itd. of a contest etc.) 3. *pot* (*nie wchodzić w rachubę*) to come no longer into consideration
odpadanie n ↑ **odpadać**; abandonment; desertion; secession
odpad|ek *m* 1. (*odpad*) offal; *pl* ~ki waste; refuse; offals 2. *pl* ~ki (*śmieci*) refuse; litter; garbage
odpadowy *adj* waste ⟨residuary⟩ — (substances etc.)
odpalić *perf* — **odpalać** *imperf* I *vi* 1. (*skorzystać z czyjegoś ognia*) to light one's cigarette (od kogoś off sb else's) 2. *perf pot* (*odciąć się*) to retort 3. *górn* to explode II *vt perf pot* (*dać kosza*) to rebuff (a suitor)
odparci|e n ↑ **odeprzeć**; repulse (of an attack etc.); confutation (of an argument etc.); disproof (of a statement); refutation (of a charge); **argument nie do ~a** irrefutable argument
odparować[1] *perf* — **odparowywać**[1] *imperf* I *vi* (*utracić części płynne*) to vaporize; to evaporate II *vt* to vaporize ⟨to evaporate⟩ (a substance)
odparować[2] *perf* — **odparowywać**[2] *imperf* I *vt* (*odbić*) to parry (a blow) II *vi* (*odciąć się*) to retort
odparowanie[1] n ↑ **odparować**[1]; vaporization; evaporation
odparowanie[2] n ↑ **odparować**[2]; (a) parry; (a) repulse
odparowywać[1] zob **odparować**[1]
odparowywać[2] zob **odparować**[2]
odparzać zob **odparzyć**
odparzenie n 1. ↑ **odparzyć** 2. (*miejsce odparzone*) chafe
odparz|yć *perf* — **odparz|ać** *imperf* I *vt*

to chafe II *vr* ~yć ⟨~ać⟩ się to chafe one's skin
odpasać¹ *vt perf* — odpasywać *vt imperf* to ungird ⟨to unbelt⟩ (a sword etc.); to unbind (an apron)
odpa|ść¹ *perf* — odpa|sać² *imperf* I *vt* to feed up (an animal) II *vr* ~ść ⟨~sać⟩ się to feed up (*vi*)
odpaść² *zob* odpadać
odpędz|ać *vt imperf* — odpędz|ić *vt perf* to repel; to keep back ⟨away⟩; *przen* ~ać ⟨~ić⟩ głód to beguile hunger (tytoniem itd. with tobacco etc.)
odpiąć *perf* — odpinać *imperf* I *vt* 1. (*odczepić*) to unfasten; to undo; to unbuckle; to unclasp; to unhook 2. (*rozpiąć*) to unbutton II *vr* odpinać ⟨odpiąć⟩ się to get unbuttoned ⟨unfastened, undone⟩
odpieczętować *vt perf* — odpieczętowywać *vt imperf* to unseal
odpierać *zob* odeprzeć
odpiłować *vt perf* — odpiłowywać *vt imperf* (*piłą*) to saw off; (*pilnikiem*) to file off
odpinać *zob* odpiąć
odpis *m* copy; duplicate
odpisać *perf* — odpisywać *imperf* I *vt* 1. (*sporządzić drugi egzemplarz*) to copy; to make a copy (coś of sth) 2. *szk* (*przepisać od kolegi*) to crib 3. *księgow* to deduct ⟨to write off⟩ (a sum, a debt) 4. (*przepisać na kogoś*) to assign (własność komuś property to sb) II *vi* (*odpowiedzieć pisemnie*) to write back; to answer (na list a letter)
odpisanie *n* 1. ↑ odpisać 2. (*odpowiedź pisemna*) (written) answer (to a letter)
odpisywać *zob* odpisać
odpłac|ić *vt perf* — odpłac|ać *vt imperf* (*także vr* ~ić ⟨~ać⟩ się) (*oddać w zamian*) to repay (komuś sb); to return (komuś grzecznością za grzeczność a kindness for sb's kindness); ~ić ⟨~ać⟩ dobrym za złe to return good for evil; *przen* ~ić ⟨~ać⟩ komuś tą samą monetą to pay (sb) back in his own coin; ~ić ⟨~ać⟩ pięknym za nadobne to give tit for tat; ~ę ci się I'll make it worth your while

odpłata *f* 1. (*zwrot kosztów*) repayment; reimbursement 2. (*odwzajemnienie się*) return; requital 3. (*zadośćuczynienie*) retaliation
odpłatnie *adv* against payment
odpłatność *f singt* (re)payment; reimbursement
odpłatny *adj* payable
odpły|nąć *vi perf* — odpły|wać *vi imperf* 1. (*płynąc oddalić się*) to sail away; to leave harbour 2. (*o płynach*) to flow away; (*ujść*) to leak; (*o morzu*) to ebb
odpłynięcie *n* 1. ↑ odpłynąć 2. (*odjechanie*) departure (of a ship) 3. (*wypłynięcie*) outflow (of a liquid)
odpływ *m* 1. (*odpływanie*) outflow; efflux; issue; drainage 2. *przen* egress; egression; ~ złota outflow of gold 3. (*spust*) outflow; discharge 4. *geogr mar* ebb(-tide); low water; jest ~ the tide is ebbing 5. (*ujście rzeki*) mouth (of a river); outlet (jeziora of a lake)
odpływać *zob* odpłynąć
odpływow|y *adj* effluent; outflowing (current etc.); *techn* rura ~a drain-pipe
odpocz|ąć·*vi perf* — odpocz|ywać *vi imperf* (to take a) rest; dobrze (sobie) ~ąć to have a good rest
odpoczynek *m* rest; repose
odpoczywać *zob* odpocząć
odpokutować *vt perf* to atone (coś for sth); to expiate ⟨to redeem⟩ (a crime etc.)
odpokutowanie *n* ↑ odpokutować; atonement; redemption; expiation
odporność *f singt* (power of) resistance; *med* immunity (na chorobę from a disease)
odporny *adj* resistant (na coś to sth); proof (na coś against sth); *med* immune (na coś from sth); *bot* hardy; ~ na wpływy atmosferyczne weather-proof
odpowi|adać *vi imperf* — odpowi|edzieć *vi perf* 1. (*dawać odpowiedź*) to answer (komuś sb; na pytanie, list itd. a question, a letter etc.); to reply (komuś to sb); ~adać ⟨~edzieć⟩ impertynencko to answer back 2. (*reagować*) to respond; telefon nie ~ada (there is)

odpowiedni   402   **odprężać**

no answer 3. *szk* to answer; ~**adać** ⟨~**edzieć**⟩ **z lekcji** to say one's lesson; ~**adać z historii itd.** to be questioned in history etc. 4. (*odwzajemniać się*) to return (**na ukłon itd.** a greeting etc.) 5. (*być odpowiedzialnym*) to answer (**za coś** for sth); ~**adać** ⟨~**edzieć**⟩ **majątkiem** ⟨**życiem**⟩ to be responsible on pain of forfeiting one's estate ⟨one's life⟩; ~**adać** ⟨~**edzieć**⟩ **przed sądem** to be brought to trial; ~**adać** ⟨~**edzieć**⟩ **za kogoś** to answer for sb 6. (*być stosownym, dogadzać*) to answer ⟨to suit⟩ (**celowi** a purpose); to be convenient (to sb); to suit (**komuś** sb); ~**adać** ⟨~**edzieć**⟩ **wymaganiom** to meet the requirements; ~**adający potrzebom** suited to the needs 7. *imperf* (*być zgodnym z czymś*) to correspond (**czemuś** with sth); to conform (**czemuś** to sth); to fit in (**faktom itd.** with the facts etc.); ~**adać sobie** to match (*vi*)
odpowiedni *adj* suitable ⟨proper, adequate, appropriate, fit⟩ (**do czegoś, na coś** for sth); due; right (candidate etc.); required (qualifications etc.); competent (authority etc.); (*o chwili*) opportune; **zrobiony** ⟨**nastały**⟩ **w** ~**m momencie** timely; **w** ~**m czasie** in due time
odpowiednik *m* equivalent; counterpart; tally
odpowiednio *adv* suitably; properly; adequately; duly; respectively; correspondingly; ~ **do** ... according to ...; ~ **do tego** accordingly
odpowiedzialnoś|ć *f singt* responsibility; *prawn* ~**ć cywilna** civil liability; ~**ć sądowa** amenability to law; **obarczyć kogoś** ~**cią** to lay responsibility on sb; **pociągnąć kogoś do** ~**ci** to call sb to account; **ponosić** ~**ć za coś** to be responsible for sth; **zrzucić z siebie** ~**ć za coś** to decline the responsibility for sth; **na swoją** ~**ć** on one's own responsibility; **pod** ~**cią** ... under penalty of ...
odpowiedzialn|y *adj* 1. (*rzetelny*) reliable; trustworthy 2. (*poważny, trudny*) responsible; ~**e stanowisko** post of re-sponsibility 3. (*odpowiadający za kogoś, coś*) responsible; answerable ⟨liable⟩ (**przed kimś za coś** to sb for sth); **redaktor** ~**y** responsible editor; **czynić kogoś** ~**ym za coś** to hold sb responsible for sth
odpowiedzieć *zob* **odpowiadać**
odpowie|dź *f* 1. (*reakcja na pytanie — także szk*) answer; reply; **cięta** ~**dź** repartee; **telegram z opłaconą** ~**dzią** reply-paid telegram; **mieć gotową na wszystko** ~**dź** to have a reply to everything 2. (*reakcja na coś*) response
odpowietrzać *vt imperf* — **odpowietrzyć** *vt perf* to de-aerate
odpowietrznik *m techn* de-aerator; breather
odpowietrzyć *zob* **odpowietrzać**
odpór *m* resistance; **dawać** ~ **komuś, czemuś** to resist sb, sth; **dawać** ~ **wrogowi** to make a stand against the enemy
odpracować *vt perf* — **odpracowywać** *vt imperf* to work as payment (**coś** for sth); to work out (**czynsz itd.** one's rent etc.)
odprasować *vt perf* — **odprasowywać** *vt imperf* to iron (linen etc.); to press (trousers etc.)
odpraw|a *f* 1. (*zebranie*) briefing; **odbyć** ~**ę z personelem** to brief one's personnel 2. (*replika*) retort; repulse; rebuff 3. (*wynagrodzenie*) compensation; allowance 4. (*załatwianie formalności*) dispatch; ~**a celna** customs clearance; ~**a paszportowa** passport control
odprawi|ać *vt imperf* — **odprawi|ć** *vt perf* 1. (*odsyłać*) to send (sb) away; to dismiss (sb) 2. (*odmawiać*) to rebuff (sb); ~**ć kogoś z niczym** ⟨**z kwitkiem**⟩ to send sb away empty-handed 3. (*zwalniać z pracy*) to dismiss (an employee); to pay (sb) off 4. (*ekspediować*) to send ⟨to forward⟩ (goods) 5. (*celebrować*) to celebrate (a service); to say (mass)
odprawienie *n* 1. ↑ **odprawić** 2. (*zwolnienie z pracy*) dismissal (of an employee etc.) 3. (*celebrowanie*) celebration (of a service)
odpręż|ać *imperf* — **odpręż|yć** *perf* **I** *vt*

odprężenie 1. (*czynić mniej prężnym*) to slacken (a rope etc.) 2. *przen* to relax (**umysł** the mind); to relax (**nerwy** the nerves) II *vr* ~ać ⟨~yć⟩ się 1. (*o sznurze itd.*) to slacken (*vi*) 2. *przen* (*o umyśle, nerwach*) to relax (*vi*)
odprężenie *n* 1. ↑ **odprężyć** 2. (*uspokojenie*) relaxation 3. *polit* détente
odprężyć *zob* **odprężać**
odprowadz|ać *vt imperf* — **odprowadz|ić** *vt perf* 1. (*towarzyszyć*) to accompany; to escort; ~ać ⟨~ić⟩ **kogoś do domu** to take sb home; ~ać ⟨~ić⟩ **kogoś do drzwi** to assist sb to the door; ~ać ⟨~ić⟩ **kogoś na bok** to take sb aside; ~ać ⟨~ić⟩ **kogoś na stację** to see sb off at the station; *przen* ~ać **kogoś wzrokiem** to follow sb with one's eyes 2. (*pod przymusem*) to march (sb) away; ~ać **do aresztu** to march (sb) to jail 3. (*oddalać*) to carry away (smoke, gases etc.); ~ać ⟨~ić⟩ **pieniądze do kasy** to pay in the takings
odprowadzenie *n* 1. ↑ **odprowadzić** 2. *techn* offtake; ~ **ścieków** sewerage
odprowadzić *zob* **odprowadzać**
odpru|ć *perf* — **odpru|wać** *imperf* I *vt* to rip away; to unseam II *vr* ~ć ⟨~wać⟩ się to come unsewn
odprysk *m* chip; splinter
odpryskiwać *vi imperf* — **odprysnąć** *vi perf* to chip off; to flake; to spatter
odprząc *vt, vi perf* — **odprzęgać** *vt, vi imperf* to unharness (horses)
odprzedać *vt perf* — **odprzedawać** *vt imperf* to resell
odprzedaż *f* resale
odprzęgać *zob* **odprząc**
odpuk|ać *vt perf* — **odpuk|iwać** *vt imperf* 1. (*odpowiedzieć pukaniem*) to knock back 2. (*od uroku*). to touch wood; ~**aj to!** touch wood!
odpust *m* 1. (*zabawy*) church fair 2. *rel* indulgence
odpustowy *adj* 1. (*dotyczący zabawy odpustowej*) fair — (grounds etc.) 2. *rel* pilgrim (pilgrimage) — (centre etc.)
odpuszczać *zob* **odpuścić**
odpuszczenie *n* ↑ **odpuścić**; remission (of sins)

odpu|ścić *vt perf* — **odpu|szczać** *imperf* 1. (*przebaczyć*) to remit; to forgive; *rel* ~**ścić komuś grzechy** ⟨**winy**⟩ to absolve sb from sin 2. *techn* to anneal
odpychać *vt imperf* 1. *zob* **odepchnąć** 2. (*zrażać*) to repel; to be repellent (**kogoś** to sb)
odpychający *adj* repulsive; repellent; loathsome
odpychanie *n* ↑ **odpychać**; repulsion; repulsive force
odpylacz *m techn* dust cleaner
odpylanie *n* 1. ↑ **odpylać** 2. *techn* dust cleaning
odpyt|ać *vt perf* — **odpyt|ywać** *vt imperf szk* to examine; ~**ać** ⟨~**ywać**⟩ **ucznia z lekcji** to hear a pupil's lesson
odra *f med* measles
odrabiać *zob* **odrobić**
odr|aczać *vt imperf* — **odr|oczyć** *vt perf* to postpone; to put off; to adjourn; to delay; ~**aczać** ⟨~**oczyć**⟩ **wykonanie wyroku skazanemu** to reprieve a condemned person
odraczanie *n* ↑ **odraczać**; postponement; adjournment
odr|adzać[1] *imperf* — **odr|odzić** *perf* I *vt* 1. (*dawać nowe życie*) to regenerate; to infuse new life (**kogoś, coś** into sb, sth) 2. (*odnawiać*) to revive II *vr* ~**adzać** ⟨~**odzić**⟩ się to revive (*vi*), to regenerate (*vi*)
odradzać[2] *vt imperf* — **odradzić** *vt perf* to advise (**komuś coś** sb against sth); to dissuade (**komuś coś** sb from sth)
odradzanie[1] *n* ↑ **odradzać**[1]; regeneration
odradzanie[2] *n* ↑ **odradzać**[2]; dissuasion
odradzić *zob* **odradzać**[2]
odrapany *adj* dilapidated
odr|astać *vi imperf* — **odr|osnąć**, **odr|óść** *vi perf* 1. (*rosnąć na nowo*) to grow again; *bot* ~**astać z korzenia** to sucker 2. (*podrastać*) **to grow; jeszcze nie** ~**ósł od ziemi** he is a mere kid
odratować *vt perf* — **odratowywać** *vt imperf* to save (**kogoś** sb's life)
odraz|a *f* aversion; repugnance; **budzić w kimś** ~**ę** to be repugnant to sb; **mieć** ~**ę do kogoś, czegoś** to abhor sb, sth

odrażający *adj* repulsive; repugnant; hideous; loathsome; disgusting
odrąbać *vt perf* — **odrąbywać** *vt imperf* to chop off
odrdzewiać *vt imperf* — **odrdzewić** *vt perf* to derust; to remove rust
odremontować *vt perf* — **odremontowywać** *vt imperf* to restore; to refit; to renovate
odrestaurować *vt perf* to restore; to renovate
odrębnie *adv* separately; individually; apart
odrębność *f* separateness; separate character
odrębny *adj* separate; distinct; individual
odręcznie *adv* manually; by hand; ~ **napisany** autographic; written in one's own hand
odręczny *adj* 1. (*wykonany ręcznie*) done by hand; hand-made; hand-written 2. (*odbywający się od razu*) extemporaneous; off-handed
odrętwiały *adj* numb; benumbed; torpid; stiff
odrętwieć *vi perf* 1. (*zdrętwieć*) to grow numb 2. (*zobojętnieć*) to become torpid
odrętwienie *n* 1. ↑ **odrętwieć** 2. (*drętwota*) numbness; torpor
odr|obić *vt perf* — **odr|abiać** *vt imperf* 1. (*odpłacić pracą*) to work out (a debt, an obligation etc.) 2. (*wykonać zgodnie z zobowiązaniem*) to do (one's work, a task assigned to one); ~**obić** ⟨~**abiać**⟩ **stracony czas** to make up for lost time; ~**obić** ⟨~**abiać**⟩ **zaległości** to catch up with one's work; *szk* ~**obić** ⟨~**abiać**⟩ **lekcje** to do one's lessons 3. *perf* (*zrobić precyzyjnie*) to do (sth) with precision 4. (*naprawić*) to undo (mischief etc.); to correct errors etc.); **tego się nie da** ~**obić** that cannot be undone
odrobienie *n* ↑ **odrobić**; execution (of a task); discharge (of a debt); *szk* ~ **lekcji** preparation; homework
odrobin|a *f* 1. (*cząsteczka*) particle; bit 2. *przen* (*trochę*) (*także przysłówkowo* ~**ę**) (just) a little; a (little) bit; **ani** ~**ę** not a bit (of common sense etc.); **przy** ~**ie szczęścia** with a bit of luck; **po** ~**ie** little by little
odroczenie *n* ↑ **odroczyć**; postponement; deferment; adjournment; *prawn* respite; ~ **wykonania wyroku** (a) reprieve
odroczyć *zob* **odraczać**
odrodzenie *n singt* 1. ↑ **odrodzić**; rebirth; regeneration; revival 2. *hist* Renaissance
odrodzić *zob* **odradzać**[1]
odrosnąć *zob* **odrastać**
odrost *m* 1. (*pęd*) sucker 2. (*odrośnięcie*) regrowth
odrośl *f ogr* layer; offshoot; sprout
odrośnięcie *n* ↑ **odrosnąć**; regrowth
odróść *zob* **odrastać**
odróżni|ać *imperf* — **odróżni|ć** *perf* **I** *vt* 1. (*dostrzegać różnicę*) to distinguish; to differentiate; to discern; to discriminate; to know (**jedno od drugiego** one thing from another); to tell (two persons, things) apart 2. (*stanowić różnicę*) to differentiate (man from animals etc.) **II** *vr* ~**ać** ⟨~**ć**⟩ **się** to differ (**od innych** from others)
odróżnianie *n* ↑ **odróżniać**; discrimination
odróżnić *zob* **odróżniać**
odróżnieni|e *n* ↑ **odróżnić**; distinction; **nie do** ~**a** indiscernible, indistinguishable; **w** ~**u** (**od kogoś, czegoś**) a) (*w przeciwieństwie*) as opposed (to sb, sth) b) (*inaczej niż*) unlike (sb, sth)
odruch *m* 1. *med psych* reflex 2. (*żywiołowa reakcja*) impulse
odruchowy *adj* 1. *med psych* reflexive; reflex — (movement etc.) 2. (*mimowolny*) impulsive; involuntary; instinctive
odryglować *vt perf* to unbar (a door etc.)
odrysować *vt perf* — **odrysowywać** *vt imperf* to copy; to draw
odrywać *zob* **oderwać**
odrze|c *perf* — **odrze|kać** *imperf* **I** *vi* to reply; to rejoin **II** *vr* ~**c** ⟨~**kać**⟩ **się** to renounce (sb, sth)
odrzeć *vt perf* — **odzierać** *vt imperf* 1. (*ogołocić*) to tear (sth away from ⟨off⟩ sb, sth) 2. *przen* (*pozbawić*) to deprive (**kogoś z czegoś** sb of sth)

3. (*ograbić*) to strip; *przen* **odzierać kogoś ze skóry** to fleece sb
odrzekać *zob* **odrzec**
odrzuc|ać *vt imperf* — **odrzuc|ić** *vt perf* 1. (*rzucając oddalać*) to throw away ⟨off⟩; *dosł i przen* ~**ać** ⟨~**ić**⟩ **maskę** to throw off the mask 2. (*rzucając zwracać*) to throw back (a ball etc.) 3. (*odpierać*) to repel; to drive back (the enemy) 4. (*odtrącać*) to reject (an offer etc.); to vote down (**wniosek a motion**); to turn down (a request, a candidate etc.); to repudiate (an authority etc.); *prawn* to ignore (**pretensję** a claim); (*wybrakować*) to reject || ~**iło mnie od tego** it started to pall on me
odrzucenie *n* ↑ **odrzucić** 1. (*odparcie wroga*) repulse 2. (*nieprzyjęcie oferty, wniosku itd.*) rejection; refusal; repudiation
odrzucić *zob* **odrzucać**
odrzut *m* 1. (*energia*) energy of recoil 2. (*ruch*) recoil; (*u broni palnej*) kick 3. (*odrzucenie z powrotem*) return; *sport* kick; shot 4. (*to, co zostało odrzucone*) waste (material)
odrzutowiec *m lotn* jet(-propelled) plane; *pot* jet
odrzutowy *adj* jet-propelled
odrzwia *plt* door-frame
odrzynać *imperf* **I** *vt zob* **oderżnąć II** *vr* ~ **się** to stand out in relief (**na tle czegoś** against the background of sth)
odsadz|ać *imperf* — **odsadz|ić** *perf* **I** *vt* to separate; to remove **II** *vr* ~**ać** ⟨~**ić**⟩ **się** to move away (**od kogoś, czegoś** from sb, sth)
odsapnąć *vi perf* — **odsapywać** *vi imperf* 1. (*westchnąć*) to heave a sigh 2. (*wytchnąć*) to recover one's breath 3. (*odpocząć*) to rest (a while)
odsącz|ać *imperf* — **odsącz|yć** *perf* **I** *vt* to drain off (a liquid); to strain **II** *vr* ~**ać** ⟨~**yć**⟩ **się** to drain off (*vi*)
odsądz|ić *vt perf* — **odsądz|ać** *vt imperf* to refuse to acknowledge (**kogoś od zalet itd.** sb's qualities etc.); to deny (**kogoś od rozumu itd.** sb reason etc.); ~**ić** ⟨~**ać**⟩ **kogoś od czci i wiary** to defame sb

odseparow|ać *perf* — **odseparow|ywać** *imperf* **I** *vt* to separate; to detach **II** *vr* ~**ać** ⟨~**ywać**⟩ **się** to separate (*vi*); to retire (**od kogoś, czegoś** from sb, sth)
odsetek *m* percentage; proportion
odsetki *plt fin* interest; **kapitał i** ~ principal and interest; **narosłe** ~ accrued interest
odsiać *vt perf* — **odsiewać** *vt imperf* to sift
odsiadywać *vt imperf* — **odsiedzieć** *vt perf* 1. (*spędzać czas siedząc*) to sit ⟨to stay⟩ (**pewien czas** a certain space of time) 2. (*odbywać karę*) to serve (a sentence)
odsiarczanie *n techn* desulphurization; desulphurizing
odsiecz *f* relief; *hist* ~ **Wiednia** the rescue of Vienna; **przyjść z** ~**ą oblężonemu miastu** to relieve a besieged town
odsiedzieć *zob* **odsiadywać**
odsiew *m* 1. (*odsianie*) sifting 2. *przen* (*to, co odpadło*) screenings; siftings; (*ludzie, którzy odpadli*) throw-outs 3. (*selekcja*) selection
odsiewać *zob* **odsiać**
odsiwiacz *m* hair dye
odsk|akiwać *vi imperf* — **odsk|oczyć** *vi perf* 1. (*odsuwać się*) to spring aside; to spring back; ~**akiwać** ⟨~**oczyć**⟩ **od napastnika** to dodge an assailant 2. (*odbić się*) to rebound; to bounce; to recoil
odskocznia *f* diving-board; *przen* (*punkt wyjścia*) stepping-stone
odskoczyć *zob* **odskakiwać**
odskok *m* 1. (*skok*) (a) leap ⟨jump⟩ (**w bok** aside; **do tyłu** back) 2. (*odbicie się piłki*) (a) rebound; (a) bounce 3. (*szarpnięcie do tyłu*) (a) recoil 4. (*pocisku*) ricochet
odsłaniać *zob* **odsłonić**
odsłona *f* 1. *teatr* scene 2. *szerm* opening
odsł|onić *perf* — **odsł|aniać** *imperf* **I** *vt* 1. (*uczynić widocznym*) to expose; to display; *dosł i przen* to show (**karty** one's hand); ~**onić** ⟨~**aniać**⟩ **pomnik** to unveil a monument 2. (*obnażyć*) to uncover; to bare (one's head etc.)

odsłonięcie 406 **odstręczać**

3. *przen* (*ujawnić*) to disclose; to denounce; to reveal 4. (*usunąć*) to remove; ~onić ⟨~aniać⟩ firankę to draw a curtain (aside); *przen* ~onić przyłbicę to drop the mask II *vr* ~onić ⟨~aniać⟩ się 1. (*o widoku*) to appear; to show itself 2. *przen* (*o uczuciu itd.*) to manifest itself; (*o tajemnicy itd.*) to be disclosed
odsłonięcie *n* 1. ↑ **odsłonić** 2. (*pokazanie*) exposure; show; ~ pomnika unveiling of a monument 3. *przen* (*ujawnienie*) disclosure
odsłowny *adj jęz* verbal (noun); rzeczownik ~ gerund
odsłu|żyć *perf* — **odsłu|giwać** *imperf* I *vt* 1. (*odbywać służbę*) to serve (*x* years) in the army 2. (*spłacać służbę*) to repay (an obligation) by serving (somewhere) II *vr* ~żyć ⟨~giwać⟩ się to return (komuś sb's) service
odsprzedać *vt perf* — **odsprzedawać** *vt imperf* to resell
odsprzedaż *f* resale
odsta|ć *perf* — **odsta|wać** *imperf* I *vi* 1. (*oddzielić się*) to come off; ~jące uszy protruding ears 2. (*odróżniać się*) to differ (**od innych** from others) II *vr* ~ć ⟨~wać⟩ się (*o cieczach*) to settle ‖ **to co się stało, już się nie ~nie** what is done cannot be undone
odstanawiać *vt imperf* — **odstanowić** *vt perf* (*o ogierze, byku*) to cover (a mare, a cow)
odstawa *f* 1. (*dostarczenie*) delivery 2. *górn* haulage
odstawać *zob* **odstać**
odstawi|ć *vt perf* — **odstawi|ać** *vt imperf* 1. (*przesunąć*) to push aside; (*odłożyć*) to put away; ~ć ⟨~ać⟩ coś **na swoje miejsce** to put sth back; ~ć ⟨~ać⟩ **niemowlę (od piersi)** to wean an infant; ~ć ⟨~ać⟩ **zastrzyki** to leave off the injections 2. (*dostarczyć*) to deliver (goods etc.) 3. (*zaprowadzić*) to take (**kogoś do domu itd.** sb home etc.) 4. (*doprowadzić siłą*) to hand (sb) over (**to the police** etc.) 5. *posp* (*grać rolę*) to play (the idiot etc.)
odst|ąpić *perf* — **odst|ępować** *imperf* I *vi* 1. (*odsunąć, oddalić się*) to step back ⟨aside⟩; to draw off; to retire; **wojsko ⟨armia⟩ ~ępuje the army retreats** 2. (*porzucić*) to desert ⟨to abandon⟩ (**od kogoś** sb) 3. (*zrezygnować*) to renounce (**od umowy itd.** a contract etc.); ~ąpić ⟨~ępować⟩ **od oblężenia** to raise a siege; ~ąpić ⟨~ępować⟩ **od reguły ⟨zwyczaju itd.⟩** to depart from a rule ⟨a custom etc.⟩; **nie ~ępować od swoich zasad** to stick to one's principles; **nie ~ąpię od tego** I am set on it II *vt* 1. (*porzucić*) to leave (sb) alone; to abandon; **nię ~ępować kogoś w złej czy dobrej doli** to go through thick and thin for sb; **nie ~ępuj go ani na chwilę** don't take your eyes off him 2. (*odprzedać*) to resell (sth to sb) 3. (*zrezygnować na czyjąś korzyść*) to give up (**miejsce itd.** komuś one's seat etc. to sb) 4. (*obniżyć cenę*) to lower a price (**parę złotych itd.** by a couple of zlotys etc.)
odstąpienie *n* ↑ **odstąpić** 1. (*opuszczenie*) desertion 2. (*zrezygnowanie*) renouncement (**od umowy, pretensji itd.** of a contract, a claim etc.); ~ **od zamiaru** desistance from one's purpose
odstęp *m* 1. (*odległość w przestrzeni*) distance ⟨space⟩ (between two things); (*w maszynie do pisania*) space; **robić ~y między wierszami ⟨akapitami itd.⟩** to space the lines ⟨paragraphs etc.⟩ 2. (*odległość w czasie*) space; interval; lapse (of time)
odstępca *m* 1. *rel* apostate 2. (*zaprzaniec*) renegade; turncoat
odstępne *n* compensation
odstępnik *m* *techn* space-bar; spacer
odstępować *zob* **odstąpić**
odstępstwo *n* 1. (*odstąpienie*) deviation (**od reguły, zasady itd.** from a rule, a principle etc.) 2. (*porzucenie*) desertion; defection; (*odszczepieństwo*) apostasy; renegation
odstrasz|ać *vt imperf* — **odstrasz|yć** *vt perf* 1. (*odpędzać*) to frighten ⟨to scare⟩ away (**thieves** etc.) 2. (*zniechęcać*) to deter ⟨to discourage⟩ (**kogoś od czegoś** sb from sth); **środek ~ający** deterrent
odstręczać *vt imperf* — **odstręczyć** *vt*

odstręczający *perf* 1. (*działać odpychająco*) to repel; to be repulsive (**kogoś** to sb) 2. (*odstraszać*) to frighten (away); (*zniechęcać*) to disincline (**kogoś od czegoś** sb from sth); (*zrażać*) to alienate (**kogoś od kogoś** sb from a person)
odstręczający *adj* 1. (*odpychający*) repulsive 2. (*odstraszający*) deterrent
odstręczyć *zob* **odstręczać**
odstrzał *m* 1. *myśl* shot; (a) kill 2. *górn* firing (of a mine)
odstrzel|ić *perf* — **odstrzel|ać, odstrzel|iwać** *imperf* I *vt* 1. *perf* (*oderwać za pomocą strzału*) to shoot (sth) away 2. *górn* to fire (a mine) 3. *myśl* to shoot off II *vr* ~ić ⟨~ać, ~iwać⟩ się to shoot back (at the enemy)
odstukać, odstuknąć *vt vi perf* — **odstukiwać** *vt vi imperf* 1. (*odpowiedzieć stukaniem*) to knock back (in reply) 2. *pot* (*odpukać*) to touch wood
odsu|nąć *perf* — **odsu|wać** *imperf* I *vt* 1. (*odepchnąć*) to push away ⟨**na bok** aside, **do tyłu** back⟩; to remove; ~nąć ⟨~wać⟩ **firankę** to draw a curtain (aside) 2. *przen* to brush aside ⟨to dismiss⟩ (**myśl o czymś** sth from one's thoughts); to debar (**kogoś od władzy** itd. sb from posts of authority) 3. (*wysunąć*) to pull (a drawer etc.); to pull back (a bolt etc.) II *vr* ~nąć ⟨~wać⟩ się 1. (*odstąpić*) to step aside; to make room (for sb); **proszę się ~nąć!** stand back, please! 2. (*zerwać stosunki*) to break (**od kogoś, czegoś** with sb, sth); ~nąć ⟨~wać⟩ **się od ludzi** to seclude oneself
odsunięcie *n* ↑ **odsunąć** 1. (*odstawienie*) removal; withdrawal 2. ~ **się** (*zerwanie stosunków*) retirement; seclusion
odsuwać *zob* **odsunąć**
odsyłacz *m* reference; *druk* reference mark
odsyłać *zob* **odesłać**
odsypać *vt perf* — **odsypywać** *vt imperf* to pour off (a granular substance)
odsypiać *zob* **odespać**
odsypywać *zob* **odsypać**
odszczekać *perf* — **odszczekiwać** *imperf* I *vi* 1. (*o psie*) to bark 2. *pot* (*odpowiedzieć opryskliwie*) to growl (in reply) II *vt pot* (*odwołać*) to unsay ⟨to retract⟩ (one's words)
odszczepi|ać *imperf* — **odszczepi|ć** *perf* I *vt* to splinter ⟨to split⟩ (sth) off II *vr* ~ać ⟨~ć⟩ się to splinter ⟨to split⟩ off (*vi*)
odszczepieniec *m* renegade
odszczepieństwo *n singt* renegation
odszczurzać *vt imperf* — **odszczurzyć** *vt perf* to clear of rats
odszczurzanie *n* ↑ **odszczurzać**; deratization
odszczurzyć *zob* **odszczurzać**
odszkodowani|e *n* damages; compensation; indemnity; ~a **wojenne** reparations; **zapłacić** ~e to pay damages
odszuk|ać *vt perf* — **odszuk|iwać** *vt imperf* to seek out; to find; ~ać **usterkę** to detect a fault
odszumować *vt perf* to skim
odszyfrować *vt perf* — **odszyfrowywać** *vt imperf* 1. (*odczytać tekst szyfrowany*) to decode 2. *przen* (*odczytać niewyraźne pismo*) to decipher
odśnieżać *vt imperf* — **odśnieżyć** *vt perf* to clear (a street etc.) of snow
odśnieżanie *n* ↑ **odśnieżać**; snow removal
odśnieżyć *zob* **odśnieżać**
odśpiewać *vt perf* — **odśpiewywać** *vt imperf* to sing (sth)
odśrodkow|y *adj* 1. *fiz techn* centrifugal (force etc.) 2. *polit admin* decentralizing
odśrubować *vt perf* — **odśrubowywać** *vt imperf* to unscrew; to screw off
odśwież|ać *imperf* — **odśwież|yć** *perf* I *vt* 1. (*odnawiać*) to restore ⟨to renew⟩ (furniture, rooms etc.); ⟨to renovate⟩ (one's clothes etc.) 2. *przen* to revive (reminiscences etc.); to refresh (**sobie pamięć** one's memory); to brush up (**wiadomości z czegoś** one's knowledge of sth) 3. (*orzeźwiać*) to freshen (sb) up; (*ochładzać*) to cool II *vr* ~ać ⟨~yć⟩ się to refresh oneself; to have a rest; (*o powietrzu* — *stawać się świeższym*) to cool (*vi*)
odświeżający *adj* cooling; refreshing
odświeżenie *n* ↑ **odświeżyć**; renewal; renovation; revival
odświeżyć *zob* **odświeżać**

odświętny 408 **odwalić**

odświętn|y adj 1. (*świąteczny*) ceremonial; festive; ~e ubranie festive attire; pot one's Sunday best 2. przen (*uroczysty*) festive
odtajać vi perf to thaw (off)
odtąd adv 1. (*od tego czasu*) since then; thereafter; henceforth; (*od obecnej chwili*) from now on 2. (*od tego miejsca*) from here
odtelegrafować vt perf to wire back
odtleniacz m chem deoxidizer
odtleniać vt imperf — **odtlenić** vt perf chem med to deoxidize
odtłuc vt perf — **odtłukiwać** vt imperf to beat ⟨to knock⟩ off
odtłu|szczać vt imperf — **odtłu|ścić** vt perf to remove the fat (coś from sth); to degrease (wool etc.); **dieta ~szczająca** slimming diet; **~szczone mleko** skim milk
odtransportować vt perf — **odtransportowywać** vt imperf to transport; to convey; to deliver
odtrąbi|ć vt perf 1. (*odpowiedzieć trąbieniem*) to trumpet back (a signal etc.) 2. (*dać sygnał zakończenia czegoś*) to sound (a call) on the trumpet; **~ć capstrzyk** to sound the tattoo; **wojsk ~ono!** march at ease!; przen **zrobić coś na ~ono** to do sth slapdash
odtrącać vt imperf — **odtrącić** vt perf 1. (*odpychać*) to thrust away 2. przen (*nie przyjmować*) to repulse ⟨to reject⟩ (sb's advances etc.) 3. przen (*odstręczać*) to repel 4. (*odliczać*) to deduct 5. perf (*odtłuc*) to knock off
odtrącenie n 1. ↑ **odtrącić** 1. (*pogardliwe odepchnięcie*) (a) spurn 2. (*odliczenie*) deduction 3. przen (*nieprzyjęcie*) rejection
odtrącić zob **odtrącać**
odtrutka f antidote; counterpoison
odtw|arzać vt imperf — **odtw|orzyć** vt perf 1. (*tworzyć na nowo*) to re-create; to reproduce 2. (*przedstawiać*) to render; to perform; **~arzać** ⟨**~orzyć**⟩ **rolę** to play a part; **~arzać** ⟨**~orzyć**⟩ **utwór z taśmy** to reproduce a composition from tape 3. (*rekonstruować*) to reconstruct

odtwarzanie n ↑ **odtwarzać** 1. (*tworzenie na nowo*) reproduction 2. (*rekonstrukcja*) reconstruction 3. (*przedstawianie*) rendering; performance
odtworzyć zob **odtwarzać**
odtwórca m renderer ⟨reproducer⟩ (of roles etc.); portrayer (of scenes etc.); impersonator (of characters); performer (of roles)
odtwórczy adj reproductive; imitative
odtwórczyni f = **odtwórca**
odtykać zob **odetkać**
odtylcowy adj breech-loading
oducz|ać imperf — **oducz|yć** perf I vt to unteach (kogoś czegoś ⟨od czegoś⟩ sb sth); to disaccustom (kogoś od czegoś ⟨czegoś⟩ sb to a habit); to break (kogoś czegoś sb of a habit) II vr **~ać** ⟨**~yć**⟩ **się** to lose the habit (czegoś of doing sth); to unlearn (czegoś sth)
odumierać vt imperf — **odumrzeć** vt perf książk to bereave (sb)
odurzać vt imperf — **odurzyć** vt perf to stupefy; to dizzy; (*o trunkach*) to intoxicate
odurzając|y adj stupefying; med **środki** ⟨**leki**⟩ **~e** stupefacients
odurzenie n 1. ↑ **odurzyć** 2. (*stan*) intoxication; stupor; daze
odurzony adj stupefied; dazed; intoxicated
odurzyć zob **odurzać**
odwach m guardroom
odwadniacz m 1. techn steam trap 2. chem dewaterer; dehydrator
odwadniać zob **odwodnić**
odwag|a f courage; daring; pluck; **~a cywilna** moral courage; **brak mi ~i** my heart misgives me; **dodać komuś ~i** to nerve sb; **nabrać ~i** to nerve oneself; **opuściła mnie ~a** my heart sank; **zdobyć się na ~ę** to pluck up courage
odwal|ić perf — **odwal|ać** imperf I vt 1. (*odsunąć*) to remove; to roll aside (a rock etc.); przen pot **~ić** ⟨**~ać**⟩ **robotę** to huddle over a job 2. szk pot to crib II vr **~ić** ⟨**~ać**⟩ **się** 1. (*o skibie itd.*) to turn over (vi)

odwapnić 2. *wulg* (*odczepić się*) to slope off; ~ się! get out!; *am* beat it!
odwapnić *vt perf* — **odwapniać** *vt imperf* to decalcify
odwar *m farm* decoction
odważać *zob* **odważyć**
odważnik *m* weight
odważny *adj* courageous; brave; bold; plucky; do ~ch świat należy the more pluck the better luck
odważyć *vt perf* — **odważać** *vt imperf* to weigh
odważyć się *vr perf* to have the courage (coś zrobić to do sth); to risk (na coś sth); ~ coś powiedzieć to venture to say sth
odwdzięczać się *zob* **odwdzięczyć się**
odwdzięczenie się *n* ↑ **odwdzięczyć się**; return; requital; repayment (of a service)
odwdzięcz|yć się *vr perf* — **odwdzięcz|ać się** *vr imperf* to return ⟨to repay⟩ (komuś za przysługę sb's service); postaram ci się ~yć I'll make it worth your while
odwet *m* retaliation; revenge; wziąć ~ za coś to retaliate sth; w ~ in return
odwetowiec *m* retaliationist; revenge-seeker
odwetow|y *adj* retaliatory; akcja ~a reprisals
odwęglanie *n* decarbonization, decarburation
odwiać *vt perf* — **odwiewać** *vt imperf* to blow away; *roln* to winnow
odwiąz|ać *vt perf* — **odwiąz|ywać** *vt imperf* to untie; to unfasten; to undo (a knot etc.)
odwiecznie *adv* from time immemorial; from everlasting
odwieczny *adj* immemorial; age-long; secular
odwiedzać *vt imperf* — **odwiedzić** *vt perf* 1. (*przychodzić z wizytą*) to visit; to call (kogoś on sb); to pay (sb) a visit ⟨a call⟩; *perf* to go and see (sb) 2. *imperf* (*bywać*) to frequent; to resort (miejscowość, lokal to a place, a restaurant etc.)
odwiedzający *m* caller; visitor
odwiedzić *zob* **odwiedzać**

odwiedziny *plt* visit; call; pójść do kogoś w ~ to go and see sb; przyjść w ~ to call (*vi*)
odwiercić *vt perf* — **odwiercać** *vt imperf* *górn* to make a bore; to bore
odwiert *m górn* bore-hole; ~ naftowy oil well
odw|ieść *vt perf* — **odw|odzić** *vt imperf* 1. (*odprowadzić*) to take (sb) away; ~ieść ⟨~odzić⟩ kogoś na stronę to draw sb aside; ~ieść ⟨~odzić⟩ kurek u strzelby to cock a gun 2. (*namówić do zaniechania*) to dissuade (kogoś od czegoś sb from doing sth); to persuade (kogoś od czegoś sb out of sth)
odwietrznik *m techn* ventilator
odwietrzn|y *adj mar* windward; po stronie ~ej alee
odwiewać *zob* **odwiać**
odwiezienie *n* ↑ **odwieźć** 1. (*przywiezienie z powrotem*) return (do hotelu itd. to the hotel etc.) 2. (*odstawienie towaru, pakunku*) delivery
odw|ieźć *vt perf* — **odw|ozić** *vt imperf* 1. (*zawieźć*) to take (over) ⟨to drive⟩ (kogoś dokądś sb to a place); ~ieźć kogoś do domu to take ⟨to drive⟩ sb home 2. (*przywieźć z powrotem*) to take (sb, sth) back 3. (*odstawić*) to take (coś komuś sth to sb's house); to deliver (sth somewhere)
odwi|jać *imperf* — **odwi|nąć** *perf* I *vt* 1. (*rozwijać*) to unwrap (a parcel etc.) 2. (*odchylać*) to fold back (koc itd. a blanket etc.); to turn down (kołnierz itd. a collar etc.) 3. (*odkręcać*) to unwind (a rope etc.); to unreel (a cable, a film etc.) II *vr* ~jać ⟨~nąć⟩ się 1. (*zdejmować z siebie*) to unmuffle ⟨to unwrap⟩ one's face ⟨neck, head⟩ 2. (*odkręcać się*) to come unwound; to get unreeled
odwilż *f* thaw; jest ~ it is thawing
odwilżacz *m techn* dehumidifier
odwilżyć *vt perf* — **odwilżać** *vt imperf* to moisten; to wet; *techn* to dehumidify
odwinąć *zob* **odwijać**
odwirować *vt perf* — **odwirowywać** *vt imperf techn* to centrifuge, to centrifugalize

odwle|c *perf* — **odwle|kać** *imperf* **I** *vt* 1. *(odciągnąć)* to drag away 2. *(opóźnić)* to postpone; to put off; to delay; to adjourn **II** *vr* ~c ⟨~kać⟩ **się** to be put off ⟨postponed, delayed, adjourned⟩
odwleczenie *n* ↑ **odwlec**; postponement; delay; adjournment
odwlekać *zob* **odwlec**
odwłok *m ent* (insect's) abdomen
odwodnić *vt perf* — **odwodniać, odwadniać** *vt imperf* 1. *(osuszyć)* to drain 2. *chem med* to dehydrate
odwodnienie *n* ↑ **odwodnić** 1. *(osuszenie)* drainage 2. *chem med* dehydration
odwodowy *adj wojsk* reserve — (forces etc.)
odwodzenie *n* 1. ↑ **odwodzić** 2. *(namawianie do zmiany decyzji)* dissuasion 3. *med* abduction
odwodzić *zob* **odwieść**
odwoł|ać *perf* — **odwoł|ywać** *imperf* **I** *vt* 1. *(przywołać)* to call (sb) away; to order (sb) back 2. *(usunąć ze stanowiska)* to dismiss; to recall (an ambassador etc.) 3. *(unieważnić)* to cancel; to call off; to repeal (an order etc.) 4. *(cofnąć)* to withdraw (a promise etc.); ~ać **to** co **się powiedziało** to retract ⟨to withdraw⟩ a statement; **przedstawienie** ~ane the performance is off; **alarm** ~any! all clear! **II** *vr* ~ać ⟨~ywać⟩ **się** to appeal (do kogoś o coś to sb for sth); ~ać ⟨~ywać⟩ **się do kogoś w jakiejś sprawie** to refer a question to sb
odwołalność *f singt* 1. *(prawo odwołania ze stanowiska)* removability (of a judge etc.) 2. *prawn* right of appeal
odwołani|e *n* ↑ **odwołać** 1. *(usunięcie)* removal; recall 2. *(unieważnienie)* cancellation; revocation (of an order etc.); abrogation (of a law etc.); withdrawal (of a promise etc.); retractation (of one's words); *wojsk* ~e **alarmu** the "all clear"; **aż do** ~a until further notice 3. *prawn* appeal; **wnieść** ~e to appeal
odwołanie się *n* ↑ **odwołać się**; appeal
odwoławczy *adj prawn* revocatory

odwoływać *zob* **odwołać**
odwozić *zob* **odwieźć**
odw|ód *m wojsk* 1. *(rezerwa)* reserve; **przen mieć coś w** ~**odzie** to have sth in reserve 2. *(tylna straż)* rearguard
odwr|acać *imperf* — **odwr|ócić** *perf* **I** *vt* 1. *(zwracać w jakimś kierunku)* to turn (sth) round ⟨aside⟩; to turn up (the soil etc.); to turn away (one's head etc.); to turn over (a leaf etc.); ~acać ⟨~ócić⟩ **oczy** to avert one's eyes; to look away 2. *(zmieniać kierunek)* to turn round; to reverse; to divert (a stream, sb's attention etc.); **nie dający się** ~**ócić** irreversible; ~acać ⟨~ócić⟩ **czyjąś uwagę od czegoś** to divert sb's attention from sth; *przen* ~**acać** ⟨~**ócić**⟩ **kota ogonem** a) *(odmieniać właściwy porządek rzeczy)* to put the cart before the horse b) *(pobić kogoś jego argumentem)* to turn the tables on sb 3. *(zapobiegać czemuś)* to avert ⟨to prevent⟩ (a danger etc.) **II** *vr* ~**acać** ⟨~**ócić**⟩ **się** 1. *(zwracać się w innym kierunku)* to turn round (vi); ~**ócić się na pięcie** to switch round 2. *przen (porzucać)* to abandon (**od kogoś** sb) 3. *(obracać się w przeciwną stronę)* to veer round; *(o opinii publicznej)* to swing over; *przen* **karta się** ~**óciła** my ⟨his etc.⟩ luck has turned
odwracalny *adj* convertible; reversible (process, motion etc.)
odwracanie *n* ↑ **odwracać**; reversal; diversion; deflection
odwrotnie *adv* 1. *(przeciwnie)* the other way round; inversely; conversely; **i** ~ and vice versa; ~! on the contrary!; ~ **niż** ... contrary to ... 2. *(na wspak)* inside out; back to front; *(do góry nogami)* upside down
odwrotność *f* 1. *(stosunek)* the reverse; the inverse; the converse 2. *mat* the reciprocal
odwrotn|y *adj* 1. *(o cechach przeciwnych)* contrary; opposite; inverse; converse; reversed; *mat* reciprocal; ~**y skutek** the opposite effect 2. *(stanowiący przeciwną stronę)* reverse; ~**a strona** the reverse (of a page, of a

odwrócenie 411 **odzwierciedlać**

medal); *przen* ~a strona medalu the seamy side (of life etc.) 3. *(odbywający się w przeciwnym kierunku)* reverse; ~ą pocztą by return of post
odwrócenie *n* ↑ **odwrócić**; reversal; inversion
odwrócić *zob* **odwracać**
odwrócony *adj* upturned; upside-down
odwr|ót *m* 1. *wojsk* retreat; **być w** ~ocie to be in retreat; **odciąć nieprzyjacielowi** ~ót to intercept the enemy's retreat 2. † *(druga strona)* the reverse; *obecnie w zwrocie:* **na** ~ocie overleaf; at the back (of the page) || **na** ~ót = **odwrotnie**
odwszalnia *f* delousing station
odwszawiać *vt imperf* — **odwszawić** *vt perf* to delouse
odwykać *vi imperf* — **odwyknąć** *vi perf* to become disaccustomed **(od czegoś** to sth); to be no longer accustomed **(od czegoś** to sth); to lose the habit (of doing sth)
odwykowy *adj* disaccustoming (treatment etc.)
odwykówka *f pot* treatment home for addicts
odwzajemni|ać *imperf* — **odwzajemni|ć** *perf* **I** *vt* to return ⟨to reciprocate⟩ (a feeling etc.); to repay (a service, a kindness etc.) **II** *vr* ~**ać** ⟨~**ć**⟩ **się** to return ⟨to reciprocate⟩ **(komuś** sb's kindness etc.); ~**ć się komuś za coś** to make some return to sb for sth; ~**ć się za doznaną krzywdę** ⟨**zniewagę itd.**⟩ to retaliate a wrong ⟨an insult etc.⟩
odwzajemnienie (się) *n* ↑ **odwzajemnić (się)**; reciprocation; return; requital, retaliation
odwzajemniony *adj* reciprocal; **nie** ~ unrequited
odwzorować *vt perf* — **odwzorowywać** *vt imperf* 1. *(skopiować)* to copy; to imitate 2. *mat* to project
odwzorowanie *n* 1. ↑ **odwzorować** 2. *mat* image; *mat geogr* projection
odwzorowywać *zob* **odwzorować**
odymać *zob* **odąć**
odyniec *m zool* boar

odyseja *f* odyssey
odzew *m* 1. *(odpowiedź na wezwanie)* response 2. *wojsk* countersign
odzi|ać *perf* — **odzi|ewać** *imperf* **I** *vt* to clothe; to dress **II** *vr* ~**ać** ⟨~**ewać**⟩ **się** to dress *(vi)*; to put on one's clothes
odziedziczony *adj* 1. *(o majątku itd.)* patrimonial 2. *(o cechach, chorobie itd.)* hereditary
odziedziczyć *vt perf* — **odziedziczać** *vt imperf* 1. *(dostać w spadku)* to inherit **(coś po kimś** sth from sb) 2. *(przejąć po przodkach)* to succeed **(tytuł itd.** to a title etc.)
odziemny [d-z] *adj astr* apogean; **punkt** ~ apogee
odzienie *n* clothing; covering; garb; attire
odzierać *zob* **odrzeć**
odziewać *zob* **odziać**
odzież *f* *(zw singt)* 1. *(ubrania)* clothing; clothes; dress; wardrobe; ~ **letnia** ⟨**zimowa**⟩ summer ⟨winter⟩ wear 2. *techn* dressing, bedding
odzieżowy *adj* clothes — (shop etc.); clothing — (trade etc.)
odziomek [d-z] *m* 1. *(część drzewa)* foot (of a tree) 2. *(pniak)* tree stump
odznacz|ać [d-z] *imperf* — **odznacz|yć** [d-z] *perf* **I** *vt* 1. *(wyróżniać)* to honour; to decorate **(kogoś medalem itd.** sb with a medal etc.) 2. *imperf (cechować)* to characterize; to distinguish **II** *vr* ~**ać** ⟨~**yć**⟩ **się** 1. *imperf (wyróżniać się)* to be conspicuous **(czymś** by sth) 2. *(charakteryzować się)* to be characterized **(czymś** by sth) *zob* **odznaczyć się**
odznaczenie [d-z] *n* ↑ **odznaczyć** 1. *(wyróżnienie)* honour; distinction 2. *(odznaka)* award; decoration; *uniw* honours
odznaczyć *perf* **I** *zob* **odznaczać** **II** *vr* ~ **się** 1. *zob* **odznaczać się** 2. *(wsławić się)* to distinguish oneself **(w boju** in the field); to become famous
odznaka [d-z] *f* 1. *(odznaczenie)* mark of distinction; award; decoration 2. *(znak przynależności)* badge
odzwierciedlać *zob* **odzwierciedlić**

odzwierciedlenie

odzwierciedlenie [d-z] *n* 1. ↑ **odzwierciedlić** 2. (*obraz*) image; reflection
odzwierciedl|ić [d-z] *perf* — **odzwierciedl|ać** [d-z] *imperf* I *vt* to reflect II *vr* ~**ić** ⟨~**ać**⟩ **się** to be reflected
odzwycza|ić [d-z] *perf* — **odzwycza|jać** [d-z] *imperf* I *vt* to disaccustom (**kogoś od czegoś sb to sth**); to dishabituate (**kogoś od czegoś sb for sth**); ~**ić kogoś od nałogu** to cure sb of a habit II *vr* ~**ić** ⟨~**jać**⟩ **się** to lose the habit ⟨to get out of the habit⟩ (**od czegoś** of doing sth); to give up (**od palenia itd.** smoking etc.)
odzysk [d-z] *m* salvage
odzysk|ać [d-z] *vt perf* — **odzysk|iwać** [d-z] *vt imperf* 1. (*zyskać na nowo*) to regain; to recover; to get back; to resume possession (**coś** of sth); ~**ać** ⟨~**iwać**⟩ **przytomność** to regain consciousness; to come round; ~**ać** ⟨~**iwać**⟩ **zdrowie** to recuperate (*vi*); **Ziemie Odzyskane** Regained Territories
odzyskanie [d-z] *n* ↑ **odzyskać**; recovery; resumption; recapture
odzyskiwać *zob* **odzyskać**
odzywać się *zob* **odezwać się**
odzywka [d-z] *f karc* bid
odźwiernik *m anat* pylorus
odźwierny *m* doorkeeper; janitor; caretaker
odżałować [d-ż] *vt perf* 1. (*przeboleć*) to get over (**stratę itd.** a loss etc.); **nie mogę ~, że to zrobiłem** I cannot enough regret having done that 2. (*zdecydować się na stratę*) to sacrifice (**czegoś** sth); to resign oneself to parting (**czegoś** with sth)
odżegn|ać [d-ż] *perf* — **odżegn|ywać** [d-ż] *imperf* I *vt* to deprecate; to conjure away II *vr* ~**ać** ⟨~**ywać**⟩ **się** to renounce (**od czegoś** sth)
odżyć [d-ż] *vi perf* — **odżywać** [d-ż] *vi imperf* to revive; to come back to life; to be reborn
odżywczo [d-z] *adv* refreshingly; **działać ~** to have a bracing effect
odżywczy [d-ż] *adj* nutritious; nutritive (value); nourishing; **środek ~** nutrient
odżywi|ać [d-ż] *imperf* — **odżywi|ć** [d-ż] *perf* I *vt* to nourish; to feed II *vr*

ofiarować

~**ać** ⟨~**ć**⟩ **się** to feed (**czymś** on sth); to take food; **dobrze się ~ać** to feed well
odżywianie (się) [d-ż] *n* ↑ **odżywiać (się)**; nourishment; diet; **sztuczne ~** a) (*dziecka*) dry ⟨*artificial*⟩ feeding b) (*chorego*) tube feeding
odżywić *zob* **odżywiać**
odżywka [d-ż] *f* nutrient; food-stuff
ofensywa *f* offensive
ofensywny *adj* offensive (action etc.); aggressive
oferent *m* (*na licytacji*) bidder; (*ubiegający się o umowę*) tenderer
oferma *m f posp* muff
oferować *vt imperf* to offer (goods etc.); to proffer (services)
ofert|a *f* offer; tender; bid; **złożyć ~ę na coś** to tender ⟨to bid⟩ for sth; **odrzucić ~ę** to turn down an offer
offset *m druk* offset printing; offset process
ofiar|a *f* 1. (*dar*) gift; contribution 2. *rel* sacrifice; **~a całopalna** burnt-offering 3. (*poświęcenie*) sacrifice; **ponieść ~ę** to make a sacrifice 4. (*łup, pastwa*) (beast's) prey ⟨quarry⟩; victim (of an accident etc.); casualty (in an accident etc.); **liczba ~ śmiertelnych katastrofy** the death-roll in an accident; **~a nałogu** slave to a passion; **paść ~ą czyjejś zachłanności itd.** to fall a victim to sb's cupidity etc. 5. *posp* (*niedołęga*) duffer; muff
ofiarnie *adv* self-sacrificingly
ofiarność *f singt* generosity; liberality
ofiarny *adj* 1. (*używany w obrzędzie*) sacrificial; **przen kozioł ~** scapegoat 2. (*gotowy do poświęceń*) self-sacrificing; generous
ofiarodawca *m* donor; subscriber; contributor
ofiarow|ać *perf* — **ofiarow|ywać** *imperf* I *vt* 1. (*podarować*) to present (**coś komuś** sb with sth); to give (**coś komuś** sb sth); to dedicate (**książkę itd. komuś** one's book etc. to sb) 2. *rel* to offer up (sth) as a sacrifice 3. (*zaproponować*) to offer (**coś komuś** sb sth); (*na licytacji*) to bid; ~**ać** ⟨~**ywać**⟩ **swe usługi** to proffer one's

ofiarowanie — **ogładzić**

services II vr ~ać ⟨~ywać⟩ się to offer (z czymś, z pomocą itd. sth, one's help etc.)
ofiarowanie n ↑ ofiarować 1. (*podarowanie*) presentation 2. (*propozycja*) offer 3. *rel* offertory
ofiarowywać zob ofiarować
oficer m officer (in the army); ~ **marynarki** naval officer
oficerki *plt* knee-boots
oficersk|i *adj* officer's, officers'; **krzyż** ~**i** officer's cross; **szkoła** ~**a** Military College
oficjalny *adj* 1. (*urzędowy*) official; formal 2. (*nienaturalny*) reserved; stiff
oficyna *f* 1. (*dobudówka*) annex(e); outbuilding 2. † (*drukarnia*) printing house
oflag m officers' prisoner-of-war ⟨P.O.W.⟩ camp
oftalmia *f singt med* ophthalmia
ofuknąć, ofukać *vt perf* — **ofukiwać** *vt imperf* to rate ⟨to trounce⟩ (sb)
ogacić *vt perf* to fascine (a wall)
oganiać *imperf* I *vt* to drive away (flies, gnats etc.) II *vr* ~ się to drive ⟨to whisk⟩ away (**od much, komarów** itd. flies, gnats etc.); ~ się od psów to fend off dogs
ogar m *zootechn* (blood)hound
ogarek m candle-end
ogarn|ąć *perf* — **ogarn|iać** *imperf* I *vt* 1. (*ująć w ramiona*) to embrace; to hug; to clasp 2. (*objąć spojrzeniem*) to take in (a landscape etc.) 3. *zw perf* (*opanować myślowo*) to comprehend; to grasp (mentally); to take in (a situation etc.) 4. (*otoczyć*) to encompass; to encircle 5. (*owładnąć*) to seize; to grip; ~**ął go strach** he was seized with fear; **wstyd mnie** ~**ął** a feeling of shame came over me 6. (*objąć zasięgiem*) to spread (**coś** to sth; **cały kraj** itd. over the land etc.) 7. *pot* (*uporządkować*) to tidy (a room etc.) II *vr perf* ~**ąć się** to tidy oneself
ogień m 1. fire; ~ **do papierosa** a light; **dać komuś** ~, **podać komuś ognia** to give sb a light; **sztuczne ognie** fireworks; **zimne ognie** golden rain; **na wolnym ogniu** on a slow fire; **wpaść jak po** ~ to come in like a whirlwind; **w ogniu** in flames; *przen* **słomiany** ~ a flash in the pan; **upiec dwie pieczenie przy jednym ogniu** to kill two birds with one stone 2. (*pożar*) (a) fire; **ogniem i mieczem** with fire and sword 3. (*zapał*) heat (of battle etc.); ardour (of passions); **pełen ognia** full of mettle 4. *wojsk* **krzyżowy** ~ cross-fire; ~ **artyleryjski** gun-fire; ~ **karabinowy** rifle-fire; ~ **zaporowy** barrage fire; **dać ognia** to fire; *przen* **wziąć kogoś w krzyżowy** ~ **pytań** to cross-question sb; **na pierwszy** ~ a) (*w bitwie*) in the front line b) *przen* to begin with; for a start; **ognia!** fire!; **przerwij** ~! cease fire! 5. *pl* **ognie** (*blask*) glitter; sparkle
ogier m *zootechn* stallion
oglądać *imperf* I *vt* 1. *zob* **obejrzeć** 2. (*przyglądać się*) to look (**kogoś, coś** at sb, sth) 3. (*zapoznać się*) to view (rooms to let etc.); to glance over (a book etc.); ~ **film** ⟨**sztukę**⟩ to see a film ⟨a play⟩ 4. (*zwiedzać*) to see (foreign lands, the sights of the town etc.) II *vr* ~ **się** 1. = **obejrzeć się** 2. (*liczyć na kogoś, coś*) to count (**na kogoś** on sb)
oglądani|e *n* ↑ **oglądać** 1. (*widzenie*) inspection; **ciekawe rzeczy do** ~**a** interesting things to be seen; **godny** ~**a** worth seeing 2. ~**e się** (*liczenie na kogoś, coś*) reliance (**na innych** on others)
oględnie *adv* 1. (*delikatnie*) gently; mildly; ~ **mówiąc** to put it mildly 2. (*z umiarem*) with moderation
oględność *f singt* 1. (*umiar*) moderation 2. (*ostrożność*) caution
oględn|y *adj* 1. (*delikatny*) gentle 2. (*ostrożny*) cautious 3. (*powściągliwy*) moderate; ~**e słowa** moderate terms
oględzin|y *plt* inspection; *med* ~**y zwłok** post-mortem (examination); autopsy; **dokonać** ~ to hold a post-mortem (examination)
ogład|a *f singt* good manners; polish; refinement; **brak** ~**y** crudeness; coarseness; **bez** ~**y** crude; coarse
ogładzić *vt perf* — **ogładzać** *vt imperf*

ogłosić 414 **ogon**

1. (*uczynić gładkim*) to smooth; to polish 2. † (*wyrobić towarzysko*) to polish; to give refinement (**kogoś** to sb)
ogł|osić *perf* — **ogł|aszać** *imperf* **I** *vt* 1. (*podać do wiadomości*) to publish; to announce; to notify; to declare; to proclaim; ~**osić** ⟨~**aszać**⟩ **strajk** to call a strike; **sąd** ~**osić** ⟨~**aszać**⟩ **wyrok** to render a verdict 2. (*wydać drukiem*) to publish (a book, an announcement in the press); ~**osić coś w pismach** ⟨**gazetach**⟩ to advertise sth in the papers **II** *vr* ~**osić** ⟨~**aszać**⟩ **się** 1. (*reklamować się*) to advertise (*vi*); to make publicity 2. (*mianować siebie kimś*) to declare oneself (head of the State etc.)
ogłosze|nie *n* 1. ↑ **ogłosić** 2. (*zawiadomienie*) notice; publication; announcement; declaration; **tablica** ~**ń** notice--board 3. (*anons*) advertisement; **pot ad** 4. (*afisz*) bill; poster; **biuro** ~**ń** advertising agency
ogłoszeniowy *adj* advertisement — (column etc.); advertising — (agent, manager etc.); **słup** ~ advertising pillar
ogłuchnąć *vi perf* to become deaf (**na jedno ucho** of ⟨in⟩ one ear)
ogłupi|ać *vt imperf* — **ogłupi|ć** *vt perf* to stupefy; ~**ać** ⟨~**ć**⟩ **kogoś** to blunt sb's mental faculties; to make sb silly
ogłupiały *adj* stupid; silly; muddle--headed
ogłupianie *n* ↑ **ogłupiać**; stupefaction
ogłupić *zob* **ogłupiać**
ogłupieć *vi perf* to grow ⟨to become⟩ stupid
ogłuszać *vt imperf* — **ogłuszyć** *vt perf* 1. (*pozbawić słuchu*) to deafen; to strike (sb) deaf 2. (*pozbawić przytomności*) to stun; to knock (sb) senseless
ogłuszający *adj* deafening; ear-splitting
ogłuszyć *zob* **ogłuszać**
ognić się *vr imperf* to fester; to rankle
ognik *m* 1. (*płomyk*) glimmer; flame; **błędny** ~ will-o'-the-wisp 2. (*światełko*) faint light
ogniomistrz *m wojsk* sergeant major
ognioodporny *adj* fire-proof

ognioszczelny *adj* fire-tight
ogniotrwał|y *adj* fire-proof; incombustible; **kasa** ~**a** safe; **kurtyna** ~**a** safety curtain
ogniowy *adj* 1. (*odnoszący się do ognia*) igneous 2. (*przeciwpożarowy*) fire- (brigade, hose etc.) 3. *wojsk* fire — (command. etc.); *przen* **chrzest** ~ a) (*udział w akcji*) baptism of fire b) (*próba życiowa*) ordeal
ognisk|o *n* 1. (*w obozie*) camp-fire; (*na biwaku*) watch-fire; (*w polu*) bonfire; **przy** ~**u** by the fire 2. (*miejsce w piecu*) hearth; fire-place; *przen* ~**o domowe** home; hearth; fireside 3. (*ośrodek*) centre; seat (of activity etc.) 4. *fiz fot geol mat med techn* focus
ogniskowa *f fiz fot* focal length
ogniskować *imperf* **I** *vt* to concentrate; to focus **II** *vr* ~ **się** to concentrate (*vi*); to be focus(s)ed
ogniskow|y *adj* 1. (*dotyczący pieca*) hearth — (furnace etc.) 2. *fiz fot med* focal; **odległość** ~**a** focal length
ognistość *f singt* fire; fieriness; impetuosity
ognist|y *adj* 1. (*gorejący*) fiery; blazing; ~**a skała** igneous rock; **kula** ~**a** fire--ball 2. (*pełen wewnętrznego ognia*) fiery; spirited; ardent; ~**y rumak** mettlesome steed 3. (*rudy*) red-haired
ogniwo *n* 1. (*część łańcucha*) link (of a chain) 2. *przen* (*spójnia*) tie; link 3. *chem fiz* cell 4. (*komórka organizacyjna*) cell
ogolenie *n* ↑ **ogolić**; a shave
ogolić *perf* **I** *vt* to shave (sb); to give (sb) a shave **II** *vr* ~ **się** to shave (*vi*); to have a shave
ogolony *adj* shaven; **starannie** ~ clean--shaven; **nie** ~ unshaved
ogołacać *zob* **ogołocić**
ogołocenie *n* ↑ **ogołocić**; bareness; denudation; destitution
ogołocić *perf* — **ogałacać**, **ogołacać** *imperf* **I** *vt* to bare; to strip (naked); to denude; to deprive **II** *vr* **ogołocić** ⟨**ogałacać**, **ogołacać**⟩ **się** to be bared (**z czegoś** of sth)
ogon *m* 1. (*u zwierząt, ptaków*) tail 2. (*u sukni*) train 3. *teatr* bit part

ogonek 415 **ogrodzenie**

4. *(końcowa część)* tail ‖ stol jaskółczy ~ dovetail; *(fryzura)* koński ~ horse-tail, ponytail; *(piła)* lisi ~ hand-saw
ogon|ek *m* 1. *dim* ↑ **ogon** 2. *(kolejka)* queue; **stać w ~ku** to queue; **stanąć w ~ku** to queue up 3. *(szypułka)* stalk; peduncle 4. *(przy literze)* tail, hook ‖ **z ~kiem** *(z nadwyżką)* over; *(po liczebnikach)* odd; **20 ... z ~kiem** over 20 ...; **20 odd** ...
ogoniasty *adj* tailed
ogonow|y *adj* caudal; *anat* **kość ~a** coccyx; *kulin* **zupa ~a** ox-tail soup
ogorzałość *f singt* tan
ogorzały *adj* sunburnt; tanned; tawny
ogólnie *adv* generally; in general; as a rule; ~ **mówiąc** broadly speaking; by and large; in the main
ogólnik *m* (a) commonplace; truism; *pl* ~**i** generalities
ogólnikowo *adv* generally; in general terms
ogólnikowy *adj* general; broad; vague
ogólnoeuropejski *adj* all-European
ogólnokształcąc|y *adj* of liberal education; **szkoła średnia ~a** grammar-school
ogólnoludzki *adj* universal; general
ogólnopolski *adj* all-Polish
ogóln|y *adj* 1. *(powszechny)* general; universal; common (room etc.); ~**e dobro** public welfare; ~**e mniemanie** prevalent opinion; ~**y stół** a) *(na przyjęciu itd.)* common table b) *(w pensjonacie itd.)* table d'hôte 2. *(obejmujący całokształt)* general (view, study etc.) 3. *(zbiorowy)* total; global; **suma ~a** grand ⟨sum⟩ total; ~**y wynik** total result
ogó|ł *m singt* 1. *(całość)* the whole; the body; ~**ł ludności** the total population; ~**ł społeczeństwa** the community at large 2. *(społeczeństwo)* the general public; community; society; **dobro ~łu** the public welfare; **własność ~łu** common property ‖ ~**łem** in general; all in all; altogether; *(w rachunku)* totals; ~**łem dwadzieścia** twenty in all; ~**łem wziąwszy** taken as a whole; on the whole; **na ~ł** in general; on the whole; **w ~le** in general; *(w przeczeniach)* at all
ogór|ek *m* 1. *bot* cucumber 2. *pl* ~**ki** *przen* slack season
ogórkowy *adj* cucumber — (salad etc.) ‖ *przen* **sezon ~** slack season; *(w prasie)* silly season
ograbić *vt perf* — **ograbiać** *vt imperf* to plunder (a town, ship etc.); to rifle (kogoś sb)
ograć *vt perf* — **ogrywać** *vt imperf* to win money (**kogoś** from sb); to drain (a partner) of (his) money
ogradzać *zob* **ogrodzić**
ogranicz|ać *imperf* — **ogranicz|yć** *perf* I *vt* 1. *(stanowić granicę)* to delimit; to border; *(otaczać)* to enclose 2. *(zacieśniać zakres)* to limit; to confine; to restrict; ~**ać** ⟨~**yć**⟩ **kogoś w czymś** to cramp sb in sth 3. *(uszczuplać)* to reduce; to curtail II *vr* ~**ać** ⟨~**yć**⟩ **się** to limit oneself (**do czegoś** to sth); ~**ać** ⟨~**yć**⟩ **się w wydatkach** to cut down one's expenses
ograniczający *adj* restrictive
ograniczeni|e *n* 1. ↑ **ograniczyć** 2. *(zarządzenie ograniczające)* limitation; restriction 3. *(uszczuplanie)* reduction; **bez** ~**a** unreservedly; without restraint; unstintingly
ograniczoność *f singt* 1. *(ograniczony charakter czegoś)* limitations; *(ubóstwo)* scantiness 2. *(ciasnota umysłu)* narrow-mindedness; *(tępota)* dul(l)ness
ograniczony *adj* 1. *(o niewielkim zakresie)* limited; confined; restrained; narrow; short 2. *(o człowieku o ciasnym umyśle)* narrow-minded; *(tępy)* dull
ograniczyć *zob* **ograniczać**
ograny *adj (spowszedniały)* hackneyed
ogrodnictwo *n singt* gardening; horticulture
ogrodniczy *adj* horticultural; gardening — (knife etc.); garden — (plot etc.); gardener's (hat, apron etc.)
ogrodnik *m* gardener
ogrodowizna *f* garden stuff
ogrodowy *adj* garden — (flowers, bank etc.)
ogrodzenie *n* 1. ↑ **ogrodzić** 2. *(parkan)* enclosure; fence; railing; hedge

ogrodzić *vt perf* — **ogradzać** *vt imperf* to enclose; to rail in; to fence in; to hedge in
ogrom *m* magnitude; enormity; hugeness; colossus
ogromnie *adv* 1. (*w wysokim stopniu*) enormously 2. (*niezmiernie*) immensèly 3. (*wielce*) (very) much; greatly
ogromny *adj* 1. (*mający wielkie rozmiary*) huge; tremendous; enormous; immense; colossal 2. (*intensywny*) intense; excessive; extreme
ogród *m* garden; ~ **kwiatowy** ⟨**warzywny**⟩ flower ⟨vegetable, kitchen⟩ garden
ogródek *m dim* ↑ **ogród**; garden-plot; ~ **działkowy** allotment; ~ **jordanowski** children's play-park; ~ **kawiarniany** café garden
ogród[ka † *f obecnie w zwrocie*: **mówić bez** ~**ek** ⟨~**ki**⟩ to speak bluntly ⟨openly⟩
ogrywać *zob* **ograć**
ogryzać *vt imperf* — **ogryźć** *vt perf* to pick (**kość** a bone); (*o zwierzęciu*) to gnaw; ~ **paznokcie** to bite one's nails
ogryzek *m* scrap (of food); core (of a fruit)
ogryźć *zob* **ogryzać**
ogrz|ać *perf* — **ogrz|ewać** *imperf* I *vt* to heat; to warm (up); to get (sth) warm II *vr* ~**ać** ⟨~**ewać**⟩ **się** to get hot ⟨warm⟩; ~**ać** ⟨~**ewać**⟩ **się** (**przy ogniu**) to warm oneself (at the fire)
ogrzewanie *n* ↑ **ogrzewać**; heating; **centralne** ~ central heating
ogrzewczy *adj* = **ogrzewniczy**
ogrzewnictwo *n singt* 1. (*ogrzewanie budynków*) house-heating 2. *techn* (science and methods of) heating
ogrzewniczy, ogrzewczy *adj* heating ⟨warming⟩ — (system, pipes etc.)
ogumienie *n* tires ⟨tyres⟩ (of wheels)
ohyda *f* 1. (*czyn*) (a) horror; (an) atrocity; (a) monstrosity 2. (*cecha*) atrocity
ohydny *adj* hideous; horrid; atrocious; abominable
o ile *zob* **ile**
ojciec *m* 1. (*rodzic*) father; ~ **rodziny** paterfamilias 2. *pl* **ojcowie** (*przodkowie*) forefathers; ancestors 3. *rel* father; **Bóg Ojciec** God the Father; ~ **duchowny** father confessor; **ojciec święty** the Holy Father ‖ **ojcowie miasta** the City fathers
ojcobójstwo *n* parricide
ojcostwo *n singt* fatherhood; paternity
ojcowizna *f* patrimony; inheritance
ojcowsk|i *adj* paternal; **po** ~**u** paternally; like a father
ojczym *m* stepfather
ojczyst|y *adj* 1. (*należący do ojczyzny*) native (soil, land etc.); mother — (tongue etc.) 2. (*rodzinny*) of one's birth-place; **miasto** ~**e** home town
ojczy|zna *f* one's country; the native land; motherland, fatherland; homeland; **w swojej** ~**źnie** at home
okadzenie *n ogr* fumigation
okalać *vt imperf* — **okolić** *vt perf* to surround; to encircle; to border
okaleczać *zob* **okaleczyć**
okaleczeć *vi perf* to be crippled; to go lame
okaleczenie *n* ↑ **okaleczyć** 1. (*kalectwo*) lameness 2. (*zranienie*) mutilation; injury; wound
okalecz|yć *perf* — **okalecz|ać** *imperf* I *vt* 1. (*zrobić kaleką*) to cripple; to lame; to maim 2. (*zranić*) to injure; to mutilate 3. *przen* (*uszkodzić*) to damage II *vr* ~**yć** ⟨~**ać**⟩ **się** to injure oneself
oka mgnienie *zob* **oko**
okantować *vt perf* 1. (*obić kant*) to edge 2. *pot* (*oszukać*) to spoof; to take (sb) in
okap *m* 1. (*u dachu*) eaves 2. (*nad kominem*) (chimney) hood 3. *górn* overlap
okaryna *f* ocarina
okaz *m* 1. (*egzemplarz*) specimen; *biol* individual; *zool* person; ~ **wystawowy** exhibit 2. (*wzór*) type; ~ **zdrowia** the picture of health
okaz|ać *perf* — **okaz|ywać** *imperf* I *vt* 1. (*pokazać*) to show (a ticket, one's passport etc.) 2. (*dać dowód*) to show ⟨to evince⟩ (interest, intelligence etc.) 3. (*objawić*) to exhibit; ~**ać** ⟨~**ywać**⟩ **komuś pomoc** to come to sb's help; to be helpful to sb; ~**ać**

okazałość   417   **okłamywać**

⟨~ywać⟩ komuś uprzejmość ⟨serce⟩ to extend kindness ⟨to be good⟩ to sb II *vr* ~ać ⟨~ywać⟩ się 1. (*zaprezentować się jako*) to prove; ~ać ⟨~ywać⟩ się człowiekiem mądrym ⟨podłym itd.⟩ to prove ⟨to turn out⟩ ⟨to be⟩ wise ⟨a scoundrel etc.⟩ 2. (*wyjść na jaw*) to become evident; to appear; ~uje się, że ... it appears that ...

okazałoś|ć *f singt* 1. (*wspaniałość*) magnificence; splendour; pomp; **w całej** ~**ci** in all it's splendour 2. (*wystawność*) sumptuosity; grandeur

okazały *adj* sumptuous; grand

okazanie *n* 1. ↑ **okazać**; *handl bank* **płatny za** ~**m** payable at sight 2. (*wyjawienie*) manifestation; display

okaziciel *m* bearer (of a cheque etc.); **czek na** ~**a** cheque to the bearer

okazj|a *f* occasion; opportunity; chance; **jedyna** ~**a w życiu** the chance of a lifetime; **posłać komuś coś przez** ~**ę** to send sb sth through sb; **przy** ~**i** when the occasion presents itself; when the opportunity occurs; **przy pierwszej** ~**i** at the first opportunity; **z** ~**i czyjegoś ślubu** on the occasion of sb's wedding

okazowy *adj* show — (specimen, article etc.); *handl* representative (sample); **egzemplarz** ~ (**książki itd.**) complimentary copy (of a book etc.)

okazyjnie *adv* on occasion; by chance; **kupić coś** ~ a) (*korzystnie*) to make a good bargain b) (*z drugiej ręki*) to buy sth second-hand

okazyjn|y *adj* chance — (acquaintance etc.); ~**e kupno** bargain

okazywać *zob* **okazać**

okazywanie *n* ↑ **okazywać**; show (of friendship etc.); manifestation; display

okiełznać *vt perf* — **okiełznywać** *vt imperf* 1. (*założyć wędzidło*) to bridle (a horse) 2. *przen* (*pohamować*) to curb; to tame; to restrain

okienko *n* 1. (*w drzwiach*) peep-hole; (*w dachu*) skylight; (*w kopercie*) window 2. (*w urzędzie*) counter; ~ **kasowe** (cashier's) wicket; pay-desk 3. (*luka w rozkładzie zajęć*) gap

okiennic|a *f* shutter; **otworzyć** ~**ę** to unshutter a window

okienny *adj* window — (pane, frame etc.)

okiść *f* snow formations (on the branches of trees)

okitować *vt perf* to putty (windows etc.)

oklapły, oklapnięty *adj* dejected; downcast

oklapnąć *vi perf pot* 1. (*zwiesić się*) to droop; to collapse; to go flop 2. *przen* (*zobojętnieć*) to sink into dejection

oklapnięty *zob* **oklapły**

oklask *m* (*także pl* ~**i**) applause; **huczne** ~**i** loud cheers; **długotrwałe** ~**i** prolonged applause

oklaskiwać *vt imperf* to applaud (an artist, a performance etc.)

oklaskiwanie *n* ↑ **oklaskiwać**; applause

okle|ić *vt perf* — **oklej|ać** *vt imperf* to stick (**coś papierem itd.** paper etc. over sth); ~**ić** ⟨~**jać**⟩ **pokój tapetami** to hang a room with wall-paper

oklep *adv* (*także* **na** ~) bare-back; **jeździć** ~ ⟨**na** ~⟩ to ride bare-back

oklepan|y *adj* commonplace; trite, hackneyed; threadbare; ~**e frazesy** commonplaces; platitudes

okład *m* 1. (*to, czym coś jest obłożone*) lining; covering; facing 2. (*kompres*) poultice; cataplasm; compress; **robić** ~ to poultice (**na coś** sth) ‖ **z** ~**em** over; more than; (*przy liczebnikach*) odd; (*przy określaniu wieku*) past; **tysiąc z** ~**em** over a thousand; a thousand odd; **on ma 60 lat z** ~**em** he is past sixty

okładać *zob* **obłożyć**

okład|ka *f* cover ⟨binding⟩ (of a book); **książka w papierowej** ~**ce** (a) paperback

okładzina *f* 1. *bud* facing 2. *el* conducting plate (of condensor) 3. *górn* shaft lining

okłamać *vt perf* — **okłamywać** *vt imperf* to lie (**kogoś** to sb); to deceive (sb)

okłam|anie, okłam|ywanie *n* ↑ **okłamać, okłamywać**; lies; deception; ~**ywanie samego siebie** self-delusion; self-deceit

okłamywać *zob* **okłamać**

okno *n* 1. *bud* window; ~ **weneckie** Venetian window; ~ **wystawowe** show-window; shop-window; **wyrzucać pieniądze za** ~ to throw money down the drain 2. (*w inspekcie*) · garden-frame

oko *n* 1. *anat* eye; *pl* **oczy** eyes; **ciemno (jest) choć** ~ **wykol** the night is inky black; **iść, gdzie oczy poniosą** to follow one's nose; **mieć jakąś sprawę na oku** to have a question in mind; **mieć kogoś, coś na oku** to keep a sharp eye on sb, sth; **mieć oczy otwarte na coś** to be alive to sth; **mówić z kimś w cztery oczy** to speak with sb in private; **otworzyć komuś oczy na coś** to open sb's eyes to sth; **patrzeć komuś prosto w oczy** to look at sb full in the face; **patrzeć niebezpieczeństwu w oczy** to brave dangers; **podnieść oczy** to look up; **przymknąć oczy na coś** to wink at sth; **robić ~ do kogoś** to give sb the glad eye; **robić wielkie oczy** to open one's eyes wide; **rzucić okiem na coś** to glance one's eye over sth; **stracić kogoś z oczu** to lose sight of sb; **ujść czyjegoś oka** to escape sb's eye; **złym okiem patrzeć na coś** to frown upon sth; **jak okiem sięgnąć** as far as the eye can reach; **rzucający się w oczy** self-evident; manifest; *przysł* **co z oczu to i z serca** out of sight out of mind; **pańskie ~ konia tuczy** the master's eye fattens the horse 2. *w zwrotach przyimkowych*: **dla czyichś pięknych oczu** for nothing; **dla oka** for the sake of appearances; **na oczach czyichś** under sb's eyes; **na własne oczy kogoś** ⟨**coś**⟩ **zobaczyć** to see sb in the flesh ⟨sth with one's own eyes⟩; **na pierwszy rzut oka** at first sight; **na ~ at a** guess; roughly; **obliczenie na ~** rough estimate; **spod oka** from the corner of the eye; **w oczach prawa** in the eye of the law; **w oczach rosnąć** to increase visibly; **w oczy komuś coś powiedzieć** to tell sb sth to his face; **kłamać w żywe oczy** to lie unblushingly; **~ w ~ z czymś** face to face with sth; **z oczu czegoś nie tracić** to have an eye to sth; **z oka nie spuszczać kogoś, czegoś** to keep a sharp eye on sb, sth; *przysł* **~ za ~, ząb za ząb** an eye for an eye, a tooth for a tooth 3. (*pl* **oka**) eye (of a peacock's tail, of fat on soup etc.) 4. (*pl* **oka**) (*pętelka*) loop 5. (*pl* **oka**) (*w sieci*) mesh 6. (*w kartach*) pip; **gra w ~** twenty-one ‖ **oka mgnienie** the twinkling of an eye; split second; **w oka mgnieniu** in a twinkling; in a split second

okocić się *vr perf* to give birth (to its young); to bring forth; (*o owcy*) to lamb; (*o kozie*) to kid; (*o kotce*) to kitten

okolic|a *f* 1. (*otoczenie*) neighbourhood; surroundings; environs; **w naszej ~y** in these parts; about here; **w tamtej ~y** thereabouts 2. (*obszar*) region; locality; **górzysta ~a** mountainous region 3. *anat* region

okolicznik *m gram* adverbial ⟨qualifying⟩ phrase

okolicznościowy *adj* 1. (*wywołany okolicznością*) circumstantial; occasional; incidental 2. (*dostosowany do okoliczności*) suitable to the occasion

okoliczność|ć *f* 1. (*sytuacja*) circumstance; fact; **zbieg ~ci** coincidence; **bez względu na ~ci** whatever the circumstances; **stosownie do ~ci** as circumstances require; **w tych ~ciach** in those circumstances; *prawn* **~ci łagodzące** ⟨**obciążające**⟩ extenuating ⟨aggravating⟩ circumstances 2. (*sposobność*) occasion

okoliczny *adj* neighbouring; adjoining; adjacent

okolić *zob* **okalać**

około¹ *praep* 1. (*wokół*) round (a table etc.) 2. (*w przybliżeniu*) about; more or less; somewhere round

około² *adv* about; more or less; ~ **dwóch mil** about two miles

okołoksiężycow|y *adj* circumlunar; **orbita ~a** the orbit of the moon

okołosłoneczny *adj* circumsolar

okołoziemsk|i *adj* circumterrestrial; **orbita ~a** the orbit of the earth

oko|ń *m icht* perch; bass; *przen* stanąć ~niem to resist (komuś sb)
okop *m* trench
okop|ać *perf* — okop|ywać *imperf* I *vt* 1. *ogr roln* to hill ⟨to earth⟩ up (plants); to dig round (trees etc.) 2. *wojsk* to entrench (a post etc.) II *vr* ~ać ⟨~ywać⟩ się to entrench oneself; to dig oneself in
okopcić *vt perf* to blacken with smoke; to smoke (a ceiling etc.)
okopowizna *f zbior roln* (edible) roots
okopow|y *adj* 1. *wojsk* trench — (warfare etc.) 2. *ogr roln* root — (crops etc.); rośliny ~e root plants
okopywać *zob* okopać
okorować *vt perf* — okorowywać *vt imperf* to bark (trees)
okostn|a *f anat* periosteum; *med* zapalenie ~ej periostitis
okow|y *plt książk* irons; chains; fetters; *przen* zerwać ~y to burst one's fetters; w ~ach lodu ice-bound
okólnik *m* 1. (*pismo*) circular (letter) 2. (*zagroda*) cattle-yard
okóln|y *adj* 1. (*biegnący w koło*) circular 2. (*okrężny*) circuitous; ~a droga detour; roundabout way
okpi|ć *vt perf* — okpi|wać *vt imperf* to cheat; to hoodwink; to deceive; dać się ~ć to let oneself be fooled
okradać *vt imperf* — okraść *vt perf* to rob (kogoś sb; kogoś z pieniędzy sb of his money); (*o kieszonkowcu*) to pick (kogoś sb's pocket)
okradzenie *n* ↑ okraść; robbery
okrajać *zob* okroić
okrakiem *adv* astraddle; siąść ~ na czymś to straddle sth
okrasa *f* 1. *kulin* lard; butter; fat; gravy; (*przyprawa*) condiment 2. (*ozdoba*) ornament
okra|sić *vt perf* — okra|szać *vt imperf* 1. *kulin* to season; to butter; to flavour; to add a condiment (potrawę to a dish) 2. (*ozdobić*) to adorn; to embellish; ~sić ⟨~szać⟩ rozmowę dowcipami to season a conversation with wit
okraść *zob* okradać

okratować *vt perf* to grate ⟨to bar⟩ (a window etc.)
okratowanie *n* ↑ okratować; grating; bars
okrawać *zob* okroić
okrawek *m* scrap; shred; cutting
okrąg, okręg *m* 1. (*obwód*) circumference; (*koło*) circle 2. (*krąg*) globe 3. (*jeďnostka administracyjna*) district 4. *mat* circumference; circle
okrąglak *m* 1. (*pień drzewa*) log 2. *pot* (*budynek*) rotunda
okrągło *adv* 1. (*kulisto*) spherically; in a circle 2. (*dokładnie*) exactly
okrągł|y *adj* 1. (*okrągłego kształtu*) round; konferencja ~ego stołu round-table conference 2. *przen* (*cały, pełny*) full (month, hour etc.); ~a suma a round sum 3. (*o człowieku*) rotund; (*o twarzy*) full; ~e kształty rotundity 4. *przen* (*potoczysty*) well-rounded
okrąż|ać *imperf* — okrąż|yć *perf* I *vt* 1. (*zataczać krąg*) to circle (coś round sth); to revolve (słońce itd. round the sun etc.); (*obchodzić*) to go (coś round sth); (*objechać*) to ride (coś round sth); ~ać ⟨~yć⟩ przylądek to double a cape 2. (*osaczać*) to encircle 3. (*obejmować kręgiem*) to ring round; to surround II *vi* to make a circuit; to take a roundabout way
okrążenie *n* ↑ okrążyć 1. (*osaczenie*) encirclement 2. *sport* lap (bieżni of a racing track)
okrążyć *zob* okrążać
okres *m* 1. (*czas trwania*) period; season; (*czas wyświetlania filmu, wystawiania sztuki*) (a) run; ~ świąt holiday season; ~ urzędowania czyjegoś sb's term of office; *roln ogr* ~ wegetacyjny growing season 2. (*pora*) space (of time); interval; spell 3. (*stadium*) stage; phase 4. *geol* age; period 5. *szk* term 6. *pot* (*menstruacja*) period 7. *astr fiz chem* cycle 8. *jęz* period; sentence 9. *mat* period (funkcji of a function)
okresowość *f singt* periodicity
okresowy *adj* 1. (*powtarzający się*) periodic; intermittent; recurring 2. (*tymczasowy*) temporary 3. (*obejmujący pewien okres*) seasonal; kolej bilet ~

określać

season ⟨*am* commutation⟩ ticket ‖ *mat* **ułamek** ~ recurring decimal
określać zob **określić**
określenie n 1. ↑ **określić** 2. (*wyrażenie określające*) qualification; designation; definition 3. *gram* attribute; adjunct
określ|ić vt perf — **określ|ać** vt imperf 1. (*wymienić cechy charakterystyczne*) to qualify ⟨to designate⟩ (**kogoś, coś jako ...** sb, sth as ...); *gram* **zdanie ~ające** qualifying clause 2. (*oznaczyć*) to state ⟨to fix, to appoint⟩ (**termin itd.** a date etc.) 3. (*zdefiniować*) to define
określony adj definite; specified; precise
okręc|ać imperf — **okręc|ić** perf I vt 1. (*owijać*) to wrap; to wind (**rękę bandażem itd.** a bandage etc. round one's hand) 2. (*obracać*) to turn (sth) round II vr ~**ać** ⟨~**ić**⟩ **się** 1. (*oplatać się*) to twist ⟨to coil⟩ (itself) (**dokoła czegoś, na czymś** round sth) 2. (*obracać się w koło*) to turn round; to spin round and round 3. (*otulać się*) to wrap oneself up (**czymś** in sth)
okręg m = **okrąg**
okręgowy adj regional; territorial; district — (administration etc.)
okręt m 1. (*wojenny*) naval craft; battleship; warship; man-of-war; ~ **desantowy** landing craft; ~ **flagowy** flagship; ~ **liniowy** battleship 2. *pot* (*statek*) ship; boat; vessel
okrętka f overcast stitch
okrętownictwo n *singt* shipbuilding
okrętow|y adj ship's — (company etc.); shipping — (agent etc.); **budownictwo ~e** shipbuilding; **chłopiec ~y** ship('s) boy; **dziennik ~y** log; **linia ~a** shipping line
okrężnie adv circuitously; **jechać** ~ to make a circuit; to take a roundabout way
okrężn|y adj circuitous; indirect; **~a droga** roundabout way
okroić vt perf — **okrawać** vt imperf 1. (*oberżnąć*) to cut off; to cut (sth) all round 2. *przen* (*skrócić*) to abridge; to retrench; (*usunąć ustępy drastyczne*) to expurgate

okrzyk

okropność f horror; gruesomeness; atrocity
okropny adj 1. (*straszliwy*) horrible; terrible; dreadful; awful; (*o pogodzie*) wretched; beastly 2. (*ogromny*) huge; enormous
okruch m fragment; bit; piece; pl ~**y** scraps (of food, knowledge etc.); (*chleba*) crumbs
okrucieństw|o n 1. (*cecha*) cruelty 2. pl ~**a** atrocities; **dopuszczać się** ~ to commit atrocities
okruszyna f fragment; ~ **chleba** crumb (of bread)
okrutnik m brute; bully
okrutny adj cruel; savage; fierce
okryci|e n 1. ↑ **okryć** 2. (*przykrycie*) cover(ing); pl ~**a** wraps 3. (*wierzchnie ubranie*) (over)coat
okry|ć perf — **okry|wać** imperf I vt to cover; to wrap; ~**ć** ⟨~**wać**⟩ **kogoś hańbą** ⟨**sławą**⟩ to cover sb with shame ⟨with glory⟩; ~**ć** ⟨~**wać**⟩ **żałobą** to plunge in mourning II vr ~**ć** ⟨~**wać**⟩ **się** 1. (*nakryć się*) to cover oneself; (*otulić się*) to wrap ⟨to muffle⟩ oneself up (**kocami itd.** in blankets etc.) 2. *przen* to be plunged (**żałobą** in mourning); ~**ć** ⟨~**wać**⟩ **się sławą** ⟨**śmiesznością itd.**⟩ to cover oneself with glory ⟨ridicule etc.⟩
okrzepnąć vi perf 1. (*nabrać sił*) to grow strong; to acquire new strength; to toughen 2. (*ugruntować się*) to become (more) firmly established
okrzes|ać perf — **okrzes|ywać** imperf I vt 1. (*ociosać*) to rough-hew (a log); (*obciąć gałęzie*) to lop (a tree) 2. (*nadać ogłady*) to polish (**kogoś** sb's manners) II vr ~**ać** ⟨~**ywać**⟩ **się** to polish one's manners
okrzyczany adj famous; notorious; renowned
okrzy|czeć vt imperf — **okrzy|knąć** vt perf to proclaim ⟨to brand⟩ (**kogoś zdrajcą itd.** sb a traitor etc.); ~**knąć kogoś wodzem** to acclaim sb chief
okrzyk m shout; cry; ~ **wojenny** war cry; ~**i radości** cheers; **wznieść** ~ to raise a shout; **wznieść** ~ **na czyjąś cześć** to cheer sb

okrzyknąć *zob* **okrzyczeć**
oksydować *vt imperf* to oxidize; to oxidate
oktan *m singt chem* octane
oktawa *f* 1. *rel prozod muz* octave 2. *druk* octavo
oktet *m* 1. *fiz* octet 2. *muz* octet(te)
okucie *n* 1. ↑ **okuć** 2. (*wyposażenie drzwi*) furniture (of a door, window); fixtures; ferrule (of a cane); ~ **metalowe** metal fittings 3. (*zawiasy, zasuwa itd.*) fixtures
okuć *vt perf* — **okuwać** *vt imperf* to fit the locks and hinges (**drzwi** to a door); to fix the metal fittings (**okno** *itd.* on a window etc.)
okular *m* 1. *pl* ~y spectacles; glasses; *pot* specs; **ciemne** ~y, ~y **przeciwsłoneczne** sun-glasses; ~y **ochronne** goggles; *przen* **patrzeć na coś przez różowe** ~y to see sth through rose-coloured glasses 2. *fiz opt* eyepiece; ocular
okularnik *m zool* cobra
okulbaczyć *vt perf* to saddle (a horse)
okuleć *vi perf* to founder (*vi*); to go lame
okulista *m* oculist; ophthalmologist
okulistyczny *adj* oculistic; ophthalmological; **eye** — (hospital etc.)
okulistyka *f singt* ophthalmology
okulizować *vt imperf ogr* to bud (a plant, a tree)
okultystyczny *adj* occultist.
okultyzm *m singt* occultism
okup *m* ransom; amends (for an offence); **żądać** ~**u za kogoś** to hold sb to ransom; **złożyć** ~ to ransom sb
okupacja *f* 1. (*zajęcie terytorium*) occupation 2. *prawn* occupancy
okupacyjn|y *adj* occupying — (forces etc.); **władze** ~**e** authorities in occupation; **strajk** ~**y** stay-in ⟨sit-down⟩ strike
okupant *m* invader
okup|ić *perf* — **okup|ywać** *imperf* I *vt* 1. (*opłacić*) to obtain (**coś czymś** sth at the price of sth); **drogo coś** ~**ić** to pay dearly for sth; **drogo** ~**ione zwycięstwo** hard-fought victory 2. (*wynagrodzić*) to compensate ⟨to redeem⟩ (**coś czymś** sth by sth) 3. (*dać zadośćuczynienie*) to atone (**winę** *itd.* for one's guilt etc.) II *vr* ~**ić** ⟨~**ywać**⟩ **się** to compensate (**czymś za coś** sth with sth)
okupienie *n* ↑ **okupić** 1. (*zapłata*) price ⟨cost⟩ (of peace, freedom, victory etc.) 2. (*wynagrodzenie*) compensation; redemption 3. (*zadośćuczynienie*) atonement
okupować *vt perf imperf* 1. (*dokonać okupacji*) to invade (a territory) 2. (*zająć bezprawnie*) to occupy (a territory, a factory etc.)
okupywać *zob* **okupić**
okurzony *adj* 1. (*pokryty kurzem*) dusty 2. (*oczyszczony z kurzu*) cleared of dust
okutać *vt perf pot* to wrap up; to muffle up
okuty *adj* (*o koniu*) shod; ~ (**na**) **ostro** roughshod
okuwać *zob* **okuć**
okwiat *m bot* perianth
okwit|ać *vi imperf* — **okwit|nąć** *vi perf* (*o kwiatach*) to cease flowering; (*o krzewach, drzewach*) to cease blooming; ~**ły** out of bloom
olbrot *m singt chem zool* spermacete
olbrzym *m* giant
olbrzymi *adj* gigantic; colossal; enormous
olbrzymieć *vi imperf* to assume gigantic proportions
olcha *f bot* alder
oleander *m bot* oleander
oleist|y *adj* 1. oleiferous (seeds etc.); **roślina** ~**a** oil plant 2. (*o cieczy*) oily
olej *m* oil; ~ **lniany** linseed oil; ~ **silnikowy** engine oil; ~ **opałowy** fuel oil; *przen* ~ **w głowie** wits; **mieć** ~ **w głowie** to have brains
olejarka *f* oilcan; oiler
olejarnia *f* oil mill
olejek *m dim* ↑ **olej**; (essential) oil; flavouring extract; ~ **różany** attar
olejny *adj* oil- (painting etc.)
olejowy *adj* oil — (gas etc.); oleic (acid)
oleodruk *m* chromolithograph
oligarchia *f* oligarchy

olimpiada f 1. *sport* Olympiad; Olympic games 2. *pot* (*konkurs*) contest
olimpijczyk m (an) Olympian
olimpijski adj 1. (*dotyczący Olimpu*) Olympian; ~ **spokój** imperturbability 2. (*związany z olimpiadą*) Olympic
olinowanie n *mar* cordage; rigging (ropes); tackle
oliw|a f 1. (*olej jadalny*) (olive) oil 2. (*olej mineralny*) lubricant; **dolać** ~**y do ognia** to pour oil on the flames; *przysł* **prawda jak ~a zawsze na wierzch wypływa** truth and oil are ever above
oliwiarka f 1. (*zbiorniczek w maszynie*) lubricator 2. = **olejarka**
oliwić vt *imperf* to oil; to lubricate
oliwienie n ↑ **oliwić**; lubrication
oliwka f 1. *bot* olive-tree 2. (*owoc*) olive- (tree, wood etc.) 2. (*dotyczący*
oliwkowy adj 1. (*dotyczący drzewa*) olive- (tree, wood etc.) 2. (*dotyczący owocu*) olive- (oil etc.) 3. (*koloru oliwki*) olive — (complexion etc.); olive--green
oliwn|y adj oil- (branch, lamp etc.); **gaj** ~**y** olive-grove; **palma** ~**a** oil palm
olstr|o n (*także pl* ~**a**) holster
olszyna f 1. (*las olchowy*) alder forest 2. (*drewno*) alder wood
olszynka f alder grove
olśnić vt *perf* — **olśniewać** vt *imperf* 1. (*oślepić jasnością*) to dazzle 2. (*zachwycić*) to ravish
olśnienie n ↑ **olśnić** 1. (*oślepienie jasnością*) dazzle 2. (*nagłe uświadomienie sobie*) revelation; brain wave
olśniewać *zob* **olśnić**
ołowian|y adj 1. (*z ołowiu*) lead — (sheet, wire etc.); **żołnierzyki** ~**e** toy soldiers 2. (*koloru ołowiu*) leaden; lead-coloured
ołowica f *singt med* plumbism; saturnism
oł|ów m lead; **zatrucie** ~**owiem** lead poisoning
ołówek m (lead) pencil; ~ **chemiczny** indelible pencil; ~ **do brwi** eyebrow pencil
ołówkowy adj pencil — (drawing etc.)
ołtarz m altar; ~ **główny** ⟨**wielki**⟩ high altar; (*malowidło lub rzeźba*) altar--piece; reredos
om m *fiz* ohm
omac|ek † *w zwrotach*: **po** ~**ku**, ~**kiem** gropingly; blindfold; **iść po** ~**ku** ⟨~**kiem**⟩ to grope one's way
omal adv (*także* ~ **nie**, ~ **że**, ~ **że nie**) almost; nearly; pretty nearly; all but; ~ **nie stracił przytomności z bólu** he almost fainted with pain; **to było** ~ **że niemożliwe** it was all but impossible
omam m hallucination; delusion
omamić vt *perf* — **omamiać** vt *imperf* to beguile; to delude
omamienie n ↑ **omamić** 1. (*stan*) delusion; hallucination 2. (*oczarowanie*) lure; allurement
omasta f butter ⟨lard, fat⟩ (**do potrawy** to flavour a dish)
omaszczać *zob* **omaścić**
omasztowanie n (ship's) masting
omaścić vt *perf* — **omaszczać** vt *imperf* to flavour (a dish) with butter ⟨lard, sauce⟩
omawiać vt *imperf* — **omówić** vt *perf* 1. (*mówić*) to talk (sth) over (**z kimś** with sb) 2. (*dyskutować*) to discuss; **omawiać** ⟨**omówić**⟩ **temat** to treat of a subject; **omawiana kwestia** the matter under discussion
omawianie n ↑ **omawiać**; discussion
omdlały adj faint; languid
omdl|eć vi *perf* — **omdl|ewać** vi *imperf* 1. (*stracić przytomność*) to faint; to swoon; ~**ały** in a swoon 2. (*osłabnąć*) to feel faint; to languish
omdlenie n ↑ **omdleć**; (a) faint; *med* syncope; swoon
omdlewać *zob* **omdleć**
omdlewający adj languid (gaze etc.)
omega f *singt gr* omega
omen m omen; augury; **to jest dobry** ~ it is auspicious; **to zły** ~ it is ominous
omiatać vt *imperf* — **omieść** vt *perf* 1. (*zmiatać*) to brush the dust away (**ściany itd. z kurzu** from the walls etc.) 2. (*zamiatać*) to sweep (a room etc.)
omieszk|ać vi *perf* — **omieszk|iwać** vi

omieść *imperf obecnie tylko z przeczeniem*: nie ~aj przyjść don't fail to come; nie ~am napisać I shall not fail to write; I shall write without fail

omieść *zob* **omiatać**

omi|jać *vt imperf* — **omi|nąć** *vt perf* 1. *(okrążać)* to pass round (puddles, obstacles etc.); to pass (a pub etc.) 2. *przen (unikać)* to avoid (dangers etc.); ~**jać prawo** *itd.* to evade the law etc.; **nie ~nie go kara** he cannot escape punishment 3. *przen (nie brać pod uwagę)* to pass (sb) by; to overlook; ~**nęła go nagroda** the reward passed him by 4. *(z zamianą podmiotu — przepuszczać)* to miss (an opportunity, a party etc.) 5. *imperf (unikać)* to avoid; to shun; to steer clear (**kogoś, coś** of sb, sth)

ominięcie *n* ↑ **ominąć**; avoidance; escape

omlet *m* omelet(te)

omłot *m* 1. *(młocka)* threshing 2. *(zbiór)* yield of corn (in the threshing)

omnibus *m* 1. *(środek lokomocji)* omnibus 2. *przen żart (specjalista od wszystkiego)* know-all 3. *(lekarz)* general practitioner; G.P.

omomierz *m fiz* ohmmeter

omotać *vt perf* 1. *(owinąć)* to lap (**coś nićmi** *itd.* thread etc. round sth); to get twisted (**coś** round sth) 2. *przen (usidlić)* to ensnare; to entrap 3. *(uwikłać)* to tangle up 4. *(otulić)* to wrap up

omowny *adj* periphrastic

omówić *zob* **omawiać**

omówieni|e *n* ↑ **omówić** 1. *(rozpatrzenie)* discussion; **sprawy do ~a** matters to be discussed 2. *lit* periphrasis

omszały *adj* mossy; moss-grown; mouldy; downy

omszeć *vi perf* to become covered with moss ⟨with mould⟩

omyli|ć *perf* I *vt* to lead into error; to deceive II *vr* ~**ć się** to make a mistake; to be mistaken; ~**łeś się** you are mistaken; ~**ć się w rachubach** to miscalculate

omylność *f singt* fallibility

omylny *adj* 1. *(mogący popełniać błędy)* fallible 2. *(wprowadzający w błąd)* misleading; deceitful; fallacious

omyłk|a *f* mistake; error; ~**a w druku** misprint; ~**a w obliczeniach** miscalculation; **tu zaszła ~a** there is something wrong here; **przez ~ę** by mistake

omyłkowo *adv* by mistake; by error; mistakenly; wrongly

on *pron (w odniesieniu do rzeczowników osobowych)* he; *(w przypadkach zależnych*: **jego, go, niego, jemu, mu, nim**) him; *(w odniesieniu do rzeczowników nieosobowych)* it

ona *pron (w odniesieniu do rzeczowników osobowych)* she; *(w przypadkach zależnych*: **jej, ją, nią, niej**) her; *(w odniesieniu do rzeczowników nieosobowych)* it

onania *f*, **onanizm** *m singt* masturbation

ondulacj|a *f* wave (in the hair); **trwała ~a** a permanent wave; *pot* perm; **wodna ~a** water-wave; **dać sobie zrobić trwałą ~ę** to have one's hair waved ⟨permed⟩; **zrobić komuś ~ę** = **ondulować**

ondulować *vt imperf* to wave (**kogoś, komuś włosy** sb's hair)

one *pron pl* they; *(w przypadkach zależnych*: **ich, im, je, nimi, o nich**) them

onegdaj *adv* the day before yesterday; the other day

ongi(ś) *adv książk* of yore; once upon a time

oni *pron pl* they; *(w przypadkach zależnych*: **ich, im, nimi**) them

oniemiały *adj* speechless; dumbfounded

oniemieć *vi perf* to be dumbfounded ⟨speechless⟩; to be struck dumb

onieśmielać *vt imperf* — **onieśmielić** *vt perf* to intimidate; to browbeat

onieśmielenie *n* ↑ **onieśmielić**; intimidation; confusion

onieśmielić *zob* **onieśmielać**

onkolog *m* oncologist

onkologia *f singt* oncology

onkologiczny *adj* oncological

ono *pron (w przypadkach zależnych*: **jego, go, jemu, mu, je, nim, o nim**) it

onomastyka *f singt* the science of names
onomatopeiczny *adj* onomatopoeic
onomatopeja *f lit* onomatopoeia
onuca *f* cloth wrapped round foot serving as sock
onyks *m miner* onyx
opactwo *n* 1. (*klasztor*) abbey 2. (*urząd, dobra*) abbacy
opaczność *f singt* erroneousness
opaczny *adj* wrong; improper; mistaken; erroneous
opad *m* 1. (*opadanie*) fall; drop; ~ **krwi** blood sedimentation; ~ **radioaktywny** radioactive fall-out 2. *chem* precipitation 3. *meteor* precipitation; ~ **atmosferyczny** (*deszczu*) rainfall; (*śniegu*) snowfall 4. *sport* bend
opa|dać *imperf* — **opa|ść** *perf* I *vi* 1. (*osuwać się*) to sink; to drop; *przen* **ręce** ~**dają** it is disheartening; **ręce nam** ~**dły** we lost heart 2. (*odpadać*) to fall away ⟨off⟩ 3. (*zwisać*) to hang loose 4. (*zniżać się*) to drop; to sink; to come down; (*o wodzie itd.*) to subside; (*o terenie*) to slope; to shelve; *lotn* ~**dać szybując** to plane down 5. (*tracić na sile*) to abate; to decrease 6. † (*tracić*) to lose; *obecnie w zwrotach*: ~**dać** ⟨~**ść**⟩ **z ciała** to lose flesh; ~**dać** ⟨~**ść**⟩ **z sił** to lose one's strength II *vt* (*osaczać*) to assail; to beset
opadający *adj* declining; sloping; down-hill; declivous
opadanie *n* ↑ **opadać**; fall; drop; abatement; subsidence; *lotn* descent
opadzina *f* litter (of a forest floor)
opak † *m obecnie w zwrotach*: **na** ~ wrong; wrong way up; inside out; topsy-turvy; **wszystko poszło na** ~ everything went wrong ⟨criss-cross⟩
opakować *vt perf* — **opakowywać** *vt imperf* 1. (*owinąć*) to wrap (sth) up 2. (*zapakować*) to pack; to package 3. *pot żart* (*opchać*) to stuff; to cram (with food) 4. (*objuczyć*) to load
opakowanie *n* 1. ↑ **opakować** 2. (*osłona*) wrapping; wrappage; package; ~ **szklane, blaszane** container
opakowywać *zob* **opakować**

opal *m miner* opal
opalacz *m* beach-suit
opal|ać *imperf* — **opal|ić** *perf* I *vt* 1. (*ogrzewać*) to heat (a room etc.); **piec** ~**any węglem** coal-fired stove 2. (*oparzać*) to scorch; (*osmalać*) to singe 3. (*wystawiać na słońce*) to tan; to bronze 4. (*palić czyjś tytoń*) to sponge (**kogoś** on sb) for tobacco II *vr* ~**ać** ⟨~**ić**⟩ **się** to bronze ⟨to tan, to take a tan⟩ (*vi*); to get sunburnt; (*leżeć na słońcu*) to lie ⟨to bask⟩ in the sun
opalani|e *n* 1. ↑ **opalać** 2. ~**e się** getting sunburnt; lying in the sun; **olejek do** ~**a** sun-tan oil
opalenizna *f* tan; sunburn
opalić *zob* **opalać**
opalizować *vi imperf* to opalesce, to opalize
opalizujący *adj* opalescent
opalon|y *adj* sunburnt; brown; tawny; ~**a cera** tan
opał *m* 1. *singt* (*materiał do opalania*) fuel; combustible 2. *pl* ~**y** (*ciężkie położenie*) scrape; **być w** ~**ach** to be in deep water(s)
opałow|y *adj* combustible; fuel — (allowance etc.); **drzewo** ~**e** fire-wood
opamięt|ać *perf* — **opamięt|ywać** *imperf* I *vt* to bring (sb) to reason II *vr* ~**ać** ⟨~**ywać**⟩ **się** to control oneself; to come to one's senses; to pull oneself together
opamiętani|e *n* ↑ **opamiętać**; reflection, reflexion; **bez** ~**a** without control; without restraint
opamiętywać *zob* **opamiętać**
opancerzać *zob* **opancerzyć**
opancerzenie *n* 1. ↑ **opancerzyć** 2. (*zbroja*) armour 3. *techn* steel-plating
opancerzony *adj* 1. *hist wojsk* in armour 2. (*zabezpieczony pancerzem*) armoured (car, train, cruiser); bullet-proof; steel-clad 3. *przen* (*o człowieku*) steeled (**przeciw czemuś** against sth)
opancerz|yć *perf* — **opancerz|ać** *imperf* I *vt* to armour-plate (a ship etc.); *techn* to case; to shield II *vr* ~**yć**

opanować 425 **opcja**

⟨~ać⟩ się to steel oneself (przeciw czemuś against sth)
opanow|ać *perf* — **opanow|ywać** *imperf* **I** *vt* 1. (*zdobyć zbrojnie*) to conquer; to capture 2. (*zawładnąć*) to take possession (coś of sth) 3. (*poskromić*) to master; to get under control; to control (a fire, one's anger etc.); to stamp out (an epidemic, a rebellion etc.); to overcome (a difficulty, a feeling etc.) 4. (*osiągnąć sprawność*) to master (a subject, a language etc.); **mieć temat dobrze** ~**any** to have mastered a subject 5. (*o uczuciu — ogarnąć*) to come over (sb); to seize (sb) **II** *vr* ~**ać** ⟨~**ywać**⟩ **się** to control oneself; to cool down
opanowani|e *n* ↑ **opanować** 1. (*zdobycie*) capture; seizure 2. (*zawładnięcie*) possesion 3. (*poskromienie*) control; restraint; **bez** ~**a** unrestrainedly; **brak** ~**a** lack of restraint; **nie do** ~**a** uncontrollable; irrepressible 4. (*sprawność*) mastery ⟨command⟩ (of a subject, language etc.) 5. (*panowanie nad sobą*) self-control; self-possession
opanowany *adj* self-possessed; composed; calm; **człowiek** ~ a man of nerve
opanowywać *zob* **opanować**
opar *m* 1. (*mgła*) mist 2. (*woń*) fume; vapour; ~**y alkoholu** the fumes of wine 3. (*wyziew*) exhalation
oparci|e *n* 1. (*podpora*) support; prop; **punkt** ~**a** fulcrum 2. *przen* support; reliance; prop (of sb's old age etc.) 3. (*uzasadnienie*) ground(s); base; **w** ~**u o statut** basing oneself on the statutes 4. (*u fotela itd.*) back (of a chair etc.); ~**e dla ręki** arm-rest
oparty *adj* leaning; resting; reclining
oparzelina, oparzelizna *f* scald; scorch; burn
oparzenie *n* 1. ↑ **oparzyć** 2. *med* (a) scald
oparzyć *perf* **I** *vt* to scald ⟨to scorch, to burn⟩ (**sobie rękę itd.** one's hand etc.) **II** *vr* ~ **się** to get scalded ⟨scorched, burnt⟩
opas *m* 1. (*tuczenie*) fattening 2. (*zwierzę utuczone*) fattened pig ⟨fowl, cattle⟩
opas|ać *perf* — **opas|ywać** *imperf* **I** *vt* 1. (*nałożyć pas*) to gird; to fasten a belt (**kogoś** round sb); ~**ana fartuchem** with an apron wrapped round her 2. (*otoczyć*) to encircle; to surround **II** *vr* ~**ać** ⟨~**ywać**⟩ **się** to buckle on (**pasem** one's belt); to gird oneself
opask|a *f* 1. (*obwiązanie*) band; fillet 2. (*na oczy*) bandage; **z** ~**ą na oku** with a patch on his ⟨her⟩ eye 3. (*na głowę*) headband 4. (*na rękawie*) armband 5. ~**a higieniczna** sanitary towel 6. (*w tropikach*) ~**a na biodra** loin-cloth 7. (*pasek papieru na druk*) wrapper
opasły *adj* fat; bloated
opasow|y *adj* fattened; **bydło** ~**e** fat stock
opasywać *zob* **opasać**
opaść *zob* **opadać**
opat *m* abbot
opatentować *vt perf* to patent (an invention etc.); to take a patent (**coś** for sth)
opatrunek *m* dressing; **założyć** ~ **rannemu** to dress sb's wound
opatrunkowy *adj* dressing — (materials etc.); **punkt** ~ dressing-station
opat|rywać *imperf* — **opat|rzyć** *perf* **I** *vt* 1. (*doprowadzić do porządku*) to fix; to adjust; ~**rywać** ⟨~**rzyć**⟩ **drzwi** ⟨**okna**⟩ to list the doors ⟨the windows⟩ 2. (*zakładać opatrunek*) to dress (a wound) 3. (*zaopatrywać*) to provide (**kogoś, coś czymś** ⟨**w coś**⟩ sb, sth with sth); ~**rywać** ⟨~**rzyć**⟩ **dokument podpisem** to affix one's signature to a document; ~**rzyć** (**książkę**) **przedmową** to preface (a book) **II** *vr* ~**rywać** ⟨~**rzyć**⟩ **się** (*zw perf*) to lose its attraction; **to się wnet** ~**rzy** you soon tire of it
opatrznościowy *adj* providential; **mąż** ~ saviour; Heaven-sent man
opatrzność *f singt* Providence
opatrzyć *zob* **opatrywać**
opatulić *vt perf* — **opatulać** *vt imperf* to wrap up; to tuck up; to muffle up
opchać się *vr perf* — **opychać się** *vr imperf pot* to gorge (oneself)
opcja *f* option

opera f 1. (*utwór, przedstawienie*) opera 2. (*gmach*) opera-house
operacj|a f 1. (*zabieg*) operation; **poddać się ~i** to undergo an operation 2. (*działanie*) operation; **~a finansowa** transaction; **~a słoneczna** action of the sun 3. *wojsk* operation
operacyjny *adj* 1. (*związany z chirurgią*) operating — (theatre, room, table etc.); surgical (treatment etc.) 2. *wojsk* operational
operator *m* 1. *fot kino* cameraman 2. *kino* (*wyświetlający film*) operator; projectionist; *kino tv* ~ **dźwięku** mixer 3. *med* surgeon 4. *techn* operator
operatornia f *kino* projection room
operatywność f *singt* efficiency
operatywny *adj* efficient; competent
operetka f operetta
operetkowy *adj* farcical
oper|ować *imperf* I *vt* to operate (**kogoś on sb; guz itd.** on a tumour etc.; **komuś coś** on sb for sth) II *vi* 1. (*działać*) to act; to be active; **słońce ~uje** the sun beats down 2. (*posługiwać się*) to handle ⟨to manipulate, to use⟩ (**czymś** sth)
operowy *adj* operatic (singer etc.); opera — (performance etc.)
opędz|ać *imperf* — **opędz|ić** *perf* I *vt* 1. (*odganiać*) to drive away (**muchy, komary itd.** flies, gnats etc.); **~ać** ⟨**~ić**⟩ **kogoś od much** to keep the flies away from sb 2. (*zaspokajać*) to supply (**swoje** ⟨**czyjeś**⟩ **potrzeby** one's ⟨sb's⟩ needs); **~ać** ⟨**~ić**⟩ **głód** to appease one's hunger II *vr* **~ać** ⟨**~ić**⟩ **się** 1. (*odganiać*) to keep away (**muchom** ⟨**od much**⟩ the flies) 2. (*bronić się przed napaścią*) to repel (**napastnikom** the assailants) 3. (*uporać się*) to cope (**czemuś** with sth) 4. (*uwalniać się*) to free oneself (**czemuś** from sth)
opęt|ać *vt perf* — **opęt|ywać** *vt imperf* 1. (*opanować*) to overcome; to master; **diabeł go ~ał** he is possessed of the devil 2. (*ogarnąć swym wpływem*) to obsess; to come over (sb) 3. (*omotać*) to ensnare; to entangle
opętanie *n* ↑ **opętać**; obsession

opętaniec *m* fanatic; enthusiast; energumen
opętany *adj* demented; frenzied; wild; **jak ~** dementedly; with frenzy
opętańczy *adj* demoniacal; frenzied; wild
opętywać *zob* **opętać**
opi|ąć *perf* — **opi|nać** *imperf* I *vt* 1. (*okryć*) to lap; to envelop 2. (*obcisnąć*) to cling (**coś** to sth); to clasp II *vr* **~ąć** ⟨**~nąć**⟩ **się** to cling (**na czymś** to sth); to clasp (**na czymś** sth)
opicie *n* ↑ **opić**; celebration
opi|ć *perf* — **opi|jać** *imperf* I *vt* to celebrate (a success etc.); to wet (a bargain etc.) II *vr* **~ć** ⟨**~jać**⟩ **się** 1. (*napić się do syta*) to drink one's fill (**czegoś** of sth) 2. (*wypić nad miarę*) to drink too much (**czegoś** of sth)
opie|c *vt perf* — **opie|kać** *vt imperf* to grill; **~c bułkę** to toast bread
opieczętować *vt perf* to seal (a letter, a document etc.); to put the seals (**mieszkanie itd.** on a flat etc.)
opie|ka f 1. (*troszczenie się*) custody; protection; care (**nad kimś, czymś** of sb, sth); **~ka lekarska** medical attention; **~ka nad chorym** nursing (a patient); **~ka prawna** protection of the law; **~ka społeczna** social welfare; **towarzystwo ~ki nad zwierzętami** society for the prevention of cruelty to animals; **być pod dobrą ~ką** to be in safe-keeping; **powierzyć coś czyjejś ~ce** to confide sth to sb's care; **roztaczać ~kę nad kimś** ⟨**czymś**⟩ to care for sb ⟨sth⟩; to protect sb ⟨sth⟩ 2. (*kuratela*) wardship; tutelage 3. (*opiekunowie*) guardians; trustees; curators
opiekacz *m* toaster
opiekać *zob* **opiec**
opiekować się *vt imperf* to care (**kimś, czymś** for sb, sth); to have charge (**kimś** of sb); to look after (**kimś, czymś** sb, sth); to tend (**kimś, czymś** sb, sth); **~ chorym** to nurse a patient; (*o administracji, instytucji*) **~ czymś** to have sth under one's ⟨its⟩ protection
opiekun *m* 1. (*osoba opiekująca się*)

guardian; protector; patron; warden; ~ dziecka child's foster-father 2. (*kurator*) curator
opiekunka *f* guardian; protectress; tutoress; patroness; ~ dziecka child's foster-mother
opiekuńczy *adj* protective; tutelar (authority etc.)
opielacz *m ogr* hoe; weeder
opielać *zob* opleć
opieniek *m*, opieńka *f bot* honey fungus
opierać¹ *imperf* — oprzeć *perf* I *vt* 1. (*przystawiać*) to lean (coś o coś sth against sth); to rest (coś na czymś sth on sth); opierać ⟨oprzeć⟩ głowę na czymś to recline ⟨to pillow⟩ one's head on sth 2. (*zasadzać*) to base; to ground; oparty na solidnych podstawach well-grounded II *vr* opierać ⟨oprzeć⟩ się 1. (*wesprzeć się*) to lean (o coś against sth; na czymś on sth); (*o belce itd.*) to abut; (*o fundamentach itd.*) to repose (na czymś on sth); to support oneself (na czymś on sth) 2. (*mieć podstawę*) to be based ⟨grounded, founded⟩ (na czymś on sth); opierać ⟨oprzeć⟩ się o sąd to be brought up before the court; opierając się na ustawie on the strength of the law; opierając się na ... on the authority of ... 3. (*polegać*) to rely (na kimś on sb) 4. (*stawiać opór*) to resist ⟨to oppose⟩ (komuś, czemuś sb, sth); nie można mu się oprzeć he is irresistible; nie oprzeć się wrogowi ⟨pokusie itd.⟩ to succumb to the enemy ⟨to a temptation etc.⟩
opierać² *zob* oprać
opieranie się *n* 1. ↑ opierać się 2. (*poleganie*) reliance 3. (*opór*) resistance
opierunek *m żart* washing; laundering
opierzać *zob* opierzyć
opierzchnąć *vi perf* to chap
opierzony *adj* fledged; in full feather; nie ~ callow; unfledged
opierz|yć *perf* — opierz|ać *imperf* I *vt bud* to provide (a shaft etc.) with sheeting II *vr* ~yć ⟨~ać⟩ się to grow feathers

opieszały *adj* 1. (*powolny*) slow; sluggish; tardy 2. (*leniwy*) lazy
opiewać *imperf* I *vt książk* to resound ⟨to extol, to sing⟩ the praises (kogoś, coś of sb, sth) II *vi* 1. (*brzmieć*) to read (*vi*) 2. (*podawać do wiadomości*) to state; to say 3. (*o rachunku — wynosić*) to amount (na x złotych to x zlotys)
opięty *adj* tight; tight-fitting
opijać *zob* opić
opilczy *adj med* obłęd ~ delirium tremens, d.t.
opilstw|o *n singt* 1. (*nałóg*) habitual drunkenness 2. (*zamroczenie*) intoxication; w stanie ~a intoxicated
opił|ek *m* particle of metal; *pl* ~ki filings; raspings
opiłować *vt perf* to file (sth) smooth
opinać *zob* opiąć
opini|a *f* 1. *singt* (*mniemanie*) opinion; view; judgement; ogólna ~a the general feeling; ~a publiczna public opinion; według powszechnej ~i admittedly 2. (*reputacja*) reputation; cieszyć się dobrą ~ą to be held in good repute; mieć złą ~ę to be ill reputed 3. (*ocena*) expert opinion; expertise
opiniodawca *m* adviser; consultee
opiniodawczy *adj* advisory; consultative (body, assembly)
opiniować *vt imperf* to give an opinion (o kimś, czymś of sb, sth); to pass judgment (o kimś, czymś on sb, sth)
opis *m* description; szczegółowy ~ full particulars; specification
opis|ać *vt perf* — opis|ywać *vt imperf* 1. (*przedstawić za pomocą opisu*) to describe; to portray; to picture; tego się nie da ~ać it is undescribable 2. *mat* to circumscribe 3. (*scharakteryzować*) to characterize 4. *prawn* to draw up (an inventory)
opisani|e *n* 1. ↑ opisać; description; portrayal; nie do ~a undescribable 2. *mat* circumscription
opisowy *adj* 1. (*będący opisem*) descriptive 2. *gram* periphrastic
opisywać *zob* opisać
opity *adj* drunk; intoxicated

opium *n indecl* opium; **palarnia** ~ opium den
opiumować *vt imperf* to opiate
opl|atać *imperf* — **opl|eść** *perf* I *vt* to wind (**kogoś, coś czymś** sth round sb, sth); (*o roślinie itd.*) to entwine; *przen* ~**atać** ⟨~**eść**⟩ **czyjąś szyję ramionami** to wind one's arms round sb's neck II *vr* ~**atać** ⟨~**eść**⟩ **się** to wind (*vi*)
oplątać *perf* — **oplątywać** *imperf* I *vt* 1. (*okręcać*) to entwine 2. *przen* to ensnare II *vr* ~**ać** ⟨~**ywać**⟩ **się** to twine (**koło czegoś** round sth)
opleć *vt perf* — **opielać** *vt imperf* to weed
opleść *zob* **oplatać**
oplewić *vt perf* = **opleć**
oplotkować *vt perf* — **oplotkowywać** *vt, imperf* to gossip (**kogoś** about sb)
opluć *vt perf* — **opluwać** *vt imperf* 1. (*opryskać śliną*) to spit (**kogoś** at sb; **coś** on sth) 2. (*oszkalować*) to slander; to defame
opluskać *vt perf* — **opluskiwać** *vt imperf* to splash water (**kogoś, coś** over sb, sth)
opłac|ać *imperf* — **opłac|ić** *perf* I *vt* 1. (*płacić*) to pay (**kogoś** sb; **coś** for sth); to cover ⟨to defray⟩ the cost (**coś** of sth); ~**ać** ⟨~**ić**⟩ **kogoś** to pay sb a salary; ~**ać** ⟨~**ić**⟩ **z góry** (**prenumeratę itd.**) to prepay (a subscription etc.) 2. (*wynagradzać kogoś*) to remunerate (**kogoś** sb for his service) 3. *przen* (*ponosić konsekwencje*) to suffer (**coś** for sth); to pay the price (**coś** of sth); **drogo coś** ~**ić** to pay dearly for sth II *vr* ~**ać** ⟨~**ić**⟩ **się** 1. (*okupywać się*) to purchase one's freedom; to pay ransom; (*przekupywać*) to bribe (**komuś** sb) 2. (*przynosić zysk*) to pay (*vi*); to be worth while; **to się** ~**a** it is worth while; ~**a się być uczciwym** it pays to be honest
opłacalność *f singt* remunerativeness; profitability
opłacalny *adj* remunerative; profitable
opłacenie *n* ↑ **opłacić**; payment
opłacić *zob* **opłacać**
opłacony *adj* paid; (*o przesyłce poczto-* *wej*) post-paid; ~ **z góry** prepaid; **dobrze** ~ well-paid; **niedostatecznie** ~ underpaid
opłakać *zob* **opłakiwać**
opłakany *adj* lamentable; deplorable; **w** ~**m stanie** dilapidated; ramshackle
opłakiwać *vt imperf* — **opłakać** *vt perf* to lament (**kogoś, coś** sb, sth); to mourn (**kogoś, coś** for sb, sth)
opłat|a *f* payment (for sth); charge; due; fee; ~**a celna** customs duty; ~**a drogowa** toll; ~**a pocztowa** postage; ~**a za przejazd** fare; **za** ~**ą x złotych** against payment of *x* zlotys
opłatek *m* wafer; **blady jak** ~ as white as a sheet
opłotki *pl* (country) lane
opłucn|a *f anat* pleura; **zapalenie** ~**ej** pleurisy
opłukać *vt perf* — **opłukiwać** *vt imperf* to rinse
opły|nąć *perf* — **opły|wać** *imperf* I *vt* 1. (*płynąć dokoła*) to swim ⟨to sail⟩ (**coś** round stn); ~**nąć kulę ziemską** to circumnavigate the globe; ~**nąć przylądek** to double a cape 2. *zw imperf* (*oblewać*) to flow (**coś** round sth); to bathe (a coast etc.) II *vi* 1. (*ociekać*) to be bathed (**krwią, potem** in blood, in perspiration) 2. *zw imperf* (*obfitować*) to roll (**w bogactwa itd.** in riches etc.); to abound (**w bogactwa itd.** with riches etc.); ~**wać we wszystko** ⟨**w dostatki**⟩ to live in plenty
opływow|y *adj* streamline(d) (body of a car etc.); **linie** ~**e** streamlines
opodal[1] *adv* near by; hard by; close at hand
opodal[2] *praep* near (sb, sth); close to (sb, sth)
opodatkow|ać *perf* — **opodatkow|ywać** *imperf* I *vt* to tax (a population etc.) II *vr* ~**ać** ⟨~**ywać**⟩ **się** to subscribe (**na cel dobroczynny itd.** to a charity etc.)
opodatkowani|e *n* ↑ **opodatkować**; taxation; taxes; **podlegający** ~**u** taxable; **nie podlegający** ~**u** tax-free
opodatkowywać *zob* **opodatkować**
opoka *f* 1. (*skała*) (bed) rock 2. *przen*

opona ⟨*niewzruszona podstawa*⟩ bedrock; tower of strength

opon|a *f* tyre, tire || *anat* ~**y mózgowe** meninges; *med* **zapalenie ~ mózgowych** meningitis; brain-fever

oponent *m* opponent; adversary

oponować *vi imperf* 1. (*przeczyć*) to oppose ⟨to contradict⟩ (**komuś** sb) 2. (*sprzeciwiać się*) to object (**czemuś** to sth)

oponowanie *n* ↑ **oponować** 1. (*przeczenie*) opposition; contradiction 2. (*sprzeciw*) objection

opończa *f hist* cloak

opornica *f* = **opornik**

opornie *adv* with difficulty; laboriously; arduously

opornik *m* 1. *techn* rheostat; starter 2. *el* resistance

oporność *f singt* 1. (*skłonność do oporu*) refractoriness; recalcitrance; (*nieposłuszeństwo*) insubordination 2. *el* reluctance 3. *fiz techn* resistance

oporny *adj* 1. (*stawiający opór*) refractory; recalcitrant 2. (*nieposłuszny*) insubordinate; unruly

oporow|y *adj* resisting; resistance — (welding etc.); *el* **cewka ~a** resistance coil; *górn* **filar ~y** pillar of support; *bud* **łuk ~y** flying buttress; **mur ~y** revetment; *meteor* **termometr ~y** resistance thermometer

oportunista *m* opportunist; time-server

oportunistyczny *adj* opportunistic; time-serving (policy etc.)

oportunizm *m singt* opportunism; time-serving

oporządz|ać *imperf* — **oporządz|ić** *perf* I *vt* 1. (*robić porządki*) to tidy up (a room etc.) 2. (*obrządzać*) to groom (horses); to feed (cattle, one's stock); **~ać** ⟨**~ić**⟩ **gospodarstwo** to do the farm work 3. (*przyprowadzać do porządku*) to repair 4. *kulin* to dress (a fowl etc.); to clean (fish) II *vr* **~ać** ⟨**~ić**⟩ **się** to tidy oneself

oporządzenie *n* ↑ **oporządzić** 1. (*obrządzenie gospodarstwa*) farm work 2. (*robienie porządków w mieszkaniu*) housework 3. (*naprawy*) repairs

opos *m* 1. *zool* opossum 2. *pl* **~y** (*futro*) opossums

opowiadacz *m* narrator; story-teller

opowi|adać *imperf* — **opowi|edzieć** *perf* I *vt* to tell; to relate; **~adać historyjki** to spin yarns; **~adają, że ...** they say that ... II *vr* **~adać** ⟨**~edzieć**⟩ **się** 1. (*meldować się*) to report (*vi*) (to a superior etc.) 2. (*mówić, kim się jest*) to introduce oneself 3. (*deklarować się*) to declare (**po czyjejś stronie** which side one takes); **~adać** ⟨**~edzieć**⟩ **się za kimś, czymś** to declare (*vi*) for sb, sth

opowiadający *m* narrator

opowiadanie *n* 1. ↑ **opowiadać** 2. (*opowieść*) story; tale 3. (*utwór*) novelette; short story

opowiastka *f dim* ↑ **opowieść**

opowiedzieć *zob* **opowiadać**

opowieść *f* tale; story

opozycj|a *f* opposition; resistance; **być w ~i wobec kogoś, czegoś** to resist ⟨to oppose⟩ sb, sth

opozycjonista *m* oppositionist

opozycyjny *adj* oppositional; resisting

opój *m* drunkard; sot

opór *m* 1. (*opieranie się*) resistance; **ruch oporu** resistance movement; the underground; **stawiać ~ komuś, czemuś** to resist ⟨to oppose⟩ sb, sth; **przen iść po linii najmniejszego oporu** to take the line of least resistance 2. (*siła przeciwdziałająca*) resistance 3. (*przeszkoda*) check; **docisnąć do oporu** to press home

opóźni|ać *imperf* — **opóźni|ć** *perf* I *vt* 1. (*zmniejszać szybkość przebiegu*) to retard; to slow down 2. (*działać hamująco*) to keep ⟨to hold⟩ back 3. (*przetrzymywać*) to detain II *vr* **~ać** ⟨**~ć**⟩ **się** 1. (*spóźniać się*) to be late; to be behind time; (*o zegarze*) to be slow; (*o wybuchu*) to hang fire 2. (*nie dotrzymywać kroku*) to lag behind

opóźnienie *n* ↑ **opóźnić**; delay; tardiness; **mieć ~** to be late

opóźniony *adj* late; tardy; behind time

opracow|ać *vt perf* — **opracow|ywać** *vt imperf* to work out (a plan etc.); to elaborate (a literary work, theory

opracowanie 430 oprzędzać

etc.); to work up (a subject); ~ać naukowo to describe scientifically
opracowanie *n* 1. ↑ **opracować**; elaboration 2. (*rozprawa*) treatise; paper; study; ~ **naukowe** scientific description
opracowywać *zob* **opracować**
oprać *vt perf* — **opierać** *vt imperf* to wash (kogoś sb's clothes, linen); to launder (kogoś for sb)
opranie *n* ↑ **oprać**; washing; laundering
opraw|a *f* 1. (*okładka*) binding 2. (*trzonek*) handle (of a tool, of a knife etc.); (*rama*) picture frame; ~a **klejnotu** mount of a gem; ~a **literacka** ⟨**muzyczna, sceniczna itd.**⟩ literary ⟨musical, scenic etc.⟩ setting; ~a **okularów** spectacle rims 3. (*oprawianie*) the binding (of books); **książka jest w** ~**ie** the book is being bound
oprawca *m* 1. (*zbir*) torturer; assassin; butcher; slaughterer 2. *hist* (*kat*) executioner
oprawiać *vt imperf* — **oprawić** *vt perf* 1. (*dawać okładkę*) to bind (books) 2. (*dawać trzonek*) to furnish (a knife, tool etc.) with a handle 3. (*dawać oprawę*) to set (a gem); to mount (a picture etc.) 4. (*dać ramę*) to frame (a painting) 5. (*odzierać ze skóry*) to flay (an animal)
oprawka *f* collet; ~ **żarówki** (lamp-)socket
oprawny *adj* 1. (*mający okładkę*) bound 2. (*obramowany*) set; mounted; framed
opresj|a *f* sorry plight; **być w** ~**i** to be in deep waters; **wyjść z** ~**i** to get out of trouble
oprocentow|ać *vt perf* — **oprocentow|ywać** *vt imperf* to pay interest; ~**ać kapitał na 5%** to pay 5% interest on capital
oprocentowanie *n* ↑ **oprocentować**; interest
oprocentowywać *zob* **oprocentować**
opromieniać *vt imperf* — **opromienić** *vt perf* to shine (coś upon sth); to irradiate
opromieniony *adj* radiant
oprosić się *vr perf* to farrow; to pig
oprowadzać *vt imperf* — **oprowadzić** *vt perf* to show ⟨to take⟩ (kogoś sb round; **wycieczkę po mieście** a party round a town)
oprowadzający *m* guide
oprócz *praep* 1. (*z wyjątkiem*) excepting); besides; apart from; but; barring; **wszyscy** ~ **mnie** all but me 2. (*niezależnie od czegoś*) besides; apart from; as well as; ~ **tego** moreover
oprószyć *vt perf* — **oprószać** *vt imperf* to cover with dust
opróżni|ać *imperf* — **opróżni|ć** *perf* I *vt* to empty; to clear (a drawer, a room etc.) of contents; to evacuate (a region etc.); to unload (a railway truck etc.); ~**ać** ⟨~**ć**⟩ **kieszenie** to turn out (one's, sb's) pockets; ~**ać** ⟨~**ć**⟩ **mieszkanie** to quit; ~**ać** ⟨~**ć**⟩ **miejsce itd.** to vacate a seat etc. II *vr* ~**ać się** 1. (*pustoszeć*) to be ⟨to become⟩ emptied ⟨evacuated⟩ 2. (*o stanowisku*) to become vacant
opróżnienie *n* ↑ **opróżnić**; vacation (of a post, flat etc.); evacuation (of a region etc.)
opróżniony *adj* empty; (*o stanowisku itd.*) vacant
oprysk|ać *vt perf* — **oprysk|iwać** *vt imperf* to splash; to dash; to spray; to sprinkle; ~**ać** ⟨~**iwać**⟩ **drzewa** to spray trees
opryskiwacz *m* sprayer; sprinkler
opryskiwać *zob* **opryskać**
opryskliwie *adv* gruffly; harshly; **mówić** ~ **do kogoś** to snarl at sb
opryskliwość *f singt* gruffness; currishness; harshness
opryskliwy *adj* gruff; currish; harsh
opryszczka *f med* herpes; fever blisters; cold sores
opryszczony *adj* covered with pustules; pimpled; pustulous
opryszek *m* hooligan; ruffian
oprz|ąść *perf* — **oprz|ędzać** *imperf* I *vt* to cocoon II *vr* ~**ąść** ⟨~**ędzać**⟩ **się** to cocoon (*vi*)
oprzeć *zob* **opierać**
oprzęd *m* follicle; cocoon; ~ **jedwabnika** pod
oprzędzać *zob* **oprząść**

oprzyrządowanie *n* gear; set (of tools etc.); instrumentation
oprzytomnieć *vi perf* 1. (*odzyskać przytomność*) to regain consciousness 2. (*opamiętać się*) to come to (one's senses)
optować *vi imperf polit* to opt
optyczn|y *adj* optical (activity, system etc.); optic (nerve etc.); **złudzenie** ~e optical illusion
optyk *m* optician
optyka *f singt* optics
optymalnie *adv* best; in the best possible manner
optymalny *adj* optimum — (degree, number etc.); best; most favourable
optymista *m*, **optymistka** *f* optimist
optymistycznie *adv* optimistically; **być ~ usposobionym** to feel optimistic
optymistyczny *adj* optimistic
optymizm *m singt* optimism
opublikowa|ć *vt perf* 1. (*podać do wiadomości publicznej*) to make public; to release (a piece of news etc.) 2. (*wydać*) to publish
opublikowanie *n* ↑ 'opublikować 1. (*podanie do publicznej wiadomości*) release (of a piece of news) 2. (*wydanie*) publication
opuchli(z)na *f* swelling
opuchły *adj* swollen
opuchnąć *vi perf* to swell
opuchnięcie *n* 1. ↑ **opuchnąć** 2. (*opuchlizna*) (a) swelling
opuchnięty *adj* swollen; dilated
opukać *vt perf* — **opukiwać** *vt imperf* to tap; to sound; *med* to auscultate
opukanie *n* ↑ **opukać**; taps; *med* auscultation
opukiwać *zob* **opukać**
opuncja *f bot* opuntia
opust *m handl* reduction; discount; rebate
opustoszały *adj* (*o domu itd.*) deserted; abandoned; (*o okolicy*) desolate; (*o pokoju*) empty
opustoszeć *vi perf* to become deserted
opustoszyć *vt perf* to devastate; to ravage
opu|szczać *imperf* — **opu|ścić** *perf* **I** *vt* 1. (*zniżać*) to lower; to let down; to hang (one's head); *przen* ~**szczać** ⟨~**ścić**⟩ **ręce** to lose heart 2. (*obniżać cenę*) to lower a price 3. (*porzucać*) to abandon; to forsake; to desert; to leave (sb, one's country etc.); ~**ścić salę obrad** to walk out; ~**ściła mnie odwaga** my heart sank 4. (*pomijać*) to omit; to drop; to miss; **pot** to cut (a lecture etc.); to cut out (details etc.); ~**ścić ustęp w książce** to skip a passage **II** *vr* ~**szczać** ⟨~**ścić**⟩ **się** 1. (*obniżać się*) to- fall; to drop 2. (*stawać się leniwym*) to slacken off; to neglect (**w pracy** ⟨**w nauce**⟩ one's work ⟨one's lessons⟩) 3. (*zaniedbywać swój wygląd*) to neglect one's appearance
opuszczenie *n* ↑ **opuścić** 1. (*zniżenie*) lowering; ~ **ceny** reduction of a price; *przen* ~ **rąk** discouragement 2. (*porzucenie*) abandonment; desertion; relinquishment ⟨vacation⟩ (of a post etc.) 3. (*pominięcie*) omission 4. (*osamotnienie*) loneliness; forlorn state 5. (*zaniedbanie*) neglect 6. ~ **się** (*zniżenie się*) fall; drop 7. ~ **się** (*zaniedbanie się*) slackness; remissness 8. ~ **się** (*zaniedbany wygląd*) neglected appearance
opuszczony *adj* 1. (*obniżony*) lowered; (*o fladze*) at half mast 2. (*porzucony*) abandoned; deserted; (*o człowieku*) forsaken; lonesome; forlorn 3. (*zaniedbany*) neglected
opuszka *f* 1. (*brzusiec*) finger tip 2. *anat* bulb(us)
opuścić *zob* **opuszczać**
opychać *zob* **opchać**
opylić *vt perf* — **opylać** *vt imperf* 1. (*pokryć rozpylonym proszkiem*) to spray; to sprinkle 2. *posp* (*sprzedać*) to palm (**coś komuś** sth off on sb)
oracz *m* ploughman; tiller
orać *vt vi imperf* 1. (*uprawiać ziemię*) to plough 2. *pot* (*harować*) to toil and moil; ~ **jak wół** to work like a nigger; ~ **w kogoś** ⟨**kimś**⟩ to sweat sb
orangutan *m zool* orang-utan
oranżada *f* orangeade
oranżeria *f* orangery; hothouse

orator *m* orator
oratorium *n* 1. (*miejsce modłów*) oratory 2. *muz* oratorio
oratorstwo *n singt* oratory; eloquence
oraz *conj* and; also; as well as
orbit|a *f* 1. *anat* orbit; eye-socket 2. *astr* orbit; **wprowadzić na ~ę sztucznego satelitę** to orbit an artificial satellite; **wejść na ~ę** to get ⟨to go⟩ into orbit 3. *przen* (*sfera*) orbit; sphere of action
orbitować *vi imperf* 1. (*o człowieku*) to walk in space 2. (*o pojeździe kosmicznym*) to orbit 3. *astr* to be in orbit
orchidea *f bot* orchid
orczyk *m* 1. (*u wozu, pługa*) whipple-tree 2. *techn* splinter-bar; *lotn* ~ **sterowy** rudder-bar
orda *f hist* horde
order *m* order; decoration; **Order Sztandaru Pracy** Order of the Banner of Labour; **nadać komuś ~** to decorate sb with an order
ordynacja *f* 1. (*przepisy*) regulations; ~ **wyborcza** electoral law 2. (*majątek*) estate (in tail)
ordynans *m wojsk* batman; orderly
ordynaria *f hist* allowance in kind
ordynarnie *adv* in vulgar fashion ⟨terms⟩; in coarse language
ordynarność *f* 1. (*wulgarność*) vulgarity; coarseness 2. (*pospolitość*) commonness
ordynarny *adj* 1. (*wulgarny*) vulgar; coarse; rough 2. (*pospolity*) common
ordynat † *m* heir in tail
ordynator *m* (hospital) ward head
ordyn|ek *m wojsk.* line; rank and file; **stanąć w ~ku** to fall into line
ordynować *vi imperf* to practise; to receive patients; to prescribe (medicine)
ordynus *m posp* boor; churl
orędować † *vi imperf* to intercede (**u kogoś w czyjejś sprawie** with sb for sb); to plead (**sprawie** a cause)
orędownictwo † *n singt* intercession; advocacy
orędowniczka *f książk* spokeswoman; advocate
orędownik *m książk* spokesman; advocate; champion (of a cause)
orędzie *n* proclamation; manifesto

oręż *m książk* weapon; arm; arms
organ *m* 1. (*narząd*) organ 2. (*urząd, czasopismo itd.*) organ
organdyna *f tekst* organdie
organiczny *adj* organic; (*ustrojowy*) constitutional
organista *m* organist
organizacja *f* organization
organizacyjny *adj* organizational; organizing — (ability etc.)
organizator *m*, **organizatorka** *f* organizer; promotor
organizatorski *adj* organizing — (activities etc.)
organizm *m* 1. (*istota żywa*) organism 2. (*ustrój cielesny człowieka*) system; constitution 3. *przen* organization; unit; body
organiz|ować *imperf* **I** *vt* 1. (*zakładać, wprowadzać ład*) to organize 2. (*urządzać*) to set up (a committee etc.); to get up (a performance etc.); to arrange **II** *vr* ~**ować się** 1. (*zrzeszać się*) to unite; to combine 2. (*być organizowanym*) to be in process of organization; **to się ~uje** it is being organized
organizowanie *n* ↑ **organizować**; organization
organki *plt* mouth organ, harmonica
organ|y *plt muz* organ; **grać na ~ach** to play the organ; ~**y Hammonda** Hammond organ
orgazm *m* orgasm
orgia *f* orgy
orgiastyczny *adj* orgiastic
orientacj|a *f* 1. (*orientowanie się w przestrzeni*) orientation; bearings; **zmysł ~i** sense of locality 2. (*rozumienie*) acumen; discernment; **mieć szybką ~ę** to have quick wits; **straciłem ~ę** I am all at sea; **dla pańskiej ~i** for your guidance 3. (*polityczna grawitacja*) orientation
orientacyjn|y *adj* 1. (*dotyczący orientacji*) indicatory; guiding; **punkt ~y** landmark; **tablica ~a** indicator 2. (*w przybliżeniu*) approximate; (*nie obowiązujący*) tentative
orientalista *m*, **orientalistka** *f* orientalist
orientalistyka *f singt* Oriental studies

orientalizm *m* orientalism
orientalny *adj* oriental
orient|ować *imperf* **I** *vt* 1. (*informować*) to inform (kogoś co do czegoś sb about sth) 2. (*ułatwiać rozeznanie w terenie*) to guide (travellers etc.) 3. (*ustawić w stosunku do stron świata*) to orient (a map, a church) **II** *vr* ~**ować się** 1. (*rozpoznawać strony świata*) to take ⟨to find⟩ one's bearings 2. (*rozeznawać się*) to be well-informed; **o ile ja się ~uję** as far as I can see; **nie ~ować się w sytuacji** to have no understanding of the situation
orientowanie się *n* ↑ **orientować się**; understanding (of a situation)
orka *f singt* 1. *roln* ploughing; tillage 2. *przen* hard work; drudgery
orkan *m* hurricane
orkiestra *f* orchestra; band
orkiestracja *f singt muz* orchestration
orkiestralny *adj* orchestra —; orchestral
orkiestrować *vt imperf* to orchestrate
orkiestrowy *adj* orchestral
orkisz *m bot* spelt; German wheat
orli *adj* eagle's (nest etc.); aquiline (nose etc.)
orlon *m tekst* orlon
ormiański *adj* Armenian
ormowiec *m* member of the voluntary reserve of the civic militia
ornament *m* ornament
ornamentacja *f* ornamentation
ornamentacyjny, ornamentalny *adj* ornamental
ornamentyka *f* ornamentation
ornat *m* chasuble
ornitolog *m* ornithologist
ornitologia *f singt* ornithology
ornitologiczny *adj* ornithological
orn|y *adj* arable; **ziemia ~a** ploughland
orografia *f geol* orography
orszada *f* orgeat
orszak *m* 1. (*świta*) train; suite 2. (*poczet*) procession; cortège
ortalion *m* 1. (*materiał*) a nylon-like fibre cloth 2. (*płaszcz*) nylon raincoat
ortodoksja, ortodoksyjność *f singt* orthodoxy
ortodoksyjny *adj* orthodox(al)

ortografia *f* 1. (*nauka*) orthography 2. (*pisownia*) spelling
ortograficznie *adv* correctly (as regards spelling); **pisać ~** to spell correctly
ortograficzny *adj* correct (as regards spelling); **błąd ~** mistake in spelling
ortopeda *m* orthopaedist
ortopedia *f singt* orthopaedics
ortopedyczny *adj* orthopaedic
oryginalnie *adv* originally
oryginalność *f* originality
oryginalny *adj* 1. (*swoisty*) original; unconventional 2. (*autentyczny*) genuine 3. (*rzadko spotykany*) uncommon
oryginał *m* 1. (*rzecz*) (the) original 2. (*człowiek*) (an) original; (an) eccentric
orzec *vi perf* — **orzekać** *vi imperf* 1. (*oświadczyć*) to decide; to state ⟨to express⟩ an opinion; to pronounce 2. *prawn* to adjudicate; to rule; to adjudge
orzech *m* 1. *bot* (*także* ~ **włoski**) walnut(-tree) 2. (*owoc*) nut; ~ **laskowy** hasel nut; *przen* **twardy ~ do zgryzienia** a hard nut to crack 3. (*drewno*) walnut 4. (*sortyment węgla*) nuts
orzechowy *adj* 1. nut — (oil, butter etc.); walnut — (juice, stains etc.) 2. (*o drewnie*) walnut 3. (*kolor*) nut-brown
orzeczenie *n* 1. ↑ **orzec** 2. (*sąd*) opinion; pronouncement; statement; judgement 3. *gram* predicate 4. *sąd* verdict; **wydać ~** to bring out a verdict
orzecznictwo *n* 1. *sąd* jurisdiction 2. *med* certification
orzecznik *m gram* predicative word
orzekać *zob* **orzec**
orzeł *m* 1. *orn* eagle 2. *przen* genius; **on nie jest orłem** he is no conjurer 3. (*emblemat*) emblem of an eagle; (*na monecie*) reverse; **grać w orła i reszkę** to play at heads or tails
orzełek *m dim* ↑ **orzeł** 3.
orzeźwi|ać *imperf* — **orzeźwi|ć** *perf* **I** *vt* 1. (*odświeżać*) to refresh 2. (*czynić rześkim*) to brace (sb) up **II** *vr* ~**ać** ⟨~**ć**⟩ **się** to cool oneself; to get refreshed
orzeźwiający *adj* cool; bracing

orznąć, orżnąć *vt perf* — **orzynać** *vt imperf posp* to cheat
osa *f* wasp; **gjazdo os** wasp's nest; vespiary
osaczać *vt imperf* — **osaczyć** *vt perf* 1. (*otaczać*) to encircle 2. *myśl imperf* to hold at bay; *perf* to bring to bay
osaczenie *n* ↑ **osaczyć**; encirclement
osad *m* 1. (*pozostałość*) sediment; deposit; dregs 2. *chem* precipitate; residue 3. *geol* sediment
osada *f* 1. (*osiedle*) settlement; colony 2. *sport* crew
osadnictwo *n singt* colonization
osadnik *m* settler; colonist
osadowy *adj* 1. *chem* sedimentary; residual 2. *geol* sedimentary
osadz|ać *imperf* — **osadz|ić** *perf* I *vt* 1. (*lokować*) to settle (**kogoś gdzieś** sb somewhere); ~**ać** ⟨~**ić**⟩ **kogoś w więzieniu** to put sb in gaol ⟨jail⟩ 2. (*umieszczać*) to place (sb) 3. (*umocować*) to secure; to fix; to mount (a gun etc.) 4. *perf* (*gwałtownie zatrzymać*) to rein up (a horse) II *vr* ~**ać** ⟨~**ić**⟩ **się** 1. (*osiedlać się*) to settle (*vi*) 2. (*tworzyć osad*) to settle; to form a deposit
osamotnienie *n* isolation; seclusion; loneliness
osamotniony *adj* lonely
osąd *m* judgement; opinion; verdict
osądzać *vt imperf* — **osądzić** *vt perf* 1. (*skazywać*) to sentence (**kogoś na karę** sb to a punishment) 2. (*wydawać opinię*) to pass judgement (**kogoś, coś** on sb, sth)
oschle *adv* dryly; stiffly
oschłość *f singt* dryness; stiffness
oschły *adj* dry (answer etc.); stiff (conduct etc.)
oschnąć *vi perf* — **osychać** *vi imperf* to dry
oscylograf *m fiz* oscillograph
oscylować *vi imperf* 1. (*wykonywać ruchy wahadłowe*) to oscillate 2. (*drgać*) to vibrate 3. *przen* (*wahać się*) to fluctuate
osełka *f* 1. (*kamień*) whetstone 2. (*bryłka masła*) pat (of butter)

osełkowy *adj* (butter) in pats
osesek *m* suckling
oset *m bot* thistle
osęk *m* (*na statku*) boat-hook; (*w pożarnictwie*) fire-hook
osi|adać *vi imperf* — **osi|ąść** *vi perf* 1. (*osiedlać się*) to settle (down) (in a locality) 2. (*o płynach, kurzu*) to settle 3. (*o budynku*) to set; to subside; ~**ąść na mieliźnie** to run aground; *przen* ~**ąść na lodzie** to go to the wall
osiadanie *n* ↑ **osiadać** 1. (*obsuwanie się*) settlement; subsidence 2. (*gromadzenię się na dnie cieczy*) settlement
osiadły *adj* 1. (*o ludziach*) settled; resident 2. (*o ptakach, zwierzętach*) sedentary; resident
osiatkować *vt perf* to enclose with wire-netting
osiąg|ać *vt imperf* — **osiąg|nąć** *vt perf* 1. (*uzyskiwać*) to attain; to achieve; to accomplish; ~**nąć cel** to secure one's object; ~**nąć sukces** to score a success 2. *perf* (*dochodzić*) to reach (one's aim, destination etc.) 3. (*dochodzić do kresu*) to attain; to come up (**pewien wiek itd.** to a certain age etc.)
osiągalny *adj* attainable; **być** ~**m dla kogoś** to be within sb's reach
osiąganie *zob* **osiągać**
osiągnięci|e *n* 1. ↑ **osiągnąć**; **nie do** ~**a** unattainable 2. (*sukces*) attainment; achievement; accomplishment
osiąść *zob* **osiadać**
osiedl|ać *imperf* — **osiedl|ić** *perf* I *vt* to settle (sb somewhere) II *vr* ~**ać** ⟨~**ić**⟩ **się** to settle (down) (in a locality); ~**ić się na stałe** to go ⟨to come⟩ somewhere to stay
osiedle *n* (*w mieście*) housing estate; ~ **wiejskie** hamlet; ~ **willowe** residential quarter
osiedlenie *n* 1. ↑ **osiedlić**; (*zamieszkanie*) settlement 2. *hist* (*zesłanie*) banishment; deportation
osiedleniec *m* settler; colonizer
osiedleńczy *adj* settlement — (region etc.)
osiedlić *zob* **osiedlać**

osiem *num* eight
osiemdziesiąt *num* eighty
osiemdziesiąt|y *adj* eightieth; ~e lata the eighties
osiemdziesięcioletni *adj* 1. (*mający 80 lat*) (person etc.) of eighty 2. (*trwający 80 lat*) eighty-year — (period etc.); eighty years' — (rule etc.)
osiemnastka *f* 1. (*cyfra*) (an) eighteen 2. (*o pokoju, tramwaju itd.*) No 18
osiemnastolatek *m* boy of eighteen
osiemnastoletni *adj* 1. (*mający 18 lat*) eighteen-year-old 2. (*trwający 18 lat*) eighteen-year — (period etc.); eighteen years' — (service etc.)
osiemnastowieczny *adj* eighteenth-century — (architecture etc.)
osiemnast|y I *adj* eighteenth II ~a *f singt* eighteen hours
osiemnaście *num* eighteen
osiemset *num* eight hundred
osierdzie *n anat* pericardium
osierocenie *n* 1. ↑ **osierocić** 2. (*sieroctwo*) orphanhood 3. (*osamotnienie*) bereavement
osierocić *vt perf* 1. to orphan (a child); to bereave; to deprive (sb) of his parents ⟨wife etc.⟩ 2. *przen* (*opuścić*) to desert
osika *f bot* asp, aspen
osiłek *m* athlete
osiodłać *vt perf* to saddle (a horse etc.)
osioł *m zool i przen posp* ass; donkey
osiowy *adj* 1. (*dotyczący osi*) axial 2. *przen* (*główny*) pivotal
osiwieć *vi perf* to turn grey; ~ **ze zmartwienia** to worry oneself grey
oskalpować *vt perf* to scalp
oskard *m* pickaxe; *górn* pike
oskarżać *vt imperf* — **oskarżyć** *vt perf* 1. (*obwiniać*) to accuse (**kogoś o coś** sb of sth); to charge (**kogoś o coś** sb with sth) 2. (*stawiać w stan oskarżenia*) to indict (**kogoś o zbrodnię** sb for a crime)
oskarżeni|e *n* 1. ↑ **oskarżyć** 2. (*zarzut*) accusation; charge; indictment; **akt** ~**a** indictment; **postawić kogoś w stan** ~**a** to indict (**kogoś o coś** sb for sth) 3. (*instancja oskarżająca*) prosecution
oskarżony *m* the accused; defendant; **zasiąść na ławie** ~**ch** to find oneself in the dock
oskarżyciel *m* 1. (*ten, kto oskarża*) accuser 2. (*ten, kto wnosi skargę*) plaintiff
oskarżyć *zob* **oskarżać**
oskórować *vt perf* to flay; to skin
oskrobać *vt perf* — **oskrobywać** *vt imperf* to scrape (vegetables etc.); to scale (fish)
oskrzel|e *n anat* bronchus; *pl* ~**a** bronchi; **zapalenie** ~**i** bronchitis
oskrzelowy *adj* bronchial
oskrzydlać *vt imperf* — **oskrzydlić** *vt perf wojsk* to outflank
oskrzydlenie *n* ↑ **oskrzydlić**; outflanking movement
oskrzydlić *zob* **oskrzydlać**
oskub|ać *vt perf* — **oskub|ywać** *vt imperf* to pluck (a fowl etc.); ~**ać drzewo z liści** to pluck the leaves off a tree; *przen* ~**ać kogoś** to fleece sb
osłabi|ać *imperf* — **osłabi|ć** *perf* I *vt* 1. (*czynić słabszym*) to weaken; to enfeeble 2. (*zmniejszać siłę*) to reduce; to lessen; to diminish 3. (*nadwerężać*) to impair; to debilitate II *vr* ~**ać** ⟨~**ć**⟩ **się** to weaken (*vi*)
osłabienie *n* ↑ **osłabić** 1. (*utrata sił*) weakness 2. (*zmniejszona siła*) reduction; attenuation; diminution 3. (*nadwerężenie*) impairment; debilitation
osłabiony *adj* weakened; weak
osłabnąć *vi perf* 1. (*stracić siły*) to weaken 2. *przen* (*stać się mniej czynnym*) to relent 3. *przen* (*zmniejszyć się*) to abate; (*o uwadze itd.*) to flag
osł|adzać *vt imperf* — **osł|odzić** *vt perf* 1. (*słodzić*) to sweeten; to sugar (a beverage etc.); *przen* ~**odzić gorzką pigułkę** to sugar the pill 2. *przen* (*uprzyjemniać*) to cheer (**komuś starość itd.** sb's old age etc.)
osł|aniać *vt imperf* — **osł|onić** *vt perf* 1. (*okrywać*) to protect; to shield 2. *przen* (*ukrywać*) to shroud; to mantle; ~**aniać coś tajemnicą** to wrap sth in mystery 3. (*bronić*) to protect; to guard (**kogoś, coś przed kimś, czymś** sb, sth against sb, sth); *wojsk* to defend; ~**aniać odwrót** to cover the retreat

osławiony *adj* famous; notorious; *pej* ill-famed
osłoda *f* solace; comfort; relief
osłodzić *zob* **osładzać**
osłona *f* 1. (*ochrona*) protection; guard; shelter 2. (*to, co osłania*) cover; screen; mantle; *techn* casing; sheath; *lotn* ~ **powietrzna** umbrella 3. *wojsk* defence; cover
osłonić *zob* **osłaniać**
osłuch|ać *perf* — **osłuch|iwać** *imperf* I *vt med* to auscult(ate) II *vr* ~**ać** ⟨~**iwać**⟩ **się** to accustom one's ear (**z czymś** to sth); to familiarize oneself (**z czymś** with sth)
osłuchany *adj* 1. (*spowszedniały*) hackneyed 2. (*obeznany*) familiar (with sth)
osłuchiwać *zob* **osłuchać**
osłupiały *adj* amazed; astounded; ~ **z przerażenia** horrified
osłupieć *vi perf* to be paralyzed (with amazement etc.)
osłupienie *n* 1. ↑ **osłupieć** 2. (*bezruch*) immobility; torpor 3. *med* stupor 4. (*oszołomienie*) dismay; amazement; consternation
osmagać *vt perf* to lash; to flog
osmal|ić *perf* — **osmal|ać** *imperf* I *vt* 1. (*opalić*) to scorch; to sear; to singe 2. (*okopcić*) to blacken with smoke II *vr* ~**ić** ⟨~**ać**⟩ **się** 1. (*zostać opalonym*) to get scorched ⟨seared, singed⟩ 2. (*zostać okopconym*) to get blackened with smoke
osmarować *vt perf* — **osmarowywać** *vt imperf* 1. (*ubrudzić*) to smear; to soil 2. *przen* (*oczernić*) to run (sb) down; to blacken (**kogoś** sb's character)
osmaż|yć *vt perf* — **osmaż|ać** *vt imperf* to fry; ~**yć w cukrze** to candy
osmotyczny *adj* osmotic
osmoza *f singt* osmosis
osnowa *f* 1. (*w tkaninie*) warp 2. (*podstawa utworu*) groundwork 3. (*treść*) structure (of a literary composition); theme (of a musical work); ~ **opony** tire body; *techn* ~ **stopu** groundmass
osnuć *vt perf* — **osnuwać** *vt imperf* 1. (*otoczyć nicią*) to weave a web (**coś** round sth) 2. *przen* (*o mgle, mroku*

itp.) to envelop 3. (*oprzeć utwór*) to base; to found
osob|a *f* 1. (*człowiek*) person; **młoda** ~**a** young lady; ~**a duchowna** clergyman; ~**a prawna** corporate body; ~**a trzecia** outsider; *prawn* third party; ~**a urzędowa** official; **ważna** ~**a** important personage; *pot* VIP; ~**y dorosłe** grown-ups; **obiad na cztery** ~**y** dinner for four; **po 10 zł od** ~**y** 10 zlotys per person; **we własnej** ~**ie** in person 2. *gram* person 3. *lit* personage; character; ~**y dramatu** dramatis personae
osobistość *f* personage
osobist|y *adj* personal; particular; private; **dowód** ~**y** identity card; **sprawy** ~**e** private affairs
osobiście *adv* personally; in person; **ja** ~ **nie wierzę, że ...** I myself do not believe that ...
osobliwie *adv* 1. (*w sposób osobliwy*) peculiarly; singularly 2. (*szczególnie*) particularly 3. (*dziwacznie*) oddly; strangely
osobliwoś|ć *f* 1. (*rzecz osobliwa*) curiosity; ~**ci miasta** the sights of a town 2. (*niezwykłość*) peculiarity; singularity
osobliw|y *adj* 1. (*odmienny od innych*) peculiar; singular 2. (*szczególny*) particular; special; **nic** ~**ego** nothing particular 3. (*dziwaczny*) odd
osobnik *m* 1. (*jednostka*) individual; specimen; subject; *zool biol* person 2. *zw pej* (*o człowieku*) person; individual
osobno *adv* separately; apart; individually; singly
osobnoś|ć *w zwrocie:* **na** ~**ci** separately; apart
osobn|y *adj* separate; individual; (*o domu*) detached; **z** ~**a** separately; individually; apart; **wszyscy razem i każdy z** ~**a** all and sundry
osobowość *f singt* individuality; personality; ~ **prawna** legal status
osobowy *adj* personal (noun, pronoun etc.); passenger (car, station etc.); **pociąg** ~ slow ⟨*am* accommodation⟩ train; **skład** ~ members (of a committee, the government etc.)
osocze *n singt biol* plasma

osolić vt perf to salt
osowiałość f singt dejection
osowiały adj dejected; chap-fallen; depressed
osóbka f dim ↑ **osoba**; young lady ⟨woman⟩
ospa f singt 1. med smallpox; **czarna** ~ black smallpox; ~ **wietrzna** chicken-pox 2. (otręby) bran
ospałość f 1. (senność) drowsiness; somnolence 2. przen (ociężałość) sluggishness
ospały adj 1. (senny) sleepy; drowsy; somnolent 2. przen (ociężały) sluggish; languid
ospowaty adj pock-marked (face)
osprzęt m 1. techn accessories; equipment 2. mar rigging
ostać się vr perf 1. (oprzeć się) to resist; **nie** ~ to succumb 2. (ocaleć) to survive; to endure
ostatecznie adv 1. (całkowicie) for good (and all) 2. (definitywnie) decisively 3. (w końcu) in the end; at last; finally; ~ **polubiliśmy się** we came to like each other
ostateczność f 1. (krańcowość) extremity; extreme; **do** ~**ci** to extremes; **doprowadzić coś do** ~**ci** to carry sth to extremes; **doprowadzić kogoś do** ~**ci** to drive sb to extremities; **w** ~**ci** finally; **wpadać w** ~**ć** to go to extremes 2. (konieczność) (absolute) necessity
ostateczn|y adj 1. (końcowy) final; ultimate; ~**e środki** extreme measures; **sąd** ~**y** the last judgement 2. (definitywny) decisive 3. (największy) extreme; utmost
ostat|ek m 1. (resztka) remainder; remains; pl ~**ki** remnants; remains 2. pl ~**ki** (zapusty) Shrovetide; **do** ~**ka** to the last; to the bitter end; **na** ~**ek**, **na** ~**ku** finally; in the end; eventually; at last
ostatni I adj 1. (końcowy) last; closing (speech etc.); **ten** ~ the last-mentioned; przen ~**e słowo** a) (najnowsza zdobycz) last word (in science etc.) b) (ostateczna odpowiedź) final answer; **czy to twoje** ~**e słowo?** is that definite?; ~**a godzina wybiła** the end came; przen ~**e cielę z obory** the shirt off sb's back; **dać** ~**e cielę z obory** to play one's last trump 2. (najnowszy, najświeższy) latest (fashion etc.); **w** ~**ch czasach** lately 3. (najgorszy) the meanest; ~ **cymbał** utter fool **II** m scamp; rogue; **zwymyślać kogoś od** ~**ch** to revile sb in the grossest terms ‖ **do** ~**ego** to the last man
ostatnio adv lately; recently; of late
ostemplować vt perf to stamp
ostentacja f singt ostentation; show
ostentacyjnie adv ostentatiously
ostentacyjny adj ostentatious
osteologia f singt osteology
ostęp m 1. (matecznik) backwood 2. leśn section
ostoja f support; mainstay
ostracyzm m singt hist i przen ostracism
ostrężnica, ostrężyna f bot blackberry
ostro adv 1. (boleśnie) sharply 2. (spiczasto) sharply; with a sharp point; (o koniu) ~ **kuty** rough-shod; (o broni) ~ **nabity** loaded with ball 3. (energicznie) sharp(ly); briskly; **wziąć się** ~ **do czegoś** to take sth resolutely in hand 4. (surowo) sharply; severely; ~ **z kimś postępować** to be sharp ⟨severe⟩ with sb 5. (o przebiegu choroby) acutely
ostrog|a f 1. spur; **spiąć konia** ~**ami** to set spurs to a horse; przen **zdobyć** ~**i** to win one's spurs 2. bot zool spur
ostrokątny adj sharp-angled
ostrokół m palisade; stockade
ostrokrzew m bot ilex; ~ **ciernisty** holly
ostroluk m ogive; pointed arch
ostrołukowy adj ogival
ostrosłup m mat pyramid; ~ **ścięty** truncated pyramid
ostrość f 1. (cecha) sharpness; acuteness; steepness 2. przen sharpness; harshness 3. (intensywność) sharpness; (smaku) spiciness; (dźwięku) shrillness 4. (wyrazistość) sharpness; definition (of a telescope etc.); **fot** ~ **aparatu** focus; **nastawić na** ~ to bring into focus 5. (surowość) sharpness; severity; rigour; (klimatu) severity
ostrowłosy adj wire-haired

ostrożnie *adv* prudently; cautiously; carefully; ~! look out!; steady!; (*na przesyłce*) "with care"

ostrożnoś|ć *f singt* prudence; caution; care; ~ć nie zawadzi better be safe than sorry; **mieć się na** ~ci to be on one's guard; **przedsięwziąć środki** ~ci to take precautions; **dla** ~ci to be on the safe side

ostrożny *adj* prudent; cautious; careful

ostrów *m książk gw* islet

ostróżka *f bot* larkspur

ostrugać *vt perf* to peel (vegetables etc.); to pare (fruits etc.); to whittle (a stick etc.); to plane (a board)

ostrużyny *pl* peelings; parings; shavings

ostr|y *adj* 1. (*o kłującym zakończeniu*) sharp(-pointed); (*mający tnącą krawędź*) sharp(-edged) 2. *przen* (*o dowcipie, języku*) sharp; biting; caustic; ~a **dyskusja** heated discussion 3. (*surowy*) sharp; severe; strict; (*o klimacie*) severe; rough; (*o zarządzeniu*) rigorous 4. (*spiczasto zakończony*) sharp; acute; pointed; stinging; ~y **kąt** acute angle; ~y **zakręt** sharp turn; ~e **rysy** sharp features 5. (*o smaku*) sharp; spicy; (*o zapachu*) pungent; acrid; (*o brzmieniu*) shrill; piercing; (*o świetle*) sharp; brilliant; (*o barwach*) vivid 6. (*o bólu*) sharp; acute 7. (*o wzroku*) acute; keen 8. (*o wietrze, mrozie*) sharp; bitter; biting 9. (*o współzawodnictwie*) keen ⟨stiff⟩ (competition) 10. (*o chorobie*) acute; ~y **katar** bad cold 11. (*wyrazisty*) sharp; clear-cut; *fot* in focus ‖ *wojsk* ~e **pogotowie** instant readiness; ~e **strzelanie** ball-firing; ~y **nabój ball cartridge**; (*w szpitalu*) ~y **dyżur** emergency service

ostryga *f* oyster

ostrz|e *n* 1. (*metalowa część narzędzia*) blade; edge; *przen* **postawić coś na** ~u **noża** to bring matters to a head 2. *przen* shaft (of a satire, of ridicule) 3. (*szpic*) point; nib; spike

ostrze|c *vt perf* — **ostrze|gać** *vt imperf* to warn (**kogoś przed kimś, czymś** sb against sb, sth); ~c ⟨~gać⟩ **kogoś przed czymś** to put sb on his guard; ~ga się przed złodziejami! beware of pickpockets!

ostrzegawczy *adj* warning; cautionary; **sygnał** ~ danger signal

ostrzel|ać *perf* — **ostrzel|iwać** *imperf* I *vt* to shoot (**kogoś, coś** at sb, sth); ~ać ⟨~iwać⟩ **obiekt z dział** to bombard ⟨to shell⟩ a target; ~ano **nas** we were under fire II *vr* ~iwać **się** to shoot ⟨to fire⟩ back

ostrzeni|e *n* ↑ **ostrzyć**; **kamień do** ~a whetstone

ostrzeżenie *n* 1. ↑ **ostrzec** 2. (*przestroga*) caution; notice

ostrzyc *perf* I *vt* to cut (**kogoś** sb's hair); to shear (sheep); to trim (a dog, trees etc.); **dać się** ~ to have one's hair cut II *vr* ~ **się** to get one's hair cut

ostrzyć *vt perf* 1. (*dać ostrą krawędź*) to sharpen; to whet; to grind; to put an edge (**nóż itd.** on a knife etc.); *przen* ~ **język na kimś** to backbite sb; ~ (**sobie**) **zęby na coś** to set one's heart on sth 2. (*dać spiczaste zakończenie*) to sharpen ⟨to point⟩ (a pencil etc.)

ostrzyżenie *n* ↑ **ostrzyc**; (*obcięcie włosów*) haircut; (*obcięcie wełny*) shear

ostudzić *vt perf* — **ostudzać** *vt imperf* to cool (a beverage etc.); *przen* to damp sb's spirits etc.)

ostygać *vi imperf* — **ostygnąć** *vi perf* 1. (*tracić ciepło*) to cool; to chill 2. *przen* (*o człowieku*) to cool down 3. *przen* (*o uczuciach*) to cool off

osunąć się *vr perf* — **osuwać się** *vr imperf* to fall in; to subside; to sink; (*o człowieku*) to slump (**na fotel itd.** into a chair etc.)

osusz|ać *imperf* — **osusz|yć** *perf* I *vt* 1. (*pozbawiać wilgoci*) to dry; (*meliorować*) to drain; *techn chem* to dehumidify; to desiccate 2. (*zetrzeć*) to dry away (**łzy itd.** one's tears etc.); ~ać ⟨~yć⟩ **czyjeś łzy** to comfort sb II *vr* ~ać ⟨~yć⟩ **się** to dry one's clothes

osuszanie, osuszenie *n* ↑ **osuszać, osuszyć**; (*melioracja*) drainage; *techn chem* desiccation

osuszyć *zob* **osuszać**

osuwać się *zob* **osunąć się**
osw|ajać *imperf* — **osw|oić** *perf* I *vt* 1. (*przyzwyczajać*) to accustom (**kogoś z czymś** sb to sth); to familiarize (**kogoś z czymś** sb with sth) 2. (*obłaskawiać*) to tame (animals) II *vr* ~**ajać** ⟨~**oić**⟩ **się** 1. (*przyzwyczajać się*) to accustom oneself (**z czymś** to sth); to familiarize oneself (**z czymś** with sth) 2. (*o zwierzętach*) to become tame
oswobadzać *zob* **oswobodzić**
oswobodzenie *n* ↑ **oswobodzić**; liberation; rescue; deliverance
oswobodziciel *m* liberator; rescuer
oswob|odzić *perf* — **oswob|adzać** *imperf* I *vt* 1. (*przywrócić wolność*) to set (sb) at liberty; to deliver ⟨to liberate, to free⟩ (**kogoś, coś z czegoś** sb, sth from sth) 2. *zw perf* (*uwolnić*) to free (**kogoś od prześladowcy** sb from an oppressor); to rid (**kogoś od czegoś** sb of sth) 3. *chem* to liberate (a gas etc.) II *vr* ~**odzić** ⟨~**adzać**⟩ **się** 1. (*wyzwolić się*) to regain one's freedom 2. (*odzyskać swobodę ruchów*) to extricate oneself (**z czegoś** from sth) 3. *zw perf* (*uwolnić się*) to free oneself (**od czegoś** from sth)
oswoić *zob* **oswajać**
oswojony *adj* 1. (*przyzwyczajony*) accustomed (**z czymś** to sth); (*obznajmiony*) acquainted; familiar 2. (*obłaskawiony*) tame; domesticated
osychać *vi imperf* to dry
osypisko *n* (heap of) rubble; *geol* talus; scree
oszacować *vt perf* to estimate; to evaluate
oszacowanie *n* ↑ **oszacować**; estimation; estimate; evaluation
oszalały *adj* mad (**z bólu, radości** itd. with pain, joy etc.); crazy
oszal|eć *vi perf* to go mad; to become insane; **czyś** ~**ał?** are you mad?
oszalować *vt perf* to plank; to board
oszalowanie *n* 1. ↑ **oszalować** 2. (*obicie z desek*) planking
oszałamiać *vt imperf* — **oszołomić** *vt perf* 1. (*wprowadzać w stan zamroczenia*) to daze 2. (*odurzać*) to intoxicate 3. (*wywierać silne wrażenie*) to stagger; to bewilder
oszałamiający *adj* stunning; bewildering; staggering
oszczekać *vt perf* — **oszczekiwać** *vt imperf* (*o psie*) to bark (**kogoś** at sb)
oszczenić się *vt perf* to pup; to whelp
oszczep *m* 1. (*dawna broń*) spear; gig 2. *sport* javelin; **rzut** ~**em** javelin throw
oszczepnik *m* 1. *hist* spearsman 2. *sport* javelin thrower
oszczerca *m* slanderer
oszczerczy *adj* slanderous; backbiting; calumnious
oszczerstw|o *n* slander; backbiting; calumny; **rzucać** ~**a na kogoś** to slander sb
oszczędnie *adv* economically; sparingly; ~ **żyć** to be frugal; to practise economy
oszczędnościow|y *adj* economical; economizing; **kasa** ~**a** savings-bank; **książeczka** ~**a** savings-bank book; **względy** ~**e** reasons of economy
oszczędnoś|ć *f* 1. *singt* (*cecha*) economy; thrift 2. *singt* (*nieszafowanie*) saving (of time, labour etc.); **dla** ~**ci** for (the sake of) economy 3. *pl* ~**ci** savings; **kasa** ~**ci** savings-bank; **robić** ~**ci** to save up; to put money by
oszczędny *adj* 1. (*o człowieku*) thrifty; frugal; chary (**w słowach, pochwałach** itd. of words, praise etc.) 2. (*o sposobie użytkowania*) economical; sparing
oszczędz|ać *imperf* — **oszczędz|ić** *perf* I *vt* 1. (*zbierać*) to save (money) 2. *imperf* (*nie szafować*) to economize; to save (time, labour etc.); **nie** ~**ać czegoś** to be lavish of sth 3. (*mieć względy*) to spare (**kogoś** sb, sb's feelings ⟨life⟩); ~**ić komuś kłopotu** to spare sb trouble; ~**ać zdrowie** to take care of one's health II *vr* ~**ać się** to take care of oneself
oszczędzanie *n* ↑ **oszczędzać** 1. (*nieszafowanie pieniędzmi*) thrift 2. (*odkładanie pieniędzy*) saving up; putting money by; making economies 3. (*o-*

szczędne gospodarowanie) sparing use (of sth)
oszczędzić zob **oszczędzać**
oszczypek m reg smoked cheese of ewe's milk
oszklić vt perf to glaze
oszklon|y adj glazed; ~e drzwi French window
oszołomić zob **oszałamiać**
oszołomienie n 1. ↑ **oszołomić** 2. (*stan zamroczenia*) daze; stupefaction; (*zamroczenie alkoholem*) intoxication
oszpec|ić perf — **oszpec|ać** imperf I vt to deface; to disfigure; to deform II vr ~ić ⟨~ać⟩ się to spoil one's beauty
oszronić vt perf to cover with hoar-frost
oszroniony adj frosted; hoary; rimy
oszuk|ać perf — **oszuk|iwać** imperf I vt vi to deceive; to cheat; to swindle; **dałeś się ~ać** you've been cheated; *przen* ~ać ⟨~iwać⟩ głód to beguile one's hunger II vr ~ać ⟨~iwać⟩ się to be disappointed (**na kimś, czymś** in sb, sth)
oszukańczy adj deceitful; fraudulent
oszukaństwo n deceit; deception; (a) swindle
oszukiwać zob **oszukać**
oszukiwanie n ↑ **oszukiwać**; deceit; deception; cheating; fraud; swindle; ~ **samego siebie** self-deceit
oszust m cheat; swindler; crock; fraud
oszustwo n fraud; swindle; hoax; imposture
oś f 1. *astr fiz mat polit* axis 2. *techn* axle; shaft; (*u wozu*) axle-tree 3. *przen* pivot; hinge
ościenny adj adjoining; neighbouring; bordering
oścień m *ryb* fishing spear
ościeżnica f *bud* window-frame; door-frame
ościsty adj bony
ość f 1. (*u ryby*) fish-bone; *przen* **stanąć komuś ością w gardle** to make one tired 2. *bot* husk
oślepiać vt imperf — **oślepić** vt perf 1. (*pozbawić wzroku*) to blind 2. (*razić blaskiem*) to dazzle
oślepiający adj dazzling; glaring
oślepić zob **oślepiać**

oślepiony, oślepły adj blind
oślepnąć vi perf to go blind
ośl|i adj asinine; ass's; donkey's; *szk* ~**a ławka** dunce's bench; ~**e uszy** dog's ears
oślica f jenny; she-ass; *przen* silly girl
ośliniać vt imperf — **oślinić** vt perf 1. (*zwilżać śliną*) to wet (sth) with saliva 2. (*zaślinić*) to slobber (sb, sth)
ośliz(g)ły adj 1. (*wskutek wilgoci*) slimy 2. (*pokryty czymś śliskim*) slippery
ośmiel|ać imperf — **ośmiel|ić** perf I vt to embolden; (*pozbawić nieśmiałości*) to put (sb) at his ease II vr ~ać ⟨~ić⟩ się 1. (*nabierać odwagi*) to pluck up courage 2. (*ważyć się*) to dare (**coś powiedzieć, zrobić** to say, to do sth)
ośmiesz|ać imperf — **ośmiesz|yć** perf I vt to ridicule; to deride; to make fun (**kogoś, coś** of sb, sth); ~ać ⟨~yć⟩ kogoś to poke fun at sb II vr ~ać ⟨~yć⟩ się to make oneself ridiculous; to make a fool of oneself
ośmioboczny adj octagonal
ośmiobok m octagon
ośmiodniowy adj eight days' (detention etc.); eight-hour ~ (shifts etc.)
ośmiogodzinny adj eight hours' — (work etc.); eight-hour — (shifts etc.)
ośmiokąt m octagon
ośmiokrotnie adv eight times; eightfold
ośmiokrotny adj repeated eight times; octuple; eightfold
ośmioletni adj 1. (*mający 8 lat*) eight-year-old; **chłopiec** ~ a boy of eight 2. (*trwający 8 lat*) eight-year — (period etc.); eight years' (service etc.)
ośmiornica f *zool* octopu
ośmioro num eight
ośnieżać zob **ośnieżyć**
ośnieżony adj snow-covered; (*o szczycie itd.*) snow-capped
ośnieżyć vt perf — **ośnieżać** vt imperf to cover with snow
ośnik m *techn stol* (spoke)shave; draw-knife
ośrodek m centre; *chem fiz* medium; ~ **nerwowy** nerve centre; ~ **maszynowy** agricultural machinery station; ~ **zdro-**

ośrodkowy 441 **otrząsać**

wia health service centre; *przen* ~ **zainteresowania** centre of interest
ośrodkowy *adj* central; centric
oświadcz|ać *imperf* — **oświadcz|yć** *perf* I *vt* to declare; to express (one's gratitude etc.); ~**ać** ⟨~**yć**⟩ **gotowość zrobienia czegoś** to declare oneself ready to do sth II *vi* to declare ⟨to assert, to state⟩ (że ... that ...) III *vr* ~**ać** ⟨~**yć**⟩ **się** 1. (*występować z propozycją małżeństwa*) to propose (marriage) 2. (*opowiadać się*) to pronounce (za **kimś, czymś** for sb, sth; **przeciwko komuś, czemuś** against sb, sth)
oświadczenie *n* 1. ↑ **oświadczyć** 2. (*wypowiedź*) declaration; assertion; pronouncement
oświadczyć *zob* **oświadczać**
oświadczyny *plt* offer of marriage; proposal
oświata *f singt* education; **Ministerstwo Oświaty** Ministry of Education
oświatowiec *m* educational worker
oświatowy *adj* educational
oświecać *vt imperf* — **oświecić** *vt perf* 1. (*oświetlać*) to light (a room etc.) 2. (*szerzyć oświatę*) to educate; to instruct; to enlighten
oświecenie *n* 1. ↑ **oświecić** 2. (*oświata*) education; instruction 3. *hist* Enlightenment
oświecić *zob* **oświecać**
oświecony *adj* educated; enlightened
oświetlać *vt imperf* — **oświetlić** *vt perf* to light up; to illuminate; to shine (coś on sth)
oświetlenie *n* 1. ↑ **oświetlić** 2. (*światło*) light; lighting; illumination; ~ **gazowe** gaslight; ~ **górne** ⟨**boczne**⟩ overhead ⟨lateral⟩ illumination 3. (*interpretacja*) light
oświetlić *zob* **oświetlać**
otaczać *vt imperf* — **otoczyć** *vt perf* to surround; to enclose; to encircle; **otaczać** ⟨**otoczyć**⟩ **kogoś ramieniem** to hold one's arm round sb; *przen* **otaczać** ⟨**otoczyć**⟩ **coś tajemnicą** to wrap sth in mystery; **otaczać** ⟨**otoczyć**⟩ **kogoś miłością** to cherish sb with affection; **otoczony niebezpieczeństwami** beset with dangers

otarcie *n* ↑ **otrzeć**; attrition; ~ **skóry** abrasion; *przen* **na** ~ **łez** by way of consolation
otarty *adj* 1. (*o skórze*) sore 2. *przen* (*bywały*) experienced; travelled
otawa *f roln* after-grass; aftermath
otchłań *f* abyss; chasm; *rel* limbo
otępiały *adj* dull; dulled
otępieć *vi perf* to become dull ⟨stupid⟩
otępienie *n* stupefaction; stupor; dullness; ~ **umysłowe** dementia
otłuszczenie *n* adiposity; fatness; ~ **serca** fatty degeneration of the heart
oto *part* here; here is; these are
otoczak *m* (*kamyk*) pebble; (*głaz*) boulder
otoczeni|e *n* 1. ↑ **otoczyć** 2. (*to, co okrąża*) surroundings; environment 3. (*środowisko ludzkie*) environment; **w** ~**u** in the midst (of colleagues etc.)
otoczka *f* 1. (*obwódka*) framing; border 2. *biol* areola
otoczyć *zob* **otaczać**
otok *m* rim
otolaryngologia *f singt med* otolaryngology
otomana *f* ottoman; couch; divan
otorbiać się *vr imperf* — **otorbić się** *vr perf* to encyst (*vi*)
otóż *part* and so; well; ~ **to** (**właśnie**) that's just it
otręby *plt* bran
otrucie *n* ↑ **otruć**; poisoning
otru|ć *vt perf* to poison; **został** ~**ty** he died of poison
otrzaskać się *vr perf pot* to acquaint oneself (z **czymś** with sth)
otrzaskanie *n* ↑ **otrzaskać się**; experience (z **czymś** of sth)
otrząs|ać *imperf* — **otrząs|nąć** *perf* I *vt* 1. (*strząsać*) to shake (sth) down 2. (*obsypywać*) to strew; to stud II *vr* ~**ać** ⟨~**nąć**⟩ **się** 1. (*otrzepać z siebie*) to shake (z **czegoś** sth off one); (*o psie*) to shake itself 2. *przen* (*uwolnić się*) to rouse oneself (ze **snu** itd. from one's sleep etc.); to rally (z **lęku** from a fright); ~**nąć się z wrażenia** to recover from the shock; **otrząśnij się, człowieku!** pull yourself together, man! 3. (*wzdrygać się*) to shudder

otrzeć zob **ocierać**
otrzep|ać perf — **otrzep|ywać** imperf I vt to beat (pył itd. z czegoś dust etc. off sth); (o ptaku) ~ać pióra to fluff its feathers II vr ~ać ⟨~ywać⟩ się to shake (z czegoś sth off one)
otrzewn|a f anat peritoneum; **zapalenie ~ej** peritonitis
otrzeźwić vt perf — **otrzeźwiać** vt imperf 1. (przywrócić do przytomności) to bring (sb) round; to bring (sb) back to his senses; przen to disillusion (sb) 2. (ocucić po upiciu) to sober (sb)
otrzeźwieć vi perf 1. (odzyskać przytomność) to come round; to regain consciousness; przen to be disillusioned 2. (stać się trzeźwym) to sober down
otrzym|ać vt perf — **otrzym|ywać** vt imperf 1. (dostać) to receive; to get; ~ać karę ⟨pozwolenie zrobienia czegoś⟩ to be punished ⟨allowed to do sth⟩ 2. (uzyskać) to obtain; to acquire 3. (wyprodukować) to obtain (gas from coal etc.)
otrzymani|e n ↑ **otrzymać** 1. (dostanie) receipt; **po ~u** ... on receipt of ... 2. (uzyskanie) obtention; obtainment
otrzymywać zob **otrzymać**
otuch|a f singt good cheer; a stout heart; **dodać komuś ~y** to cheer sb up; **nabrać ~y** to pluck up (one's) courage; **nie tracić ~y** to be of good heart; **stracić ~ę** to lose heart
otul|ać vt imperf — **otul|ić** vt perf to wrap (sb) up (**czymś** in sth); ~ać ⟨~ić⟩ **dziecko w łóżku** to tuck in a child
otumani|ać imperf — **otumani|ć** perf I vt 1. (obałamucić) to dupe; to trick 2. (odurzać) to daze; to stupefy II vr ~ać ⟨~ć⟩ się to delude oneself
otwarcie¹ adv openly; frankly; **mówiąc ~** to say the truth; frankly speaking; **mówić z kimś ~** to be plain with sb
otwarci|e² n ↑ **otworzyć** 1. (rozpoczęcie) opening; inauguration; establishment; **uroczystość ~a** opening ceremony 2. (bycie czynnym) work; business; **godziny ~a** a) (w sklepie itd.) business hours b) (w muzeum itd.) visiting hours

otwartość f singt (szczerość) frankness; candidness
otwart|y adj 1. (nie zamknięty) open; **przen ~y umysł** broad-mindedness; **z ~ą głową** clear-headed; **z ~ymi oczami** open-eyed; **z ~ymi ramionami** open-armed 2. (jawny) declared; professed; **przen grać w ~e karty** to put one's cards on the table; **sąd przy drzwiach ~ych** in open court 3. (szczery) frank; candid
otwieracz m opener; ~ **do puszek** tin-opener
otw|ierać imperf — **otw|orzyć** perf I vt 1. (odmykać) to open (a door, one's eyes etc.); ~**orzyć szeroko drzwi** to throw a door open; przen **nie ~orzyć ust** to keep one's mouth shut; ~**ierać** ⟨~**orzyć**⟩ **komuś oczy na coś** to open sb's eyes to sth 2. (przekręcać klucz, kurek) to unlock (**zamek** the door); to turn on (**wodę, gaz itp.** the water, the gas etc.) 3. (zaczynać) to open (a meeting etc.); to start (a discussion etc.) 4. (przecinać) to cut open 5. (ukazywać) to show; ~**orzyć komuś drogę do czegoś** to pave the way for sb to sth II vi (odmykać drzwi) to open the door (**komuś** for sb); to let (sb) in III vr ~**ierać** ⟨~**orzyć**⟩ **się** 1. (być odemkniętym) to open (vi); to come open; to be opened (with a key etc.); przen **oczy mu się ~orzyły na to, co się działo** he awoke to what was going on 2. (o przepaści) to gape; to yawn 3. (o widoku) to meet the eye
otworek m dim ↑ **otwór**; aperture; (w klarnecie itd.) vent; finger-hole
otworzyć zob **otwierać**
otw|ór m 1. (rozwarcie) opening 2. (dziura) hole; orifice; techn ~**ór wentylacyjny** vent; górn ~**ór wiertniczy** bore-hole 3. (szpara) chink 4. (wlot) mouth; snout; inlet ‖ ~**orem wide open**; **stać ~orem to be** ⟨**to stand**⟩ **wide open**
otyłość f singt stoutness; corpulence
otyły adj stout; corpulent; obese
otynkować vt perf to plaster; to parget
owa zob **ów**

owacj|a f ovation; cheers; **zgotować komuś ~ę** to give sb an ovation
owacyjnie adv enthusiastically
owacyjny adj enthusiastic
owad m insect
owadobójczy adj insecticidal; **środek ~** insecticide
owadożerny adj insectivorous; entomophagous
owak adv (tylko w zestawieniu z **tak**) otherwise; **tak czy ~** anyway; anyhow; at any rate; (i) **tak i ~** this way and that
owal m oval
owalny adj oval(-shaped); ovate
owca f sheep; ewe; przen **czarna ⟨parszywa⟩' ~** black sheep; **chodzić jak błędna ~** to wander like a stray sheep
owczarek m sheep-dog; **~ alzacki** (an) Alsatian; **~ szkocki** collie
owczarnia f sheep-fold; dosł i przen fold
owczarstwo n singt sheep-farming
owczarz m (hodowca) sheep-farmer; (pasterz) shepherd
owczy adj sheep- (fold, pox etc.); ewe's (milk etc.); **ser ~,** sheep cheese; przen **~ pęd** following the crowd; **~m pędem** like a flock of sheep
owdowieć vi perf (o kobiecie) to become a widow; (o mężczyźnie) to become a widower
owdowienie n ↑ **owdowieć**; widowhood
owdzie adv = **ówdzie**
owędy adv **tędy i ~** here and there; this way and that
owiać vt perf — **owiewać** vt imperf to blow (**kogoś, coś** on sb, sth)
owieczk|a f sheep; lamb; pl **~i** dosł i przen flock
owies m oat(s)
owiewać zob **owiać**
owijacz m (zw pl) puttee
owi|nąć vt perf — **owi|jać** vt imperf 1. (okręcić) to wind (**coś czymś** sth round sth); przen **~nąć sobie kogoś dookoła palca** to twist sb round one's finger; **nie ~jając w bawełnę** not to mince matters; without beating about the bush 2. (otulić) to wrap (**coś, dziecko itd. w coś** sth, a baby etc. in sth)
owładną|ć vt perf 1. (zagarnąć) to take possession ⟨**czymś** of sth⟩; to seize ⟨to capture⟩ (**czymś** sth) 2. (ogarnąć) to overcome (**kimś** sb); **~ł nim strach** he was seized with ⟨by⟩ fear
owłosienie n 1. (na ciele ludzkim) hairs; hairiness 2. (na zwierzęciu) coat 3. bot pubescence
owłosiony adj hairy; hirsute
owo zob **ów**; **to i ~** this and that; **załatwiłem to i ~** I settled a couple of things
owoc m 1. bot fruit; zbior fruitage; fruits; **placek z ~ami** fruit cake; przen **zakazany ~** forbidden fruit 2. przen (rezultat) fruit (of one's work etc.)
owocarnia f fruiterer's shop
owocnia f bot pericarp; seed-vessel
owocny adj fruitful; productive; profitable
owocobranie n gathering ⟨picking⟩ (of fruits)
owocować vi imperf to bear fruit; to fructify
owocowanie n ↑ **owocować**; fructification
owocowy adj fruit- (tree, cake etc.); fruit — (basket, garden etc.)
owrzodzenie n ulceration
owsianka f porridge; oatmeal
owsian|y adj oat — (straw etc.); **płatki ~e** oat flakes
owsik m 1. (pasożyt) pinworm 2. bot wild oat
owszem adv 1. (twierdzenie) yes; why, yes 2. (przeciwnie) on the contrary
ozdabiać zob **ozdobić**
ozdoba f 1. (to, co ozdabia) decoration; ornament; adornment; embellishment 2. przen (chluba) boast ⟨pride⟩ (of a town etc.)
ozdobić vt perf — **ozdabiać** vt imperf to decorate; to adorn; to embellish; to ornament; to trim
ozdobnie adv decoratively; ornamentally
ozdobnik m 1. (ornament) ornament 2. muz grace-note
ozdobn|y adj 1. (ozdobiony) (richly) decorated; showy; **~e wydanie de luxe** edition 2. (o stylu) florid; ornate
ozdóbka f dim ↑ **ozdoba** 1.; (drobny

ozdrowieć 444 **ów**

przedmiot dekoracyjny) gewgaw; knick--knack
ozdrowieć *vi perf* to be cured; to recover (one's health)
ozdrowienie *n* ↑ **ozdrowieć**; recovery; convalescence; (a) cure
ozdrowieniec *m* convalescent
ożębna *f* ˙periodontium
oziębiacz *m* cooler
oziębi|ać *imperf* — **oziębi|ć** *perf* **I** *vt* to cool; to chill; to refrigerate **II** *vr* ~**ać** ⟨~**ć**⟩ **się** to chill ⟨to cool⟩ (*vi*); ~**a się** it grows chilly
oziębienie *n* ↑ **oziębić**; refrigeration; *przen* ~ **stosunków** estrangement
oziębie *adv* frigidly; coldly; stiffly
oziębłość *f singt* frigidity; coldness; stiffness; reserve
oziębły *adj* frigid; cold; stiff
oziębnąć *vi perf przen* (*o człowieku*) to cool down
ozimina *f roln* winter corn
ozimy *adj* winter — (corn, crop)
ozłocić *vt perf* to gild; *przen* ~ **kogoś** to fill sb's pockets with gold
oznacz|ać *vt imperf* — **oznacz|yć** *vt perf* 1. (*robić znak*) to mark; to indicate; to designate; to denote 2. (*ustalać*) to fix; to appoint 3. *imperf* (*znaczyć*) to mean; to stand (**coś** for sth); **co to** ~**a?** what does that mean?; what does that stand for?
oznaczenie *n* 1. ↑ **oznaczyć** 2. (*znak, symbol*) (a) mark; notation; denotation; *mat* sign; symbol; *muz* signature
oznaczyć *zob* **oznaczać**
oznajmiać *vt imperf* — **oznajmić** *vt perf* to announce; to state (one's opinion etc.); to inform ⟨to notify⟩ (**komuś coś** sb of sth)

oznajmienie *n* 1. ↑ **oznajmić**; announcement 2. (*zawiadomienie*) notification
oznajmujący *adj gram* indicative; **tryb** ~ the indicative (mood)
oznak|a *f* 1. (*objaw*) sign; indication; trace; symptom; mark; **być** ~**ą czegoś** to presage sth 2. (*godło, odznaka*) badge; token; mark; sign; *pl* ~**i** insignia (of authority etc.)
ozon *m singt* . *chem* ozone
ozór *m* tongue
oźrebić się *vr perf* to foal
ożaglić *vt perf mar* to hoist sail
ożaglowanie *n* the sails
ożenek *m* ˙ *książk* marriage; match
ożenić *perf* **I** *vt* to marry (**kogoś z kimś** sb to sb) **II** *vr* ~ **się** to get married; to marry (**z kimś** sb)
ożóg *m* 1. (*pogrzebacz*) fire-iron; fire--rake 2. (*głownia*) brand
ożyć *vi perf* — **ożywać** *vi imperf* to come back to life; to revive
ożyna *f reg* blackberry
ożywczy *adj* vivifying; enlivening; animating; invigorating; (*rześki*) bracing; refreshing
ożywi|ać *imperf* — **ożywi|ć** *perf* **I** *vt* 1. (*pobudzać do życia*) to bring (back) to life; to enliven; to animate 2. (*wywołać ożywienie*) to enliven; to reanimate **II** *vr* ~**ać** ⟨~**ć**⟩ **się** to come to life; to rouse oneself; to rouse up (*vi*); to light up
ożywienie *n* 1. ↑ **ożywić** 2. (*werwa*) animation; vivacity; briskness; liveliness; ~ **gospodarcze** boom
ożywion|y *adj* animated; lively; vivacious; brisk; (*o dyskusji*) heated; ~**a korespondencja** frequent interchange of letters

Ó

ósemka *f* 1. (*cyfra*) the figure 8 2. *muz* quaver 3. *druk* ˙octavo 4. *pot* (*autobus, pokój itd.*) No 8
ósm|y **I** *num* eighth; ~**a część** one eighth **II** *f* ~**a** *singt* eight (o'clock)

ów *m*, **owa** *f*, **owo** *n pron* 1. (*wyróżnienie, określenie tego, co oznacza rzeczownik*) the said; that 2. (*po zaimku* **ten**) the other; another; **ten i ów** a) (*z rzeczownikiem*) one or another;

ten i ów szczegół one detail or another b) (*niektórzy*) some; **ten i ów chciał uciekać** some wanted to fly; **to i owo** one thing or another; this and that; **ni to, ni owo** neither one thing nor another; **ni z tego, ni z owego** suddenly

ówczesny *adj* contemporary; of those days; of that time; ~ **dyrektor szkoły** the then headmaster
ówcześnie *adv* then; at that time; in those days
ówdzie *adv* elsewhere; **tu i** ~ here and there

p

pa *interj* bye-bye; ta-ta!
pach|a *f* 1. *anat* armpit; **iść z kimś pod** ~**ę** to walk arm-in-arm with sb; **wziąć kogoś pod** ~**ę** to draw one's hand through sb's arm; **nieść coś pod** ~**ą** to carry sth under one's arm 2. (*w ubraniu*) armhole
pachciarz † *m* tenant
pachnący *adj* odorous; (sweet-)scented; fragrant (**fiołkami itd.** of violets etc.)
pachni|eć *vi imperf* 1. (*wydawać woń*) to smell (**czymś** of sth); **przyjemnie** ~**e** it smells nice ⟨good⟩; ~**ało bzem** there was a smell of lilac; **tu nie** ~**e** there is a nasty smell (here) 2. *pot* (*grozić*) to savour (**kryminałem itd.** of prison etc.); **to** ~**e stryczkiem** it is a hanging matter
pachołek *m* 1. (*sługa*) servant 2. *hist wojsk* soldier 3. *mar* bitt
pachwina *f* groin
pacierz *m* prayer; **odmawiać** ~**e** to say one's prayers
pacierzowy *adj* spinal; vertebral; **anat stos** ~ spine
pacior|ek *m* 1. *dim* ↑ **pacierz**; short prayer 2. (*koralik*) bead; *pl* ~**ki** string of beads
paciorkowiec *m biol med* streptococcus
pacjent *m*, **pacjentka** *f* patient
packa *f* 1. (*murarska*) float 2. (*na muchy*) fly-flap; fly-swatter
pacnąć *perf pot* I *vt* to smack II *vi* (*upaść*) to flop down
pacyfikacja *f* pacification
pacyfikować *vt imperf* to pacify
pacyfista *m* pacifist
pacyfistyczny *adj* pacifist(ic)

pacyfizm *m sing* pacifism
pacykarz *m pot pog* daubster
pacykować *vi imperf pot* to daub
pacynka *f* hand puppet
paczka *f* 1. (*pakunek*) pack (of cigarettes etc.); bunch (of letters, books etc.); bundle; parcel 2. (*przesyłka pocztowa*) parcel 3. *pot* (*grupa ludzi*) bunch; set; crowd; pack (of friends etc.); **cała** ~ the (whole) lot (of you, of them etc.)
paczkarnia *f* packing department
paczkować *vt imperf* to pack (goods)
paczuszka *f dim* ↑ **paczka**; tiny parcel
paczyć *imperf* I *vt* 1. (*wykrzywiać*) to warp (wood); to buckle (metal) 2. *przen* to distort (a meaning etc.); to warp (sb's disposition etc.) II *vr* ~ **się** to warp (*vi*)
paćkać *imperf pot* I *vt* to smear II *vr* ~ **się** to smear one's face ⟨hands, clothes etc.⟩
padaczka *f med* epilepsy
padać *vi imperf* — **paść** *vi perf* 1. (*przewracać się*) to fall (down); to drop; **paść na kolana** to go down on one's knees; **padać** ⟨**paść**⟩ **plackiem** to fall flat on the ground; *przen* **padać z nóg** to be ready to drop with fatigue 2. (*ginąć*) to fall (in battle etc.); (*o zwierzętach*) to die; **padać jak muchy** to die in their thousands; **paść trupem** to fall dead; *przen* **padać** ⟨**paść**⟩ **ofiarą czegoś** to fall a victim to sth 3. (*spadać*) to fall; **los padł na mnie** it fell to my lot (to do it); **na jego numer padła wygrana** his number won; **podejrzenie padło na niego**

suspicion fell on him || (*o deszczu*) **pada** it rains; **pada grad** it hails; **pada śnieg** it snows; *sport* **pada bramka** a goal is shot; **pada rozkaz** an order is given; **pada strzał** a shot is fired; **nie padło ani słowo** not a word was uttered
padalec *m zool* blindworm
padani|e *n* ↑ **padać**; (a) fall; *fiz* incidence; **kąt ~a** angle of incidence
padlina *f singt* carrion
pad|ół *m książk* valley; *emf żart* **~ół płaczu** ⟨**łez**⟩ vale of tears; **na tym ~ole** here below
pagina *f druk* page number; **żywa ~** running title; headline
paginacja *f singt druk* pagination; page numbering
paginować *vt imperf druk* to paginate
pagoda *f* pagoda
pagórek *m* knoll; hummock; hillock
pagórkowaty *adj* hummocky
pajac *m* 1. (*zabawka*) puppet; jumping-jack 2. *pog* (*człowiek*) buffoon; clown
pająk *m* 1. *ent* spider 2. (*żyrandol*) chandelier
pająkowaty *adj* spidery; spiderlike
pajda *f pot* chunk; hunch
pajęczak *m zool* arachnid
pajęczarz *m radio* black listener
pajęczyna *f* cobweb; spider's web
pak *m* pitch
paka *f* 1. (*skrzynia*) case; crate 2. (*duży pakunek*) big bunch 3. *posp* (*areszt*) lock-up
pakamera *f* packing-room
pakiet *m* pack(age)
pakowacz *m* packer
pakowaczka *f* 1. = **pakowacz** 2. (*maszyna*) packing machine
pakować *imperf* I *vt* 1. (*układać do wysłania, do podróży*) to pack (one's things, one's trunk, goods etc.); **~ walizkę** to pack up 2. *pot* (*wpychać*) to cram; to crowd; to stow; to ram; **~ kogoś do łóżka** to pack sb off to bed 3. *pot* (*kierować kogoś gdzieś siłą*) to clap (**kogoś do więzienia** sb in gaol) II *vr* **~ się** 1. (*pakować rzeczy*) to pack up 2. *pot* (*pchać się*) to

barge (**do pokoju itd**. into a room etc.)
pakowani|e *n* ↑ **pakować**; **papier do ~a** wrapping ⟨brown⟩ paper
pakownia *f* packing-room; packing-department
pakowny *adj* capacious; roomy
pakt *m* pact
paktować *vi imperf* to treat (with the enemy); to negotiate
pakuły *plt* tow; oakum
pakun|ek *m* 1. (*paczka*) parcel; bundle; *pl* **~ki** luggage 2. (*materiał uszczelniający*) caulking
pal *m* pale; stake; *hist* **wbić kogoś na ~** to impale sb
palacz *m* 1. (*robotnik*) stoker; fireman 2. (*człowiek palący*) smoker
palant *m* 1. (*gra*) a kind of baseball 2. (*kij*) bat
palarnia *f* 1. (*pokój dla palących*) smoking-room 2. **~ kawy** coffee-roasting room
palatalizacja *f singt jęz* palatalization
palatalny *adj jęz* palatal
paląc|y I *adj* 1. (*gorący*) hot; scorching 2. *przen* fiery 3. (*piekący*) burning; *przen* **~e łzy** scalding tears; **~y wstyd** burning shame 4. (*nałogowo palący tytoń*) smoking 5. *przen* (*naglący*) burning (question); urgent (need) II *m* **~y** smoker; **przedział dla ~ych** smoking compartment
palcować *vi imperf muz* to finger
palcowy *adj* finger — (joint, alphabet etc.)
palcówka *f muz* fingering exercise
palczasty *adj* 1. (*mający palce*) digital 2. (*o liściu*) digitate
pal|ec *m* 1. (*u ręki*) finger; **~ec wielki** thumb; **~ec wskazujący** forefinger; **~ec środkowy** ⟨**serdeczny, mały**⟩ middle ⟨ring, little⟩ finger; **końce ~ców** finger-tips; **kiwnąć ~cem na kogoś** to beckon sb; *przen* **maczać ~ce w czymś** to have a hand in sth; **mieć coś w małym ~cu** to have sth at one's finger(s) ends; **nie kiwnąć ~cem, żeby** ... not to raise a finger to ...; **patrzeć na coś przez ~ce** to wink at sth; **pokazywać kogoś ~cem** to point one's

palenie 447 **pałasz**

finger at sb; ~ce lizać! it's delicious!; *przysł* nie kładź ~ca między drzwi put not thy hand between the bark and the tree 2. *(u nogi)* toe; chodzić na ~cach to walk on tiptoe 3. *(u zwierząt)* digit
palenie *n* ↑ **palić** 1. *(niecenie ognia)* burning; lighting the fire; making a bonfire 2. *(niszczenie)* burning down (czegoś sth); cremation (zwłok of corpses) 3. *(ogrzewanie)* heating 4. *(palenie tytoniu)* smoking; „palenie wzbronione" "no smoking"
palenisko *n* hearth; grate
paleolit *m singt geol* palaeolith, palaeolithic era
paleontologia *f singt* palaeontology
palestra *f singt* the bar
paleta *f* palette
paliatyw *m med* (a) palliative
pali|ć *imperf* I *vi* 1. *(rozniecać ogień)* to light a fire (in the stove etc.) 2. *(grzać)* to heat (**w pokoju** a room) 3. *(o słońcu)* to burn; to scorch 4. *(wywoływać uczucie pieczenia)* to burn (**w ustach** itd. the mouth etc.) 5. *(być palaczem tytoniu)* to smoke II *vt* 1. *(rozpalać)* to light (a fire in the stove); ~ć **drzewem ⟨węglem⟩** to burn wood ⟨coal etc.⟩ 2. *(oświetlać)* to light (a lamp, candle etc.); ~ć **światło w pokoju** to have a light in a room 3. *(niszczyć)* to burn (old papers etc.); to cremate (**zwłoki** corpses); to incinerate (**śmieci** rubbish); *przen* ~ć **za sobą mosty** to burn one's boats 4. *(prażyć)* to roast (**kawę** coffee); to bake (bricks etc.) 5. *(używać tytoniu)* to smoke (cigarettes etc.) 6. *(o słońcu)* to burn; to scorch 7. *(piec)* to burn (the mouth); *przen* ~ **go ciekawość ⟨wstyd itd.⟩** he is burning with curiosity ⟨shame etc.⟩ III *vr* ~ć **się** to burn; **ogień się** ~ the fire is lighted; ~ **się w piecu** there is a fire in the stove; ~ **się!** fire!; *przen* **robota** ~ **mu się w rękach** he is a demon for work; **ziemia** ~ **mu się pod nogami** the place is too hot for him; *(nie ma pośpiechu)* **nie** ~ **się** there's no hurry || *przen* ~ć **się do czegoś** to

be anxious ⟨eager⟩ to do sth; ~ć **się do kogoś** to be infatuated with sb
palik *m* picket; peg
palikować *vt imperf* to picket; *miern* to peg
palisada *f* palisade
palisander *m* palisander, Brazilian rosewood
paliwo *n* fuel; ~ **jądrowe** nuclear fuel
pallad *m singt chem* palladium
palma *f bot kośc* palm; ~ **pierwszeństwa ⟨zwycięstwa⟩** the palm
palmiarnia *f* palm house
palmowy *adj* palm- (oil, branch etc.); *bot* palmaceous; **kośc Palmowa Niedziela** Palm Sunday
palnąć *perf pot* I *vi* 1. *(strzelić)* to shoot; to fire; ~ **sobie w łeb** to blow out one's brains 2. *(uderzyć)* to bang (**pięścią w coś** on sth with one's fist) II *vt* 1. *(powiedzieć)* to come out (**mowę** itd. with a speech etc.); ~ **głupstwo** to put one's foot in it 2. *(uderzyć)* to biff; to hit; ~ **kogoś w głowę** to fetch sb a blow on the head III *vr* ~ **się** to come bang (**o coś** against sth)
palnik *m* burner; *techn* blowpipe; ~ **gazowy** gas burner
paln|y *adj* combustible; inflammable; **broń** ~a fire-arm
palować *vt imperf* 1. *(przytwierdzać do pala)* to moor 2. *bud* to pile (the ground)
palpitacja *f* palpitation
palto *n* coat; overcoat
paluch *m* 1. *augment* ↑ **palec**; stubby finger 2. *anat zool* (big) toe
palusz|ek *m* 1. *dim* ↑ **palec**; **na** ~**kach** on tiptoe 2. *(ciasteczko)* cracknel
pała *f* 1. *(kij)* staff; stick 2. *pot szk* bad mark 3. *posp (głowa)* pate; crumpet 4. *posp pog (głupiec)* blockhead
pałac *m* palace; mansion
pałacowy *adj* palatial; palace — (gardens etc.)
pałać *vi imperf* 1. *książk (być rozpalonym)* to glow 2. *przen* to burn (**miłością, żądzą, nienawiścią** itd. with affection, desire, hate etc.)
pałasz *m hist* (broad)sword

pałaszować *imperf pot* I *vt* to dispatch (a dish etc.); to eat (sth) away II *vi* to eat heartily

pałąk *m* arch; hoop; bail; zgięty w ~ arched

pałąkowaty *adj* arched; bow-shaped; (*o nogach*) bandy

pałeczk|a *f* 1. (*drążek*) stick; rod; wand; (*batuta*) baton; ~i do jedzenia chopsticks 2. *med* rod-bacterium; bacillus

pałka *f* 1. (*kij*) stick; staff; cudgel 2. *pot szk* bad mark

pamflet *m* lampoon

pamiątk|a *f* souvenir; keepsake; ~a po kimś remembrance of sb; na ~ę for a keepsake; in remembrance (kogoś, czegoś of sb, sth); na ~ę wydarzenia to celebrate an event

pamiątkarski *adj* souvenir — (shop, industry etc.)

pamiątkow|y *adj* commemorative; księga ~a visitors' book; przedmiot ~y keepsake

pamięciowo *adv* by heart; from memory; liczyć ~ to reckon mentally

pamięciowy *adj* mental (image, reckoning etc.); mnemonic (exercise etc.); memorial (faculty); memory — (sketch etc.)

pamię|ć *f singt* 1. (*zdolność pamiętania*) memory; mind; krótka ⟨*pot* dziurawa⟩ ~ć bad ⟨poor⟩ memory; o ile mnie ~ć nie myli if I remember rightly; przywodzić coś na ~ć to recall sth; uczyć się czegoś na ~ć to learn sth by heart; to memorize sth; wbić sobie coś w ~ć to fix sth in one's mind; wymazać coś z ~ci to erase sth from one's memory; wyszło mi to z ~ci it went out of my mind; zachować coś w ~ci to treasure sth in one's memory; za mojej ⟨czyjejś⟩ ~ci within my ⟨sb's⟩ memory 2. (*wspomnienie*) remembrance; memory; dziękuję za ~ć thank you for your remembrance; nieodżałowanej ~ci lamented; świętej ~ci the late ...; w dowód ~ci in remembrance of ... 3. † consciousness; *obecnie w zwrocie*: kochać (się) bez ~ci to be madly in love

pamięta|ć *imperf* I *vt* 1. (*zachować w pamięci*) to remember; to recollect; to recall (sb's name, face etc.); to bear (sth) in mind 2. (*nie przebaczyć*) to harbour rancour (komuś doznaną krzywdę against sb for a wrong) 3. (*brać pod uwagę*) to bear in mind II *vi* 1. (*mieć w pamięci*) to remember; to recollect (że się coś zrobiło doing sth) 2. (*nie zapomnieć*) to bear (o czymś sth) in mind; ~ć o innych to be mindful of others; ~j żebyś ... don't forget to ...

pamiętliwy *adj* vindictive

pamiętnik *m* 1. (*wspomnienia*) diary; pisać ~ to keep a diary 2. *pl* ~i (*utwór literacki*) memoirs 3. (*sztambuch*) album

pamiętnikarz *m* diarist; memoirist

pamiętny *adj* memorable

pampasy *pl geogr* pampas

pan *m* 1. (*mężczyzna*) man; gentleman; ~ młody bridegroom 2. (*forma grzecznościowa*) you; (*przy nazwisku*) Mr; być z kimś za ~ brat to hobnob with sb; mówić komuś per ~ to mister sb 3. (*władca*) lord 4. (*gospodarz domu*) master (of the house); przysł jaki ~ taki kram like master like man 5. *szk* (*nauczyciel*) master 6. (*właściciel psa itd.*) master

panaceum *n singt* panacea

panama *f* Panama hat

panamerykański *adj* Pan-American

pancernik *m* 1. (*okręt*) armoured ship; (an) ironclad 2. *zool* armadillo

pancern|y *adj* armour-plated; armoured (brigade, car, train etc.); kasa ~a safe

pancerz *m* 1. (*część zbroi*) cuirass 2. (*osłona ze stali*) armour-plate 3. *zool* armour; carapace 4. *techn* armature

panchromatyczny *adj fot* panchromatic

panegiryczny *adj* panegyrical

panegiryk *m lit* eulogy; panegyric

paneuropejski *adj* Pan-European

panew|ka *f* 1. *anat* acetabulum 2. *techn* pan; brass 3. (*w dawnej broni*) pan; przen sprawa spaliła na ~ce the scheme misfired ⟨flashed in the pan, miscarried⟩